ECONOMIA
PRINCIPIOS Y APLICACIONES

ECONOMIA
PRINCIPIOS Y APLICACIONES

FRANCISCO MOCHON MORCILLO

Catedrático de Teoría Económica
Facultad de Ciencias Económicas
Universidad Nacional de Educación a Distancia

VICTOR ALBERTO BEKER

Profesor titular de Economía
Universidad de Belgrano
Universidad de Buenos Aires

McGraw-Hill

MADRID • BUENOS AIRES • CARACAS • GUATEMALA • LISBOA • MEXICO
NUEVA YORK • PANAMA • SAN JUAN • SANTAFE DE BOGOTA • SANTIAGO • SAO PAULO
AUCKLAND • HAMBURGO • LONDRES • MILAN • MONTREAL • NUEVA DELHI • PARIS
SAN FRANCISCO • SIDNEY • SINGAPUR • ST. LOUIS • TOKIO • TORONTO

ECONOMIA. Principios y aplicaciones

Edificio Valrealty-A, 1.ª planta
Basauri, 17
28023 Aravaca (Madrid)

ISBN: 84-481-0054-9
Depósito legal: M. 12.084-1996

Editor: Mariano J. Norte
Cubierta: Félix Piñuela. Grafismo electrónico
Compuesto en: FER, Fotocomposición, S. A.
Impreso en: EDIGRAFOS, S. A.

IMPRESO EN ESPAÑA

A nuestros hijos, María Asunción, Rocío y María del Carmen Mochón y Pablo F. Beker

SOBRE LOS AUTORES

Francisco Mochón Morcillo *es catedrático de Teoría Económica en la Facultad de Ciencias Económicas y Empresariales de la Universidad Nacional de Educación a Distancia. Es doctor en Economía por la Universidad de Bloomington, Indiana (USA) y por la Universidad Autónoma de Madrid. Tiene una amplia experiencia docente e investigadora y ha publicado numerosos trabajos de investigación. De sus obras cabe destacar las siguientes:*

Inflación y paro, *Pirámide, 1982;* El análisis de la coyuntura. Una metodología *(en colaboración), Pirámide, 1980;* Estructura del empleo y del desempleo; El caso de Andalucía *(en colaboración), Caja General de Ahorros de Granada, 1981;* Dinero y Banca *(en colaboración), Universidad de Málaga, 1983.*

En 1987 inició una fructífera colaboración con McGraw-Hill, que se ha concretado en las siguientes obras (algunas ya en segundas ediciones): Economía. Teoría y política *(2.ª ed.) (1990), libro de texto orientado a un curso introductorio en la Universidad;* Economía española 1964-1990. Una introducción al análisis económico *(2.ª edición) (1990) (en colaboración);* Economía. Teoría y política. Libro de problemas *(2.ª ed.) (1990) (en colaboración);* Microeconomía, *1989 (en colaboración);* Economía básica *(2.ª ed.) (1992);* Ejercicios de economía básica, *1992 (en colaboración), y* Elementos de Economía, *1991.*

Tiene, asimismo, una amplia experiencia profesional, habiendo sido asesor económico del Ministerio de Economía y Hacienda y Director General de Política financiera en el gobierno autónomo andaluz. En la actualidad es Subdirector General de Finanzas y Control Presupuestario de Telefónica.

Víctor Alberto Beker *es Director de Carrera en la Facultad de Ciencias Económicas de la Universidad de Belgrano, donde se desempeña, además, como Profesor titular de Microeconomía. También es Profesor titular de Ciencias Económicas de la Universidad de Buenos Aires, donde se encuentra al frente de la segunda cátedra de Economía III y de la de Principios de Economía II. Asimismo ha sido profesor invitado de la Facultad de Ciencias Económicas y Empresariales de la Universidad de Salamanca, España.*

En 1969 se hizo acreedor al Premio Aisenstein otorgado por el Colegio de Graduados en Ciencias Económicas; también fue distinguido por la Secretaría de Cultura con Mención Especial en el Premio Nacional de Economía correspondiente a la producción del período 1980-83.

Tiene una amplia experiencia docente (más de veinte años); ha sido becario del CONICET e investigador del Instituto de Investigaciones Económicas de la Facultad de Ciencias Económicas de la Universidad de Buenos Aires, habiendo tenido una larga trayectoria tanto en la actividad privada como pública, incluyendo el desempeño de funciones como consultor de organismos internacionales tanto en Argentina como en el extranjero.

Es miembro de la Asociación Argentina de Economía Política y de la American Economic Association.

Es autor de numerosos trabajos en Economía, publicados tanto en Argentina como en revistas internacionales.

Contenido

(*) N.C.: Abreviatura de Nota Complementaria que se utilizará a lo largo de todo el Contenido.

PARTE II: MICROECONOMIA: DEMANDA Y PRODUCCION

PARTE III: LOS MERCADOS

PARTE VII: DINERO Y PRECIOS

PARTE X: SISTEMAS ALTERNATIVOS Y PENSAMIENTO ECONOMICO

Prólogo a la edición para Argentina

Conocí el libro de Mochón Morcillo *Economía. Teoría y Política* (*) durante mi estadía en Salamanca como profesor visitante en el año 1990. Se podría decir que fue algo así como un amor a primera vista. Desde mi punto de vista, era el texto ideal para un curso de Introducción a la Economía, como era el que tenía allí a mi cargo.

Sencillo en su presentación, aunque extremadamente riguroso en la exposición, tenía el atractivo adicional de incluir una serie de aportes relativamente recientes al análisis económico. Tales, por ejemplo, los relativos a las alternativas al modelo neoclásico de la empresa, las expectativas racionales, la Economía del Desequilibrio, la economía de la oferta, la economía de la «elección pública» o la revolución económica en los países del Este europeo.

Junto a ellos, uno encontraba aspectos que tienen especial relevancia para países semiindustrializados pero que habitualmente no están mencionados en otros textos de similares características. Por ejemplo, los referidos a la inflación, al desarrollo económico o al problema de la deuda externa.

Last, but not least, la conjunción de teoría y aplicaciones daba a la obra un especial atractivo, particularmente para estudiantes que toman por primera vez contacto con el análisis económico.

No es de extrañar, pues, que cuando la gente de la editorial McGraw-Hill me propuso hacer una adaptación de la obra para la Argentina se encontró con una respuesta positiva de inmediato.

La tarea no fue fácil. Hubo que reemplazar casi todas las Notas complementarias, referidas a la economía española, por equivalentes para la economía argentina, procurando respetar, empero, el espíritu de la obra original. Hubo que revisar el texto y reemplazar aquellos términos no utilizados en Argentina. Hubo, en fin, que rehacer capítulos íntegros, como el 19, para referirlos al marco institucional argentino.

Si todo ello pudo ser hecho en pocos meses, eso se debió a la inestimable colaboración prestada por mi esposa, Dora Fernández, en la ardua tarea de recopilación de información y a la decisiva ayuda brindada por mi hijo Pablo F. Beker, ya casi economista, en el ordenamiento de aquélla y en la elaboración de cuadros y gráficos.

Finalmente, deseo expresar mi felicitación a la editorial McGraw-Hill por la audaz idea de adaptar el difundido texto de Mochón Morcillo para su circulación en Argentina, así como poner de manifiesto mi mayor reconocimiento al equipo de McGraw-Hill/Interamericana, particularmente a don Juan Carlos Cavin y don Mariano J. Norte en España y a don Vicente Cupo en Argentina por el apoyo brindado para que este cometido llegue felizmente a término.

VÍCTOR A. BEKER

(*) Nombre original del presente libro en su edición española.

Prólogo

OPORTUNIDAD

Elaborar un libro de introducción a la Economía es una tarea comprometida pero estimulante, pues abre la posibilidad de ayudar al interesado en su estudio de utilizar los instrumentos del análisis económico para comprender los problemas de nuestra época. Lo comprometido de la labor se debe a que en la actualidad se dispone de numerosos textos de introducción, por lo que cabe plantearse la conveniencia de lanzar al mercado uno más. Una posible justificación puede ser la de ofrecer algo novedoso dentro de lo que tradicionalmente se entiende que debe ser un manual de estas características. En este sentido, el presente libro ofrece ciertos elementos diferenciadores que paso a comentar.

En primer lugar, con este texto se ha pretendido poner a disposición del estudiante el conjunto de conceptos básicos para introducirle en el análisis económico, sin recurrir al marco institucional que pueda ofrecer un país en particular. Fuera del discurso principal y a través de notas complementarias se ha apelado a la evidencia empírica ofreciendo datos fundamentalmente de la economía española y también de las economías de los países occidentales con objeto de presentar un punto de referencia alternativo.

En segundo lugar cabe señalar que es frecuente, sobre todo en los textos norteamericanos, recurrir, quizá en exceso, a situaciones concretas pretendidamente sacadas de la vida real. Aunque el poder didáctico de esta técnica es evidente, el abuso de la política del caso concreto conlleva dos peligros: primero que el texto resulte demasiado específico y, segundo, que la extensión final del libro sea excesiva, pues ya se sabe que cuando no se generaliza las explicaciones han de ser necesariamente más prolijas. Para evitar estos posibles inconvenientes el presente manual se ha redactado procurando siempre transmitir el mensaje económico de la forma más sencilla, pero sin acudir sistemáticamente a ejemplos concretos. Así pues, se ha procurado encontrar un equilibrio entre el uso continuo de ejemplos y el recurso a un cierto nivel de generalización. El resultado final ha sido un manual menos extenso que el texto típico norteamericano, y ello sin omitir los instrumentos, conceptos y temas que generalmente se incluyen en un libro de introducción al análisis económico.

En tercer lugar, y a pesar de lo señalado en el punto anterior, esta obra incluye ciertos temas que normalmente no figuran (o no son tratados de forma suficiente) en los textos de similares características. La justificación para incluirlos descansa, por un lado, en que parte de ellos tienen una importancia relativa mayor en los países semiindustrializados y con una fuerte dependencia exterior que en economías como la norteamericana y, por otro, en que esta segunda edición se ha terminado de redactar a mediados de 1990, de forma que los temas que en esta fecha pueden calificarse como de actualidad hace unos años no lo eran.

En particular, en el presente manual se ha prestado una atención suficiente a los siguientes temas: las teorías alternativas de la empresa; las fallas del mercado; la inflación estructural, el análisis dinámico de la inflación; el desarrollo económico; la financiación del desarrollo; el problema de la deuda; los sistemas cambiarios actuales; las tendencias actuales del análisis económico, esto es, la Nueva Macroeconomía Clásica y la Economía del Desequilibrio, y el proceso de revolución económica que está teniendo lugar en los países del Este de Europa, y que genéricamente se conoce como *perestroika*.

ESTRUCTURA Y OBJETIVOS

Se ha procurado estructurar este libro de forma que resulte lo más fácil posible introducir al lector en los conceptos e instrumentos básicos de la economía. Para ello se ha seguido un orden lógico. Antes de usar los términos y conceptos, éstos se definen. Por otro lado, los conceptos fundamentales se introducen a lo largo del texto de forma progresiva, esto es, los más simples, primero, y los que son elaboración de conceptos básicos, después.

Asimismo, los argumentos fundamentales de cada capítulo se recogen en el Resumen que aparece al final del mismo, junto con una lista de conceptos nuevos (Conceptos básicos). Para ayudar al lector a afianzar los conceptos desarrollados, además del resumen se presenta una serie de cuestiones y de Temas de discusión.

Debe señalarse, igualmente, que dentro de cada capítulo se incluyen un número determinado de Notas complementarias referidas a datos de la economía real. Estas se han concebido como un complemento del discurso principal contenido en los distintos temas y su objetivo es doble: acercar al lector a la realidad y ayudarle a fijar ciertos conceptos. En estas notas se recoge información sobre diferentes países, prestando especial atención a los anteriormente aludidos.

Ciertos temas, algunos de los cuales figuran como apartados de determinados capítulos y otros como apéndices, llevan un asterisco, lo que denota un nivel de dificultad mayor o bien un interés específico. Por ello el lector puede omitirlos sin perder capacidad para comprender el resto.

Aunque dentro del discurso principal de cada tema, cuando se tratan determinados conceptos, se establecen las oportunas referencias cruzadas; las interconexiones entre capítulos se explicitan en las respectivas introducciones. Estas, además de hacer la presentación del contenido del capítulo, ayudan a situarlo en el contexto general del libro y de los bloques temáticos que lo integran. Asimismo, las introducciones pretenden motivar al lector destacando los aspectos más relevantes del contenido de cada capítulo.

Por lo que respecta a los gráficos y cuadros cabe señalar que incorporan unos pies y leyendas que repiten y sistematizan las ideas fundamentales expuestas en el texto.

De acuerdo con lo comentado puede afirmarse que cada capítulo aparece como unidad temática, donde la introducción, el discurso fundamental con sus cuadros, gráficos y notas complementarias y el bloque final, integrado por el resumen, la relación de conceptos básicos y los temas de discusión, forman un todo tendente a introducir al lector de forma sistemática en los conceptos contenidos en el capítulo.

Por último debe señalarse que al redactar este manual en nigún momento se ha pensado en utilizarlo como reflejo de la mayor o menor erudición del autor al lector. Respecto a éste, lo único «que se le pide» es que esté interesado en el estudio de la Economía y que tenga una buena predisposición para el análisis lógico y gráfico, ya que el álgebra prácticamente se ha omitido. En pocas palabras, puede decirse que los atributos que se ha pretendido que caractericen a este manual son la claridad y la sencillez, sin olvidar el necesario rigor; y a tratar de lograr estos objetivos se ha supeditado todo los demás.

CONTENIDO

Los 29 capítulos que integran este texto se han estructurado en diez bloques temáticos que cubren el contenido tradicional de un manual de introducción a la Economía. Los cuatro primeros se dedican a presentar los conceptos e instrumentos básicos del análisis económico. En particular el primero de ellos analiza la problemática del concepto y el método, así como los instrumentos normalmente empleados en el desarrollo de la Economía como una ciencia social. Al estudio de la escasez y de la necesidad de elegir se destina el Capítulo 2, prestándole una especial atención a la curva o frontera de posibilidades de la producción.

Una primera visión del funcionamiento del mercado se ofrece en el Capítulo 3. Se estudian las funciones de oferta y demanda, así como el proceso por el cual se alcanza el equilibrio. Un apartado se destina a analizar el papel que juega el sistema de precios como mecanismo asignador de recursos.

El Capítulo 4 contiene un análisis de los distintos agentes económicos, prestándole una especial atención a la función económica del sector público.

Con el segundo bloque temático se inicia el estudio de la microeconomía, centrándose los primeros capítulos en el análisis de la demanda y de la producción. En particular, el Capítulo 5 se ocupa de profundizar en el proceso de determinación de los precios y en el análisis de las elasticidades. Asimismo, se presentan diversas aplicaciones del análisis de la oferta y de la demanda, como la incidencia de un impuesto, el excedente del consumidor y la telaraña dinámica. Al estudio de los mercados agrícolas se le dedica un apéndice. El Capítulo 6 analiza la teoría del consumidor. Esta se presenta desde dos enfoques distintos: el de la utilidad cardinal y el de la utilidad ordinal. En ambos casos el análisis se desarrolla hasta derivar la curva de demanda. El segundo de los enfoques se ofrece como una materia opcional, y se presenta en un apéndice.

La teoría de la producción y de los costos son los temas objeto de estudio del Capítulo 7. En primer lugar, se analizan los conceptos de producción, rendimiento y eficiencia. En el segundo apartado se estudian las funciones de costos, dejando para el final del capítulo el análisis de los costos medios a largo plazo y su relación con los rendimientos.

Con el Capítulo 8 se inicia el estudio de los mercados. En este primer capítulo se analiza el equilibrio de la empresa competitiva y la curva de oferta, si bien previamente se formulan una serie de consideraciones generales sobre la maximización de beneficios.

El Capítulo 9 se ocupa del equilibrio de la empresa monopolista. Se estudian las causas que justifican la aparición del monopolio, sus efectos y las formas en que normalmente interviene el Estado para regular este tipo de mercados. Al análisis del oligopolio y la competencia monopolística se dedica el Capítulo 10. En el estudio del oligopolio se presta una especial atención a la rivalidad entre empresas y a los mecanismos de fijación de precios.

El Capítulo 11, el primero de los dos dedicados a analizar las críticas al modelo neoclásico de la empresa y las fallas del mercado, presenta una revisión de las principales teorías que se han ofrecido como alternativas al enfoque neoclásico de la empresa. Así, se analiza el método de fijación de precios mediante el criterio del costo medio y las teorías del comportamiento empresarial, en particular el modelo de Baumol de maximización de ventas, el modelo deliberativo de la empresa y las teorías de la organización empresarial. El capítulo se cierra con el estudio de las políticas de precios que limitan la entrada, esto es, el modelo de Bain. En el Capítulo 12 se estudian las fallas del mercado competitivo. Se analizan las condiciones de eficiencia en un mercado competitivo y se presenta una revisión de las distintas fallas del mercado. El capítulo se cierra con el estudio de las posibles medidas a tomar para tratar de corregir las citadas fallas del mercado.

Con el Capítulo 13 se inicia el quinto bloque temático, que se dedica a analizar la teoría de la distribución de la renta. En él se trata de ofrecer una visión general del mercado de factores. Se estudia la demanda de factores como demanda derivada y se analiza la formación de la curva de demanda de un factor productivo.

En el Capítulo 14 se estudian los salarios, la renta de la tierra y la formación de precios en el mercado de capitales. Una especial atención se les presta al estudio de los sindicatos de trabajadores y a la mecánica de la negociación colectiva.

El Capítulo 15 es el primero del bloque sexto y con él empieza el estudio de la macroeconomía. El capítulo comienza presentando las características del enfoque macroeconómico y, de esta forma, se abren las puertas para el estudio de la Contabilidad nacional. Posteriormente se analizan las principales macromagnitudes y sus interrelaciones.

El equilibrio de la renta nacional se trata en el Capítulo 16, junto con el multiplicador de la renta. También se estudian las entradas y las salidas. En el Capítulo 17 se considera la posibilidad de controlar la demanda a través de la política fiscal. En términos del modelo keynesiano de la renta se analizan los efectos de las medidas discrecionales y de los estabilizadores automáticos. Asimismo, se estudia la medición de la política fiscal, el presupuesto de pleno empleo y la deuda pública. De acuerdo con ello se realiza una primera evaluación de los efectos de la política fiscal.

Con el Capítulo 18 se inicia el grupo de los temas dedicados al estudio del dinero y de los precios. Se presenta una descripción del proceso de financiación de la actividad económica y posteriormente se introduce el concepto de dinero. Se analiza el papel de los bancos comerciales en el proceso de creación del dinero. En un apéndice aparece una revisión de los distintos intermediarios financieros. En el Capítulo 19 se estudia el funcionamiento del Banco Central, así como la relación entre la base y la oferta monetaria. Respecto a la última variable se analizan las posibilidades monetarias para controlarla. El funcionamiento del mercado monetario y los aspectos fundamentales de la política monetaria son dos temas que también se analizan en este capítulo.

El Capítulo 20 aborda la relación entre la cantidad de dinero y la renta nacional. En primer lugar se estudia la demanda de dinero, posteriormente se analiza el mecanismo, prestándole una especial atención a la distinción entre los factores reales y los monetarios. Este capítulo cumple una doble misión: por un lado, ofrece un contrapunto al modelo keynesiano, al relajarse el supuesto de precios rígidos mantenido en los capítulos anteriores, y, por otro, introduce el concepto de oferta agregada. Precisamente el análisis conjunto de las funciones de demanda agregada y oferta agregada será la base para los temas dedicados al estudio de la inflación.

Con el Capítulo 21 comienza el bloque octavo, que es el dedicado a analizar los problemas macroeconómicos de nuestra época. Al estudio de la problemática de la inflación y del desempleo se destinan los dos capítulos siguientes. En el Capítulo 21, se ofrece una revisión de la inflación y se estudian las distintas teorías explicativas. En la evaluación presentada se evidencian asimismo las limitaciones del enfoque estático para analizar la inflación. El estudio del desempleo se presenta en el Capítulo 22, en el que se realiza un repaso de las teorías, tanto tradicionales como modernas, sobre el mismo. En estas últimas se destaca el papel de las expectativas sobre el mercado de trabajo. Se aborda el estudio conjunto de la inflación y del desempleo. Se pone de manifiesto la inestabilidad de la curva de Phillips al introducir en el proceso de ajuste las expectativas.

Al análisis de las fluctuaciones de la actividad económica se dedica el Capítulo 23. Se estudia el origen de las fluctuaciones cíclicas y se ofrece una revisión de las distintas teorías explicativas. El capítulo presenta un apéndice sobre la previsión del ciclo económico.

El Capítulo 24 contiene un análisis global de la polémica entre keynesianos y monetaristas y, en particular, sobre la efectividad de las políticas de demanda. Una vez explicitadas las limitaciones para el empleo de políticas de demanda se presentan los argumentos de los que ofrecen la economía de la oferta como una posible alternativa. El último apartado se dedica a comentar las limitaciones de este enfoque.

La economía internacional y los temas del crecimiento y del desarrollo económico ocupan el bloque temático noveno. El Capítulo 25, que se dedica al análisis de la balanza de pagos y los tipos de cambio, es uno de los más extensos de todo el libro. Esto se debe a que las economías de los países a los que se les presta una especial atención en este texto presentan un elevado grado de dependencia respecto del exterior, por lo que los temas de la economía internacional son de una gran importancia relativa. El Capítulo 26 estudia los factores determinantes del comercio internacional y del papel de los costos comparativos en los intercambios. También se analizan los obstáculos al libre comercio.

El crecimiento y el desarrollo económico se estudian en el Capítulo 27. La primera parte del capítulo se ocupa de revisar el concepto de crecimiento económico y de analizar las distintas teorías explicativas. El desarrollo y subdesarrollo económicos se tratan en la segunda parte del capítulo, destacando las relaciones de dependencia que el funcionamiento de la economía internacional genera. Asimismo se analiza cómo la necesidad de financiación del desarrollo ha dado pie al problema de la deuda de los países en vías de desarrolllo.

La parte X se inicia con el análisis de los sistemas económicos alternativos, y en particular el estudio del funcionamiento de las economías planificadas se ofrece en el Capítulo 28.

El Capítulo 29, dedicado al estudio de la historia del pensamiento económico, cierra el presente manual. El breve recorrido por las doctrinas económicas se inicia con los precursores de la escuela clásica, esto es, los mercantilistas y los fisiócratas. A la escuela clásica se le dedica un apartado y lo mismo ocurre con el pensamiento marxista. La revisión de las ideas keynesianas y neoclásicas, que en buena medida ya han sido estudiadas en capítulos anteriores, da paso al análisis de las tendencias actuales del pensamiento económico.

De acuerdo con lo señalado, resulta que el contenido de este texto cubre los temas tradicionalmente incluidos en un curso de introducción a la Economía, en línea con los manuales clásicos que actualmente se pueden encontrar en el mercado. Las diferencias con éstos ya han sido señaladas y son fruto de las valoraciones personales y de la experiencia docente y profesional del autor. A la hora de seleccionar qué temas tratar, y en el momento de enfocarlos, es lógico que, aun aceptando un mismo cuerpo doctrinal, conceptual e instrumental, surjan diferencias entre los economistas, en parte derivadas del tipo de economía donde desarrollan su actividad. En este sentido, tal como se ha señalado, la economía que se tiene como marco de referencia en el presente texto es la de un país semiindustrializado, y ello lógicamente ha condicionado el contenido final del libro.

AGRADECIMIENTOS

Las manifestaciones rutinarias de gratitud son apropiadas sólo para las deudas pequeñas, pero la mía es grande. Esta se dirige, en primer lugar, a todos mis compañeros de departamento y, particularmente, a A. Alba, C. Gámez, R. Velasco, J. M. Simón, C. Monter, R. Miranda, C. Ordóñez, F. Lorente, F. Grana y A. Lozano. Una mención especial merece mi compañero y amigo A. Pajuelo. Su natural generosidad, que ha permitido que siempre haya estado dispuesto a todo tipo de consulta, unida a su profundo conocimiento de la Teoría Económica, y su rigor han contribuido de forma notable a perfilar numerosos temas, por lo que en buena medida debería figurar como coautor de esta obra.

Dentro también de la colaboración prestada

en el seno del departamento deseo expresar mi agradecimiento a Antonio Avila, José Manuel Ordóñez y a los becarios Carlos Gamero, María Draper, Angel Marmolejo, Dolores García y José Luis Chacón. Su capacidad de trabajo y su dedicación han supuesto una inestimable ayuda.

De cara a la segunda edición quisiera destacar en especial la labor desarrollada por Dolores García y José Luis Chacón, ya que su colaboración en la elaboración de cuadros y gráficos y, en general, en la preparación de material de apoyo ha sido inestimable.

Asimismo, debo mostrar mi gratitud a los siguientes profesores por sus comentarios y sugerencias sobre partes del presente trabajo: D. Anisi (U.A.M), A. Argandoña (Universidad Central de Barcelona), C. Arosa (Universidad de Santiago de Compostela), A Carretero (Escuela Universitaria de Almería), J. A. García Durán (Universidad Central de Barcelona), I. Jiménez (Universidad de Alicante), M. Martín (Universidad de Sevilla), F. Pérez (Universidad de Valencia), J. M. Rey (Universidad de Cádiz), A. Roldán (Universidad de Málaga), A. Torrero (Universidad de Alcalá de Henares), E. Torres (Universidad Complutense), J. Torres (Universidad de Málaga) y J. C. Zapatero (U.A.M.).

En el apartado de agradecimientos es frecuente que se recoja el reconocimiento a la familia por haber soportado las «ausencias» del autor durante los años dedicados a la elaboración del trabajo. Mi gratitud a mi mujer, a mi hermana y a mi hija M. Asunción no sólo es por el motivo citado, sino por la valiosísima ayuda que me han prestado en la fase de terminación del presente libro. Asimismo, deseo agradecerle a Rosario García su colaboración en la tarea de mecanografiar el manuscrito.

Por último quisiera expresar mi agradecimiento al equipo de McGraw-Hill/Interamericana y, en particular, a don Antonio García-Maroto, a don Juan Carlos Cavin, don Mariano Norte y a don José Rioja, por sus consejos en cuanto a la estructuración del manual y por su valioso apoyo en la fase de edición.

NOTA BIBLIOGRAFICA

Generalmente en los libros de introducción se suele ser bastante parco en la inclusión de notas bibliográficas, pues lo que se pretende es comunicar ideas con la máxima sencillez y no dar una muestra de erudición. En este caso también se ha seguido la citada norma y, de la bibliografía consultada, en la presente nota bibliográfica sólo se incluyen aquellas obras de las que se han tomado ideas o conceptos, así como ciertos trabajos que, si bien son de carácter más específico, se han utilizado para la elaboración de algunos capítulos. Una mención especial merece la *Enciclopedia Práctica de Economía*, pues un buen número de los artículos en ella contenidos se han consultado a la hora de exponer determinadas materias. A este respecto quiero dejar constancia de la buena labor realizada en pro de la divulgación del análisis económico por los colaboradores de la citada obra.

BIBLIOGRAFIA BASICA CONSULTADA

ATTIYEH, R., y otros: *Basic. Economics. Theory and Cases.* Prentice-Hall, 1973.

BARBER, W.: *Historia del Pensamiento Económico.* Alianza, 1971.

BAUMOL, W. J., y BLINDER: A. S., *Economics. Principles and Policy.* Harcourt Brace Jovanovich, 1979.

BOULING, K. E.: *Análisis Económico.* Alianza Universidad, 1972.

CASAS, J.: *Curso de Economía*, 1980.

CASTRO, A., y LESSA, C.: *Introducción a la Economía. Un enfoque estructuralista.* Siglo XXI, 1978.

CUERVO-ARANGO, C., y TRUJILLO, J. A.: *Introducción a la Economía.* McGraw-Hill, 1986.

ECKAUS, R. S., *Basic Economics,* Little Brown and Company, 1972.

Enciclopedia Práctica de Economía. Ediciones Orbis, 1983.

FISCHER, S., DORNBUSCH, R., y R. SCHMALENSE: *Economía.* 2.ª ed. McGraw-Hill, 1989.

GRAVELLE, H., y REES, R.: *Microeconomía.* Alianza Universidad, 1984.

KOUTSOYIANNIS, A.: *Modern Microeconomics.* The Macmillan Press, 1975.

LANCASTER, K.: *Economía moderna.* Alianza Universidad, 1977.

LIPSEY, R. G.: *Introducción a la Economía Positiva.* Vicens-Vives, 1985.

MCCONNELL, C. y BRUE, S. L.: *Macroeconomics,* McGraw-Hill, 1990.

MANSFIELD, F. (ed.), *Economics Readings, Issues, and Cases.* W. W. Morton and Company, 1974.

MOCHÓN, F.: *Inflación y paro.* Pirámide, 1983.

OSER, J., y BLANCHFIELD, W. C.: *Historia del Pensamiento Económico.* Aguilar, 1980.

PHELPS, E. S.: *Political Economy. An Introductory Text.* W. W. Morton and Company.

REYNOLDS, L. G.: *Principios de Microeconomía y Principios de Macroeconomía.* El Ateneo, 1976.

SAMUELSON, P., y NORDHAUS, W. D.: *Economía,* 13 ed. McGraw-Hill, 1991.

WONNACOTT, P., y WONNACOTT, R.: *Economía,* 4.ª ed. McGraw-Hill, 1992.

PARTE I

Conceptos

CAPITULO 1

El concepto y el método en Economía

INTRODUCCION

El primer bloque temático del libro está compuesto por cuatro capítulos que tienen por objeto introducir al lector en los conceptos e instrumentos básicos de la Economía. El primero de ellos analiza la problemática del concepto y el método de la ciencia económica y el papel que juegan las teorías como medio para explicar los fenómenos económicos. Se analizan las peculiaridades de la investigación en economía ante la imposibilidad de recurrir a experimentos controlados, y se presentan las distintas técnicas utilizadas normalmente en Economía. En el último apartado se describen los instrumentos empleados en el análisis económico, así como las dificultades que se presentan al tratar de medir las variables económicas. La medición de las variables se trata con más profundidad en el Apéndice A. Asimismo, dada la importancia que el concepto de función tiene en el estudio de la Economía, en el Apéndice B se introduce al lector en su empleo para tratar los problemas económicos.

1. ¿QUE SE ENTIENDE POR ECONOMIA?

Las personas necesitan alimentarse, vestirse, recibir una educación, etc.; para ello tienen unos recursos o ingresos que siempre son insuficientes a la hora de conseguir todos los bienes y servicios que desean para satisfacer sus necesidades. También el conjunto de personas, o sea la sociedad, tiene necesidades colectivas, como las carreteras, la defensa, la justicia, etc., y, al igual que ocurre con las personas individuales, también tiene más necesidades que medios para satisfacerlas. La Economía se ocupa de las cuestiones que se generan en relación con la satisfacción de las *necesidades* de los individuos y de la sociedad. En el Esquema 1.1 aparece una tipología de las necesidades humanas.

La satisfacción de necesidades materiales (alimentos, vestido o vivienda) y no materiales (educación, ocio, etc.) de una sociedad obliga a sus miembros a llevar a cabo determinadas actividades productivas. Mediante estas actividades se obtienen los bienes y los servicios que se necesitan, entendiendo por *bien* todo medio capaz de satisfacer una necesidad tanto de los individuos como de la sociedad (véase Esque-

Esquema 1.1. Las necesidades humanas

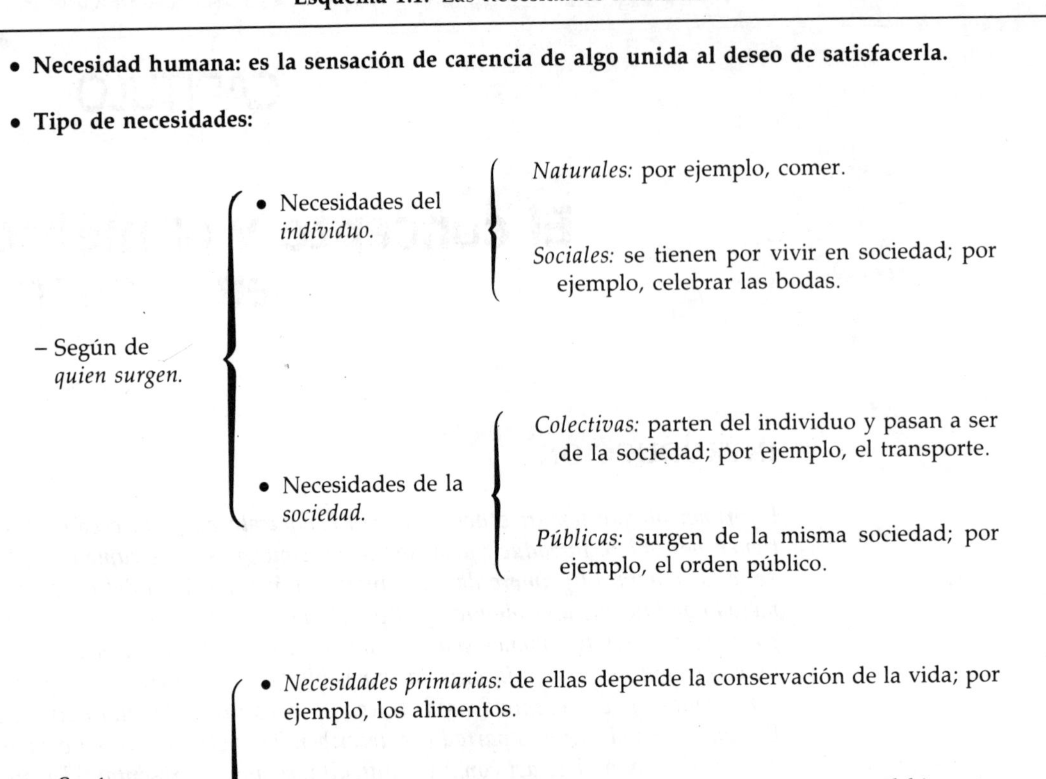

ma 1.2). La Economía se preocupa, precisamente, de la manera en que se administran unos recursos escasos, con objeto de producir diversos bienes y distribuirlos para su consumo entre los miembros de la sociedad.

• **Necesidad humana: es la sensación de carencia de algo unida al deseo de satisfacerla.**
• **Tipo de necesidades:**
– Según de *quien surgen.*
• Necesidades del *individuo.*
Naturales: por ejemplo, comer.
Sociales: se tienen por vivir en sociedad; por ejemplo, celebrar las bodas.
• Necesidades de la *sociedad.*
Colectivas: parten del individuo y pasan a ser de la sociedad; por ejemplo, el transporte.
Públicas: surgen de la misma sociedad; por ejemplo, el orden público.
– Según su *naturaleza.*
• *Necesidades primarias:* de ellas depende la conservación de la vida; por ejemplo, los alimentos.
• *Necesidades secundarias:* son las que tienden a aumentar el bienestar del individuo y varían de unas épocas a otras con el medio cultural, económico y social en que se desenvuelven los individuos; por ejemplo, el turismo.

En este proceso de *producción y consumo* se plantean y resuelven muchos problemas de carácter económico: es decir, problemas en los que se utilizan diversos medios para conseguir una serie de fines u objetivos.

Así, por ejemplo, en la *producción,* la empresa tiene que decidir qué bienes son los que va a elaborar y qué medios son los que va a utilizar para producir dichos bienes. En el caso de una empresa que produce automóviles los gerentes tienen que decidir qué modelo de automóvil lanzan al mercado y si lo van a hacer con una tecnología muy robotizada o con otra en la que se emplee más mano de obra.

Por lo que respecta al *consumo,* las familias tienen que decidir cómo van a distribuir los ingresos familiares entre los distintos bienes y servicios que se les ofrecen para satisfacer sus necesidades. Así, una familia concreta, a la hora de decidir comprar un televisor o un lavaplatos, tendrá en cuenta: sus necesidades, los precios de ambos bienes y sus propias preferencias, de forma que el resultado de la elección sea el más apropiado.

Ante todos los problemas que se plantean a

Esquema 1.2. Tipos de bienes

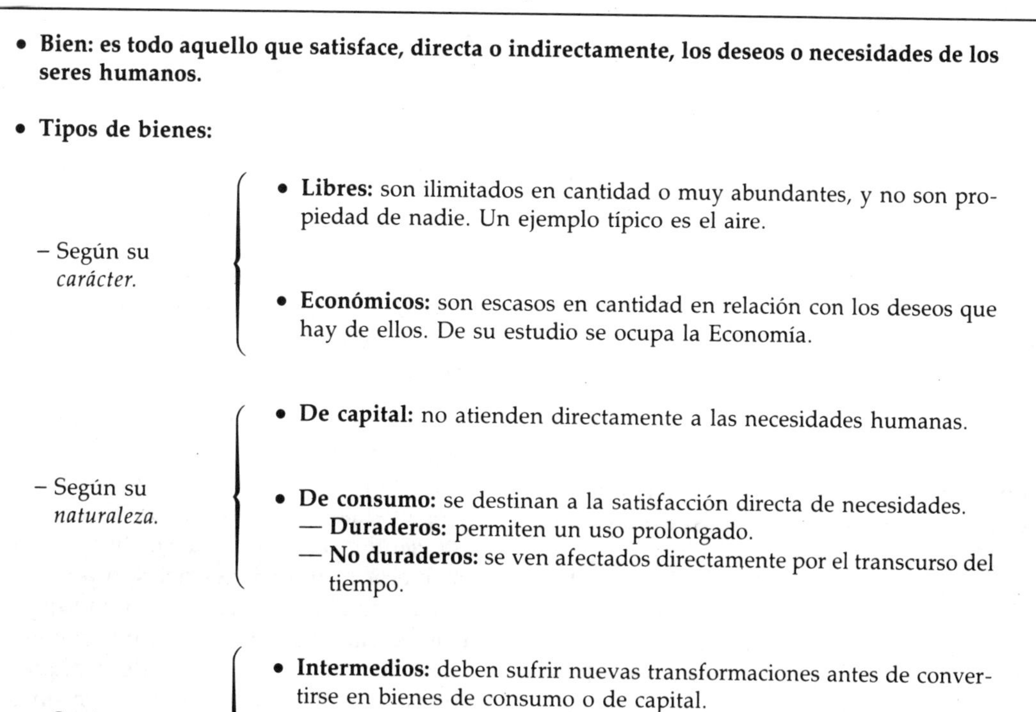

- **Bien: es todo aquello que satisface, directa o indirectamente, los deseos o necesidades de los seres humanos.**
- **Tipos de bienes:**
  - Según su *carácter.*
    - **Libres:** son ilimitados en cantidad o muy abundantes, y no son propiedad de nadie. Un ejemplo típico es el aire.
    - **Económicos:** son escasos en cantidad en relación con los deseos que hay de ellos. De su estudio se ocupa la Economía.
  - Según su *naturaleza.*
    - **De capital:** no atienden directamente a las necesidades humanas.
    - **De consumo:** se destinan a la satisfacción directa de necesidades.
      — **Duraderos:** permiten un uso prolongado.
      — **No duraderos:** se ven afectados directamente por el transcurso del tiempo.
  - Según su *función.*
    - **Intermedios:** deben sufrir nuevas transformaciones antes de convertirse en bienes de consumo o de capital.
    - **Finales:** ya han sufrido las transformaciones necesarias para su uso o consumo.

los individuos y a las empresas, de naturaleza similar a la esbozada, lo que pretende la Economía es ofrecer un método para ordenar y establecer las prioridades, a la hora de tomar decisiones sobre las necesidades individuales o colectivas que se desea satisfacer. Por eso algunos autores la han denominado también la *Ciencia de la elección.*

Así pues, lo que caracteriza a la Economía no es tanto su campo de estudio como el método de análisis aplicable al comportamiento humano y a las instituciones sociales, políticas y económicas, a través de las cuales los individuos se relacionan entre sí. A este respecto resulta oportuno recordar las palabras de J. M. Keynes cuando al referirse a la Teoría Económica señala que «es un método más bien que una doctrina, un aparato (o disciplina) de la mente, una técnica de pensar, que ayuda a las personas que tienen que sacar conclusiones concretas».

Definición de Economía

De lo señalado en párrafos anteriores resulta que la Economía estudia la forma en la que los individuos y la sociedad efectúan las elecciones y decisiones para que los recursos disponibles, que siempre son escasos, puedan contribuir de la mejor forma a satisfacer las necesidades individuales y colectivas de la sociedad.

• ***Economía*** **es la ciencia que estudia la asignación más conveniente de los recursos escasos de una sociedad para la obtención de un conjunto ordenado de objetivos.**

La Economía no estudia un área o un campo de la actividad humana, sino un aspecto de ésta: el aspecto de toda actividad humana que, en el intento de satisfacer las necesidades materiales, implica la necesidad de elegir.

La Economía no se ocupa directamente ni del tipo de instituciones políticas que los individuos crean ni de ciertos aspectos del comportamiento de éstos, tales como las prácticas religiosas. Tampoco se dedica a estudiar la estructura de la sociedad en que vivimos. Estos asuntos son la base de estudio de otras ciencias sociales, como son la política, la sociología o la teología.

De forma intuitiva puede decirse que la Economía se ocupa de la forma en que los individuos «economizan» sus recursos, es decir, de cómo emplean su renta de forma cuidadosa y sabia en orden a obtener el máximo provecho. Desde el punto de vista de la sociedad en su conjunto, la Economía trata de cómo los individuos alcanzan el nivel de bienestar material más alto posible a partir de los recursos que ellos tienen disponibles.

¿Qué cabe esperar de la Economía?

Al estudiar las actividades económicas de una sociedad la ciencia económica pretende encontrar la forma más satisfactoria de resolver los problemas económicos que el proceso de producción y consumo genera. No cabe esperar, sin embargo, que se obtengan recetas exactas para resolver los problemas económicos, pues siempre habrá elementos arbitrarios en el comportamiento de los individuos. Cabe, no obstante, la esperanza de que los criterios proporcionados por la economía resulten de aplicación práctica y sirvan de guía para el control de la actividad económica.

Economía positiva y normativa

Antes de finalizar este breve recorrido por el concepto de economía, debe señalarse que a veces se distingue entre *Economía positiva* y *Economía normativa.* En general, las hipótesis científicas son proposiciones sobre hechos, esto es, sobre lo que es, sobre lo que ocurre, y no sobre lo que debería ser.

• **La Economía positiva se define como la ciencia que busca explicaciones objetivas del funcionamiento de los fenómenos económicos; se ocupa *«de lo que es o podría ser».***

La Economía positiva está presidida por la asepsia científica. Independientemente de las convicciones políticas, se observan los hechos y se evalúan los fenómenos observados. En este sentido la Economía positiva se dedica a establecer proposiciones del tipo «si se dan tales circunstancias, entonces tendrán lugar tales acontecimientos». Desde un punto de vista positivo, los posicionamientos de cualquier economista serán esencialmente los mismos para una amplia gama de cuestiones sobre las que hay una práctica unanimidad entre los profesionales de la Economía.

De lo anterior no debe inferirse que en Economía no existan discrepancias, ya que hay temas que no están completamente resueltos y sobre los que el debate continúa abierto. En este sentido puede afirmarse que las discrepancias más frecuentes entre los economistas están en el campo de la Economía normativa.

• **La *Economía normativa* ofrece prescripciones para la acción basadas en juicios de valor personales y subjetivos; se ocupa *«de lo que debería ser».***

Las proposiciones sobre lo que debería ser responden a unos criterios éticos, ideológicos o políticos sobre lo que se considera deseable o indeseable. El problema fundamental de la Economía normativa es poder determinar lo que los individuos realmente desean, sobre cómo debería ser la realidad de una cuestión específica. Desde un punto de vista normativo el economista formula prescripciones sobre el sistema económico basándose en sus propios juicios y no exclusivamente en razonamientos científicos.

Desde un planteamiento normativo, al estudiar, por ejemplo, el peso relativo del sector público, se trata de responder a la cuestión de si éste debería aumentar o reducir su importancia dentro del contexto global de la actividad económica. Por el contrario, un enfoque positivo se limitaría a indicar la importancia relativa del sector público sin entrar en valoraciones.

En la vida real, sin embargo, los componentes positivo y normativo de la ciencia económica se mezclan de forma que resulta muy difícil separarlos. La mayoría de los economistas tienen puntos de vista personales sobre cómo debería funcionar la sociedad y es muy difícil ignorarlos cuando se recomienda una política determinada. No debe olvidarse que cualquier análisis implica una evaluación de los hechos, y los hechos muchas veces son susceptibles de más de una interpretación. Obviamente, en el momento de establecer interpretaciones es muy difícil evitar que nuestras propias valoraciones influyan en la percepción de cómo funciona realmente el sistema económico. En consecuencia, no es posible evitar cierta superposición de la economía positiva y la normativa, pues sus límites no están claramente definidos, y en temas importantes se diluyen todavía más.

2. LA ECONOMIA COMO CIENCIA: LA ABSTRACCION

La ciencia económica mide y describe el aspecto material de la vida, si bien su principal objetivo es comprender cómo funcionan las economías de los distintos países. Esta comprensión exige contar con teorías que expliquen el funcionamiento de los fenómenos económicos, y para ello hay que recurrir a la abstracción. Sólo de esta forma podremos formular predicciones y responder a preguntas del tipo: «qué sucedería si».

De hecho todo análisis implica una abstracción. Es necesario idealizar, omitir detalles y establecer hipótesis y esquemas lógicos que permitan relacionar los hechos. Ello no significa que el análisis económico no tenga un profundo contenido empírico.

Al establecer estas simplificaciones lo que se pierde en realismo y en poder explicativo se gana en claridad y generalidad. El economista formula supuestos irreales, pero esta inclinación a hacer abstracción de la realidad se debe a la extraordinaria complejidad del mundo real. La abstracción, a partir de detalles sin importancia, es necesaria para entender el funcionamiento de la compleja realidad económica. El grado de abstracción depende del objetivo del análisis. Un determinado grado de abstracción puede resultar excesivo para ciertos propósitos y, por el contrario, no ser suficiente para otros.

Aunque algunos estudiantes encuentran la Economía, y en especial la teoría económica, indebidamente abstracta e irrealista, la abstracción es imprescindible para el análisis económico. La complejidad del mundo conduce al estudioso a organizar el conocimiento que tiene sobre el mismo de acuerdo con algún tipo de estructura teórica. En el lenguaje del método científico, una *teoría* es una simplificación deliberada de relaciones reales que pretende explicar cómo funcionan esas relaciones.

- **Una *teoría* es una explicación del mecanismo que subyace en los fenómenos observados.**

Las teorías

Las teorías pretenden explicar el porqué de ciertos acontecimientos o justificar la relación entre dos o más cosas. Teorizar no es un lujo, sino una necesidad. La teoría económica provee una estructura lógica para organizar y analizar datos económicos. Sin teoría los economistas lo único que podrían hacer sería observar y describir lo que ven. Con la teoría pueden tratar de entender el funcionamiento de la Economía. Sin teorías tendríamos una masa informe de observaciones sin ningún sentido. La teoría es lo que utilizamos para poner en orden las observaciones de los hechos económicos, con el fin de explicar de qué manera están relacionados. Las teorías son necesarias para poder interpretar los datos y los hechos, ya que proveen los conceptos y las hipótesis de comportamiento de las variables y de los agentes económicos, haciendo posible el análisis y la explicación de los hechos de forma sistemática.

Además, al concebirse las teorías como un conjunto de definiciones explicativas del significado de cada uno de los supuestos acerca de cómo funciona el mundo, permiten, mediante un simple proceso de deducción lógica, descubrir las implicaciones de tales supuestos. Estas implicaciones son las predicciones de las teorías. Las teorías, por un lado, pretenden explicar por qué se observan en el mundo real determinados acontecimientos o por qué se da una relación entre dos o más variables, y, por otro, facilitan la predicción de las consecuencias de algunos acontecimientos.

Teoría económica y política económica

Es frecuente, sobre todo entre los que no han estudiado Economía en profundidad, establecer una falsa distinción entre teoría y política. En realidad no existe tal divorcio, pues es precisamente la preocupación por la política lo que hace que la teoría sea tan necesaria e importante. Si no hubiese posibilidad de influir sobre la actividad económica a través de políticas económicas, con objeto de cambiar ciertos sucesos que consideramos desfavorables, la Economía sería una disciplina meramente descriptiva e histórica. Es una profunda preocupación por la política económica lo que fuerza a los economistas a tratar con posibilidades que de hecho no han tenido lugar, en un intento de evaluar los efectos de las medidas de política. Sólo este tipo de análisis justifica actuar sobre la actividad económica y, en definitiva, llevar a

Nota complementaria 1.1

HE AQUI DOS MUESTRAS DEL ESPINOSO CAMINO DEL QUEHACER TEORICO

«Pointer, ¿no construye usted teorías a medida que avanza en la investigación?» «Preferiría encontrar hechos —respondió Pointer—. Naturalmente, si no hay forma de encontrar un hecho por ninguna parte, hay que buscarlo con una teoría.» Los dos hombres guardaron entonces silencio, perdidos en meditaciones.»

A. A. FIELDING, «The Craig Poisoning Mystery», pág. 65. Citado por F. Zeuthen en *Teoría y método en Economía,* Aguilar, 1960.

Se cuenta con frecuencia la anécdota de aquel alumno que interrumpió a su profesor en medio de una clase de Teoría Económica y le dijo: «... me sabe mal cortarle así, pero en el mundo real...», a lo que el profesor sin dejarle concluir respondió herido: «Señor Waldorf, debe usted recordar que el mundo real constituye un caso particular y, por consiguiente, no necesitamos tenerlo en cuenta».

R. MCKENZIE y G. TULLOCK, *La nueva frontera de la Economía,* Espasa Calpe, 1980.

Nota complementaria 1.2

ESQUEMA DE FUNCIONAMIENTO DE UN MODELO ECONOMICO

En este esquema se recoge de forma sintética el comportamiento del consumidor, que se estudiará en el Capítulo 6.

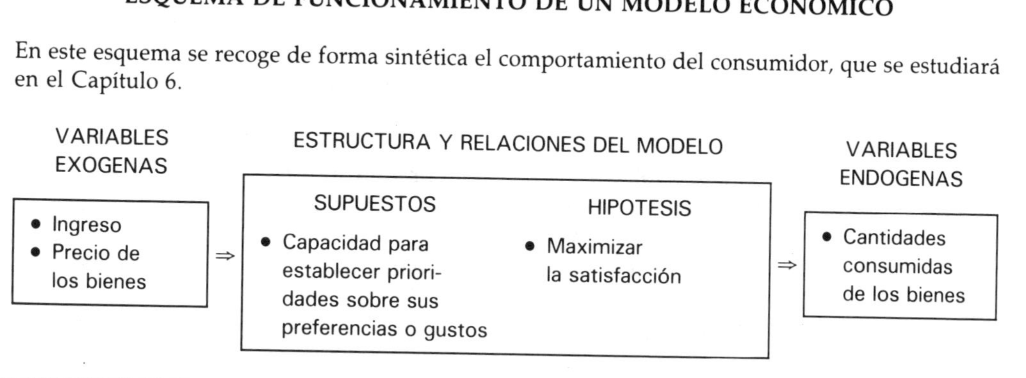

cabo intervenciones que permitan tratar de reformar el curso de los acontecimientos económicos.

Los modelos económicos

Para tratar de influir sobre la actividad económica, los economistas se deben preocupar de relaciones causa-efecto y este tipo de problemas sólo se puede afrontar en base a un razonamiento teórico y a un análisis de los datos históricos sobre las variables económicas relevantes. Los economistas, para entender el funcionamiento de la Economía y para expresar las relaciones causa-efecto, usan *modelos económicos.*

• **Un *modelo* es una simplificación y una abstracción de la realidad que a través de supuestos, argumentos y conclusiones explica una determinada proposición o un aspecto de un fenómeno más amplio.**

Los modelos económicos suponen que el comportamiento de los individuos es «racional», en el sentido de que se toman aquellas decisiones que son más efectivas para ayudar al individuo a alcanzar sus propios objetivos, cualesquiera que éstos sean. El comportamiento racional de los individuos exige que éstos actúen coherentemente con un conjunto sistemático de preferencias. La racionalidad garantiza al sujeto económico un criterio estable, a partir del cual decide su actuación ante cada situación. En la medida en que los sujetos económicos actúen racionalmente sus acciones serán predecibles y se podrán estudiar las consecuencias que tendrán sobre ellas un cambio en el entorno. Este supuesto de racionalidad no sólo se aplica al sujeto individual, sino a cualquier agente que lleva a cabo una acción económica. Obviamente las preferencias serán distintas en cada caso, pero si no se pueden ordenar los distintos cursos de acción, no se podrá elegir lo mejor.

En Economía, si bien se parte de supuestos que constituyen proposiciones cuyo contenido se toma como dado y no es necesario explicar, el objetivo último se centra en tratar de establecer modelos explicativos que sean aplicables con cierta generalidad. Por ello se buscan los rasgos característicos, y en cierto modo uniformes, de un determinado fenómeno, que son los que el modelo pretende explicar.

De acuerdo con lo señalado, cabe afirmar que cuanto más sencillo sea el modelo económico que planteemos, más fácil resultará utilizarlo para dar respuestas generales a las preguntas del tipo «qué sucedería si», pero menos detalladas serán las predicciones obtenidas.

La ley de los grandes números

El objeto de estudio primordial de los modelos económicos es el hombre, y éste es libre y no está sujeto a leyes inflexibles. Este hecho no sólo dificulta la investigación en Economía, sino también la modelización de los fenómenos económicos; la modelización requiere un comportamiento relativamente estable de forma que pueda predecirse dentro de un margen aceptable de error. Afortunadamente las predicciones con éxito del comportamiento de los grupos humanos son factibles gracias a la denominada *ley de los grandes números.*

• **La *ley de los grandes números* sostiene que, por promedio, los movimientos fortuitos de un gran número de individuos tienden a eliminarse unos con otros.**

De esta ley se deduce que si bien algunos individuos pueden comportarse de una manera extraña, no por ello el comportamiento del grupo deja de ser predecible, pues «las cosas raras» que algunos individuos puedan hacer tenderán a eliminarse con las realizadas por otros. Basándose en la estabilidad que da la citada ley, la ciencia económica puede establecer modelos de uniformidad, de los que se obtienen implicaciones que permiten explicar y predecir los fenómenos observados, así como elaborar proposiciones contrastables sobre las actividades económicas de una sociedad. Este hecho es de fundamental importancia de cara a considerar la Economía como una disciplina científica.

Las discrepancias entre los economistas

De todo lo desarrollado hasta este momento se desprende que la Economía reúne todos los atributos para calificarla como disciplina científica. Es frecuente, sin embargo, que el hombre de la calle se formule la siguiente pregunta:

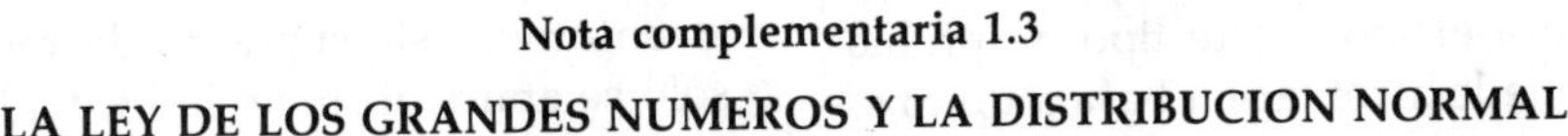

Nota complementaria 1.3

LA LEY DE LOS GRANDES NUMEROS Y LA DISTRIBUCION NORMAL

La «distribución normal» es la representación que mejor refleja el comportamiento de los individuos subyacente en la ley de los grandes números. Como se puede observar, la mayoría de la población se sitúa en torno al valor medio.

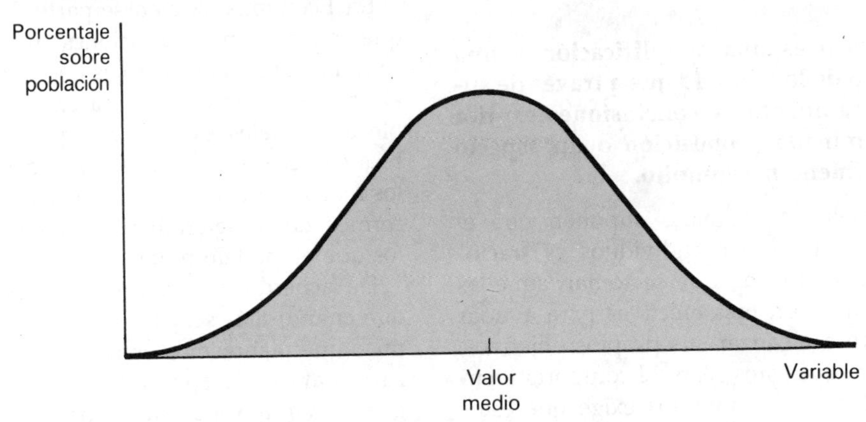

¿si la Economía es una disciplina científica, por qué los economistas discuten tan a menudo de forma que parece que discrepan sobre casi todo? En este sentido habría que señalar, en primer lugar, que las discrepancias entre economistas no son mucho más profundas que en otras ciencias, aunque sí son más visibles, pues se trata de una ciencia social y los problemas debatidos preocupan al pueblo en general, mientras que en otras ciencias quedan reducidos a la comunidad científica.

En segundo lugar, dado el tipo de temas bajo controversia, conviene precisar que la ciencia económica puede contribuir a su resolución, pero las decisiones finales sobre temas de política rara vez se toman exclusivamente de acuerdo con las teorías y modelos económicos. La información estadística que sería necesaria para hacerlo normalmente no está disponible, y hay que recurrir a los gustos y opiniones, sobre los que los individuos con frecuencia difieren. Estas opiniones éticas se traducen en juicios de valor sin posibilidad de contrastación empírica y, a este respecto, los economistas no están mejor dotados que los demás individuos.

3. LA INVESTIGACION ECONOMICA

Los economistas, como cualquier otro colectivo, discrepan sobre lo que es justo y sobre cuáles deben ser los objetivos y las prioridades de la sociedad. Estas discrepancias que surgen en los planteamientos de la Economía normativa, en determinadas ocasiones pueden resolverse mediante la investigación.

La Economía, como antes señalamos, es una ciencia con un profundo contenido empírico. Esto es algo que se reafirma al analizar la forma en que se suele desarrollar la investigación económica. El investigador económico frecuentemente se inspira, para formular sus hipótesis o generalizaciones, en el análisis de la realidad, y en particular en el estudio de los casos individuales. En cualquier caso, sin embargo, debe señalarse que el conocimiento científico propiamente dicho comienza en el momento en que se formulan hipótesis, cualquiera que sea la fuente que haya inspirado al científico, que son contrastables, y de las que se pueden derivar una serie de relaciones con otras hipótesis, así como predicciones.

El método inductivo y el método deductivo

En Economía se emplea tanto el método *inductivo* (entendido como aquel que parte de la observación de la realidad para obtener principios generales) como el *deductivo* (esto es, aquel que consiste en el empleo de deducciones lógicas extraídas de axiomas «a priori» sin recurrir a la observación empírica). Así, a partir de la observación de los fenómenos naturales, mediante procedimientos inductivos extraemos las hipótesis sobre el comportamiento económico, y posteriormente mediante la deducción formulamos teorías y leyes. Estas teorías y leyes no están aisladas de la realidad, sino que es preciso contrastar sus predicciones con la evidencia real con objeto de verificar su validez. Para ello debemos descubrir si ciertos acontecimientos tienen las consecuencias predichas por la teoría.

Aceptación y refutación de una teoría

El criterio para determinar si una teoría o un modelo es válido no radica en si realiza una descripción totalmente realista del fenómeno que pretende explicar ya que ninguna lo hace, sino en si las predicciones derivadas del modelo son coherentes con la evidencia existente.

Ahora bien, aunque no podemos eludir el recurso a la evidencia para contrastar las teorías, sin embargo nunca podemos probar taxativamente que una teoría determinada sea verdadera, pues siempre cabe la posibilidad de que en el futuro surjan observaciones que estén en conflicto con dicha teoría. Del mismo modo que nunca podemos considerar una teoría como definitivamente probada, tampoco es posible refutar una teoría para siempre. En general, cabe afirmar que una teoría debe abandonarse cuando predice peor que otras teorías alternativas las consecuencias de las acciones en las que estamos interesados. Cuando esto ocurre, la teoría se abandona y se reemplaza por una que se ajuste mejor al fenómeno estudiado. Este comportamiento no es algo privativo de la Economía, sino que cualquier ciencia en desarrollo sigue un proceso similar. La teoría y la observación, la deducción y la inducción de los hechos, la teorización y la contrastación de las teorías no son procesos en contraposición, sino en continua interacción.

Tal como acabamos de ver, la dependencia entre los estudios empíricos y el análisis teórico es recíproca y se requieren ambos para el progreso del conocimiento económico. El trabajo empírico es necesario para sugerir problemas adicionales a estudiar y para proporcionar material que permita contrastar las hipótesis disponibles. El trabajo analítico es necesario para canalizar la compilación de los hechos relevantes y desarrollar generalizaciones que sirvan para ordenar los hechos señalados en una investigación empírica. La evidencia empírica evita que el análisis económico se reduzca a un mero pasatiempo intelectual, siendo por otro lado el instrumento idóneo para revisar las teorías y estimular su desarrollo. En cualquier caso no debe olvidarse que el desarrollo teórico en muchas ocasiones va abriendo nuevas fronteras y en estas fases de progreso no cabe esperar de él unas implicaciones empíricas inmediatas.

El proceso metodológico en Economía

Al revisar la dependencia entre el análisis empírico y el teórico se evidencia que en Economía el método inductivo y el deductivo se complementan mutuamente, y que la evidencia empírica se encuentra en el origen de las hipótesis y al término de las deducciones lógicas.

El procedimiento normalmente seguido en el desarrollo de la investigación en Economía tiene tres fases. En la primera fase se observa un fenómeno y nos preguntamos la razón por la que puede existir una determinada relación. En una segunda fase se formulan una serie de hipótesis y se desarrolla una teoría que intenta explicar el fenómeno observado. La tercera fase consiste en contrastar o verificar las predicciones de la teoría confrontándolas con los datos. De esta forma se evidencia la relación continua existente entre los modelos y los hechos, pues éstos proporcionan las relaciones que estamos tratando de explicar y, posteriormente, una vez formuladas las teorías, de nuevo se recurre a los datos para comprobar las hipótesis que sugieren éstas y para tratar de medir las relaciones de las que dependen sus predicciones. Un esquema del proceso metodológico normalmente seguido en Economía puede ser el contenido en el Esquema 1.3.

Esquema 1.3. Representación esquemática de la investigación en Economía

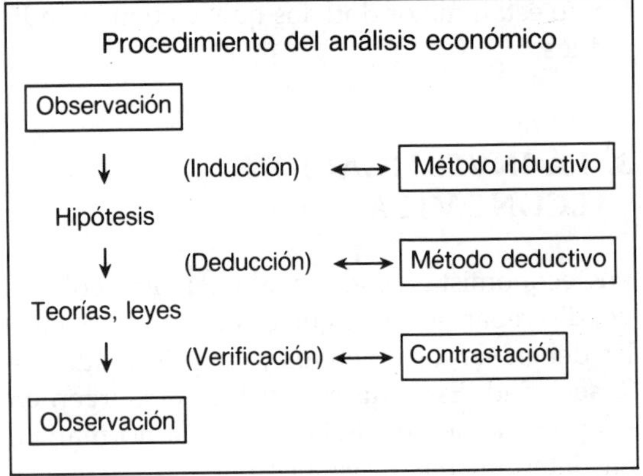

Peculiaridades de la investigación económica

Desde una perspectiva metodológica existen ciertas diferencias entre las ciencias naturales y las sociales. En las líneas que siguen consideraremos las peculiaridades de la investigación en Economía.

■ El realismo de los supuestos

Unas se derivan del *realismo de los supuestos* normalmente empleados en los modelos económicos. A este respecto debe señalarse, sin embargo, que la postura dominante defiende que las teorías no deben evaluarse a la luz del mayor o menor realismo de los supuestos por ellas empleados, sino a través de la validez de las predicciones de ellas derivadas. Desde esta óptica una teoría será válida siempre y cuando lo sean las consecuencias o predicciones derivadas de ella.

Los supuestos que integran las distintas teorías son proposiciones cuya validez se toma como dada, y se introducen porque concretan los modos de conducta de los agentes económicos. Probablemente los supuestos más característicos utilizados en Economía son: por un lado, que los agentes económicos actúan de forma racional, esto es, que son lógicos en el planteamiento de los problemas y en las soluciones que eligen y, por otro, que los individuos son utilitaristas o egoístas y, consecuentemente, siempre tratan de maximizar alguna magnitud. Así, por ejemplo, al analizar el comportamiento del consumidor supondremos que pretende maximizar su utilidad y al estudiar el de la empresa supondremos que ésta trata de maximizar sus beneficios. Estos y otros supuestos menos generales configuran un *homo economicus* y constituyen los puntos de partida del análisis económico.

Recientemente se han introducido en el análisis económico conceptos tales como el azar, el tiempo, el espacio, la indeterminación, la irracionalidad y la información incompleta, que llevan a conclusiones que en cierto modo cuestionan la conveniencia analítica de definir el comportamiento racional de los agentes económicos en términos de maximización. Debe señalarse, sin embargo, que aún no se dispone de una alternativa válida. Por ello, si bien con reservas, se sigue admitiendo el supuesto de racionalidad de los agentes económicos y ésa es la hipótesis que se aceptará a lo largo de este manual.

■ Dificultad de realizar experimentos controlados

La investigación económica presenta también algunas peculiaridades derivadas de la dificultad de realizar *experimentos controlados* con los agentes económicos. Para paliar los efectos de esta dificultad es frecuente introducir la condición «ceteris paribus» en los modelos económicos. Esta condición consiste en suponer que, excepto las variables que se están estudiando, todas las demás permanecen constantes, lo que resulta analíticamente muy restrictivo, ya que en realidad dichas variables no permanecen inalteradas. Esta condición reduce la validez de las relaciones que se determinan entre las variables y de las predicciones que se hacen a partir de ellas.

Por otro lado, la Economía tiene un problema metodológico adicional, debido a que su objeto de estudio, los individuos, aprenden de los fenómenos económicos, cambian su conducta y sus hábitos de comportamiento a medida que avanza el conocimiento económico de los fenómenos con la finalidad de sacarle provecho (véase Capítulo 29, Apartado 7).

■ Los juicios de valor

En economía se plantea también el problema de los *juicios de valor.* Los economistas son miembros de una sociedad que tiene unos valores ideológicos que los individuos aprenden y absorben, muchas veces de forma inconsciente. Estos juicios de valor influencian las cuestiones que el científico estudia, el tipo de preguntas que se hace, los conceptos que emplea y las hipótesis que formula, y pueden restar objetividad al análisis de los fenómenos económicos.

Los problemas metodológicos comentados no han impedido, sin embargo, que la Economía haya desarrollado un cuerpo de teorías y unos métodos de análisis que han demostrado eficacia y utilidad. La imposibilidad de realizar experimentos controlados en Economía no es un problema exclusivo de esta ciencia. Tampoco en astronomía se pueden efectuar experimentos, y ello no ha impedido su desarrollo como ciencia. El cambio continuo de las variables económicas tampoco es un problema sin solución, ya que con técnicas de análisis apropiadas a la complejidad de los fenómenos dicho problema se puede obviar. La incorporación de juicios de valor tampoco es exclusivo de la Economía. En la Filosofía de la Ciencia se acepta de forma generalizada que toda investigación científica implica elementos subjetivos importantes. El ideal de una explicación de los hechos puramente objetiva, libre de juicios de valor y de elementos subjetivos, ha sido abandonado. En Economía, al igual que en las demás ciencias, cabe distinguir entre las cuestiones relativas al condicionamiento social o ideológico de una teoría y las cuestiones referidas a la validez científica de ésta. En la primera etapa, los componentes ideológicos juegan un papel primordial a través de la influencia que tienen sobre los científicos, en el momento en que éstos eligen los problemas que abordarán en su investigación y al proporcionarles una estructura conceptual para la selección de los datos y variables que se han de utilizar. En la etapa de la elaboración de las hipótesis económicas, esto es, al formularlas formalmente, al establecer su relación con otras hipótesis y al contrastarlas empíricamente, las connotaciones valorativas tienden a desaparecer. Así, cualesquiera que sean los factores inspiradores de una hipótesis, el proceso de manipulación de

Nota complementaria 1.4

DISTINTOS PUNTOS DE VISTA SOBRE LA FILOSOFIA DE LA CIENCIA

«Baste aquí con decir que entiendo por "historicismo" un punto de vista sobre las ciencias sociales que supone que la predicción histórica es el fin principal de éstas, y que supone que este fin es alcanzable por medio del descubrimiento de los "ritmos" o de los "modelos", de las "leyes" o las "tendencias" que yacen bajo la evolución de la historia.»

KARL POPPER, *La miseria del historicismo,* Alianza/Taurus, Madrid, 1981.

«... (el científico) será como el jugador de ajedrez que, frente a un problema establecido y con el tablero, física o mentalmente ante él, ensaya varios movimientos alternativos para buscar la solución. Esos intentos de prueba, tanto si son hechos por el jugador de ajedrez como si los lleva a cabo el científico, son sólo pruebas para ellos mismos, no para las reglas del juego.»

THOMAS S. KUHN, *La estructura de las revoluciones científicas,* F. C. E., México, 1975.

«Los científicos tienen la piel gruesa. No abandonan una teoría simplemente porque los hechos la contradigan. Normalmente, o bien inventan alguna hipótesis de rescate para explicar lo que ellos llaman después una simple anomalía o, si no pueden explicar la anomalía, la ignoran y centran su atención en otros problemas.»

IMRE LAKATOS, *La metodología de los programas de investigación científica,* Alianza, Madrid, 1983.

«Podemos hacer que la ciencia pase de ser una matrona inflexible y exigente, a ser una atractiva y condescendiente cortesana que intente anticiparse a cada deseo de su amante. Desde luego, es asunto nuestro elegir un dragón o una gatita como compañera. Hasta ahora la humanidad parece haber preferido la segunda alternativa.»

PAUL FEYERABEND, *Contra el método,* Ariel, Barcelona, 1981.

ésta puede acabar por depurarla de los elementos ideológicos.

¿Cómo se concibe la Economía en un curso introductorio?

Una vez analizado el concepto de Economía y el esquema metodológico empleado por la ciencia económica, cabe presentar una definición de Economía que sintetice lo tratado hasta el momento. En este sentido podemos definir la Economía diciendo que es una ciencia social y empírica que se ocupa de estudiar cómo se administran los recursos escasos susceptibles de usos alternativos, mediante el establecimiento de modelos de uniformidad sobre lo acontecido en la actividad económica con la intención de explicar y predecir los fenómenos observados. La Economía, asimismo, se ocupa de elaborar proposiciones contrastables en un

Nota complementaria 1.5

LA MEDICION DE LA ECONOMIA

Tal como se indica en el texto, para verificar los modelos económicos hay que medir las variables económicas. Una de las variables económicas más conocidas es la que refleja la evolución de la producción total de la economía, esto es, el Producto Interior Bruto, o sea el PIB (véase Capítulo 15).

En el cuadro adjunto aparecen los datos relativos al crecimiento del PIB real para 2 períodos, 1965-80 y 1980-90, para un conjunto de países.

Argentina —según puede verse— pasó de un crecimiento positivo del 3,4 % anual en el primer lapso analizado a una caída promedio anual del 0,4 % en 1980-90, llamada precisamente la «década perdida».

TASA MEDIA DE VARIACION ANUAL DEL PIB (%)

Países	1965-80	1980-90
Argentina	**3,4**	**– 0,4**
Brasil	9,0	2,7
Corea	9,9	9,7
Costa Rica	6,3	3,0
España	4,6	3,1
Estados Unidos	2,7	3,4
Hong Kong	8,6	7,1
Italia	4,3	2,4
Japón	6,4	4,1
México	6,5	1,0
Paraguay	7,0	2,5
Reino Unido	2,3	3,1
Singapur	10,0	6,4
Túnez	6,5	3,6
Uruguay	2,4	0,3

FUENTE: *Banco Mundial. Informe sobre el Desarrollo Mundial.*

intento de evaluar los posibles efectos de las medidas de política económica.

En relación a cuál es el objeto de un curso de introducción a la Economía y en qué medida pretendemos cumplir los objetivos que se desprenden de la definición anterior, cabe señalar, en primer lugar, que un curso de introducción a la Economía no hace economistas. Puede, sin embargo, ser de gran ayuda para enfocar los problemas sociales más urgentes desde un punto de vista pragmático y desapasionado. En un curso de iniciación a la Economía no se deben buscar soluciones para los problemas sociales, sino las enseñanzas para enfocar, desde la perspectiva de la ciencia económica, tales problemas y así ofrecer respuestas útiles.

4. LOS INSTRUMENTOS DEL ANALISIS ECONOMICO

Toda disciplina académica, y en general toda actividad, ya sea la cirugía, el atletismo o la economía, requiere el empleo de un conjunto básico de herramientas o instrumentos. Estos instrumentos pueden ser tangibles, como el bisturí de un cirujano, o intangibles, como la preparación física para el atleta o, como en Economía lo son, un conjunto de conceptos, técnicas y procedimientos que ayudan a afrontar y resolver los problemas económicos.

Las técnicas de análisis

Según J. Schumpeter, lo que distingue al economista es el dominio de las tres siguientes técnicas de análisis: *historia, estadística* y *teoría.* El economista utiliza la teoría económica, constituida por el cuerpo de teorías e hipótesis explicativas sobre fenómenos observados a lo largo del tiempo, y por los modelos diseñados para representar ciertos aspectos de la realidad. Junto a la teoría económica, el economista emplea los datos estadísticos y las series históricas que describen los fenómenos que pretende explicar.

De estas técnicas de análisis la base es la teoría económica, que está integrada por un conjunto de teorías sobre las distintas parcelas de la actividad económica. Así, a lo largo de este curso se estudiará la teoría de la renta nacional, la teoría de los precios, la teoría de la distribución de la renta, etc. Cada una de esas teorías está compuesta por un conjunto de definiciones, una serie de supuestos y unas hipótesis de comportamiento. Las definiciones permiten delimitar los conceptos que describen las variables y los factores que intervienen en los fenómenos económicos. Esta tarea implica, por un lado, identificar y definir las variables a estudiar y, por otro, seleccionar las que se consideran más relevantes.

• **Una *variable económica* es algo que influye en las decisiones relacionadas con los problemas económicos fundamentales o algo que describe los resultados de esas decisiones.**

Las definiciones y los supuestos de las teorías se integran en las *hipótesis* de comportamiento de los agentes y de las variables económicas. Estas no son sino proposiciones que afirman la existencia de una relación determinada entre las variables. Dichas hipótesis, como vimos en el apartado anterior, son contrastadas con la realidad a partir de las predicciones o implicaciones que se derivan de ellas mediante un proceso lógico de deducción.

Los procedimientos empleados en Economía

A lo largo de este curso se expondrán las hipótesis y se derivarán de ellas las implicaciones necesarias para explicar los fenómenos que se estudien. Para llevar a cabo la formulación de las relaciones entre las variables que intervienen en las hipótesis, así como las deducciones que se obtengan de ellas, se utilizarán distintos procedimientos: el *verbal,* el *matemático* y el *geométrico,* o una mezcla de los tres.

El procedimiento *verbal* o literario se basa en el sentido común y, si bien suele ser fácil de comprender, tiene grandes limitaciones por lo laborioso que resulta y porque en muchas ocasiones es casi imposible exponer sólo verbalmente las implicaciones lógicas que los supuestos de la teoría permiten deducir. Los procedimientos *geométricos* emplean la representación gráfica. Los instrumentos gráficos permiten representar de forma intuitiva las relaciones funcionales sencillas entre dos o tres variables. Los instrumentos *analítico-matemáticos* se caracterizan por la generalidad y, aunque son menos intuitivos, permiten expresar con precisión ideas muy complejas que requerirían una expresión verbal muy larga. Tenemos pues, en la geometría y en las matemáticas, en particular en el *concepto de función,* una forma de simbolizar un comportamiento muy complejo que permite llevar a cabo una discusión de los problemas económicos en forma gráfica, en lugar de recurrir a una exposición verbal demasiado prolija y no siempre tan rigurosa como el lenguaje gráfico o matemático (véanse Apéndices A y B).

Para sintetizar los procedimientos metodológicos empleados en Economía, puede resultar apropiado recordar a Keynes cuando dijo... «el economista debe comprender los símbolos y expresarse en palabras. Debe contemplar lo particular en términos de lo general y tratar de lo abstracto en la misma línea que de lo concreto. Debe estudiar el presente a la luz del pasado y con los objetivos del futuro».

Los modelos y los datos

Tal como se ha señalado, una teoría o un modelo es una descripción simplificada de la realidad. Los modelos económicos describen las relaciones existentes entre las variables económicas.

Los datos miden las variables económicas y permiten analizar y examinar las relaciones que predicen los modelos económicos. Los datos o hechos actúan conjuntamente con los modelos. Por un lado, los datos sugieren a veces relaciones entre las variables y los modelos aportan el marco para poder analizar sistemáticamente dichas relaciones. Por otro lado, una vez construido un modelo, los datos son útiles para medir las diferentes relaciones sugeridas por el modelo. En cualquier caso debe tenerse en cuenta que son posibles muchas interpretaciones y se necesitan datos para distinguir las relaciones significativas de las menos importantes.

- **Los *datos económicos* son hechos, generalmente expresados en cifras, que ofrecen información sobre las variables económicas.**

La importancia de contar con datos fiables se debe a que la resolución de cualquier problema económico comienza normalmente por el examen de los datos y la elaboración de uno o más modelos coherentes con ellos. Una vez elaborado el modelo o modelos se utilizan nuevos datos para contrastar sus predicciones. A partir de los resultados obtenidos puede que seleccionemos un único modelo, que se base en alguno de los contrastados, o que se considere la conveniencia de elaborar otro nuevo.

Los datos económicos se presentan en forma de *series temporales* o constituyendo un *corte transversal.* Una serie temporal es un conjunto de mediciones de una variable en diferentes puntos o intervalos del tiempo. Un ejemplo de una serie temporal son los datos diarios del precio de las acciones de una bolsa cualquiera. Los datos de corte transversal suministran información sobre una variable, en un momento dado del tiempo, pero difieren según la fuente o característica de la unidad informante. Así, un ejemplo de datos de corte transversal son los salarios de las distintas categorías profesionales.

La medición de las variables económicas

La mayoría de las variables económicas, tales como la producción de un bien, la cantidad de un factor productivo empleada, los precios de los bienes y servicios o los niveles de renta de las familias, pueden expresarse mediante cifras. En Economía las que más se utilizan son las referentes a precios, a cantidades y valores monetarios.

Los *precios* se expresan en pesetas (o en la moneda del país en cuestión). Las *cantidades* son medidas físicas de los bienes o servicios, como toneladas de trigo o número de viajes al extranjero. Las *cantidades monetarias* se obtienen multiplicando el precio por la cantidad:

Precio × cantidad = cantidad monetaria

La información directamente disponible sobre los precios, las cantidades y los valores monetarios se suele referir a un bien o a un servicio en particular. En una economía, sin embargo, existen muchísimos bienes y servicios, por lo que para describir su funcionamiento hay que resumir la información disponible y utilizar medidas referidas al conjunto de la Economía. Para el caso de los precios se utiliza una medida del *precio medio* de los diferentes bienes y servicios. Para resumir las cantidades y el valor monetario total de la producción, utilizamos medidas de la cantidad y el valor totales de los bienes y servicios producidos (véase Capítulo 15).

Los números índice

Debe señalarse, sin embargo, que en Economía muchas veces se desea comparar los datos sin hacer hincapié en las unidades precisas en las que están medidos. Para efectuar este tipo de comparaciones se calculan *números índice* que expresan los datos en relación a un valor base dado (véase Apéndice A).

- **Un *número índice* expresa el valor de cada período en relación con el de un año base determinado.**

Los números índice se utilizan con mucha frecuencia para describir la conducta de diferentes variables económicas mediante un número que las sintetiza. Así, por ejemplo, si se desea conocer el nivel de actividad de la industria, lo realmente útil no es disponer de una serie de números índice que reflejen la evolución de las distintas ramas industriales, sino contar con un único número que resuma la situación de toda la industria. Este índice se suele denominar índice de producción industrial.

Asimismo, es frecuente utilizar índices para representar la conducta de un conjunto de precios. El índice de precios más divulgado es el índice de precios al consumidor (IPC) (véanse Apéndice A y Capítulo 21). Este índice resume los cambios de los precios de todos los bienes que compran las economías domésticas. El IPC es una media ponderada de los índices de precios de los bienes que integran una «cesta» típica de bienes comprados por una economía doméstica. Por esta razón el IPC es un índice básico para poder medir la tasa de inflación, esto es, la tasa a la que aumenta el nivel general de precios.

Tipos de variables económicas

Antes de finalizar este apartado destinado al estudio de los instrumentos que se emplearán en este manual, es conveniente precisar algunos conceptos que se utilizarán más adelante: en particular los de variables *endógenas* y *exógenas*, variables *stock* y *flujo*, y variables *nominales* y *reales*.

■ Variables endógenas y exógenas

Por variable *endógena* se entiende aquella cuyos valores quedan determinados por el sistema de relaciones funcionales entre las variables que intervienen en el modelo. Recordemos que un modelo económico consiste en un conjunto de relaciones, cada una de las cuales incluye, al menos, una variable que también aparece en, al menos, otra relación que también es parte del modelo. Por el contrario, una variable *exógena* es aquella cuyo valor no queda determinado dentro del modelo en el que

Nota complementaria 1.6

EL INDICE DE PRECIOS AL CONSUMIDOR (1990-1992)

Probablemente el Indice de Precios más conocido sea el Indice de Precios al Consumidor elaborado por el Instituto Nacional de Estadísticas y Censos. En el gráfico adjunto se muestra la evolución del IPC desde enero de 1990 hasta junio de 1992.

INDICE DE PRECIOS AL CONSUMIDOR. BASE 1988 = 100

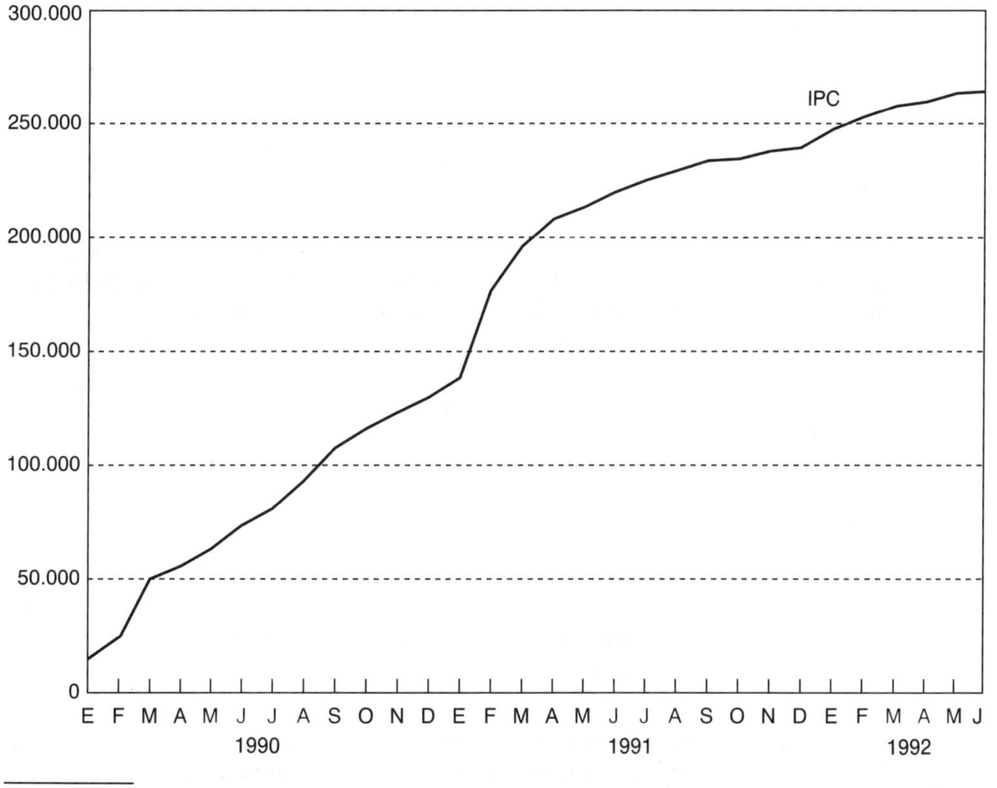

300.000
250.000
200.000
150.000
100.000
50.000
0
IPC
E F M A M J J A S O N D E F M A M J J A S O N D E F M A M J
1990 1991 1992

FUENTE: Instituto Nacional de Estadísticas y Censos.

está inserta. Los valores de las variables exógenas se toman como datos de relaciones funcionales establecidas entre las variables del modelo.

Por ejemplo, en el Capítulo 3, cuando estudiemos el modelo de oferta y demanda, veremos cómo, por ejemplo, al estudiar el mercado del trigo, el *precio* de venta del trigo, así como la *cantidad* demandada y la vendida, se determinan dentro del propio modelo siendo, pues, las variables *endógenas.* Si un año hay una sequía, este hecho incidirá sobre el resultado del modelo, pero lógicamente que haya o no una sequía es algo que no se determina dentro del modelo. La sequía, pues, es un ejemplo de variable *exógena.*

■ Variables *stock* y variables flujo

Las variables *stock* son aquellas que están referidas a un momento en el tiempo, pero la referencia al tiempo sólo es necesaria como dato histórico. Ejemplos de variables *stock* son la población o la riqueza.

Por el contrario, las variables *flujo* son aquellas que sólo tienen sentido referidas a un período de tiempo. Así, no tiene mucho sentido decir que un individuo gana 50.000 pesetas. La cantidad de dinero ganada no significa nada si no se especifica en cuánto tiempo, esto es, durante qué período ha tenido lugar tal ganancia. A veces se omite ese detalle porque en el lenguaje coloquial se considera sabido.

Ejemplos de variables económicas flujo son: la renta y la inversión.

Existen otras variables que no son ni *stock* ni flujo. Así, el precio de un bien no necesita de una determinación temporal, pero tampoco es una magnitud *stock.*

■ Variables nominales y reales

La distinción entre valores *reales* y *nominales* se utiliza mucho en Economía, y es fundamental para comprender qué sucede en realidad cuando hay inflación, esto es, cuando suben los precios en general (véase Apéndice A). Así, se distingue entre salario real y nominal, según se tengan en cuenta o no las variaciones de los precios. La distinción entre variables reales y nominales se hace a veces utilizando los términos unidades monetarias *corrientes* y unidades monetarias *constantes.* Si medimos las variables en unidades monetarias corrientes, las medimos en unidades del año en que se aplican. Las variables en unidades monetarias constantes ajustan las variables nominales para tener en cuenta las variaciones del nivel general de precios. Así, por ejemplo, los ingresos reales por hora trabajada se calculan siempre dividiendo el índice de ingresos nominales por el índice de precios al consumidor (véase Cuadro 15.1).

RESUMEN

- La Economía se ocupa de cómo se administran los recursos disponibles con objeto de producir diversos bienes y distribuirlos para su consumo entre los miembros de la sociedad.

- El problema económico surge cuando se utilizan diversos medios para conseguir una serie de objetivos, de forma que cabe preguntarse por el procedimiento más idóneo. La esencia de la actividad económica reside en la posibilidad de elegir. Lo que pretende la Economía es ofrecer un método para ordenar y establecer prioridades racionalmente.

- Una *teoría* es una simplificación deliberada de relaciones reales que pretende explicar cómo funcionan dichas relaciones. Las teorías permiten poner en orden nuestras observaciones y explicar cómo están relacionadas. Las teorías permiten, además, descubrir las implicaciones de los supuestos en que descansan.

- Para entender el funcionamiento de la Economía y para expresar las relaciones causa-efecto se recurre a los *modelos económicos.* Un modelo es una simplificación de la realidad que a través de supuestos, argumentos y conclusiones explica una determinada proposición.

• La Economía, en su labor de construcción de modelos explicativos del comportamiento económico, no puede recurrir a los experimentos controlados, sino únicamente a observar los acontecimientos que el transcurso del tiempo brinde. En esta labor el investigador económico se apoya en la *ley de los grandes números.*

• En Economía se emplean tanto el *método inductivo* como el *método deductivo,* pues a partir de la observación de los fenómenos naturales y mediante procedimientos inductivos extraemos las hipótesis sobre el comportamiento económico y, posteriormente, mediante la deducción formulamos teorías y leyes.

• Las teorías y las leyes no están aisladas de la realidad, sino que es preciso contrastar sus predicciones con la evidencia real con objeto de verificar su validez.

• Aunque la Economía es en todo sentido una disciplina científica, presenta una serie de peculiaridades que suponen una diferencia de grado a la hora de llevar a cabo la investigación y que suelen implicar una mayor dificultad.

• Las tres técnicas de análisis fundamentales empleadas por el economista son la Teoría Económica, la Estadística y la Historia. De estas tres técnicas, la básica es la Teoría Económica, que está integrada por un conjunto de teorías sobre las distintas parcelas de la actividad económica.

• Las variables *endógenas* son aquellas cuyos valores quedan determinados por el sistema de relaciones funcionales, formado entre las variables que se establecen en el modelo. Por el contrario, una variable *exógena* es aquella cuyo valor no queda determinado dentro del modelo en el que se inserta.

• Las variables *stock* son aquellas que están referidas a un momento en el tiempo, pero en ellas la referencia al tiempo sólo es necesaria como dato histórico. Las variables *flujo* son aquellas que sólo tienen sentido referidas a un período de tiempo.

• Las variables *nominales* son las que se expresan en unidades monetarias corrientes, esto es, en unidades del año en que se aplican. Las variables *reales* son las que tienen en cuenta las variaciones del nivel general de precios y, para ello, se expresan en unidades monetarias de un año base.

CONCEPTOS BASICOS

— Definición de Economía.
— El problema económico.
— Elección racional.
— La abstracción en Economía.
— Modelos económicos.

— **La ley de los grandes números.**
— **Economía positiva y Economía normativa.**
— **Método inductivo y método deductivo.**
— **El realismo de los supuestos.**
— **Contrastación empírica.**
— **Los juicios de valor.**
— **Experimento controlado.**
— **Variables endógenas y exógenas.**
— **Variables *stock* y flujo.**
— **Variables reales y nominales.**

TEMAS DE DISCUSION

1. De las distintas definiciones posibles de Economía, ¿cuál le parece la más adecuada? ¿Qué características debería recoger cualquier definición de Economía?

2. ¿Qué cabe esperar de la Economía: recetas exactas para resolver los problemas económicos o simplemente criterios que sean de aplicación práctica y que sirvan de guía para el control de la actividad económica?

3. ¿Qué dificultades específicas encuentra la ciencia económica para modelizar los fenómenos económicos? ¿En qué medida la ley de los grandes números contribuye a resolver estas dificultades?

4. Justifique por qué es necesaria una estrecha interdependencia entre los estudios empíricos y el análisis teórico para el progreso del conocimiento económico.

5. Comente y refute la siguiente afirmación: «La Economía no es una disciplina científica, porque los supuestos normalmente empleados en los modelos económicos son irreales».

6. Responda a la siguiente pregunta: Si la Economía es una disciplina científica, ¿por qué los economistas discuten tan a menudo de forma que parece que discrepan sobre casi todo?

7. Explique por qué cualquier responsable de la política económica no debería ignorar los conceptos básicos de la teoría económica.

8. Formule una serie de afirmaciones sobre diversos temas económicos y explique cuáles son positivas y cuáles normativas.

9. Describa el proceso de abstracción tomando como referencia los apuntes que usted toma en una conferencia. ¿Por qué no trata de escribir todas las palabras que el conferenciante ha empleado, sino sólo los puntos más destacados?

10. Si usted cree que las escasas posibilidades que ofrece el mercado de trabajo entre la juventud es una posible causa explicativa del consumo de droga, ¿cómo trataría de contrastar su idea? ¿Qué información necesitaría y qué tipo de modelo diseñaría?

APENDICE A: Medición y comparación de las variables económicas (*)

A.1. MEDICION DE VARIABLES ECONOMICAS

1. Los índices de precios

En una economía, de un año para otro, unos precios suben, otros bajan y otros permanecen constantes. Dado que existen millones de bienes y servicios, para analizar la evolución de los precios de la Economía debemos recurrir a una medida del nivel medio de precios, entendiendo por éste una media ponderada de los precios de los diferentes bienes y servicios de la Economía.

El *índice de precios* nos proporciona esa medida del nivel medio de precios. Este índice se obtiene dividiendo el valor monetario de un conjunto de bienes y servicios en un período dado de tiempo, y su valor monetario en un determinado período base y multiplicando el resultado por cien. Así, supongamos, por ejemplo, que un individuo compra hoy una docena de huevos, dos kilogramos de papas y tres litros de una determinada bebida refrescante por un valor de $5, y que también ha ido a la peluquería y la factura asciende a $15. Supongamos de igual forma que el importe de esa misma «cesta» de bienes y servicios fue hace tres meses de $17. El índice de precios del día de hoy, tomando como período base el día de la anterior compra, para ese conjunto de bienes y servicios será:

$$\text{Indice de precios} = \frac{\begin{array}{c}\text{Costo de un conjunto}\\ \text{de bienes en un período}\\ \text{determinado}\end{array}}{\begin{array}{c}\text{Costo de ese mismo conjunto}\\ \text{de bienes en el período}\\ \text{base}\end{array}} =$$

$$= \frac{(\$5 + \$15)}{\$17} \times 100 = 117{,}65$$

Si tomamos como unidad temporal el año, la interpretación del resultado es doble: por un lado, como una media de los precios actuales de los bienes y servicios, calculados en términos relativos respecto al año base y ponderados mediante unos coeficientes que indican la proporción del gasto efectuado en cada bien, o bien como el costo de comprar en el año

(*) Los dos apéndices de este capítulo han sido preparados por *Carlos Gamero Burón,* Becario Colaborador del Departamento de Teoría e Historia Económica de la Facultad de Ciencias Económicas y Empresariales de la Universidad de Málaga. El Apéndice A fue adaptado para Argentina por Pablo F. Beker, ayudante de 2.ª de Matemáticas para Economistas en la Facultad de Ciencias Económicas de la Universidad de Buenos Aires.

actual un conjunto de bienes que adquiridos en el año base representaba un gasto de cien.

El índice de precios más utilizado es el *Indice de Precios al Consumidor* (IPC). El IPC lo publica mensualmente el Instituto Nacional de Estadística y Censos (INDEC) y se elabora a partir de un conjunto de bienes y servicios que se considera representativo de las compras de una familia media de Capital Federal y el Gran Buenos Aires. En el Cuadro 1.A.1 aparecen las ponderaciones o pesos de las principales categorías de bienes. Estos pesos reflejan la importancia relativa que tienen los distintos bienes en el gasto de las familias. La composición de esta «cesta de la compra» representativa se basa en una encuesta sobre hábitos de consumo de las familias realizada por el propio Instituto.

Cuadro 1.A.1. Componentes del Indice de Precios al Consumidor

Componentes	Porcentaje
Alimentos y bebidas	40,1
Indumentaria	9,41
Vivienda	8,54
Equipamiento y funcionamiento del hogar	8,58
Salud	7,15
Transporte y comunicaciones	11,36
Esparcimiento	6,24
Educación	2,71
Bienes y servicios varios	5,91
TOTAL	100,00

FUENTE: *Indice de Precios al Consumidor, revisión base 1988 = 100. Síntesis metodológica.* INDEC, 1989.

El IPC en un determinado año se calcula dividiendo el valor en el año en cuestión de la «cesta de la compra» de la familia representativa por el valor de esa «cesta» en el año base, y multiplicando el resultado por cien. Por ejemplo, si suponemos que en 1991 ese valor fue de \$3.548 y en 1990 fue de \$1.306, el IPC para el año 1991 con base en 1990 se obtendrá como sigue:

$$\text{IPC} = \frac{\text{Costo de la «cesta» de la compra en 1991}}{\text{Costo de la «cesta» de la compra en 1990}} \times 100 = \frac{\$3.548}{\$1.306} \times 100 = 271{,}67$$

Dado que el IPC mide el costo de una cesta típica de bienes comprados por los consumidores (costo de la vida) nos da una buena idea de cómo varían los precios de los bienes en general. Por ello el IPC es uno de los índices básicos utilizados para medir la tasa de variación del nivel general de precios (inflación).

2. Magnitudes reales y nominales

La distinción entre *magnitudes reales* y *magnitudes nominales* se utiliza mucho en Economía y es fundamental para comprender qué sucede en realidad cuando hay inflación. Así, se distingue entre salario real y nominal según se tengan en cuenta o no las variaciones de los precios. La distinción entre variables reales y nominales se hace a veces utilizando los términos unidades monetarias *corrientes* y unidades monetarias *constantes.* Si medimos las variables en unidades monetarias corrientes, las medimos en unidades del año en que se aplican. Las variables en unidades monetarias constantes ajustan las variables nominales para tener en cuenta las variaciones del nivel general de precios.

Cuando se desee analizar de forma adecuada la evolución de la actividad económica a lo largo del tiempo debe separarse la influencia de los precios sobre los valores de los agregados económicos. Los precios aparecen como variable puente entre las variables reales y las nominales y son los índices de precios, por su capacidad para representar el nivel medio de precios, los que se utilizan para realizar la *deflación.* Esta operación consiste precisamente en eliminar el efecto de la variación de los precios en los valores corrientes o nominales de las magnitudes, o dicho de otra forma, en corregir el efecto de esa pérdida del valor del dinero con el transcurso del tiempo. Así, si un individuo en 1991 quiere calcular sus ingresos reales en pesos constantes de 1988 se dividen los ingresos nominales por el índice de precios al consumidor de 1991 (base = 100). Si suponemos que en 1991 los ingresos en términos nominales por año de trabajo de un individuo ascienden a $ 8.500 y el IPC es 216.061,9, el ingreso real será de ($ 8.500/216.061,9) × 100 =$ 3,93:

$$\begin{array}{c}\text{Magnitud}\\ \text{en términos reales}\\ \text{(en pesos del}\\ \text{año base = 1988)}\end{array} = \frac{\begin{array}{c}\text{Magnitud}\\ \text{en términos nominales}\\ \text{(en pesos de 1991)}\end{array}}{\begin{array}{c}\text{Indice de precios}\\ \text{para 1991}\\ \text{(año base = 1988)}\end{array}} \times 100 =$$

$$= \frac{\$8.500}{216.061{,}9} \times 100 = \$3{,}93$$

Es decir, un ingreso de $8.500 de 1991 equivale a $3,93 de 1988 o, su equivalente, 39.300 australes, para referirnos a la moneda en circulación en aquel año.

3. Deflactor del Producto Interior Bruto (veáse Capítulo 15)

El PIB es una macromagnitud monetaria y, por tanto, no permanece ajena al proceso antes comentado de disminución del valor del dinero. El

PIB nominal es diferente del PIB real, puesto que se utilizan precios distintos para valorar el nivel de producción de un año para otro. El índice más adecuado para obtener la expresión real de esta magnitud agregada es el llamado *deflactor del PIB.* Este índice de precios es obtenido como cociente entre el PIB a los precios actuales o corrientes y el PIB valorado a los precios de un determinado período base. Por ejemplo, tomando datos de la economía española, el deflactor del PIB para 1989 será:

$$\text{Deflactor del PIB de 1989 (base = 1980)} = \frac{\text{PIB en pesetas corrientes de 1989}}{\text{PIB en pesetas constantes de 1989 (base = 1980)}} = \frac{43.687.700 \text{ ptas.}}{19.479.900 \text{ ptas.}} = 245{,}19$$

La utilidad de este índice radica pues en que, al mantener dados los precios, permite apreciar cuáles son las variaciones de la producción física a lo largo del tiempo y, por tanto, posibilita la realización de comparaciones interanuales.

A.2. COMPARACION DE LAS VARIABLES ECONOMICAS

Para analizar datos económicos a menudo es necesario buscar relaciones entre las variables económicas. En este apartado se presentan dos herramientas básicas para llevar a cabo esa labor: los cocientes y las variaciones porcentuales.

1. Los cocientes

El *cociente* o razón no es más que el resultado de dividir una variable cualquiera entre otra y, por tanto, permanece invariable ante cambios proporcionalmente iguales en las variables puestas en relación. Tal como ha quedado definido, el cociente puede ser un número mayor que la unidad. Si el cociente se multiplica por 100 se tiene el *porcentaje.* Por ejemplo, si la población económicamente activa (PEA) —los que trabajan o buscan trabajo— en Argentina en 1980 era de 10.034.000 y en 1970 fue de 9.021.000, para estudiar la evolución del empleo puede tomarse la razón o el porcentaje de la población trabajadora de 1980 respecto a la de 1970. Ambos datos son:

$$\text{Cociente} = \frac{\text{PEA de 1980}}{\text{PEA de 1970}} = 1{,}112$$

$$\text{Porcentaje} = \frac{\text{PEA de 1980}}{\text{PEA de 1970}} \times 100 = 111{,}2$$

Tomando la razón, se concluye que la población económica activa de 1980 era 1,112 veces mayor que la de 1970 y, tomando el porcentaje, diremos que la población ocupada de 1980 es el 111,2 % de la de 1970.

Un cociente con mucho significado en Economía es el *precio relativo*. La importancia de este concepto radica en que en la mayoría de los casos lo que les importa a los compradores no son los precios medidos en pesos sino, más bien, el precio de un bien en relación con los de los demás. El precio relativo se obtiene dividiendo el precio de un bien o servicio A, con el de otro bien, o servicio B. Así, si el precio de la leche es de $0,95 por litro y el de la carne de $6,50 por kilogramo, el precio relativo de la leche respecto a la carne es de 0,146, cifra que indica por tanto los kilogramos de carne que podremos comprar si dejamos de consumir un litro de leche.

Si el denominador del cociente es una suma de varios sumandos y el numerador es uno cualquiera de esos sumandos, el resultado es una *proporción*. En consecuencia, la proporción no podrá nunca exceder de la unidad. Si tales cocientes se multiplican por 100 se obtienen los denominados *porcentajes de participación*. Supongamos el caso de una familia que distribuye sus gastos semanales tal como se recoge en el Cuadro 1.A.2. El porcentaje indica que, por ejemplo, esta familia dedica un 40,1 % de su presupuesto semanal a alimentación.

Cuadro 1.A.2. Proporciones y porcentajes

Gastos semanales de una familia	Valor absoluto (pesos)	Proporción	Porcentaje de participación
Alimentos	441,10	0,401	40,1
Vivienda y transporte	533,50	0,485	48,5
Ocio y otros	125,40	0,114	11,4
TOTAL	1.100,00	1,000	100,0

2. Las variaciones porcentuales

La *variación porcentual* se utiliza para tener en cuenta las diferencias entre las unidades de medida (personas, pesos, etc.) de los datos económicos. Esta medida es atractiva porque, al no utilizar ninguna unidad, proporciona medidas comparables de las variaciones de dos series distintas. Por ejemplo, podríamos comparar la variación porcentual de la venta de libros en un país con la variación porcentual de la venta de bebidas no alcohólicas. Normalmente, esa comparación aportaría mayor información que una comparación del aumento absoluto de ambas magnitudes. Para calcular la variación porcentual de una variable durante un período de tiempo determinado, hay que calcular la diferencia entre el valor en el instante de tiempo considerado y el valor en el inicial, dividir el resultado por el valor inicial y multiplicarlo por 100.

Para ilustrar mejor el cálculo y la utilización de las variaciones porcentuales, supongamos que queremos saber en qué Distrito creció más deprisa el empleo industrial entre 1973 y 1984 en Argentina.

El Cuadro 1.A.3 muestra, en miles de personas, la media del personal remunerado en la industria manufacturera argentina en cada uno de esos períodos. Una manera sencilla pero engañosa de comparar las cifras consiste en calcular, por medio de una simple resta, la variación absoluta experimentada. Así, por ejemplo, esta variación para Buenos Aires fue de 544 – 524 = 20. El Cuadro 1.A.3 muestra que es en Buenos Aires donde el personal de la industria manufacturera crece más en términos absolutos (crecimiento positivo) y es en la Capital Federal donde el crecimiento absoluto es menor (crecimiento negativo o decrecimiento). Pero, para hacer comparaciones que tengan sentido, debemos tener en cuenta las diferencias de magnitud del personal remunerado ocupado al comienzo del período considerado, dividiendo cada variación absoluta por su valor inicial y obteniendo así la variación porcentual —o variación relativa— desempleada. Así, para Capital Federal esa variación relativa es de [(206-262)/262] × 100 = –21,4 y se interpreta diciendo que el número del personal remunerado en el distrito capitalino cayó un 21,4 % entre 1973 y 1984. La última columna del Cuadro 1.A.3 muestra las variaciones porcentuales correspondientes a cada uno de los distritos considerados e indica que la mayor variación porcentual se corresponde con una de las menores variaciones en términos absolutos mientras que a una de las mayores variaciones absolutas —la de Buenos Aires— le corresponde una de las menores variaciones relativas.

Un tipo especial de variación porcentual lo constituyen las tasas de crecimiento. A éstas le dedicaremos en este apéndice un apartado especial, aunque breve, por la importancia que cobran para cualquier analista de la realidad económica.

Cuadro 1.A.3. Variaciones del personal remunerado de la industria manufacturera argentina (Miles de personas, promedio mensual)

Jurisdicción	1973	1984	Variación absoluta	Variación porcentual
Total del país	1.134	1.176	42	3,7
Buenos Aires	524	544	20	3,8
Capital Federal	262	206	– 56	– 21,4
Santa Fe	106	112	6	5,7
Córdoba	83	85	2	2,4
Mendoza	32	41	9	28,1

FUENTE: INDEC. *Censos Económicos 1974 y 1985.*

3. Las tasas de crecimiento

Es raro hojear un periódico y no encontrar las expresiones tasa de inflación o crecimiento económico entre sus páginas. La tasa de inflación es la tasa de crecimiento de los precios de consumo. El crecimiento económico hace referencia muchas veces a la tasa de crecimiento de la producción total de la economía. La tasa de crecimiento es un instrumento útil cuando estudiamos datos de series temporales y esto es así porque muchas veces es conveniente examinar los aumentos de la variable objeto de análisis por año en lugar de por largos períodos de cinco o diez años. La *tasa de crecimiento* de una variable se define como la tasa porcentual por período (normalmente un año) a la que aumenta o disminuye dicha variable. Por tanto, es también una variación porcentual, pero por período. En el Cuadro 1.A.4 se reflejan las tasas de crecimiento del Indice de Precios al Consumidor (IPC) de Capital Federal y Gran Buenos Aires del período 1980-1989. Así la tasa de crecimiento de los precios (tasa de inflación) del año 1985 fue $(5{,}32 - 0{,}6889)/0{,}6889 \times 100 = 672{,}2$ %. O sea, los precios crecieron en 1985 un 672,2 %. Algo que valía 100 pasó a costar 772,2. En efecto $(772{,}2 - 100)/100 = 672{,}2$ %.

Cuadro 1.A.4. Tasa de crecimiento del IPC en el período 1980-1989

Año	IPC	Tasa de crecimiento
1980	0,0039453	
		104,5
1981	0,008067	
		164,8
1982	0,02136	
		343,8
1983	0,0948	
		626,7
1984	0,6889	
		672,2
1985	5,32	
		90,1
1986	10,112	
		131,3
1987	23,39	
		343
1988	103,62	
		3079,5
1989	3294,6	

FUENTE: INDEC.

APENDICE B:
La relación funcional entre variables y el análisis gráfico

B.1. RELACION FUNCIONAL ENTRE VARIABLES

Las relaciones que existen entre las variables que intervienen constituyen el instrumento explicativo por excelencia a la hora de analizar los fenómenos. La idea de que una variable depende de otra u otras es, pues, una de las nociones básicas sobre las que se fundamenta el conocimiento científico, en general, y el económico, en particular.

En el segundo apartado de este tema se ha destacado ya la importancia que para el economista tienen los modelos económicos. Frente a la complejidad de la economía real, los modelos ofrecen, de acuerdo con determinados supuestos, un cuadro simplificado a partir del cual puede desarrollarse el análisis de cómo funciona el mundo. En ellos se intentan recoger las variables fundamentales que participan en un determinado fenómeno económico, así como las relaciones existentes entre ellas.

Pues bien, la expresión analítica de un modelo se logra a partir de una o varias funciones, que es el concepto matemático empleado para indicar la existencia de una relación cualquiera entre variables. Así, para decir que una variable *depende* de otra, se dice que una *es función* de la otra. Los modelos simples que veremos a lo largo de este manual están formados en su gran mayoría por una sola función que relaciona dos variables. A este tipo de funciones se les llama *de una variable,* ya que existe una sola variable explicativa. Así, diremos, por ejemplo, que la cantidad demandada y la cantidad ofrecida dependen del precio, que el consumo depende de la renta, etc.

La representación simbólica de las funciones tiene una formulación general que se emplea como sigue:

$$y = f(x)$$

donde el símbolo f, además de indicarnos que existe relación o dependencia entre x e y, nos dice que, si se formalizara la relación funcional cuantitativamente mediante una ecuación, entonces, dados unos valores de x (variable explicativa, independiente) podríamos obtener los valores correspondientes de y (variable explicada, dependiente) sin más que sustituir los primeros en la ecuación.

Diremos que la relación o función que liga las variables x e y es *directa* o *creciente* cuando a un incremento (decremento) de la primera le corresponde un incremento (decremento) de la segunda. Por contra, la calificaremos como *inversa o decreciente* cuando el signo de los cambios sea contrario, es decir, cuando una variación positiva de x vaya asociada a una variación negativa de y. Así, por ejemplo, la cantidad ofrecida de un bien es función directa de su precio, pues aumenta cuando el precio aumenta y se reduce cuando el precio lo hace. Sin embargo, la cantidad demandada de un bien es función inversa de su precio, pues ambas variables se mueven en direcciones contrarias.

Aunque no es fácil obtener, a partir de una serie de datos, la expresión matemática precisa que define la relación existente entre varias magnitudes, la ciencia económica cuenta con una rama que se encarga de esta tarea: la *Econometría.* No es objeto de este libro introductorio estudiar los procedimientos estadístico-econométricos que permiten, aun con un determinado margen de error, poner cifras a las relaciones. Por ello, a lo largo de este curso recurriremos con frecuencia a ejemplos simples para concretar las relaciones entre variables económicas.

La *función lineal* es la representación teórica más simple que puede adoptar la relación entre dos variables y por ello será la que más utilizaremos en este manual. Este tipo de función se caracteriza porque el cambio que experimenta la variable dependiente (y) ante un cambio unitario en la variable independiente (x) es una cantidad fija que no depende del valor concreto que toma esta última variable. Pero también nos encontraremos con algunas relaciones para las que será preciso recurrir a funciones algo más complejas, las no lineales. Esto será así cuando la magnitud del cambio que experimenta y por cada incremento unitario de x no sea constante. En el segundo apartado de este apéndice podremos comprobar las implicaciones gráficas de estas características.

1. Un ejemplo de relación funcional de carácter lineal

A efectos de clarificar estos conceptos y de ilustrar la forma en que son manejados por el economista cuando se enfrenta al estudio de un fenómeno económico concreto, vamos a analizar la relación funcional existente entre la cantidad de naranjas recogida en una determinada zona de la geografía española y la cantidad de riego que recibe dicha área.

Sabemos que la producción de naranjas no sólo depende de esta variable. También inciden sobre ella otras, como la existencia de plagas, las horas de insolación, la calidad de la tierra, la cantidad de fertilizantes empleada, etc. Pero supondremos, para obviar esta complicación, que el valor alcanzado por estas variables permanece constante. Este supuesto, muy utilizado en Economía, tal como se ha señalado en el texto, recibe el nombre de «*ceteris paribus*». Partiendo de esta base, nuestro modelo de determinación del volumen de naranjas recolectado lo podremos expresar como sigue:

$$y = f(x)$$

donde:

y = cantidad de naranjas recolectadas (10^3 kg).
x = agua de riego (decalitros/m^2).

La expresión anterior indica únicamente que el volumen recolectado depende de la cantidad de agua recibida por la zona, pero no dice nada acerca de la forma específica de la relación; no sabemos si es directa o inversa, lineal o no lineal y tampoco tenemos conocimiento de qué cantidad de producto le corresponde a cada nivel de riego. Imaginemos que el economista sostiene que estas variables están ligadas por la siguiente relación teórica:

$$y = f(x) = 0{,}5 + x \qquad [B.1]$$

Ahora sí se ha descrito la relación f exactamente y podremos construir una tabla, formada por dos filas de datos, en la que los números de la segunda columna sean los valores de y obtenidos al sustituir el correspondiente valor de x en la ecuación [B.1]. La relación teórica nos dice, por ejemplo, que con un riego de 3 decalitros/m^2 ($x = 3$) podríamos obtener $3{,}5 \times 10^3$ kg ($y = 0{,}5 + 3 = 3{,}5$).

La observación de los datos obtenidos de esta forma (segunda columna del Cuadro 1.A.5) permite deducir el tipo de relación que se está planteando. En primer lugar, se observa que es una relación lineal, puesto que la variación que experimenta y cuando x aumenta en una unidad es una cantidad fija que no depende del nivel de riego en el que nos encontramos. En segundo lugar, la relación es directa, puesto que la cantidad de naranjas recolectadas siempre crece cuando aumenta el agua recibida por el terreno.

Cuadro 1.A.5. Relación teórica entre naranjas recolectadas (y) y nivel de riego (x)

[1]	[2]	[3]
x (dl/m^2)	$y = 0{,}5 + x$ (10^3 kg)	$y = 0{,}5 + 1{,}1\,x - 0{,}1\,x^2$ (10^3 kg)
0	0,5	0,5
1	1,5	1,5
2	2,5	2,3
3	3,5	2,9
4	4,5	3,3
5	5,5	3,5
6	6,5	3,5
7	7,5	3,3
8	8,5	2,9
9	9,5	2,3
10	10,5	1,5

2. La relación funcional no lineal

Podemos poner en cuestión la validez de este modelo a la luz de algunos hechos relacionados con el cultivo de la naranja de los que tenemos conocimiento. No cabe duda de que una función lineal creciente puede representar bastante bien la relación entre la cantidad de agua de riego y las naranjas producidas cuando el nivel de riego es bajo. Pero, a medida que aumenta la cantidad de agua que recibe la tierra, cabe esperar que disminuya el aumento en la producción de naranjas obtenido por cada decalitro/m^2 de agua añadido, y que la cantidad de kilogramos que pueda cultivarse en un determinado suelo tenga un límite máximo, independientemente de la cantidad de agua recibida. Por otro lado, también es de esperar que, si la cantidad de agua es excesiva, disminuya la producción debido a que el proceso de putrefacción afectaría a algunos árboles de tal forma que la cantidad de naranjas recogida sería nula a partir de un determinado número de decalitros/m^2.

La introducción de estos «principios teóricos» en nuestro análisis llevará a la reformulación del modelo hacia uno no lineal, en el que la relación sea directa para niveles bajos de riego, exista un máximo para la cantidad recogida de naranjas, y sea inversa cuando la cantidad de agua recibida por el terreno sea elevada; pudiendo venir especificado de forma exacta por la siguiente función que corresponde a una parábola:

$$y = f(x) = 0{,}5 + 1{,}1\,x - 0{,}1\,x^2 \qquad [B.2]$$

Si sustituimos los valores de x contenidos en la primera columna del Cuadro 1.A.5 en [B.2] obtenemos la columna 3 de ese cuadro. En ella puede apreciarse cómo y crece conforme lo hace x, aunque los aumentos que experimenta son cada vez menores, hasta que se llega a un nivel de riego entre 50 y 60 litros/m^2. A partir de ese punto la relación entre las dos variables se torna inversa.

Para determinar las características básicas de la relación que une dos variables, el economista cuenta con una herramienta muy útil y simple: los gráficos. El siguiente apartado de este apéndice recoge los diferentes tipos de gráficos, la forma de obtenerlos a partir de un conjunto de datos y se aportan también algunas indicaciones para interpretarlos.

B.2. REPRESENTACION GRAFICA

Un gráfico no es más que una representación de un cuadro o tabla en forma de diagrama y, por tanto, se trata de otra forma de presentar la misma información. Su utilidad se manifiesta en dos momentos del proceso de análisis de los fenómenos. En primer lugar, permiten reconocer a golpe de vista la existencia de relación entre las variables representadas, así como determinar algunos rasgos clave de la misma, de forma que las conclusiones obtenidas pueden ser utilizadas para formular modelos explicativos. En segundo lugar, también pueden ayudar a comparar los resultados ofrecidos por los modelos con los hechos, mediante la representación gráfica de ambos, lo cual es importante para dar validez a los mismos.

1. Representación gráfica de una serie temporal

De lo dicho anteriormente se deduce que podremos encontrarnos con dos tipos fundamentales de gráficos diferenciados por la naturaleza de la relación que muestran. En el primero, la relación que liga las variables representadas es «empírica»; se presentan hechos. Así, por ejemplo, en la Figura 1.A.1 se ha representado el beneficio y las ventas obtenidas por la empresa «Explotaciones Agrícolas, S. A.» en cada uno de los años incluidos en el período 1982-1989. El cuadro del que se han obtenido los valores (Cuadro 1.A.6) se denomina *serie temporal,* pues en él aparece un conjunto de mediciones de las variables incluidas, beneficio y ventas, en diferentes instantes del tiempo. Cada punto de la curva Beneficio de Explotaciones Agrícolas, S. A., corresponde a dos cifras: un año y el beneficio obtenido por la empresa en ese año. Lo mismo ocurre con la

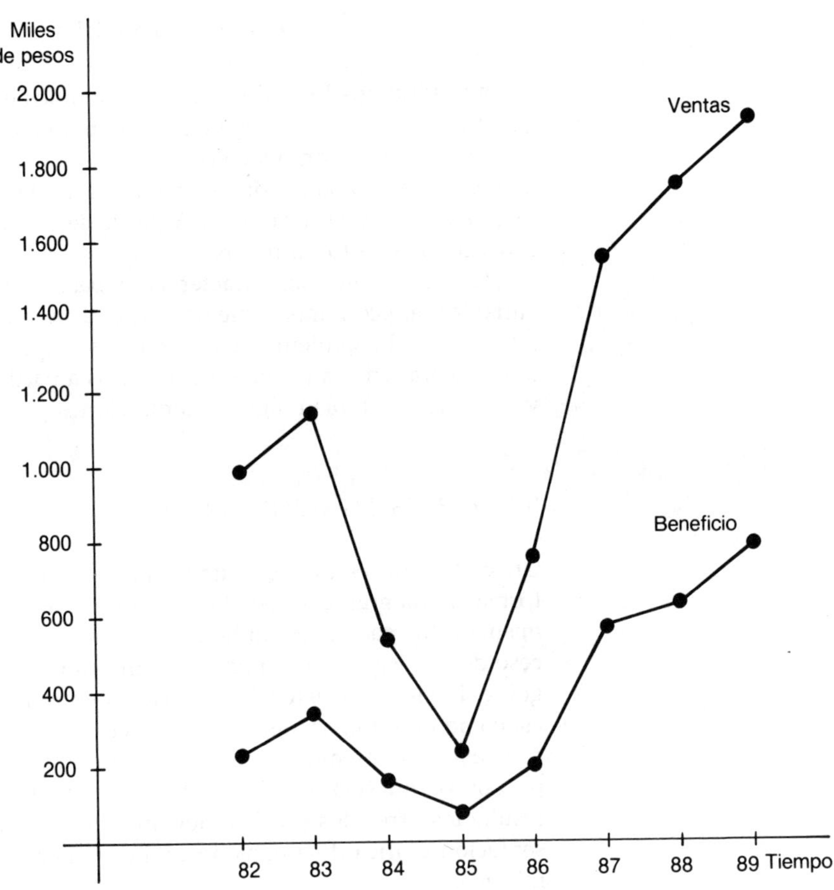

Figura 1.A.1. Ventas y Beneficios de Explotaciones Agrícolas, S. A., 1982-1989. (Miles de pesos)

curva de Ventas. Los años posteriores corresponden a los puntos situados más a la derecha; los niveles más altos de beneficio y ventas corresponden a los puntos situados más arriba. Los puntos de la figura están unidos por rectas para poder observar de forma más clara la evolución a lo largo del tiempo de ambas variables.

Cuadro 1.A.6. Ventas y Beneficios de Explotaciones Agrícolas, S. A., 1982-1989 (Miles de pesos)

Año	Beneficio	Ventas
1982	221	890
1983	325	1.120
1984	155	521
1985	50	230
1986	214	715
1987	576	1.520
1988	625	1.745
1989	770	1.910

2. Relaciones entre dos variables

Algunos gráficos de relaciones empíricas no tienen por objeto mostrar estos cambios y, por ello, no aparece como variable el «tiempo». Por ejemplo, si queremos indicar que la cantidad de naranjas recolectadas y el nivel de riego contenidos en el Cuadro 1.A.7 se mueven siguiendo algún tipo de regla, podemos trazar un gráfico en el que cada punto indique los distintos niveles de riego y la producción de naranjas asociada a cada uno de ellos (Figura 1.A.2). En todos los gráficos de relaciones empíricas, cada punto muestra los valores de variables observadas conjuntamente.

Cuadro 1.A.7. Relación empírica entre naranjas recolectadas y nivel de riego

Nivel de riego (l/m^2)	Naranjas recolectadas (kg)
10	1.325
20	2.750
30	3.120
40	3.070
50	3.715
60	3.330
70	3.425
80	3.015
90	2.135

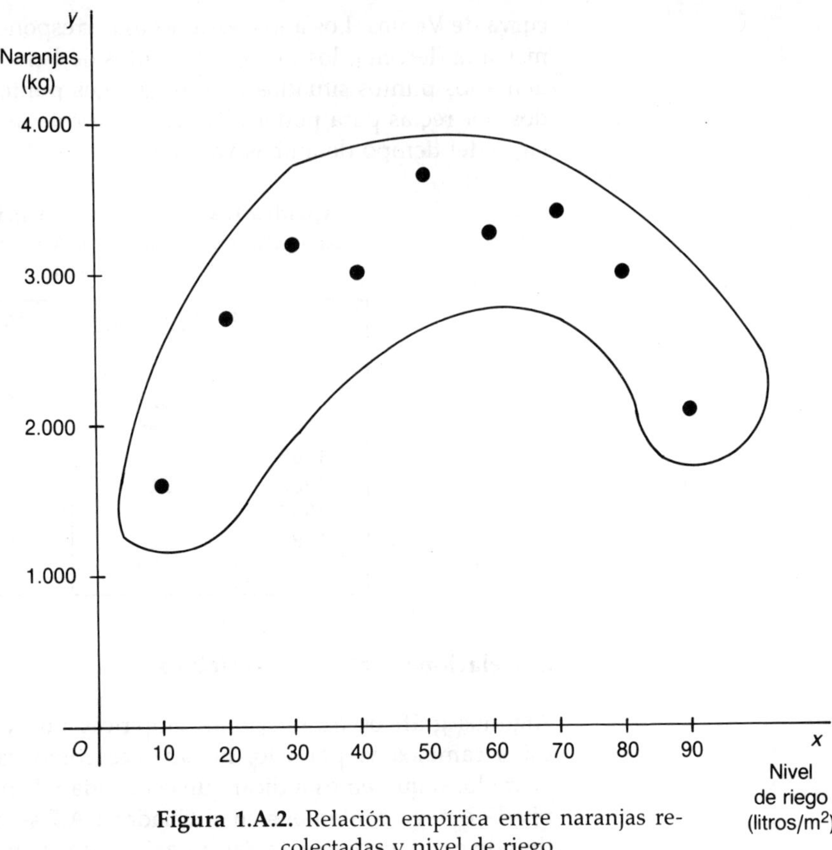

Figura 1.A.2. Relación empírica entre naranjas recolectadas y nivel de riego.

En una segunda clase de gráfico, la relación que liga las variables es teórica, se presentan los resultados de algún modelo mediante curvas completas. Muchas veces al estudiar la relación entre dos variables y al preguntarnos qué efecto tendrá un cambio en una de ellas sobre los valores de la otra, sólo se pretende determinar la dirección del cambio, pero no el tamaño del mismo. En ese caso, en términos gráficos estaremos especialmente preocupados por conocer la inclinación de la curva representativa de la relación entre ambas. Pero algunos modelos, gracias a las técnicas econométricas, podrán ser especificados de forma exacta (como lo están los analizados en el apartado anterior de este apéndice), por lo que en el gráfico prestaremos atención a la situación exacta de los puntos que forman la curva.

Trazar un gráfico a partir de los datos contenidos en un cuadro es una tarea muy simple. El primer paso consiste en construir un sistema de referencia formado por dos semirrectas perpendiculares, donde el punto de corte de las dos líneas es el origen. A partir de él, y sobre las rectas, se establecen divisiones que representan diferentes valores equidistantes de las variables que son objeto de representación.

La línea horizontal que forma ese sistema de referencia es el eje de abscisas y, en general, lleva el nombre de la variable explicativa y cifras que indican los valores de esa variable. Cuando se trata de datos temporales, como los del Cuadro 1.A.6, se acostumbra a señalar en ese eje el tiempo, pudiendo figurar como unidad el año, el trimestre, el mes, etc. Por su parte, la línea vertical es el eje de ordenadas. En él se marcarán los valores del resto de variables incluidas en el cuadro que están relacionadas, de forma teórica o empírica, con la variable señalada en el eje horizontal.

Para representar una relación empírica, se coloca en el gráfico un punto correspondiente a cada uno de los pares de valores observados de las variables en cuestión (Figuras 1.A.1 y 1.A.2). Para representar una relación teórica $y = f(x)$ es necesario obtener el valor de y que corresponde a cada uno de los distintos valores de x y colocar un punto en el gráfico para cada par de números. En estos gráficos los puntos suelen estar conectados por una curva continua, mientras que en los gráficos de relaciones empíricas puede o no resultar útil trazar una curva de ese tipo.

3. Representación gráfica de una función lineal

En la Figura 1.A.3 se han representado las relaciones teóricas [B.1] y [B.2] analizadas en el apartado anterior. El lector puede comprobar cómo todos los puntos de cada una de las curvas corresponden a valores de x e y que satisfacen la relación que se indica sobre ellas. La ecuación [B.1] es una función lineal, lo que gráficamente significa que la curva que la representa es una recta. Para representar cualquier relación lineal, sólo necesitamos conocer dos números: la ordenada en el origen y la pendiente. La ordenada en el origen es el valor que alcanza la variable dependiente cuando la independiente vale cero. Por tanto, en términos gráficos la ordenada en el origen es el punto en el que la recta corta al eje de ordenadas. La ordenada en el origen de la relación [B.1] es $0,5 \times 10^3$ kg, que representa la cantidad de naranjas que se producirían si el terreno no fuese regado.

La pendiente de una línea recta es el cambio que experimenta la variable explicada ante un aumento de la variable explicativa en 1 unidad. La pendiente de la recta creciente que corresponde a la relación [B.1] es 1×10^3 kg, puesto que ésa es la cuantía en la que aumenta la cantidad recolectada de naranjas cuando aumenta en una unidad (un decalitro/m^2) el nivel de riego. Si en lugar de ser directa, como en este caso, la relación fuese inversa, la pendiente tomaría un valor negativo y la recta sería decreciente.

Conviene señalar que la posición de la línea en el plano depende de la *escala* a la que se representan las magnitudes. En este caso se ha de buscar la escala más adecuada a los fines analíticos que se persiguen. Es fácil comprobar que, dada una tabla de valores para dos variables, si se

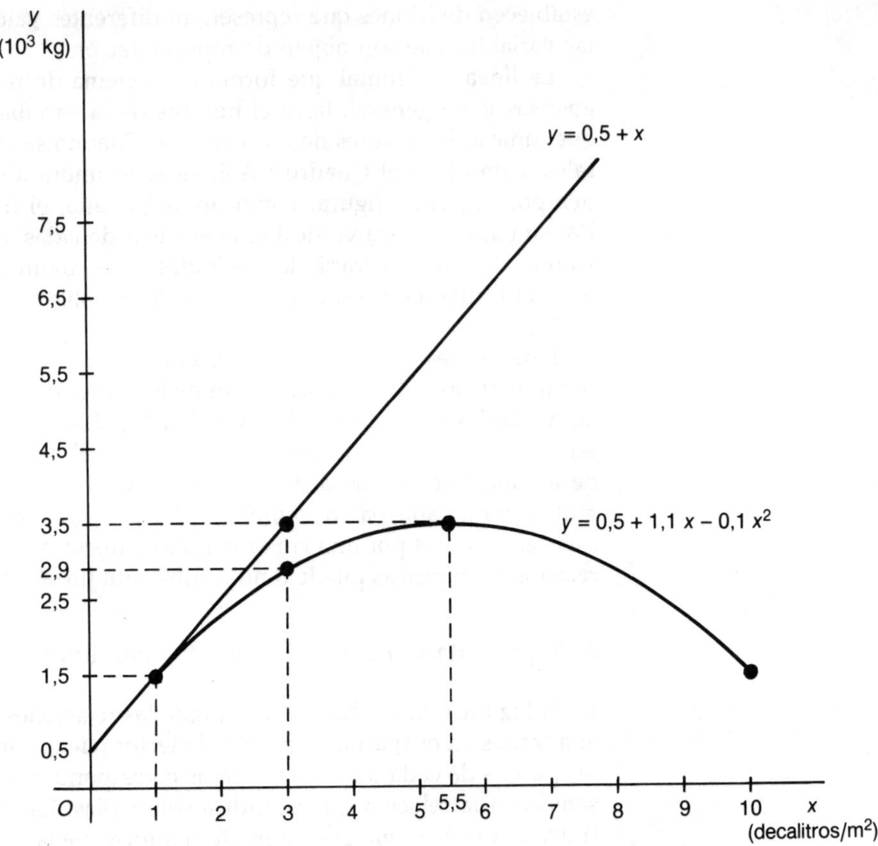

Figura 1.A.3. Relación teórica entre naranjas recolectadas (y) y nivel de riego (x).

reduce la escala de la variable que se representa en el eje vertical y se mantiene la misma escala en el eje horizontal, la línea resultante tendrá menor inclinación que la línea originaria, y lo contrario ocurrirá si se aumenta la escala.

También es sencillo comprobar que, si se representan varias rectas crecientes utilizando los mismos ejes, aquella que tenga mayor pendiente será la que presente mayor inclinación y también mayor sensibilidad de la variable explicada ante cambios en la variable explicativa. En el caso de que las rectas fuesen descendentes, será la recta que tenga la pendiente más negativa la que esté más inclinada. Por ejemplo, una pendiente de – 2 corresponde a una línea descendente más inclinada que una pendiente de – 1. Por su parte, una pendiente nula significa que los aumentos de la variable independiente no van acompañados de ninguna variación en la dependiente, lo que quiere decir que la línea debe ser totalmente plana, paralela al eje de abscisas.

4. Representación gráfica de una función no lineal

La Figura 1.A.3 muestra también la relación no lineal entre el nivel de riego y la producción de naranjas determinada por la ecuación [B.2]. Es evidente que la pendiente de una curva no lineal no es constante, a diferencia de lo que ocurre con una línea recta. En el caso de algunos aumentos de x, la variación de y es positiva; en el de otros, es negativa; y en el de otros, compruébese $x = 5$ y $x = 6$ en el Cuadro 1.A.5, es cero. Eso significa que no podemos hablar de una única pendiente para una curva lineal. Pero sí podemos definirla en cada uno de sus puntos como la pendiente de la tangente en ese punto, siendo esa tangente la línea recta que toca a la curva en dicho punto pero no la corta. En la Figura 1.A.4 se ilustra lo dicho mediante una relación no lineal genérica.

Podemos comparar las Figuras 1.A.2 y 1.A.3 para comprobar qué modelo puede resultar el más adecuado para representar la relación que nos ocupa. Puede verificarse cómo la nube de puntos que forman los pares de valores representados en la Figura 1.A.2 tiene una forma que se asemeja bastante a la que muestra la curva no lineal formada por los

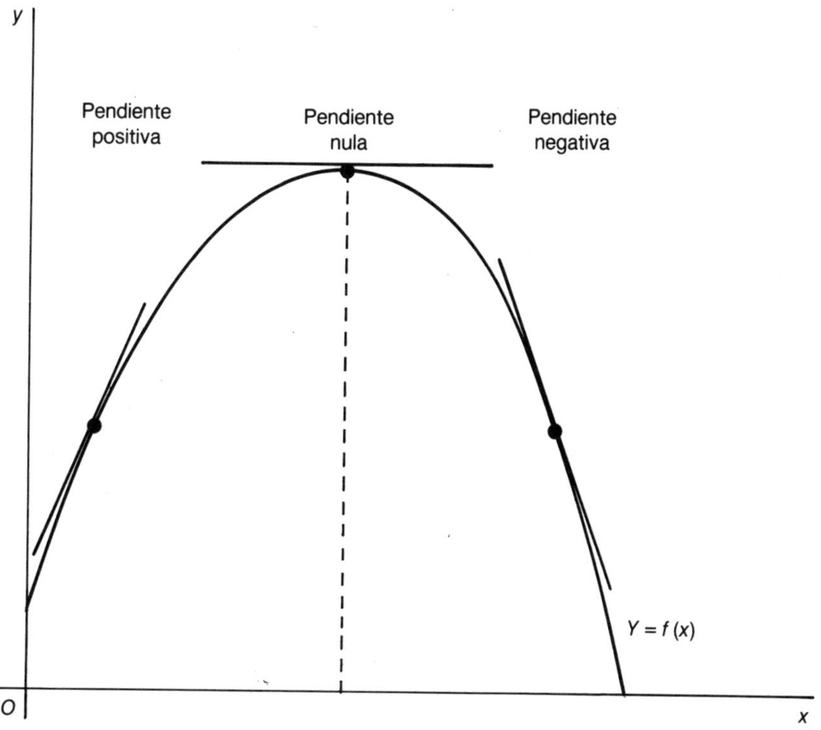

Figura 1.A.4. Pendiente de una curva no lineal.

datos del Cuadro 1.A.7. Por tanto, sería correcto rechazar el modelo lineal y aceptar como bueno el que viene expresado mediante la ecuación [B.2]. Puede comprobarse de esta forma que, a pesar de su sencillez, los gráficos poseen un gran potencial analítico y, por ello, constituyen una herramienta de inestimable valor para el economista.

CAPITULO 2

La escasez y la necesidad de elegir

INTRODUCCION

La existencia de recursos limitados y de unas necesidades prácticamente infinitas plantea la necesidad de elegir. El concepto de costo de oportunidad refleja el hecho de que, cuando se opta por algo, se está descartando alguna otra opción. Precisamente uno de los objetivos de la ciencia económica es proveer de instrumentos que permitan, a quien debe tomar decisiones, que su elección sea racional y se atenga a un esquema de prioridades.

Para ilustrar el concepto de costo de oportunidad se recurre en este capítulo a un modelo simplificador, la Frontera de Posibilidades de Producción, que bajo el supuesto de que sólo se producen dos bienes refleja la necesidad de reducir la producción de uno de ellos si se desea incrementar la del otro bien. En un apéndice se introduce el concepto de rendimientos decrecientes en la producción, como argumento teórico para justificar la forma de la Frontera de Posibilidades de la Producción.

1. LA ESCASEZ, LA ELECCION Y LOS FACTORES PRODUCTIVOS

La actividad económica tiene como fin la satisfacción de las necesidades humanas. Las necesidades sólo interesan al economista en la medida en que son satisfechas por bienes económicos, o sea, por elementos naturales escasos o por productos elaborados por el hombre.

El problema económico surge porque las necesidades humanas son virtualmente ilimitadas, mientras que los recursos económicos son limitados, y por tanto también los bienes económicos. Este no es un problema tecnológico, sino de disparidad entre deseos humanos y medios disponibles para satisfacerlos.

- **La *escasez* es un concepto relativo, en el sentido de que existe un deseo de adquirir una cantidad de bienes y servicios mayor que la disponible.**

Los individuos tratan de cubrir inicialmente aquellas necesidades que son biológicas o primarias, esto es, las relacionadas con la alimentación, la vivienda y el vestido. De igual manera los individuos necesitan proveerse de ciertos servicios tales como los de asistencia médica, educación, transporte, etc. Una vez cubiertas las anteriores necesidades los individuos se

Nota complementaria 2.1

DIFERENCIAS INTERNACIONALES EN EL NIVEL DE RIQUEZA

Aunque tal como se indica en el texto la escasez y la consiguiente necesidad de elegir es un problema que afecta a todas las sociedades, ya que es un concepto relativo, las diferencias internacionales en el nivel de riqueza que evidencia el cuadro adjunto (medido por el PIB por habitante) sugieren que este problema se plantea de forma muy distinta en unos países que en otros.

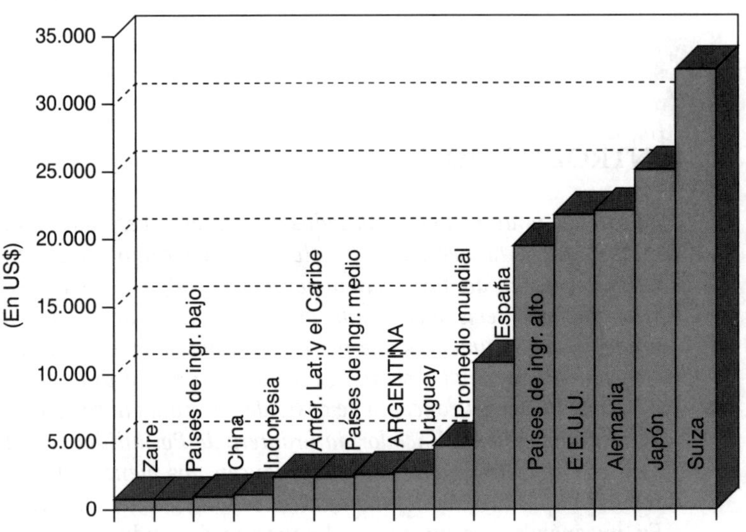

FUENTE: *Informe sobre el Desarrollo Mundial 1992.* Banco Mundial.

ocupan de aquellas otras que hacen placentera la vida, si bien el nivel de cobertura de éstas dependerá del poder adquisitivo de cada individuo en particular.

Además, los deseos son refinables y una vez satisfechas las necesidades primarias desearemos algo más, de forma que a medida que aparecen nuevos productos surgen nuevos deseos. Por lo general las necesidades incluso tienden a acrecentarse en las nuevas sociedades, lo que contrarresta el incremento de la capacidad productiva asociado con el desarrollo y, en definitiva, hace que la lucha contra la escasez sea una constante humana. Debe señalarse, además, que escasez no equivale a pobreza; incluso las sociedades «opulentas», en terminología del profesor Galbraith, tienen que hacer frente a la escasez. A pesar de la relativa abundancia que se da en algunos países, los recursos existentes son insuficientes en relación con los deseos expresados por la gente de disponer de más y mejores alimentos, vestidos, viviendas, vacaciones, servicios sanitarios, etcétera. La escasez se puede mitigar pero no eliminar, ya que el hecho fundamental radica en que los bienes y los servicios son escasos, debido a que no hay recursos suficientes para producir todos los bienes y servicios que los individuos quieren consumir.

Los mecanismos de reparto

Dada la existencia de escasez no sólo surge la necesidad de elegir, sino también la competencia entre los individuos por los bienes y recursos limitados. Esta competencia hace imprescindible algún mecanismo de reparto, ya que es preciso asignar los recursos escasos y distribuir los bienes limitados.

Los mecanismos o acuerdos en el marco que la competencia ofrece para resolver este tipo de problemas derivados de la escasez pueden adoptar formas muy diversas. Cabe acudir, en principio, a las *colas*, de forma que la competencia para determinados bienes y servicios se manifieste en la premura con que se llega a la cola donde se distribuye un determinado bien o servicio. Otra posibilidad consiste en que las autoridades económicas establezcan *cuotas* mínimas de producción a cada empresa, de forma que se abastezca el mercado siguiendo criterios determinados por algún tipo de agencia planificadora. En este caso la competencia sería un mecanismo político. El establecimiento de *cartillas de racionamiento* se puede utilizar también para resolver el problema planteado por la escasez. La competencia se planteará en esta ocasión a nivel de organismos administrativos. Alternativamente a las anteriores formas de competencia cabe dejar que sean los *precios* los que resuelvan el problema. La competencia se manifestará en este caso por medio de pujas entre los posibles compradores. En el contexto de este manual, y como se verá con más detalle en el capítulo siguiente, la forma de competencia para resolver los problemas derivados de la escasez que se estudiará es la que se resuelve en el mercado vía precios.

Según las posibilidades institucionales del sistema, unas formas de competencia serán más útiles que otras y los mecanismos de intercambio más o menos adecuados. En cualquier caso el marco institucional en que esté inmerso el sistema económico que tratemos de analizar deberá ser, si no el más conveniente, sí el más eficaz, en el sentido de que no se pueda incrementar el bienestar de nadie, o la producción de ningún bien, sin perjudicar a otro individuo, o sin reducir la producción de otro bien.

Los factores productivos

Los *factores productivos* o *factores de producción* son los recursos y servicios empleados por las empresas en sus procesos de producción. Los factores productivos se combinan en orden a obtener los productos. Por supuesto los *productos* consisten en la amplia gama de bienes y servicios, cuyo objetivo es el consumo o su uso posterior en la producción.

- **Los *factores productivos* (los servicios del trabajo, la tierra, las máquinas, las herramientas, los edificios y las materias primas) se utilizan para producir bienes y servicios.**

Los factores productivos se clasifican en tres amplias categorías: recursos naturales, trabajo y capital.

Los recursos naturales

Bajo el término *recursos naturales* nos referimos a todo lo que aporta la naturaleza al proceso productivo. Esto es, la tierra utilizada por los agricultores o sobre la que se edifican las casas, las factorías y las carreteras; los minerales, tales como el hierro y el cobre; los recursos energéticos a partir de los cuales se obtiene la energía que permite desde calentar los hogares hasta hacer que se muevan las máquinas y los automóviles. Asimismo, el agua es un recurso natural, pues tanto en la agricultura como en muchas actividades industriales resulta ser un factor imprescindible.

En los recientes desarrollos se distingue, al hablar de recursos naturales, entre recursos renovables y no renovables. Los *renovables* son aquellos que se pueden utilizar de forma reiterada en la producción, mientras que los *no re-*

Nota complementaria 2.2

DIFERENCIAS TERRITORIALES EN EL NIVEL DE RIQUEZA

Tal como se señala en la Nota complementaria 2.1, el PIB por habitante es un indicador de las diferencias en el nivel de bienestar entre los distintos países y, en consecuencia, de la distinta forma en que se plantea el problema de la escasez a los individuos. El cuadro adjunto evidencia que aun dentro de la República Argentina también existen importantes diferencias en el nivel de riqueza y, en consecuencia, en la forma en que se aborda el problema de la escasez. El Producto Bruto Geográfico (PBG) mide los bienes producidos y los servicios prestados por los agentes económicos que participan de la producción dentro de las fronteras de cada jurisdicción de residencia.

PBG PER CAPITA POR PROVINCIA, 1985 (*)

Buenos Aires	278,30
Capital Federal	101,59
Catamarca	75,64
Córdoba	100,00
Corrientes	82,07
Chaco	47,79
Chubut	269,68
Formosa	59,23
Jujuy	79,59
La Pampa	176,43
La Rioja	133,42
Neuquén	255,62
Salta	85,05
Santa Fe	126,96
San Luis	141,61
San Juan	68,39
Santa Cruz	279,43
Santiago del Estero	53,44
Tierra del Fuego	663,60
Tucumán	93,36

(*) PBG de Córdoba = 100.

FUENTE: Consejo Federal de Inversiones.

novables se agotan al emplearlos en el proceso productivo. El ejemplo típico de estos últimos son ciertos tipos de recursos energéticos.

El trabajo

El *trabajo* es el tiempo y las capacidades intelectuales que las personas dedican a las actividades productivas. Miles de ocupaciones y tareas, a todos los niveles de cualificación, las desempeñan los individuos, constituyendo el factor productivo esencial en cualquier sociedad avanzada.

En economía, al referirse al factor trabajo, es frecuente hacerlo como *capital humano,* entendiendo por este último la educación y formación profesional que incrementan el rendimiento del trabajo. Los gastos en educación y en formación profesional suponen una inversión en capital, ya que durante el período de aprendizaje y estudio hay un elemento implícito de espera que, sin embargo, contribuye a incrementar la capacidad productiva de los trabajadores. El concepto de capital humano se tratará con más detalle en el Capítulo 14.

El capital

Los recursos de capital forman los bienes duraderos de cualquier economía. Estos bienes son los que no se destinan al consumo, sino que se emplean para producir otros bienes. Dentro de esta categoría de bienes se incluyen las máquinas, las carreteras, las herramientas, los computadores, los edificios, los camiones, etc. Precisamente a las economías capitalistas se les denomina así porque este capital suele ser propiedad privada de los «capitalistas».

A los recursos naturales y al trabajo se les denomina factores originarios de producción, pues no son resultado de un proceso económico, sino que existe, por lo general, en virtud de fuerzas físicas y biológicas. El capital, por el contrario, fue producido en el pasado. De hecho un bien de capital se diferencia de los factores originarios en que es a su vez un producto de la economía. Los bienes de capital son bienes «producidos» que pueden utilizarse, a su vez, como factores para elaborar otros productos, mientras que los recursos naturales y el trabajo son factores originarios no producidos por el sistema económico. Esta afirmación debe matizarse. La tierra puede crearse mediante desecaciones, rellenos, etc., y la localización, extracción y refinamiento de los recursos naturales suele exigir un gran esfuerzo económico, lo que les asemeja en ciertos aspectos al capital. Asimismo, y como veremos más adelante, el proceso educativo puede concebirse como una inversión en las personas, hablándose de capital humano.

■ Los bienes de capital

Los bienes de capital o bienes de inversión no están concebidos para satisfacer directamente las necesidades humanas, tal como los bienes de consumo, sino para ser utilizados en la producción de otros bienes. Si dedicamos una cierta cantidad de recursos a producir bienes de capital éstos no satisfarán necesidades directamente ahora, sino indirectamente en el futuro, cuando se utilicen en la producción de bienes de consumo. En otras palabras, la producción de bienes de capital supone el deseo de esperar, pues se sacrifica consumo presente por un mayor consumo en el futuro. La canalización de recursos hacia la elaboración de bienes de capital supone un *rodeo*, ya que si el fin último de la producción es la obtención de bienes y servicios para su consumo, los bienes de capital no lo permiten de forma inmediata.

Los hombres aprendieron muy pronto que los métodos directos y sencillos de producción podrían ser mejorados empleando otros métodos indirectos, cuya realización exige más tiempo. Aunque a veces no nos demos cuenta, prácticamente todos los modernos procedimientos de producción suponen tiempo acumulado. De hecho casi nadie en el actual sistema parece producir bienes finales, sino que casi todo el mundo realiza trabajos preparatorios encaminados al futuro y lejano consumo final.

Es importante, sin embargo, darse cuenta de que se requiere algún tiempo para conseguir que las cosas empiecen a funcionar y se sincronicen, por lo que hay que evitar la carencia de bienes de consumo actual. Esto explica por qué la colectividad no sustituye automáticamente todos los métodos directos de producción por procedimientos indirectos que sean más productivos.

En cualquier caso, en la medida en que la gente está dispuesta a sacrificarse, privándose de consumo presente, la sociedad podrá dedicar recursos a una nueva formación de capital. En este sentido cabe argumentar que la actividad económica está dirigida hacia el futuro y, por ello, buena parte del actual consumo económico es el resultado de esfuerzos realizados en el pasado.

▪ Capital físico y capital financiero

Hablando de capital nos vemos obligados a formular ciertas precisiones. En economía, a menos que se especifique lo contrario, el término «capital» significa capital físico, es decir, máquinas y edificios, y no capital financiero. Un paquete de acciones no constituye un recurso productor de bienes y servicios, y no es capital en sentido económico. De forma similar, al hablar de inversión en economía nos referimos a la inversión real, es decir, acumulación de máquinas y edificios, y no a la compra de bienes financieros. Cuando, por ejemplo, se realiza una compra de acciones ya emitidas, no tiene lugar una inversión real, pues únicamente se produce un cambio de propiedad de dichas acciones (véase Apéndice Capítulo 7).

2. LA FRONTERA DE POSIBILIDADES DE PRODUCCION (FPP)

El problema económico básico, esto es, el hecho de que los recursos estén disponibles en cantidades limitadas y la necesidad consiguiente de elegir, se puede expresar mediante el análisis gráfico. La curva de transformación o frontera de posibilidades de la producción (FPP) muestra la cantidad máxima posible de un bien o servicio que puede producir una determinada economía, con los recursos y la tecnología de que dispone y dadas las cantidades de otros bienes y servicios que también produce.

En una economía que cuenta con miles de productos las alternativas de elección son muy numerosas. Para simplificar el problema consideremos una economía que dispone de una dotación fija de factores productivos, que supondremos todos empleados, y en la que se producen sólo dos tipos de bienes: alimentos y vestidos.

Si a partir de una situación dada se decide producir más alimentos, y se orientan los esfuerzos en esa dirección, se tendrá que estar dispuesto a producir menos vestidos. Resulta pues que para poder cubrir mejor las necesidades alimenticias habrá que estar dispuestos a sacrificar una cierta cantidad de vestidos, ya que se ha supuesto que sólo se producen dos bienes. Por tanto, aumentar la producción de alimentos tiene un costo para la sociedad en términos de los vestidos que se han dejado de producir.

Las diferentes posibilidades que se le presentan a la economía se pueden reflejar acudiendo a un ejemplo numérico. Las distintas opciones son las combinaciones posibles de alimentos y vestidos, de las cuales cinco se recogen en el Cuadro 2.1 y en la Figura 2.1.

La frontera de posibilidades de producción o curva de transformación está formada por todos los puntos intermedios entre las situaciones recogidas en el Cuadro 2.1. Todos los puntos de esta curva son, en principio, igualmente deseables. En cierto modo las posiciones más interesantes parecen ser aquellas en las que se produce cierta cantidad de ambos bienes, pues tanto alimentarse como vestirse son dos necesidades humanas. En el ejemplo de la tabla partimos de una situación extrema, en la que no se produce nada de alimentos, porque todos los recursos se emplean en la producción de vestidos. A partir de esta situación inicial se va aumentando la producción de alimentos a costa de reducir el número de unidades de vestidos.

Costo de oportunidad

Si todos los recursos están siendo plena y eficientemente utilizados, la economía se enfrenta a una disyuntiva: producir una cantidad mayor de un bien exigirá necesariamente producir menos de otro. La opción que debe abandonarse para poder producir u obtener otra cosa se asocia en economía al concepto de *costo de oportunidad.*

• El *costo de oportunidad* de un bien o servicio es la cantidad de otros bienes o ser-

Cuadro 2.1. Tabla de posibilidades de producción

(1) Opciones	(2) Alimentos (toneladas)	(3) Vestidos (toneladas)	(4) Costo de oportunidad
A	0	18	
B	1	17	1
C	2	14	3
D	3	9	5
E	4	0	9

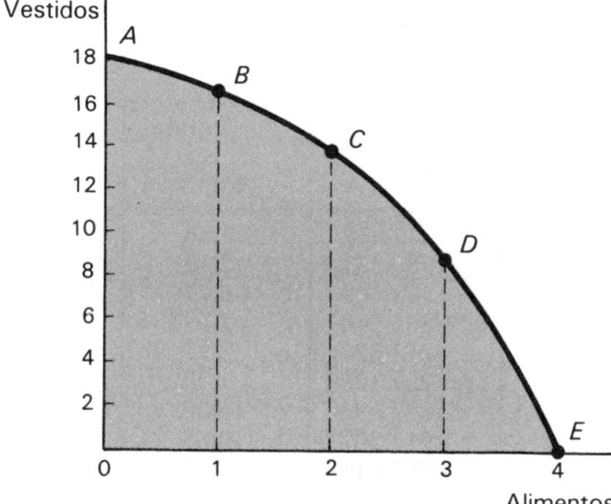

Figura 2.1. Frontera de posibilidades de la producción.

La frontera de posibilidades de producción muestra el máximo de combinaciones de productos que la economía puede producir utilizando todos los recursos existentes, y manifiesta la disyuntiva existente en el sentido de que una mayor cantidad producida de una mercancía supone una disminución de otra.

---

vicios a la que se debe renunciar para obtenerlo.

En términos más precisos, si estamos obteniendo una combinación determinada de bienes empleando eficazmente todos los recursos de que dispone la sociedad, y quisiéramos no obstante producir algunas unidades más de uno de los bienes tendrá que ser a costa de reducir la producción de otro. Esta elección entre los dos bienes indica que el costo de obtener más unidades de uno, en nuestro caso alimentos, es precisamente dejar de producir algunas unidades de otro, es decir, de vestidos. En el caso particular comentado, llamamos costo de oportunidad de una unidad de alimentos al número de unidades de vestidos que es preciso dejar de producir para obtenerla. Tal como muestra el Cuadro 2.1, columna (4), los incrementos de la producción de alimentos que resulta al irnos desplazando desde *A* hacia *E* van elevando cada vez más los costos de oportunidad.

Así, el costo de oportunidad de producir una unidad de alimentos es una unidad de vestidos (la diferencia entre 18 y 17), que debe sacrificarse para desplazarse desde el punto *A* al *B*. La siguiente unidad de alimentos tiene un costo de oportunidad de tres unidades de vestidos (paso de *B* a *C*), y la cuarta unidad de alimentos exige el sacrificio de nueve unidades de vestidos.

La forma de la FPP

A partir del análisis de los valores contenidos en el Cuadro 2.1 y en particular de la evolución del costo de oportunidad, podemos justificar la forma de la FPP. En virtud de lo señalado resulta, pues, que si se trasladan más recursos de la producción de vestidos a la de alimentos aumentará la producción de alimentos y disminuirá la de vestidos. En consecuencia, la FPP de la Figura 2.1 es una curva descendente, y, por tanto, con pendiente negativa. Como los recursos productivos no son igualmente aptos para la producción de un bien u otro, los valores del costo de oportunidad aumentan de la manera que muestra el Cuadro 2.1 y la Figura 2.1. Por ello normalmente la FPP adopta la forma representada en la Figura 2.1, esto es, *cóncava.* (Una justificación más detallada de la concavidad de la frontera de posibilidades de la producción aparecen en el Apéndice de este capítulo.)

Nota complementaria 2.3

LA NECESIDAD DE ELEGIR TAMBIEN SE LE PLANTEA AL GOBIERNO

El gobierno, como cualquier agente económico, se enfrenta al problema de la elección cuando elabora el presupuesto de gastos.

El gobierno se enfrenta al problema de cómo distribuir los recursos limitados de que dispone entre distintos y múltiples usos, es decir, qué dinero dedicar a cada partida presupuestaria. La asignación o distribución se realiza en función de los objetivos prioritarios de política económica marcados para el año en cuestión, de manera que, según el orden de preferencias establecido, así se dedicará mayor o menor volumen de gastos a cada partida, pero siempre sometido a la denominada restricción presupuestaria.

ESTIMACION DEL PRESUPUESTO DE LA ADMINISTRACION NACIONAL PARA 1992. RESUMEN POR JURISDICCIONES (Unidad: miles de pesos)

Jurisdicciones	Presupuesto 1992	Porcentaje sobre total
a Poder Legislativo Nacional	279.917	1,56
b Poder Judicial de la Nación	386.531	2,15
c Tribunal de Cuentas de la Nación	22.309	0,12
d Presidencia de la Nación	1.366.590	7,59
e Ministerio del Interior	713.720	3,97
f Ministerio de Relaciones Exteriores y Culto	269.120	1,50
g Ministerio de Defensa	2.897.593	16,10
h Ministerio de Economía y Obras y S. Públicos	1.912.307	10,63
i Ministerio de Cultura y Educación	1.387.411	7,71
j Ministerio de Justicia	220.343	1,22
k Ministerio de Trabajo y Seguridad Social	180.736	1,00
l Ministerio de Salud y Acción Social	1.725.954	9,59
m Servicio de la Deuda Pública	2.554.345	14,19
n Obligaciones a cargo del Tesoro	4.080.262	22,67
TOTAL	17.997.138	100,00

FUENTE: Ministerio de Economía y Obras y Servicios Públicos. Secretaría de Hacienda.

Las aplicaciones de la frontera de posibilidades de la producción

La frontera de posibilidades de la producción ilustra la capacidad de producción de una economía y, bajo los supuestos introducidos, indica la producción combinada máxima de los bienes. Con frecuencia, sin embargo, la producción obtenida es inferior a la potencial y ello se puede deber, por ejemplo, a la existencia de recursos ociosos y, en particular, a la presencia de desempleo en la mano de obra. En este caso, al estar desperdiciados parte de los recursos, estaremos en un punto interior de la curva de posibilidades de la producción.

La eficiencia económica

La FPP de una economía, como su propio nombre indica, es una frontera, pues delimita

Nota complementaria 2.4

LA CONVEXIDAD DE LA FRONTERA DE POSIBILIDADES DE PRODUCCION

La forma de la curva y en consecuencia las alternativas de elección que se plantean en los distintos puntos de la frontera de posibilidades de producción vienen condicionadas por la tecnología empleada. La existencia de rendimientos marginales crecientes en la producción de ambos bienes determina que la curva de posibilidades adopte la forma convexa.

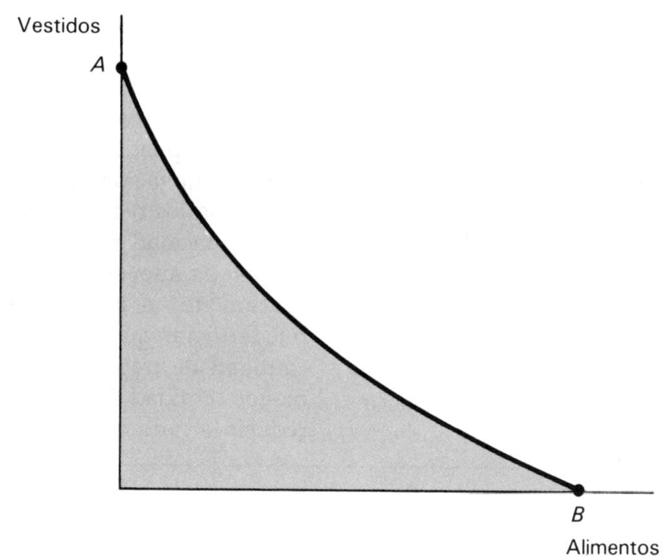

dos regiones: una en la que la economía está despilfarrando recursos (la que está situada debajo de la FPP), y otra que no es alcanzable (la situada por encima de la FPP).

Los puntos situados en la FPP representan asignaciones *eficientes,* en el sentido de que la sociedad no puede producir una mayor cantidad de un bien sin producir una menor de otro. Los puntos situados por debajo de la FPP (como el punto *I* de la Figura 2.2) representan asignaciones de recursos *ineficientes,* pues se están despilfarrando recursos. Con los medios disponibles la economía podría producir más alimentos y más vestidos. Toda reasignación de los recursos de *I* a un punto de la zona delimitada por las flechas, generaría una mayor cantidad de ambos bienes.

En otras palabras, partiendo del punto *I* podríamos producir más alimentos y más vestidos simplemente utilizando los recursos desempleados.

El crecimiento económico

La FPP traza el límite de las opciones alcanzables; con los recursos disponibles los niveles de producción por encima de la FPP son inaccesibles. Con el transcurso del tiempo, sin embargo, tales puntos pueden estar a nuestro alcance

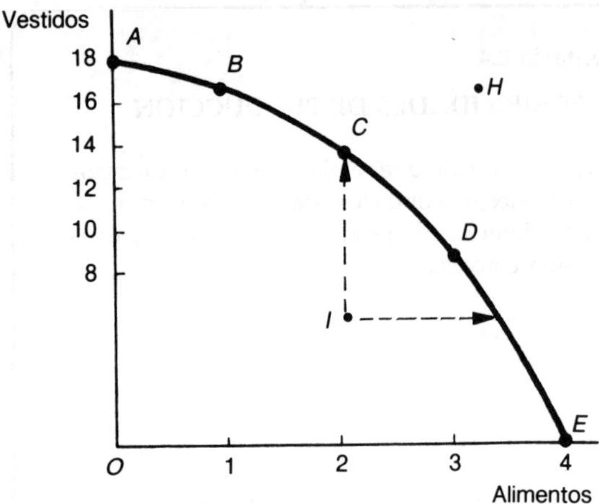

Figura 2.2. Situaciones eficientes e ineficientes.

La frontera de posibilidades de producción muestra las combinaciones de productos con las que la sociedad está produciendo eficientemente, maximizando la producción de un bien con un nivel dado de producción del otro. Los puntos situados bajo la frontera representan una producción ineficiente, en tanto que habrá recursos ociosos o no utilizados (punto *I*). En la frontera (puntos *A, B, C, D, E*) la producción es eficiente. Los puntos más allá de ella (*H*) representan producciones inalcanzables, pues la sociedad no tiene suficientes recursos para producir esa combinación de bienes.

si se incrementa la capacidad productiva de la economía. El crecimiento, entendido como el desplazamiento hacia afuera de la curva de posibilidades de la producción (Figura 2.3), puede tener lugar por cualquiera de los siguientes hechos:

- Mejora técnica, en el sentido de nuevos y mejores métodos para producir bienes y servicios.
- Aumento del volumen de capital.
- Aumento de la fuerza de trabajo.
- Descubrimiento de nuevos recursos naturales.

Efectivamente, un desplazamiento hacia fuera de la curva de posibilidades de la producción se puede lograr, por ejemplo, a través de una innovación tecnológica que permita obtener, con los recursos existentes, un aumento en la capacidad productiva de la economía. El empleo de nuevos métodos de cultivo o la utilización de un nuevo fertilizante o herbicida puede lograr que con el empleo de la misma cantidad de trabajo y tierra se produzca una mayor cantidad de alimentos sin necesidad de reducir la cantidad producida de vestidos.

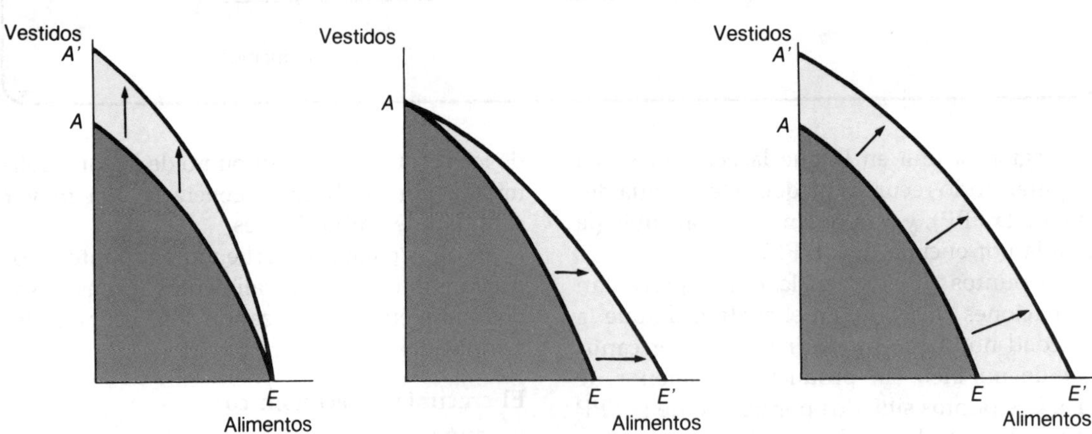

Figura 2.3. Las mejoras tecnológicas.

Una mejora o perfeccionamiento tecnológico en la producción de uno de los bienes implica un desplazamiento de la frontera en la dirección marcada por el eje donde se representa el bien. En caso de sendas mejoras tecnológicas la frontera se desplaza alejándose del origen de coordenadas.

Nota complementaria 2.5

EL DESEMPLEO: UN DESPILFARRO DE RECURSOS

La existencia de desempleo indica, en términos de la FPP, que la economía se encuentra situada en un punto interior, ya que existen recursos productivos que están sin emplear.

TASAS DE DESEMPLEO URBANO DE ALGUNOS PAISES LATINOAMERICANOS

País	1990
Argentina	**7,4**
Bolivia	9,5
Brasil	4,3
Colombia	10,3
Costa Rica	5,4
Chile	6,5
El Salvador	10,0
Guatemala	6,4
Honduras	7,1
México	2,8
Nicaragua	12,0
Paraguay	6,6
Perú	8,3
Uruguay	9,3
Venezuela	10,5

FUENTE: *Anuario Estadístico de América Latina y el Caribe.* CEPAL, 1991.

Consumo presente o consumo futuro

La acumulación de capital puede, asimismo, incrementar la capacidad productiva de la economía. Sin embargo, como ya hemos indicado, para incrementar el capital la sociedad ha de sacrificar consumo presente y dedicar esos recursos a la producción de bienes de capital, maquinaria, edificios, etc., que hacen posible la producción de unos y otros en el futuro.

La Figura 2.4 muestra cómo tres países que comienzan con las mismas posibilidades de producción, representadas por una misma curva límite, alcanzan un crecimiento muy distinto en función de la diferente opción tomada entre consumo actual y bienes de capital, esto es, consumo futuro. El país 1 decide consumir todo en el presente y, por tanto, su curva de posibilidades no se altera. Los países 2 y 3 deciden sacrificar parte del consumo presente y, en función de la porción sacrificada, su crecimiento es mayor, tal como se ve en el Gráfico (*b*) de la figura. Vemos, pues, cómo la elección entre consumo presente y bienes de capital es un problema importante, ya que determina las posibilidades de producción en el futuro.

La elección entre consumo presente y mayores niveles de producción en el futuro sitúa a algunos países en un serio dilema, pues si bien el sacrificio de consumo actual supone mayores posibilidades productivas para el futuro, cuando los niveles de consumo están próximos a los de pobreza resulta muy difícil reducir aún más el consumo actual. Aunque a largo plazo la estrategia del crecimiento sea aconsejable,

Nota complementaria 2.6

EL CRECIMIENTO ECONOMICO

El crecimiento de una economía, esto es, el desplazamiento hacia el noreste de la FPP, se suele medir mediante la tasa de crecimiento del Producto nacional en términos reales (véase Apéndice A del Capítulo 1). En el cuadro adjunto aparecen recogidas las tasas de crecimiento de EE. UU., la OCDE, Argentina y los países de ingreso bajo y mediano.

TASAS DE CRECIMIENTO DE ALGUNOS PAISES

	1965-1980	1980-1990
	PIB (% variación)	
Países de ingresos bajos	4,9	6,1
Países de ingresos medianos	6,3	2,5
Argentina	**3,4**	**– 0,4**
OCDE	3,7	3,1
EE. UU.	2,7	3,4

FUENTE: *Informe sobre el Desarrollo Mundial 1992.* Banco Mundial.

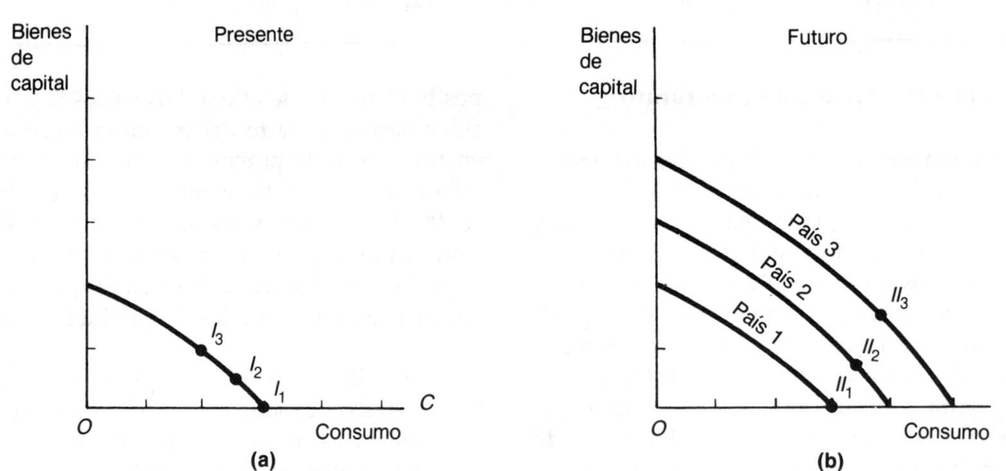

Figura 2.4. Consumo presente o consumo futuro.

La formación de capital para el consumo futuro exige el sacrificio del consumo actual. Así, partamos de tres supuestos países (1, 2 y 3) que comienzan con las mismas posibilidades de producción, aunque con diferentes tasas de inversión (mayor en el país 3 y nula en el 1). El país que más invierte (3) crece con más fuerza y en el momento o período siguiente (*II*) es el que más consume y el que más sigue invirtiendo.

ello puede implicar enormes sacrificios para las generaciones presentes.

3. LOS PROBLEMAS ECONOMICOS FUNDAMENTALES DE TODA SOCIEDAD Y EL INTERCAMBIO

Como hemos señalado, el hecho de que los factores productivos estén disponibles en cantidades limitadas y que las necesidades humanas sean prácticamente ilimitadas plantea la inevitabilidad de la elección. La necesidad de elegir se evidencia al considerar los tres problemas fundamentales a los que toda sociedad debe dar respuesta: ¿qué producir?, ¿cómo producir? y ¿para quién?

¿Qué producir?

¿Qué bienes y servicios se van a producir y en qué cantidad? ¿Se producirán muchos bienes de consumo, como vestidos, o se le prestará una mayor atención a los bienes de inversión, como fábricas, que permitirán incrementar el consumo en el futuro? ¿Se van a producir muchos vestidos de escasa calidad, o pocos de una calidad muy buena? ¿Se incrementará la producción de bienes materiales, tales como alimentos y automóviles, o se potenciará la producción de servicios destinados a ocupar el ocio, tales como conciertos y espectáculos teatrales?

¿Cómo producir?

¿Cómo se producirán los bienes y servicios? ¿Con qué recursos y con qué técnica producirán las empresas? ¿Qué personas desarrollarán cada una de las distintas actividades? ¿La energía a emplear procederá de centrales hidráulicas, térmicas, nucleares o solares? ¿La producción será prioritariamente artesanal o muy mecanizada, incluyendo la utilización de robots? ¿Las grandes empresas serán propiedad privada o propiedad pública?

¿Para quién?

¿Para quién será la producción? ¿Quiénes consumirán los bienes y servicios producidos? En otras palabras, ¿cómo se va a distribuir el total de la producción nacional entre los diferentes individuos y familias? ¿Se va a tender a que la distribución de la renta sea igualitaria o, por el contrario, se permitirá que se produzcan diferencias de renta muy acusadas?

La tradición, el mercado o el plan

Estos problemas son comunes a todas las sociedades. Las menos evolucionadas resuelven estos problemas acudiendo a la *tradición.* Las costumbres son las que ordenan los aspectos fundamentales del comportamiento humano. No sólo hay que pensar en la antigüedad, sino que incluso en nuestros días ciertas tribus del Amazonas, numerosas comunidades de Asia, y en algunas islas de Oceanía adoptan reglas de comportamiento que descansa de modo fundamental en las costumbres, transmitiéndose de padres a hijos los roles que cada individuo desempeña en la sociedad.

En las economías más desarrolladas, sin embargo, la forma en que se da respuesta a los problemas de la sociedad no descansa en la tradición. De hecho en la actualidad, tal como veremos en el capítulo siguiente, son básicamente dos los sistemas económicos que se presentan como alternativos: el sistema de *economía de mercado* y el de *planificación centralizada*.

El intercambio

Para resolver los problemas económicos fundamentales, especialmente para responder a los dos primeros interrogantes, esto es, ¿qué producir? y ¿cómo producirlo? de una forma eficiente todas las sociedades acuden al intercambio, ya que éste permite la *especialización.* Un individuo que viva aislado debe obtener por sí mismo todo lo que necesita, por lo que su consumo estará restringido a lo que tiene a su alcance, o a lo que puede transformar por sus propios medios. Cada sujeto, sin embargo, posee capacidad y recursos distintos y desea consumir bienes diversificados y, por ello, la tendencia natural es a ponerse en contacto entre sí para cambiar aquello que se posee en abundancia por lo que no se tiene y beneficiarse mutuamente del *intercambio*.

El intercambio es ventajoso porque ambas partes salen ganando, ya que pueden especializarse en la obtención de unos pocos bienes y aumentar su eficiencia, es decir, obtener más por unidad de esfuerzo. El intercambio posibilita la *especialización* y ésta contribuye a la eficiencia, entendida ésta en su doble sentido de alcanzar la combinación correcta de recursos y obtener con la mínima cantidad factible de recursos el mayor volumen de producción posible. La especialización ha logrado que el trabajador sea cada vez más productivo.

Ya Adam Smith a mediados del siglo XVII destacaba las ventajas de que en los procesos industriales se llevará a cabo una división y especialización del trabajo en varias fases. Ello permitiría la mayor pericia de cada operario y la introducción de herramientas y maquinarias específicas, causas ambas de un mayor rendimiento en la producción. Por otra parte, este sistema de producción precisa de un mecanismo por el que los individuos puedan adquirir aquello que necesitan, pues dada la especialización del trabajo, casi nadie puede producir para sí la mayor parte de los bienes que necesita. La forma más primitiva del intercambio es el trueque, por el que cada individuo intercambia un bien por otro.

El trueque

El *trueque* implica una transacción en la que dos individuos intercambian entre sí un bien por otro. Como es lógico se desprenden del producto del que tienen excedentes y adquieren los productos que necesitan.

Supongamos el caso de un agricultor: lo normal es que como fruto de su especialización productiva se encuentre con más productos agrícolas de los que desee, mientras que probablemente deseará variar su dieta alimenticia y adquirir algo de carne. Para que se produzca un intercambio el agricultor deberá encontrar a un ganadero que esté dispuesto a ceder, a cambio de una cierta cantidad de productos agrícolas, una parte de su producción ganadera (Esquema 2.1).

Esquema 2.1. Intercambio sin dinero: trueque

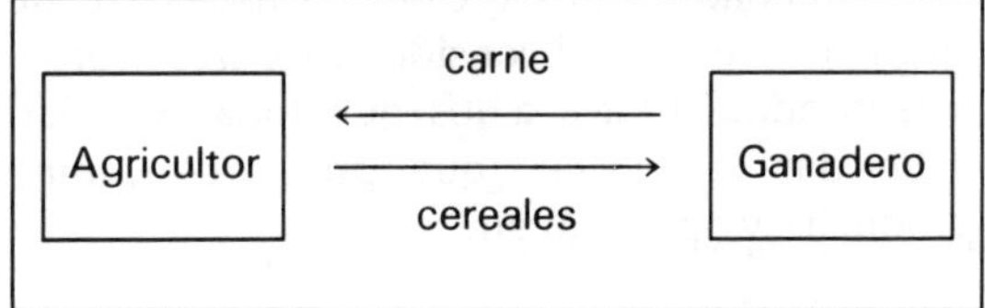

El trueque realizado de esta forma tiene serios inconvenientes. Por un lado, llevaría mucho tiempo, ya que exige que cada individuo encuentre alguien que desee adquirir precisamente lo que él pretende intercambiar; o sea, que el trueque requiere una coincidencia de necesidades. Otro inconveniente del trueque se deriva de la indivisibilidad de algunos bienes. Además, cuando el intercambio involucra a muchos participantes, se vuelve muy complejo y las limitaciones básicas del trueque quedan patentes; esta coincidencia de necesidades e indivisibilidad es lo que le hace prácticamente inviable.

Afortunadamente, sin embargo, las limitaciones del trueque desaparecen cuando el intercambio se realiza con la intervención del dinero (véase Capítulo 18). Cuando interviene el dinero el intercambio es mucho más fácil y eficiente, pues ya no se requiere que coincidan las necesidades.

• **El *dinero* es todo medio de pago generalmente aceptado que puede intercambiarse por bienes y servicios.**

El ganadero, por ejemplo, puede cambiar sus reses por dinero y lo mismo puede hacer el agricultor. Ambos satisfarán sus necesidades sin preocuparse de que alguien desee precisamente aquello que ellos pretenden intercambiar.

De esta forma, pues, se facilitan las transacciones multilaterales. Al introducir el dinero no sólo desaparece la estrecha relación bilateral entre los participantes en el mercado, sino también se eliminan los problemas derivados de la indivisibilidad.

El intercambio en una economía con dinero

En la economía de trueque no existe distinción clara entre el vendedor y el comprador, o entre el productor y el consumidor. Al intercambiar cereales por carne, el agricultor actúa al mismo tiempo como vendedor y productor de cereales, y como comprador o consumidor de carne. Por el contrario, cuando se introduce el *dinero*, surge una distinción bien definida entre vendedor y comprador.

En el ejemplo considerado en el Esquema 2.1 el ganadero, por ejemplo, puede cambiar sus reses por dinero y lo mismo puede hacer el agricultor con su trigo. Ambos satisfarán sus necesidades sin preocuparse de que *alguien* desee precisamente aquello que ellos pretenden intercambiar (Esquema 2.2). De esta forma, pues, se facilitan las transacciones multilaterales.

Esquema 2.2. Intercambio en una economía con dinero

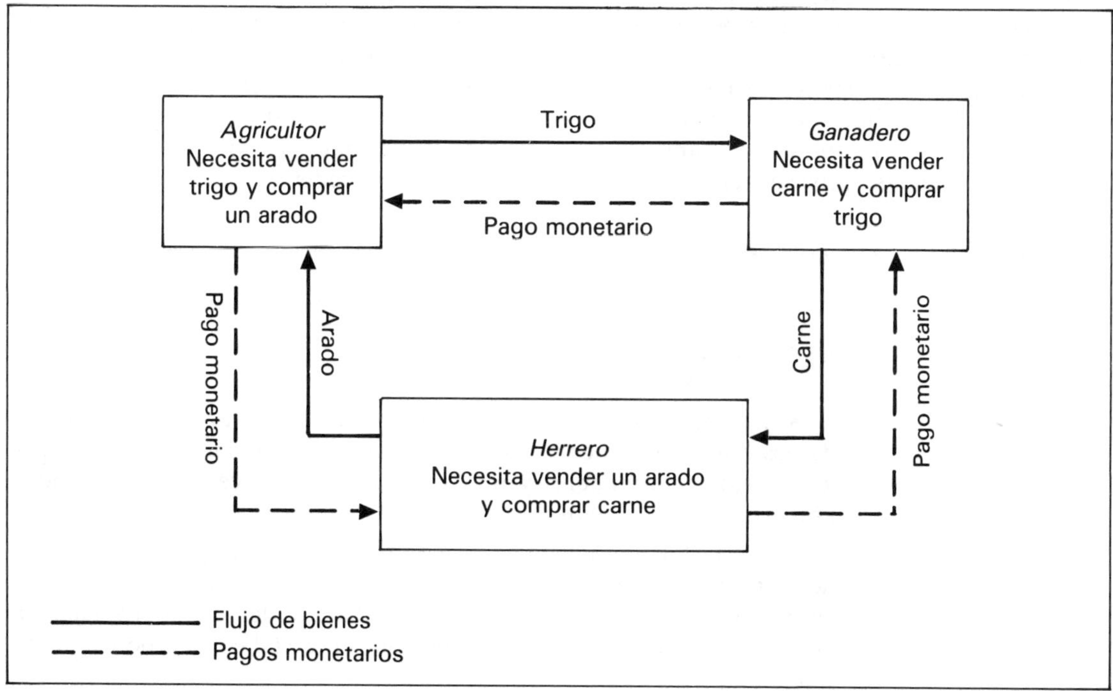

Cuando se introduce el dinero —es decir, en una economía monetaria— es posible realizar transacciones multilaterales entre muchos participantes. En el ejemplo considerado, el agricultor obtiene un arado del herrero, aunque éste no necesite trigo.

Las ventajas de la especialización

Tal como hemos señalado, el intercambio permite la especialización. El moderno sistema de la producción en cadena en las fábricas demuestra la eficacia de la especialización. Las economías derivadas de la producción en gran escala no serían posibles si las técnicas productivas modernas no se basasen en la especialización y en la división del trabajo. Mediante la especialización se contribuye a la eficiencia, en el doble sentido de alcanzar la combinación apropiada de los factores productivos y de obtener, con la mínima cantidad factible de factores, el mayor volumen de producción posible.

La producción en masa facilitada por la especialización permite aumentar la relación entre el capital y el trabajo, esto es, el número de unidades de capital por unidad de trabajo; el empleo de nuevas fuentes de energía; el uso de mecanismos automáticos de autoajuste; la división de procesos complejos en simples operaciones repetitivas y el uso de fases estandarizadas en la producción.

Las ventajas de la especialización explican en buena medida el hecho de que muchos de los bienes que consumimos sean fabricados por grandes empresas. Debe señalarse, sin embargo, que la especialización y la división del trabajo vienen limitadas por la extensión del mercado, pues sólo si existen mercados potenciales que puedan absorber los incrementos en la producción derivados de las economías de escala, resultarán aconsejables tales incrementos.

Aunque la especialización y división del trabajo sean técnicamente eficientes pueden, no obstante, hacer el trabajo aburrido y absurdo. La especialización extremada significa que cada trabajador hace una sola cosa y esto puede resultar altamente alienante. La modernización industrial puede llevar consigo una inhumana alienación de buena parte de la clase trabajadora.

Debemos señalar, por último, que la especialización del trabajo presenta otro serio inconveniente: la acentuación de la interdependencia. En la sociedad moderna pocos son los que producen una fracción significante de las mercancías que consumen. La especialización supone una completa interdependencia de forma que una huelga, una quiebra o una guerra pueden tener efectos muy graves, pues el andamiaje económico de los intercambios es cada día más complicado y los efectos en cadena de una alteración pueden ser muy peligrosos.

RESUMEN

- La escasez no es un problema tecnológico, sino de disparidad entre deseos humanos y medios disponibles que siempre son escasos, ya que los deseos son refinables y una vez que se satisfacen las necesidades primarias surgen nuevos deseos.
- Los factores productivos tradicionalmente se agrupan en tres grandes categorías: *tierra, trabajo* y *capital.* A la tierra, o en un sentido más amplio a los recursos naturales, y al trabajo se les denomina factores originarios de la producción, mientras que el capital es un producto de la economía.
- Los bienes de capital no están concebidos para satisfacer directamente las necesidades humanas, sino para ser utilizados en la producción de otros bienes.

• Bajo el supuesto simplificador de que sólo se producen dos bienes, la curva de transformación o frontera de posibilidades de la producción recoge la necesidad de reducir la producción de uno de los bienes si se desea incrementar la del otro.

• El *costo de oportunidad* de un producto es la opción que debe abandonarse para poder obtener dicho producto.

• La frontera de posibilidades de la producción es cóncava hacia el origen. Ello se puede explicar por el *aumento del costo de oportunidad,* conforme se continúa en el proceso de sustitución de la producción de un bien o servicio por la del otro alternativo.

• Mediante la especialización se contribuye a la eficiencia, en su doble sentido de alcanzar la combinación correcta de recursos y de obtener con la mínima cantidad factible de factores el mayor volumen de producción posible.

• Conforme las sociedades evolucionan y los trabajadores se especializan en una actividad determinada, surge la necesidad del intercambio para poder cubrir las necesidades humanas y dar salida a los excedentes. La forma más primitiva del intercambio es el *trueque,* por el que cada individuo intercambia un bien por otro.

• Las limitaciones del trueque (coincidencia de necesidad e indivisibilidad de algunos bienes) desaparecen cuando el intercambio se realiza con la intervención del dinero.

CONCEPTOS BASICOS

— **Escasez.**
— **Elección.**
— **Bienes y servicios.**
— **Factores o recursos productivos.**
— **Mecanismo de reparto.**
— **Factores originarios de la producción.**
— **Capital físico y capital financiero.**
— **Inversión real e inversión financiera.**
— **Curva de transformación o frontera de posibilidades de la producción (FPP).**
— **Costo de oportunidad.**
— **La concavidad de la FPP (*).**
— **Ley de los rendimientos decrecientes (*).**
— **Consumo presente y consumo futuro.**
— **La especialización y el intercambio.**
— **Crecimiento.**
— **La eficiencia económica.**
— **Intercambio directo (trueque) e intercambio indirecto.**

(*) Véase Apéndice de este capítulo.

TEMAS DE DISCUSION

1. Si cada vez aumenta más la cantidad y los tipos de bienes que se encuentran en el mercado, ¿significa esto que el ser humano ha ganado la lucha contra la escasez? ¿Ha desaparecido la escasez en la llamada *sociedad opulenta*?

2. Explique por qué no es posible estar fuera de la frontera de posibilidades de producción. ¿Es posible aumentar la producción de un bien sin disminuir la del otro o aumentar la producción de los dos?

3. Si usted fuera el director de un colegio mayor, ¿qué cambiaria si su presupuesto se redujera en un 10 %? ¿Y si la reducción fuera de un 30 %?

4. Si usted decidiera no continuar estudiando, ¿qué cosas cambiarían en su vida? En este sentido, ¿cuál es el costo de oportunidad de su educación?

5. Una persona alquila una casa por la que paga anualmente 6.000 unidades monetarias y a la vez mantiene una cierta cantidad de dinero en un banco por la que le pagan un 6 % anual. La casa se ofrece a la venta a 140.000 unidades monetarias, ¿es una buena oportunidad comprar la casa? ¿En qué sentido aparece el concepto de costo de oportunidad en este tema?

6. Como cualquier otro modelo teórico utilizado en Economía, la frontera de posibilidades de la producción introduce varios supuestos simplificadores, ¿cuáles son éstos?

7. ¿En qué medida la especialización contribuye a la eficiencia económica?

8. ¿Cuáles son los principales inconvenientes del trueque y en qué sentido son resueltos por la introducción del dinero en el intercambio?

9. ¿Qué entiende por costo de oportunidad?

10. ¿En qué sentido la extensión del mercado puede limitar la producción en masa?

APENDICE:

La concavidad de la frontera de posibilidades de la producción (FPP)

La forma de la curva o frontera de posibilidades de la producción pone de manifiesto la evolución que sigue el costo de oportunidad en el proceso de sustitución de unos bienes por otros. Para analizar este hecho recurramos a un ejemplo en el que supondremos que los dos únicos recursos productivos son tierra y trabajo. Supongamos, además, que el alimento producido es trigo y que más que vestidos el otro bien producido es algodón.

Cuando toda la tierra cultivada se dedica a producir algodón, en realidad se estarán empleando tierras que no son muy aptas para dicho cultivo, por lo que al desplazarnos de la posición *A* a la *B* (Figura 2.A.1) y al producir en ellas trigo se sacrificaría una cantidad reducida de algodón, ya que las primeras tierras abandonadas serían las peores. Este es el proceso lógico y, al desplazarnos desde *A* hacia *E* para producir más trigo, tendremos que ir utilizando tierras que estaban dedicadas a cultivar algodón, eligiéndose aquellas que fuesen menos apropiadas para dicho propósito. Pero algo similar ocurrirá con la producción de trigo, de forma que al ir dedicando una cantidad de tierras progresivamente mayor a su cultivo éstas serán cada vez menos apropiadas, de forma que el costo de oportunidad irá aumentando.

El aumento en el costo de oportunidad de producir unidades adicionales de trigo es debido a que los recursos productivos no son completamente adaptables a usos alternativos, sino que suelen tener un carácter

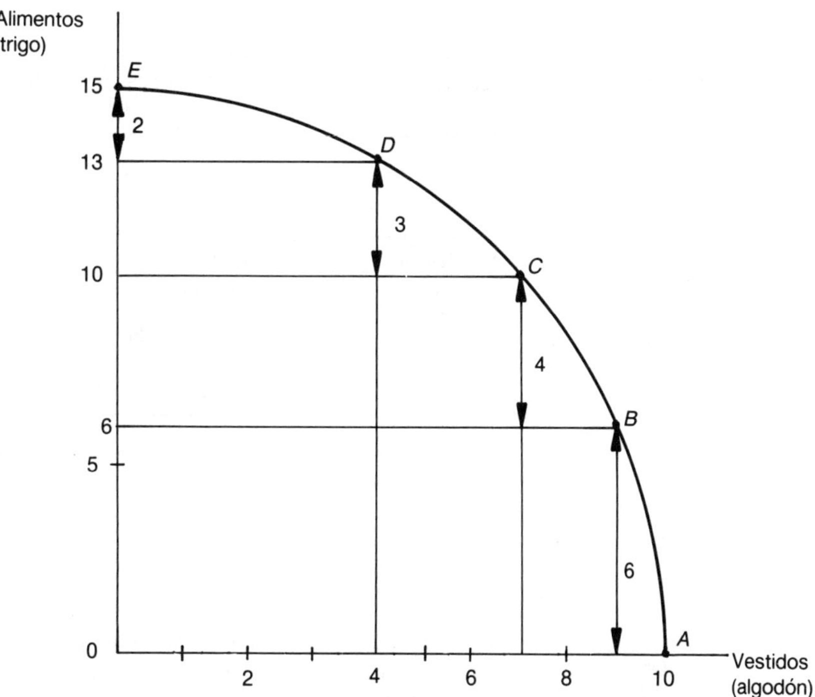

Figura 2.A.1. La concavidad de la frontera de posibilidades de la producción.

La escasez de un determinado factor (tierra cultivable, por ejemplo), junto a la ley de los rendimientos decrecientes, supone un aumento de los costos relativos. En otras palabras, la concavidad de la curva se explica mediante la ley de los costos de oportunidad crecientes, según la cual para conseguir cantidades adicionales iguales de un bien la sociedad debe sacrificar cantidades cada vez mayores del otro, sacrificio que constituye el costo relativo o de oportunidad.

especializado. No todas las tierras son igualmente apropiadas para el cultivo de trigo y de algodón, de manera que el costo de oportunidad del trigo aumenta a medida que su producción se realiza en zonas no especialmente aptas para su cultivo. Este aumento en el costo de oportunidad es, tal como antes se ha apuntado, una manifestación de la forma cóncava de la frontera de posibilidades de la producción.

Rendimientos decrecientes

La concavidad de la frontera de posibilidades de la producción y, por tanto, el aumento del costo de oportunidad se puede justificar recurriendo al concepto de rendimientos decrecientes. De forma intuitiva podemos decir que existen rendimientos decrecientes en la producción de un bien si la cantidad de producto adicional que obtenemos, cuando añadimos sucesivamente unidades adicionales de algunos factores en relación a otro u otros factores que permanecen fijos, es cada vez menor.

La *ley de los rendimientos decrecientes* refleja el hecho de que para conseguir cantidades adicionales iguales de un bien, la sociedad ha de utilizar cantidades crecientes de factores. Si existen rendimientos decrecientes

Cuadro 2.A.1. La ley de los rendimientos decrecientes

Empleo en la agricultura	Producción de alimentos		Empleo en la industria	Producción de vestidos	
	Producción total	Variación de la producción		Producción total	Variación de la producción
4	15	2	0	0	4
3	13	3	1	4	3
2	10	4	2	7	2
1	6	6	3	9	1
0	0		4	10	

Para justificar la concavidad de la frontera de posibilidades de la producción supongamos de nuevo que sólo hay dos tipos de bienes, alimentos y vestidos, y, además, que sólo hay cuatro trabajadores, que pueden producir en la industria textil o bien trabajar en el campo. El Cuadro 2.A.1 muestra qué cantidad de cada bien se puede producir al día dependiendo del número de trabajadores que se dediquen a cada una de las dos actividades productivas posibles. En ambas actividades, cuantos más trabajadores haya, mayor será el nivel de producción. Si aumenta la mano de obra dedicada a una actividad, se incrementa su producción.

Si se analizan las cifras contenidas en el cuadro se observa, además, que el aumento de producción que se consigue en cualquiera de las actividades productivas disminuye a medida que se añaden más trabajadores.

en la producción de un bien, el costo de oportunidad de producir unidades sucesivas del mismo es cada vez mayor. En una economía con sólo dos bienes para producir unidades adicionales de uno de ellos, dada la existencia de rendimientos decrecientes, hace falta detraer cada vez más recursos de los que se estaban utilizando en la producción del otro bien. Consecuentemente, el costo de oportunidad es creciente (Cuadro 2.A.1).

CAPITULO 3

La oferta, la demanda y el mercado

INTRODUCCION

El sistema de economía de mercado descansa, tal como se puede inferir de su nombre, en el funcionamiento del mercado. El mercado es el mecanismo que responde a las tres preguntas fundamentales que se plantean a todo sistema económico: ¿qué producir?, ¿cómo producir? y ¿para quién se produce?

Cuando se habla de mercado necesariamente se está pensando en el juego simultáneo de la oferta y de la demanda. La interacción de ambas determina los precios, siendo éstos las señales que guían la asignación de recursos. Los precios cumplen dos misiones fundamentales, la de suministrar información y la de proveer incentivos a los distintos agentes para que actuando en su propio interés hagan que el conjunto del sistema funcione eficientemente.

1. EL MECANISMO DE MERCADO

Un *sistema económico* se define como el conjunto de relaciones básicas, técnicas e institucionales que caracterizan la organización económica de una sociedad y condicionan el sentido general de sus decisiones fundamentales y los cauces predominantes de su actividad.

Aunque es concebible diseñar una economía que responda a un modelo puro de *mercado* o bien de *planificación central,* a la hora de tomar decisiones fundamentales ante los problemas económicos citados en el capítulo anterior, esto es, *qué, cómo* y *para quién,* en la economía real hay una mezcla de mercados y gobierno en la toma de decisiones. En cualquier caso, debe señalarse que los sistemas económicos evolucionan al compás del desarrollo de las fuerzas productivas, por lo que sería un error pensar que las comunidades humanas eligen uno de los posibles sistemas y lo adoptan de una vez por todas. La opción por un sistema u otro es fruto de todo un proceso histórico, siendo, por tanto, complejo el análisis de los factores que determinan la elección de un sistema económico por una comunidad concreta.

El sistema de producción capitalista moderno con alto grado de división del trabajo necesita de un conjunto de mercados donde se compren y vendan los bienes producidos.

- **Un *mercado* es toda institución social en la que los bienes y servicios, así como los factores productivos, se intercambian libremente.**

Tal como señalamos en el capítulo anterior, debido a la existencia del dinero el intercambio es indirecto: un bien se cambia por dinero y éste, posteriormente, por otros bienes.

El mercado: los compradores y los vendedores

La forma indirecta en que el intercambio se realiza en las sociedades modernas se puede esbozar como sigue: los trabajadores ofrecen sus servicios para obtener en contrapartida dinero que posteriormente cambiarán por bienes de consumo en el mercado de productos. La empresa contratante venderá su producción cambiando bienes por dinero y parte de sus ingresos los destinará a pagar a sus empleados, es decir, intercambiará dinero por trabajo.

Así pues, en todo mercado en el que se utiliza el dinero existen dos tipos de agentes bien diferenciados: los *compradores* y los *vendedores*. En los mercados de productos es típico distinguir entre consumidores y productores. En los mercados de factores existen quienes desean adquirir factores, y quienes desean vender o alquilar los recursos de la producción que poseen. El mercado es el lugar en que ambos tipos de agentes se ponen en contacto.

El precio de mercado

Los compradores y vendedores se ponen de acuerdo sobre el *precio* de un bien de forma que se producirá el intercambio de cantidades determinadas de ese bien por una cantidad de dinero también determinada.

- **El *precio* de un bien es su relación de cambio por dinero, esto es, el número de unidades monetarias que se necesitan para obtener a cambio una unidad del bien.**

Fijando precios para todos los bienes, el mercado permite la coordinación de compradores y vendedores y, por tanto, asegura la viabilidad de un sistema capitalista de mercado. Ha habido, sin embargo, ejemplos históricos en los que el mercado y el sistema de precios no han sido capaces de funcionar, causando una reducción de la producción y del consumo considerables (*).

El intercambio en el mercado es un intercambio «voluntario». Si el participante no tiene otra opción la transacción no es una transacción de mercado. Así, muchos de los servicios ofrecidos por el Estado como contraprestación de los impuestos no constituyen transacciones de mercado. Dado que el intercambio es voluntario es de suponer que ambas partes ganen con él, pues de lo contrario no tendría lugar. Esta proposición parece estar confirmada por la notable persistencia del intercambio, incluso cuando se crean obstáculos para su realización. Cuando se prohíbe el intercambio privado, generalmente porque se intenta mantener el precio de un bien por debajo de su precio de equilibrio en el mercado, se crea con ello una escasez del producto en cuestión al precio oficial y aparecen los mercados «negros» (véase Nota complementaria 3.1).

Tipos de mercado

En la mayoría de los mercados los compradores y vendedores se encuentran frente a frente. Pero la proximidad física no es un requisito imprescindible para conformar un mercado. Algunos mercados son muy simples y la transacción es directa. En otros casos, como por ejemplo en los *mercados de futuros* (véase Nota complementaria 3.2), los intercambios son complejos. En todos los casos el precio es el instrumento que permite que las transacciones se realicen con orden. El precio cumple dos funciones básicas, la de suministrar información y la de proveer incentivos.

Si en un mercado existen muchos vendedores y muchos compradores es muy probable que nadie, por sus propios medios, sea capaz de imponer y manipular el precio. Si sucede lo contrario y hay muy pocos vendedores (su-

(*) Al estudiar las teorías del ciclo económico en el Capítulo 24, analizaremos algunas de las causas de estas «quiebras» en el funcionamiento del mercado.

Nota complementaria 3.1

LOS MERCADOS «NEGROS» Y LA ECONOMIA IRREGULAR

La denominada economía sumergida podría ser un caso actual de mercados negros, no como la respuesta a unos controles de precios, sino como el intento de los agentes para evitar ciertas actuaciones reguladoras del sector público.

ESTIMACION DE LA PARTICIPACION EN LA PRODUCCION NACIONAL DE LA ECONOMIA «SUMERGIDA» O «IRREGULAR» EN DISTINTOS PAISES

País	**Porcentaje del PIB**
Argentina	**38,1**
EE. UU.	8,0
España	4,3
Francia	9,4
Italia	11,4
RFA	8,6
Suecia	13,2

FUENTE: Santos Ruesga: *Aproximación teórica y práctica a la economía no observada.* Tesis doctoral, UAM, 1987, y Guisarri, Adrián: *La Argentina informal,* Emecé, 1989.

pongamos que un solo fabricante) existirán grandes posibilidades de que éstos (o éste) pongan un precio a su conveniencia. Se considera que un mercado es de *competencia perfecta* si se caracteriza por la existencia de muchos compradores y vendedores, y en él ningún comprador o vendedor influye individualmente sobre el precio (véanse Capítulos 8, 9 y 10). En estas condiciones los precios están determinados por fuerzas impersonales del mercado. Por el contrario, se habla de *competencia imperfecta* cuando cualquier comprador o vendedor puede influir sobre el precio. El caso extremo de la competencia imperfecta es el *monopolio,* entendiendo por tal aquella situación en la que sólo hay un vendedor.

Aunque al utilizar el término economía de mercado nos hemos centrado en el concepto de mercado, debe señalarse que al hablar de una economía nos referimos a un conjunto de mercados interrelacionados entre sí, incluidos tanto los mercados de factores como los mercados de bienes y servicios, organizados de forma libre, planificada o mixta. Esta concepción de una economía incluye también todo un conjunto de actividades ajenas al mercado, como pueden ser las administraciones públicas, las instituciones sin ánimo de lucro y por supuesto las unidades elementales, esto es, las familias y las empresas, tanto si actúan individualmente como si lo hacen de forma asociada, es decir, constituyendo sindicatos o asociaciones empresariales.

2. LA DEMANDA, LA OFERTA Y EL EQUILIBRIO

El sistema de economía de mercado, para desarrollar sus funciones, descansa de modo fundamental en el libre juego de la oferta y la

Nota complementaria 3.2

EL MERCADO DE FUTUROS: DESARROLLO INCIPIENTE EN ARGENTINA

Los mercados de futuros consisten en un sistema de cobertura de riesgo para carteras de valores de renta variable, al que acuden instituciones o simples inversores privados que desean protegerse contra las fluctuaciones desordenadas del mercado de la renta variable, las divisas o las materias primas. El desarrollo de los mercados de futuros comienza a mediados de los setenta en la Bolsa de Chicago. A partir de entonces, los volúmenes de contratación crecen y se extienden a las principales plazas bursátiles del mundo.

Su filosofía consiste en la transferencia de riesgo de un inversor cauto hacia otro que lo adquiere con el ánimo de alcanzar los posibles beneficios que lleva inherente este riesgo.

Este tipo de operaciones podrían equipararse a una póliza de seguros que se efectuara entre particulares. El único elemento interviniente, además de ellos, sería la institución bursátil que los pone en contacto y garantiza la solvencia del pacto. Así, pues, hay tres agentes de la operación: 1. quien se asegura, 2. quien asegura, y 3. quien responde del cumplimiento del contrato.

El que asegura traspasa el riesgo de la propiedad de unos bienes cuyo valor es inestable, renunciando a cambio a un potencial de beneficio más alto, pero también más improbable.

Existen tres aplicaciones fundamentales de los mercados de futuros:

- La primera y más conocida es la *cobertura,* consistente en asegurar el precio de venta o compra de un activo en una fecha futura.
- La segunda aplicación de los mercados de futuros es la *especulación,* consistente en comprar o vender a futuro, pero sin efectuar una cobertura.
- La tercera aplicación es el *arbitraje,* que consiste en comprar un activo y vender otro, de forma que el conjunto de ambas operaciones no tenga ningún riesgo pero dé lugar a una ganancia segura.

El desarrollo de mercados de futuros en Argentina es incipiente. La instauración del Mercado de Futuros y Opciones de Carne, donde se negocian novillos terminados a plazos de hasta seis meses, permite a frigoríficos, criadores e invernadores tener un mecanismo de cobertura de riesgo. Sin embargo, los volúmenes operados son aún reducidos.

También el mercado accionario de opciones implica un tipo de mercado de futuros. Sólo que —como su nombre lo indica— se trata de un derecho a compra futura que puede o no ejercitarse. En el cuadro siguiente tenemos varios ejemplos de materias primas en el mercado de futuros. Estas presentan un funcionamiento relativamente complejo y centralizado a nivel mundial. En ellos, la oferta y la demanda dependen no sólo del precio actual o *spot* del bien en cuestión, sino también del precio a futuro.

Materias primas	Spot	3 meses	6 meses	9 meses	12 meses
Maíz:					
Chicago (centavos/bushel)	242,00	248,25	252,00	249,25	247,00
Oro:					
Nueva York (dólares/onza)	419,50	423,80	429,30	434,50	440,00
Petróleo:					
Nueva York (dólares/barril)	22,14	21,95	21,78	21,56	21,32
Trigo:					
Chicago (centavos/bushel)	388,75	368,25	384,00	354,50	365,75

FUENTE: *El País,* 14 de febrero de 1990 y elaboración propia.

demanda. Vamos ahora a centrarnos en el estudio de la oferta y la demanda en un mercado para un bien determinado. Supongamos que los planes de cada comprador y vendedor son totalmente independientes de los de cualquier otro comprador o vendedor. De esta forma nos aseguramos de que cada uno de los planes de los compradores o vendedores dependa de las propiedades objetivas del mercado y no de conjeturas sobre el posible comportamiento de los demás. Con estas características tendremos un *mercado perfecto,* en el sentido de que hay un número muy grande de compradores y vendedores, de forma que cada uno realiza transacciones que son pequeñas en relación con el volumen total de transacciones.

La demanda

Ya hemos señalado que las motivaciones que pueden llegar a tener los individuos para consumir determinados bienes son múltiples. Con todo, supondremos que hay una serie de factores determinantes de las cantidades que los consumidores desean adquirir de cada bien por unidad de tiempo, tales como las preferencias, la renta o ingreso en ese período, los precios de los demás bienes y, sobre todo, el precio del propio bien en cuestión. Si consideramos *constantes* todos los factores salvo el precio del bien, esto es, si aplicamos la condición «ceteris paribus», podemos hablar, por ejemplo, de la tabla de demanda del bien *A* por un consumidor determinado cuando consideramos la relación que existe entre la cantidad demandada y el precio de ese bien (Cuadro 3.1).

Cuadro 3.1. Tabla de demanda

Cantidades demandadas del bien *A* a diversos precios

P_A	D_A
2	8
4	6
6	4
8	2

Bajo la condición «ceteris paribus» y para un precio del bien *A* determinado, la suma de las demandas individuales nos dará la demanda global o de mercado de ese bien. Es claro que la demanda de mercado del bien *A* seguirá dependiendo del precio del bien, y por tanto tendremos una tabla de demanda de mercado para el bien *A*.

■ La tabla de demanda

La tabla de demanda individual de un comprador, dado un conjunto de circunstancias del mercado, para cada precio, ofrece información sobre la cantidad que éste se propondría adquirir. Esta tabla de demanda mostraría que cuanto mayor es el precio de un artículo, menor cantidad de ese bien estaría dispuesto a comprar el consumidor, y «ceteris paribus» cuanto más bajo es el precio más unidades del mismo se demandarán.

En términos más generales a la relación inversa existente entre el precio de un bien y la cantidad demandada, en el sentido de que al aumentar el precio disminuye la cantidad demandada y lo contrario ocurre cuando se reduce el precio, se le suele denominar en economía *la ley de la demanda.*

A nivel agregado, las razones por las que cuando el precio del bien aumenta (o disminuye) la cantidad demandada por todos los consumidores disminuye (o aumenta) son de dos clases. Por un lado, cuando aumenta el precio de un bien algunos consumidores que previamente lo adquirían dejarán de hacerlo y buscarán otros bienes que lo sustituirán. Por otro lado, otros consumidores aun sin dejar de consumirlo demandarán menos unidades del mismo por dos razones, porque se ha encarecido respecto a otros bienes cuyo precio no ha variado y porque la elevación del precio ha reducido la capacidad adquisitiva de la renta y esto hará que se pueda comprar menos de todos los bienes y, en particular, del que estamos considerando.

■ La curva y la función de demanda

La curva decreciente de demanda relaciona la cantidad demandada con el precio. Al reducir-

Nota complementaria 3.3

LA RELACION ENTRE EL PRECIO Y LA CANTIDAD DEMANDADA

La relación entre el precio y la cantidad demandada se evidencia en el presente cuadro, en el que se recogen las previsiones de la CEE en materia de demanda de energía, en función de dos escenarios distintos de evolución del precio del petróleo. Como se observa, cuando se supone que el precio es alto, la demanda de energía en la que se emplea el petróleo se reduce relativamente.

PREVISION MUNDIAL DE DEMANDA DE ENERGIA PRIMARIA

Tipos de energía	1985	1995	
		Precios elevados del petróleo	Precios bajos del petróleo
Petróleo	484	496	560
Gas natural	184	200	205
Combustibles sólidos	238	286	285
Nuclear	124	188	185

FUENTE: Comisión de la CEE.

se el precio aumenta la cantidad demandada. A cada precio P_A corresponde una cantidad Q_A que los demandantes están dispuestos a adquirir. El gráfico recoge cada par (P_A, Q_A) de números de la tabla de demanda (Cuadro 3.1). Uniendo los respectivos puntos obtenemos la curva de demanda D_A (Figura 3.1).

La *curva de demanda,* como expresión gráfica de la demanda, muestra las cantidades de algún determinado artículo que serán demandadas durante un período de tiempo determinado por una población específica a cada uno de los posibles precios. En cualquier caso cuando, por ejemplo, decimos que la cantidad demandada de un bien se ve influida por (o que es una función de) el precio de ese bien, la renta, los gustos de los consumidores y los precios relativos de los demás bienes, estamos refiriéndonos a la *función de demanda,* que podemos expresar de la siguiente forma:

$$Q_A = D\ (P_A, Y, P_B, G)$$

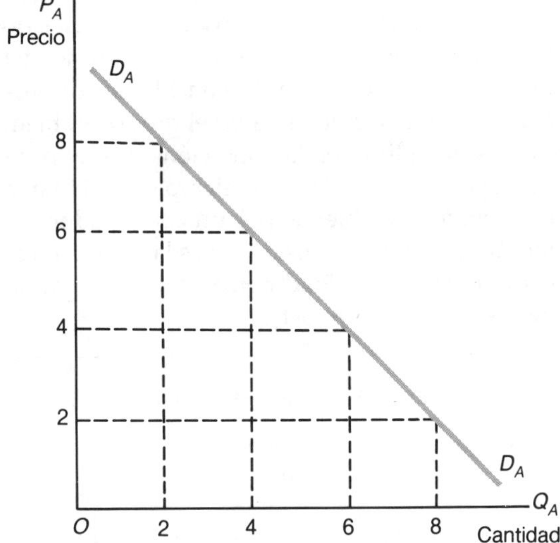

Figura 3.1. Curva de demanda.

Este gráfico muestra cómo se pueden traducir los precios y las cantidades demandadas especificadas en el Cuadro 3.1 en una curva de demanda.

donde:

Q_A: es la cantidad demandada del bien *A*, en un período de tiempo concreto;

P_A: es el precio del bien *A*, en ese mismo período;

Y: es la renta de los consumidores, en ese intervalo temporal;

P_B: son los precios de los demás bienes, referidos al mismo período de tiempo, y

G: representa las preferencias o gustos de los consumidores.

Para representar la curva de la Figura 3.1 lo que hemos hecho ha sido suponer que en la expresión anterior, esto es, en la función de demanda, los valores de todas las variables, salvo la cantidad demandada del bien *A* y su precio, permanecen constantes. Esto es, hemos aplicado la condición «ceteris paribus».

- **La *función de demanda* es la relación entre la cantidad demandada de un bien y su precio. Al trazar la curva de demanda se mantienen constantes los demás factores que puedan afectar a la cantidad demandada, tales como la renta.**

Del análisis que hemos hecho de la demanda podemos precisar algunas cuestiones. Es frecuente oír hablar de la cantidad demandada como una cantidad fija. Así, un empresario que va a lanzar un nuevo producto al mercado se puede preguntar, ¿cuántas unidades podré vender?, ¿cuál es el potencial del mercado respecto al producto en cuestión? A estas preguntas el economista debe contestar diciendo que no hay una «única» respuesta, ya que ningún número describe la información requerida, pues la cantidad demandada depende entre otros factores del precio que se cargue por unidad.

Ya hemos analizado cómo varía la demanda de un bien cuando varía su precio, pero ¿qué sucederá cuando, aun permaneciendo invariable el precio del bien, se altera alguno de los factores que bajo la condición «ceteris paribus» hemos considerado constantes?

Una alteración de cualquier factor diferente del precio del bien desplazará toda la curva a la derecha o hacia la izquierda, según sea el sentido del cambio de dicho factor. A este tipo de desplazamientos los denominaremos *cambios en la demanda,* mientras que al resultado

Nota complementaria 3.4

OTROS FACTORES DETERMINANTES DE LA CURVA DE DEMANDA

Otros factores que también inciden de forma notable sobre la curva de demanda son el *número de consumidores, los precios* y *las rentas «futuras» esperadas.* Lógicamente si es constante la renta media de los consumidores que actualmente demandan el bien en cuestión pero se incrementa el número de consumidores, la cantidad demandada del bien a los diferentes precios aumentará. Así pues, un aumento del número de consumidores desplazará la curva de demanda hacia la derecha y una disminución la desplazará hacia la izquierda.

Por otro lado, resulta evidente que la cantidad demandada de un bien en un período dado depende no sólo de los precios de ese período, sino también de los que se esperan en períodos futuros. Así, la cantidad de gasolina demandada un día determinado será mayor si se espera que el gobierno va a decretar de forma inminente un aumento del precio.

La incidencia del futuro también se evidencia cuando la variable considerada es la renta. Piénsese que los individuos esperan que las rentas van a experimentar un incremento futuro apreciable, pues en los convenios colectivos entre sindicatos y empresarios se ha llegado a un principio de acuerdo en este sentido. Si los consumidores creen que las rentas van a aumentar en un futuro próximo, desearán comprar más bienes en este período, cualquiera que sea el precio, con lo que la curva de demanda se desplazará hacia la derecha.

de alteraciones en los precios lo denominamos *cambios en la cantidad demandada.* Esta distinción es muy importante y se debe entender claramente qué factores producen uno y otro tipo de cambios. Por ello, volveremos sobre este punto en el Apartado 3 de este capítulo.

La oferta

Al igual que en el caso de la demanda, señalaremos un conjunto de factores que determinan la oferta de un empresario individual. Estos son la tecnología, los precios de los factores productivos (tierra, trabajo, capital, etc.) y el precio del bien que se desea ofrecer.

Nota complementaria 3.5

ESTIMACION DE UNA FUNCION DE DEMANDA

En la figura se ha representado la función de demanda de nafta en Argentina, estimada a partir de datos trimestrales y para un nivel dado de ingreso y de parque automotor. La función de demanda es lineal y establece la cantidad demandada de nafta en Argentina (Q_t) en función del precio de ésta, expresado en términos reales (P_t). La ecuación obtenida es la siguiente:

$$Q_t = \text{Constante} - 829\ P_t$$

De los resultados obtenidos por la estimación se desprende que cuando el precio de la nafta se incrementa en una unidad, la cantidad demandada se reduce en 829.

DEMANDA DE NAFTA EN ARGENTINA

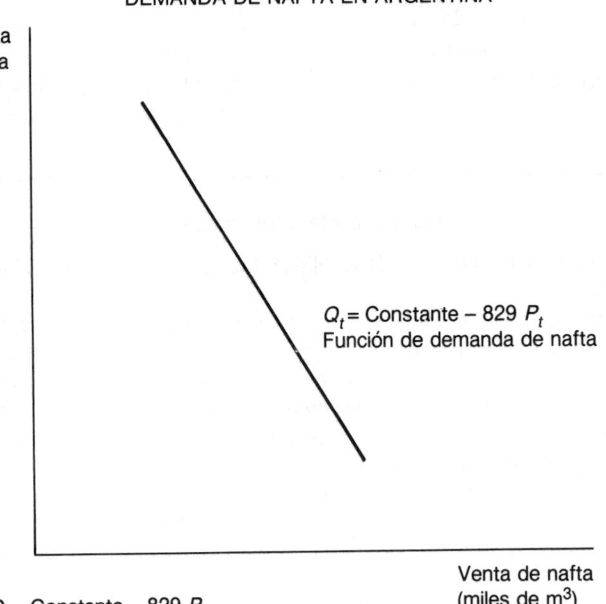

Q_t= Constante – 829 P_t.
Q_t= venta de nafta.
P_t= precio de la nafta.

FUENTE: Julio R. Rotman: «Determinantes del consumo de nafta en Argentina», en V. A. Beker (comp.), *Microeconomía Aplicada*, págs. 33/45, Editorial de Belgrano, 1992.

■ La tabla de oferta

Bajo la condición «ceteris paribus», denominamos tabla de oferta a la relación que existe entre el precio de un bien y las cantidades que un empresario desearía ofrecer de ese bien por unidad de tiempo. Podemos obtener la oferta global y de mercado sin más que sumar para cada precio las cantidades que todos los productores de ese mercado desean ofrecer.

Mientras la tabla de demanda muestra el comportamiento de los consumidores, la tabla de oferta señala el comportamiento de los productores. Si la tabla de demanda relaciona los precios con las cantidades que los consumidores desean comprar, una tabla de oferta representa, para unos precios determinados, las cantidades que los productores estarían dispuestos a ofrecer. A precios muy bajos los costos de producción no se cubren y los productores no producirán nada; conforme los precios van aumentando se empezarán a lanzar unidades al mercado y, a precios más altos, la producción será mayor.

El argumento inverso también se puede utilizar. Así, el crecimiento de la curva de oferta se puede establecer diciendo que si, por ejemplo, se desea una mayor producción de algún bien, habrá que ir añadiendo mayores cantidades de mano de obra y, apelando a la *ley de los rendimientos decrecientes* (véase Apéndice Capítulo 2 y el Apartado 7.1), resultará que el costo necesario para elevar la producción en una unidad más será cada vez mayor.

■ La curva y la función de oferta

Tal como señalamos al hablar de la demanda, la oferta no puede considerarse como una cantidad fija, sino como una relación entre la cantidad ofrecida y el precio al cual dicha cantidad se ofrece en el mercado. En este sentido la *curva de oferta* de la empresa o de la industria es la representación gráfica de la tabla de oferta respectiva, y muestra las cantidades del bien que se ofrecerán a la venta durante un período de tiempo específico a diversos precios de mercado. Esta curva suele tener pendiente positiva.

Cuadro 3.2. Tabla de oferta

Cantidades ofrecidas del bien *A* a distintos precios

P_A	O_A
2	0
4	2
6	4
8	6

La curva de oferta, pues, muestra la relación entre el precio y la cantidad ofrecida. A cada precio P_A le corresponde una cantidad ofrecida Q_A, y uniendo los distintos puntos (P_A Q_A) obtenemos la curva de oferta (Figura 3.2).

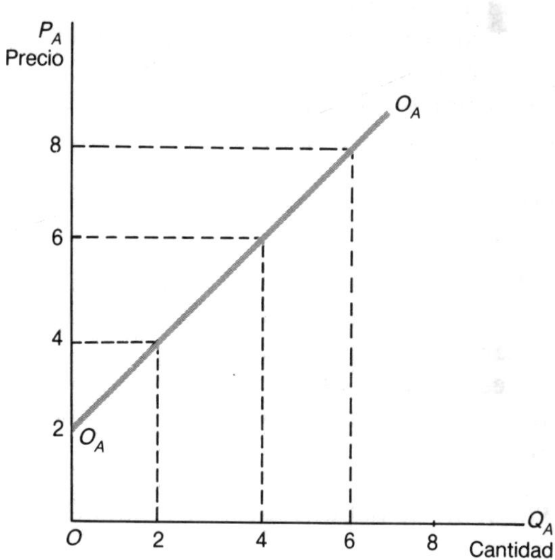

Figura 3.2. Curva de oferta.

Los datos del Cuadro 3.2 contienen la cantidad ofrecida por los vendedores a cada precio. La curva de oferta presenta una pendiente positiva que denota los aumentos producidos en la cantidad ofrecida cuando aumenta el precio.

La curva de oferta es la expresión gráfica de la relación existente entre la cantidad ofrecida de un bien en un período de tiempo y el precio de dicho bien. En cualquier caso, sin embargo, la cantidad ofrecida depende también de otras variables, tales como el precio de otros bienes, o el precio de los factores de producción el estado de la tecnología. Este tipo de relación la recoge la *función de oferta* siguiente:

$$Q_A = O\ (P_A, P_B, r, K)$$

donde:

Q_A: es la cantidad ofrecida del bien A en un período de tiempo concreto;
P_A: es el precio del bien A;
P_B: son los precios de otros bienes;
r: son los precios de los factores de producción;
K: denota el estado de la tecnología.

La introducción de la condición «ceteris paribus», en el sentido de que en la función de oferta anterior todas las variables permanecen constantes excepto la cantidad ofrecida del bien A y el precio del mismo bien, permite obtener la curva de oferta representada en la Figura 3.2. Los desplazamientos de la curva de oferta se analizan en el apartado siguiente.

- **La *función de oferta* es la relación entre la cantidad ofrecida de un bien y su precio. Al trazar la curva de oferta se mantienen constantes todos los demás factores que puedan afectar a la cantidad ofrecida, tales como los precios de los factores.**

El equilibrio del mercado

Cuando ponemos en contacto a consumidores y productores con sus respectivos planes de consumo y producción, esto es, con sus respectivas curvas de demanda y oferta en un mercado particular, podemos analizar cómo se lleva a cabo la coordinación de ambos tipos de agentes. Se observa cómo, en general, un precio arbitrario no logra que los planes de demanda y de oferta coincidan. Sólo en el punto de corte de ambas curvas se dará esta coincidencia y sólo un precio podrá producirla. A este precio lo denominamos *precio de equilibrio* y a la cantidad ofrecida y demandada, comprada y vendida a ese precio, *cantidad de equilibrio.*

- **El *precio de equilibrio* es aquel para el que la cantidad demandada es igual a la ofrecida. Esta cantidad es la cantidad de equilibrio.**

Para analizar la determinación del precio de equilibrio de un mercado dibujemos en un mismo gráfico las curvas de oferta y demanda. Este gráfico muestra para un bien en particular, no sólo cómo las cantidades demandadas y ofrecidas se ven afectadas por el precio, sino también cómo el precio de equilibrio responde a las influencias de la oferta y la demanda (Figura 3.3).

De la curva de demanda deducimos que si se desea inducir un incremento en las compras, el precio debe disminuirse, mientras que del estudio de la curva de oferta se desprende que si se desea aumentar la oferta el precio debe aumentar. Del análisis individual de cada una de las curvas lo único que podemos deducir es que a tal precio las ventas serán tales y que a un precio distinto se venderá una cantidad diferente. Pero ni la sola curva de demanda ni la

Cuadro 3.3. Tabla de oferta y demanda del bien *A*

Precio (P_A)	Cantidad demandada (D_A)	Cantidad ofrecida (O_A)	Excedente o escasez	Presión sobre el precio
2	8	0	Escasez	Alza
4	6	2	Escasez	Alza
6	4	4	—	—
8	2	6	Excedente	Baja

Nota complementaria 3.6

EL MERCOSUR

Aunque en el texto se señala que hay muchos tipos de mercados, por lo general, cuando se habla de la «demanda de mercado» se piensa en un contexto nacional. Los procesos de integración económica que tienen lugar en el mundo han ampliado, sin embargo, esta perspectiva. Así, por ejemplo, el mercado único europeo se refiere a la situación que se generará en la Comunidad Económica Europea (CEE) después que en 1993 se eliminen los obstáculos comerciales y técnicos al intercambio entre los países miembros.

En el caso del Cono Sur, Argentina, Brasil, Paraguay y Uruguay, con la firma del Tratado de Asunción el 26 de marzo de 1991, han acordado desarrollar un proceso que culminará con la creación del Mercado Común del Sur (MERCOSUR).

Dicho Mercado Común abarcaría una población total de 190 millones de habitantes con un PIB conjunto de 435.000 millones de dólares, de acuerdo a las cifras de 1991.

Aceleración del crecimiento económico, creación de nuevos empleos, economías de escala, mejora de la competencia, aumento de la productividad, mayor movilidad de trabajadores y empresas y mayor estabilidad de precios son los beneficios que el mercado unificado ofrecería.

Pero no todas serán ventajas: la libre circulación de bienes, si bien posibilitará a los consumidores el acceso a una mayor variedad de productos, también implicará que determinadas industrias nacionales deban cerrar sus puertas al no poder competir con las de los otros países involucrados.

Más aún, los países miembros competirán en forma creciente entre sí, no sólo en el campo comercial sino con el fin de atraer los factores productivos internacionalmente movibles, como el capital real y el capital humano.

Así, si determinada actividad es más rentable en Brasil que en Argentina es posible que el capital argentino se traslade al país vecino para continuar desarrollando dicha industria.

Ello puede implicar que se acentúen las diferencias regionales dentro de cada país. Las regiones pujantes podrían beneficiarse con nuevos flujos de inversiones y tecnología mientras que otras podrán sufrir los efectos del cierre de empresas y la emigración de la mano de obra o la desocupación.

Morigerar estos efectos negativos constituye un desafío que emerge frente al proceso de integración, cuyo avance es, por otra parte, irreversible. Así lo señalan las tendencias en desarrollo en todo el mundo hacia la formación de grandes bloques económicos: la Comunidad Europea, la Zona Norteamericana de Libre Comercio y el Sudeste Asiático con Japón vienen marcando tal rumbo.

de oferta nos dirá hasta dónde pueden llegar los precios o qué cantidad se producirá y consumirá para cada precio. Para ello debemos realizar un estudio conjunto de ambas curvas y proceder por «tanteo», analizando, para cada precio, la posible compatibilidad entre la cantidad vendida y demandada.

En la situación de equilibrio se igualan las cantidades ofrecidas y demandadas. A cualquier precio mayor que el de equilibrio la cantidad que los productores desean ofrecer excede la cantidad que los demandantes desean adquirir y, debido a la presión de las existencias invendidas, la competencia entre los vendedores hará que el precio descienda hasta la situación de equilibrio. Por el contrario, si el precio es menor que el de equilibrio, dado que la cantidad que los demandantes desean adquirir es mayor que la ofrecida por los productores, los compradores que no hayan podido obtener la cantidad deseada del producto presionarán al alza el precio tratando de adquirir

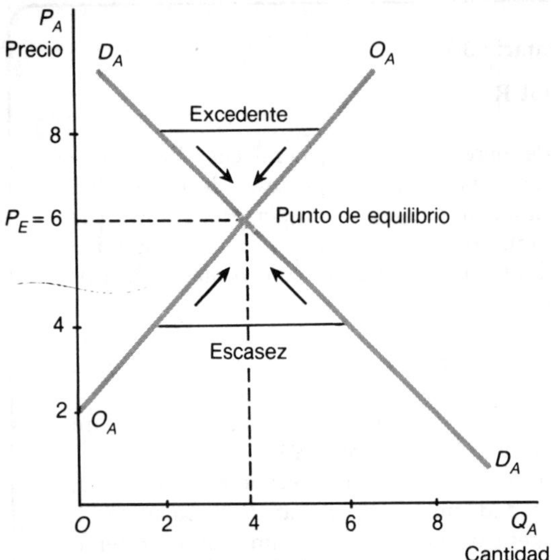

Figura 3.3. Determinación del equilibrio en el mercado.

Dado el precio de equilibrio, cuando el precio es inferior hay un exceso de demanda (escasez), lo que tiende a elevarlo. Cuando es superior hay un exceso de oferta (excedente) y ello tiende a bajarlo. Luego, en un mercado libre, los precios tienden a desplazarse hacia el nivel de equilibrio.

la cantidad deseada. Estos hechos quedan recogidos en el Cuadro 3.3 y en la Figura 3.3.

Sólo al precio P_E se igualan la cantidad demandada y ofrecida. Si el precio fuese mayor que P_E, el *exceso de oferta* o *excedente,* haría descender el precio hasta P_E y, si fuese menor, el *exceso de demanda* o *escasez,* según la terminología de la tabla, lo haría subir. En definitiva, son el exceso de oferta o excedente, entendido como la cantidad en que la oferta es mayor a la demanda cuando el precio es superior al de equilibrio, y el exceso de demanda o escasez, entendido como la magnitud en que la cantidad demandada excede a la ofrecida cuando el precio es menor al de equilibrio, los elementos que presionan sobre el precio y lo hacen tender hacia el precio de equilibrio y, por tanto, a igualar la oferta y la demanda.

El concepto de equilibrio

En economía entendemos por equilibrio aquella situación en la que no hay fuerzas inherentes que inciten al cambio. Cambios a partir de una situación de equilibrio ocurrirán sólo como resultado de factores exógenos que alteren el *statu quo.* Así pues, se tendrá una combinación de equilibrio de precio, cantidad ofrecida y demandada, cuando rija en el mercado un precio para el que no haya ni compradores ni vendedores frustrados que tiendan a empujar los precios al alza o a la baja para adquirir las cantidades deseadas o estimular sus ventas.

En este sentido, P_E es un precio de equilibrio, pues es el único precio que puede durar, ya que sólo a P_E se igualan las cantidades demandadas y ofrecidas. Por tanto, el equilibrio se encuentra en el punto de intersección de las curvas de oferta y demanda: donde se igualan las cantidades ofrecidas y demandadas.

3. DESPLAZAMIENTOS DE LAS CURVAS DE DEMANDA Y DE OFERTA

Como se ha señalado en el apartado anterior, la construcción del diagrama de las curvas de oferta y demanda se realiza bajo la cláusula «ceteris paribus», es decir, suponiendo que todas las variables permanecen constantes, excepto el precio. Por tanto, al trazar las curvas de demanda y oferta se supone que no varía ninguno de los otros factores que afectan a la demanda y a la oferta, tal como las rentas de los individuos o los precios de los productos estrechamente relacionados con el estudiado. En este apartado examinaremos de qué forma se ven afectadas las curvas de oferta y demanda y el equilibrio del mercado cuando varían algunos de dichos factores.

Desplazamientos de la curva de demanda

Vamos a centrarnos, en primer lugar, en el análisis de la curva de demanda. Como ya vimos, la cantidad de un producto que los compradores están dispuestos a adquirir depende del precio, pero no sólo de esta variable. La curva de demanda, sin embargo, muestra exclusivamente el efecto del precio sobre la cantidad demandada. Cuando determinamos qué cantidades se desean demandar a diferentes precios, suponemos que permanecen constantes los ingresos y en general aquellos factores, a excepción del precio, que pueden afectar la demanda. Sin embargo, es frecuente que no permanezcan inalteradas, lo que motivará desplazamientos de la curva de demanda.

De estos factores, los más importantes, tal como vimos en el apartado anterior, son: la renta de los consumidores, los precios de los bienes relacionados y los gustos de los consumidores.

■ La renta de los consumidores

Cuando tienen lugar aumentos en la renta, los individuos pueden consumir más, cualquiera que sea el precio, por lo que la curva de demanda se desplazará hacia la derecha. Por el contrario, cuando la renta se reduce cabe esperar que los individuos deseen demandar una cantidad menor, para cada precio, con lo que la curva se desplazará hacia la izquierda.

Así pues, cuando se alteren los ingresos lo normal será esperar movimientos en la demanda en la misma dirección. Sin embargo, hay excepciones a esta regla; pensemos, por ejemplo, en un individuo que repentinamente ve incrementar de forma apreciable sus ingresos; es de esperar que ante su nuevo nivel de renta altere sus patrones de consumo y, por ejemplo, adquiera una menor cantidad de ciertos bienes, como las patatas, mientras que incremente su dieta a base de carne y pescado. Si esto sucede, el incremento del ingreso ocasionará una reducción en la cantidad demandada de patatas, por lo que su curva de demanda se desplazará hacia la izquierda.

El análisis de la alteración en la demanda cuando se altera el ingreso no sólo ilustra los desplazamientos en la curva de demanda, sino que permite clasificar los bienes en normales e inferiores:

- ***Bien normal:*** **cuando al incrementar la renta la cantidad demandada a cada uno de los precios se incrementa.**

  Bien inferior: **cuando al aumentar la renta de los consumidores la cantidad demandada disminuye.**

■ Los precios de los bienes relacionados

Las alteraciones en el precio de un bien pueden ocasionar también desplazamientos en la curva de demanda de otro bien. Pensemos en que, por ejemplo, aumenta el precio de la gasolina. Como consecuencia de este aumento, la gente tendrá menos interés en comprar aquellos productos que se utilizan conjuntamente con la gasolina, por ejemplo automóviles, y, por tanto, la curva de demanda de éstos tenderá a desplazarse hacia la izquierda. El aumento del precio de la gasolina tendrá, sin embargo, un efecto contrario sobre las cantidades demandadas de otros productos que se utilizan de forma alternativa, tales como el carbón.

De nuevo, el sentido del cambio permite introducir una nueva clasificación de los bienes:

- ***Bienes complementarios:*** **cuando al aumentar el precio de uno de ellos se reduce la cantidad demandada del otro.**

  Bienes sustitutivos: **cuando al aumentar el precio de uno de ellos la cantidad demandada del otro se incrementa, cualquiera que sea el precio.**

■ Los gustos o preferencias

Los gustos también experimentan alteraciones que pueden ocasionar desplazamientos en la curva de demanda. Las preferencias de los consumidores se pueden alterar simplemente porque los gustos se modifiquen con el transcurso del tiempo, o bien por campañas publicitarias dirigidas en tal sentido. Si los gustos se alteran en el sentido de desear demandar una mayor cantidad de un determinado producto, desplazarán la curva de demanda hacia la derecha, mientras que si la modificación de las preferencias es en sentido contrario la curva de demanda se desplazará hacia la izquierda.

Los desplazamientos y el equilibrio

A nivel del mercado los desplazamientos en la curva de demanda, motivados por las alteraciones en alguno de los factores antes mencionados, determinarán modificaciones en la situación de equilibrio. Si el desplazamiento de la curva de demanda es hacia la derecha, el precio de equilibrio y la cantidad demandada y ofrecida de equilibrio aumentarán, si la oferta no se desplaza, pues los productores reciben incentivos para incrementar su producción. Lo contrario ocurriría si el desplazamiento de la curva de demanda fuese hacia la izquierda.

Del análisis de los desplazamientos de la curva de demanda se infiere que las fuerzas del mercado hacen que el productor se acomode a las alteraciones experimentadas por los demandantes. Gráficamente, un desplazamiento hacia la derecha de la curva de demanda se recoge en la Figura 3.4.

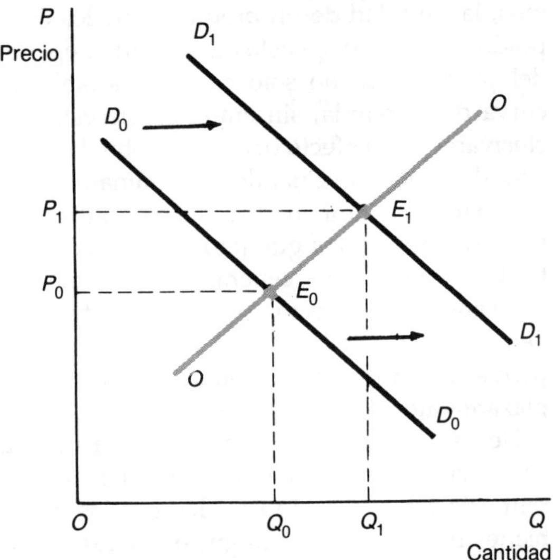

Figura 3.4. Desplazamiento de la demanda.

Ante alteraciones en el ingreso, los precios de otros bienes relacionados o las preferencias, la curva de demanda se desplaza y, en este caso, hacia la derecha. Es decir, para cualquier precio la cantidad demandada tras el desplazamiento es mayor. El nuevo equilibrio se logra para precios y cantidades mayores.

Desplazamientos de la curva de oferta

Los consumidores no son, sin embargo, los únicos que condicionan la evolución del mercado, los productores también influyen. El mercado recoge un conjunto de interrelaciones en las que los vendedores responden a los deseos de los compradores, a la vez que los compradores también reaccionan ante la voluntad de los productores.

Para analizar las alteraciones en la oferta recordemos que la curva de oferta muestra exclusivamente los efectos de variaciones en los precios sobre la cantidad ofrecida, pues se estableció la cláusula «ceteris paribus», esto es, que todas las demás variables permanecen constantes. Las variables más significativas que afectan a la oferta, además del precio, son:

- el precio de los factores productivos,
- los precios de los bienes relacionados, y
- la tecnología.

■ Precio de los factores productivos

De este modo, si, por ejemplo, tiene lugar una reducción en el precio de los fertilizantes, los agricultores se sentirán dispuestos a producir más cereales que al precio anterior a la disminución. En términos gráficos, este deseo de producir más, para cualquier nivel de precios, implica un desplazamiento de la curva de oferta hacia la derecha.

■ Precio de los bienes relacionados

Por otro lado, si el precio del maíz disminuye es probable que los agricultores reduzcan su producción de maíz y se decidan, por ejemplo, a dedicar una mayor parte de sus tierras a la producción de cebada. En este caso, pues, la curva de oferta de cebada se desplaza hacia la derecha como consecuencia de la reducción del precio del maíz.

■ Tecnología existente

Asimismo, una mejora en la tecnología puede, por ejemplo, contribuir a reducir los costos de producción y a incrementar los rendimientos, lo que hará que los empresarios ofrezcan más productos a cualquier precio y, en consecuencia, tendrá lugar un desplazamiento hacia la derecha de la curva de oferta.

Como parece lógico, las alteraciones de signo contrario a las analizadas harán que la curva de oferta en vez de desplazarse hacia la derecha lo haga hacia la izquierda. Lo relevante es que ante alteraciones en determinados factores distintos del precio que influyen en la oferta se producirán desplazamientos en la curva de oferta. Estos desplazamientos alterarán las condiciones de equilibrio, esto es, el precio y la cantidad demandada y ofrecida.

Cuando tiene lugar un desplazamiento hacia la derecha de la curva de oferta, el precio de equilibrio se reducirá y la cantidad demandada y ofrecida aumentará (Figura 3.5). En este caso, pues, vemos que son las condiciones de la oferta las que condicionan la conducta de los consumidores.

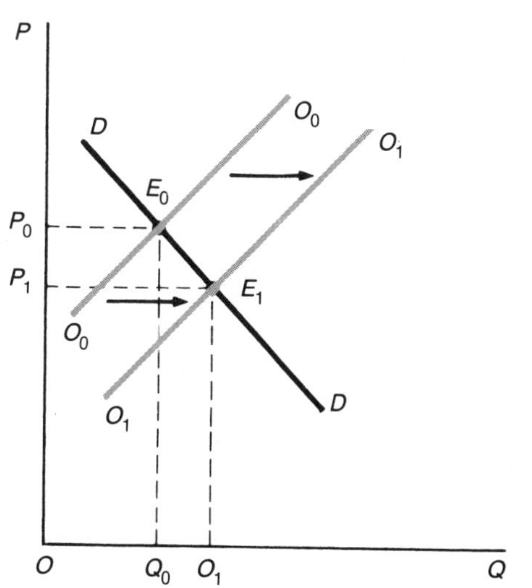

Figura 3.5. Desplazamiento de la oferta.

Ante alteraciones en el precio de los factores productivos, la tecnología y los precios de bienes relacionados, la curva de oferta se desplaza y, en este caso, lo hace hacia la derecha. Entonces, a cada precio, la cantidad ofrecida será mayor o, para ofrecer en el mercado igual cantidad, el precio disminuirá con respecto a la situación inicial.

Los efectos de desplazamientos de las curvas de demanda o de oferta

Cuando se produce un desplazamiento de la curva de demanda o de la de oferta, los efectos sobre los precios y cantidades de equilibrio son predecibles. Así, como hemos visto anteriormente, si, por ejemplo, se produce un aumento en la demanda, es decir un desplazamiento en la curva de demanda hacia la derecha, el precio y la cantidad de equilibrio aumentarán. Por otro lado, si se produce un aumento en la oferta, esto es, un desplazamiento hacia la derecha en la curva de oferta, el precio de equilibrio descenderá y la cantidad de equilibrio aumentará.

Sin embargo, si se desplazan ambas curvas, los efectos no son perfectamente predecibles. Por ejemplo, en el caso de que tanto la oferta como la demanda se desplacen hacia la derecha sabremos que la cantidad de equilibrio ha aumentado, pero no podemos decir si el precio ha experimentado un aumento o una disminución, pues ello dependerá de la intensidad de los desplazamientos relativos de ambas curvas (Figura 3.6).

Desplazamientos de la curva y movimientos a lo largo de ella

Estos desplazamientos de las curvas de demanda y oferta implican alteraciones de las situaciones de equilibrio que pueden incluso inducir a error al interpretar la curva de demanda. Así, si nos detenemos en la Figura 3.4 observamos que uniendo las dos situaciones de equilibrio, E_0 y E_1, obtenemos una relación creciente entre el precio y la cantidad demandada. Una interpretación precipitada de esta relación podría hacer pensar que se está refutando la ley de la demanda en el sentido de que entre E_0 y E_1 tiene lugar un aumento simultáneo del precio y de la cantidad demandada. Un análisis más detallado mostraría que

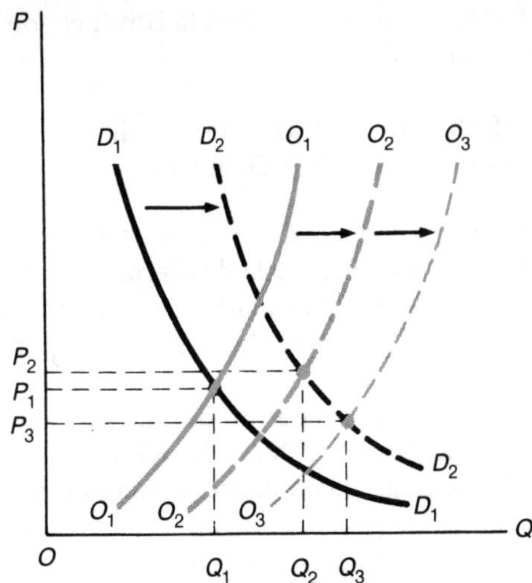

Figura 3.6. Desplazamientos simultáneos de oferta y demanda.

Conjuntamos ahora desplazamientos en la oferta y demanda. Los efectos, como puede comprobarse, no son predecibles, así, si ambas curvas se desplazan hacia la derecha (aumentan), la cantidad demandada habrá aumentado, pero no podemos afirmar nada del precio, pues éste dependerá de la intensidad de los desplazamientos. El precio aumentará si la nueva curva de oferta es O_2, y se reducirá si es O_3.

cuando el precio aumenta no se mantienen constantes las demás condiciones, esto es, no se ha cumplido la cláusula «ceteris paribus», ya que aumentó al mismo tiempo la renta de los consumidores originando un desplazamiento hacia la derecha de la curva de demanda. La tendencia a restringir las compras como consecuencia de haber aumentado el precio se ve compensada por el efecto derivado del aumento de los ingresos. La clave del problema radica en que no nos hemos movido a lo largo de una curva de demanda, sino que se ha producido un desplazamiento de la misma.

En términos de la Figura 3.4, a medida que el equilibrio se desplaza de E_0 a E_1, la demanda aumenta, pues toda la curva se ha desplazado hacia la derecha. Por el contrario, la curva de oferta no se ha alterado, por lo que sería incorrecto decir que la oferta aumenta. Pero dado que la cantidad ofrecida es mayor en E_1 que en E_0, lo correcto sería decir que la cantidad ofrecida aumenta.

Conviene, pues, distinguir entre un aumento en la demanda o en la oferta, que tiene lugar cuando se produce un desplazamiento de la curva de demanda o de oferta, y un aumento en la cantidad demandada u ofrecida; en este último caso lo que tiene lugar es un movimiento a lo largo de la curva de demanda o de oferta (Figura 3.7).

4. LA ASIGNACION DE RECURSOS Y EL MERCADO

En el mercado no sólo se ponen en contacto compradores y vendedores para coordinar las

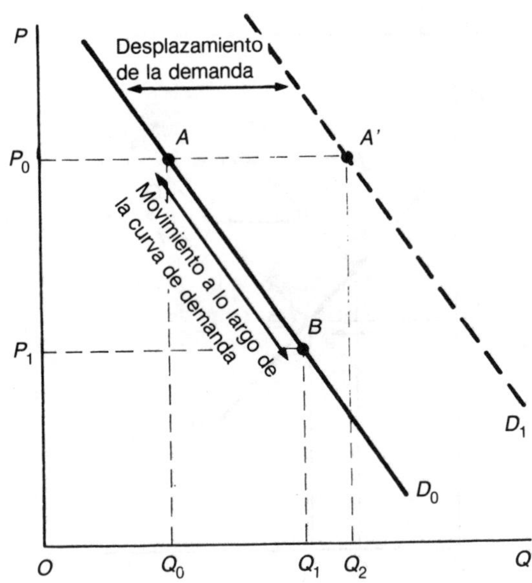

Figura 3.7. Movimientos a lo largo de la curva de demanda.

El desplazamiento ante alteraciones en los factores ya mencionados es el mismo de la Figura 3.4. Mas ahora tenemos también en cuenta un tipo diferente de desplazamiento no «de», sino «a lo largo de» la curva, causado por alteraciones en el precio del bien demandado.

actividades por medio del sistema de precios. Además, el mismo sistema de precios es capaz, si se cumplen determinadas condiciones sobre el comportamiento de los agentes, de guiar la asignación de los recursos entre las diferentes industrias. En efecto, si suponemos que los productores desean producir más allí donde los beneficios sean mayores, y que los consumidores desean aumentar su satisfacción por medio del consumo, un cambio, por ejemplo, en los gustos de los consumidores, hará que éstos deseen más de un bien y menos de otro. Este cambio puede hacer que aparezca escasez de un bien y abundancia de otro y es previsible que el precio de éste descienda y que el precio de aquél se eleve. Estas alteraciones de precios

Nota complementaria 3.7

LA TRANSPARENCIA DE LOS MERCADOS EN LA VIDA REAL

Aunque la teoría supone que los individuos cuando participan en los mercados lo hacen contando con una información plena, la realidad suele ser muy distinta. Así, por ejemplo, la Secretaría de Comercio se vio obligada a dictar, en julio de 1992, una resolución tendiente a dar mayor transparencia a las ventas realizadas con financiación, práctica de gran desarrollo, por ejemplo, en el rubro de electrodomésticos.

El titular de la Secretaría justificó la medida señalando que «...el asalariado es un consumidor que no se fija en la tasa de interés sino en si puede o no pagar la cuota», lo cual posibilitaría cobrar tasas exhorbitantes que «...llegan en algunos casos hasta el 60 % o el 70 % efectivo anual en dólares.»

Para corregir esta anomalía se dispuso que los comercios, en los casos en que ofrezcan financiación, deben indicar lo siguiente:

— Precio de contado en dinero efectivo.
— Precio total financiado.
— Anticipo, si lo hubiere, y cantidad y monto de las cuotas.
— Tasa de interés efectiva anual que se cobra por vender en cuotas.

La puesta en marcha de tales requerimientos no estuvo exenta de dificultades.

Pocos días después de entrar en vigencia la misma, su cumplimiento dejaba mucho que desear. Los errores más comunes que se observaban en las vidrieras eran:

— La tasa impresa en la gran mayoría de los carteles de precio de los productos era la mensual directa y no la anual aplicada directa. Sólo unos pocos se tomaron el abrumador trabajo de retirar todos los cartelitos y corregirlos a mano.

— En casi todos los comercios faltaba alguno de los tres precios requeridos para ventas en cuotas. Pocas veces constaban juntos el precio de lista, el precio total financiado y el precio real por pago contado.

— Dos datos que solían faltar eran: el porcentaje de IVA incluido y el detalle de si los pagos son con anticipo o sin él.

Además, aprovechando un bache no suficientemente detallado en la reglamentación, algunos comerciantes quitaron la palabra financiación de los artículos, dejándoles sólo el precio en efectivo, ahorrándose el trabajo de poner todas las especificaciones por compra en cuotas. La idea es simple: seguían vendiendo en cuotas, con la tasa de interés de siempre, pero como no ofrecían esa alternativa en vidriera no estaban obligados a especificar los detalles de esos créditos.

FUENTE: *Clarín,* 10 y 15 de julio de 1992.

tienen para los empresarios una significación muy clara.

Allí donde un precio se esté elevando aparecerán mayores posibilidades de beneficios que en un mercado donde el precio esté disminuyendo. Por tanto, los empresarios se desplazarán hacia el sector con mayores beneficios y, conforme aumenta la producción en dicho sector, necesitarán más factores de la producción, que podrán obtener del sector en que la rentabilidad es menor y donde la producción está disminuyendo. Esta reasignación de factores ha sido el resultado de las alteraciones de precios y se ha producido precisamente para lograr uno de los objetivos de los empresarios de forma eficiente: aumentar los beneficios. Bien es verdad que, a medida que aumenta la producción en el sector de precios en alza, éstos dejarán de subir, pues la escasez irá desapareciendo. Incluso podrían bajar si acuden muchos empresarios al sector.

En el sistema de economía de mercado lo esencial es que todos los bienes y servicios tienen su precio, y por tanto el tipo de ajustes descrito ocurre en los mercados de bienes de consumo y en los mercados de los factores de producción. De este modo se dispone de un sistema de tanteos y aproximaciones sucesivas a un sistema equilibrado de precios y producción mediante el que se resuelven los tres problemas económicos básicos comentados al principio del capítulo de forma simultánea e interdependiente.

Las fases del proceso de asignación de recursos

Vamos ahora a analizar las fases del proceso por el que una economía de libre empresa resuelve sus problemas económicos. Los consumidores revelan sus preferencias en el mercado al comprar unas cosas y no otras. Los «votos» de los consumidores condicionan a los productores y de esta forma se dice **qué** cosas han de producirse.

La competencia entre los distintos productores en busca de beneficios decide **cómo** han de producirse los bienes. La competencia impulsará a los productores a buscar las combinaciones de factores que les permitan producir el bien de que se trate a un mínimo costo. Se elegirá el método de producción que resulte más adecuado, tanto desde el punto de vista del costo como del rendimiento, pues el único camino para hacer frente a los precios de la competencia será reducir los costos y adoptar métodos cada vez más eficientes.

La oferta y la demanda en los mercados de los factores productivos determinan el **para quién**. La distribución resultante dependerá en buena medida de la distribución inicial de la propiedad y de las capacidades adquiridas o heredadas y de las oportunidades educativas.

Como antes señalamos, los distintos procesos que caracterizan a la actividad económica no se realizan de forma independiente y, precisamente para recoger de forma intuitiva la interdependencia, vamos a recurrir al análisis del Esquema 3.1, en el que se evidencia cómo los precios de los distintos mercados de bienes y factores determinan el *qué, cómo* y *para quién*.

Esquema 3.1. El sistema de precios

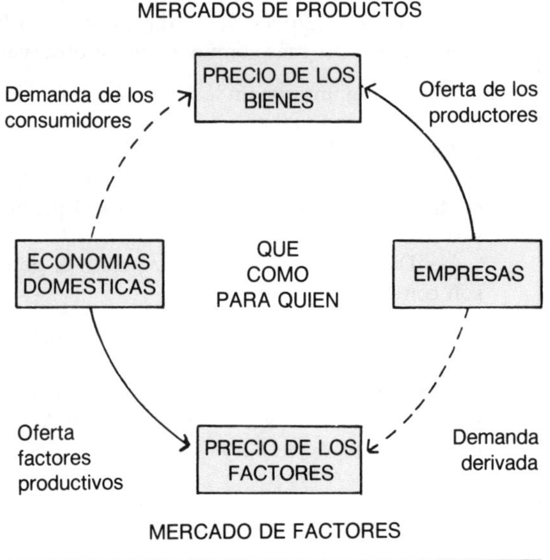

El mercado como punto de encuentro

Como sugiere el Esquema 3.1, los precios y los mercados ponen de acuerdo a las ofertas y las demandas de las empresas y economías domésticas. El mercado es el punto de contacto. El *qué* lo deciden los votos monetarios de los consumidores y los costos de producción, el *cómo* la competencia para vender los bienes con el máximo beneficio y comprar los servicios de los factores al mejor precio, y el *para quién* se determina conjugando las demandas de los factores con las ofertas.

Debe señalarse, sin embargo, que tal como se ha evidenciado al estudiar la asignación de recursos hay estrechas relaciones entre los mercados de bienes y de factores. Por ello, en realidad, lo correcto sería decir que los mercados de productos son los más importantes para determinar *qué* producir y que los mercados de factores son los más relevantes para determinar *cómo* producir bienes y *para quién.* Así cualquier alteración en las condiciones de la demanda o en la oferta de factores modificará los ingresos de los individuos y estos cambios influirán sobre la demanda de productos, y a la inversa.

RESUMEN

- El sistema de mercado es una de las formas de responder a las tres preguntas básicas de toda economía: *qué, cómo* y *para quién* producir. Aunque hay dos sistemas posibles para tratar de responder a las tres preguntas anteriores (mercado y planificación central), lo normal no son formas puras, sino sistemas que combinen elementos de ambos.

- Por *mercado* se entiende la institución social, que se corresponde o no con un lugar físico, en la que los bienes y servicios y los factores se intercambian libre y voluntariamente.

- La *función de demanda* de un consumidor determinado de un bien concreto recoge la relación existente entre la cantidad demandada de dicho bien y el precio del mismo. La representación gráfica de la función de demanda es la *curva de demanda.* Esta evidencia la denominada *ley de demanda.*

- La *función de oferta* recoge la relación existente entre el precio de un bien y las cantidades que un empresario desearía ofrecer de ese bien. La *curva de oferta* es la representación gráfica de la función de oferta y refleja el comportamiento de los productores, que se concreta en que éstos aumentarán la cantidad lanzada al mercado si los precios aumentan.

- En la situación de *equilibrio* se igualan las cantidades ofrecidas y demandas. Un precio mayor que el de equilibrio producirá un *exceso de oferta,* esto es, una situación en la cual la cantidad ofrecida es superior a la demandada, mientras que si el precio es menor se generará un *exceso de demanda,* es decir, una situación en la que la cantidad demandada es superior a la cantidad ofrecida.

• El *sistema de precios* es capaz, si se cumplen determinadas condiciones sobre el comportamiento de los agentes, de guiar la asignación de los recursos entre las diferentes industrias. La búsqueda de beneficios por parte de la empresa y el deseo de los consumidores de aumentar su satisfacción por medio del consumo, son dos elementos clave de este proceso.

• La curva de demanda se desplazará cuando alguno de los siguientes factores experimente una alteración: la renta de los consumidores, los precios de los demás bienes relacionados y los gustos o preferencias. Por el contrario, las variaciones del precio del bien demandado darán lugar a movimientos a lo largo de la curva de demanda. Las variables más significativas que pueden originar desplazamientos de la curva de oferta son: el precio de los factores, la tecnología y los precios de los bienes relacionados.

CONCEPTOS BASICOS

— Mercado.
— Mercado perfecto.
— Sistema económico.
— Sistema de mercado.
— La función y la curva de demanda.
— La ley de la demanda.
— Las funciones y la curva de oferta.
— Situación de equilibrio.
— Exceso de oferta.
— Exceso de demanda.
— La asignación de recursos.
— Desplazamientos de las curvas de demanda y de oferta.

TEMAS DE DISCUSION

1. Explique cómo se resuelve en los sistemas de mercado la existencia de escasez de un determinado producto.

2. Para que se pueda hablar de un mercado, ¿es necesario que los compradores y los vendedores se encuentren frente a frente?

3. Enuncie la ley de la demanda y justifique su sentido económico.

4. ¿Por qué es incorrecto hablar de la cantidad demandada como de una cantidad fija?

5. ¿En qué sentido la función de oferta representa planes de los productores? Relacione la inclinación ascendente de la función de oferta y la ley de los rendimientos decrecientes.

6. ¿En qué sentido el precio de equilibrio del mercado hace compatibles los planes de los consumidores y de los oferentes?

7. ¿Cómo responde el sistema de precios a las tres preguntas fundamentales de todo sistema económico, esto es, ¿qué?, ¿cómo? y ¿para quién? ¿En qué sentido el sistema de precios es un mecanismo reasignador de recursos?

8. ¿Cómo incidirá sobre la cantidad demandada de automóviles una subida en el precio de mercado de la gasolina? ¿Y sobre la cantidad demandada de carbón?

9. Distinga entre un cambio en la demanda de un bien y un cambio en la cantidad demandada del mismo bien, ¿qué factores provocan cada uno de los citados fenómenos?

10. ¿Qué origina un movimiento a lo largo de la curva de demanda? ¿Y un desplazamiento de la citada curva?

APENDICE:

La asignación de recursos en una economía muy simplificada

Para explicar la labor asignadora y reasignadora de bienes y recursos realizada por el mercado considérese una economía muy simplificada en la que solamente se producen y venden dos bienes. Inicialmente todos los mercados de bienes, dos en nuestra economía, y todos los mercados de factores están en equilibrio, indicando con ello que, a los precios existentes, los consumidores adquieren tanto como desean y los productores venden tanto como desean (Esquema 3.A.1).

Esquema 3.A.1. Situación inicial

Mercado de bienes	Mercado de factores
$O_A = D_A$ $O_B = D_B$	$O_F^A = D_F^A$ $O_F^B = D_F^B$

Siendo:

O_A: Oferta del bien *A*.	O_F: Oferta de los factores.
D_A: Demanda del bien *A*.	D_F: Demanda de los factores.
O_B: Oferta del bien *B*.	P_A: Precio del bien *A*.
D_B: Demanda del bien *B*.	P_B: Precio del bien *B*.

Supongamos que un cambio exógeno en los gustos hace aumentar, a los precios existentes, la demanda del bien *A* y disminuir la del bien *B*. Consecuentemente se crea un exceso de demanda en *A* y un exceso de oferta en *B*. Para solucionar este conflicto, en un primer momento, se eleva P_A y desciende P_B. Este cambio de precios informa a los productores de la posibilidad de aumentar los beneficios en *A* y de la obtención de menores beneficios (y posiblemente pérdidas) en *B*, y comenzarán a tomar decisiones para la reasignación de recursos entre *A* y *B*. En resumen, el desequilibrio se habrá transmitido al mercado de factores y es posible que allí también aparezcan cambios en los precios que colaboren en la reasignación. A medida que aumenta la disponibilidad de recursos destinados al bien *A*, se incrementará la producción de dicho bien y el desajuste se irá corrigiendo. El precio de *A*, incluso, podría descender si la producción aumenta «demasiado».

Lo contrario sucederá en el mercado del bien *B*, en el cual el cambio de los gustos ha provocado abundancia relativa del bien. En este mercado tendrá lugar una disminución del precio y una salida de empresas y recursos en respuesta a la menor venta y rentabilidad del sector. Esto reducirá la producción y oferta del bien *B* y limitará la caída de su precio, que podría incluso elevarse algo, si la producción se reduce «demasiado» (Esquema 3.A.2).

Esquema 3.A.2. Situación motivada por un cambio en los gustos

Mercado de bienes		Mercado de factores
Exceso de demanda: $O_A < D_A \Rightarrow P_A\uparrow$	$\Rightarrow$	$O_F^A < D_F^A$
Exceso de oferta: $O_B > D_B \Rightarrow P_B\downarrow$		$O_F^B > D_F^B$

Cuando el proceso de ajuste ha terminado, si es que tal proceso tiene fin, la situación será de nuevo de equilibrio, con satisfacción simultánea de todos los deseos de compra y venta. La diferencia con la situación inicial será que el tamaño del mercado *A* ha aumentado, el tamaño del mercado *B* se ha reducido y la distribución de factores entre *A* y *B* se ha alterado. Con toda seguridad, los precios P_A y P_B serán distintos a los de la situación inicial, pero no podemos asegurar, basándonos en lo que conocemos, que sean mayores o menores que los existentes inicialmente (Esquema 3.A.3).

Esquema 3.A.3. Situación final

Mercado de bienes	Mercado de factores
$O_A = D_A$ $O_B = D_B$	$O_F^A = D_F^A$ $O_F^B = D_F^B$

CAPITULO 4

El papel del Estado en la Economía

INTRODUCCION

En el desarrollo de las actividades económicas intervienen distintos agentes. La tipología típica de los agentes económicos es la que distingue entre economías domésticas, empresas y sector público. Las economías domésticas desarrollan sus actividades consuntivas, que se estudiarán, desde una óptica microeconómica, en el Capítulo 6 y, desde una perspectiva macroeconómica, en el Capítulo 16. Las empresas son las encargadas de realizar las tareas productivas, que se analizarán en el Capítulo 7. El sector público ha desempeñado un papel creciente en la práctica totalidad de las economías en los últimos años. Sus funciones fundamentales se pueden agrupar en las siguientes categorías: fiscales, reguladoras, redistributivas, estabilizadoras y proveedoras de bienes y servicios públicos. El presente capítulo ofrece una visión introductoria del sector público y del proceso de toma de decisiones de éste, es decir, de la elección pública, *dejando para capítulos posteriores, básicamente el 17 y el 24, un análisis más detallado de su intervención en la actividad económica, desde la óptica de la política macroeconómica.*

1. LA DIVERSIDAD DE LAS ACTIVIDADES ECONOMICAS Y LOS AGENTES ECONOMICOS

Las sociedades evolucionadas muestran una diversidad de base económica, en la que el trabajo humano juega un papel fundamental. La actividad económica se concreta en la producción de una amplia gama de bienes y servicios cuyo destino último es la satisfacción de las necesidades humanas. Los hombres, mediante su capacidad de trabajo, son los organizadores y ejecutores de la producción.

Las actividades productivas de una sociedad contemporánea se distribuyen a través de numerosas unidades productoras o empresas, que individualmente emplean trabajo, capital y recursos naturales tratando de obtener bienes y servicios. Las unidades productivas concretan, pues, el fenómeno de la división social del trabajo.

La organización de los factores productivos dentro de tales unidades, así como la dirección de sus actividades, recae sobre personas o grupos de carácter privado o público. Las combinaciones de factores realizadas constituyen una multiplicidad de procesos productivos. En el análisis económico, la diversidad de papeles que desempeñan los agentes económicos de un sistema productivo se pueden clasificar distinguiendo tres grandes sectores.

Los sectores productivos

El sector *primario* abarca las actividades que se realizan próximas a las bases de recursos naturales, esto es, las agrícolas, pesca y ganadería, y las extractivas. El sector *secundario* recoge las actividades industriales, mediante las cuales los bienes son transformados. El sector *terciario,* o de servicios, reúne las actividades encaminadas a satisfacer necesidades de servicios productivos que no se plasmen en algo material.

Los bienes económicos

Al igual que cabe clasificar por sectores las diversas actividades económicas, los bienes y servicios también son susceptibles de clasificación: por un lado, y como vimos en el Capítulo 2, se tienen los bienes y servicios de *consumo,* cuando se destinan a la satisfacción directa de necesidades humanas, y los bienes de *capital,* si no atienden directamente a las necesidades humanas, sino que se destinan a multiplicar la eficiencia del trabajo. Por otro lado, los bienes *intermedios* son los que deben sufrir nuevas transformaciones antes de convertirse en bienes de consumo o de capital, mientras que los bienes *finales* son los que ya han sufrido estas transformaciones. A la suma total de bienes y servicios finales generados en un período se denomina producto total.

Asimismo, los bienes se pueden clasificar en privados, públicos y libres. Los bienes *privados* son aquellos producidos y poseídos privadamente. Los bienes *públicos,* o colectivos, son los bienes cuyo consumo se lleva a cabo simultáneamente por varios sujetos, por ejemplo un parque público. Los bienes *libres,* o gratuitos, son aquellos cuya producción no consume recursos, como por ejemplo el aire libre (*).

Las economías domésticas

Una vez esbozada la variedad de las actividades económicas y establecidas diversas posibles clasificaciones, vamos a ocuparnos de los distintos agentes económicos. Estos se pueden dividir en privados y públicos. Los agentes privados básicos son las economías domésticas, o familias, y las empresas. Las funciones de las economías domésticas consisten, por un lado, en consumir bienes y servicios y, por otro, en vender u ofrecer sus recursos, tierra, trabajo y capital, en los mercados de factores. En sus actividades consuntivas suponemos que actúan racionalmente, esto es, que pretenden maximizar la utilidad o satisfacción que obtienen en el consumo sometidos a las restricciones que les vienen impuestas por el presupuesto de que disponen.

En un sentido amplio las economías domésticas son los individuos, familias, agrupaciones deportivas, culturales, asociaciones benéficas o religiosas, etc., que se caracterizan porque en su actividad económica no se coordinan con otros sujetos con intencionalidad mercantil o empresarial. El estudio de las economías domésticas se tratará con más intensidad en el Capítulo 6.

La empresa

Las empresas realizan dos funciones básicas; por un lado, elaboran o transforman bienes y recursos y los venden y, por otro lado, compran recursos en el mercado de factores. Esta compra y venta la realizan guiadas por un objetivo: el de maximizar sus beneficios, esto es,

---

(*) Los bienes y servicios se pueden clasificar en otras categorías que se estudiarán en capítulos sucesivos. Así, tenemos bienes de consumo duradero y no duradero, bienes de primera necesidad, de lujo, inferiores, normales, etcétera.

la diferencia entre los ingresos obtenidos por la venta de bienes o servicios y los costos incurridos básicamente al contratar recursos. Este objetivo, la empresa, lo pretende alcanzar sometida a la restricción impuesta por la tecnología.

En el seno de las empresas se coordina la actividad de varios sujetos (trabajadores, capitalistas y empresarios) con el fin de generar la producción de un bien o un servicio en cuyo consumo no están directamente interesados. Su objeto es vender el producto en un mercado, actuando con ánimo de lucro, y repartir el producto obtenido de la venta entre los colaboradores de la empresa. Las empresas siempre pertenecen en última instancia a los otros sujetos económicos: las economías domésticas o los sujetos públicos. Las economías domésticas y los sujetos públicos son, en definitiva, los únicos propietarios de todos los factores de producción, bien directamente, o bien indirectamente (al ser los propietarios de los títulos representativos de una empresa).

El análisis de la problemática de las empresas en el proceso productivo se realizará en capítulos posteriores, en particular en los dedicados a los mercados (Capítulos 8 a 10).

La racionalidad de los agentes económicos privados

Al referirnos a las funciones y a los objetivos de las economías domésticas y de las empresas, se ha supuesto que al tomar sus decisiones actúan racionalmente, sopesando sus costos y sus beneficios. Esta racionalidad conlleva que los agentes persigan ciertos objetivos y que sus elecciones sean consistentes con la evaluación de su propio interés. Desde esta perspectiva, la estructura de incentivos desempeña una función esencial en la determinación de las formas que adopta la actividad económica en una sociedad, pues las reglas de comportamiento de los individuos se derivan del supuesto del interés individual, y éste se ve condicionado por la estructura de incentivos.

Bajo estos supuestos se acepta que el comportamiento de los agentes económicos puede predecirse conociendo simplemente sus preferencias y los rasgos relevantes de las alternativas disponibles.

La validez del modelo del «hombre económico», entendiendo éste como agente racional de decisión, ha sido criticada, al señalar que sólo es una idealización de la realidad. Se ha argumentado que el comportamiento humano nunca es tan predecible como supone la teoría y que tampoco es posible explicar todas sus decisiones tomando como base el interés individual. Debe señalarse, sin embargo, que, a pesar de sus limitaciones, el supuesto de comportamiento basado en la racionalidad sigue siendo el modelo económico de mayor poder explicativo.

El sector público

Las actividades que se desarrollan en el seno del sistema económico pueden dividirse en dos esferas de intereses o en dos órdenes institucionales: el público o el privado. Esta distinción se justifica porque en cualquier sociedad moderna, sea cual sea su configuración política, el sector público realiza funciones económicas de importancia fundamental, lo que aconseja su estudio por separado.

Hasta principios del siglo XX era frecuente señalar que el gobierno se debería cuidar fundamentalmente de la seguridad y defensa de los ciudadanos y de sus derechos de propiedad. Asimismo, debería garantizar las condiciones para que las actividades puramente económicas se desarrollaran sin obstáculos. En resumen, se creía que la función del Estado consistía en el establecimiento de un marco jurídico-institucional en tanto que los individuos y los grupos privados serían los verdaderos responsables de la actividad económica del sistema.

▪ El crecimiento del sector público

A lo largo del siglo XX las funciones públicas se han ampliado y diversificado, y el Estado ha dejado de ser un mero guardián del buen desarrollo de la actividad económica, para convertirse en un verdadero agente económico. Con frecuencia, el sector público actúa como empresario y ofrece ciertos bienes, los denominados bienes públicos, tales como los servicios de defensa nacional, que la empresa privada no puede ofrecer. Asimismo, el sector público coordina y regula el mercado a la vez que establece una política económica, tratando de alcanzar unos objetivos generales, como pueden ser: el crecimiento del producto nacional, el pleno empleo de los recursos y la eficiente asignación de los mismos, la estabilidad de los precios y una justa distribución de la renta.

Debe señalarse, además, que por sector público se entiende bastante más que el Estado-Nación de las modernas organizaciones políticas. El conjunto de órganos y administraciones públicas que componen el sector público tienen al menos tres niveles de gobierno: las Administraciones locales, las Autonómicas o Regionales y las Nacionales. A partir de ahora, y para abreviar, a los sujetos públicos los denominaremos Estado o sector público.

La interdependencia entre los agentes económicos

Antes de terminar este apartado debe señalarse que la nota característica del comportamiento de los agentes económicos es la interdependencia. Las decisiones de producción y consumo efectuadas por las empresas, la familias y el sector público determinan conjuntamente las variables que describen la evolución de la actividad económica. Estas variables son, fundamentalmente, el nivel de transacciones en cada mercado y el precio a que tienen lugar dichas transacciones.

2. LAS FUNCIONES DEL SECTOR PUBLICO

El creciente protagonismo del sector público a lo largo del presente siglo se ha concretado en una serie de actividades que van desde el desarrollo de un marco legal, para proteger la economía de mercado, hasta la preocupación por estabilizar la economía. Esquemáticamente, las funciones acometidas por el sector público son las siguientes:

A) Establecer el marco legal para la economía de mercado.
B) Ofrecer y comprar bienes y servicios, y realizar transferencias.
C) Establecer impuestos.
D) Tratar de estabilizar la economía.
E) Redistribuir la renta.
F) Procurar la eficiencia económica.

A) Establecer el marco legal para la economía de mercado

El Estado regula el funcionamiento de la economía mediante un conjunto de leyes, normas y reglamentaciones. Así, por ejemplo, determinadas leyes definen la propiedad privada, otras determinan las condiciones que deben estipular los contratos y otras regulan el funcionamiento de las sociedades. Asimismo determinadas normas regulan el uso del suelo urbano e industrial, y otras especifican las condiciones de seguridad e higiene en el trabajo, dentro del marco general de la legislación laboral. Por otro lado, el sector público también establece reglamentaciones; unas con carácter genérico, así, por ejemplo, determinadas reglamentaciones afectan a todas las empresas; mientras que otras van dirigidas a colectivos específicos, como por ejemplo aquellas que ordenan el ejercicio profesional de los economistas o de los abogados.

Las agencias de regulación del Estado son activas en muchas áreas del proceso económico, estableciendo controles de precios a algunas industrias, regulando los monopolios y tratando de proteger al consumidor en temas relacionados con la publicidad, sanidad, contaminación, etc. Aunque en algunas áreas y hasta ciertos límites la regulación es algo difícilmente discutible, en otras ocasiones los resultados finales no son los esperados y por eso algunos defienden la conveniencia de un proceso de *desregulación* (véase Apartado 24.4). En ocasiones, los problemas se derivan de que los responsables de la reglamentación están sometidos a fuertes presiones políticas por parte de las industrias reguladas. En estas circunstancias no es de extrañar que se obtengan reglamentos de interés particular en vez de normas de interés general.

B) Ofrecer y comprar bienes y servicios, y realizar transferencias

Existen una serie de bienes que el Estado está en mejores condiciones de ofrecer que los particulares. Así sucede con la defensa, la seguridad y determinados servicios que se ofrecen en condiciones monopolísticas, como el servicio de correos. La creciente actividad productiva del Estado, que produce, entre otros, los denominados *bienes públicos* (esto es, aquellos bienes que incluso aunque sean consumidos por una persona pueden ser consumidos por otras), se debe a que la sociedad ha ido encomendando al Estado cada vez más parcelas del bienestar público, a medida que al aumentar el nivel de desarrollo se generaban nuevas necesidades (véase Capítulo 12).

Algunos de estos servicios, como por ejemplo la defensa, los suministra sin cobrar nada directamente, de modo que se financian con cargo a los presupuestos del Estado. Otros, como la educación, los financian en parte los usuarios, y otra parte corre a cargo de los presupuestos del sector público. En el caso de los servicios de transporte, es frecuente que los paguen los usuarios de forma directa y que, de esta forma, se financie completamente el costo del servicio.

Por otro lado, el sector público compra bienes tales como edificios, muebles, equipos informáticos, pues los necesita para el normal desarrollo de sus actividades. Junto a estos *gastos de inversión*, el sector público también incurre en gastos de consumo, que son los denominados *gastos corrientes* y cuya principal partida son los gastos de personal.

En Argentina, el Estado tuvo una creciente participación en la vida económica. Sin embargo, su gestión puso de manifiesto numerosas ineficiencias y despilfarro de recursos. Asimismo, la fijación de precios o tarifas por debajo de los costos generó abultados déficit, que se encuentran en la base del proceso inflacionario argentino (Notas complementarias 4.1 y 4.2).

De aquí que se haya optado por transferir al sector privado buena parte de las empresas que estaban en manos del Estado, reservando para éste las áreas tradicionales como la defensa, la seguridad, la salud pública y la educación.

■ Las transferencias

Dentro del epígrafe general de gastos públicos existen dos categorías bien definidas: *compras de bienes y servicios,* y *transferencias* del sector público a los particulares. Cuando el sector público realiza una compra de bienes y servicios, hace una demanda directa sobre la capacidad productiva de la nación.

- **Las *transferencias* son pagos por los cuales los que los reciben no dan en contraprestación ningún bien o servicio.**

Ejemplos típicos son los gastos de la seguridad social, los subsidios de vejez y desempleo, o las ayudas familiares según el número de hijos. Los pagos de transferencias no representan una demanda directa por parte del sector público sobre la capacidad productiva de la nación. Debe señalarse, sin embargo, que este tipo de transferencias afecta a los patrones de consumo, pues cuando el sector público regoge las contribuciones a la seguridad social de los empresarios y trabajadores y paga pensiones a los jubilados y subsidios a los desempleados, estos últimos verán aumentar sus ingresos netos, mientras que los trabajadores dispondrán de menos ingresos para gastar, lo que condiciona-

Nota complementaria 4.1

EVOLUCION DE RESULTADOS DEL CONJUNTO DE EMPRESAS DEL ESTADO DE ARGENTINA DURANTE EL PERIODO 1960/1983

Cuando el sector público actúa como empresario se enfrenta con numerosas dificultades. Unas derivadas de la propia gestión de las empresas y otras de las características de los sectores en los que se ve forzado a actuar.

Los resultados consolidados para el conjunto de las empresas que estaban en manos del Estado argentino durante el período 1960/1983 fueron negativos en la mayoría de los años según puede verse en el gráfico adjunto.

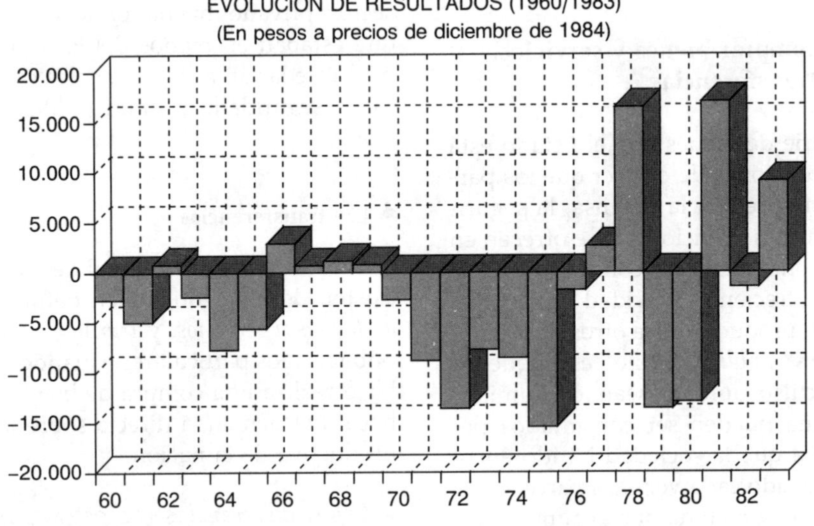

FUENTE: *El gasto público en Argentina, 1960-1983.* FIEL, 1985, y elaboración propia.

rá el consumo de unos y otros. Debe señalarse que si se considerara como gasto público exclusivamente las compras de bienes y servicios efectuadas por el sector público, se observaría que el porcentaje del producto total que absorbe el sector público ha permanecido bastante estable. Ello se debe a que los gastos de transferencia son los que han experimentado una evolución más dinámica en los últimos años, en buena medida como consecuencia de la crisis internacional iniciada en 1973. Las subvenciones a un número creciente de personas sin trabajo, las ayudas económicas a industrias en dificultades, los programas de inversión pública y de reconversión industrial hicieron que aumentaran los gastos del Estado en los últimos años, originando en muchos países unos déficit públicos considerables.

C) Establecer impuestos

El sector público, para poder financiar sus gastos, se ve obligado a establecer impuestos. Aunque el objetivo primordial de los impuestos es el de cubrir los gastos públicos, también se pueden utilizar para otros propósitos, tales

Nota complementaria 4.2

LA PARTICIPACION DEL SECTOR PUBLICO EN EL SISTEMA PRODUCTIVO

Una actividad nada desdeñable del sector público es la de carácter productivo. El cuadro siguiente muestra la importancia de las empresas estatales en el total de las 800 empresas líderes en Argentina y medida por el volumen de ventas en 1991.

LA PARTICIPACION DE LAS EMPRESAS ESTATALES EN DIVERSAS RAMAS PRODUCTIVAS
(En millones de pesos)

Ramas	Ventas			
	Total de empresas	**Empresas privadas**	**Empresas estatales**	**% empresas estatales**
Metalúrgicas y Siderúrgicas	3.402,3	2.682,7	719,6	21,2
Transportes	1.049,0	828,9	220,1	21,0
Gas y Petroleras	11.559,2	4.621,4	6.937,8	60,0
Astilleros	21,0	2,7	18,3	87,1
Petroquímicas	969,3	743,4	225,9	23,3
Mineras	85,4	33,4	52,0	60,9
Serv. Públicos y Privados	6.634,5	2.600,7	4.033,8	60,8
Radio y TV	67,8	46,0	21,8	32,2
Publicidad y Agencias de Noticias	352,9	278,4	74,5	21,1

FUENTE: *Mercado*, núm. 897, julio de 1992.

como desalentar la producción de determinados bienes, estableciendo impuestos adicionales que elevan el precio del producto en cuestión y hacen que la cantidad demandada se retraiga; o para modificar la distribución de la renta, haciendo que, por ejemplo, los colectivos con niveles de renta más elevada paguen proporcionalmente una mayor cantidad de impuestos.

Los impuestos pueden ser proporcionales, progresivos o regresivos, según que de las rentas altas absorban una fracción igual, mayor o menor que de las rentas bajas.

- **Un impuesto es *progresivo* cuando a medida que aumenta la renta detrae un porcentaje cada vez mayor; el impuesto es *regresivo* si detrae un porcentaje de la renta cada vez menor a medida que la renta aumenta, y el impuesto es *proporcional* cuando detrae un porcentaje constante de la renta.**

Los términos progresivo o regresivo se refieren exclusivamente a las proporciones en que los impuestos recaen sobre rentas diferentes.

Desde otra perspectiva, los impuestos se clasifican en directos e indirectos. Los impuestos *indirectos* son los recaudados sobre los bienes y servicios y, por tanto, sólo afectan indirectamente al contribuyente. Un ejemplo típico es el Impuesto sobre el Valor Añadido (IVA). Los impuestos *directos* recaen sobre el contribuyente y no sobre los bienes. El ejemplo más característico de este tipo de impuestos es el Im-

Nota complementaria 4.3

LOS INGRESOS PUBLICOS

En el presupuesto de ingresos del Estado se reflejan los distintos impuestos y la importancia relativa de los mismos. Como puede observarse, los impuestos sobre la producción, el consumo y las transacciones representan las dos terceras partes del total de los impuestos.

ADMINISTRACION NACIONAL - RECURSOS TRIBUTARIOS - AÑO 1992

Concepto	En miles de pesos	%
Sobre los ingresos	923.962	7,50
Sobre los patrimonios	692.317	5,60
Sobre la producción, el consumo y transacciones	8.093.390	65,66
Sobre el Comercio Exterior	1.615.060	13,11
Aportes y Contribuciones de Previsión y Asistencia Social	327.934	2,66
Otros Recursos Tributarios	674.570	5,47

FUENTE: Ministerio de Economía y Obras y Servicios Públicos. Secretaría de Hacienda.

puesto sobre la Renta de las Personas Físicas (IRPF) (véase Nota complementaria 4.3).

A la hora de configurar un sistema impositivo, la literatura se ocupa de diversos principios y objetivos básicos, tales como: *equidad, neutralidad* y *simplicidad*. Al procurar que un sistema sea equitativo se pretende que los impuestos sean justos y que generen un reparto aceptable de la carga. Algunos mantienen que a los individuos se les debería gravar de acuerdo con las *ventajas* o *beneficios* que cada uno pueda recibir de la actividad del Estado. En este caso, pues, la equidad se pretende alcanzar siguiendo el principio del beneficio: aquellos que obtienen más provecho de los servicios del Estado deben pagar más. Para otros, a la población se le debería gravar de forma que se lograse un reparto deseable de los *sacrificios*. Desde esta perspectiva, el objetivo a lograr es una *redistribución* de las rentas que la sociedad considere justa, y por ello se grava porcentualmente más a los más ricos.

Al programar un sistema impositivo, otro objetivo es el de la neutralidad. Desde esta perspectiva se toma como punto de partida el buen funcionamiento de un sistema libre de mercado y de ello se infiere que el sistema de impuestos debe establecerse de forma tal que perturbe lo menos posible las fuerzas del mercado. Sólo ante situaciones concretas, por razones poderosas, el sistema impositivo debe interferir en el mercado.

Asimismo, a un sistema fiscal se le pide que sea simple. De esta forma su aplicación práctica no planteará excesivas dificultades y los objetivos recaudatorios se lograrán alcanzar.

■ ¿Quién paga los impuestos?

Una vez analizadas algunas características del sistema impositivo, podemos preguntarnos por la incidencia de los impuestos, es decir, ¿quién paga en última instancia? Esta pregunta es difícil de contestar para el conjunto del sistema impositivo por las siguientes razones: en primer lugar, porque incluso en el caso de impuestos claramente progresivos, cabe la posibilidad de trasladar la carga a otros colectivos; en segundo lugar, porque junto a impuestos progresivos hay otros que son proporcionales y otros incluso claramente regresivos, y, en tercer lugar, porque hay numerosos subterfugios tributarios, tales como las desgravaciones tributarias, que permiten la reducción de los pagos por impuestos y que son particularmente ventajosas para los colectivos de rentas superiores (véase Nota complementaria 4.4).

D) Tratar de estabilizar la economía

Los gobiernos se han preocupado de forma creciente por estabilizar la actividad económica evitando que las macrovariables más significativas de toda economía, tales como el nivel de empleo, el producto nacional y el nivel de precios, experimenten fluctuaciones excesivas. Para ello suelen poner en práctica políticas estabilizadoras que tienen como objetivo suavizar los *ciclos económicos* (Figura 4.1).

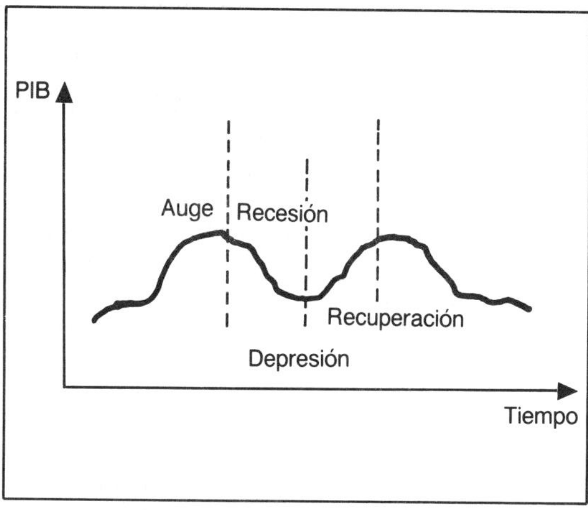

Figura 4.1. Las fases de ciclo económico.

El ciclo económico puede interpretarse como una sucesión periódica aunque no regular de fases ascendentes y descendentes. Los elementos comunes que se encuentran en las distintas fases del ciclo son:

- depresión (punto mínimo del ciclo),
- recuperación (fase ascendente del ciclo),
- auge (punto máximo del ciclo), y
- recesión (fase descendente del ciclo).

Los ciclos económicos, como veremos con más detalle en el Capítulo 23, consisten en fluctuaciones de la producción total acompañadas de fluctuaciones del nivel de desempleo y de la tasa de inflación.

Para combatir las fluctuaciones cíclicas, las autoridades económicas suelen controlar los impuestos, el gasto público y la cantidad de dinero. Así, si la actividad económica se ha reducido fuertemente, las autoridades económicas pueden optar por aumentar el gasto público con la esperanza de que esta acción pública pueda contribuir a reactivar la economía.

E) Redistribuir la renta

El Estado puede emplear los impuestos y el gasto público para redistribuir la renta. El funcionamiento del mercado, como vimos en el capítulo anterior, asigna generalmente los recursos de forma eficiente y, en términos de la Frontera de Posibilidades de Producción, conduce a la sociedad a una posición no interior sino en la frontera (Figura 2.2). Puede, sin embargo, que la distribución de renta resultante no sea en absoluto equitativa, de forma que unas personas estén viviendo en una situación de opulencia y otras no tengan lo suficiente para subsistir. Téngase en cuenta que en el mercado los bienes se canalizan hacia quien paga por ellos y no en función de las necesidades individuales. Si un país gasta más recursos en bebidas alcohólicas que en la lucha contra la pobreza, se estará ante una distribución de la renta inadecuada, pero el mercado estará funcionando correctamente, si es eso lo que los individuos con capacidad monetaria demandan.

Si una sociedad no está de acuerdo, por razones éticas o políticas, con la distribución de renta que resulta del funcionamiento del mercado, puede tomar medidas para tratar de alte-

Nota complementaria 4.4

LA INCIDENCIA DE UN IMPUESTO

Supongamos que el productor «debe» pagar en concepto de impuesto una cantidad de dinero por unidad de producto vendida. Esto significa que para poder vender una cantidad determinada, el productor no se conformará con el mismo precio que anteriormente obtenía, de forma que su función de oferta se desplazará hacia arriba indicando que el precio que obtiene por cada unidad es el que le permite cubrir el impuesto (Figura *a*). El desplazamiento de la curva de oferta tendrá exactamente la cuantía del impuesto. El nuevo precio de equilibrio (P_2) será mayor para el consumidor, pero la diferencia con el precio antiguo será menor que la cuantía del impuesto. Esto es así porque la curva de demanda *no es* perfectamente rígida. Véase que la magnitud del impuesto es la distancia *AC* y el aumento de precios es *BC*. Esto quiere decir que el resto, *AB*, es la parte del impuesto que pagará el productor. Según que la demanda sea *más* o *menos* elástica, el consumidor pagará una *menor* o *mayor* parte del impuesto. En cualquier caso, el efecto del impuesto ha sido disminuir la cantidad total producida.

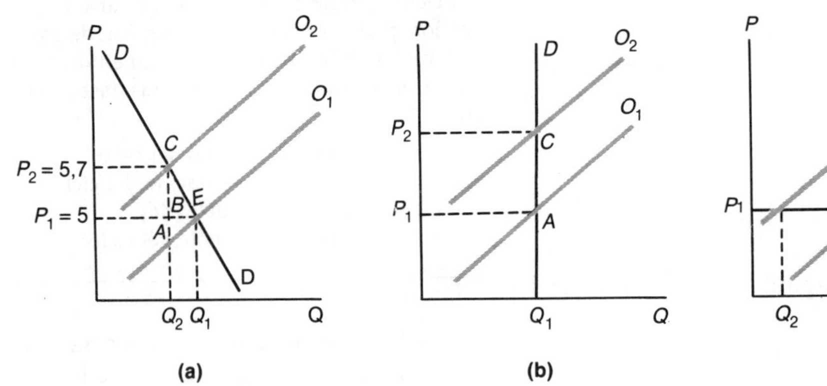

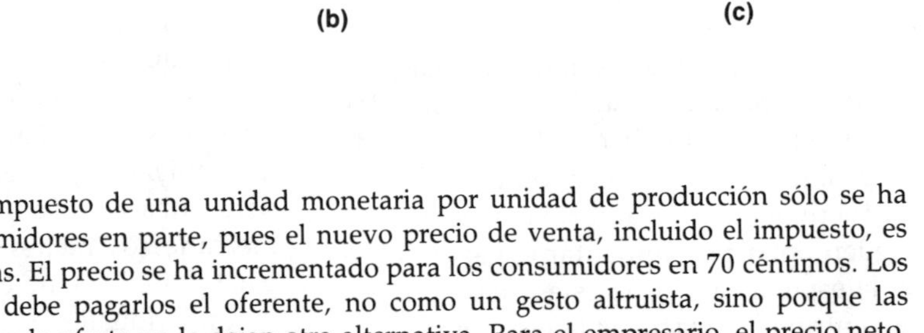

(a) (b) (c)

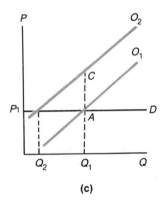

Así (Figura *a*), el impuesto de una unidad monetaria por unidad de producción sólo se ha trasladado a los consumidores en parte, pues el nuevo precio de venta, incluido el impuesto, es 5,7 unidades monetarias. El precio se ha incrementado para los consumidores en 70 céntimos. Los 30 céntimos restantes debe pagarlos el oferente, no como un gesto altruista, sino porque las fuerzas de la demanda y la oferta no le dejan otra alternativa. Para el empresario, el precio neto, una vez tenido en cuenta el impuesto, se ha reducido y es 4,7 unidades monetarias. Las Figuras *b* y *c* contienen los casos extremos.

La Figura *b* representa el caso en que la demanda es totalmente rígida, y esto supone que la cantidad demandada inicial permanece inalterada, de forma que todo el impuesto se traslada al precio del producto, por lo que quienes soportan totalmente el impuesto son los consumidores.

En el tercer caso (Figura *c*) la demanda es horizontal, esto es, totalmente elástica. El impuesto se traslada totalmente al productor, ya que el precio del bien no aumenta y, por tanto, esto supone sólo una disminución de la cantidad ofrecida.

rarla. Para ello acudirá a algunos de los instrumentos que se han ido analizando, esto es, los impuestos y los gastos públicos, y, en particular, las transferencias. Así, mediante los impuestos, el Estado puede detraer una mayor fracción de la renta a los ricos que a los pobres. De forma similar, el gasto público puede utilizarse para redistribuir la renta, por ejemplo, haciendo inversiones públicas en regiones donde los niveles de renta son inferiores. Alternativamente pueden utilizarse los pagos de transferencia, canalizando recursos hacia sectores especialmente necesitados, como los disminuidos físicos, los jóvenes desempleados o la tercera edad.

Cuadro 4.1. Evolución de los beneficiarios del Sistema de Previsión Social y porcentaje de éstos sobre el total de población

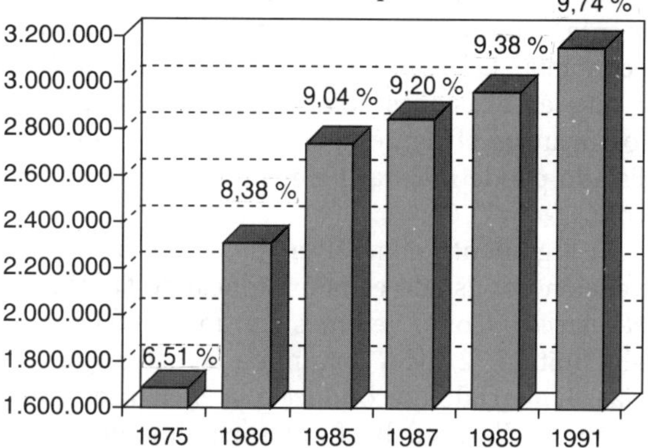

FUENTE: Dirección de Programación Económica. Secretaría de Seguridad Social.

Nota complementaria 4.5

LA DISTRIBUCION DE RECURSOS ENTRE LA NACION Y LAS PROVINCIAS

La distribución de la masa de fondos recaudados en concepto de impuestos nacionales coparticipables se realiza entre la Nación y las provincias de conformidad con el Acta-Acuerdo firmada en agosto de 1992.

Ella prevé la creación de un fondo de $43,8 millones mensuales retenido por la Nación con el fin de cubrir desequilibrios fiscales de las provincias. Este fondo se suma a un total mínimo de $725 millones que la Nación garantiza transferir mensualmente a las provincias en concepto de recursos coparticipados.

Ese total de $768,8 millones se distribuye entre las provincias de la manera que se indica.

Provincia	%	Provincia	%	Provincia	%
Buenos Aires	20,74	Santa Fe	8,50	Córdoba	8,45
Chaco	4,71	Entre Ríos	4,85	Tucumán	4,78
Mendoza	4,23	S. del Estero	4,19	Salta	3,35
Corrientes	3,51	Formosa	3,73	San Juan	3,48
Misiones	3,41	Jujuy	2,07	Catamarca	2,89
Río Negro	2,71	San Luis	2,24	La Rioja	2,24
La Pampa	2,10	Neuquén	1,97	Chubut	1,88
Santa Cruz	1,88	T. del Fuego	0,39		

FUENTE: *Ambito Financiero,* 26 de agosto de 1992.

F) Procurar la eficiencia económica

Si los mercados asignan los recursos eficientemente, ¿por qué debe intervenir el Estado en la economía? La intervención del Estado se debe a que, en ocasiones, los mercados no asignan los recursos eficientemente y en esos casos el Estado puede mejorar los resultados económicos.

El argumento general en favor de la intervención del Estado es la existencia de *fallos en el mercado.* Como veremos con más detalle en el Capítulo 12, bajo determinadas circunstancias, el mercado no conduce a la eficiencia económica. Ello se debe fundamentalmente a la existencia de alguno de los tres hechos siguientes:

- Competencia imperfecta.
- Bienes públicos.
- Externalidades.

En condiciones de *competencia imperfecta* (véanse Capítulos 9 y 10) las acciones de las empresas pueden incidir sobre los precios de los bienes. En estas circunstancias las empresas pueden fijar unos precios por encima de los costos, lo que hará que los consumidores demanden una menor cantidad de estos bienes. En estos casos, el Estado puede intervenir para regular el comportamiento de las empresas, y defender a los consumidores.

Como antes se ha apuntado, las empresas privadas no se ven motivadas a producir los llamados *bienes públicos,* aunque sin embargo éstos pueden reportar un gran beneficio a la sociedad (Capítulo 12). Piénsese en el caso de un faro de mar. La iniciativa privada no ofrecerá este tipo de bienes y servicios, ya que los beneficios se reparten entre una gran parte de la población, de forma que ningún individuo se verá motivado a pagar por él. Todos los individuos esperan que el servicio se ofrezca pero que pagen «los demás». En estas circunstancias ninguna empresa estará dispuesta a ofertar el bien.

Para suplir esta insuficiencia en la provisión de bienes públicos, los Estados suelen decidirse a intervenir y ofrecer este tipo de bienes y servicios.

Otro tipo de fallas de mercado es el provocado por las *externalidades.* Estas surgen cuando la producción o el consumo de un bien afecta directamente a empresas o a consumidores que no participan en su compra ni en su venta y cuando esos efectos no se reflejan totalmente en los precios de mercado.

Pensemos en el caso de la contaminación y, en particular, en una empresa productora de papel que vierte sus residuos a un río. Estos vertidos contaminan el agua del río, perjudicando entre otros a los agricultores que están aguas abajo y que tienen que regar con el agua contaminada. Estos efectos secundarios de la producción de papel representan costes para la sociedad, que debieran reflejarse en los precios de mercado pero que no lo hacen. A no ser que se le cobre a la empresa papelera por la contaminación, el precio de mercado de la producción de papel subestimará el verdadero costo de producción para la sociedad.

La presencia de externalidades puede justificar una serie de actividades del Estado tendentes a que las empresas internalicen los costos de los efectos externos que generan.

3. LA TOMA DE DECISIONES POR PARTE DEL ESTADO: LA ELECCION PUBLICA

Tal como hemos visto en el apartado anterior, el Estado desempeña un papel fundamental en las economías mixtas modernas. Los recursos se asignan no sólo a través de los mercados, sino también a través del proceso político.

La toma de decisiones por parte del Estado a la hora de aprobar una ley o de llevar a cabo un determinado gasto público no puede expresarse de una manera tan sencilla, tal como se ha supuesto que actúan las empresas y las economías domésticas. En cualquier caso en este apartado vamos a esbozar la llamada *teoría de la elección pública* que pretende, precisamente, presentar la toma de decisiones por parte del sector público, suponiendo que los gobiernos y los políticos en general también tienen una función objetivo que tratan de optimizar.

La elección pública

La teoría de la elección pública estudia cómo el gobierno toma decisiones sobre los impuestos, los gastos, la regulación y otras políticas económicas. Como en el caso del mercado, los políticos tienen que atender las demandas de la gente de bienes y servicios públicos, teniendo en cuenta la capacidad de la economía para ofrecerlos. Por ello, la teoría de la elección pública puede considerarse como aquella rama de la economía que trata de responder a preguntas tales como, ¿qué tipos de bienes compran los gobiernos?, ¿cómo se producen los bienes y servicios ofrecidos por el sector público?, ¿cómo se distribuyen los beneficios de los programas del gobierno? En otras palabras, la teoría de la elección pública se pregunta por el *qué*, el *cómo* y el *para quién* en relación con las decisiones del sector público.

Dado que la teoría de la elección pública describe cómo la sociedad decide qué acciones colectivas se deben llevar a cabo, cabe considerarla como un juego, el juego político. Unos jugadores son los votantes, cuyas necesidades y deseos se supone que una democracia debe servir. Los otros jugadores son los políticos. Estos, al igual que los empresarios en la teoría de la oferta y la demanda, interpretan los deseos de los demandantes, si bien ahora se trata de la demanda de bienes colectivos, y encuentran la forma de ofrecerlos.

Siguiendo con el paralelismo de la teoría de la producción, la teoría de la elección pública también supone que los políticos son agentes maximizadores. En particular se supone que los políticos tratan de ganar las elecciones, mientras que las empresas lo que pretenden es maximizar los beneficios.

- **La *teoría de la elección pública* supone, en concreto, que los políticos tratan de maximizar las posibilidades de ser elegidos. Esto es, son maximizadores de votos.**

Así pues, la diferencia fundamental radica en el objetivo de los agentes que actúan en uno y otro caso: mientras que los empresarios pretenden maximizar los beneficios, «los empresarios de la política» tratan de maximizar el número de votos y así ganar las elecciones. Los votantes expresan sus preferencias por los encargados de tomar las decisiones públicas, esto es, los legisladores (diputados y senadores) y los miembros del ejecutivo elegidos por los votantes. La tarea de éstos consiste en tomar decisiones básicas relacionadas con el gasto y con los impuestos, aprobar nuevas leyes y establecer regulaciones. El electorado expresa por medio de su voto sus preferencias por los diferentes conjuntos de medidas que han presentado los partidos políticos en sus programas electorales.

Los legisladores y los miembros electos del ejecutivo son los que establecen las reglas del juego a los funcionarios públicos y demás empleados de la administración, y éstos son los que de hecho recaudan los impuestos, administran el gasto público, aplican las leyes y ponen en práctica las reglamentaciones.

Mediante el proceso esbozado, la teoría de la elección pública explica cómo los gobiernos toman decisiones sobre los impuestos, los gastos de regulación y otras políticas. De forma similar a como funcionan los mercados, en el caso de la política se ha de procurar encontrar el equilibrio entre la demanda de bienes y la capacidad de la economía de atender dicha demanda.

La incidencia de los grupos de presión

A lo largo de todo el proceso de elaboración y puesta en práctica de las decisiones públicas, los votantes y las organizaciones de intereses que se ven afectados ejercen presiones sobre los legisladores y los miembros de la administración pública para canalizar las actuaciones públicas en el sentido que a ellos más les interesa. Cuando grupos de votantes logran actuar en bloque, la probabilidad de que alcancen sus objetivos particulares es mayor.

Así pues, entre los votantes y los políticos se sitúan los *grupos de presión*. Estos representan a individuos o empresarios que actúan conjuntamente para defender sus intereses particulares. Cuando los grupos de presión consiguen privilegios para los miembros del grupo en contra del interés general, se está ante un *gobierno no representativo*.

Las fallas del Estado

En línea con lo indicado al analizar la incidencia de los grupos de presión, debe señalarse que lo mismo que el mercado puede funcionar mal en el proceso político también pueden surgir fallas. Las fallas del estado (o de la elección pública) tienen lugar cuando el Estado fracasa en su intento por mejorar la eficiencia económica.

En este sentido no debe olvidarse que los agentes que toman las decisiones públicas suelen tener sus propios objetivos y tratan de maximizar su propio interés. Lo deseable es que esta maximización se alcance haciendo coincidir sus objetivos y los de la colectividad.

En otras ocasiones los políticos se limitan a perseguir sus objetivos particulares, tales como volver a ganar las elecciones o ascender en la jerarquía de la administración pública, olvidándose de los intereses de la colectividad. Un sistema de toma de decisiones públicas bien diseñado será aquel en el que las personas que gobiernan se vean condicionadas a perseguir los intereses de la colectividad cuando persigan sus propios objetivos.

Del voto individual a las decisiones colectivas

Uno de los principios fundamentales de toda sociedad democrática es el de «una persona, un voto». Mediante el juego político y, en particular, mediante el proceso de la elección pública, las preferencias individuales se convierten en decisiones colectivas. En una sociedad democrática, los valores individuales y los gustos son determinantes en este proceso de agregación.

En este sentido, cabe destacar que un hecho peculiar y diferenciador del juego político reside en que hay que agregar millones de opiniones en una única decisión. Así, puede que en España cada uno tenga su propia idea sobre cómo se debería regular el medio ambiente, pero al final habrá una única ley estatal que lo haga. De forma contraria a las decisiones privadas, la elección pública contiene una indivisibilidad esencial con un único resultado sobre cualquier hecho concreto.

¿Cómo funciona el mecanismo de la elección pública en la práctica?

Las sociedades democráticas confían en la regla de la mayoría para tomar decisiones. Bajo este sistema una ley se aprueba cuando más de la mitad de los votantes lo hacen. En España, la regla de la mayoría se usa en el Congreso, en el Senado, así como en los gobiernos autonómicos y en las administraciones locales.

Aunque las virtudes de la regla de la mayoría son evidentes, ésta puede conducir a una situación de «tiranía» por parte de la mayoría. La mayoría puede imponer su voluntad política sobre las minorías. Para tratar de evitar estos peligros se suele exigir una mayoría cualificada para la aprobación de determinados asuntos de especial interés. Esto ocurre no sólo a nivel político, con la aprobación de determinadas leyes, sino también en el mundo empresarial. Así, a los consejos de administración de las empresas se les puede exigir que determinados temas, tales como el cambio de estatutos, se aprueben por mayoría cualificada.

La paradoja del voto

El problema más importante que afronta una sociedad a través del proceso político es cómo

Nota complementaria 4.6

LA PARADOJA DEL VOTO

En una sociedad democrática, la resolución de los conflictos de preferencias sobre temas sociales y políticos se lleva a cabo por votación, siguiendo el principio de la mayoría simple. Entre varias alternativas, la sociedad adoptará la que reciba más votos. A pesar de su sencillez, este método plantea problemas para representar de forma apropiada las preferencias de los miembros de la sociedad, que se manifiestan en lo que se ha venido a denominar la *paradoja del voto.*

Para explicar en qué consiste esta dificultad imaginemos una sociedad compuesta por tres individuos (1, 2 y 3) que han de elegir entre tres posibilidades (*A, B* y *C*). El cuadro muestra de qué forma ordenan estos votantes las tres posibilidades. Al votante 2, por ejemplo, le gusta más la opción *B*, después *C* y, por último, *A*. Supongamos que el grupo decide, aplicando la regla de la mayoría simple, primero entre *A* y *B*. El resultado es 2 votos a 1 a favor de *A*, ya que los votantes 1 y 3 prefieren ambos *A* a *B*. Del mismo modo, el voto sería 2 a 1 a favor de *B* sobre *C*, ya que los votantes 1 y 2 prefieren ambos *B* a *C*. Ahora sabemos que con la votación mayoritaria elegiremos *A* frente a *B* y *C*. Parece, pues, que debería preferirse *A* a *C*, pero, sin embargo, *C* gana en una votación contra *A*.

Individuos	Posibilidades		
	A	*B*	*C*
1	1.ª	2.ª	3.ª
2	3.ª	1.ª	2.ª
3	2.ª	3.ª	1.ª

Se comprueba, por tanto, que este procedimiento de ordenación de las preferencias puede llevar a resultados inconsistentes, en el sentido de que la ordenación resultante depende de cómo se haya planteado la votación, dadas las preferencias individuales. Así, si se emparejan, en primer lugar, *A* y *B*, y la ganadora con *C*, *C* gana la elección; si, por el contrario, comenzaran emparejando *A* y *C*, y la ganadora con *B*, se elegirá *B* como más preferida, y si se enfrentan, en primer lugar, *B* y *C*, y la ganadora con *A*, gana *A*.

conciliar las diferentes opiniones e intereses de sus miembros.

Una de las dificultades que plantea la toma de decisiones a través del sistema político es el conocido como la paradoja del voto (véase Nota complementaria 4.6). Este problema consiste en que un grupo de personas y la sociedad en general puede que no sean capaces de ordenar distintas posibilidades por medio de la votación por mayoría. El hecho de que tres o más personas no sean capaces de utilizar la votación por mayoría para tomar decisiones coherentes se concreta en que las decisiones que se toman por votación pueden depender de aspectos que parecen meros detalles de procedimiento, tales como el orden en que ésta se realiza.

Que la capacidad para establecer el orden de intervención sea a menudo determinante de cara al resultado de la votación, es de hecho una inconsistencia y prueba de las limitaciones del sistema de votación por mayoría como mecanismo de elección.

El profesor K. Arrow se planteó como objetivo de su investigación si existe un buen esquema de votación que evite los resultados cíclicos

Nota complementaria 4.7

LA NEGOCIACION DEL VOTO

La votación por mayoría presenta otra limitación, además de la inconsistencia expuesta en la paradoja del voto (véase Nota complementaria 4.6): es la posibilidad de negociar el voto. Este problema surge cuando los votantes en vez de votar sobre cada uno de los programas que el Estado pretende llevar a cabo se reúnen para decidir «negociadamente» cómo votar sobre una serie de programas.

Para evidenciar cómo puede influir la negociación del voto en los resultados, analicemos el caso contenido en el cuadro adjunto. Los programas sobre los que hay que votar son dos: el programa I se refiere a una ley por la que establece un impuesto adicional sobre la venta de tabaco; el programa II consiste en una ley que pretende controlar lor vertidos contaminantes de las industrias químicas. Los votantes son tres: *A*, *B* y *C*. En el cuadro aparecen las valoraciones monetarias (ganancias o pérdidas) que cada votante asigna a los dos programas que se van a debatir. Supongamos que cada votante sólo dará su voto al programa si sale ganando con ello. Así, el votante *A* votaría a favor del programa I y en contra del II. El votante *B*, por el contrario, votaría a favor del programa II y en contra del I, mientras que el votante *C* votaría en contra de ambos programas.

Dado el esquema de votación contenido en el cuadro, por mayoría no se aprobaría ningún programa. Cabe, sin embargo, que los votantes *A* y *B* se pongan de acuerdo y que voten favorablemente los dos programas. En este caso, el votante *A* saldrá ganando 120 unidades, ya que, si bien el programa I le hace ganar 150, el II le hace perder 30 unidades. El votante *B*, por su parte, perderá 30 unidades en el programa I pero las contrarrestará con las 120 unidades que le reporta el programa II.

Así pues, debido a la negociación del voto se pueden aprobar ambos programas, mientras que la votación por mayoría llevaría a rechazarlos. Esta práctica es frecuente en los parlamentos y en los distintos foros políticos. Los miembros interesados en programas concretos consiguen el apoyo de sus colegas con el compromiso de que en otras ocasiones serán ellos los que colaborarán en la aprobación de proyectos en los que éstos están interesados.

LA NEGOCIACION DEL VOTO

Votantes	Ganancias o pérdidas	
	I	II
A	150	−30
B	−30	120
C	−180	−30

de la misma. Los resultados a los que llegó se concretan en que no existe un esquema de votación por mayoría que sea consistente y que lleve a la sociedad hacia la posición más deseable.

RESUMEN

• Las actividades económicas se encuadran en tres sectores: sector primario o agropecuario, sector secundario o industrial, y el sector terciario o de servicios. Los bienes se clasifican en bienes de consumo y bienes de capital, y dentro de los bienes de consumo diferenciamos entre bienes de consumo intermedio y bienes de consumo final.

• Los agentes económicos se pueden dividir en privados y públicos. Dentro de los agentes económicos privados se encuentran las familias, o economías domésticas, y las empresas. Los agentes económicos públicos constituyen el sector público.

• El sector público actúa como un consumidor y como un productor más, y obtiene ingresos y realiza gastos. Los gastos públicos son gastos corrientes y gastos de inversión. Dentro de los gastos corrientes están los gastos en la compra de bienes de consumo y los gastos en transferencias. Estos últimos tratan de redistribuir la renta de unos grupos a otros y han sido los que más han crecido en los últimos años.

• Los ingresos públicos son los recursos que el sector público capta de los particulares y de las empresas por medio de los impuestos. Estos constituyen la fuente principal de financiación del gasto público, pero además es una forma de incidir sobre la distribución de la renta. Los impuestos pueden ser *proporcionales, progresivos* y *regresivos,* según la proporción de exacciones sobre las diferentes rentas. Desde otro punto de vista serán directos o indirectos, según afecten al contribuyente.

• El sector público también interviene en la actividad económica regulándola y estableciendo controles, por lo general tratando de proteger al consumidor.

• La teoría de la elección pública analiza la toma de decisiones por parte del Estado suponiendo que los gobiernos y los políticos tienen una función objetivo que tratan de optimizar. Los políticos tratan de maximizar las posibilidades de ser elegidos, son maximizadores de voto.

• Cuando los grupos de presión consiguen privilegios para los miembros del grupo en contra del interés general, se está ante un gobierno no representativo. En términos generales se dice que las fallas del Estado tienen lugar cuando éste fracasa en su intento por mejorar la eficiencia económica.

CONCEPTOS BASICOS

— Economías domésticas.
— Sector público.
— Sectores productivos: primario, secundario, terciario.

— Bienes de consumo y de capital.
— Bienes intermedios y finales.
— Elección pública.
— Impuestos proporcionales, progresivos y regresivos.
— Redistribución de la renta.
— Impuestos directos e indirectos.
— Gasto público e ingreso público.
— Equidad.
— Neutralidad.
— Traslación de un impuesto.

TEMAS DE DISCUSION

1. Reflexione sobre el tipo de relaciones que existen entre los tres sectores que componen la actividad económica y en qué medida la dimensión de cada uno de ellos y las mismas relaciones están sujetas a cambios en función del grado de desarrollo en un país. ¿Considera usted que es más importante el papel que juega el sector público en una sociedad preindustrial que en otra posindustrial?

2. Explique cómo las actuaciones de gastos e ingresos del sector público pueden contribuir a una mejor distribución de la renta.

3. ¿Cuál de las dos afirmaciones siguientes le parece más acertada: *a*) El mejor gobierno es el que más interviene en la actividad económica y regula de forma precisa el comportamiento de los ciclos económicos. *b*) El mejor gobierno es el que limita al máximo sus funciones dejando que el mercado resuelva todos los problemas?

4. Distinga entre los siguientes conceptos de gasto público: gastos corrientes, gastos de inversión y transferencias. ¿Cuáles son los que han crecido más en los últimos años?

5. Desde su punto de vista, ¿cuáles son las funciones que ineludiblemente debería abordar todo gobierno? ¿Se puede responder a la anterior pregunta de forma unívoca cualquiera que sea la situación socioeconómica del país?

6. Defienda las dos afirmaciones siguientes: *a)* Un sistema fiscal progresivo es el adecuado, pues contribuye a la redistribución de la renta. *b)* Un sistema fiscal progresivo limita el crecimiento económico y genera desempleo, pues desincentiva a los agentes económicos más dinámicos y emprendedores.

7. ¿Qué se entiende por un gobierno «no representativo»?

8. ¿La sociedad puede ordenar las posibles elecciones por medio de la votación por mayoría?

9. ¿El resultado de una votación efectuada por mayoría simple puede verse condicionado por el orden de la votación?

10. ¿Qué otro problema puede presentarse en la votación por mayoría, además de la paradoja del voto, haciendo inconsistentes sus resultados?

PARTE II

Microeconomía: demanda y producción

CAPITULO 5

Oferta y demanda: conceptos básicos y aplicaciones

INTRODUCCION

Las magnitudes agregadas macroeconómicas permiten estudiar los problemas relacionados con el empleo, la inflación o el crecimiento del producto nacional sin preocuparse por aspectos como el análisis de mercados particulares, las motivaciones de los agentes individuales y el mecanismo de formación de precios. El análisis macroeconómico y la visión global de la economía no son, sin embargo, incompatibles con el análisis más detallado que intenta explicar el comportamiento de los agentes económicos en los mercados individuales y la formación de precios en dichos mercados. A esta parte de la economía se la denomina Microeconomía, siendo preciso señalar que la distinción entre ambas se produce, en buena medida, sólo a efectos pedagógicos, pues no existe ninguna oposición entre los dos enfoques. La conexión entre la Microeconomía y la Macroeconomía se debe a que todo análisis macro sólo tiene sentido en cuanto en su base hay decisiones típicamente microeconómicas.

Resulta, además, que uno de los campos de desarrollo del análisis económico que más interés presenta desde hace unos años es el que tiene por objeto establecer los fundamentos microeconómicos de la Macroeconomía.

Con el presente capítulo se inicia el primero de los bloques temáticos dedicados al análisis microeconómico, ocupándonos, en particular, de estudiar los ajustes del mercado y el concepto de elasticidad.

1. MICROECONOMIA Y ECONOMIA DE MERCADO

El objetivo básico de la Microeconomía es la determinación de los precios relativos de las mercancías y factores que se forman en el mercado.

Para conocer cómo se forman los precios, el análisis microeconómico se ocupa de los problemas relativos a las unidades primarias de decisión utilizando el esquema de análisis basado en la oferta y la demanda. En los modelos utilizados por la teoría microeconómica se supone que las unidades individuales de decisión buscan obtener la máxima satisfacción, bien como consumidores o como productores. Este tipo de comportamiento presupone que los individuos actúan de forma «racional», ponderando los costos y los beneficios que se derivan de sus acciones. En teoría microeconómica se supone, además, que las elecciones efectuadas por los agentes económicos se pueden predecir simplemente conociendo sus preferencias y restricciones y los rasgos relevantes de las alternativas que se les plantean.

De acuerdo con estos supuestos, la teoría microeconómica cumple una función importante, y es la de ofrecer una explicación del proceso por el que se resuelven las disputas derivadas de intereses opuestos. En el centro de la estructura institucional para la puesta en práctica del interés individual y la resolución de conflictos está el mercado, entendiendo por tal el lugar en el que se lleva a cabo el intercambio y donde se difunde información sobre los precios relativos.

• **El *precio relativo* de un bien o servicio *A* en relación con el de otro bien o servicio *B* es igual al cociente entre el precio de *A* y el de *B*.**

El conjunto de mercados donde se enfrentan la oferta y la demanda en un sistema de economía libre cumple la doble función de generar consistencia interna para el conjunto de intereses contrapuestos, a la vez que motiva a los individuos en sus actividades económicas.

A pesar de que el análisis conjunto de los mercados es el que da coherencia a los intereses en conflicto, y aunque se acepta la mutua interrelación entre los precios y la cantidad producida de todos los bienes, la complejidad que esto supondría para analizar problemas concretos aconseja limitar el estudio a ciertas parcelas suponiendo como constantes los valores de las demás variables. Este procedimiento es propio del *análisis de equilibrio parcial* y consiste en seleccionar ciertos subconjuntos de variables (frecuentemente todas menos una) y asignarles provisionalmente valores fijos, y de este modo centrar la atención en el comportamiento de un solo sector integrante de un sistema más general. Este es el procedimiento que normalmente seguiremos, de forma que aislaremos los mercados y nos dedicaremos a analizar qué es lo que ocurre en uno en particular.

• **El *análisis de equilibrio parcial* consiste en el análisis de un mercado concreto o conjunto de mercados ignorando las interrelaciones con los demás.**

2. LA DEMANDA Y EL CONCEPTO DE ELASTICIDAD

Precio e ingreso total

El concepto de elasticidad se utiliza en Economía para analizar en términos cuantitativos cómo se ajusta el mercado a las variaciones de los determinantes de la demanda y la oferta. Así, pensemos que se altera el precio de un determinado producto. Todas las empresas saben que, dada una curva de demanda, la cantidad demandada será mayor si baja el precio, mientras que, si éste aumenta, la cantidad que los consumidores demandan se reducirá. Una información que tiene más interés para la empresa se refiere, sin embargo, a cómo se verá afectado el *ingreso total*, que la empresa obtiene como consecuencia del cambio en el precio.

Ingreso total = precio × cantidad demandada

Lo que el empresario quiere saber es si el cambio en los precios elevará o reducirá el ingreso total. Como se recoge en el Cuadro 5.1., cuando se reduce el precio de venta, al pasar de 100 pesos/unidad a 80 pesos/unidad, la situación será muy distinta para la empresa según que estemos en el caso 1 o en el caso 2. En ambas situaciones la cantidad demandada se incrementa, pero en el caso 1 el ingreso total disminuye, mientras que en el caso 2 el ingreso total aumenta respecto a la situación inicial, en la que la empresa obtenía 30.000 pesos. El sentido del cambio del ingreso total cuando varía el precio depende de la «sensibilidad» de la cantidad demandada, y esto precisamente se

Cuadro 5.1. Cambio en el precio y el ingreso total

	Precio (pesos)	Cantidad demandada (o vendida) por día	Ingreso total por día (pesos)
Situación inicial	100	300	30.000
Caso 1	80	340	27.200
Caso 2	80	390	31.200

expresa mediante el concepto de *elasticidad de la demanda.*

Elasticidad precio de la demanda

- **La *elasticidad precio* de la demanda mide el grado en que la cantidad demandada responde a las variaciones del precio de mercado.**

En términos más concretos podemos decir que la elasticidad precio de la demanda, E_p, es la variación porcentual de la cantidad demandada de un bien producida por una variación de su precio en 1 % manteniéndose constantes todos los demás factores que afectan a la cantidad demandada.

Para calcular la *elasticidad precio de la demanda* (E_p) puede utilizarse esta expresión:

$$E_p = - \frac{\textbf{Variación porcentual de la cantidad demandada}}{\textbf{Variación porcentual del precio}} \qquad (1)$$

En economía es frecuente, sin embargo, referirse simplemente a la elasticidad de la demanda cuando se habla de la elasticidad precio de la

Nota complementaria 5.1

LA ELASTICIDAD DE DEMANDA DE ALGUNOS PRODUCTOS AGROPECUARIOS

Uno de los determinantes de la elasticidad precio de la demanda señalados en el texto es la facilidad de sustitución del bien en cuestión.

Observando el cuadro adjunto, puede advertirse que, en general, aquellos productos cuya sustitución es más difícil, dados los hábitos alimentarios del argentino medio, son los que arrojan valores menores de elasticidad precio.

ELASTICIDAD DE DEMANDA DE PRODUCTOS AGROPECUARIOS

Producto	Elasticidad
Trigo	0,03
Papa	0,16
Leche	0,23/0,35
Carne vacuna	0,30/0,48
Carne de aves	0,75
Carne porcina	0,81/0,84

FUENTE: Luis N. Lanteri: «Estimaciones de demanda doméstica de productos agropecuarios». En V. A. Beker (comp.), *Microeconomía Aplicada,* Editorial de Belgrano, 1992.

demanda. Cualquiera que sea la terminología empleada lo relevante es que una elasticidad alta indica un elevado grado de respuesta de la cantidad demandada a la variación del precio, y una elasticidad baja indica una escasa sensibilidad a las variaciones del precio.

- **La demanda es *elástica* si la elasticidad precio de la demanda es mayor que 1, es inelástica si es menor que 1 y es de elasticidad unitaria si es igual a 1.**

En términos gráficos estas posibilidades, junto a los dos casos extremos, esto es, cuando se trata de una curva de demanda completamente rígida y cuando ésta es completamente elástica, se recogen en la Figura 5.1.

El cálculo de la elasticidad

Para calcular numéricamente la elasticidad precio de la demanda representemos el cambio porcentual en la cantidad demanda (cambio en Q) por ($\Delta Q/Q$). Si hacemos lo mismo con el precio, el cambio porcentual de éste se escribirá como ($\Delta P/P$) y la expresión (1) representativa de la elasticidad se convierte en:

$$E_p = -\frac{\dfrac{\Delta Q}{Q}}{\dfrac{\Delta P}{P}}$$

Nota complementaria 5.2

EVOLUCION DE LA ELASTICIDAD PRECIO DE UNA CURVA DE DEMANDA LINEAL

Tal como se señala en el texto, la elasticidad precio de una función de demanda lineal es distinta en cada uno de sus puntos. En la presente nota vamos a analizar la evolución de la elasticidad precio de la función de demanda de nafta presentada en la Nota complementaria 3.5 y que se representa mediante la siguiente ecuación:

$$Q_t = \textbf{Constante} - 829\, P_t$$

donde Q_t es la cantidad demandada de nafta —en miles de m^3— en el período t y P_t es el precio de la misma, expresado en términos reales, en igual período. Como se trata de una función de demanda lineal el coeficiente de P ($\Delta Q/\Delta P = -829$) es la pendiente de la función de demanda. Aplicando la definición de elasticidad precio de la demanda se observa cómo, dado un valor fijo de la pendiente, la elasticidad toma distintos valores según el punto de la curva en que nos situemos. La tabla adjunta contiene el valor de la elasticidad para tres combinaciones distintas de precios y cantidades demandadas de nafta. Como puede observarse, el valor (en términos absolutos) de la elasticidad aumenta conforme se incrementa el precio.

VALORES DE LA ELASTICIDAD PRECIO DE UNA FUNCION DE DEMANDA LINEAL

Precio (P)	Cantidad demandada (Q)	Pendiente ($\Delta Q/\Delta P$)	Elasticidad $\left(\frac{\Delta Q}{\Delta P} \cdot \frac{P}{Q}\right)$
0,20	1.988	−829	0,08
0,40	1.822	−829	0,18
1,20	1.159	−829	0,86

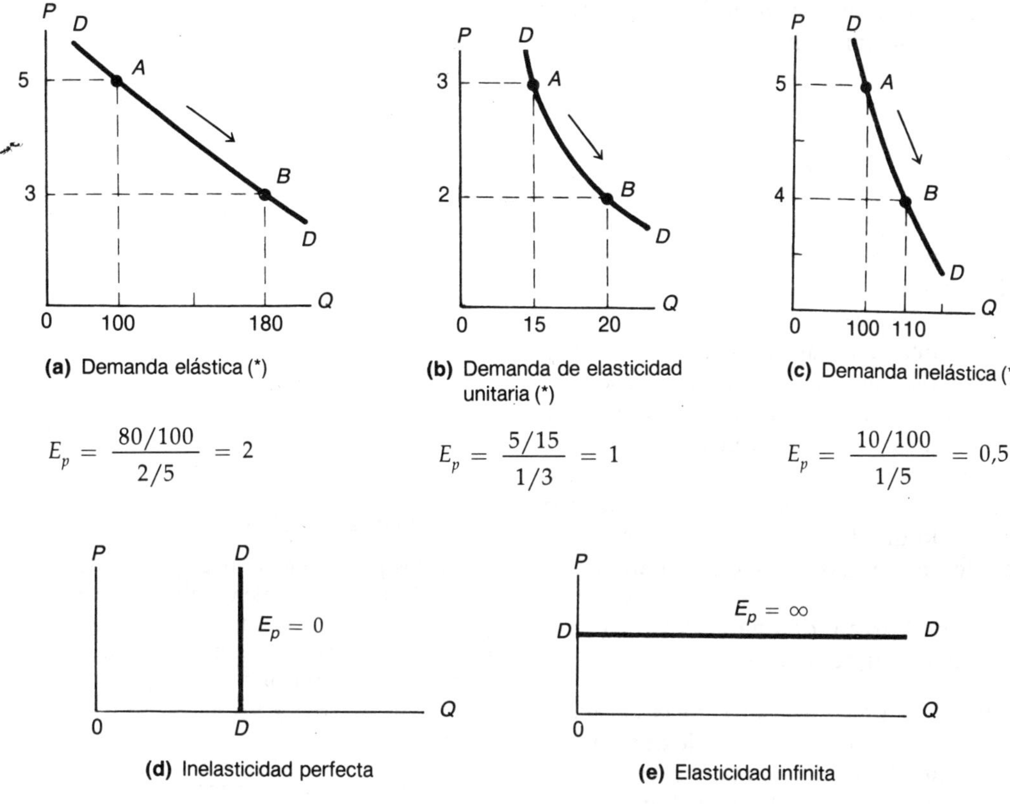

Figura 5.1. Elasticidad de la demanda.

La elasticidad de la demanda permite establecer tres categorías fundamentales y dos casos extremos:

(a) La demanda será *elástica* cuando una reducción porcentual del precio genere un aumento porcentual de la cantidad mayor. [$E_p = 2$].

(b) Será *unitaria* cuando sean iguales la reducción porcentual del precio y el aumento porcentual de la cantidad. [$E_p = 1$].

(c) Será *inelástica* cuando una reducción porcentual de precio suponga un aumento porcentual menor de la cantidad. [$E_p = 0,5$].

(d) La curva de demanda será *perfectamente inelástica* cuando una reducción porcentual del precio no suponga ninguna variación en la cantidad. [$E_p = 0$].

(e) Será *perfectamente elástica* cuando la pendiente de la curva sea infinita. [$E_p = \infty$].

(*) En las figuras (a), (b) y (c) suponemos que se parte del punto A y se va al B.

Aplicando esta fórmula al cambio que tiene lugar entre los puntos *A* y *B* de la Figura 5.1*a* obtenemos una aproximación al valor de la elasticidad:

$$E_p = \frac{80/100}{2/5} = 2$$

De forma similar se calculan los valores de la elasticidad de la demanda de las Figuras 5.1*b* y 5.1*c*.

Dado que la curva de demanda tiene una inclinación negativa, las variaciones de *P* y *Q* son en sentido contrario, por lo que el cociente de incrementos tendría signo negativo. Para poder trabajar con números positivos el valor de la elasticidad se multiplica por −1. Además, las variaciones están expresadas en tanto por ciento, por lo que la unidad con la que midamos el bien no influye en la elasticidad.

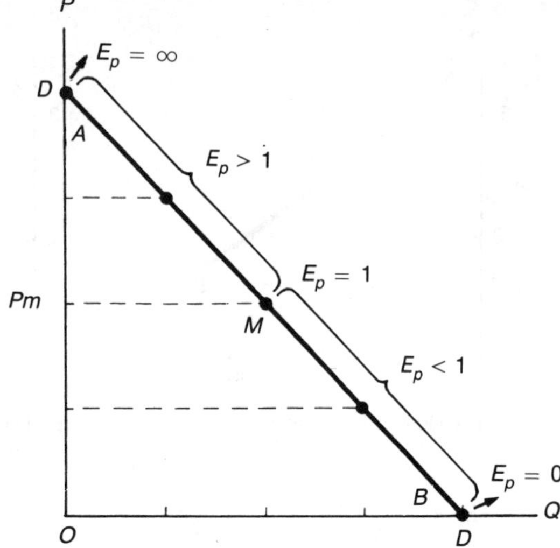

Figura 5.2. Elasticidad en un punto.

Todos los puntos de la línea recta de demanda *DD* tienen la misma pendiente absoluta; sin embargo, por encima del precio medio (*Pm*), la demanda es elástica; mientras que por debajo es inelástica. En el punto medio es unitaria. En los puntos que cortan los ejes de abscisas y ordenadas es nula e infinita, respectivamente.

La elasticidad precio de una curva de demanda y su pendiente

Es conveniente precisar la diferencia existente entre la elasticidad de una curva de demanda y su pendiente. Para ello tengamos en cuenta que, analíticamente, la elasticidad de la demanda es igual a la pendiente de la función en el punto, $\Delta Q/\Delta P$, cambiada de signo multiplicada por el cociente P/Q. Esto es,

$$E_p = -\frac{\Delta Q}{\Delta P} \cdot \frac{P}{Q}$$

En el caso de que la función de demanda sea una línea recta, tendremos que $-\Delta Q/\Delta P$ será constante, por lo que los valores que tome la elasticidad dependerán del cociente P/Q. En la Figura 5.2 se recogen los distintos valores de la elasticidad precio de la curva de demanda lineal y se observa que éstos oscilan desde ∞ hasta cero, como consecuencia únicamente de los distintos valores del cociente P/Q.

Así pues, tal como se observa en la Figura 5.2, en las cercanías del punto *A* una reducción en el precio del producto en una unidad monetaria representa un cambio porcentual pequeño porque estamos comenzando desde un nivel del precio alto, mientras que el incremento porcentual en las ventas será grande, dado que partimos de un nivel muy bajo de demanda. Se comprueba, por tanto, cómo la elasticidad de la demanda a lo largo de una curva de demanda lineal es elevada cuando los precios son altos, y baja cuando los precios son bajos.

Elasticidad arco de la demanda

La definición de elasticidad que hemos ofrecido sólo es correcta cuando mide las consecuencias de cambios infinitesimales en los precios. Así, en la Figura 5.3 se trata de medir la elasticidad de la curva siguiendo este criterio cuando tiene lugar una reducción de 2 unidades en el precio del producto. Si tomamos como pun-

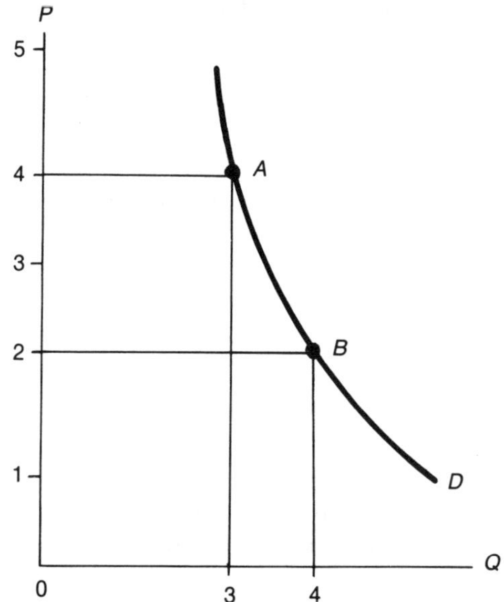

Figura 5.3. Elasticidad arco.

Según el punto en que nos situemos el valor de la elasticidad será uno u otro. Para evitar esta indeterminación tomamos la elasticidad promedio.

to inicial el punto *A* el valor de la elasticidad será:

$$E_{p(A)} = \frac{1/3}{2/4} = 0{,}66$$

mientras que si se toma el punto *B*, el valor de la elasticidad será:

$$E_{p(B)} = \frac{1/4}{2/2} = 0{,}25$$

Para evitar esta indeterminación, esto es, que la elasticidad sea distinta según que comencemos en *A* o en *B*, se puede calcular una elasticidad promedio para el arco comprendido entre dichos puntos:

$$E_p = \frac{\dfrac{\Delta Q}{(Q_1 + Q_2) / 2}}{\dfrac{\Delta P}{(P_1 + P_2) / 2}} = \frac{\Delta Q}{\Delta P} \cdot \frac{P_1 + P_2}{Q_1 + Q_2}$$

Factores condicionantes de la elasticidad precio de la demanda

Los factores que afectan a la elasticidad precio de la demanda son diversos y los podemos concretar en los siguientes puntos:

1. *Naturaleza de las necesidades que satisface el bien.* Si se trata de un bien de primera necesidad es de esperar que los valores de la elasticidad sean reducidos, pues difícilmente se puede dejar de consumir y, por tanto, las variaciones de la cantidad demandada ante cambios en el precio serán pequeñas. Por el contrario, los bienes de lujo suelen presentar una demanda bastante elástica, pues los compradores pueden abstenerse de comprarlos cuando sus precios suben.
2. *Disponibilidad de bienes que pueden sustituir al bien en cuestión.* Los bienes que tienen fácil sustitución tienden a tener una demanda más elástica que los que no la tienen, pues ante una subida del precio los demandantes pueden sustituir la demanda del bien en cuestión por la de alguno de sus sustitutos. Así la demanda de carbón se ha visto incrementada en los últimos años debido a los fuertes aumentos experimentados por los precios de los productos petrolíferos.
3. *Porción de renta gastada en el bien.* Los bienes que tienen una importancia considerable en el presupuesto de gastos tienden a tener una demanda más elástica que los bienes que cuentan con una participación reducida. Para estos últimos bienes los consumidores suelen ser poco sensibles a los precios.
4. *Período de tiempo considerado.* En general cuanto mayor es el período de tiempo, más elástica será la demanda para la mayoría de los bienes. Esto se debe a que la adaptación de la conducta de los compradores a los cambios en los precios requiere tiempo antes de que se ajuste a la nueva situación. Otra razón por la que la demanda suele ser más sensible a largo que a corto plazo radica en la dificultad de realizar cambios tecnológicos inmediatos, que permitan sustituir, en el consumo, unos bienes por otros.

Elasticidad cruzada de la demanda

La cantidad demandada de un bien no sólo muestra sensibilidad ante los cambios en el precio del propio bien, sino también ante alteraciones en los precios de ciertos productos que están estrechamente relacionados con él. Recuérdese que al analizar los desplazamientos de la curva de demanda se señaló este hecho y se habló de dos tipos de bienes: complementarios y sustitutivos. Así, es de esperar que la cantidad demandada de automóviles dependa del precio de la gasolina. Cuanto más caro sea el carburante, es lógico pensar que la cantidad demandada de automóviles a un precio dado se reducirá. Asimismo, la cantidad demandada de carbón también se verá afectada por la subida de los precios de la gasolina pero en sentido contrario al de los automóviles, pues es de esperar que aumente la demanda de carbón.

Dada la existencia de la anterior relación, se precisa una medida de la sensibilidad de la cantidad demandada de un bien a las variaciones de los precios de los bienes relacionados con él. Esta medida es la elasticidad cruzada de la demanda, que se define de la forma siguiente:

$$\textbf{Elasticidad cruzada del bien } i \textbf{ con respecto al bien } j = \frac{\textbf{Variación porcentual de la cantidad demandada del bien } i}{\textbf{Variación porcentual del precio del bien } j} = \frac{\frac{\Delta Q_i}{Q_i}}{\frac{\Delta P_j}{P_j}}$$

Las expresiones «bien *i*» del numerador y «bien *j*» del denominador ponen de relieve que la elasticidad precio cruzada de la demanda mide la influencia de una variación del precio de un bien en la cantidad demandada de otro.

La elasticidad cruzada de la demanda puede ser positiva o negativa. Será positiva si la cantidad demandada del bien *i* aumenta cuando se incrementa el precio del bien *j*. En el ejemplo antes comentado sería el caso del aumento de la demanda de carbón, ante una subida en el precio de la gasolina. Esto ocurrirá así cuando se trate de *bienes sustitutivos.*

La elasticidad cruzada de la demanda será negativa cuando el aumento del precio del bien *j* provoque una reducción en la cantidad demandada del bien *i*. Por ejemplo, un aumento del precio de la gasolina reducirá la cantidad demandada de automóviles. Esto ocurrirá cuando se trata de *bienes complementarios,* que tienden a utilizarse conjuntamente.

- **Dos bienes son *sustitutivos* cuando sus elasticidades cruzadas de la demanda son positivas; son *complementarios* cuando las elasticidades cruzadas son negativas.**

Elasticidad renta de la demanda

Cuando estudiamos la función de demanda se señaló que otro factor que influye sobre la demanda es la renta de los consumidores. Cuando varía ésta, cambian las demandas de bienes de los consumidores. Por lo general, la demanda de un bien aumentará cuando aumente la renta. Precisando más la anterior afirmación, cabe distinguir los bienes según como varíe la proporción de la renta gastada por los consumidores en un determinado bien. Cuando aumenta la renta algunos bienes se llevan una mayor proporción del presupuesto de los consumidores y otros una menor.

La participación en el gasto de un bien se define como la proporción de la renta de las economías domésticas gastada en una determinada mercancía.

La respuesta de la demanda a los cambios de la renta se mide por la elasticidad renta de la demanda. Se define como el cambio porcentual de la cantidad demandada dividido entre el cambio porcentual de la renta.

$$\textbf{Elasticidad renta de la demanda} = \frac{\textbf{Variación porcentual de la cantidad demandada}}{\textbf{Variación porcentual de la renta}}$$

Nota complementaria 5.3

ELASTICIDAD PRECIO Y RENTA DE LA DEMANDA DE NAFTA EN ARGENTINA

La función de demanda de nafta estimada para fines de 1982 es la siguiente:

$$\text{Demanda } (Q) = 1.684 - 829 \cdot \text{precio } (P) + 666 \cdot \text{renta } (Y)$$

donde se tomó como indicador de la renta per cápita el salario real.

Para calcular la elasticidad precio y la elasticidad renta de la demanda partamos de los valores vigentes a fines de 1982 para las tres variables relevantes: cantidad demandada (ventas), 1.713 miles de m^3; precio real de la nafta (en moneda de 1970), 0,43; índice del salario real (1970 = 100), 0,69.

Empleando las definiciones contenidas en el texto resulta que:

$$\text{Elasticidad precio de la demanda} = -\frac{\Delta Q}{\Delta P} \cdot \frac{P}{Q} = 829 \cdot \frac{0{,}43}{1.713} = 0{,}21$$

$$\text{Elasticidad renta de la demanda} = \frac{\Delta Q}{\Delta Y} \cdot \frac{Y}{Q} = 666 \cdot \frac{0{,}69}{1.713} = 0{,}27$$

Según los resultados obtenidos la demanda de nafta en Argentina es inelástica (0,21) de forma que un aumento del 10 % del precio provoca una disminución en la cantidad demandada del 2,1 %. Por lo que respecta a la renta, el valor de la elasticidad renta obtenido indica que la nafta es considerada en Argentina un bien necesario ya que la elasticidad renta de la demanda es menor que 1. En concreto, y según los datos presentados, un aumento del 10 % en el ingreso monetario origina un incremento del 2,7 % en el consumo de nafta.

Como vimos en el epígrafe anterior, los bienes se pueden clasificar en normales e inferiores según como se altere la cantidad demandada cuando cambie la renta. La demanda de un bien normal aumenta con la renta y la de un bien inferior aumenta cuando disminuye la renta. Basándose en la definición de la elasticidad renta se puede formular la siguiente clasificación:

- **Un *bien normal* es aquel cuya elasticidad renta de la demanda es positiva. Un *bien inferior* es aquel cuya elasticidad renta de la demanda es negativa.**

Pero, precisando más en el análisis de la sensibilidad de la demanda ante alteraciones de la renta, cabe hacer además la siguiente distinción:

- **Un *bien de lujo* tiene una elasticidad renta de la demanda mayor que 1. Un *bien necesario,* o no de lujo, tiene una elasticidad renta de la demanda menor que 1.**

La participación de los bienes de lujo en el gasto de los consumidores aumenta con la renta y ello explica el nombre de bienes de lujo. Por el contrario, la participación de los bienes de primera necesidad disminuye con la renta. Esto significa que los individuos situados en los estratos de renta más bajos gastan una parte mayor de su renta en bienes de primera necesidad.

Dado que a medida que aumenta la renta los consumidores tenderán a desplazarse hacia las clases de mayor calidad de los distintos tipos de bienes, es de esperar que las clases de baja calidad de cualquier tipo de bien sean inferiores. Por consiguiente, la participación en el presupuesto de este tipo de bienes disminuirá. En el grupo de bienes normales, los artículos de elevada calidad tenderán a ser bienes de lujo. Dado que la cantidad demandada de este tipo de bienes aumenta proporcionalmente más que la renta, a medida que ésta se incrementa, la participación de los bienes de lujo en el presupuesto de los consumidores aumentará. Por el contrario, la cantidad demandada de bienes que no son de lujo aumenta menos que proporcionalmente en relación a la renta y, por tanto, cuando se produzca un aumento de la renta, disminuirá su participación en el presupuesto de los consumidores. En cualquier caso debe señalarse que, si bien la proporción de la renta gastada en bienes que no son de lujo disminuye cuando aumenta la renta, el gasto total en dichos bienes aumenta cuando se incrementa la renta, siempre que el bien no sea inferior.

Las relaciones entre la demanda de un bien y la renta de un sujeto se pueden representar gráficamente (Figura 5.4). La curva *AA* corresponde a un bien de lujo (la cantidad demandada crece más que proporcionalmente con la renta). La curva intermedia *BB* es la de un bien normal de primera necesidad (la cantidad demandada crece menos proporcionalmente con la renta). La curva más cercana al eje de abscisas, *CC*, corresponde a un bien normal que, a partir de una renta de 1.000 unidades, se convierte en inferior (la demanda se reduce al aumentar la renta).

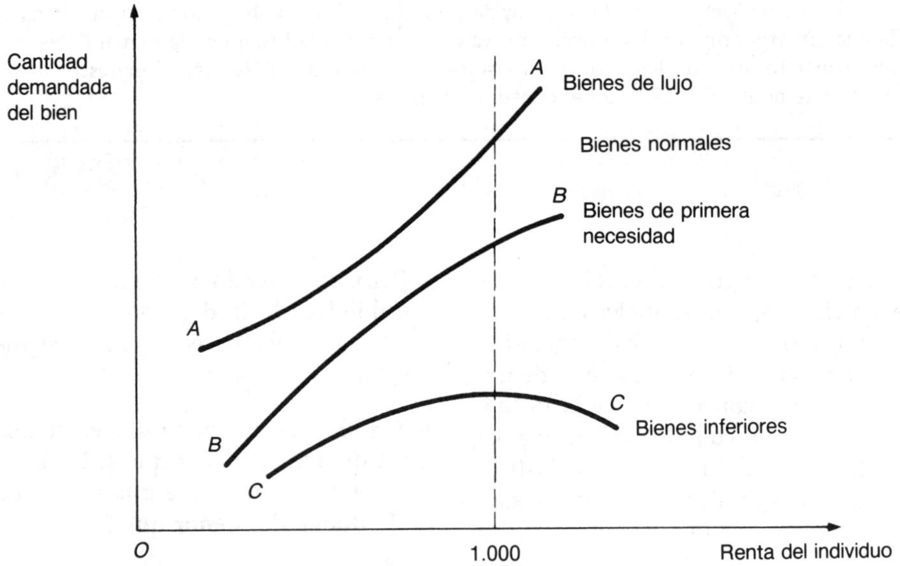

Figura 5.4. Tipología de bienes según la relación demanda-renta.

La curva superior representa un bien normal de lujo, la intermedia un bien normal de primera necesidad, y la más cercana al eje de abscisas un bien normal que se convierte en inferior a partir de una determinada renta.

3. LA ELASTICIDAD DE LA DEMANDA Y EL INGRESO TOTAL

Como ya se ha señalado, la elasticidad precio de la demanda es un concepto importante para los vendedores, pues a éstos les resultará interesante saber, por ejemplo, qué ocurre con el ingreso total, o lo que es lo mismo, con el gasto total en que incurren los consumidores cuando se reduce el precio.

$$\textbf{Ingreso total} = \textbf{Precio} \times \textbf{Cantidad} \quad (2)$$

Cuando baja el precio, el primer factor del segundo miembro de la ecuación (2) disminuye, lo que tiende a reducir el ingreso total. Pero, simultáneamente, al reducirse el precio aumenta la cantidad demandada, lo que tiende a elevar el ingreso total. Que el ingreso total aumente o disminuya depende de que la cantidad demanda aumente lo suficiente como para contrarrestar el efecto de la reducción del precio.

Para que el aumento de la cantidad demandada compense el efecto de la reducción del precio sobre el ingreso total, la cantidad demandada debe ser suficientemente sensible al precio, esto es, la elasticidad de la demanda debe ser mayor que la unidad (Figura 5.5*a*). En caso contrario, esto es, cuando la elasticidad de la demanda es menor que la unidad, el aumento de la cantidad demandada no compensa la reducción del precio y el ingreso total se reducirá (Figura 5.5*b*). Cuando la elasticidad de la demanda es unitaria, el ingreso total no varía si se reduce el precio (Figura 5.5*c*).

El Cuadro 5.2 muestra numéricamente, para el caso de una función de demanda lineal tal como la representada en la Figura 5.2, la incidencia de la elasticidad de la demanda sobre la evolución del ingreso total. Como puede observarse la demanda es elástica para todos los precios superiores a 25 pesos por entrada, e inelástica para todos los precios inferiores a 25 pesos. La demanda es de elasticidad unitaria para el precio de 25 pesos por entrada.

En los tres casos considerados en la Figura 5.5 el precio se reduce desde P_A hasta P_B y consecuentemente la cantidad demandada aumenta de Q_A a Q_B. El ingreso total inicial es igual a $P_A \times Q_A$, es decir, el rectángulo $OP_AA\,Q_A$. Cuando el precio baja a P_B el nuevo ingreso total es igual a $P_B \times Q_B$, es decir, el rectángulo OP_BBQ_B, de forma que el ingreso total varía en la diferencia entre el área (+) y el área (−).

En la Figura 5.5*a*, esto es, cuando el cambio en el precio tiene lugar en la parte elástica de la curva de demanda, el ingreso total aumenta cuando el precio se reduce. En la Figura 5.5*b*, la demanda es inelástica y el ingreso total disminuye cuando el precio se reduce. La Figura 5.5*c* representa el caso en el que la elasticidad de la demanda es unitaria y el ingreso total no varía al reducirse el precio.

Cuadro 5.2. La fijación del precio de las entradas al teatro: La elasticidad precio de la demanda (E_p) y el ingreso total (*IT*)

Precio	Cantidad	(E_p)	Relaciones E_p e *IT*	Ingreso total
45	100	9,00		4.500
40	200	4,00	$E_p > 1$, aumenta el *IT*	8.000
30	400	1,50		12.000
25	500	1,00	$E_p = 1$, no varía el *IT*	12.500
20	600	0,67		12.000
10	800	0,25		8.000
5	900	0,09	$E_p < 1$, disminuye el *IT*	4.500
2	950	0,05		1.900
0	1.000	—		0

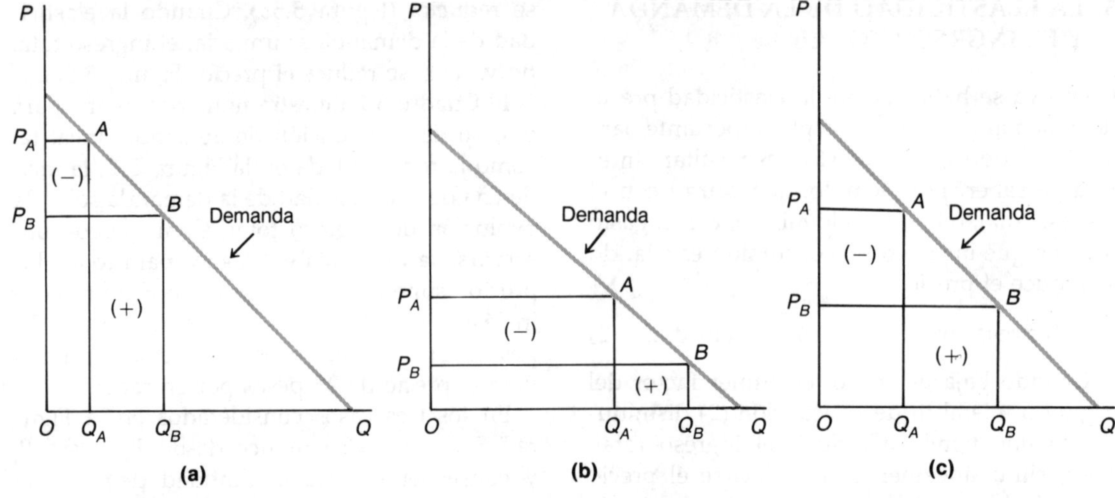

En la parte elástica de la curva de demanda el ingreso total aumenta cuando el precio se reduce.

La demanda es inelástica y el ingreso total disminuye cuando el precio se reduce.

La elasticidad de la demanda es unitaria y el ingreso total no varía al reducirse el precio.

Figura 5.5. La elasticidad de la demanda y la influencia de las variaciones de los precios en el ingreso total.

El gasto total realizado en el bien es el precio multiplicado por la cantidad. En términos gráficos esta cantidad es igual al rectángulo $OP_A\,AQ_A$, cuando el precio es P_A. Cuando el precio baja a P_B el nuevo ingreso total es igual a $P_B \times Q_B$, es decir, el rectángulo $OP_B\,BQ_B$, de forma que el ingreso total varía en la diferencia entre el área (+) y el área (−).

La maximización del ingreso total

Para evidenciar la importancia que la elasticidad de la demanda tiene para el empresario supongamos que en una ciudad hay un único teatro y que el gerente pretende averiguar qué precio debe cobrar para obtener los mayores ingresos totales posibles por la venta de entradas. Si la información sobre la función de demanda es la contenida en el Cuadro 5.2, el precio que debe fijar el empresario es aquél para el cual la elasticidad de la demanda es unitaria, esto es, 25 pesos por entrada. Si se fija un precio más bajo, el ingreso total puede elevarse aumentando el precio y a un precio superior a 25 pesos el teatro incrementaría sus ingresos totales reduciendo el precio. Así pues, el ingreso total de los vendedores, o lo que es lo mismo, el gasto total de los consumidores se maximiza en el punto en que la demanda tiene elasticidad unitaria.

La información contenida en el Cuadro 5.2 puede ayudarnos a comprender algunos hechos y comportamientos observados en los mercados agrícolas. Así, en estos mercados se observa que los ingresos totales de los agricultores normalmente son menores cuando todas las cosechas son buenas que cuando son malas. Ello se debe a que cuando las cosechas son buenas los precios bajan de forma notable y los agricultores se situarían, en términos de lo señalado en el Cuadro 5.2, en posiciones en las que la elasticidad precio de la demanda es menor que la unidad, de forma que el ingreso total se elevaría si el precio aumentase. Este hecho puede explicar por qué a los agricultores, en algunas circunstancias, les puede resultar conveniente destruir parte de sus cosechas, para de esta forma elevar los precios y también sus ingresos totales.

4. LA ELASTICIDAD DE LA OFERTA

La elasticidad precio de la oferta nos dice cómo responden los mercados a los cambios de la renta o de cualquier otro factor que desplace la curva de demanda.

• **La elasticidad precio de la oferta es la variación porcentual experimentada por la cantidad ofrecida de un bien cuando varía su precio en 1 %, manteniéndose contantes los demás factores que afectan a la cantidad ofrecida.**

Dado que la curva de oferta tiene pendiente positiva, la elasticidad de la oferta siempre es positiva. La elasticidad precio de la oferta se calcula como sigue:

$$\text{Elasticidad de la oferta} = \frac{\text{Variación porcentual de la cantidad ofrecida}}{\text{Variación porcentual del precio}}$$

La elasticidad de la oferta y la respuesta del mercado

Dado que la elasticidad de la oferta mide cómo responden los mercados a los cambios de la economía, cuanto más elástica sea la oferta

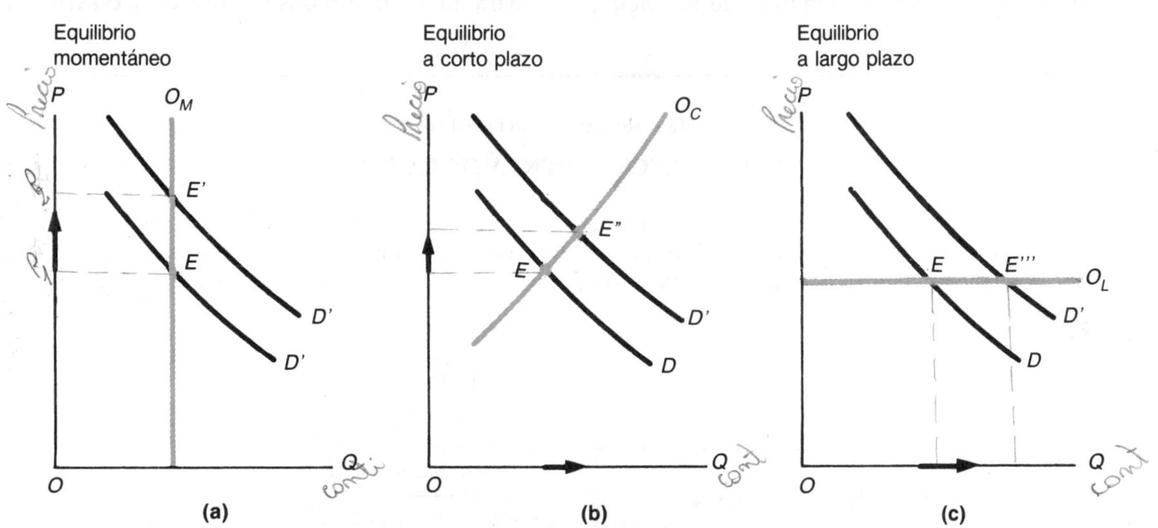

Figura 5.6. Rigidez de la curva de oferta en función del período de tiempo considerado.

El efecto que produce el aumento de la demanda en el precio varía según el período de tiempo considerado, lo cual implicará una determinada elasticidad en la curva de oferta. Distinguimos tres períodos:

(a) No hay tiempo para realizar ajuste alguno ante la presión de la demanda y todo el efecto se traduce en precios.
(b) Hay tiempo para realizar ciertos ajustes en los factores variables, obteniéndose un equilibrio a corto plazo.
(c) Hay tiempo para realizar todos los ajustes necesarios y el equilibrio es a largo plazo.

Resulta, pues, que cuanto mayor es el período de ajuste, mayor es la elasticidad de la oferta y menor el aumento del precio.

más fácil resultará a los vendedores incrementar la producción ante el aumento del precio. La elasticidad de la oferta es cero cuando la curva de la oferta es vertical (Figura 5.6*a*). La cantidad ofrecida no aumenta, independientemente de cómo varíe el precio. Por otro lado, la elasticidad de la oferta es infinita cuando la curva de oferta es horizontal (Figura 5.6*c*).

La elasticidad de la oferta depende de la capacidad de reacción de los productores ante alteraciones en el precio. Esta capacidad de reacción vendrá condicionada por las características del proceso productivo en cuestión, y en particular por la necesidad o no de emplear factores específicos para la producción del bien y del plazo de tiempo considerado.

Este último factor condiciona de forma determinante la elasticidad de la oferta. Para evidenciar la influencia del tiempo en la elasticidad, supongamos que la demanda de un bien aumenta; en el muy corto plazo la oferta será totalmente rígida o inelástica, pues la producción exige un tiempo y las existencias normales disponibles se agotarán rápidamente. Por ello el desplazamiento de la demanda se traducirá completamente en aumento del precio (Figura 5.6*a*).

Sin embargo, si la demanda sigue presionando los precios al alza, la oferta empezará a reaccionar y se incrementará la cantidad ofrecida en respuesta al aumento del precio. Así, a medio plazo la oferta se hará más elástica al aumentar el número de algunos factores empleados en la producción del bien en cuestión, por lo que los efectos de un desplazamiento de la demanda serán: aumento del precio y de la cantidad producida.

Si la demanda se mantiene, ésta no será la situación definitiva, pues se requiere más tiempo para que se den todos los ajustes necesarios

Nota complementaria 5.4

ELASTICIDADES PRECIO Y RENTA DE LA DEMANDA

El cálculo de elasticidades permite conocer la respuesta que la demanda de un determinado bien dará ante variaciones en el precio del mismo o en la renta. A continuación se detallan valores de elasticidades de demanda estimados para el conjunto de alimentos en Argentina y algunos componentes de dicho rubro.

ESTIMACIONES DE ELASTICIDADES PRECIO Y RENTA PARA DISTINTOS BIENES CON DATOS DE LA ECONOMIA ARGENTINA

Bienes	Elasticidades	
	Precio	Renta
Alimentos	0,35	0,53
Carne vacuna	0,30/0,48	0,20/0,44
Leche	0,23/0,35	0,19/0,35
Papa	0,16	0,08

FUENTE: Luis N. Lanteri: «Estimaciones de demanda doméstica de productos agropecuarios». En V. A. Beker (comp.), *Microeconomía Aplicada*. Editorial de Belgrano, 1992.

en respuesta a la elevación del precio. A largo plazo, la oferta puede hacerse completamente elástica, pues es posible disponer de todos los factores necesarios para producir más. En este caso, el efecto del desplazamiento sería un ligero aumento del precio y un incremento significativo de la cantidad ofrecida en el mercado.

RESUMEN

• La Microeconomía explica el comportamiento de los agentes económicos en los mercados individuales y la formación de los precios relativos de dichos mercados. Asimismo, explica el medio por el que se resuelven las disputas derivadas de intereses opuestos. El análisis conjunto de los mercados es el que da coherencia a los intereses en conflicto.

• La complejidad del análisis conjunto de los mercados aconseja limitar el estudio a ciertas parcelas suponiendo como constantes los valores de las demás variables. Este procedimiento es el propio del *análisis parcial* y es el que normalmente seguiremos.

• La *elasticidad precio de la demanda* mide el grado en que la cantidad demandada responde a las variaciones del precio de mercado. En este sentido cabe afirmar que una función de demanda es rígida, de elasticidad unitaria y elástica, según que una variación porcentual del precio produzca una variación porcentual de la cantidad demandada menor, igual o mayor que aquélla. Conociendo la elasticidad precio de la demanda de un bien podremos saber en qué sentido variará el ingreso, cuando lo haga el precio.

• Entre los factores que determinan el valor de la elasticidad precio de la demanda, cabe destacar los siguientes:

1. naturaleza de las necesidades que satisface el bien;
2. disponibilidad de bienes que puedan sustituir al bien en cuestión;
3. porción de renta gastada en el bien, y
4. período de tiempo considerado.

• La *elasticidad cruzada* de la demanda mide la sensibilidad de la cantidad demandada de un bien a las variaciones de los precios de los bienes relacionados con él. Cuando su valor es positivo se trata de *bienes sustitutivos* y, si es negativo, los *bienes* serán *complementarios.*

• La *elasticidad renta* de la demanda mide la respuesta de la demanda a los cambios de la renta. Los *bienes normales* son aquellos cuya elasticidad renta es positiva, mientras que los *bienes inferiores* tienen una elasticidad renta negativa. Según que la elasticidad renta sea mayor o menor que la unidad, los bienes se consideran como *de lujo* o de *primera necesidad.*

• La *elasticidad de la oferta* mide la capacidad de reacción de los productores ante alteraciones en el precio, y se mide como la variación porcentual de la cantidad ofrecida en respuesta a la variación porcentual del precio. Los valores dependen de la característica del proceso productivo, de la necesidad o no de emplear factores específicos para la producción del bien y del plazo de tiempo considerado.

CONCEPTOS BASICOS

— Microeconomía y Macroeconomía.
— Precios relativos.
— Interés individual.
— Comportamiento racional.
— Análisis parcial.
— Elasticidad precio de la demanda.
— Ingreso total.
— Elasticidad arco de la demanda.
— Elasticidad cruzada de la demanda.
— Elasticidad renta de la demanda.
— Elasticidad de la oferta.
— Precios máximos y mínimos (*).
— La telaraña dinámica (*).

TEMAS DE DISCUSION

1. ¿Por qué no se define la elasticidad precio de una curva de demanda simplemente como la inclinación de la curva?

2. Enumere varios artículos que usted cree que tienen una elasticidad precio de la demanda elevada.

3. ¿Qué efecto producirá el aumento del precio de un bien en el ingreso total si la demanda es elástica? ¿Y si es inelástica?

4. Si un aumento en el precio de 10 unidades monetarias (u.m.) a 20 u.m. reduce la cantidad demandada de 600 a 400 unidades, calcule la elasticidad precio de la demanda.

5. ¿Cuáles de los siguientes pares de productos considera usted que son sustitutivos y cuáles considera que son complementarios?:

- Pan y mantequilla.
- Pan y galletas.
- Café y azúcar.
- Café y té.

(*) Véase Apéndice a este capítulo.

6. Para los pares de productos antes citados, ¿qué opina usted sobre la elasticidad cruzada de la demanda:

- Será positiva o negativa.
- Tendrá un valor elevado o pequeño?

7. Si el precio de un bien aumenta en un 2 % haciendo que la cantidad demandada se reduzca en un 4 %, la demanda es elástica. ¿Cómo sería la función de demanda si la cantidad demandada se redujese únicamente en un 1 %?

8. Justifique por qué la porción de renta gastada en los bienes de primera necesidad se reduce cuando aumenta la renta.

9. Explique en qué sentido la elasticidad de la oferta ayuda a determinar la respuesta del precio y la cantidad a un desplazamiento de la demanda.

10. ¿Por qué en la mayoría de los países los gastos en sanidad han aumentado de forma acusada durante los últimos años?

11. Cuando se establece un impuesto por unidad de producto vendido, ¿de qué depende que la proporción a pagar por el comprador sea mayor o menor? (Véase Nota complementaria 4.4.)

12. Explique las consecuencias de la implantación de precios mínimos o máximos sobre los mercados. Compare las situaciones resultantes con las que se alcanzarían en el caso de que se dejase actuar libremente a la oferta y a la demanda (*).

APENDICE:
Aplicaciones del análisis de la oferta y de la demanda

1. El caso de la agricultura

Los dos problemas tradicionales de la agricultura son la inestabilidad de los precios agrícolas y su tendencia a disminuir respecto a los precios de otros bienes. Por ello, en los mercados agrícolas se ha intervenido frecuentemente tratando de mantener las rentas de la agricultura.

El problema de la inestabilidad de los precios agrícolas se debe a que tanto la curva de la oferta como la de la demanda, pero especialmente esta última, suelen ser relativamente rígidas, por lo que ante pequeñas variaciones en las cosechas o en la demanda se producen fuertes alteraciones en los precios. Además, al ser la demanda de muchos productos agrícolas inelástica, cuanto mayor sea la cosecha menor será el ingreso total de los agricultores. Esto es, el paso de la posición E_1 a la E_2 lleva consigo una reducción en la renta de los agricultores (Figura 5.A.1). Este

(*) Véase Apéndice a este capítulo.

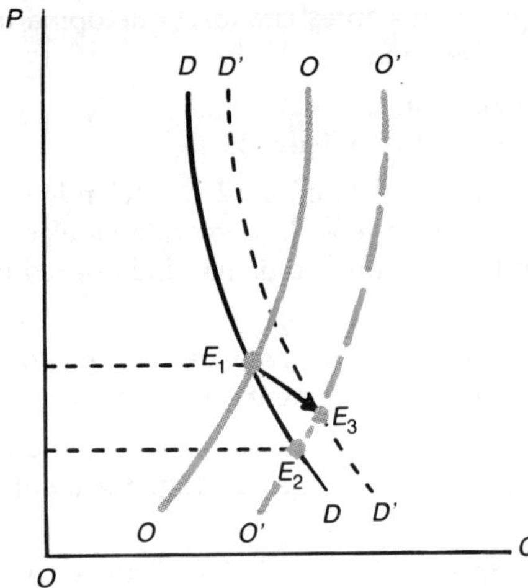

Figura 5.A.1. Desplazamiento mayor en la oferta y caída del precio.

La reducida elasticidad de la demanda de muchos productos agrícolas ocasiona caídas en el ingreso de los agricultores cuando se producen grandes cosechas. Además, históricamente ha tenido lugar un aumento relativamente mayor en la oferta (mejoras en la productividad derivadas del progreso tecnológico) que ha originado una tendencia descendente de los precios.

hecho explica la iniciativa seguida frecuentemente por los agricultores, que consiste en restringir artificialmente la producción, recurriendo por ejemplo a la destrucción de sus propias cosechas, en un intento por volver a situarse en una situación próxima a la E_1.

El segundo problema que plantean los precios en la agricultura es el de la tendencia a disminuir a largo plazo y se debe a que, si bien en los mercados agrícolas se han producido desplazamientos de las curvas de demanda a causa de los aumentos en la población y en las rentas, las curvas de oferta también han experimentado desplazamientos, debido básicamente a mejoras tecnológicas que han motivado aumentos en la productividad. El efecto combinado de estos dos fenómenos se ha concretado en una presión a la baja de los precios agrícolas. Por ello, la tendencia que tradicionalmente ha caracterizado a la agricultura ha sido la recogida en la Figura 5.A.1, esto es, el aumento relativamente más fuerte de la oferta que de la demanda, lo que ha ocasionado la disminución de los precios. En términos gráficos este fenómeno se refleja en desplazamientos hacia la derecha de la curva de demanda y de oferta, habiéndose desplazado en mayor medida la oferta.

Los hechos apuntados han justificado la intervención del Estado en el sector agrícola. Esta se ha realizado básicamente mediante cinco formas de apoyo:

1. Donaciones incondicionales a los agricultores.
2. Aumento artificial de la demanda de bienes agrícolas por parte del Estado.
3. Restricción de las cosechas.
4. Compra por el Estado de los excedentes agrícolas a precios elevados.
5. Subsidios sobre los precios de producción.

Nota complementaria 5.A.1

EVOLUCION DE LOS PRECIOS RELATIVOS EN EL SECTOR AGRARIO

Tal como se indica en el texto, la agricultura se suele caracterizar porque los precios percibidos por los agricultores presentan una evolución que en términos relativos hay que calificar como negativa. La información contenida en el gráfico parece confirmar lo señalado en el texto, en el sentido que los precios promedio de las exportaciones agropecuarias argentinas muestran un sostenido deterioro durante la década de los ochenta, más aún en comparación con el precio promedio de los productos importados por Argentina.

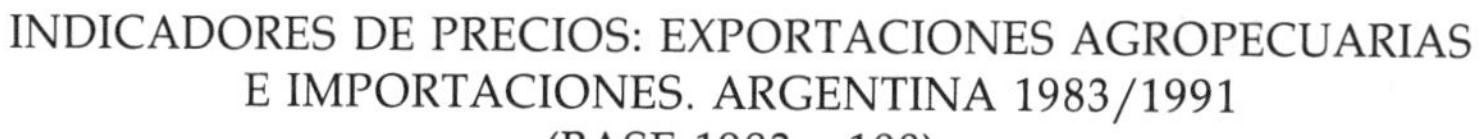

INDICADORES DE PRECIOS: EXPORTACIONES AGROPECUARIAS
E IMPORTACIONES. ARGENTINA 1983/1991

(BASE 1983 = 100)

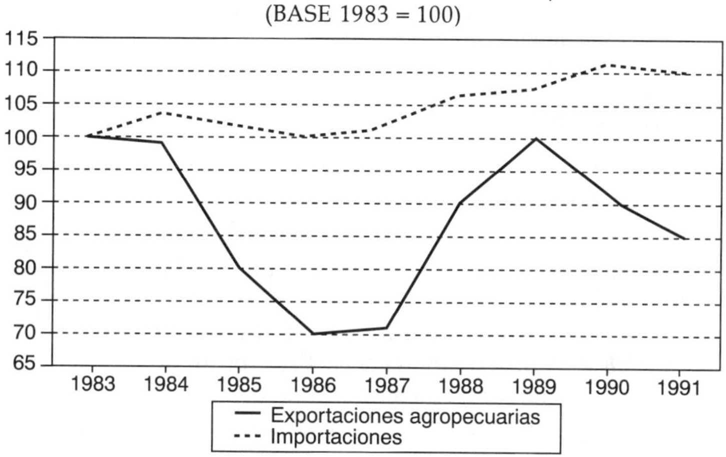

FUENTE: CEPAL.

De estas formas de ayuda, las tres últimas tienen un contenido teórico que conviene explorar. La tercera de las posibilidades apuntadas, esto es, cuando se retringe la cantidad producida, por medio de limitaciones en el uso de la tierra, el resultado es reducir la oferta, aumentar el precio del bien agrícola y, dada la baja elasticidad de la demanda, elevar los ingresos de los agricultores.

La cuarta forma de intervención consiste en fijar un precio de apoyo mayor al que se determinaría en equilibrio, dejar que la demanda privada absorba las cantidades deseadas a dicho precio de apoyo y comprar el excedente resultante a los agricultores también al precio de apoyo. En este caso, el Estado debe hacerse cargo de los excedentes, y administrarlos, lo cual supone un esfuerzo adicional. El gobierno los almacenará en espera de cosechas peores o tratará de venderlos en el mercado internacional a precios inferiores.

Finalmente, cabe la posibilidad de fijar un precio de sostenimiento por parte del Estado, dejar que la demanda privada determine el precio de equilibrio necesario para adquirir toda la cantidad ofrecida por los agri-

Nota complementaria 5.A.2

LA INTERVENCION EN LOS MERCADOS Y LOS EXCEDENTES

La Política Agrícola Común (PAC) implementada por los países de la Comunidad Económica Europea (CEE) a comienzos de los años sesenta debió hacer frente a una realidad de precios internos que superaban a los internacionales.

A través de los prelievos —tarifa móvil— a la importación se aisló el mercado interno del internacional. Esta política proteccionista de la agricultura europea determinó que Europa pasara de importador neto a exportador neto de productos agropecuarios. En efecto, una consecuencia de dicha política fue el aumento constante de la producción, a una tasa del 2 % anual en la década del ochenta, mientras la demanda lo hacía a razón de tan solo un 0,5 %. Así se generaron montañas de excedentes que, en parte, fueron exportados a precios subsidiados, con el consiguiente perjuicio para los exportadores tradicionales como Argentina.

A comienzos de 1992 se anunció un cambio profundo en la PAC consistente en una gradual reducción de los precios internos de los cereales con vistas a lograr su convergencia con los del mercado internacional y en estímulos a la reducción de la producción. El objetivo es disminuir la enorme masa monetaria que la CEE dedica a subsidiar las exportaciones cerealeras.

cultores y, finalmente, cubrir la diferencia entre el precio de sostenimiento y el obtenido en el mercado. El Estado tendrá que pagar esta diferencia a los agricultores por cada unidad producida, pero no tendrá que adquirir *stock* alguno de mercancía. Esta forma de intervención no hace que los consumidores paguen directamente un mayor precio por los bienes agrícolas que compran pero, al igual que la anterior, no impide que se produzcan ineficiencias en la asignación de recursos.

Tampoco aparecen excedentes, ya que el precio de venta en el mercado es el de equilibrio. Pero este precio es inferior al precio que reciben los agricultores en la cuantía de la subvención establecida (Figura 5.A.2).

2. Precios máximos y mínimos

No todas las perturbaciones del equilibrio del mercado se traducen en desplazamientos de las curvas. La mayoría de las economías están plagadas de fallas procedentes de intervenciones inexpertas, aunque bien intencionadas, en el mecanismo de oferta y demanda. Concretamente, la imposición de un precio máximo a un bien puede impedir que el mercado alcance el precio de equilibrio (Figura 5.A.3*a*). El límite máximo del precio que se determina por razones sociales o de justicia distributiva, etc., provoca la aparición de un exceso de demanda y la necesidad de racionar la oferta existente a ese precio. Al estar bloqueado el mecanismo de precios serán consideraciones no monetarias las que determinen quiénes serán los compradores. Existen varios sistemas de racionamiento para sustituir al mecanismo de precios al que se impide funcionar con la legislación de precios máximos. El reparto de cupones de racionamiento es una solu-

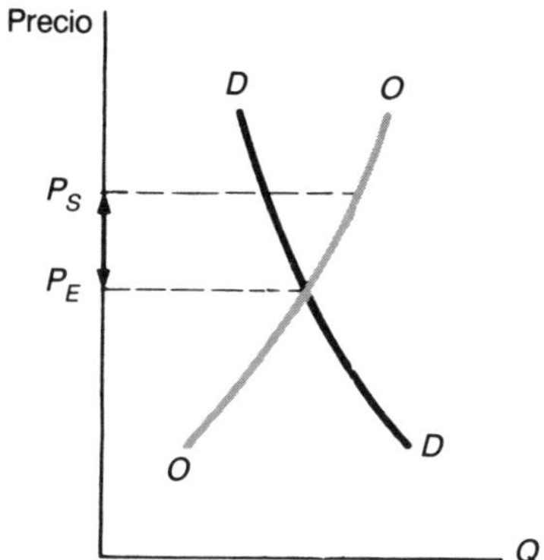

Figura 5.A.2. Precio subvencionado.

El Estado deja que el mercado actúe libremente, pero la diferencia entre el precio de sostenimiento asegurado a los agricultores (P_S) y el precio de equilibrio de mercado (P_E) debe soportarla, pagándosela a aquéllos. Se logra así que los consumidores no sufran un precio de apoyo y se evita gestionar los excedentes que éste generaría.

ción que sólo funciona si los consumidores no deciden venderse unos a otros los cupones, en cuyo caso acabaría apareciendo una especie de mercado negro.

La imposición de un precio mínimo, por el contrario, garantizaría que el precio no descendiese por debajo de un cierto nivel, lo cual ocurriría de no existir tal legislación. En este caso, el tope mínimo de precios estaría por encima del nivel de equilibrio del mismo y aparecería un exceso de oferta. Al no poder descender el precio se acumularían excedentes del bien y ello provocaría una mala asignación de los recursos, al menos a corto plazo (Figura 5.A.3*a*).

En resumen, las interferencias en los precios por parte de la legislación de precios máximos o mínimos tiende a reducir la eficiencia en la asignación de los recursos en relación a la que se alcanzaría por el libre juego de la oferta y la demanda. De nuevo, es necesario insistir en que la eficiencia del libre mercado no significa equidad o justicia en la distribución del producto entre los agentes económicos.

3. Una telaraña dinámica

El análisis de demanda y oferta que hemos estudiado hasta ahora es claramente un mecanismo estático, no proporciona explicación de cómo se comportan la producción y el consumo a lo largo del tiempo. Ello se debe, en parte, a que hemos «congelado» todos los factores que afectan a la demanda y oferta bajo la condición «ceteris paribus», con la excepción del precio del bien considerado. Además, hemos supuesto que la cantidad demandada (u ofrecida) en un período de tiempo determinado depende del precio que se observe en ese período. Esta parece una simplificación razonable para la función de demanda, pero no lo es tanto en el caso de la función de oferta, particularmente en el caso de bienes que han de estar en el mercado antes de que el precio se determine. En la produc-

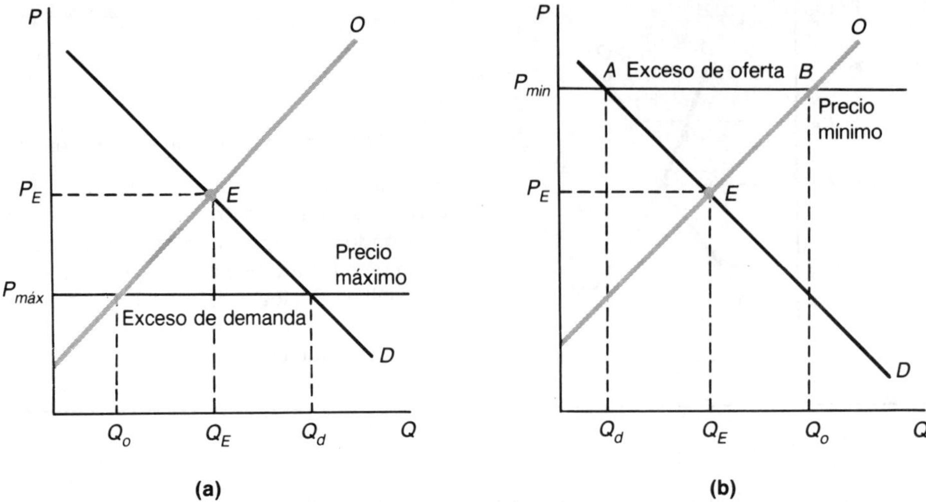

Figura 5.A.3. Precio máximo y precio mínimo.

La fijación de un precio máximo en un mercado no permite a ningún vendedor cobrar más que éste y, en consecuencia, la cantidad demandada superará a la ofrecida. El exceso de demanda implica la necesidad de racionar la cantidad existente de alguna forma.

La fijación de un precio mínimo en un mercado genera un exceso de oferta, con lo que aparecerá un excedente.

---

ción de bienes agrícolas sucede esto último y cabe pensar que las decisiones de producción y oferta no se tomen tanto en función del precio presente como atendiendo al precio del período (o períodos) anterior. Si aceptamos este retraso, la función de oferta de un bien agrícola nos dirá cuál es la cantidad que se desea ofrecer «hoy», al precio que dicho bien alcanzó «ayer» en el mercado (hoy y ayer hacen referencia, obviamente, al presente y al pasado). Por su parte, la demanda seguirá reflejando la relación entre cantidades demandadas hoy al precio de hoy.

En un mercado de estas características es posible la existencia de un equilibrio, período tras período, mientras no se alteren los factores que incluimos en la condición «ceteris paribus». En el gráfico, el punto de equilibrio (periodo tras período) sería el (P_e, Q_e), pues a pesar del desfase existente en la oferta, el precio del período anterior generaría una cantidad ofrecida, que llevada al mercado produciría de nuevo un precio en el que la cantidad demandada igualaría la cantidad ofrecida. Pero si se produce una variación exógena en la demanda o en la oferta, esta situación de equilibrio se rompe, poniéndose en marcha un proceso de ajustes que puede llevar a un nuevo equilibrio o puede alejar el mercado de él.

Supongamos que, inicialmente, el mercado se encuentra en equilibrio al nivel (P_e, Q_e), pero que en un momento del tiempo 1, un revés climatológico reduce la producción agrícola (que al precio P_e estaba prevista en Q_e) al nivel Q_1, Figura 5.A.4*a*. En este período 1, la oferta fija Q_1 igualará a la demanda al precio P_1 y el equilibrio en el momento 1 será (P_1, Q_1). Pero el precio P_1 que guía las decisiones de producción en el período siguiente, 2, motivará la aparición de una cantidad ofrecida igual a Q_2. Ahora la cantidad fija, Q_2, igualará a la demanda si el precio de equilibrio es P_2. El equilibrio en el período 2 se determinará, por tanto, a un precio P_2 y una cantidad Q_2. De nuevo P_2 determina la cantidad ofrecida en el período 3, Q_3, y de nuevo se alcanzará un equilibrio diferente. Este proceso, en la figura considerada, tiende a reducir las oscilaciones de precios y cantidades a medida que transcurre el tiempo, por lo que decimos que existe una convergencia hacia el equilibrio estático (P_e, Q_e).

Si la posición de las funciones de oferta y demanda fuera diferente, concretamente si la función de demanda es más vertical que la de oferta,

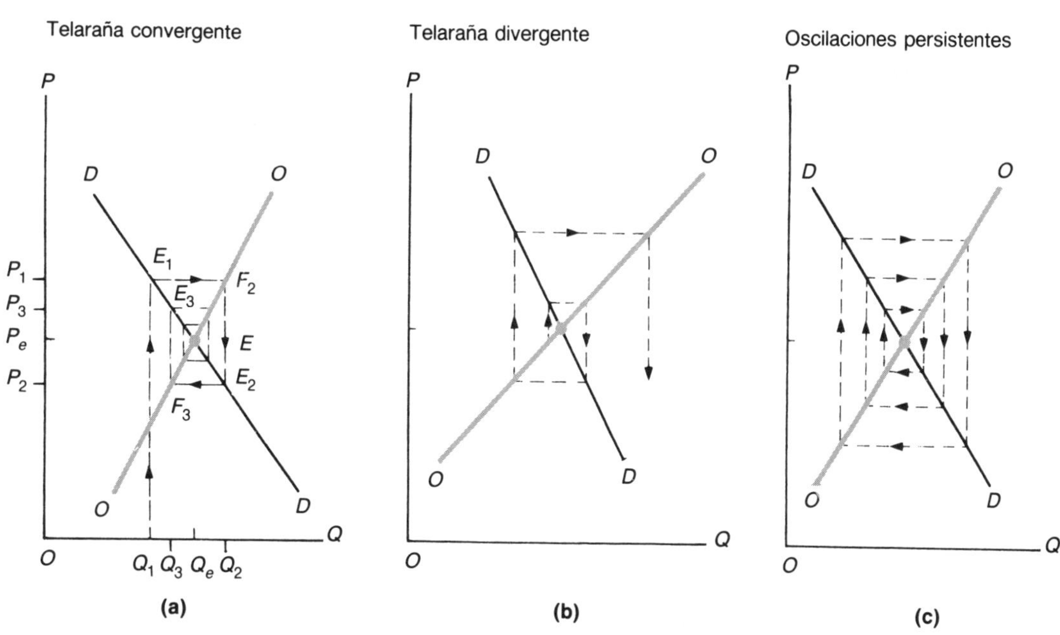

Figura 5.A.4. Modelo de la telaraña dinámica.

(a) *Telaraña convergente.* La dinamicidad introducida se observa en que se determina la cantidad a ofrecer en el siguiente período para cada uno de los precios de éste. Los sucesivos desplazamientos nos hacen converger hasta llegar al punto de equilibrio.

(b) *Telaraña divergente.* La oscilación amortiguada hacia el punto de equilibrio en la figura anterior se debía a que el valor absoluto de la pendiente de la curva de oferta era mayor que el de la demanda. Cuando ocurre lo contrario, la telaraña observa trayectorias explosivas o divergentes, es decir, se aleja del precio de equilibrio.

(c) *Telaraña oscilante no amortiguada.* La oscilación es persistente, debido a la igualdad en los valores absolutos de las pendientes de las dos curvas.

el proceso podría habernos alejado cada vez más de dicho equilibrio, haciéndose las oscilaciones de precios y cantidades más violentas a medida que transcurre el tiempo (Figura 5.A.4*b*). Un comportamiento explosivo como el descrito puede llegar a observarse en algunos mercados agrícolas en los que existen muchos pequeños productores, donde por su desconexión, e incluso miopía, no se llega a percibir el efecto de las oscilaciones de precios sobre las rentas e ingresos agrícolas. Cuando las pendientes de las curvas de demanda y de oferta son iguales en valor absoluto, se obtiene un comportamiento oscilatorio, como el recogido en la Figura 5.A.4*c*.

CAPITULO 6

La teoría de la utilidad y de la demanda

INTRODUCCION

El planteamiento del problema de cómo adoptan los consumidores sus decisiones, esto es, de cómo eligen lo que van a consumir, requiere considerar los objetos de la elección. Estos vienen configurados por los bienes y servicios susceptibles de proporcionar directa o indirectamente «satisfacción» a los consumidores. Conviene destacar en cualquier caso que el consumo es un flujo que debe referirse a un período temporal determinado, pues no es lo mismo, desde luego, consumir una comida al día que a la hora o al mes. Teniendo esto siempre presente, daremos por entendido que el horizonte temporal es el adecuado al tipo de consumo de que se trate.

Asimismo, hay que introducir en el análisis dos elementos más, las preferencias de los consumidores y la restricción presupuestaria a la que se enfrentan a la hora de llevar a cabo sus planes de consumo. Precisamente a estos temas es a lo que se dedica el presente capítulo. En cualquier caso conviene señalar que el análisis del comportamiento del consumidor se realiza bajo dos enfoques distintos: el de la utilidad cardinal y el de la utilidad ordinal. El segundo es algo más complejo y aquellos lectores que estén menos interesados en él no están obligados a seguirlo, ya que en ambos casos se ofrece una justificación teórica de la curva de demanda que, en definitiva, es el objeto fundamental del capítulo.

De todos modos, la exposición que se presenta en el texto de este segundo enfoque se centra en el análisis de los efectos renta y sustitución, dejando para el Apéndice de este capítulo un tratamiento más detallado, basado en las curvas de indiferencia y en la restricción presupuestaria.

1. LA UTILIDAD TOTAL Y LA UTILIDAD MARGINAL

Todos los individuos realizamos diariamente multitud de decisiones de consumo: ¿Cogemos un autobús o un taxi? ¿Desayunamos café o té? ¿Compramos un ordenador personal o nos conformamos con una calculadora? Al estudiar la conducta de los consumidores lo que pretendemos es entender los principios que orientan a los individuos cuando demandan bienes y servicios.

Para explicar el comportamiento de los consumidores podemos aceptar como punto de partida que los individuos tienden a elegir aquellos bienes y servicios que valoran más, esto es, aquellos que les reportan una mayor *utilidad* o *satisfacción.*

• **La *utilidad* es el sentimiento subjetivo de placer o satisfacción que una persona experimenta como consecuencia de consumir un bien o un servicio.**

Utilidad, ¿magnitud medible?

Desde una perspectiva histórica el concepto de utilidad empleado era el de *utilidad cardinal,* esto es, el de utilidad como una magnitud medible. Si la utilidad se supone mensurable se podrán hacer afirmaciones del siguiente orden: la utilidad que obtengo al tomarme un helado de fresa es el doble de la que me reporta un helado de coco. Para analizar las decisiones del consumidor, empecemos por describir la relación que existe entre las cantidades consumidas de un bien y la utilidad que proporcionan. Parece lógico suponer, y la experiencia así lo sugiere, que, a medida que aumenta la cantidad consumida de un bien, digamos leche, aumenta la satisfacción o *utilidad total* proporcionada por dicha cantidad. Así, en el Cuadro 6.1 y en la Figura 6.1*a* se observa que conforme aumenta la cantidad consumida, esto es, el número de litros de leche consumidos a la semana, aumenta la utilidad total.

La utilidad marginal decreciente

Cuando aumenta la cantidad consumida de leche en un litro obtenemos un aumento de utilidad total, que denominamos *utilidad marginal.*

• **La *utilidad marginal* de un bien es el aumento de la utilidad total que reporta el consumo de una unidad adicional de ese bien.**

Cuadro 6.1. Utilidad total y marginal derivada del consumo de leche

(1) Cantidad consumida de leche a la semana (litros)	(2) Utilidad total (útiles)	(3) Utilidad marginal (*) (útiles)
0	0	
		100
1	100	
		80
2	180	
		60
3	240	
		40
4	280	
		20
5	300	

(*) La utilidad marginal aparece entre las otras dos filas para reflejar el hecho de que la utilidad marginal se deriva de la adquisición de una unidad adicional.

Por lo que respecta a la evolución de la utilidad, supongamos que, a medida que aumenta la cantidad consumida de un bien, el incremento de utilidad total que proporciona la última unidad es cada vez menor. En términos gráficos esto se refleja en dos hechos: por un lado en que la curva de utilidad total, si bien crece, lo hace a un ritmo decreciente (Figura 6.1*a*) y, por otro, en que la utilidad marginal es decreciente (Figura 6.1*b*).

La justificación de la forma de las curvas recogidas en las Figuras 6.1*a* y 6.1*b* descansa en los valores del Cuadro 6.1, que reflejan la evolución de la utilidad total y marginal, columnas (2) y (3) respectivamente, derivadas del consumo de distintas cantidades de leche. Como se recoge en el Cuadro 6.1 el consumo del primer litro de leche a la semana reporta al consumidor 100 unidades de utilidad, que podíamos denominar «útiles», el segundo 80 «útiles», el tercero 60 «útiles», y así sucesivamente. El hecho de que la utilidad marginal disminuya conforme aumenta la cantidad consumida de un bien es lo que se conoce como la *ley de la utilidad marginal decreciente,* que gráficamente se representa en la Figura 6.1*b*, y refleja la idea natural de que cuanto más consumimos de un bien, menos satisfacción adicional reporta cada nueva unidad del mismo.

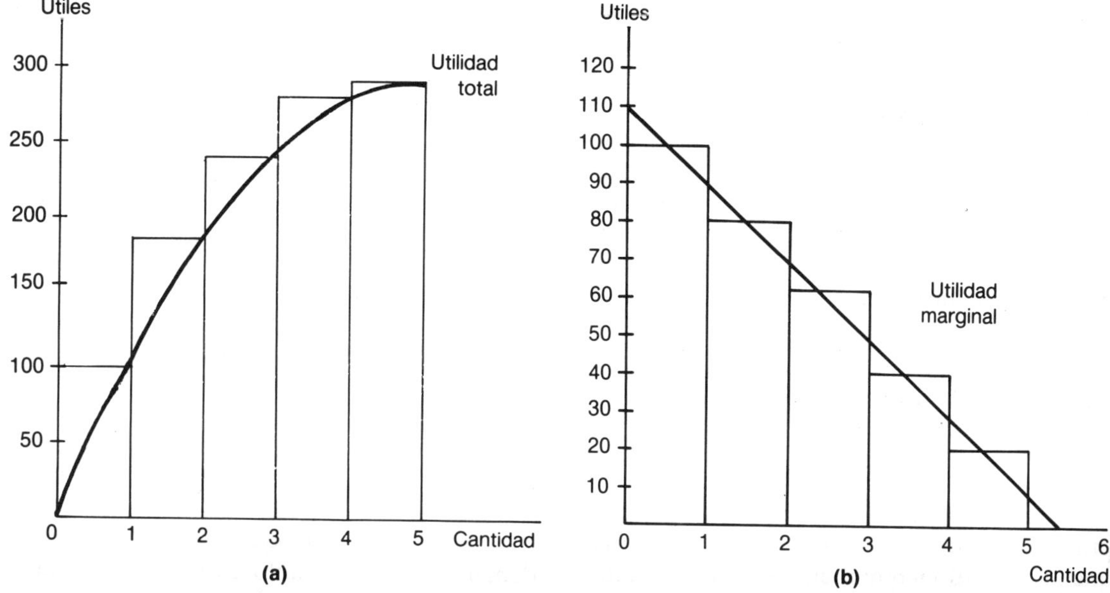

Figura 6.1. Utilidad total y marginal.

Aunque la utilidad total aumenta con el consumo (Figura *a*), los valores del Cuadro 6.1 muestran que lo hace a un ritmo decreciente. Esto demuestra que la utilidad marginal decrece conforme aumenta la cantidad consumida del bien (Figura *b*).

• **La** ***ley de la utilidad marginal decreciente*** **establece que a medida que aumenta la cantidad consumida de un bien, la utilidad marginal de ese bien tiende a disminuir.**

Estas leyes sobre la utilidad o satisfacción que le reporta al individuo el consumo de bienes o servicios son fruto del método introspectivo, al analizar las propias reacciones psicológicas ante el aumento del consumo.

Aunque las preferencias de los individuos por la mayoría de los bienes parecen coherentes con el principio de la utilidad marginal decreciente, puede ocurrir que, en ocasiones, esto no sea así. Por ejemplo, en el caso de un coleccionista cabe esperar que al aumentar la cantidad de un determinado bien aumente su utilidad marginal. Estos casos, sin embargo, se consideran como anormales.

Asimismo, cabe señalar que, si bien la utilidad marginal por lo general disminuye conforme se incrementa el número de unidades consumidas, en determinadas circunstancias puede que con las primeras unidades la utilidad marginal aumente. Así, por ejemplo, si se consume una cantidad de una determinada fruta que se desconocía es probable que la segunda o tercera unidad produzcan una mayor satisfacción que la primera, pero indiscutiblemente a partir de un cierto momento el individuo empezará a sentirse saciado y la utilidad disminuirá.

El equilibrio del consumidor

Una vez analizada la ley de la utilidad marginal decreciente y justificado, desde el punto de vista psicológico, que a medida que aumenta la cantidad consumida de un bien o servicio la utilidad marginal de la última unidad consumida tiende a disminuir, podemos preguntarnos por el papel jugado por el concepto de utilidad marginal en el proceso de maximización de la satisfacción o utilidad del consumidor.

En este sentido se deben tener en cuenta dos hechos: en primer lugar que el consumidor cuenta con una renta limitada, que debe asignar entre el consumo de muchos bienes, y en segundo lugar que la satisfacción que le reportan al consumidor los distintos bienes es muy diferente, ya que depende de las preferencias o gustos de éste.

La igualdad de las utilidades marginales por peseta gastada

El consumidor que pretende maximizar la satisfacción o utilidad que le producen las compras de los distintos bienes no debe esperar que la utilidad marginal que le reporte el último kilo de patatas consumido sea la misma que la utilidad marginal que le proporciona el último kilo de naranjas, ya que el precio de las naranjas es más elevado que el precio de patatas. Si el precio de las naranjas es tres veces el de las patatas, lo razonable será comprar naranjas hasta aquel punto en que éstas proporcionen al consumidor el triple de utilidad que las patatas.

El consumidor, si pretende maximizar la satisfacción o utilidad derivada de sus compras, distribuirá su consumo de manera que cada bien le proporcione una utilidad marginal proporcional a su precio. En otras palabras, el consumidor que cuenta con una renta monetaria dada y se enfrenta a unos precios para los distintos bienes que están determinados por el mercado sólo maximizará su utilidad, esto es, sólo se encontrará en equilibrio, si cada bien se demanda hasta el punto en el que la utilidad marginal de la última peseta gastada en él sea

Nota complementaria 6.1

LAS PREFERENCIAS Y LAS COMPRAS DE LOS ARGENTINOS

Tal como se indica en el texto, el problema del consumidor consiste en maximizar la satisfacción que le reporta el consumo de una serie de bienes, dado su nivel de renta y los precios de los distintos bienes.

La información contenida en el cuadro adjunto indica en qué se plasman las preferencias de los consumidores argentinos en lo referente a determinados productos alimenticios.

COMPOSICION DEL GASTO ALIMENTARIO
(en %)

Productos de panadería	8,6
Carnes frescas	19,4
Productos lácteos	6,5
Frutas	6,5
Verduras y legumbres	8,1
Bebidas no alcohólicas	5,2
Bebidas alcohólicas	4,5
Alimentos y bebidas fuera del hogar	12,6
Otros productos	28,6
Total	100,0

FUENTE: *Encuesta de gastos e ingresos de los hogares*. INDEC, 1988.

exactamente igual a la utilidad marginal de la última peseta gastada en cualquier otro bien. Esta condición de equilibrio del consumidor se conoce en la literatura económica como la *ley de igualdad de las utilidades marginales por peseta gastada.*

• **La *ley de la igualdad de las utilidades marginales por peseta gastada* establece que cada bien se demanda hasta el punto en que la utilidad marginal de la última peseta gastada en él es exactamente igual a la utilidad marginal de la última peseta gastada en cualquier otro bien.**

El significado económico de la ley

La justificación económica de esta ley puede establecerse intuitivamente diciendo que si, por ejemplo, en un momento dado un individuo estuviese consumiendo patatas y naranjas, de tal modo que la última peseta gastada en patatas aumentase más la utilidad del individuo que la última peseta gastada en naranjas, éste no estaría adoptando una postura correcta. Si el consumo de naranjas le proporciona al consumidor menos utilidad marginal por peseta gastada que el consumo de patatas, comprará menos cantidad de naranjas, lo que, dado el decrecimiento de la utilidad marginal, hará que la utilidad marginal de la última peseta gastada en naranjas se aproxime al nivel del otro bien, las patatas.

Sólo cuando la utilidad marginal por peseta gastada en patatas y en naranjas es la misma (y en general para todos los bienes y servicios que se demanden), el consumidor obtiene la máxima satisfacción derivada de su limitada renta monetaria. Pero recuérdese que la utilidad marginal de un kilo de patatas, que vale, por ejemplo, 10 ptas. no es igual que la utilidad marginal de un kilo de naranjas, que cuesta 30 ptas., sino que sus utilidades marginales divididas por el precio por unidad, esto es, sus utilidades marginales por cada peseta última, deben ser todas iguales con objeto de que el consumidor alcance una asignación óptima. De esta forma la condición de equilibrio del consumidor puede expresarse como el cociente de las utilidades marginales (*UM*) de los bienes consumidos, que en el ejemplo que estamos considerando son dos, patatas y naranjas, y los precios (*P*) de cada bien:

$$\frac{UM_P}{P_P} = \frac{UM_N}{P_N} \qquad (1)$$

donde con UM_P y UM_N denotamos las utilidades marginales de las patatas y de las naranjas, respectivamente, y P_P y P_N representan los precios de las patatas y de las naranjas.

La ecuación (1) es la forma «compacta» de expresar la ley de la igualdad de las utilidades marginales por peseta gastada. Precisamente la forma de ecuación (1) explica que a esta ley también se le conozca con el nombre de ley de las *utilidades marginales ponderadas,* ya que los precios son los factores que «ponderan» las utilidades marginales y permiten su igualación. De esta expresión se desprende que una combinación de bienes en la que no se cumpla que la utilidad marginal de la última peseta gastada en todos los bienes es la misma no será una combinación de equilibrio y, en consecuencia, no maximizará la utilidad del consumidor.

Así, si un bien determinado generase una utilidad marginal por peseta gastada mayor que el nivel común del resto de los bienes, el consumidor retiraría parte del dinero que destina a los otros bienes y lo gastaría en ese bien. El consumidor actuaría así hasta que la ley del decrecimiento de la utilidad marginal hiciese que la utilidad marginal por peseta gastada en el bien en cuestión fuese igual a la de los demás. Si, por el contrario, resultase que el consumo de algún bien generase una utilidad marginal por peseta gastada menor que el nivel común, el consumidor reduciría el consumo de este bien hasta que la utilidad marginal de la última peseta gastada hubiese aumentado y se situase en el nivel común del resto de los bienes.

La ley de las utilidades marginales ponderadas y la curva de demanda

La utilidad marginal común por peseta de todos los bienes en la situación de equilibrio del consumidor se denomina *utilidad marginal de la renta*. Esta mide la utilidad adicional que obtendría el consumidor si disfrutase del consumo que permite una peseta adicional de renta. Utilizando este concepto la ecuación (1) podemos generalizarla y expresarla como sigue:

$$\frac{UM_P}{P_p} = \frac{UM_N}{P_N} = \dots = \textbf{UM por pta. de renta} \qquad (2)$$

Veamos cómo la ley de las utilidades marginales ponderadas permite justificar la pendiente negativa de la curva de demanda. Suponiendo que la utilidad marginal de la renta permanece constante, resulta que si por ejemplo el precio de las patatas aumenta y si la cantidad consumida no se altera, la razón UM_p/P_p será inferior a las utilidades marginales ponderadas de los demás bienes. En consecuencia, el consumidor reajustará el consumo de patatas. En particular reducirá su consumo, de forma que la UM_p aumentará hasta que, al «nuevo» nivel de consumo, la «nueva» utilidad marginal de la última peseta gastada en pata-

Nota complementaria 6.2

DIFERENCIAS INTERNACIONALES EN LOS PATRONES DE GASTO

La estructura de gasto de las familias presenta notables diferencias entre los distintos países. En algunos casos estas diferencias tienen su origen en el distinto nivel de renta de los individuos y otras en los gustos o preferencias. Por lo que respecta a las diferencias en el nivel de renta y concentrándonos en el gasto en alimentación, resulta lógico pensar que, dado que los alimentos son en general bienes de «primera necesidad», los países con niveles de renta más bajos serán los que presenten unos porcentajes más elevados de gastos en alimentación. La información contenida en el cuadro adjunto confirma esta hipótesis.

GASTO EN ALIMENTACION DE ALGUNOS PAISES
(Porcentaje sobre el total del gasto)

País	%
Bélgica	18
Luxemburgo	18
Dinamarca	17
Francia	17
RFA	21
Grecia	37
Argentina	**38**
Italia	27
Holanda	15
Reino Unido	13
Portugal	31
España	24

FUENTE: *Estadísticas nacionales,* ICEX y *Encuesta de Gastos e Ingresos de los Hogares,* INDEC, 1988.

tas sea otra vez igual a la utilidad marginal por peseta gastada en los demás bienes.

- **Cuando el precio de un bien aumenta, la cantidad óptima demandada por el consumidor se reducirá y, en consecuencia, la curva de demanda tendrá inclinación negativa.**

Debe destacarse que el único supuesto que hemos introducido respecto al comportamiento de los consumidores es que éstos actúan de forma consistente a la hora de formular sus gustos y tomar decisiones. Los consumidores pueden tomar la mayoría de sus decisiones de forma rutinaria pero, sin embargo, se supone que no actúan de forma imprevisible e incurriendo en errores persistentes de valoración.

Siempre que un número suficiente de consumidores actúen de forma consistente, sin incurrir en cambios erráticos de comportamiento, la teoría que hemos ofrecido sobre el comportamiento del consumidor ofrecerá una aproximación aceptable a los hechos.

2. LA CURVA DE DEMANDA A PARTIR DEL EFECTO RENTA Y DEL EFECTO SUSTITUCION

La teoría de la utilidad medible o cardinal y en particular el concepto de utilidad marginal ha supuesto una aportación de interés en la historia del pensamiento económico. Su papel instrumental para justificar la pendiente negativa de la curva de demanda ha sido de indudable relevancia. En las últimas décadas, sin embargo, han aparecido otros enfoques alternativos al análisis de la demanda que requieren unos supuestos menos restrictivos. Por un lado, no exigen que la utilidad sea medible cardinalmente y, además, no hacen mención al concepto de utilidad marginal. Uno de estos enfoques es el de las curvas de indiferencia que se estudia con cierto detalle en el Apéndice al presente capítulo. De hecho lo único que se le pide al consumidor es que sea capaz de ordenar las combinaciones según un orden de preferencias.

El enfoque basado en el *efecto renta* y el *efecto sustitución* puede resumirse como sigue. Vamos a analizar el efecto de un cambio en el precio de un bien sobre la cantidad demandada de ese bien. Para ello vamos a descomponer el efecto total en dos: el efecto-sustitución y el efecto-renta. Como supuesto de partida aceptamos simplemente que el consumidor dispone de una renta monetaria, que es fija y que sólo consume dos tipos de bien: leche y carne.

Efecto sustitución

Si el precio de la leche se reduce mientras que el precio de la carne no se altera, ni tampoco la renta, la leche resulta relativamente más barata. Este hecho provocará que la cantidad demandada de leche se incremente, pues conviene *sustituir* en el consumo otros bienes cuyos precios no se han reducido.

Al sustituir en el consumo los bienes que no se han abaratado por aquél cuyo precio se ha reducido, los consumidores tratan de obtener el máximo de satisfacción a partir del consumo de los bienes de la forma más barata posible, dado que el nivel de renta permanece inalterado.

- **El *efecto sustitución* de una variación de un precio es el ajuste de la cantidad demandada en respuesta a la variación del precio relativo.**

Efecto renta

Al reducirse el precio de la leche permaneciendo constante la renta, comprar un bien cuyo precio se ha abaratado equivale a que el consumidor experimente un incremento en su *renta real* o en su poder de compra, especialmente en el caso de que el consumidor adquiriese una gran cantidad del bien cuyo precio se ha reducido. Así, si un individuo gasta 1.000 ptas. en leche a la semana y el precio de la leche se reduce en un 10 %, la renta real del consumidor se habrá incrementado en 100 ptas.

Así pues, en términos generales el *efecto renta* puede establecerse diciendo que cuando el precio de un bien se reduce (incrementa) la renta real del consumidor se incrementa (reduce) y éste puede adquirir una mayor (menor) cantidad de todos los bienes, incluido el bien cuyo precio se ha reducido. Cuando el consumidor dispone de una renta real mayor deseará adquirir una mayor cantidad de leche, pues la leche es un *bien normal,* con elasticidad renta positiva y los bienes normales se caracterizan porque al aumentar la renta se incrementa la cantidad demandada (véanse Apartados 3.3 y 5.2).

- **El *efecto renta* de la variación de un precio es la porción del ajuste de la cantidad demandada que provoca la variación de la renta real.**

El efecto renta, en el caso de los bienes normales, reforzará el efecto sustitución, ya que en ambos casos al reducirse el precio del bien, en nuestro caso, la leche, se incrementará la cantidad demandada del mismo y, por tanto, ambos efectos hacen que la curva de demanda tenga inclinación negativa.

El efecto renta y los bienes inferiores

Tal como hemos señalado cuando se trata de un bien normal, el efecto renta refuerza el efecto sustitución, pues ambos actúan en el mismo sentido. Pensemos, sin embargo, que el bien cuyo precio se ha alterado fuese un *bien inferior,* por ejemplo el vino común. En este caso, al reducirse el precio del vino común y al incrementarse la renta real del consumidor, la cantidad demandada de vino común se reducirá, ya que los bienes inferiores se caracterizan precisamente porque la elasticidad renta de la demanda es negativa, esto es, incrementos en la renta se corresponden con reducciones en la cantidad demandada.

Resulta, por tanto, que en el caso de los bienes inferiores los efectos sustitución y renta no actúan en el mismo sentido. Así, el efecto sustitución derivado de la reducción del precio del vino común nos dice que la cantidad consumida de vino común se incrementará, ya que éste se ha abaratado relativamente. En el caso del efecto renta, sin embargo, al ser un bien inferior, la cantidad demandada se reducirá al incrementarse la renta real. Así pues, ambos efectos actúan de forma contrapuesta y para analizar el sentido del efecto total de una reducción en el precio del vino común sobre la cantidad demanda, hay que analizar comparativamente el efecto renta y el efecto sustitución.

Prácticamente en todas las ocasiones el efecto sustitución superará al efecto renta, de forma que el efecto total reflejará el hecho de que al reducirse el precio la cantidad demandada se incrementará, aunque se trate de un bien inferior. En otras palabras, la curva de demanda tendrá inclinación negativa de forma casi genérica, aunque se trate de bienes inferiores.

Sólo en aquellos casos rarísimos en los que, además de tratarse de un bien inferior, el gasto en el mismo represente un porcentaje muy elevado del total del gasto familiar, de forma que un cambio en el precio conlleve una alteración muy apreciable de la renta real, el efecto renta podría compensar al efecto sustitución y hacer que cuando, por ejemplo, se incrementa el precio de un bien, la cantidad demandada del mismo aumente. Sólo para este tipo de bienes, que en la literatura económica se conocen como *bienes Giffen,* es cuando no se cumple la ley de la demanda, ya que la curva de demanda sería ascendente.

¿Existen los bienes Giffen?

El análisis realizado a partir del efecto-renta y el efecto-sustitución muestra que en el caso de los bienes inferiores es teóricamente posible que la curva de demanda de un bien inferior tenga pendiente positiva. Aunque el vino común resulte relativamente más barato en relación con el vino fino (efecto sustitución) el consumidor puede enriquecerse tanto, debido al incremento en su renta real como consecuencia de la reducción del precio del vino común (efecto renta), que al elevarse su nivel de vida reduzca la cantidad consumida del bien inferior. Esta posibilidad resulta ser sólo eso,

Nota complementaria 6.3

CAMBIOS EN LAS CANTIDADES DEMANDADAS

En el cuadro adjunto se recoge la evolución de la participación de una serie de productos en el gasto en alimentos, según lo explicita la ponderación que ellos tienen en la canasta de bienes y servicios utilizada para la elaboración del Indice de Precios al Consumidor. La primera canasta corresponde al período 1970/71 y la segunda al de 1985/86. Las variaciones en las cantidades demandadas pueden deberse a alteraciones de los precios o a cambios en los patrones de consumo, esto es, cambios en las preferencias de los individuos. Se advierte que mientras algunos bienes han mermado su incidencia en el gasto alimentario otros la han incrementado.

COMPOSICION DEL GASTO ALIMENTARIO DE LOS ARGENTINOS
(en %)

Productos	1974	1988
Galletitas dulces	0,32	0,39
Arroz	0,25	0,34
Carnes frescas	13,41	7,69
Embutidos y fiambres, carnes secas y en conserva	1,75	1,47
Aceite mezcla	0,91	0,67
Leche fresca	1,93	1,35
Huevos	1,26	0,82
Frutas	2,49	2,68
Verduras, tubérculos y legumbres	3,22	3,37
Azúcar	0,82	0,54
Café	0,50	0,79
Yerba mate	0,27	0,50

FUENTE: *Indice de Precios al Consumidor. Base 1974 = 100. Informe Metodológico.* INDEC, 1974, e *Indice de Precios al Consumidor. Revisión base 1988 = 100. Síntesis Metodológica.* INDEC, 1988.

una posibilidad teórica, y los bienes que entran dentro de esta categoría se denominan, tal como hemos señalado, bienes Giffen.

Esta calificación de bienes Giffen les fue otorgada en honor del economista británico sir Robert Giffen, del cual se dice que en el siglo pasado sugirió la posiblidad de que la curva de demanda de las papas en Irlanda tuviera pendiente positiva. Según esta tradición, Robert Giffen planteó que en 1846, debido a una mala cosecha, la población pasó mucha hambre, resultando además que las papas constituían una gran parte de la dieta de la familia media irlandesa. Debido a la escasez, el precio de las papas, que era un bien inferior en Irlanda, experimentó una brusca subida. Dado que las papas constituían una gran parte de la dieta de los irlandeses, ante una subida del precio, la renta real de éstos experimentó una reducción apreciable y la familia media irlandesa que consumía un poco de carne y muchas papas pudo verse obligada a renunciar a consumir la poca carne que incluía en su dieta y a comprar más papas, aunque el precio de éstas hubiese subido. Esto es, el aumento del precio de las papas hizo a los irlandeses más dependientes

Nota complementaria 6.4

ESTRUCTURA MEDIA DEL GASTO EN ESPAÑA Y EN LA ARGENTINA

En el texto se justifica que las preferencias de los consumidores junto a los precios relativos de los bienes y servicios determinan la estructura del gasto de la familia. Aunque los datos pueden no ser totalmente homogéneos, a la vista de la información disponible se observa que el consumidor argentino debe dedicar una mayor proporción de su ingreso a la compra de alimentos y bebidas, lo cual se compensa con un menor porcentaje en los gastos que demanda su vivienda, en comparación con su similar español.

ENCUESTA DE GASTOS E INGRESOS DE LOS HOGARES (1988) INDEC-ARGENTINA
(Composición porcentual del gasto)

Conceptos	Porcentaje
1. Alimentos y bebidas	38,2
2. Indumentaria y calzado	9,3
3. Vivienda, combustible y electricidad	9,0
4. Equipamiento y funcionamiento del hogar	8,0
5. Atención médica y gastos para la salud	7,9
6. Transporte y comunicaciones	11,6
7. Esparcimiento y cultura	7,5
8. Educación	2,6
9. Bienes y servicios diversos	5,9

ENCUESTA DE PRESUPUESTOS FAMILIARES (1966) INE-ESPAÑA
(Consumo anual medio por persona)

Conceptos	Porcentaje
1. Alimentación	30,9
2. Vestido y calzado	10,8
3. Vivienda, calefacción y alumbrado	18,8
4. Menaje y servicios del hogar	6,5
5. Transporte y comunicaciones	11,8
6. Esparcimiento, enseñanza y cultura	6,1
7. Servicios médicos y gastos sanitarios	2,2
8. Otros	12,8

de éstas, pues su empobrecimiento les forzó a consumir más papas que antes. En estas circunstancias, técnicamente diríamos que el efecto sustitución fue contrarrestado por el efecto renta de las papas, que era un bien inferior y cuyo consumo tiende a aumentar cuando la renta real se reduce.

Matizaciones a la teoría

Repecto a esta curiosidad teórica atribuida a sir Robert Giffen deben formularse dos precisiones: en primer lugar, que a pesar de las numerosas investigaciones realizadas no se ha podido demostrar que Giffen en realidad hiciese esa sugerencia y, en segundo lugar, que en el mundo real no existen bienes Giffen, esto es, bienes con curvas de demanda con pendiente positiva. Por ello podemos afirmar que en la práctica la ley de la demanda también se cumple en el caso de los bienes inferiores, incluso aunque la teoría de la conducta del consumidor no lo exija.

En la práctica no se encuentran bienes Giffen, pues para que existieran el efecto renta de una variación del precio de un bien inferior debería ser grande, de forma que contrarrestara el efecto sustitución. Resulta, sin embargo, que la mayoría de los bienes representan sólo una pequeña parte del presupuesto de gasto de los consumidores, por lo que la incidencia de las variaciones de los precios en las rentas reales de los consumidores no es grande. Además, no es probable que existan bienes inferiores cuya cantidad demandada sea muy sensible a las variaciones de renta. En consecuencia, puede afirmarse que la relación existente entre la variación del precio y el aumento de la demanda vía efecto renta es relativamente débil, de forma que la ley de la demanda no se ve violada en la práctica.

3. ALGUNAS APLICACIONES DE LA TEORIA DE LA UTILIDAD

En este apartado vamos a analizar dos aplicaciones de la teoría de la utilidad. La primera trata de responder a la siguiente pregunta: ¿por qué el agua, que es tan útil para la vida humana, tiene un precio tan bajo mientras que los diamantes, que son muy poco necesarios, tienen un precio tal alto?

La segunda cuestión tiene su origen en el decrecimiento de la utilidad marginal y se centra en el análisis del denominado excedente del consumidor.

La paradoja del agua y los diamantes

El concepto de utilidad marginal se puede emplear para aclarar la paradoja del agua y los diamantes: esto es, que el precio de los diamantes sea mucho más elevado que el precio del agua, siendo el agua un bien que ofrece una utilidad mayor.

La resolución de esta paradoja se basa en la distinción entre utilidad total y utilidad marginal. La utilidad total del agua es, en realidad, mucho mayor que la de los diamantes. Pero el precio, como se ha reseñado, no está relacionado directamente con la utilidad total, sino con la utilidad marginal. Téngase en cuenta que los consumidores continúan comprando un bien hasta que el cociente entre su utilidad marginal y el precio es igual al de los otros bienes. En el margen, el último litro de agua que bebemos o que utilizamos para lavar el coche reporta una utilidad muy reducida, sin embargo, el último (y quizá único) diamante que compra una persona generalmente le reporta una gran satisfacción. Por ello no debe extrañarnos que, por lo general, los individuos estén dispuestos a pagar unos precios más elevados por los diamantes adicionales que por el agua adicional.

Lo que debe destacarse es que la *utilidad total* que reporta a un individuo toda el agua que utiliza con toda seguridad es mayor que la utilidad total que le reportan los diamantes. Pero es la *utilidad marginal*, y no la total, la que determina el precio que están dispuestos a pagar los consumidores por los bienes.

Para confirmar lo señalado piense que un individuo que tiene diamantes se ha perdido en el desierto y se le han terminado sus provisiones de agua. Si a este individuo, que corre peligro de morirse de sed, se le ofreciera la oportunidad de comprar un litro de agua con un diamante, podemos asegurar que haría el intercambio gustosamente, pues en esas condiciones la utilidad marginal del agua será mayor que la del diamante.

El excedente del consumidor

El hecho de que el precio de mercado venga determinado por la utilidad marginal y no por la utilidad total queda evidenciado por el concepto de *excedente del consumidor*.

• **El *excedente del consumidor* de un bien es la diferencia entre la cantidad máxima que éste estaría dispuesto a pagar por el número de unidades del bien que demanda y la cantidad que realmente paga en el mercado.**

Para explicar intuitivamente el concepto de excedente del consumidor recuérdese que al analizar la paradoja del valor del agua y los diamantes se señaló que el valor monetario de un bien, medido como el resultado de multiplicar el precio por la cantidad comprada, puede que resulte ser un indicador engañoso del valor económico total del bien. Así, la valoración de mercado del agua es baja y, sin embargo, su contribución al bienestar es muy elevada, ya que resulta imprescindible para la vida humana. En este sentido el excedente del consumidor puede presentarse como la diferencia entre la utilidad total de un bien y su valor total de mercado. El excedente surge porque el consumidor recibe más de lo que paga por el bien y tiene su origen en el decrecimiento de la utilidad marginal.

Téngase en cuenta que el consumidor paga en el mercado el mismo precio por cada vaso de agua y, además, el precio que paga se corresponde con lo que vale la última unidad consumida (el último vaso de agua). A partir de este hecho, y basándose en el decrecimiento de la utilidad marginal, todas las demás unidades resultan más valiosas para el consumidor que la última y, en consecuencia, cada una de ellas genera un excedente de utilidad.

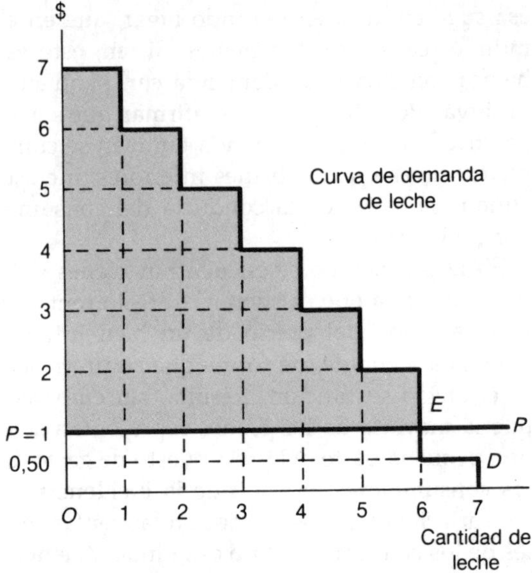

Figura 6.2. Excedente del consumidor.

Debido al carácter decreciente de la utilidad marginal, la satisfacción que obtiene el consumidor excede a la cantidad que paga por la cantidad consumida. Para el primer litro de leche el excedente es de $6, para el segundo litro $5, en el caso de la sexta unidad, el excedente es de $1, lo que hace un total de $21. En términos gráficos el excedente del consumidor viene representado por el área sombreada comprendida entre la curva de demanda y la línea del precio *PP*.

El excedente del consumidor: un ejemplo

La utilidad práctica del excedente del consumidor se debe a que puede relacionarse directamente con las curvas de demanda de los consumidores. Así, la Figura 6.2, a partir de la curva de demanda de leche de un individuo, recoge el concepto de excedente del consumidor. Para simplificar la exposición la curva de demanda tiene forma escalonada, correspondiendo cada uno de sus escalones a un litro de leche. Si el precio de la leche es de $1 por litro, el excedente del consumidor viene representado por el área sombreada situada debajo de la curva de demanda y encima de la línea representativa del precio de mercado *PP*.

Como indica la curva de demanda, el consumidor valora mucho el primer litro de leche: estaría dispuesto a pagar $7. Pero de hecho sólo tiene que pagar $1, de forma que el consumidor obtiene un excedente de $6. En el caso del segundo litro de leche la valoración es algo menor y el consumidor sólo estará dispuesto a pagar $6, por lo que, dado el precio uniforme de $ 1/litro, el excedente es ahora de $ 5.

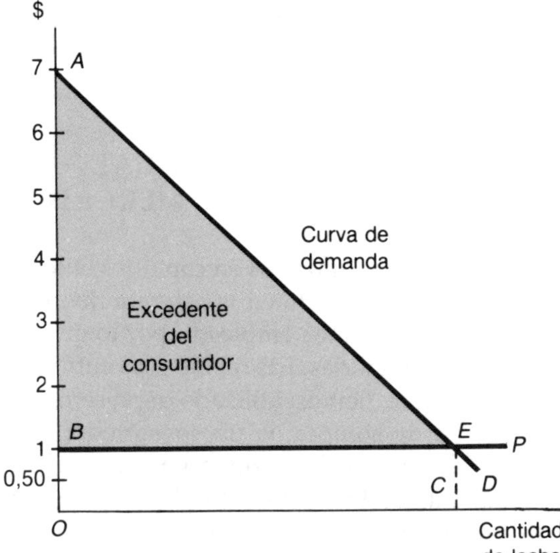

Figura 6.3. El excedente del consumidor (curva de demanda lineal).

La curva total bajo la curva de demanda *(AECO)* muestra la utilidad total asociada al consumo de leche. El excedente se obtiene restando a dicha curva el coste de la leche consumida *(BECO)*, de forma que ésta resulta ser el triángulo *AEB*.

Un argumento similar se puede emplear hasta llegar al séptimo litro de leche. Por este litro el consumidor tendría que pagar $1, pero sólo lo valora en $0,50, lo que implica que no lo comprará. Esto nos permite afirmar que el equilibrio del consumidor se alcanza en el punto *E*, cuando consume 6 litros de leche y los paga a $1/litro.

En consecuencia, del análisis de la Figura 6.2 se desprende que el consumidor ha pagado por 6 litros de leche un total de $6, pero, sin embargo, el valor total de la leche consumida, según la curva de demanda (téngase en cuenta que ésta muestra la cantidad máxima que el consumidor estará dispuesto a pagar por cada litro de leche que consume), es $27. Esta cantidad se obtiene sumando la utilidad marginal que reporta cada litro de leche ($7 + $6 + ... + $2). Por tanto, el excedente del consumidor derivado del consumo de 6 litros de leche es de $21 ($27 − $6).

Si se analiza el excedente en el caso de una curva de demanda continua (Figura 6.3), se observa que el consumidor alcanza el equilibrio cuando la diferencia entre lo que estaría dispuesto a pagar por la última unidad y lo que efectivamente paga por ella es cero.

El excedente del consumidor puede utilizarse para valorar monetariamente las variaciones de los precios. Tal como se ha señalado cuando el precio de un litro de leche es de $1 el excedente del consumidor es $21. Si suponemos que el precio sube a $2,5/litro (Figura 6.4), el excedente se reducirá en $8,5 (ya que se deja de consumir la unidad sexta, con lo cual el ex-

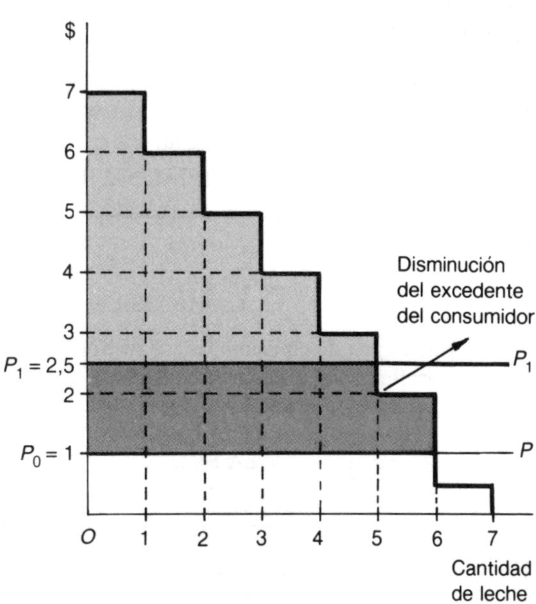

Figura 6.4. El valor monetario de las variaciones del precio.

Si el precio de la leche sube de $1 litro a $2,5 litro, el excedente del consumidor se reduce en una cantidad igual a la cantidad máxima que estaría dispuesto a pagar el consumidor para impedir que tuviera lugar la subida del precio. En términos gráficos la disminución del excedente del consumidor vendría representada por el área de sombreado más intenso.

cedente se reduce en $1 y en las cinco unidades restantes el excedente se reduce en $1,5 por unidad (5 × $1,5 = $7,5). Dado que el excedente se ha reducido en $8,5, al consumidor le sería indiferente aceptar esta pérdida de excedente como consecuencia del incremento en el precio, o abonarle al productor esta cantidad si éste le amenazara con que en caso de no hacerlo incrementaría el precio de la leche desde $1/litro a $2,5/litro. Así, pues, la disminución del excedente del consumidor provocada por la subida del precio proporciona una medida monetaria del costo que tiene para el consumidor la citada subida.

• **La disminución del *excedente del consumidor* provocada por un incremento del precio es igual a la cantidad máxima que el consumidor estaría dispuesto a pagar para impedir que tuviera lugar dicho aumento.**

Lógicamente, si en lugar de producirse una subida del precio éste se redujese, el excedente del consumidor se incrementaría. En este caso el aumento del excedente, provocado por una reducción del precio, sería igual a la cantidad máxima que estaría dispuesto a pagar para que tuviera lugar dicha disminución.

4. LA DEMANDA INDIVIDUAL Y LA DEMANDA DEL MERCADO

En los ejemplos utilizados en capítulos anteriores nos hemos movido en la esfera individual. Las cifras que hemos empleado por lo general han sido imaginarias. Las tablas y las curvas de demanda que hemos utilizado representaban los planes de compra de un consumidor concreto. Es muy difícil, sin embargo, analizar empíricamente la demanda de un bien por un individuo y, además, tiene poco interés. Es más útil estudiar la demanda de un bien por parte de una comunidad, como, por ejemplo, un país. De hecho éstos son los estudios empíricos que suelen llevarse a cabo. En este caso se habla de curva de demanda del mercado.

• **La *función de demanda del mercado* muestra la cantidad total que se demanda a cada**

Nota complementaria 6.5

CAMBIOS EN LOS PATRONES DE CONSUMO

La demanda de consumo de los distintos bienes depende no sólo de los precios, sino también de las preferencias, así como de otra serie de factores que han sido analizados en el texto. Esto explica los cambios de tendencia observados en los patrones de consumo.

LA EVOLUCION DEL CONSUMO EN ARGENTINA
(Composición porcentual)

	1933	1943	1960	1974	1988
Alimentos y bebidas	52,5	44,3	59,2	46,3	40,1
Indumentaria y calzado	5,3	19,8	18,7	10,9	9,4
Vivienda	27,8	18,9	7,0	11,3	8,5
Transporte y comunicaciones	3,0	2,4	2,5	8,7	11,4
Gastos para la salud	}	1,2	1,5	4,5	7,1
Esparcimiento y educación	} 11,4	3,2	3,5	6,4	9,0
Bienes y servicios diversos	}	10,2	7,6	11,9	14,5

FUENTE: *Indice de Precios al Consumidor. Revisión base 1988 = 100. Síntesis Metodológica.* INDEC, 1988.

uno de los precios manteniéndose constantes todos los demás factores que influyen en la demanda.

Los determinantes de la demanda del mercado son los mismos que los de la demanda de un sujeto, si bien deben introducirse algunas presiones. Así, en el caso de la curva de demanda del mercado no sólo influye el nivel de la renta de la comunidad, sino también su distribución entre los distintos ciudadanos. Otros factores a considerar son la localización geo-

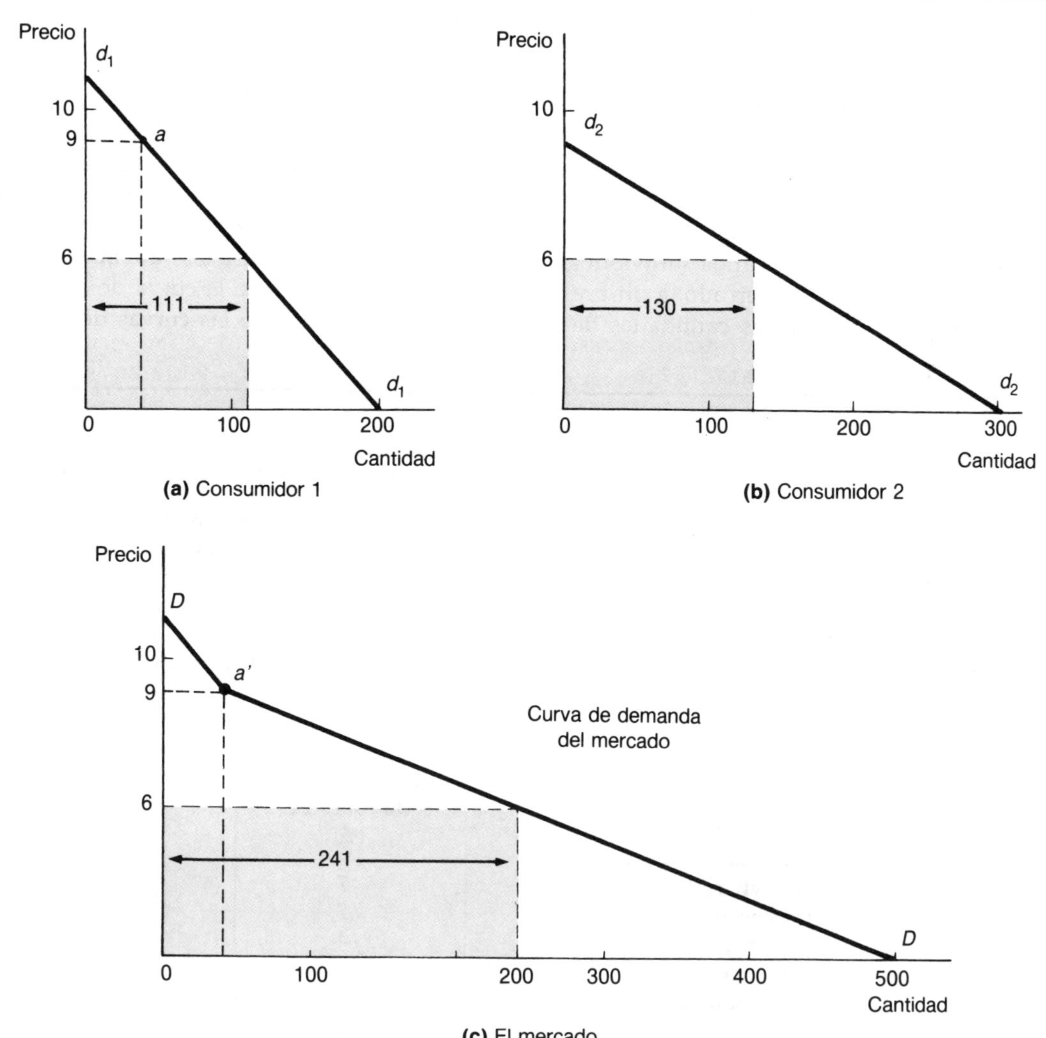

Figura 6.5. Curva de demanda del mercado.

La curva de demanda de mercado es la suma horizontal de la demanda individual. Si el precio es de $6, el consumidor 1 demanda 111 unidades, y el consumidor 2, 130 unidades. La cantidad que se demanda en este mercado con dos consumidores será, pues, de 241 unidades. Téngase en cuenta que el consumidor 2 entra en el mercado al precio de $9 y, cuando los precios son mayores, la cantidad demandada por éste es nula, y la del mercado proviene del consumidor 1 solamente.

gráfica y la distribución por edades o por categorías, como, por ejemplo, el sexo de la comunidad considerada.

Para obtener la curva de demanda agregada o del mercado, hay que partir de las curvas de demanda individual. Para ello debemos sumar, para cada precio, las cantidades demandadas por cada uno de los individuos que lo integran. Gráficamente la curva de demanda del mercado se obtiene mediante la *suma horizontal* de las demandas individuales. La cantidad demandada en el mercado a cada precio es la suma de las demandas individuales de todos los consumidores, a dicho precio. El término horizontal hace referencia a que, dadas las funciones de demanda de varios individuos, obtenemos la demanda de mercado, a un precio determinado, sumando las cantidades demandadas por cada individuo las cuales se determinan gráficamente trazando una paralela (horizontal) al eje de abscisas, para dicho precio (Figura 6.5).

- **La *curva de demanda del mercado* se obtiene sumando horizontalmente las curvas de demanda individuales de todos los compradores.**

La importancia de la curva de demanda del mercado radica en que enfatiza el papel del mecanismo de precios como medio de asignar recursos, pues demuestra cómo a distintos precios la cantidad demandada en el mercado será diferente.

El análisis de la Figura 6.5, además de evidenciar cómo se obtiene la curva de demanda del mercado a partir de las curvas de deman-

Nota complementaria 6.6

INDICADORES SOBRE LOS DESEOS DE DEMANDA

De cara a obtener información que permita anticipar los deseos de demanda, las empresas frecuentemente realizan encuestas entre los consumidores. Mediante estas encuestas, además de estudiar la estructura actual de consumo, se analizan intenciones de compra de los consumidores. De esta forma se obtiene información relevante sobre las cantidades que los consumidores están dispuestos a comprar de los distintos bienes. Según la información contenida en el cuadro adjunto, los bienes ante los que los consumidores españoles manifiestan unas expectativas de compra más definidas son las vivienda y el coche.

Bienes	Tiene intención de comprar (%)
Una vivienda familiar	7
Un coche	7
Lavarropas y heladera	4
Una videocassetera	3
Una segunda vivienda	3
Un televisor	3
Un equipo de música	4
Una computadora personal	2
Otras cosas	10

FUENTE: *El País*, 15 de octubre de 1989.

da individual, ofrece información sobre las distintas características de la demanda individual. Las diferentes inclinaciones de las distintas curvas de demanda indican niveles diferentes de renta, distintas preferencias y diversidad en los patrones de gasto de los consumidores considerados. Como puede comprobarse, para un precio determinado los consumidores compran cantidades distintas de producto. Asimismo, si se produce un cambio en el precio los consumidores reaccionarán de modo diferente, de forma que la cantidad demandada por cada individuo no se verá afectada de igual manera. Por el contrario, y como hemos señalado, la demanda de mercado es una demanda global e indiferenciada.

La curva de demanda del mercado se ha obtenido suponiendo unos precios dados de los demás bienes, una determinada distribución de la renta entre los individuos, así como que las preferencias y demás variables que afectan a las demandas individuales permanecen constantes. La forma y posición de la curva de demanda de mercado pueden alterarse a medida que estas variables, que actúan como parámetros, cambien. Así, cualquier alteración en la renta o en su distribución, en los precios de los bienes, en los gustos o en los gastos en publicidad implicará, en términos gráficos, un cambio de la curva de demanda de mercado, ya que ésta la habíamos trazado bajo el supuesto de «ceteris paribus». Cuando lo único que se modifica es el precio del bien, permaneciendo todo lo demás constante, lo que tendremos será un movimiento a lo largo de la curva de demanda del mercado.

RESUMEN

- Dentro del enfoque de la utilidad cardinal la *ley de la utilidad marginal decreciente* juega un papel importante. Esta viene a decir que la utilidad que reporta al consumidor la última unidad consumida disminuye conforme aumenta la cantidad consumida del bien.

- La *ley de las utilidades marginales* ponderadas señala que la contribución a la satisfacción del sujeto, debida a la última unidad monetaria gastada en cada bien, debe ser la misma.

- Para obtener la *curva de demanda agregada* o del mercado hay que sumar, para cada precio, las cantidades demandadas por cada uno de los individuos que lo integran. Gráficamente, la curva de demanda del mercado se obtiene mediante la suma horizontal de las demandas individuales.

- El enfoque de la utilidad *ordinal* sólo exige que el consumidor sea capaz de ordenar las combinaciones de bienes en un orden de preferencias. Las preferencias o gustos de los consumidores deben permitirles comparar las diversas alternativas expresando su preferencia o su indiferencia de forma consistente (*).

- Las posibilidades de elección del consumidor se ven restringidas por la renta y los precios. La *restricción presupuestaria* o recta de balance afirma que la suma de las cantidades gastadas en cada bien es igual a la

(*) Véase Apéndice a este capítulo.

renta. Las combinaciones de dos bienes que proporcionan la misma satisfacción pueden representarse en una línea o curva de indiferencia (*).

- Las *curvas de indiferencia* son convexas hacia el origen de coordenadas, en virtud del principio de la disminución de la relación marginal de sustitución, que dice: al aumentar la cantidad poseída de un bien, disminuye su relación de sustitución (*).

- El consumidor estará en *equilibrio* cuando la relación marginal de sustitución entre bienes iguale a la relación de precios. El cambio en el precio de un bien genera dos tipos de efectos. El *efecto renta,* que recoge el hecho de que cuando, por ejemplo, disminuye el precio de un bien se «libera» una porción de dinero, de forma que esta mayor renta real en el sentido de mayor poder adquisitivo, redunda en un incremento del consumo del propio bien, en caso de que éste sea normal. El *efecto sustitución* recoge la incidencia de un cambio en los precios relativos de los bienes (*).

CONCEPTOS BASICOS

— Demanda individual y demanda de mercado.
— Sistema de preferencias consistente.
— Limitaciones: renta y precios.
— Utilidad cardinal.
— Utilidad total.
— Ley de la utilidad marginal decreciente.
— Ley de las utilidades marginales ponderadas.
— Efecto renta.
— Efecto sustitución.
— Efecto total.
— Excedente del consumidor.
— Utilidad ordinal (*).
— Recta de balance (*).
— Curva de indiferencia (*).
— Mapa de indiferencia (*).
— Relación marginal de sustitución (*).
— Pendiente de la recta de balance (*).
— Pendiente de la curva de indiferencia (*).

TEMAS DE DISCUSION

1. Explique por qué la curva de demanda del mercado se va haciendo cada vez más horizontal si se dibuja a la misma escala que las curvas de demanda individuales.

(*) Véase Apéndice a este capítulo.

2. Describa los distintos usos que le da usted al agua. ¿Cuál de ellos suprimiría en caso de que el precio del agua aumentase de forma apreciable?

3. Ofrezca algunos ejemplos en los que la utilidad marginal de un bien aumenta conforme se incrementa la cantidad consumida.

4. ¿Cuál es mayor: la utilidad total que le reportan cinco litros de agua al día o la que le reportan diez?

5. ¿Cuál es mayor: la utilidad marginal que le reporta el quinto litro de agua al día o la que le reporta el décimo?

6. Explique por qué es errónea la siguiente afirmación: el comportamiento más conveniente, desde el punto de vista del consumidor, consiste en consumir un determinado bien hasta alcanzar un punto en que la utilidad marginal es superior al precio, pues en esa situación obtiene un beneficio neto.

7. Justifique por qué no pueden cruzarse nunca dos curvas de indiferencia o, lo que es lo mismo, por qué sólo es posible trazar una curva de indiferencia por cada uno de los puntos de un mapa de indiferencia (*).

8. ¿Qué bienes inferiores consume usted? ¿Cree que los seguirá consumiendo cuando su renta aumente?

9. Suponga que el precio de la leche y el de la sal experimentan un incremento del 15 %, ¿cuál de los dos bienes tendrá un efecto renta mayor sobre el consumidor medio? (*).

10. Si las curvas de indiferencia fuesen cóncavas hacia el origen, la relación marginal de sustitución sería ¿creciente o decreciente? En el punto de tangencia con la recta de balance, el consumidor alcanzaría ¿un máximo o un mínimo de satisfacción? (*).

APENDICE:
La elección del consumidor: la utilidad ordinal

EL ANALISIS DE LAS CURVAS DE INDIFERENCIA

Un enfoque alternativo sobre la teoría de las decisiones del consumidor, y que no requiere medir cardinalmente la utilidad, ni exige que la utilidad marginal sea decreciente, es el de la *utilidad ordinal.* Este enfoque puede racionalizar y explicar el comportamiento de los consumidores con supuestos menos rígidos. Sólo se requiere que el consumidor sea capaz de ordenar las combinaciones de bienes de forma consistente (que incluye la posibilidad de declararse indiferente ante varias alternativas). Este enfoque se denomina de la *utilidad ordinal;* en él, la función de utilidad se limita a expresar la ordenación de preferencias, no su intensidad.

(*) Véase Apéndice a este capítulo.

Los instrumentos de análisis a utilizar son básicamente dos: la restricción presupuestaria o recta de balance, y las curvas de indiferencia, que representan las preferencias del individuo.

1. La restricción presupuestaria

Las posibilidades de elección del individuo se ven restringidas por diversos factores. Los más destacados son la disponibilidad limitada de recursos para el consumo, determinada en principio por su renta, y la existencia de unos precios que debe pagar para acceder al consumo de los distintos bienes. Si los bienes fuesen gratuitos, el problema del consumo se reduciría al agotamiento de los bienes disponibles. En este sentido, en el análisis del comportamiento del consumidor individual supondremos que éste representa una fracción de la demanda del mercado lo suficientemente pequeña como para no influir sobre los precios, de forma que éstos le vienen impuestos por el mercado. Respecto a la renta de un período supondremos que se la gasta en su integridad en bienes y servicios de consumo. Así pues, la renta y los precios de los bienes limitan las combinaciones posibles de bienes que puede comprar el individuo.

- **La *restricción presupuestaria* especifica las combinaciones de bienes que puede comprar el consumidor.**

La *restricción presupuestaria* establece que la suma de las cantidades gastadas en cada bien (precio × cantidad de cada bien) es igual a la renta. En el caso de que sólo se compren dos bienes, carne y leche, resultará que:

$$\textbf{Gasto en leche} + \textbf{gasto en carne} = \textbf{renta} \qquad (1)$$

El Cuadro 6.A.1. muestra algunas de las combinaciones posibles de bienes que puede comprar el consumidor con su renta. Suponiendo que ésta es de $ 100 y que los precios de la leche y de la carne, son respectiva-

Cuadro 6.A.1. Consumos alternativos de leche y carne
(Y = $ 100 P_L = $ 10 P_C = $ 10) (*)

Combinación	LECHE		CARNE	
	Cantidad	Gasto en leche	Cantidad	Gasto en carne
A	0	0	5	100
B	4	40	3	60
C	6	60	2	40
D	8	80	1	20
E	10	100	0	0

(*) Y denota la renta del consumidor; P_L, el precio de la leche; P_C, el precio de la carne.

mente, \$ 10 y \$ 20, cuanta más leche elija, más gastará en ella y menos le quedará para carne. La restricción presupuestaria muestra, pues, que se obtiene más de un bien a costa de tener menos del otro. Dado que hay una disyuntiva y el consumidor no puede tener todo lo que desea de todos los bienes, existe un problema de elección del consumidor.

La restricción presupuestaria también se puede analizar mediante la *recta de balance* que muestra las combinaciones máximas de leche y carne que puede comprar el consumidor, dada su renta y los precios de los dos bienes (Figura 6.A.1). La recta de balance se construye representando las diferentes cestas o combinaciones de consumo calculadas en el Cuadro 6.A.1.

Las dos intersecciones con los ejes, los puntos *A* y *E*, determinan la posición y pendiente de la recta de balance. El *A* muestra la cantidad máxima de carne que se puede comprar con el presupuesto, mientras que el punto *E* corresponde a aquella situación en la que toda la renta se dedica a comprar leche. Los puntos *A* y *E* muestran, por tanto, el poder adquisitivo de la renta, a los precios vigentes, en términos de leche y carne, respectivamente. La Figura 6.A.1 presenta, además, toda una gama de combinaciones intermedias entre esos dos puntos extremos.

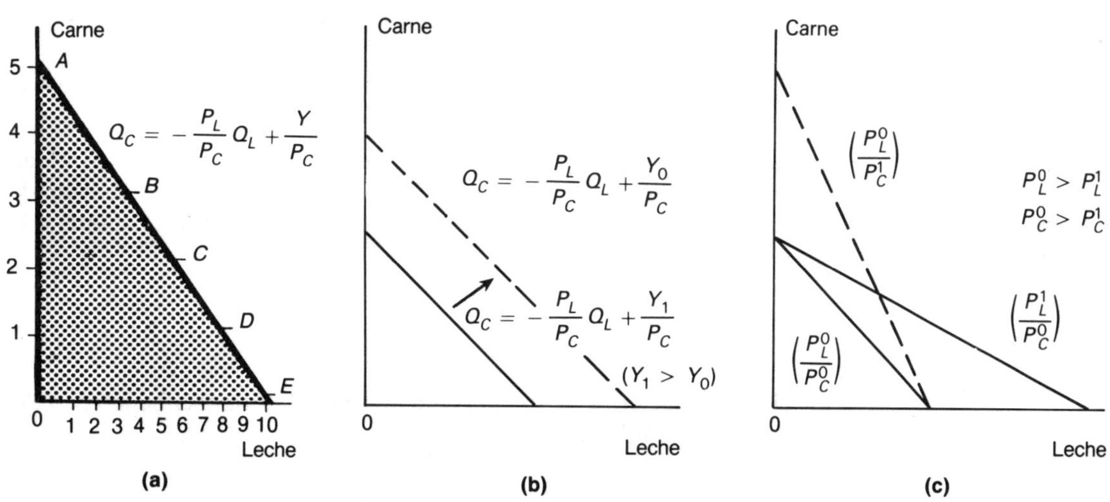

Figura 6.A.1. Recta de balance.

(*a*) La recta de balance muestra el gasto posible del consumidor en función de su renta. Se representa como una recta decreciente con pendiente igual a la razón de precios, apareciendo el precio del bien situado en abscisas (la leche) en el numerador de la razón. En todo punto de la recta la combinación de bienes de posible consumo iguala la renta del individuo.

(*b*) Un aumento (o disminución) de la renta desplaza paralelamente la recta de balance. El mismo efecto se produce cuando los precios de ambos bienes varían en la misma proporción.

(*c*) La variación del precio de un solo bien hace que la recta de balance gire en torno a su origen en el eje del otro bien.

¿Cuántas unidades de carne debe sacrificar el consumidor para obtener una más de leche? La respuesta viene dada por la pendiente de la recta de balance que muestra a cuántas unidades de carne hay que renunciar para adquirir una unidad adicional de leche. Para desplazarse del punto *E* al *D* de la Figura 6.A.1*a* debe reducir el consumo de leche de 10 unidades a 8, mientras el consumo de carne aumenta de 0 unidades a 1. Por tanto, el consumidor tiene que sacrificar 2 unidades de leche para poder comprar 1 de carne. Obsérvese que esta disyuntiva es constante a lo largo de la recta de balance y ello se debe a que renunciando a 2 unidades de leche (a un precio de $10 por unidad) se ahorran $20, que es el precio de una unidad adicional de carne.

La recta de balance como una disyuntiva entre las cantidades máximas de las dos mercancías que el consumidor puede comprar destaca el papel de los precios. De hecho, la pendiente de la recta de balance es el cociente de los precios. Cuanto más alto es el precio de la carne en relación con el de la leche mayor es la cantidad de unidades de leche a la que debemos renunciar para comprar una unidad adicional de carne.

- **La *recta de balance* muestra las combinaciones máximas de bienes que el consumidor puede comprar, dados los precios que tiene que pagar y su renta.**

Analíticamente la recta de balance se puede escribir como sigue:

$$Y = P_L \cdot Q_L + P_C \cdot Q_C \qquad (2)$$

donde Y = renta del consumidor, P_L = precio de la leche, Q_L = cantidad consumida de leche, P_C = precio de la carne, Q_C = cantidad consumida de carne. Dados los valores del Cuadro 6.A.1, la ecuación (2) adoptará la siguiente forma:

$$\$100 = \$10\ Q_L + \$20\ Q_C \qquad (3)$$

Si esta ecuación se presenta como normalmente se escribe la ecuación de una recta, resultará:

$$Q_C = \frac{100}{20} - \frac{10}{20}\ Q_L \qquad (4)$$

Como puede observarse, la ecuación (4) es la forma analítica de la recta representada en la Figura 6.A.1*a*. La pendiente de la recta de balance es la razón cambiada de signo entre los precios de la leche y de la carne, y la ordenada en el origen denota la cantidad máxima que se puede consumir de carne cuando toda la renta se destina a la adquisición de este bien.

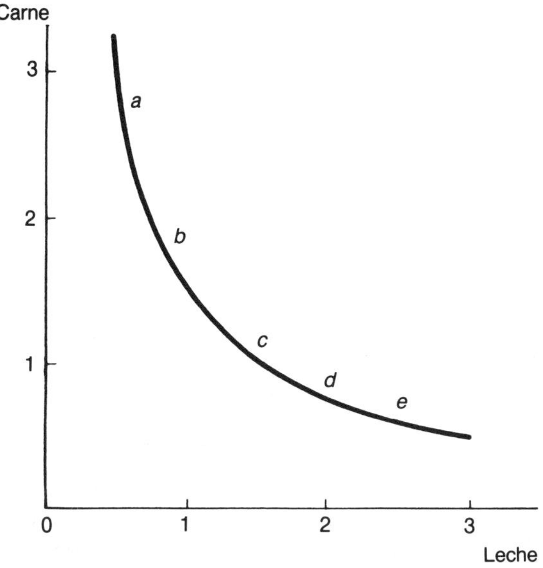

Figura 6.A.2. Curva de indiferencia.

Una curva de indiferencia representa un conjunto de puntos tal que cada uno es una combinación distinta de cantidades de los dos bienes ante las que el consumidor no establece relaciones de preferencia: son igualmente aceptables al proporcionarle idéntica satisfacción. La adquisición de una mayor cantidad de un bien se compensa con la renuncia a parte del otro.

2. La curva de indiferencia

Consideremos un consumidor con una renta monetaria determinada, que gasta íntegramente en el consumo de dos bienes, a unos precios determinados. Al consumidor se le plantea el problema de elegir entre varias alternativas, y respecto a las mismas suponemos que es capaz de decir si prefiere una determinada combinación a otra o si es indiferente entre una y otra. Supongamos que el consumidor se muestra indiferente entre diversas combinaciones de leche y carne. Estas diversas combinaciones se recogen en la Figura 6.A.2 y no son más que una muestra de las posibles combinaciones. A la línea que une estas distintas combinaciones se le denomina *curva de indiferencia,* pues cada uno de sus puntos representa una combinación distinta de los dos bienes citados ante las que el consumidor se muestra indiferente.

• **Una *curva de indiferencia* muestra el conjunto de combinaciones de entre las que es indiferente el consumidor, en el sentido de que le reportan el mismo nivel de utilidad.**

El punto de partida *a* de la Figura 6.A.2 no es sino un punto escogido al azar, pero para cualquier otro podríamos obtener otra serie de combinaciones indiferentes y, por tanto, trazar otras curvas de indiferencia.

En la Figura 6.A.3, designadas por U_1, U_2, U_3, se representan tres de las infinitas curvas de indiferencia que se podrían trazar y que constituyen el denominado *mapa de curvas de indiferencia.* El consumidor no altera su utilidad, cuando se mueve dentro de una cualquiera de esas curvas, pero si se desplaza en dirección nordeste, esto es, si se incrementan las cantidades consumidas de ambos bienes, pasará de una a otra alcanzan-

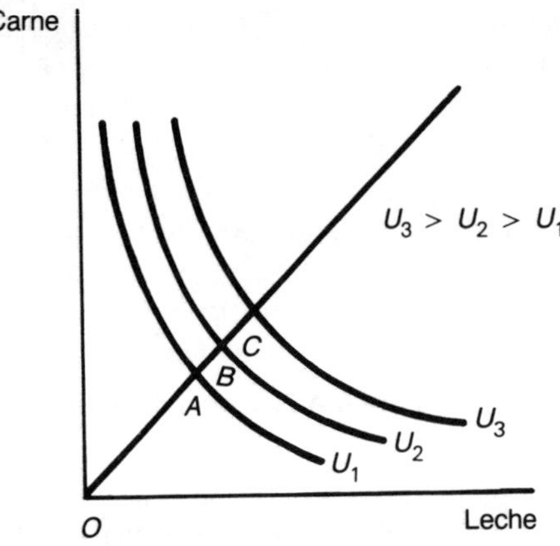

Figura 6.A.3. Mapa de indiferencia.

Cuanto más alejada del origen se encuentra una curva de indiferencia, mayor es la preferencia del consumidor por las combinaciones de bienes que la forman. Al conjunto de curvas de indiferencia se le denomina mapa de indiferencia.

do niveles cada cada vez más elevados de utilidad. En consecuencia, U_3 representa un nivel de satisfacción más alto que U_2, y U_2 mayor que U_1. La justificación de este hecho radica en que entre dos combinaciones siempre reportará al individuo una mayor satisfacción aquella combinación que contenga más de alguno de los bienes y no menos de ninguno de ellos.

De esta forma se configura el denominado *supuesto de insaciabilidad* o de no saturación que garantiza que el sujeto no se conformará con situaciones que no absorban toda su renta.

3. La relación marginal de sustitución

Las curvas de indiferencia son convexas respecto al origen de coordenadas, de forma que la pendiente de la curva se hace menos marcada a medida que vamos sustituyendo carne por leche. Esto es, conforme nos vamos desplazando desde la combinación *a* hacia la *e*, el individuo se muestra cada vez menos dispuesto a sacrificar carne por leche a medida que la cantidad de carne disminuye (Figura 6.A.2). Este resultado se deriva de la idea intuitiva de *diversificación en el consumo* y de la experiencia práctica. Una forma equivalente de formular este punto es enunciarlo como el *principio del decrecimiento de la relación marginal de sustitución.*

- **La *Relación Marginal de Sustitución (RMS)* entre un bien (leche) y otro (carne) se define como la cantidad máxima del segundo a que está dispuesto a renunciar un consumidor, sin reducir con ello su utilidad, para aumentar el consumo del primer bien en una unidad.**

$$\textbf{Relación marginal de sustitución } (\textbf{RMS})^{C}_{L} = \frac{\textbf{Disminución (aumento) de la cantidad de un bien (carne)}}{\textbf{Aumento (disminución) de la cantidad de otro bien (leche)}}$$

La RMS viene representada gráficamente por la pendiente en un punto (en valor absoluto) de la curva de indiferencia. El decrecimiento de esta relación de sustitución equivale a que la curva de indiferencia se va haciendo más plana a medida que nos deslizamos hacia la derecha, adquiriendo la típica forma convexa. La justificación intuitiva sería que, a medida que vamos consumiendo más y más de un bien (leche, por ejemplo), normalmente estaremos dispuestos a renunciar a menos cantidad de otro bien (carne) para seguir acumulando el primero (leche), pues la diversidad en el consumo se considera más razonable que la extrema concentración en uno o en pocos artículos.

EL EQUILIBRIO DEL CONSUMIDOR EN EL ENFOQUE ORDINAL

La relación de sustitución entre, por ejemplo, carne y leche nos dice a qué cantidad de esta última está dispuesto a renunciar el consumidor para aumentar su consumo de aquélla en una unidad, sin que por ello pase a una situación peor (menos preferida) ni mejor (más preferida). Por otro lado, la relación entre el precio de la leche y el de la carne nos indica de qué cantidad de carne necesita desprenderse en el mercado para adquirir una unidad más de aquélla. Si, por ejemplo, estoy dispuesto a cambiar tres unidades de leche por una de carne (la relación de sustitución es 1/3), mientras que en el mercado la carne vale el doble que la leche (la relación de precios es 1/2), no sería sensato por mi parte realizar un intercambio en esos términos, ya que acudiendo al mercado, según el precio relativo de ambos bienes, por dos litros de leche se puede adquirir un kilo de carne. Como sólo he tenido que renunciar a dos, he obtenido la unidad de carne (a precios de mercado) y me he quedado con una de leche de las tres que estaba dispuesto a entregar. La disparidad entre mi valoración subjetiva del cambio carne-leche y la valoración objetiva (de mercado) permite pasar a una combinación de consumo mejor situada en mi orden de preferencias, ya que dispongo de la misma cantidad de carne y de una unidad más de leche.

- **La elección óptima de las cantidades consumidas por el consumidor se caracteriza por la igualación entre la relación marginal de sustitución entre bienes y la relación de precios de los mismos.**

Resulta, pues, que con la sola introducción del concepto de relación marginal de sustitución hemos logrado definir las características de la elección óptima del consumidor.

Un procedimiento más intuitivo para determinar el equilibrio del consumidor es el que resulta de analizar conjuntamente los dos instrumentos presentados, esto es, la restricción presupuestaria o recta de balance y las curvas de indiferencia, como elemento representativo de las preferencias o gustos del consumidor.

Análisis conjunto de la recta de balance y las curvas de indiferencia

En términos de lo señalado anteriormente la decisión óptima del consumidor puede formularse como sigue: el consumidor estará en equilibrio cuando la relación marginal de sustitución entre bienes iguale a la relación de precios. La relación de sustitución entre bienes, por ejemplo, leche por carne, nos dice a qué cantidad de leche está dispuesto a renunciar un consumidor para aumentar su consumo de carne, sin que por ello pase a una situación peor (menos preferida) ni mejor (más preferida). La relación entre el precio de la leche y la carne indica de qué cantidad de leche necesita desprenderse en el mercado para adquirir una unidad más de carne.

Para determinar gráficamente el equilibrio del consumidor representamos gráficamente y de forma simultánea las curvas de indiferencia y la recta de balance. El individuo estará interesado en consumir toda su renta, por lo que buscará una combinación de leche y carne que esté sobre la recta de balance y que le facilite la máxima satisfacción. Esto se conseguirá cuando ese punto corresponda a la curva de indiferencia que esté más arriba y a la derecha de todas las que se puedan alcanzar. Esto ocurrirá en el punto *E* de la Figura 6.A.4, pues en los puntos *B* o *D* el consumidor se encontrará una curva de indiferencia más baja y en el *F* no puede situarse, porque la renta de que dispone no se lo permite.

Tal como se muestra gráficamente (Figura 6.A.4), el consumidor se mueve a lo largo de su recta de balance hasta que alcanza el punto *E*. En esta combinación la línea de presupuesto es tangente a la curva de indiferencia. Si las pendientes no fueran iguales, la primera cortaría a la segunda y el consumidor podría continuar su camino a lo largo de *AC* hasta otra curva de mayor utilidad.

- **El equilibrio se alcanza cuando la relación marginal de sustitución del consumidor es igual a la pendiente de la recta de balance, esto es, a la relación entre el precio de la leche y el precio de la carne.**

LA DEDUCCION DE LA CURVA DE DEMANDA

La curva de demanda de un bien muestra cómo responde el consumidor a cambios en el precio del bien en cuestión. Vamos ahora, tomando como marco de referencia los conceptos introducidos en el análisis ordinal del consumidor, a deducir la curva de demanda.

Supondremos, a título de ejemplo, que tiene lugar una reducción en el precio de un determinado bien, por ejemplo la leche. Cuando esto ocurre, las preferencias de los consumidores no tienen por qué variar, pero sí lo hacen sus posibilidades de elección, ya que, como hemos señalado en el texto de este capítulo, por un lado se altera la estructura de precios relati-

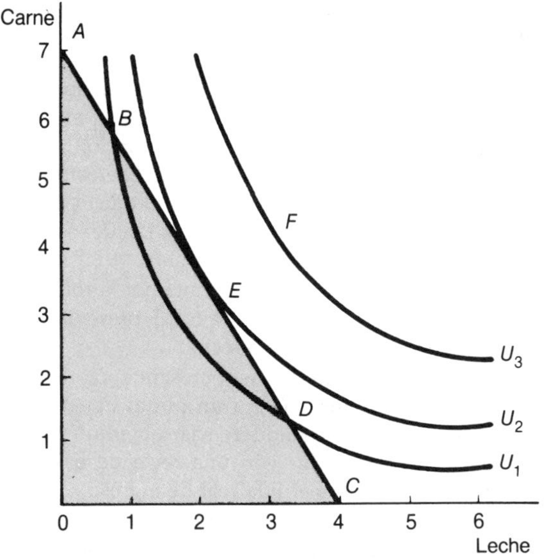

Figura 6.A.4. Equilibrio del consumidor.

Ahora combinamos en un diagrama el mapa de indiferencia y la restricción o recta de balance. Con ello, en el punto de tangencia de la recta de balance y la curva de indiferencia U_2, el consumidor está maximizando su satisfacción sujeto a la restricción presupuestaria al alcanzar la curva de indiferencia más elevada que le permite su renta fija. En este punto se logra el equilibrio del consumidor, donde la relación marginal de sustitución es igual a la razón de precios.

vos entre ese bien y los demás, y por otro se modifica la renta real del consumidor.

1. Efecto sustitución

La reducción en el precio de un bien (la leche) altera la estructura de precios relativos entre ese bien y los demás. La leche se hace, comparativamente, más barata, en términos de mercado. Si el consumidor racional se situaba en una posición en la que la valoración de mercado igualaba a la valoración subjetiva (en términos de relación marginal de sustitución), ahora se encontrará con que, si no cambia su elección, estará en una situación en la cual su valoración subjetiva de la leche (la cantidad de, por ejemplo, carne a que está dispuesto a renunciar para obtener una unidad adicional de leche) supera el valor relativo de mercado. Por tanto, su elección anterior deja de satisfacer los requisitos del óptimo, y se pone en marcha la posibilidad de un reajuste que conduzca a una situación preferida a la inicial. Concretamente, se abre la posibilidad de obtener una mayor cantidad del bien (leche) a precios de mercado, con un sacrificio en términos de los demás bienes (carne, en nuestro ejemplo) inferior al que estaría dispuesto a soportar el consumidor. Que el precio de la leche disminuya implica, en este sentido, no sólo que se haga comparativamente más barata, sino, además, que se reduce el sacrificio (en términos de los demás bienes) para adquirirla. Este desplazamiento, debido a la variación en los precios relativos que implica la disminución de un precio (o el aumento) sin variar los demás, es conocido como *efecto sustitución* (Figura 6.A.5).

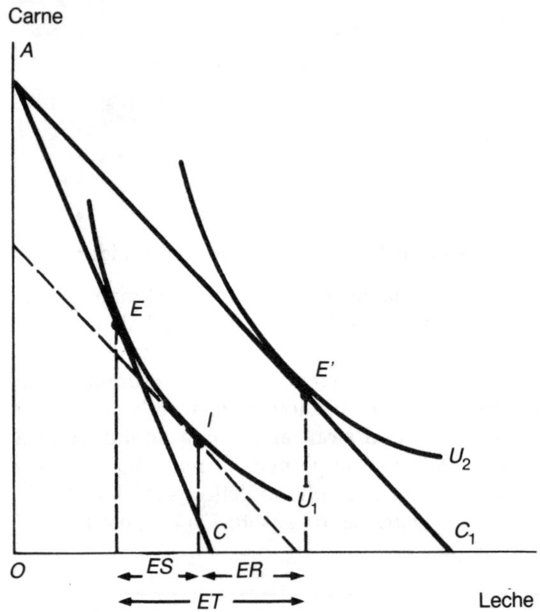

Figura 6.A.5. Efectos renta y sustitución.

El efecto total (*ET*) de un cambio de precios es el cambio total en la cantidad demandada al pasar el consumidor de un equilibrio a otro; puede descomponerse en dos: efecto renta y efecto sustitución.

El efecto renta de la variación de precio es el ajuste de la cantidad demandada ante la variación resultante del poder adquisitivo de la renta. El efecto sustitución de la variación del precio es el ajuste de las cantidades demandadas ante la variación de los precios relativos.

La variación en el precio se denota por la rotación de la recta de balance. La Figura 6.A.5 presenta una disminución del precio de la leche.

El efecto sustitución (*ES*) se representa por el paso del punto de equilibrio (*E*), a un punto imaginario en la misma curva de indiferencia, obtenido como tangencia de esta curva con una recta de balance compensatoria de la pérdida real de ingreso.

El efecto renta (*ER*) supone el paso de este punto imaginario (*I*) al punto de tangencia de la nueva recta de balance con la curva de indiferencia más elevada (*E'*). El efecto total (*ET*) es la suma de ambos, esto es, el paso de *E* a *E'*.

---

2. Efecto renta

Al disminuir el precio de un bien, sin variar los de los demás bienes, aumentan las combinaciones de bienes alcanzables con una renta dada. Cuando se reduce el precio de la leche podemos seguir comprando la misma cantidad de leche y carne que antes, y todavía nos quedará algo de dinero (renta) disponible (concretamente, lo que nos hayamos ahorrado al comprar la misma cantidad de leche a un precio inferior). La reducción del precio de la leche «libera» una cierta porción de dinero, y con ella pueden comprarse artículos de consumo adicionales, bien sea del mismo tipo de aquel cuyo precio se ha reducido, bien de cualesquiera otros. En la medida en que esta mayor renta «real» en el sentido de mayor poder adquisitivo redunde en un incremento del consumo del propio bien (leche, en nuestro ejemplo), se habla de un *efecto renta* de signo normal: es decir, una disminución del precio conduce a un incremento en la cantidad demandada del bien. En el caso contrario, esto es, cuando se trate de un bien inferior, el efecto renta actuará en el sentido de asociar reducciones en el precio con disminuciones en la cantidad demandada.

3. Efecto total

En conjunto, la reducción del precio de un bien pone en marcha unos mecanismos que tienden a reajustar la posición elegida por el consumidor. Si, tal como los hemos definido, los bienes normales son aquellos cuya demanda se ve estimulada al aumentar la renta del consumidor y los inferiores son los que responden a aumentos de renta con disminuciones en la cantidad demandada, el efecto renta, para el caso de los bienes normales, actúa en el sentido de asociar incrementos en la cantidad demandada a reducciones en el precio. Por otra parte, el abaratamiento relativo del bien cuyo precio disminuye induce a la búsqueda de un nuevo equilibrio en el cual dicho bien está presente en mayor cantidad. Por ello, tanto la «liberación» de renta real (capacidad adquisitiva), que supone la reducción de precio, como el cambio favorable en los precios relativos, que «abarata» el consumo del bien, actúan en el sentido de que a disminuciones de precio le corresponden incrementos en la cantidad del bien en la nueva combinación óptima de consumo y, por tanto, en la cantidad demandada (todo ello bajo el supuesto de que la renta monetaria del consumidor no varía, ni tampoco lo hacen los precios de los demás bienes o los gustos del sujeto).

Resulta, pues, que si el bien cuyo precio se altera es un bien normal, tanto el efecto renta como el efecto sustitución se moverán en el mismo sentido, haciendo en nuestro caso, que la cantidad demanda de leche aumente al reducirse su precio. En otras palabras, en el caso de que el bien cuyo precio se altera sea un bien normal, el efecto renta y el efecto sustitución se refuerzan mutuamente. Si el bien es inferior, el efecto renta y el efecto sustitución se contrarrestarán.

Debe destacarse que el efecto sustitución siempre es «negativo», en el sentido de que un abaratamiento de la leche siempre lleva a aumentar su consumo, de forma que las variaciones de la cantidad demandada y del precio tienen sentido contrario. El efecto renta, sin embargo, puede ser «positivo» o «negativo», esto es, al aumentar la renta, la cantidad demandada puede aumentar (bienes normales) o disminuir (bienes inferiores). En el primer caso el efecto renta sería positivo y, en el segundo, negativo.

Respecto al efecto total cabe la posibilidad teórica, si la leche fuese un bien inferior, de que el efecto renta sea positivo, esto es, que una disminución del precio de la leche produzca una reducción en el consumo de leche, que compense el efecto sustitución. Sólo en este hipotético caso, cuando el efecto renta es de signo contrario al efecto sustitución y lo suficientemente grande como para contrarrestarlo, el efecto total irá en contra de las predicciones de la ley de la demanda. En este caso estaríamos ante un *bien Giffen* cuya demanda se reduce al bajar el precio. Resulta, sin embargo, que en la realidad no existen bienes Giffen, de forma que la ley de la demanda no se ve violada en la práctica. (Véase Apartado 2 de este capítulo.)

4. La curva de demanda

A partir del análisis del equilibrio del consumidor se puede ofrecer una justificación de la ley de la demanda, según la cual cuando tienen lugar disminuciones (aumentos) en el precio de un bien, la cantidad demandada se verá incrementada (disminuida).

Gráficamente podemos ver cómo se deriva la relación entre la demanda de un bien y el precio a partir de los diagramas anteriores. Para ello partimos de un precio de la leche de 10 unidades monetarias/litro y suponiendo que permanecen constantes las demás variables, esto es, la renta, el precio de la carne y las preferencias del sujeto definidas por las curvas de indiferencia, empezamos a reducir el precio de la leche. Estos cambios en el precio se traducen en cambios de la recta de balance, que va rotando hacia la derecha (Figura 6.A.6).

Si toda la renta se gasta en leche, el consumidor podrá comprar ahora una mayor cantidad. Como se ha supuesto que ni el precio de la carne ni la renta se alteran, la nueva recta de balance seguirá partiendo del punto *A*, de forma que una reducción en el precio de la leche supondrá un giro de la recta de balance, en sentido contrario a las agujas del reloj. Esto es, las nuevas rectas de balance serán AC_1, AC_2.

En las nuevas rectas de balance el consumidor encuentra su equilibrio en los puntos E_1 y E_2. En la combinación E_1 el consumidor adquiere una mayor cantidad de leche que en E_0, como consecuencia de que su precio se ha abaratado relativamente al de la carne y del aumento de la renta real. Lo mismo ocurre en la combinación E_2.

En el gráfico aparece la curva *precio-consumo*, la cual pasa por todos los puntos de equilibrio (E_0, E_1, E_2) que se han hallado, y equivalente a la curva de demanda. Si los puntos E_0, E_1 y E_2 los trasladáramos del espacio de los bienes al formado por el precio y la cantidad demandada de leche, resultaría que tendríamos tres puntos de la curva de demanda de leche. A

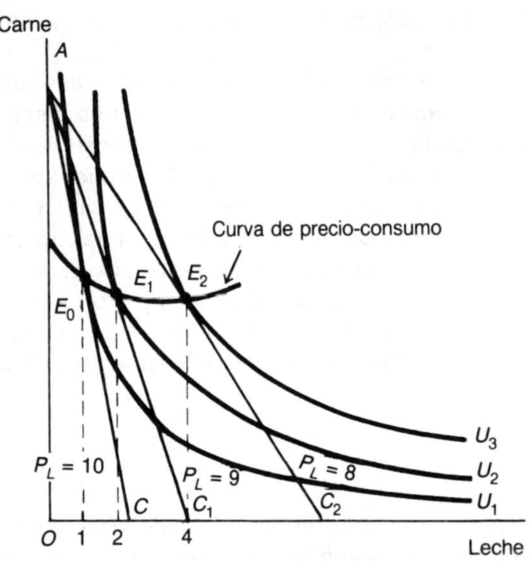

Figura 6.A.6. Curva de precio-consumo.

La curva de precio-consumo es el lugar geométrico de las combinaciones de equilibrio que se producen al variar la relación de precios, cuando la renta es constante, sin que podamos afirmar nada a priori sobre su pendiente.

cada precio le correspondería una nueva cantidad de leche que el consumidor estará dispuesto a comprar. De esta forma se determinaría una tabla o curva de demanda.

La tabla o curva de demanda para el caso analizado en la Figura 6.A.6. sería la recogida en el Cuadro 6.A.2.

Cuadro 6.A.2. Tabla de demanda

Precio de la leche (u.m.)	**Cantidad demandada de leche**
10	1
9	2
8	4

CAPITULO 7

La teoría de la producción y de los costos

INTRODUCCION

Tal como se señaló en el Capítulo 4 la empresa es la institución o agente económico que toma las decisiones sobre la utilización de factores de la producción para obtener los bienes y servicios que se ofrecen en el mercado. La actividad productiva consiste en la transformación de bienes intermedios (materias primas y productos semielaborados) en bienes finales, mediante el empleo de factores productivos (básicamente trabajo y capital). En este sentido se incluye como actividad productiva no solamente la producción de bienes físicos (alimentos, vestidos, automóviles, etc.), sino también la prestación de servicios (sanidad, enseñanza, transportes, investigación, etc.).

Para poder desarrollar su actividad la empresa necesita disponer de una tecnología que especifique qué tipo de factores productivos precisa y cómo se combinan. Asimismo, debe adoptar una organización y forma jurídica que le permita realizar contratos, captar recursos financieros, si no dispone de ellos, y ejercitar sus derechos sobre los bienes que produce. Con el transcurso del tiempo la empresa ha accedido a tecnologías más productivas y más sofisticadas que le permiten aprovechar las ventajas de la producción en masa. Esta tendencia al gigantismo empresarial ha dado nacimiento a la moderna sociedad industrial, con sus complejas organizaciones industriales, que van desde el conglomerado que produce tanto el caucho de las ruedas del coche como el coche mismo, hasta las sociedades multinacionales.

1. LA EMPRESA Y LA PRODUCCION EN EL CORTO PLAZO

La empresa y la producción

En un sistema de economía de mercado, la empresa privada realiza la función productiva fundamental.

• La *empresa* es la unidad económica de producción encargada de combinar los factores o recursos productivos, trabajo, capital y recursos naturales, para producir bienes y servicios que después se venden en el mercado.

Tipos de organización empresarial

Hay tres formas fundamentales de organización empresarial: la propiedad individual, la sociedad colectiva y la sociedad anónima. Una empresa de *propiedad individual* es aquella que es propiedad de un individuo, que lógicamente tiene pleno derecho a recibir los beneficios que genere el negocio y es totalmente responsable de las pérdidas en que incurre.

La propiedad individual es la forma más simple de establecer un negocio. Aunque la propiedad individual es simple y flexible, tiene serios inconvenientes, pues la capacidad financiera y de trabajo de una persona es limitada. Por ello, cuando la actividad se hace más compleja, la solución es conseguir algún socio con quien compartir el peso de la empresa y la responsabilidad ilimitada por las deudas contraídas en el negocio.

- **Una empresa de *propiedad colectiva* es aquella cuyos propietarios son un número reducido de personas que participan conjuntamente en los beneficios.**

Cada uno de los socios es responsable conjuntamente de las pérdidas en que incurra la empresa. Estas sociedades, al tener todos sus socios responsabilidad ilimitada y dado que la gente es reacia a exponer su fortuna personal, suelen reducirse a empresas personales o familiares, y por lo general pequeñas. Además de que los socios pueden llegar a perder todos sus activos personales, pues cada socio es responsable de las obligaciones asumidas por los otros socios, en estas sociedades, al igual que en las individuales, existe un problema de continuidad. Cada vez que muere un socio, o renuncia, debe formarse una nueva sociedad. Asimismo, la admisión de un nuevo socio plantea ciertos problemas, ya que todos los socios deben estar de acuerdo, antes de que cualquiera de ellos pueda vender su parte a un tercero. Una dificultad adicional surge al tratar de financiar el crecimiento de la sociedad. Los medios financieros de estas sociedades suelen limitarse a los beneficios reinvertidos provenientes del propio negocio; las hipotecas sobre la propiedad y créditos bancarios, los préstamos de proveedores, etc.

La sociedad anónima

- **En una sociedad anónima el capital está dividido en pequeñas partes alícuotas llamadas *acciones*, lo que facilita la reunión de grandes capitales. Cada socio tiene una responsabilidad limitada, en concreto sólo responde del capital que ha aportado y no se responsabiliza de las deudas sociales de la empresa.**

Al limitarse la responsabilidad de los propietarios, existe una menor protección legal para los acreedores a quienes la sociedad adeuda dinero. En estas sociedades hay una clara separación entre la propiedad, que es de los accionistas, y la dirección, que la tiene el Consejo de Administración, que suele contratar a técnicos especializados en las diversas áreas de la empresa. El divorcio entre la propiedad y la dirección de la empresa plantea problemas a la hora de establecer los objetivos que la empresa pretende alcanzar. En la pequeña empresa individual, la motivación del empresario parece clara y consiste en tratar de maximizar el rendimiento neto. En la gran empresa anónima resulta más difícil asegurar que éste sea el objetivo de la empresa. Por un lado los accionistas pretenderán que la empresa maximice sus beneficios, de forma que los dividendos (véase Nota complementaria 7.1) distribuidos sean los mayores posibles. Por otro lado, puede que los gerentes estén más interesados en otras variables, como pueden ser el crecimiento de la empresa, el *status* de la misma, la supervivencia, sus emolumentos, etc. (véase Capítulo 11).

Además de la responsabilidad limitada, la sociedad anónima no plantea problemas de continuidad. Al ser legalmente una «persona jurídica» cuando uno de sus accionistas muere, la sociedad sobrevive, pues las acciones se trasladan a sus herederos sin ocasionar ninguna perturbación. Asimismo, si uno de los ac-

Nota complementaria 7.1

LA RENTABILIDAD DE LOS TITULOS

La rentabilidad de los fondos colocados en acciones que se cotizan en bolsa tiene tres componentes: el *dividendo* cobrado (el dividendo es la retribución que percibe el accionista con cargo a los resultados de la empresa), la *diferencia de cotización,* que indica cuánto se habría ganado (o perdido) de haber comprado una acción el primer día del período estudiado y de haberla vendido el último día, y *los derechos de suscripción* que miden los ingresos que se habrían tenido si se hubiera vendido el derecho preferente a suscribir nuevas acciones de la misma empresa. La cotización de un activo financiero es el precio que alcanza en el mercado correspondiente, expresado en tanto por ciento respecto a su valor nominal. Así, una acción que cotice al 150 % tendrá un precio de 1.500 pesos si su valor nominal es de 1.000 pesos. El tipo de interés es igual a la remuneración que recibe el poseedor de un financiero, por unidad de tiempo y expresada en tanto por ciento respecto a su precio (tipo de interés efectivo). Así, una acción cuyo valor nominal sea 1.000 pesos, y que proporcione al año una rentabilidad de 150, tiene un tipo de interés nominal del 15 %. El tipo de interés efectivo depende, sin embargo, de la cotización. Así, si la cotización es del 150 %, su precio será 1.500 pesos, con lo que la rentabilidad (150) representará un tipo de interés efectivo de sólo el 10 %. Por el contrario, si su cotización es del 80 %, su precio o cotización será de 800 pesos, con lo que la rentabilidad (150) representa aproximadamente un 18 % de tipo de interés efectivo. Resulta pues que, cuando los demás factores permanecen constantes, cuanto más alta es la cotización de un activo, más bajo es su tipo de interés efectivo.

cionistas decide salir del negocio, no tiene más que vender sus acciones y no hay ninguna necesidad de reorganizar la compañía.

Las sociedades anónimas, al facilitar la formación de grandes capitales, suelen tener efectos beneficiosos sobre la producción, pues permiten realizar grandes inversiones que incrementan la productividad. Esta facilidad para formar grandes capitales puede, sin embargo, ocasionar una excesiva concentración de empresas que conlleve una consiguiente pérdida de las ventajas derivadas de la competencia perfecta. Aunque sobre este tema volveremos en los Capítulos 9 y 10, cabe señalar que, ante este riesgo, se han promulgado leyes que pretenden impedir las técnicas tendentes a elevar el grado de monopolización.

La empresa y los beneficios

Tal como indicamos en el Capítulo 4, un supuesto razonable respecto al objetivo que guía el comportamiento de las empresas es que éstas pretendan enriquecer lo más posible a los propietarios, esto es, que traten de maximizar los beneficios.

Los beneficios se definen como la diferencia entre los ingresos y los costos. Los ingresos son las cantidades que obtiene la empresa por la venta de sus bienes o servicios durante un período determinado. Los costos son los gastos ligados a la producción de los bienes o servicios vendidos durante el período considerado.

Una primera explicación de por qué las empresas realmente pretenden alcanzar este objetivo sería que la competencia les obliga a comportarse tratando de minimizar los costos, lo que equivale a maximizar el beneficio. Por otro lado, los accionistas intentan incentivar a los directivos para lograr que éstos realmente traten de maximizar los beneficios.

La función de producción

En la mayoría de los procesos productivos se utilizan todos los factores, si bien la proporción en que intervienen puede variar de forma bastante apreciable, siempre dentro de las posibilidades que ofrezca la tecnología disponible.

Dada una cantidad fija de factores, la cantidad de producto que se puede obtener depende del estado de la tecnología.

Podemos describir la tecnología, esto es, el estado de los conocimientos técnicos de la sociedad, en un momento determinado, por medio del concepto de *función de producción.*

• **La relación entre la cantidad de factores productivos requerida y la cantidad de producto que puede obtenerse se denomina *función de producción.***

Hay miles de funciones de producción diferentes en la economía española. Al menos una para cada empresa y producto.

Así, pensemos en el caso de un agricultor. La producción de trigo requiere el empleo de una serie de factores: tierra, trabajo, maquinaria, fertilizantes y semillas. A partir de estos factores, cuando llega la cosecha el agricultor obtiene el trigo.

En este proceso el agricultor tratará de alcanzar la cantidad máxima posible del producto final, trigo, con una cantidad dada de factores. Esta información es la facilitada por la función de producción.

Si se produce un avance en los conocimientos técnicos el agricultor obtendrá una mayor cantidad de producto con la misma cantidad de factores, de forma que la función de producción cambiará.

La función de producción y el corto plazo

Muchos de los factores que se emplean en la producción son bienes de capital, tales como maquinarias, edificios, etc. Si quisiéramos aumentar la producción rápidamente, algunos de estos factores no podrían incrementarse en el corto plazo y sólo sería posible aumentar la producción con mayores cantidades de aquellos otros como el factor trabajo cuya adquisición en mayores cantidades sí resulta factible en un breve período de tiempo.

• **El corto plazo es un período de tiempo a lo largo del cual no pueden variar algunos de los factores a los que se les denomina factores fijos. La empresa sí puede ajustar los factores variables, incluso a corto plazo.**

Para facilitar el análisis consideramos que estamos estudiando la evolución de la producción de trigo de una empresa agrícola y que tan sólo pueden producirse variaciones en las cantidades utilizadas de trabajo permaneciendo constantes los demás factores productivos.

En el Cuadro 7.1, en la primera columna, aparece la cantidad de trabajo que se emplea en la producción de trigo. La segunda muestra el *producto total* (*PT*), esto es, la cantidad de producción que se obtiene para diferentes niveles de trabajo. Asimismo, la tercera columna recoge los valores del *producto marginal del trabajo* (*PMaL*), que se define como el aumento de producto que se obtiene cuando la cantidad de trabajo utilizada se incrementa en una unidad.

La evolución de la producción total de trigo y del producto marginal derivado de emplear una unidad adicional de trabajo aparecen reco-

Cuadro 7.1. Producto total, marginal y medio del trabajo en la producción de trigo

Cantidad de trabajo (Trabajadores por campaña)	Producto total (Toneladas de trigo por campaña)	Producto marginal (Toneladas de trigo por trabajador adicional)	Producto medio (Toneladas de trigo por trabajador)
0	0,00		0,00
		0,55	
1	0,55		0,55
		0,87	
2	1,42		0,71
		1,08	
3	2,50		0,83
		1,31	
4	3,81		0,95
		1,19	
5	5,00		1,00
		0,80	
6	5,80		0,97
		0,73	
7	6,53		0,93
		0,42	
8	6,95		0,87
		0,25	
9	7,20		0,80
		0,10	
10	7,30		0,73

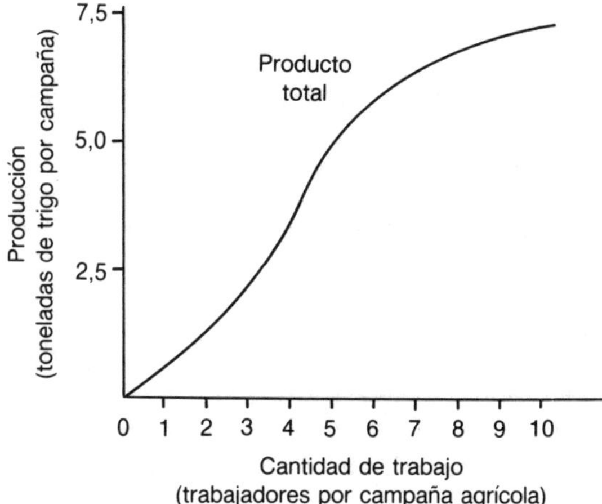

Figura 7.1*a*

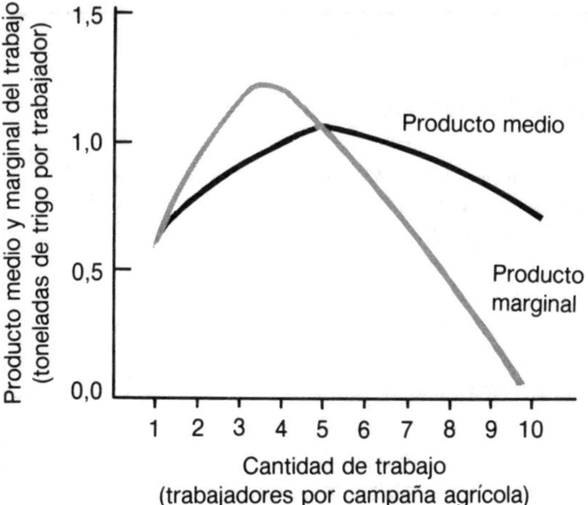

Figura 7.1*b*

Como se deduce de los valores contenidos en el Cuadro 7.1 el producto total inicialmente crece a un ritmo creciente y posteriormente lo hace de forma decreciente. En consecuencia, el producto marginal inicialmente crece, después alcanza un máximo, y posteriormente decrece. El producto medio tiene un comportamiento similar al del producto marginal.

---

gidos gráficamente en la Figura 7.1. Como puede observarse en la Figura 7.1*a* el producto total aumenta de forma continua conforme se incrementa la cantidad empleada de trabajo, haciéndolo a un ritmo creciente hasta que se contrata el cuarto trabajador. En este mismo intervalo, el producto marginal es creciente (Figura 7.1*b*), pasando de ser 0,55 toneladas, el correspondiente al primer trabajador, a 1,31 toneladas, para el cuarto trabajador. A partir de este trabajador la cantidad total de trigo continúa aumentando, pero a un ritmo decreciente, lo que se traduce en una curva de producto marginal decreciente. Así, el producto marginal del quinto trabajador es 1,19 toneladas y continúa disminuyendo hasta alcanzar el valor de 0,1 toneladas, en el caso del décimo trabajador. Los valores del producto total y el producto marginal del Cuadro 7.1 aparecen «suavizados» en la Figura 7.1

- **La *curva de producto total* muestra la relación entre la cantidad de un factor variable (el trabajo) y la cantidad de producción obtenida. La curva de producto marginal de un factor variable (el trabajo) muestra el aumento en la producción obtenido utilizando una unidad adicional de ese factor.**

La ley de los rendimientos decrecientes

La justificación del comportamiento observado en la Figura 7.1 descansa en la llamada *ley de los rendimientos decrecientes* esbozada en el apéndice del Capítulo 2, y que se refiere a la cantidad de producto adicional que se obtiene cuando se añaden sucesivamente unidades adicionales iguales de un factor variable a una cantidad fija de uno o varios factores. Según esta ley, a partir de un cierto nivel de empleo (en el caso del Cuadro 7.1, el cuarto trabajador), se obtienen cantidades de producto sucesivamente menores (en nuestro caso, de trigo) al añadir dosis iguales de un factor variable (trabajo), a una cantidad fija de un factor (por ejemplo, tierra).

- **La *ley de los rendimientos decrecientes* establece que el producto marginal de un factor variable de producción disminuye, traspasado un determinado nivel, al incrementarse la cantidad empleada de ese factor.**

Esta ley constituye una importante regularidad técnica generalmente observada, pero no goza de validez universal. Es frecuente que sólo se cumpla después de haber añadido un número considerable de dosis iguales del factor variable. Estos resultados se pueden justificar argumentanto que el factor variable tiene cada vez menos cantidad de factor fijo con que operar, por lo que a partir de un determinado momento se van generando incrementos de producto cada vez menores.

El producto medio

La última columna del Cuadro 7.1 recoge el *producto medio* (*PMe*) del trabajo correspondiente a cada nivel de empleo del factor trabajo.

- **El *producto medio* del trabajo es el cociente entre el nivel total de producción y la cantidad de trabajo utilizada.**

En la literatura económica al producto medio del trabajo se le suele denominar *productividad del trabajo,* e indica el nivel de producción que obtiene la empresa por unidad de trabajo empleado (Nota complementaria 7.2).

La representación gráfica de los valores del producto medio (*PMe*) contenidos en el Cuadro 7.1 muestra que, al igual que el producto marginal (*PMa*), el producto medio aumenta inicialmente cuando aumenta la cantidad de trabajo, y, a partir de un cierto nivel, en el

Nota complementaria 7.2

LA PRODUCTIVIDAD MEDIA COMO INDICADOR DE LA ACTIVIDAD

Tal como se indica en el texto, el producto medio del trabajo se suele denominar productividad del trabajo, y es una de las variables más representativas de la marcha de la empresa. En el cuadro adjunto se recoge la evolución de la productividad del trabajo de los sectores público y privado durante el período 1960-1980.

EVOLUCION DE LA PRODUCTIVIDAD DE LOS SECTORES PUBLICO Y PRIVADO EN LA ARGENTINA
(Indice base 1960 = 100)

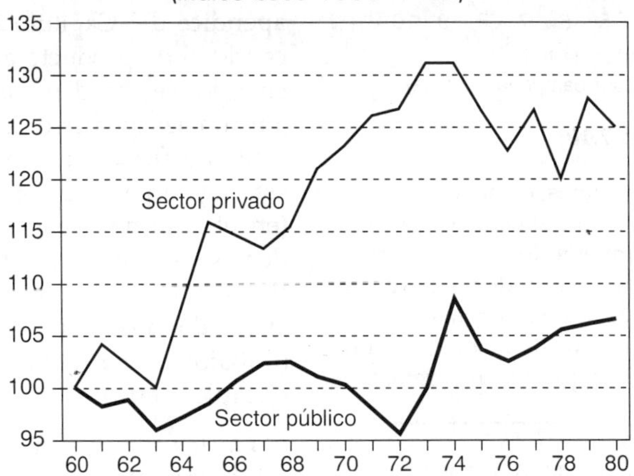

FUENTE: Víctor J. Elías: «La productividad del sector público en la Argentina». *Económica,* pág. 141, mayo-diciembre, 1985.

ejemplo considerado el quinto trabajador, empieza a decrecer. La Figura 7.1*b* muestra, además, que cuando el producto marginal es mayor que el producto medio, la curva de producto medio es ascendente y, cuando es menor, la curva de producto medio es descendente, de forma que cuando la curva de producto marginal corta a la curva de producto medio ésta alcanza su máximo.

La relación entre el producto total, el producto medio y el producto marginal

La justificación de la relación comentada entre el *PMe* y el *PMa* es puramente aritmética. Así, supongamos que dos trabajadores, dada una maquinaria determinada que no logran aprovechar al máximo, producen una media de 750 camisas a la semana. Si se incorpora un tercer trabajador y éste produce 900 camisas a la semana, el producto medio de los tres trabajadores será ahora de 800 camisas a la semana. El aumento del producto medio se debe a que el producto marginal del tercer trabajador es 900 camisas a la semana, mayor que el producto medio de los dos primeros, que es de 750 camisas. Dado que el nuevo producto marginal es superior al producto medio cuando sólo producían dos trabajadores, éste debe aumentar.

En el apartado siguiente utilizaremos las propiedades de las curvas de producto total, marginal y medio para mostrar cómo evolucionan los costos de producción de la empresa según varía el nivel de producción.

Nota complementaria 7.3

CICLO TECNOLOGICO DE PROCESOS, PRODUCTOS E INDUSTRIAS

La incorporación de nuevas tecnologías en el mundo de la empresa se realiza siguiendo un proceso que, de forma aproximada, se recoge en la figura adjunta. Lógicamente las empresas que primero incorporen las tecnologías novedosas serán las que más se beneficiarán.

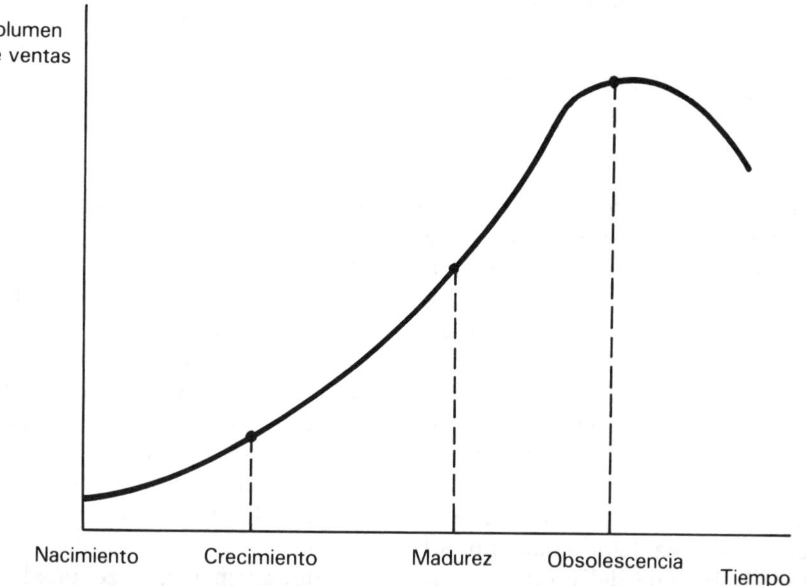

Como se deduce de los valores contenidos en el Cuadro 7.1, el producto total inicialmente crece a un ritmo creciente y posteriormente lo hace de forma decreciente. En consecuencia el producto marginal inicialmente crece, después alcanza un máximo, y posteriormente decrece. El producto medio tiene un comportamiento similar al del producto marginal.

2. LA PRODUCCION Y EL LARGO PLAZO

Si el producto que una empresa lanza al mercado experimenta una demanda creciente, ésta deseará expandir la producción. De forma inmediata la empresa puede hacer que la mano de obra existente trabaje horas extraordinarias, y también puede incrementar el número de empleados contratados. En un plazo de tiempo algo mayor, y si continúa la presión por parte del mercado, la empresa empezará a introducir nueva maquinaria y, a más largo plazo aún, puede incluso construir una nueva fábrica.

- **A largo plazo las empresas tienen la posibilidad de alterar la cantidad de cualquiera de todos los factores que emplean en la producción.**

Precisamente, en economía, la distinción entre *corto* y *largo plazo* se establece únicamente atendiendo a la existencia o no de *factores fijos.*

Las propiedades técnicas de la producción a *largo plazo* se establecen en torno al concepto de *rendimientos de escala* (escala significa el tamaño de la empresa medido por su producción) y éste se aplica sólo al caso en que todos los factores varíen simultáneamente en la misma proporción.

Fijándonos en el comportamiento de la cantidad producida de un bien diremos que existen rendimientos o *economías de escala crecientes* cuando al variar la cantidad utilizada de todos los factores, en una determinada proporción, la cantidad obtenida del producto varía en una proporción mayor. Este sería el caso si, al doblar las cantidades utilizadas de todos los factores, obtenemos más del doble del producto. En el ejemplo considerado (Cuadro 7.2), las cantidades empleadas de capital y trabajo pasan respectivamente de 2 unidades y 16 unidades físicas al doble, es decir, 4 y 32, respectivamente, y la producción, de 1.000 a 2.200.

Cuadro 7.2. Rendimientos de escala

Factor capital (*)	Factor trabajo (*)	Nivel de producción	Rendimientos
2	16	1.000	
4	32	2.000	Constantes
4	32	1.700	Decrecientes
4	32	2.200	Crecientes

(*) Unidades físicas de factor.

Asimismo, existen *rendimientos constantes de escala* cuando la cantidad utilizada de todos los factores y la cantidad obtenida de producto varían en la misma proporción. Finalmente, diremos que existen *rendimientos de escala decrecientes* cuando, al variar la cantidad utilizada de todos los factores en una proporción determinada, la cantidad obtenida de producto varía en una proporción menor.

La eficiencia técnica

Aunque el estado de la tecnología es un dato para el empresario, éste tratará, sin embargo, de actuar racionalmente a la hora de escoger la combinación de factores que le permita obtener la cantidad de producto que él desee. El conocimiento de la tecnología es un primer paso de esta elección, pues la empresa buscará la eficiencia técnica y desechará aquellas combinaciones de factores que, para obtener una cantidad de producto determinada, exijan el empleo de mayores cantidades de dichos factores.

Supongamos que se pueden emplear tres técnicas o métodos diferentes para obtener una unidad de producto empleando dos factores de producción, capital y trabajo (Cuadro 7.3):

- La técnica *A* emplea 2 unidades de capital y 16 de trabajo.
- La técnica *B* emplea 4 unidades de capital y 8 de trabajo.
- La técnica *C* emplea 3 unidades de capital y 17 de trabajo.

Cuadro 7.3. Eficiencia técnica

	Unidades físicas de factor por unidad de producto		Caracterización desde el punto de vista tecnológico
	Capital	Trabajo	
Técnica *A*	2	16	Eficiente
Técnica *B*	4	8	Eficiente
Técnica *C*	3	17	Ineficiente

La técnica *A* emplea menos unidades de capital que la *B*, pero requiere más unidades de trabajo por unidad de producto empleada: en consecuencia, desde un punto de vista estrictamente tecnológico, ambas son eficientes y la empresa no puede elegir entre ellas. La técnica *C* emplea más cantidades de ambos factores que la técnica *A*, y no será elegida en ningún caso o, lo que es lo mismo, es ineficiente. Pero el criterio de eficiencia técnica no nos permite escoger entre los métodos *A* y *B*. Para poder hacer esto, necesitamos la información que proporcionan los precios de los factores.

- **Un método de producción es *técnicamente eficiente* si la producción que se obtiene es la máxima posible con las cantidades de factores especificadas.**

La eficiencia económica

Desde un punto de vista de *eficiencia económica,* la técnica o método de producción elegido será aquel que sea más barato para un conjunto de precios de los factores. En el Cuadro 7.4 se evalúan los costos de las dos técnicas o métodos de producción eficientes, el *A* y el *B*, bajo el supuesto de que el precio del capital sea $5.000 al mes por máquina y que el precio del trabajo sea de $1.000 al mes por trabajador. De acuerdo con estos precios de los factores, el costo total en que se incurre es inferior en el caso de la técnica *A* que en el de la *B*, por lo que la empresa optará por la primera. Nótese, sin embargo, que si varían los precios del capital y del trabajo, el método elegido para producir puede variar. Así, por ejemplo, si ahora el precio del trabajo es $2.000 por trabajador por mes y el del capital no se altera, el método más barato será el *B*, con un costo total de $36.000 (Cuadro 7.5). Así, pues, resulta que entre los métodos técnicamente eficientes se elegirá en

Cuadro 7.4. Eficiencia económica
(Precios iniciales: Precio del capital: $5.000 al mes.
Precio del trabajo: $1.000 al mes)

	Unidades físicas de factor		Costo del capital (*)	Costo del trabajo (*)	Costo total (*)
	Capital	Trabajo			
Técnica *A*	2	16	10.000 (2 × 5.000)	16.000 (16 × 1.000)	26.000
Técnica *B*	4	8	20.000 (4 × 5.000)	8.000 (6 × 1.000)	28.000

(*) Pesos al mes.

Cuadro 7.5. Eficiencia económica
(Efectos de un aumento del salario: Precio del capital: $ 5.000 al mes.
Precio del trabajo: $ 2.000 al mes)

	Unidades físicas de factor		Costo del capital (*)	Costo del trabajo (*)	Costo total (*)
	Capital	Trabajo			
Técnica *A*	2	16	10.000 (2 × 5.000)	32.000 (16 × 2.000)	42.000
Técnica *B*	4	8	20.000 (4 × 5.000)	16.000 (8 × 2.000)	36.000

(*) Pesos al mes.

función de los precios de los factores, esto es, de los costos.

La sustitución en el empleo de unos factores por otros

El simple ejemplo considerado (Cuadros 7.4 y 7.5) ilustra la incidencia del precio relativo de los factores en la utilización de los mismos. Así, cuando el precio del trabajo es de 1.000 pesos y el del capital de 5.000 pesos al mes, el método de producción que resulta ser económicamente eficiente es el *A*, en el cual, de los dos considerados, se emplea relativamente más trabajo y menos capital. Sin embargo, si se produce un cambio en los precios de los factores productivos de forma que el costo de emplear mano de obra es ahora el doble, el método productivo elegido será el que emplea relativamente más capital, es decir, el *B*. Así, pues, cuando el precio del trabajo se encarece con respecto al precio del capital, la empresa procurará sustituir el factor que se ha encarecido (el trabajo) por el factor que se ha abaratado. La elección entre procesos o técnicas productivas y, en consecuencia, la sustitución de unos factores por otros depende de los precios o costos relativos de los factores productivos. (Sobre este proceso de sustitución en el empleo de factores se volverá a incidir en el Capítulo 13.)

- **El método de la producción *económicamente eficiente* minimiza el costo de oportunidad de los factores utilizados para obtener un nivel de producción dado.**

Cualquiera que sea el nivel de producción que se desee obtener, la elección racional del método más eficiente implica que éste sea técnica y económicamente eficiente. La eficiencia técnica se refiere al uso adecuado de los factores desde un punto de vista físico. La eficiencia económica determina cómo se combinan los factores productivos con referencia no a términos físicos, sino de costos. El método económicamente más eficiente será el que cueste menos. Desde esta perspectiva, la eficiencia técnica se supone dada y se pretende determinar la combinación óptima de factores siguiendo las reglas de la eficiencia económica. Las empresas que actúen más eficientemente serán las que resulten más competitivas.

3. LOS COSTOS DE LA EMPRESA A CORTO PLAZO

Prácticamente toda decisión implica un costo, ya que al tomar una opción estamos dejando a un lado toda una serie de alternativas. En cualquier caso, sin embargo, es en la actividad de las empresas donde los costos ocupan un lugar más relevante. Por una parte, los costos son

Nota complementaria 7.4

LA ESTRUCTURA DE COSTOS DE LA EMPRESA INDUSTRIAL ARGENTINA

El cuadro recoge la estructura media de costos de la industria manufacturera argentina en porcentajes del total del valor de la producción, según los datos censales.

Conceptos	1973 (porcentaje)	1984 (porcentaje)
Materias primas	51,72	42,63
Energía eléctrica	0,95	
Combustibles y lubricantes	1,38	
Gastos de personal	13,72	12,49
Pagos a terceros	1,45	1,31
Otros gastos	30,78	43,57

FUENTE: *Censo Nacional Económico,* 1974 y 1985, INDEC.

importantes, pues ayudan a seleccionar las mejores decisiones para ajustarse a los objetivos de la empresa. Asimismo, permiten evaluar en qué medida las empresas utilizan adecuadamente los recursos y factores productivos.

El concepto económico de costo

Consideremos por un momento los diferentes tipos de factores productivos que utiliza una empresa para obtener el bien que fabrica. Algunos de estos factores los compra en el mercado en el momento en que los necesita y los incorpora totalmente al producto. El costo de estos factores es simplemente el precio que se ha pagado por ellos en el mercado. Otros factores (esto es, los factores en propiedad, como pueden ser el edificio de la fábrica, el equipo de transporte o la maquinaria) la empresa los ha comprado hace tiempo, y son de una naturaleza tal que su utilización dura varios períodos productivos. El costo que en su tiempo tuvieron estos factores no será, en general, el mismo que hoy tendrían. Lo que es más, puede ser que a la vista de las condiciones económicas hoy existentes, la decisión de adquirir aquellos factores no se hubiera tomado, pues los fondos necesarios para adquirirlos podrían tener hoy más rentabilidad en otro sector. Este análisis viene a recordarnos que el concepto de costo que el economista debe utilizar es el de *costo de oportunidad,* esto es, el rendimiento que se podría haber obtenido si no se hubieran abandonado otras alternativas de ganancia. (Véase Capítulo 2). Por tanto, para aquellos factores propiedad de la empresa, adquiridos en anteriores períodos productivos, el costo que se debe atribuir a su uso es el rendimiento que obtendrían en la mejor alternativa posible. Sólo de esta forma se tendrá una visión correcta de la rentabilidad comparativa de la empresa con respecto a otras empresas o sectores.

En la vida real, sin embargo, al evaluar los costos de una empresa, los contables suelen omitir los costos de oportunidad de algunos recursos que utilizan las empresas, generalmente del trabajo y del capital financiero de los propietarios, de forma que los beneficios contables de la empresa suelen ser superiores a los beneficios económicos.

En efecto, supongamos que un empresario

considera que está obteniendo beneficios en su empresa, pero no imputa costo alguno (o lo imputa excesivamente bajo) a sus instalaciones. Podría suceder que de calcular correctamente sus costos los beneficios se convirtieran en pérdidas, lo cual sería una señal para que este empresario mejore sus resultados o abandone el sector, buscando una mayor rentabilidad para sus recursos (Cuadro 7.6).

Los costos a corto plazo: costos fijos y variables

Como se ha señalado, la producción es un proceso que requiere el paso del tiempo, por lo que no siempre será posible responder a cambios en la producción alterando las cantidades utilizadas de todos los factores. Precisamente el corto plazo se definió como el período de tiempo en que no es posible cambiar la cantidad utilizada de todos los factores. En el corto plazo, tal como señalamos en párrafos anteriores, habrá dos tipos de factores: *variables* (cuya cantidad puede variarse para producir mayor o menor cantidad de mercancía) y *fijos* (cuya cantidad no puede alterarse sin un costo elevado). En consecuencia, a corto plazo existirán dos tipos de costos: los *costos variables* (*CV*), que vienen dados por el valor de los factores variables y dependen del volumen de producción, y los *costos fijos* (*CF*) que se derivan del empleo de los factores fijos y que no dependen del volumen de producción, esto es, se incurre en ellos aunque no se produzca nada.

- **Los *costos fijos* (*CF*) son los costos de los factores fijos de la empresa y, por tanto, a corto plazo son independientes del nivel de producción. Los *costos variables* (*CV*) dependen, por el contrario, de la cantidad empleada de los factores variables y, por tanto, del nivel de producción. Los *costos totales* (*CT*) son iguales a los costos fijos más los costos variables:**

$$CT = CF + CV$$

En el caso de una empresa textil que produce camisas, los costos fijos son los costos del edificio, de la maquinaria, de la iluminación y de calefacción del local. Estos costos no dependen del nivel de producción y, por tanto, sólo se pueden evitar cerrando totalmente. Los costos variables son los costos de la utilización de los factores de producción variables, que en nuestro caso son el trabajo y las materias primas. Dado que las cantidades de factores aumentan conforme se incrementa la producción, los costos variables aumentan cuanto aumenta ésta.

Cuadro 7.6. Cuenta de resultados

INGRESOS COSTOS	Costos contables (en miles de pesos)	Costos de oportunidad (en miles de pesos)
Contables	15	15
Tiempo del propietario (*)		4
Activos propios (*)		2
Pérdidas o beneficios	5	(−1)
Total	20	20

(*) Las partidas «tiempo del propietario» y «activos propios» miden el costo de oportunidad de estos dos conceptos, ya que de no dedicarse a producir en la empresa en cuestión podrían emplearse en una actividad alternativa obteniendo una remuneración.

De la producción a los costos

En este punto es importante analizar la relación que existe entre producción y costos, pues parece claro que según como se comporte la productividad del factor variable, así se comportará el costo variable. Recordemos el ejemplo de la producción de trigo con un factor fijo (tierra) y un factor variable (trabajo). Definíamos la curva del producto total (*PT*) como aquella que muestra la relación entre la cantidad de trabajo y el nivel resultante de producción. Aceptando la ley de los rendimientos decrecientes suponíamos que el producto total —esto es, el grano— crecía inicialmente de forma más que proporcional y después menos que proporcionalmente, tal como se recoge en la Figura 7.1*a*.

Si suponemos que el salario está exógenamente determinado, resulta que la evolución del producto total determina la evolución de los costos de producción derivados de la utilización del factor variable. Nótese que el costo fijo no varía cuando lo hace el factor variable.

De acuerdo con lo señalado resulta que a medida que el producto total aumenta lo hace la cantidad empleada de factor variable, pero cabe distinguir dos fases: en una primera, la utilización del factor variable crece menos que proporcionalmente con respecto a la cantidad de producto total obtenido (fase de rendimientos marginales crecientes), mientras que en la segunda lo hace más que proporcionalmente (fase de rendimientos marginales decrecientes). Esto significa que los costos crecerán inicialmente a un ritmo decreciente conforme aumenta la cantidad producida y después lo hacen a un ritmo creciente. Por ello, la curva de costos que se deduce de la curva de producto total representada en la Figura 7.1 tendrá la forma recogida en el Figura 7.2.

Es importante entender la estrecha relación entre rendimientos y costos, pues la forma de la curva de costos que utilizaremos no es caprichosa: viene determinada por la existencia de rendimientos marginales crecientes en una primera fase y posteriormente decrecientes.

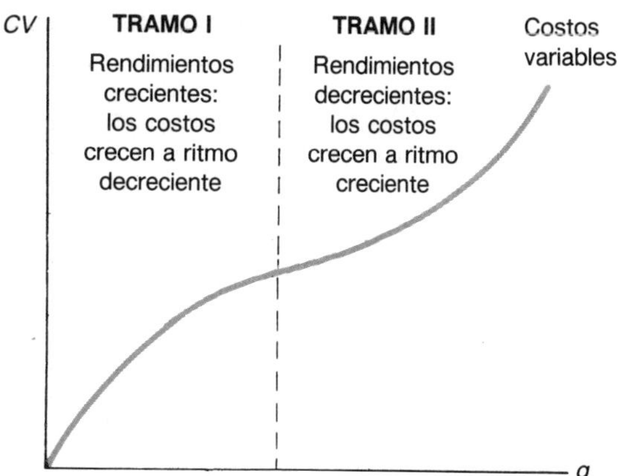

Figura 7.2. Curva de costos variables.

Los costos variables crecen al principio menos que proporcionalmente respecto a la cantidad producida, para después aumentar más rápidamente. La forma de la función de costos variables viene dada por la existencia a corto plazo de rendimientos marginales crecientes en la producción, en una primera fase, y decrecientes en una segunda fase.

En el Cuadro 7.7 aparecen los costos fijos, variables y totales, ligados a la producción de trigo, y que, tal como hemos apuntado, guardan una estrecha relación con los valores del Cuadro 7.1. El costo fijo derivado del empleo del factor tierra es constante e independiente del nivel de producción. En el ejemplo del Cuadro 7.7 se ha supuesto un costo fijo de 450.000 unidades monetarias (U. M.).

A corto plazo, cuando aumenta la producción, sólo aumenta el costo variable, esto es, el derivado de emplear más trabajo. En el Cuadro 7.7 se ha supuesto que el salario es de 125.000 U. M. por campaña.

En la Figura 7.3*a* se representan las curvas de costo total y costo fijo. Lógicamente, la curva de costo fijo es una línea horizontal, pues estos costos no varían con el nivel de producción. La distancia vertical existente entre la curva de costos totales y la de costos fijos para cada nivel de producción representa los costos variables.

Cuadro 7.7. Producción y costos en la producción de trigo (*)

Producción toneladas (trigo/campaña)	Cantidad de trabajo (trabajadores/campaña)	Costo fijo (U. M.×10³/campaña)	Costo variable (U. M.×10³/campaña)	Costo total (U. M.×10³/campaña)	Costo marginal (U. M.×10³/tonelada)	Costo fijo medio (U. M.×10³/tonelada)	Costo variable medio (U. M.×10³/tonelada)	Costo total medio (U. M.×10³/tonelada)
PT	*L*	*CF*	*CV*	*CT*	*CMa*	*CFMe*	*CVMe*	*CTMe*
0	0,0	450	0,0	450,0		0,0	0,0	0,0
1	1,8	450	225,0	675,0	225,0	450,0	225,0	675,0
2	2,8	450	350,0	800,0	125,0	225,0	175,0	400,0
3	3,6	450	450,0	900,0	100,0	150,0	150,0	300,0
4	4,2	450	525,0	975,0	75,0	112,5	131,3	243,8
5	5,0	450	625,0	1.075,0	100,0	90,0	125,0	215,0
6	6,2	450	775,0	1.225,0	150,0	75,0	129,2	204,2
7	7,5	450	937,5	1.387,5	162,5	64,3	133,9	198,2
8	9,2	450	1 150,0	1.600,0	212,5	56,3	143,8	200,0
9	11,5	450	1 437,5	1.887,5	287,5	50,0	159,7	209,7
10	14,2	450	1 775,0	2.225,0	337,5	45,0	177,5	222,5

(*) Como nota aclaratoria se presentan las definiciones de los distintos tipos de costos y, asimismo, se evalúan para el caso de que se produzcan 2 toneladas de trigo en la campaña. En el caso del *CMa* lo que se mide es el incremento en el costo total al pasar de producir 1 tonelada a producir 2 toneladas. Debe señalarse por último que los datos de este cuadro son consistentes con los del Cuadro 7.1. Si bien en el presente cuadro la magnitud que varía de forma unitaria es la producción y en el Cuadro 7.1 era la cantidad de trabajo.

CF = 450 miles de U. M.
$CV = 2{,}8 \times 125 = 350$ miles de U. M.
$CT = CF + CV = (450 + 350)$ miles de U. M. = 800 miles de U. M.
$CMa = \Delta CT = (800 - 675) = 125$ miles de U. M.
$CFMe = CF/PT = 450/2$ miles de U. M./tonelada = 225 miles de U. M./tonelada
$CVMe = CV/PT = 350/2$ miles de U. M./tonelada = 175 miles de U. M./tonelada
$CTMe = CT/PT = 800/2$ miles de U. M./tonelada = 400 miles de U. M./tonelada

El costo total y el costo marginal

A veces resulta interesante conocer cómo se incrementan los costos totales cuando la producción aumenta en una unidad. Para ello se emplea el *costo marginal* (*CMa*), que se define como el aumento del costo total necesario para producir una unidad adicional del bien. El costo marginal de producir trigo aparece recogido en la columna sexta del Cuadro 7.7.

La Figura 7.3*b* representa la evolución del costo marginal de la producción del trigo. La forma de esta curva tiene su origen en la curva de producto marginal del trabajo (Figura 7.1*b*). Para niveles de producción reducidos, el costo marginal disminuye cuando se incrementa la producción, pues cada trabajador adicional (de los que se requieren para aumentar la producción) eleva la producción más que el anterior.. En otras palabras, dado que cada trabajador adicional cuesta una cantidad fija, 125.000 U. M., por campaña, en el Cuadro 7.7 el costo marginal de la producción será decreciente, pues se está produciendo en la zona en la que el producto marginal del trabajo es creciente.

A partir de un cierto nivel de producción aparecen rendimientos decrecientes. Cada trabajador adicional tiene menos tierra con la que producir, por lo que disminuye el producto

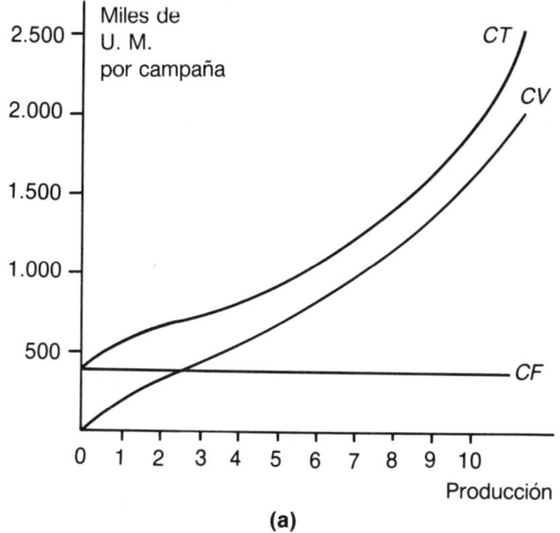

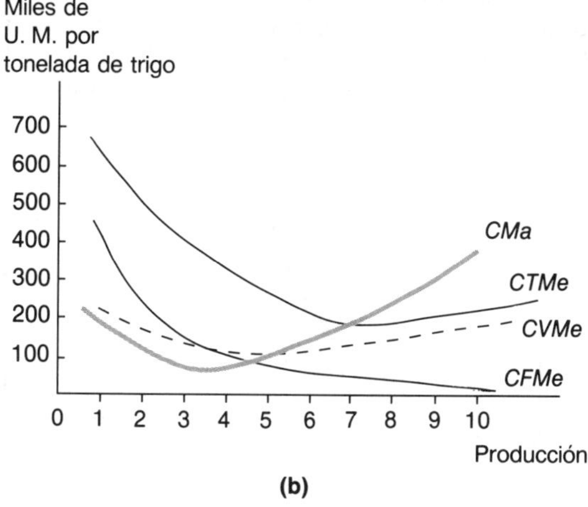

Figura 7.3. Curvas de costo de la empresa.

La curva *CT*, obtenida del Cuadro 7.7, es más inclinada conforme aumenta la producción, pues a partir de un determinado nivel hay rendimientos decrecientes. La curva *CT* es la suma de la curva *CV* y, la de *CV*. La Figura 7.3*b* muestra el *CMa* de la producción y los costos medios. La suma *CMa* disminuye al principio, pero acaba aumentando debido a los rendimientos decrecientes. Las curvas *CTMe* y *CVMe* también tienen forma de «U». La curva de *CMa* corta a las dos curvas de costos medios en sus puntos mínimos. La curva *CFMe* decrece conforme aumenta la producción.

marginal del trabajo. Por ello, para producir una unidad más se necesitan cantidades cada vez más grandes de trabajo adicional. Téngase en cuenta que en esta zona el producto marginal del trabajo es decreciente, por lo que dado que cada trabajador adicional cuesta una cantidad fija, el costo marginal de la producción será creciente.

- **El *costo marginal* (*CMa*) es el aumento del costo total necesario para producir una unidad adicional del bien. La curva de *CMa* tiene un tramo decreciente, alcanza un mínimo y posteriormente tiene un tramo creciente.**

En consecuencia, la forma en «U» de la curva de costos marginales, con un tramo decreciente, con un determinado nivel de producción en el que alcanza un mínimo, y a partir de este nivel, con un tramo creciente, descansa en la ley de los rendimientos decrecientes.

Los costos medios o unitarios

Los *costos medios* son los costos por unidad de producción. El concepto de costo medio se puede aplicar a las categorías de costos antes señaladas.

- **El *costo fijo medio* (*CFMe*) es el cociente entre el costo fijo (*CF*) y el nivel de producción; el *costo variable medio* (*CVMe*) es el costo variable (*CV*) dividido por el nivel de producción, y el *costo total medio* (*CTMe*) es el costo total (*CT* = *CF* + *CV*) dividido por el nivel de producción.**

De forma analítica estas definiciones podemos expresarlas como sigue:

$$CFMe = \frac{CF}{\textbf{producción}}$$

$$CVMe = \frac{CV}{\textbf{producción}}$$

$$CTMe = \frac{CT}{\textbf{producción}} = CFMe + CVMe$$

Nota complementaria 7.5

LOS COSTOS MEDIOS Y MARGINALES: ANALISIS GEOMETRICO

De las definiciones de costo medio y costo marginal, se deduce que los costos medios son, en términos geométricos, las pendientes de los radios vectores trazados desde el origen de coordenadas a cada uno de los puntos de las respectivas curvas de costos totales y variables. Estas pendientes en una primera fase disminuyen y posteriormente aumentan.

El costo marginal, $\Delta CT/\Delta q$, se mide a través de la tangente a cada uno de los puntos de la curva de costos totales (o variables). Las curvas de costos medios y marginales tienen forma de «U», pues tanto las pendientes de los radios vectores respectivos (en el caso de los costos medios) como la pendiente a la curva en cada uno de sus puntos, en primer lugar, decrecen, luego alcanzan un mínimo (que en el caso de la curva de costo marginal se corresponde con el punto de inflexión de la curva de costo total) y, finalmente, durante otro tramo, crecen.

La Figura I adjunta muestra la relación entre *CT* y *CTMe*. Para cualquier nivel de producción, tal como q_1 o q_2, podemos obtener la curva de *CTMe* midiendo la pendiente del radio vector trazado desde el origen hasta el punto correspondiente sobre la curva *CT*. Al nivel de producción q_3, los costos totales medios alcanzan su mínimo, puesto que, hasta el punto *C*, la pendiente de cualquier radio vector trazado hasta la curva *CT* va disminuyendo y, a partir del punto *C*, la pendiente comienza a aumentar.

La Figura II muestra la relación entre *CT* y *CMa*. La curva de costo marginal se deriva de las respectivas pendientes de las tangentes trazadas a la curva de costo total a diferentes niveles de producción, tales como q_1, q_2, q_3 y q_4. Los costos marginales alcanzan su punto mínimo en el punto de inflexión *B* sobre la curva *CT*, a una tasa de producción q_2. Obsérvese que al nivel de producción q_3, la tangente a la curva de *CT* en el punto *C* es también el radio vector trazado desde el origen. De esta manera, a este nivel de producción el *CMa* y el *CTMe* serán iguales. Ello implica que la curva de *CMa* corta a la de *CTMe* en el mínimo de ésta, ya que en ese punto ambos costos coinciden.

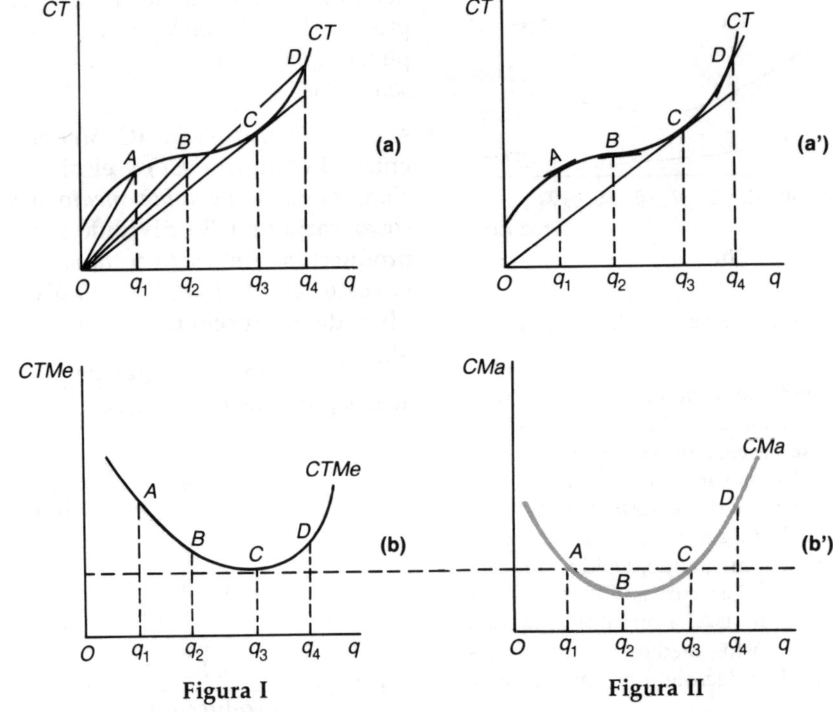

Figura I

Figura II

Las curvas *CTMe* y *CVMe* de la Figura 7.3*b* tienen en esencia la misma forma y pueden describirse como curvas de costo medio en forma de «U». Tal como se señaló en el caso de la curva de costo marginal, la justificación de esta forma en «U» descansa en la *ley de los rendimientos decrecientes* y, en particular, en la forma de la curva del *PMe* de la Figura 7.1*b*. Como puede observarse, la curva de costo total medio (*CTMe*) siempre se encuentra por encima de la curva de costo variable medio (*CVMe*), siendo la diferencia entre ambos el costo fijo medio (*CFMe*).

La curva del costo fijo medio (*CFMe*) muestra cómo los costos fijos medios disminuyen conforme aumenta la producción. Debe recordarse que éstos se definen como el cociente entre un número constante (el costo fijo) y el nivel de producción.

La curva de costos totales medios y la de costos variables medios son decrecientes siempre que el costo marginal es menor que el costo medio, y crecientes siempre que es mayor. Esta relación entre las curvas de *CMa* y las curvas de costos medios variables y totales refleja la relación general entre las cantidades marginales y medias anteriormente expuesta.

Como muestra la Figura 7.4 en términos generales, si la producción de una unidad adicional hace disminuir el costo medio, el costo marginal ha de ser inferior al costo medio. Si la producción de una unidad adicional hace que aumenten los costos medios, el costo de esa unidad (costo marginal) ha de ser mayor que el costo medio. Por consiguiente, la curva de costos marginales ha de cortar a la curva de costos medios en su mínimo. Lógicamente, la relación establecida entre costos medios y marginales es válida tanto para la curva de *CVMe* como para la curva de *CTMe*.

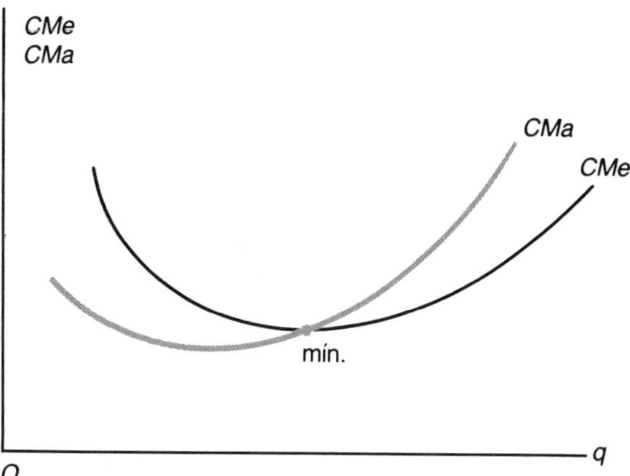

Figura 7.4. Costo marginal y costo medio.

El costo marginal corta al costo medio en su punto mínimo.

4. LOS COSTOS A LARGO PLAZO

A largo plazo no hay factores fijos, por lo que la empresa puede variar las cantidades utilizadas de todos los factores, en respuesta a un cambio en la producción. La curva de costos totales a largo plazo (*CTL*) se obtiene suponiendo que la empresa tiene tiempo suficiente, dados unos precios concretos de los factores, para ajustar la cantidad empleada de cada factor productivo de forma que alcance el costo de producción más bajo posible (Figura 7.5). Esta *senda de expansión* de la empresa o curva de planificación de costos, que se obtiene uniendo puntos tales como el *A*, el *B* y el *C*, es la envolvente de las curvas de costos totales a corto plazo (*CTC*) en el mínimo nivel de costo, para cada nivel de producción, esto es, para cada planta específica. Las curvas CT_1, CT_2 y CT_3 corresponden a tres tamaños distintos de planta.

Los costos medios a largo plazo

Para deducir la curva de costos medios a largo plazo (*CMeL*) supongamos que la empresa está produciendo a corto plazo un volumen de producto q_0, utilizando las cantidades deseadas de factores (Figura 7.6). Si ahora decide producir q_1, dentro del corto plazo sólo podrá hacerlo alterando la cantidad utilizada de factores variables. A medida que avanza el tiempo hacia

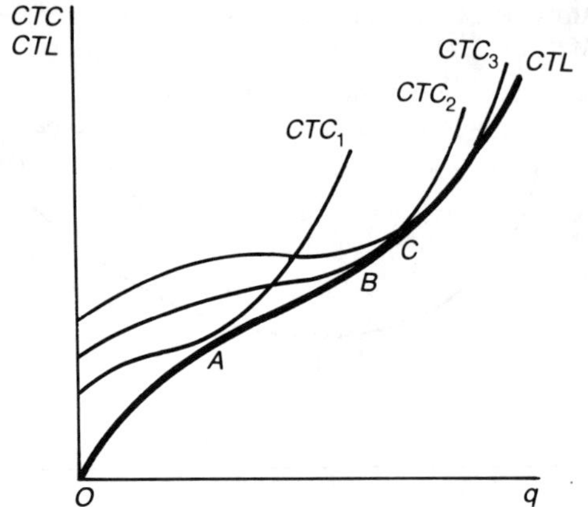

Figura 7.5. Relación entre las curvas de costos totales a corto plazo y la curva de costos totales a largo plazo.

La curva de costos totales a largo plazo (*CTL*) es la tangente o envolvente de las curvas de costos totales a corto plazo (*CTC*).

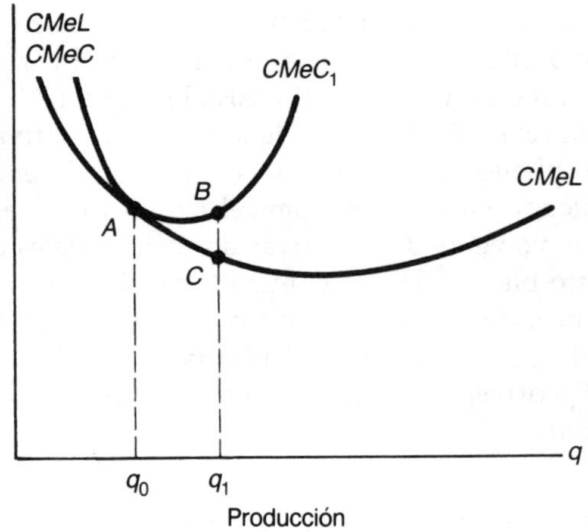

Figura 7.6. Curvas de costos medios a corto y largo plazo.

La curva de costos medios a largo plazo, *CMeL*, muestra el costo medio mínimo de producir cada cantidad. A cada tamaño de la planta le corresponde una curva de costo total medio a corto, que muestra los costos medios de producción, utilizando un tamaño dado de la planta y variando las cantidades de factor variable.

el largo plazo podrá también adaptar las cantidades de factores fijos a la nueva producción; es decir, la empresa puede elegir el tamaño más adecuado de la planta o fábrica. Esto indica que los costos totales de producir q_1 serán mayores a corto que a largo plazo, por esa limitación en el uso de factores a que se enfrenta la empresa.

De esta forma resulta que si una empresa desea variar su producción de q_0 a q_1 (Figura 7.6) sin ajustar su planta y equipo, no minimizará los costos. La cantidad q_1 puede producirse al costo representado por el punto *C*, pero sólo si la dimensión de la planta y la organización se ajustan a esa cantidad; pero si se produce q_1 con una planta adaptada para producir q_0, el costo será superior. En particular sería el representado por el punto *B*.

De acuerdo con lo señalado se infiere, por un lado, que cada punto de la curva de costos a largo plazo ha de representar una combinación óptima de factores, en el sentido de que resulta un costo por unidad de producto inferior al que se produciría utilizando cualquier otra combinación y, por otro lado, que los costos a corto plazo estarán por encima de los costos indicados por la curva de costos a largo plazo, excepto en aquel punto que representa el nivel de producción para el que se diseñó la planta y equipo. Además, conforme nos alejemos de la proporción óptima de factores mayor será la divergencia entre los costos medios unitarios a corto y largo plazo.

- **La *curva de costo medio a largo plazo* (*CMeL*) muestra el costo medio mínimo de producción cuando todos los factores productivos son totalmente variables.**

En términos gráficos se observa que la curva de costos medios a corto plazo es tangente a la curva de costos medios a largo plazo en aquel nivel de producción para el que la cantidad de factor fijo es la apropiada, mientras que permanece por encima de ella para todos los demás niveles de producción. La curva *CMeL* aparece así como la *curva envolvente* de las curvas de costos medios a corto plazo.

Si repetimos el proceso para cualquier otro nivel de producción se comprueba que cada punto de la curva *CMeL* está asociado a una curva de costos a corto plazo. La Figura 7.7 muestra que cuando la curva *CMeL* tiene forma de «U», cada curva de costos medios a corto plazo toca dicha curva en un punto y permanece por encima de ella en todos los demás. Los puntos de tangencia entre la curva *CMeL* y las distintas curvas de costos medios a corto plazo se encontrarán en el tramo descendente de las respectivas curvas para niveles de producción inferiores al mínimo de la curva de costos medios a largo plazo, y en el tramo ascendente de dichas curvas para niveles de producción superiores al mínimo. Por tanto, de todos los puntos de tangencia, sólo uno se corresponde con el mínimo de ambas curvas.

La curva de costo marginal a largo plazo

Al igual que a partir de la curva de costos totales a largo plazo hemos trazado la curva de costo medio a largo plazo, también podemos trazar la curva de costo marginal a largo plazo.

- **La curva de costo marginal a largo plazo (*CMaL*) muestra el costo adicional necesario para obtener una unidad más de producción cuando todos los factores son totalmente variables, de forma que éstos se pueden modificar óptimamente con el objeto de minimizar los costos.**

Si se compara el *CMaL* y el *CMaC* puede argumentarse que el *CMaL* siempre aumenta a un ritmo más lento que el *CMaC* de una planta cualquiera (Figura 7.7). La justificación de este hecho radica en que a largo plazo los rendimientos decrecientes son menos importantes, pues pueden aumentarse tanto los factores fijos como los variables cuando se incrementa la producción. En este sentido debe señalarse que el *CMaC* que corresponde a una planta fija cualquiera (por ejemplo, $CMaC_1$ en la Figura 7.7) será inferior al *CMaL* en los niveles de producción bajos, pero superior en los niveles de producción elevados, cuando los rendimientos decrecientes son importantes.

Aunque los rendimientos marginales decrecientes pierden importancia a largo plazo, debe señalarse que la curva de *CMaL* incluye el aumento del costo de oportunidad del capital invertido para aumentar el tamaño de la planta hasta que ésta tenga la dimensión óptima necesaria para producir una unidad adicional al menor costo posible.

La curva de *CMaL* tiene la misma relación con la *CMeL* que la curva de costo marginal a corto plazo con la curva de costo total medio a corto plazo. Así, cuando la curva *CMaL* se encuentra por debajo de *CMeL*, ésta es descendente, mientras que si se encuentra por encima, la curva de costo medio a largo plazo es ascendente. Ambas curvas se intersectan en el mínimo de *CMeL* (Figura 7.7).

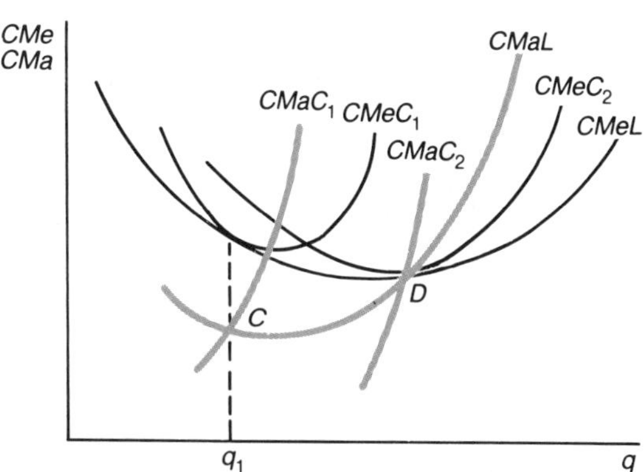

Figura 7.7. Costos medios y marginales a corto y largo plazo.

Ampliamos la gama de curvas de costos medios a corto (*CMeC*) que aparecían en la Figura 7.6 y presentamos diferentes curvas de costos medios y marginales a corto y a largo. Los *CMaL* cortan en su mínimo a los *CMeL* coincidiendo, obviamente, con un determinado mínimo de las mismas curvas a corto plazo.

Nota complementaria 7.6

LOS COSTOS MEDIOS A LARGO PLAZO: UNA EVIDENCIA EMPIRICA

La evidencia empírica parece apoyar la idea de que la función de costos medios a largo plazo muestra un tramo decreciente y a partir de un determinado nivel se estabiliza. Al menos éstos son los resultados alcanzados por los profesores David B. Houston y Richard M. Simon al estimar la función de costos medios de una institución financiera dedicada a hacer seguros de vida. En particular los resultados parecen indicar que existen economías de escala hasta un nivel de producción próximo a los 100 millones de dólares y a partir de dicho nivel se obtienen rendimientos constantes de escala. Esta forma de curva de *CMe* se volverá a estudiar en el Capítulo 11.

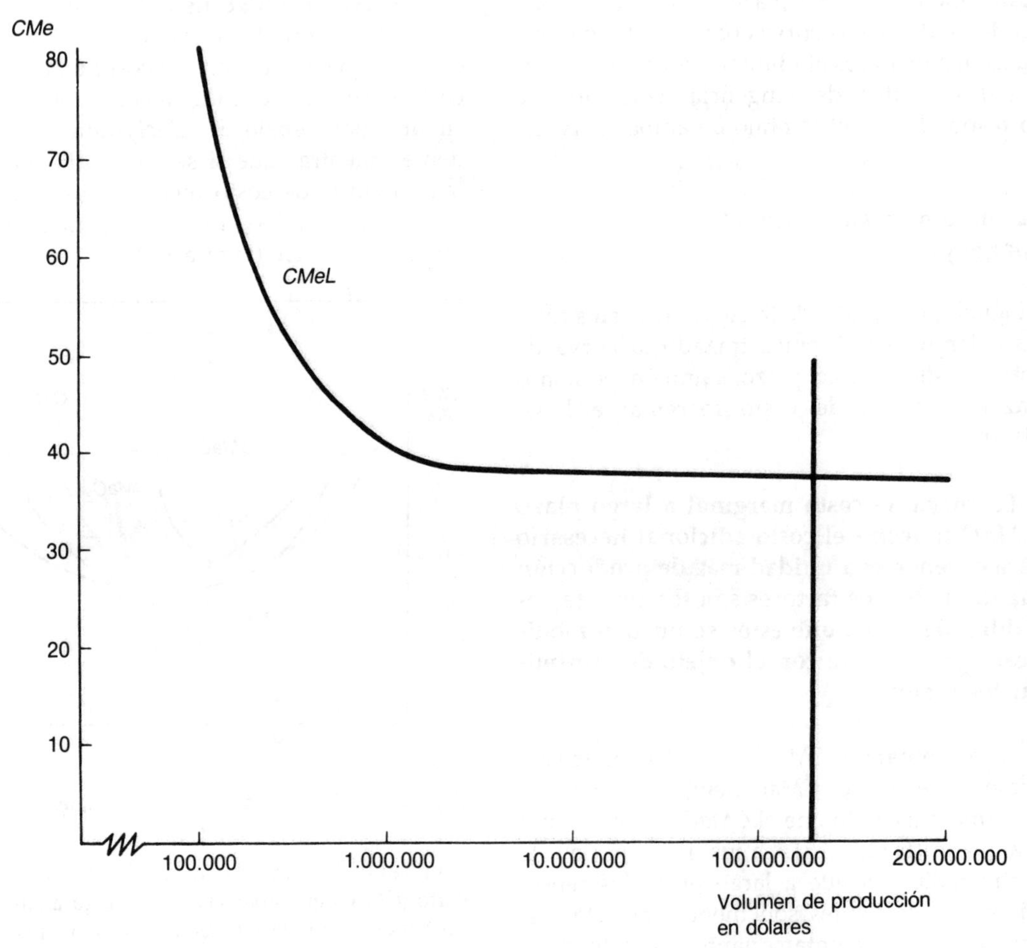

FUENTE: *Econométrica*, vol. 38 núm. 6, noviembre, 1970.

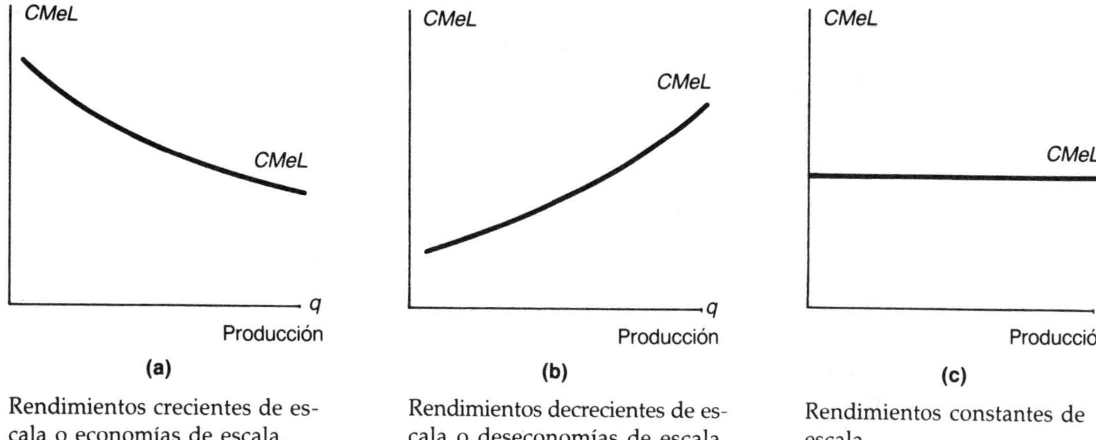

Rendimientos crecientes de escala o economías de escala.

Rendimientos decrecientes de escala o deseconomías de escala.

Rendimientos constantes de escala.

Figura 7.8. Costos medios a largo plazo y rendimientos.

Cuando los *CMeL* son descendentes (*a*) los costos medios disminuyen al aumentar la producción y hay economías de escala. Si son ascendentes (*b*), los costos medios aumentan cuando lo hace la producción y hay rendimientos decrecientes de escala o deseconomías. En el caso (*c*), los *CMeL* son constantes y hay rendimientos de escala constantes.

5. LOS COSTOS MEDIOS A LARGO PLAZO Y LOS RENDIMIENTOS DE ESCALA

Al analizar la producción se habló de rendimientos o economías de escala, en relación con la posibilidad de que la empresa alterase las cantidades utilizadas de todos los factores productivos. Este concepto también se puede aproximar a partir del análisis de la curva de costos medios a largo plazo. Aunque al trazar la curva de costos medios a largo plazo de la Figura 7.7 se ha supuesto que ésta tiene forma de U, en un principio caben tres posibilidades, según el tipo de economías de escala que se presenten (Figura 7.8). La empresa (*a*) presenta una curva de costos decrecientes, de modo que una expansión de la producción va asociada con una reducción del costo unitario del producto. Si se suponen constantes los precios de los factores, una disminución del costo unitario será consecuencia de que el producto crece más rápidamente que las cantidades requeridas de factores productivos. Frecuentemente, al referirse a este tipo de empresa se dice que disfruta de *rendimientos de escala crecientes.*

En el caso de la empresa (*b*) se observa que conforme aumenta la producción tiene lugar un incremento de los costos medios por unidad de output. Si suponemos de nuevo que los costos por unidad de factor son constantes, el incremento en los costos tiene que deberse al hecho de que el producto aumenta menos que proporcionalmente respecto al incremento de los factores. En este caso habrá *rendimientos de escala decrecientes.*

La empresa (*c*) representa una empresa de costos constantes, en la que los costos medios por unidad de producto no varían al cambiar el volumen de producción. En este caso, el producto y los factores productivos varían en la misma proporción y se dice que la empresa muestra *rendimientos de escala constantes.*

• **La forma de la curva de *CMeL* se describe en función de las economías y deseconomías de escala. Cuando hay economías de escala, el *CMeL* disminuye conforme aumenta el nivel de producción; cuando hay deseconomías**

Nota complementaria 7.7

LAS ECONOMIAS DE ESCALA EN LA INDUSTRIA MANUFACTURERA ARGENTINA

La medición de los rendimientos a escala puede efectuarse de dos modos distintos: a) como el incremento relativo de la producción cuando todos los insumos aumentan en la misma proporción; b) como el incremento de la producción en relación al aumento de los costos, cuando los precios de los insumos permanecen constantes y los costos son los mínimos para cada nivel de producción. En este último caso existirán economías (deseconomías) de escala cuando los costos aumentan en una proporción menor (mayor) que el aumento de la producción.

Siguiendo este segundo procedimiento el economista argentino Delfino calculó las economías de escala en la industria manufacturera argentina en base a datos del período 1950-1973. La estimación fue hecha para el año 1960, que corresponde prácticamente al punto medio de la serie. La conclusión a que arribó fue que aquélla operaba bajo condiciones de deseconomías de escala de tal naturaleza que, por ejemplo, un aumento del 10 % en la producción acarrearía un incremento *ceteris paribus* del 30 % en los costos totales.

FUENTE: J. A. Delfino: «Análisis económico de la tecnología del sector manufacturero argentino», *Económica*, año XXX, n.º 2-3, mayo-diciembre, 1984.

de escala el *CMeL* es creciente. Cuando hay rendimientos constantes de escala, el *CMeL* es plano.

Economías y deseconomías de escala

La existencia de economías de escala pueden justificarse por diversas razones. Por un lado, cabe señalar que cuando se incrementa el volumen de producción la empresa puede aprovechar las ventajas de la *especialización.* Así, cada trabajador puede concentrar su actividad en una tarea muy específica y de este modo llegar a ser muy eficiente. Por otro lado, es frecuente que a medida que crece la empresa ésta puede acceder al empleo de un equipo mejor, dando lugar a lo que se denomina *economías técnicas.* En otras ocasiones las economías tienen su origen en las *indivisibilidades de la producción.* Así, una empresa agrícola, para realizar su actividad productiva, puede requerir la compra de un tractor, pero a medida que crece la producción, al menos hasta cierto nivel, no es necesario adquirir nuevos tractores.

Las deseconomías de escala se suelen asociar con las dificultades de gestionar una empresa a medida que crece. Cuando una empresa crece cabe que aumente la *burocratización* en los órganos directivos y que surgan dificultades de coordinación entre los distintos departamentos, lo que puede conducir a que se incrementen los costos medios.

Los rendimientos a escala constantes

La existencia de costos medios constantes puede explicarse a partir de la hipótesis de la replicación o de réplica, en el sentido de que, si todos los factores productivos pueden variar libremente, siempre es posible incrementar el producto en un múltiplo entero aumentando la cantidad de cada uno de los factores empleados en ese mismo múltiplo. La hipótesis de replicación o de proporciones constantes se ha tratado de refutar señalando que a partir de ciertos niveles la dirección será cada vez más compleja, de forma que, por ejemplo, una empresa con ocho plantas exactamente iguales a la única planta que posee otra empresa, produce menos de ocho veces el producto de esta última. En cualquier caso, piénsese que si se crean ocho plantas exactamente iguales que la de la empresa que sólo tiene una, y al frente de cada una de las plantas se coloca a un director con igual capacidad de gestión, no hay razón para que el producto no sea ocho veces el de la empresa con una sola planta. Al operar cada planta con independencia de las demás, la mayor complejidad de la gestión se reduciría. Sólo si alguno de los factores —en el caso analizado, la dirección— fuera fijo, la réplica no sería posible.

La evidencia empírica: la escala mínima eficiente

Aunque los resultados de las diversas investigaciones realizadas no son muy definitivos, parece ser que para un gran número de operaciones existe un nivel mínimo imprescindible para que el empleo de determinados factores alcance su nivel de máxima eficiencia. A este nivel se le suele denominar *escala mínima eficiente.*

Que ese nivel sea muy bajo o relativamente elevado es algo que depende de cada proceso. Por ello es frecuente definir el punto de escala mínima eficiente de cada proceso de producción. Por debajo de ese punto, aumentos en el nivel de producción se corresponden con reducciones más que proporcionales en el costo unitario.

La existencia de esta *escala mínima eficiente,* motivada por la divisibilidad imperfecta de los factores y la especialización en el uso de éstos, es la causa de que la curva *CMeL* muestre inicialmente un tramo descendente. Para niveles de producción superiores, la hipótesis de réplica y divisibilidad perfecta llevaría a los rendimientos constantes de escala o costos unitarios constantes.

Avalando estas afirmaciones, la evidencia empírica sugiere que en muchas industrias manufactureras las curvas de *CMeL* tienen forma de *L,* esto es, que hay economías de escala cuando los niveles de producción son relativamente reducidos y posteriormente los costos medios se estabilizan (véase Nota complementaria 7.6).

Resulta, sin embargo, que en algunas empresas, especialmente entre aquellas que desarrollan su actividad en el sector servicios, la curva *CMeL* en forma de «U» parece describir de forma satisfactoria la evolución de los costos medios. En definitiva, pues, la evidencia empírica no presenta resultados definitivos sobre la forma de la curva *CMeL* de la empresa.

RESUMEN

- La *producción* es un proceso en cadena en el que por un extremo se incorporan algunos factores, esto es, primeras materias y los servicios del capital y del trabajo, y por otro extremo aparece el producto. La *función de producción* es la relación técnica que nos dice, para un estado dado de conocimiento tecnológico, qué cantidad máxima de producto se puede obtener con cada combinación de factores productivos por período de tiempo.

- Cuando permanece fija la cantidad de un factor, la *productividad total* del factor variable, por ejemplo el trabajo, aumenta con la cantidad empleada de trabajo, pero a partir de un determinado momento lo hace menos que proporcionalmente. Esto determina que a partir de un punto la *productividad marginal* del factor variable empiece a decrecer, que es lo que postula la *ley de los rendimientos decrecientes.*

• Las propiedades técnicas de la función de producción a largo plazo se establecen en torno al concepto de *rendimientos de escala,* esto es, cuando todos los factores varían simultáneamente en la misma proporción. En este sentido diremos que existen rendimientos o economías crecientes (decrecientes o constantes) a escala cuando al variar la cantidad utilizada de todos los factores la cantidad obtenida de producto varía en una proporción mayor (menor, o la misma).

• La *eficiencia técnica* exige desechar aquellas combinaciones de factores que emplean más de todos los factores de producción. La *eficiencia económica* mide el uso de los factores productivos no en términos físicos, sino en términos de costos. El método económicamente más eficiente será el que cueste menos.

• Los *costos económicos* representan los costos de oportunidad de los recursos utilizados en la producción de los bienes o servicios de la empresa. Los costos contables incluyen la mayoría de los costos económicos, pero normalmente no consideran ciertas partidas, tales como el costo del tiempo del propietario ni los costos de oportunidad de los recursos inmobiliarios y financieros utilizados en la empresa.

• A corto plazo hay dos tipos de costos: los fijos (aquellos que no dependen del volumen de producción) y los variables (los que aumentan con el nivel de producción). El *costo total* es la suma de ambos. Los *costos medios* se obtienen dividiendo el costo respectivo por el número de unidades de producto obtenido. El *costo marginal* es el que tiene lugar cuando se produce una unidad adicional.

• La forma de «U» de las curvas de costos medios y marginales se debe a la existencia de rendimientos, primero crecientes y luego decrecientes. El costo marginal es menor que el costo medio cuando éste disminuye, y superior cuando el costo medio aumenta. En el mínimo de la curva de costos medios éstos coinciden con el costo marginal.

• La curva de *costos totales a largo plazo* se obtiene suponiendo que la empresa tiene tiempo suficiente, dados unos precios concretos de los factores, para ajustar la cantidad empleada de cada factor productivo de forma que alcance el costo de producción más bajo posible. La curva de costos a largo plazo es la *envolvente* de las curvas de costos totales a corto plazo. En términos de las curvas de costos medios ocurre algo similar, si bien hay que señalar que los puntos de tangencia entre la curva de *costos medios a largo plazo* y las distintas curvas de costos medios a corto plazo serán en el tramo descendente de las respectivas curvas de costos medios a corto plazo para niveles de producto inferiores al mínimo de los costos mínimos a largo plazo, y en el tramo ascendente de las respectivas curvas para niveles de producto superiores al mínimo.

• La *curva de costos medios a largo plazo* será creciente, decreciente o de costos constantes, según los *rendimientos de escala* sean decrecientes, crecientes o constantes, respectivamente.

CONCEPTOS BASICOS

— Costos económicos y costos contables.
— Materias primas.
— Proceso productivo.
— Función de producción.
— Productividad total o producto total.
— Productividad marginal o producto marginal físico.
— Corto plazo y largo plazo.
— Rendimientos o economías de escala.
— Eficiencia técnica y eficiencia económica.
— Costos fijos, variables, marginales y totales.
— Costos fijos medios, variables medios y totales medios.
— Rendimientos a escala crecientes, constantes y decrecientes.
— Curva de costos medios a largo plazo y rendimientos de escala.

TEMAS DE DISCUSION

1. Describa la diferencia entre eficiencia económica y eficiencia técnica. ¿En qué condiciones una producción eficiente técnicamente puede ser ineficiente económicamente?

2. ¿Está usted de acuerdo con la siguiente afirmación?: A largo plazo todos los costos son variables. Justifique su contestación y utilice como ejemplo de costo fijo la maquinaria.

3. Explique la siguiente afirmación: Cualquiera de los puntos de una curva de costos medios a largo plazo es también un punto de una curva de costos medios a corto plazo. Sin embargo, no todos los puntos de la curva de costos medios a corto plazo están en la curva de costos medios a largo plazo.

4. Justifique la relación existente entre la ley de la productividad marginal decreciente y las curvas de costos a corto plazo. Explique la típica forma de «U» de las curvas de costos medios a corto plazo.

5. «Todos los costos son costos de oportunidad.» ¿Está usted de acuerdo con ello? Justifique su respuesta.

6. Determine los costos fijos, medios y marginales para cada nivel de producción a partir de la siguiente información:

Producto	Costos totales
0	44
1	68
2	84
3	96
4	112
5	140
6	182

7. Refute la siguiente afirmación: «Una empresa que se está enfrentando a rendimientos decrecientes no puede al mismo tiempo experimentar economías de escala».

8. ¿Por qué la competencia es más difícil de mantener en industrias con costos decrecientes que en industrias con costos crecientes?

9. Comente otras posibles fuentes de variación de los costos medios a largo plazo, al margen de los rendimientos de escala.

10. Justifique la siguiente afirmación: «Si se acepta la hipótesis de replicación no pueden existir costos crecientes».

APENDICE:
La financiación de la empresa (*)

Las sociedades anónimas pueden lograr fondos para su crecimiento de la misma forma que los propietarios individuales y las sociedades colectivas, es decir, obteniendo préstamos o créditos de las instituciones financieras o reinvirtiendo las ganancias, esto es, autofinanciándose. Por la forma de disponer de la financiación ajena hay que distinguir entre créditos y préstamos. En el caso de los préstamos, la empresa recibe de forma inmediata el total de la financiación concedida, de la que en algunos casos se le descuentan los intereses. Por el contrario, la empresa que recibe un crédito retira, dentro del límite máximo acordado, los fondos que precisa, pudiendo realizar varias disposiciones y reintegros de forma que sólo paga intereses por los fondos que realmente ha utilizado.

Al margen de esta posibilidad, las sociedades anónimas pueden también emitir *acciones* y *obligaciones.* Cuando una sociedad vende participaciones en forma de acciones, potencialmente acepta un nuevo socio, puesto que cada acción representa una fracción de la propiedad de la sociedad (**). Las acciones confieren derechos políticos, el principal de ellos es votar en las asambleas de accionistas, y derechos económicos. El primero de estos últimos es el derecho a participar en el reparto de beneficios (dividendos), en el caso de que se produzcan. Por ello, las acciones son títulos de renta variable e integran lo que se denomina el capital de

---

(*) Un planteamiento más amplio sobre el proceso de financiación de la economía en su conjunto se ofrece en el Capítulo 18.

(**) *Tipos de acciones: nominativas,* consta el nombre del propietario; *al portador,* no consta el nombre del propietario, sino sólo un talón de posesión de título; *desembolsadas,* cuando el pago de la acción se hace al contado, y *no desembolsadas,* si el pago se hace a plazos. Atendiendo a otro orden de razones, las acciones también se clasifican en: *ordinarias,* sin privilegio de ningún tipo; *preferidas,* tienen ciertos privilegios respecto a los votos o a los beneficios; *liberalizadas,* no dan derecho a reembolso del capital en caso de disolución de la sociedad, pero sí a dividendos y al voto en la Asamblea de Accionistas, y *no liberalizadas,* dan derecho al reembolso del capital.

riesgo, pues sufren en su caso, las pérdidas o las reducciones de beneficios. El segundo de los derechos económicos es el de participar en todo el patrimonio de la empresa, que, si bien no puede ejercerse hasta su liquidación, origina el derecho preferente a suscribir la emisión de nuevas acciones.

- **Los *dividendos* son pagos más o menos regulares que realizan las sociedades anónimas a sus accionistas.**

Alternativamente, la empresa puede obtener fondos mediante la venta de bonos u obligaciones, con lo cual no se aumentará el número de nuevos accionistas. Una obligación representa una deuda para la empresa, pues de hecho es una parte proporcional de un préstamo o un empréstito concedido a la empresa emisora y supone una obligación legal expresa, para la empresa, de pagar intereses periódicos y de devolver el valor de emisión principal al poseedor, cuando llegue su vencimiento. Las obligaciones son los títulos privados de renta fija más característicos.

El comprador original de una obligación, normalmente, paga a la sociedad una suma igual al valor de emisión, o sea que le hace un préstamo a la empresa por el que recibe dos clases de pagos, unos periódicos en concepto de intereses y otros como devolución del principal. De esta forma, la obligación proporciona al comprador un ingreso estable y seguro, siempre que la sociedad no quiebre. Por el contrario, las acciones suponen mayor riesgo, pues en períodos difíciles la empresa puede verse obligada a disminuir los dividendos, lo que además puede ocasionar un derrumbe del precio de las acciones.

Por supuesto que las obligaciones son más seguras que las acciones, pero ofrecen menos expectativas, pues en caso de que la sociedad obtenga altos beneficios, los dividendos también serán elevados, mientras que los poseedores de bonos no recibirán más que el interés y el principal, especificados en el contrato de venta de los bonos.

Una posibilidad intermedia entre las acciones y los bonos la ofrecen las *obligaciones convertibles* o las *acciones preferidas.* Las obligaciones convertibles son semejantes a las ordinarias, pero tienen la posibilidad de que previamente a una fecha determinada pueden cambiarse por acciones a una tasa fija. De este modo, si las perspectivas de la sociedad son muy favorables, el tenedor de obligaciones convertibles puede cambiar las obligaciones por acciones y así participar en la sociedad. Debido a esta posibilidad, la tasa de interés de las obligaciones convertibles suele ser menor que la tasa de las obligaciones corrientes.

Las acciones preferidas, como ya se ha apuntado al comentar los tipos de acciones, suponen para sus tenedores unos derechos sobre las ganancias que se ejercen con prioridad a los de los poseedores de bonos o acciones corrientes. Los poseedores de acciones preferidas tienen derecho a recibir dividendos específicos antes que los poseedores de acciones corrientes puedan recibir cualquier dividendo. Como contrapartida, los poseedores de este tipo de acciones no tienen la posibilidad de grandes ganancias, sino sólo el dividendo especificado.

Nota complementaria 7.8

LAS OBLIGACIONES NEGOCIABLES EN ARGENTINA

A partir de mediados de 1991, en que se flexibilizó el régimen legal que regulaba las obligaciones negociables (ON), se registró un inédito desarrollo de este tipo de papeles en Argentina.

Las ON son bonos emitidos por las empresas. En algunos casos, las cláusulas de emisión prevén que pueden ser canjeadas por acciones a una relación fijada de antemano.

En el curso de los ocho primeros meses de 1992 la Comisión Nacional de Valores autorizó un total de emisiones por un valor de 1.269 millones de dólares, que se suman a los 700 millones emitidos en 1991.

Numerosas empresas y bancos de primera línea han optado por este instrumento como forma de allegar dinero fresco a sus arcas.

Las ganancias de una sociedad pueden repartirse entre los accionistas en forma de dividendos o mantenerse en la empresa en forma de beneficios no distribuidos, lo que posibilita la autofinanciación.

• **Los *beneficios no distribuidos* constituyen la parte de las ganancias que la empresa no reparte entre sus accionistas en forma de dividendos.**

De lo señalado se deduce que la sociedad anónima tiene dos opciones a la hora de decidir su financiación al margen de la autofinanciación; puede acudir a una institución financiera o, alternativamente, puede obtener fondos mediante la venta de nuevas acciones. En este caso, cabe ofrecer a sus accionistas el derecho de comprarlas, generalmente a un precio más bajo que el precio de mercado, o bien apelar a las instituciones financieras para que éstas vendan sus acciones. La institución financiera puede simplemente tratar de vender la mayor cantidad posible de acciones, cobrando una cierta comisión o si tiene confianza en las perspectivas de la sociedad puede suscribir la cantidad de acciones emitida, esto es, puede garantizar la venta de todas las acciones. El haber *asegurado* la emisión quiere decir que, si no se encuentran compradores para toda la emisión, la entidad financiera se hará cargo de las acciones. Es frecuente, sobre todo si se trata de emisiones de un volumen considerable, que la entidad financiera comprometa a otras entidades financieras para formar un «sindicato» que suscriba la emisión.

1. Criterios para comprar un título valor

Al comprar bonos o acciones las expectativas futuras sobre la sociedad son determinantes. Debido a la incertidumbre del futuro, los compradores no escogerán aquellos valores que simplemente tengan la más alta tasa prevista de rentabilidad. La credibilidad en las promesas de la sociedad es también un factor importante. De hecho, el comprador de valores evalúa tres factores: la *rentabilidad*, el *riesgo* y la *liquidez*. La rentabilidad de un valor es el porcentaje producido. El riesgo es difícil de cuantificar y recoge la posibilidad de que algo falle, esto es, que no se abonen los intereses o que no se devuelva el principal de un valor. La liquidez refleja la posibilidad para el poseedor de un activo de realizarlo, esto es, convertirlo en dinero, con facilidad y a bajo costo. Así, un depósito en una institución financiera tiene una alta liquidez, mientras que un inmueble es más difícilmente convertible en dinero.

Al igual que el inversionista, una sociedad que emite nuevos valores también sopesa varios objetivos. Por un lado, trata de mantener el rendimiento de los accionistas de la sociedad lo más alto posible; por otro, procura evitar riesgos y al mismo tiempo pretende asegurarse la disponibilidad de dinero líquido cuando lo necesite.

Para una sociedad anónima los bonos resultan más expuestos al riesgo que las acciones ordinarias; pues si emite bonos, debe asegurar el pago de intereses al margen de cómo evolucione la sociedad. Grandes emisiones de deuda pueden colocar a la sociedad en una situación precaria, pues si las ventas decaen puede verse incapacitada para atender los pagos de los intereses y del principal. Resulta, pues, que si se incrementa el coeficiente de deuda con respecto al capital neto, la incertidumbre de sus propietarios será mayor. Tales riesgos no existen en el caso de acciones ordinarias, pues al decaer temporalmente la actividad de la empresa, ésta puede reducir o suprimir el pago de los dividendos.

La emisión de acciones presenta, sin embargo, otro tipo de desventajas, ya que las nuevas acciones implican copropietarios adicionales. Además, cuando la empresa se encuentre en un auge, las ganancias crecientes irán parcialmente a manos de los nuevos accionistas.

2. Peligros del endeudamiento excesivo

Por ello, los accionistas y los gerentes de las sociedades tienden a ser optimistas y pretenden maximizar las ganancias mediante un alto grado de endeudamiento. Con un capital neto reducido, si las cosas van bien, los accionistas obtienen y retienen grandes ganancias sobre la base de unas inversiones reducidas. Si las cosas resultan mal, los accionistas pierden sólo su pequeña inversión. Así, desde la perspectiva de los accionistas resulta tentador que la sociedad se endeude fuertemente, pues las ganancias potenciales se mantienen en manos de unos pocos accionistas, mientras que la mayor parte de los riesgos recaen sobre un gran número de tenedores de bonos u otros acreedores. Por ello, aunque la sociedad evalúe las ventajas y desventajas a la hora de emitir acciones u obligaciones, es fácil que caiga en la tentación de minusvalorar el riesgo asociado con un elevado coeficiente de endeudamiento, ya que una parte considerable de la posible pérdida no recaerá sobre la sociedad, sino sobre sus acreedores.

Un endeudamiento excesivo por parte de las empresas puede tener, sin embargo, efectos perjudiciales, pues ello puede contribuir a que la actividad económica sea más inestable. Así, cuando una empresa quiebra no sólo sus trabajadores quedarán probablemente desempleados, sino que puede hacer que otras empresas, a las cuales adeuda dinero, también quiebren. Este efecto multiplicador puede ser muy considerable, sobre todo cuando la estructura financiera de las empresas no es muy saneada.

Afortunadamente, el endeudamiento se ve limitado por la cautela de los prestamistas. A medida que aumenta el endeudamiento de una sociedad, el riesgo crece, haciendo que los inversionistas estén cada vez menos dispuestos a comprar obligaciones. Esta cautela ante el riesgo sólo se podrá ver compensada si la obligación emitida paga intereses realmente altos. Esto es así, pues el inversionista para decidir si adquiere o no un bono analiza aspectos tales como el endeudamiento, es decir, el riesgo (*) y la estabilidad de las ganancias de la empresa.

En consecuencia, si el endeudamiento llega a ser demasiado alto, la empresa puede tener serias dificultades para emitir obligaciones u obtener préstamos de entidades crediticias. No obstante, en aquellas empresas cuyas rentas crecen constantemente, los prestamistas estarán menos preocupados por el endeudamiento. En estos casos, el endeudamiento puede hacerse dentro de unos márgenes de seguridad.

Debe apuntarse que, si bien la cautela de los prestamistas supone un freno para el endeudamiento, la ley tributaria suele otorgar a las empresas incentivos adicionales para incrementar sus deudas. Por lo general, los intereses pagados sobre obligaciones y otros préstamos pueden deducirse como un costo, al hacerse el cálculo de la renta desgravable. Las empresas más endeudadas ven, pues, reducirse los impuestos que están obligadas a pagar al fisco.

Por otro lado, debe señalarse que el objetivo de una empresa al emitir valores es asegurarse la disponibilidad de dinero cuando lo requiera. Como norma general, no es aconsejable financiar una nueva planta con préstamo a corto plazo. No resulta prudente tener que apelar a préstamos que deben pagarse a corto plazo para financiar inmovilizado fijo, pues en un determinado momento pueden no encontrarse fondos disponibles. Los nuevos proyectos deben financiarse con préstamos a largo plazo, emitiendo títulos de valores o apelando a las ganancias retenidas.

En épocas de prosperidad, ante la expectativa de grandes ganancias, los precios de las acciones pueden aumentar rápidamente. En estas circunstancias, el empresario se verá estimulado a emitir nuevas acciones para financiar su crecimiento, ya que obtiene un buen precio por cada una de sus acciones. Por el contrario, en una fase de depresión se originarán expectativas pesimistas y los precios de las acciones probablemente bajarán. En estas circunstancias, el empresario se sentirá menos estimulado a emitir nuevos títulos.

Los mercados de capital financiero (véase Capítulo 18), al proveer de financiación a las empresas, contribuyen a determinar lo que debe produ-

(*) A la diferencia entre los rendimientos de dos clases de obligaciones en razón a las diferencias en sus riesgos se le denomina *prima de riesgo*.

cirse en la economía. Sin embargo, pueden surgir algunos problemas derivados de la ausencia de información sobre el estado real de las empresas, lo que puede determinar que en ocasiones los fondos disponibles puedan dirigirse hacia empresas no idóneas. Como antes se ha señalado, los valores bursátiles conllevan expectativas futuras y éstas siempre son difíciles de evaluar. Otro tipo de dificultades pueden surgir cuando la economía cae en una recesión (veáse Capítulo 23); en estas circunstancias habrá un gran número de proyectos que no se llevarán a cabo, debido al clima generalizado de incertidumbre, aunque de hecho habrá recursos financieros suficientes.

PARTE III

Los mercados

CAPITULO 8

El mercado de competencia perfecta

INTRODUCCION

El estudio de los mercados se inicia con el análisis del mercado de competencia perfecta. La teoría neoclásica (véase Capítulo 29), que es la tradicionalmente empleada para explicar el comportamiento de este tipo de mercado, toma como hipótesis y supuestos fundamentales la maximización de los beneficios y la racionalidad económica. Aunque la hipótesis de maximización de beneficios es una clara simplificación de la realidad, pues como veremos más adelante las empresas pueden perseguir otros objetivos de forma alternativa o simultánea, es un objetivo suficientemente general y relevante como para constituir una guía útil de análisis y permitir elaborar una teoría válida sobre el comportamiento de las empresas.

La empresa, al lanzar sus productos al mercado, se encuentra con una curva de demanda que le viene dada y que expresa las cantidades del producto en cuestión que los consumidores están dispuestos a comprar a los distintos precios. De esta forma la curva de demanda determina los ingresos de la empresa por la venta de dicho producto, pues los gastos de los consumidores en un bien o servicio constituyen los ingresos de la empresa productora.

1. LAS FORMAS DE LA COMPETENCIA

La competencia es el verdadero motor de un gran número de actividades. La competencia se asocia, con frecuencia, a la idea de rivalidad u oposición entre dos o más sujetos para el logro de un objetivo como la utilidad personal o la ganancia económica privada. En economía, esta concepción se ha visto complementada por aquella otra que considera a la competencia como un mecanismo de la organización de la producción y de la determinación de precios y rentas. Así, para los economistas clásicos la libre competencia era la fuerza ordenadora que impulsaba a una empresa individual a la reducción del precio de sus productos con la finalidad de incrementar su participación en el mercado (véase Capítulo 29).

Con posterioridad han surgido teorías que identificaban la competencia con las distintas formas que adoptaban los mercados. El criterio que hace referencia al número de participantes en el mercado ha sido el más profusamente

Cuadro 8.1. Estructura del mercado según el número de participantes

Oferta \ Demanda	Un solo comprador	Unos pocos compradores	Muchos compradores
Un solo vendedor	Monopolio bilateral	Monopolio parcial	Monopolio
Unos pocos vendedores	Monopsonio parcial	Oligopolio bilateral	Oligopolio
Muchos vendedores	Monopsonio	Oligopsonio	Competencia perfecta

utilizado para clasificar las diferentes situaciones de competencia (Cuadro 8.1).

La competencia que se produzca entre un gran número de vendedores (*competencia perfecta*) será distinta de aquella que se genere en un mercado donde concurra un número reducido de vendedores (*oligopolio*) (véase Capítulo 10). Como caso extremo, en donde la competencia es inexistente, destaca aquel en que el mercado es controlado por un solo productor (*monopolio*) (véase Capítulo 9). En cualquiera de estas situaciones, los productores compartirán el mercado con un elevado número de compradores. También caben, sin embargo, las situaciones en que hay un reducido número de demandantes, como por ejemplo los casos de *monopsonio* y *oligopsonio*. En general puede afirmarse que cuanto más alto resulte el número de participantes más competitivo será el mercado.

Como vimos en el Capítulo 3 la competencia es uno de los pilares fundamentales del sistema de economía de mercado. Ello se debe a que los posibles clientes de una empresa pueden escoger no sólo lo que ésta ofrece, sino también lo que producen las empresas que rivalizan con ella. De este modo, los compradores están en disposición de ejercer una disciplina efectiva sobre los productores. Dado que los vendedores tendrán que ganarse el favor de los consumidores, la competencia se constituye en un freno para que las empresas no actúen discrecionalmente incidiendo sobre el precio de venta de sus productos. El éxito de esta tarea de contención dependerá, muy especialmente, del tipo de mercado de que se trate.

Factores condicionantes de la competencia perfecta

La competencia perfecta es una representación idealizada de los mercados de bienes y de servicios en la que la interacción recíproca de la oferta y la demanda determina el precio. Para que este proceso opere correctamente, el planteamiento formal de los mercados perfectamente competitivos requiere que se cumplan las cuatro condiciones siguientes:

1. *Existencia de un elevado número de compradores y vendedores en el mercado.* Esto significa que la cantidad que cada uno de ellos demanda u ofrece resulta tan pequeña respecto a la demanda y oferta del mercado que su comportamiento individual no puede tener efectos perceptibles sobre los precios de las mercancías. Por ello los productores y los compradores aceptarán los precios del mercado como datos. En este caso la competencia entre los compradores conducirá a que nadie pueda comprar a un precio inferior al que compra el resto. Asimismo, la competencia entre los vendedores llevará a que ninguno de ellos pueda vender a un precio más alto del que lo hacen los demás, pues si lo intentara la competencia del resto de los productores lo expulsaría del mercado.

Nota complementaria 8.1

LA COMPETENCIA COMO INSTRUMENTO PARA FOMENTAR LA COMPETITIVIDAD

La competencia entre las empresas de un país es un factor que incide favorablemente sobre la competitividad de este país. Al definir el concepto de competitividad, es necesario distinguir entre competitividad interna y externa. La competitividad interna está relacionada con el funcionamiento eficiente del mercado interno en virtud de su grado de fragmentación y transparencia. La competitividad externa hace referencia a la capacidad de competir con productos extranjeros a unos precios y calidad dados.

El cuadro siguiente muestra el distinto nivel de competitividad de diversos países de la OCDE. Como puede observarse, Japón, Suiza y Estados Unidos encabezan las posiciones.

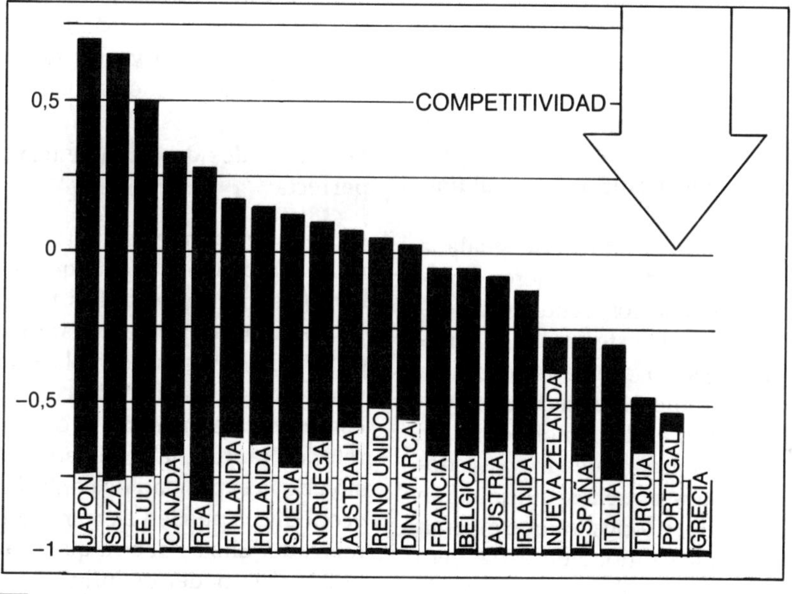

FUENTE: *World Economic Forum (WEF).*

En competencia perfecta se supone que ningún vendedor ni comprador es lo suficientemente importante como para afectar al precio del bien mediante cambios en la cantidad que vende y/o compra. Dado que la empresa puede alterar su volumen de producción y ventas sin que ello tenga efectos significativos sobre el precio del producto que vende, ha de aceptar el precio de mercado como un dato, esto es, tiene un comportamiento que se denomina como de *precio aceptante.* El precio se toma como un parámetro y las decisiones de las empresas no dependen de las relaciones que estiman que las demás empresas llevarán a cabo como consecuencia de modificaciones en las políticas productivas. En los mercados competitivos no hay rivalidad entre las empresas, sino competencia impersonal.

2. *Tanto compradores como vendedores deberán ser indiferentes respecto a quién comprar o vender.* Este supuesto implica, en realidad, que el bien comprado o vendido sea homogéneo.

Se presupone implícitamente, por tanto, que cada unidad de un determinado bien deberá ser idéntica a cualquier otra del mismo; de lo contrario el productor de algún bien o servicio ligeramente diferente de los demás tendrá cierto control sobre el mercado y, por tanto, sobre el precio de su producto. En otras palabras, este supuesto implica que no hay marcas que diferencien a los productos (véase Capítulo 10).

3. *Que todos los compradores y los vendedores tengan un conocimiento pleno de las condiciones generales del mercado.* De este supuesto se infiere que los vendedores generalmente conocen lo que los compradores están dispuestos a pagar por sus productos, mientras que los demandantes saben a qué precios los oferentes desean vender. De esta manera, es posible predecir correctamente aquel precio que equilibrará el mercado.

El precio de equilibrio es aquel que iguala la cantidad que los demandantes quieren comprar con la cantidad que los vendedores desean vender. Una vez que este precio es conocido, los compradores no aceptan comprar a un precio mayor y los oferentes rechazan vender a un precio inferior al de equilibrio. En tal situación, no habrá compradores ni vendedores insatisfechos; todos aquellos que quieran vender podrán hacerlo, y todos los que quieran comprar lo harán en la cantidad deseada, pero siempre al precio de equilibrio. Así pues, la perfecta transparencia del mercado exigirá que se conozca el futuro con igual certeza que si del presente se tratara.

4. *La libre movilidad de los recursos productivos.* La totalidad de los agentes que participan en la producción podrán, consecuentemente, entrar y salir del mercado de forma inmediata como respuesta a incentivos pecuniarios. De igual manera, quien desee dedicarse a la producción de un bien o servicio podrá hacerlo sin que se lo impida ninguna restricción. En otras palabras, este presupuesto implica la libre entrada y salida de empresas en una industria.

- **Una *industria* es un grupo de empresas que produce un bien homogéneo.**

Si las empresas existentes no pueden, pues, impedir la aparición de otras nuevas y si se supone, asimismo, que no existen prohibiciones legales de apertura o de cese, la libertad de entrada y salida asegura que los recursos productivos se puedan asignar a los sectores más eficientes.

Se supone también que en las industrias respectivas las empresas no actúan tratando de establecer acuerdos entre ellas, es decir, no se da *colusión* (véase Capítulo 10). Respecto al funcionamiento del mercado se supone asimismo que éste es libre, en el sentido de que no existe ningún control externo que influya sobre su funcionamiento y que cree unas condiciones artificiales de mercado.

Los mercados de competencia perfecta

Cuando se cumplen simultáneamente las anteriores condiciones se dirá que el mercado es de competencia perfecta. Las fuerzas impersonales del mercado determinarán las magnitudes económicas relevantes y la economía funcionará con la mayor eficacia posible. En este contexto, la esencia de la competencia no está referida tanto a la rivalidad como a la dispersión de la capacidad de control que los agentes económicos pueden ejercer sobre la marcha del mercado. Ello se debe a que cuanto más repartido esté el poder de influir en las condiciones del mercado, menos eficaces serán aquellas acciones discrecionales dirigidas a manipular la cantidad disponible de productos y los precios del mercado. Por consiguiente, en los mercados perfectamente competitivos la competencia teórica se entenderá como una forma de organización económica, cuya función consistirá en disciplinar a los distintos agentes económicos para que suministren bienes y servicios a bajo precio y en abundancia.

- **Un mercado es *perfectamente competitivo* cuando hay muchos vendedores pequeños en relación con el mercado, el producto es homógeneo, los compradores están bien informados, existe libre entrada y salida de**

empresas, y decisiones independientes, tanto de los oferentes como de los demandantes.

Aunque las condiciones citadas son muy restrictivas y pocos los productos cuyos mercados las reúnen, el modelo de competencia perfecta es útil y no sólo porque sea aplicable a la mayoría de los productos agropecuarios y muchos títulos valores, sino porque otros muchos mercados se aproximan al modelo de competencia perfecta de forma que las predicciones derivadas de dicho modelo tienen una aplicación considerablemente amplia.

La empresa perfectamente competitiva

En el caso de una empresa perfectamente competitiva, la cantidad que ésta venda no afecta al precio de mercado. El empresario competitivo considera dados los precios y espera poder vender todo lo que decida al precio vigente.

De esta definición resulta que una empresa perfectamente competitiva tendrá una curva de demanda completamente elástica (Figura 8.1). La horizontalidad de la curva de demanda se debe a que la empresa puede vender la cantidad que produzca al precio vigente en el mercado, esto es, a P_1 o a uno más bajo; pero a un precio algo superior la cantidad demandada será cero, ya que perderá todos los clientes. El precio P_1 está dado y no se ve afectado por la cantidad vendida por la empresa individual.

- **Una empresa perfectamente competitiva es *precio-aceptante*, pues considera constante el precio de mercado que percibirá por su producción cuando trata de determinar el volumen que maximizará su beneficio.**

Las empresas imperfectamente competitivas, por el contrario, pueden elevar su precio sin perder todos sus clientes. Esto implica que tienen que elegir el precio al que van a vender.

En consecuencia, la decisión clave que debe tomar la empresa perfectamente competitiva

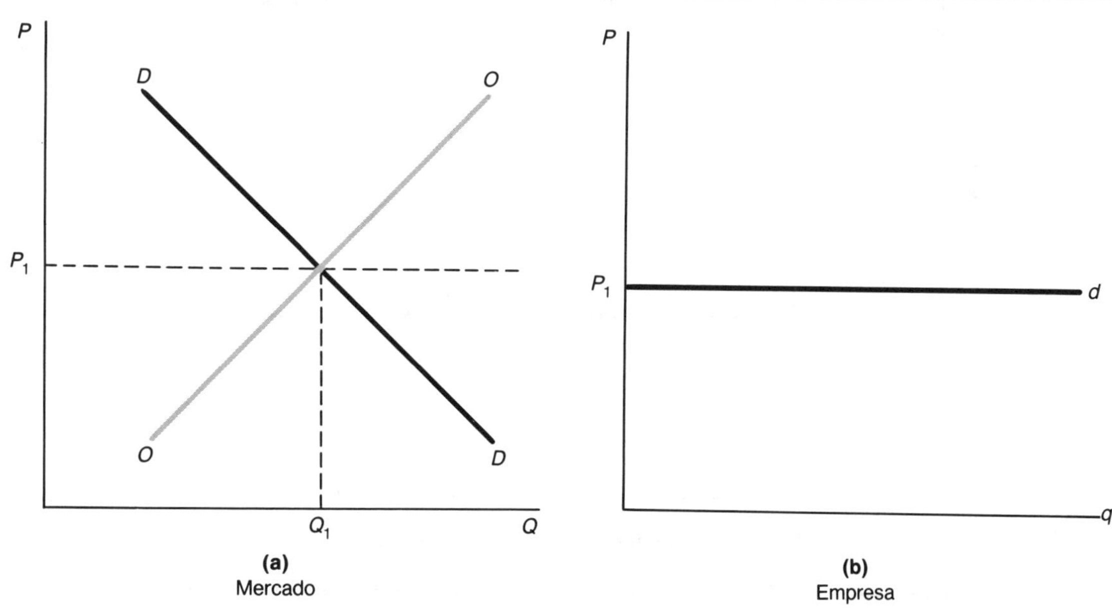

Figura 8.1. El equilibrio del mercado y la curva de demanda de la empresa competitiva.

La oferta y la demanda del mercado determinan el precio de equilibrio P_1. A este precio la empresa perfectamente competitiva puede vender tanto como desee. Por ello la curva de demanda de la empresa competitiva es horizontal, mientras que la curva de demanda del mercado es descendente.

Nota complementaria 8.2

EL INGRESO MEDIO Y EL INGRESO MARGINAL DE LA EMPRESA COMPETITIVA

El *ingreso medio o unitario* es igual al ingreso total dividido por el número de unidades vendidas. Dada la definición de ingreso total ($IT = P \cdot q$), el ingreso medio es el precio del bien, de modo que podemos escribir:

$$IMe = \frac{P \cdot q}{q} = P$$

Así pues, siempre que la empresa venda su producto al mismo precio a todos sus clientes, tal como ocurre en el caso de la empresa competitiva, la curva de demanda de su producto puede utilizarse para mostrar el ingreso medio de la empresa, para cada nivel de producción.

El *ingreso marginal* es la variación del ingreso total resultante de un incremento en una unidad de la cantidad vendida por período de tiempo. El ingreso marginal se define como el ingreso total resultante de la venta de n unidades al año, menos el ingreso total que había obtenido por la venta de $n - 1$ unidades por año.

Cuando se trata de una curva de demanda horizontal, como es a la que se enfrenta la empresa competitiva, el precio o *IMe* es constante e igual al *IMa,* pues el precio de mercado no se ve afectado por las variaciones en la producción de la empresa. Para vender unidades adicionales de producto no es preciso bajar el precio, por lo que cada unidad adicional vendida añade al *IT* exactamente el valor del precio. Así pues, cuando la curva de demanda es totalmente elástica, el precio o ingreso medio es constante e igual al ingreso marginal al no afectar las variaciones en la producción al precio de mercado.

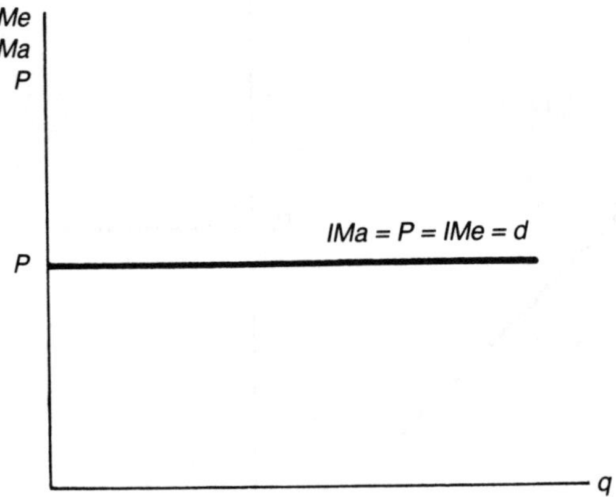

La curva de demanda completamente elástica

es si debe producir o no y, en caso afirmativo, qué cantidad debe lanzar al mercado.

2. LA EMPRESA COMPETITIVA Y LA DECISION DE PRODUCIR

Demos ahora otro paso para saber qué cantidad de producto fabricará la empresa. La teoría elemental de la oferta nos dice que la función de oferta indica qué cantidad ofrecerá la empresa a cada precio. Según los objetivos de la empresa esta cantidad ofrecida será la que al precio anunciado, y dados los precios de los factores y la tecnología, hace máximos los beneficios de la empresa.

$$\textbf{Beneficio} = \textbf{Ingresos totales} - \textbf{Costos totales}$$

El nivel de producción óptimo

Tal como antes se ha señalado, los beneficios se definen como la diferencia entre los ingresos totales, esto es, el resultado de multiplicar la cantidad producida y vendida por el precio de venta y los costos totales. De lo señalado se desprende que el aumento de la producción en una unidad sólo incrementará los beneficios si el ingreso adicional derivado de la venta de una unidad más es mayor que el costo de producir esa unidad. En el caso de la empresa competitiva, ésta se enfrenta a una curva de demanda horizontal, por lo que el precio obtenido por la venta no depende de la cantidad producida. Por ello el ingreso adicional derivado de la venta de una unidad más siempre será igual al precio. Por lo que respecta al costo adicional de producir una unidad más, éste viene dado por el costo marginal.

Tratemos ahora de determinar el nivel de producción que lanzará al mercado el empresario competitivo que trata de maximizar sus beneficios. Si analizamos la Figura 8.2, podemos comprobar que la empresa perfectamente competitiva orientada hacia el beneficio elige la cantidad que lanzará al mercado fijando su nivel de producción de tal manera que su costo marginal sea igual al precio.

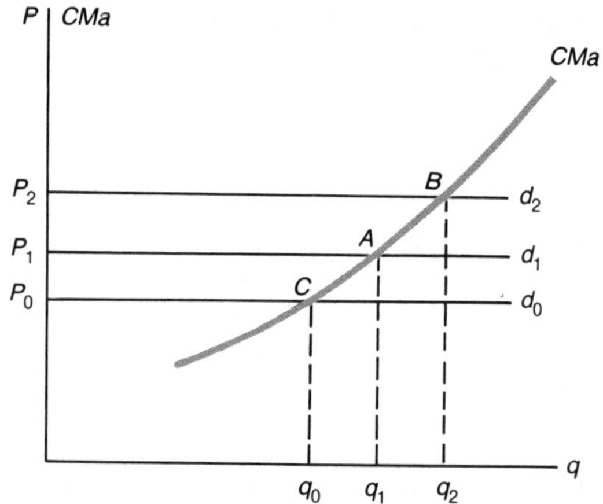

Figura 8.2. La curva de *CMa* y la oferta de la empresa.

Dada la curva de costo marginal, la condición de maximización de beneficio es que el volumen de producción (q_1) sea aquel para el que el precio de mercado (ingreso marginal) iguale al costo marginal. Situaciones como (q_0) y (q_2) permiten que la empresa produzca más o menos, respectivamente.

Para justificar esta afirmación, obsérvese que la empresa maximiza su beneficio total en aquel punto en el que no es posible obtener ningún beneficio adicional incrementando la producción. Asimismo, obsérvese que la empresa incrementa el beneficio total siempre que el ingreso adicional generado por la última unidad vendida —esto es, el precio en el caso de una empresa competitiva— resulte ser mayor que su costo marginal. Por otro lado, siempre que el precio sea menor que el costo marginal será posible aumentar los beneficios reduciendo el nivel de producción. En consecuencia, la empresa maximizará su beneficio en aquel nivel de producción en el que se equilibra el precio y el costo marginal.

- **En el caso de la *empresa perfectamente competitiva*, el nivel de producción que maximiza el beneficio o nivel de producción óptimo tiene lugar cuando el precio es igual**

al costo marginal, esto es, cuando se cumple que $P = CMa$.

La razón de ser del criterio anterior radica en que siempre que el precio de mercado sea superior al costo marginal, $P > CMa$, la empresa puede aumentar los beneficios elevando el nivel de producción, mientras que si $P < CMa$ puede incrementar los beneficios reduciendo la producción. Así pues, la regla $P = CMa$ permite hallar el nivel de producción óptimo, esto es, la cantidad ofrecida que maximiza el beneficio de la empresa, si ésta va a ofrecer alguna.

Para determinar gráficamente el nivel de producción que maximiza los beneficios de la empresa competitiva, analicemos la Figura 8.2. Dado el precio de mercado P_1 y, en consecuencia, la curva de demanda de la empresa competitiva (d_1) y la curva de costo marginal CMa, supongamos que el empresario ofrece la cantidad q_0. Para este nivel de producción, el costo marginal es inferior al precio, por lo que aumentando la producción aumentará el beneficio. Si decide producir una cantidad superior a q_1, el costo marginal superará al ingreso adicional o precio, de forma que reduciendo la producción aumentará el beneficio. Cuando al precio P_1 el empresario ofrece q_1, el ingreso adicional es igual al costo marginal y el empresario no tendrá ningún motivo para incrementar ni para reducir su producción. Por tanto, es q_1 el nivel de producción que maximiza los beneficios cuando la curva de demanda de la empresa es d_1.

Si tiene lugar un cambio en las condiciones de mercado y el nuevo precio de equilibrio es P_2, la nueva curva de demanda de la empresa competitiva será d_2. La empresa responderá a este aumento incrementando su producción hasta q_2, para el cual su costo marginal es de

Nota complementaria 8.3

LAS UTILIDADES DE LAS EMPRESAS ARGENTINAS

El cuadro de utilidades de las empresas líderes de Argentina mostró un importante mejoramiento en 1991, a partir de la puesta en vigencia del plan de convertibilidad. Como ilustración se incluye el detalle de las diez empresas que más ganaron en 1991 y el dato de 1990 cuando lo hay.

UTILIDADES DE LAS EMPRESAS LIDERES
(En millones de pesos)

Empresa	1990	1991
YPF	s/d	334,1
Telefónica de Argentina	s/d	116,1
ARCOR	15,3	77,2
Perez Companc	3,4	71,7
Aluar	44,7	53,5
TELECOM	s/d	52,8
IBM	50,1	43,3
Lever y Asoc.	s/d	36,8
Louis Dreyfus	–35,5	36,1

s/d: Sin datos.

FUENTE: *Mercado*, julio de 1992.

nuevo igual al precio. Por otro lado, si el precio de mercado se reduce hasta P_0, el volumen de producción que maximiza los beneficios de la empresa será q_0. Vemos, pues, que conforme varía el precio la curva de costos marginales permite conocer la cantidad de máximo beneficio y, lo que es lo mismo, la forma como responde la oferta de la empresa a los cambios en el precio.

¿Producir o cerrar?

Cuando la empresa sigue la regla marginal ($P = CMa$), puede que esté perdiendo dinero. En este caso, la empresa puede evitar las pérdidas o, al menos, reducirlas cerrando.

Si una empresa cierra temporalmente y no produce nada a corto plazo, los ingresos y los costos variables serán cero, y sólo incurrirá en los costos fijos, pues éstos no dependen de que contrate o no factores variables para producir.

Cuando el ingreso es superior al costo variable en el nivel de producción óptimo, la empresa debe producir la cantidad positiva óptima a corto plazo, pues cubre, al menos en parte, sus costos fijos y las pérdidas son menores que si deja de producir.

Supongamos el caso de un hotel que en temporada media tiene unos ingresos esperados semanales de $12.000 y que el costo variable por tener abierto el hotel es de $10.000. Si el costo fijo semanal del hotel es de $5.000 vemos que al hotel le resulta conveniente abrir, pues con los ingresos esperados, aunque incurre en pérdidas ($12.000 – $10.000 – $5.000 = = $3.000), al menos éstas son menores que los $5.000 en que se incurriría si cerrase debido a los costos fijos. Por el contrario, si los ingresos esperados fuesen de $9.000, el hotel no debería abrir.

Dado que el precio es igual al ingreso por unidad de producción y el costo variable medio es igual al costo variable por unidad de producción, la idea anterior podemos expresarla diciendo que la empresa debe producir si el precio es superior al costo variable medio. Si es inferior la empresa debe cerrar.

• **Para decidir a corto plazo si producir o no, la empresa debe comparar al nivel de producción en que maximiza el beneficio (*P* = *CMa*), el precio y el costo variable medio (*CVMe*). Si el precio es igual o superior al costo variable medio (*P* > *CVMe*), a la empresa le conviene producir, mientras que si es menor (*P* < *CVMe*) deberá cerrar.**

Debe destacarse que las variaciones de los costos fijos no afectan en absoluto a la cantidad ofrecida a corto plazo, pues los costos fijos no inciden ni sobre el costo marginal ni sobre el costo variable medio.

La decisión de producción a corto plazo: análisis gráfico

Los gráficos de la Figura 8.3 muestran las tres posibles situaciones a las que se puede enfrentar la empresa competitiva. En los cinco casos considerados, el nivel de producción óptimo, q^*, viene dado por la condición $CMa = P$. El gráfico (a) refleja una situación en la que el costo total medio en el nivel de producción óptimo es inferior al precio de mercado, de forma que la empresa obtiene unos beneficios por unidad iguales a $P_1 - CTMe^*$ y que para el total de la cantidad producida vienen representados por el área sombreada. En este caso debe producirse, ya que la empresa obtiene beneficios por encima de los contables.

Conviene recordar que el costo total medio incluye todos los costos de producción, incluido el costo de oportunidad del capital aportado por los propietarios de la empresa. Por tanto, el área sombreada muestra el beneficio económico o extraordinario, no el beneficio contable.

En el Gráfico 8.3*b* el precio es exactamente igual al costo total medio en el nivel de producción óptimo, q^*. Esta situación, como seguidamente veremos, se denomina punto de nivelación. Por ello la empresa no obtiene beneficios económicos. En este caso a la empresa también le conviene producir, ya que obtiene los beneficios normales o contables.

En los Gráficos (*c*), (*d*) y (*e*) el precio de mer-

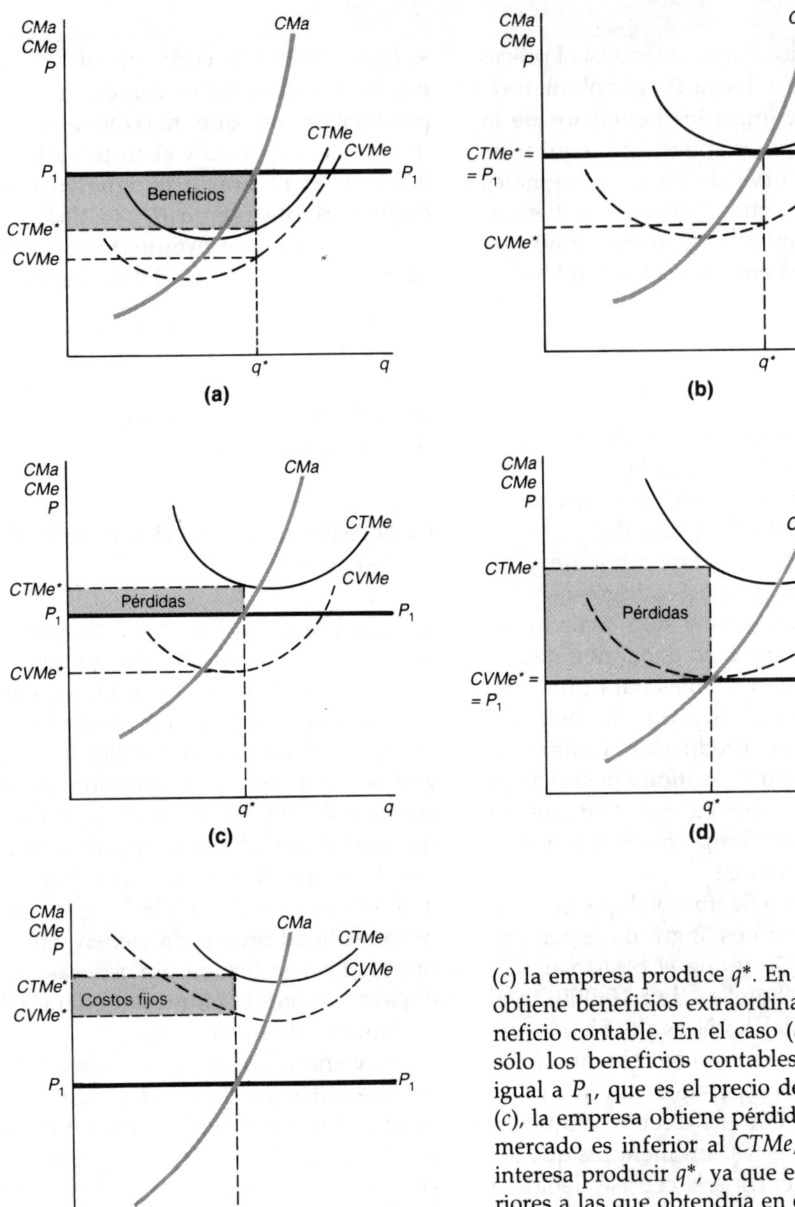

Figura 8.3. La decisión de producir a corto plazo de la empresa.

La empresa produce la cantidad en la que el costo marginal es igual al precio, siempre que éste sea superior al costo variable medio. Por tanto en (*a*), (*b*) y (*c*) la empresa produce q^*. En el caso (*a*), la empresa obtiene beneficios extraordinarios, superiores al beneficio contable. En el caso (*b*), la empresa obtiene sólo los beneficios contables, ya que el *CTMe* es igual a P_1, que es el precio del mercado. En el caso (*c*), la empresa obtiene pérdidas, ya que el precio de mercado es inferior al *CTMe*, pero a la empresa le interesa producir q^*, ya que estas pérdidas son inferiores a las que obtendría en el caso de cerrar, al ser el precio de mercado superior al *CVMe*. En el caso (*d*), la empresa obtiene pérdidas, pero, al ser el precio de mercado P_1 igual al *CVMe*, estas pérdidas son iguales a las que obtendría la empresa si cerrase. Por tanto a la empresa le sería indiferente seguir produciendo q^* o no producir nada, ya que las pérdidas son las mismas. En el caso (*e*), la empresa cerraría, ya que el precio de mercado es inferior al *CVMe*, y cerrando minimizaría las pérdidas.

Nota complementaria 8.4

LA COMPETENCIA PERFECTA Y LOS COSTOS VARIABLES

Los supuestos que nos han servido para caracterizar la competencia perfecta, referidos al número de participantes, tipo de producto, etc., no aseguran que exista para cada empresa un nivel de producción de equilibrio a corto plazo, para un precio dado por el mercado. Resulta necesario, además, que los costos unitarios de producción se comporten en la forma analizada en el capítulo anterior, es decir, presentando un tramo creciente que supone al mismo tiempo una curva de costos marginales con inclinación positiva. Esto último es precisamente lo que permite asociar el equilibrio de una empresa competitiva con la igualdad $P = CMa$.

Ahora bien, si suponemos que los costos variables muestran una relación proporcional con el nivel de producción de forma que:

$$CV = v \cdot q$$

denotando por v al coeficiente de proporcionalidad tendremos que:

$$CVMe = CMa = v$$

Es decir, el costo marginal es constante y por tanto independiente del nivel de producción. En ese caso, y tomando como referencia la figura adjunta, tendríamos que si el precio fuese P_2 el criterio $P = CMa$ nos llevaría a aumentar continuamente la producción, puesto que una unidad adicional de producto siempre añade más al ingreso que al costo, no existiendo, por consiguiente, un nivel de producción de equilibrio para la empresa. Si, por el contrario, el precio del mercado fuese P_3, no se produciría nada, puesto que cualquier unidad de producto añade más al costo que al ingreso. Por último, si el precio se situara en $P_1 = v$, el nivel de producción de equilibrio no estaría definido, ya que, cualquiera que fuese el valor de q, una unidad de producto adicional aumentaría en la misma cuantía el ingreso y el costo. Así pues, en los tres casos discutidos no es posible determinar el equilibrio de la empresa en competencia perfecta. Sobre este punto volveremos en el Capítulo 11.

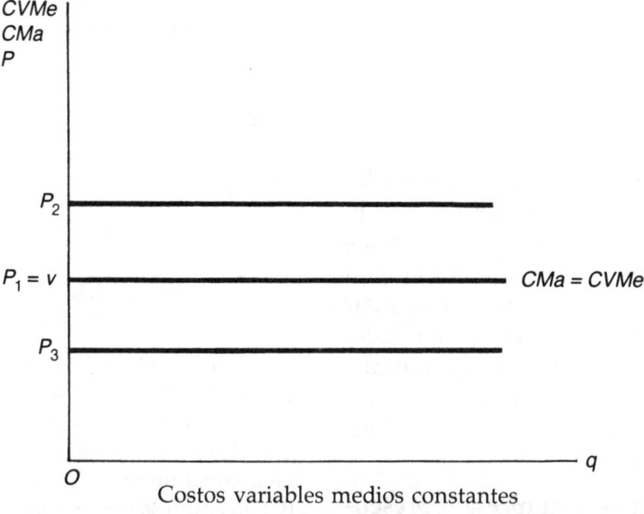

Costos variables medios constantes

cado es inferior al costo total medio en todos los niveles de producción, por lo que la empresa incurre en pérdidas. En el nivel de producción q^*, las pérdidas por unidad vienen dadas por la diferencia $CTMe^* - P_1$, por lo que si se multiplican por q^* obtenemos las pérdidas totales. Resulta, sin embargo, que si una empresa cierra sus pérdidas son iguales a sus costos fijos totales. El costo fijo total de producir q^* se calcula multiplicando el costo fijo medio correspondiente al nivel de producción óptimo ($CTMe^* - CVMe^*$) por q^*. Como puede observarse, en el caso (c) esta área es mayor a la que refleja las pérdidas en que incurre la empresa cuando produce, dado que el *CVMe* es menor que el precio de mercado. El Gráfico (*d*) recoge el caso en el que el área representativa de las pérdidas es exactamente igual a la de los costos fijos totales, por lo que en este caso a la empresa le resulta indiferente cerrar o producir. En el caso (*e*), sin embargo, el área sombreada es la representativa de los costos fijos totales y, dado que el $CVMe^*$ es mayor que el precio, la empresa minimiza las pérdidas cerrando.

3. LAS CURVAS DE OFERTA A CORTO PLAZO Y A LARGO PLAZO DE LA EMPRESA Y DEL MERCADO

LAS CURVAS DE OFERTA A CORTO PLAZO

La deducción de la curva de oferta a corto plazo de la empresa vamos a realizarla tomando como punto de partida el análisis que hemos presentado sobre las decisiones de producción de la empresa perfectamente competitiva y cuyos elementos esenciales son dos: por un lado, el criterio $P = CMa$, lo que nos lleva a centrarnos en la curva de costo marginal y, por otro lado, el nivel de costos que se cubren en función del precio de mercado.

- **La curva de oferta de la empresa representa la cantidad de producto que ofrecerá a todos los valores posibles del precio de mercado.**

La curva de oferta de la empresa a corto plazo

Como puede observarse (Figura 8.4), si el precio de mercado es P_n, la curva de demanda de la empresa es la línea horizontal *dd*. Esta línea corta a la curva de costo marginal en el punto *N*, en el cual el *CTMe* alcanza su mínimo, de forma que, tal como señalamos en el apartado anterior (Figura 8.3*b*), para el nivel de producción óptimo la empresa no obtiene ni beneficios ni pérdidas, ya que justamente cubre los costos totales medios. Al precio de mercado que determina esta situación se le denomina *precio de nivelación* y al punto *N* de la curva de costo marginal, *punto de nivelación*. Para cual-

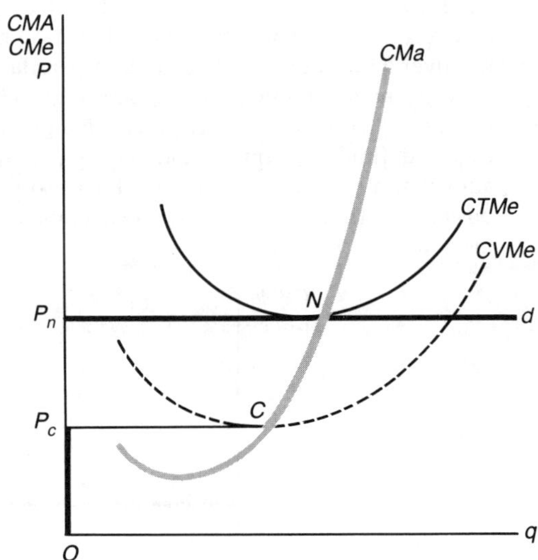

Figura 8.4. El punto de cierre y el de nivelación.

El punto de nivelación (*N*) se encuentra donde la curva de *CMa* corta a la de costos totales medios, en su mínimo. El punto de cierre (C) es aquel en el que los *CMa* cortan a los costos variables medios también en su mínimo. En cualquier punto entre (*N*) y (C), la empresa cubre sus costos variables y parte de los fijos, interesándole producir.

quier precio de mercado superior al precio de nivelación, la empresa obtiene beneficios económicos superiores a los beneficios contables y, en consecuencia, le resultará muy provechoso producir. Para todos los niveles de precios comprendidos entre P_n y P_c, para el nivel de producción óptimo, la empresa incurrirá en pérdidas, pero éstas serán menores que los costos fijos, por lo que le resultará conveniente producir.

Como muestra la Figura 8.4, en el punto *C* la empresa cubre estrictamente los costos variables, por lo que para cualquier precio superior a P_c le convendrá producir, ya que al menos parcialmente cubre los costos fijos. Pero si el precio está por debajo de este nivel, la empresa no podrá cubrir sus costos variables y se verá obligada a cerrar la fábrica. El punto *C* determina el *punto de cierre* de la empresa y, por ello, al precio P_c se le denomina *precio de cierre.*

- **La curva de oferta a corto plazo de una empresa perfectamente competitiva coincide con el segmento de su curva de costo marginal que se encuentra por encima de su precio de cierre, que es el valor mínimo del costo variable.**

Como ya hemos señalado, en cualquier punto entre *C* y *N* la empresa sólo cubre parte de los costos fijos, por lo que estará produciendo con pérdidas. Sin embargo, le conviene producir, pues cubre completamente sus costos variables y le queda parte del ingreso libre con el cual cubre parcialmente sus costos fijos. A partir del punto que cubre tanto sus costos variables como sus costos fijos, la empresa obtendrá beneficios económicos por encima de los beneficios contables.

En resumen, la curva de oferta de la empresa a corto plazo se corresponde con su curva de *CMa* a partir del punto en que se cubren los costos variables. Si el precio de mercado resulta ser inferior a P_c, al precio de cierre de la empresa, los ingresos no alcanzan a cubrir los costos variables y a la empresa le convendrá cerrar. Por ello, en términos de la Figura 8.4, la curva de oferta de la empresa viene representada por la línea con el tramo grueso, y se corresponde con la curva de *CMa* a partir del mínimo de la curva *CVMe.*

La curva de oferta del mercado

La cantidad ofrecida a la venta en un mercado competitivo depende de la acción de muchísimas empresas que producen el mismo producto. Cada empresa actúa de forma independiente y considera el precio de su producto como un dato. Esto, sin embargo, no quiere decir que la empresa piense que el precio nunca va a cambiar, sino que los cambios en los precios son exógenos, pues se toman fuera de la empresa.

La curva de oferta del mercado, o más concretamente de una industria competitiva, entendiendo por *industria* el grupo de empresas que producen bienes prácticamente idénticos, depende de las reacciones de todas las empresas que integran la industria ante cambios en el precio.

- **La curva de oferta del mercado (o de la industria) a corto plazo se obtiene sumando las cantidades ofrecidas por todas las empresas a cada nivel del precio.**

Ante las variaciones en el precio, las reacciones de las empresas dependerán del tiempo de que disponen para llevarlas a cabo. Debe señalarse que la medida relevante del tiempo no es ni años ni meses ni días, sino el período requerido por la empresa para ajustar los factores productivos y la producción. En este sentido cabe distinguir tres curvas de oferta del mercado, según el período considerado:

1. *Curva de oferta momentánea* o a muy corto plazo, que es la obtenida cuando el período de tiempo es demasiado breve como para llevar a cabo ningún cambio en los factores productivos y en la producción.
2. *Curva de oferta a corto plazo,* que se corresponde con aquel período en el cual las empresas pueden cambiar su produc-

ción solamente ajustando los factores variables.

3. *Curva de oferta a largo plazo,* que es la obtenida en aquel período de tiempo en el cual las empresas pueden variar su producción, ajustando todos los factores empleados en el proceso productivo.

Además, cambios a largo plazo pueden incluir la entrada de nuevas empresas o la salida de alguna de las empresas ya establecidas. El análisis de la curva de oferta a largo plazo se ofrece en el siguiente subapartado.

■ Curva de oferta momentánea de la industria competitiva

Si el período de tiempo considerado es tal que la empresa no tiene tiempo para ajustar su producción cuando tienen lugar cambios en el precio de su producto, todo lo que puede hacer es vender las existencias que tenga disponibles. La cantidad que la empresa venderá al precio de mercado dependerá de sus expectativas sobre los precios futuros, de la necesidad de los ingresos derivados de sus ventas y de la facilidad relativa de almacenar el producto en cuestión. Así, si la empresa piensa que las ventas aumentarán, no se mostrará muy inclinada a vender, a no ser que tenga una fuerte necesidad de liquidez, que el producto sea perecedero o difícilmente almacenable. En cualquier caso, cuanto más elevado sea el precio, mayor será la cantidad que cada empresa ofrecerá a la venta, aun a costa de situar el nivel de existencias por debajo de lo que se considera normal.

■ La oferta de mercado a corto plazo

Tal como hemos señalado, la oferta de mercado será la suma de las ofertas individuales. Esto es, a cada precio que se considere, la cantidad ofrecida por todas las empresas del mercado de un bien será la suma de las cantidades ofrecidas por cada una de ellas. Gráficamente, la oferta de mercado de un bien determinado se construye como la suma horizontal de las ofertas individuales (Figura 8.5). Supóngase por simplicidad que el mercado está compuesto sólo por tres empresas, *A,* B y *C.*

La empresa *C* empieza a producir al precio P_0, siendo la única que lo hace a este precio. Al precio P_1, ofrecen las empresas *C* y *B,* esta última sólo ofrece cuando el precio toma valores superiores a P_1. La empresa *A* sólo ofrece a partir del precio P_2.

Las diferencias en las estructuras de costos de las empresas es lo que justifica la entrada secuencial en el mercado. En el caso considerado la empresa *C* es la que produce a unos costos más bajos. Sólo a partir del precio P_2 ofre-

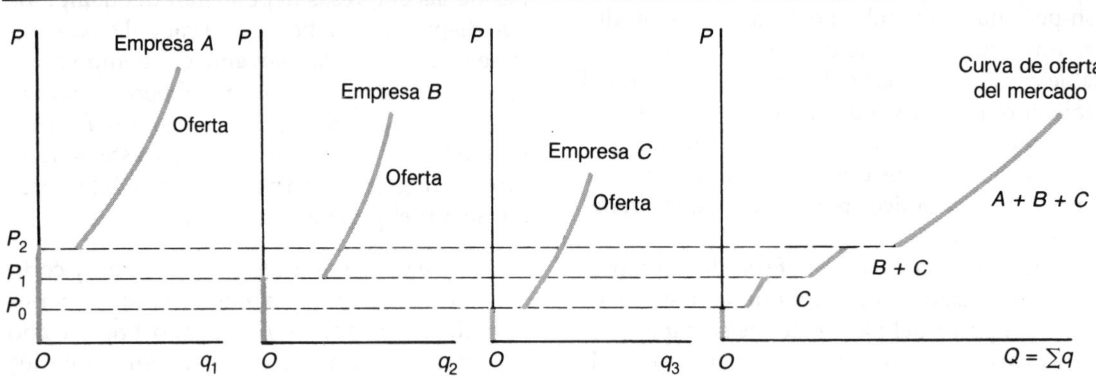

Figura 8.5. La curva de oferta del mercado.

Dado un mercado compuesto por tres empresas (*A, B y C*), la curva del mercado se obtiene sumando horizontalmente (para cada precio las ofertas de las tres).

cerán las tres empresas que integran el mercado. Como puede observarse, ante cambios en los precios las empresas modifican su producción ajustando los factores variables, por lo cual la sensibilidad ante los citados cambios es notablemente mayor que en el muy corto plazo antes estudiado.

LAS CURVAS DE OFERTA A LARGO PLAZO

Para la empresa el largo plazo se diferencia del corto plazo en que a largo plazo todos los factores pueden variar, por lo que no es válida la distinción entre factores fijos y factores variables. Desde la perspectiva de la industria resulta, además, que no sólo pueden ajustar sus factores libremente todas las empresas existentes, sino que también puede alterarse el número de empresas que integran la industria, esto es, hay entrada y salida de empresas.

La oferta a largo plazo de la empresa

La curva de oferta a largo plazo de la empresa se obtiene esencialmente de la misma forma que la curva de oferta a corto plazo. El costo marginal es el principal determinante de las decisiones de producción de la empresa a largo plazo. Tal como vimos en el capítulo anterior las curvas de costo medio a largo plazo (*CMel*) y la de costo marginal a largo plazo (*CMaL*) reflejan la evolución de los costos de la empresa cuando ésta puede variar libremente todos sus factores.

A largo plazo el nivel de producción óptimo de una empresa es aquel en el que el precio es igual al costo marginal a largo plazo, esto es, $P = CMaL$. En cualquier caso, este criterio de optimización no le asegura a la empresa si le conviene seguir produciendo o no. A largo plazo la empresa sólo continuará produciendo si cubre todos sus costos, incluidos todos aquellos que a corto plazo eran fijos, tales como el capital invertido en la planta, el equipo y la maquinaria. Por ello, a largo plazo la empresa sólo producirá cuando el precio de mercado sea superior o igual al costo medio a largo plazo, esto es, $P \geq CMeL$.

En términos gráficos la curva de oferta a largo plazo de la empresa competitiva aparece recogida en la Figura 8.6. Como puede observarse, la curva de oferta a largo plazo de la empresa competitiva viene representada por el segmento de su curva de costo marginal a largo plazo (*CMaL*) situado por encima del mínimo de la curva de *CMeL*. Esto ocurre para el nivel de producción q_n, siendo el valor correspondiente de la curva *CMeL* al precio de nivelación a largo plazo de la empresa P_n (Figura 8.6).

• **La curva de oferta a largo plazo de una empresa perfectamente competitiva coincide con el segmento de su curva de costo marginal a largo plazo que se encuentra por encima del precio de nivelación a largo plazo,**

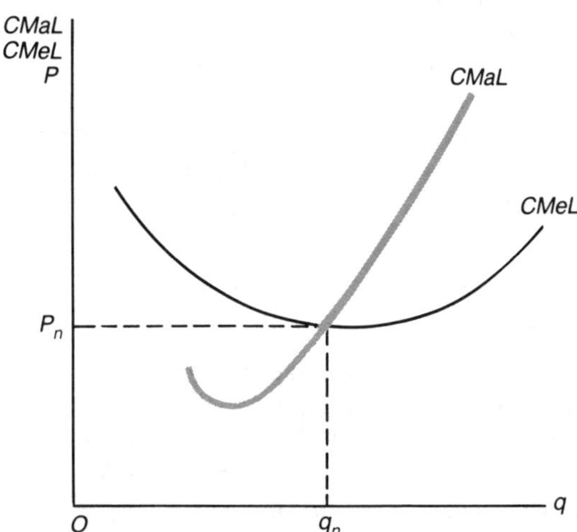

Figura 8.6. La curva de oferta a largo plazo de la empresa.

La curva de oferta a largo plazo de una empresa competitiva coincide con el segmento de su curva de costo marginal a largo plazo (*CMaL*), que se encuentra por encima de su preciio de nivelación a largo plazo, que es el valor mínimo del costo medio a largo plazo (*CMeL*).

que es el valor mínimo del costo medio a largo plazo.

Para cualquier nivel de precio superior al precio de nivelación P_n, la empresa incurre en beneficios superiores a los normales, mientras que para precios inferiores a P_n la empresa no producirá a largo plazo. De hecho, si el precio está por debajo del precio de nivelación, la empresa abandonará la industria de forma permanente.

Respecto a la inclinación de la curva de oferta a largo plazo de la empresa, debe señalarse que, al ser todos los factores variables a largo plazo, los rendimientos decrecientes son menos acusados que a corto plazo y la curva de costo marginal a largo plazo (*CMaL*) de la empresa será más plana que la curva de costo marginal a corto plazo (*CMa*). Por ello la curva de oferta a largo de la empresa competitiva resulta ser más elástica o más plana que la curva de oferta a corto plazo, de forma que ante una subida en el precio de mercado el incremento en la cantidad producida será mayor a largo plazo que a corto plazo. La explicación técnica de este hecho radica en que a largo plazo la empresa tiene tiempo para ajustar factores tales como la planta y el equipo, lo que permite producir una mayor cantidad al menor costo posible.

La curva de oferta a largo plazo de la industria

La curva de oferta a largo plazo del mercado o de la industria se obtiene, tal como vimos en el corto plazo, sumando las cantidades ofrecidas por todas las empresas a cada uno de los niveles de precios. Resulta, sin embargo, que a largo puede que entren nuevas empresas en el mercado o algunas lo abandonen, por lo que para obtener la curva de oferta del mercado debemos sumar las cantidades producidas por todas las empresas que están potencialmente en el mercado. Esta entrada de empresas, conforme sube el precio del mercado, y salida, al reducirse dicho precio, explica que a cada punto de la curva de oferta a largo plazo del mercado le corresponda un número diferente de empresas en la industria.

La curva de oferta de la industria a largo plazo es más plana que su curva de oferta a corto plazo, tanto porque la curva de oferta a largo plazo de cada empresa es más plana que su curva de oferta a corto plazo, como porque a largo plazo aumenta el número de empresas de la industria cuando sube el precio. Téngase en cuenta que, al subir el precio del mercado por encima de los costos medios, las empresas ven la posibilidad de obtener beneficios y deciden entrar en la industria. En cualquier caso estas entradas requieren tiempo y sólo tienen lugar una vez que la subida del precio se ha mantenido durante un tiempo. Por esa razón cuando sube el precio la producción aumenta más a largo plazo que a corto plazo, pues sólo hay entradas a largo plazo.

En la Figura 8.7 se representa la curva de oferta de la industria a largo plazo (O_L) conjuntamente con la curva de oferta a corto plazo (O_C). Como puede observarse, la curva O_L es, por las razones apuntadas, más elástica que la curva a corto plazo O_C. Además, el precio de

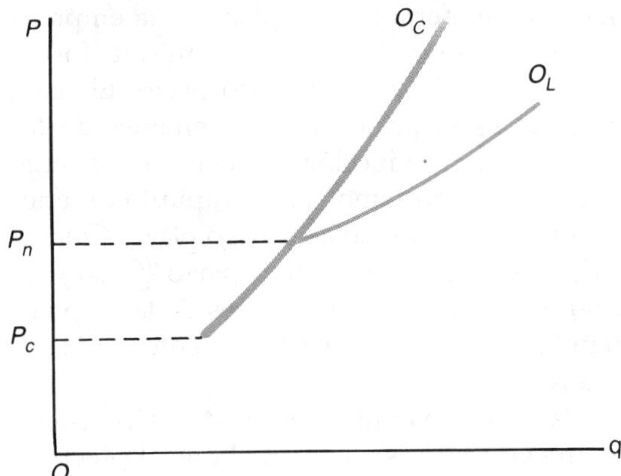

Figura 8.7. Curva de oferta de la industria a corto plazo y a largo plazo.

La curva de oferta de la industria a largo plazo (O_L) es más plana que la curva de oferta a corto plazo (O_C). El precio de nivelación a largo plazo (P_n) es superior al precio de cierre a corto plazo (P_c), ya que a corto plazo sólo tienen que cubrir los costos variables, mientras que a largo plazo se han de cubrir todos los costos.

nivelación a largo plazo P_n es superior que el precio de cierre a corto plazo, ya que a corto plazo las empresas sólo tienen que cubrir los costos variables, mientras que a largo plazo han de cubrir todos los costos.

La curva de oferta horizontal

Aunque la curva de oferta del mercado competitivo a largo plazo reflejada en la Figura 8.7 y que hasta ahora hemos comentado tiene pendiente positiva, puede que sea horizontal, de forma que los vendedores ofrecen la cantidad que demandan los compradores a un precio uniforme.

Si todas las empresas tienen tecnologías idénticas y pueden adquirir factores a precios que son independientes de la producción de la industria, esto es, no existen factores especializados, tendrán las mismas curvas de costo medio y marginal a largo plazo. En este caso, la curva de oferta a largo plazo del mercado será plana (Figura 8.8). Se ofrecerá la cantidad que se demande a un precio constante igual al valor mínimo del costo medio a largo plazo.

Para justificar este hecho en términos gráficos, piénsese que para la empresa representativa de la industria la cantidad ofrecida será cero a largo plazo para todo precio inferior al mínimo de los costos medios a largo plazo ($CMeL_{min}$). Para todo precio superior al $CMeL_{min}$ las empresas obtendrán beneficios económicos extras, lo que incitará a que nuevas empresas entren en la industria. La entrada de empresas incrementará la producción y hará que el precio baje. La industria sólo se encontrará en una situación de equilibrio a largo plazo, en el sentido de que no tengan lugar ni entradas ni salidas de empresas que alteren la cantidad ofrecida cuando el precio de mercado coincida con el mínimo de la curva de costos medios a largo plazo, esto es, $P_n = CMeL_{min}$. A este precio las empresas no tienen incentivos para entrar ni

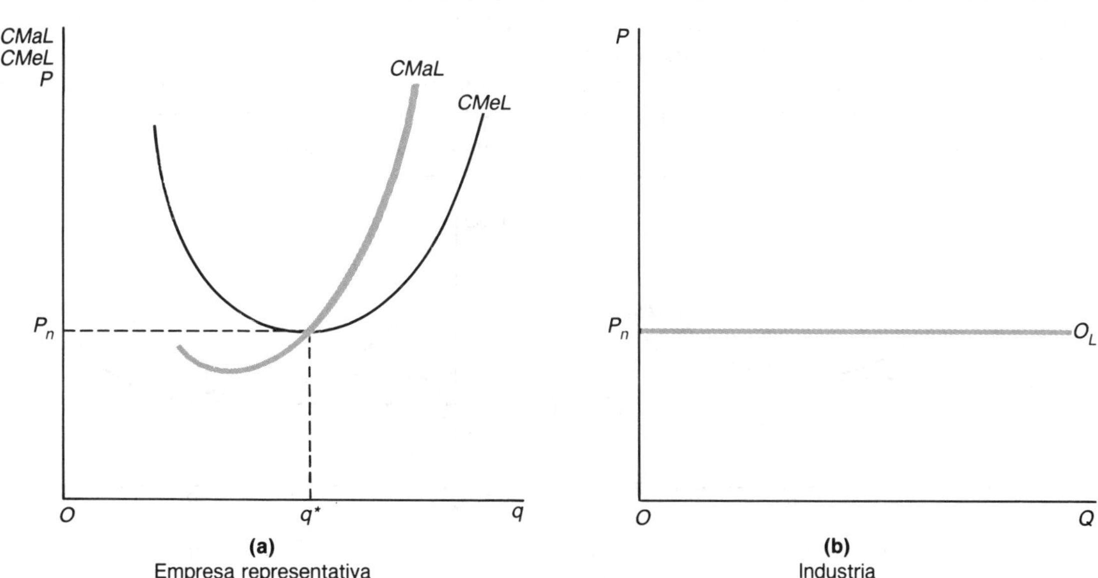

Figura 8.8. Curva de oferta de la industria a largo plazo horizontal.

El gráfico (*a*) muestra las curvas de costo marginal y medio a largo plazo de una empresa representativa de este mercado, caracterizado porque todas las empresas tienen las mismas curvas de costo medio y marginal a largo plazo. La empresa representativa produce q^*. La curva de oferta a largo plazo de la industria (O_L) es horizontal [Gráfico (*b*)].

salir del mercado, ya que ninguna empresa obtiene beneficios económicos ni pérdidas.

Dado que a largo plazo el precio de la industria debe ser P_n, la curva de oferta a largo plazo de la industria es la línea horizontal O_L (Figura 8.8*b*). A lo largo de esta curva cada empresa de la industria produce q^* por período (Figura 8.8*a*). Cuando aumenta la producción de la industria hay más empresas en el mercado, pero la producción a largo plazo de cada empresa sigue siendo q^*.

4. EL FUNCIONAMIENTO DE LOS MERCADOS EN COMPETENCIA PERFECTA

Como hemos visto anteriormente, las empresas bajo el supuesto de competencia perfecta aceptan como un dato el precio existente en el mercado y en función de su nivel deciden la cantidad que desean producir. Para tomar esta decisión hacen uso del tramo creciente de la curva de costos marginales (a partir del mínimo de los costos variables medios), pues sobre ella se determina aquella cantidad que a los precios existentes maximiza los beneficios de las empresas.

En línea con lo señalado, la función de oferta de mercado es la suma de las funciones de oferta de todas las empresas que participan en ese mercado y el precio de equilibrio se determina donde la demanda y la oferta de mercado se igualan. Ese será el precio que las empresas observen y acepten, y cada empresa comprobará que produciendo la cantidad que a dicho precio le indica su curva de costos marginales podrá venderla en el mercado. En efecto, se da la compatibilidad de los planes de compra y venta de todos los participantes en el mercado.

De cara a la empresa se trata de determinar el nivel de producción que maximiza sus beneficios.

La competencia perfecta y los beneficios

Al precio que se determine en el equilibrio de un mercado competitivo las empresas no tendrán en general los mismos beneficios. Esto se deberá a que, si bien suponemos que todas las empresas de un mercado tienen acceso a la misma tecnología a corto plazo, las instalaciones fijas de las distintas empresas serán diferentes. Por esta razón, la posición de las co-

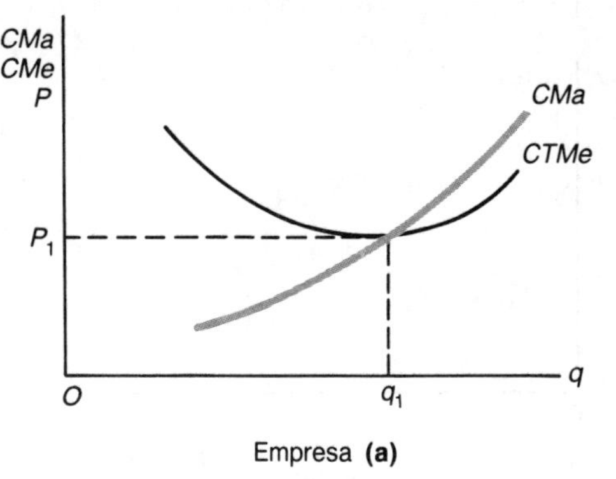

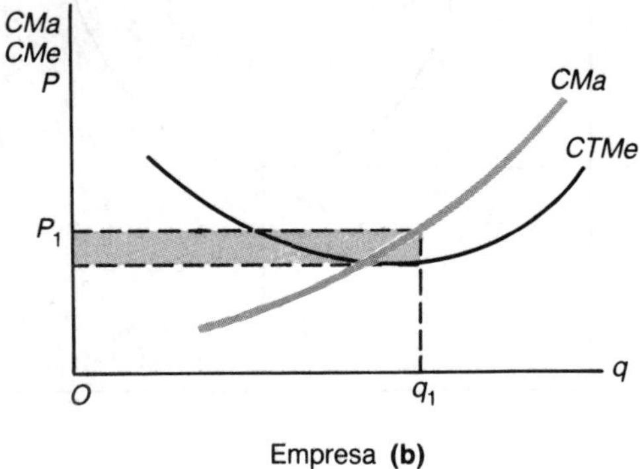

Figura 8.9. Los beneficios a corto plazo.

En un mercado competitivo las empresas no tiene por qué tener iguales funciones de producción ni capacidad instalada. Luego las curvas de *CMa* y *CMe* no serán las mismas y, por tanto, a un mismo precio (P_1) de equilibrio los beneficios pueden ser diferentes entre ellas. Así, la empresa (*a*) sólo obtiene los beneficios contables, mientras que la empresa (*b*) obtiene beneficios económicos.

rrespondientes curvas de costos medios y marginales no será la misma para cada empresa.

En la Figura 8.9 se observa cómo, a un mismo precio determinado por el mercado, los beneficios de dos empresas distintas son diferentes por las razones apuntadas.

Si bien esta situación puede existir a corto plazo, mientras no es posible alterar el tamaño de la empresa, no se mantendrá tan pronto como la empresa que obtiene menores beneficios pueda readaptar sus procesos productivos.

A mayor abundamiento, el tipo de beneficios que se obtenga por las empresas más eficientes de este mercado será también tenido en cuenta por las empresas de otros mercados o sectores. De nuevo, a corto plazo, estas empresas no podrán abandonar el sector en que se encuentran (si su tipo de beneficio es menor que el observado en el otro sector) pero tan pronto como puedan liquidar sus instalaciones lo harán.

Esta discusión pretende hacer ver un aspecto interesante de una economía en la que los mercados son de competencia perfecta: la búsqueda de mayores beneficios está íntimamente asociada a la consecución de una mayor eficiencia productiva y, por tanto, a una mejor asignación de los recursos productivos entre los diferentes sectores. En la figura anterior, observamos que, puesto que el precio es el mismo y exógeno para las empresas, la que tenga menores costos por unidad, esto es, la que utilice más eficientemente sus recursos, obtendrá una mayor tasa de beneficios. En este sentido, procurar un mayor beneficio es buscar la combinación más eficiente de factores y, por tanto, el mejor aprovechamiento de la tecnología existente.

La entrada y salida de empresas del mercado

Para entender cómo se desarrolla y finaliza este proceso, debemos tomar en consideración

Nota complementaria 8.5

ENTRADAS Y SALIDAS DE EMPRESAS

La comparación del total de establecimientos industriales existentes en 1974 y 1985 nos da una idea del proceso de ajuste a largo plazo registrado en la industria manufacturera en cuanto a la entrada y salida de empresas. Como puede observarse en el cuadro adjunto, en dicho lapso hubo una caída neta en el número total de establecimientos. El fenómeno se verifica particularmente en ambos extremos de la escala —entre las empresas más pequeñas y las más grandes— mientras que los ingresos de nuevos establecimientos excedieron a las bajas en el tramo intermedio.

Escala de ocupación	Establecimientos		
	1974	1985	% difer. 85/74
Total	126.388	109.376	−13,5
Hasta 5 personas ocupadas	94.294	73.349	−22,2
De 8 a 100 personas ocupadas	29.919	34.023	13,7
Más de 101 personas ocupadas	2.175	2.004	−7,9

FUENTE: *Censo Nacional Económico, 1985.* INDEC.

la función de costos medios a largo plazo. Esta función indica cómo se aprovechará la tecnología disponible a medida que varía la cantidad utilizada de todos los factores (Figura 8.10). El que la dibujemos con forma de «U» responde a que se supone la existencia de un tramo decreciente en el que los costos medios a largo plazo disminuyen, debido a la existencia de rendimientos crecientes a escala, y un tramo creciente en que sucede lo contrario.

Pues bien, a largo plazo, las empresas de una industria determinada tratarán de aprovechar todas las economías de escala disponibles escogiendo una combinación de factores que las sitúe en el mínimo de los costos medios a largo plazo. A esta tendencia colaborará el hecho de que la entrada de nuevas empresas en el sector, si se están obteniendo beneficios extraordinarios, aumentará la oferta de mercado, hará descender el precio de equilibrio y forzará a las empresas hacia el mínimo de la curva de costos medios a largo plazo, en un intento de defender sus beneficios. Este proceso terminará, al menos en teoría, cuando el precio haya descendido hasta el nivel mínimo de los costos medios a largo plazo y hayan desaparecido los beneficios económicos o extraordinarios.

Gráficamente, el equilibrio a largo plazo de una empresa en competencia perfecta se alcanza en el punto (P^*, q^*) (Figura 8.10). A largo plazo todos los factores son variables por lo que el empresario puede alterar el volumen de su producción o modificar el tamaño de su planta o incluso puede cerrar la empresa y trasladar los recursos a otra actividad más conveniente. Asimismo, otras empresas podrán entrar en la industria cuando los beneficios la hagan atractiva. Precisamente la libre entrada y salida de empresas en la industria en respuesta a la existencia de beneficios o pérdidas es el elemento clave de la determinación del equilibrio a largo plazo. Tal como recoge la Figura 8.11, a largo plazo no hay ni beneficios económicos o extraordinarios ni pérdidas, pues si *P* es mayor que el mínimo de los *CMeL* tendrá lugar una entrada de nuevas empresas tratando de conseguir esos beneficios «extra», lo

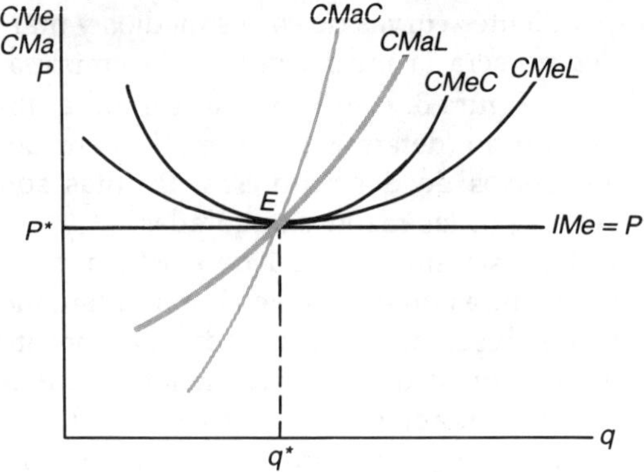

Figura 8.10. Equilibrio a largo plazo.

El equilibrio a largo plazo en una empresa de competencia perfecta (*E*) es aquel punto en el que el costo marginal a largo plazo (*CMaL*) iguala al costo medio a largo plazo, cumpliéndose además que *P* = *CMa* = *CMaL* = *CMeC* = *CMeL*.

que hará que se desplace la curva de oferta del mercado a la derecha y se reduzca el precio, desapareciendo de este modo los beneficios (Figura 8.11*a*). Por el contrario, si para buena parte de las empresas integrantes de la industria el precio existente en el mercado es menor que el mínimo de los *CMeL*, al no cubrirse los costos se originará una salida de empresas de la industria, lo que hará elevar el precio (Figura 8.11*b*). A largo plazo la situación de equilibrio es el punto de tangencia de la curva de *CMeL* y la representativa del precio de mercado, y en ellas todas las empresas obtienen beneficios normales.

La competencia perfecta y la eficiencia económica

Con respecto a la situación analizada anteriormente a corto plazo, vemos que el precio es el mínimo que se puede hacer pagar al consumidor sin que la empresa experimente pérdidas y deje, por tanto, de producir. También, el *CMeL* es mínimo, con lo cual la eficiencia económica en el uso de los factores es máxima. Este es un resultado teórico de suma importan-

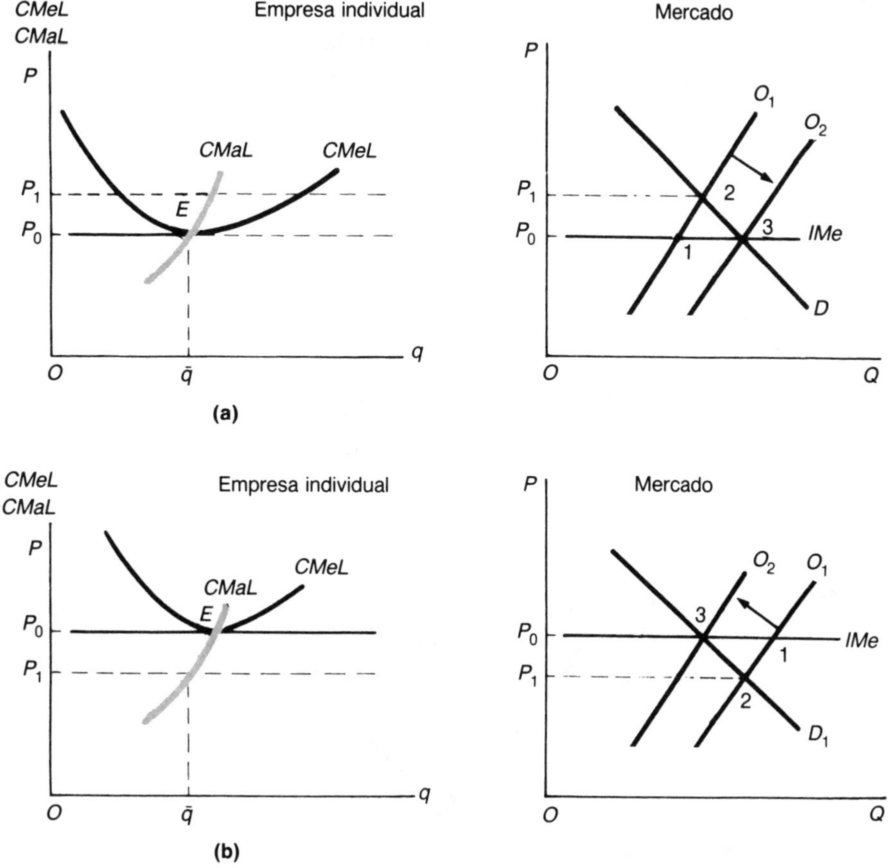

Figura 8.11. El equilibrio del mercado a largo plazo.

El equilibrio a largo plazo de una empresa en competencia perfecta se sitúa en el punto donde *CMaL* = *CMeL*. Esta posición se caracteriza por la ausencia de beneficio y de pérdida. Sólo hay un beneficio contable. En ambos gráficos se recogen el hecho tanto si, inicialmente, el precio es superior, como si es menor al costo medio a largo plazo.

---

cia, pero no hay que esperar que se observe en la realidad. En cualquier caso, conviene tener claro que lo anterior no implica que el conjunto de precios que se determine en una economía de competencia perfecta sea óptimo en el sentido de que proporcione una distribución socialmente aceptada de la producción y la renta.

RESUMEN

- La empresa tratará de maximizar la diferencia entre los ingresos totales y los costos totales. Los *ingresos totales* son el resultado de multiplicar la cantidad producida por el precio de venta del producto.

Nota complementaria 8.6

LA QUIEBRA DE LA COMPETENCIA PERFECTA EN EL LARGO PLAZO

Como se ha señalado, el equilibrio a largo plazo de una empresa competitiva precisa que:

$$P = CMa = CMaL = CMeC = CMeL \quad (1)$$

Todas estas condiciones se pueden cumplir cuando las curvas de *CMeC* y *CMeL* tienen forma en «U», porque el equilibrio se alcanza cuando estamos en el mínimo de *CMeL* y éste coincide con el mínimo del *CMeC*. ¿Pero qué ocurre cuando la curva de *CMeL* no tiene un mínimo, sino que desciende indefinidamente, es decir, cuando los rendimientos son crecientes a escala?

La Figura 8.10 ilustra el caso de la curva de *CMeL* en forma de «U» y la figura adjunta el caso de la curva de *CMeL* decreciente. Como puede observarse en la Figura 8.10, el equilibrio se produce en *E*, donde se cumplen todas las condiciones establecidas en (1). En la figura adjunta no se puede hablar de equilibrio a largo plazo porque el deslizamiento de la curva de *CMeC* sobre la curva de *CMeL* no tiene fin en ningún momento, reflejando la inexistencia de un mínimo en la citada curva.

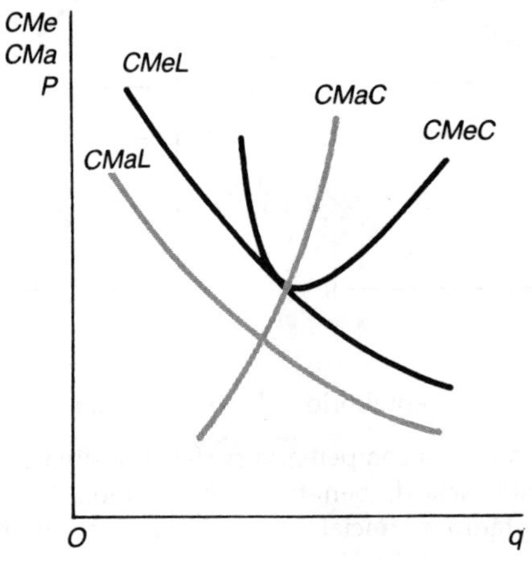

Costos medios a largo plazo decrecientes

• Para que un mercado sea de *competencia perfecta* se han de cumplir las siguientes condiciones: 1. que exista un elevado número de compradores y vendedores; 2. que tanto los compradores como los vendedores sean indiferentes respecto a quien compra o vende; 3. que todos los compradores y los vendedores tengan un conocimiento pleno de las condiciones generales del mercado, y 4. que exista libre movilidad de los recursos productivos.

• La *curva de oferta de la empresa* competitiva se corresponde con el tramo creciente de la curva de costos marginales, a partir del mínimo de la curva de costos variables medios. En el mínimo de la *CVMe* la empresa alcanza el *punto de cierre.* A unos precios superiores a este nivel la empresa empieza a cubrir no sólo los costos variables, sino también los costos fijos. En el mínimo de la curva de costos totales medios la empresa alcanza el *punto de nivelación,* pues cubre los dos tipos de costos.

• La *curva de oferta del mercado* se obtiene sumando las ofertas individuales de cada una de las empresas que lo integran. La capacidad de ajuste de la empresa ante cambios en los precios dependerá del período de tiempo considerado. Por ello se suele hablar de curva de oferta de la industria a muy corto plazo, de curva de oferta a corto plazo y de curva de oferta de la industria a largo plazo.

• Al *precio de equilibrio* en un mercado competitivo, a corto plazo, las empresas no tendrán los mismos beneficios, pues las posiciones de las curvas de costos medios y marginales serán distintas. Estas diferencias no se mantendrán a largo plazo, pues las empresas que están en la industria podrán readaptar sus procesos productivos para hacerlos más eficientes y además, en caso de que existan beneficios extraordinarios, otras empresas podrán entrar en la industria. A largo plazo no habrá ni beneficios ni pérdidas, pues si $P > CMeL$ tendrá lugar una entrada de nuevas empresas a la industria y el precio bajará, y si $P < CMeL$, al no cubrirse los costos, se producirá una salida de empresas de la industria, lo que hará elevar el precio.

CONCEPTOS BASICOS

— Ingreso total.
— Beneficio.
— Competencia perfecta, monopolio, oligopolio, monopsonio y oligopsonio.
— Empresa competitiva o precio aceptante.
— Punto de cierre.
— Punto de nivelación.
— Curva de oferta de la empresa.
— Curva de oferta del mercado o de la industria.

TEMAS DE DISCUSION

1. ¿Qué función de costos a corto plazo necesita analizar el empresario antes de decidir qué cantidades ofrecerá a cada nivel de producción: la de costos fijos medios, la de costos variables medios, la de costos marginales o la de costos totales medios?

2. Comente usted la siguiente afirmación: «La maximización de beneficios es una utopía que emplean los teóricos de la economía para estudiar el comportamiento de la empresa, pero los empresarios nunca pueden alcanzar ese objetivo».

3. ¿En qué condiciones puede que una empresa decida que lo más conveniente es producir una determinada cantidad de producto aunque incurra en pérdidas?

4. ¿Qué entiende usted por estructura de mercado? ¿En qué pueden diferir los distintos mercados?

5. ¿Cuál de las dos afirmaciones siguientes considera usted que es correcta: 1. El empresario producirá olvidándose de los costos variables, siempre que pueda cubrir los costos fijos. 2. El empresario producirá olvidándose de los costos fijos, siempre que pueda cubrir los costos variables?

6. ¿Por qué la empresa competitiva procura encontrar el nivel de producción que maximiza el beneficio total y no el beneficio marginal?

7. ¿Por qué la curva de demanda de una empresa competitiva es completamente elástica?

8. Justifique la racionalidad de la condición de equilibrio de la empresa que trata de maximizar sus beneficios.

9. ¿Determina siempre el costo marginal la cantidad ofrecida? ¿En qué medida la competencia fuerza a las empresas a tratar de maximizar sus beneficios?

10. Conociendo las funciones de costos totales y de ingresos totales, ¿qué más necesita para poder determinar el nivel de producción de equilibrio?

11. Explique qué ocurrirá con el nivel de producción de una empresa en cada uno de los tres casos siguientes: 1. $P > CMa$, 2. $P < CMa$, y 3. $P = CMa$.

CAPITULO 9

El monopolio

INTRODUCCION

En el tema anterior se han estudiado las características fundamentales de la competencia perfecta. Se ha comprobado, asimismo, que con ella y bajo ciertos supuestos se logra una asignación eficiente de los recursos productivos. En el mundo real, sin embargo, la competencia perfecta no es frecuente que se dé, pues existen fuertes incentivos para intentar romperla. Recuérdese que bajo el sistema de competencia perfecta la empresa no tiene control sobre los precios y el intento de obtener una ventaja individual le hacía contribuir al logro de la eficiencia social. Por el contrario, si la empresa tiene control sobre los precios, el interés individual no coincidirá con el interés social, ya que puede utilizar la capacidad de influir sobre los precios para mejorar la posición individual.

Este hecho explica que las empresas prefieran la competencia imperfecta, en el sentido de tener una participación en el mercado suficientemente grande como para que les permita poder influir sobre el precio. Desde esta perspectiva el monopolio y la competencia perfecta aparecen como los dos extremos de la tipología de mercados. La competencia perfecta representa el caso en el cual la empresa individual, al ser muy grande el número de competidores, no puede ejercer ninguna influencia apreciable sobre los precios. El monopolio se corresponde con el caso extremo de la competencia imperfecta, pues sólo hay una empresa y, por tanto, controla el mercado y fija los precios libremente.

1. CONCEPTO Y CARACTERES DEL MONOPOLIO

Un mercado es imperfectamente competitivo cuando los compradores o los vendedores tienen en cuenta su capacidad para influir en el precio de mercado. El caso extremo de un mercado imperfectamente competitivo es el monopolio, ya que sólo hay un único oferente en el mercado.

Tal como se señaló al presentar los distintos tipos de mercados puede haber monopolio por el lado de la oferta y por el lado de la demanda. El tipo de monopolio más frecuente es el monopolio de oferta. Por ello se emplea la expresión monopolio sobreentendiendo que nos estamos refiriendo a una actividad productiva y comercial en la que hay un único oferente.

- **El caso extremo de la competencia imperfecta es el monopolio. Un monopolista es el único vendedor de un determinado bien o servicio en un mercado, al que no es posible la entrada de otros competidores.**

Como hemos indicado, el empresario competitivo actúa como precio aceptante, esto es, toma el precio como un dato y debe adaptar su comportamiento a las condiciones del mercado. El empresario monopolista, por el contrario, juega un papel determinante en el proceso de fijación del precio de su mercado, pues tiene capacidad para decidir su cuantía (véase Nota complementaria 9.1). Ello se debe a que la curva de demanda del monopolista es la curva de demanda del mercado. Esta recoge los deseos de compra de los consumidores a los distintos niveles de precios y, al tener inclinación negativa, refleja el hecho de que la cantidad que el mercado está dispuesto a absorber aumenta al disminuir su precio. Por ello el monopolista es consciente de que si desea colocar un determinado volumen de producción sólo lo logrará a un cierto precio, y si desea aumentar dicho volumen necesariamente deberá disminuir el precio de venta. Alternativamente el monopolista podrá tomar sus decisiones a partir de los precios que pretende percibir, teniendo en cuenta que cuanto mayor sea el precio al que decida vender su producto, menor será la cantidad que los demandantes estarán dispuestos a comprar.

- **Una empresa tiene poder de monopolio o poder de mercado si puede incrementar el precio de su producto reduciendo su propia producción.**

Gráficamente, la diferencia básica entre el monopolio y la competencia perfecta se recoge en la Figura 9.1. En el caso de la competencia perfecta la empresa se enfrenta a una demanda individual que es completamente elástica, independiente de la demanda total. En el caso del monopolio, la demanda a la que se enfrenta la única empresa en el mercado es la misma que la demanda total del mercado.

Nota complementaria 9.1

EL PODER DEL MONOPOLIO

Un índice que permite determinar en qué medida el monopolista puede imponer en el mercado un precio superior al que se fija en un mercado de competencia perfecta es el que estableció A. Lerner en la década de 1940. Este índice recoge la diferencia existente entre el precio de mercado y el costo marginal de producir el bien, respecto al precio de mercado.

$$\text{Indice de poder de monopolio} = \frac{\text{Precio} - \text{Costo marginal}}{\text{Precio}}$$

En un mercado de competencia perfecta, el índice será nulo, ya que se cumple la regla siguiente.

$$\text{Precio} = \text{Costo marginal}$$

Cuanto mayor sea la diferencia entre ambos, mayor será el poder de monopolio: el caso extremo es aquel en el que el costo marginal es nulo, alcanzando el índice su valor máximo, esto es, la unidad. El poder de monopolio de la empresa es, entonces, del 100 %.

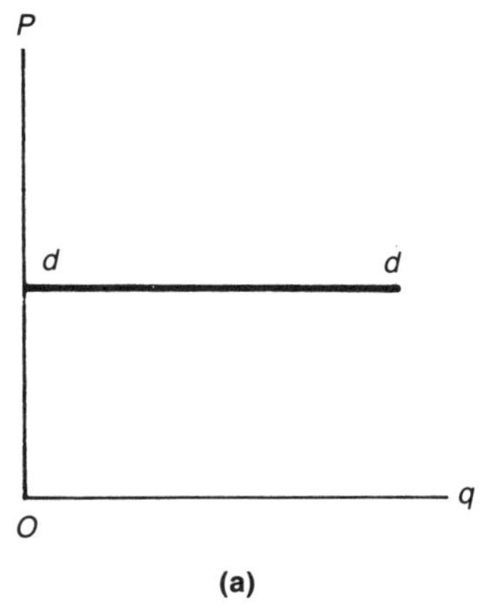

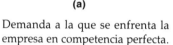

(a)

Demanda a la que se enfrenta la empresa en competencia perfecta.

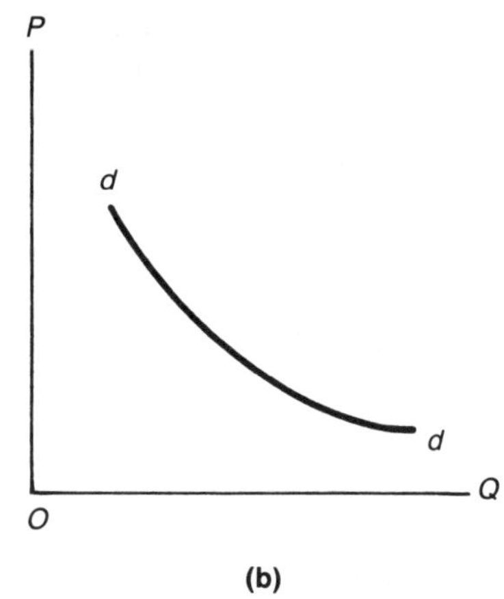

(b)

Demanda a la que se enfrenta la empresa en monopolio.

Figura 9.1. Competencia perfecta y monopolio.

En competencia perfecta, la empresa puede vender lo que desee a lo largo de su curva (*dd*) horizontal, sin tener que reducir el precio de mercado. En el monopolio, la empresa se enfrenta a una demanda que es igual a la del mercado: tiene una curva de pendiente negativa.

Las causas que explican la aparición del monopolio

Tradicionalmente se apuntan cuatro razones para justificar la aparición del monopolio: el acceso exclusivo a ciertos recursos, las patentes, la franquicia legal, y la existencia de costos decrecientes o economías de escala.

• El *control de un factor productivo* de forma exclusiva por una empresa o de las fuentes más importantes de las materias primas que son indispensables para la producción de un determinado bien pueden determinar que dicha empresa se configure en monopolista.

• Asimismo, es frecuente la explotación con carácter de exclusividad de ciertas técnicas que previamente han sido patentadas. En estos casos, y durante un tiempo determinado, se premia la innovación concediendo un cierto poder monopolístico.

Una *patente* es un monopolio temporal, pues se le confiere a un inventor el derecho de fabricar en exclusiva un cierto producto durante un tiempo determinado. La concesión de una patente puede suponer, al menos durante un cierto tiempo, una barrera a la entrada de nuevas empresas a una industria determinada y, por tanto, generar una situación monopolística. En cualquier caso, una patente provee al monopolio de una invención concreta, pero no impide que los competidores produzcan sustitutivos de aquélla.

• En otras ocasiones el carácter de monopolista lo confiere la propia ley. Es frecuente que determinados servicios se concedan, por parte de las autoridades gubernamentales o locales, con carácter exclusivo a ciertas empresas, dando lugar a los denominados *monopolios legales.*

Los monopolios legales pueden ser estatales o regulados, y controlados por la autoridad pública. Suelen ser monopolios estatales el servicio de correos y telégrafos, los ferrocarriles y la venta de gasolina y carburantes. Dentro de los monopolios regulados es frecuente encontrar el servicio de teléfonos, el abastecimiento de agua y de gas, la recolección de basuras y los transportes urbanos. Estos servicios se suelen cubrir mediante empresas mixtas. Asimismo, el abastecimiento de electricidad generalmente es un monopolio concedido por el Estado a empresas privadas para áreas geográficas concretas. Los transportes terrestres, aéreos y marítimos de pasajeros suelen también ser monopolios estatales o contratados públicamente. También es frecuente que la venta de tabacos se realice en régimen de monopolio contratado públicamente.

Aunque más adelante analizaremos con cierto detalle la determinación de los precios en las empresas monopolistas, debe señalarse que frecuentemente los precios que cargan por sus servicios los monopolios estatales y los regulados son precios «políticos». Estos precios suelen ser inferiores a sus costos, lo que genera pérdidas que son cubiertas con cargo a los presupuestos públicos. En otras ocasiones, sin embargo, los precios de venta son superiores a los costos y los beneficios generados son una fuente de ingresos para el Estado o los entes locales. Ejemplos típicos de este caso son la venta de gasolinas y carburantes y la de tabacos. Estas actividades constituyen los llamados *monopolios fiscales*. En otros casos se procura fijar los precios de los servicios de forma que se cubran los costos de producción. Cuando se trata de monopolios detentados por empresas privadas por concesión o licencia estatal, las autoridades públicas regulan los precios y en cierto modo también el producto.

• *Costos decrecientes: el monopolio natural.* A veces, sin embargo, un monopolio no surge por ser garantizado por la ley, sino como consecuencia de que las características técnicas de algunas industrias hacen que no deba entrar más de una empresa en ellas (Figura 9.2). Se puede decir que el monopolio natural se debe a que, dado el tamaño del mercado y la estructura de costos de la industria, el bien se produce en el tramo descendente de la curva de costos medios. La disminución de los costos durante todo el rango de producción requerido se debe a la existencia de unos costos fijos muy elevados, de forma que al aumentar la producción el costo medio total disminuye. Así, por ejemplo, los servicios locales del teléfono, electricidad, agua y gas, son ejemplos de monopolio natural, porque los costos fijos de instalación de líneas telefónicas, de cables eléctricos, de tuberías para el agua y el gas son muy altos respecto a los costos variables. La existencia de dos o tres compañías de teléfonos, gas o agua en una misma localidad representaría un enorme despilfarro de recursos.

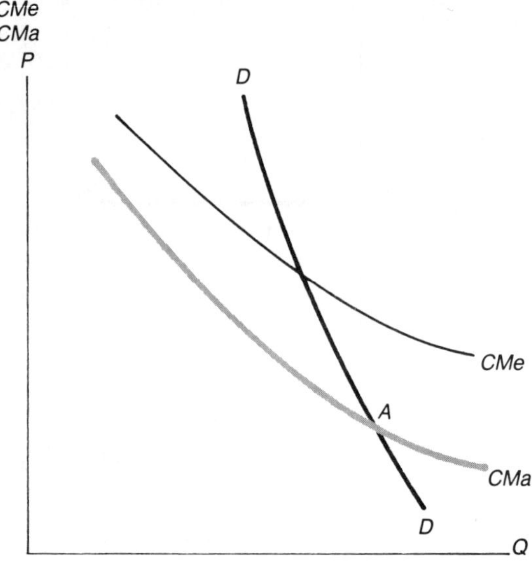

Figura 9.2. El monopolio natural.

En el caso del monopolio natural, la curva de demanda *DD* (de la industria) corta a la de costos medios en el tramo descendente de ésta; en otras palabras, como los costos van descendiendo, una empresa puede expandirse hasta monopolizar la industria. El punto *A*, en el que *P* = *CMa*, no puede ser el equilibrio competitivo, ya que el precio es inferior al *CMe*.

• **Un *monopolio natural* es aquella industria en la que el nivel de producción, cualquiera que sea éste, puede producirse de una forma más barata por una empresa que por dos o más.**

En la base de un monopolio natural están, pues, razones tecnológicas concretadas en estructuras de costos que permitan la existencia de *economías de escala*, esto es, costos medios decrecientes, para niveles elevados de producción.

La producción y el ingreso marginal en el monopolio

Una de las características más importantes del monopolio (y en general de la competencia imperfecta) es que un aumento en la cantidad producida por parte de la empresa afectará al precio de equilibrio al que se debe vender el producto.

Como hicimos anteriormente, definamos como *ingreso total* (IT) el resultado de multiplicar la cantidad producida por la empresa (Q) (*) y el precio al que se vende cada unidad (P).

Por otro lado el *ingreso marginal* se define como el cambio del ingreso total que se produce cuando se altera en una unidad la cantidad producida:

$$IMa = \begin{array}{l}\textbf{Variación del ingreso total}\\ \textbf{derivado de la venta de}\\ \textbf{1 unidad más de producto}\end{array} = \frac{\Delta IT}{\Delta Q}$$

(*) Dado que en el monopolio hay una única empresa, la cantidad producida por ella, que en el capítulo anterior la denotábamos por q, es la producida por el mercado (Q).

Para precisar la relación existente entre los conceptos de demanda, ingreso total e ingreso marginal recurramos a un ejemplo numérico. En el Cuadro 9.1 aparecen la demanda, el ingreso total y el ingreso marginal de una compañía eléctrica que abastece en régimen de monopolio a una pequeña aldea. Las dos primeras columnas del cuadro muestran la curva de demanda del mercado. A un precio de 7 pesos el kilovatio, se demanda 1 kilovatio a la hora, y a precios más bajos la cantidad es mayor. La tercera columna muestra el ingreso total de la compañía eléctrica, que no es sino el precio multiplicado por la cantidad, correspondiente a diferentes niveles de precios. El ingreso total inicialmente aumenta cuando el precio se reduce, para un determinado nivel del precio alcanza un máximo y, posteriormente, disminuye cuando el precio alcanza niveles bajos.

En el ejemplo que estamos considerando en el que la curva de demanda es una línea recta, gráficamente la evolución del ingreso total aparece en la Figura 9.3*b*, mientras que la Figura 9.3*a* recoge la curva de demanda. Así pues, la Figura 9.3 representa gráficamente los datos de las tres primeras columnas del Cuadro 9.1. Como puede observarse, el ingreso total (IT) alcanza su valor máximo cuando el

Cuadro 9.1. Demanda, ingreso total e ingreso marginal

Cantidad demandada (*)	Ingreso medio (**)	Ingreso total (***)	Ingreso marginal (**)
Q	$P = IMe$	$IT = P \times Q$	$IMa = IT_n - IT_{n-1}$
0	8	0	
1	7	7	7
2	6	12	5
3	5	15	3
4	4	16	1
5	3	15	−1
6	2	12	−3
7	1	7	−5
8	0	0	−7

(*) Expresado en kw/h. (**) Expresado en pesos por kw/h.
(***) Expresado en pesos.

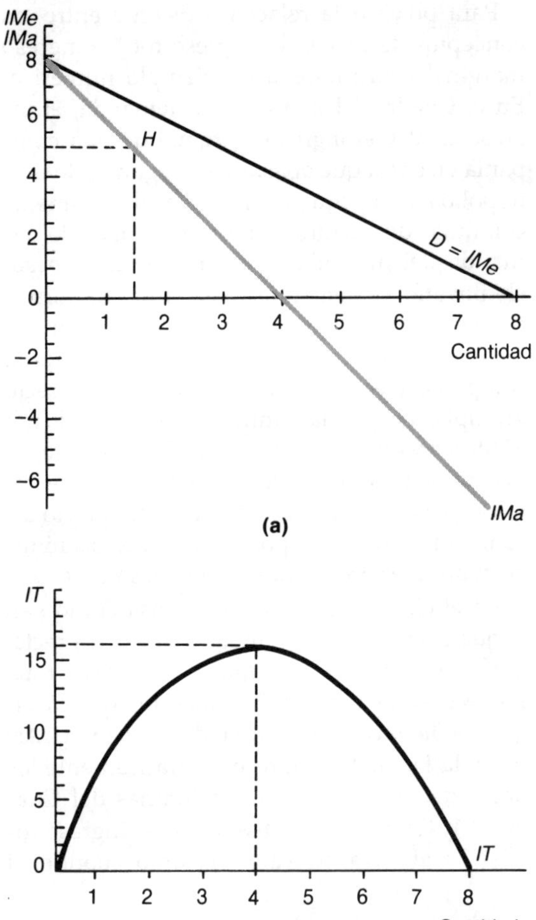

Figura 9.3. Demanda, ingreso total e ingreso marginal(*).

En esta figura se recogen los valores del *IT*, el *IMe* y el *IMa* del Cuadro 9.1. Como puede observarse el *IT* alcanza su valor máximo cuando la cantidad demandada es 4 kw/h. En este punto el *IMa* es cero, en los niveles de producción inferiores al que el *IT* es máximo, el *IM* es positivo: en los niveles de producción superiores es negativo.

(*) Los valores de *IMa* contenidos en la tabla se asignan a la cantidad central de intervalo al que corresponden. Así, el punto *H* se encuentra en un nivel de producción entre 1 y 2, ya que muestra la variación del ingreso cuando la demanda aumenta de 1 a 2 kw/h.

precio es 4 pesetas el kilovatio/hora y la cantidad vendida es 4 unidades.

Como se señaló en el capítulo anterior (Nota complementaria 8.1) el ingreso unitario o ingreso medio (*IMe*) se define como sigue:

$$IMe = \frac{\textbf{Ingreso total}}{\textbf{Cantidad}} = \frac{P \times Q}{Q} = P$$

por lo que la columna que refleja los valores del *IMe* es lógicamente la del precio, esto es, la segunda, y la curva de *IMe* del monopolio se corresponde con la curva de demanda de éste. En relación al ingreso marginal (*IMa*) se recordará que, en el caso de una empresa perfectamente competitiva, el *IMa* siempre es igual al precio, pues la empresa puede vender todo lo que desee al precio vigente, ya que se enfrenta a una curva de demanda horizontal. Cuando se trata de empresas imperfectamente competitivas éstas se enfrentan a una curva de demanda de pendiente negativa, de forma que el *IMa* es menor que el precio. Esto se debe a que sólo es posible aumentar las ventas reduciendo el precio, y esta reducción se aplica a todas las unidades anteriormente vendidas. Para precisar este concepto téngase en cuenta que:

- **El ingreso marginal se define como el aumento del ingreso total derivado de la venta de una unidad más de producto y, por tanto, es igual al precio al que se vende la unidad adicional de producto menos la pérdida de ingreso, debido a que ahora la producción inicial se vende a un precio más bajo.**

En resumen, cuando la empresa se enfrenta a una curva de demanda con inclinación negativa resulta que $P > IMa$ = (*IMa* = Precio menos pérdida en el ingreso en todas la unidades anteriores).

En el caso considerado, el ingreso marginal de la empresa eléctrica aparece recogido en la columna 4. Así el ingreso marginal que obtiene el monopolista al pasar de producir 1 unidad a producir 2 es 5 pesos (\$12 – \$7 = \$5). Lógicamente, a este mismo resultado se llega cuando se tiene en cuenta que el *IMa* de la segunda unidad también lo hemos definido como el precio al que se vende esa segunda unidad, 6 pesos, menos la pérdida de ingreso debido a que ahora la producción inicial, una unidad, se vende a un precio más bajo, en nuestro caso a un peso menos.

La curva de demanda, el *IT* y el *IMa* del monopolista

Analicemos ahora más detenidamente las curvas de *IMe, IMa* e *IT* que aparecen recogidas en la Figura 9.3.

La curva de *IMa* está situada por debajo de la curva de *IMe* o de demanda, pues, tal como hemos señalado, a partir de la ordenada en el origen, para cada nivel de producción, el *IMa* es menor que el precio. La curva de *IMa* corta al eje de abscisas, esto es, resulta ser igual a cero, en el punto en el que el ingreso total es máximo. Como se deduce del Cuadro 9.1, cuando el ingreso marginal es positivo, al incrementar la producción aumenta el ingreso total, mientras que cuando el ingreso marginal es negativo al aumentar la producción el ingreso total se reduce.

Si comparamos estos resultados con los obtenidos en el capítulo anterior al analizar la curva de demanda y de ingreso marginal de la empresa competitiva se observan notables diferencias. Así, en competencia perfecta, donde producir una unidad más no modifica el precio, el ingreso marginal es igual al precio y al ingreso medio, pues al ingreso adicional de vender una unidad más (es decir, al precio *P*), no hay que descontarle la pérdida de valor de las unidades anteriores. Ello se debe a que el precio al que vende cualquier oferente su producto es siempre el mismo.

2. EQUILIBRO EN EL MERCADO MONOPOLISTICO

Una vez estudiada la relación existente entre precio, ingreso total e ingreso marginal, cuya base es la función de demanda de mercado, podemos analizar cómo se determina el precio y la cantidad de quilibrio en un mercado monopolístico. Hemos dicho al principio que el monopolista tiene cierto poder sobre el mercado y podrá imponer el precio o la cantidad que desea, pero no ambas cosas a la vez, pues en el mercado hay un conjunto de consumidores, representados por la función de demanda, que tienen soberanía en sus decisiones de consumo.

El primer problema al que se enfrenta el monopolista es encontrar el nivel de producción que maximiza sus beneficios. Una vez encontrado este nivel de producción, serán los consumidores quienes, sobre su función de demanda, decidan qué precio están dispuestos a pagar por dicha cantidad. El segundo problema que tendrá que resolver el monopolista consiste en decidir, a la vista de sus curvas de costos y del nivel de la demanda, si debe producir la cantidad óptima que maximiza sus beneficios o minimiza sus pérdidas, o bien cerrar y no producir nada.

El nivel de producción óptimo del monopolista

Vamos a analizar cómo seleccionan los monopolios su nivel de producción para maximizar el beneficio. Para ello debe tenerse en cuenta que el monopolista no toma el precio como un dato, sino que considera fija toda la curva de demanda del mercado de pendiente negativa.

Para determinar el nivel de producción que maximiza sus beneficios, la empresa monopolista realiza el mismo tipo de análisis marginal que debe llevar a cabo la empresa competitiva. Así, volviendo al caso de la compañía que abastece de electricidad en régimen de monopolio a una aldea, resulta que si la producción de un kilovatio más de electricidad aumenta más el ingreso que el costo, la empresa eléctrica debe incrementar su producción. Por el contrario, si cuando se reduce la producción disminuyen los costos más que los ingresos, a la empresa le convendrá reducir la producción.

En otras palabras, la compañía de electricidad compara el costo marginal y el ingreso marginal.

- **El nivel de producción positivo óptimo del monopolista es aquel en el que el ingreso marginal es igual al costo marginal *IMa* = (*CMa*).**

Dadas las funciones de costo e ingreso marginal, lo anterior significa que la producción aumentará, y con ella los beneficios, mientras el ingreso marginal sea superior al costo marginal (Figura 9.4). La cantidad de máximo beneficio será cuando $IMa = CMa$, pues si se produce una unidad más a partir de Q^*, los beneficios disminuirán, dado que $CMa > IMa$, mientras que si se produce una unidad menos los beneficios aumentarían al incrementarse el nivel de producción, pues $IMa > CMa$.

Una vez precisado el nivel de producción de equilibrio queda determinar el precio al que van a venderse esas unidades producidas. Este será aquel que los consumidores estén dispuestos a pagar por la cantidad Q^*. En la Figura 9.4, este precio es P^*, pues es el que en la curva de demanda corresponde al nivel de producción Q^*.

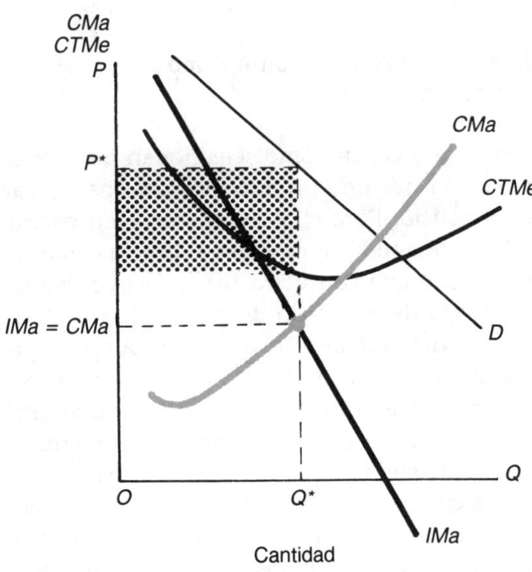

Figura 9.4. El equilibrio del monopolio.

Un monopolista maximiza su beneficio produciendo y vendiendo el nivel de producción donde el $CMa = IMa$, y lo hace al precio determinado por la función de demanda para esa cantidad.

La elasticidad de la demanda y el ingreso total en el monopolio

En el Apartado 5.3 analizamos la relación entre la elasticidad precio de la demanda (*Ep*) y el ingreso total (*IT*). En particular se demostró que cuando la curva de demanda es elástica ($Ep > 1$) la reducción del precio eleva la cantidad demandada, de forma tal que el *IT* aumenta. Por el contrario, cuando la curva de demanda es inelástica ($Ep < 1$) la demanda total es muy poco sensible a la reducción del precio, de forma que al disminuir el precio el *IT* disminuye.

Dado que el *IMa* lo hemos definido como la variación que experimenta el *IT* cuando aumenta la producción, la relación antes comentada entre elasticidad de la demanda e ingreso total podemos expresarla en términos de *IMa* como sigue:

- **Si la $Ep > 1$: el $IMa > 0$, y el *IT* está creciendo.**
- **Si la $Ep < 1$: el $IMa < 0$, y el *IT* decrece.**
- **Si la $Ep = 1$: el $IMa = 0$, y el *IT* alcanza su máximo.**

De esta relación entre elasticidad de la demanda, ingreso marginal e ingreso total, podemos obtener una regla de comportamiento del monopolista. Como se ha señalado, el monopolista maximiza su beneficio cuando se cumple $IMa = CMa$ y, dado que el *CMa* siempre es positivo, resulta que el *IMa* también lo será, lo que implica que el monopolista maximizador del beneficio siempre selecciona el nivel de producción en el tramo de la curva de demanda en que ésta es elástica ($Ep > 1$), es decir, cuando el *IT* crece. Por ello el monopolista analizará con sumo cuidado los factores que influyen en la elasticidad de la curva de demanda.

Nota complementaria 9.2

LA FIJACION DE LOS PRECIOS DE LA NAFTA EN ARGENTINA

Durante largos años la oferta de combustible en Argentina estuvo, de hecho, monopolizada por Yacimientos Petrolíferos Fiscales (YPF). En teoría, el monopolio de oferta tiende a corto plazo a fijar los precios o la cantidad que maximizan las ganancias totales, si bien la intervención del gobierno puede llevar a fijar precios o cantidades más cercanos al nivel de la competencia perfecta. En el caso de los combustibles, dado que su precio incluye un fuerte componente impositivo, podría en principio pensarse que el interés del Estado se orientaba a maximizar los ingresos por ventas, de modo de hacer así también máximos los ingresos fiscales obtenidos por esa vía. Utilizando los datos correspondientes a fines de 1982 y la función de demanda de nafta obtenida en un estudio que llega hasta 1982, al que se hizo referencia en la N.C. 3.5, se obtuvo la función de ingresos que se observa en la figura adjunta; se advierte que la misma es similar a la curva de ingreso total presentada en la Figura 9.3 (b) del texto. Ello se debe a que ambas se obtienen a partir de una curva de demanda lineal. Puede observarse que el precio que hubiera maximizado el ingreso por ventas hubiera sido de 1,30. En cambio, el que efectivamente rigió en la fecha referida —fines de 1982— fue de apenas 0,43. En realidad, en todo el período 1970/82 el precio siempre estuvo bastante por debajo del valor de 1,30. Ello indica que el Estado estaba lejos de maximizar sus ingresos primando, de hecho, otras consideraciones en la fijación del precio de la nafta. Algunas de ellas pueden estar referidas a la incidencia de dicho precio en el índice de precios al consumidor o en el efecto que un aumento del mismo puede acarrear sobre la demanda y, por consiguiente, sobre la producción nacional de automóviles y el empleo que ésta genera.

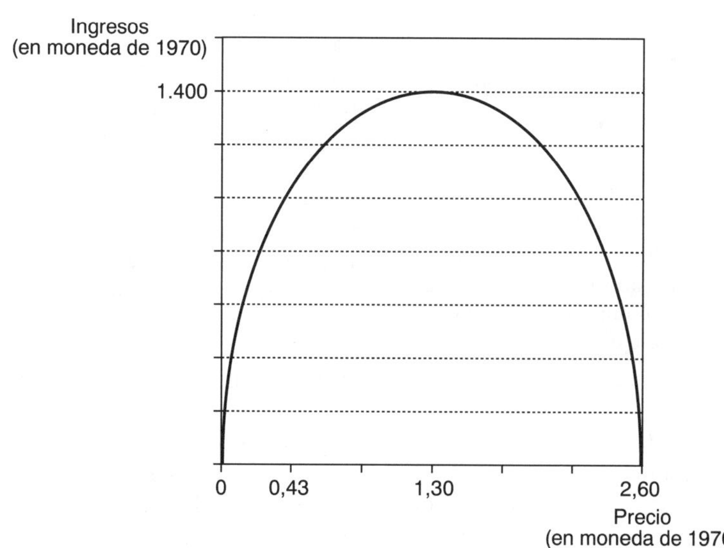

La curva de oferta del monopolio

La curva de costos marginales del monopolista no es su curva de oferta, a diferencia de lo que sucede en competencia perfecta. Es más, como comprobaremos seguidamente, el monopolista no tiene curva de oferta propiamente dicha.

A este respecto puede ocurrir que, para una determinada cantidad demandada, las elasticidades de dos curvas de demanda sean tales que el *IMa* de ambas coincida en el punto en que ambas se intersectan con la curva de costos marginales (Figura 9.5). Puesto que las curvas de demanda son distintas, los precios correspondientes a dicha cantidad también lo serán, de forma que el monopolista maximizaría el beneficio para un mismo nivel de producción asociado a dos precios distintos. De este modo resulta que dado el costo marginal correspondiente a un determinado nivel de producción, el equilibrio, y la consiguiente igualación de *CMa* e *IMa*, puede alcanzarse con combinaciones de precio y elasticidad muy diversas, ya que éstos varían en sentido opuesto. En consecuencia, al no disponer el monopolista de una relación unívoca, esto es (uno-a-uno) entre el precio y la producción, no puede acotar su curva de oferta. La Figura 9.5 indica cómo puede obtenerse un mismo nivel de producción de equilibrio con dos precios diferentes.

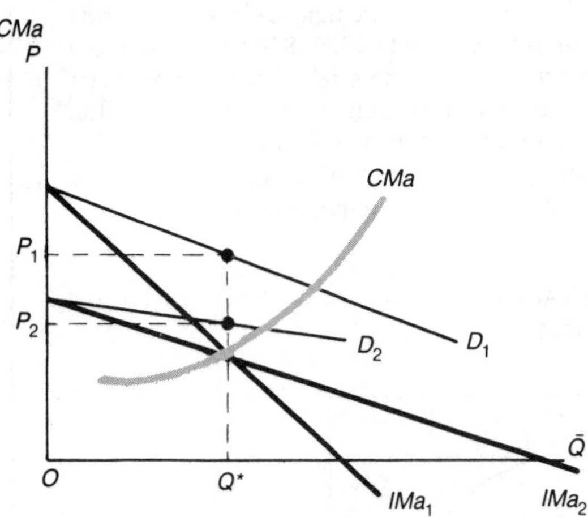

Figura 9.5. La indeterminación de la curva de oferta del monopolio.

En condiciones de monopolio no hay una relación unívoca entre precio de mercado y cantidad ofrecida, y la cantidad ofrecida del monopolio dependerá de la forma y situación de la curva de demanda.

Los beneficios del monopolio

El monopolista puede estar obteniendo tanto beneficios como pérdidas, aun cuando seleccione su nivel de producción de acuerdo con la norma *IMa* = *CMa*. En efecto, para saber si está obteniendo beneficios o pérdidas necesitamos más información que la proporcionada por la condición *IMa* = *CMa*. Cuando se introduzca la función de costos totales medios sabremos qué sucede con los resultados económicos del monopolista. La regla *IMa* = *CMa*, sólo nos asegura que si obtenemos beneficios, éstos serán máximos, y si obtenemos pérdidas, éstas serán mínimas. En la Figura 9.6 se recogen dos situaciones distintas.

La empresa monopolista representada en la Figura 9.6*a* obtiene beneficios extraordinarios, mientras que la reflejada en el la Figura 9.6*b* incurre en pérdidas.

En definitiva, y tal como puede observarse en esos gráficos, un monopolista sólo puede obtener beneficios monopolísticos si, al nivel de producción de equilibrio, la curva de demanda de su producto se encuentra por encima de su curva de costo total medio.

El monopolio a largo plazo

La primera consideración que debemos formular es que, si bien a corto plazo el monopolista, al igual que el competidor perfecto, continúa produciendo siempre que cubra los costos variables, a largo plazo; sin embargo, lo que debe cubrir es el costo total. Esto es, a largo plazo el monopolista sólo producirá cuando el precio sea igual o superior al costo total medio.

Nota complementaria 9.3

EL MONOPOLIO NO GARANTIZA LOS BENEFICIOS

Tal como se indica en el texto, un monopolista puede estar obteniendo tantos beneficios como pérdidas. En el caso de Ferrocarriles Argentinos pueden observarse en el cuadro adjunto las pérdidas mensuales que arrojaba, a mediados de 1992, la explotación de distintos servicios de larga distancia.

TRENES DE LARGA DISTANCIA. COSTOS E INGRESOS
(Cifras en miles de pesos por mes)

Línea	Trayecto	Total costos	Ingresos	Déficit
Roca	Const.-Neuquén B. Blanca-Bariloche	1.193,33 402,60	844,80 108,80	−346,53 −293,80
San Martín	Retiro-San Juan	2.569,32	1.075,20	−1.494,12
Mitre	Retiro-Tucumán Retiro-Córdoba	2.580,30 1.454,85	1.299,20 604,80	−1.281,10 −850,05
Sarmiento	Once-Toay Once-Pico Bragado-Lincoln	311,10 267,18 305,61	96,00 86,40 96,00	−215,10 −180,78 −209,61
Urquiza	F. Lacroze-Posadas F. Lacroze-Corrientes	1.967,25 2.073,39	787,20 441,60	−1.180,05 −1.631,79
Belgrano	Retiro-La Quiaca Retiro-Resistencia Retiro-Resistencia (Vera)	1.886,56 1.030,29 475,80	300,80 256,00 105,60	−1.587,76 −774,29 −370,20
Total		16.517,58	6.102,40	−10.415,18

FUENTE: *Clarín*, 16 de julio de 1992.

Por otro lado debe señalarse que el monopolista es el único empresario del sector, y no cabe la existencia de competidores. Por ello el equilibrio a corto plazo será también el equilibrio a largo plazo, pues no habrá entrada de empresas, aun en el caso de que el precio fuese superior al costo total medio y apareciesen beneficios extraordinarios. En este mercado, los beneficios económicos o extraordinarios se suelen denominar *beneficios monopolísticos,* pues reflejan la capacidad de elevar el precio por encima del costo marginal sin atraer la competencia. En cualquier caso, al igual que en una industria perfectamente competitiva los beneficios constituyen un incentivo para que nuevas empresas entren a formar parte de ella, de forma que si el monopolio ha de persistir a largo plazo, se ha de «desanimar» de alguna manera la entrada en el sector de otras empresas y, así, preservar su situación de monopolio.

Debe recordarse asimismo que el elemento esencial del análisis a largo plazo de una em-

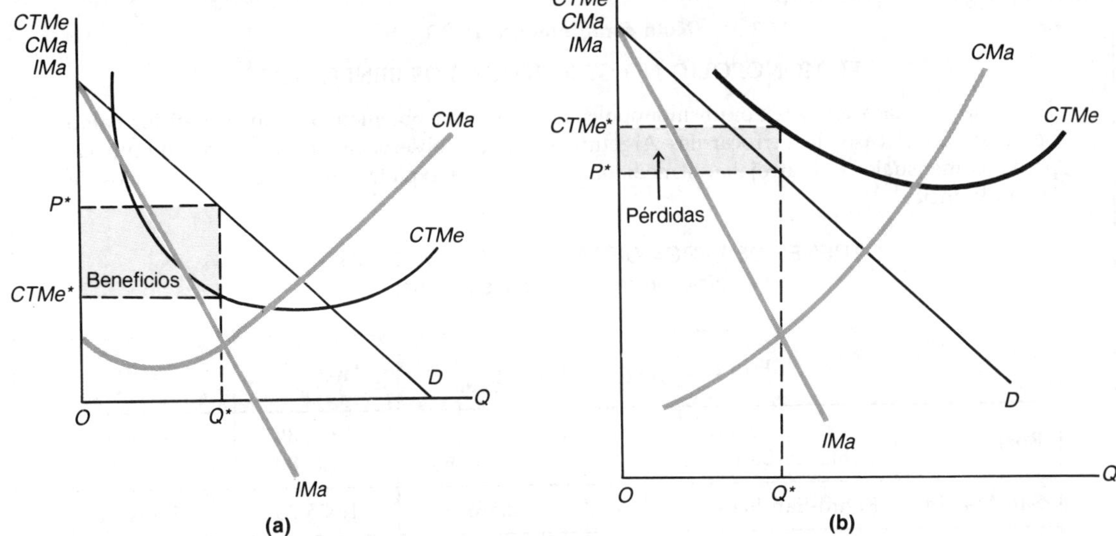

Figura 9.6. Los beneficios en el monopolio.

Los costos totales medios nos permiten conocer los resultados económicos del monopolista. Si esta curva está situada por encima de la demanda (*b*), el monopolio sufre pérdidas, y si está bajo ella (*a*) disfruta de beneficios. En cualquier caso, la regla de igualación de costos e ingresos marginales asegura maximizar beneficios o minimizar pérdidas.

presa competitiva era la posibilidad de modificar su estructura productiva en busca de la dimensión óptima, lo que implicaba el logro de unos costos medios a largo plazo mínimos con la desaparición de los beneficios extraordinarios. En el caso del monopolio, los esfuerzos se dirigen simplemente al cumplimiento de la regla de optimización de su conducta, que en este caso también es la igualación entre el *CMa* y el *IMa*. Los beneficios serán máximos cuando se acomode la estructura productiva a dicha situación pero, dado que la curva de demanda es descendente, la condición de $CMa = IMa$ no conducirá a la empresa monopolista a la dimensión óptima, esto es, al mínimo de los costos medios a largo plazo.

Resulta, por tanto, que la amplitud del mercado que un monopolista debe atender a largo plazo es la que determina el tamaño de su planta, sin preocuparle si ésta le permite alcanzar los menores costos medios a largo plazo posibles.

La discriminación de precios en el monopolio

Cuando un monopolista cobra precios diferentes a diversos clientes se dice que hay *discriminación de precios*. Las condiciones para que se dé discriminación de precios son dos: 1. que el mercado pueda fraccionarse y que el monopolista sea capaz de identificar cada una de esas fracciones o segmentos de mercado, y 2. que no exista reventa, esto es, que los consumidores no especulen con las unidades del bien obtenidas a distintos precios.

La razón económica de que se discriminen los precios estriba en que diferentes consumidores están dispuestos a pagar distintas cantidades de dinero por un mismo bien, de forma que pueda ser rentable para el vendedor aprovecharse de ello. En este caso el vendedor dividirá el mercado del bien en varios submercados, de hecho en tantos como funciones de demanda distintas tengan sus demandantes.

• Un monopolista practica la discriminación de precios cuando cobra precios distintos a cada tipo de comprador en función de las diferencias entre sus elasticidades de la demanda.

Pero el poder monopolístico es una condición necesaria, aunque no suficiente, para que pueda darse la discriminación en el precio de un bien. Se exige también que el vendedor pueda impedir la reventa del producto entre los compradores. Ese requisito se asocia con el carácter del producto. Así, los artículos que exigen la instalación por el vendedor pueden ser más difícilmente revendidos que los que no la requieren.

Además de los casos citados, también cabe la discriminación en el precio en función del número de unidades consumidas por un mismo comprador. Esto es lo que suele ocurrir con el consumo de electricidad, de agua, de teléfono y de gas, pues las compañías suministradoras suelen cobrar distintos precios según el número de unidades consumidas.

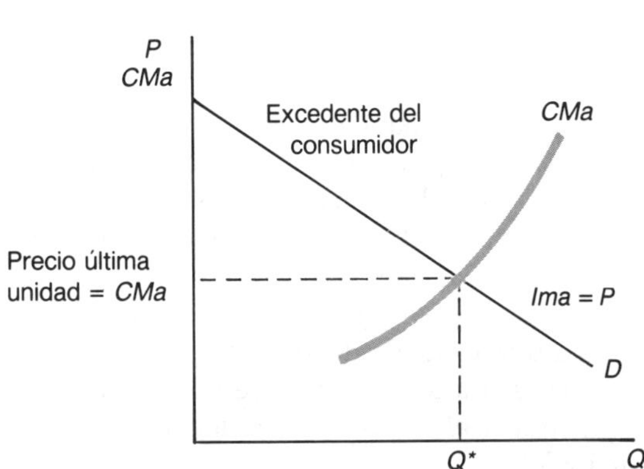

Figura 9.7. Discriminación de precios.

El monopolista discriminador de precios se apropia de la totalidad del excedente del consumidor, resultante de la curva de demanda del mercado. La maximización del beneficio se alcanza cuando la producción se expande hasta que el precio pagado por la última unidad (Q^*) es igual al costo marginal. Gráficamente, el equilibrio se alcanza en el nivel de producción en el cual la curva de demanda que coincide con el *IMa* corta a la curva de costo marginal.

Existe una forma particular de discriminación denominada *dumping* (véase Capítulo 26), y tiene lugar cuando una empresa vende su producto en los mercados de otros países a un precio inferior al que cobra en el mercado nacional.

La discriminación perfecta

La discriminación de precios perfecta es aquella en la que el monopolista cobra a cada consumidor, por cada unidad que adquiere, un precio igual a la disposición marginal a pagar de ese consumidor por la correspondiente unidad del bien. De esta forma el monopolista se apropia de la totalidad del excedente del consumidor (véase Capítulo 6) que genera el mercado cuando todas las unidades se venden al mismo precio. El monopolista discriminador de precios maximiza su beneficio en aquel nivel de producción para el cual el precio cobrado por la última unidad es igual al costo marginal es decir, cuando $P = IMa = CMa$ (Figura 9.7). Los beneficios totales del monopolista serán ahora más elevados, tanto por el mayor nivel de producción como por la apropiación del excedente del consumidor, representado por el área sombreada situada por debajo de la curva de demanda.

3. EFECTOS ECONOMICOS DEL MONOPOLIO Y LA REGULACION

Recordemos que, en competencia perfecta, cada empresa escoge el nivel de producción en que $P = CMa$. En un mercado monopolizado por un solo productor y, en general, en un mercado que no sea de competencia perfecta el precio será superior al ingreso marginal y, en el equilibrio, tendremos que P es mayor que *CMa*. Esto indica que el consumidor está forzado a pagar un precio superior al que tendría

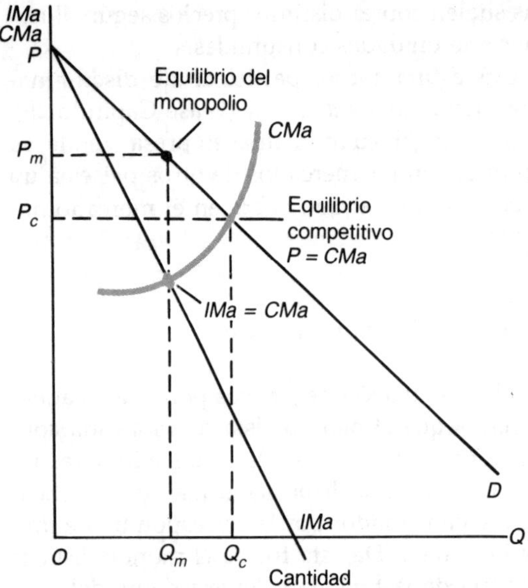

Figura 9.8. Monopolio y competencia.

En un mercado competitivo hay equilibrio cuando la cantidad ofrecida por la industria iguala la demanda de los consumidores. En el monopolio, hay un nivel de producción de equilibrio en el que $IMa = CMa$, obteniéndose el precio (P_m) en la curva de demanda. El precio, ahora, es más alto y la cantidad producida menor.

que abonar en competencia perfecta. Pero esto no es todo, pues dado que la combinación precio-cantidad de equilibrio ha de estar sobre la función de demanda, un mayor precio supone una menor cantidad producida y vendida. En la Figura 9.8 se observa cuál sería el precio y la cantidad de equilibrio si predominara la norma de competencia perfecta en la que $P = CMa$. Esta disminución de la cantidad producida pone de manifiesto el despilfarro y la ineficiencia en la asignación de recursos que se produce en el monopolio en comparación con la competencia perfecta. Nótese que P_m y Q_m denotan el precio y la cantidad de equilibrio en régimen de monopolio, mientras que P_c y Q_c son el precio y cantidad que se determinaría en competencia perfecta.

- **El monopolio, en comparación con la competencia perfecta, reduce la producción y eleva el precio.**

Al analizar la Figura 9.8, cabe preguntarse por qué el monopolista no produce una cantidad superior a Q_m, pues de hecho los consumidores están dispuestos a pagar un precio suprior al *CMa* por las unidades adicionales del bien, hasta que se alcanzase el nivel de producción Q_c. El monopolista no satisface estas demandas, ya que tendría que reducir el precio a todos los compradores. Si bajara el precio para aumentar la producción en una cantidad adicional el ingreso generado por una unidad adicional sería superior al *CMa* de producirla (obsérvese en la Figura 9.8 que el precio sería superior al *CMa*). Sin embargo, al ser el *IMa* menor que el *CMa* para todo nivel de producción superior a Q_m, la ganancia anterior sería contrarrestada por la pérdida de ingreso en el nivel inicial de producción, Q_m, debido a la reducción del precio.

El costo social del monopolio

La curva de demanda nos dice, tal como se señaló en el Capítulo 6, el precio que están dispuestos a pagar los consumidores por una unidad adicional del bien. Así, la curva de demanda, *D*, de la Figura 9.9 muestra que al nivel de producción Q_m el valor que dan los consumidores a una unidad adicional de producción es P_m. Por otro lado, la curva de costo marginal, *CMa*, indica el costo de producir una unidad adicional.

Al nivel de producción Q_m el costo marginal de producir una unidad adicional viene dado por el segmento Q_mA. Por tanto, en el nivel de producción Q_m, como en todos los niveles en los que el precio es superior al *CMa*, la sociedad en su conjunto se beneficiaría si aumentara la producción. Tal como hemos apuntado, sin embargo, el monopolista no lo hace, pues el aumento de la producción bajaría el precio y esto no le beneficiaría. Precisamente al actuar de esta forma es por lo que el monopolio conlleva un costo para la sociedad.

Para medir este costo social vamos a analizar comparativamente el equilibrio competitivo (*E*) y el equilibrio del monopolio (*B*) (Figura 9.9). Una industria competitiva produciría la cantidad Q_c, esto es, se situaría en el punto *E*, donde el costo marginal es exactamente igual al precio y, por tanto, al valor marginal que dan los consumidores a una unidad adicional de producción. El monopolista, por el contrario, limita la producción a Q_m donde el precio (P_m) es superior al *CMa*.

Partiendo del nivel de producción del monopolista, Q_m, supongamos que éste se incrementa en una unidad. Lo que la sociedad ganaría sería la diferencia entre lo que los compradores estarían dispuestos a pagar por una unidad adicional, y el costo de suministarla. En la Figura 9.9 este beneficio social derivado de una unidad adicional lo hemos representado por el segmento *B'A'*. Si se produjera una segunda unidad adicional, la ganancia adicional que obtendría la sociedad sería de nuevo la diferencia entre el precio que pagarían los consumidores y el *CMa* de ese nivel de producción. Razonando de una forma similar para las unidades restantes, hasta que se alcanza el nivel de producción de la industria competitiva, *Qc*, resulta que la diferencia vertical entre el precio y el costo marginal correspondiente a cada nivel de producción mide el beneficio neto derivado de la producción en esa unidad adicional. Sumando estas diferencias verticales obtendremos la ganancia social total que se obtendría si se incrementara la producción hasta el nivel *Qc*, que en términos de la Figura 9.9 vendría representada por el triángulo *BAE*.

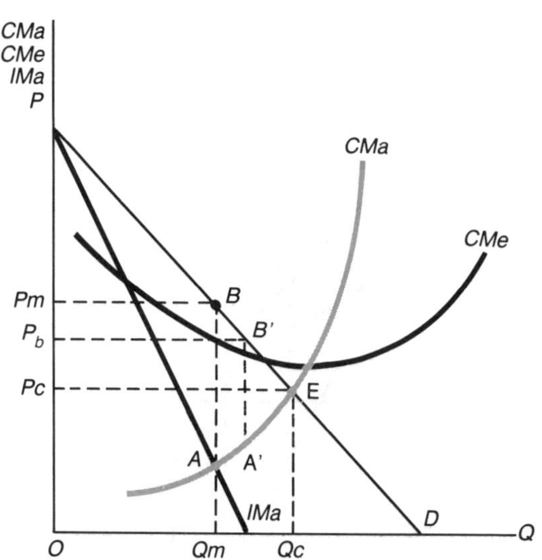

Figura 9.9. El costo social del monopolio.

La industria competitiva produciría en *E*, donde el *CMa* = *P*. El monopolista limita su producción a Q_m, donde el precio es superior al costo marginal. El costo total que supone el monopolio para la sociedad es la diferencia acumulativa entre el precio y el costo marginal, que se representa por el área del triángulo sombreado *BAE*.

- **El costo del monopolio derivado de la reducción de la producción es igual a la suma de las diferencias entre el precio que están dispuestos a pagar los consumidores y el costo marginal, para todas las unidades comprendidas entre el nivel de producción monopolístico y el competitivo.**

Así pues, el costo social del monopolio es en realidad el beneficio al que renuncia la sociedad, al reducirse la cantidad producida desde el nivel competitivo hasta el nivel de producción del monopolio.

El monopolio y la innovación tecnológica

En los párrafos anteriores hemos analizado el caso del monopolio que funciona con una tecnología dada. En estas circunstancias, salvo que la aparición de economías de escala puedan hacer que resulte eficiente la existencia de un único productor en determinadas industrias, poco puede decirse en favor del monopolio. Cuando se piensa en las innovaciones y en el progreso tecnológico, sin embargo, el panorama varía. Desde esta perspectiva, el problema consiste en determinar en qué medida la estructura del mercado está relacionada con las innovaciones y la frecuencia con la que se introducen. Schumpeter (1883-1950) (*) sostuvo que el único incentivo que mueve a los hombres a asumir los grandes riesgos que conlleva la introducción de innovaciones son los beneficios. En este sentido, el poder monopolístico es mucho más estimulante que la competencia en orden a crear el clima adecuado para que se introduzcan innovaciones. Según Schumpeter, los beneficios a corto plazo del monopolista constituyen un poderoso motor que empuja a otros empresarios a encontrar la forma de producir el mismo bien por otro procedimiento más barato y crearse así su propio poder monopolístico. Schumpeter denominó a este proceso de sustitución de un monopolio por otro el «proceso de destrucción creativa».

La ley de patentes no es más que una forma de alargar el período de tiempo durante el cual el empresario innovador puede impedir que otros empresarios imiten su nuevo método de producción, y, en consecuencia, hacer que los beneficios extra que obtenga aquél sean suficientes como para compensarle y hacer atractivo el introducir la innovación.

La regulación del monopolio

En cualquier caso, dados los efectos adversos del monopolio en el sentido de que el precio es mayor que el que se produciría bajo competencia perfecta, y el volumen de producción menor, los gobiernos suelen establecer políticas en un intento de proteger a los consumidores y de preservar la competencia.

Por un lado, cabe hablar de las leyes de lucha contra el monopolio, que tienen por objetivo dividir las industrias monopolistas en dos o más empresas o bien tratar de impedir que llegue a formarse si todavía no lo han hecho.

Por otro lado, y en especial en el caso de los monopolios naturales, el monopolio habrá que aceptarlo y el papel del gobierno será regularlo. Una primera posibilidad consiste en dejar que el monopolio funcione con una regulación mínima permitiéndole que fije el precio P_m y que obtenga beneficios extraordinarios (punto *A* de la Figura 9.10). En estas circunstancias es frecuente establecer un impuesto sobre el monopolista tendente a reducir sus beneficios extra y devolver, en forma de transferencia o bienes públicos, a los consumidores el exceso de precio que han pagado. Si éste es el camino seguido, nada puede hacerse para evitar el desajuste en la asignación de recursos, ya que se produciría una cantidad (Q_m) menor que la deseada (Q_c).

Otra posibilidad consiste en obligar al monopolista a fijar un precio que elimine los beneficios extra. Esta política se denomina *fijación de precios según la regla del costo medio*, y consiste en establecer el precio más bajo sin

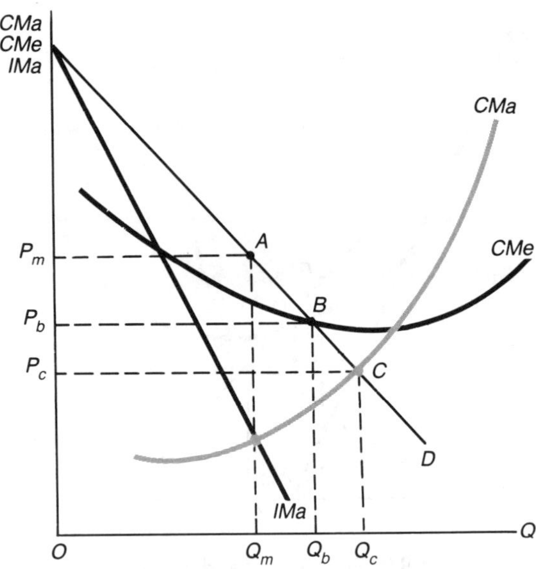

Figura 9.10. La regulación del monopolio.

El punto socialmente óptimo es el *C*, donde *CMa* es igual al precio, pero el monopolio no puede cubrir costos así. Una posible regulación iría encaminada a que el precio se fije al nivel del *CMe*. En el punto *B* se fija un precio inferior al del monopolio (P_m), pero sin forzar al monopolista a salir del mercado.

(*) Economista austriaco cuya obra más conocida fue: *Capitalismo, Socialismo y Democracia.*

Nota complementaria 9.4

LAS TARIFAS TELEFONICAS

La necesidad de convertir en rentable el negocio telefónico, de modo de atraer al capital privado para su explotación, determinó sucesivos aumentos en el valor del pulso telefónico durante el período anterior a la privatización del servicio.

Como se ve en el cuadro adjunto, dichos aumentos excedieron con creces los incrementos registrados en igual lapso por el Indice de Precios al Consumidor (IPC).

AUMENTOS DE TARIFAS

Período	△ Tarifas (%)	△ IPC (%)
Junio-Febrero '90	730,7	181,8
Diciembre-Junio '90	64,1	77,0
Marzo '91-Diciembre '90	43,2	51,9
Marzo '91-Febrero '90	**1.851,8**	**657,4**

FUENTE: ENTEL e INDEC.

forzar al monopolista a salir del mercado. En términos de la Figura 9.10, consistiría en ubicar al monopolio en el punto *B*, donde la curva de demanda corta a la curva de costo medio a largo plazo. Esta es la regulación que puede considerarse como normal.

Una importante limitación a esta forma de regular los monopolios es que las empresas reguladas no tienen incentivos para reducir los costos de producción, ya que al final siempre se «trasladan» al consumidor vía tarifas. Ante cualquier tensión en los costos, basta con solicitar a la comisión reguladora de precios que permita unas tarifas más elevadas para cubrir los costos. Por otro lado, dado que a la hora de calcular los resultados de la empresa regulada la tasa de rendimiento del capital que se considera aceptable se calcula en relación al volumen de capital invertido, una estrategia que suelen seguir esas empresas para aumentar sus beneficios consiste en incrementar la cantidad de *stock* de capital.

Una tercera posibilidad, la *fijación de precios según el costo marginal*, es presentada por algunos como la regulación ideal, pues es la que lograría incrementar más la producción. Cuando se sigue este criterio se establece un precio igual al costo marginal. En términos de la Figura 9.10, consistiría en fijar el precio P_c y situar la empresa monopolística en la posición *C*, donde se produciría un volumen de producción equivalente a una situación de competencia perfecta. Al seguir esta política, sin embargo, se presentan serias dificultades, especialmente si se trata de un monopolio natural, esto es, aquel que opera en el tramo decreciente de su curva de costos medios. Tal como refleja la Figura 9.10 si se siguiese la regla del costo marginal la empresa incurriría en pérdidas, pues el precio P_c cae por debajo del costo medio.

Para evitar que la empresa se vea obligada a salir del mercado, en caso de que se desee continuar con este tipo de regulación, cabe recurrir a un subsidio oficial suficiente para cubrir las pérdidas.

Esta posibilidad puede explicar por qué el gobierno, en ciertas ocasiones, cuando trata de controlar el poder de los monopolios, al final

Nota complementaria 9.5

LEGISLACION EN FAVOR DE LA COMPETENCIA EN ARGENTINA

La Ley 22.262, conocida como Ley de Defensa de la Competencia, prohíbe y sanciona los actos o conductas que restrinjan o distorsionen la competencia así como los que constituyan abusos de una posición dominante en un mercado.

En particular, se sancionan las *acciones concertadas* tendientes a fijar precios, controlar el desarrollo técnico, distribuir mercados, negarse a satisfacer pedidos, imponer condiciones discriminatorias, destruir productos o abandonar cosechas.

Para entender en cuestiones relativas a esta ley, la misma creó la Comisión Nacional de Defensa de la Competencia en el ámbito de la Secretaría de Comercio del Ministerio de Economía de la Nación.

acaba subsidiándolos. Esto se debe a que el gobierno regula el precio, tratando de eliminar los beneficios monopolísticos, lo que en ocasiones lleva a que el monopolista genere pérdidas. Por las razones apuntadas, en la práctica, la regla más frecuente es la del costo medio.

¿Es necesaria la regulación?

Algunos autores señalan que es posible que la regulación no sea necesaria. En particular se argumenta que, aunque el monopolista no esté sujeto a regulación, no fija aquellos precios que maximizan sus beneficios por diversas razones. En primer lugar, porque las barreras de entrada no suelen ser absolutas, de forma que unos beneficios muy altos incentivarán la entrada de competidores y la desaparición de la situación monopolística. En segundo lugar, se señala que el miedo a la regulación gubernamental es considerable, lo que haría, en cierto modo, innecesaria la propia regulación. Finalmente, se argumenta que las presiones sociales frente a los monopolios suelen ser fuertes, lo que condiciona su comportamiento, de forma que al establecer la política de fijación de precios se intenta contrarrestar la mala imagen ante la opinión pública.

RESUMEN

- Bajo un sistema de competencia imperfecta las empresas tienen poder para influir sobre el precio. El monopolio aparece como el caso extremo de la competencia imperfecta, pues sólo hay una empresa.
- La curva de demanda del monopolista es la curva de demanda del mercado. Por ello, el monopolista es consciente de que si desea aumentar el volumen de producción deberá disminuir el precio de venta.
- Las causas que explican la aparición del monopolio son: el acceso exclusivo a ciertos recursos, las patentes, la franquicia legal y la existencia de costos decrecientes o economías de escala.
- En el monopolio el ingreso marginal es inferior al precio; ello se debe a que un aumento de la cantidad vendida hace descender el precio al que se estaban vendiendo las unidades anteriores. Esto es, al vender una unidad más obtendremos un ingreso adicional, pero también se deja

de percibir una parte del ingreso que las unidades anteriores proporcionaban.

- El volumen de producción de equilibrio del monopolio es aquel para el que $IMa = CMa$. El monopolista, sin embargo, no dispone de una relación unívoca entre el precio y la cantidad, por lo que no puede acotar su curva de oferta.

- El monopolista, en su situación de equilibrio, puede estar obteniendo tanto beneficio como pérdidas. La regla $IMa = CMa$ sólo asegura que, si obtiene beneficios, éstos serán máximos y, si obtiene pérdidas, éstas serán mínimas.

- Puesto que el monopolista es el único empresario de la industria, el equilibrio a corto plazo será también el equilibrio a largo plazo, pues no habrá una entrada de empresas, caso de obtenerse beneficios extraordinarios.

- El monopolista no tiene que vender su producto a todos los demandantes al mismo precio. Cuando un monopolista cobra precios diferentes a diversos clientes, no de acuerdo con los diferentes costos de producción, se dice que hay *discriminación de precios.*

- Si se compara la competencia perfecta y el monopolio, lo único que cabe señalar es que en el monopolio el precio será mayor y la producción inferior que si hubiera competencia. Es muy probable, sin embargo, que al producirse la monopolización, la función de costos de la industria se altere y, en este caso, para hacer predicciones, hay que conocer cómo varía ésta.

- Cuando el Estado decide regular la producción del monopolio caben distintas posibilidades:

  1. Dejar que el monopolio funcione con un mínimo de regulación y establecer impuestos sobre los beneficios extraordinarios.
  2. Obligar al monopolista a fijar un precio que elimine los beneficios extras (*regla del costo medio*).
  3. Establecer un precio igual al costo marginal (*regla de costo marginal*).

CONCEPTOS BASICOS

- **— Monopolio.**
- **— Patente.**
- **— Monopolio legal y franquicia legal.**
- **— Monopolio natural.**
- **— Poder de mercado y poder monopolista.**
- **— Discriminación de precios.**
- **— Regulación del monopolio.**
- **— Costo social del monopolio.**

— Fijación de precios por la regla del costo medio.
— Fijación de precios por la regla del costo marginal.

TEMAS DE DISCUSION

1. Suponga que una industria monopolística tiene menos producción que una industria similar competitiva. ¿Por qué esta situación puede considerarse socialmente no deseable?

2. Explique por qué la condición $IMa = CMa$ ofrece una buena predicción del nivel de producción al cual las empresas monopolísticas decidirán operar. ¿Ocurre lo mismo con el precio?

3. ¿Por qué no existe una curva de oferta en una industria monopolística?

4. Suponga que se establece un impuesto por cada unidad vendida por un monopolista y que el empresario decide en consecuencia aumentar el precio del bien en cuestión en la misma cuantía que el impuesto. ¿En qué sentido esta decisión puede perjudicar al propio monopolista?

5. ¿Es cierto que una empresa monopolística puede fijar el precio que desee de forma que siempre obtenga beneficios?

6. Si los avances tecnológicos hacen que en una determinada industria los costos medios tiendan a disminuir con el transcurso del tiempo, ¿qué cabe esperar en la industria en cuestión? ¿Desde el punto de vista de la sociedad esta reducción en los costos medios implica algunas ventajas o sólo se beneficiarán de ello las empresas (o empresa) que integran la industria?

7. Represente gráficamente las curvas de ingresos (medios y marginales) y de costos (medios y marginales) de una empresa monopolística y determine la producción y el precio de equilibrio en los siguientes casos:

a) Si la empresa pretende maximizar sus beneficios.
b) Si la empresa se guía por la regla del costo medio.
c) Si la empresa toma como norma la regla del costo marginal.

8. ¿Es frecuente que las compañías eléctricas fijen distintas tarifas, entre otras causas, según la cantidad contratada de electricidad? Analice los motivos para seguir esta política.

9. Comente las distintas razones por las que existen los monopolios.

10. Explique por qué en ciertas ocasiones, cuando el Estado regula la actuación del monopolio para que produzca la cantidad socialmente óptima, acaba subvencionando la industria monopolística.

CAPITULO 10

El oligopolio y la competencia monopolística

INTRODUCCION

Entre la competencia perfecta y el monopolio cabe una gran variedad de formas de mercado diferentes, en función del número de los productores existentes, de su tamaño y poder, del tipo de productos que fabriquen, etc.

Si los empresarios que actúan en un mercado son muy pocos existe la posibilidad, avalada por la experiencia, de que las acciones y decisiones de uno de ellos afecten y se vean afectadas por las acciones y decisiones de los otros participantes. Esta posibilidad obliga a elaborar un modelo específico de comportamiento y de determinación del equilibrio en un mercado de pocos empresarios que se denomina oligopolio. *En el oligopolio puede suceder que el producto fabricado por un empresario sea igual que el elaborado por sus competidores o, por el contrario, puede que sea posible diferenciarlo con una marca, alguna diferencia exterior, etc. En este último caso el empresario se convierte en monopolista de su marca, pero con ello no dejará de tener competencia, pues existen muy buenos sustitutivos de su producto, como son las marcas rivales.*

Cuando los participantes en un mercado son muchos, aunque cada productor pueda diferenciar su producto, la posibilidad de alcanzar acuerdos para tratar de impedir que entren nuevos competidores en la industria y de emplear otras tácticas accesibles a los oligopolistas se hace mucho menos probable, de forma que un mercado con muchos empresarios, cada uno de los cuales es monopolista de su marca, tendrá también condiciones de equilibrio específicas. Este modelo de mercado lo denominaremos de competencia monopolística.

1. EL OLIGOPOLIO: CONCEPTOS Y CARACTERES

De las cuatro formas de mercado contenidas en el Cuadro 10.1, en este apartado nos vamos a centrar en el *oligopolio.*

• Un *oligopolio* es aquel mercado en el que la mayor parte de las ventas las realizan unas pocas empresas, cada una de las cuales es capaz de influir en el precio de mercado con sus propias actividades.

Cuadro 10.1. Formas básicas de mercados

<table>
<tr><th>N.º de productores / Carácter del producto</th><th>Muchos</th><th>Pocos</th><th>Uno</th></tr>
<tr><td>Homogéneo</td><td>• Competencia perfecta
Más frecuente en los productos agrícolas, las materias primas, y los bienes comercializados en mercados organizados.
Ningún productor posee control sobre el precio, el cual viene fijado de manera impersonal por el mercado.</td><td>• Oligopolio homogéneo
Aparece cuando existen únicamente pocos productores de una materia prima o de mercancías idénticas.
Los productores poseen control sobre su propio precio, pero en su política de precios deben tener en cuenta las probables reacciones de sus rivales.
Tendencia a precios rígidos y a esquemas de fijación del precio por parte de la empresa líder.</td><td rowspan="2">• Monopolio
Aparece raramente, pero son ejemplos de ello el servicio telefónico, el suministro de agua y algunos servicios públicos. El productor tiene poder sobre el precio (o la producción), normalmente limitado en la práctica por la regulación del gobierno o por el temor a la opinión pública.
Tal poder monopolístico tiende a erosionarse a largo plazo como resultado de la innovación y el cambio tecnológicos.</td></tr>
<tr><td>Diferenciado</td><td>• Competencia monopolística
Se halla ampliamente extendida, e incluye a muchas empresas que producen bienes y servicios parecidos pero diferenciados; por ejemplo, productos alimenticios que puedan distinguirse por su marca, electrodomésticos, etc.
La empresa posee un pequeño grado de control sobre el precio, debido a la diferenciación, la cual le confiere, por tanto, un ligero poder monopolístico.
La competencia adopta la forma de marcas comerciales y publicidad, así como variaciones en el precio.</td><td>• Oligopolio diferenciado
Incluye muchos productos manufacturados y otros; por ejemplo, vehículos de motor, detergentes, discos y los servicios de las compañías aéreas.
Los proveedores poseen control sobre su propio precio, pero, debido a la interdependencia, prefieren una rigidez en los precios (o unos acuerdos) antes que las guerras de precios.
La competencia tiende a adoptar la forma de la diferenciación (marcas) de campañas publicitarias.</td></tr>
</table>

Como forma de mercado, el oligopolio puede existir tanto por el lado de la oferta como por el de la demanda; así, un *oligopolio* será de oferta cuando la demanda esté atendida por unos pocos oferentes. Por otro lado, cuando un escaso número de demandantes debe absorber el bien o servicio producido por un gran número de oferentes, estaremos ante un oligopolio de demanda, también denominado *oligopsonio*. El *oligopolio bilateral* será el caso en que las dos fuerzas de mercado estén integradas por pocos agentes económicos.

Tal como se señaló en el caso del monopolio, cuando los economistas utilizan la expresión genérica oligopolio se refieren a situaciones no competitivas por el lado de la oferta, pues son las más frecuentes en la economía real.

Por oligopolio normalmente se entiende una estructura de mercado en la que participan pocos productores, tanto si producen un bien homogéneo como diferenciado mediante marcas. El caso extremo del oligopolio es aquel en el que existen dos productores y se denomina *duopolio*. Una de las características de este tipo de mercado es la capacidad que el empresario tiene de influir sobre las decisiones de sus competidores con sus propias acciones y de ser influenciado por las decisiones de sus rivales. El ejemplo clásico de esta posibilidad son las guerras de precios, en las que la decisión de un empresario de rebajar el precio con objeto de absorber una mayor parte del mercado se ve neutralizada por la respuesta de sus competidores de rebajar a su vez sus precios.

El equilibrio del oligopolio

Por otro lado, los oligopolistas son empresarios que venden su producto a una parte de la demanda total del mercado que les es más o menos fiel, por lo que si, por ejemplo, un olipolista sube el precio sus ventas disminuirán, pero no desaparecerán, como sucedería en competencia perfecta. Esta característica de todo mercado de competencia imperfecta hace que cada oligopolista se enfrente con una función de demanda decreciente. El equilibrio de la empresa oligopolística se producirá de acuerdo con la ya conocida norma de $IMa = CMa$. No obstante, el equilibrio del oligopolista no puede determinarse con la misma sencillez que en el caso del monopolio, pues hemos de tener en cuenta la existencia de competidores que están en condiciones de arrebatarle una parte del mercado. Por esta razón el empresario oligopolístico no posee una función de demanda estable.

El oligopolio y la interdependencia

Dado que la contribución de cada uno de los pocos vendedores que participan en el mercado es perceptible, una de las características básicas de este tipo de mercados es la *interdependencia mutua*. Ello obliga a la empresa a permanecer atenta tanto a las actuaciones agresivas de los rivales como a las respuestas defensivas adoptadas por éstas ante cambios de política de la empresa en cuestión.

Los oligopolistas, por tanto, deben procurar predecir los actos de sus rivales y las reacciones de éstos ante sus propios comportamientos, teniendo en cuenta que los demás integrantes del mercado también están tratando de predecir sus propios actos y reacciones.

La aparición de este tipo de mercados se debe, por un lado, a que, bajo ciertas condiciones técnicas, los costos se logran reducir de forma apreciable si el volumen de producción es grande y, por otro, al deseo que suelen tener las empresas de controlar el mercado y de influir sobre la fijación del precio de mercado.

Dado que las empresas tratan de determinar sus precios basándose en las estimaciones de sus funciones de demanda teniendo en cuenta las reacciones de sus rivales, lo normal será una elevada dosis de *incertidumbre*. Para paliar esta incertidumbre caben diversas posibilidades: tratar de «adivinar» las acciones de los rivales, llegar a acuerdos sobre los precios y competir sólo a base de publicidad o formar un *cartel*, esto es, cooperar en vez de competir y repartirse el mercado.

2. LA RIVALIDAD ENTRE EMPRESAS OLIGOPOLISTICAS Y LA FIJACION DE PRECIOS

Como en el caso del monopolio, cualquier oligopolista puede utilizar como variable estratégica la cantidad del producto o servicio que desea colocar en el mercado, o el precio al que lo desea vender. En el primer caso, condiciona el precio que puede obtener y, en el segundo, la cantidad que el mercado puede absorber.

Las soluciones desarrolladas para el oligopolio toman normalmente como modelo el caso extremo del duopolio, aunque en su inmensa mayoría son generalizables para los demás mercados oligopolísticos. En cualquier caso éstas suelen agruparse en dos grandes categorías, según tengan carácter colusivo o no. Una solución oligopolística es de carácter *colusivo* cuando todos los rivales en el mercado, de forma explícita o implícita, establecen un acuerdo que les permita disponer de información acerca del comportamiento y reacción de los demás ante una decisión que se tome en el mercado. Por otro lado, una solución *no colusiva* implica que los distintos rivales no disponen de información relevante sobre el comportamiento y reacción de sus competidores ante cualquier decisión que se tome.

Soluciones colusivas

Como hemos señalado, la *colusión* es un acuerdo explícito o tácito de las empresas de una industria o mercado para fijar los precios y la producción, o limitar la rivalidad entre las empresas. La *colusión explícita* implica la existencia de un acuerdo real entre las empresas. mientras que la *colusión tácita* se basa en acuerdos no formalizados.

Factores que propician la colusión

1. El número de empresas que han de participar en la colusión ha de ser reducido. En estos casos es más fácil negociar y detectar las posibles violaciones de los acuerdos. Por ello, una elevada concentración de vendedores aumenta la probabilidad de que haya colusión.

2. Que puedan alcanzarse acuerdos colusi-

Nota complementaria 10.1

LOS MERCADOS OLIGOPOLISTICOS

A tenor de la información disponible sobre el sector siderúrgico el mismo puede ser caracterizado como un mercado oligopolístico.

PRODUCCION DE ACERO CRUDO POR EMPRESA
(En miles de toneladas)

Empresa	1989	Part. en el total	1990	Part. en el total
Aceros Bragado	125.853	3,24 %	84.320	2,32 %
Acindar	951.002	24,49 %	828.320	22,78 %
Altos Hornos Zapla	156.835	4,04 %	86.573	2,38 %
Siderca	589.186	15,17 %	672.524	18,50 %
Somisa	2.059.882	53,05 %	1.963.898	54,02 %
Total	3.882.758	100,00 %	3.635.635	100,00 %

FUENTE: Centro de Industriales Siderúrgicos.

vos que tengan vigencia durante períodos de tiempo aceptablemente largos.

3. Existencia de un sistema legal que sea propicio o, al menos, que no dificulte el logro de acuerdos explícitos que eleven el precio y restrinjan la producción.

4. Facilidad para detectar las violaciones. Si es posible repartir los clientes entre las empresas y asignar una determinada área geográfica a cada empresa, es fácil detectar si se violan los acuerdos sobre precios de venta y cantidades vendidas.

Los *cartel* o la colusión explícita

Las consecuencias negativas de las guerras de precios han demostrado a los oligopolistas la conveniencia de realizar acuerdos que las eviten. Por esta razón, el oligopolio moderno se caracteriza por una cierta rigidez en los precios que, entre otras cosas, facilita la elaboración de acuerdos. Para evitar estas guerras y reconociendo su interdependencia, las empresas establecen acuerdos colusivos explícitos tratando de obtener los beneficios del monopolio, y para ello establecen fórmulas para buscar la fijación de precios y/o el reparto de mercados.

Una posibilidad, en el caso de que se trate de un oligopolio de productos homogéneos, consiste en que las diversas empresas que forman el mercado, aunque mantengan separadas sus propias identidades corporativas, se reúnan formando un *cartel.*

- **Un *cartel* es una combinación de empresas que trata de limitar la acción de las fuerzas de la competencia mediante el establecimiento de acuerdos explícitos sobre precios y niveles de producción.**

Probablemente el *cartel* más conocido a nivel internacional sea la Organización de Países Exportadores de Petróleo (OPEP). Los países integrantes se reúnen regularmente para fijar los precios de venta del petróleo.

Este *cartel* empezó a funcionar activamente a partir de 1973 y durante los primeros años lograron, mediante restricciones en la oferta, plenamente sus objetivos, pues el precio del barril de petróleo pasó de 4 dólares en 1973 a 39 dólares en 1980. A comienzos de los ochenta, sin embargo, algunos países violaron los acuerdos y se negaron a reducir la oferta. Esto determinó que se derrumbara el acuerdo de precios de la OPEP (véase Nota complementaria 10.2).

■ La maximización conjunta de los beneficios

Para tratar de alcanzar la maximización conjunta de los beneficios, las distintas empresas que integran el *cartel* actúan como si fueran una sola. En términos gráficos esto implica que las curvas de costo marginal de las empresas se

Nota complementaria 10.2

LAS CUOTAS DE MERCADO Y LA OPEP

Tal como se indica en el texto, una forma de abordar la incertidumbre que caracteriza a los mercados oligopolistas consiste en tratar de repartirse el mercado mediante el establecimiento de cuotas.

En el caso de la OPEP, las dificultades para su funcionamiento como *cartel* se debieron a que algunos países violaron los acuerdos y se negaron a reducir la oferta. En la actualidad la OPEP ha iniciado el camino hacia un nuevo sistema de cuotas de producción de petróleo autocontroladas por cada uno de los trece miembros del consorcio, si bien en un futuro las cuotas fijas desaparecerán. Bajo el sistema de cuotas libres, cada país miembro producirá según su capacidad.

suman horizontalmente, y así se obtiene la curva de costo marginal de la industria. El máximo beneficio para el agregado se obtiene donde la curva de costo marginal corta a la curva de ingreso marginal de la industria. Esta curva de ingreso marginal se ha calculado a partir de la curva de demanda de la industria (Figura 10.1).

El acuerdo alcanzado por el *cartel* beneficia a los productores, pero desde el punto de vista de la sociedad presenta los mismos inconvenientes que el monopolio.

La maximización de los beneficios se consigue haciendo que la producción total de las empresas que integran el oligopolio sea exactamente igual a Q^*. Esto es, los participantes tienen que ponerse de acuerdo para limitar sus ventas. La división puede efectuarse atendiendo a distintas fórmulas: a partes iguales, según

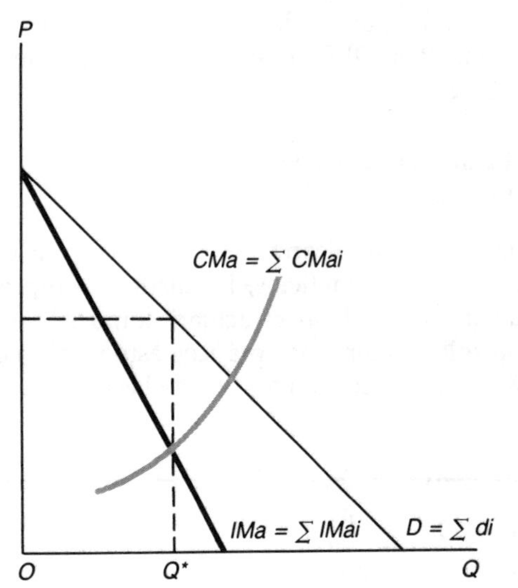

Figura 10.1. La maximización conjunta de los beneficios.

las curvas de demanda, de costo marginal y de ingreso marginal de la industria se obtienen sumando horizontalmente las de las distintas empresas que componen aquélla. El *cartel* presenta socialmente los mismos inconvenientes que el monopolio: maximiza beneficios a través del acuerdo entre los participantes para limitar sus ventas.

la distribución que hubiesen mantenido en ejercicios anteriores, o por áreas geográficas.

Desde el punto de vista de los miembros del *cartel*, el problema de estos acuerdos es que tienden a ser inestables. Cada miembro del *cartel* tiene incentivos para bajar los precios y tratar de vender más de la porción que le ha sido asignada. El conflicto entre el interés colectivo del *cartel* y el interés individual de cada uno de los vendedores que lo forma frecuentemente genera guerras de precios para tratar de incrementar la participación en el mercado.

■ Limitaciones de la maximización conjunta de beneficios

La puesta en práctica de este tipo de soluciones colusivas se enfrentra, tal como se ha apuntado, con numerosas dificultades. Una primera se plantea al intentar determinar el producto y el precio de equilibrio de la industria, lo que exige conocer las curvas de costos o ingresos marginales. Además, el logro de este tipo de acuerdos de coalición plantea problemas que dependerán del número de participantes, de la estructura de costos y de la dificultad de encontrar un criterio aceptado por unanimidad que determine las cuotas de producción de cada integrante. Aunque se cree una especie de «agencia central» del *cartel* con autoridad e información suficiente como para determinar la curva de demanda del mercado y la curva de costo marginal de la industria, no será fácil que solucione todos los problemas planteados ni que todos acepten sus recomendaciones.

Por ello la inestabilidad suele ser una nota característica de estos mercados. El grado de inestabilidad será mayor cuanto más importantes sean las economías de escala de la industria y cuanto mayores sean las diferencias de costos entre las empresas, pues las empresas con menores costos se sentirán tentadas de incrementar la producción, lo que les permitirá reducir los costos y desplazar del mercado a la competencia.

Los pactos o acuerdos entre empresas pueden ser abiertos o secretos, pues en muchos países están prohibidos. Debe señalarse, sin embargo, que los servicios prestados por un *cartel*, esto es, fijación de precios y reparto del mercado, en un sentido amplio también los prestan las asociaciones de empresarios, las organizaciones profesionales, etc. Este tipo de organizaciones, aunque de forma indirecta, alcanzan legalmente buena parte de los objetivos de los acuerdos colusivos directos.

■ Precio uniforme y reparto del mercado

Dado que la maximización conjunta es muy difícil de llevar a cabo, es frecuente establecer otros tipos de acuerdos. En ocasiones las empresas integrantes de un oligopolio únicamente fijan un precio uniforme y se permite a cada empresa que venda todo lo que pueda a ese precio. Lo único que se exige es que ninguna empresa cobre un precio inferior al fijado. En otras ocasiones las empresas se ponen de acuerdo en repartirse el mercado mediante cuotas determinadas, pero manteniendo una considerable libertad de actuación. Los criterios normalmente seguidos para establecer las cuotas suelen ser de base estadística (volumen de ventas o capacidad productiva) o geográfica. El resultado para una empresa en particular dependerá de la habilidad negociadora del representante y de la importancia de la empresa.

Como ya se apuntó antes, si los costos de las empresas integrantes son muy distintos es de esperar que los acuerdos no sean estables, pues las empresas de menores costos tendrán incentivos para fijar un precio por debajo del precio del *cartel* y hacer que las empresas de costos mayores salgan del mercado.

La colusión tácita

La colusión tácita se basa en un entendimiento no formalizado entre las empresas. Este tipo de comportamiento tiene su origen en que los acuerdos explícitos sobre los precios suelen ser ilegales. Para superar el obstáculo legal los oligopolistas buscan otras formas de cooperar tácitamente transmitiéndose información de muy diversas formas públicas y legales, como revistas especializadas del sector, asociaciones empresariales, etc., y suelen utilizar una variedad de recursos para detectar las violaciones de acuerdos tácitos.

■ Liderazgo de precios

Una explicación de los cambios sistemáticos de precios en el oligopolio puede encontrarse en el *liderazgo de precios.* Dado que las guerras de precios suelen tener efectos autodestructores y que las condiciones de mercado obligan a efectuar cambios en los precios, las empresas encuentran conveniente seguir a aquellas que dan el primer paso en la subida de precios a la empresa que se considera como la «líder» del grupo. Si todas las demás empresas la siguen, el aumento del precio se mantendrá y generará beneficios para toda la industria. Esta técnica reduce la incertidumbre sobre las reacciones de los competidores y está muy difundida. Permite una amplia libertad sobre las políticas de ventas de las distintas empresas.

Si el liderazgo funciona apropiadamente, el resultado puede acercarse al de un *cartel*. Sin embargo, dado que no hay un acuerdo formal, el problema de hacer trampa puede llegar a ser importante, pues cabe que el líder fije el precio que maximizaría los beneficios de la industria y que otros integrantes disminuyan los precios u ofrezcan descuentos con objeto de incrementar su participación en el mercado.

El liderazgo de precios es frecuente que se dé cuando una empresa produce una gran parte de la producción total, esto es, cuando actúa como empresa «dominante» y el resto está dividido entre varias empresas relativamente pequeñas.

■ El oligopolio de la empresa dominante

En los mercados en los que hay una empresa dominante que controla un porcentaje elevado del mercado (entre el 60 y el 80 %) y numerosas empresas pequeñas, la estrategia más probable es que la empresa dominante se comporte como un monopolista en la porción de mercado que controla y ceda el resto del mercado al grupo de empresas competitivas o pequeñas.

El análisis gráfico de este tipo de mercado aparece en la Figura 10.2. La curva de demanda de la industria es la D_{Mdo} y la curva de demanda de la empresa dominante es la d_{ED}. Esta última se obtiene a partir de la curva de demanda del mercado, restándole la producción del grupo de empresas pequeñas. Teniendo en cuenta la cantidad ofrecida por las empresas pequeñas, gráficamente puede observarse que esta curva ha rotado y se ha desplazado en relación con la curva de demanda de mercado.

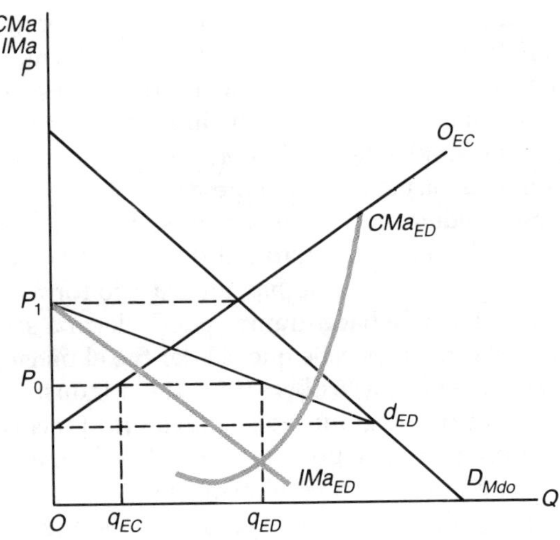

Figura 10.2. El oligopolio de la empresa dominante.

Esta figura muestra el caso de un mercado en el que existe una empresa dominante y muchas empresas rivales pequeñas que, sin embargo, restringen el comportamiento de la dominante. La curva de demanda de la empresa dominante (d_{ED}) se obtiene a partir de la curva de demanda del mercado (D_{Mdo}) restándole la producción del grupo de empresas pequeñas. La empresa dominante determina la cantidad ofrecida (q_{ED}) a partir de la condición $CMa = IMa$.

Ello se debe a que la empresa dominante debe tener en cuenta que a medida que incremente el precio perderá una parte cada vez mayor del mercado en favor del segmento de las empresas pequeñas. Así pues, restando de la curva de demanda del mercado la respuesta del grupo de empresas pequeñas obtenemos la curva de demanda de la empresa dominante.

En la Figura 10.2 la oferta de los competidores se representa mediante la curva O_{EC}, obteniéndose la curva de demanda de la empresa dominante como la distancia horizontal existente entre la curva de demanda del mercado, D_{Mdo}, y la curva de oferta de las empresas competitivas.

Al precio P_0 el grupo de empresas pequeñas o competitivas ofrece la cantidad q_{EC}, y la empresa dominante ofrece la cantidad q_{ED}. Cuando el precio sube hasta el nivel P_1, la empresa dominante no ofrece nada y el grupo de empresas pequeñas atiende toda la demanda del mercado.

La empresa dominante actúa guiada por la condición $CMa = IMa$, que fija el nivel de producción y el precio de equilibrio P_0.

■ La empresa «barométrica»

En otras ocasiones el liderazgo de precios tiene forma «barométrica», pues se elige como empresa líder una empresa intermedia, debido a que sus acciones se consideran como un barómetro apropiado de las condiciones del mercado, y se imitan sus políticas creyendo que los trastornos competitivos se minimizan. Esta empresa intermedia que se toma como barómetro suele ser una empresa acreditada y respetada por el resto. Otra forma alternativa de liderazgo de precios se da cuando la industria opta por tomar como referencia la empresa de «costos bajos», esto es, aquella que tiene unos costos marginales menores.

El modelo del liderazgo de precios, en cualquiera de sus versiones, sólo conducirá a un equilibrio estable si la empresa líder es seguida realmente por el resto de los competidores y si existe algún tipo de acuerdo, de forma que el

Nota complementaria 10.3

CONCENTRACION DE EMPRESAS POR SECTORES EN AMERICA LATINA

El grado de concentración existente en una industria puede medirse mediante distintos tipos de indicadores. Todos ellos se basan en comparar el peso de las grandes empresas con el de las pequeñas. En el cuadro adjunto se mide la participación de las primeras 50 empresas de cada país en el Producto Interno Bruto Total.

PARTICIPACION DE LAS 50 MAYORES EMPRESAS EN EL PIB 1983

País	%
Argentina	**34,3**
Brasil	18,3
Colombia	26,6
Chile	47,8
México	23,7
Venezuela	52,1

FUENTE: CEPAL.

mercado produzca el volumen de producción correcto.

Desde una perspectiva más estricta se ha señalado que estos modelos sólo producirán resultados satisfactorios si la empresa considerada como líder es grande y tiene costos bajos, pues en caso contrario las demás empresas sólo la seguirán en caso de que decida reducir el precio, pero no cuando lo suba. La empresa líder tendrá poder para bajar los precios pero no para subirlos.

Soluciones no colusivas

En el caso del oligopolio no colusivo no existen predicciones generales firmes. El precio puede situarse en cualquier punto entre el nivel competitivo y el monopolístico, y además puede variar de forma notable a lo largo del tiempo. Lo que ocurra dependerá esencialmente de lo que suponga cada participante sobre la reacción de los demás.

Cada empresa actúa para maximizar sus propios beneficios partiendo de lo que cree que harán las demás; en general, reaccionará ante lo que hagan sus rivales con unas estrategias similares a las de éstos.

En los mercados oligopolísticos, aun cuando no existan acuerdos colusivos, es frecuente que los precios permanezcan relativamente estables durante períodos de tiempo relativamente largos. Una explicación de por qué los oligopolistas no modifican sus precios, aunque cambien las condiciones de costos y de demanda, la ofrece el modelo de la curva de *demanda quebrada*.

■ La curva de demanda quebrada

Otra característica del oligopolio, además de las guerras de precios y de los intentos de establecer acuerdos, es la relativa rigidez de los precios. Así, cuando no se opta por el establecimiento de acuerdos colusivos, las soluciones al oligopolio se establecen en términos diferentes. Los oligopolistas, en un intento por reducir la incertidumbre que rodea su gestión, procuran minimizar la frecuencia de las variaciones de los precios. Esto ha determinado que los oligopolistas no reaccionen ante cambios en las condiciones de mercado con la misma intensidad con la que lo harían empresas en competencia perfecta o en el monopolio. Una explicación de esta forma de proceder se ha establecido en términos de la *curva de demanda quebrada*.

La rivalidad existente entre las empresas oligopolísticas hace ver a un empresario que si sube sus precios no le seguirán sus competidores, por lo que la cantidad vendida disminuirá enormemente. Por el contrario, si el empresario disminuye el precio, sus competidores le imitarán, de forma que no conseguirá un gran aumento en el número de compradores. Debido a este comportamiento asimétrico en torno a un precio que se considera aceptable, por ejemplo P_e (Figura 10.3), existirán dos curvas de demanda (*DD* y *D'D'*), una de las cuales será la relevante para subidas de precio por encima de P_e (la *DD*), siendo la otra (la *D'D*) relevante para disminuciones de precio.

La curva de demanda real del empresario oligopolista puede considerarse, por tanto, la *DGD'*. Pero cada curva de demanda lleva asociada su correspondiente curva de ingresos marginales (*IMa* e *IMa'*). La curva de ingresos marginales que corresponde a la curva quebrada de demanda será la *ICFI'* que, como vemos, tiene una sección vertical *CF*. Como consecuencia de la existencia de este tramo vertical, resultará que desplazamientos en la curva de costos marginales, dentro de esta sección, no alterarán la cantidad de equilibrio para la cual el *IMa* es igual al *CMa* y, por tanto, no cambiará el precio de equilibrio, aunque sí afectará a los beneficios. La amplitud del tramo vertical depende de la diferencia de inclinación de los tramos de la curva de demanda. Resulta, pues, que la estrategia que adoptan los oligopolistas determina esta rigidez o inflexibilidad del precio frente a cambios en los costos.

Respecto al enfoque de la curva de demanda quebrada se ha señalado que es una hipótesis *ad hoc* válida para explicar la rigidez sin colusión de los precios, pero no justifica el porqué de ese comportamiento. Se parte de un nivel

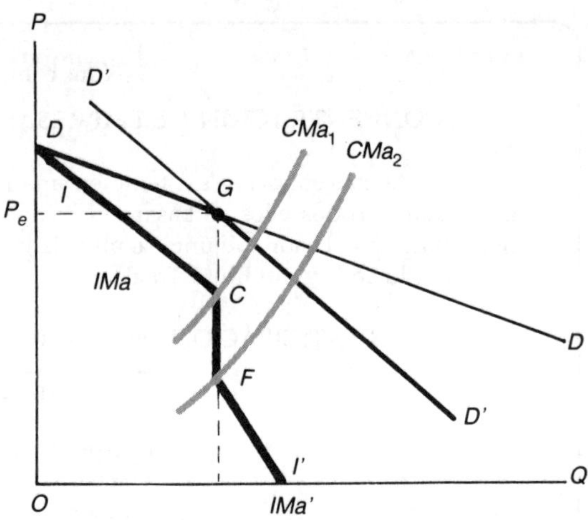

Figura 10.3. La curva de demanda quebrada.

Este modelo supone un comportamiento asimétrico de las empresas: si una aumenta su producción espera que las demás también lo hagan y si la disminuye espera que las demás no reaccionen. Este comportamiento se refleja, por un lado, en el quebrantamiento de la curva de demanda y, por otro, en que la curva de ingresos marginales presenta un tramo vertical (*CF*).

de precio dado P_e, pero no se explica cómo se alcanzó dicho precio.

La concentración y el oligopolio

En la realidad, tanto los mercados en los que hay un solo vendedor, como los perfectamente competitivos, en los que ningún vendedor representa una proporción significativa de la producción total y todos los productos son idénticos, pueden considerarse situaciones algo raras.

Lo normal es que en los mercados coexistan empresas de gran tamaño y otras pequeñas, y que los productos sean notablemente diferenciados. Dado que ésta es la realidad, resulta interesante conocer el *grado de concentración*.

- **El *grado de concentración* es la proporción de ventas que representan unos pocos y grandes vendedores respecto al total de ventas del mercado o industria.**

Cuanto mayor sea el grado de concentración del mercado más se parecerá éste al monopolio. Una medida habitual de la concentración es el *coeficiente de concentración* de un número reducido de las mayores empresas, generalmente cuatro, respecto al total de la industria, esto es, el porcentaje de ventas del mercado realizado por las cuatro empresas mayores.

La razón de ser de la concentración de empresas radica en que, en algunas industrias, las grandes empresas pueden producir a unos costos más bajos que las empresas pequeñas. Así, es frecuente que los costos medios a largo plazo de la empresa disminuyan cuando la producción supera un determinado nivel, que se suele denominar *escala mínima eficiente*, y ser más o menos constantes cuando continúa aumentando la producción.

Cuando la escala mínima eficiente representa una cantidad relativamente elevada en relación con la cantidad total demandada, sólo cabe que produzcan eficientemente unas pocas empresas. En este caso estaríamos ante un *oligopolio natural*.

Reflexiones sobre los mercados oligopolísticos

Un problema específico del oligopolio se deriva de las «falsas» luchas de precios. En ocasiones se sostienen los precios temporalmente bajos para expulsar de la industria a empresas

Nota complementaria 10.4

LOS MERCADOS OLIGOPOLISTICOS Y LA PUBLICIDAD

En los mercados oligopolísticos es frecuente que entre sus partidas de costo figure un importante capítulo dedicado a publicidad. Esta publicidad es tanto mayor cuanto más alta es la diferencia entre el costo de producir el bien en cuestión y el precio de venta. En estos mercados los gastos de publicidad actúan en buena medida como una barrera que limita la entrada de nuevos competidores, tal como se analiza en el Capítulo 11. Un ejemplo característico de este tipo de mercado es el de los cigarrillos.

REPARTO DEL MERCADO MUNDIAL DE CIGARRILLOS
ENTRE LAS PRINCIPALES EMPRESAS

Empresas	1989 Participación en el mercado (porcentaje)
Philip Morris	37,1
Reynolds	33,0
Brown & Williamson	10,8
Lorillard	8,2
American	7,6
Liggett	4,3
TOTAL	100,00

FUENTE: *Business Week*, diciembre de 1989.

rivales, lo que suele implicar elevados costos sociales derivados de las quiebras de las empresas.

De cara al bienestar, y desde una perspectiva estática, el oligopolio no logra una situación óptima, ya que el equilibrio no se alcanza en el mínimo de los costos medios a largo plazo, por lo que el precio de venta será superior al costo medio y al costo marginal.

Desde una perspectiva dinámica, debe señalarse que la investigación y las innovaciones suelen ser considerables en las industrias oligopolísticas. La investigación industrial y la experimentación son esenciales para el desarrollo de las sociedades modernas y se dan con especial intensidad en los mercados oligopolísticos.

Por lo que respecta a los recursos destinados a publicidad, hay que tener en cuenta que, si bien se pueden considerar como un despilfarro, cabe pensar que al crear una marca diferenciada para el producto se contribuye a elevar su calidad y mejorar los diseños.

3. LA COMPETENCIA MONOPOLISTICA: CONCEPTO, CARACTERES Y EQUILIBRIO DE LA EMPRESA

Ya se ha señalado que el incumplimiento del supuesto de homogeneidad del producto constituye un factor importante de creación de situaciones no competitivas de intercambio. En este apartado abordaremos estas situaciones a través de los planteamientos convencionales de la *competencia monopolística*.

Para explicar intuitivamente la existencia de este tipo de situaciones basta comprobar empíricamente que existen muy pocas situaciones de monopolio estricto, pues casi todos los bienes y servicios que un monopolista ofrece tienen uno o varios bienes y servicios que presentan la característica de ser sustitutivos más o menos próximos. La amplia heterogeneidad entre los distintos bienes y servicios ofrecidos por los agentes que compiten entre sí en los mercados puede tener su origen tanto en causas reales como aparentes, pues junto con las diferencias objetivas en las características físicas de los bienes, los oferentes, a través de la *publicidad*, intentan generar diferencias subjetivas que amplíen y potencien en el mercado la heterogeneidad de los productos.

Política de marcas

En los mercados de competencia monopolística, aunque existen muchos vendedores, cada uno de ellos es capaz de diferenciar su producto del fabricado por sus competidores, de forma que actúa de hecho como monopolista de una *marca* determinada y, por tanto, se enfren-

Nota complementaria 10.5

LAS MARCAS COMO ESTRATEGIA Y EL FRAUDE COMO PELIGRO

En los mercados de competencia monopolística las empresas prestan una especial atención a las estrategias tendentes a crear una imagen de marca que capte la fidelidad de los consumidores. Para eso, además de cuidar el diseño y la calidad de los productos, las empresas llevan a cabo una importante campaña de publicidad que potencia en el mercado la heterogeneidad de los productos.

Lógicamente, los fraudes que algunas empresas, desde la economía «sumergida», originan, utilizando indebidamente determinadas marcas y falsificando los productos, suponen pérdidas cuantitativas. En particular, en España, la Asociación Nacional para la Defensa de la Marca (ANDEMA) ha estimado que los fraudes en las marcas estudiadas representan para las empresas afectadas unas pérdidas por valor de unos 3.000 millones de dólares.

ta a una curva de demanda con inclinación negativa. El mercado de licores o de electrodomésticos son ejemplos de competencia monopolística. En estos mercados la publicidad juega un papel muy importante tratando de mantener y crear diferencias entre los productos, y absorber la clientela. Se habla también de mercado de clientelas, entendiendo por tal un conjunto de mercancías que satisfacen un mismo tipo de necesidad, pero diferenciadamente. El que los productores sean muchos dificulta enormemente la realización de acuerdos entre ellos para controlar el mercado e impedir la entrada de nuevos competidores. Al ser las empresas pequeñas, éstas ignoran los efectos de sus acciones sobre otras empresas. Por estas razones, supondremos la existencia de libre entrada y salida de empresas en una industria (o mercado) de competencia monopolística. De hecho, en este tipo de mercados es conveniente sustituir el concepto de industria por el de grupo de empresas. Dicho grupo oferta al mercado una serie de productos diferenciados pero altamente sustitutivos entre sí.

La determinación de la situación de equilibrio

Cada empresa determinará la cantidad de producto que maximiza sus beneficios allí donde el ingreso marginal iguale al costo marginal. En la Figura 10.4*a* la cantidad y precio de equilibrio son P_e y q_e.

Como puede inferirse del análisis gráfico, cada oferente trata de comportarse como un monopolista y por ello intenta a corto plazo colocar en su mercado una cantidad de producto tal que el costo marginal de su producción sea igual a su ingreso marginal. En cualquier caso, la parte del mercado que puede atender depende del número de competidores dentro del grupo, y la evolución de sus ventas

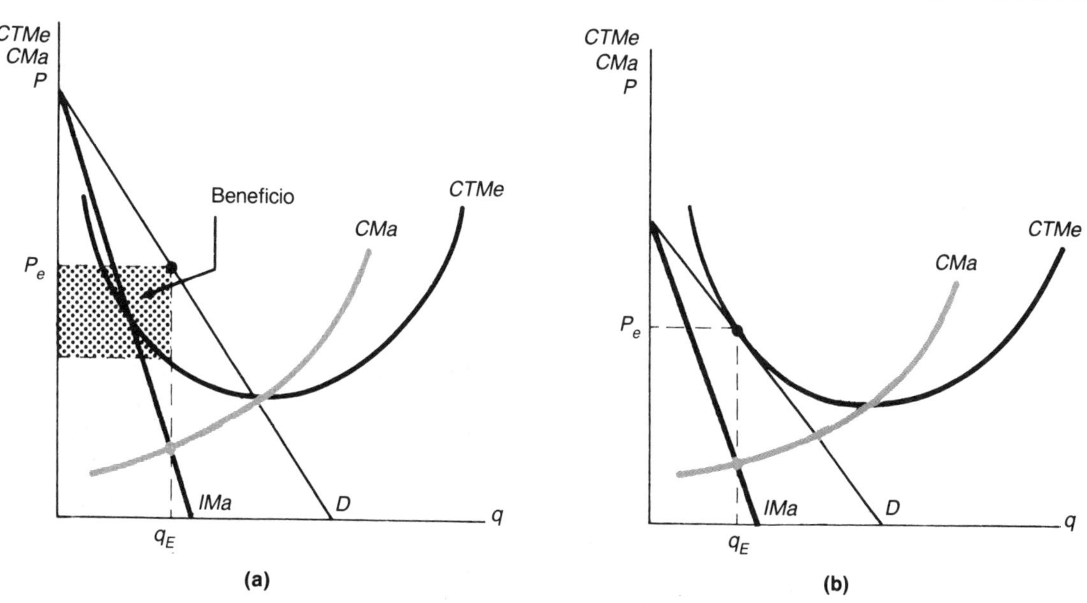

Figura 10.4. Equilibrio a corto y largo plazo en el mercado de competencia monopolística.

Si a corto plazo (Figura 10.4*a*) un competidor monopolista obtiene beneficios, ello supondrá la entrada de nuevos competidores, contrayéndose la curva de demanda hasta eliminar el beneficio. Cuando todas las empresas alcanzan esta situación el mercado está en equilibrio a largo plazo (Figura 10.4*b*).

e ingresos marginales estará en función del comportamiento de sus competidores más próximos.

Debe señalarse que la curva de demanda individual es la percibida por el oferente, bajo el supuesto de que sus competidores del grupo no reaccionen. Asimismo, el oferente puede decidirse a bajar su precio considerando que su demanda se ampliará, en detrimento de sus competidores. Esta suposición es, sin embargo, incierta, ya que lo más probable es que todos los miembros del grupo también se decidan a reducir los precios.

Si se obtienen beneficios extraordinarios, entrarán nuevos competidores que absorberán una parte del mercado (de la demanda) existente. Gráficamente, la curva de demanda que cada empresario puede controlar estará ahora más a la izquierda reflejando la disminución de compradores como consecuencia de la entrada de nuevos competidores. Pero la disminución de la demanda hace que se reduzcan el precio y el beneficio. Dejarán de entrar nuevos empresarios cuando los beneficios extraordinarios hayan desaparecido. Esta situación sólo se produce cuando la curva de demanda de cada empresario es tangente a su correspondiente curva de costos medios. Así pues, la libre entrada de empresas competidoras hace que desaparezcan los beneficios extraordinarios a largo plazo (Figura 10.4*b*).

En el equilibrio a largo plazo de un mercado de competencia monopolística la cantidad producida es inferior a la que corresponde al mínimo de los costos. Este hecho implica que se está produciendo una cantidad inferior a la que sería posible obtener de forma eficiente con las instalaciones disponibles (esto es, aprovechando todas las economías de escala y produciendo en el mínimo del costo medio). Este resultado se debe a que la curva de demanda a que se enfrenta cada productor es decreciente por el hecho de monopolizar su marca, y se conoce en la literatura económica como el *teorema del exceso de capacidad.* El despilfarro de recursos que supone este exceso de capacidad se interpreta como el «costo» de producir productos diferenciados.

RESUMEN

- Un *oligopolio* de oferta se caracteriza porque la demanda está atendida por unos pocos oferentes. El caso extremo del oligopolio es aquel en el que existen dos productores y se denomina *duopolio.* Una de las características de este tipo de mercado es la capacidad que el empresario tiene de influir sobre las decisiones de sus competidores con sus propias acciones y de ser influenciado por las decisiones de sus rivales. Un ejemplo clásico de esta posibilidad son las guerras de precios.

- Los compradores de un oligopolista se comportan de acuerdo con una función de demanda decreciente. El equilibrio del oligopolista se determina por la regla $IMa = CMa$, si bien, debido a la interdependencia mutua, el empresario oligopolista no posee una función de demanda estable.

- Una solución del oligopolio tiene carácter *colusivo* cuando todos los rivales, de forma explícita o tácita, establecen acuerdos que les permitan tener información sobre el comportamiento o reacción de los demás ante una decisión que se tome en el mercado. Dentro de este tipo de soluciones las más características son el *cartel* (grupo de empresas que trata de limitar la acción de las fuerzas de la competencia para acordar un precio común y/o alcanzar una maximización conjunta de los beneficios) y el *liderazgo de precios* (sistema de fijación de precios por el que se sigue a aquella empresa que se considera líder o representativa).

- Las soluciones no colusivas implican que los distintos rivales no disponen de información sobre el comportamiento y reacción de sus competidores ante cualquier solución que se tome. Alternativamente, los oligopolistas, en un intento de reducir la incertidumbre, procuran reducir la frecuencia de las variaciones de los precios generándose la denominada *curva de demanda quebrada,* motivada porque las empresas rivales siguen las reducciones en los precios pero no las subidas.

- La *competencia monopolística* surge cuando existen muchos vendedores pero cada uno de ellos es capaz de diferenciar su producto del fabricado por sus competidores, actuando de hecho como monopolista de una marca, y se enfrenta a una curva de demanda con inclinación negativa. En consecuencia, en el equilibrio a largo plazo en un mercado de competencia monopolística la cantidad producida es inferior a la que corresponde al mínimo de los costos medios. Este resultado se conoce como teorema del exceso de capacidad.

CONCEPTOS BASICOS

— Oligopolio de oferta y de demanda.
— Oligopolio homogéneo y diferenciado.
— Duopolio.
— Colusión.
— ***Cartel.***
— Maximización conjunta de los beneficios.
— Reparto del mercado.
— Precio uniforme.
— Liderazgo de precios.
— Empresa barométrica.
— Duopolio asimétrico.
— La curva de demanda quebrada.
— Competencia monopolística.
— Grupo de empresas.
— Teorema del exceso de capacidad.

TEMAS DE DISCUSION

1. Comente la siguiente afirmación: «Aunque la solución mejor para los integrantes de la industria oligopolística es el *cartel,* su problema es mantenerlo».

2. Si hay únicamente tres empresas en una industria, ¿por qué lo más conveniente para los productores sería establecer un acuerdo colusivo? ¿En qué sentido se verían afectados los consumidores?

3. Suponga que en una industria integrada por cuatro empresas una de ellas decide violar el acuerdo que mantenían en materia de precios y reduce sus precios de venta. ¿Cómo espera que reaccionen las otras? ¿Cómo podría terminar el proceso?

4. Comente la siguiente afirmación: «Resulta evidente que la idea de pugna es un aspecto vital del problema del oligopolio. Y, sin embargo, hasta ahora siempre hemos hablado de una tendencia hacia precios rígidos como característica de la situación de este tipo de mercado».

5. ¿Puede citar algunos ejemplos de rigidez en los precios de un mercado oligopolístico?

6. Si el funcionamiento de una industria oligopolística tiene elementos de una partida de póquer, ¿quiere esto decir que es imposible teorizar sobre los rasgos característicos del funcionamiento de la industria?

7. ¿Qué entiende usted por exceso de capacidad en un mercado de competencia monopolística? ¿Es en el único mercado en el que aparece?

8. Si las empresas integrantes de un mercado de competencia monopolística tienen un «poco» de poder monopolístico, ¿por qué no siempre se pueden asegurar una cuantía, aunque mínima, de beneficios?

9. Comente la siguiente afirmación: «El funcionamiento de las empresas en un mercado de competencia monopolística no es satisfactorio para los productores, ya que siempre están luchando para mantener sus beneficios, ni para los consumidores, que siempre se quejan de su ineficiencia».

10. ¿Qué ventajas e inconvenientes cree usted que tiene, para una sociedad de mercado, la publicidad?

PARTE IV

Críticas al modelo neoclásico y fallas del mercado

CAPITULO **11**

Críticas a la teoría neoclásica de la empresa: algunos modelos alternativos

INTRODUCCION

El presente capítulo es el primero del bloque temático dedicado a presentar algunos desarrollos críticos respecto al análisis neoclásico de la empresa que hemos estudiado en los Capítulos 7 a 10 (véase Capítulo 29). En él se presenta una visión de las teorías alternativas de la empresa, mientras que el enfoque del capítulo siguiente es notablemente más amplio, ya que se centra en el análisis del equilibrio competitivo y de las fallas del mercado.

A pesar de la amplia difusión del modelo neoclásico de la empresa, se han formulado numerosas críticas al mismo. Así, se ha rechazado el tipo de empresa implicado en el análisis marginalista neoclásico, por lo alejado del modelo de la empresa observado en el mundo real, y se han atacado sus puntos de partida. Se ha señalado que el empresario actúa de forma muy diferente a la supuesta en el modelo marginalista, tanto porque los elementos que tiene en cuenta son distintos a los conceptos empleados en el modelo neoclásico, como porque el medio ambiente en que se desenvuelve el empresario es diferente del supuesto por el análisis marginal. Estas discrepancias se derivan, entre otras razones, de la falta de información sobre buena parte de los factores clave que inciden en su comportamiento, y por la incertidumbre que acompaña a la mayoría de sus decisiones.

En este capítulo se analizan algunos de los desarrollos más significativos de lo que se suele denominar teorías alternativas de la empresa. El último apartado tiene un carácter híbrido entre la teoría del costo medio y la teoría del oligopolio, y en él se analizan las políticas de precios que tratan de prevenir la entrada en la industria de empresas rivales.

1. CRITICAS AL MODELO NEOCLASICO DE LA EMPRESA

Algunas críticas al modelo neoclásico de la empresa han señalado la imposibilidad práctica de estimar las curvas de demanda y de costos. De acuerdo con estos desarrollos los determinantes de las curvas de demanda y de costos se ven alterados con mucha frecuencia, ya que el empresario se mueve en un mundo que está en continuo cambio, y esto genera incertidumbre.

Por otro lado, se defiende que la complejidad de la problemática real de la empresa es muy acusada, ya que no sólo hay que tomar decisiones sobre el precio y sobre la producción, sino también sobre variables tales como la publicidad y el grado de diversificación de productos. Bajo las circunstancias citadas, y según estos autores, resulta prácticamente imposible conocer la forma de las curvas de demanda y de costos de la empresa.

■ Los supuestos de partida

Por otro lado, se argumenta que el empresario no fija el precio siguiendo las reglas marginalistas, esto es, el principio de $IMa = CMa$, sino criterios alternativos de carácter más pragmático. Asimismo, se postula que la empresa no tiene como objetivo único maximizar los beneficios, sino que pretende alcanzar una diversidad de objetivos, y ello se debe en buena medida a la separación entre propietarios de la empresa y directivos. Se señala que el modelo sencillo del empresario-propietario maximizador de beneficios ya no es válido. Las empresas actuales en su mayoría adoptan la forma de sociedad anónima, con lo que se produce una separación entre propietarios y gerentes. Esta separación tiene serias consecuencias sobre los objetivos de las empresas, ya que los accionistas-propietarios tienen un escaso control sobre los gerentes. Basándose en este hecho se han desarrollado las teorías del comportamiento empresarial que analizaremos más adelante.

■ La forma de las curvas de costos

Los ataques contra la teoría neoclásica también se han referido a la forma concreta de las curvas de costos de las empresas. Se ha señalado que éstas no tienen forma de «U», con un único punto mínimo, sino que tienen un tramo plano en cuya extensión $CMa = CVMe$ y ambos son constantes, de forma que la producción de equilibrio de la empresa resultará indeterminada. Según esta hipótesis, la empresa cuenta con una cierta flexibilidad en su capacidad productiva que permite alterar el volumen de producción, manteniendo constante el costo medio variable. La empresa decide el tamaño de los factores fijos en función del nivel de producción que el empresario cree que va a vender y elige el tamaño de la planta que le permite obtener ese volumen de producción del modo más eficiente posible y con la máxima flexibilidad. La planta elegida tendrá una capacidad productiva algo mayor que el nivel esperado de ventas, pues el empresario prefiere mantener alguna capacidad productiva en reserva. Así, al analizar el gráfico de las distintas funciones de costos medios totales, de costos medios variables y costos marginales, se comprueba que la empresa puede producir cualquier volumen de producción entre q_1 y q_2 sin que se alteren los *CVMe* (Figura 11.1). A este tramo se le denomina *reserva de capacidad*. La curva de *CTMe* es decreciente incluso en el tramo de reserva de capacidad, ya que los costos medios fijos son siempre decrecientes.

La respuesta de los neoclásicos

La defensa de la postura neoclásica ante estas críticas se puede resumir en los párrafos siguientes.

■ La defensa del principio $IMa = CMa$

En cuanto a la crítica a la teoría neoclásica por aplicar la regla $IMa = CMa$, se ha argumentado que lo importante en el modelo neoclásico es la construcción lógica empleada para analizar las consecuencias de determinados modelos de comportamiento. En este sentido se ha señalado que la regla $IMa = CMa$ es sólo una expresión económica de las condiciones de maximización de la función de beneficios. Lo importante de los modelos o construcciones lógicas empleados es la capacidad de generar predicciones contrastables de los acontecimientos frente a variaciones en las circunstancias. No son ni pretenden ser una descripción real de cómo toman sus decisiones los empresarios.

Nota complementaria 11.1

LAS MAYORES EMPRESAS ARGENTINAS

Las nuevas teorías de la empresa tratan de explicar el comportamiento de las grandes empresas que desarrollan su actividad en los mercados oligopolísticos. A las empresas contenidas en el cuadro adjunto son a las que en principio mejor se les deberían de ajustar las teorías contenidas en el presente capítulo.

RANKING DE LAS VEINTE EMPRESAS ARGENTINAS MAS IMPORTANTES EN 1991
(En millones de pesos)

Número	Empresa	Ventas
1	YPF	5.444,1
2	Gas de Estado	1.635,4
3	Shell	1.291,1
4	Telefónica de Argentina	1.112,2
5	Esso	1.048,2
6	Segba	1.039,7
7	Massalin-Particulares	953,8
8	Nobleza-Picardo	947,9
9	Lotería Nacional	942,1
10	Telecom	871,1
11	Agua y Energía	717,1
12	Cargill	679,4
13	Autolatina	641,8
14	Sevel	620,5
15	Somisa	607,5
16	Renault	584,2
17	IBM	477,9
18	Mastellone Hnos.	472,6
19	Aerolíneas Argentinas	455,4
20	Siderca	454,5

FUENTE: *Mercado*, julio de 1992.

■ El divorcio entre accionistas y gerentes

Por lo que respecta al divorcio entre propietarios, accionistas y gerentes, se señala que carece de relevancia teórica, pues en última instancia los objetivos de los propietarios y los directivos tienden a coincidir en la maximización de beneficios. Como defensa de este argumento se señala, en primer lugar, que la propia formación profesional de los directivos los lleva a actuar como si fueran propietarios y, en segundo lugar, que si la actuación de los directivos se apartara de hecho de la maximización de beneficios, la cotización en el mercado de las acciones de la sociedad en cuestión se resentiría al reducirse los dividendos, hasta tal punto que los directivos se verían obligados a corregir su conducta.

También se ha argumentado que el hecho de que las curvas de costos de la empresa adopten

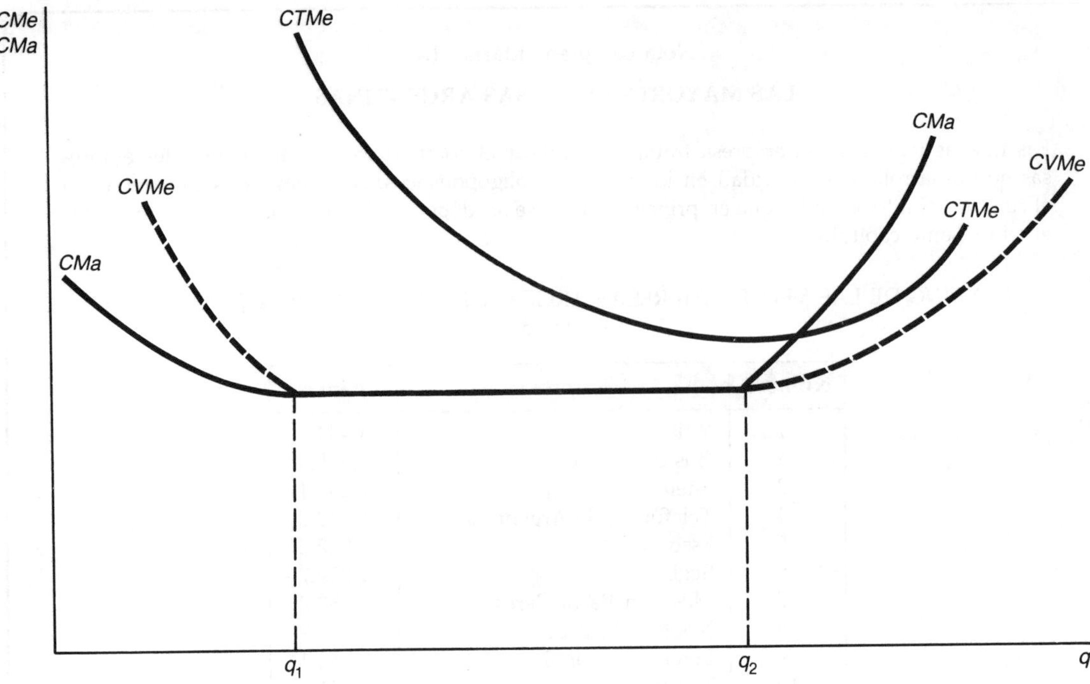

Figura 11.1. Curvas de costos con un tramo horizontal.

Cuando la empresa puede producir cualquier volumen de producción entre q_1 y q_2 sin que se alteren los *CVMe,* la representación de las curvas de costos es la contenida en este gráfico. Al tramo q_1-q_2 se le denomina *reserva de capacidad.*

la forma recogida en la Figura 11.1 no es incompatible con la determinación de un volumen de producción que proporcione a la empresa los beneficios máximos. En términos gráficos, si la curva de demanda tiene pendiente negativa, la curva de *IMa* también la tendrá, de forma que necesariamente cortará, la curva de oferta horizontal en algún nivel de producción para el cual *IMa* = *CMa.*

2. FIJACION DE PRECIOS MEDIANTE EL CRITERIO DEL COSTO MEDIO

Los defensores de la hipótesis del costo medio señalan que debido a la incertidumbre, a la falta de información, a los continuos cambios en el mercado y a la acción de los competidores, las empresas no pueden estimar su curva de demanda, por lo que deciden abandonarla como instrumento de análisis para determinar el precio. Algo similar ocurre con la curva de costos a largo plazo, pues los cambios tecnológicos y las alteraciones en los precios de los factores hacen prácticamente imposible su estimación empírica. Ante esta situación, una alternativa consiste en suponer que la empresa toma sus decisiones de acuerdo con su costo medio a corto plazo.

- **El criterio de fijación de precios según el costo medio mantiene que, para determinar el precio que los empresarios fijarán para sus productos, lo adecuado es estimar los distintos elementos que integran el costo.**

En particular se supone que dicho costo tiene tres componentes: costos directos, costos comunes o indirectos, y un margen de beneficio.

1. *Costos directos:* Reflejan los costos separables por unidad de producto. Estos costos se supone que varían proporcionalmente con el nivel de producción, de forma que su valor unitario es el mismo, cualquiera que sea el volumen de producción.

2. *Costos comunes o indirectos:* Si la empresa produce más de un producto, tiene que asignar entre los diversos productos los costos «comunes», es decir, los costos ocasionados en la producción de más de un producto. Así, los costos del equipo empleado para elaborar varios productos diferentes tienen que asignarse entre los productos basándose en criterios tales como máquina-hora. Los costos indirectos del trabajo se asignan a menudo basándose en las horas de costo unitario directo del trabajo de los diversos productos.

Cuando se trata de empresas que producen un único producto, este segundo componente se determina dividiendo el total de los costos fijos por el nivel de producto planeado o normal. Este producto es el que la empresa espera producir y vender bajo una utilización normal de su planta.

3. *Margen de beneficio neto o mark-up:* Con este margen se deben cubrir los costos comunes no asignados concretamente y se tiene que obtener un rendimiento sobre la inversión. Este margen se establece de acuerdo con la experiencia y se hará de forma que el rendimiento resultante del capital sea «satisfactorio».

La aplicación práctica de este criterio, para el caso de una empresa que produce un único producto, es bastante simple. Los costos directos se pueden determinar a partir de la curva de costos medios variables. Estos costos se originan, básicamente, por el empleo de trabajo y materias primas. Si además suponemos que los costos son constantes durante un tramo y que existe un «límite de capacidad» a partir del cual los costos comienzan a crecer más que proporcionalmente, las curvas de costos bajo estudio serán las recogidas en la Figura 11.2.

El segundo componente se determina dividiendo el total de los costos fijos por el nivel de producción planeado (q^*), es decir, el producto que la empresa espera producir y vender bajo una utilización normal de su planta. Esta utilización normal se suele cifrar entre 2/3 o 3/4 del total.

El margen neto de beneficios por unidad (*MN*) ya hemos señalado que es un porcentaje que se establece de forma que los beneficios sean «satisfactorios». En definitiva, pues, el precio lo podríamos expresar como sigue:

$$\textbf{Precio} = \begin{matrix}\textbf{Costos}\\\textbf{directos}\\\textbf{por}\\\textbf{unidad}\end{matrix} + \begin{matrix}\textbf{Costos}\\\textbf{comunes}\\\textbf{por}\\\textbf{unidad}\end{matrix} + \begin{matrix}\textbf{Margen}\\\textbf{neto}\\\textbf{por}\\\textbf{unidad}\end{matrix}$$

Haciendo equivaler los costos directos por unidad con el *CVMe* y los costos comunes por unidad con *CFMe*, la anterior expresión podemos reescribirla como sigue:

$$P^* = CVMe + CFMe + MN$$

Para expresar gráficamente este criterio de fijación de precios es conveniente agrupar los dos últimos componentes de la expresión y referirnos al margen bruto de beneficios (*MB*), de forma que el precio resultante (P^*) coincida exactamente con el *CTMe* al nivel de producción normal o planeado q^* (Figura 11.3).

$$\textbf{Precio} = \begin{matrix}\textbf{Costos}\\\textbf{directos}\\\textbf{por unidad}\end{matrix} + \begin{matrix}\textbf{Margen}\\\textbf{bruto}\\\textbf{por unidad}\end{matrix}$$

De nuevo el precio podemos escribirlo de forma abreviada empleando la notación siguiente:

$$P^* = CVMe + MB$$

La justificación del criterio

Como ya se ha apuntado, para justificar este mecanismo de determinación del precio cabe argumentar que los oferentes fijan un precio que sea suficiente para hacer frente a sus costos variables y fijos medios y que, además, les

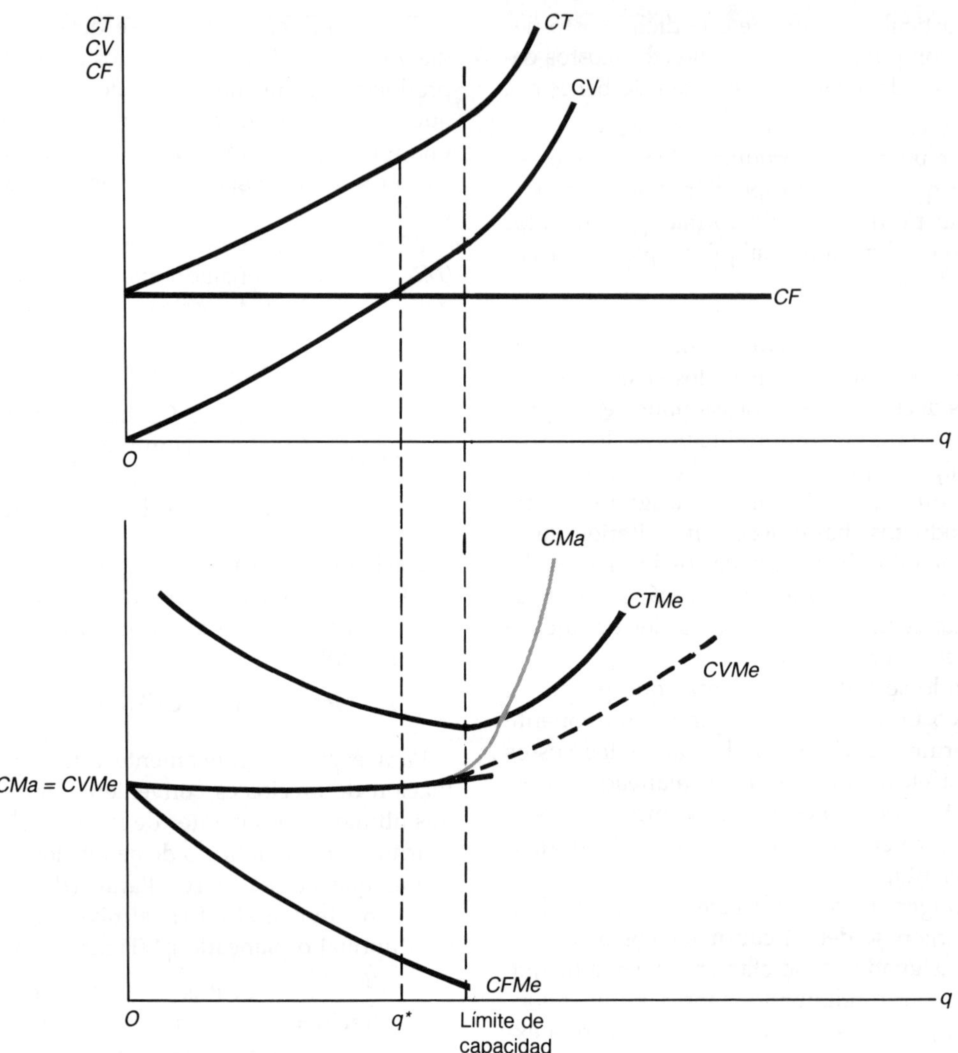

Figura 11.2. Las curvas de costos y el límite de capacidad.

Esta es la representación gráfica de las curvas de costos totales y costos medios cuando se supone que estamos en el caso de costos constantes a escala y que existe un «límite de capacidad» a partir del cual los costos comienzan a crecer.

permita obtener un cierto beneficio considerado como «normal». Este comportamiento se puede justificar por el desconocimiento efectivo por parte de los oferentes de sus curvas de demanda y de sus ingresos y costos marginales. En estas condiciones la preocupación fundamental del empresario no se orienta hacia el conocimiento de los citados instrumentos, sino hacia el establecimiento de un precio «adecuado» que le permita obtener a corto plazo un beneficio «razonable», siempre y cuando logre vender una parte de su oferta potencial que le

Nota complementaria 11.2

LA LUCHA POR EL CONTROL DE LA EMPRESA

En el texto se señala que frecuentemente surgen divergencias entre los intereses de los gerentes de las empresas y los propietarios de las acciones. Los gerentes son los que de hecho controlan las empresas y esto les lleva a que suelan olvidarse de los intereses de los propietarios.

Cuando las acciones están muy repartidas entre miles de accionistas les resulta fácil a los gerentes superponer sus propios objetivos a los intereses de los propietarios. Resulta, sin embargo, que cuando las participaciones de muchos accionistas se gestionan de forma centralizada, las cosas cambian y la lucha por el control de la empresa adquiere nueva vigencia. Tal como se infiere del análisis de los gráficos adjuntos, esto es lo que está ocurriendo en la mayoría de los países debido a la importancia creciente de los fondos de pensiones.

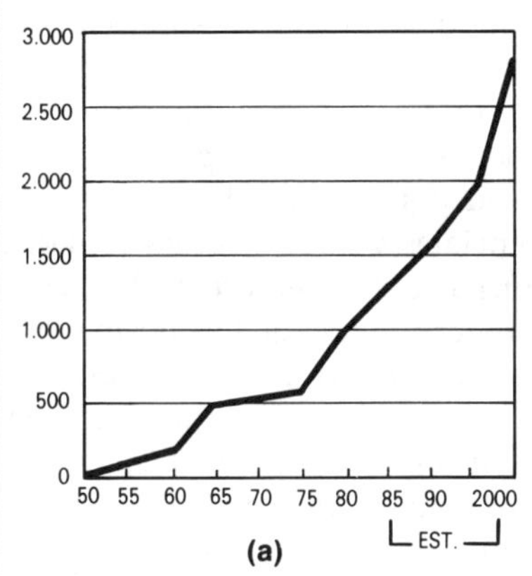

(a)

Activos en poder de los fondos de pensiones (*)

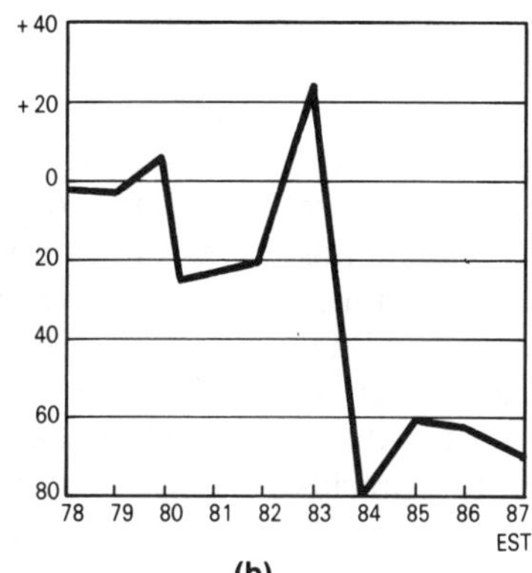

(b)

Emisión neta de acciones por parte de las empresas (*)

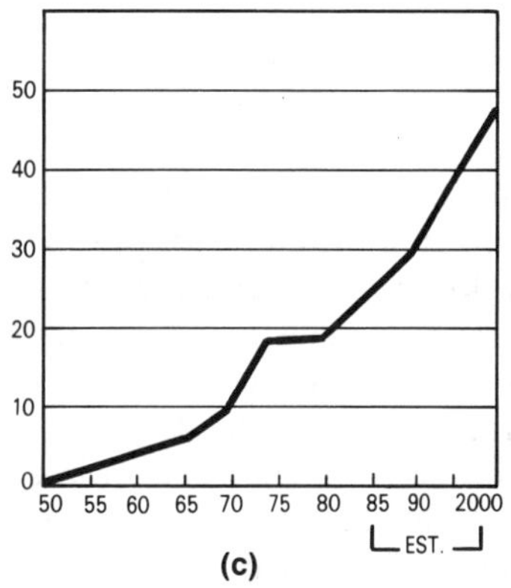

(c)

Porcentaje de participación de los fondos de pensiones en el total de acciones de las empresas más representativas de los EE. UU. (*).

(*) Datos en billones de dólares.

FUENTE: *Federal Reserve Board.*

posibilite una utilización «normal» de la capacidad productiva instalada.

Las decisiones de la empresa y los costos medios a corto

Por otro lado, debe señalarse que, si bien al fijar el precio siguiendo el criterio de costo medio implícitamente se supone que el objetivo de la empresa es la maximización de beneficios a largo plazo, la estimación de los costos a largo plazo está sometida a una incertidumbre similar a la de la curva de demanda. Por ello, la toma de decisiones se basa en los costos medios a corto plazo, que es la información más fiable de que dispone el oferente. Como se reflejó en la Figura 11.1, se suele aceptar también que los costos variables medios a corto plazo son decrecientes hasta un cierto volumen de producción a partir del cual permanecen constantes para variaciones relativamente amplias del nivel de producción. De este modo, las curvas de costos variables incorporan una cierta capacidad de reserva, que permite una elevada flexibilidad y capacidad de adaptación ante variaciones de la demanda o acontecimientos imprevistos en el precio de producción.

El criterio del costo medio y la rigidez de los precios

Además, se suele apelar a este tipo de fijación de los precios para explicar un hecho empíricamente observado, esto es, la rigidez de los precios. Los resultados de la observación empírica parecen indicar que los precios cambian menos de lo que se podría esperar si se empleara la regla marginalista de fijación de precios. Si tiene lugar una alteración en los costos, en la práctica, la empresa tratará de absorber dicha modificación sin repercutirla en los precios mediante alteraciones en el margen de beneficios, en la calidad de las materias empleadas o en la cantidad de las mismas, pues no conoce con exactitud cuál será la reacción del mercado ante una modificación en la demanda. A corto plazo las empresas preferirán no alterar sus precios por miedo a perder clientela ante la conducta desconocida de sus rivales. En definitiva, pues, en la práctica observaremos que los precios son relativamente rígidos y que, ante una alteración en los costos o en la demanda, los distintos componentes del precio se modificarán para evitar que dichas alteraciones se plasmen en cambios en el precio de venta.

La variabilidad del margen

Debemos señalar que el margen establecido no es una cantidad fija. En la práctica este precio (P^*) puede que no sea el que se fije de hecho. Las desviaciones respecto a este precio normal o deseado se pueden deber a la amenaza de entrantes potenciales y a las medidas tomadas al respecto por parte de la empresa. Así, si estamos en un mercado en el que es posible evitar la entrada de nuevos competidores, esto implicará la posibilidad de fijar un precio por encima de P^*, tal como P' (Figura 11.3). En este caso, la empresa obtendrá beneficios extraordinarios debido al poder derivado de limitar la entrada de competidores. Alternativamente cabe pensar en un mercado en el que la empresa fije sus precios bajo la presión de la entrada

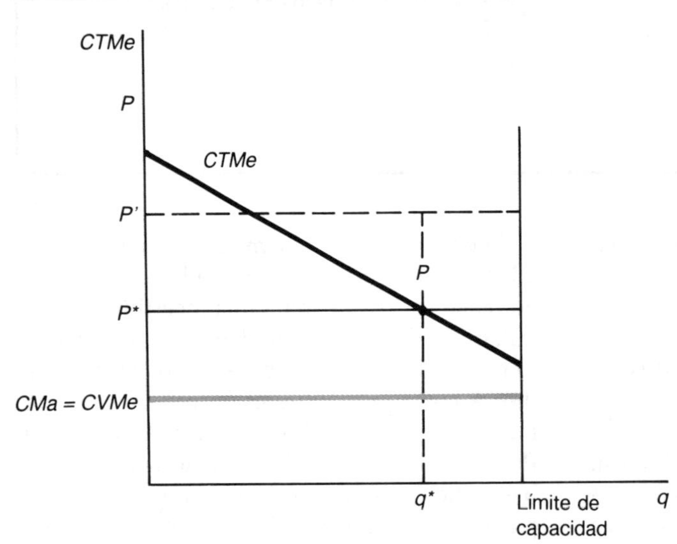

Figura 11.3. La fijación del precio según el costo medio.

El precio normal, P^*, se expresa como la suma del *CVMe* y el margen bruto de beneficio, y coincidirá con el *CTMe*.

de nuevos competidores. En este supuesto, es posible que para desalentar la entrada de estos competidores potenciales, se fije un precio por debajo de P^*. En este caso, la empresa preferirá incurrir, a corto plazo, en un cierto nivel de pérdidas con objeto de alejar de su mercado a nuevos competidores.

3. TEORIAS DEL COMPORTAMIENTO EMPRESARIAL

Como se ha señalado en el primer apartado de este capítulo, la crítica fundamental a la teoría neoclásica se puede concretar en los puntos siguientes: la falta de realismo de sus supuestos y el exceso de simplificación en que incurre. Esta crítica se ha desarrollado básicamente en dos ámbitos: por un lado, se ha afirmado que la empresa no busca el máximo beneficio, sino que dirige su actuación hacia otros objetivos y, por otro, que el número de variables consideradas es muy reducido, omitiéndose algunas claves básicas para entender el comportamiento empresarial. La motivación central de estas críticas reside en el deseo de obtener una visión más realista y completa del comportamiento de la empresa. Aunque lamentablemente no existe ninguna teoría explicativa del comportamiento empresarial que sea a la vez manejable y realista, en este apartado se presentan una serie de teorías sobre el comportamiento de la empresa: unas dentro del bloque de las denominadas teorías económicas, y otras en el grupo de las teorías de la organización de la empresa.

Las teorías económicas están basadas en variables susceptibles de formulación analítica sencilla. Dentro de este bloque de teorías vamos a presentar dos casos concretos: el modelo de maximización de ventas de Baumol (*) y el modelo empirista de la empresa.

(*) Economista norteamericano que ha publicado numerosos trabajos sobre el análisis microeconómico y sobre la teoría de la empresa.

El modelo de Baumol de maximización de ventas

El modelo de Baumol mantiene que los gerentes están más preocupados por las ventas que por la maximización de los beneficios. En defensa de esta hipótesis se pueden señalar las siguientes razones: en primer lugar, que la evidencia parece sugerir que los salarios y otras ganancias de los gerentes están más relacionadas con las ventas o volumen de facturación que con los beneficios; en segundo lugar, que los bancos y otras instituciones financieras prestan atención a las ventas y a su crecimiento a la hora de conceder créditos y, en tercer lugar, que los gerentes prefieren una conducta estable, con beneficios «satisfactorios», en vez de proyectos que supongan beneficios espectaculares.

El deseo de un comportamiento estable con niveles de beneficios satisfactorios, unido a la separación entre propiedad y dirección, tiende a convertir a los gerentes en enemigos de proyectos que comporten riesgo. Aun cuando esto puede actuar como un freno para el crecimiento, el deseo de adoptar un comportamiento seguro puede tener efectos estabilizadores sobre la actividad económica. Esto se debe a que las grandes empresas tienen departamentos de investigación que desarrollan nuevas ideas sobre productos o técnicas de producción, que se llevan a cabo a lo largo del tiempo haciendo más suave el perfil temporal de la actividad de la empresa.

■ La interdependencia entre las empresas

El modelo de Baumol se refiere a mercados oligopolistas y, por tanto, reconoce la interdependencia entre las empresas. Baumol, sin embargo, argumenta que, por lo general, en las decisiones ordinarias los gerentes actúan como si sus decisiones no afectasen a la conducta de sus competidores. Y lo que es más, incluso en los casos de decisiones cruciales, la atención prestada a las reacciones de los competidores suele ser muy reducida.

Esta actitud, según Baumol, puede explicarse

por la complejidad de la organización interna de las grandes empresas, que en la toma de decisiones conlleva un proceso lento de forma que cualquier posible reacción ante la conducta de los competidores está condenada a tomarse con un considerable desfase. Asimismo, este tipo de empresas suele utilizar reglas prácticas que simplifican los problemas, como la fijación del precio o la elección del volumen idóneo de publicidad, y en las que no tiene cabida el cómputo de las reacciones de los competidores.

Sin embargo, esto no implica que los gerentes sean indiferentes a la acción de los competidores, sino que, por el contrario, suelen estar muy al tanto de sus porcentajes de participación en el mercado y sólo los ignoran en la medida en que con sus iniciativas no usurpen el mercado de su empresa y no interfieran en su tasa deseada de crecimiento de las ventas.

El hecho de que los gerentes o ejecutivos de la empresa valoren como indicador de su éxito la expansión de las ventas refleja implícitamente el convencimiento de que la expansión de la empresa ha de interpretarse como un aumento de la capacidad futura para obtener beneficios y mantener la solvencia financiera.

■ El objetivo de la empresa

En el modelo de Baumol y bajo el supuesto de que se produce un único producto, la empresa

Nota complementaria 11.3

BENEFICIOS Y VENTAS DE LAS GRANDES EMPRESAS

La teoría neoclásica establece como objetivo de la empresa la maximización de los beneficios, mientras que del modelo de Baumol se deduce que las grandes empresas están más preocupadas por el volumen de las ventas que por los beneficios. A título ilustrativo se ofrece información sobre ambas magnitudes para las diez mayores empresas privadas argentinas.

VENTAS Y RESULTADOS DE LAS DIEZ MAYORES EMPRESAS PRIVADAS ARGENTINAS EN 1991

Número	Empresa	Ventas (*)	Resultado (*)
1	Shell	1.291,1	8,1
2	Telefónica de Argentina	1.112,2	116,1
3	Esso	1.048,2	−77,9
4	Massalin-Particulares	953,8	3,6
5	Nobleza-Picardo	947,9	4,1
6	Telecom	871,1	52,8
7	Cargill	679,4	−21,1
8	Autolatina	641,8	−18,9
9	Sevel	620,5	s/d
10	Renault	584,2	−74,1

s/d: Sin datos.
* En millones de pesos.

FUENTE: *Mercado*, julio de 1992.

trata de maximizar los ingresos totales resultantes de las ventas, siempre que se alcance un nivel mínimo aceptable de beneficios. Este nivel de beneficio mínimo se determina exógenamente por las demandas y expectativas de los accionistas, de los bancos y demás instituciones financieras, y de forma que permita la retención de las cantidades necesarias para invertir en fines de expansión.

Los ingresos totales serán máximos, o no, dependiendo del nivel mínimo de beneficios exigidos, pues éste actúa como una restricción. El nivel mínimo aceptable se puede establecer de diversas maneras: como proporción de las ventas, como tasa de rentabilidad de la inversión, como una proporción sobre los costos o como un nivel prefijado.

- **En el modelo de Baumol la empresa selecciona primero los niveles de ventas que igualan o superan el beneficio mínimo y entre ellos elige el que proporciona mayores ingresos.**

La comparación de los resultados que se obtendrían según que la empresa tratase de maximizar el beneficio o las ventas sujetas a unos beneficios mínimos se puede realizar gráficamente (Figura 11.4) representando las funciones de costos totales, *CT*, ingresos totales, *IT*, y beneficios, *B*, todas ellas dependiendo del nivel de producción, q.

Si la empresa fuese una simple maximizadora de beneficios, el producto sería q_{BM}, pero la empresa de Baumol lo que trata de maximizar son las ventas sometidas a la restricción impuesta por un beneficio mínimo. Si procede a maximizar las ventas, y suponiendo que acepta como beneficio mínimo B_R, obtendrá este beneficio produciendo q_1 y q_2, pero dado que la empresa lo que trata de maximizar son las ventas, producirá q_2. Esto es, la empresa selecciona primero las situaciones que igualan o superan el beneficio mínimo y elige de éstas la que proporcione mayores ingresos.

El modelo empirista de la empresa

Cuando se toma como hipótesis de trabajo el comportamiento real o empírico de la empresa, se supone que el objetivo básico de la misma consiste en obtener un nivel de ganancias que supere o, por lo menos, iguale al actual. Se supone, asimismo, que dada la incertidumbre del entorno, la empresa considera distintas alternativas sobre precios y cantidades, y elige

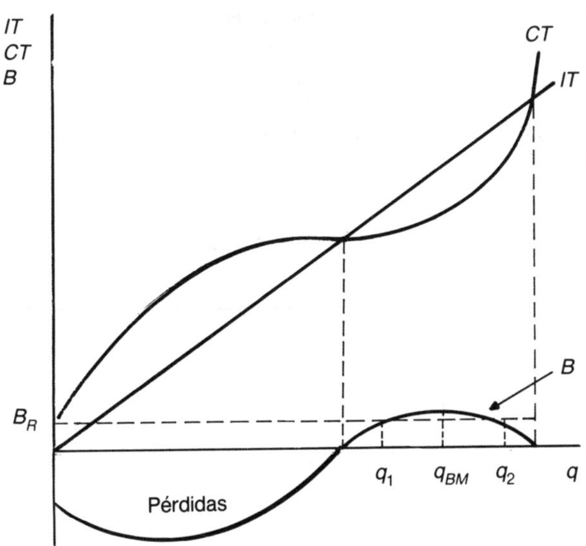

Figura 11.4. El modelo de Baumol.

En el modelo de Baumol, la empresa maximiza los ingresos derivados de las ventas (*IT*), sometida a la restricción derivada de alcanzar un beneficio mínimo, B_R. Por ello, la empresa tratará de lanzar al mercado la cantidad q_2.

Nota complementaria 11.4

NUEVAS ESTRATEGIAS EMPRESARIALES: LAS OPERACIONES DE APALANCAMIENTO DE EMPRESAS *(LEVERAGE BUY OUT)* Y LOS BONOS BASURA *(JUNK BONDS)*

La necesidad de crear sociedades con el tamaño suficiente para afrontar el reto del mercado único europeo y la nueva estrategia de globalización del mercado, y la amplia liquidez de la que disponen muchas empresas europeas tras varios años de buenos beneficios han propiciado las maniobras de fusión y adquisición de empresas al estilo norteamericano.

En este proceso un hecho novedoso ha consistido en recurrir, en gran escala, al empleo de bonos de alto riesgo o *bonos basura* (*junk bonds*) para financiar las Ofertas Públicas de Adquisición de Acciones (OPA) tendentes a hacerse con el control de una empresa. El recurso a este instrumento financiero se enmarca dentro de un contexto más amplio: el de adquisiciones de empresas con un capital que el comprador prevé garantizado por los activos y el futuro *cash flow* (véase Apéndice Capítulo 7) de la sociedad «apalancada». Genéricamente estas operaciones se conocen con el nombre de *Leverage Buy Out* (LBO) u operaciones de apalancamiento de empresas. La puesta en práctica de estas operaciones, esto es, la compra de una empresa recurriendo a un fuerte endeudamiento respaldado por los activos y los futuros beneficios de la empresa que se pretende controlar, se financia mediante la emisión de *bonos basura,* esto es, bonos con muy poca garantía y alta rentabilidad y elevado riesgo. La necesidad de obtener un rendimiento superior a veces al 40 % anual mediante el apalancamiento de los recursos de una sociedad obliga a afinar al límite las operaciones, con el consiguiente aumento en el riesgo de incumplimiento en el pago de la deuda asumida.

Dentro de las operaciones con apalancamiento, esto es, de los *Leverage Buy Out,* cabe distinguir dos variantes:

- *Apalancamiento de empresas por parte de sus directivos* o *Management Buy Out* (MBO). Este procedimiento permite a los gerentes comprar empresas, aunque no tengan liquidez para la operación.
- *Apalancamiento impulsado por el propio empresario* o *Management Buy In* (MBI). En este caso la operación de apalancamiento es impulsada por el propio empresario.

Inicialmente, las operaciones de apalancamiento estaban motivadas por la necesidad de cambiar la gestión, obtener un mayor rendimiento sobre los recursos propios y, en gran medida, para conseguir parte de las actividades de un grupo industrial objeto de la OPA. En la actualidad estos factores comienzan a ser mucho menos relevantes y en buena medida se han convertido en un instrumento para ajustar de tal modo la capacidad de endeudamiento de una empresa que se puedan apalancar sus beneficios al máximo. De esta forma se han ajustado a la tendencia que reina hoy en el ánimo del inversor-especulador: la búsqueda del mayor rendimiento posible con el consiguiente riesgo que ésta comporta. La reciente quiebra de la empresa estadounidense Drexel Burnham Lambert, introductora de los *bonos basura* (*junk bonds*), parece confirmar lo arriesgado de estas operaciones.

aquélla sobre la que posee más información y que aporta un beneficio satisfactorio.

De este modo, se introduce el concepto de «ganancia satisfactoria» para dar cabida al hecho de la incertidumbre, del desconocimiento parcial del entorno y las circunstancias futuras, que llevan al empresario a abandonar objetivos máximos y conformarse con alcanzar niveles satisfactorios de esos mismos objetivos.

• En el *modelo empirista* la empresa recurre a sus experiencias pasadas y presentes y a las convenciones comerciales, limitando así el campo donde toma las decisiones y adaptando, de manera secuencial, su presente a las aspiraciones que, para el futuro, considera satisfactorias.

Aunque los conceptos de nivel satisfactorio y aspiración son subjetivos, deben cumplir, al menos, ciertos requisitos: tienen que ser definidos para cada período de planificación de la empresa; la rentabilidad considerada satisfactoria debe garantizar, como mínimo, la existencia de la empresa y tiene que ser igual o superior a las ganancias normales del momento presente.

La pretensión de incrementar, período a período, el beneficio condicionará las estrategias de la empresa, acercándose, de este modo, al máximo beneficio posible. Pero ni es este el objetivo ni es fácil que se alcance, puesto que, prioritariamente, la empresa trata de reducir la incertidumbre y preferirá moverse en ámbitos conocidos, aunque las ganancias no sean máximas. En definitiva, según este esquema, la empresa busca aumentar sus beneficios de forma cautelosa, adaptándose a los condicionantes de su entorno.

Este comportamiento se explica por la importancia dada a la incertidumbre y, para reducir los riesgos, la empresa limita sus acciones a aquellos terrenos que, por su propia historia, son conocidos y seguros. En consecuencia, los objetivos de maximización han de rebajarse, resultando más propio hablar de niveles satisfactorios.

Teorías de la organización

Dentro de las múltiples corrientes que tratan de explicar el comportamiento empresarial, cabe destacar las basadas en el análisis del comportamiento de los distintos individuos y colectivos que integran la empresa. Este tipo de teorías son básicamente descriptivas, algo complejas y difícilmente concretables en un modelo analítico. Por lo general, se caracterizan por la abundancia de variables analizadas y por lo limitado de la abstracción que conllevan, si bien suelen ser bastante realistas.

Los modelos anteriormente considerados tratan a la empresa como una unidad cohesionada de decisión.

• Según las *teorías de la organización,* la empresa está constituida por una serie de agentes que actúan motivados por objetivos frecuentemente en conflicto.

Como ya se ha señalado, en la gran empresa se observa una disociación entre la *propiedad* —en manos de los accionistas— y los que la controlan efectivamente, el *equipo directivo.* Además, con frecuencia, el equipo directivo delega la gestión de algunas de las actividades de la empresa en unidades con poder autónomo de decisión, como son las *divisiones.*

■ Conflicto de objetivos

La delegación del poder de decisión, necesario para aprovechar las ventajas de la especialización en el trabajo y liberar a los niveles superiores de dirección del ejercicio de algunas tareas directivas, origina un conflicto potencial entre los objetivos de la entidad que delega (accionistas, Estado, etc.) y la que recibe el poder delegado (dirección general, dirección de la división, etc.). Los accionistas querrán obtener los máximos dividendos, mientras que los directivos intentarán obtener retribuciones altas o asegurar su posición. El Estado buscará en la empresa pública el instrumento para alcanzar ciertos objetivos sociales (crear empleo, cubrir algún sector estratégico de la economía, etc.), mientras que la motivación del empresario público será, presumiblemente, incrementar y asegurar su retribución o cuidar de su promoción futura.

Así pues, las teorías de la organización conciben a la empresa como una coalición de grupos con objetivos en conflicto. Los grupos principales son: los gerentes, los trabajadores, los accionistas, los clientes, los proveedores, los banqueros, etc. Cada grupo tiene sus propios objetivos o demandas.

■ La negociación como solución

Para analizar el proceso de formación de los objetivos, se supone que hay una dicotomía clara entre los miembros individuales de la empresa, por un lado, y, por otro, la «empresa» como organización. La consecuencia de esta dicotomía es un conflicto de objetivos entre los miembros individuales y la empresa como organización.

El comportamiento de la empresa se convierte en el resultado de las previsiones de grupos con poder ejecutivo y objetivos distintos. Bajo este modelo, la empresa no responde a un criterio único, sino que éste será el resultado de un proceso de negociación desarrollado en el seno de la empresa. En general, si el poder de gestión se delega sin acompañarse de los controles adecuados, podrá ser usado de modo inconsistente con los objetivos de la empresa. Si, por otro lado, tales controles son muy estrictos, se incurre en un costo que puede ser excesivo y, además, se crean problemas por falta de autonomía, autorrealización y motivación.

■ Los mecanismos de control

Por ello, la organización-empresa crea mecanismos de control e incentivación de los gestores con autonomía directiva que aminora las pérdidas por comportamientos inconsistentes con sus objetivos. Entre los elementos que contribuyen a ejercitar el control destacan:

a) El control de resultados y la auditoría interna, esto es, la investigación periódica de las actividades desarrolladas por la empresa o sus divisiones con el objetivo de identificar las desviaciones respecto al comportamiento considerado óptimo y, en su caso, penalizarlas.

b) El empleo de sistemas de incentivos, monetarios o de otro tipo, que estimulen el logro de los objetivos globales de la empresa.

c) La competencia dentro de la empresa mediante la comparación de los resultados de las distintas divisiones.

d) El aprovechamiento de la información que, en las empresas privadas, provee el mercado de capitales a través de la cotización de las acciones. Una cotización baja indica, en general, una mala gestión. De este modo es posible identificar comportamientos ineficientes, lo que, además, supone un elemento de disuasión.

■ La toma de decisiones

En cualquier caso, sin embargo, resulta interesante estudiar cómo se desarrolla el proceso de toma de decisiones en este tipo de modelos. Hay dos niveles en este proceso:

A) *Nivel de alta dirección.* La alta gerencia o dirección decide la distribución de los recursos entre los distintos departamentos y esto se lleva a la práctica por el presupuesto. La porción que se asigna a cada departamento depende de su habilidad y poder para negociar.

A la hora de decidir, la alta gerencia no busca información sobre todas las posibles alternativas (pues esta información es costosa), sino que cuando se detecta un problema es cuando se analizan algunas alternativas. No se suelen llevar a cabo estudios costo-beneficio detallados o reglas marginalistas, sino que se establecen dos criterios simples:

1. el criterio financiero o presupuestario, que nos dice si hay fondos disponibles para la propuesta, y
2. el criterio de mejora de la situación de partida sin ningún tipo de duda.

B) *Niveles inferiores de administración.* Se siguen reglas simples y casi mecánicas, basadas en la experiencia. El personal aprende de sus errores y sus aciertos del pasado.

Nota complementaria 11.5

LA DIVERSIFICACION COMO OBJETIVO

Dentro de las teorías del comportamiento empresarial algunos autores señalan que las grandes empresas incluyen como uno de sus objetivos estratégicos la diversificación de sus actividades con objeto de reducir el riesgo. Este comportamiento ha dado lugar a los llamados *conglomerados*, esto es, grupos de empresas ligadas a una empresa matriz, en las que, si bien desarrollan su actividad en sectores muy dispersos, la gestión y la propiedad del capital está centralizada. En el caso argentino, el *holding* SOCMA, controlado por el grupo Macri, que se ubica en el segundo lugar del *ranking* nacional después de Pérez Companc, es un ejemplo representativo.

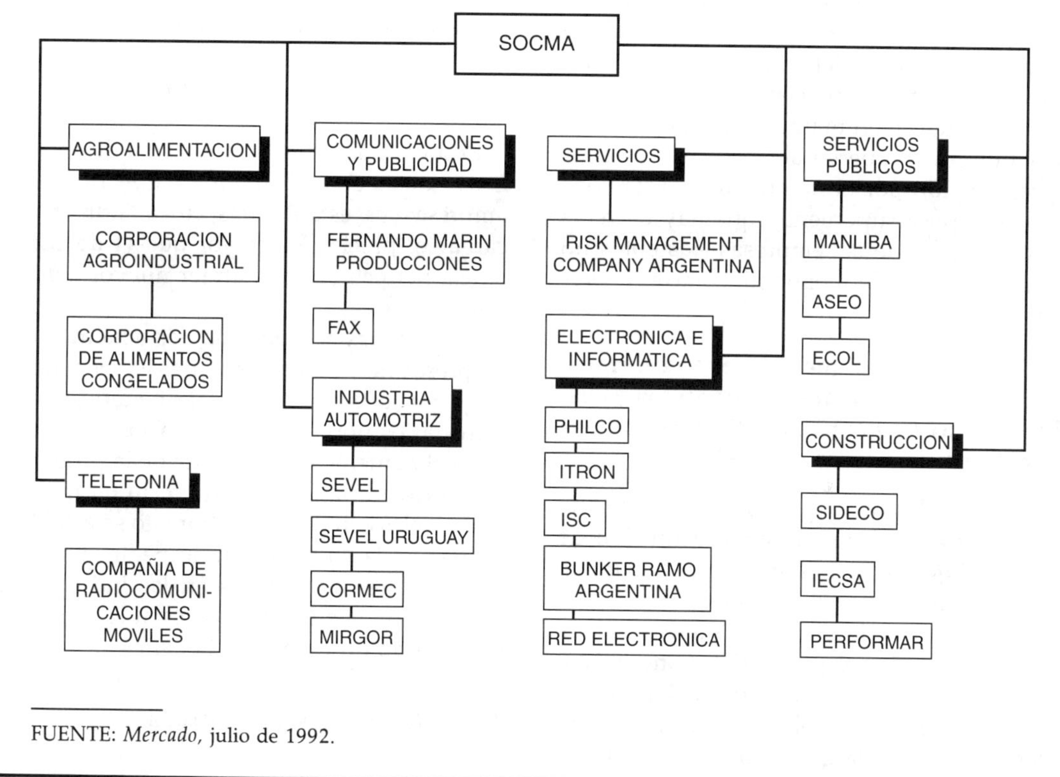

FUENTE: *Mercado*, julio de 1992.

Por otro lado, cabría preguntarse, ¿qué hace la empresa ante la incertidumbre? Se supone que la empresa únicamente se ocupa de un horizonte temporal a corto plazo. Frente a la incertidumbre que le plantean las acciones de sus competidores se supone que se alcanzará algún tipo de solución tácita. Esto es lo que se denomina un «entorno negociado».

4. POLITICAS DE PRECIOS QUE PREVIENEN LA ENTRADA: MODELOS DE BAIN

Estos modelos tratan de explicar por qué cierto tipo de empresas no fijan el precio que maximiza sus ingresos. Para explicar este tipo de comportamiento, Bain (*) creyó necesaria la consideración de un nuevo factor en la toma de decisiones respecto al precio, y éste es la amenaza «potencial» de la entrada de competidores. La teoría tradicional del mercado en competencia perfecta considera únicamente la entrada real de competidores, entrada que conduce al equilibrio de la empresa y de la industria, en el punto en que $P = CMeL$. Bain, sin embargo, argumentó que el precio no descenderá hasta el nivel del mínimo del *CMeL*, debido a la existencia de barreras a la entrada, y que el precio no se fijará a un nivel compatible con la maximización del beneficio por la amenaza de entrantes «potenciales».

En particular, Bain mantuvo que el precio se fijará a un nivel superior al *CMeL* pero inferior al precio fijado por el monopolista. Esta conducta se explica suponiendo que hay barreras a la entrada y que las empresas existentes no fijarán un precio de monopolio, sino un «precio límite».

• **El *precio límite*, o que previene la entrada, es el precio más alto que las empresas ya establecidas creen que pueden fijar sin inducir a la entrada de nuevos competidores.**

En otras palabras, el precio que previene la entrada será aquel que dé lugar a un tipo de beneficio inferior al mínimo preciso para la instalación de un nuevo entrante.

La justificación de este precio que previene la entrada, inferior al precio del monopolista, radica en que la política de prevención de entrada a competidores asegura la maximización de los beneficios a largo plazo.

En el modelo de Bain se introduce el concepto de *condición de entrada*.

• **La *condición de entrada* es el margen que permite que las empresas ya establecidas puedan aumentar su precio (P_L) por encima del nivel de precios de la competencia (P_C) de forma persistente, sin originar la entrada de competidores.**

(*) Economista norteamericano pionero en el estudio de modelos de competencia imperfecta.

Algebraicamente, la condición de entrada (*E*) se puede expresar como sigue:

$$E = \frac{P_L - P_C}{P_C} \qquad (1)$$

donde:

E: condición de entrada.
P_L: precio que previene la entrada.
P_C: precio competitivo.

Resolviendo en (1) para P_L:

$$P_L = P_C\,(1 + E)$$

Resulta, pues, que la «condición de entrada», *E*, es, de hecho, el «premio» que reciben las empresas ya establecidas en la industria por cargar el precio, P_L, mayor que el de competencia perfecta, P_C, sin atraer nuevos competidores.

Sin barreras a la entrada, los acuerdos entre empresas no podrán mantener los beneficios a largo plazo. La existencia de beneficios superiores a los normales atraerá a nuevas empresas y el aumento consiguiente de la producción total provocaría la baja del precio hasta llevarlo a niveles competitivos. Por ello se establecen barreras a la entrada para impedir que entren competidores potenciales en las industrias en las que los vendedores ya establecidos están obteniendo un exceso de beneficios.

Tipos de barreras a la entrada

Los cuatro grandes grupos de barreras que condicionan el proceso de entrada son:

1. La diferenciación de producto;
2. las ventajas absolutas en los costos;
3. la existencia de economías de escala, y
4. las exigencias iniciales de capital (*).

(*) Otro tipo de barreras a la entrada son las establecidas por la Ley, pero éstas son exógenas y, si existen, la entrada queda de hecho bloqueada.

Nota complementaria 11.6

LAS BARRERAS A LA ENTRADA Y LAS ECONOMIAS DE ESCALA

En determinadas actividades las barreras a la entrada tienen su origen en razones tecnológicas, en el sentido de que debido a la existencia de economías de escala y de exigencias mínimas de capital pueden acceder al mercado un número reducido de empresas. Así, en la industria del automóvil, debido a las características del proceso productivo, el tamaño óptimo de una fábrica sería aquel que permitiera producir unos trescientos mil automóviles al año. Esto implica no sólo que un número reducido de empresas pueden acceder a este mercado, sino que, incluso dentro de las ya instaladas, sean frecuentes los procesos de fusión o absorción como estrategias para alcanzar el tamaño óptimo.

VENTAS DE COCHES EN EUROPA
(Enero-octubre 1989)

Fabricante	Volumen (unidades)	Variación (%)	Participación de mercado			
			Enero/octubre 1989 (%)	Enero/octubre 1988 (%)	1987	1986
Mercado total	**11.556.000**	**+ 4,7**	**100,00**	**100,00**	**100,00**	**100,00**
Grupo Fiat	1.711.000	+ 4,5	14,8	14,8	14,2	14,0
Grupo Volkswagen	1.710.000	+ 5,9	14,8	14,7	15,0	14,7
Grupo PSA	1.475.000	+ 5,2	12,8	12,7	12,1	11,4
Ford	1.355.000	+ 7,5	11,7	11,4	12,0	11,7
General Motors	1.274.000	+ 10,4	11,0	10,5	10,7	11,0
Renault	1.179.000	+ 7,8	10,2	9,9	10,6	10,6
Rover	364.000	− 7,6	3,2	3,6	3,4	3,5
Mercedes Benz	362.000	− 5,0	3,1	3,5	3,5	3,7
Nissan	350.000	+ 5,1	3,0	3,0	2,9	3,0
BMW	329.000	+ 7,8	2,9	2,8	2,4	2,6
Toyota	295.000	− 3,5	2,6	2,8	2,8	2,9
Volvo	227.000	+ 1,2	2,0	2,0	2,2	2,3
Total fab. japonesa	1.259.000	− 0,5	10,9	11,5	11,3	11,6

FUENTE: *Financial Times.*

1. *La diferenciación del producto*

El primer tipo de barreras a la entrada surge porque el deseo de diferenciar los productos impulsará a la publicidad y a la política de ventas. Este tipo de políticas no solamente afectará a la demanda y a los costos, sino también a la propia organización interna de la empresa, en el sentido de que numerosas empresas se verán forzadas a crear departamentos para organizar la promoción y distribución de sus productos.

El resultado es que la diferenciación de productos a través de sus efectos sobre las preferencias y por los incrementos de costos originados crea una barrera a la entrada que, en opinión de Bain, es la de más importancia (*).

2. *Las ventajas absolutas en los costos*

El segundo tipo de barrera a la entrada es la ventaja absoluta en términos de costo de las empresas ya establecidas, pudiendo deberse está a los siguientes factores: *a)* habilidad del personal directivo, *b)* técnicas superiores, *c)* control de la oferta de materias primas, o bajos precios de las materias primas debido a convenios de compra en exclusiva o por la compra a gran escala, *d)* costos más bajos de capital, y *e)* costos más bajos debido a la integración vertical del proceso de producción.

Si existe cualquier tipo de ventaja absoluta en términos de costo, los costos totales medios a largo plazo de la empresa entrante serían superiores para cualquier nivel de producción, a los correspondientes a las empresas establecidas, tal como se observa en la Figura 11.5.

El precio que previene la entrada, P_L, se fijará exactamente debajo del costo potencial del nuevo entrante. La diferencia $P_L - P_C$ es lo que se denomina *gap de entrada* y muestra la cantidad en que la empresa establecida puede aumentar su precio por encima de sus costos (es decir, por encima del precio competitivo P_C, sin atraer nuevos «entrantes») (*).

(*) Según Bain, este tipo de barreras a la entrada eran especialmente relevantes en las siguientes industrias: automóvil, tabaco, vinos y licores, tractores y máquinas de escribir.

3. *La existencia de economías de escala*

El tercer tipo de barreras a la entrada surge por la existencia de economías de escala, tanto reales (aquellas que se deben a la reducción de los requerimientos de factores productivos por unidad de producto) como monetarias (aquellas que resultan de pagar un menor precio por los factores productivos adquiridos por la empresa).

Las economías reales pueden ser: técnicas (resultantes de emplear unas máquinas de gran escala más eficientes), gerenciales (resultantes de distribuir los factores fijos y variables más eficientemente) y laborales (derivadas de la mayor especialización del trabajo).

Las economías monetarias surgen de reducciones en los precios: de los transportes, cuando se trata de volúmenes de producción grandes; de publicidad, o de otros costos de ventas. La existencia de este tipo de economías de es-

(*) Las industrias que, según Bain, presentaban este tipo de barreras a la entrada eran: acero, cobre, automóviles y refinerías de petróleo.

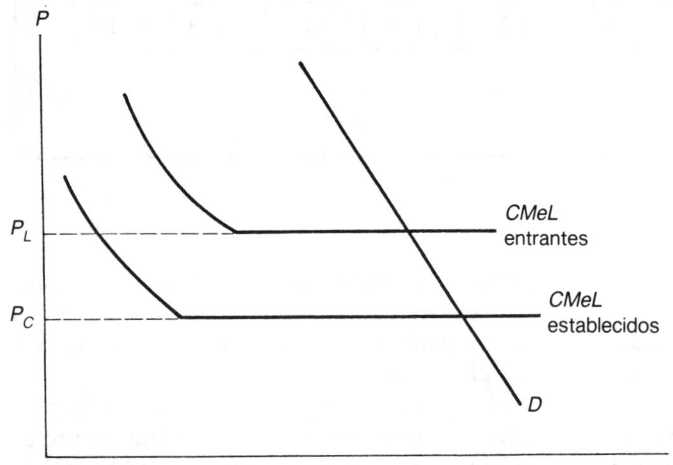

Figura 11.5. Curvas de *CMeL* de las «entrantes» y de las establecidas.

Cuando existen ventajas absolutas en términos de costo, la curva de *CMeL* de las entrantes estará por encima de la curva de *CMeL* de las establecidas.

cala genera una barrera a la entrada de nuevas empresas.

4. *Las exigencias iniciales de capital*

La barrera a la entrada, señalada en cuarto y último lugar, se debe a las grandes exigencias iniciales de capital. Para establecer una nueva empresa se necesita un capital inicial cuya cantidad depende en buena medida de la tecnología de la industria bajo consideración. Disponer de este capital inicial no es fácil, ya que los bancos se suelen mostrar remisos a financiar nuevos negocios y a que el mercado de capitales es casi inaccesible a una nueva empresa. Por tanto, los requisitos iniciales de capital suelen crear una barrera a la entrada de nuevas empresas, que será tanto más probable cuando mayor sea la cantidad requerida.

RESUMEN

- Las *críticas al modelo neoclásico* de la empresa han sido muy numerosas y han tratado de ofrecer una visión más realista de la empresa. Por un lado se argumenta que el empresario no fija el precio siguiendo las reglas marginalistas, esto es, $IMa = CMa$. Asimismo, se ha señalado que el divorcio entre propietarios-accionistas y gerentes determina que los objetivos de la empresa no se concreten necesariamente en la maximización de los beneficios.

- Los defensores de la *hipótesis del costo medio* señalan que debido a la incertidumbre y a la falta de información las empresas no pueden estimar sus curvas de demanda y de costos. Ante esta situación, una alternativa consiste en suponer que la empresa toma sus decisiones en base al costo medio a corto plazo. En este sentido lo adecuado es estimar los distintos elementos que integran el costo, esto es, costos directos (o separables), costos comunes (o indirectos) y un margen de beneficio. Este método de fijación de precios da una mayor flexibilidad a la empresa.

- El *modelo de Baumol* de maximización de ventas mantiene que los gerentes están más preocupados por las ventas que por la maximización de los beneficios. El modelo de Baumol se refiere a mercados oligopolistas y establece que la empresa trata de maximizar los ingresos totales siempre que se alcance un nivel mínimo aceptable de beneficios. La empresa seleccionará primero los niveles de ventas que igualan o superan el beneficio mínimo y entre ellos elegirá el que proporcione mayores ingresos.

- Cuando se toma como hipótesis de trabajo el *comportamiento real o empírico de la empresa*, se supone que el objetivo básico de la misma consiste en obtener un nivel de ganancias que iguale o por lo menos supere el actual. Se supone que, dada la incertidumbre del entorno, la empresa considera distintas alternativas sobre precios y cantidades y elige aquella sobre la que posee más información y que aporta un beneficio «satisfactorio». Para lograr este objetivo recurre a sus experiencias pasadas y a las convenciones comerciales.

• Las *teorías de la organización* conciben a la empresa como una coalición de grupos con objetivos en conflicto. Los grupos principales son: los gerentes, los trabajadores, los accionistas, los clientes, los oferentes, los banqueros, etc. En el proceso de toma de decisiones se originan conflictos entre los objetivos de los distintos grupos y la organización-empresa. De esta forma el criterio a seguir será el resultado de un proceso de negociación.

• Ciertas empresas no fijan el precio que maximiza sus ingresos. Ello puede deberse a ciertas estrategias ante la amenaza potencial de la entrada de competidores. En este caso el precio no descenderá hasta el nivel de los costos medios a largo plazo, debido a las barreras a la entrada.

CONCEPTOS BASICOS

— Hipótesis o criterio del costo medio.
— Costos directos.
— Costos comunes o indirectos.
— Margen de beneficio neto o *mark-up*.
— Margen bruto de beneficios.
— Límite de capacidad.
— Teorías del comportamiento empresarial.
— Modelo de Baumol de maximización de ventas.
— Beneficios «satisfactorios».
— Modelo empirista.
— Teorías de la organización.
— Políticas de precios que previenen la entrada.
— Entrante potencial.
— Barreras a la entrada.
— Condición de entrada.

TEMAS DE DISCUSION

1. Desde su punto de vista, ¿cuáles son los supuestos más criticables del modelo neoclásico de la empresa?, ¿es fácil elaborar teorías y modelos que introduzcan hipótesis alternativas?

2. Comente la siguiente afirmación: «Aunque los empresarios no entran en los negocios por gusto, no pueden maximizar los beneficios, pues no tienen información ni capacidad suficiente».

3. Justifique en términos intuitivos la utilización de la norma $IMa = CMa$ como reguladora del comportamiento de la empresa.

4. Comente la siguiente afirmación: «La empresa no puede estimar ni su curva de demanda ni sus curvas de costo, luego para fijar el precio

tiene que seguir reglas "prácticas" basadas en la experiencia y observar el comportamiento de los competidores».

5. ¿En qué sentido puede defenderse la idoneidad del modelo neoclásico de la empresa afirmando que lo importante de los modelos es su capacidad para generar predicciones contrastables de los acontecimientos frente a variaciones en las circunstancias?

6. Comente la siguiente afirmación: «El precio de una empresa competitiva no es igual al costo marginal, sino a la suma del costo variable medio y del margen bruto de beneficios».

7. ¿En qué medida el criterio de fijación de los precios por el costo medio puede explicar la rigidez de los precios de cierto tipo de empresas?

8. ¿Cree usted que el divorcio entre los accionistas-propietarios y los gerentes justifica que el objetivo de la empresa no sea la maximización de beneficios? ¿Cómo se compatibiliza en el modelo de Baumol la maximización de las ventas con el logro de unos beneficios mínimos?

9. Comente la siguiente afirmación: «La empresa no es una unidad cohesionada de decisión, sino una coalición de grupos con objetivos en conflicto. El comportamiento de la empresa es el resultado del poder relativo de los distintos grupos dentro de la empresa».

10. Establezca la conexión entre el criterio de fijación de precios del costo medio y las políticas de precios que previenen la entrada.

CAPITULO 12

El equilibrio competitivo y las fallas del mercado

INTRODUCCION

Con el presente capítulo se pretende cubrir dos objetivos: por un lado, ofrecer una breve introducción al concepto de equilibrio competitivo, en la línea de lo desarrollado en el Capítulo 3 al analizar el mercado como mecanismo asignador de recursos, y, por otro, presentar una nota de escepticismo sobre las excelencias del sistema de precios. En particular, se analizan una serie de situaciones en las que la eficiencia del mercado no se puede alcanzar, pues no se satisfacen determinadas condiciones, entre las que cabe destacar la ausencia de incertidumbre, la existencia de mercados para todos los bienes, derechos de propiedad claramente definidos, inexistencia de efectos externos y carencia de poder de influencia sobre el mercado.

1. EQUILIBRIO COMPETITIVO Y EFICIENCIA ECONOMICA

El análisis desarrollado hasta este momento puede calificarse como un *análisis parcial,* en el sentido de que hemos considerado cada mercado aisladamente de los demás, sin tener en cuenta, por tanto, las interrelaciones que se establecen entre los mismos cuando tiene lugar una alteración en alguno de ellos. Por el contrario, si todos los mercados se analizan conjuntamente estaremos desarrollando un enfoque de *equilibrio general.*

• **La *teoría del equilibrio general* pretende determinar el conjunto de precios y cantidades que representan una asignación de los recursos para la que todos los mercados están simultáneamente en equilibrio (demanda = oferta), dadas las dotaciones iniciales de bienes y factores, la tecnología, y un comportamiento competitivo de los agentes, esto es, que tanto los mercados de bienes y servicios como los de factores sean perfectamente competitivos.**

Dicho conjunto de precios y cantidades de equilibrio definen lo que se denomina *equilibrio competitivo.*

Necesitamos definir ahora algún tipo de criterio que permita evaluar la deseabilidad del equilibrio competitivo en relación con cualquier otra posible asignación que sea factible, dadas las dotaciones iniciales de recursos. A este respecto, el gran economista inglés, por muchos considerado como el padre de la Economía, *Adam Smith* (véase Capítulo 29), argumentó que bajo un sistema de libre competencia los individuos, al actuar buscando su beneficio propio, se ven conducidos por una «mano invisible» a promover el interés común. En cualquier caso fue el economista italiano *Vilfredo Pareto* (1848-1923) el que estableció de forma precisa que la competencia perfecta asigna eficientemente los recursos.

La eficiencia económica según Pareto

Precisamente a partir del trabajo de Pareto el concepto de eficiencia se establece en el sentido siguiente:

- **Una situación es eficiente, en el sentido de Pareto, cuando no es posible mejorar el bienestar de ninguna persona sin empeorar el de alguna otra.**

Si a partir de una asignación determinada de recursos, a la que se ha llegado respondiendo a las tres preguntas fundamentales, ¿qué producir?, ¿cómo producir? y ¿para quién producir?, se observa que es posible mejorar al menos el bienestar de una persona sin empeorar el de alguna otra, podemos afirmar, en el sentido de Pareto, que se están despilfarrando los recursos. La producción adicional obtenida eliminando ese despilfarro puede utilizarse para mejorar el bienestar de una persona sin que con ello se perjudique a ninguna otra. Así pues, la competencia perfecta genera una asignación *eficiente* de los recursos en el sentido de que no hay despilfarro de recursos (véase Apéndice a este capítulo).

El concepto de eficiencia en el sentido de Pareto es restrictivo, porque no se puede utilizar para comparar muchas situaciones del mundo real, ya que con frecuencia una determinada actuación sólo puede mejorar el bienestar de algunas personas a costa de empeorar el de otras. En otras palabras, el criterio de Pareto no entra en el problema del *para quién.* Podemos estar ante situaciones que impliquen una extrema desigualdad y que, sin embargo, sean pareto-eficientes (véase Nota complementaria 12.1).

La eficiencia económica y el sistema de precios

En el Capítulo 6 se señaló que la curva de demanda de un bien recoge el valor marginal que los consumidores dan a ese bien y, en consecuencia, muestra lo que los consumidores están dispuestos a pagar, para cada nivel de consumo, por una unidad adicional.

Por otro lado, tal como vimos en el Capítulo 8, la curva de oferta de un mercado perfectamente competitivo es la curva de costo marginal de la industria. Consecuentemente, la curva de oferta muestra, para cada nivel de producción, el costo que tiene, para el conjunto de la economía, el incremento de la producción de la industria en una unidad.

Si suponemos que todos los mercados de la economía son competitivos y que no existen otros fallos que, como veremos en los siguientes apartados de este capítulo, impidan que los mercados funcionen correctamente, los costos de todas las industrias serán los mismos. Bajo estos supuestos la curva de costo marginal de la industria muestra el valor que tienen en otros usos, esto es, en otras industrias, los recursos productivos que se utilizan en la producción de la última unidad de producto en la industria considerada.

Interpretadas así las curvas de demanda y de oferta, y dado que el equilibrio del mercado tiene lugar donde se intersectan ambas curvas, resulta que el precio de equilibrio de un mercado perfectamente competitivo será igual, por un lado, al valor que dan los consumidores a una unidad adicional del bien, y, por otro, al costo que tiene para la economía la producción de esa unidad. En otras palabras, en una situación de equilibrio en un mercado perfectamente competitivo el costo marginal de producir un bien es igual al valor marginal que conceden los consumidores a ese bien. Esta igualdad se debe a que las familias igualan el precio y la valoración marginal, y las empresas igualan el precio y el costo marginal. Dado que en un mercado competitivo los precios son los mismos para todos, el equilibrio competitivo im-

Nota complementaria 12.1

LAS LIMITACIONES DEL CONCEPTO DE EFICIENCIA ECONOMICA SEGUN PARETO: LA FRONTERA DE POSIBILIDADES DE UTILIDAD

El concepto de eficiencia de Pareto se basa en la idea de que el despilfarro es algo malo, ya que es posible mejorar el bienestar de algunas personas si aquél se puede eliminar. Pero, para elegir entre puntos eficientes en el sentido de Pareto, debemos abordar explícitamente la cuestión de la equidad o la justicia.

Resulta, sin embargo, que en este terreno es muy difícil alcanzar acuerdos. Así, mientras que los individuos aceptan que el despilfarro de recursos es algo malo, es más difícil ponerlos de acuerdo sobre qué distribuciones son justas y cuáles injustas. Para evidenciar las limitaciones de la definición de eficiencia económica según Pareto podemos acudir al concepto de *frontera de posibilidades de utilidad.*

La frontera de posibilidades de utilidad muestra el nivel máximo de utilidad que puede alcanzar un individuo, el señor I, por cada nivel de utilidad que puede alcanzar otro individuo, el señor II. Todos los puntos situados en la frontera de posibilidades de utilidad son eficientes. Así, el desplazamiento del punto *A* al *C* (figura adjunta) mejora la utilidad del individuo II, pero a costa de reducir la del individuo I.

Cualquier punto situado debajo de la frontera, tal como el punto *D*, es ineficiente. Al desplazarnos hacia el noreste, esto es, cualquiera de los puntos comprendidos entre las dos flechas, es posible mejorar al menos el bienestar de una persona. De hecho, desplazarnos hacia un punto como el *B* mejora la satisfacción de los dos individuos.

La principal limitación del concepto de eficiencia en el sentido de Pareto es que no permite clasificar los puntos de la frontera de posibilidades de utilidad. De hecho, todos los puntos situados en la frontera son eficientes en el sentido de Pareto. Tanto los puntos *A* y *C*, que representan situaciones que suponen una desigualdad extrema, como el *B*, que implica un reparto igualitario, son igualmente eficientes.

Así, podemos afirmar que no existe ninguna fórmula científica, exenta de juicios de valor, para elegir entre las asignaciones de recursos eficientes en el sentido de Pareto.

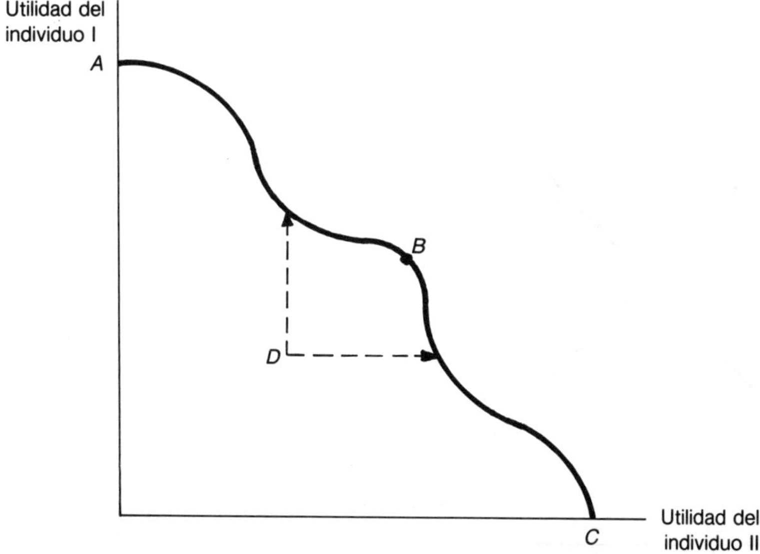

plica la igualdad del costo marginal de producción y la valoración marginal de los consumidores.

• **En el punto de equilibrio de un mercado competitivo se cumple la siguiente igualdad:**

$$\text{Valoración marginal de los consumidores} = \text{Precio} = \text{Costo marginal de la producción} \quad (1)$$

Esta situación de equilibrio se representa en el punto *E* de la Figura 12.1. Los niveles de producción inferiores a los que indica el equilibrio competitivo son ineficientes, ya que por un aumento de la producción los consumidores están dispuestos a pagar un precio superior al costo marginal y, en consecuencia, convendrá incrementar la producción. Para niveles de producción superiores a Q^* los costos en que incurrirán los productores son superiores a los que estarían dispuestos a pagar los consumidores por una unidad adicional. En estos casos convendrá reducir la producción, ya que el ahorro de costos que se consigue reduciéndola es superior a la pérdida en satisfacción que experimentan los consumidores.

Los compradores y los vendedores bien informados sólo comercian cuando consiguen el beneficio mutuo. Por ello, el intercambio voluntario hace que los recursos se utilicen de forma tal que se mejore el bienestar de los participantes en la economía, generándose una tendencia hacia el logro de la eficiencia económica asociada con el equilibrio competitivo.

Los precios y la asignación de recursos

El análisis de la igualdad (1) evidencia el papel fundamental que juegan los precios de mercado en el proceso de asignación de recursos. De hecho, los consumidores y los productores se fijan sólo en los precios a la hora de tomar decisiones.

Cuando un individuo decide, por ejemplo, comprar un kilo de manzanas, le da igual el costo marginal en que ha incurrido el agricultor para producir ese kilo. La decisión de com-

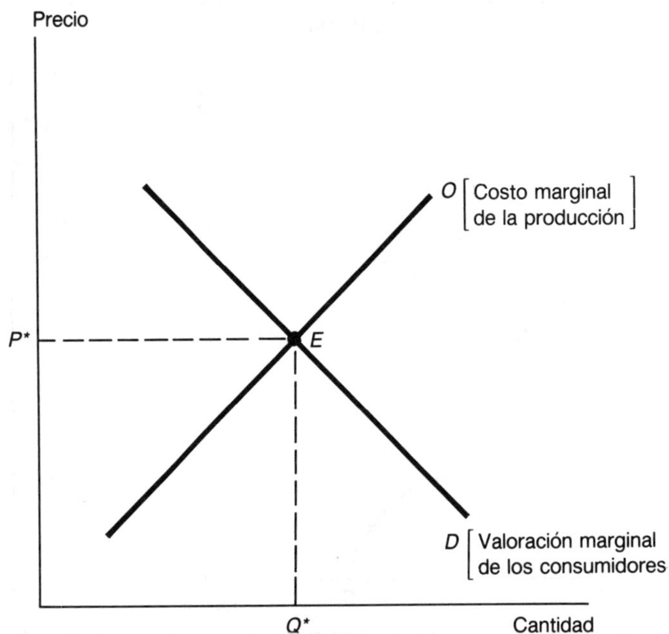

Figura 12.1. El equilibrio competitivo.

La curva de oferta de una industria competitiva representa el costo marginal de producir cada unidad adicional del bien; y la curva de demanda refleja el valor que conceden los consumidores a cada unidad. Sólo para el nivel de producción Q^* coinciden la valoración marginal de los consumidores y el costo marginal de la producción.

prar manzanas u otro bien la toma en función del precio y del bienestar que obtendrá en el consumo. Asimismo, cuando el agricultor decide producir más o menos manzanas no tiene en cuenta el valor marginal que le dan los consumidores a la posibilidad de tener una mayor cantidad de manzanas. En otras palabras, los consumidores no tienen que saber nada de agricultura ni de los costos de producción de manzanas. Tampoco los productores tienen que saber lo que los consumidores están dispuestos a pagar por un aumento de la producción de manzanas. El precio actúa de intermediario entre los consumidores y los productores, y, al transmitir toda la información necesaria a todos los participantes en el mercado, logra que el valor que dan los consumidores a los productos (en nuestro ejemplo las manzanas) sea igual al costo marginal de producirlos.

• **Los *precios* constituyen el mecanismo central de asignación en una economía de mercado. Guían las elecciones de los consumidores entre los distintos bienes y la asignación de los recursos productivos entre los diferentes sectores y actividades.**

2. LAS FALLAS DEL MERCADO

Tal como se ha señalado en el apartado anterior, el equilibrio competitivo conseguido mediante el funcionamiento del mecanismo de precios permite alcanzar una asignación óptima de Pareto o eficiente. La razón de ello estriba en que en el equilibrio competitivo los consumidores maximizan su utilidad pagando un precio igual a la valoración marginal del bien, mientras que las empresas maximizan sus beneficios cargando un precio igual al costo marginal de producir el bien. Por consiguiente, la regla $P = CMa$ muestra una situación que no desea ser alterada ni por los consumidores ni por las empresas, ya que uno de ellos, o ambos, perderían con el cambio.

Ahora bien, lo que deberíamos preguntarnos es si el mecanismo de precios o de mercado asegura siempre la consecución de un resultado eficiente o equilibrio competitivo. La respuesta es que ello requiere que se satisfagan ciertas condiciones, entre las que cabe destacar la ausencia de incertidumbre, mercados para todos los bienes, derechos de propiedad claramente definidos, ausencia de poder de influencia sobre el mercado e inexistencia de efectos externos o externalidades. Cuando se violan estos supuestos decimos que existen *fallas del mercado*, es decir, el equilibrio competitivo se corresponde con una asignación de los recursos no óptima o ineficiente. Ello se debe a que cuando se está ante una situación calificada como de falla del mercado los precios, aunque equilibren el mercado, no reflejan la valoración marginal de los consumidores o el costo marginal de una unidad adicional de los productos.

Razones explicativas de la ineficiencia

La aparición de ineficiencias suele deberse a alguna de las tres razones siguientes:

A) Control insuficiente sobre los bienes y servicios.
B) Costos de información excesivos.
C) Imposibilidad de alcanzar acuerdos.

A) *Control insuficiente*

El control de un individuo sobre los bienes y servicios viene definido por el sistema de *derechos de propiedad* (véase Nota complementaria 12.2), que puede ser incompleto, desde el punto de vista de la eficiencia, ya sea a causa de la *exclusión imperfecta* o a causa de la *intransferibilidad*.

• **La *exclusión imperfecta* aparece cuando el control efectivo sobre un bien o servicio no se confiere a un único individuo, sino a un grupo de individuos.**

El control de un bien o servicio significa la capacidad de determinar quién lo utilizará, en qué circunstancias, durante qué período de tiempo y bajo qué condiciones. Cuando el con-

Nota complementaria 12.2

LOS DERECHOS DE PROPIEDAD

Los derechos de propiedad juegan un papel fundamental en el proceso de asignación de recursos. Se ha demostrado que incluso cuando aparecen efectos externos se puede alcanzar una asignación eficiente siempre y cuando el sistema inicial de derechos de propiedad esté perfectamente definido, y que los costos de transacción (es decir, los costos de negociar y hacer efectivos los acuerdos de cooperación) no sean relevantes. Para que el sistema de derechos de propiedad esté bien definido éste ha de reunir tres propiedades: que todos los recursos, salvo los que están disponibles en cantidades ilimitadas, sean poseídos por alguien, que pueda excluirse a terceros del uso del recurso y que sea posible su transferibilidad. Bajo estas condiciones el conjunto de derechos de propiedad garantiza que los recursos se asignen de forma eficiente, independientemente de quien sea el titular de los derechos.

Resulta, sin embargo, que el mundo real se define por propiedades opuestas a las señaladas, de forma que para enfrentarse a las relaciones entre titulares y no titulares de los recursos las sociedades tienen que acudir a un conjunto más complejo de reglas. Este hecho hace que el estudio de los derechos de propiedad adquiera aún más relevancia.

trol está conferido a un grupo, un individuo que desee adquirir ese control debe establecer acuerdos con todos los individuos del grupo, y esto puede ser tan difícil o costoso como para hacer imposible su objetivo.

Considérese el caso de la utilización de los servicios que presta un faro de mar a todos los barcos que pasan por la zona iluminada por él. Cualquiera que tenga un barco tiene el derecho a orientarse con la luz que arroja el faro. Un individuo que deseara adquirir el control del servicio que ofrece el faro de mar tendría que suscribir un contrato con cada usuario actual o potencial por medio del cual el usuario accediese, a cambio de algo, a limitar el uso del faro de alguna forma determinada. Las dificultades de este procedimiento explican por qué no hay mercados para el control del uso de los servicios ofrecidos por un faro de mar. A los bienes o servicios con estas características se les denomina recursos no exclusivos, de propiedad común o de libre acceso.

• **Los *recursos de propiedad común* son aquellos que todos los propietarios tienen el derecho de usar en determinadas formas.**

Otros ejemplos de este tipo de recursos son las playas, los parques públicos, los ríos, los bancos de pesca de los océanos y las tierras de pasto comunes.

■ Los derechos de propiedad

El primer requisito para la exclusión es, tal como se ha señalado, de orden legal: los derechos de propiedad consignados a un bien deben permitir que un individuo excluya a todos los demás del uso del bien. El derecho legal de excluir debe estar acompañado también de la capacidad de hacer cumplir ese derecho. En muchas ocasiones la aplicación del derecho de exclusión es simple y no conlleva costos. Así, por ejemplo, el consumidor que compra un kilo de uvas tiene la oportunidad de consumirlas sin incurrir en costos significativos para excluir a otros del consumo.

En otros muchos casos, además de impedir el uso no autorizado de su propiedad, el individuo debe dedicar recursos para la detección y castigo del uso no autorizado, cuando éste ocurra. Estos costos de impedir, detectar y castigar el uso no autorizado son conocidos como costos de exclusión. A incurrir en este tipo de costos se ve obligado tanto el dueño del supermercado que nos vende las uvas como el propietario de un cine o un teatro. Los costos de exclusión dependerán de la estructura legal y social de la economía y del estado de la tecnología.

Por todas estas razones los intercambios o transacciones potencialmente ventajosos pueden no llevarse a cabo a causa de la exclusión imperfecta. Puede que sea imposible que un individuo adquiera el control efectivo o el uso exclusivo de un bien o servicio determinado por falta de un derecho legal para excluir o a causa de que los altos costos de exclusión superan las ganancias del intercambio. Asimismo puede que no se realice una producción potencialmente rentable si los posibles productores no pueden excluir a otros de los beneficios de la producción.

La *intransferibilidad* es otro factor que puede determinar que el control de un individuo sobre los bienes sea insuficiente. Así, puede que, incluso cuando el derecho legal de excluir descansa en un único individuo y los costos de exclusión son bajos, el propietario del bien o servicio no tenga el derecho legal de transferir el uso o la propiedad a casi nadie, bajo prácticamente ningún concepto.

- **La *intransferibilidad extrema* supone ausencia completa del derecho a transferir a nadie cualquiera de los derechos de propiedad asociados con el bien o servicio, cualesquiera que sean las condiciones.**

Por ejemplo, determinados arrendatarios pueden mantener la propiedad en alquiler, pero no les está permitido el subarriendo. Asimismo, la tierra puede ser propiedad de un individuo en el sentido de que puede excluir a otro, pero cabe que éste no pueda vender la tierra a nadie. Situaciones similares se dan en el mercado de trabajo. Los individuos poseen su trabajo y pueden venderlo durante períodos limitados, pero la ley no permite la transferencia permanente del control sobre el trabajo de un hombre. La intransferibilidad no tiene por qué ser total, sino que también puede revestir un carácter parcial.

- **La *intransferibilidad parcial* surge cuando los individuos ven restringidas las condiciones bajo las que realizan los intercambios.**

Así, por ejemplo, cuando se fijan por ley precios mínimos o máximos o cuando se especifican las horas o los lugares en que pueden hacerse los intercambios estaremos ante casos de intransferibilidad parcial. Así pues, son muy diversas las restricciones que pueden establecerse sobre los términos del intercambio e impedir o inhibir transacciones que las partes podrían considerar como mutuamente ventajosas.

B) *Costos de información excesivos*

Otro factor que puede contribuir a que ciertos intercambios no se lleven a cabo es el costo de la información. Todo intercambio precisa información, y ésta no es gratis. Para que se produzca un intercambio ha de conocerse la identidad y situación de los compradores y vendedores potenciales; deben averiguarse los términos bajo los que están dispuestos a comerciar; y también se ha de tener información sobre la calidad de los bienes y servicios que van a intercambiarse y sobre la validez de los derechos de propiedad que están asignados.

En resumen, dado que el individuo no posee información completa sobre los precios ni sobre las cualidades de los bienes que pretende intercambiar, se ve obligado a buscar la citada información y este proceso lleva asociado un costo. Por ello, en algunos casos, puede que los intercambios no se lleven a cabo, debido a que los costos de adquirir la citada información sean mayores que las ganancias que se esperan obtener del intercambio.

C) *Imposibilidad de alcanzar un acuerdo*

En ocasiones es posible que no se concluya un intercambio mutuamente ventajoso, porque las partes fracasen en llegar a un acuerdo sobre los términos del intercambio. Generalmente, este fracaso se debe a la existencia de varios posibles términos en los que el intercambio que beneficia a ambas partes puede llevarse a cabo. Si se llegase a producir el intercambio ambos ganarían, pero el reparto de las ganancias dependerá de la forma previa del acuerdo y en algunos casos las partes pueden resultar incapaces de alcanzar ningún acuerdo, aun después de largos y costosos procesos de negociación.

Lo que acabamos de analizar no son más que las causas últimas que dan origen a situaciones de ineficiencia en el funcionamiento del mecanismo de mercado. Situaciones que en última instancia se caracterizan, bien por la inexistencia de un mercado que haría posible la eliminación de dichas ineficiencias, o bien porque aun existiendo los mercados, éstos, no permiten a los agentes agotar todas las posibilidades de transacción que resultan mutuamente ventajosas. En estos casos se dice que los costos de transacción son muy elevados.

- **Los costos de transacción son los costos derivados de negociar y hacer efectivos los acuerdos de cooperación.**

Convencionalmente suele hablarse de *fallas del mercado* para referirse a situaciones concretas en las que están presentes todas o algunas de las causas de ineficiencia ya mencionadas.

Tipología de fallas del mercado

Las fallas de mercado son la consecuencia de las siguientes causas:

1. ciertas formas de organización de mercados, que hemos calificado como de *competencia imperfecta,* y que para simplificar la exposición podemos concretarlas en el monopolio;
2. la aparición de *externalidades,* esto es, cuando el comportamiento de determinados individuos o empresas incide directamente sobre el bienestar de los otros, y
3. la existencia de *bienes públicos,* es decir, bienes para los cuales el consumo de un individuo no necesita excluir el consumo de otros individuos (*).

(*) Los recursos de propiedad común analizados en la Nota complementaria 12.4 también pueden considerarse como un tipo de falla del mercado.

En el análisis que presentamos a continuación nos centramos en los dos últimos tipos de fallo de mercado, limitándonos a formular sólo unas consideraciones sobre el monopolio en la Nota complementaria 12.3, ya que este tema lo hemos desarrollado ya en el Capítulo 9.

2.2. EXTERNALIDADES O EFECTOS EXTERNOS

Tal como se ha señalado en el Apartado 1 de este capítulo, los mercados funcionan eficientemente cuando el precio de un bien se iguala al costo marginal que supone para la sociedad producirlo y a la valoración marginal de los consumidores. Resulta, sin embargo, que a veces los costos y los beneficios de la producción no se reflejan totalmente en los precios de mercado.

Aunque hasta ahora, en los capítulos anteriores, se ha aceptado el supuesto de independencia entre las actuaciones de las empresas y de los consumidores, en la vida real algunas actividades relacionadas con la producción o con el consumo imponen directamente costos o beneficios a los consumidores y las empresas no involucradas directamente. La existencia de interdependencia nos permite introducir el concepto de *externalidad.*

- **Existe una *externalidad* cuando la producción o el consumo de un bien afecta directamente a consumidores o empresas que no participan en su compra ni en su venta, y cuando esos efectos no se reflejan totalmente en los precios de mercado.**

Los costos y beneficios privados y sociales

Al introducir el concepto de externalidad resulta conveniente distinguir entre valoraciones sociales y valoraciones privadas, incluyendo en las primeras no sólo estas últimas, sino también los beneficios o costos, según sea el caso, que no hayan sido tenidos en cuenta por el

Nota complementaria 12.3

EL MONOPOLIO: UN CASO DE FALLA DEL MERCADO

Tal como hemos analizado en el Capítulo 9, el monopolista consigue maximizar sus beneficios para una producción en la que se igualan el ingreso marginal y los costos marginales. Sin embargo, el precio fijado por el monopolista es superior al costo marginal, de forma que los consumidores pagan por una unidad adicional más de lo que cuesta producirla. Por esto, la situación es ineficiente, pues si los consumidores realmente pagaran un precio menor al fijado por el monopolista, pero superior al costo marginal por una unidad adicional, en tanto que continuaran pagando el precio fijado por el monopolista por las unidades ya producidas, tanto el monopolista como los consumidores mejorarían su situación. El monopolista vería incrementando su beneficio, mientras que los consumidores lograrían un consumo adicional a un precio inferior al valor asignado por ellos. El hecho de que el monopolista no actúe así y cargue un precio por encima del costo marginal se deberá a que los consumidores y el productor son incapaces de concluir una negociación mutuamente satisfactoria. Es posible que no se pueda pactar cómo debe repartirse la ganancia que resulta del aumento de la producción. Puede que haya costos muy altos asociados con la localización y organización de los consumidores o quizá éstos no puedan llegar a un acuerdo sobre cómo debe distribuirse el pago de la suma global. Tal vez sea imposible excluir del disfrute de los beneficios, del precio más bajo a los consumidores que no contribuyan al pago global acordado en el contrato con el monopolista.

mercado. Así distinguiremos entre beneficios y costos privados y sociales, pudiendo ocurrir que, en algunas situaciones, el precio alcanzado por un bien en el mercado refleje únicamente la valoración o beneficio privado, sin incluir otro tipo de beneficios o costos que puedan estar asociados con su consumo y que recaen o tienen su origen en otros agentes. De idéntica forma podríamos argumentar acerca del costo privado de un cierto bien, que puede no incluir la totalidad de los costos o beneficios asociados con su producción.

- **El beneficio marginal social *(BMS)* lo definimos como la suma del beneficio marginal privado *(BMP)* y el beneficio marginal externo *(BME)*, siendo este último el incremento de beneficio ocasionado por el efecto externo cuando tiene lugar una variación unitaria en la variable que da origen al mismo. Esto es,**

$$BMS = BMP + BME$$

Asimismo, podemos establecer la relación en términos de costos.

- **El costo marginal social *(CMS)* lo definimos como la suma del costo marginal privado *(CMP)* y el costo marginal externo *(CME)*, siendo este último el incremento en el costo ocasionado por el efecto externo cuando tiene lugar una variación marginal en la variable que da origen al mismo. Esto es,**

$$CMS = CMP + CME$$

En términos de costos y beneficios sociales la eficiencia económica requiere que $BMS = CMS$ para cada uno de los bienes y servicios producidos en la economía.

Los efectos externos, sin embargo, crean una divergencia entre los costos y beneficios privados y sociales. Dado que los efectos externos no se reflejan en los precios de mercado, éstos facilitan informaciones que impiden alcanzar la eficiencia económica. En la medida en que el mercado sólo tenga en cuenta los costos y beneficios privados estaremos en una situación ineficiente, en la que será posible, mediante una reasignación del intercambio o la produc-

Nota complementaria 12.4

LOS RECURSOS DE PROPIEDAD COMUN

Un recurso de propiedad común es aquel cuyos servicios son utilizados, tanto en la producción como en el consumo, y que no es propiedad de ningún individuo concreto. Ejemplos de este tipo de situaciones pueden ser los bancos de pesca en aguas internacionales, los pastos comunes o las vías públicas. En todos estos casos los servicios son utilizados por grupos de individuos sin ser propiedad de ninguno de ellos.

El acceso sin restricciones a este tipo de recursos puede conducir a un uso demasiado intensivo del mismo (se puede hablar de congestión en el uso del recurso). Esta situación puede llevar también a otros tipos de ineficiencia, puesto que se debilitan los incentivos de los individuos que toman decisiones para invertir en mejoras tendentes a incrementar la productividad del recurso. En la medida en que un individuo concreto no puede impedir (excluir) que otros utilicen el recurso, los beneficios de la inversión o de la restricción voluntaria de la explotación se difunden a todo el resto de individuos, en vez de revertir solamente en él mismo. Aun si se diera el caso de que la proporción de beneficios que recaen sobre un individuo excediera a su costo, la inversión no se llevaría a cabo si cada individuo creyera que puede beneficiarse de la inversión que realicen los otros. Debido a la no exclusividad, la inversión que hagan los demás es un sustituto de la inversión que hace un individuo en particular y, si todos se dan cuenta de esto, no se realizará ninguna inversión.

Con objeto de presentar un análisis gráfico de este tipo de fallo de mercado vamos a suponer el caso en el que todos los miembros de una comunidad tienen derecho a pescar. Supongamos, además, que el total de capturas depende solamente del tiempo dedicado a la pesca por todos los individuos. De esta forma resulta:

$$q = f(L)$$

donde:

q = Total de capturas.
L = Tiempo total dedicado por el conjunto de los individuos a pescar.

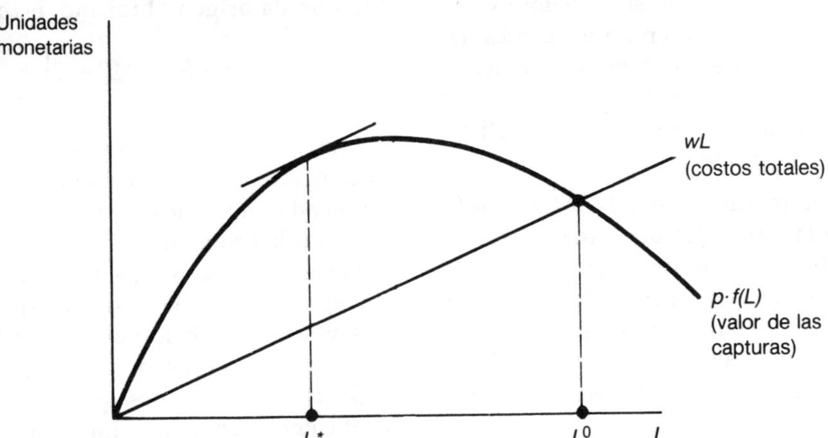

Los recursos de propiedad común.

La curva $p \cdot f(L)$ muestra el valor de las capturas, y la línea recta, la función de costos totales.

La relación entre q y L, dado que se trata de un recurso de propiedad común, muestra la particularidad de que, a partir de una determinada afluencia de pescadores, el total de capturas disminuye, debido a los costes de la congestión en el uso del recurso. En términos de la figura adjunta, la curva que muestra el valor de las capturas, esto es, $p.f(L)$, siendo p el precio de venta del pescado, tiene un tramo creciente y otro decreciente. Si, por otro lado, suponemos una función de costos totales lineal wL, donde w representa el salario de los pescadores, continuarán incorporándose nuevos pescadores hasta que se alcance L^0, es decir, hasta aquel punto en que los ingresos totales sean iguales a los costos totales. Esta situación no sería eficiente desde el punto de vista social, sino que la eficiencia se alcanzaría en L^*, donde la distancia vertical entre los ingresos totales pq y los costos totales wL es máxima. El resultado óptimo podría conseguirse si se acordara conjuntamente la reducción del trabajo al nivel L^*. No es probable, sin embargo, que se alcance un acuerdo de este tipo cuando hay un número demasiado grande de individuos con derecho a pescar o cuando la política que ha de establecerse para lograr el acuerdo es de difícil implantación. En el caso de que se llegue a formalizar un acuerdo deberá vigilarse su cumplimiento, ya que para cualquier pescador individual será siempre rentable violar dicho acuerdo.

ción, hacer que al menos un agente mejore su situación sin que ningún otro empeore.

Los efectos externos negativos: la contaminación

Para analizar un ejemplo de externalidades pensemos en un campo de hortalizas situado aguas abajo de una fábrica de papel que vierte residuos contaminantes a la corriente. El agricultor se encontrará con que el costo de producir hortalizas depende de la elección que hagan los responsables de la papelera sobre el nivel de producción, la combinación de los factores y la cantidad de residuos vertidos al río que han de eliminarse. En este caso estamos ante una externalidad perjudicial, pues la calidad y el costo de la producción de hortalizas se ve afectado negativamente por la actividad de la fábrica de papel (véanse Notas complementarias 12.5 y 12.6).

Estos costos, sin embargo, no se reflejan en el precio de mercado del papel. Por ello decimos que dicho precio subestima el verdadero *costo social* ligado a su producción y tiene lugar una externalidad negativa.

Para la empresa que utiliza el río para verter sus residuos y no paga los costos derivados de esos vertidos, el costo privado de su funcionamiento es menor que el costo social, que sí incluye el daño ocasionado al medio ambiente.

Por tanto, el *precio de mercado* del papel que fabrica será inferior al verdadero *costo social* de producción. De este hecho se deriva una asignación ineficiente de los recursos, ya que se consumirá una cantidad excesiva de papel: el valor marginal de la última unidad producida es menor que el costo marginal social de producción.

Efectos externos positivos

En otros casos, el efecto externo puede ser beneficioso. Así, piénsese en un agricultor que produce manzanas y un apicultor situado en una parcela contigua dedicado a la producción de miel. Si las abejas extraen el néctar de las flores, facilitando la polinización e incrementando la producción de manzanas, el productor de miel está experimentando un efecto externo beneficioso sobre la producción de manzanas. Este hecho implica que el costo marginal social de producir miel será inferior al costo marginal privado, por lo que el nivel óptimo de producción de miel desde el punto de vista de la sociedad será superior al que siguiendo unos criterios estrictamente privados decide lanzar al mercado el apicultor.

En este caso, el mercado tampoco refleja el efecto beneficioso del apicultor sobre la pro-

Nota complementaria 12.5

COSTOS SOCIALES Y PRIVADOS DE LA CONTAMINACION

Si en el mercado se tiene únicamente en cuenta el costo marginal privado como determinante de la oferta, el equilibrio, al coincidir la oferta O_1 con la demanda D en E_1, indica la cantidad q_1 intercambiada al precio P_1. Para esa cantidad, el costo de la contaminación es la diferencia entre el costo social y el privado, representando una pérdida de bienestar colectivo (aguas sucias, humos...) o unos gastos al margen del mercado (depuración de las aguas, filtros...).

Si se determina el equilibrio teniendo en cuenta el costo marginal social, oferta O_2, el equilibrio tendrá lugar en E_2, para la cantidad q_2.

La inclusión de los costos sociales en el proceso de toma de decisiones en el mercado conducirá a un precio más alto y a una cantidad intercambiada menor. Si no se tienen en cuenta los costos sociales derivados de la contaminación, la cantidad producida y consumida es mayor y el precio será menor, pero se incurre en un costo de la contaminación equivalente al área E_1CE_2 que disminuye el bienestar colectivo, ya que a partir del punto E_2 todo aumento en la producción incrementa más el costo social que el ingreso, representado este último por la curva de demanda.

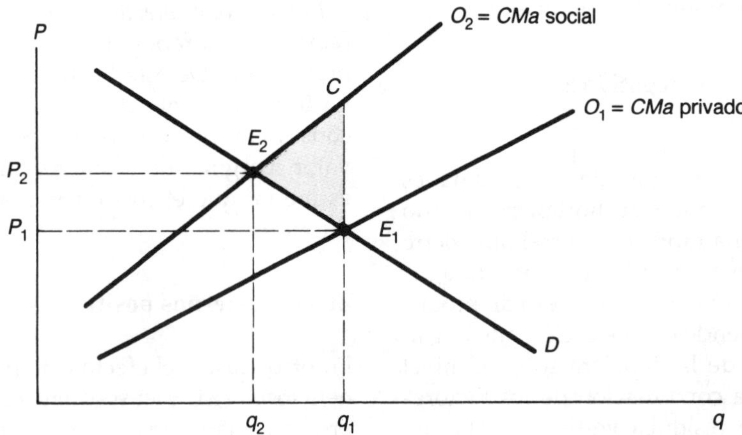

En esta figura se recogen gráficamente las discrepancias entre los costos sociales y los privados.

ducción de manzanas. Cabría pensar en que el agricultor debería, de algún modo, «subvencionar» al apicultor y, de esta forma, compensarle por el efecto externo que le ocasiona.

Efectos externos en el consumo

En los casos considerados, las interrelaciones o efectos externos se han producido entre agentes productores sin que hayan aparecido individuos consumidores o familias. Además, el número de agentes afectados por el efecto externo es reducido. Sólo hay un agente generador del efecto externo y otro que se ve afectado, positiva o negativamente, por aquél. En muchas ocasiones, sin embargo, los agentes afectados por el efecto externo son los consumidores, y en ellas el número de afectados es considerable y, por tanto, la internalización del mismo resulta mucho más difícil. Entre los

Nota complementaria 12.6

UNA FALLA DE MERCADO QUE CREA MERCADOS: LOS CAPITALISTAS VERDES

La contaminación del medio ambiente es una falla de mercado a la que todos contribuimos. Agredir la naturaleza es algo en lo que todos participamos. Así, cuando cunducimos el automóvil para ir al trabajo, contribuimos con sus humos a hacer irrespirable el aire de la ciudad y a llenar de ruidos las calles. Asimismo, la autopista por la que circulamos, y que reduce los atascos, puede haber causado la destrucción de miles de árboles y haber afectado al desarrollo de la vida vegetal y animal de unas hectáreas.

Este proceso de deterioro del medio ambiente ha generado una concienciación creciente entre la población y ha motivado la aparición de controles cada vez más severos. Resulta, sin embargo, que tanto la sensibilización ante los problemas medioambientales en las sociedades occidentales como la intensificación de las medidas correctoras están contribuyendo a crear un nuevo mercado centrado en la oferta de productos «protectores del medio ambiente».

Así, en un reciente trabajo publicado en el Reino Unido, *Los capitalistas verdes,* se señala que el 50 % de los británicos declaran en las encuestas haber comprado productos por anunciarse como protectores del medio ambiente.

En términos más generales, se estima que los países europeos dedicarán a la defensa del medio ambiente entre un 2 y un 3 % de su producto nacional bruto durante la década de los noventa.

En el caso de Argentina es creciente el énfasis que en la publicidad de sus productos hacen las empresas sobre sus efectos positivos sobre el medio ambiente. Las naftas sin plomo son sólo un ejemplo al respecto. Asimismo, desde empresas dedicadas al tratamiento de efluentes hasta aquéllas que venden escapes y silenciadores para automóviles se encuentran entre los «capitalistas verdes» de este país. También hay líneas de créditos «ecológicos», destinados a financiar proyectos de saneamiento ambiental o para conversión de colectivos a GNC, por ejemplo. Por otra parte, el Consejo Empresarial para el Desarrollo Sostenible es una entidad que agrupa a empresarios preocupados por la conservación del medio ambiente y que tuvo una importante participación en la ECO '92 de Río de Janeiro.

efectos externos en los cuales los agentes afectados son los consumidores, el más significativo es el de la contaminación o, en términos más generales, el problema derivado del deterioro del medio ambiente. Así, las familias que viven en las proximidades de una fábrica de cemento sufren un deterioro de su bienestar, como consecuencia de la eliminación de residuos resultantes de la actividad productiva.

Las externalidades y la ausencia de mercado

En los ejemplos anteriores, la externalidad se debe a variables cuya magnitud viene decidida por agentes que no tienen ningún motivo «a priori» para tomar en cuenta el efecto que su decisión genera. ¿Qué incentivo puede tener una empresa que contamina el aire para tomar en consideración la pérdida de bienestar que con ello ocasiona a los residentes que viven en sus cercanías? ¿Qué razón existe para que una empresa que elimina residuos en un río se preocupe de averiguar el daño que esto supone para la empresa que situada en sus inmediaciones, utiliza el agua como factor productivo?

En un sistema de economía de mercado, donde la relaciones se canalizan a través de los precios, no hay razón para que los agentes que actúan en su propio interés tengan siempre en cuenta los efectos que sus acciones ocasionan sobre otros agentes.

Estos ejemplos tienen en común el hecho de que uno de los agentes ocasiona con su actividad beneficios o perjuicios a otro u otros agentes implicados, sin que exista ningún mecanismo que obligue, tanto al causante del perjuicio, como al receptor del beneficio, a ofrecer la correspondiente contrapartida. Dicho en otros términos, no existe un mercado para la actividad que ocasiona el beneficio o el daño de manera que los agentes se viesen obligados a internalizar (responsabilizarse) las consecuencias que sus decisiones tienen sobre otros agentes.

Así pues, las externalidades persisten por la insuficiencia o la inexistencia de mercados relevantes. En algunas situaciones de externalidad, puede darse un falla del mercado a la hora de acordar el reparto de las ganancias derivadas del paso a una asignación más eficiente. En el caso de una fábrica que contamina una extensa área, la ausencia de contratos entre quien contamina y sus víctimas puede deberse a cualquiera de las razones mencionadas en el análisis del monopolio. Las reducciones en la contaminación tenderán a beneficiar a todos los habitantes de la zona y, en consecuencia, los individuos tendrían un escaso incentivo para establecer contratos individualmente con el contaminador, ya que se beneficiarían de los acuerdos a que éste llegue con otras víctimas en los cuales ellos no son parte implicada.

4. BIENES PUBLICOS

Tal como hemos señalado, los bienes públicos son otro tipo de falla del mercado.

- **Un *bien público* es aquel cuyo consumo por parte de un individuo no reduce, ni real ni potencialmente, la cantidad disponible para otro individuo.**

El concepto de bien público se contrapone al concepto de *bien privado*, estudiado en capítulos anteriores, que es aquel que, si es consumido por una persona, no puede ser consumido por otra.

Ejemplos de bienes públicos son los programas de radio y televisión y la defensa nacional. Cualquier individuo puede incrementar su consumo de programas de radio o televisión sin que esto reduzca el consumo real o potencial de otra persona cualquiera. En este sentido, las emisoras de radio y televisión son un ejemplo de *bien público opcional* del que cualquier individuo puede escoger consumir la cantidad que desee del total producido. La defensa nacional, sin embargo, es un *bien público no opcional*, puesto que todos los habitantes de un país «consumen» la cantidad total de los servicios de defensa nacional exteriores que se ofrecen, pues, si un habitante es defendido, lo son todos.

Bienes públicos puros

Al hablar de bienes públicos cabe establecer dos categorías: *bienes públicos puros* y *bienes públicos no puros*.

La no rivalidad en el consumo, la no exclusión y el hecho de que todos los individuos consuman la misma cantidad de un *bien público puro* son características básicas de estos bienes, junto con la relacionada con los costos de provisión y con el hecho de que cuando un individuo adicional decide utilizar y consumir un bien o servicio público puro el costo total de proporcionar el mismo no varía.

Un ejemplo de bien público puro es un faro de mar. Los servicios que un faro proporciona satisfacen la característica de ser no rivales en el consumo. Que un barco se guíe en su travesía marina, gracias a la luz de un faro, no impide que otros muchos barcos puedan aprovecharse del mismo servicio. Además es imposible excluir a nadie, ya que una vez instalado el faro alumbra a todos los barcos. Por otro lado, si un barco adicional se beneficia de los servicios ofrecidos por el faro, ello no implica ningún aumento en los costos de provisión; éstos son independientes del número de barcos.

Otro ejemplo de bien público puro es el de la provisión de defensa nacional. La defensa nacional no es un servicio que pueda ser proporcionado selectivamente a unos individuos excluyendo a otros. Si un país está protegido frente a agresiones extranjeras, todos y cada uno de los habitantes reciben el mismo servicio de protección y no hay posibilidad de excluir a ninguno. Además, el aumento en el número de habitantes residentes en el país en cuestión, no impone costos adicionales en la provisión del servicio de defensa.

Bienes públicos no puros

Si bien no abundan los ejemplos de bienes que pueden ser caracterizados como bienes públicos puros, se cuenta con una gran variedad de bienes que reúnen una u otra de las características a las que nos estamos refiriendo, y que normalmente se denominan *bienes públicos no puros* o, simplemente, bienes públicos.

Así, por ejemplo, la educación es en cierto sentido un bien no rival. Que un alumno se beneficie de la transmisión de contenidos que tiene lugar en un aula no impide que otro u otros también lo hagan. Hay, sin embargo, un límite claro a la no rivalidad: cuando la capacidad del aula llega a su límite la congestión de alumnos hace que unos rivalicen con otros en su disfrute de la clase. También los servicios sanitarios presentan un carácter ambiguo. Ciertamente no son bienes públicos puros, pero hay casos de cuidados sanitarios, por ejemplo, las campañas de vacunación, cuyos beneficios no son rivales y, además, prácticamente todos los individuos consumen el mismo bien: reducción en la incidencia de una determinada enfermedad. Además, no sólo se benefician de la campaña de vacunación los individuos vacunados, sino también los no vacunados, al reducirse el riesgo de contraer la enfermedad. Tampoco es fácil excluir a nadie de la obtención de este beneficio. No puede, sin embargo, generalizarse el argumento de que todos los servicios sanitarios se caractericen como bienes públicos puros. Algunos servicios son rivales y, además, en muchos casos es posible practicar la exclusión.

Bienes públicos y fallas del mercado

En los bienes públicos la falla del mercado puede manifestarse de dos formas: 1. No se ofrece cantidad alguna del bien en cuestión, aun cuando su producción sea beneficiosa, en el sentido de que el beneficio total de los consumidores exceda al costo total de producción. 2. Se ofrece una cantidad insuficiente del bien público.

Tal como se ha señalado, el origen de esta situación puede radicar en que muchos bienes públicos no son excluibles en absoluto, por ejemplo, la defensa, o lo son pero a un costo muy alto. Una segunda razón para que el mercado fracase con los bienes públicos se debe a que, en este tipo de bienes, el costo de una unidad adicional vendida a un consumidor cualquiera, cuando el nivel de producción está dado, es cero. En este tipo de bienes una unidad adicional consumida por un individuo no reduce la cantidad disponible para el consumo de otro individuo. En consecuencia, cuando un consumidor se da cuenta de que el costo marginal de su propio consumo es nulo, puede ofrecer un precio muy bajo al productor por el derecho a consumir su producto. Puesto que todos los consumidores se comportan de forma similar, el pago ofrecido por ellos será insuficiente para cubrir los costos de producción y, en consecuencia, no se producirá nada.

Los bienes públicos y el consumidor parásito *(free rider)*

Lo señalado anteriormente explica que la mayoría de los bienes públicos no sean suministrados por los mercados privados, ya que éstos tienen dificultades para garantizar que se produzca la cantidad correcta. Esta dificultad se debe a que existen individuos, denominados parásitos o *free rider*, que consumen el bien público sin pagar.

El problema del parásito surge sobre todo en el caso de los bienes públicos, debido a que si una sola persona compra el bien, entonces también puede consumirlo cualquier otra.

Así, pensemos, por ejemplo, que se crea un mercado de servicios de seguridad ofrecidos por la policía. Incluso aunque cada individuo pensara que necesita seguridad policial, no se vería incentivado a comprar la parte de los servicios de la policía que le corresponden. Dado que nuestra seguridad sería la misma que la de los demás conciudadanos, nos veríamos incentivados a esperar que la compraran nuestros vecinos en lugar de contribuir a pagarla. Cada uno individualmente se sentiría tentado a aprovechar las compras de los demás. Lógicamente, si todo el mundo esperase que la seguridad policial la comprase otro, este servicio no sería prestado.

Para afrontar el problema del consumidor parásito, la sociedad debe encontrar mecanismos que le permitan decidir colectivamente cuánto gastar en defensa. Precisamente, los gobiernos, como vimos en el Capítulo 4, se establecen para tomar estas decisiones colectivas. Este hecho explica además que muchos bienes públicos sean suministrados por el Estado. En cualquier caso, como veremos en el siguiente apartado, el problema no radica en quién suministra el bien público, si el Estado o el sector privado, sino en lograr que la cantidad suministrada sea óptima. El Estado no tiene que producir los bienes públicos, basta con que especifique qué cantidad debe producirse de cada uno. La producción efectiva pueden llevarla a cabo contratistas privados. Esto es, lo que, por ejemplo, ocurre con el servicio de limpieza en la mayoría de las ciudades.

5. CORRECCION DE LAS FALLAS DEL MERCADO

Las fallas del mercado pueden considerarse como desviaciones aisladas respecto de las situaciones eficientes, cuya corrección y el costo que ello conlleva compensa sobradamente las ventajas de mantener en funcionamiento el mecanismo de precios. Las propuestas sobre su corrección varían de acuerdo con el tipo específico de falla a que nos estamos refiriendo, si bien casi todas ellas tienen en común una participación más o menos activa del Estado.

Lucha contra los monopolios

Por lo que al monopolio y a todas aquellas situaciones de control de mercados se refiere, cabe señalar (véanse Capítulo 9 y Nota complementaria 12.3) que en la práctica totalidad de los países se han promulgado *leyes antimonopolio* y de defensa de la competencia. Estas leyes persiguen evitar situaciones en las que el control del mercado se ejerce por un grupo reducido de empresas formado mediante un proceso previo de concentración.

En coherencia con lo señalado, los únicos monopolios reconocidos son de propiedad pública, en los que se supone que no se aplica el criterio de ingreso marginal igual al costo marginal, que como sabemos es la razón por la que este tipo de mercado en manos privadas conlleva a una situación ineficiente. Sin embargo, la mera existencia de dichas leyes o regulaciones (como es el caso de España) no asegura su efectividad, sino que es precisa una aplicación estricta de las mismas, cosa que ocurre en raras ocasiones.

Las externalidades y la intervención pública: la regulación de la contaminación

La corrección de los efectos externos se refiere generalmente a aquellos que tienen un carácter negativo o dañino, siendo la contaminación ambiental el ejemplo concreto que más se utiliza. Detectada la causa que origina los efectos externos, parece lógico pensar que una forma de eliminarlos sería llevando a cabo una definición clara de los *derechos de propiedad* (véanse Notas complementarias 12.2 y 12.7), de forma que el mercado correspondiente se encargara del intercambio de dichos derechos. Esta posibilidad sería de difícil aplicación práctica, dadas las dificultades que plantea la negociación directa entre las partes implicadas.

Teniendo en cuenta estas limitaciones, cabe esperar que la intervención del Estado pueda mejorar el funcionamiento de la economía en presencia de externalidades. Así, ante el caso

Nota complementaria 12.7

LA ELIMINACION DE LA CONTAMINACION

La discusión en torno a los distintos tipos de efectos externos negativos y a las posibilidades que para su eliminación abre la negociación entre las partes, queda patente en el siguiente párrafo tomado del famoso artículo «El problema del costo social» de R. H. Coase, publicado en *The Journal of Law and Economics,* vol. III, octubre 1960, en el que se discute un caso real planteado ante un tribunal de justicia de los Estados Unidos:

«Consideremos primeramente el caso Sturges *versus* Bridgman... En este caso, un repostero (sito en la calle Wigmore) utilizaba dos morteros en el ejercicio de su actividad... Vino entonces un médico a instalarse en un edificio vecino (en la calle Wimpole). La maquinaria del repostero no le causó ningún perjuicio hasta que, ocho años después de ocupar el edificio, construyó un salón de consulta al final de su jardín, que colindaba pared con pared con la cocina del repostero. Fue entonces cuando vio que el ruido y las vibraciones ocasionadas por la maquinaria del repostero le dificultaba la utilización de su nuevo consultorio... El doctor, por tanto, inició una acción legal para obligar al repostero a no utilizar su maquinaria...

La decisión del tribunal estableció que el doctor tenía derecho a impedir que el repostero utilizara su maquinaria. Sin embargo..., hubiera sido posible modificar los previsibles acuerdos legales mediante un convenio entre ambas partes. El doctor hubiera estado dispuesto a renunciar a su derecho y permitir el funcionamiento de la maquinaria si el repostero le hubiera pagado una cantidad de dinero que fuera superior a la pérdida de ingresos que le ocasionaría el irse a un lugar más costoso o menos conveniente o el no ejercer su actividad en tal lugar o, lo que se sugirió como

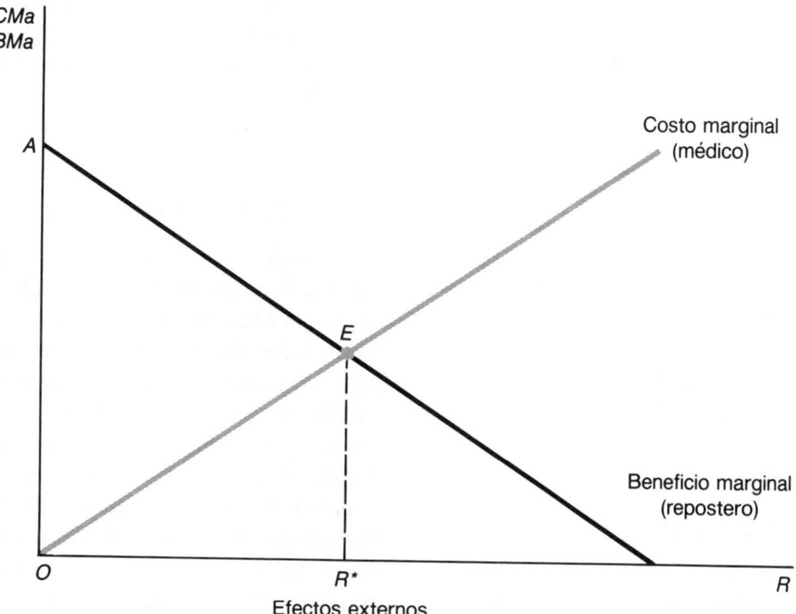

El costo marginal del ruido *(R)* aumenta con éste y el beneficio marginal al que tendría que renunciar quien lo genera se reduce al aumentar *R*.

posibilidad, el construir un nuevo muro que impidiese el ruido y la vibración. El repostero hubiera estado dispuesto a hacer esto si la cantidad que hubiera tenido que pagar al doctor fuera menor que la pérdida de ingresos que tendría, caso de tener que modificar sus actividades o llevar su negocio a algún otro sitio. En esencia, la solución del problema depende de si el continuar utilizando su maquinaria añade más ingresos al repostero que la que deduce de los ingresos del doctor.»

La figura adjunta permite poner de relieve las distintas consecuencias que se derivan según que tenga lugar o no la negociación entre las partes.

La línea creciente vendría a representar el hecho de que el médico soporta un costo marginal creciente, conforme mayor es el nivel de ruido, *R*. Por el contrario, la línea decreciente muestra el beneficio marginal al que tendría que renunciar el repostero si se ve forzado a tener que aminorar el ruido generado por su maquinaria. En términos del caso descrito, la decisión del juez de conferir el derecho al médico supone impedir cualquier tipo de ruido, aun cuando el repostero estaría dispuesto a pagar la cantidad *OA*. Si resultase posible la negociación, el nivel «óptimo de ruido» sería R^*, ya que el médico se vería compensado por la «última» unidad de ruido en la cuantía requerida. Un nivel de ruido menor que R^* supondría que el médico estaría perdiendo oportunidades de situarse en una mejor posición, mientras que lo contrario sucedería por encima de R^*.

de una empresa contaminante, el Estado puede intervenir. En este sentido se plantean cuatro posibilidades:

1. Prohibición total de las actividades contaminantes.
2. Establecimiento de umbrales máximos.
3. Fijación de impuestos unitarios.
4. Establecimiento de licencias de contaminación.

1. *Prohibición total de las actividades contaminantes*

Una actuación extrema sería la prohibición total de la actividad que genera el efecto externo. Este tipo de actuación, que puede considerarse la de menor costo de aplicación, genera a su vez una nueva ineficiencia, puesto que desde el punto de vista económico no puede afirmarse a priori que un nivel nulo de efecto externo sea la situación más ventajosa para ambas partes.

2. *Establecimiento de umbrales máximos*

Un procedimiento menos radical que el racionamiento total del nivel del efecto externo sería el establecimiento de *umbrales máximos permitidos*. En esencia, esta política consiste en que una agencia estatal establece, sobre distintos aspectos relacionados con el medio ambiente, tales como contaminación atmosférica y contaminación del agua, umbrales de calidad medio-ambiental y fija sanciones sobre los agentes que sobrepasan los umbrales fijados. El elevado costo de obtener la información que permita determinar dichos umbrales con arreglo a criterios de eficiencia, y personalizarlos para cada uno de los agentes causantes, dificulta la aplicación de este procedimiento, si bien es el que se utiliza con más frecuencia en el mundo real.

3. *Fijación de impuestos unitarios*

Una medida alternativa a la restricción en la cantidad del efecto externo es el establecimiento de un *impuesto unitario* por residuo emitido (o un subsidio en el caso de un efecto externo positivo) igual al daño marginal correspondiente al nivel óptimo (eficiente) del efecto externo, que obligaría a los agentes causantes del mismo a su internalización. En este caso, los agentes responsables del efecto externo se verán obligados a tener presente el impuesto (o la subvención) en la toma de decisiones sobre producción o consumo. Debe señalarse que, si bien este tipo de medida de corrección es susceptible de ser aplicado siguiendo un proceso de prueba y error, que liberaría al Estado de disponer de una información exhaustiva sobre los daños y beneficios marginales del efecto externo, presenta, sin embargo, el inconveniente de su costosa gestión en lo referente al establecimiento y recolección de los impuestos. Además, el objetivo perseguido no se habrá alcanzado en su totalidad si finalmente los perjudicados o dañados no reciben la compensación correspondiente a los perjuicios sufridos.

4. *Establecimiento de licencias de contaminación*

Otra alternativa para combatir la contaminación consiste en el establecimiento de *licencias de contaminación* por cada agente contaminador. Estas se establecen a partir de un estudio que determina el nivel óptimo de emisión total. Los agentes productores que detentan las licencias tienen el derecho a verter la cantidad de residuos especificada en la licencia durante el período considerado. Entre las empresas contaminantes pueden tener lugar intercambios de licencias, de forma que aquellas que adquieran las licencias serán las empresas contaminantes.

La provisión óptima de bienes públicos

Nos referimos, por último, a los problemas planteados por la provisión óptima o eficiente de bienes públicos. Como ya se dijo en el apartado correspondiente, el problema fundamental en relación con los bienes públicos, y particularmente con los bienes públicos puros, es que la aplicación de la regla $P = CMa$ lleva a una oferta nula o insuficiente por parte del mecanismo de precios, pues el costo de una unidad adicional (una vez que ya se está produciendo), vendida a un consumidor cualquiera es cero. Por ello, el sistema de mercado no emprende la producción del bien a pesar de que existen individuos que están dispuestos a pagar por él.

- **El bien público será producido en la cantidad apropiada cuando el precio correspondiente sea igual a la suma de las cantidades que los distintos individuos están dispuestos a pagar por una unidad adicional del bien.**

Esta condición de eficiencia tiene su origen en el hecho de que el consumo de un individuo no compite con el de los otros, esto es,

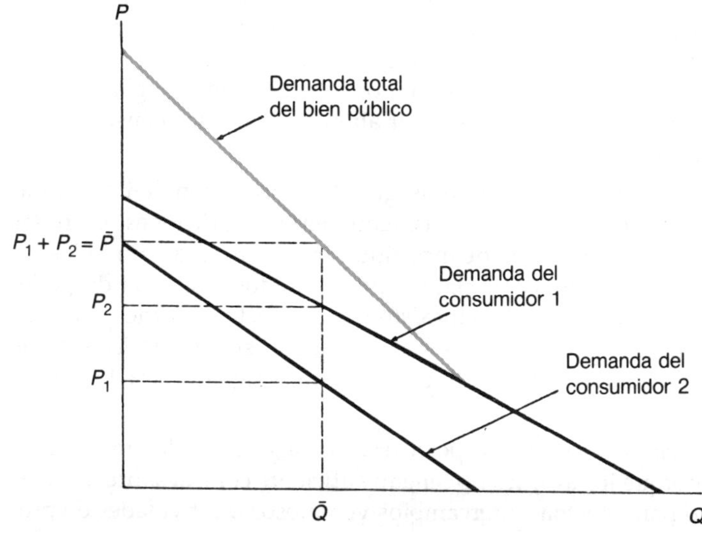

Figura 12.2. Demanda total de un bien público.

El precio que habría que fijar para que el bien público se produjera en condiciones de eficiencia debería ser igual a la suma de las cantidades que los distintos individuos están dispuestos a pagar por una unidad adicional de bien. Gráficamente, la demanda total resulta como la suma vertical de las demandas individuales.

todos los individuos se benefician simultáneamente de cada una de las unidades del bien público. La interpretación gráfica de esta condición se recoge en la Figura 12.2. Como puede observarse, contrasta totalmente con el caso de un bien privado, para el cual la valoración marginal de cada individuo se iguala al precio del bien.

En términos gráficos, el precio y la cantidad óptima o eficiente del bien público habrán de determinarse de acuerdo con una curva de demanda del mercado obtenida mediante suma vertical de las demandas individuales, de forma que el precio del bien será igual a la suma de los precios que están dispuestos a pagar los distintos consumidores (Figura 12.2). Es ahí donde radica el problema, es decir, en la dificultad de disponer de unos precios personalizados que, además, correspondan con las verdaderas preferencias de los individuos. Es obvio que, dadas las características de este tipo de bienes y suponiendo que utilizásemos el método indirecto de encuestar a los consumidores potenciales, éstos tenderían a infravalorar o a sobrevalorar sus preferencias en relación con el consumo del bien, dependiendo de la forma que ellos crean que será adoptada para costoar su producción. A este respecto, se argumenta que la provisión de bienes públicos deberá financiarse siempre mediante impuestos destinados específicamente a tal fin, que recaigan a su vez sobre los propios usuarios del bien o servicio, de forma que éstos estarán interesados en revelar sus verdaderas preferencias. Aparte de los problemas de solidaridad y equidad que puede plantear este procedimiento, en el fondo el problema de la ineficiencia no desaparecerá, a menos que el esquema impositivo esté personalizado de forma que cada persona pague con arreglo a su valoración del bien. Como es obvio, un sistema impositivo de este tipo resulta difícilmente realizable, dados los elevados costos de aplicación.

RESUMEN

- Una asignación es un *óptimo de Pareto* si no existe otra que permita mejorar la posición de un individuo sin que los otros se vean perjudicados. El *equilibrio competitivo* conseguido mediante el sistema de precios permite alcanzar un óptimo de Pareto. Por consiguiente, la regla $P = CMa$ muestra una situación que no desea ser alterada ni por los consumidores ni por las empresas.

- Para que el *sistema de precios* asegure la consecución de un resultado eficiente, se requiere que se satisfagan ciertas condiciones, entre las que cabe destacar: la ausencia de incertidumbre, mercados para todos los bienes, derechos de propiedad claramente definidos, ausencia de poder de influencia sobre el mercado e inexistencia de efectos externos. Cuando se aíslan alguno de estos supuestos decimos que existen *fallas del mercado* esto es, que el equilibrio competitivo genera una asignación de los recursos no óptima.

- Una *asignación ineficiente* persistirá por alguna de las razones siguientes: *a)* porque los agentes no tengan suficiente control sobre las mercancías como para efectuar intercambios ventajosos o actividades de producción que rindan beneficio; *b)* porque no dispongan de suficiente información para alcanzar tales oportunidades, y *c)* cuando las partes individuales en un intercambio no pueden ponerse de acuerdo en cómo distribuirse las ganancias de su intercambio mutuamente provechoso.

• Las *fallas del mercado* se refieren a situaciones concretas en las que están presentes todas o algunas de las causas de ineficiencia ya mencionadas. Dichas situaciones son consecuencia de: presencia de monopolio, interdependencia de los agentes económicos externa al mecanismo de mercado, bienes públicos y recursos de acceso común.

• Existe una *externalidad* cuando algunas de las variables que afectan a la utilidad o al beneficio de quien toma las decisiones se encuentra bajo el control de otro sujeto decisor. En un sistema de economía de mercado, donde las relaciones se analizan a través de los precios, no hay razón para que los agentes que actúan en su propio interés incluyan en sus objetivos los efectos que sus acciones ocasionan sobre otros agentes. Las externalidades persisten por la insuficiencia o la inexistencia de mercados relevantes, debido a la ausencia de derechos de exclusión bien definidos. En algunas situaciones de externalidad puede darse una falla del mercado a la hora de acordar el reparto de las ganancias derivadas del paso a una asignación más eficiente.

• Por *bien público* se entiende aquel que su consumo por parte de un individuo no reduce la cantidad disponible para otro individuo. En los bienes públicos la falla de mercado se debe a varias razones: 1. A que no son excluibles en absoluto o lo son a un costo muy alto. 2. A que el costo de oportunidad de una unidad vendida a un consumidor cualquiera, cuando el nivel de producción está dado, es cero. Cuando un consumidor se da cuenta de que el costo marginal de su propio consumo es nulo, puede ofrecer un precio muy bajo al productor por el derecho a consumir su producto.

CONCEPTOS BASICOS

— Equilibrio parcial y equilibrio general o competitivo.
— Optimo de Pareto.
— Derechos de propiedad.
— Fallas de mercado.
— Exclusión imperfecta.
— Intransferibilidad.
— Costos de información.
— Efectos externos y externalidades.
— Bienes públicos.
— Recursos de propiedad común.
— Derechos de exclusión.
— Bienes no rivales.

TEMAS DE DISCUSION

1. Justifique usted por qué el equilibrio competitivo logra alcanzar una situación que tanto los consumidores como las empresas consideran satisfactoria.

2. ¿En qué sentido una asignación eficiente de recursos no presupone nada sobre una distribución justa?

3. ¿En cualquier circunstancia el sistema de precios alcanza un resultado eficiente? Comente las principales condiciones para que el resultado del funcionamiento del sistema de precios pueda calificarse como un óptimo de Pareto.

4. ¿Qué razones pueden explicar que persista una asignación ineficiente cuando los consumidores, los productores, o ambos, podrían mejorar su situación si se lograse alcanzar la eficiencia económica?

5. ¿En qué circunstancias el costo de oportunidad de un bien puede no verse adecuadamente representado por su precio?

6. Ofrezca algunos ejemplos de bienes cuya producción genere externalidades negativas, y otros que al producirlos ocasionen externalidades positivas.

7. Justifique por qué en ciertos recursos de propiedad común se ocasiona una explotación exhaustiva y se corre el riesgo de que se agoten. ¿Cómo podría corregirse esta situación?

8. Enumere algunos ejemplos de bienes públicos y justifique en cada caso en qué medida los consumidores adicionales reducen el consumo real de los anteriores consumidores.

9. Comente la siguiente afirmación: «El mercado fracasa con los bienes públicos porque el costo de oportunidad de una unidad vendida a un consumidor cualquiera es cero».

10. Piense en algunos de los bienes y servicios que proveen los distintos organismos de su administración local. ¿Cuáles de esos bienes y servicios son bienes públicos? ¿Algunos de ellos son bienes públicos puros?

11. Comente alguna de las medidas que usted cree oportuno aplicar para combatir los efectos externos negativos.

APENDICE:
La eficiencia económica y la Caja de Edgeworth

Las curvas de indiferencia (expuestas en el apéndice del Capítulo 6) pueden emplearse para ilustrar el concepto de óptimo de Pareto construyendo la denominada Caja de Edgeworth. En ésta se supone que la economía está formada por dos individuos (o grupos de individuos), *A* y *B*, y por

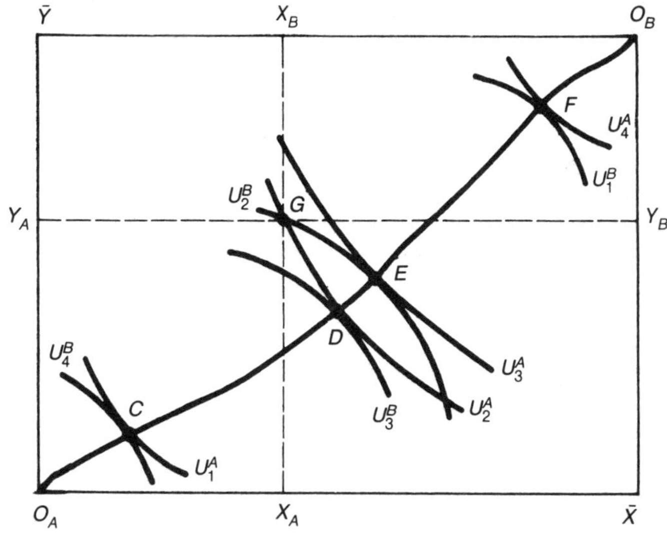

Figura 12.A.1. La Caja de Edgeworth permite representar gráficamente el conjunto de las asignaciones eficientes.

dos bienes, X e Y, de forma que la única actividad económica que se realiza es el intercambio de dichos bienes entre ambos individuos.

El objeto es representar gráficamente el conjunto de asignaciones eficientes resultante de los mapas de curvas de indiferencia de ambos agentes.

La Caja de Edgeworth, reproducida en la Figura 12.A.1, se construye de la siguiente forma: las dimensiones de la Caja vienen dadas por las disponibilidades totales del bien X, esto es, $\bar{X} = X_A + X_B$, y del bien Y, es decir, $\bar{Y} = Y_A + Y_B$. X_A es la cantidad del bien X que posee el individuo A; X_B es la correspondiente al individuo B. Análogamente, para el bien Y.

A partir de cada vértice se representan los mapas de curvas de indiferencia de ambos consumidores. Para el individuo A la utilidad es mayor conforme se sitúa en una curva de indiferencia más alejada del origen O_A, mientras que la utilidad de B aumenta de acuerdo con el mismo criterio, pero tomando como referencia el origen O_B (mayor utilidad para B cuanto más alejada de O_B se encuentre la curva de indiferencia de este individuo).

Cualquier punto del interior de la Caja es factible, pero no todos son eficientes. Supongamos una situación de partida como la definida por el punto G, en la que las dotaciones iniciales son (X_A, Y_A), para el individuo A, y (X_B, Y_B), para el individuo B. Este punto, G, no representa una situación eficiente, ya que existen posibilidades de intercambiar bienes, aumentando el bienestar o utilidad de ambos o de al menos uno de los sujetos sin reducir el del otro. Así, deslizándose a través de la curva de indiferencia U_2^A, podemos pasar del punto G al D, que será eficiente, ya que el sujeto A permanece en la misma curva de indiferencia U_2^A y el B pasa a otra más elevada, U_3^B.

Puede comprobarse que todos los puntos que representan asignaciones eficientes, *C, D, E* y *F,* vienen dados por los puntos de tangencia de las curvas de indiferencia de ambos individuos. La línea que une dichos puntos se denomina *curva de contrato.*

Finalmente, téngase en cuenta que el criterio del óptimo de Pareto no permite comparar entre las distintas asignaciones eficientes, ya que pasar de una de ellas a otra, por ejemplo de *D* a *E,* supone siempre que la utilidad o bienestar de uno de los individuos se reduce.

La conclusión que se puede extraer es que el criterio del óptimo de Pareto permite obtener *asignaciones eficientes,* pero *no la asignación más eficiente.*

PARTE V

La distribución de la renta

CAPITULO 13

Distribución y sistema de precios

INTRODUCCION

Este es el primero de los capítulos dedicados al estudio de la teoría de la distribución. El análisis de la distribución pretende determinar cómo se reparte el producto total entre los factores productivos. En una economía de mercado, la retribución de los diferentes factores productivos se concreta en los correspondientes mercados y con ella se determina también la forma en que se distribuye el producto nacional, esto es, la renta. No es pues de extrañar que el análisis de los mercados de factores sea, al mismo tiempo, el análisis de la distribución de la renta entre los diferentes propietarios de factores. En última instancia, cabe pensar en la teoría de la distribución como uno de los componentes de la teoría de los precios. La renta de cada factor productivo dependerá del precio que se paga por dicho factor y de la cuantía total empleada. Desde esta perspectiva, el problema de la distribución en un mercado en particular se reduce a estudiar los determinantes de la demanda y de la oferta de factores de la producción.

Debe señalarse que, si bien en este capítulo se plantea el estudio de la demanda y de la oferta de un factor de forma genérica, para facilitar la exposición, en el análisis gráfico la notación empleada se refiere al factor trabajo, por ser éste, además, el factor variable por excelencia.

1. DISTRIBUCION Y MERCADO DE FACTORES

Los servicios que prestan el trabajo, el capital, la tierra y, en general, toda clase de instrumentos materiales de producción se incorporan a los bienes económicos en forma de valor agregado (*) en los procesos productivos. El sistema económico obedece a un principio básico según el cual los propietarios de los factores productivos obtienen una remuneración por su uso igual al valor que crean éstos cuando prestan servicios productivos. Desde esta perspectiva, los factores productivos se pueden considerar como una fuente de riqueza en dos sentidos: como generadores de valor añadido a la riqueza existente y como fuente de ingresos para sus propietarios.

Este principio básico asocia estrechamente la producción y la distribución de la riqueza, ya que las identifica como caras de una misma

(*) El valor agregado es la diferencia entre el valor de los bienes producidos y el costo de las materias primas y otros bienes intermedios utilizados para producirlos (véase Nota complementaria 15.1).

moneda. La remuneración a los propietarios de los factores productivos, esto es, de los recursos naturales, o más concretamente, de la tierra, del trabajo y del capital, se determina según la contribución productiva de los servicios que prestan. Este principio general se aplica con independencia de que sea el marco institucional el que delimite quiénes hayan de ser propietarios.

Cuando se analizó el funcionamiento de la economía de mercado, en el Capítulo 3, vimos cómo los mercados de factores están conectados con los mercados de bienes y servicios. Dada una distribución de la riqueza y dada una población, los ingresos o renta de cada una de las economías domésticas dependerán de las cantidades de recursos que posean, de la fracción de éstos que vendan en el mercado y de los precios que alcancen. Es preciso, no obstante, distinguir entre *distribución de la renta* y *distribución de la riqueza.*

• **La *riqueza* de un país es el valor neto de sus activos tangibles o físicos y financieros. La *renta* de un país es la renta total que reciben los propietarios de los factores productivos de la economía, esto es, trabajo, capital y recursos naturales.**

Es fácil entender que, según como esté distribuida inicialmente la riqueza, así vendrá determinada, aunque no totalmente, la distribución de la renta.

Debe tenerse en cuenta, sin embargo, que la distribución de la renta de un país entre los distintos agentes económicos será el resultado, no sólo de las rentas libremente obtenidas por los distintos factores productivos, sino que también se verá fuertemente influenciada por la acción del sector público y, en particular, por los impuestos netos, esto es, los impuestos menos las transferencias efectuadas por la Administración.

Nota complementaria 13.1

LA DISTRIBUCION DE LA RENTA

El funcionamiento del mercado de factores, al determinar los salarios de los trabajadores, el tipo de interés del capital y la renta de la tierra, establece la distribución de los ingresos de la economía en el período considerado.

En el cuadro adjunto se recogen datos relativos a la participación de la remuneración de los asalariados en el ingreso nacional en Argentina.

PARTICIPACION DE LOS SUELDOS Y SALARIOS EN EL INGRESO

Año	%
1970	43
1974	45
1987	37

FUENTE: L. A. Beccaria y A. Orsatti: «La cuestión salarial en Argentina. Un balance de los 70 y 80», en *Anales del 2.º Congreso Internacional de Política Social, Laboral y Provisional,* Bs. As., 1990.

2. LA DEMANDA DE UN UNICO FACTOR VARIABLE

La demanda de factores como demanda derivada

Los factores se demandan no por sí mismos, sino porque son necesarios para obtener un bien final u otros bienes intermedios. Esto hace que la demanda de un factor, por ejemplo, la compra de materias primas, el arrendamiento de una cierta cantidad de tierra por un período determinado, la demanda de servicios de mano de obra, etc., sea una demanda derivada. Por ello, la cantidad demandada a cada precio de un factor dependerá de la cantidad que se desee obtener del producto final, la cual dependerá a su vez del precio de dicho producto.

En este sentido se ha de señalar que la importancia relativa de cada factor dependerá tanto de su contribución a la producción en los distintos procesos productivos en que interviene como del valor unitario de los productos que con ellos se obtienen, dado por su precio en el mercado. El precio que los empresarios están dispuestos a pagar por los factores o por sus servicios depende de esas dos condiciones: su producto marginal y el valor del producto en cuya obtención colaboran. De esta forma, el valor de los factores para los demandantes se deriva, en última instancia, del que tienen los bienes de consumo final en cuya producción intervienen (véase Nota complementaria 13.2).

La demanda de un factor variable

Para simplificar la exposición vamos a suponer que a corto plazo hay un solo factor variable, que es el trabajo, mientras que el stock de capital es fijo. Suponemos, además, que el producto se vende en un mercado competitivo y que la empresa no incide sobre el nivel de salarios, sino que éstos vienen determinados por el mercado.

La empresa, para decidir qué nivel de producción es el que maximiza sus beneficios, debe razonar marginalmente. Por ello averiguará si el costo de utilizar una unidad más de trabajo —esto es, el salario— es mayor o menor que el aumento del ingreso derivado de que tiene más producto que vender.

- **Para seleccionar el nivel óptimo de empleo la empresa comparará el aumento del ingreso derivado de la contratación de un trabajador más con el costo de contratarlo.**

Para calcular el ingreso derivado de la contratación de un trabajador adicional debemos recordar el concepto de producto marginal (Capítulo 7).

En el Cuadro 13.1 aparecen recogidos los datos que definen la función de producción de una empresa a corto plazo, dada una cantidad fija de capital. Como puede observarse, la *producción total* de la empresa aumenta cuando ésta contrata más trabajo (Cuadro 13.1, segunda columna y Figura 13.1*a*). La tercera columna de ese mismo cuadro, muestra el *producto marginal del trabajo,* esto es, la cantidad en que aumenta la producción cuando se emplea una unidad más de trabajo.

Si suponemos que a partir de la primera unidad de trabajo existen rendimientos decrecientes, el producto marginal disminuye conforme aumenta el número de trabajadores empleados (Figura 13.1*b*). Esto refleja el hecho de que el producto total crece cada vez menos al ir añadiendo sucesivas unidades de trabajo, manteniendo constante la cantidad de capital (Cuadro 13.1, columna segunda, y Figura 13.1*a*).

Recordemos que el problema de la empresa es determinar qué cantidad de trabajo debe contratar y para ello comparará el valor de la producción que aportaría el trabajador con el costo de contratarlo.

El valor del producto marginal del trabajo *(VPMaL)*

Si como hemos señalado la empresa es un competidor perfecto, el precio del producto que vende será constante y vendrá dado por el mercado. De esta forma, el ingreso que obtiene

Nota complementaria 13.2

LAS LEYES DE LA DEMANDA DERIVADA DE LOS SERVICIOS PRODUCTIVOS

Las leyes que rigen la demanda derivada de los factores productivos fueron enunciadas por Marshall (véase Capítulo 29) e indican los factores que determinan la elasticidad, esto es, la sensibilidad de la cantidad demandada ante modificaciones en el precio del factor o de sus servicios. Supongamos que la demanda se traduce en la contratación de servicios a un precio unitario determinado; la cuestión es saber, por ejemplo, cómo varía la cantidad demandada de mano de obra cuando cambia el salario-hora. Debe señalarse que la suma de las demandas individuales de un factor cualquiera da lugar a la demanda global de la industria. La elasticidad de esta curva de demanda de un servicio productivo por una industria es la que viene determinada por las leyes de Marshall.

Primera ley

La primera ley señala que la demanda de los servicios ofrecidos por un factor productivo será tanto más elástica cuanto más fácil sea de sustituir este servicio por otros.

Segunda ley

La demanda de un servicio productivo será tanto más elástica cuanto más lo sea la del producto que ayuda a fabricar. Esta ley evidencia el hecho de que los factores son objeto de una demanda derivada. Cuando aumenta el precio del servicio productivo, y pese al efecto sustitución al que hace alusión la primera ley, aumentará el precio del producto. De esta forma resulta que cuanto más elástica sea la demanda de éste, más se contraerá la cantidad demandada y, consecuentemente, la producción y, con ello, la demanda derivada del servicio productivo.

Tercera ley

La tercera ley señala que la elasticidad de la demanda del servicio productivo depende de la elasticidad de la oferta de los otros servicios productivos. Así, al aumentar el precio de un servicio, los productores tienden a utilizar más de los otros servicios en su lugar. La posibilidad de llevar a cabo este proceso de sustitución se verá limitada si la oferta de dichos servicios alternativos es inelástica. Este efecto de freno a la sustitución se ve reforzado también mediante la demanda del producto, pues el encarecimiento del precio de éste, mayor cuanto más inelástica sea la oferta de los otros servicios, hace que se contraiga el nivel de producción.

Cuarta ley

La cuarta ley de Marshall señala que la demanda de un servicio productivo será más inelástica cuanto menor sea la fracción del costo total que representa el servicio en cuestión. Parece poco razonable pensar que se dejará de comprar un automóvil porque el sindicato de los transportistas encargados de distribuir los automóviles desde la fábrica hasta los lugares de compra final hayan logrado un notable incremento de salarios, si se sabe que el costo del transporte sólo representa como media un 1 % respecto al precio de venta del automóvil.

Cuadro 13.1. Deducción del valor del producto marginal de un factor productivo
(El precio del producto es 10 unidades monetarias)

Número de trabajadores (*L*)	Producción total (*PT*)	Producto marginal del trabajo (*PMaL*)	Precio de mercado del producto, *P* (pesos)	Valor del producto marginal del trabajo *VPMaL* = *PMaL* × *P* (pesos)	Salario W (pesos)	Variación de los beneficios (pesos)
0	0		10			
		20		200		
1	20		10		50	150
		10		100		
2	30		10		50	50
		5		50		
3	35		10		50	0
		3		30		
4	38		10		50	− 20
		1		10		
5	39		10		50	− 40

la empresa por la venta del producto marginal derivado de emplear un trabajador adicional es el resultado de multiplicar el producto marginal por el precio del producto de la empresa y se denomina *valor del producto marginal.*

• **El *valor del producto marginal* de un factor (en nuestro caso el trabajo) se define como el aumento del ingreso que obtendría una empresa competitiva utilizando una unidad adicional de trabajo y se calcula mul-**

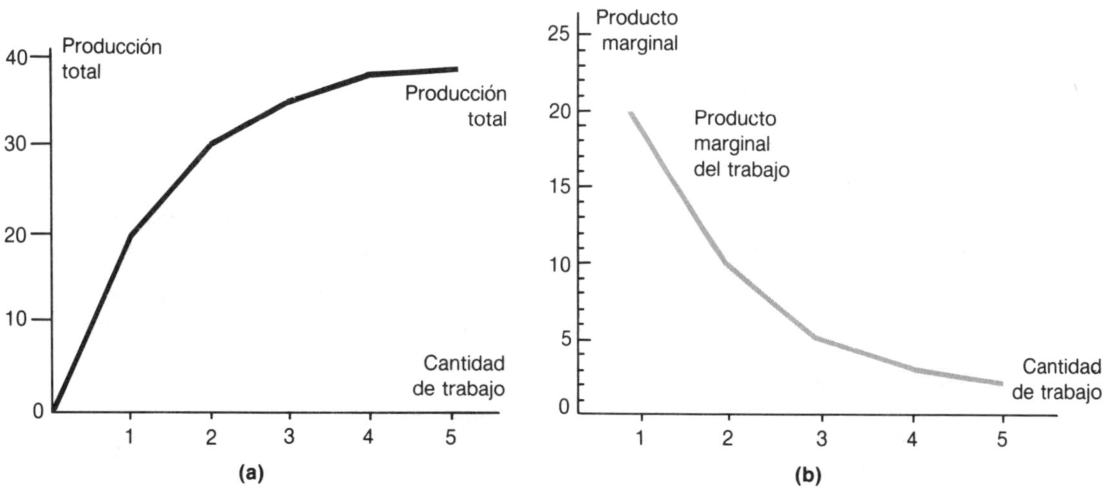

Figura 13.1. Producto total y producto marginal.

A partir de los valores del Cuadro 13.1 se han trazado las curvas representativas del producto total (Figura *a*) y del producto marginal (Figura *b*). Se supone que a partir de la primera unidad de trabajo existen rendimientos decrecientes, de forma que el producto total crece a un ritmo decreciente y el producto marginal decrece.

tiplicando el producto marginal por el precio del producto.

Si el precio del producto es $10 por unidad (columna cuarta), el valor del producto marginal generado por cada trabajador será el recogido en la columna quinta. Esta columna suministra la información que necesita la empresa para decidir si le conviene o no contratar a otro trabajador.

Para determinar la cantidad óptima de trabajo que debe contratar la empresa competitiva pensemos que, si bien el valor del producto marginal muestra cuánto aumenta el ingreso contratando a un trabajador más, esta contratación también añade su salario al costo. El resultado neto sobre los beneficios de la empresa competitiva derivados de la contratación de un trabajador más será igual al valor del producto marginal menos el salario (Cuadro 13.1, columna séptima = columna quinta – columna sexta).

De acuerdo con lo señalado, la curva de demanda del factor trabajo será la que representa el valor del producto marginal *VPMa*. ¿Por qué? Porque dado el precio de una unidad de factor trabajo, la demanda de dicho factor se llevará hasta el extremo en que la última unidad genere un producto marginal cuyo valor sea igual al salario que se paga por ella. Dado que en nuestro ejemplo el salario es de $50 al día, la empresa no desearía adquirir más de 3 unidades, pues la cuarta costaría $50, pero sólo aportaría un incremento de producto cuyo valor es $30. Por el contrario, si se demandaran sólo 2 unidades de trabajo, el *VPMaL* de la segunda unidad sería $100 y dado que el costo es $50, a la empresa le convendría seguir contratando más mano de obra.

El nivel de empleo óptimo

Así pues, la empresa competitiva seguirá esta regla para contratar empleo:

- **La empresa expandirá el empleo mientras el valor del producto marginal del trabajo *(VPMaL)* sea superior al salario y lo reducirá siempre que sea inferior. El nivel de empleo es óptimo cuando se cumple la siguiente condición:**

$$\textbf{Salario} = \begin{matrix}\textbf{Valor del producto}\\ \textbf{marginal del trabajo}\end{matrix}$$

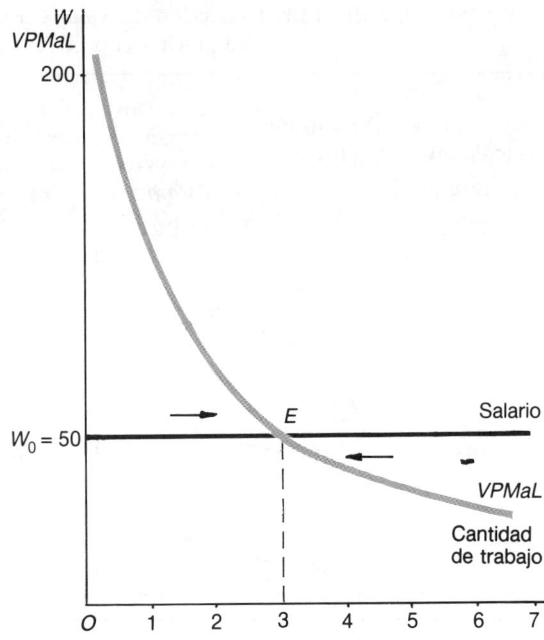

Figura 13.2. Curva de demanda del factor.

La curva de demanda de un factor (trabajo) por parte de una empresa competitiva viene representada por la curva de valor del producto marginal del trabajo. Si el *VPMaL* es superior al salario W_0, la empresa debe elevar su nivel de empleo y, si es inferior, debe reducirlo. El nivel de empleo óptimo es aquel en que $W_0 = VPMaL$.

La Figura 13.2 ilustra gráficamente la elección del nivel de empleo óptimo de la empresa. Para seleccionar el nivel de empleo que maximiza el beneficio, la empresa compara el salario con el aumento del ingreso, esto es, el *VPMaL* . Si es superior al salario, la empresa debe elevar su nivel de empleo, pues el ingreso aumenta en una cuantía superior a los costos. Por el contrario, si es inferior debe reducirlo, pues el incremento del ingreso es inferior a los costos. Las flechas muestran el sentido del ajuste hasta alcanzar el nivel de empleo óptimo, que en el caso considerado en el Cuadro 13.1 y en la Figura 13.2 es de 3 trabajadores.

• **La curva del valor del producto marginal del trabajo *(VPMaL)* es la curva de demanda de trabajo de la empresa competitiva. Para cualquier nivel de salario dado, la empresa contratará la cantidad de trabajo que indica la curva *VPMaL*.**

La pendiente negativa de la curva de demanda de un factor

La justificación teórica de la pendiente negativa de la curva de demanda de un factor cualquiera descansa, en última instancia, en la ley de los rendimientos marginales decrecientes y en el principio de minimización de costos por parte de la empresa. Por la ley de los rendimientos decrecientes resulta que la curva del *VPMa* de cualquier factor, al igual que ocurría con la curva de productividad marginal, crecerá inicialmente, tendrá un máximo y, después, decrecerá. Pero el principio de minimización de costos determina que la empresa tendrá como curva de demanda del factor el tramo decreciente de la curva del *VPMa,* pues al empresario nunca le convendrá detenerse en los puntos de la curva de *VPMa* correspondientes al tramo creciente, ya que empleando más unidades del factor y, en consecuencia, aumentando la producción del bien que elabora, el valor del producto marginal será mayor que el precio del factor, o lo que es lo mismo, el costo marginal será menor que el ingreso marginal. En definitiva, la curva de demanda del factor por parte del empresario será el tramo decreciente de la curva del *VPMa.*

3. LA DEMANDA DE VARIOS FACTORES PRODUCTIVOS (*)

Volvamos de nuevo a introducir el supuesto más realista de que hay más de un factor productivo variable. Además no debe olvidarse que a largo plazo la empresa tiene libertad para variar todos los factores, de forma que cualquier bien puede producirse con diversas combinaciones de cantidades de varios factores. Precisamente, tal como señalamos en el Capítulo 7, la función de producción nos dice que existe un gran número de combinaciones alternativas de factores para producir una misma cantidad de unidades de un bien. El problema consiste en cómo decide la empresa las cantidades de factores productivos que ha de demandar.

Para minimizar los costos, esto es, para alcanzar la eficiencia económica (véase Apartado 7.1), la empresa sustituirá unos factores por otros hasta alcanzar el costo más bajo posible para una determinada cantidad de producto. Para ello comparará el costo de utilizar una unidad adicional de cada factor con el valor del producto marginal de éste.

Para analizar las implicaciones de esta regla supongamos que la empresa competitiva sólo utiliza dos factores productivos, el trabajo y el capital. En línea con lo señalado en el apartado anterior, la empresa maximiza los beneficios contratando a cada factor hasta el punto en el que el valor del producto marginal es igual al costo de contratarlo. siendo W el salario, i el tipo de interés o precio del capital, y P el precio del producto, la empresa maximizadora del beneficio debe satisfacer las dos ecuaciones siguientes:

$$VPMaL = PMaL \times P = W \qquad (1)$$

$$VPMaK = PMaK \times P = i \qquad (2)$$

donde *PMaL* y *PMaK* son, respectivamente, los productos marginales del trabajo y del capital.

Estas condiciones de maximización de beneficios podemos utilizarlas para describir cómo se deben combinar todos los factores. Si la empresa desea maximizar los beneficios, deberá cumplir las ecuaciones (1) y (2), pero éstas pueden resolverse y escribirse como sigue:

$$\frac{PMaL}{W} = \frac{PMaK}{i} = \frac{1}{P} \qquad (3)$$

(*) El contenido de esta pregunta presenta un nivel algo superior de dificultad y puede omitirse sin perder el mensaje fundamental del capítulo.

Nota complementaria 13.3

PRECIO REAL DE UN FACTOR

Tal como se recoge en el texto, para determinar la evolución del precio real de un factor hay que separar de la variación del precio monetario la variación de los precios. Para el caso del salario promedio de la industria argentina el gráfico adjunto recoge la evolución de dicha variable utilizando como deflactor el Indice de Precios al Consumidor (IPC). En un caso se ha empleado el índice correspondiente al mismo mes al que se refieren los salarios y en el otro el del mes siguiente.

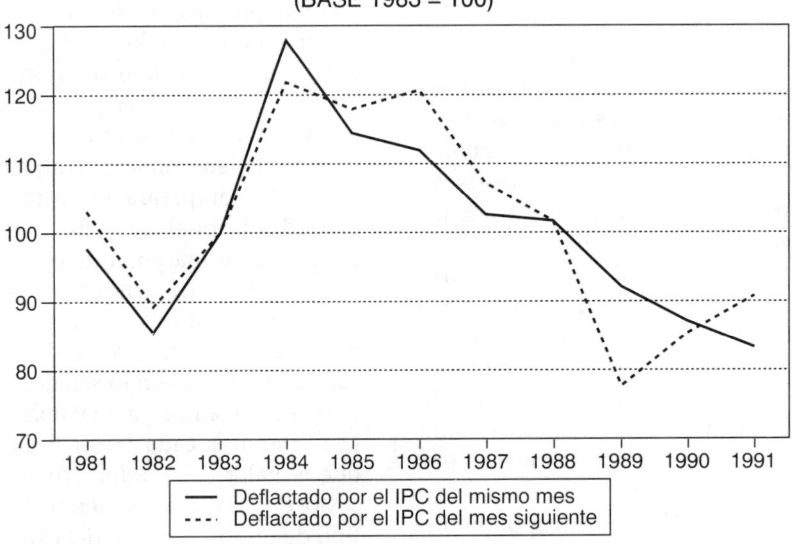

FUENTE: CEPAL, en base a datos de la Secretaría de Seguridad Social.

Para interpretar la ecuación (3) piénsese que cada unidad adicional de trabajo eleva la producción en *PMaL*, de forma que $\frac{PMaL}{W}$ es la cantidad de producción adicional que se obtiene gastando un peso más en trabajo. Asimismo, $\frac{PMaK}{i}$ es la producción adicional que se obtiene gastando un peso adicional en capital. Si resulta, por ejemplo, que $\frac{PMaK}{i} = 3$, y que $\frac{PMaL}{W} = 1$, el gasto de un peso adicional en capital incrementa la producción tres veces más que si se gastase en trabajo. De esta forma, si la empresa gasta un peso más en capital y se reduce el gasto en trabajo también en un peso, la producción de la empresa aumenta en dos unidades. Así pues, la empresa puede incrementar la producción sin alterar los costos, lo que quiere decir que inicialmente no estaba minimizando los costos de producción. Sólo cuando se cumpla $\frac{PMaL}{W} = \frac{PMaK}{i}$ resultará imposible reducir el costo de una producción dada redistribuyendo el gasto entre el capital y el trabajo.

De nuevo la condición $P = CMA$

La ecuación (3) podemos reescribirla de forma que derivemos la regla de maximización de beneficios de la empresa competitiva, $P = CMa$. Pensemos que pretendemos elevar la producción en una unidad. Para ello se necesitarán $\frac{1}{PMaL}$ unidades adicionales de trabajo o $\frac{1}{PMaK}$ unidades adicionales de capital. Si, por ejemplo, el $PMaK$ es 3, se necesitarán $\frac{1}{3}$ de unidad de capital adicional para elevar la producción en una unidad. El costo del capital necesario para incrementar la producción en una unidad es $\frac{i}{PMaK}$, mientras que el costo de elevar la producción en una unidad empleando más trabajo es $\frac{W}{PMaL}$.

Cuando una empresa está minimizando el costo e incrementa la producción en una unidad, el costo del aumento debe ser el mismo cualquiera que sea el factor, esto es, los dos cocientes $\frac{i}{PMaK}$ y $\frac{W}{PMaL}$ deben ser iguales. Pero el incremento del costo cuando el nivel de producción aumenta en una unidad es, por definición, el costo marginal. Por otro lado, si nos percatamos de que estos cocientes no son más que las recíprocas de los cocientes de la ecuación (3), ésta podemos reescribirla como sigue:

$$\frac{W}{PMaL} = \frac{i}{PMaK} = CMa = P \qquad (4)$$

Esta ecuación nos conduce de nuevo a la condición de que el costo marginal en equilibrio es igual al precio y nos da una regla de comportamiento para la empresa cuando ésta contrata factores productivos.

- **La regla fundamental para elegir los niveles óptimos de los factores refleja que la empresa competitiva maximizadora de beneficios debe producir en el nivel en el que el costo marginal es igual al precio vigente en el mercado.**

La sustitución entre factores

Cuando una empresa decide las cantidades de cada factor que debe utilizar, compara los diferentes métodos o técnicas disponibles que permiten obtener un determinado nivel de producción.

Al presentar el concepto de *eficiencia económica* en el Capítulo 7, comprobamos que el problema de la empresa consiste en determinar el método de producción que minimiza sus costos. Esta búsqueda de la minimización del costo lleva a la empresa a utilizar métodos de producción que emplean relativamente más trabajo o más capital en función de los precios de ambos factores (véase Cuadro 7.1).

Aunque es frecuente pensar que no hay más que una forma correcta de hacer las cosas, esto rara vez es cierto en el caso de los procesos productivos. La sustitución de un factor por otro u otros es algo que en la práctica totalidad de los procesos productivos puede llevarse a cabo. Así, por ejemplo, en una fábrica que se dedica a la producción de automóviles se puede sustituir trabajo por capital cuando se decide automatizar la producción y se utiliza una maquinaria muy moderna y relativamente pocos trabajadores. Asimismo, la comunidad de propietarios de un edificio, ante el nivel de los salarios, puede decidir sustituir al conserje del edificio por un portero electrónico.

Para analizar cómo tiene lugar el proceso de sustitución de un factor por otro volvamos de nuevo a la ecuación (4). Esta nos dice que para minimizar el costo de producir una cantidad dada deben ser iguales los cocientes entre el costo de utilizar cada factor y su producto marginal.

Si el precio de un factor, por ejemplo, el trabajo, se incrementa, mientras que el precio del otro factor, el capital, permanece fijo, esto inducirá a la empresa a sustituir trabajo por capital. Un aumento en W incrementa el cociente

$\frac{W}{PMaL}$, esto es, el costo de utilización del trabajo, lo que incentivará a que las empresas despidan trabajadores y a sustituirlos por maquinaria hasta que de nuevo se igualen los cocientes de la ecuación (4).

Los precios relativos de los factores y la relación trabajo/capital

La ecuación (4) podemos reordenarla de forma que resulta evidente un hecho observado a nivel internacional: que en los países en los que hay mucha mano de obra y poco capital, de forma que los salarios son bajos en relación a los costos del capital, las empresas utilizan procesos productivos que requieren mucho trabajo y poco capital. En otras palabras, que en los países en los que relativamente hay mucha mano de obra las empresas producen con una relación trabajo/capital elevada. Reordenando la ecuación (4), podemos escribirla como sigue:

$$\frac{W}{i} = \frac{PMaL}{PMaK} \qquad (5)$$

Esta ecuación nos dice que cuanto menor es el cociente $\frac{W}{i}$, esto es, el costo de utilizar trabajo en relación con el costo de utilizar capital, más atractivo le resulta a la empresa contratar trabajo en vez de capital y, consecuentemente, más trabajo utilizará en relación con el capital. En otras palabras, cuanto más bajo sea el cociente $\frac{W}{i}$, mayor será el cociente trabajo/capital, también denominado relación trabajo/capital, que mide la proporción en que se utilizan ambos factores.

En términos de la ecuación (5) resulta que, dado un nivel determinado de capital, los *rendimientos decrecientes* del factor trabajo determinan que, si aumenta la cantidad contratada de trabajo por haberse abaratado el costo relativo de utilizar este factor, el cociente $\frac{PMaL}{PMaK}$ de la ecuación (5) disminuirá. Esta ecuación permite que ambos cocientes sean iguales.

Del análisis de la ecuación (5) también se desprende que la empresa determina los métodos de producción, esto es, las cantidades relativas que va a utilizar de trabajo y capital, y el equipo a emplear de acuerdo con los costos relativos de los factores reflejados en el cociente $\frac{W}{i}$.

¿Precios reales o precios monetarios de los factores?

En condiciones de competencia, la demanda de factores por parte de la empresa depende de sus precios reales, esto es, de los precios monetarios divididos por el precio del producto.

Para demostrar esta afirmación observemos que si dividimos ambos miembros de la ecuación (1) y (2) por P obtenemos:

$$PMaL = \frac{W}{P}$$

$$PMaK = \frac{i}{P}$$

Estas consecuencias podemos escribirlas de forma genérica como sigue:

$$\textbf{Producto marginal del factor} = \frac{\textbf{Precio monetario del factor}}{\textbf{Precio del producto}} = \textbf{Precio real del factor}$$

El significado económico de estas ecuaciones puede establecerse diciendo que, si se duplica el precio del producto y el precio monetario de todos los factores, la cantidad demandada de éstos no se altera.

4. LA OFERTA Y LA DEMANDA DE UN FACTOR: EL PRECIO DE EQUILIBRIO

La curva de demanda de mercado de un factor productivo

Para poder determinar la curva de demanda total de un factor, esto es, la curva de demanda de mercado, hay que tomar en consideración la demanda del mismo por parte de cada una de las empresas e industrias que lo emplean. En un principio cabe afirmar que, dado que la demanda de un factor es una demanda derivada y que los factores suelen ser sustituibles, al menos a largo plazo, la elasticidad de la demanda de la mayoría de los factores tiende a ser superior a la unidad.

La demanda agregada de un factor productivo no será la suma horizontal de las curvas de valor del producto marginal de todas las empresas. Piénsese que la competencia perfecta supone que el precio del producto es fijo. Pero cuando todas las empresas que integran el mercado alteran la cantidad que demandan de un factor cualquiera, se altera también la cantidad de producto ofrecida y, por tanto, el precio del producto.

En términos gráficos este hecho se recoge en la Figura 13.3. Cuando el salario es W_1 y el precio del producto P_1, la industria perfectamente competitiva se encuentra en equilibrio en el punto E_1. La curva del valor del producto marginal del trabajo de la industria, *VPMaL* (P_1), muestra que la demanda de trabajo de todas las empresas que integran el mercado aumenta cuando se reduce el salario, suponiendo que el precio del producto permanece constante al nivel P_1. Si ahora suponemos que el salario baja a W_0, el nuevo equilibrio se encontrará en el punto E_0 si el precio del producto no se reduce. Pero, como hemos señalado, al reducirse el salario las empresas incrementan el empleo y la producción. Este incremento en la oferta hará reducir el precio del producto y, por tanto, disminuirá la cantidad demandada de trabajo. El nuevo equilibrio se encontrará en el punto E'_0,

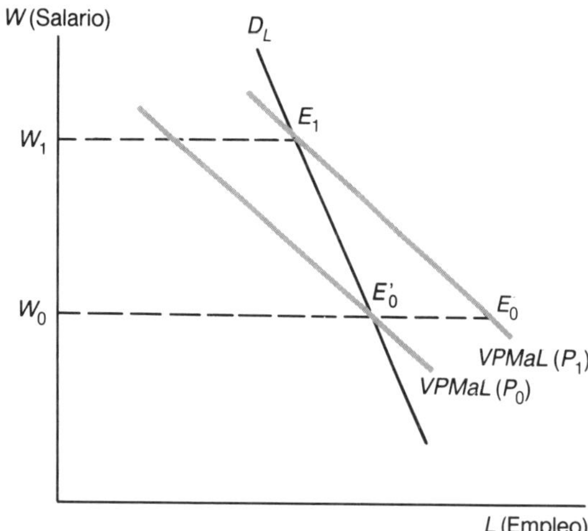

Figura 13.3. La demanda de trabajo en un mercado o industria competitiva.

A cada precio, digamos P_1, la curva de demanda de trabajo de cada empresa competitiva es su curva *VPMaL*. Sumando estas curvas horizontalmente obtenemos la curva *VPMaL* (P_1) de la industria. Esta curva, sin embargo, no es la curva de demanda de trabajo de la industria. Cuando se reduce el salario desde W_1 a W_0, el equilibrio de la industria pasaría de ser E_1 a E_0, si el precio del producto no se redujese. Pero al incrementarse el empleo y la producción, el precio del producto baja y la cantidad demandada de trabajo disminuirá. Así, el nuevo equilibrio de la industria será E'_0, en el cual el precio del producto es P_0, menor que P_1. A este nuevo precio obtenemos otra curva *VPMaL* (P_0) de la industria. La curva de demanda de trabajo de la industria D_L se obtiene uniendo los puntos E_1 y E'_0.

---

en el que el precio del producto es P_0, siendo $P_0 < P_1$. La curva *VPMaL* (P_0) muestra que el empleo de la industria depende del salario cuando el precio del producto es P_0.

La curva de demanda de trabajo del mercado D_L se obtiene uniendo puntos como el E_1 y el E'_0, de forma que se tiene en cuenta el efecto de la variación del empleo provocado por la reducción del precio del producto. Obsérvese que, si bien cuando la empresa considera dado dicho precio, plantea un aumento relativamente grande del empleo al reducirse el salario, al actuar de forma similar todas las empresas el nivel óptimo de empleo es menor que el que se pensaba inicialmente.

- **La curva de demanda agregada del factor (D_L) tendrá una inclinación mayor que la curva de *VPMaL* de la industria correspondiente a un precio fijo del producto.**

La oferta de los factores productivos

Una vez analizada la demanda veamos cuáles son las características más significativas de la oferta de los factores productivos. La oferta de un factor productivo para un uso concreto tiene siempre un costo de oportunidad. Así, por ejemplo, la oferta de abogados laboralistas será función de la remuneración de estos profesionales, pero también del costo de sustraerlos de otras actividades.

La oferta de abogados especializados en el derecho laboral la determinan los costos de oportunidad y éstos serán crecientes, pues si se desea aumentar su oferta habrá que recurrir a abogados más inclinados a otras actividades, y eso sólo se conseguirá si el precio de estos servicios es suficientemente alto. Así, la oferta de los servicios prestados por un factor aumenta con el precio de los citados servicios, y lo hará con mayor o menor intensidad según varíe el costo de oportunidad, esto es, se gradúa según el aumento del costo del factor en términos de su valor productivo en usos alternativos.

De acuerdo con lo señalado, es de esperar que la oferta de trabajadores para cualquier oficio en el que, además de leer y escribir, sea suficiente un adiestramiento específico de corta duración, sea muy elástica, pues existen muchos trabajadores que pueden adaptarse a los requerimientos del oficio en cuestión. Por el contrario, la oferta de factores de uso específico —como, por ejemplo, el suelo urbano— suele ser poco elástica porque, si bien existe mucho terreno agrícola a un costo de oportunidad casi constante en términos de productividad en cultivos, los costos de transporte inducen una gran heterogeneidad de este bien de capital.

La determinación del precio de un factor

Para establecer los factores de los que depende el precio o valor de un factor es preciso examinar los determinantes de su demanda y de su oferta. El valor de los factores de producción se establece de acuerdo con las leyes generales que determinan el valor de cualquier bien económico, esto es, la teoría de los precios.

El precio de los factores productivos se determina aplicando las leyes de equilibrio que rigen en todos los mercados para obtener su precio. Si los mercados son competitivos y los costos de los ajustes reducidos, los precios definirán el valor de los servicios productivos y constituirán la remuneración que obtienen sus propietarios. Sólo a los precios de equilibrio la demanda será exactamente igual a la oferta (Figura 13.4). A precios superiores, la cantidad demandada disminuirá y, además, aumentará la cantidad ofrecida, de forma que se generarán excedentes que harán que los precios bajen hasta el nivel de equilibrio. A precios inferiores, sólo se conseguirá una oferta menor y, al mismo tiempo, aumentará la demanda y, en consecuencia, los precios subirán, presionados por el exceso de demanda.

- **Los precios de equilibrio de los factores productivos constituirán la remuneración que obtendrán los propietarios de los factores por sus servicios productivos y serán también iguales al valor que los demandantes atribuyen a los citados servicios.**

La eficiencia económica y la teoría de la distribución

Los mercados de factores son difícilmente de competencia perfecta y ello hace poco realista la visión de la distribución que la teoría económica neoclásica pretende hacer pasar por «objetiva». Fundamentalmente, y tal como se verá más adelante, el hecho de que la oferta de factores de la producción no se base en la teoría de la producción tradicional, hace sospechar

Nota complementaria 13.4

EL FUNCIONAMIENTO DE UN MERCADO DE FACTORES

El funcionamiento de todo mercado de factores viene determinado por la evolución de la oferta y la demanda. El equilibrio se alcanzará cuando coincidan los planes de los oferentes y de los demandantes, de forma que el mercado se vacíe. La información facilitada en este cuadro se refiere al mercado de trabajo y, en particular, a la evolución registrada por la demanda de diferentes categorías laborales entre 1990 y 1991.

INDICADOR DE DEMANDA LABORAL
CIUDAD DE BUENOS AIRES
(BASE 1974 = 100)

Categoría	1990	1991	Variación %
Nivel general	64,6	134,0	107,4
Profesionales y técnicos	58,4	91,1	56,0
Directivos	49,3	88,6	79,7
Administrativos y auxiliares	59,4	98,8	66,3
Vendedores y corredores	132,4	161,2	21,8
Servicio doméstico	33,3	33,2	−0,3
Otros servicios personales	28,9	19,6	−32,2
Industriales	72,8	207,5	185,0
Construcción	14,6	32,2	120,5
Otros	360,4	907,9	151,9

VARIACION DEL INDICADOR DE DEMANDA LABORAL
ENTRE 1990 Y 1991.
CIUDAD DE BUENOS AIRES
(BASE 1974 = 100)

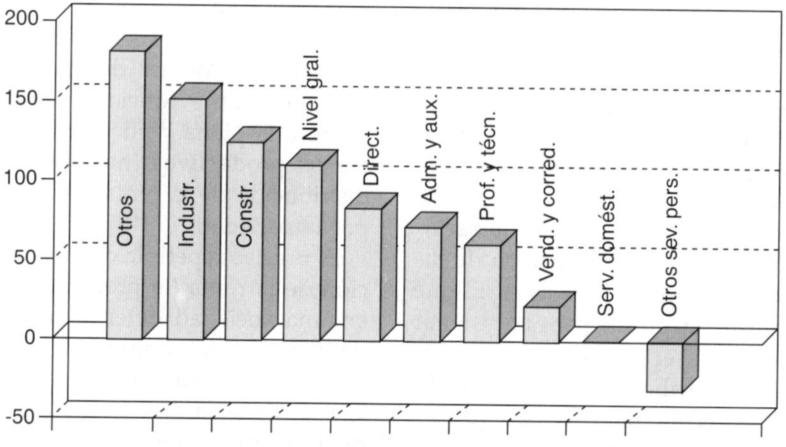

FUENTE: INDEC.

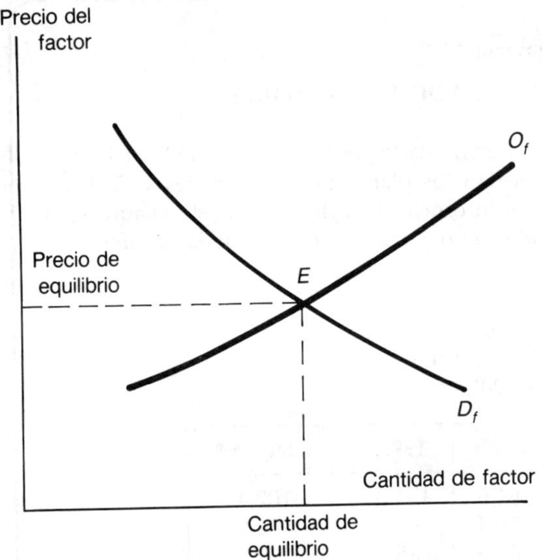

Figura 13.4. Mercado de un factor.

Para cada factor las curvas de demanda y de oferta determinan el precio de equilibrio que iguala la cantidad demandada a ese precio con la oferta.

que la retribución de los factores no tiene exactamente el mismo sentido que el precio de los bienes producidos en una economía. Uno puede hablar de que en los mercados de factores hay explotación o elementos monopolistas y de poder, o cualquier otro argumento extraeconómico, pero difícilmente puede aplicar el mismo criterio de eficiencia que parece regir en la teoría neoclásica de la producción.

La fijación de precios de los factores en mercados de competencia perfecta, aunque no esté en relación con el costo de producirlos, caso de ofertas fijas, incorpora un elemento de racionalidad y de eficiencia en la asignación de dichos factores entre los diferentes usos. El que cada recurso tenga un precio permite asignar los recursos hacia los sectores donde son más apreciados, lo cual colabora a una mayor eficiencia del sistema económico. Puesto que los precios de los factores determinan, en parte, la distribución de la renta, bien podemos decir que ésta, dada una distribución inicial de la riqueza, es un subproducto de la solución general al problema de *qué* y *cómo* producir, es decir, al problema de la asignación eficiente de los recursos.

Señalaremos finalmente que, así como el precio de un bien es el criterio que permite decidir quién consume y quién no, el precio de un factor actúa como un indicador para determinar en qué actividades se ha de utilizar un recurso escaso. Si hay procesos productivos que, a los precios de mercado, no pueden utilizar los recursos productivos, es porque la economía no puede permitirse tener recursos empleados en esas actividades, pues existen en ese momento otras ocupaciones más productivas.

5. LA POLITICA DE DISTRIBUCION

• **La *política de distribución* está integrada por un conjunto de medidas de política económica cuyo objetivo principal es modificar la distribución de la renta entre los grupos sociales o los individuos.**

Decimos objetivo principal, pues no debemos olvidar que cualquier medida de política económica, sea o no distributiva, afectará secundariamente a la distribución de la renta.

Existe la política de distribución porque, aunque el libre funcionamiento del mercado asegura la plena y eficaz utilización de los recursos productivos, no está garantizada una distribución de la renta que se considere justa por la sociedad.

Es preciso repetir la distinción entre distribución de la renta (lo producido durante un año en una sociedad determinada) y distribución de la riqueza (el conjunto de recursos productivos en manos de las economías domésticas). Ciertamente, la distribución de la renta dependerá de cómo esté distribuida la riqueza, pero también de cuáles sean las retribuciones de los factores que se determinen en los mercados.

Nota complementaria 13.5

EL GASTO SOCIAL Y LA POLITICA DISTRIBUTIVA

Uno de los instrumentos de la política distributiva lo constituye la captación de recursos por el Estado a través de la vía tributaria y su canalización mediante el gasto público hacia la satisfacción de determinadas necesidades como la educación, la salud y la vivienda.

En el cuadro adjunto se resume la evolución del gasto social en educación, salud y vivienda en distintos períodos históricos en Argentina.

EVOLUCION DEL GASTO SOCIAL DEL GOBIERNO NACIONAL

Períodos	% Gasto social en el		% Inversión social en inversión total del Gobierno Nacional
	PIB	Presupuesto nacional	
1930-1943	2,6	17,7	
1944-1955	2,7	14,8	
1956-1957	1,7	9,8	13,6
1958-1962	2,1	10,7	23,5
1963-1966	2,1	11,9	22,3
1967-1973	2,4	19,4	13,0
1974-1975	2,5	22,6	
1976-1979	0,9	15,4	

FUENTE: A. Marshall, «El salario social en Argentina», *Desarrollo económico,* núm. 93, abril-junio de 1984.

Los objetivos de la política de distribución

Los objetivos de la política de distribución se pueden concretar en:

a) *Garantizar una base mínima de nivel de vida para todos los ciudadanos.* En algunas economías se ponen condiciones a este objetivo, en el sentido de proporcionar la base mínima a aquellos que por sus propios medios y en el contexto del mercado no pueden alcanzarla.

b) *Tender hacia una igualación primaria en la distribución de la renta.* Un ejemplo de lo anterior sería la creación de un impuesto negativo sobre la renta, a pesar de la pérdida de ingresos fiscales que supone.

c) *Tender hacia una igualación en la renta como objetivo subsidiario.* En este caso la redistribución de la renta se pretende alcanzar como resultado de algún otro objetivo a cumplir, como pueda ser aumentar los ingresos fiscales por medio de un impuesto progresivo sobre la renta.

d) *Promover la «meritocracia».* En este caso se trata, no ya de modificar la distribución de la renta, sino de distribuir las oportunidades que provoquen un reparto más justo. En este sentido dos estrategias a seguir son: promover la *educación gratuita,* que afecta a una redistribución de las capacidades, y tender a la limitación del derecho a la *herencia,* lo que supone una redistribución de la riqueza.

Algunos aspectos prácticos de la política de distribución

A la hora de poner en práctica una política distributiva, un interrogante que se debe despejar es a favor de quién o de qué grupos se desea distribuir. En un principio caben tres opciones: 1. Tomar como punto de referencia el propio individuo y tratar de distribuir la renta a favor de determinados individuos en función de características específicas. 2. Tomar como unidad distributiva la familia o economía doméstica y tomar las medidas que se consideren idóneas en tal sentido. 3. Elegir como unidad distributiva determinados grupos socioeconómicos, tales como jóvenes, ancianos, agricultores, etc.

Otra cuestión sobre la que hay que decidir antes de diseñar una política distributiva es la concerniente a cómo llevar a cabo la distribución, esto es, si ésta se realizará en especie o en términos monetarios. Así, por un lado, cabe establecer determinadas subvenciones sobre los precios de los bienes que representan una elevada proporción en los presupuestos de los grupos sociales menos pudientes económicamente, como, por ejemplo, alimentación o vivienda, o por el contrario se puede ofrecer gratuitamente a ciertos individuos algunos bienes, tales como la educación o la sanidad.

La medición de las diferencias de renta

Para reflejar intuitivamente la desigualdad se suele acudir al análisis gráfico, y en particular a la *curva de Lorenz,* llamada así en honor al estadístico norteamericano que la elaboró en 1905. Sirve para mostrar la relación que existe entre los grupos de la población y sus respectivas participaciones en la renta nacional.

La diagonal *OO'* que aparece en la Figura 13.5 representa una distribución igualitaria, en la que cada porcentaje de familias recibe un porcentaje igual de la renta. Esta línea se suele llamar de equidistribución o de distribución igualitaria. La curva de Lorenz indica la distribución de la renta en el año respectivo. En particular, la curva de Lorenz de 1990 para la economía argentina muestra que, por ejemplo, el 20 % de las familias de renta más baja recibieron el 6,7 % de la renta total.

Cuanto más alejada está la curva de Lorenz de la diagonal, mayor será la desigualdad en la distribución de la renta nacional. O sea, cuanto mayor es el área de desigualdad (zona comprendida entre la línea de equidistribución y la curva de Lorenz), más desigualmente se reparte la renta en el país en cuestión.

La medida de la desigualdad en la distribución de la renta puede reflejarse mediante un número: el *índice de Gini,* resultante de dividir el área de desigualdad, esto es, el área punteada, por el área del triángulo *O-O'-O".* Un índice próximo a cero indica una distribución muy igualitaria, mientras que si está próximo a uno muestra una distribución muy desigual o concentrada.

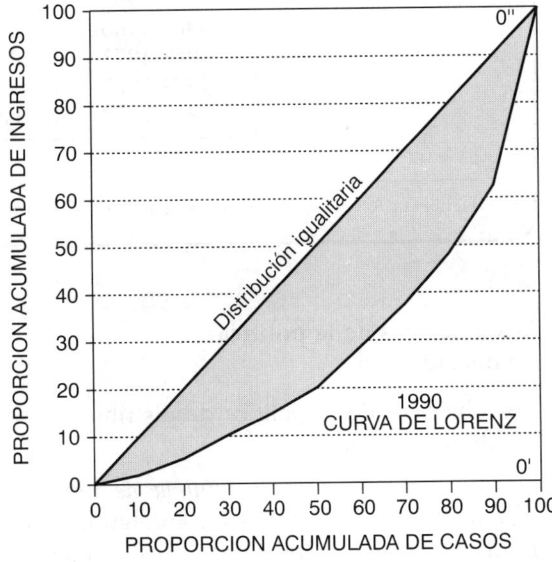

Figura 13.5. Curva de Lorenz de la Economía argentina para 1990. FUENTE: Elaboración propia en base a datos del INDEC.

La curva de Lorenz muestra la relación existente entre grupos de población y sus respectivas participaciones en la renta nacional. Cuanto más alejada está de la línea de distribución igualitaria, mayor será la desigualdad en la distribución.

La distribución funcional de la renta

La distribución funcional de la renta se refiere al reparto de la renta entre los factores de la producción, fundamentalmente el trabajo y el capital. La parte de renta que corresponde al trabajo y la que se destina a retribuir al capital dependen de la proporción con la que estos factores son utilizados en la producción y de la relación entre los precios de dichos factores.

Los instrumentos de que dispone la política de distribución son (véase Capitulo 4), fundamentalmente: 1. el sistema impositivo, 2. los gastos de transferencia, entre los que cabe destacar los correspondientes al seguro de desempleo y subvenciones asociadas con la política educativa, y 3. aquellas medidas que implican intervención directa en el mecanismo de mercado.

■ El sistema impositivo

Existen muchas figuras impositivas pero, en general, podemos pensar que todos los impuestos modifican la distribución de la renta. Algunos, como los *indirectos,* la modifican en el sentido de perjudicar a los grupos de renta más baja, y por eso se les califica de regresivos. Piénsese que los individuos con menor renta pagan lo mismo que los más afortunados, con lo que el porcentaje de impuestos es superior para los más pobres. Los impuestos sobre la renta o impuestos *directos* pueden ser *neutrales,* en el sentido de que no modifican la distribución de la renta si el tipo impositivo (el porcentaje que se recauda sobre la renta) es el mismo para todo nivel de renta. Lo normal, sin embargo, es que de los impuestos directos sean *proporcionales* con mínimo exento o que el tipo

Nota complementaria 13.6

PROGRESIVIDAD IMPOSITIVA Y LA REDISTRIBUCION DE LA RENTA

El sistema impositivo, como se señala en el texto, es el instrumento fundamental de toda política redistributiva. Dentro de todo sistema impositivo el Impuesto a las Ganancias ocupa un lugar destacado. En el caso de la economía argentina, como en la práctica totalidad de los países occidentales, se trata de un gravamen proporcional con mínimos exentos y en el que el *tipo impositivo,* esto es, el porcentaje que hay que pagar al fisco, se eleva con la ganancia neta imponible. El carácter progresivo del impuesto determina que a aquellos individuos con niveles de renta mayores se les apliquen tipos impositivos más elevados, de forma que permita modificar la distribución de la renta en favor de los menos favorecidos.

Base imponible *		Tipo medio (porcentaje)
De más de $	Hasta $	
	1.372,46	6,0
1.372,46	13.724,60	7,8
13.724,60	28.821,66	11,0
28.821,66	57.643,32	14,3
57.643,32	115.286,64	18,4
115.286,64		25,3

* Base imponible: es el monto —en este caso la ganancia neta imponible— sujeta a la aplicación de un impuesto.

FUENTE: DGI.

impositivo se eleve con la renta (*progresivos*), modificando la distribución de la misma en beneficio los menos favorecidos.

■ **Los gastos de transferencia**

Generalmente, los impuestos pretenden, de forma prioritaria, conseguir recursos financieros para el sector público y, subsidiariamente, modificar la distribución de la renta. Las transferencias, sin embargo, persiguen más directamente garantizar una base mínima de nivel de vida para todos los individuos y procurar una igualación primaria en la distribución de la renta. En efecto, el seguro de desempleo y las pensiones de jubilación garantizan una base mínima a personas que de otra forma no podrían obtener tales ingresos. Un impuesto negativo sobre la renta cumple también estos objetivos.

■ **Intervención directa en el mecanismo de mercado**

El tercer bloque de actividades redistributivas es el que se centra en la intervención en el funcionamiento del mercado. Estas medidas actúan en el proceso de formación de los ingresos, esto es, sobre las fuerzas de demanda y oferta de mano de obra y sobre otros factores de la producción tales como el capital. Ejemplos conocidos de este tipo de políticas son la

Nota complementaria 13.7

REMUNERACIONES MEDIAS

Como puede observarse, las diferencias salariales entre diferentes categorías laborales y entre distintas ramas de la actividad económica son pronunciadas. La política distributiva trata de paliar las diferencias de ingresos que se derivan del funcionamiento del mercado de trabajo.

REMUNERACIONES MEDIAS EN JUNIO DE 1992
(En pesos)

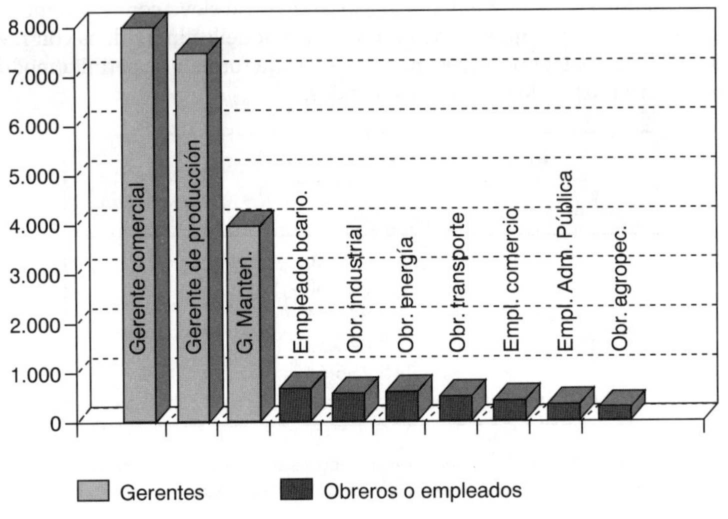

FUENTE: *Panorama*, agosto de 1992, e Instituto de Economía (UADE).

imposición de salarios mínimos (véase Capítulo 14) y la limitación de los dividendos y los alquileres, así como los controles sobre los precios de determinados artículos, generalmente de primera necesidad. Otro ejemplo característico es la congelación temporal de los salarios.

En términos generales, cabe señalar que, si estas políticas no se basan en un análisis minucioso del funcionamiento de los mercados en cuestión, pueden romper el equilibrio del mercado y quizás incluso ir en contra de los intereses de aquellos sectores (o al menos sobre parte de ellos) a quienes las autoridades desean ayudar. Así, el establecimiento de un precio mínimo, tal como vimos anteriormente en el Capítulo 5, disminuye la cantidad demandada de trabajo, de forma que del conjunto de los trabajadores salen siempre ganando los que siguen empleados y pierden los que se ven despedidos. De modo similar, el establecimiento de un tope a los alquileres reduce el número de casas de alquiler ofrecidas. De esta forma ganan los que consiguen una casa de alquiler, pues pagan un precio inferior al que fijaría el mercado, y pierden los que no consiguen alquiler.

RESUMEN

- El *análisis de la distribución* pretende examinar cómo se reparte el producto total entre los factores productivos. La retribución de los diferentes factores productivos se determina en los correspondientes mercados. La renta de cada factor productivo dependerá del precio que se paga por dicho factor y de la cuantía total empleada. La distribución de la renta entre los distintos factores, si bien no depende sólo de cómo esté distribuida la riqueza, sí está fuertemente condicionada por ella.

- Los factores productivos no se demandan por sí mismos, sino porque son necesarios para obtener un bien final u otros bienes intermedios. En este sentido se habla de una *demanda derivada*; la cantidad demandada a cada precio de un factor dependerá de la cantidad que se desee obtener del producto final, la cual dependerá a su vez del precio del producto.

- El precio que los empresarios están dispuestos a pagar por los factores o por sus servicios depende de su productividad física y del valor del producto que ayudan a obtener.

- En la producción de los distintos bienes y servicios se pueden emplear diferentes factores y la elección de la composición definitiva dependerá de los precios relativos de los factores.

- La empresa demandará el factor variable hasta aquella situación en la que el valor del producto marginal del factor sea igual a su precio ($VPMa = W$). La justificación teórica de la pendiente negativa de la curva de demanda de un factor cualquiera descansa en la ley de los rendimientos marginales decrecientes y en el principio de minimización de costos.

- Para obtener el máximo rendimiento por unidad de factor empleado, la empresa combinará los factores de forma que la productividad marginal física que obtenga por unidad monetaria gastada en cada factor sea la misma.

• La oferta de un factor productivo para un determinado uso tiene siempre un costo de oportunidad, que es creciente conforme aumenta la cantidad del factor ofrecida. Una vez conocidas la oferta y la demanda de un factor se puede determinar su precio.

• La fijación de precios de los factores en mercados competitivos, aunque no esté en relación con el costo de producirlos, en el caso de ofertas fijas, incorpora un elemento de racionalidad y de eficiencia en la asignación de dichos factores entre los diferentes usos.

• La política distributiva puede tomar diversos puntos de referencia: el individuo, la familia o determinados grupos o colectivos. Asimismo, la política distributiva se puede llevar a cabo en especie (subvencionando los precios de determinados productos) o en términos monetarios.

• El origen de las diferencias de renta se encuentra básicamente en el funcionamiento del mercado de trabajo (que genera fuertes diferencias salariales) y en las diferencias en la distribución de la riqueza. Para medir las diferencias de renta se suele acudir a la curva de Lorenz, que muestra la relación existente entre los grupos de la población y sus respectivas participaciones en la renta nacional.

CONCEPTOS BASICOS

— Teoría de la distribución.
— Factor productivo.
— Distribución de la renta y distribución de la riqueza.
— Demanda derivada.
— Valor del producto marginal.
— Las leyes de la demanda derivada.
— Elasticidad de sustitución.
— La curva de demanda de un factor.
— La oferta de un factor y el costo de oportunidad.
— Ingreso marginal de un factor.

TEMAS DE DISCUSION

1. ¿En qué sentido la teoría de la distribución puede considerarse como un caso especial de la teoría de los precios? ¿Qué principio básico asocia la teoría de la distribución con la teoría de la producción? ¿En qué dos sentidos los factores productivos pueden considerarse como una fuente de riqueza?

2. Comente las diferencias entre la distribución de la renta y la distribución de la riqueza y justifique por qué la distribución de la renta de un

país no es sólo el resultado de las rentas libremente obtenidas por los distintos factores.

3. ¿Cuáles son los dos factores determinantes del precio que la empresa está dispuesta a pagar por los factores productivos?

4. ¿Por qué razón se habla de demanda «derivada» al referirse a la demanda de un factor productivo? ¿En qué sentido la cantidad deseada de un factor productivo concreto, a cada nivel del precio, viene determinada por las leyes de la producción?

5. Dé algunas razones de por qué a lo largo de la historia se ha sustituido el trabajo por el capital en los procesos productivos. ¿En qué sentido este proceso de sustitución está implícito en las «leyes de la demanda»?

6. ¿Que ocurriría si la empresa combinara los factores de forma que la productividad marginal física que obtuviese por unidad monetaria gastada en el factor trabajo fuera mayor que la derivada del empleo del factor productivo capital?

7. ¿Qué objetivos suele perseguir la política distributiva?

8. ¿En qué sentido una ley de salario mínimo puede perjudicar a los trabajadores?

9. ¿A quién beneficia una ley que limite el aumento de los alquileres?

CAPITULO 14

Los mercados de trabajo, de la tierra y del capital

INTRODUCCION

Con este capítulo, que es el segundo de los dedicados a estudiar la teoría de la distribución, se cierra el conjunto de bloques temáticos que se ocupan de la microeconomía. En él se estudia la problemática específica de los mercados de los tres factores productivos tradicionales: trabajo, tierra y capital. Al estudiar el mercado de trabajo se analiza, asimismo, el papel de los sindicatos. Como complemento, en el apéndice se presenta un tratamiento teórico de las imperfecciones en los mercados de factores, tomando como referencia el mercado de trabajo. Dadas las especiales características que presentan las inversiones en educación y, en general, en formación, éstas se analizan en un apartado específico.

1. EL MERCADO DE TRABAJO

El análisis que vamos a presentar del mercado de trabajo lo centraremos en el estudio de la oferta de trabajo ya que en el capítulo anterior, al tratar de forma genérica la demanda de un factor productivo, el caso considerado fue el del trabajo.

La curva de oferta de trabajo del individuo

La decisión de oferta de trabajo de un individuo, aunque de hecho puede verse fuertemente condicionada por sus circunstancias personales, podemos suponer que depende de su salario real. Este se define como salario monetario o nominal dividido por el nivel de precios (W/P). El salario real refleja, por tanto, la cantidad de bienes que puede comprar el individuo con sus ingresos salariales.

Respecto a la forma de la curva de oferta de trabajo del individuo hay una cierta polémica en la literatura económica, en el sentido de que una subida del salario real puede elevar o reducir la cantidad que desea trabajar el individuo. Pensemos en un individuo que se plantea la decisión de oferta de trabajo en el siguiente contexto: si trabaja más con objeto de poder consumir más bienes, renuncia al ocio, siendo éste también un bien deseado por el individuo. En particular se argumenta que cuando aumenta el salario hay un *efecto sustitución* de ocio por trabajo que hace que el individuo trabaje más, pues cada hora de ocio cuesta más en forma de renta perdida. Pero también hay un *efecto renta,* pues ahora es posible consumir una mayor cantidad de bienes, entre ellos el ocio, ya que ha aumentado la renta real. Ambos efectos actúan en direcciones opuestas y el resultado neto es imposible de conocer a priori. Algunos autores señalan que a niveles salariales relativamente bajos, al aumentar éstos, la cantidad de horas de trabajo ofertadas por el individuo aumenta (el efecto sustitución es más fuerte que el efecto renta), obteniéndose una curva de oferta con pendiente positiva. Sin embargo, a partir de un determinado nivel de salario real, el resultado puede ser el opuesto: al crecer los salarios se reduce la cantidad de trabajo ofertada por el individuo (el efecto renta predomina sobre el efecto sustitución), con lo cual la curva de oferta pasa a tener pendiente negativa (Figura 14.1).

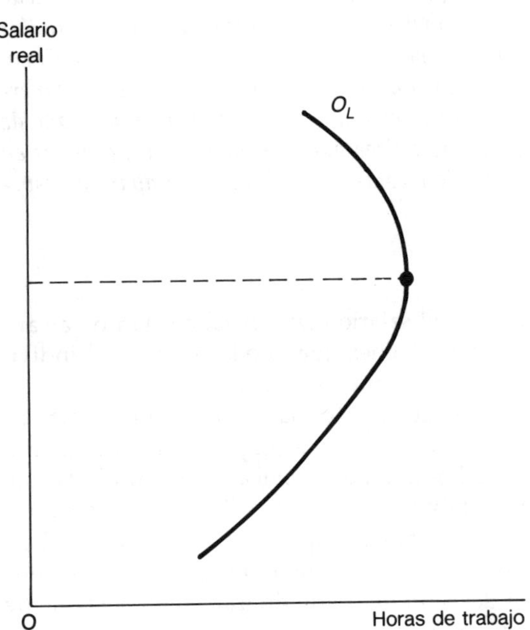

Figura 14.1. Curva de oferta del trabajo del individuo.

Algunos autores defienden que la curva de oferta del trabajo del individuo tiene dos tramos diferenciados, uno con inclinación positiva y, a partir de cierto nivel de salario, otro tramo que presenta una curvatura hacia atrás.

Este comportamiento puede justificarse diciendo que, cuando aumenta el salario real, los individuos pueden tomarse más tiempo de ocio y aún les queda una renta mayor con la que comprar bienes.

La oferta de trabajo agregada y de la industria

En los párrafos anteriores hemos analizado la influencia del salario en la decisión del individuo sobre su oferta de trabajo, en el caso de que el individuo ya estuviese trabajando. Resulta, sin embargo, que a nivel agregado, esto es, cuando nos referimos por ejemplo al mercado español, las variaciones que experimenta la oferta de trabajo se ven motivadas por alteraciones en la *tasa de actividad.*

- **La *tasa de actividad* es el porcentaje de un colectivo determinado que pertenece a la población activa, pues se encuentra, bien trabajando o bien buscando empleo.**

Aunque tal como hemos señalado el efecto global de una subida del salario es incierto, pues el efecto sustitución y el efecto renta actúan en sentido contrario, a nivel agregado esta indeterminación desaparece.

Pensemos que cuando los individuos no están trabajando, esto es, no pertenecen a la población activa, su renta es cero y sólo funciona el efecto sustitución. De esta forma una subida salarial provoca un aumento de la tasa global de actividad, ya que no induce a nadie a abandonar la población activa mientras que, por el contrario, algunos individuos se verán motivados a incorporarse al mercado de trabajo.

- **La curva de oferta agregada de trabajo tiene una pendiente positiva: un aumento del salario real provoca un aumento de la cantidad de trabajo ofrecida. Ello se debe a que la respuesta de la cantidad global de trabajo ofrecida a cada nivel de salario real se ve afectada por la variación de la tasa de actividad.**

Nota complementaria 14.1

LA FLEXIBILIZACION DEL MERCADO DE TRABAJO

Aunque en el texto se señala que la variable clave para determinar el nivel de empleo de equilibrio es el salario, éste depende también de la flexibilidad que le conceda la normativa vigente.

La ley 24.013, conocida como Ley Nacional de Empleo, flexibilizó las normas relativas al contrato de trabajo en Argentina con vistas a fomentar la ocupación. En tal sentido introdujo nuevas figuras contractuales que posibilitan la contratación por tiempo determinado. Ellas son las que se detallan a continuación.

Contrato de trabajo de tiempo determinado como medida de fomento del empleo. Es el celebrado entre un empleador y un trabajador que ha perdido su empleo. Su plazo mínimo es de 6 meses y el máximo, de 18 meses.

Contrato de trabajo de tiempo determinado por lanzamiento de una actividad. Es el que tiene lugar entre un empleador y cualquier trabajador para la prestación de servicios en un nuevo establecimiento o en una nueva línea de producción de un establecimiento preexistente. Puede concertarse por un plazo de 6 a 24 meses.

Contrato de práctica laboral para jóvenes. Es el celebrado entre un empleador y jóvenes de hasta 24 años, con formación previa, en busca de su primer empleo. Su duración es de 1 año.

Contrato de trabajo-formación. Es el que tiene lugar entre empleadores y jóvenes de hasta 24 años, sin formación previa, en busca de su primer empleo. Su plazo es de 4 meses a 2 años.

Estas cuatro modalidades son promovidas a través de la exención total o parcial de las contribuciones patronales.

Asimismo, la Ley de Empleo flexibilizó las normas aplicables a dos figuras preexistentes en la legislación laboral referidas al trabajo por temporada y al trabajo eventual.

Contrato de trabajo por temporada. Es el que se cumple sólo en determinadas épocas del año en razón de la naturaleza de la actividad. El trabajador adquiere los derechos que la ley asigna a los trabajadores permanentes.

Contrato de trabajo eventual. Es el que tiene por objeto la satisfacción de resultados concretos en relación a servicios extraordinarios o exigencias extraordinarias y transitorias de la empresa. Su duración máxima es de 6 meses por año y hasta 1 año en un lapso de 3 años.

La determinación del equilibrio del mercado de trabajo

De acuerdo con lo señalado, la curva de oferta de trabajo del conjunto de la economía es ascendente.

Por otro lado, y tal como indicamos en el capítulo anterior, la curva de demanda de trabajo de cada industria es descendente, por lo que también lo será la curva de demanda de trabajo agregada (Figura 14.2). El salario real de equilibrio de la economía viene determinado por la oferta y la demanda globales de trabajo.

2. LOS SINDICATOS DE TRABAJADORES Y LA NEGOCIACION COLECTIVA

En el mundo real los mercados de trabajo raramente son competitivos. A lo largo del desarrollo del sistema económico de mercado, el poder de los compradores de trabajo, la abundáncia de mano de obra barata y las condiciones, en ocasiones infrahumanas, de trabajo han favorecido, además de otros factores, la aparición y desarrollo de los sindicatos de trabajadores.

La justificación tradicional para favorecer el

Nota complementaria 14.2

LOS SALARIOS Y EL COSTO LABORAL

Aunque en un principio pueda parecer que lo que un empleado le cuesta a una empresa es el salario que le paga, la realidad es que el costo para la empresa incluye también una serie de partidas de naturaleza muy variada que se engloban bajo el epígrafe de «cargas sociales». Se detalla a continuación la estructura que los costos laborales tienen en la empresa argentina.

ARGENTINA: COSTOS LABORALES

A) REMUNERACION NETA		**81,50**
Aportes y contribuciones individuales	**18,50**	
Jubilación	10,00	
INSSJYP	3,00	
O. Social	3,00	
Fondo Desempleo	0,50	
Cuota Sindical	2,00	
B) REMUNERACION BRUTA		**100,00**
Aportes y contribuciones patronales directos	**33,50**	
Jubilación	16,00	
INSSJYP	2,00	
O. Social	6,00	
Asignaciones Familiares	9,00	
Fondo Desempleo	0,50	
Otros costos	**20,24**	
Aguinaldos + A.P.D.	11,12	
Vacaciones + A.P.D. (antigüedad 10 años)	1,54	
Provisión por indemnizaciones	4,50	
Provisión por accidentes de trabajo	2,00	
Preaviso	0,89	
C) COSTO POR UNIDAD DE TIEMPO		**153,54**
Vacaciones (antigüedad 10 años)	**8,80**	
Feriados obligatorios (11 días)	4,60	
Día sindical	0,40	
Licencias	0,09	
D) COSTO POR TIEMPO EFECTIVAMENTE TRABAJADO		**167,43**
Costo laboral por tiempo efectivamente trabajado (D) sobre remuneración neta (A): D/A.100		205,43
Costo laboral por unidad de tiempo (C) sobre remuneración neta: C/A.10		188,40

FUENTE: *Costos laborales en el MERCOSUR*, 1992, FIEL.

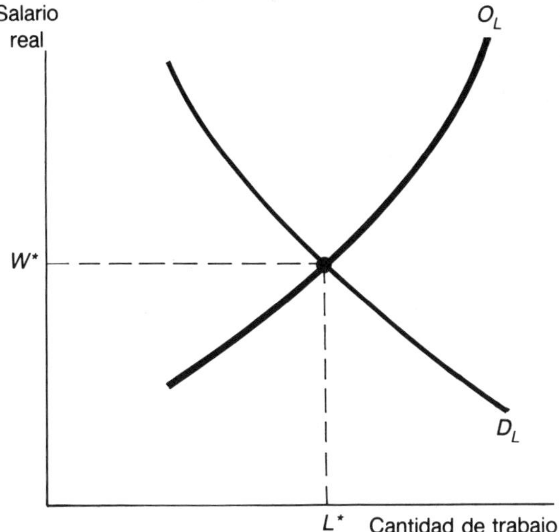

Figura 14.2. El equilibrio del mercado de trabajo.

El nivel de empleo de equilibrio (L^*) y el salario real de equilibrio (W^*) se determinan mediante la intersección de la curva de oferta agregada de trabajo de la economía (O_L) y la curva de demanda agregada de trabajo (D_L).

crecimiento de los sindicatos ha sido la ausencia de condiciones de competencia por el lado de la demanda: el poder de los empresarios requiere la existencia de sindicatos monopolistas que protejan los intereses de los trabajadores afiliados.

■ Los objetivos de los sindicatos

De entre los monopolios de oferta en los mercados de factores los más conocidos son los que se refieren a los sindicatos de trabajadores. Estos limitan la entrada en los mercados laborales bajo su control y negocian con las empresas los salarios y demás condiciones de trabajo de sus afiliados. Además de reivindicaciones sobre las condiciones de trabajo, el objetivo básico de los sindicatos ha sido tratar de mantener y elevar los salarios reales de sus afiliados. En los últimos años, el empleo también ha aparecido como un objetivo básico de los sindicatos.

■ Estrategias para elevar los salarios

Los objetivos de crecimiento salarial se han procurado alcanzar a través de una serie de estrategias entre las que cabe señalar las siguientes:

1. Restricciones de la oferta de trabajo.
2. Establecimiento de salarios mínimos. El establecimiento de un salario mínimo eleva la tasa de desempleo del trabajo no cualificado y produce un aumento del salario de los que continúan empleados.
3. Intento de desplazar hacia arriba la curva de demanda de trabajo, recurriendo, por ejemplo, al establecimiento de tarifas aduaneras a la importación. Este tipo de actuaciones pone de manifiesto la consideración de la demanda de un factor como demanda derivada de los productos en los que participa en su producción.

La limitación de la oferta de cualquier clase de trabajo en comparación con los demás factores productivos tenderá a elevar el salario (Figura 14.3*a*). Por ello los sindicatos han procurado, por un lado, restringir la inmigración, para evitar que se produzcan incrementos en la oferta de mano de obra, y, por otro, retrasar la edad de entrada en el mercado de trabajo y adelantar la edad de jubilación, a la vez que reducir el número de horas de trabajo a la semana. Asimismo, los sindicatos han tratado de restringir el grado de intensidad y rapidez del trabajo, pues de esta forma también se limita la oferta de mano de obra. Otra estrategia normalmente seguida por los sindicatos es la de forzar el establecimiento de leyes de salarios mínimos. Estas hacen que el salario sea superior al del equilibrio (Figura 14.3*b*). Los sindicatos a veces también han procurado aumentar los puestos de trabajo mediante reglas impuestas a los empresarios con objeto de mantener la demanda de mano de obra por encima de lo que éstos realmente desearían (Figura 14.3*c*).

Nota complementaria 14.3

PESO RELATIVO DE DISTINTOS SINDICATOS EN ARGENTINA

La importancia relativa de algunas de las organizaciones sindicales de mayor envergadura en Argentina se refleja en el número de afiliados que cada una de ellas agrupa y que se expone a continuación.

Organizaciones sindicales	Número de afiliados
Comercio	750.000
UOM (Metalúrgicos)	320.000
UOCRA (Construcción)	250.000
CTERA (Docentes)	230.000
Gastronómicos	170.000
Bancarios	152.000
AOT (Textiles)	80.000
SMATA (Mecánicos)	55.000

FUENTE: *Panorama,* agosto de 1992, y Ministerio de Trabajo y Seguridad Social.

■ **Tipos de sindicatos**

En cualquier caso cabe señalar que, si bien hasta ahora nos hemos referido a los sindicatos como algo homogéneo, en realidad hay al menos dos tipos de sindicatos: los políticos y los propiamente económicos. Los sindicatos políticos, o de clase, suelen estar ligados a los partidos políticos y, por tanto, sus objetivos no son exclusivamente económicos. El sindicato económico tiene como razón primera la mejora económico-social de los afiliados sin tratar de luchar de forma directa por el cambio de la estructura de la sociedad.

La negociación colectiva

Una vez analizados los aspectos más significativos de los sindicatos y de sus estrategias vamos a realizar algunas consideraciones sobre la negociación colectiva.

- **La *contratación colectiva* consiste en la fijación de las condiciones de trabajo, no sólo en cuanto a salarios, sino en lo referente a multitud de aspectos tales como vacaciones, ascensos, etc., mediante la negociación entre obreros y empresarios.**

La negociación colectiva es una muestra de la existencia de imperfecciones en el mercado de trabajo. Estas imperfecciones se analizan desde una perspectiva teórica en el Apéndice al presente capítulo. Una prueba de ellas es que casi todas las empresas se ven obligadas a tener una política de salarios. Los patronos tienen cierto control sobre los mismos, pero su política de salarios está condicionada por la cantidad disponible de mano de obra.

Los sindicatos, por su parte, procuran influir sobre los salarios. Como ya se ha señalado, tratan de restringir la oferta de mano de obra y aumentar la demanda derivada para motivar una elevación de los tipos generales de salarios, así como de establecer salarios tipo en los convenios colectivos.

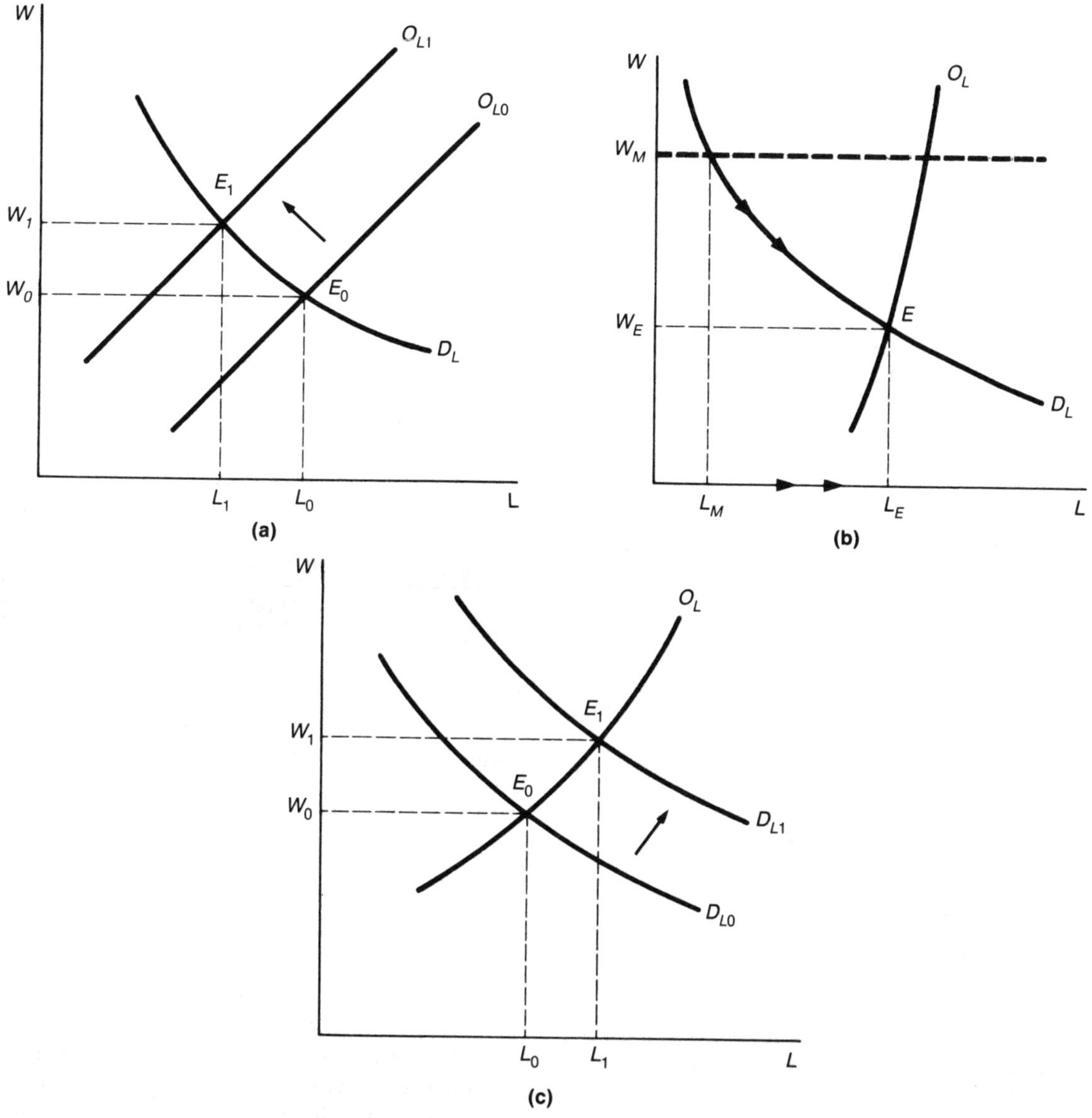

Figura 14.3. Las estrategias de los sindicatos.

(a) Restricciones en la oferta de mano de obra; *(b)* Establecimiento de salarios mínimos: esto no afecta a los trabajadores calificados, pero sí a la mano de obra sin calificar. *(c)* Aumento de la demanda derivada.

• Los *convenios colectivos* son los acuerdos que se alcanzan en las negociaciones colectivas. Son documentos en los que se especifican todos los aspectos de la negociación sobre los que se ha llegado a un acuerdo, así como las condiciones de dicho acuerdo. Delimitan un contrato de tipo genérico que provee el marco dentro del cual se establecerán los contratos particulares que la empresa realiza a cada uno de los trabajadores.

Nota complementaria 14.4

LOS CONVENIOS COLECTIVOS EN ARGENTINA

Hasta el año 1943, las negociaciones colectivas de trabajo se regían por la legislación común. En dicho año, el gobierno de facto surgido del golpe militar de 4 de junio dictó el decreto 7.135, que es el primer hito regulatorio en la materia en Argentina. Posteriormente, la ley 14.250, sancionda en 1953, estableció el marco legal de las convenciones colectivas de trabajo.

Las principales características observadas en la materia han sido las siguientes:

1. Los convenios colectivos tienen carácter normativo sobre todos los trabajadores de la actividad.
2. La representación laboral es encarnada por el sindicato respectivo reconocido oficialmente.
3. Los resultados de la negociación sindical-empresaria se encuentran sujetos a la necesidad de homologación por parte del Ministerio de Trabajo, el cual, por tanto, puede ejercer un poder de veto sobre aquéllos.

En el cuadro adjunto se reflejan datos sobre algunas de las convenciones colectivas de trabajo celebradas en Argentina entre 1988 y 1991.

CONVENCIONES COLECTIVAS DE TRABAJO, 1988/1991

N.º	Actividad principal	Beneficiarios
2/88	Industria lechera	23.000
3/88	Trabajadores entidades deportivas	30.000
15/88	Plásticos	25.000
20/88	Concesionarios automotores	30.000
27/88	Talleres automotores	45.000
40/89	Camioneros	120.000
49/89	Oficiales peluqueros y peinad.	40.000
89/90	Alimentación	150.000
120/90	Obreros textiles	80.000
125/90	Gastronómicos	170.000
152/91	Aguas gaseosas	19.000

FUENTE: Ministerio de Trabajo y Seguridad Social.

Como se analiza al estudiar el monopolio bilateral (véase Apéndice a este capítulo), éste genera una situación de indeterminación. La negociación colectiva permite resolver esa indeterminación salarial teórica ya que se desarrolla como un juego de estrategias cuyo resultado depende de la psicología de las partes, de las normas políticas y del poder de negociación.

En el desarrollo de una negociación colectiva son numerosos los argumentos que se esgrimen por uno y otro lado. Por lo general los argumentos básicos son la capacidad adquisitiva de los trabajadores, las referencias a nivel nacional con los posibles convenios marco, el mantenimiento del nivel de empleo, la evolución de la productividad y, en menor medida, el nivel de vida de los trabajadores y las posibilidades y situación económica de la empresa o la industria.

Por lo general, en toda negociación colectiva las peticiones iniciales suelen ser exageradamente dispares para, posteriormente, llegar a los acuerdos esperados. Una vez que se ha iniciado el proceso de negociación caben dos posibilidades: que no se alcancen los puntos de

Nota complementaria 14.5

LA CONFLICTIVIDAD LABORAL EN ARGENTINA

Como se señala en el texto, los salarios y demás condiciones generales de trabajo son hoy producto de la negociación colectiva de las entidades representativas de trabajadores y empresarios.

En Argentina, empero, dichas negociaciones suelen ir precedidas o acompañadas de huelgas, trabajo a reglamento y otras formas de presión tendientes a reforzar la posición negociadora de la representación sindical.

En otros casos los conflictos surgen por otras diversas razones, pero su consecuencia es siempre la de pérdida de horas de trabajo y, por ende, de producción.

En el cuadro adjunto se detallan datos referentes a la conflictividad laboral registrada en Argentina. Según puede advertirse, la misma estuvo especialmente concentrada en las actividades a cargo del sector público.

DIAS-HOMBRE CAIDOS

Sector	1987	1988
Agricultura	512.974	51.654
Minas y canteras	122.470	141.004
Ind. manufacturera	993.959	542.697
Electr., gas y agua	239.186	65.707
Construcción	368.187	162.157
Comercio	502.275	32.356
Transporte	1.251.316	1.121.739
Establ. financ.	605.122	147.525
Serv. comunales, soc. y personales	5.803.816	5.605.220
Total	10.561.805	7.876.899

FUENTE: Ministerio de Trabajo y Seguridad Social.

acuerdo esperados o que sí se alcancen. En el primer caso, se producirá un conflicto en el que la huelga aparece como última arma de la negociación. Si aun así no se alcanza un acuerdo, se acudirá a algún tipo de arbitraje. El segundo caso finalizará con la firma del convenio en el que se regulan muchos detalles sobre las condiciones de trabajo y a veces se «camuflan» ciertas concesiones salariales.

■ **Las limitaciones de la negociación colectiva**

La negociación colectiva se enfrenta con dos problemas fundamentales. Por un lado, la dificultad de mejorar los salarios sin que dicha mejora incida sobre los precios. A veces se produce la llamada espiral salarios-precios, que puede acabar convirtiéndose en el factor desencadenante de una situación caracterizada por la inflación y el desempleo. En cualquier caso, debe señalarse que, por regla general, los salarios subirán mediante el arbitraje, pues resulta más fácil «comprar» la paz social mediante aumentos en los salarios superiores a los derivados del aumento de la productividad, especialmente en empresas que tienen capacidad para trasladar a los precios los incrementos en los costos.

Nota complementaria 14.6

EL CAPITAL HUMANO COMO FACTOR RESIDUAL

Cuando no se tenía en cuenta el capital humano, resultaba que los factores que debían determinar el crecimiento de la producción —la tierra, el trabajo y el capital— no eran suficientes para explicar el aumento observado del producto. La persistencia de esta visión tradicional de los factores hizo que los economistas hablaran de esa parte del producto que no podían explicar como el factor residual. Había, pues, una componente de naturaleza desconocida que contribuía al aumento del producto más allá de lo que cabía esperar al medir el crecimiento de los factores convencionales.

Tratando de explicar este factor residual, algunos economistas pensaron que se debía a rendimientos crecientes derivados del aumento en la escala de los procesos productivos y en el tamaño de las empresas. Las explotaciones de dimensión cada vez mayor serían responsables de que la producción aumentara más que proporcionalmente en relación con las inversiones en factores. También se habló de mejoras en las formas de organización, no ligadas al tamaño de las empresas. Sin embargo, los estudios empíricos mostraron que ninguna de estas circunstancias explicaban los aumentos de productividad observados. Otros comenzaron a hablar del progreso técnico exógeno, queriendo decir con ello que la mayor productividad de los recursos no era debida a inversiones reales con costos, sino que había una tendencia que «milagrosamente» hacía cada vez más eficientes a los individuos y a la técnica.

Cuando se evidenció lo inadecuado de la trilogía clásica de factores y se introdujo en los programas de investigación el cálculo del rendimiento de las inversiones en capital humano y de otras inversiones en nuevos factores, desapareció el misterio del factor residual. Actualmente se explica el aumento de productividad de los factores por la existencia de inversiones costosas en capital humano incorporado en los individuos y también como rendimiento de inversiones en programas de investigación básica y aplicada.

Una segunda dificultad se deriva de la automatización. En las actuales circunstancias los incrementos en la productividad derivados de los procesos de automatización y robotización hacen peligrar la estabilidad en el empleo de muchos trabajadores. En estas circunstancias, políticas encaminadas a tratar de asegurar el empleo pueden hacer que la economía en cuestión pierda competitividad, lo que en ultima instancia puede acarrear mayores niveles de desempleo.

3. LAS DIFERENCIAS SALARIALES Y EL CAPITAL HUMANO

Las diferencias salariales son muy acusadas y tienen su origen en diversas razones. Un primer tipo de diferencias salariales son las *igualadoras* o *compensatorias*. Las diferencias salariales igualadoras existen para compensar a los trabajadores por las diferencias de atractivo de los puestos de trabajo. Sin embargo, en el mundo real las diferencias salariales más frecuentes son las que reflejan características *personales* como la educación, la experiencia en el trabajo y la situación geográfica.

De los factores señalados, la calificación profesional o capital humano constituye la causa más importante de las diferencias salariales entre los trabajores.

- **El *capital humano* es el valor del potencial de obtención de renta que poseen los individuos. Incluye la capacidad y el talento innatos, así como la educación y las calificaciones adquiridas.**

El capital humano aumenta como consecuencia de la educación formal, de la formación en el trabajo y de la experiencia. Lógicamente, toda mejora en el nivel de capital humano lleva consigo unos costos. Debe señalarse que, por ejemplo, la educación formal en las universidades no sólo supone costos directos, como la matrícula, sino también costos de oportunidad, esto es, los ingresos que podrían obtenerse trabajando en lugar de ir a la universidad. Los individuos deben sopesar los costos directos y los ingresos perdidos que conlleva la educación y las futuras retribuciones derivadas de contar con una mayor formación.

La rentabilidad de las inversiones en capital humano

Tal como se ha señalado, y aunque el capital humano tiene un componente de recurso natural, procede en su mayor parte de inversiones en educación, en adiestramiento, en migraciones o en salud. Estos distintos tipos de inversiones permiten que los recursos humanos se vuelvan más rentables al poderlos aplicar a procesos productivos mejor organizados, que utilizan más capital físico o que simplemente incorporan técnicas más avanzadas.

Como toda inversión, las que se concretan en capital humano se realizan porque de ellas se espera obtener unos beneficios. Estos consisten, básicamente, en un aumento del valor del trabajo de los hombres. La tarea consiste en medir la rentabilidad que tales beneficios suponen para los individuos que han invertido en esta forma de capital. Estas medidas podrían efectuarse con facilidad si sólo hubiera inversiones en educación formal en la escuela, pero hay también un aprendizaje mediante la experiencia profesional y eso hace que no sean directamente observables los aumentos de productividad derivados del aprendizaje escolar.

En cualquier caso la información relevante para llevar a cabo este tipo de análisis la ofrecen los *perfiles de ingresos.*

- **Un *perfil de ingresos* o de salarios por edades es la relación entre la renta y la edad de un determinado individuo o grupo de individuos.**

Los perfiles de salarios generalmente observados a lo largo de la vida profesional de los trabajadores en distintos países reflejan un

Nota complementaria 14.7

LOS RENDIMIENTOS DE LA INVERSION EN CAPITAL HUMANO

Es interesante observar que los rendimientos son bastante uniformes a través de los grupos de nivel educativo. Las diferencias de rendimientos entre niveles educativos son mínimas. Parece darse, por tanto, una situación de equilibrio entre las inversiones en capital humano.

RENDIMIENTOS REALES DE LA EDUCACION (*)

Nivel educativo	España	Estados Unidos
Secundaria	9,4	11,2
Grado Medio	9,5	11,0
Universidad	10,7	10,1

(*) Puntos porcentuales por encima de la tasa de inflación.

FUENTE: *Enciclopledia práctica de economía,* vol. 6, pág. 272.

Nota complementaria 14.8

PODER ADQUISITIVO DE LOS SALARIOS EN EL MUNDO

Como se señala en el texto, las diferencias salariales son muy marcadas y tienen su origen en diversas razones. Si esto es cierto dentro del mercado laboral nacional, lo es más aún cuando se considera el mundo en su conjunto.

Las diferencias en la dotación de capital humano han sido señaladas como la principal explicación de las diferencias salariales entre países. La inversión en educación y adiestramiento es lo que posibilita que el recurso humano se vuelva más rentable al poder aplicarse a procesos productivos mejor organizados y/o que utilizan técnicas más avanzadas. Ello se refleja en los niveles reales de retribución que percibe el trabajador de cada país, de los que da una idea el gráfico adjunto.

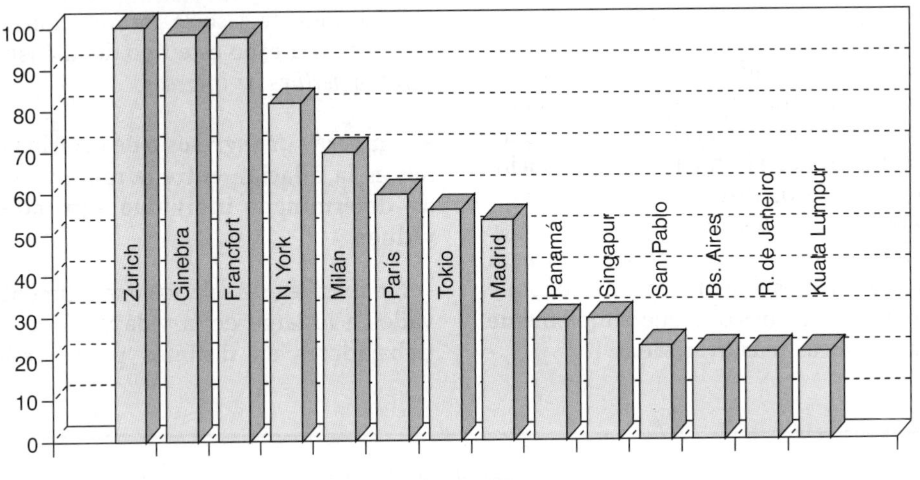

FUENTE: Unión de Bancos Suizos.

tipo de evolución que se caracteriza por un crecimiento rápido al principio, aunque a un ritmo cada vez menor, hasta que se alcanza un techo después de transcurrido un período más o menos largo. A partir de ese momento se estabilizan las ganancias y terminan por disminuir algo al final de la vida profesional por efecto de la depreciación del capital humano.

4. LA RENTA DE LA TIERRA

Los recursos naturales, y en particular la tierra, constituyen un factor primario de la producción que se diferencia de otros factores en el hecho de que la cantidad disponible de la misma puede considerarse aproximadamente constante. Asimismo, la tierra se diferencia de otros recursos naturales en cuanto que a corto plazo es posible obtener de ella un flujo constante de producción sin que se reduzca la cantidad disponible de dicho factor.

La demanda del factor productivo tierra es una demanda derivada de los servicios que ésta ofrece. La curva de demanda de los servicios de la tierra se deriva a partir de la curva del valor del producto marginal de la tierra. La posición de la curva de servicios de la tierra y la forma de esta curva depende de la tecnología empleada por los agricultores, de las cantidades de los demás factores que empleen y de las demandas de sus productos.

Gráficamente, la Figura 14.4 muestra la curva de demanda de servicios de la tierra, D_T. Esta curva se ha obtenido sumando las curvas de demanda de todos los agricultores individuales. La oferta del factor productivo tierra se considera, tradicionalmente, como fija. Aunque en realidad esto no es estrictamente cierto. A veces es posible crear superficies de tierra mediante labores de desecación y la fertilidad de la tierra puede agotarse por el exceso de cosechas. Sin embargo, podemos aceptar que la cantidad de tierra existente en la economía, en general, es fija (Figura 14.4).

Las curvas de demanda de servicios de la tierra y la de oferta de tierra se cortan en el punto E_0, por lo que r_0 es el precio de equilibrio de los servicios de la tierra. Al precio r_0 los economistas clásicos lo denominaron «renta» de la tierra.

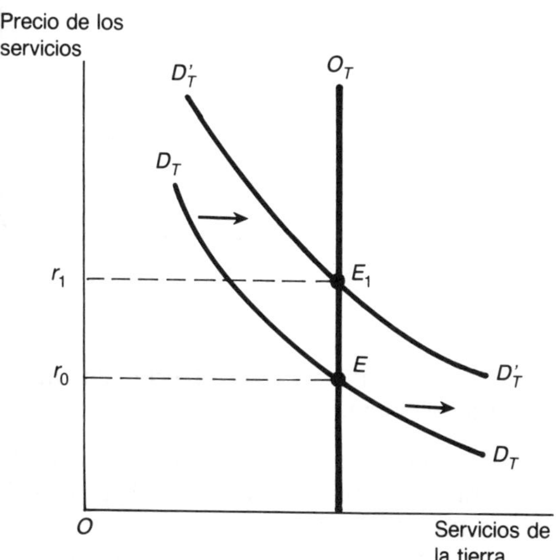

Figura 14.4. El mercado de la tierra.

Las curvas de oferta y de demanda de la tierra determinan el precio de equilibrio en el mercado de ese factor, cuya oferta se ha considerado tradicionalmente como fija.

El terrateniente recibe una renta, r_0, que refleja el valor de la productividad de la tierra. Ahora bien, piénsese que, ante el estallido de una guerra, aumente la demanda de productos agrícolas y se eleve el precio de éstos y, en consecuencia, el valor del producto marginal de la tierra. Este hecho hará que se incremente la cantidad demandada de tierra a cada nivel del precio. En términos gráficos, la curva de servicios de la tierra se desplazará hacia arriba y a la derecha y, como la oferta de tierra es fija, el incremento en el valor del producto marginal de la tierra se trasladará plenamente sobre los arrendamientos recibidos por los terratenientes, que aumentarán hasta alcanzar una nueva situación de equilibrio en el punto E_1 (Figura 14.4).

Renta económica y oferta fija

El hecho de que la oferta de tierra sea fija y que, en consecuencia, el precio de los servicios de la tierra dependa exclusivamente del nivel de la demanda ha determinado que, de forma genérica, la palabra «renta» se utilice en la literatura económica para describir parte de la remuneración que reciben los factores que tienen una oferta limitada.

Para explicar este concepto piénsese en un futbolista dotado de una especial habilidad para practicar este deporte, lo que hace que su oferta sea prácticamente fija. A este futbolista le encanta jugar al fútbol y, además, le pagan $500.000 anuales por hacerlo. Dado que le gusta practicar el fútbol, estaría dispuesto a hacerlo en vez de trabajar en otra cosa, incluso aunque le pagasen una cantidad muy inferior, digamos, por ejemplo, $50.000 al año. Resulta, sin embargo, que a este jugador se le pagan $500.000 anuales porque cuenta con un bien escaso cuya oferta es limitada, su habilidad como jugador, y los espectadores están dispuestos a pagar por verlo jugar. Un caso similar sería el de un terreno especialmente apto para producir espárragos, por el que hay que pagar un arrendamiento muy elevado. El cita-

Nota complementaria 14.9

LA RIGIDEZ DE LA OFERTA DE TIERRA

La rigidez de la oferta del factor productivo tierra se pone de manifiesto al analizar el gráfico. Como puede observarse, las alteraciones en la superficie cultivada total son de escasa consideración, si bien se observa una cierta redistribución. En particular, hay un incremento en el rubro «otros» que refleja fundamentalmente el crecimiento de la superficie sembrada con cultivos de segunda (soja, sobre todo).

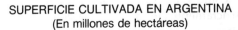

SUPERFICIE CULTIVADA EN ARGENTINA
(En millones de hectáreas)

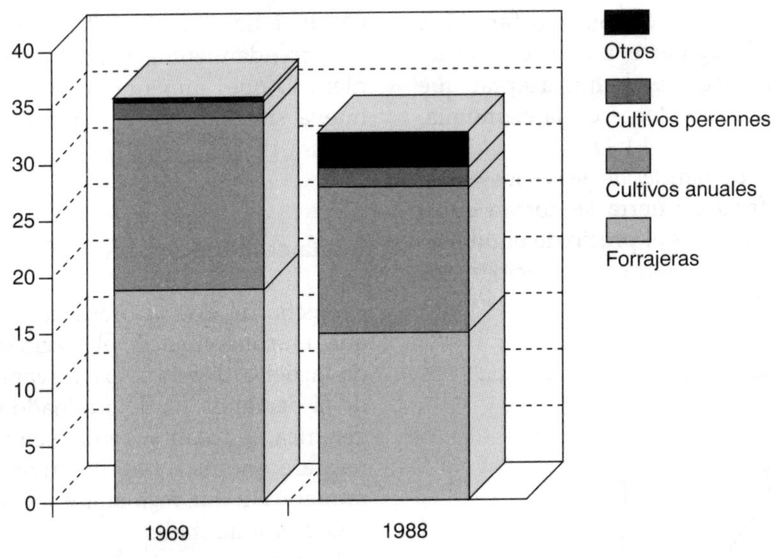

FUENTE: *Censo Nacional Agropecuario 1969 y 1988.* INDEC.

do terreno probablemente seguiría utilizándose para producir espárragos aunque el precio de éstos experimentara una reducción apreciable.

En ambos casos, el precio que hay que pagar por los servicios del factor es superior al mínimo necesario para conseguir que se ofrezca y por ello decimos que el factor obtiene una renta económica.

- **Un factor genera renta económica cuando recibe una cantidad superior a la mínima necesaria para inducirle a ofrecer un nivel dado de servicio.**

En términos gráficos el concepto de renta económica aparece ilustrado en la Figura 14.5. Como puede observarse, la renta económica, que es la cantidad en que el pago realizado a un factor productivo es superior a la cantidad mínima que habría que pagarle para que se ofreciera en esa cuantía para ese uso concreto, viene representada en nuestro gráfico por la diferencia $r_1 - r_0$.

Nota complementaria 14.10

LA POLEMICA SOBRE EL PRECIO DEL TRIGO

Durante el siglo XIX tuvo lugar en Inglaterra una controversia acerca del precio del trigo. Algunos mantenían que el precio del trigo era elevado porque los agricultores que cultivaban las tierras tenían que pagar unas rentas muy altas a los terratenientes que las poseían. Se decía que los agricultores tenían que cargar un precio muy elevado al grano con el fin de poder pagar tales rentas. Por tanto, se argumentaba que el precio del grano era alto porque las rentas agrícolas de las tierras eran elevadas.

Otros, entre los que destaca David Ricardo, mantenían, por el contrario, que el trigo tenía un precio alto porque era escaso debido a las guerras napoleónicas. Esta situación hacía que los agricultores compitieran para obtener tierra cultivable, lo que elevaba la renta de la tierra que se dedicaba al cultivo del trigo. Señalaban, asimismo, que si el precio del trigo se redujera, su cultivo resultaría menos rentable y la demanda de tierra descendería. Esto haría descender el precio pagado por la utilización de la tierra, esto es, su renta. En otras palabras, se mantenía que la renta de la tierra dedicada al cultivo del trigo era elevada debido a que el precio del trigo era alto, y no a la inversa. Según Ricardo, los terratenientes no tienen libertad para cargar a la tierra el precio que deseen, sino que el precio de la tierra dependerá de la demanda y de la oferta. Dado que la oferta de la tierra es bastante fija y, por otro lado, que cuanto más alto es el precio más rentable será el cultivo del trigo, también será mayor la demanda de la tierra dedicada al cultivo de trigo y más elevado será el precio pagado por utilizarla. En definitiva, pues, la renta de la tierra dedicada al cultivo de trigo depende del precio de éste.

La validez del argumento descansa en los supuestos de que la tierra podrá utilizarse para una sola cosa, el cultivo de trigo, y que la oferta de tierra será completamente fija. Bajo estos supuestos, el costo de oportunidad de cultivar trigo en la tierra será nulo, ya que las tierras no podrán tener otra utilización, de forma que ningún terrateniente las dejará ociosas. En este sentido, toda remuneración dada a la tierra, es decir, la renta, es un excedente por encima de lo que sería necesario pagar para que se mantuviese su utilización actual. La renta, se convirtió, pues, en el término con que se designó a la retribución de un factor por encima de lo que sería necesario pagar para que permaneciera en su actual empleo.

5. CAPITAL, RENDIMIENTOS E INTERESES

El capital físico

• **El *capital físico* es el *stock* de bienes producidos que contribuye a la producción de bienes y servicios.**

Hay tres categorías básicas de bienes de capital: *equipo* (bienes de consumo duraderos, como los electrodomésticos y los automóviles, y bienes de equipo destinados a la producción, como las maquinarias); *estructuras* (como las fábricas y los edificios residenciales), y *las existencias* (como los vestidos en las tiendas).

El *stock de capital* de una economía no es algo fijo, sino que puede incrementarse o puede reducirse. El *stock* de capital aumenta a través del proceso de *inversión*, esto es, cuando se utiliza parte de la producción para aumentar el *stock* de capital. Por otro lado, el *stock* de capital se suele reducir mediante la *depreciación*.

• **La *depreciación* es la reducción que experimenta el valor de una máquina como consecuencia de su uso y/o del paso del tiempo.**

La tasa de rendimiento de los bienes de capital

Un importante problema de todo individuo es decidir cómo asignar su capital entre las posi-

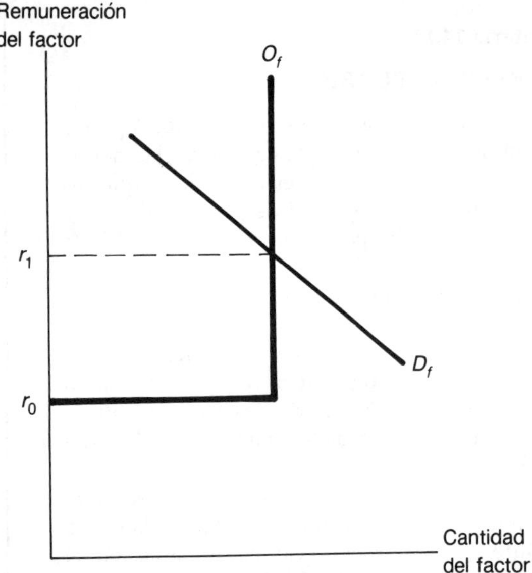

Figura 14.5. Renta económica.

La oferta del factor para un determinado uso es fija para una remuneración superior a r_0, que es el precio más bajo al que se ofrece el factor. Si la remuneración pagada es r_1, la *renta económica* que obtiene el factor es $r_1 - r_0$.

bles inversiones. Así, supongamos que un individuo que durante los últimos años ha ahorrado un cierto capital debe decidir entre comprar un apartamento para alquilarlo o, junto con un amigo, crear una empresa de diseño que le generara unos beneficios en el futuro.

Para decidir cuál es la mejor inversión debemos medir los rendimientos de las distintas inversiones. Una medida es la *tasa de rendimiento del capital*, que muestra el rendimiento neto anual por cada peso invertido.

En el caso de la disyuntiva antes planteada, supongamos que el individuo decide descartar la posibilidad de colaborar en la creación de una empresa, pues durante los dos primeros años no genera beneficios, y centrémonos en el apartamento. Si éste cuesta $100.000 y su alquiler genera unos ingresos netos anuales de $10.000, diremos que la tasa de rendimiento anual de esta inversión es de un 10 %. Como puede observarse, esta tasa es un número puro por unidad de tiempo y normalmente se calcula como un porcentaje anual.

Así pues, para elegir cómo asignar el capital, el individuo debe comparar la tasa de rendimiento de las distintas posibles inversiones, esto es, debe analizar comparativamente la cantidad de dinero que se obtiene por cada peso invertido en los distintos proyectos.

Los activos financieros y los precios de alquiler

Tal como antes hemos indicado, el individuo que se plantea el problema de cómo asignar su capital entre diferentes posibles inversiones es porque previamente ha ahorrado, esto es, se ha abstenido de consumir.

En una economía donde el sistema financiero está suficientemente desarrollado, los individuos, por lo general, no canalizan sus ahorros de forma directa hacia bienes de capital, sino que lo hacen de forma indirecta a través de los *activos financieros*. Esto es, los individuos compran acciones y bonos, depositan sus ahorros en las entidades financieras o se integran en un fondo de pensiones que les permita mantener su nivel de vida cuando se retiren de la vida activa.

Lógicamente, los individuos ahorran, esto es, se sacrifican y reducen su consumo, porque reciben una remuneración por esos fondos. El rendimiento de los activos financieros es el *tipo de interés*.

- **El *tipo de interés* expresa el rendimiento anual de los fondos prestados y se mide en porcentaje.**

Así, supongamos que el individuo que antes estábamos considerando decide depositar los $100.000 que había ahorrado en una cuenta de ahorro en una institución financiera, por la que le abonan un 14 % de interés anual, lo cual quiere decir que, al cabo del año, el individuo contará con un capital de $114.000. Este incremento en la cuantía del capital se debe a

Nota complementaria 14.11

EL PRECIO DE LAS OFICINAS: UN EJEMPLO DE «RENTA ECONOMICA»

La evolución experimentada por el precio de alquiler de las oficinas en algunas grandes ciudades españolas a raíz de las expectativas mostradas por la integración de España en la CEE y la celebración en España durante 1992 de dos importantes acontecimientos —los Juegos Olímpicos de Barcelona y la Expo-Sevilla— parece ajustarse a lo señalado por la teoría para el caso de los factores productivos de oferta fija. Dado el fuerte aumento de la demanda, y ante la rigidez de la oferta a corto plazo, los alquileres han presentado una tendencia ininterrumpidamente creciente.

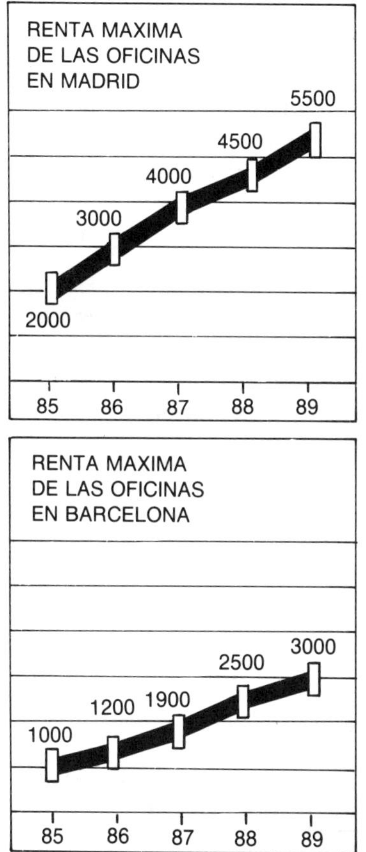

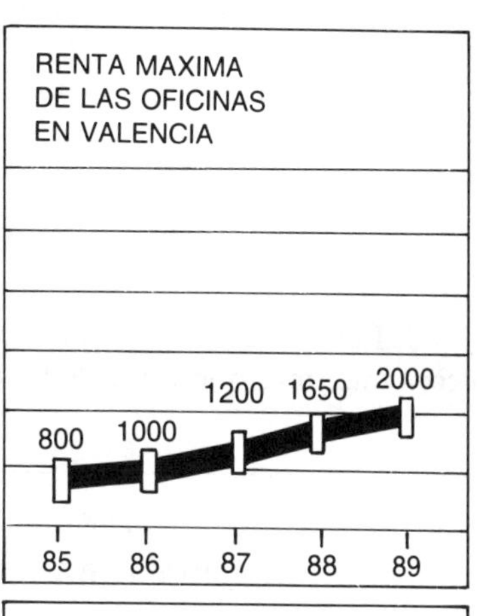

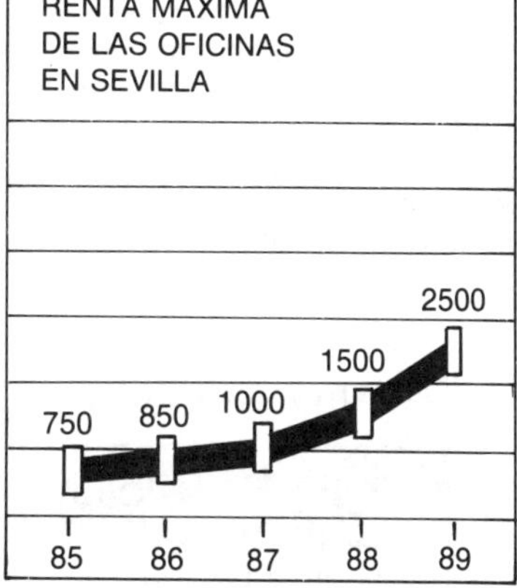

FUENTE: INVERCAME y Richard Ellis.

que un peso vale más hoy que dentro de un año, ya que se puede depositar en una entidad bancaria y se obtendría un interés.

■ **La estructura de los tipos de interés**

Los tipos de interés que se pagan por diferentes préstamos en un mismo momento difieren entre sí por dos razones principales: por diferencias en la amplitud del período de vigencia del préstamo y la forma en que ha de distribuirse a través del tiempo la devolución del mismo, y por diferencias en el riesgo de que el prestatario no pague.

Los problemas relativos al riesgo entran en el estudio de ambas causas de divergencia, pero la segunda es la responsable del elemento prima de riesgo de las tasas de interés, en su acepción habitual. Por las razones apuntadas, en cualquier economía, más que un tipo de interés, hay una diversidad de los mismos y por ello se habla con frecuencia de la *«estructura de los tipos de interés»* de una economía, esto es, de toda una gama de tipos de interés dependiendo del riesgo y del período de tiempo considerado.

El tipo de interés nominal y real

• **El tipo de *interés nominal* es el tipo de interés expresado como el incremento del valor monetario de una inversión.**

El tipo de interés nominal nos dice cuántos pesos adicionales tendremos en el futuro si invertimos un peso hoy.

Una vez introducido el concepto de tipo de interés nominal, conviene precisar la diferencia entre el tipo de interés real y el tipo de interés nominal.

Nota complementaria 14.12

ESTRUCTURA DE LAS TASAS DE INTERES

Como se señala en el texto, cuando en la vida real se habla de tipo de interés, resulta un término impreciso. La tasa o tipo de interés, en el caso de los préstamos o créditos, esto es, de las operaciones activas de las entidades financieras, depende del cliente (así se habla del cliente de primera línea para referirse a los de más solvencia, a quienes se aplica una tasa menor), del período de tiempo por el que se concede el préstamo y de la moneda en que se pactó éste. En el caso de las operaciones pasivas, es decir, de los depósitos que efectúan los clientes en los bancos y otras entidades crediticias, el tipo de interés varía en función del grado de disponibilidad que tiene el depositante sobre el dinero depositado, así como también de la moneda de que se trata.

TASAS DE INTERES EN ARGENTINA. AGOSTO 1992

Operación	Tasa nominal anual
Depósito a plazo fijo (en U$S)-30 días	7,25
Depósito a plazo fijo (en $)-7 días	9,70
Depósito a plazo fijo (en $)-30 días	15,80
Préstamos hipotecarios (en U$S)-a 100 meses	19,00
Préstamos personales (en U$S)	21,34
Préstamos comerciales (en $)	34,07
Descubiertos (en $)	45,00

FUENTE: Publicaciones periodísticas varias.

• **El tipo de *interés real* mide el rendimiento de una inversión expresado como el aumento de la cantidad de bienes y servicios que se pueden comprar. Esquemáticamente podemos escribir:**

$$\text{Tipo de interés real} = \text{Tipo de interés nominal} - \text{Tasa de inflación}$$

El valor actual de un bien de capital

Los bienes de capital y los activos financieros generan un flujo de ingresos a lo largo del tiempo. Así, piénsese en el caso del individuo antes comentado que compró un apartamento para alquilarlo. Este genera una serie de ingresos periódicos a lo largo de toda la vida del apartamento. Lógicamente, el propietario de dicho apartamento (o en términos más generales de un activo) tiene derecho a recibir todos los pagos de alquiler (o, en términos generales, ingresos) actuales y futuros que genere el activo en cuestión.

Si el propietario del apartamento decidiera venderlo, una información relevante consistiría en determinar el valor *hoy* del flujo de futuros ingresos que generaría el apartamento. El valor de este flujo se denomina *valor actual* del bien de capital. El valor actual se obtiene calculando cuánto dinero invertido hoy sería necesario, al tipo de interés vigente, para generar exactamente el mismo flujo de ingresos que el bien de capital considerado.

• **El valor actual de un pago futuro es la cantidad que habría que invertir hoy para producir exactamente ese pago en la fecha en que ha de realizarse.**

El valor actual de una perpetuidad

Una *perpetuidad* es un activo que genera una renta anual constante indefinidamente. Así, piénsese en un apartamento que tiene una duración indefinida o en un activo financiero que se deposita en una entidad financiera por un tiempo indefinido. En este caso, el valor actual del activo es igual al pago anual constante dividido por el tipo de interés, expresado en tanto por uno:

$$\text{Valor actual de una perpetuidad} = \frac{\text{Pago anual}}{\text{Tipo de interés}} \qquad (1)$$

Así pues, el cálculo del valor actual nos permite traducir los ingresos generados en el futuro en valores actuales. Dado que las inversiones producen rendimientos, resulta que hoy un peso que se va a recibir dentro de un año vale menos que si se tiene hoy. Tal como se evidenció en la ecuación (1), cuanto más alto sea el tipo de interés menor será el valor actual de un peso en el futuro.

El precio de alquiler y el precio como activo

Cuando se trata con bienes de capital, conviene distinguir entre el precio del bien propiamente dicho y el precio de alquiler de los servicios que presta. Tal como hemos señalado, el precio de un activo es igual al valor actual de todos los pagos de alquileres o ingresos futuros que genera el activo.

La mayoría de los bienes de capital son propiedad de las empresas. En algunas ocasiones, sin embargo, los bienes de capital son alquilados por sus propietarios.

• **El *alquiler* es el pago por el uso temporal de los servicios de un bien de capital.**

El alquiler puede ser un precio determinado en un mercado, como, por ejemplo, la cantidad que hay que pagar por utilizar durante unas horas una máquina cosechadora. En otros casos, como puede ser el de una central térmica o de un alto horno, los bienes de capital no tienen un mercado que determine el alquiler o precio de uso de los servicios que presta el bien. En estos casos, la empresa debe estimar cuánto le cuesta por unidad de tiempo (hora o día) utilizar su equipo de capital.

La tasa de rendimiento y el tipo de interés

En el mundo real, los inversores no hablan de alquiler del capital, sino de tasa de rendimiento. Tal como antes se ha señalado, la tasa de rendimiento que exigen los inversores es el rendimiento neto anual por peseta invertida.

El empresario, para decidir si va a llevar a cabo una inversión o no, calculará la tasa de rendimiento esperado. Si esta tasa es superior al tipo de interés del mercado, la empresa pedirá dinero prestado para llevar a cabo la operación, pues le resultará rentable invertir. La empresa obtendrá ganancias endeudándose para poder invertir en la medida en que la tasa de rendimiento (r) de la inversión exceda al tipo de interés (i) que se paga por el préstamo (véase Nota complementaria 14.13).

6. LA DETERMINACION DEL TIPO DE INTERES

El tipo de interés cumple dos misiones básicas en la economía. Por un lado, constituye un incentivo para que los individuos ahorren y acumulen riquezas. Por otro lado, actúa como instrumento de racionamiento, pues de él se vale la sociedad para seleccionar de entre los múltiples proyectos de inversión y poner en práctica sólo aquellos que presenten mayores tasas de rendimiento. En esta segunda labor, la ley de rendimientos decrecientes juega un papel im-

Nota complementaria 14.13

LA DECISION DE INVERTIR Y EL VALOR ACTUAL NETO (VAN)

En el proceso de toma de decisiones, a la hora de demandar capital la empresa comparará los beneficios y los costos asociados a la decisión de invertir. Los elementos de costo de la inversión son el precio del bien de capital que se pretende adquirir y el tipo de interés que tendrá que abonar si se recurre a la financiación externa o el interés que se dejará de percibir si esos recursos se hubieran colocado en el mercado de capitales. Los beneficios se concretarán en la corriente de rendimientos futuros netos que se espera que la inversión genere. Desde esta perspectiva, la empresa demandará capital, esto es, llevará a cabo la inversión, si el valor actual neto (VAN) de los rendimientos supera el costo de adquisición del bien de capital.

Para ilustrar el criterio del VAN, supóngase una empresa que, con un costo de capital i, considera la posibilidad de comprar una máquina que cuesta M, con la que espera producir unos bienes que podrá vender para obtener unos ingresos que se estiman iguales a R_1 durante el primer año, a R_2 durante el segundo, y a R_3 durante el tercero. También se estima que los costos derivados de utilizar tal maquinaria durante esos años, incluidos los de amortización, serán respectivamente C_1, C_2 y C_3. Supóngase, finalmente, que se calcula que al cuarto año la maquinaria podrá venderse al precio M'. El valor actual neto de esta inversión es el valor presente del flujo futuro de ingresos y costos utilizando el costo de capital como tasa de descuento. Esto es:

$$VAN = (R_1 - C_1) + \frac{(R_2 - C_2)}{(1 + i)} + \frac{(R_3 - C_3)}{(1 + i)^2} + \frac{M'}{(1 + i)^3}$$

De acuerdo con esta ecuación, la empresa se decidirá a demandar capital, esto es, llevará a cabo inversión sólo si el VAN es mayor que M. En este sentido, el decrecimiento de la curva de demanda de capital señalado en el texto se justifica porque, al disminuir el tipo de interés, se reduce el costo del capital y aumenta el valor actual de la corriente de rendimientos esperados, de forma que un mayor número de proyectos serán factibles.

portante, pues, a medida que se acumulan mayores cantidades de capital, la citada ley hace que la tasa de rendimiento de capital y el tipo de interés disminuyan.

Para determinar gráficamente el tipo de interés hay que acudir a las curvas de demanda y oferta de capital. Para simplificar la exposición supondremos que todos los bienes materiales de capital son iguales entre sí o se reducen a uno solo.

La demanda de capital

La demanda de capital proviene de las empresas que tienen diversos proyectos de inversión. Precisamente en la Figura 14.6 la curva indica la demanda de capital por parte de las empresas. Esta curva se deriva en última instancia del valor de los bienes de consumo que es posible producir con los bienes de capital.

La curva de demanda recogida en la Figura 14.6 refleja la hipótesis sobre la evolución del valor del producto marginal de un factor presentada en el capítulo anterior. Tal como hicimos entonces, ahora se supone que existen rendimientos decrecientes, es decir, que cuando el capital es escaso, la productividad es elevada, por lo que los proyectos de inversión empleadores de capital serán muy lucrativos. Cuando se va acumulando una mayor cantidad de capital, la comunidad se encuentra con que ya ha realizado las inversiones más rentables y tendrá que llevar a cabo otras con una menor tasa de rendimiento. Esto es debido a que se supone que las disponibilidades de tierra y trabajo se mantienen constantes y aparecen rendimientos decrecientes para el factor variable, en este caso el capital.

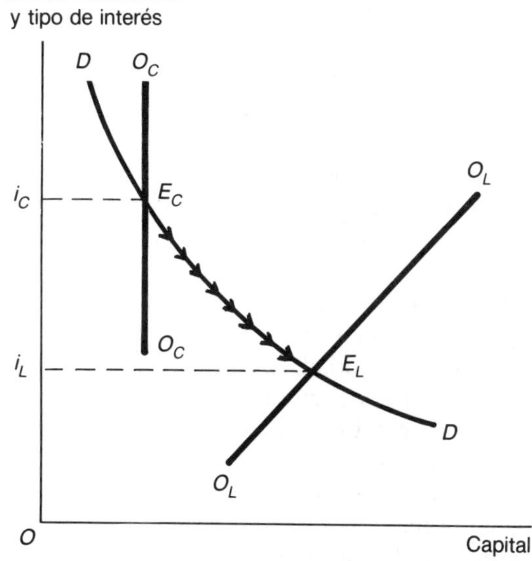

Figura 14.6. La determinación del interés.

La demanda de capital proviene de las empresas que tienen proyectos de inversión, y la oferta de las economías domésticas; su confrontación determina el tipo de interés de equilibrio.

La oferta de capital

A corto plazo, la cantidad de servicios de capital ofrecidos a la economía puede considerarse que es fija y, en consecuencia, la curva de oferta de servicios de capital sería perfectamente inelástica (Figura 14.7). Esta rigidez refleja que hay un número dado de máquinas, de fábricas, de edificios y de materias primas.

A largo plazo, el *stock* de capital de la economía no es fijo sino que puede ajustarse. Si la demanda es creciente una economía puede, mediante el proceso de inversión anteriormente citado, incrementar la cantidad disponible de capital construyendo viviendas, fábricas y máquinas. Asimismo, si no se destinan recursos suficientes a la inversión, una economía puede ver cómo su maquinaria y sus fábricas se deterioran, haciendo que el *stock* de capital se reduzca. Debe recordarse que la *depreciación* de un bien de capital es la reducción que experimenta su valor, esto es, el valor actual de la corriente de servicios que genera, como consecuencia de su uso y/o del paso del tiempo.

De acuerdo con lo señalado, resulta que a largo plazo la economía sólo ofrecerá una cantidad dada de servicios de capital si ésta genera el rendimiento exigido por los inversores. Si el rendimiento aumenta, los inversores llevarán a

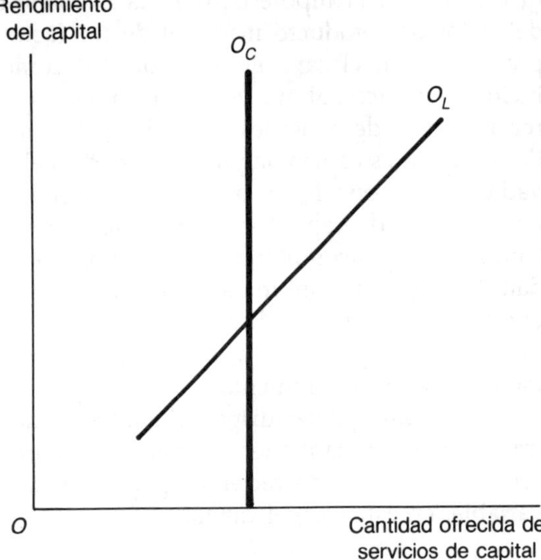

Figura 14.7. La oferta de servicios de capital de la economía.

A corto plazo, la cantidad total de servicios de capital físico de la economía es fija, de forma que la curva de oferta es perfectamente inelástica O_C. A largo plazo, la curva de oferta de servicios de capital tiene inclinación positiva O_L, reflejando que sólo se puede disponer de más capital a un precio más alto.

---

cabo más proyectos de inversión y el *stock* de capital se incrementará. Por el contrario, si la economía no genera los rendimientos exigidos, los propietarios de capital dejarán que sus activos se deterioren y el *stock* de capital se reducirá. Por tanto, la curva de oferta a largo plazo de servicios del capital tendrá pendiente positiva y reflejará el rendimiento exigido por los inversores a cada uno de los niveles de servicios de capital ofrecidos (Figura 14.7).

Equilibrio a corto y a largo plazo

En la Figura 14.6, la curva de oferta, O_C, indica el capital que se ha venido acumulando en el pasado. A corto plazo puede suponerse que esta cantidad es fija, de modo que el tipo de interés de equilibrio, que vendrá dado por la intersección de las curvas de oferta y demanda de capital, será i_C.

- **En la situación de equilibrio, la tasa de rendimiento del capital es exactamente igual al tipo de interés de mercado. Si el tipo de interés fuera superior, las empresas no estarían dispuestas a mantener el *stock* de capital existente, mientras que, si el tipo de interés fuera inferior a la tasa de rendimiento, las empresas se disputarían los escasos fondos disponibles.**

La situación de equilibrio E_C que determina un tipo de interés i_C no se mantendrá a largo plazo, pues, a ese tipo, como se ha señalado, las economías domésticas continuarán ahorrando parte de sus ingresos y acumulando capital, de forma que, con el tiempo, la curva de oferta de capital O_C se irá desplazando hacia la derecha.

Ese movimiento hacia la derecha se debe a que el *stock* de capital, y consiguientemente la curva de oferta a corto plazo, se va incrementando. Paralelamente, el tipo de interés se mueve hacia abajo porque la ley de los rendimientos decrecientes nos dice que, permaneciendo constantes las demás circunstancias, esto es, las cantidades aplicadas de tierra y trabajo y la tecnología, la productividad neta del nuevo y mayor *stock* de capital va descendiendo a porcentajes cada vez menores.

Este proceso continuará hasta que a largo plazo se alcance una situación en la que las economías domésticas no desearán ahorrar una mayor cantidad. A largo plazo se alcanzará un punto en el que el ahorro neto es nulo y el *stock* de bienes de capital no aumentará más. En este punto, la cantidad de riqueza que desean tener las economías domésticas será exactamente igual a la cantidad de capital que las empresas desean tener y entonces resultará que el tipo de interés, esto es, el costo del capital, y la tasa de rendimiento del capital estarán en equilibrio.

Así pues, el equilibrio formado en E_C es de corto plazo, en el sentido de que, a ese tipo de interés, la población sigue ahorrando, el capital continúa creciendo y, en términos de la Figura 14.6, se descenderá a lo largo de la curva *D*. En E_L (punto determinado por la curva de oferta a largo plazo), el tipo de interés es justamente el suficiente para mantener el ritmo actual con que crece la economía, pero no es lo bastante bajo para ahogar los deseos de ahorrar. Por ello el equilibrio final, el de largo plazo, se alcanzará en E_L.

La curva de oferta de capital a largo plazo, O_L, es creciente, pues indica que los individuos están dispuestos a ofrecer más capital o riqueza cuando los tipos de interés aumentan.

- **En la situación de equilibrio a largo plazo el tipo de interés viene determinado por la productividad neta del capital y por el grado en que las economías domésticas están dispuestas a posponer el consumo actual en favor del consumo futuro.**

Algunas reflexiones sobre el tipo de interés

La determinación del tipo de interés por la oferta y la demanda significa que esa cifra queda determinada por la acción conjunta de la impaciencia de los agentes económicos por consumir hoy en lugar de acumular bienes de capital y de las oportunidades que el público tiene de recibir mayores o menores productividades netas de capital.

De acuerdo con estas razones, cualquier intervención por parte de las autoridades económicas tratando de fijar los tipos de interés puede generar ciertos efectos que impidan el logro de las circunstancias antes apuntadas. Así, si las autoridades económicas deciden establecer un tope mínimo a los tipos de interés, esto supone una ineficiencia económica, ya que habrá ciertos proyectos que resultarán bloqueados por falta de fondos. La ineficiencia puede ser mayor si, en lugar de actuar sobre el tipo de interés, se establece directamente un racionamiento de los fondos y, al mismo tiempo, éstos no se proveen para los proyectos de inversión más productivos. Esta posibilidad siempre existirá cuando se produce una intervención de este tipo ya que, al no dejar que funcione el mercado, habrá que utilizar otros mecanismos de asignación o reparto y se corre el riesgo de que sean los proyectos menos productivos los que obtengan los fondos.

RESUMEN

- El salario real de equilibrio de la economía viene determinado por la oferta y la demanda globales de trabajo.
- La tierra se considera tradicionalmente como un factor cuyas disponibilidades están fijas. Al precio y retribución de la tierra los economistas clásicos lo denominaron «renta».
- Aceptando el carácter de la demanda de la tierra como una demanda derivada de los productos que en ella se cultivan, y dado que su oferta es rígida, el valor de la tierra se deriva del valor de la producción que genera.
- La aparición de la renta económica en la remuneración de los factores productivos por los servicios que prestan se debe a la heterogeneidad de los recursos. En las tierras de mejor calidad se obtiene un producto

cuyo valor incorpora, además del valor añadido por los trabajadores y por el empleo de la maquinaria, el valor que aporta la naturaleza. Este valor es cada vez menor a medida que desciende la calidad de la tierra.

- Si se acepta que capital es todo lo que producirá en algún momento bienes o servicios con valores económicos, resultará que el *capital humano* será el capital que está incorporado en los hombres y en los servicios productivos que proporcionan. Si está incorporado en las cosas, en la tierra, en las máquinas o en los edificios, se tratará de *capital físico.*

- Un bien de capital es distinto de los servicios productivos que realmente presta. En principio, el valor de un bien de capital será igual a la suma de los valores añadidos por toda la corriente de servicios que se espera que vaya a proporcionar. Los servicios productivos de los bienes de capital se miden en valor por unidad de tiempo, y un bien de capital se mide solamente en unidades monetarias.

- La conveniencia de separar el capital físico del capital humano se debe a que, al estar incorporado en las personas físicas, resulta intransferible y sólo pueden ser objeto de contratos mercantiles o laborales los servicios del capital humano. El capital humano procede en su mayor parte de inversiones en educación, en adiestramiento, en migraciones o en salud.

- El capital (tanto físico como financiero) ha de tener su retribución, un precio que racione las existencias entre la demanda existente. Este precio se suele determinar como un porcentaje sobre su valor monetario.

- El esfuerzo productivo que se desvía de la producción directa de bienes de consumo hacia la de bienes de capital se realiza por la mayor productividad que comporta la utilización de bienes de capital en la obtención de bienes de consumo. Este hecho refleja que el capital físico puede ser producido y empleado sencillamente porque es rentable.

- El tipo de interés motiva que las economías domésticas ahorren y acumulen riqueza y permite a la sociedad seleccionar qué proyectos de inversión, al tener las mayores tasas de rendimiento, se llevarán a la práctica.

- El equilibrio en el mercado de capital viene determinado por la interacción de la oferta de capital procedente de las economías domésticas y la demanda de capital derivada de las empresas que tienen diversos proyectos de inversión.

- El objetivo básico de los sindicatos ha sido mantener y elevar los salarios reales de sus afiliados. Esto se ha tratado de conseguir a través de distintas estrategias, entre las que cabe destacar: 1. restricciones de la oferta de trabajo, 2. elevación de los salarios, y 3. desplazamientos hacia arriba de la curva de demanda derivada.

CONCEPTOS BASICOS

- **— Tasa de actividad.**
- **— Negociación colectiva.**
- **— Perfiles de ingresos.**
- **— Renta de la tierra.**
- **— Renta económica.**
- **— La controversia sobre el precio del grano (trigo).**
- **— Capital humano.**
- **— Inversiones en capital humano.**
- **— Rendimientos de la educación.**
- **— El factor residual.**
- **— Capital físico y capital financiero.**
- **— Tipo de interés, real y nominal.**
- **— Tasa de rendimiento.**
- **— Monopolio por el lado de la oferta** (*).
- **— Monopsonio** (*).
- **— Monopolio bilateral** (*).

TEMAS DE DISCUSION

1. Valore la siguiente afirmación: «La "justa" retribución de un factor productivo en equilibrio es el valor de su producto marginal».

2. En su opinión, ¿qué hechos pueden hacer pensar que la generación de los precios de los factores es una cuestión menos técnica y más conflictiva de lo que una interpretación simplista de la teoría de la distribución podría hacer pensar?

3. Enumere algunos de los factores que pueden contribuir a que la oferta de la tierra no sea una cantidad fija.

4. Razone las dos afirmaciones siguientes: «El precio del trigo es alto porque lo es el precio de las tierras en las que se cultiva». «El precio de la tierra dedicada a cultivar trigo es elevado porque el precio del trigo es alto.»

5. ¿En qué sentido la oferta de tierra para cultivar trigo la determinarán los costos de oportunidad? ¿De qué forma se gradúa la oferta en términos del valor de la tierra en usos alternativos? ¿Qué papel juega la heterogeneidad de los recursos en la aparición de la renta ricardiana y en el crecimiento de la oferta?

6. ¿En qué sentido puede considerarse obsoleta la clasificación tradicional de los factores productivos en tierra, trabajo y capital? ¿En qué

(*) Véase Apéndice de este capítulo.

descansa la diferencia fundamental entre el capital físico y el capital humano?

7. Establezca claramente las similitudes y las diferencias entre un bien de capital y los servicios productivos que genera.

8. ¿Qué funciones básicas cumple el tipo de interés en una economía? ¿Qué diferencias existen entre los dos conceptos siguientes: tipo de interés y tasa de rendimiento?

9. ¿Qué papel juega la ley de los rendimientos decrecientes en la determinación del tipo de interés?

10. ¿Cómo incidirían sobre el tipo de interés de equilibrio a largo plazo los siguientes hechos: *a)* una innovación tecnológica que incrementa la demanda de capital, y *b)* una brusca reducción en la mano de obra disponible?

11. Analice los ingresos anuales de un tenista que ha sido campeón de Wimblendon y señale la parte de los mismos que es renta económica y la que es ingreso de transferencia.

12. Una empresa monopsonista tiene contratado a un trabajador por 20 u.m. a la hora y quiere contratar otro más. Si ahora el salario es de 22 u.m. a la hora, ¿cuál es el gasto marginal debido a la contratación de un trabajador adicional?

13. ¿Cuáles son los efectos de las prácticas monopsonistas en la asignación de recursos? ¿En qué se diferencian de las prácticas monopolísticas?

14. Explique en términos de oferta y demanda los objetivos y las incidencias de las distintas estrategias que suelen poner en práctica los sindicatos para elevar los salarios de sus afiliados.

APENDICE:
Determinación del precio de los factores en mercados no competitivos

Hasta ahora hemos examinado la determinación del precio de un factor productivo suponiendo que existía competencia perfecta, tanto en el mercado de producto como en el mercado del factor. Es decir, hemos considerado unos mercados en los que participan un gran número de oferentes y demandantes, ninguno de los cuales tiene capacidad para controlar el funcionamiento del mercado. Sin embargo, puede ocurrir que, en una determinada industria o actividad económica, una sola empresa acapare todo el mercado y sea la única demandante del factor utilizado para tales tareas productivas. Cuando ocurre esto decimos que existe monopsonio en el mercado del factor. Por otro lado, debe destacarse también que las empresas se organizan con frecuencia en una institución que las representa y negocia con los oferentes del factor productivo. De acuerdo con lo señalado, en el mercado de un factor se pueden dar tres tipos de situaciones no competitivas:

1. Monopolio (del lado de la oferta).
2. Monopsonio (del lado de la demanda).
3. Monopolio bilateral.

Vamos a analizar las consecuencias más significativas de cada una de las situaciones comentadas:

1. Monopolio (del lado de la oferta)

En este apartado vamos a analizar los efectos que produce la existencia de un único oferente en el mercado de un factor productivo. El ejemplo típico sería la existencia de un sindicato que monopoliza la oferta de trabajo. Supongamos que las cantidades ofrecidas por el monopolista a los distintos precios se reflejan en la curva de oferta (O_L) de la Figura 14.A.1, mientras que la demanda del factor por parte de la industria competitiva se recoge mediante D_L. La curva de ingreso marginal del trabajo *(IMaL)* se construye del mismo modo que para las curvas de demanda de productos y representa, por tanto, el incremento en el ingreso total del sindicato por el último trabajador contratado por las empresas.

En ausencia del monopolista, el equilibrio tendría lugar en E_1, donde $O_L = D_L$. Considerando que el monopolista trata de maximizar los ingresos, la situación a la que se llegará será la representada por la cantidad de factor L_2 y el precio W_2. Así pues, la presencia del monopolista eleva el precio y reduce la cantidad de factor utilizada.

Como se observa en la Figura 14.A.1, cualquier estrategia del monopolista destinada a aumentar el precio por encima del nivel competitivo

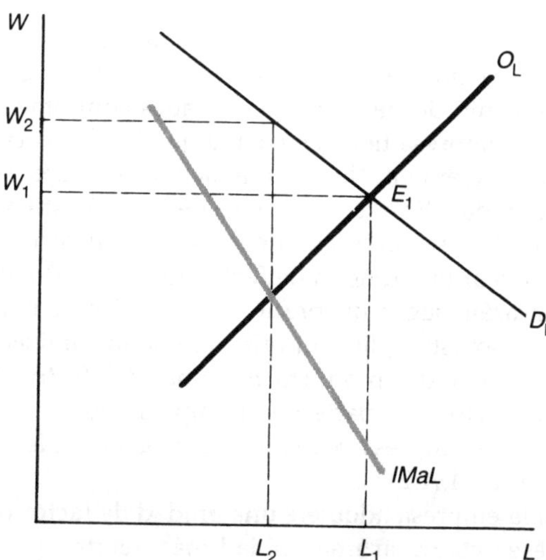

Figura 14.A.1. Monopolio por el lado de la oferta.

El equilibrio en este mercado se caracteriza porque la cantidad de factor utilizada es inferior a la que se alcanzaría en un mercado competitivo, mientras que el precio es más elevado.

resulta en una disminución de la cantidad de factor respecto de la que se alcanzaría en condiciones de competencia perfecta. Ante un precio más alto las empresas contratan una menor cantidad del factor, pues si bien el monopolista puede fijar unilateralmente el precio la empresa o empresas son libres de ajustar la cantidad de factor empleada a dicho incremento de precio, según su función de demanda.

2. Monopsonio (monopolio de demanda)

En ocasiones existen pocos compradores de un servicio productivo, o incluso un único comprador. En este último caso se habla de un monopsonio o monopolio de demanda. El caso de una empresa industrial que utiliza un proceso productivo muy específico o particular, en el sentido de ser la única demandante de un determinado tipo de factor productivo, es un ejemplo de monopsonio. Pensando en el mercado de trabajo una gran empresa localizada en una pequeña ciudad donde domina el mercado de ciertos tipos de trabajo o especialidad es un caso de monopsonio.

Nótese que cabe distinguir perfectamente entre las actividades de demanda y oferta de una empresa. Así, una empresa industrial puede ser un monopsonista puro en el mercado del factor en cuestión, pero a la vez vender su producción en mercados bajo condiciones de competencia perfecta.

La característica más importante del monopsonista puro es que tiene en cuenta el efecto de sus acciones sobre el precio del factor que adquiere. Piénsese en el caso de la empresa antes comentada. Si ésta se comportara de manera competitiva tanto en la compra de factores como en la venta del producto contrataría los servicios del factor productivo hasta el punto en que el precio del factor, esto es, el salario (*W*), fuese igual al valor del producto marginal del trabajo, ***VPMaL.***

$$W = VPMaL$$

Sin embargo, la empresa que es monopsonista en el mercado del factor es consciente de que, al enfrentarse a una curva de oferta positiva, un incremento del número de unidades contratadas presiona al alza el precio. La empresa tiene en cuenta que la adquisición de una unidad más de factor incrementa la remuneración de todas las unidades previamente contratadas. En este sentido se define el gasto marginal del factor, *GMaL*, como el incremento en el costo en que incurre la empresa monopsonista al emplear una unidad de factor adicional. Por esta razón los empresarios intentarán pagar un precio inferior al de competencia. En particular el monopsonista aplica un principio de maximización que consiste en igualar el valor del producto marginal del factor con el gasto marginal en dicho factor por parte de la empresa, esto es, el gasto marginal en que incurre la empresa por contratar más unidades del factor (Cuadro 14.A.1 y Figura 14.A.2).

Si la empresa adquiere una unidad de factor por 2 unidades monetarias y desea contratar una unidad más, tendrá que pagar un precio superior por ser la curva de oferta del factor ascendente, por ejemplo, 2,5 unidades monetarias. Pero el gasto adicional no es 2,5 unidades monetarias, sino 3 unidades monetarias, esto es, 2,5 de la unidad adicional adquirida más las 0,5 unidades monetarias que tiene que subir el precio con el que retribuye a la primera unidad.

Como muestra el ejemplo del Cuadro 14.A.1, el *GMaL* es mayor que el precio, pues el empleo de una unidad adicional de factor aumenta los costos no sólo en la cuantía del precio que ha de pagarse por esa unidad, sino también en la magnitud del incremento hasta el nuevo precio que reciben ahora todas las unidades contratadas anteriormente.

Así pues, a fin de maximizar los beneficios la empresa elige aquella cantidad de factor para la cual el valor del producto marginal del factor es igual al gasto marginal (Nivel L_3 en la Figura 14.A.2).

La cantidad que paga por cada unidad utilizada se puede determinar con ayuda de la curva de oferta O_L. En particular, para adquirir L_3 unidades de factor, la empresa sólo tiene que pagar W_3 por unidad, cantidad inferior al precio que se pagaría en competencia perfecta.

Cuadro 14.A.1. Deducción del gasto marginal del factor

(*L*)	(*W*)	(*GT*)	(*GMaL*) (*)
Unidades de factor	**Precio del factor**	**Gasto total**	**Gasto marginal**
1	2	2	
			3
2	2,5	5	
			4
3	3	9	
			5
4	3,5	14	

(*) Nótese que el *GMaL* se define como el cociente entre el incremento en el costo total y el incremento en la cantidad empleada de factor, esto es, $GMaL = \frac{\Delta GT}{\Delta L}$.

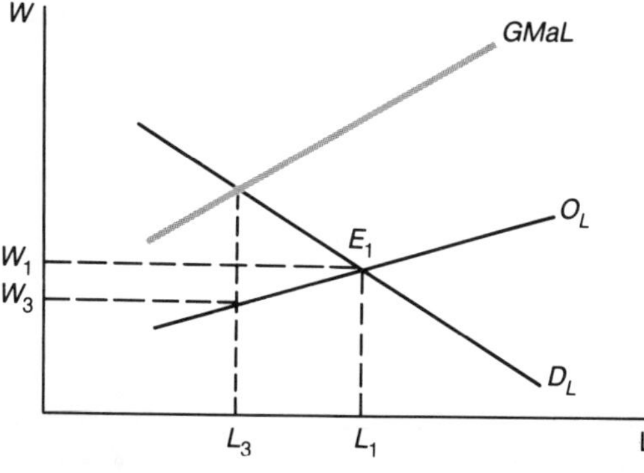

Figura 14.A.2. Monopsonio.

El equilibrio, en este mercado, se caracteriza porque tanto el precio como la cantidad de factor utilizada son inferiores a los de competencia perfecta.

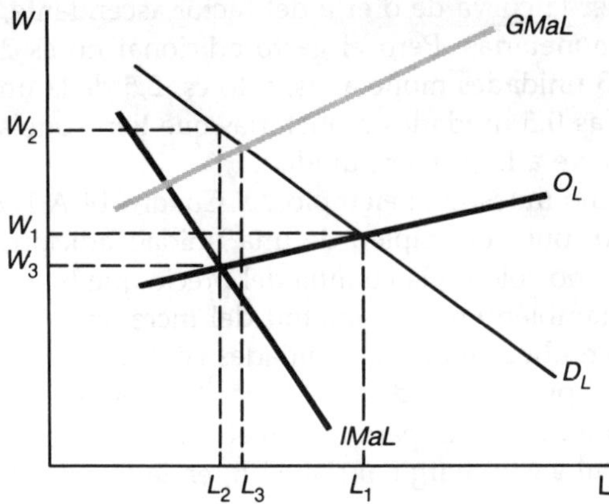

Figura 14.A.3. Monopolio bilateral.

En el monopolio bilateral el salario no determinado podrá ser W_2, W_3 o cualquier otro salario intermedio.

Resulta, pues, que si la curva de oferta del factor tiene inclinación positiva, la remuneración por unidad de factor y la cantidad contratada serán menores que en competencia perfecta.

3. Monopolio bilateral

Cuando un monopolista, por ejemplo un sindicato, se enfrenta a una empresa monopsonista, nos encontramos con dos monopolios enfrentados entre sí. Al monopolio del lado de la oferta se contrapone el monopsonio del lado de la demanda. Esta es una situación de monopolio bilateral. En términos gráficos, el caso del monopolio bilateral es como si hubiésemos juntado los dos gráficos anteriores (Figura 14.A.3).

El monopolista tratará de llevar el precio a W_3. Puesto que tanto del lado de la oferta como del lado de la demanda hay un poder de mercado, el precio no está determinado. El precio que finalmente rija podrá ser W_2, W_3 o cualquier otro comprendido entre ambos. Que el precio se sitúe más cerca de W_2 o de W_3 dependerá de las fuerzas relativas de negociación de ambas partes.

PARTE VI

El análisis de la renta nacional

CAPITULO 15

Análisis del producto o renta nacional

INTRODUCCION

Cuando nos centramos en el estudio del comportamiento individual de los consumidores, de las empresas y los mercados y de los precios relativos, adoptamos un enfoque «micro». La macroeconomía, por el contrario, se ocupa del comportamiento global del sistema económico reflejado en un número reducido de variables, como la producción o producto total, el empleo, la inversión, el consumo, el nivel general de precios, etc. La macroeconomía busca la imagen que muestran las operaciones de la economía en su conjunto, en lugar de su diversidad interna. De hecho, se contempla la economía como si produjera un solo bien. Su propósito es obtener una visión lo menos compleja posible del funcionamiento de la economía, pero que permita diagnosticar el nivel de la actividad económica. Precisamente con este capítulo iniciamos el estudio del enfoque «macro» de la economía, que nos ocupará durante el resto del libro.

1. EL PUNTO DE VISTA MACROECONOMICO

En los temas anteriores nos hemos centrado en el análisis del comportamiento de las unidades económicas, como las familias o consumidores y las empresas. También hemos estudiado la institución del mercado, donde operan los demandantes y oferentes de bienes y servicios. En estos comportamientos hemos considerado que las distintas unidades económicas actuaban como si fueran unidades *individuales.* A este enfoque los economistas lo suelen denominar enfoque *microeconómico.*

Así, cuando explicamos el aumento del precio del petróleo como consecuencia de un incremento de la demanda de energía, estamos haciendo un planteamiento típicamente microeconómico. La *macroeconomía,* por el contrario, se centra en el comportamiento global del sistema económico reflejado en un número reducido de variables como el producto total de una economía, el empleo, la inversión, el consumo, el nivel general de precios, etc. Por ejemplo, si el Ministerio de Economía señala que la inflación se ha reducido respecto al año anterior en un 50 % y que el número de empleados ha aumentado en 30.000 personas, está destacando lo que en su opinión son los aspectos más significativos de la evolución global de la economía.

• La *macroeconomía* se ocupa del estudio del funcionamiento de la economía en su conjunto. Su propósito es obtener una visión simplificada de la economía, pero que al mismo tiempo permita conocer y actuar sobre el nivel de la actividad económica de un país determinado o de un conjunto de países.

Desde una perspectiva histórica, el desarrollo de la teoría macroeconómica puede considerarse que se inició a finales de los años treinta, en buena medida como consecuencia de la obra de J. M. Keynes (véase Capítulo 29). De hecho, cuando tuvo lugar la Gran Depresión del año 1929, no se disponía ni siquiera de da-

Nota complementaria 15.1

EL BALANCE ECONOMICO DE 1990

El análisis de un número reducido de variables macroeconómicas permite diagnosticar el estado de una economía. Así, a partir de la información contenida en el cuadro adjunto podemos formular un balance global de la economía argentina.

Los aspectos más negativos reflejados en el balance económico de 1990 son la caída en el consumo y la inversión —reflejo del ajuste que siguió al llamado Plan BONEX— apenas compensados con el incremento en las exportaciones, de resultas de lo cual el efecto final sobre el Producto Bruto fue prácticamente neutro. También se destaca el alto nivel alcanzado por la inflación anual, lo cual precipitaría —a comienzos de 1991— la implantación del Plan de Convertibilidad.

BALANCE ECONOMICO 1990

Concepto	Año 1990
Oferta global (% de variación)	0,4
PIB (% de variación)	0,4
Consumo total (% de variación)	−3,0
Inversión (% de variación)	−11,3
Importaciones de bienes y servicios (% de variación)	0,0
Exportaciones de bienes y servicios (% de variación)	18,8
Tasa de desempleo (% de variación)	−5,1
Tasa de subempleo abierto (% de variación)	1,1
Salario real (% de variación)	−5,0
Precios al consumidor (% variación anual)	1.343,9
Precios al por mayor (% de variación anual)	798,4
Inversión bruta (% del PIB)	8,1
Ahorro nacional (% del PIB)	9,9
Ahorro externo (% del PIB)	−1,7
Déficit público consolidado (% del PIB)	3,2
Déficit de tesorería (% del PIB)	5,6

FUENTE: CEPAL, sobre datos de fuentes diversas.

tos fiables sobre el funcionamiento global de la economía. En cualquier caso, debe resaltarse que la microeconomía y la macroeconomía no son sino dos ramas de una misma disciplina, la economía, y como tales se ocupan de las mismas cuestiones aunque se fijan en distintos aspectos. La distinción entre ambos enfoques se mantiene en buena medida por razones pedagógicas, si bien los desarrollos recientes del análisis económico, al preocuparse por los fundamentos microeconómicos de la macroeconomía, tienden a hacer cada vez más tenues las diferencias entre ambas.

La política macroeconómica

La macroeconomía, para analizar el funcionamiento de la economía, se centra en el estudio de una serie de variables clave que le permiten establecer objetivos concretos y diseñar la *política macroeconómica.*

• **La *política macroeconómica* está integrada por el conjunto de medidas gubernamentales destinadas a influir sobre la marcha de la economía en su conjunto. Estos objetivos últimos de la política económica suelen ser: la inflación, el desempleo y el crecimiento.**

■ La inflación

La macroeconomía se ocupa de las causas y de los costos que supone para la sociedad la inflación, así como de las posibles soluciones y de las consecuencias de las posibles medidas a tomar.

La tasa de inflación es la tasa porcentual de aumento del nivel general de precios a lo largo de un período de tiempo específico. Tal como vimos en el apéndice del Capítulo 1, se suele medir mediante el Indice de Precios al Consumidor (IPC) y se calcula como indica la siguiente ecuación:

$$\textbf{Inflación en 1990} = \frac{IPC_{1990} - IPC_{1989}}{IPC_{1989}} \times 100$$

■ El desempleo

La macroeconomía se ocupa de por qué el mercado de trabajo a veces presenta unos porcentajes muy elevados de desempleo y de las posibles medidas a tomar para tratar de reducirlos ya que, además de los costos sociales y personales sobre los individuos afectados, el desempleo supone un despilfarro de recursos.

• **La *tasa de desempleo* es el porcentaje de la población activa que no tiene empleo y está buscando trabajo.**

■ El crecimiento

La macroeconomía estudia las causas del crecimiento de la producción. Cuando una economía experimenta un crecimiento notable, se crean muchos puestos de trabajo y el bienestar general de los individuos crece. Lo contrario ocurre cuando la economía no crece suficientemente o incluso decrece.

La tasa de crecimiento es la tasa porcentual de aumento del conjunto total de bienes y servicios producidos por una economía —esto es, del Producto Nacional Bruto (PNB) real, como veremos en el siguiente apartado— a lo largo de un período de tiempo determinado.

$$\textbf{Tasa de crecimiento real en 1990} = \frac{\text{PNB real en 1990} - \text{PNB real en 1989}}{\text{PNB real en 1989}} \times 100$$

Junto a los tres grandes objetivos señalados, las autoridades económicas también le prestan una especial atención al *presupuesto público* y a las *cuentas con el sector exterior.* En particular, en el caso de la economía española el déficit presupuestario público, esto es, la diferencia entre el gasto público y los ingresos públicos aparece como restricción que condiciona la política macroeconómica. Asimismo, el *déficit exterior,* es decir, la diferencia entre las importaciones realizadas al resto del mundo y las exportaciones procedentes del resto del mundo, preocupa a los responsables de la política económica. La macroeconomía analiza las causas de estos déficit públicos y exteriores, y diseña las posibles estrategias a seguir.

Para poner en práctica la política macroeconómica, las autoridades económicas emplean un conjunto de variables denominadas *instrumentos de política,* entre los que cabe destacar los tipos impositivos, el gasto público, la cantidad de dinero, y los tipos de interés.

2. LA CONTABILIDAD NACIONAL Y EL ORIGEN DEL PRODUCTO NACIONAL

El análisis macroeconómico —al ocuparse de la economía en su conjunto— se centra en el estudio de las grandes relaciones y de un número reducido de magnitudes agregadas, es decir, de la suma total de las variables individuales a las que en cada caso nos estamos refiriendo (como, por ejemplo, el consumo, la inversión, etc.). Por ello el enfoque macroeconómico exige la definición y medición de ciertos agregados que permiten obtener una visión global de la economía. La medición de la actividad económica sólo ha sido posible gracias a la *Contabilidad nacional.*

Las transacciones entre los diferentes agentes económicos se registran en la Contabilidad nacional. Esta define y relaciona los agregados económicos y mide el valor de los mismos. Mediante la serie de cuentas que integran la Contabilidad nacional se obtiene un registro de las transacciones realizadas entre los distintos sectores que llevan a cabo la actividad económica del país.

El producto o renta nacional

De los distintos agregados que recoge la Contabilidad nacional, el más significativo es el de la *renta* o *producto nacional.*

- **La *renta* o *producto nacional* es el valor total de todos los bienes y servicios finales, es decir, descontando los bienes intermedios, o bienes que se utilizan para producir otros.**

El producto nacional mide el funcionamiento del conjunto de la economía. De hecho, cuando queremos estudiar la evolución global de la economía de un país, nos centramos en el nivel de su producción total, período tras período, ya que es la medida clave de la actividad económica del mismo.

En cualquier caso, no debemos olvidar que su medición presenta serias limitaciones, algunas de las cuales se apuntan en la Nota complementaria 15.2.

El origen del producto o renta nacional

Toda economía está formada por muchas unidades independientes: millones de economías domésticas o familiares, millones de empresas y numerosos organismos y entidades públicos. Las economías domésticas deciden cuánto desean comprar y trabajar, mientras que las empresas deciden cuánto producir y vender y cuántas personas van a contratar. Si olvidamos por ahora el comportamiento del sector público, resulta que las decisiones conjuntas de todas las economías domésticas determinan el gasto total de la economía, mientras que las decisiones de todas las empresas determinan el nivel total de producción de la economía.

La interdependencia existente entre las decisiones individuales de gasto y producción se consideró en capítulos anteriores (véase Apartado 3.1). Vamos a profundizar sobre ella centrándonos en los niveles totales de gasto y producción. Las economías domésticas son propietarias de los factores de producción —es decir, del trabajo, de la tierra y del capital— y se los ofrecen a las empresas, que los utilizan para producir bienes y servicios (véanse Capítulos 13 y 14). Como contraprestación por el uso de los factores de producción las empresas pagan a las economías domésticas unas ciertas cantidades en forma de salarios, beneficios y rentas de la tierra. Estas cantidades se denominan, genéricamente, rentas. Las economías domésticas gastan estas rentas en bienes y servicios producidos y ofrecidos por las em-

Nota complementaria 15.2

NO TODO ES PNB: EL PUNTO DE VISTA ECOLOGICO (*)

Parece un contrasentido que los modelos macroeconómicos midan el PNB de un país sin tener en cuenta la destrucción de sus recursos naturales; en definitiva, activos de ese país. Parece increíble que los países quemen sus reservas de madera forestal y minería, y expolien sus riquezas naturales, acabando al mismo tiempo con su medio ambiente, y que su contabilidad nacional lo trate todo como un ingreso corriente, por lo que el PNB de ese país subirá. En ningún lugar de todo el proceso productivo de una nación se computa la pérdida de los recursos naturales de ese país, como si dichos recursos fueran eternos e inagotables. Este hecho es indudablemente una deficiencia del sistema de contabilidad nacional.

Así, por ejemplo, el PNB de Filipinas creció desde 1965 hasta 1980 a un tipo interanual del 5,9 %, aparentemente un comportamiento muy satisfactorio. Pero las cuentas nacionales de Filipinas nunca contabilizaron que en ese período de tiempo el país había tenido una pérdida irreemplazable de sus recursos naturales, problema que hoy, veinticinco años más tarde, es ya inexorable y se ha convertido en una crisis nacional. Filipinas se está gastando, comiendo, su capital natural. Lo mismo sucede con Tailandia, que ha destruido su riqueza forestal —en 1965 un 75 % del país estaba lleno de la riqueza forestal de selvas húmedas, mientras que a primeros de 1990 sólo un 12 % del país tenía ya árboles.

Asimismo, los países amazónicos están extrayendo dinero a corto plazo a costa de perder para siempre una renta continuada a largo plazo que conservarían para siempre y haría a esos países verdaderamente ricos, midiendo la riqueza como lo que es: un todo global.

Por poner un ejemplo, solamente un país, Brasil, ha gastado ya más de 5.000 millones de dólares en campos masivos y antieconómicos, a pesar de la evidencia palpable de que esos pastos pueden mantener muy poco ganado (una hectárea, una vaca; una hectárea europea, 500 vacas) y de que estos pastos se deterioran rápidamente (en tres o cuatro años), teniendo que volver a talarse más selva, sin darse cuenta de que esta selva se acabará algún día.

(*) *El País*, 24 de enero de 1990.

presas. El Esquema 15.1 proporciona una descripción simplificada del tipo de transacciones que tienen lugar en una economía. Las simplificaciones más relevantes son tres:

1. Se ha omitido el sector público, que no es una economía doméstica ni una empresa, aunque desempeña un papel muy importante en la economía. Sin embargo, desde la perspectiva que nos ocupa, el sector público sólo realiza gastos y establece impuestos.
2. No se ha considerado que todo país mantiene una serie de relaciones con el resto de los países que inciden en el nivel de la actividad económica.
3. Se han tenido en cuenta las ventas que las empresas realizan a las economías domésticas, pero no las que realizan a otras empresas.

La doble dimensión del producto nacional

Del análisis del Esquema 15.1 se deduce que podemos calcular la renta nacional de dos formas distintas: sumando el gasto total de los consumidores en bienes y servicios finales o agregando el total de rentas pagadas por las empresas a los propietarios de los factores de producción, que en última instancia siempre son las economías domésticas.

Esquema 15.1. El flujo circular de la renta

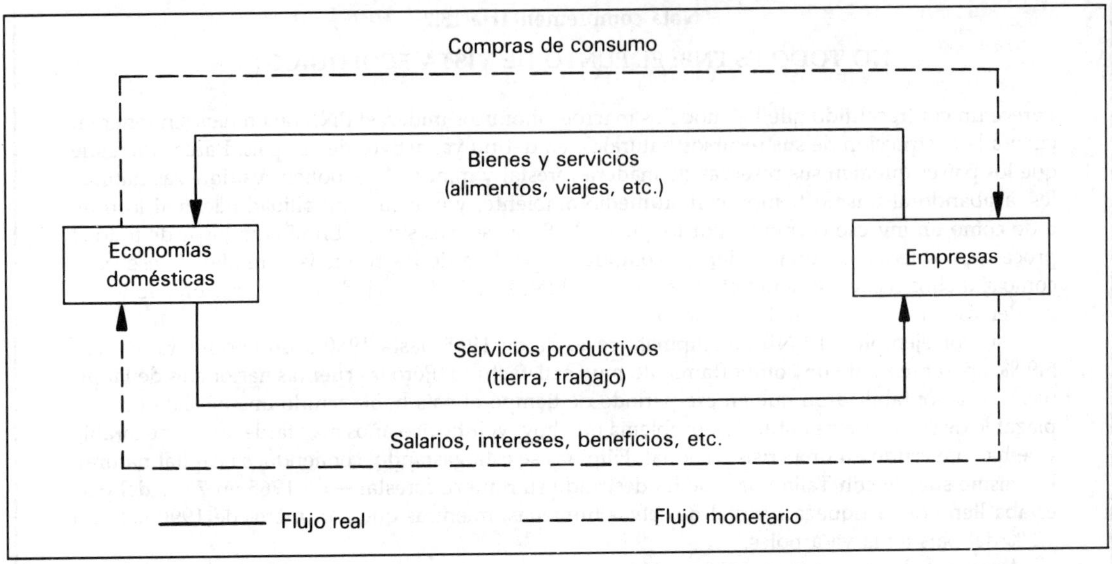

En la mitad superior se recoge el gasto que las economías realizan en bienes finales. El *flujo monetario* total —es decir, el gasto total en un año— es una medida del producto total. En la mitad inferior se reflejan los servicios que los factores de producción prestan a las empresas: el uso que hacen las empresas del trabajo, la maquinaria y otros factores. Este flujo es compensado por las rentas pagadas por las empresas a las economías domésticas y mide el flujo anual de los costos de producción. Las dos medidas del producto total deben ser siempre idénticas.

Por un lado, tendremos los ingresos o rentas que las familias reciben como pago, por parte de las empresas, de los servicios de los factores productivos que poseen; y, por otro, el empleo que hacen de estas remuneraciones, que se concreta en las compras de bienes y servicios a las empresas.

Si el Esquema 15.1 se analiza por la parte superior, mediremos el producto nacional desde el punto de vista del gasto, puesto que se recoge el valor monetario total de la corriente de productos finales producidos por la comunidad y adquiridos por las familias. Por la parte inferior obtendremos el valor de la renta nacional, pues se recoge el total de ingresos y rentas recibidos por los factores productivos: salarios, intereses, rentas de las tierras y beneficios, que constituyen los costos de producción de los bienes finales elaborados por la comunidad.

3. EL PRODUCTO NACIONAL Y SU MEDICION

Aparentemente, el método más directo para determinar el valor total de la producción de una economía durante un período de tiempo determinado sería localizar todas las empresas que han producido algo durante el año, calcular el valor de lo producido y sumar las cifras de todas las empresas. Este método, sin embargo, no puede utilizarse en la forma indicada, pues contabilizaríamos varias veces algunas mercancías. Ello se debe a que muchos productos atraviesan distintas etapas en el proceso de producción, de forma que se venden varias veces antes de llegar a manos del usuario final.

Por ejemplo, supongamos que una fábrica de bicicletas compra varillas metálicas para hacer los radios de las ruedas y también compra las cubiertas de las ruedas a un fabricante de neumáticos. Al calcular el producto nacional, si empleáramos el procedimiento antes apuntado, contaríamos las varillas y las cubiertas incorporadas en las bicicletas dos veces; en una ocasión, dentro del producto total de las fábricas de varillas metálicas y neumáticos, respectivamente, y, por segunda vez, al contabilizar las bicicletas vendidas a los consumidores.

Algo parecido ocurriría si al contabilizar el pan comprado por los consumidores, se contabilizara también la harina utilizada para producir el pan, que es elaborada por el harinero. El hacerlo implicaría contabilizar la harina dos veces. Recuérdese, además, que el producto nacional se había definido como la producción total de bienes y servicios finales, comprados por las economías domésticas para consumirlos, por lo que los *bienes intermedios* (es decir, aquellos que se utilizan para producir otros bienes y que no son realmente bienes finales) deben excluirse.

- **Los *bienes finales* son aquellos que son comprados durante el año por sus usuarios últimos y que no se utilizan como factores intermedios.**

Basándose en lo señalado, resulta que, si bien el valor de la producción de una empresa se contabiliza por los ingresos totales que obtiene de sus ventas, probablemente, sin embargo, la cifra que refleja el valor de las ventas no sea verdaderamente representativa de lo que esa empresa ha incorporado a la producción, pues habrá incluido el valor de compras de materias obtenidas de otras empresas. Por esto, para evitar la doble contabilización se calcula el valor añadido en cada fase de la producción, restando del valor del producto de la fase en cuestión los costos de materiales y bienes intermedios que no han sido producidos en esta fase, sino comprados a otras empresas y que, por tanto, estarán ya incluidos en las cuentas de dichas empresas.

- **El *valor agregado* es el valor de las ventas de una empresa menos el valor de las materias primas y otros bienes intermedios que utiliza para producir los bienes que vende.**

■ Bienes de capital

Debemos realizar una precisión respecto a los bienes de capital, ya que éstos requieren un tratamiento especial. El equipo capital es vendido por empresas y casi todo es comprado por otras, con lo que estas ventas son principalmente operaciones entre empresas (*). Sin embargo, no se incurre en doble contabilización si se incluyen dichas ventas, ya que los bienes de capital no se agotan completamente en la producción, como las materias primas. Por tanto, todas las ventas de bienes de equipo son consideradas ventas finales y contabilizadas en el producto nacional.

Productos intermedios, productos finales y valor agregado: un ejemplo

El concepto de valor agregado y la distinción entre *productos finales* e *intermedios* se ilustra en el Cuadro 15.1, que muestra un proceso productivo simple, de sólo cuatro etapas. El primer paso en la producción de una pieza de pan tiene lugar cuando el agricultor cultiva el trigo y obtiene un precio de $0,10 por la cantidad requerida para producir una pieza de pan. La segunda etapa consiste en moler el trigo para transformarlo en harina. El valor de la harina pasa a ser de $0,20, lo que supone que el valor que se añade en esta fase es de 10 centavos. En la tercera fase la harina se transforma en pan en el horno y el valor pasa a ser de $0,30, lo que supone que el *valor agregado* (valor de las ventas de una empresa menos el cos-

---

(*) No debe confundirse la venta de bienes intermedios entre empresas con la de bienes finales. Los bienes intermedios aparecen como valores finales de las empresas productoras de los mismos y se incorporan en los costos de producción de las empresas que los utilizan. En cambio, las compras de maquinaria y otros bienes de equipo no se incorporan directamente en los costos de producción de las empresas que los adquieren y utilizan durante varios años, ni en el valor de la producción.

Etapa de la producción	(1) Valor de las ventas (centavos)	(2) Costo de los productos intermedios (centavos)	(3) Valor agregado (1) − (2) = 3
Bienes intermedios:			
Trigo	10	0	10
Harina	20	10	10
Pan al por mayor	30	20	10
Bien final:			
Pan al por menor	41	30	11
TOTAL			41

Cuadro 15.1.
El valor agregado y los productos intermedios y finales.

En las distintas etapas de la producción de una pieza de pan se añade valor. Como puede observarse, la suma de todas las partidas de valor agregado en la columna (3) es igual al valor del producto total.

to de las materias primas y productos intermedios comprados a sus proveedores externos) en esta etapa también es de 10 centavos. En la última fase el precio de venta de la pieza es de $0,41 y el valor agregado es de 11 centavos.

Como se puede observar (Cuadro 15.1), el valor del producto final —los $0,41 de la pieza de pan— es igual a la suma de los valores agregados en cada una de las etapas. Este valor final es el único que hay que tener en cuenta para calcular el producto nacional. No se debe sumar el valor de todas las transacciones, es decir, las requeridas en la primera columna, que totalizarían $1,01.

El producto nacional nominal y real: los precios

En el transcurso del tiempo comprobamos que los mismos bienes tienen un precio diferente, y en general creciente, a medida que pasa el tiempo. El bien real es el mismo, pero su valoración monetaria —es decir, su precio— suele ser distinto. Para analizar de forma adecuada la evolución de la actividad económica a lo largo del tiempo debe separarse la influencia de los precios sobre los valores de los agregados económicos.

- **Las magnitudes se expresan en términos *nominales* (o en *pesos corrientes*) cuando no se han eliminado los efectos del crecimiento de los precios, o en términos *reales* (o en *pesos constantes*) cuando sí se han eliminado dichos efectos.**

Los precios aparecen, por tanto, como la variable puente entre las variables reales y las nominales (véanse Apartado 1.4 y Apéndice del Capítulo 1).

En este sentido el *producto nacional en pesos corrientes* se medirá a los precios existentes cuando se realiza la producción, mientras que el *producto nacional a precios constantes* se medirá a los precios existentes en un año base específico.

Dado que los precios de los distintos bienes varían en diferentes proporciones se debe tratar de establecer la variación «general» de los mismos Para ello se recurre a los índices de precios (véase Apartado 1.4 del Capítulo 1).

- **Los *índices de precios* son unas medidas ponderadas de los precios de cada período en los que cada bien o servicio se valora de acuerdo con su «peso» o importancia en el producto total.**

Los índices de precios se utilizan para «deflactar» —esto es, para eliminar el efecto de la variación de los precios en los valores corrientes de las macromagnitudes— o, en otras palabras, para pasar de magnitudes corrientes a magnitudes reales en términos constantes.

Cuadro 15.2. El producto nacional en términos nominales y reales

Años	(1) Producto nacional nominal (ptas. corrientes)	(2) Indice de precios (base 1980 = 100)	(3) (*) Producto nacional real (ptas. constantes 1980)
1970	2.576,2	24,5	10.515,1
1980	15.209,1	100,0	15.209,1
1985	27.888,8	171,3	16.280,7
1986	32.085,0	190,5	16.842,5
1987	35.714,5	201,2	17.750,7
1988	39.914,3	213,8	18.669,0
1989	44.679,9	229,5	19.468,4

(1) y (3) en miles de millones de pesetas.

(*) Se calcula de la siguiente forma: $\frac{(1)}{(2)} \times 100$.

FUENTE: Banco de España y Ministerio de Economía y Hacienda.

En el Cuadro 15.2, en la columna (1), figura el producto nacional de la economía española en pesetas corrientes, esto es, en pesetas de cada año. La columna (2) contiene un índice de precios, en particular el denominado «deflactor» del producto nacional (véase Capítulo 21), pues se utiliza para «deflactar» el producto nacional, es decir, para separar el efecto de los precios y obtener un conjunto de valores que permitan conocer la evolución real del producto nacional. En concreto, dividiendo los valores de la columna (1) por los de la columna (2) y multiplicando por 100 obtendremos el producto nacional en términos reales o en pesetas constantes columna (3).

El Producto Nacional Bruto y el Producto Nacional Neto

Podemos distinguir dos tipos de bienes finales según los agentes que los adquieren. Por un lado, los que compran los consumidores y, por otro, los que denominamos bienes de equipo o bienes de capital, que son básicamente adquiridos por los productores. Al gasto realizado por los consumidores lo denominamos consumo (*C*), al segundo, inversión (*I*). De la inversión realizada, una parte va a reponer el capital desgastado en la producción del período y la denominamos amortización o depreciación (*D*) y el resto es la inversión neta, o nueva creación de bienes de capital (*IN*).

Asimismo, podemos hablar de inversión bruta y de inversión neta. La inversión bruta (*IB*) es la cantidad de producción en que aumentan el *stock* de capital y las existencias.

La inversión neta, que mide el incremento que experimenta el *stock* de capital durante el año, se define como la inversión bruta menos la depreciación.

Algebraicamente:

$$IN = IB - D$$

Haciendo un símil con la población podríamos decir que la inversión bruta representaría el total de nacimientos en un año, mientras que la inversión neta sería igual al total de nacimientos menos los fallecidos, pues estos últimos representarían la depreciación.

Al introducir el concepto de depreciación se evidencia la posibilidad de sobreestimar el pro-

Nota complementaria 15.3

INDICADORES MACROECONOMICOS DE CORTO PLAZO DE LA ECONOMIA ARGENTINA

En el cuadro adjunto se recoge la evolución de las principales variables macroeconómicas durante el período 1987-1990. La comparación de estos datos con las metas fijadas permite al gobierno conocer en qué medida se han alcanzado los objetivos macroeconómicos previamente establecidos.

INDICADORES MACROECONOMICOS

	1987	1988	1989	1990
PIB (precios de mercado)(*)	**2,1**	**−2,6**	**−4,6**	**0,4**
Consumo total(*)	1,4	−6,1	−4,9	−3,0
Inversión bruta interna(*)	15,4	−10,6	−29,5	−11,3
Exportaciones(*)	−1,8	18,5	7,2	18,8
Importaciones(*)	5,9	−11,5	−17,5	0,0
Saldo balance com. (aporte al PIB)	3,5	7,5	10,9	14,5
IPC (medias anuales)(*)	131,3	343,0	3.079,5	2.314,0
IPC (diciembre-diciembre)(*)	181,8	431,6	4.923,6	1.343,9
Salario real promedio de la industria(*)	−8,3	−0,9	−8,8	−5,0

(*) Tasas de variación (%).

FUENTE: CEPAL.

ducto nacional de un país, si contabilizamos todo el valor de las instalaciones y equipos producidos en un año, pues las instalaciones y equipo existentes ya han funcionado durante períodos previos y, en consecuencia, ya se han deteriorado o depreciado. Por tanto, debemos hacer una deducción apropiada por depreciación para estimar correctamente el incremento de capital durante el año considerado. De esta forma, hablaremos de producto nacional bruto (PNB) o producto nacional neto (PNN), según incluyamos o no la depreciación.

$$PNB - D \equiv PNN$$

Respecto al empleo del PNB o del PNN cabe señalar que en teoría se debería utilizar la medición correspondiente al PNN, pues tiene en cuenta el desgaste de la maquinaria y el equipo ocurrido durante el año. En la práctica, sin embargo, el PNB es la macromagnitud más utilizada, pues si bien el PNN conceptualmente es la mejor medida, es más difícil de estimar. La inversión bruta, es decir, el total de los gastos en plantas y equipos más la variación de existencias, se puede medir de manera relativamente fácil, pero el cálculo de la depreciación conlleva serios problemas de orden práctico y conceptual, por lo que las estimaciones de depreciación suelen ser imprecisas.

El Producto Nacional Bruto (PNB) es el valor de todos los bienes y servicios producidos en la economía en un período dado. Cuando el valor de la producción de un período dado se mide a los precios en ese período, se obtiene el PNB nominal.

El PNB nominal puede variar porque varíen los precios o porque varíen las cantidades físi-

Cuadro 15.3. Los principales agregados de las Cuentas Nacionales argentinas (1990) (*)

	Impuestos ind. - subsid. 116,62	I 83,17		**Variac. en la relación de interc.** −62,17	
PIB cf 906,34	**Agricultura** 151,80	X-M 146,96	PIB pm 1.022,96	**Remuneración de los asalariados** 288,24	RIB cf 960,79
	Minas y canteras 25,91	C 792,84		**Superávit bruto de explotación** 672,55	
	Industrias manufactureras 187,83				
	Industria de la construcción 16,97				
	Electricidad, gas y agua 48,94				
	Servicios 474,89				

(*) Datos en milésimos de pesos a precios de 1970.

FUENTE: Elaboración propia en base a datos del BCRA y CEPAL.

cas de los bienes producidos. El PNB real se obtiene valorando la producción anual de bienes a los precios de un año base dado. El PNB real es, pues, una medida de la producción física de bienes y servicios de la economía.

El PNB a precios de mercado o al costo de los factores

Para valorar el producto nacional caben dos opciones: hacerlo a *precios de mercado,* para lo cual se multiplican las cantidades producidas por sus precios de venta, o al *costo de los factores,* esto es, considerando lo que ha costado fabricar los productos. En este último caso habrá que restar los impuestos ligados a la producción y a la importación, tradicionalmente denominados impuestos indirectos, y añadir las posibles subvenciones que se hayan recibido. Analíticamente, la relación entre el producto nacional a precios de mercado (PNB_{pm}) y al costo de los factores (PNB_{cf}) es como sigue:

$$\mathbf{PNB}_{pm} - T_i + S_b \equiv \mathbf{PNB}_{cf}$$

El producto interior y el producto nacional

La distinción entre producto interior y producto nacional estriba en el hecho de que, mientras que en el producto interior se valora toda la producción de bienes y servicios finales realizada en el interior del país, en el producto nacional se incluye únicamente la producción llevada a cabo por las personas físicas o jurídicas que gozan de la condición de residentes en el país. Para ello, al producto interior se le restan las rentas obtenidas por los residentes extranjeros en el país (RRE) y se suman las rentas que los residentes del país obtienen en el extranjero (RRN):

$$\mathbf{PNB_{cf} = PIB_{cf} - RRE + RRN}$$

Así pues, el PNB mide el valor de la producción realizada por los factores de propiedad nacional. Por ello, la renta que obtienen en España las empresas japonesas no forma parte del PNB español. Además, parte del PNB se produce en el extranjero, como por ejemplo, cuando un español trabaja en Alemania.

El producto interno bruto (PIB), por su parte, mide la producción realizada por factores de producción residentes en el país, independientemente de quién sea su propietario.

4. LA RENTA NACIONAL Y LA RENTA PERSONAL DISPONIBLE

- **La *renta nacional* es la renta total que reciben los propietarios de los factores productivos de la economía: el trabajo, el capital y los recursos naturales.**

La renta nacional disponible

Una vez calculado el producto nacional bruto o renta nacional (RN), la renta nacional disponible (RND) resulta de sumar las transferencias netas del resto del mundo a la RN.

$$RN + \textbf{Transf. netas del resto del mundo} \equiv \equiv RND$$

El paso desde el producto interno bruto hasta el concepto de renta nacional neta se recoge en el Esquema 15.2. En cualquier caso al individuo lo que le interesa es la renta personal de que dispondrá para hacer frente a sus gastos.

De cara a los individuos hay dos conceptos que conviene precisar, el de renta personal y el de renta disponible. La renta personal (RP) se obtiene a partir de la renta nacional restándole una serie de partidas que no forman parte de los ingresos de los individuos, tales como los beneficios no distribuidos por las empresas (B_{nd}), los impuestos sobre esos beneficios (T_b) y las cuotas que pagan las empresas a la Seguridad Social (C_{ss}) y añadiéndole las transferencias del Estado a las economías domésticas, básicamente pensiones y subsidios de desempleo (T_f).

Analíticamente:

$$RP = RN - B_{nd} - T_b - C_{ss} + T_f$$

Las transferencias citadas se añaden a la renta nacional para obtener la renta personal, pues, si bien las perciben los sujetos y forman parte de sus ingresos, no son una renta econó-

Cuadro 15.4. Composición de la Inversión Bruta en Argentina

Conceptos	1974 (*)	1980 (*)	1990 (*)
Inversión bruta interna-total	200,88	267,44	83,17
Inversión bruta interna-fija	196,33	257,56	77,07
IBI-Construcciones	117,20	145,71	41,18
IBI-Equipo durable de produc.	79,14	111,85	35,88
Equipo de transporte	24,85	31,53	10,92
Maquinarias y otros	54,29	80,32	24,96
Variación de existencias	4,55	9,87	6,10

(*) Datos en milésimos de pesos a precios de 1970.

FUENTE: BCRA.

Esquema 15.2. La triple dimensión del PIB

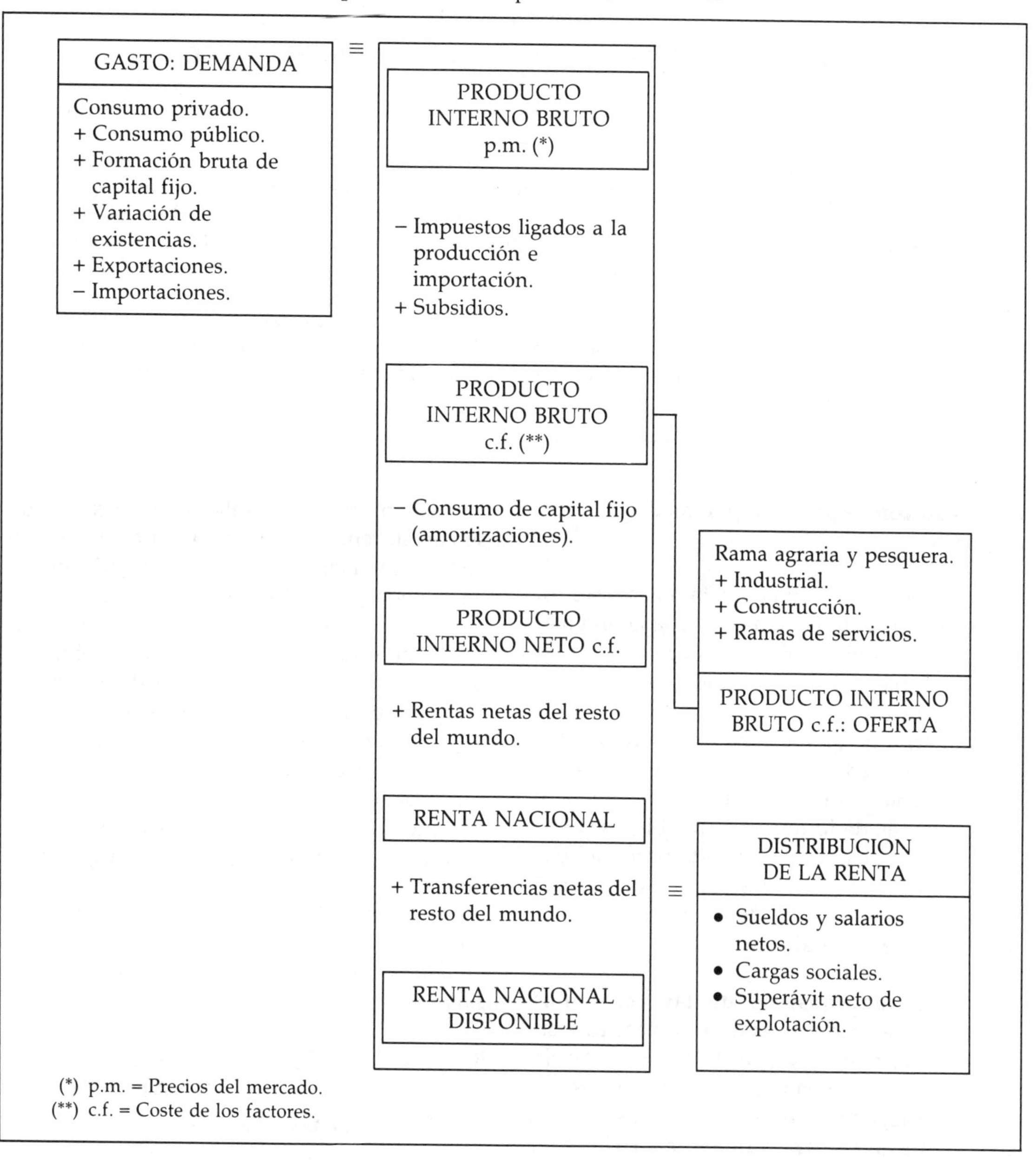

mica en sentido estricto, ya que no remuneran su servicio en la actividad productiva. La renta personal disponible (RPD) se obtiene a partir de la renta personal, restándole los impuestos directos sobre la renta de las personas físicas.

$$RPD = RP - T_d$$

• **La *renta personal disponible* es, pues, la renta que pueden gastar las economías domésticas.**

Nota complementaria 15.4

LA RENTA NACIONAL Y LOS TERMINOS DE INTERCAMBIO

El producto bruto valorado a precios constantes es una medida que refleja el esfuerzo productivo desarrollado por un país en un determinado período, expresado en términos físicos.

En una economía abierta, los frutos de ese esfuerzo pueden verse modificados en la medida en que se modifique la relación de precios de intercambio. Así, si en un período un país exporta 100.000 toneladas de trigo y ello le permite importar 10.000 toneladas de café y si, al año siguiente, pese a exportar igual cantidad de trigo sólo puede adquirir 9.000 toneladas de café debido al mayor (menor) precio del producto importado (exportado) es evidente que existe una pérdida que debe medirse.

Es por ello que para pasar de la estimación del Producto Bruto a precios constantes a la Renta Bruta a precios constantes debe sumarse a aquél (restarse si tiene signo negativo) el efecto de la variación en los términos de intercambio. Este es el concepto que aparece marcado con línea de puntos en el Cuadro 15.3.

La utilización de la renta personal disponible

Los ingresos que perciben las familias, esto es, el total de la renta nacional en una economía, tienen dos destinos posibles: el consumo en el período o bien el ahorro, que posibilitará el consumo futuro.

Lo anterior no quiere decir que, para una familia determinada, los ingresos sean un límite infranqueable para el consumo; siempre cabe consumir más de lo que se gana, bien sea endeudándose, bien sea vendiendo parte del patrimonio familiar. En cualquier caso, y especialmente a nivel agregado, lo normal es que parte de la renta se ahorre.

- **El gasto de consumo de las economías domésticas es todo el gasto que realizan en bienes y servicios, excepto la adquisición de viviendas. El ahorro personal es la parte de la renta disponible que utilizan las economías domésticas para aumentar su riqueza.**

Cuando se habla del ahorro personal es frecuente expresarlo como porcentaje. El porcentaje de ahorro personal con respecto a la renta personal disponible es la *tasa de ahorro personal.*

El ahorro de una familia no debe confundirse con su tenencia de dinero en casa o en una entidad financiera. El dinero se guarda en buena medida para satisfacer los pagos.

El ahorro, por lo general, no se mantiene en forma de dinero, sino que se suele colocar en otros activos tales como propiedades inmuebles, acciones o títulos de empresas o del Estado, etc. Por otro lado, cabe señalar que los individuos suelen ahorrar por diversas razones, como pueden ser: incrementar o mantener el patrimonio familiar, dejar una herencia a los sucesores, constituir un fondo de riqueza del que se pueda vivir en los años de jubilación o retiro, cubrir gastos significativos con respecto a la renta de la familia, como la compra de la vivienda, o hacer frente a posibles contingencias.

5. LOS COMPONENTES DEL PRODUCTO NACIONAL POR EL LADO DEL GASTO

Por el lado del gasto, en el producto nacional se distinguen varias categorías (*) (Cuadro 15.5):

(*) En el Apéndice a este capítulo, de acuerdo con los datos de la economía española, se elabora un cuadro macroeconómico por el lado del gasto.

- Consumo privado.
- Consumo público.
- Inversión.
- Exportaciones netas, es decir, exportaciones menos importaciones.

Esta definición del producto nacional presenta una visión más realista que la contenida en el Esquema 15.1, donde se suponía que sólo los consumidores compran todos los bienes finales producidos en la economía.

Consumo privado

El consumo es el mayor componente del producto nacional y el que presenta un comportamiento más estable a lo largo del tiempo. Los gastos en consumo se pueden dividir en tres categorías: bienes duraderos (televisores, automóviles), bienes perecederos (alimentos, vestidos), y servicios (transporte, servicios sanitarios).

Consumo público

El sector público ofrece una serie de servicios a la sociedad tales como defensa, sanidad, justicia, educación; asimismo, construye carreteras, parques, etc., todo lo cual implica una serie de gastos que se incluyen en el producto nacional. Debe señalarse que, si bien los gastos públicos en bienes y servicios se incluyen en el producto nacional, los pagos de transferencias, no, entendiendo por transferencias del Estado los pagos que realiza éste a un individuo a cambio de los cuales no presta ningún servicio corriente (véanse Apartado 3.1 y Capítulo 17). Así, por ejemplo, cuando el sector público realiza pagos de transferencia a los jubilados o a otros receptores que no prestan ningún servicio, este tipo de pagos no se incluyen en el producto nacional.

Inversión

En toda economía no sólo se producen bienes y servicios para el consumo, sino también bienes de capital que contribuyen a la producción futura. La inversión privada incluye tres categorías:

- Inversión en planta y equipo de las empresas.
- Construcción residencial.
- Variación de existencias.

En la Contabilidad nacional argentina las dos primeras categorías se engloban bajo el epígrafe común de «Inversión Bruta Interna Fija», y la variación de existencias figura por separado (Cuadro 15.4).

Cuadro 15.5. El PIB de la economía argentina y sus componentes (tasas de variación respecto al año anterior)

Conceptos	Tasas de variación	
	1989	**1990**
Consumo Total	−4,7	−3,1
Inversión Bruta Interna	−30,6	−6,4
IBI fija	−27,1	−13,6
Total demanda interna	**−8,1**	**−3,4**
Exportaciones	7,7	18,1
Importaciones	−17,2	0,0
PIB a precios de mercado	−4,5	0,4

FUENTE: BCRA.

Esquema 15.3. Oferta y demanda global
(1990, milésimos de pesos a precios de 1970)

1.	Agricultura, caza, silvicultura y pesca	151,80
2.	Explotación de minas y canteras	25,91
3.	Industria manufacturera	187,83
4.	Industria de la construcción	16,97
5.	Electricidad, gas y luz	48,94
1 + 2 + 3 + 4 + 5 = **6.**	SECTORES PRODUCTORES DE MERCANCIAS	**431,45**
7.	Comercio al por mayor, menor, restaurantes y hoteles	117,69
8.	Transporte, almacenamiento y comunicaciones	110,34
9.	Establecimientos financieros, seguros y bienes inmuebles	76,05
10.	Servicios comunales, soc. y personales	170,81
7 + 8 + 9 + 10 = **11.**	SECTORES PRODUCTORES DE SERVICIOS	**474,89**
6 + 11 = **12.**	PIB A COSTO DE FACTORES	**906,34**
13.	Impuestos indirectos menos subsidios	116,62
12 + 13 = **14.**	PIB A PRECIOS DE MERCADO	**1.022,96**
15.	Importaciones de mercancías	51,62
16.	Importaciones de servicios	33,40
15 + 16 = **17.**	IMPORTACIONES TOTALES	85,02
14 + 17 = **18.**	OFERTA TOTAL	**1.107,99**
19.	Consumo total	792,84
20.	Inversión bruta interna	83,17
21.	Exportaciones	231,98
19 + 20 + 21 = **22.**	DEMANDA TOTAL	**1.107,99**

Nota: La suma de los parciales puede no coincidir con el total por haberse redondeado las cifras.

FUENTE: BCRA y elaboración propia.

▪ Planta y equipo

Esta categoría comprende la construcción de fábricas, tiendas, almacenes y otras estructuras no residenciales utilizadas por las empresas, así como la adquisición de la maquinaria y el equipo necesario para llevar a cabo la producción.

▪ Construcción residencial

La construcción de viviendas se considera inversión, pues una vivienda, al igual que una fábrica, es algo que genera renta en los años venideros. La vivienda proporcionará servicios de alojamiento por los que el propietario puede cobrar un alquiler. La Contabilidad nacional considera todas las viviendas como inversión, tanto si están ocupadas por sus dueños como si no lo están. En el caso de que estén ocupadas por sus dueños se considera como una inversión realizada originariamente en la casa y que con el transcurso de los años se la han alquilado a sí mismos. Debe señalarse que, si bien las viviendas se contabilizan como inversión, los bienes de consumo duraderos, tales como un televisor o un lavaplatos, forman parte de los gastos en consumo.

■ Variación de existencias

Cuando la cantidad producida de cualquier bien excede de la cuantía que se consume existen dos posibilidades: exportarlo a otros países (posibilidad que se considera seguidamente) o almacenarlo en forma de existencias. Por ejemplo, el incremento de las existencias de automóviles representa algo que se ha producido y, por tanto, se incluye en el cálculo del producto nacional.

A este respecto conviene formular una precisión, pues si bien antes se ha señalado que para calcular el producto nacional debemos medir productos finales, en realidad el producto nacional no sólo incluye estos productos para el consumidor, el sector público o para la inversión en plantas y equipos, sino también los productos intermedios que se añaden a las existencias. Así, el incremento de las existencias de ladrillos que experimenta un fabricante porque no ha encontrado demanda suficiente se incluye en el producto nacional; sin embargo, esto no ocurre con los ladrillos que se utilizan en la construcción de otros edificios, pues ya se contabilizan cuando se realiza la construcción del edificio.

Cuadro 15.6. Producto interno bruto por ramas de actividad (Año 1990)

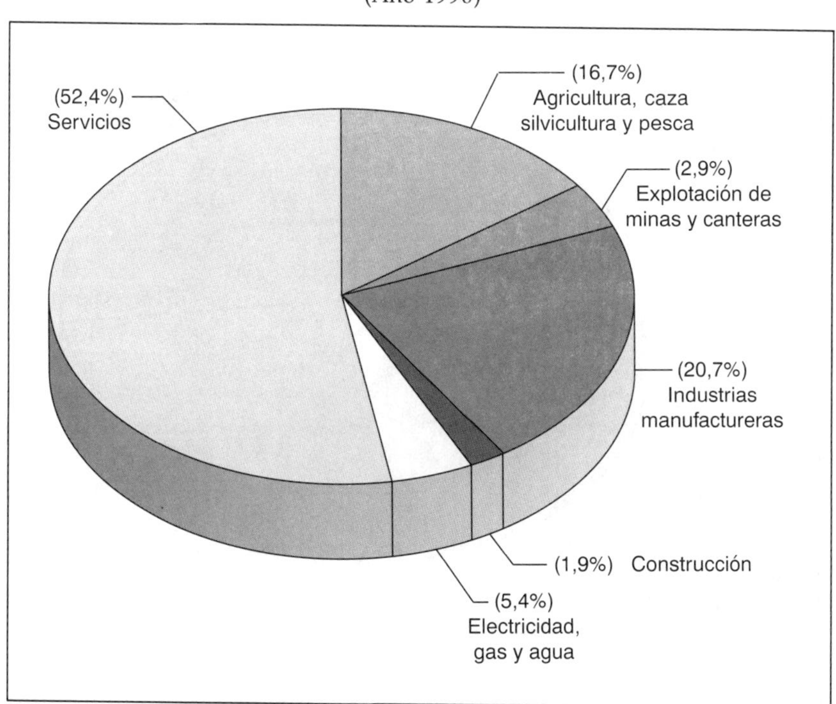

FUENTE: BCRA.

Los cambios en las existencias pueden ser positivos o negativos. En un año de mucha actividad en el sector de la construcción puede que el fabricante de ladrillos tenga que reducir sus existencias normales para atender a la demanda. En este caso la variación de las existencias sería negativa y se restaría al medir el producto nacional.

Exportaciones netas de bienes y servicios

Si parte de los automóviles que se producen en un país se destinan a la exportación, deben incluirse en el producto nacional. No sólo se consideran como exportación los bienes que finalmente se envían al extranjero, también tienen la misma consideración a efectos de Contabilidad nacional los servicios ofrecidos a los visitantes extranjeros. Asimismo, los pagos por intereses hechos por extranjeros a los españoles que tienen capital en otros países y los beneficios de las empresas españolas en el extranjero se incluyen en las exportaciones españolas de bienes y servicios.

España no sólo exporta automóviles al extranjero sino que también los consumidores españoles compran automóviles de otros países. Estas compras son parte de los gastos de consumo privado pero no deben contabilizarse como parte del producto nacional español. En general, todas las importaciones de bienes y servicios realizadas por los españoles se restan cuando se calcula el producto nacional. Piénsese en los gastos efectuados por los turistas argentinos cuando salen al extranjero o en los

Cuadro 15.7. Composición del producto industrial (Año 1990)

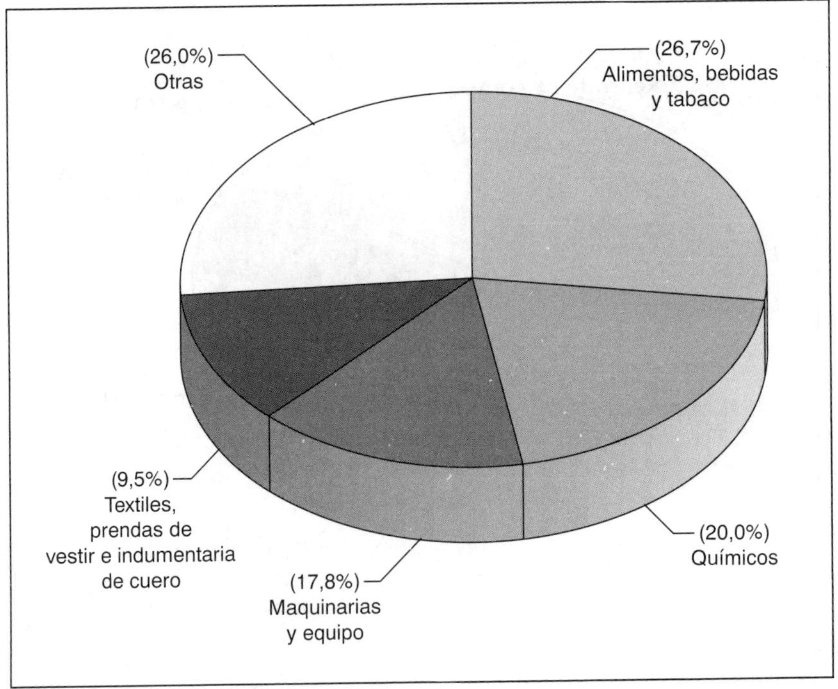

FUENTE: BCRA.

pagos en forma de intereses y beneficios que se realizan a los inversionistas extranjeros en Argentina.

Unas reflexiones finales sobre el producto nacional

En el Esquema 15.2 aparecen recogidos los distintos conceptos que integran el producto nacional por el lado del *gasto*, por el lado de la *producción* y por el lado de la *renta*. El producto nacional por el lado del gasto recoge las distintas categorías antes analizadas. El producto nacional por el lado de la producción refleja el volumen de bienes y servicios producidos por cada uno de los sectores (Cuadro 15.6). El producto nacional por el lado de la renta o distribución refleja las rentas que reciben los diversos factores de producción (Cuadro 15.7).

Debe señalarse que el producto nacional incluye sólo los bienes y servicios producidos durante el año, por lo que no engloba las compras de bienes duraderos ya utilizados, tales como los automóviles de segunda mano, pues ya se incluyeron en el año en que se compraron. Sí se incluyen, sin embargo, las reparaciones de los automóviles, pues representan una producción corriente.

Tampoco forman parte del producto nacional las acciones adquiridas por los individuos o por las instituciones en el mercado de valores, pues no representan producción, sino sólo transferencia. Sin embargo, si una sociedad emite acciones para financiar la construcción de una fábrica, ésta es parte del producto nacional, pues se ha producido durante el año actual.

Resumiendo lo señalado, resulta que la suma de los componentes del gasto es igual al producto nacional bruto:

Producto nacional bruto (PNB) ≡ **Gastos en consumo privado (*C*)** + **Gasto público (*G*)** + **Inversión bruta (*I*)** + **Exportaciones netas (*X-M*)**

Si utilizamos los símbolos que emplearemos en el resto de esta parte del libro resulta

$$\text{PNB} \equiv C + G + I + X\text{-}M$$

RESUMEN

- El enfoque macroeconómico se centra en el comportamiento global del sistema, tomando como referencia un número reducido de variables. En este proceso hay que recurrir a la agregación, para lo cual se utiliza el valor monetario de la producción como medida. Otro tipo de simplificación macroeconómica tiene lugar al establecer relaciones entre los grandes agregados, vía modelos macroeconómicos.

- La *Contabilidad nacional* define y relaciona los principales agregados económicos y mide el valor de los mismos. Asimismo, ofrece un registro de las transacciones realizadas entre los distintos sectores que llevan a cabo la actividad económica del país. El producto o renta nacional mide el valor de todos los bienes y servicios finales producidos en un año por una economía. Su cálculo se puede efectuar sumando el gasto total de los consumidores en bienes y servicios finales o agregando el total de rentas pagadas por las empresas a los propietarios de los factores de producción.

- Para evitar la doble contabilización se ha de tener cuidado de incluir en el producto nacional sólo los bienes finales y no los intermedios que contribuyen a producir aquéllos. Si consideramos el valor agregado como la producción de cada empresa, se evita la doble contabilización del producto nacional. Este será igual a la suma de los valores agregados brutos de todas las empresas.

- Debido a los fuertes crecimientos de los precios es importante identificar y separar, en la medición de los fenómenos económicos, la influencia de los mismos. El producto nacional «monetario» o a los precios «corrientes» se medirá a los precios existentes cuando se realiza la producción, mientras que el producto nacional «real» o a precios «constantes» se mide en un año base específico.

- La renta o producto nacional (*Y*) es idénticamente igual a la suma de los dos usos que se hacen de ella, consumirla (*C*) e invertirla (*I*). De la inversión realizada, parte va a reponer el capital desgastado, y la denominamos depreciación o amortización (*D*), y el resto de la inversión neta (*IN*). Asimismo, se hablará de producto nacional bruto o neto según incluyamos o no la depreciación.

- Cuando suponemos que el sector público interviene en la economía tendremos tres tipos de gasto, entre los cuales se reparte el producto nacional: consumo (*C*), inversión (*I*) y gasto público (*G*). Cuando se supone que el país en cuestión mantiene relaciones con el exterior hay que añadir las exportaciones (*X*) y restarle las importaciones (*M*). De acuerdo con lo señalado, la identidad fundamental de la Contabilidad nacional es la siguiente:

$$\text{PNB} \equiv C + I + G + X - M$$

- Una vez calculado el producto nacional neto, para determinar la renta nacional disponible hay que calcular las transferencias netas del resto del mundo.

CONCEPTOS BASICOS

— Macroeconomía.
— Riqueza nacional.
— Números índice.
— Contabilidad nacional.
— El producto nacional o renta nacional.
— Flujo circular de la renta.
— Doble contabilización.
— Valor agregado.
— Magnitudes reales y nominales.

— **Inversión bruta e inversión neta.**
— **Amortización y depreciación.**
— **Precios de mercado y costo de los factores.**
— **Renta personal.**
— **Demanda de consumo.**
— **El ahorro y la inversión.**

TEMAS DE DISCUSION

1. Señale, de entre las siguientes transacciones, cuáles son las que se incluyen en el PNB:

a) La compra por parte de una empresa de una computadora de segunda mano por 50.000 unidades monetarias.
b) La compra de una computadora nueva por 30.000 unidades monetarias.
c) Una familia vende su casa en 1 millón de unidades monetarias y compra una nueva a un costo de 1,5 millones de unidades monetarias.
d) Un obrero desempleado se construye una casa con maderas y otros materiales abandonados, siendo el valor final de la casa 400.000 unidades monetarias.

2. ¿Qué implicaría el hecho de que la inversión neta fuese menor que la depreciación?

3. Explique la diferencia existente entre los dos conceptos siguientes: productos intermedios y productos finales. ¿En qué sentido es útil el concepto de valor agregado para distinguir un producto final y otro intermedio?

4. ¿En qué sentido el producto nacional bruto no es una medida apropiada del bienestar de los individuos?

5. Dada la información sobre el gasto de los consumidores de un país contenida en el cuadro adjunto y teniendo en cuenta que el índice de precios al consumidor en 1988 (en base 1978 = 100) es 180, explique en términos reales los consumos realizados en 1988 y determine el tipo de consumo que experimentó un crecimiento más fuerte.

CONSUMO DE UNIDADES MONETARIAS DE CADA AÑO			
Año	**Alimentación**	**Vestido**	**Vivienda**
1978	108	15	62
1988	250	38	138

6. Teniendo en cuenta los datos sobre el PNB nominal de un país y el deflactor del PNB para los mismos ejercicios contenidos en el cuadro adjunto:

a) Calcule el PNB real para cada año.
b) Determine el cambio porcentual en términos nominales del PNB de 1968 a 1978 y de 1978 a 1988.
c) Calcule el cambio porcentual del deflactor del PNB durante los mismos períodos.

PNB DEL PAIS *A* (En miles de u.m.)			
	1968	**1978**	**1988**
PNB nominal	330	684	1.204
Deflactor del PNB	65	87	159

7. La venta de un piso de segunda mano, ¿es una transacción que se incluye en el producto nacional?

8. Si en el piso comentado en el tema de discusión anterior el nuevo propietario hace obras de mejora por valor de $10.000, ¿estas obras entrarían en el producto nacional?

APENDICE:

La elaboración de un cuadro macroeconómico

El paso de magnitudes corrientes o nominales a magnitudes reales puede ejemplificarse mediante el análisis del cuadro macroeconómico de la economía española para 1988. A partir de los datos nominales del PIB y sus componentes para 1987 y 1988 [columnas (1 y 2)] obtenemos la variación porcentual nominal [columna (4)] dividiendo las columnas (2 y 1), restándole 1 y multiplicando por 100. La columna (5) recoge el aumento en el nivel de precios entre 1987 y 1988 (índice de precios al consumidor o deflactor del PIB), y con ella podemos obtener la serie de variaciones porcentuales en términos reales. Para ejemplificar su obtención vamos a tomar, para el PIB a precios de mercado, su variación nominal porcentual [columna (4)] y los precios [columna (5)] y realizamos el siguiente cálculo:

$$\left[\frac{\dfrac{11{,}8}{100}+1}{\dfrac{6{,}2}{100}+1}-1\right]\times 100 = \left[\frac{0{,}119+1}{0{,}062+1}-1\right]\times 100 = 5{,}3$$

La obtención de la variación porcentual de sus componentes sólo implica introducir los correspondientes datos de las columnas (4 y 5).

Si nos fijamos en los precios de las importaciones de bienes y servicios, podemos comprobar que su variación porcentual es negativa, es decir, que los precios de las importaciones han bajado en 1988 con respecto a 1987. Esto provoca que la tasa de crecimiento real sea mayor que la nominal, al contrario que las demás partidas. Para obtener su variación real realizamos el siguiente cálculo:

$$\left[\frac{\dfrac{17,6}{100}+1}{\dfrac{-1,1}{100}+1}-1\right]\times 100=\left[\frac{0,176+1}{-0,011+1}-1\right]\times 100=18,9$$

EL CUADRO MACROECONOMICO DE LA ECONOMIA ESPAÑOLA

Conceptos	Año 1987 (1)	Año 1988 (2)	VARIACION PORCENTUAL		
			Real (3)	Nominal (4)	Precios (5)
1. Consumo nacional privado	22.713,6	25.256,6	5,8	11,2	5,1
2. Consumo público	5.141,7	5.668,6	4,6	10,2	5,3
3. Formación bruta capital	7.792,0	9.430,2	14,8	21,0	5,4
4. Demanda nacional (1+2+3)	35.647,3	40.355,4	7,7	13,2	5,1
5. Export. bienes y servicios	7.023,9	7.741,4	7,5	10,2	2,6
6. Import. bienes y servicios	6.956,7	8.182,5	18,9	17,6	- 1,1
7. Saldo exterior (5+6)	67,2	- 441,1	—	—	—
8. PIB p.m. (4+7)	35.714,5	39.914,3	5,2	11,8	6,2

(1) y (2) en miles de millones de pesetas.
(3), (4) y (5) en porcentajes.

FUENTE: Banco de España.

CAPITULO 16

El equilibrio de la renta nacional y su determinación

INTRODUCCION

En este capítulo se diseña lo que podríamos denominar el modelo keynesiano básico, que es una visión macroeconómica y esquemática de la economía, basada en las relaciones entre la renta y el gasto o demanda agregada. Partiendo de una situación de equilibrio de la renta se analiza el efecto de un incremento autónomo en la inversión. De esta forma se introduce el concepto del multiplicador. Asimismo, se estudia el fenómeno del multiplicador inverso o paradoja de la frugalidad.

1. LOS COMPONENTES DE LA DEMANDA AGREGADA

Tal como vimos en el capítulo anterior, al analizar el producto nacional por el lado del gasto se distinguen cuatro componentes, a saber: gastos de consumo privado, gastos de inversión, gastos de bienes y servicios efectuados por el sector público y exportaciones netas. En este capítulo desarrollaremos un modelo simple que no tiene en cuenta ni el sector público ni el sector exterior. Los gastos del gobierno los estudiaremos en el Capítulo 17 y las exportaciones netas en el Capítulo 25.

Bajo los supuestos establecidos son sólo dos las fuentes de gasto, de forma que la demanda agregada puede expresarse como sigue:

Demanda agregada (DA)	=	Demanda de consumo (C)	+	Demanda de inversión (I)

LA DEMANDA DE CONSUMO

Las economías domésticas compran bienes y servicios, y esto lo hacen en función de la renta disponible. Por lo general las compras de consumo representan entre el 80 % y el 90 % de la renta disponible. La parte de la renta disponible que no se consume se destina al ahorro, de forma que, cuando las economías domésticas deciden lo que desean consumir, simultáneamente están determinando lo que desean ahorrar.

Aunque son muchos los factores que afectan a las decisiones de consumo y ahorro que cada economía doméstica tiene que tomar en un momento determinado, la evidencia empírica sugiere que la demanda de consumo depende, en gran parte, de la renta de las economías domésticas. Los datos muestran la existencia de una relación estrecha, aunque no perfecta, entre el consumo y la renta personal disponible (Figura 16.1). Así, estudios comparativos de los presupuestos de las familias con diferentes niveles de ingresos muestran que éstas dividen su renta entre ahorro y consumo según patrones bastante estables a lo largo de tiempo, y que por tanto la relación entre consumo y renta es también estable. Esta relación entre el consumo agregado de las economías domésticas y la renta fue introducida en el pensamiento económico por J. M. Keynes.

La función de consumo

• **La *función de consumo* especifica el nivel de gasto de consumo planeado o deseado (C) correspondiente a cada nivel de renta personal disponible (Y).**

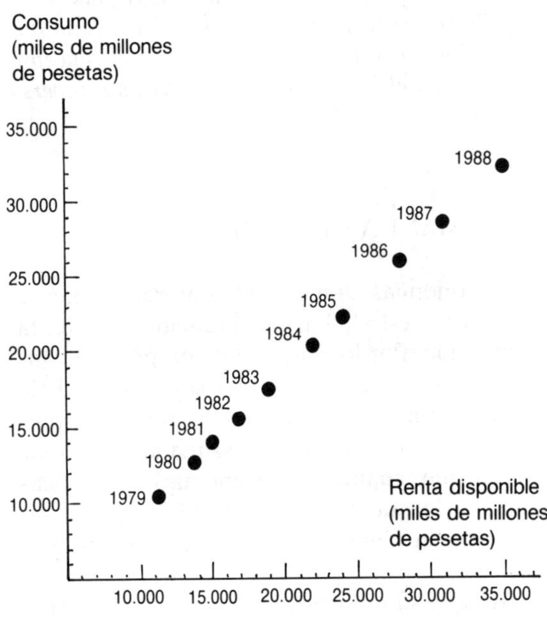

FUENTE: Banco de España.

Figura 16.1. Relación entre gastos de consumo y renta.

Junto a la distribución de la renta, el nivel de ésta es un factor determinante del consumo. En el gráfico aparecen valores históricos para la renta (abscisas) y consumo nacionales (ordenadas), para el caso de la economía española.

Analíticamente:

$$\textbf{Consumo planeado} = f\ \textbf{(renta personal disponible)}$$

$$C = f(Y)$$

Dada una función de consumo estable, el nivel de consumo se puede explicar, en forma determinada y previsible, por el nivel de renta.

El concepto de renta no debe entenderse en el sentido estricto de renta corriente, sino en uno más amplio en el que se puedan incluir también las rentas pasadas, de forma que cabe hablar de renta media o «permanente». Esto es así especialmente cuando pensamos en períodos cortos, durante los cuales los individuos no cuentan con tiempo suficiente para adaptarse a los cambios en las circunstancias objetivas.

Respecto a la función de consumo, Keynes supuso que el consumo aumenta cuando se incrementa la renta, pero en una proporción menor a como lo hace ésta. Este comportamiento se debe a que conforme se incrementa la renta los individuos destinan una mayor cantidad de ésta al ahorro.

La propensión marginal a consumir

Para concretar el concepto de función de consumo vamos a recurrir a una tabla en la que analizaremos la evolución de los valores de la renta y del consumo agregado (Cuadro 16.1). Como puede observarse, para cada incremento de la renta tiene lugar un aumento en el consumo, pero éste es menor que el de la renta. Precisamente la relación entre la variación del consumo y la variación de la renta, expresada mediante la propensión marginal a consumir (*PMaC*), determina cómo varía el consumo cuando la renta aumenta o disminuye ligeramente.

• **La propensión marginal a consumir (*PMaC*) es la proporción de una peseta en que aumenta el consumo cuando aumenta la renta en una peseta.**

Cuadro 16.1. Renta, consumo y propensiones a consumir (*)

Producción o renta (**)	Consumo (**)	Propensión media a consumir	Propensión marginal a consumir
Y	C	$PMeC = \frac{C}{Y}$	$PMaC = \frac{\Delta C}{\Delta Y}$
0	400	—	$\frac{880 - 400}{600 - 0} = 0{,}8$
600	880	$\frac{880}{600} = 1{,}46$	$\frac{2.000 - 880}{2.000 - 600} = 0{,}8$
2.000	2.000	$\frac{2.000}{2.000} = 1$	$\frac{2.800 - 2.000}{3.000 - 2.000} = 0{,}8$
3.000	2.800	$\frac{2.800}{3.000} = 0{,}93$	$\frac{3.440 - 2.800}{3.800 - 3.000} = 0{,}8$
3.800	3.440	$\frac{3.440}{3.800} = 0{,}90$	

(*) La función utilizada es: $C = 200 + 0{,}8Y$, siendo 200 el consumo autónomo y 0,8 la propensión marginal a consumir. La representación gráfica de esta función aparece en la Figura 16.2.
(**) Magnitudes expresadas en unidades monetarias.

Analíticamente:

$$\text{Propensión marginal a consumir} = \frac{\text{Variación de la cantidad consumida}}{\text{Variación de la renta}}$$

$$PMaC = \frac{\Delta C}{\Delta Y}$$

Una de las hipótesis keynesianas básicas sostiene que un aumento en la renta genera un aumento en el consumo menor, esto es, que la *PMaC* es siempre positiva y menor que la unidad.

La propensión media a consumir

A partir del Cuadro 16.1 también podemos introducir otro concepto, la propensión media a consumir (*PMeC*).

- **La *propensión media a consumir* (*PMeC*) se define para cada nivel determinado de la renta como la relación entre el consumo total y la renta total.**

Analíticamente:

$$\text{Propensión media a consumir} = \frac{\text{Cantidad consumida}}{\text{Renta total}}$$

$$PMeC = \frac{C}{Y}$$

Respecto a la propensión media a consumir, Keynes mantenía que era decreciente, de forma que, como porcentaje de la renta, la cantidad dedicada al consumo disminuye al aumentar la renta.

Nota complementaria 16.1

LA PROPENSION MARGINAL A CONSUMIR EN ARGENTINA

En el gráfico se recoge la evolución de la propensión marginal a consumir en Argentina en el período 1980-1988. La turbulencia económica de la década se refleja en las fuertes oscilaciones que alcanza aquella magnitud. Más aún, en varios años excede la unidad; esto es, las variaciones en el consumo sobrepasan las registradas en la renta en igual lapso.

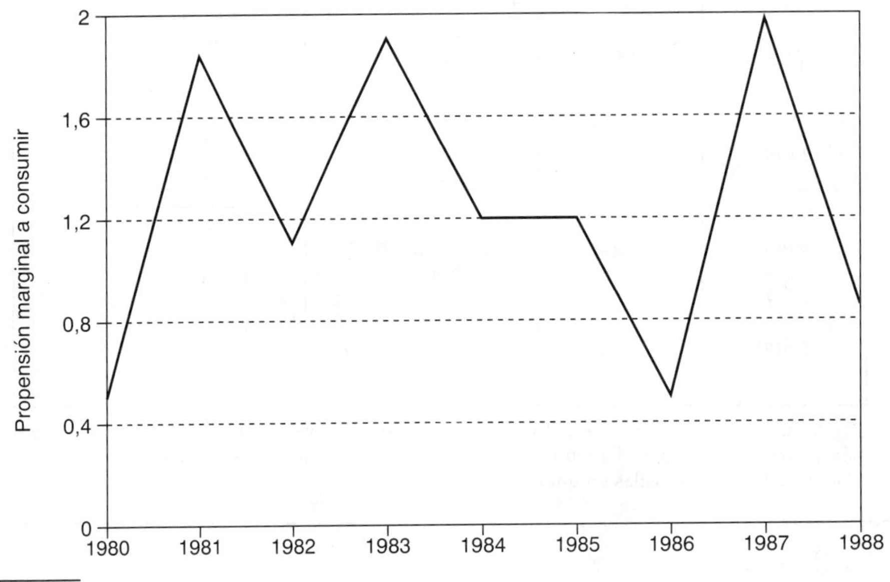

FUENTE: Elaboración propia en base a datos de CEPAL.

Análisis gráfico de la función de consumo y de las propensiones

La representación gráfica de la función de consumo que se recoge en la Figura 16.2 es coherente con las hipótesis keynesianas antes presentadas.

Como puede observarse, se ha supuesto que la función de consumo es lineal; en particular su ecuación es $C = C_0 + cY$, donde C_0 es el consumo autónomo, esto es, la cantidad de consumo que se produciría cuando la renta fuese igual a cero. La pendiente de la función de consumo, c, es la propensión marginal a consumir. En el caso de una función de consumo lineal, la *PMaC* es constante. La *PMeC*, por su parte, irá disminuyendo conforme aumenta la renta, tal como lo refleja la pendiente del radio vector, esto es, la línea que une cada uno de los puntos de la función de consumo con el origen de coordenadas.

Aunque las proposiciones keynesianas básicas respecto a la función de consumo han quedado sintetizadas en párrafos anteriores debe señalarse, sin embargo, que unos años después de publicarse la *Teoría general* de Keynes, los estudios empíricos mostraron que la propensión media al consumo sólo es decreciente con la renta a corto plazo, mientras que permanece aproximadamente constante a largo plazo. Este hecho se puede explicar, entre otras razones, por la aparición de nuevos bienes y servicios

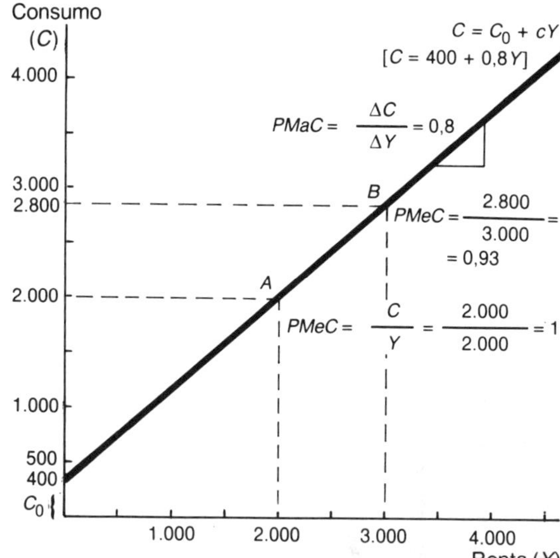

Figura 16.2. La función de consumo y las propensiones a consumir.

La función de consumo expresada en este gráfico se corresponde con los valores contenidos en el Cuadro 16.1. Así, el consumo autónomo C_0 es 400, y la *PMaC*, que se denota por la letra *C*, es 0,8. La *PMeC* va reduciéndose conforme aumenta la renta. En el punto *A*, *PMeC* = 1, y en el punto *B*, *PMeC* = 0,93.

de consumo y la complementariedad entre ellos, y por el crecimiento de la riqueza de las familias. Gráficamente, que la *PMeC* sea constante implica que la función de consumo pasa por el origen de coordenadas.

En términos generales, la *PMaC* viene representada por la pendiente de la función de consumo en cada uno de sus puntos, mientras que la *PMeC* es la pendiente del radio vector, esto es, la pendiente de la línea que une cada uno de los puntos de la función de consumo con el origen de coordenadas. Gráficamente, las diferencias entre la *PMaC* y la *PMeC* se recogen en la Figura 16.2.

La decisión de ahorrar a nivel agregado

La función de consumo, al mostrar el nivel de consumo para cada posible nivel de renta, indica de forma simultánea el nivel de ahorro. Por tanto, al igual que cabe presentar una tabla de valores de consumo y renta, podríamos formar otra relacionando el ahorro y la renta, con lo que obtendríamos una función de ahorro. Podemos, por consiguiente, suponer que las economías domésticas realizan la elección entre consumo y ahorro en función de cuál sea su nivel de renta, de forma que cada individuo dispondrá de una función de consumo y otra de ahorro. También podremos considerar la existencia de una función de ahorro agregada, para toda la sociedad (Cuadro 16.2).

En términos gráficos, la relación entre ahorro y renta viene reflejada en la Figura 16.3. Los valores de ahorro correspondientes a los distintos niveles de renta se calculan teniendo en cuenta que la suma del consumo y el ahorro es igual a la renta.

Renta = Consumo + Ahorro (1)

A partir de esta ecuación, despejando el ahorro, tendremos que:

Ahorro = Renta − Consumo (2)

Así, para un nivel de renta igual a cero, y dado un consumo de 400, el nivel de ahorro negativo o desahorro será 400 (Cuadro 16.2). Si el nivel de renta es 2.000 y el de consumo también 2.000, el ahorro será cero. Para niveles de renta superiores a 2.000, el ahorro alcanza valores positivos que vienen expresados por la diferencia entre la renta y el consumo.

Según la Figura 16.3, resulta que para los puntos a la izquierda de *D*, esto es, para niveles de renta inferiores a 2.000, las familias están gastando más de lo que reciben de renta y, por tanto, incurrirán en un desahorro neto, que puede medirse mediante la distancia vertical entre la función de ahorro y el eje de abscisas.

Una justificación de esta situación la podemos establecer apelando al comportamiento de ciertos colectivos. Las familias de bajos ingresos, aunque tienen una capacidad de consumo limitada, aun así suelen gastar más de lo que reciben, por lo que se ven obligadas a endeudarse o a gastar de sus ahorros. Un grupo típi-

Nota complementaria 16.2

LA PROPENSION MEDIA A CONSUMIR EN ARGENTINA

En el gráfico aparecen los valores calculados para la propensión media al consumo en Argentina. Se advierte que, más allá de sus fluctuaciones, su valor se ubica en torno al 80 % de la renta nacional.

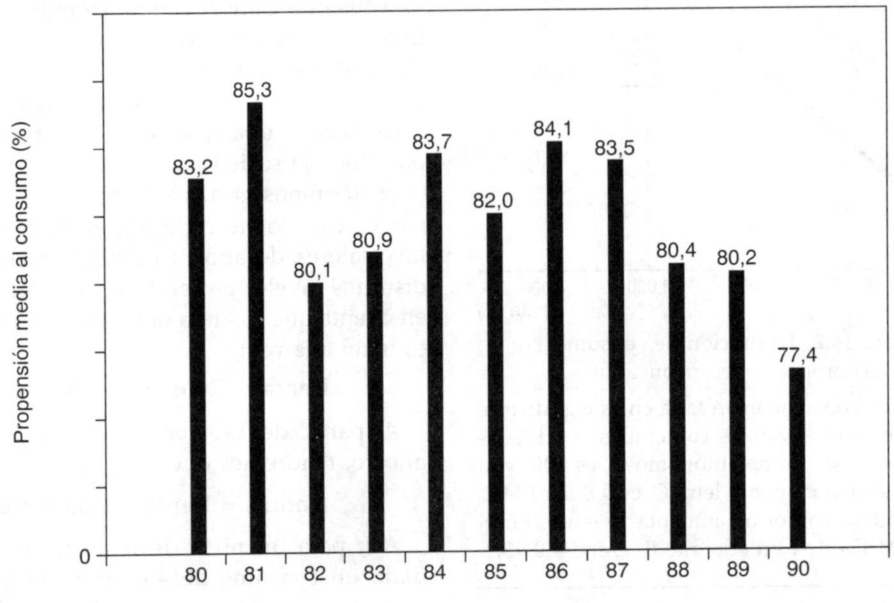

FUENTE: Elaboración propia en base a datos de CEPAL.

co dentro de este colectivo es el formado por los pensionistas, que tienen una tendencia a gastar por encima de sus ingresos normales, utilizando para ello los activos que han acumulado durante su vida de trabajo. Por otro lado, los grupos sociales con ingresos más elevados no suelen consumir la totalidad de la renta que reciben, por lo que dedican una parte de ella al ahorro.

La propensión marginal y media a ahorrar

A partir de la tabla o función de ahorro podremos obtener dos propensiones similares a las referidas al consumo (Cuadro 16.2).

- **La *propensión marginal al ahorro* (*PMaA*) es la proporción que se ahorra de una peseta adicional de renta.**

La *PMaA* se mide por el cociente entre la variación correspondiente del ahorro (ΔA) y la variación de la renta (ΔY).

Analíticamente:

$$\textbf{Propensión marginal a ahorrar} = \frac{\textbf{Variación de la cantidad ahorrada}}{\textbf{Variación de la renta}}$$

$$PMaA = \frac{\Delta A}{\Delta Y}$$

Cuadro 16.2. Renta, ahorro y propensiones a ahorrar (*)

Producción o renta (**)	Ahorro (**)	Propensión media a ahorrar	Propensión marginal a ahorrar
Y	A	$PMeA = \frac{A}{Y}$	$PMaA = \frac{\Delta A}{\Delta Y}$
0	− 400	—	
			$\frac{-280+400}{600-0} = 0{,}2$
600	− 280	$\frac{-280}{600} = -0{,}46$	
			$\frac{0+280}{2.000-600} = 0{,}2$
2.000	0	$\frac{0}{2.000} = 0$	
			$\frac{200-0}{3.000-2.000} = 0{,}2$
3.000	200	$\frac{200}{3.000} = 0{,}06$	
			$\frac{360-200}{3.800-3.000} = 0{,}2$
3.800	360	$\frac{360}{3.800} = 0{,}09$	

(*) Los valores de la renta de este cuadro son los mismos que los del Cuadro 16.1. Dado que la renta se consume o se ahorra, para cada valor de la renta la suma del consumo y el ahorro es igual a la renta ($Y = C + A$). En los casos en los que el ahorro es negativo se debe, o bien a que se consume sin disponer de renta (cuando ésta es igual a cero), o bien a que el consumo es mayor que la renta disponible.
(**) Magnitudes expresadas en unidades monetarias.

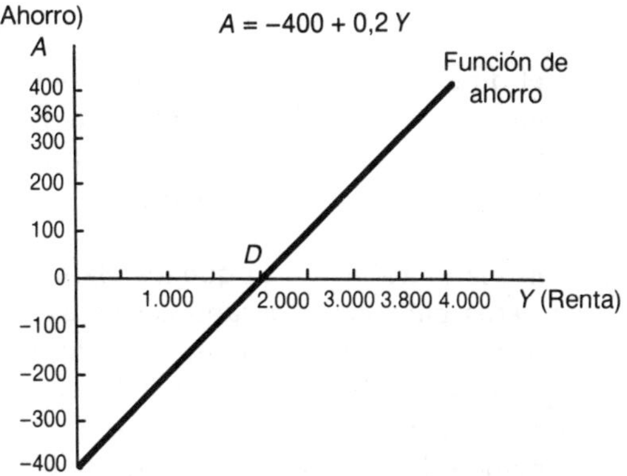

Figura 16.3. La función de ahorro.

La función de ahorro representada en este gráfico se corresponde con los valores del Cuadro 16.2. Para niveles de renta inferiores a 2.000, las familias gastan más de lo que reciben, esto es, incurren en un desahorro o ahorro negativo. Para niveles de renta superiores a 2.000 el ahorro es positivo.

La suma de la *PMaC* y la *PMaA* es la unidad, ya que la renta o se consume o se ahorra (véase Nota complementaria 16.3). Paralelamente la propensión media al ahorro (*PMeA*) se define como el resultado de dividir el ahorro total por la renta total, para un nivel de renta cualquiera.

Analíticamente:

$$\textbf{Propensión media a ahorrar} = \frac{\textbf{Cantidad ahorrada}}{\textbf{Renta total}}$$

$$PMeA = \frac{A}{Y}$$

LA DEMANDA DE INVERSION

• **La demanda de inversión viene dada por los aumentos deseados o planeados por las**

Nota complementaria 16.3

LA PROPENSION MEDIA AL CONSUMO EN ARGENTINA Y EN ESPAÑA

Resulta llamativa la similitud de valores que se observa entre la propensión media al consumo de Argentina y de España. En ambos casos se sitúa en el orden del 80 % de la renta nacional. Ello ilustra acerca de la relativa constancia de ciertas variables macroeconómicas a través del tiempo y el espacio.

PROPENSION MEDIA AL CONSUMO: ARGENTINA Y ESPAÑA

Años	Argentina (%)	España (%)
1980	83,2	81,3
1981	85,3	81,9
1982	80,1	82,5
1983	80,9	82,0
1984	83,7	79,6
1985	82,0	78,8
1986	84,1	77,5
1987	83,5	78,0
1988	80,4	77,5

FUENTE: Elaboración propia en base a datos de CEPAL, *Contabilidad Nacional de España* e *Informe Anual del Banco de España.*

empresas de su capital físico (fábricas y máquinas) y de sus existencias, esto es, de los bienes poseídos para la producción o la venta futuras.

Al contrario de lo que ocurre con el consumo, la inversión es extraordinariamente variable, lo que la hace figurar frecuentemente como el elemento desencadenante de los ciclos económicos (véase Capítulo 23).

Al analizar la demanda de consumo hemos señalado que su determinante clave es la renta. Cuando se estudia la demanda de inversión no resulta tan simple determinar sus factores explicativos. Aunque éstos se analizarán con más detalle en el Capítulo 20, debemos recordar lo señalado en el Capítulo 14, en el sentido de que la demanda de capital físico depende del costo del dinero. Tal como indicamos, cuando el tipo de interés se reduce resulta más fácil financiar los proyectos de inversión y, en consecuencia, se incrementa la demanda de inversión.

Por otro lado, cabe pensar que los planes de las empresas para llevar a cabo gastos en inversión estarán fuertemente condicionados por sus expectativas sobre la demanda futura de los bienes que ellas producen. Por lo general esta demanda dependerá a su vez del nivel de la demanda agregada de la economía. Así, si la economía se encuentra en un *auge,* las empresas probablemente esperarán que la demanda de sus productos aumente y se sentirán motivadas a comprar nuevas maquinarias y equipos y a construir fábricas. Lo contrario ocurrirá si la economía se encuentra en una *recesión.*

A pesar de esta relación aparentemente lógica entre el nivel de renta o producción y los gastos planeados de inversión, en el análisis que vamos a presentar en los próximos capítulos introduciremos un supuesto bastante restrictivo: que la demanda de inversión es constante. En particular suponemos que el gasto de inversión no depende del nivel de demanda agregada y renta de la economía.

Introducimos ahora esta hipótesis de trabajo para facilitar la exposición y, en capítulos posteriores, la abandonaremos. Cuando se supone que los gastos en inversión de las empresas están dados, cualesquiera que sean los niveles de la renta y demanda agregada de la economía, la representación gráfica de la función de inversión será la recogida en la Figura 16.4. La función de inversión es una línea recta paralela al eje de abscisas. Como puede observarse, la inversión de la economía está dada a un nivel fijo y es independiente de la renta.

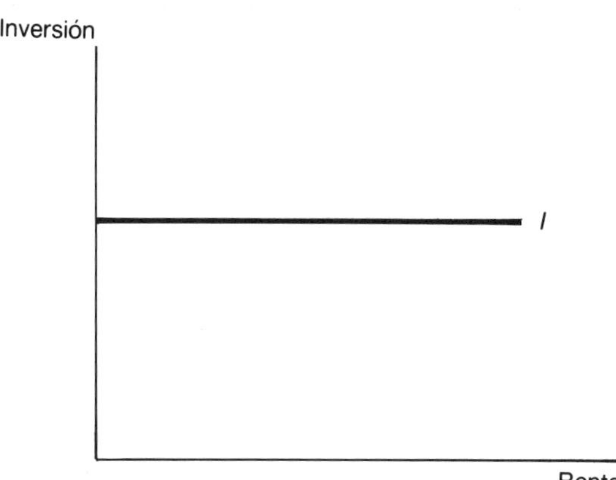

Figura 16.4. La función de inversión en el modelo «básico» keynesiano.

En este gráfico recogemos el supuesto introducido en el presente capítulo de que la demanda de inversión es constante, independiente del nivel de renta.

2. LA DEMANDA AGREGADA Y EL NIVEL DE EQUILIBRIO DE LA RENTA

Tratemos ahora de analizar cómo en el modelo simplificado que estamos estudiando podemos determinar el nivel de equilibrio de la renta. Como veremos más adelante, esta situación de equilibrio puede que coincida con la renta nacional que se obtendría empleando a plena capacidad todos los recursos, pero normalmente no ocurrirá esto.

Disponemos de dos procedimientos para determinar la renta de equilibrio: a partir del concepto de demanda agregada o gasto total, que en nuestro modelo será la suma de los gastos de consumo y de inversión, o mediante el simple análisis de las funciones de ahorro y de inversión (*).

(*) En el Apéndice a este capítulo se ofrece una visión alternativa del análisis del equilibrio de la renta.

LA DETERMINACION DEL EQUILIBRIO DE LA RENTA MEDIANTE LA CURVA DE DEMANDA AGREGADA

En el primer procedimiento, al centrarse en el análisis de la demanda agregada, el equilibrio se alcanzará cuando la suma del gasto de consumo planeado o deseado por las familias y el gasto de inversión deseado o planeado por las empresas sea igual al producto o renta nacional.

• **La *demanda agregada* es la cantidad que planean gastar en bienes y servicios nacionales todas las unidades de gasto de la economía, que en nuestro modelo simplificado sólo son las economías domésticas y las empresas.**

En términos gráficos, la curva de demanda agregada (*DA*) de la economía (Figura 16.5) se obtiene a partir de la función de consumo de la Figura 16.2, sumándole, en cada nivel de renta, la demanda dada de bienes de inversión que representamos gráficamente en la Figura 16.4.

En términos gráficos esta suma equivale a

Nota complementaria 16.4

RELACION ENTRE LAS PROPENSIONES A CONSUMIR Y A AHORRAR

Dado que en el modelo simplificado que estamos analizando la renta se consume o se ahorra, la suma de las propensiones medias a consumir y a ahorrar tiene que ser igual a la unidad, y otro tanto ocurre con las propensiones marginales (véanse Cuadros 16.1 y 16.2). Analíticamente este hecho se expresa como sigue:

$$PMeC + PMeA = 1$$
$$PMaC + PMaA = 1$$

Para demostrar estas identidades recordemos que por definición: $C + A \equiv Y$. Si en ambos lados de la identidad dividimos por Y, resultará:

$$\frac{C}{Y} + \frac{A}{Y} \equiv \frac{Y}{Y}$$

Con lo cual queda demostrado que la suma de las propensiones medias es igual a la unidad. Si en la anterior expresión tomamos incrementos resultará:

$$\frac{\Delta C}{\Delta Y} + \frac{\Delta A}{\Delta Y} \equiv \frac{\Delta Y}{\Delta Y}$$

Lo que demuestra que la suma de las propensiones marginales es también igual a la unidad.

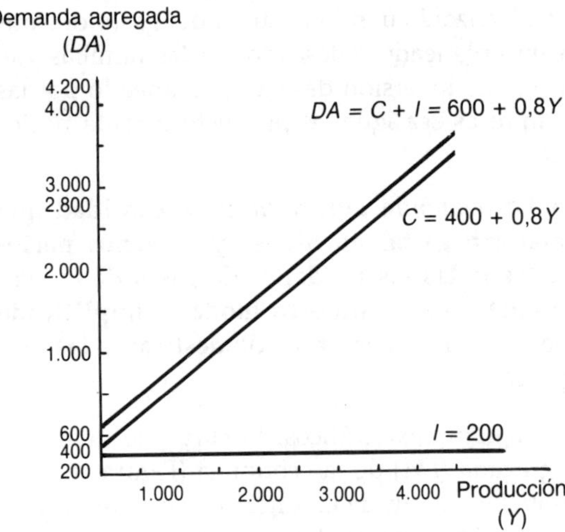

Figura 16.5. La curva de demanda agregada.

En el modelo simplificado que estamos estudiando, la demanda agregada es la suma del gasto planeado de consumo y el gasto planeado de inversión.

que, para cada nivel de renta, la curva de renta-consumo se desplace verticalmente en la cantidad fija dada por la inversión. La curva de demanda agregada resultante muestra el gasto total planeado correspondiente a cada nivel de renta (Figura 16.5).

Para determinar gráficamente el nivel de equilibrio de la renta representamos en un sistema de coordenadas el gasto total planeado, en el eje de ordenadas, y la renta o producto nacional, en el eje de abscisas (Figura 16.6). Junto a la demanda agregada trazamos una recta de 45° cuya propiedad consiste en que en cualquiera de sus puntos el valor de la variable del eje de ordenadas (en nuestro caso, el gasto planeado) es igual al valor de la variable del eje de abscisas (la renta o producción).

El análisis conjunto de la curva de demanda agregada *DA* y la recta de 45° nos muestra que en el punto *E*, por encontrarse en la recta de

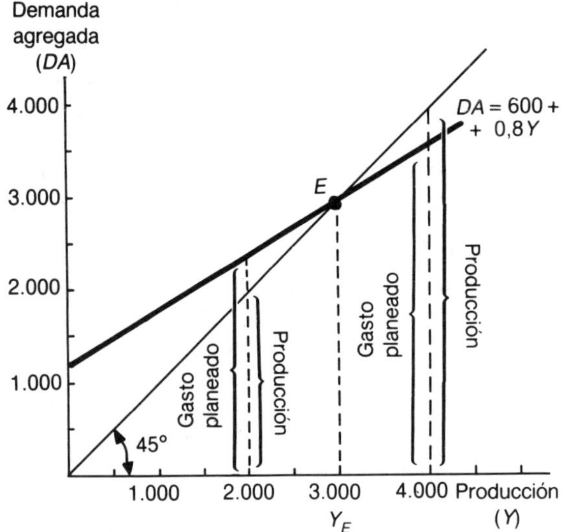

Figura 16.6. El equilibrio de la renta.

La renta de equilibrio (Y_E) viene determinada por la intersección de la curva de demanda agregada ($DA = C + I$) con la recta de 45°. En este punto el gasto planeado y la producción son iguales.

45°, el valor de la renta (variable del eje de abscisas) es igual al gasto planeado (variable del eje de ordenadas). Resulta, pues, que el punto *E* es el único en el que la renta es igual al gasto total planeado, es decir, a la inversión más el gasto de consumo.

Los supuestos simplificadores

Vamos ahora a justificar por qué el punto de corte de la curva de demanda agregada o gasto total planeado y la recta de 45°, esto es, el punto *E*, determina la renta o producción de equilibrio.

Para llevar a cabo este análisis vamos a introducir dos supuestos simplificadores. En primer lugar, supondremos que no existen depreciación ni impuestos, que se distribuyen todos los beneficios entre las economías domésticas y que no hay ni intereses ni transferencias. De acuerdo con este supuesto simplificador podemos utilizar indistintamente la producción y la renta, y además la producción —esto es, el PNB— y la renta personal disponible son iguales. Bajo este supuesto, pues, las empresas se limitan a producir bienes y servicios y a entregar los ingresos a las economías domésticas en forma de salarios o beneficios.

En segundo lugar, suponemos que los precios de la economía están dados y son constantes, de forma que las empresas ofrecen cualquier cantidad que se les demande de bienes y servicios a los precios vigentes. En otras palabras, se supone que las empresas pueden contratar a tantos trabajadores como deseen al salario vigente y que tienen suficiente capacidad instalada (maquinaria, equipo y administración) para incrementar la producción sin que se incrementen los costes. Al poderse incrementar la producción sin que se alteren los precios, resulta que la demanda agregada determina el nivel de producción.

Este supuesto básico lo vamos a mantener a lo largo de los siguientes capítulos, en los cuales desarrollamos el análisis de la demanda agregada, y lo relajaremos a partir del Capítulo 20. (En el Apéndice a este capítulo se analizan las implicaciones de relajar estos supuestos.)

El equilibrio de producción

- **El mercado de bienes se encuentra en equilibrio cuando, al nivel de precios vigente, el nivel de producción ofrecido es igual a la demanda agregada o gasto planeado agregado.**

En el punto *E* se cumple esta condición, pues la demanda agregada es igual al nivel de producción. La posición alcanzada en el punto *E* es de equilibrio, en el sentido de que ni los consumidores ni los empresarios tienen incentivos para alterar su conducta. El nivel de equilibrio de la renta no puede ser uno en el que el gasto total planeado (o demanda agregada) exceda a la producción total, pues en este caso las empresas verán cómo sus existencias empiezan a disminuir, por lo que se decidirán a incrementar su producción para hacer frente a la demanda. Por el contrario, tampoco será una situación de equilibrio de la renta aquella en la que la demanda agregada o gasto total planeado sea inferior a la producción total, pues las empresas no permitirán que sus existencias se incrementen de forma indefinida. El aumento no deseado de las existencias actuará como una señal de alerta y, al nivel de precios vigente, las empresas decidirán reducir la producción.

El ajuste hacia el nivel de producción de equilibrio se lleva a cabo mediante las respuestas de las empresas a las variaciones no deseadas o no planeadas de las existencias. Así, cuando la demanda planeada agregada es mayor que el producto total, esto es, para todos los puntos situados a la izquierda de *E*, y, por tanto, niveles de renta inferiores a 3.000 (Figura 16.6 y Cuadro 16.3), las existencias se reducen. Obsérvese en el cuadro cómo, por ejemplo, cuando la producción es 600 y la demanda agregada 1.080, las existencias experimentan una disminución no planeada de 480, lo que incentivará a que las empresas incrementen la producción. Por el contrario, para los puntos situados a la derecha de *E*, como, por ejemplo, cuando la producción es 3.800, la demanda agregada es inferior a la producción, en concreto 3.640, de forma que las existencias experimentan un incremento no deseado de 160. Las empresas, ante la posibilidad de continuar sin vender lo que producen, decidirán reducir la producción.

- **El equilibrio sólo tendrá lugar cuando la demanda agregada planeada sea exactamente la suficiente para absorber la cantidad ofrecida, es decir, la producción total. En esta situación las empresas comprobarán que sus existencias se mantienen a los niveles deseados y no tendrán, por tanto, incentivos para alterar su producción.**

El equilibrio analizado será estable, pues para cualquier otro nivel de renta existirá una tendencia a volver al nivel de equilibrio.

LA DETERMINACION DEL EQUILIBRIO POR LA CONDICION AHORRO IGUAL A LA INVERSION

La condición que determina el nivel de producción de equilibrio, en el sentido de que la demanda agregada es igual a la renta, puede

Cuadro 16.3. Determinación de la renta o producción de equilibrio (*)

Producción o renta	Consumo planeado	Inversión planeada	Gasto total planeado (**)	Diferencia entre la producción y el gasto total planeado	Variación no deseada de existencias	Tendencia resultante en la producción
Y	C	I	$DA = C + I$	$Y - DA$		
600	880	200	1.080	− 480	Disminuyen	Expansión
2.000	2.000	200	2.200	− 200	Disminuyen	Expansión
3.000	2.800	200	3.000	0	No varían	Equilibrio
3.800	3.440	200	3.640	160	Aumentan	Contracción
4.500	4.000	200	4.200	300	Aumentan	Contracción

(*) Todas las magnitudes se expresan en unidades monetarias.

(**) La función de demanda agregada utilizada es: $DA = 200 + 0{,}8Y + 200$, siendo 200 el consumo autónomo, 0,8 la propensión marginal a consumir, y 200 la inversión.

Nota complementaria 16.5

EL NIVEL DE *STOCKS* FRENA LA RECESION

Tal como se indica en el texto, la variación de las existencias es una variable clave para analizar el proceso de determinación del nivel de renta de equilibrio. Para tratar de evidenciar que la anterior afirmación no es un mero postulado teórico, los párrafos siguientes se han extractado de un diario económico de España de difusión nacional.

«La minirrecesión del sector de las manufacturas en los Estados Unidos, en pleno desarrollo desde mediados de año, puede estar tocando fondo. Aunque no se vislumbra una mejora inmediata, el sector en su conjunto tampoco retrocederá mucho más.

La principal razón es que la mayor parte de las industrias tienen sus existencias bajo control o han reducido la producción lo suficiente para reducir los *stocks* sin necesidad de proceder a nuevos despidos o al cierre de factorías.

De hecho, la relación existencias-ventas es, desde 1987, la más baja registrada en un período prolongado desde hace 20 años.»

MENORES EXISTENCIAS

(Relación existencias-ventas basada en la inflación)

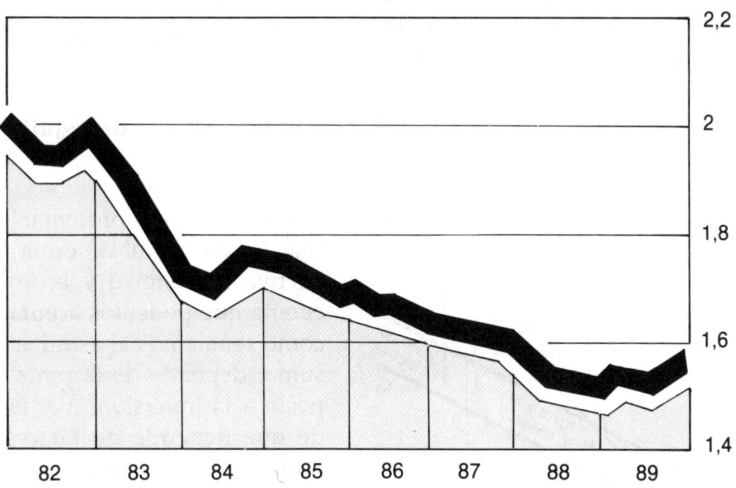

FUENTE: *Cinco Días*, 21 de diciembre de 1989.

expresarse también como la igualdad entre el ahorro planeado y la inversión planeada.

Tal como se recoge en la Figura 16.6, en la situación de equilibrio la demanda agregada, esto es, el consumo más la inversión, es igual a la producción y la renta de la economía. Por otro lado, resulta que la producción menos el gasto en consumo es igual a la inversión efectiva, esto es, la inversión planeada más la variación de las existencias.

- **La inversión efectiva es la que aparece recogida en las cuentas nacionales e incluye todas las inversiones en maquinarias, equipos y existencias más la variación no planeada de las existencias.**

En términos de la Figura 16.7 una economía con un producto total Y_A registrará en sus cuentas nacionales una inversión efectiva que viene representada por el segmento *BD*. El segmento *AB* es la inversión planeada y el segmento que va desde *A* hasta la recta de 45°, esto es, el *AD*, representaría la variación no deseada de existencias. Para este segmento no habrá demanda y, por tanto, los bienes se acumularán como existencias no deseadas.

Una vez precisada la diferencia entre inversión efectiva e inversión planeada, señalemos de nuevo que la cantidad invertida (*I*) ha de ser igual a la renta (*Y*) menos el gasto en consumo (*C*). Analíticamente podemos escribir:

$$Y - C = I \qquad (3)$$

Por otro lado, tal como se comprobó al analizar el consumo, la parte de la renta que las economías domésticas no gastan en consumo la ahorran (Cuadros 16.1 y 16.2), de forma que la renta (*Y*) menos el consumo planeado (*C*) será igual al ahorro (*A*). Analíticamente tendremos que:

$$Y - C = A \qquad (4)$$

El análisis conjunto de las ecuaciones (3) y (4) nos permite afirmar que la inversión es igual al ahorro:

$$I = A \qquad (5)$$

Pero, tal como hemos señalado, la inversión efectiva sólo es igual a la inversión planeada en la situación de equilibrio, cuando la variación no deseada de existencias es igual a cero.

- **En el nivel de equilibrio de la renta, la inversión planeada es igual a la efectiva u observada y, a su vez, igual al ahorro. En consecuencia, la condición de equilibrio de la renta podemos expresarla como sigue:**

Inversión planeada = Ahorro

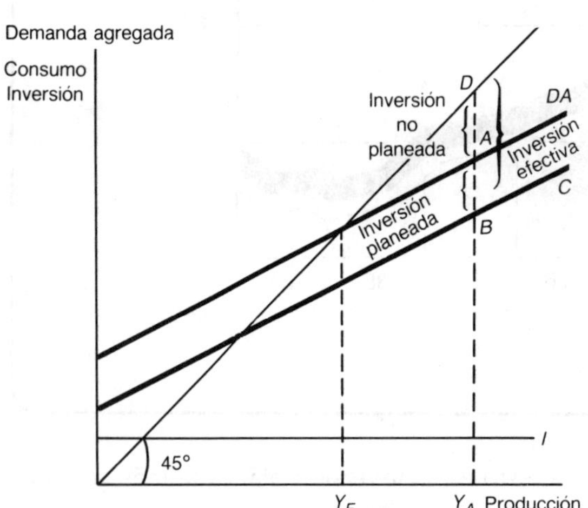

Figura 16.7. Inversión efectiva e inversión planeada.

El segmento *AB* representa la inversión planeada; el segmento *AD*, la inversión no planeada, esto es, la variación no deseada de existencias, y el segmento *BD*, la inversión efectiva.

Análisis gráfico del equilibrio de la renta

Con objeto de representar gráficamente la situación de equilibrio de la renta bajo la perspectiva del ahorro y la inversión téngase en cuenta que podemos aceptar que el ahorro, tal como señalamos al estudiar la función de consumo, depende de la renta (Figura 16.3). Respecto a la inversión, mantenemos el supuesto de que depende de factores autónomos a la renta, por lo que su representación gráfica será una recta paralela al eje de abscisas (Figura 16.4). En términos gráficos, la situación de equilibrio de la renta se determina mediante el análisis conjunto de las funciones correspondientes a ahorro e inversión (Figura 16.8). Estas funciones, al cortarse, determinan el punto de equilibrio hacia el cual tenderá la renta. En el punto de intersección de las funciones representativas de lo que las empresas desean invertir y las familias ahorrar se cumplen los deseos de ambos agentes, de forma que todo el mundo estará satisfecho y no sentirá ninguna inclinación a alterar sus comportamientos.

Nota complementaria 16.6

AJUSTE VIA PRECIOS O VIA CANTIDAD

El enfoque keynesiano y el monetarista discrepan en muchos aspectos (véase Apéndice a este capítulo). Uno de ellos se concreta en la forma en que tendría lugar el ajuste. Para los monetaristas éste se realizaría vía precios, mientras que los keynesianos, dada la rigidez de los mismos, preconizarían que el ajuste se llevaría a cabo básicamente vía cantidad, tal como se analiza a lo largo del Apartado 2 de este capítulo. A título ilustrativo se recogen las tasas de variación anual de los precios al consumidor (IPC) y del PIB de la economía argentina para el período 1981-1990.

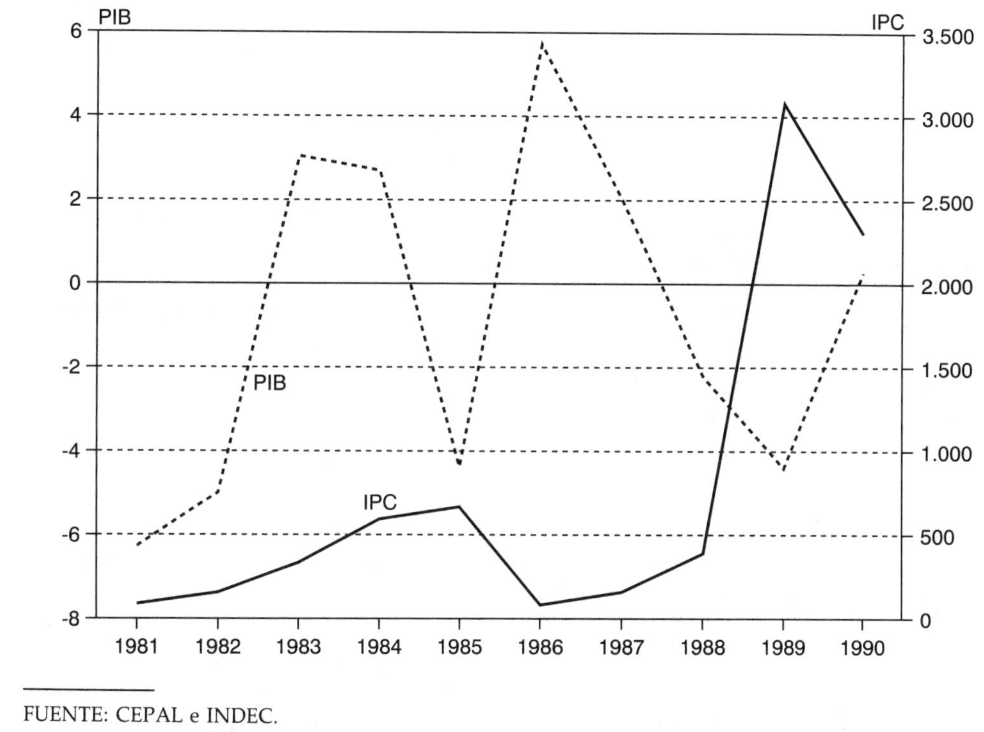

FUENTE: CEPAL e INDEC.

En el punto *E* las empresas no verán ni reducir ni aumentar de forma planeada sus existencias, por lo que no se verán forzadas a alterar sus planes de producción. Para puntos a la derecha de *E*, es decir, para niveles de renta superiores a Y_E, las familias ahorran más de lo que las empresas desean seguir invirtiendo, las empresas no encuentran compradores para toda su producción y verán cómo se acumulan existencias contra su voluntad, por lo que decidirán disminuir la producción. Un proceso inverso ocurrirá para puntos a la izquierda de *E*, es decir, niveles de renta inferiores a Y_E. En estas posiciones, las empresas desean invertir más de lo que las familias prevén ahorrar, y se consumirán más bienes de los producidos en el período. Esto implica que las empresas se verán obligadas a reducir sus existencias, lo que las impulsará a aumentar su producción y, consecuentemente, el empleo.

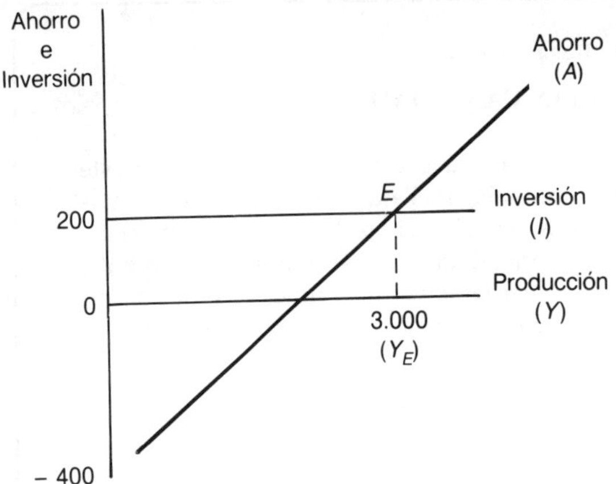

Figura 16.8. La renta de equilibrio, el ahorro y la inversión.

En términos gráficos, la situación de equilibrio de la renta o producción (Y_E) se determina mediante la interacción de las funciones de ahorro e inversión.

- **En el nivel de producción y renta de equilibrio, el ahorro es igual a la inversión planeada, pues la variación no planeada de existencias es nula.**

De lo señalado resulta que la inversión planeada sólo es igual al ahorro en el nivel de renta de equilibrio, mientras que la inversión efectiva, esto es, incluidas las variaciones no planeadas de existencias, siempre es igual al ahorro. Así, para los niveles de renta superiores a Y_E, la inversión efectiva será mayor que la inversión planeada en la cuantía del incremento no deseado de las existencias. Por otro lado, cuando la renta es inferior a Y_E, la inversión efectiva será menor que la inversión planeada en la cuantía de la disminución no planeada de las existencias.

Las ecuaciones y las identidades

La distinta relación existente entre la inversión planeada y el ahorro, y la inversión efectiva y el ahorro son un caso concreto que ilustra el distinto sentido que en economía tienen las *ecuaciones* y las *identidades*. Así, al hablar de la condición de equilibrio del ahorro y la inversión, la expresamos mediante una ecuación, pues la formulamos en términos del ahorro y la inversión planeada. Esto es, nos referimos a los planes de los agentes, en este caso de los inversores, que sólo se cumplen en la situación de equilibrio: cuando la inversión planeada o deseada es igual al ahorro de las economías domésticas.

Por el contrario, si utilizamos la identidad estamos empleando conceptos contables: el ahorro y la inversión efectiva, es decir, la cantidad que en realidad se ha invertido y que por definición o identidad contable tiene que ser igual a la cantidad ahorrada, de la misma manera que el activo de una empresa siempre ha de ser igual al pasivo. Esquemáticamente resulta:

Ahorro = Inversión planeada

(esta igualdad sólo se cumple en la situación de equilibrio)

Ahorro ≡ Inversión efectiva

(ésta es una identidad contable y, por definición, siempre se ha de cumplir)

3. AUMENTO DE LA DEMANDA AGREGADA: EL MULTIPLICADOR DE LA INVERSION

Una vez que hemos estudiado cómo se determina la producción de equilibrio, vamos a analizar los efectos sobre ella de una variación en alguno de los componentes exógenos de la demanda agregada.

En particular, supongamos que las empresas, ante unas expectativas de venta favorables, deciden incrementar la inversión. Como seguidamente vamos a demostrar, el aumento de la demanda de inversión hará que se incremente la producción. El problema consiste en determinar en cuánto aumentará. Cuando se incrementa la demanda de bienes, las empresas aumentan la producción y el empleo, lo que lleva a que las economías domésticas dispongan de una renta mayor que les permitirá, a su vez, incrementar la demanda de consumo. En respuesta a este incremento de la demanda, las empresas volverán a aumentar la producción, de forma que se pone en marcha un proceso que determina que el aumento de la producción sea superior al incremento inicial de la demanda. Para analizar la cuantía de este incremento, así como el final del proceso esbozado, vamos a estudiar lo que en economía se conoce como el multiplicador de la inversión.

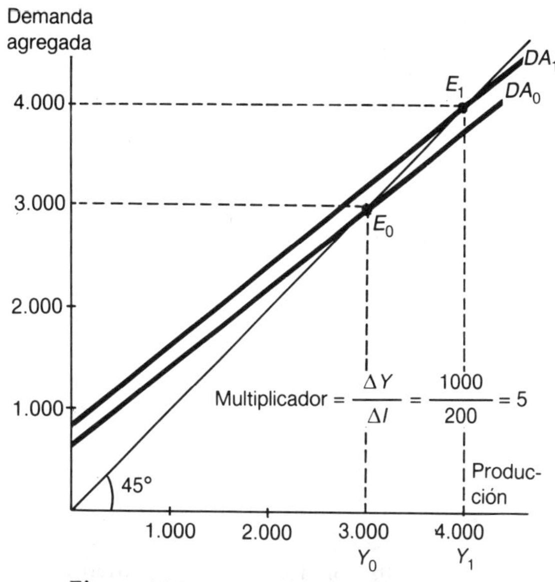

Figura 16.9. Variación de la demanda agregada: el multiplicador.

El multiplicador de la inversión

Si partiendo de una situación de equilibrio de la renta tiene lugar un aumento de la inversión, se alcanzará una nueva situación de equilibrio que estará asociada con una renta mayor que la previamente existente. En este sentido, lo que resulta relevante estudiar es la relación entre la variación en el nivel de la inversión y el cambio correspondiente en el nivel de la renta. La idea básica asociada con el concepto de multiplicador es que un aumento en el gasto originará un aumento mayor de la renta de equilibrio. En particular, y suponiendo que la inversión se incrementa, el multiplicador lo podemos expresar como el cociente entre la variación de la renta o producto de equilibrio y la variación de la inversión que motiva la alteración de la renta.

$$\textbf{Multiplicador} = m = \frac{\Delta Y}{\Delta I}$$

- **El multiplicador designa el coeficiente numérico que indica la magnitud del aumento de la renta producido por el aumento de la inversión en una unidad.**

El concepto de multiplicador lo podemos analizar acudiendo a la representación gráfica de la demanda agregada. Cuando ésta se altera debido a un aumento de la inversión, digamos de 200 unidades, se origina un desplazamiento hacia arriba de la función de gasto total. Gráficamente (Figura 16.9 y Cuadro 16.4), la renta de equilibrio pasará de Y_0 a Y_1, resultando que:

$$\textbf{Multiplicador} = \frac{Y_1 - Y_0}{I_1 - I_0} = \frac{\Delta Y}{\Delta I} = \frac{1.000}{200} = 5$$

Cuadro 16.4. Alteraciones de la demanda agregada y la renta de equilibrio (*)

Producción	Gasto total planeado inicial (I_0 = 200)	Gasto total planeado final (I_1 = 400)
600	1.080	1.280
2.000	2.200	2.400
3.000 (1)	3.000	3.200
3.800	3.640	3.840
4.000 (2)	3.800	4.000

(*) Todas las magnitudes se expresan en unidades monetarias.

(1) Producción de equilibrio inicial.

(2) Producción de equilibrio final.

Como podemos comprobar, el aumento experimentado por la renta de equilibrio es un múltiplo del aumento de la inversión. El multiplicador es el número que indica cuántas veces ha aumentado la renta en relación con el aumento de la inversión. En nuestro ejemplo, por cada unidad monetaria adicional gastada en inversión la renta de equilibrio se incrementará en 5.

Aunque parezca un tanto extraño que un incremento de la inversión de 200 determine un aumento de la renta de equilibrio de 1.000, observamos que, una vez que se produce el aumento de la inversión, tiene lugar un desplazamiento de la curva de gasto total, de forma que la nueva y única posición de equilibrio es E_1, a la cual le corresponde un aumento de la renta de 1.000. Debe señalarse que la demanda agregada aumenta por dos razones: primero, porque la demanda de inversión es mayor y, segundo, porque la cantidad demandada de bienes de consumo también se ve incrementada. El aumento de la demanda de inversión provoca nuevas variaciones de la cantidad demandada de bienes de consumo. Por ello, es de esperar que el multiplicador esté relacionado con la propensión marginal a consumir (*PMaC*).

La dinámica del multiplicador

Con objeto de comprender el funcionamiento del multiplicador, tratemos de seguir el proceso que tiene lugar en la economía cuando se produce un aumento en los gastos de inversión. Supongamos, por sencillez, que una empresa decide incrementar su planta productiva y para ello efectúa una inversión de un millón de pesos. El millón de pesos se dedicará a pagar a los trabajadores de la construcción y a los propietarios de las compañías en forma de salarios y beneficios que aumentarán en total sus ingresos en un millón de pesos. Pero ni los trabajadores de la construcción ni los propietarios mantendrán todo el dinero que se les abona en el banco, sino que gastarán parte de él. Si se comportan como consumidores típicos su gasto será el resultado de multiplicar el millón de pesos por la *PMaC*. Si suponemos que la *PMaC* = 0,8, se gastarán 800.000 pesos en nuevos bienes y servicios de consumo. Pero el proceso no se detiene ahí, ya que aquellos que ofrecen estos bienes y servicios recibirán unos nuevos ingresos por valor de esos 800.000 pesos, de los cuales ellos también gastarán un 80 % (pues *PMaC* = 0,8). Esto supone 640.000 pesos (el 80 % de 800.000) de gasto adicional en bienes y servicios de consumo, lo que hace que el millón original ya haya generado un gasto de 2.400.000 pesos. Por supuesto, el proceso aún no se ha agotado, sino que los oferentes de esos bienes y servicios recibirán unos nuevos ingresos por valor de 640.000 pesos de los cuales consumirán un 80 %, es decir, 512.000 pesos, y así sucesivamente.

Ante el proceso esbozado debemos preguntarnos si tiene fin y, si es así, cuándo llegará. El proceso acabará precisamente cuando la renta se haya incrementado en la cantidad de 5 millones, es decir, la cantidad resultante de multiplicar el millón de pesos gastado inicialmente por el multiplicador.

Un análisis de la cadena de gasto del multiplicador se recoge en el Cuadro 16.5. La primera fase recoge el gasto de la inversión inicial, la segunda el 80 % del gasto inicial y el resto de la tabla se elabora de forma similar. En la columna (2) cada una de las partidas es el 80 % de la previa. En la columna (3) se va acumulando el gasto total provocado por el aumento inicial en la inversión. Como puede observarse, en las primeras fases el impacto se siente más fuertemente; de hecho, en las cuatro primeras se deja sentir el 60 % del efecto total del multiplicador. La Figura 16.10 recoge una representación gráfica de los valores de la columna (3) y evidencia cómo los mayores impactos del multiplicador tienen lugar en las primeras rondas.

■ Determinación algebraica del multiplicador

Para determinar algebraicamente el valor del multiplicador expresemos la suma del gasto in-

(1) Número de fases	(2) Gasto en cada fase	(3) Gasto acumulado
1.ª	1.000.000 = 1.000.000	1.000.000
2.ª	(0,8) × 1.000.000 = 800.000	1.800.000
3.ª	$(0{,}8)^2$ × 1.000.000 = 640.000	2.440.000
4.ª	$(0{,}8)^3$ × 1.000.000 = 512.000	2.952.000
$n \rightarrow \infty$	0	5.000.000

(*) Todas las magnitudes se expresan en unidades monetarias.

Cuadro 16.5. Las fases del multiplicador de la inversión (*)

currido en cada fase, esto es, la suma de los términos de la columna (2) del Cuadro 16.5, como sigue:

$$\textbf{Gasto total} = 1.000.000 \times [1 + 0,8 + (0,8)^2 + (0,8)^3 + ...]$$

donde, como puede observarse, lo único que hemos hecho ha sido sacar como factor común el gasto inicial. Respecto a los términos que aparecen dentro del paréntesis, se puede comprobar que constituyen una progresión geométrica cuya razón es menor que la unidad e igual a la *PMaC,* y cuya suma, que de hecho es el *multiplicador* del gasto inicial en inversión, se expresa como sigue:

$$\textbf{Multiplicador} = m = 1 + PMaC + (PMaC)^2 + (PMaC)^3 + ... = \frac{1}{1 - PMaC} \qquad (1)$$

Esta expresión del multiplicador evidencia, tal como antes señalamos, que éste aumenta conforme lo hace la propensión marginal a consumir.

• **El *tamaño del multiplicador* depende del tamaño de la *PMaC*, esto es, de la pendiente de la función de consumo. Mientras más inclinada sea la función mayor será el multiplicador.**

■ El multiplicador y la propensión a ahorrar

Dado que la suma de la propensión marginal a consumir y la propensión marginal a ahorrar es igual a la unidad (véase Nota complementaria 16.3), esto es, que *PMaC* + *PMaA* = 1, una forma alternativa de expresar el multiplicador es la siguiente:

$$\textbf{Multiplicador} = \frac{1}{PMaA} \qquad (2)$$

Esta expresión indica que el multiplicador es menor cuanto mayor es la propensión marginal a ahorrar (*PMaA*).

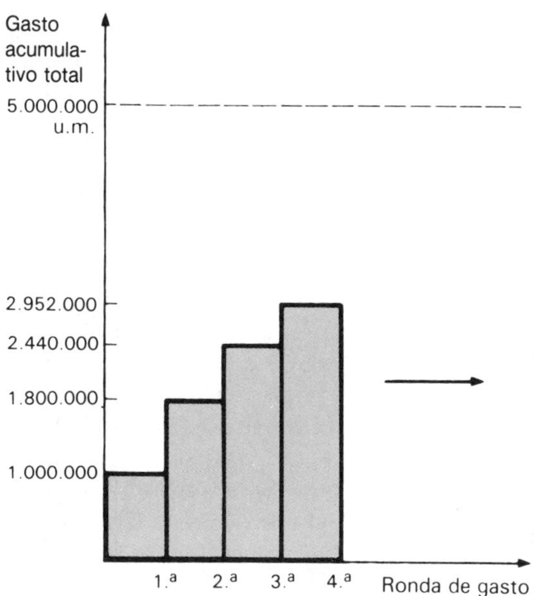

Figura 16.10. Las fases del multiplicador.
El impacto del multiplicador de la inversión es más importante durante las primeras rondas o fases de gasto.

4. LA RENTA DE PLENO EMPLEO Y LA PARADOJA DE LA FRUGALIDAD

La producción y renta de equilibrio Y_E de la Figura 16.11 es el nivel de equilibrio en el sentido de que las empresas están vendiendo los bienes que producen y las economías domésticas y las empresas pueden adquirir los bienes que desean.

La existencia de equilibrio en el mercado de bienes no significa, sin embargo, que la producción se encuentre en el nivel potencial o de pleno empleo.

De hecho, hasta ahora no hemos ni siquiera analizado el nivel de empleo y, lógicamente, tampoco hemos investigado si el logro del equilibrio del mercado de bienes implica alcanzar una situación en la que todos los individuos que deseen trabajar puedan hacerlo.

- **La *producción potencial* o *renta de pleno empleo* (Y_{PE}) es aquel nivel de producción que se obtendría si se utilizaran plenamente todos los recursos.**

Hechas estas consideraciones generales sobre el concepto de renta potencial, el hecho que debemos destacar es que, cuando los precios están dados, la producción de la economía puede situarse en algún nivel inferior al potencial. En esta situación, sin embargo, las empresas no estarían dispuestas a aumentar la producción debido a que no creen que puedan vender más.

En términos de la Figura 16.11 puede ocurrir

Nota complementaria 16.7

LA INVERSION EN ARGENTINA

Como se señala en el texto, a diferencia de lo que ocurre con el consumo, la inversión es extraordinariamente variable. En el cuadro se vuelca la evolución registrada por la tasa de inversión bruta interna (IBI) durante la década de los 80. Puede advertirse la dramática caída experimentada por dicho indicador.

TASAS DE INVERSION EN ARGENTINA

Año	$\frac{\textbf{IBI}}{\textbf{PBI}} \cdot 100$
1980	23,7
1981	19,6
1982	16,4
1983	14,3
1984	12,3
1985	10,5
1986	11,6
1987	13,1
1988	12,0
1989	8,9
1990	7,9

FUENTE: CEPAL.

que la renta de equilibrio de la economía sea Y_E, y que la renta potencial se sitúe al nivel Y_{PE}. En este caso existe una brecha entre las posibilidades potenciales de producción de la economía y su producción efectiva. Lo relevante es que en el análisis hasta ahora presentado no hay ningún instrumento que pueda hacer que la demanda aumente y que haga que la producción tienda hacia su nivel de producción potencial.

En esta situación que estamos planteando habrá recursos ociosos y desempleo en el mercado de trabajo. El gasto agregado es menor que la producción potencial, pero si se mantiene constante el nivel de precios la economía puede permanecer indefinidamente a un nivel de producción inferior al potencial, sin que exista ninguna fuerza que la acerque hacia dicha posición.

- **La *brecha de producción* o brecha recesiva es la diferencia entre la producción potencial y la efectiva. Se suele expresar como un porcentaje de la producción potencial.**

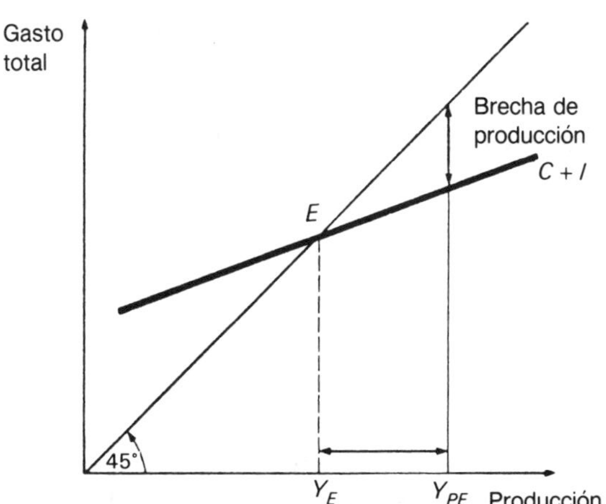

Figura 16.11. Brecha de producción.

Puede ocurrir, y normalmente sucede así, que la renta de equilibrio Y_E sea inferior a la producción potencial (Y_{PE}). En este caso, existirá una brecha de producción, medida por la diferencia entre la producción potencial y la efectiva.

$$\textbf{Brecha de producción} = \frac{\textbf{Producción potencial} - \textbf{Producción efectiva}}{\textbf{Producción potencial}} \times 100$$

Precisamente, una de las ideas básicas del enfoque keynesiano es que el producto nacional de equilibrio no es necesariamente el que asegura el pleno empleo. Como hemos señalado, el producto nacional de equilibrio está determinado por la demanda agregada, mientras que el producto nacional de pleno empleo representa lo que la economía puede producir con sus recursos plenamente ocupados. Según Keynes, el libre juego de las fuerzas económicas conducirá con frecuencia a una situación tal como la recogida en la Figura 16.11, en la que la demanda agregada es demasiado baja y, en consecuencia, el producto de equilibrio será inferior al de pleno empleo.

En otras palabras, Keynes defendía que no existe ningún mecanismo de ajuste automático que conduzca a la economía hacia el pleno empleo. Precisamente, para analizar las posibilidades que se presentan de cara a incidir sobre la demanda agregada y de este modo tratar de reducir la brecha de producción representada en la Figura 16.11, debemos ampliar el modelo básico que hasta ahora estamos analizando, labor que llevaremos a cabo en los siguientes capítulos.

La paradoja de la frugalidad

¿Qué sucederá con la renta de equilibrio si cambia el consumo de los particulares? Una mayor frugalidad, un deseo de ahorrar más, hará desplazarse hacia arriba la curva de ahorro, la cual cortará a la función de inversión en un nuevo punto que corresponderá a un *nivel de renta* de equilibrio inferior al inicial. Este desplazamiento hacia arriba de la función de ahorro es paralelo al desplazamiento hacia abajo de la función de consumo, que hará reducir el nivel de equilibrio de la renta, dado que no se altera la inversión.

La Figura 16.12 muestra cómo un aumento

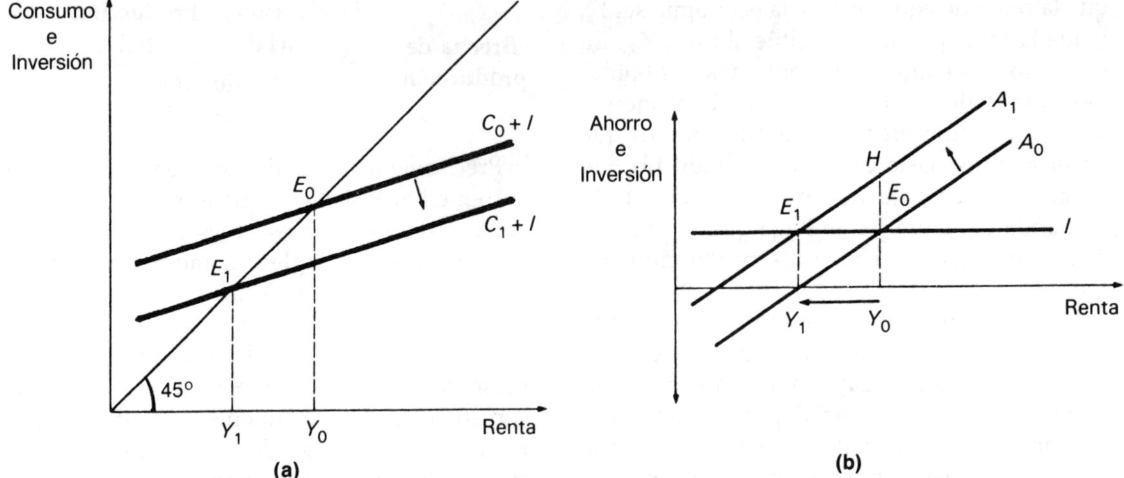

Figura 16.12. El multiplicador inverso.

Un aumento del deseo de ahorrar supone un desplazamiento de las funciones de consumo (hacia abajo) y ahorro (hacia arriba) que conduce a un descenso de la renta de equilibrio mayor que el aumento del ahorro, en función del multiplicador.

en el deseo de ahorrar, esto es, una reducción del consumo, conducirá a un descenso de la renta de equilibrio desde Y_0 hasta Y_1, pero sin embargo la cantidad que efectivamente ahorran las familias es la misma. Como puede observarse en términos gráficos (Figura 16.12*b*), el ahorro efectivo que corresponde a los puntos de equilibrio E_0 y E_1 es el mismo.

La paradoja de la frugalidad muestra, pues, que un aumento del deseo de ahorrar puede no alterar el ahorro y sólo reducir el nivel de producción. Del análisis de la paradoja de la frugalidad cabe inferir que, si bien se suele considerar que el ahorro es algo bueno, el aumento del ahorro en las épocas de demanda agregada insuficiente no es una virtud.

RESUMEN

• El *consumo agregado* depende de la renta agregada. De la relación funcional entre ambas variables se deduce que el nivel de consumo puede explicarse, en forma determinada y previsible, por el nivel de renta disponible. A la relación entre las variaciones del consumo (ΔC) y de la renta (ΔY) se le denomina:

$$\textbf{Propensión Marginal a Consumir} \left(PMaC = \frac{\Delta C}{\Delta Y} \right)$$

Dado que el aumento de la renta genera un aumento del consumo menor, la *PMaC* será siempre menor que la unidad. La relación entre el consumo total y la renta total se denomina:

$$\textbf{Propensión Media a Consumir } \left(PMeC = \frac{C}{Y}\right)$$

- La función de consumo, al mostrar el nivel de consumo para cada nivel de renta, indica también de forma simultánea el nivel de *ahorro.* A partir de la función de ahorro podemos obtener la propensión marginal al ahorro y la propensión media al ahorro. La suma de las propensiones medias (marginales) a consumir y a ahorrar tiene que ser igual a la unidad.

- La demanda de *inversión* es muy variable; ello se debe a que los planes de inversión se realizan por grupos diferentes y a que sus determinantes son muy diversos. Entre estos factores cabe destacar las expectativas empresariales, el tipo de interés, el nivel de capacidad utilizado, el crecimiento de la demanda y los beneficios.

- El *nivel de equilibrio de la renta* será aquél para el cual la demanda agregada es exactamente igual a la cantidad ofrecida. En esta situación, las empresas mantienen sus existencias a los niveles deseados y no tienen incentivos para alterar su producción. Alternativamente, la renta de equilibrio se determinará en aquella situación en la que el ahorro planeado es igual a la inversión deseada.

- Si partiendo de una situación de equilibrio de la renta aumenta la inversión, tendrá lugar un incremento mayor de la renta de equilibrio. El *multiplicador* se define como el cociente entre el cambio en la renta de equilibrio y el cambio en la inversión que motiva la alteración de la renta e indica cuántas veces ha aumentado la renta sobre el aumento de la inversión. El multiplicador puede analizarse gráficamente utilizando la función de gasto total o las funciones de ahorro e inversión.

- El *multiplicador de la inversión* se define como el coeficiente numérico que indica la magnitud del aumento de la renta producido por un aumento de la inversión en una unidad. Analíticamente, este proceso permite expresar el multiplicador como sigue:

$$\mathbf{m} = \frac{1}{1 - PMaC}$$

- La expresión del multiplicador pone de manifiesto que éste aumenta conforme aumenta la *PMaC.* Esto es, mientras más inclinada sea la función de consumo mayor será el multiplicador.

- Un deseo de ahorrar más hará desplazarse hacia arriba la curva de ahorro, la cual cortará a la función de inversión en un nuevo punto que corresponderá a un nivel de renta de equilibrio inferior, de forma que la cantidad efectivamente ahorrada es la misma. Este fenómeno se denomina la *paradoja de la frugalidad* o *de la austeridad.*

• Que una renta sea de equilibrio no quiere decir que sea una posición óptima. La *renta potencial* o de *pleno empleo* depende de la tecnología y de los recursos disponibles. Cuando la renta de equilibrio está por debajo de la renta de pleno empleo, tendrá lugar una *brecha de producción,* pues la demanda agregada es muy baja para comprar el producto nacional.

CONCEPTOS BASICOS

— Propensión media y marginal a consumir.
— Propensión media y marginal a ahorrar.
— Equilibrio de la renta nacional.
— Inversión planeada e inversión deseada.
— El multiplicador.
— Renta de pleno empleo.
— Brecha de producción
— La paradoja de la frugalidad.

TEMAS DE DISCUSION

1. ¿El mercado determina una situación de equilibrio de la renta? ¿Equivale una situación de equilibrio de la renta a una situación de pleno empleo? ¿Qué determina el pleno empleo?

2. Determine el efecto multiplicador derivado de un aumento en el gasto de inversión de 80 unidades de una economía en la que los valores de la renta y de consumo son los del cuadro adjunto. ¿Cuál es la nueva renta de equilibrio?

Renta	Consumo	Inversión
1.600	1.380	300
1.800	1.540	300
2.000	1.700	300
2.200	1.860	300
2.400	2.020	300

3. Explique la diferencia entre la identidad del ahorro y la inversión y la igualdad representativa del ahorro y la inversión como condición de equilibrio de la renta nacional.

4. Justifique cómo el intento de aumentar el ahorro puede conducir a que el ahorro no cambie si el valor de la inversión no cambia.

5. La *PMeC* de un país se estima en 0,90, ¿qué significado económico tiene este concepto?

6. Dados los siguientes valores del gasto en consumo y de la renta disponible, determine los valores de *PMaC, PMeC, PMaA* y *PMeA* para cada año.

Años	Gastos en consumo	Renta disponible
1985	110	100
1986	155	150
1987	200	200
1988	245	250

7. Ofrezca algunas razones por las que los gastos de inversión presentan una mayor variabilidad que los gastos de consumo.

8. ¿En qué sentido el ahorro puede considerarse como una reducción del poder de compra?

9. ¿Qué opina usted del supuesto monetarista de completa flexibilidad de los precios y los salarios? Si, por ejemplo, tuviese lugar una reducción de la edad mínima para acudir al mercado de trabajo y se aumentase el número de personas disponibles para trabajar, ¿cómo explicaría un economista clásico que se alcanzara una situación de equilibrio en el mercado de trabajo?

10. Indique las ventajas y los inconvenientes del ahorro desde un punto individual (esto es, para la familia que ahorra) y desde la óptica de la economía en su conjunto. ¿En qué sentido sus argumentos dependerán del estado en que se encuentre la economía?

11. Considere una economía en la cual la función de consumo toma la forma siguiente:

$$C = 100 + 0{,}7\ Y$$

y en la cual la inversión (I) es siempre igual a 200. Determine la renta de equilibrio para la cual se cumple: $Y = C + I$.

12. ¿Qué tiene de controvertido el concepto de pleno empleo preconizado por los clásicos?

APENDICE:
El equilibrio de la renta: las entradas y las salidas (*)

Una visión, en cierto modo globalizadora, del equilibrio de la renta se puede ofrecer a partir del estudio del flujo circular de la renta y, en particular, del análisis de las entradas y las salidas.

En una economía sin sector público ni comercio con el exterior, el flujo circular de la renta, tal como se mostró en el Esquema 15.1, es la corriente de bienes y servicios y de pagos entre las empresas y las economías domésticas. El flujo circular podrá seguir indefinidamente sin variación en la medida en que los consumidores gasten todo el dinero que reciban en comprar bienes y servicios producidos por las empresas del país, y que éstas paguen a los consumidores nacionales la totalidad del dinero que reciben.

Sin embargo, no todo el dinero obtenido por un grupo se destina a pagar al otro, sino que existen «salidas» o «detracciones» y «entradas» o «inyecciones». Se denomina «salida» a toda renta que no se reintegra al flujo circular, mientras que «entrada» es una adición a la renta de las empresas que no proviene del gasto de los consumidores.

En un modelo con sector público y con sector exterior las entradas serían: la *inversión* que realizan las empresas, los *gastos del sector público* y la demanda de *exportaciones* realizada por otros países. Por otro lado, las salidas serían el *ahorro* de las familias, los *impuestos* establecidos por el sector público y las *importaciones* de bienes y servicios (Esquema 16.A.I).

1. El ahorro y la inversión

Cualquiera que sea el destino posterior del dinero, los consumidores deciden guardar o ahorrar parte de su renta en vez de consumirla toda. Al ahorrar, retiran una porción de la renta del flujo circular, por lo que dicha porción constituirá una salida. Cuando las empresas no reparten beneficios a los accionistas, sino que los retienen para gastarlos al cabo del tiempo, también sustraen una parte de la renta del flujo circular. Así pues, el ahorro (A) es una salida del flujo circular (Esquema 16.A.1).

El gasto en inversión (I) se considera como una entrada al flujo circular, pues el dinero gastado en inversiones va a parar, como ingreso, a aquellas empresas que venden bienes de inversión y, de ahí, como renta a las economías domésticas que prestan sus servicios a estas empresas. Estas rentas, sin embargo, no provienen directamente del gasto de los consumidores en bienes y servicios, sino de ciertas empresas.

(*) En el desarrollo de este Apéndice relajaremos el supuesto que mantenemos a lo largo de los Capítulos 16 a 19, en el sentido de que los precios permanecen fijos. Esto nos permite ofrecer una primera versión de las discrepancias entre los enfoques monetarista y keynesiano, que se abordará con más profundidad en capítulos posteriores y, en concreto, en el Capítulo 29.

Esquema 16.A.1. El flujo circular de la renta de una economía: entradas y salidas

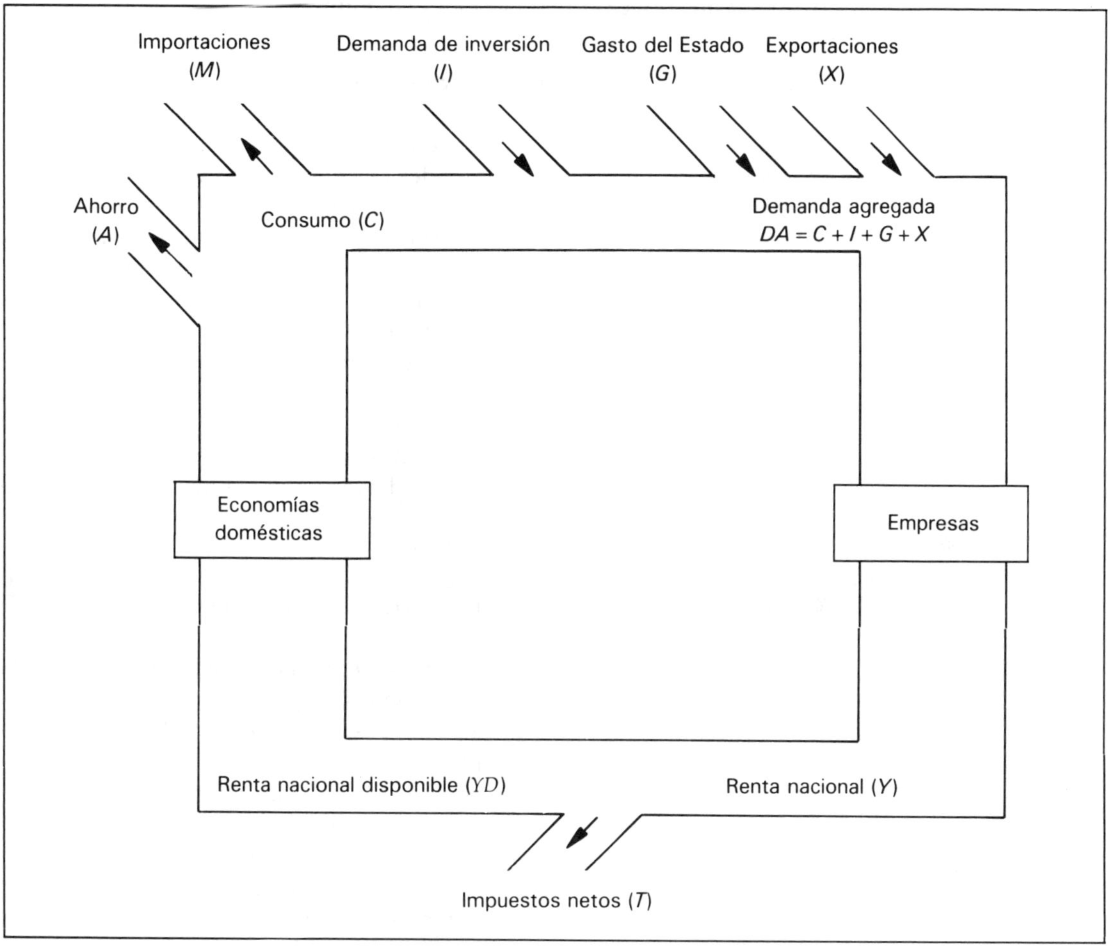

2. Los impuestos y los gastos públicos

Si seguimos acercando el modelo a la realidad supondremos que existe un sector público (véase Capítulo 17). El sector público, por un lado, detrae fondos del flujo circular mediante impuestos y, por otro, los añade con su propio gasto. Los impuestos (*T*), cualquiera que sea el destino posterior del dinero, sustraen fondos del flujo circular de la renta, fondos que no quedan libres para ser entregados a las economías domésticas, por lo que representan una salida. Los gastos del sector público (*G*), cualquiera que sea el tipo de gasto efectuado, esto es, gastos para producir bienes destinados a las economías domésticas, gastos de transferencia o pagos por bienes y servicios suministrados por el gobierno, se consideran como una entrada al flujo circular de la renta, pues no proceden directamente de los gastos de los consumidores y/o empresas.

3. Las importaciones y las exportaciones

Si consideramos que la economía en cuestión mantiene intercambios comerciales con el exterior, las unidades familiares y empresas pueden gastar parte de sus recursos en bienes y servicios producidos por las empresas extranjeras, esto es, pueden importar (véase Capítulo 25). Asimismo, las empresas nacionales tienen la posibilidad de vender parte de su producto a los consumidores del extranjero, es decir, pueden exportar. Las importaciones (M) constituyen una salida del flujo circular, pues crean rentas para empresas extranjeras productoras y no para las nacionales, por lo que se sustraen fondos del flujo circular. Las exportaciones (X) son una entrada o adición en el flujo circular de la renta del país que las realiza, en cuanto que representan un aumento de las rentas de los productores nacionales que no proceden de variación alguna en los gastos de las unidades nacionales.

4. La «independencia» entre las entradas y las salidas

Las entradas y salidas no son completamente independientes entre sí. Ya hemos señalado que las inversiones de las empresas se financian tomando a préstamo el dinero ahorrado por los consumidores. Asimismo, muchos de los gastos del sector público se financian con impuestos pagados por los consumidores y empresas. Las importaciones y exportaciones tampoco son totalmente independientes, pues, aunque los precios relativos de ambas son la variable fundamental, el objetivo de mantener equilibrada la balanza de pagos obliga a mantener una estrecha vigilancia sobre la evolución de ambas variables, y algo similar ocurre con los gastos y los impuestos del sector público.

En el análisis de la teoría de la renta nacional suponemos, sin embargo, que el volumen de entradas es independiente del volumen de salidas. Esto significa que tanto las salidas como las entradas pueden variar separadamente, sin que incidan de forma automática las unas sobre las otras. La consecuencia de esta hipótesis es que pueden originarse alteraciones en el flujo circular, debido a cambios en las entradas y salidas. Resulta obvio que las salidas tienden a reducir el flujo circular y las entradas a aumentarlo, de forma que éste aumentará o disminuirá según que el volumen de entradas sea respectivamente superior o inferior al volumen de salidas. Si se sustrae más de lo que entra, el flujo de renta irá disminuyendo, mientras que si entra más de lo que se sustrae, el volumen de flujo que circula aumentará. El flujo de la renta únicamente permanecerá invariable cuando las corrientes de entradas y salidas sean iguales. En otras palabras, la condición de equilibrio para que el flujo circular de renta permanezca invariable en el tiempo es que el volumen de entradas sea igual al de salidas. Debe reiterarse, tal como se señaló al hablar de equilibrio de la renta en términos del ahorro y la inversión, que contablemente, esto es, *ex post*, las entradas siempre serán iguales a las salidas pero, sin embargo, la economía sólo estará en equilibrio cuando las entradas *ex ante* o planeadas sean iguales a las salidas. A continuación hablaremos en términos *ex ante* o planeados.

Recordemos que en el modelo simplificado antes estudiado señalamos mos que, en ausencia de algo que induzca a los productores a variar el nivel de producción o a los consumidores a no gastar íntegramente sus rentas, la situación podría resistir indefinidamente, por lo que se estaría en una situación de equilibrio, cualquiera que fuese la parte de la renta que no se gastase en la producción nacional. En un modelo con sector público y relaciones con el exterior, el nivel de equilibrio de la producción de la economía puede mantenerse invariable si las salidas totales, cualquiera que sea su causa, son exactamente compensadas por las entradas totales, sea cual sea su origen. Lo interesante es la relación entre ambas. Si las salidas o detracciones son superiores a las entradas o inyecciones planeadas habrá una presión descendente sobre los precios, o sobre la producción real o sobre ambas, pues el gasto total, incluyendo las entradas, es menor que la renta total, que tiene que ser igual al valor planeado de la producción. Si, por el contrario, las entradas superan a las salidas habrá una presión ascendente, pues el gasto planeado excederá a la producción, a los valores corrientes. Si el total de entradas es igual al total de salidas no habrá ningún tipo de presión sobre los precios y/o la producción real. Las tres posibilidades analizadas se recogen en el Esquema 16.A.2.

5. Enfoques alternativos sobre el proceso de ajuste: el keynesiano y el monetarista

Vamos ahora a detenernos en el análisis del proceso de ajuste, esto es, en las presiones ascendentes y descendentes sobre la renta cuando ésta no está en equilibrio. Si, como en uno de los casos que hemos señalado, los productores se encuentran con que, después de haber producido o proyectado producir bienes por un determinado valor, el gasto es, por ejemplo, un 10 % menor, caben tres posibilidades para lograr un ajuste:

Esquema 16.A.2. Las entradas, las salidas y el equilibrio

Salidas $>$ Entradas $\Rightarrow$ Gasto planeado total $<$ Renta total $\Rightarrow$ Presión descendente sobre la producción.

Salidas $<$ Entradas $\Rightarrow$ Gasto planeado total $>$ Renta total $\Rightarrow$ Presión ascendente sobre la producción.

Salidas $\equiv$ Entradas $\Rightarrow$ Gasto planeado total $\equiv$ Renta total $\Rightarrow$ Equilibrio.

1. Continuar vendiendo a los precios anteriores, pero reduciendo la producción real en un 10 %.
2. Continuar ofreciendo la misma producción real, pero reduciendo los precios en un 10 %. Esto implicaría que los precios como promedio, incluyendo los de los factores de producción, disminuirán en un 10 %.
3. Alcanzar alguna combinación formada por una disminución en la producción real y una reducción de los precios.

Para simplificar el análisis de la situación provocada por un exceso de las salidas sobre las entradas vamos a limitarnos a las dos posibilidades primeras. Esta exposición la desarrollaremos siguiendo dos enfoques alternativos: uno que podríamos denominar keynesiano y otro que sigue las líneas de lo que en Macroeconomía se denomina escuela monetarista (véanse Capítulos 20, 24 y 29).

• **Enfoque keynesiano:** Este enfoque destaca el efecto sobre la producción real, pues supone que los precios reaccionan poco o muy lentamente, por lo que los ajustes se efectúan reduciendo la producción corriente.

En el caso señalado se supone que, al ser el gasto inferior a la producción existente, los productores se verán presionados a reducir la producción real. Consecuentemente, la renta disminuirá y con ella la «salida», que hacía que las salidas en su conjunto fuesen superiores a las entradas, de forma que la economía se nivelará. Bajo el enfoque keynesiano, ante una situación de desequilibrio entre las entradas y las salidas y, consecuentemente, entre el gasto y la renta, la variable a través de la cual se logra el equilibrio es la producción real. Se supone que los precios prácticamente no se alteran. Dado que en este enfoque el efecto de las posibles discrepancias entre las salidas y las entradas se materializa sobre el flujo renta-gasto y posteriormente sobre la producción real, cabe la posibilidad, como ya se ha apuntado, de que la economía acabe estabilizándose por debajo de su capacidad de producción y de que permanezca en esa situación durante un tiempo relativamente largo, si no se toman medidas correctoras.

• **Enfoque monetarista:** El enfoque monetarista o clásico hace hincapié en la flexibilidad de los precios. Se defiende que, en una situación como la planteada anteriormente, la presión descendente acabará originando una reducción de los precios y no de la producción real, aunque ésta pueda reducirse temporalmente mientras se esté llevando a cabo el proceso de ajuste de los precios.

Desde esta perspectiva se mantiene que, si el gasto total es inferior al valor de la producción, se generarán tensiones a la baja sobre los precios y los salarios, mientras que la producción permanecerá prácticamente inalterada. Se supone que las diferencias entre gasto y producción se concretan en alteraciones de precios vía reducción de las transacciones y de la cantidad de dinero disponible en el sistema (*). Asimismo, se postula que esta reducción en los precios y en los salarios implicará una disminución de las salidas, de forma que éstas se equilibrarán con las entradas. Resulta, pues, que bajo el enfoque monetarista, dada la flexibilidad de los precios y los salarios, el ajuste no tiene lugar vía cantidad. Se defiende, además, que la economía no permanecerá períodos prolongados por debajo de su capacidad productiva potencial.

La visión monetarista del proceso es más optimista que la keynesiana, pues se confía que la economía saldrá automáticamente y sin necesidad de intervención de las situaciones en las que la producción es menor que la de pleno empleo.

Los monetaristas se centran en una perspectiva a largo plazo y, aunque reconocen la posibilidad de variaciones en la producción real, tienden a considerarlas como cambios a corto plazo que forman parte del proceso total de ajuste en un período más amplio y que quedarán corregidas cuando los precios y la cantidad de dinero hayan dejado de variar. Por el contrario, el análisis keynesiano se centra más en el proceso que tiene lugar a corto plazo.

En los capítulos siguientes se realizará el análisis dentro del enfoque keynesiano y, por ello, se supondrá que a corto plazo los precios prácticamente permanecen fijos. Posteriormente se abandonará el modelo de precios fijos y se estudiarán las implicaciones de las hipótesis monetaristas.

(*) Una explicación detallada de la relación entre transacciones, producción, cantidad de dinero y precios se presenta en el Capítulo 20.

CAPITULO 17

El control de la demanda agregada a través de la política fiscal

INTRODUCCION

Como hemos visto en el capítulo anterior, aun cuando una economía se encuentre en equilibrio puede que no alcance una situación de pleno empleo. De hecho, uno de los legados más importantes de la economía keynesiana es la justificación de la posibilidad de una depresión crónica, pues el libre juego del mercado no asegura el pleno empleo. El enfoque keynesiano afirma, además, que, aunque la economía logre una elevada tasa de empleo, esta feliz situación probablemente será sólo temporal, pues el funcionamiento «normal» de la economía de mercado tiende a configurar situaciones inestables.

Ante estas sombrías perspectivas, Keynes, sin embargo, no se mostraba pesimista, pues según él la actividad económica es controlable y no será necesario sufrir los costos económicos y sociales de un alto desempleo. La clave reside para Keynes en la acción del sector público. Como vimos en el capítulo anterior, en términos del modelo keynesiano analizado, el desempleo asociado a un brecha de producción es el resultado de una demanda agregada demasiado reducida. Pero recordemos, asimismo, que uno de los componentes de la demanda agregada es el gasto público. Resultará, por tanto, que su control por parte del gobierno ofrece la posibilidad de tratar de estabilizar la economía. Esta posibilidad es un punto esencial en el modelo keynesiano. El gobierno puede incidir sobre la demanda agregada con políticas fiscales, esto es, por medio de cambios en los gastos públicos y/o en las tasas impositivas. El análisis de esta posibilidad será el propósito principal de este capítulo.

1. EL ESTADO Y LA ACTIVIDAD ECONOMICA: LA POLITICA FISCAL

El sector público, o más concretamente el Estado, tal como señalamos en el Capítulo 4, desempeña un importante papel en la determinación de la producción y el empleo de la economía mediante las políticas de estabilización.

- **La *política de estabilización* está integrada por el conjunto de medidas gubernamentales que intentan controlar la economía con el fin de mantener el PIB cerca de su nivel poten-**

Nota complementaria 17.1

EL ESTADO Y EL FLUJO CIRCULAR DE LA RENTA

La representación del flujo circular de la renta cuando se tiene en cuenta la incidencia del gasto público y de los impuestos netos aparece recogida en el esquema adjunto.

En condiciones de equilibrio, la renta es igual a la demanda agregada, lo que implica que las filtraciones (o salidas) del flujo circular son iguales a las inyecciones (o entradas) (véase Apéndice al Capítulo 16). En una economía con sector público y sin sector exterior las filtraciones son el ahorro y los impuestos netos, esto es, la cantidad que paga el sector privado al Estado una vez tenidas en cuenta las tranferencias que recibe del mismo. Las inyecciones son las compras de bienes y servicios por parte del Estado y la inversión.

Por tanto, en condiciones de equilibrio, el ahorro (A) más los impuestos netos (T) han de ser iguales a las compras del Estado (G) más la inversión (I). Utilizando los símbolos empleados en el Capítulo 15 al analizar la contabilidad nacional en equilibrio se ha de cumplir lo siguiente:

$$A + T = G + I$$

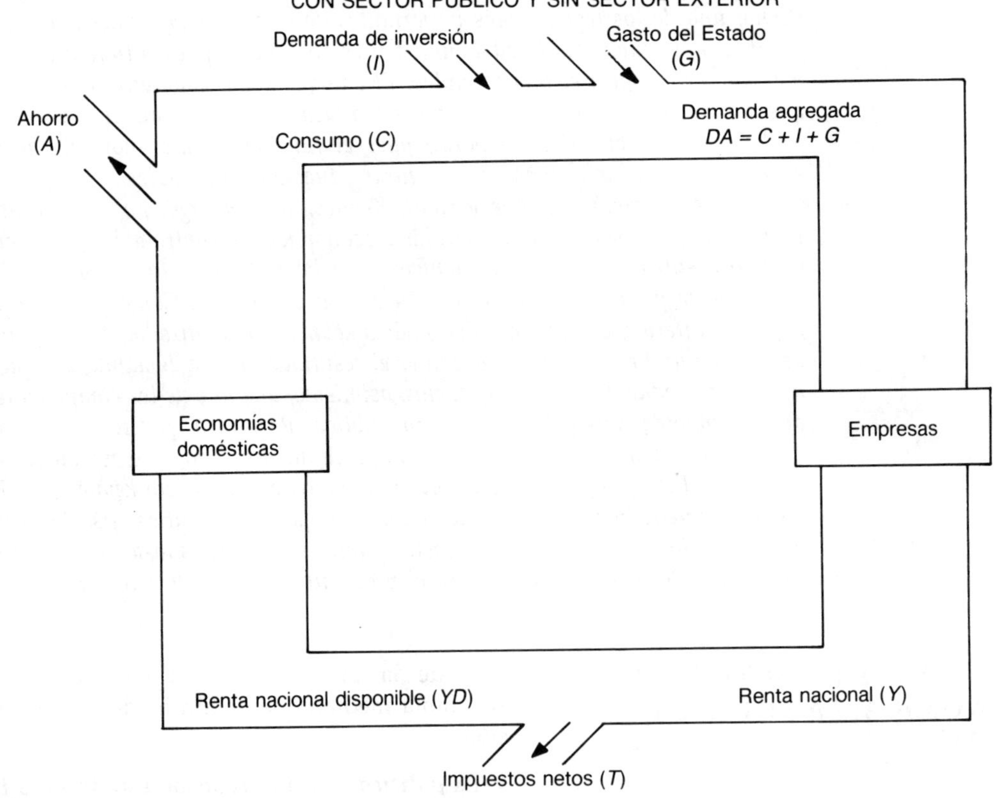

cial manteniendo unas tasas de inflación bajas y estables.

Las políticas estabilizadoras pueden tener carácter expansivo o restrictivo. Una política expansiva pretende aumentar el PIB efectivo, al objeto de disminuir la brecha de producción o recesiva existente, mientras que una política restrictiva trata de reducir el PIB efectivo en relación al potencial.

El Estado: las compras, las transferencias y los impuestos

En este capítulo nos vamos a centrar en las actuaciones del Estado que inciden directamente sobre el flujo circular de la renta (Apéndice al Capítulo 16). El Estado entra en el flujo circular por varias vías: gravando la renta, realizando transferencias, esto es, influyendo en la cantidad de renta disponible para consumo y ahorro, y comprando bienes y servicios (Cuadros 17.1 y 17.2). Las *compras* del Estado constituyen la demanda de bienes y servicios

Cuadro 17.1. Proporción del gasto público nacional sobre el PIB. Argentina

Año	Total de erogaciones (*)
1983	34,93
1984	28,84
1985	28,66
1986	25,86
1987	26,91
1988	28,05
1989	22,98
1990	23,12
1991	24,28
1992	24,93

(*) En porcentaje del PIB.

FUENTE: Ministerio de Economía y Obras y Servicios Públicos. Secretaría de Hacienda.

Cuadro 17.2. Presión fiscal del sector público nacional (*)

Concepto	1991	1992
Impuestos al valor agregado	4,42	6,23
Impuestos internos unificados	1,40	1,48
Impuestos a los débitos bancarios	1,27	0,43
Ganancias	0,77	1,24
Combustibles y gas	0,73	0,83
Otros impuestos	4,86	4,37
Sistema de seguridad social	5,66	6,26
Presión fiscal	**19,11**	**20,85**

(*) En porcentaje del PIB.

FUENTE: Ministerio de Economía y Obras y Servicios Públicos. Secretaría de Hacienda.

por parte del Estado. Esto es, el término *G* en la Contabilidad nacional (véase Capítulo 15).

Por otro lado, las *transferencias* son los pagos estatales realizados sin la contraprestación correspondiente de bienes y servicios por parte del receptor.

Debido a la existencia de transferencias que el Estado realiza al sector privado, en vez de impuestos debemos hablar de *impuestos netos*. Los impuestos netos son la cantidad que paga el sector privado al Estado una vez tenidas en cuenta las transferencias que recibe de éste.

De acuerdo con lo señalado, la renta personal disponible, tal como indicamos en el Capítulo 15, se define como sigue:

$$\textbf{Renta personal disponible} = \textbf{Renta nacional} - \textbf{Impuestos} + \textbf{Transferencias} = \textbf{Renta nacional} - \textbf{Impuestos netos}$$

Nota complementaria 17.2

LOS GASTOS DE TRANSFERENCIA

Tal como se indica en el texto, uno de los instrumentos del sector público son los gastos de transferencia, esto es, los pagos que se realizan sin la provisión correspondiente de bienes y servicios por parte del receptor. En el cuadro adjunto se vuelca la evolución registrada por el monto mensual demandado por el pago de jubilaciones y pensiones en el período 1985/1991.

MONTO MENSUAL DEMANDADO POR EL PAGO DE JUBILACIONES Y PENSIONES
(A diciembre de cada año)

Años	Jubilaciones(*)	Pensiones(*)	Total(*)
1985	458,2	224,5	682,7
1986	423,9	211,1	635,0
1987	360,6	169,9	530,5
1988	485,4	220,5	705,9
1989	369,3	199,2	568,5
1990	394,5	194,1	588,6
1991	478,4	231,4	709,8

(*) En pesos de diciembre de 1991. Valores actualizados utilizando el IPC.

FUENTE: Elaboración propia en base a datos de la Secretaría de Seguridad Social.

La política fiscal

• **La *política fiscal* la integran las decisiones del gobierno referentes al gasto público y a los impuestos.**

Las decisiones del gobierno en materia de política fiscal se plasman en el presupuesto del sector público. El presupuesto del sector público es una descripción de sus planes de gasto y financiación. Cuando los ingresos son superiores al gasto hay *superávit* presupuestario y, cuando ocurre lo contrario, hay *déficit*.

Así pues, el déficit presupuestario es la diferencia positiva entre el gasto del Estado y sus ingresos. La existencia de un déficit supone que el Estado gasta más de lo que ingresa.

Déficit presupuestario = Gastos públicos − Ingresos públicos = Compras de bienes y servicios − Impuestos netos

2. LOS GASTOS Y LOS INGRESOS DEL SECTOR PUBLICO

En el Capítulo 16 suponíamos que estábamos en una economía sin sector público y sin sector exterior. Al suponer ahora que hay sector público, la demanda agregada o gasto total tendrá los siguientes componentes:

Demanda agregada (*DA*) = Gasto de consumo (*C*) +
+ Demanda de inversión (*I*) +
+ Demanda del Estado (*G*)

Nota complementaria 17.3

LA POLITICA MACROECONOMICA Y EL PRESUPUESTO

El Presupuesto de la Administración Nacional constituye, desde el punto de vista de la regulación coyuntural de la economía, un arma esencial. En el Presupuesto se sintetiza la política económica del gobierno, si bien la variable que más claramente define es la estrategia seguida en relación al déficit público y su financiación.

En la presentación del Presupuesto 1992 se establecen como objetivos de la política económica estabilizar de modo permanente la economía erradicando el uso del impuesto inflacionario para financiar al Estado. Uno de los instrumentos fundamentales que se plantea para el logro de tal fin es el equilibrio fiscal al que se pretende arribar tanto por la vía del aumento de los ingresos como por la de la reducción del gasto.

Las previsiones oficiales que acompañaron al proyecto de Presupuesto de 1992 preveían un déficit del 0,17 % del PIB, en comparación con un 2,18 % de 1991 y un 5,11 % de 1990. Ello, sobre la base de un fuerte aumento de los recursos totales previstos y un menor incremento en las erogaciones.

ADMINISTRACION NACIONAL. ORIGEN DE LOS RECURSOS
(En miles de pesos)

Concepto	1991		1992		Diferencia	
	Importe	%	Importe	%	Importe	%
RECURSOS CORRIENTES	12.187.854	89,07	14.958.837	85,84	2.770.984	22,74
Tributarios	10.545.870	77,07	12.327.233	70,73	1.781.363	16,89
Sobre los Ingresos	586.226	4,15	923.962	5,30	355.736	62,60
• Impuesto a las Ganancias	439.411	3,21	806.111	4,63	366.700	83,45
• Otros con Asignación Específica	128.815	0,94	117.851	0,68	(10.964)	(8,51)
Sobre el Patrimonio	446.655	3,26	692.317	3,97	245.662	55,00
• Impuesto sobre los Activos	442.228	3,23	691.806	3,97	249.578	56,44
• Otros con Asignación Específica	4.427	0,03	511	0,00	(3.916)	(88,46)
Sobre la Producción, el Consumo y Transacciones	6.091.938	44,52	8.093.390	46,44	2.001.452	32,85
• Impuesto al Valor Agregado	2.519.294	18,41	4.038.389	23,17	1.519.095	60,30
• Impuestos Internos Unificados	795.599	5,81	955.955	5,49	160.396	20,16
• Impuesto de sellos	244.920	1,79	274.200	1,57	29.280	11,95
• Impuesto a las Operaciones con Divisas	48.700	0,36	0	0,00	(48.700)	(100,00)
• Impuesto a los Combustibles y Gas	978.481	7,15	1.276.392	7,32	297.912	30,45
• Impuesto a la Energía Eléctrica	132.080	0,97	215.700	1,24	83.620	63,31
• Otros con Afectación Específica	1.372.864	10,03	1.332.714	7,65	(40.150)	(2,92)
Sobre el Comercio Exterior	1.410.332	10,31	1.615.060	9,27	204.728	14,52
• Derechos de Importación	500.760	3,66	1.095.288	6,28	594.528	118,73
• Derechos de Exportación	224.848	1,64	105.875	0,61	(118.973)	(52,91)
• Derechos de Estadística	526.864	3,85	317.326	1,82	(209.538)	(39,77)

ADMINISTRACION NACIONAL. ORIGEN DE LOS RECURSOS
(En miles de pesos) *(Continuación)*

Concepto	1991		1992		Diferencia	
	Importe	%	Importe	%	Importe	%
• Otros con Afectación Específica	157.860	1,15	96.571	0,55	(61.289)	(38,83)
Aportes y Contribuciones de Previsión y Asistencia Social	823.333	6,02	327.934	1,88	(495.399)	(60,17)
• FO.NA.VI.	496.383	3,63	0	0,00	(496.383)	(100,00)
• ANSSAL	254.567	1,86	244.776	1,40	(9.791)	(3,85)
• Otros con Afectación Específica	72.383	0,53	83.158	0,48	10.775	14,89
Otros Recursos Tributarios	1.205.386	8,81	674.570	3,87	(530.816)	(44,04)
• No Tributarios	1.641.983	12,00	2.631.604	15,10	989.621	60,27
• Tasas y Tarifas	436.359	3,19	507.701	2,91	71.342	16,35
• Otros Recursos No Tributarios	1.205.624	8,81	2.123.903	12,19	918.279	76,17
RECURSOS DE CAPITAL	1.495.170	10,93	2.468.511	14,16	973.341	65,10
TOTAL	**13.683.024**	**100,00**	**17.427.348**	**100,00**	**3.744.325**	**27,36**

ADMINISTRACION NACIONAL
DISTRIBUCION JURISDICCIONAL DE LAS EROGACIONES
(En miles de pesos)

Jurisdicción	1991		1992		Diferencia	
	Importe	%	Importe	%	Importe	%
Poder Legislativo Nacional	258.009	1,56	279.917	1,56	21.908	8,49
Poder Judicial de la Nación	333.750	2,01	386.531	2,15	52.781	15,81
Tribunal de Cuentas de la Nación	15.272	0,09	22.309	0,12	7.037	46,07
Presidencia de la Nación	1.075.271	6,48	1.366.590	7,59	291.319	27,09
Ministerio del Interior	792.724	4,78	713.720	3,97	(79.004)	(9,97)
Ministerio de Relaciones Exteriores y Culto	157.756	0,95	269.120	1,50	111.364	70,59
Ministerio de Defensa	2.507.845	15,12	2.897.593	16,10	389.748	15,54
Ministerio de Economía y Obras y Servicios Públicos	2.145.407	12,93	1.912.307	10,63	(233.100)	(10,87)
Ministerio de Cultura y Educación	1.996.271	12,03	1.387.411	7,71	(608.860)	(30,50)
Ministerio de Justicia	164.461	0,99	220.343	1,22	55.882	33,98
Ministerio de Trabajo y Seguridad Social	119.812	0,72	180.736	1,00	60.925	50,85
Ministerio de Salud y Acción Social	1.791.868	10,80	1.725.954	9,59	(65.914)	(3,68)
Servicio de la Deuda Pública	2.262.043	13,64	2.554.345	14,19	292.302	12,92
Obligaciones a Cargo del Tesoro	3.198.336	19,28	4.080.262	22,67	881.926	27,57
SUBTOTAL	16.818.826	101,39	17.997.139	100,00	1.178.313	7,01
ECONOMIAS A REALIZAR	(230.284)	−1,39	0	0,00	230.284	100,00
TOTAL	**16.588.542**	**100,00**	**17.997.139**	**100,00**	**1.408.597**	**8,49**

FUENTE: Ministerio de Economía y Obras y Servicios Públicos. Secretaría de Hacienda.

Incidencia de alteraciones del gasto público

Para analizar la incidencia de las compras del Estado sobre la curva de demanda agregada, como se ha señalado en el Capítulo 16 suponemos que el consumo es función de la renta y que la inversión es una cantidad fija. Respecto a las compras del Estado de bienes y servicios, suponemos también que son fijas al nivel *G*, esto es, que no dependen de la renta. Supongamos, por ahora que no hay impuestos. En estas circunstancias, la curva de demanda agregada se obtiene añadiendo a la función de consumo y a la demanda de inversión un nivel determinado de demanda del Estado, o genéricamente de gasto público.

En términos gráficos los gastos del sector público (*G*) se suman verticalmente al consumo y a la demanda de inversión, obteniendo así la demanda agregada de una economía con sector público y sin sector exterior (Figura 17.1).

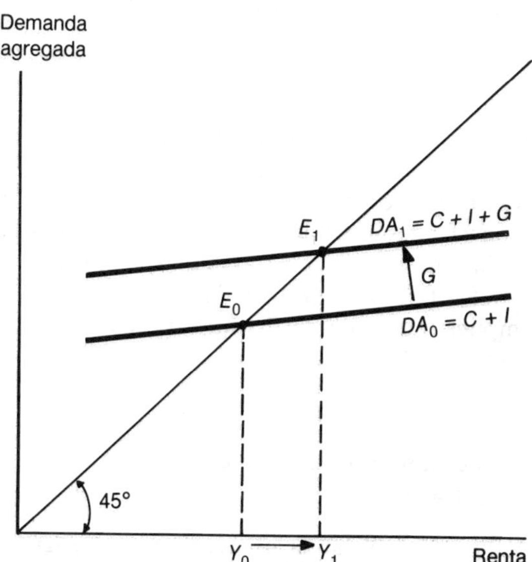

Figura 17.1. Demanda agregada: inclusión de los gastos del sector público.

Cuando se incluye el gasto público como un elemento más de la demanda agregada, ésta experimenta un desplazamiento vertical hacia arriba.

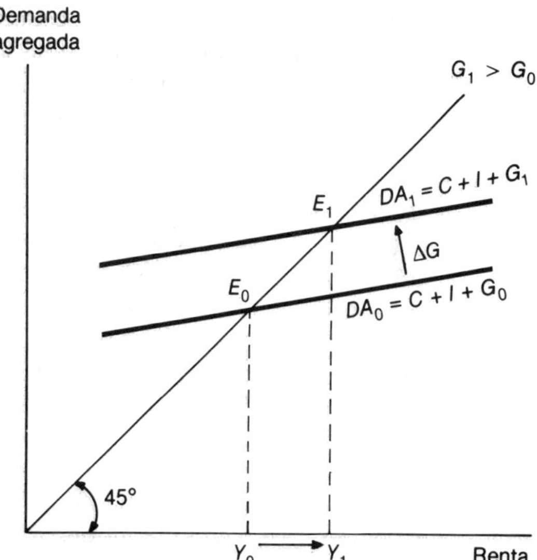

Figura 17.2. Influencia de un aumento del gasto público.

Un aumento del gasto público produce el mismo efecto en la producción de equilibrio que un aumento de la demanda de inversión en la misma cuantía.

Si analizamos el punto de intersección de la función de gasto con la recta de 45° para conocer el nivel de equilibrio del producto nacional, resulta que el gasto público, sin tener en cuenta los impuestos, ejerce un efecto multiplicador sobre la renta de naturaleza idéntica al realizado por la inversión descrito en el Capítulo 16. Si ahora suponemos que se produce un aumento en los gastos públicos (ΔG), la curva $DA_0 = C + I + G_0$ de la Figura 17.2 se desplaza hasta una nueva posición representada por $C + I + G_1$. El nuevo punto de equilibrio de la renta, E_1, refleja que el incremento del gasto público ejerce un efecto multiplicador similar al realizado por la inversión. La cuantía del incremento de la producción vendrá dada por la expresión:

$$\textbf{Incremento de la producción} = \textbf{Multiplicador} \times \textbf{Incremento del gasto público}$$

Si un aumento de las compras del Estado incrementa la producción, lógicamente una reducción de las compras de bienes y servicios por parte del Estado reducirá el nivel de producción de equilibrio (Figura 17.3).

Una vez analizados los efectos de las alteraciones en las compras del Estado sobre la producción de equilibrio, cabe pensar que cuando la actividad económica está muy deprimida, esto es, en épocas de recesión, una posibilidad sería incrementar las compras del Estado para, de esta forma, aumentar la demanda agregada y la producción de equilibrio. Por el contrario, durante las fases de expansión, y si la actividad económica está creciendo a un fuerte ritmo, una posibilidad consistirá en reducir el gasto público, para así disminuir la demanda agregada y la producción.

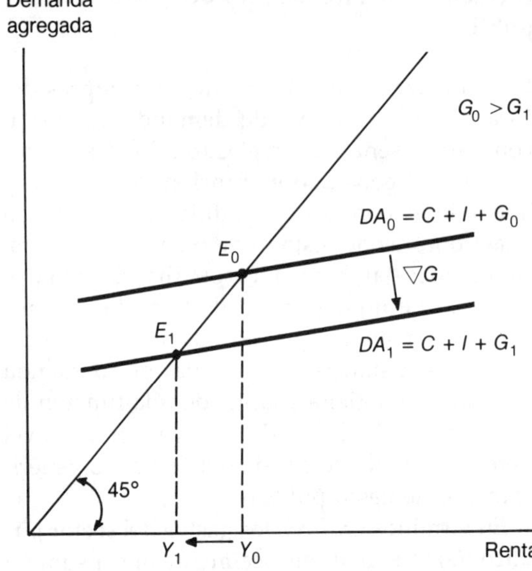

Figura 17.3. Reducción del gasto público.

Una reducción del gasto público disminuye la demanda agregada y la producción de equilibrio. En términos gráficos provoca un desplazamiento hacia abajo de la curva de demanda agregada.

Los efectos de alteraciones en los impuestos: impuestos de cuantía fija

Como vimos en el Capítulo 4, el sector público financia sus gastos básicamente a través de *impuestos*. Los impuestos no aparecen directamente como componentes de la demanda agregada. Sin embargo, tal como se ha señalado al estudiar el flujo circular de la renta (Nota complementaria 17.1 y Apéndice al Capítulo 16), el consumo depende de la renta disponible, esto es, la renta una vez deducidos los impuestos netos. Resulta, por tanto, que los impuestos afectan directamente a la demanda agregada puesto que a una menor renta disponible le corresponderá un menor consumo. De este hecho se desprende la posibilidad de que el sector público influya sobre la renta y el empleo de la economía manipulando los impuestos.

Para analizar los efectos de una alteración de los impuestos supongamos, inicialmente, que se establecen *impuestos de cuantía fija* (T) a las economías domésticas. Estos impuestos se establecen independientemente de cuál sea el nivel de la renta.

El establecimiento de un impuesto de este tipo hará que la renta disponible para el consumo (YD) sea igual a la renta nacional (Y) menos los impuestos de cuantía fija T. ($YD = Y - T$). Consecuentemente, el consumo, que depende de la renta disponible, también se verá reducido. En términos gráficos la incidencia de un impuesto de cuantía fija queda recogida en la Figura 17.4.

■ La disminución de la demanda agregada

Vamos a explicar la secuencia lógica seguida por los acontecimientos motivados por el establecimiento de un impuesto y hallar la cuantía de las disminuciones de la demanda agregada y de la producción.

Antes de que se establezca el impuesto de cuantía fija T, suponemos la función de de-

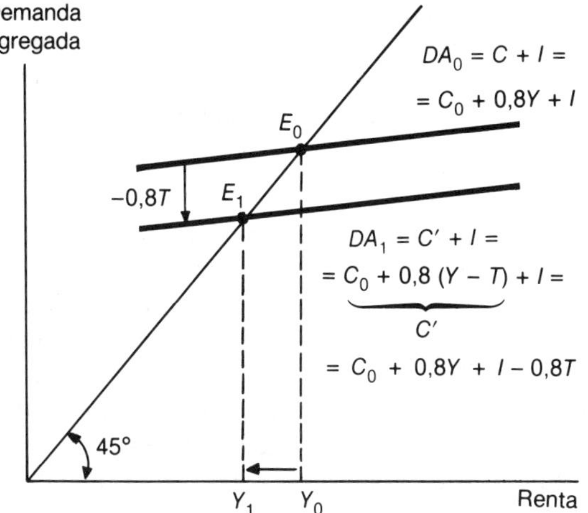

Figura 17.4. Efecto del establecimiento de un impuesto de cuantía fija.

El establecimiento de un impuesto de cuantía fija (T) produce un desplazamiento hacia abajo de la función de consumo (de C a C') que implica una reducción de la demanda agregada (DA_0 a DA_1) y, por tanto, de la renta de equilibrio (Y_0 a Y_1). La cuantía del desplazamiento de la demanda agregada viene dada por $0,8T$, esto es, por el resultado de multiplicar la *PMaC* por el impuesto.

---

manda de consumo es la misma que la analizada en el Capítulo 16, esto es:

$$C = C_0 + 0,8Y$$

siendo C_0 el consumo autónomo y donde se ha supuesto que la *PMaC* es 0,8.

La demanda agregada antes del establecimiento de los impuestos será la suma de los gastos en consumo y en inversión.

$$DA_0 = C + I = C_0 + 0,8Y + I \qquad (1)$$

Si ahora el Estado establece un impuesto de cuantía fija T, la renta disponible será igual a la renta nacional menos el impuesto, de forma que la demanda agregada será ahora:

$$DA_1 = C' + I = C_0 + 0,8\,(Y - T) + I$$

donde C' denota la nueva función de demanda de consumo. Ordenando términos, la nueva demanda agregada puede escribirse:

$$DA_1 = C_0 + 0,8Y + I - 0,8T = DA_0 - 0,8T$$

Resulta, pues, que la nueva demanda agregada DA_1 es igual a la antigua menos el producto de la *PMaC* por el impuesto, esto es, la demanda agregada se reduce en la cuantía del producto *PMaC* × T; en el ejemplo considerado la disminución experimentada por la demanda agregada es 0,8 T.

■ La disminución de la producción

Para determinar la cuantía de reducción de la producción recordemos que una disminución del gasto de inversión o del gasto público reduce la renta de equilibrio en:

Multiplicador × **Reducción del gasto correspondiente al nivel inicial de renta**

Consecuentemente, cuando tiene lugar un aumento de los impuestos (o se establece uno por primera vez) la renta de equilibrio se reduce en el resultado de multiplicar la disminución inicial del consumo por el multiplicador. Dado que la disminución inicial del gasto de consumo, como hemos señalado, viene dada por el producto (*PMaC*) × (Aumento de los impuestos), resulta que el efecto de una subida del impuesto se puede expresar mediante la fórmula:

Disminución de la renta de equilibrio provocada por una subida de los impuestos = **Multiplicador** × *PMaC* × **Aumento de los impuestos**

En términos gráficos se producirá un desplazamiento hacia abajo de la función de consumo que implicará una reducción de la demanda agregada y, por tanto, de la renta de equilibrio.

La intensidad del desplazamiento de la función de consumo dependerá de la cuantía del aumento de los impuestos y de la propensión marginal al consumo.

- **Un impuesto fijo causa un desplazamiento descendente de la función de consumo y, por tanto, de la demanda agregada en una cuantía igual al aumento del impuesto multiplicado por la propensión marginal al consumo.**

Un incremento de los impuestos es, tal como hemos señalado, una medida restrictiva pues incide negativamente sobre la demanda agregada y sobre la producción. Por el contrario, una reducción de los impuestos constituye una medida de política reactivadora, pues aumentará la renta disponible y provocará un desplazamiento ascendente de la función de consumo y de la demanda agregada.

En definitiva, la posibilidad de cambiar los impuestos constituye un instrumento de control de la demanda agregada «casi» tan poderoso como un cambio en los gastos del sector público. Decimos «casi» pues una variación de una unidad monetaria en los gastos del sector público tiene un efecto un poco mayor sobre la demanda agregada que una variación de una unidad monetaria en los impuestos, pues tal como hemos señalado, los impuestos hay que multiplicarlos por la *PMaC* para determinar el impacto de una alteración de los mismos, y ésta es menor que la unidad.

El multiplicador del presupuesto equilibrado

De lo señalado se deduce que cuando el gobierno aumenta el gasto público en la misma cuantía que los impuestos, el impacto total sobre la actividad económica será expansivo. Así, supongamos que los gastos públicos se elevan en 100 millones y los impuestos se incrementan en la misma cuantía. Este aumento del gasto público eleva la demanda agregada directamente en 100 millones. El aumento de los impuestos reduce la renta disponible también en 100 millones, pero si la *PMaC* es 0,8 esta reducción sólo disminuye la demanda de consumo en 80 millones de unidades monetarias.

$$\Delta T \times PMaC = 100 \times 0{,}8 = 80$$

En consecuencia, la demanda agregada experimenta inicialmente un aumento neto de 20 unidades, lo que hará que aumente la producción. Como se ha señalado, este impacto positivo se debe a que el aumento del gasto público eleva la demanda agregada en la misma cuantía en que ha variado el gasto, mientras que el aumento de los impuestos reduce la demanda de consumo en una cuantía menor.

En términos gráficos, el efecto combinado de

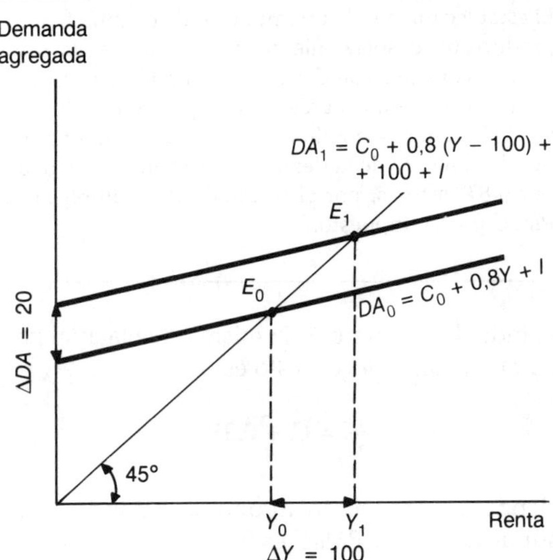

Figura 17.5. El multiplicador del presupuesto equilibrado.

Cuando el gasto público se incrementa en 100 unidades y se establece un impuesto de cuantía fija de 100 unidades, la demanda agregada se incrementa en 20 unidades

$$(\Delta G - \Delta T \times PMaC = 100 - 100 \times 0{,}8 = 20)$$

El incremento de la renta de equilibrio será de 100 unidades:

(multiplicador × aumento del gasto correspondiente al nivel inicial de renta = 5 × 20 = 100).

un aumento del gasto público y una reducción del consumo (motivada por un aumento de los impuestos) se recoge en la Figura 17.5. Como puede observarse, la curva de demanda agregada se desplaza hacia arriba en 20 unidades. El aumento de renta de equilibrio se calcula mediante la fórmula habitual del multiplicador: multiplicador × aumento del gasto correspondiente al nivel inicial de renta.

Esta aparente paradoja se conoce en la literatura económica bajo la denominación del *multiplicador del presupuesto equilibrado.*

• **El *multiplicador del presupuesto equilibrado* establece que un aumento del gasto público acompañado de un aumento igual de los impuestos da lugar a un incremento de la producción.**

3. LOS IMPUESTOS PROPORCIONALES Y LA RENTA DE EQUILIBRIO

En la vida real casi no existen impuestos de cuantía fija. La mayoría de los impuestos están relacionados con el nivel de renta, de forma que cuando aumenta ésta los impuestos se incrementan y lo contrario ocurre cuando se reduce la renta. Algo similar ocurre con las transferencias. Piénsese, por ejemplo, en el seguro de desempleo; éste aumenta cuando la economía entra en una recesión y se reduce cuando la economía está en un auge. En consecuencia, podemos afirmar que los impuestos netos dependen del nivel de renta, esto eso, son proporcionales a la renta.

Cuando los impuestos son proporcionales producen ingresos que suponen un determinado porcentaje de la renta. De forma genérica decimos que los impuestos son proporcionales cuando, con un *tipo impositivo* t, los impuestos totales son $t \times Y$, de forma que la renta disponible resulta ser $Y - tY = (1 - t)\,Y$.

Así, por ejemplo, si el «tipo impositivo» es $t = 0{,}3$, es decir, el 30 %, y la renta o el producto nacional es de 100 unidades monetarias, los impuestos totales serán 30 unidades monetarias ($t \times Y = 0{,}30 \times 100 = 30$), quedando como renta disponible sólo las 70 unidades restantes $[(1 - t)\,Y = (1\text{-}0{,}3)\,100 = 70]$.

Cuadro 17.3. Administración Nacional: destino de las erogaciones, 1992 (En miles de pesos)

Finalidad	Importe	%
Administración general	2.748.998	15,28
Defensa	1.738.738	9,67
Seguridad	1.185.840	6,59
Salud	643.656	3,58
Cultura y educación	1.587.124	8,82
Economía	4.443.124	24,70
Bienestar social	2.629.220	14,62
Ciencia y técnica	466.094	2,59
Deuda pública	2.544.345	14,15
Total	17.987.139	100,00

La incidencia de los impuestos proporcionales

Los impuestos proporcionales, esto es, los basados en tipos impositivos, inciden sobre la renta disponible en todos los niveles de producción y, consecuentemente, afectan a la demanda de consumo, a la demanda agregada y al nivel de producción de equilibrio.

Para analizar los efectos del establecimiento de un impuesto proporcional supongamos que inicialmente la función de consumo es la siguiente:

$$C = C_0 + 0{,}8Y \qquad (2)$$

Cuando se introduce un impuesto proporcional, con un tipo impositivo t, la cantidad total recaudada mediante el impuesto es tY, y la renta disponible es $(1 - t)\,Y$, de forma que la demanda de consumo resulta ser:

$$C' = C_0 + 0{,}8\,(1 - t)\,Y$$

Cuando el tipo impositivo es $t = 0{,}3$, se comprueba que ahora el consumo es una propor-

Nota complementaria 17.4

ESCALA DEL IMPUESTO SOBRE LA RENTA

En los cuadros adjuntos se recoge una comparación internacional de los tipos impositivos máximos y mínimos que se aplican en distintos países sobre las ganancias. Se observa que en el caso de Argentina su tasa máxima es sensiblemente inferior a la del resto de los países considerados. Lo mismo ocurre con su tasa mínima, si se exceptúa el caso de Francia.

TIPOS MAXIMOS EN EL IMPUESTO A LAS GANANCIAS (%)

Países	1989-1990
Argentina (*)	**30**
Reino Unido	40
Bélgica	55
Grecia	50
Italia	50
Francia	57
Dinamarca	40
RFA	53
Irlanda	56
Luxemburgo	56
España	56

(*) Año fiscal 1991.

TIPOS MINIMOS EN EL IMPUESTO A LAS GANANCIAS (%)

Países	1989-1990
Argentina (*)	6
Reino Unido	25
Bélgica	25
Grecia	18
Italia	10
Francia	5
Dinamarca	22
RFA	19
Irlanda	32
Luxemburgo	10
España	25

FUENTE: *El País,* 1990, y DGI.

ción menor de la renta nacional. Analíticamente, la nueva función de demanda de consumo C' adopta la forma siguiente:

$$C' = C_0 + 0{,}8\ (0{,}7)\ Y = C_0 + 0{,}56Y \qquad (3)$$

Obsérvese (Figura 17.6) que, una vez establecido un impuesto proporcional, una peseta de renta nacional ocasiona una disminución de la renta disponible de $(1 - t)$ pesetas, de las cuales se consume sólo la fracción determinada por la proporción marginal a consumir. Como consecuencia, la nueva propensión marginal a consumir obtenida a partir de la renta nacional es: $PMaC' = PMaC \times (1 - t) = 0{,}8 \times 0{,}7 = 0{,}56$.

- **Los impuestos proporcionales reducen la proporción que se consume de una peseta adicional de renta.**

En términos gráficos, los efectos de la variación de un impuesto proporcional se concretan, en el caso de un aumento del tipo impositivo, en un desplazamiento hacia abajo no paralelo de la función de consumo. Al aumentar los ingresos tributarios con el producto nacional resultará que, conforme crece éste, mayor será la cantidad en que se desplace hacia abajo la función de consumo. Así tendremos que en una economía con impuestos proporcionales la función de consumo será más plana que en una economía donde no hay impues-

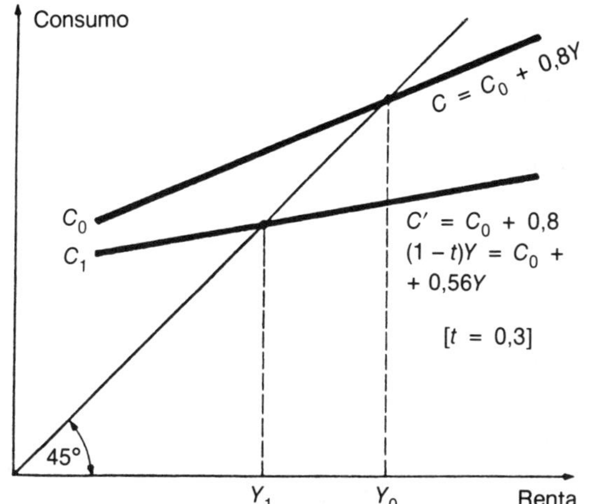

Figura 17.6. Efecto de un impuesto proporcional sobre la función de consumo.

En una economía con impuestos proporcionales, la función de consumo (C') será más plana que en una economía sin impuestos (C). Cuando el tipo impositivo es $t = 0,3$, la nueva propensión marginal a consumir *PMaC* es 0,56.

tos, es decir, mientras mayor sea el tipo impositivo, más plana será la función de consumo y, consecuentemente, menor será el multiplicador (Figura 17.6). Ello se debe a que se ha reducido la pendiente de la función de consumo.

La incidencia de un impuesto proporcional sobre la demanda agregada

La incidencia de un impuesto proporcional sobre la demanda agregada se concreta a través de sus efectos sobre la renta disponible y la demanda de consumo. Antes del establecimiento de un impuesto proporcional, la demanda agregada adopta la forma recogida en la ecuación (1):

$$DA_0 = C + I = C_0 + 0,8Y + I$$

Una vez que se establece un impuesto proporcional, la función de demanda agregada se escribe como sigue:

$$DA_1 = C' + I = C_0 + 0,8\ (1 - t)\ Y + I$$

En términos gráficos la incidencia sobre la demanda agregada del establecimiento de un impuesto proporcional se recoge en la Figura 17.7.

El multiplicador con impuestos proporcionales

En el Capítulo 16 se demostró que el multiplicador analíticamente adopta la forma siguiente:

$$m = \frac{1}{1 - PMaC} = \frac{1}{1 - 0,8} = 5$$

Cuando existen impuestos proporcionales hay que modificar el multiplicador. Para ello

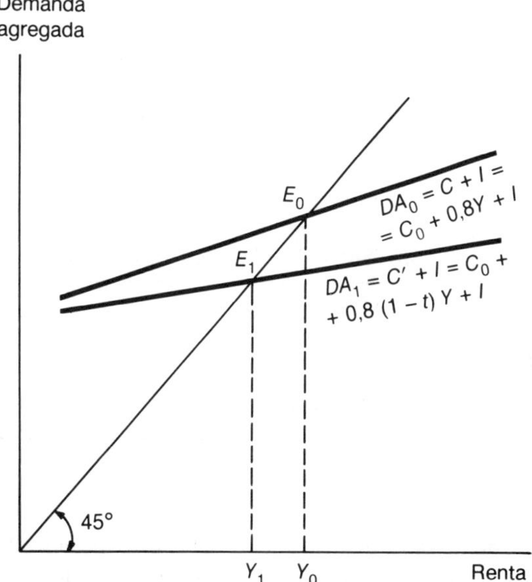

Figura 17.7. Los impuestos proporcionales y la demanda agregada.

La incidencia de un impuesto proporcional sobre la curva de demanda agregada hace que ésta resulte ser más plana. En términos gráficos la nueva curva de demanda agregada DA_1 se obtiene girando en el sentido de las agujas del reloj la curva de demanda agregada original.

Nota complementaria 17.5

LA PRESION TRIBUTARIA

• **La *presión tributaria* mide el peso relativo de la suma de los impuestos directos, los impuestos indirectos y las tasas fiscales sobre el PIB.**

En el cuadro adjunto se observa que el incremento experimentado por la presión tributaria entre 1991 y 1992 se debe básicamente a fuertes aumentos en la recaudación de derechos de importación, en el impuesto a las ganancias y el IVA.

PRESION TRIBUTARIA DEL SECTOR PUBLICO
(En porcentaje del PIB)

Concepto	1991	1992	Diferencia	
			Importe	%
I. ADMINISTRACION NACIONAL	13,45	14,58	1,13	8,40
— Ganancias	0,77	1,24	0,47	61,04
— Activos	0,52	0,58	0,06	11,54
— Impuesto al Valor Agregado	4,42	6,23	1,81	40,95
— Internos unificados	1,40	1,48	0,08	5,71
— Débitos	1,27	0,43	−0,84	−66,14
— Sellos	0,18	0,18	0,00	0,00
— Combustibles y Gas	0,73	0,83	0,10	13,70
— Derechos de importación	0,37	0,72	0,35	94,59
— Derechos de exportación	0,17	0,07	−0,10	−58,82
— Derechos de estadística	0,39	0,21	−0,18	−46,15
— Otros impuestos	1,35	1,40	0,05	3,70
— Otros imp. de asign. específica	1,87	1,21	−0,66	−35,29
II. SISTEMA DE SEGURIDAD SOCIAL	5,66	6,26	0,60	10,60
TOTAL	**19,11**	**20,85**	**1,74**	**9,11**

FUENTE: Ministerio de Economía y Obras y Servicios Públicos. Secretaría de Hacienda.

debemos analizar la incidencia o el impacto de este tipo de impuestos sobre la función de consumo y, en particular, ajustarlo para tener en cuenta la renta una vez deducidos los impuestos. El término del ajuste es $(1 - t)$, que representa la proporción de una peseta adicional de renta que realmente reciben las economías domésticas como renta una vez deducidos los impuestos. De acuerdo con lo señalado, el multiplicador ajustado puede escribirse como sigue:

$$m' = \frac{1}{1 - PMaC'} = \frac{1}{1 - PMaC \times (1 - t)} =$$

$$= \frac{1}{1 - (0{,}8 \times 0{,}7)} = \frac{1}{0{,}44} = 2{,}27$$

Al establecerse un impuesto proporcional, la *PMaC* se reduce y el multiplicador también disminuye.

• Los *impuestos proporcionales* reducen la propensión marginal a consumir a partir de la renta nacional, ya que las economías domésticas sólo obtienen una parte de cada peseta de renta nacional que utilizan como renta disponible. Por ello los impuestos proporcionales reducen el multiplicador.

4. EL PRESUPUESTO PUBLICO Y LA POLITICA FISCAL

El presupuesto del Estado recoge el tipo de política fiscal que será llevada a cabo por éste.

• El *presupuesto público* refleja los bienes y servicios que el Estado comprará durante el ejercicio siguiente, las transferencias que realizará y los ingresos fiscales que obtendrá para hacer frente a los distintos gastos.

Por lo general, los ingresos públicos no son suficientes para cubrir todos los gastos del Estado y, por ello, se suele hablar de *déficit presupuestario.* Lógicamente, cuando los impuestos son superiores a los gastos tendrá lugar un *superávit presupuestario.*

Para analizar cómo se relaciona el presupuesto con la renta, supongamos que los im-

Nota complementaria 17.6

EL DEFICIT PUBLICO

El déficit del Sector Público Nacional —administración nacional, sistema de seguridad social, principales empresas públicas y entes binacionales— ha tenido la evolución que refleja el gráfico de más abajo, medido en porcentaje del PIB.

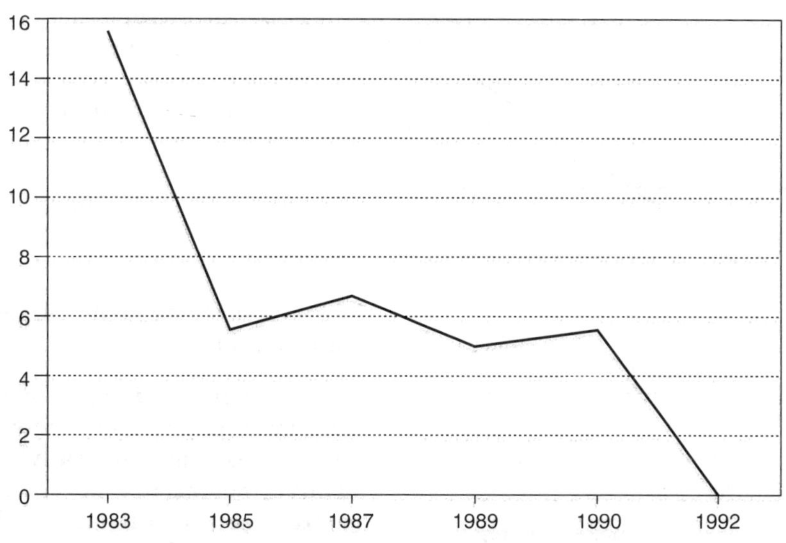

FUENTE: Ministerio de Economía y Obras y Servicios Públicos. Secretaría de Hacienda.

puestos netos son proporcionales a la renta, mientras que las compras de bienes y servicios son independientes de ella, de forma que su nivel permanece fijo (Figura 17.9). Por tanto, dado el nivel de gasto público y el tipo impositivo, el déficit o superávit presupuestario dependerá del nivel de renta.

Para niveles de renta bajos, el presupuesto registra un déficit y, cuando la renta alcanza valores elevados, aparece un superávit (Figura 17.8).

La política fiscal y el presupuesto

Tal como hemos señalado, la utilización por parte del Estado de los impuestos y el gasto público para tratar de estabilizar la economía constituye la *política fiscal*.

En principio cabría pensar que el presupuesto público es un buen indicador del carácter contractivo o restrictivo de la política fiscal.

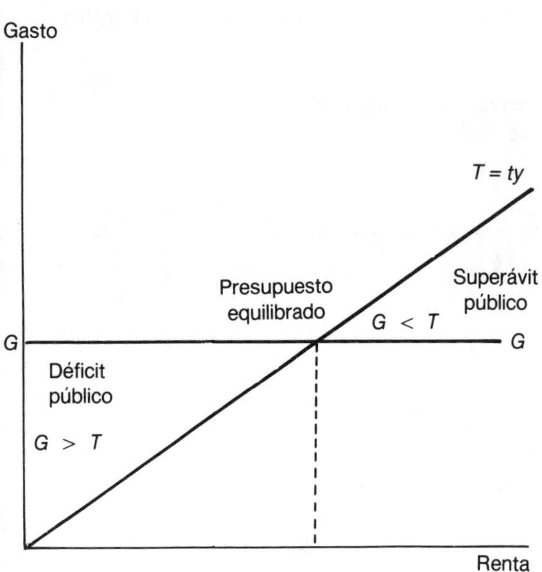

Figura 17.8. El presupuesto público: déficit y superávit.

Suponiendo que los impuestos netos son proporcionales a la renta y que el gasto público es una cantidad fija, cuanto mayor es la renta menor es el déficit o mayor es el superávit.

Dado, sin embargo, que el presupuesto del sector público responde automáticamente a los cambios en el producto nacional, su utilización presenta ciertas dificultades como medida de la política fiscal. Piénsese que cuando el presupuesto se mueve hacia el déficit durante una recesión, esto no demuestra que quienes ponen en práctica las políticas fiscales sigan las directrices keynesianas y traten de estimular la actividad económica. El déficit puede ser, simplemente, la consecuencia de la disminución de los ingresos tributarios derivados de la recesión de la actividad económica. Del mismo modo una disminución del déficit tampoco significa que el Estado está aplicando una política fiscal restrictiva con el fin de reducir el nivel de la renta.

Así pues, dado un tipo impositivo, y tal como señalamos al comentar la Figura 17.8, podemos afirmar que el presupuesto público, y más concretamente el déficit presupuestario, no constituye un buen indicador de la marcha de la política fiscal, ya que puede variar simplemente porque se altera la renta. Si la economía entra en una recesión, el déficit presupuestario tiende a aumentar de forma automática, y lo contrario ocurrirá en un auge.

Si el déficit presupuestario puede alterarse debido a factores que no están relacionados con la política fiscal, como puede ser la demanda de inversión, resulta que se necesita otro concepto que refleje exclusivamente los cambios de la política fiscal. Este concepto es el presupuesto de pleno empleo.

El presupuesto de pleno empleo o estructural

- **El presupuesto de pleno empleo o estructural mide la posición hipotética del presupuesto si la economía estuviese operando a su nivel potencial o de pleno empleo y se mantuviesen la legislación tributaria y los gastos actuales. El presupuesto de pleno empleo es independiente del nivel actual de renta.**

Dado que el presupuesto de pleno empleo calcula cuál sería el superávit o el déficit presupuestario en una situación de pleno empleo, sus variaciones muestran el sentido en el que la política fiscal desplaza a la demanda agregada.

Supongamos que una economía se encuentra en una situación de pleno empleo y que el presupuesto real está equilibrado. En este caso también estará equilibrado el presupuesto de pleno empleo. Supongamos ahora que la economía entra en una recesión y el producto nacional se reduce. En términos gráficos (Figura 17.9) pasaremos de Y_{PE} a Y_1. Los ingresos tributarios se reducen y el *presupuesto efectivo* incurre automáticamente en un déficit. El presupuesto de *pleno empleo* permanece equilibrado, pues no se ve afectado por la reducción del producto nacional desde Y_{PE} hasta Y_1, y refleja que no se ha tomado ninguna medida de política fiscal.

En estas circunstancias, si alguien examinara el presupuesto efectivo observaría que éste presenta un déficit, en la cuantía *AB* (Figura 17.9) y pensaría que la política fiscal es expansiva. En realidad el déficit se debe a la reducción de la renta, pues, si la economía se encontrara en el nivel de pleno empleo, el presupuesto estaría equilibrado. De hecho una persona que tomara como referencia el presupuesto de pleno empleo podría defender que se redujese el tipo impositivo o que se incrementase el gasto público para tratar de desplazar la economía hacia el pleno empleo. Estas medidas, lógicamente, incrementarán el déficit efectivo.

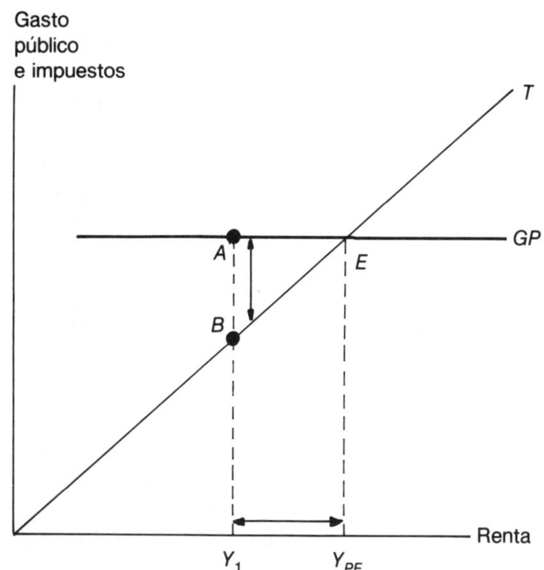

Figura 17.9. Presupuesto de pleno empleo.

El presupuesto de pleno empleo calcula el nivel que alcanzaría el superávit o déficit presupuestario si la economía se encontrara en el nivel de pleno empleo. Así, si una recesión económica reduce el producto nacional de Y_{PE} a Y_1, y el presupuesto efectivo entra en déficit (*AB*), el presupuesto de pleno empleo permanece equilibrado, reflejando que no se han tomado medidas fiscales (*E*).

El presupuesto cíclicamente equilibrado

La norma del presupuesto equilibrado de pleno empleo presenta un serio inconveniente pues puede que el sector público presente como promedio, durante un cierto período, un presupuesto deficitario, lo que originaría problemas de financiación. Para obviar estas dificultades caben otras posibilidades para guiar la política fiscal y disciplinar el gasto, y una de ellas es la de equilibrar cíclicamente el presupuesto. De acuerdo con este enfoque el sector público debe actuar beligerantemente para combatir la inestabilidad, pero de forma que durante las fases ascendentes del ciclo los superávit compensen los déficit en que se incurrirá durante las recesiones (véase Capítulo 23).

- **El *presupuesto cíclico* es la diferencia entre el presupuesto actual o efectivo y el presupuesto estructural. Calcula los efectos del ciclo económico sobre el presupuesto midiendo los cambios en los ingresos, en los gastos y en los déficit debidos a que la economía no opera al nivel de producción potencial, sino que experimenta auges o recesiones.**

No obstante, y como veremos con más detenimiento al estudiar el ciclo económico, éste no suele presentar un perfil simétrico alrededor de un nivel normal. Cabe la posibilidad de que la economía entre durante una fase prolongada en un período de estancamiento o de expansión. En estas condiciones si, por ejemplo, la economía entra en una fuerte recesión el presupuesto estaría desequilibrado a lo largo de décadas, lo que plantearía serias necesidades de financiación.

La política fiscal y los estabilizadores automáticos

La visión de la política fiscal como instrumento estabilizador de la actividad económica puede hacer pensar que ésta sólo ayuda a controlar la economía si los responsables de la política económica vigilan cuidadosamente las tendencias y logran prever los acontecimientos, tomando las medidas oportunas.

Aunque cabe hablar de una *política fiscal activa* o *discrecional*, que se concreta en la toma de medidas explícitas sobre los gastos y los ingresos públicos con objeto de tratar de estabilizar la economía, el sistema impositivo tiene unos efectos automáticos que es conveniente analizar.

Recuérdese que cuando los impuestos son proporcionales la recaudación se altera de forma automática, y con un efecto contrapuesto, a medida que varía el producto nacional. El aumento de los impuestos a medida que se incrementa el producto nacional reducirá la fuerza de la expansión, y lo contrario ocurrirá si tiene lugar una recesión. Por tanto, los impuestos proporcionales cumplen la misión de un *estabilizador automático* de la actividad económica.

• **Un *estabilizador automático* es cualquier hecho del sistema económico que mecánicamente tienda a reducir la fuerza de las recesiones y/o de las expansiones de la demanda, sin que sean necesarias medidas discrecionales de política económica.**

Si los impuestos aumentan con el producto nacional, mientras que parte de los gastos públicos, especialmente los gastos de transferencia, se mueven en sentido contrario, tendremos que el presupuesto del sector público tenderá hacia el déficit durante las recesiones y al superávit durante las expansiones. Al actuar expansivamente durante las recesiones y contractivamente durante las expansiones, el presupuesto del sector público contribuye a reducir la amplitud de las oscilaciones de la demanda agregada y proporciona una estabilidad incorporada en el propio funcionamiento de la economía.

■ Tipos de estabilizadores automáticos

Los estabilizadores automáticos más importantes ligados a las actividades impositivas y de gasto del sector público son dos:

1. *Cambios automáticos de la recaudación por impuestos.* Todo sistema fiscal moderno descansa de modo fundamental en unos impuestos, que son un porcentaje de las rentas de las personas físicas y de los beneficios de las sociedades. Dada esta proporcionalidad, conforme varía la renta, tanto si aumenta como si disminuye, sin que el gobierno tome ninguna medida discrecional, se alterará la recaudación por impuestos. Así, por ejemplo, si la renta disminuye tendrá lugar una reducción en la recaudación fiscal, que sería precisamente el tipo oportuno de medida a adoptar. De esta forma, los impuestos tienden a estabilizar de forma automática tanto los movimientos ascendentes como los descendentes de la renta.

El grado de estabilización automática de un sistema tributario depende de los tipos impositivos y de la progresividad del sistema fiscal (*), pues tanto el nivel como la progresividad de los impuestos contribuyen a hacer que la función de demanda agregada sea menos inclinada.

(*) Tal como se señaló en el Capítulo 4 un impuesto progresivo es aquel que recae fundamentalmente sobre los individuos con niveles de renta más elevados.

2. *Seguro de desempleo y otras transferencias asistenciales.* Durante las fases de recesión aumenta el desempleo, y con él los pagos en forma de subsidios de paro; mientras que en los años de fuerte crecimiento, al reducirse el desempleo, disminuyen esos pagos. De esta forma el seguro de desempleo ejerce una presión estabilizadora, contribuyendo a reducir la demanda cuando ésta es excesiva o colaborando a mantener el nivel de consumo si la actividad económica está descendiendo.

Otros programas asistenciales distintos al seguro de desempleo también muestran un comportamiento anticíclico y, por tanto, actúan como estabilizadores automáticos.

En cualquier caso, debe señalarse que no todos los estabilizadores automáticos son originados por la actuación del sector público. Los ahorros de las sociedades anónimas y de las familias también suelen cumplir una misión estabilizadora. Otro tanto puede decirse de las sociedades que pagan dividendos estables, aun cuando sus beneficios varíen a corto plazo, y del comportamiento de las familias al tratar éstas de mantener un nivel de vida dependientes, no de la renta de cada año, sino de una renta media o «permanente».

Freno fiscal

A través de los estabilizadores automáticos la actividad económica ve reducida la amplitud de sus oscilaciones. Sin embargo, estas mismas fuerzas pueden implicar en determinadas circunstancias un freno u obstáculo para que la economía alcance el pleno empleo. Así, la creciente recaudación por impuestos asociada a una fase de expansión puede incidir de forma no deseable sobre la demanda agregada, y de esta manera dificulta que se alcance y/o se mantenga el pleno empleo. En otras palabras, la misma acción estabilizadora que frena el agravamiento de las recesiones también puede que frene la salida de las mismas, de forma que la evolución automática de la recaudación tributaria puede convertirse en un impedimento para el crecimiento saludable de la economía. En estas ocasiones lo llamaremos *rémora* o *freno fiscal.* Como refleja la Figura 17.10, para el nivel de renta Y_1 el superávit presupuestario *CD* actúa como freno sobre la demanda agregada y, en consecuencia, puede hacer que la economía no funcione con todo su potencial.

Aunque la expresión de freno fiscal pueda parecer obsoleta, dada la casi generalidad de déficit presupuestarios y, por tanto, que lo que parece necesitarse es un freno que reduzca los gastos, como veremos en el Capítulo 21, la existencia de tensiones inflacionistas generalizadas complica el tema. En estas circunstancias la mayor parte del incremento de las rentas monetarias refleja únicamente aumentos de precios, pero un aumento en los ingresos monetarios lleva asociados tipos impositivos más elevados, cuando éstos se establecen en términos monetarios, aun cuando los aumentos de los ingresos no permitan una mayor capacidad adquisitiva. Esto implica un doble freno para que las economías se recuperen de las profundas recesiones, ya que los impuestos aumentan, por un lado, a medida que se incrementan los ingresos reales y, por otro, con la inflación, ya que ésta implica tipos impositivos cada vez más altos, dada la progresividad de los mismos. Cuando se dan estas circunstancias, tal como veremos más adelante al estudiar los efectos de la inflación, el sector público aparece como el gran beneficiado por la aparición de un proceso inflacionista.

Estabilizadores automáticos o freno fiscal

Resulta, por tanto, que la tendencia incorporada del sistema fiscal para estabilizar la actividad económica se manifiesta a través de dos hechos: los estabilizadores automáticos y el freno fiscal. La diferencia en el empleo de los términos no se debe a la manera en que opera el sistema tributario, sino al estado de la economía. Si estamos ante una economía que sufre profundas alteraciones es deseable la tendencia del sistema fiscal a amortiguar la

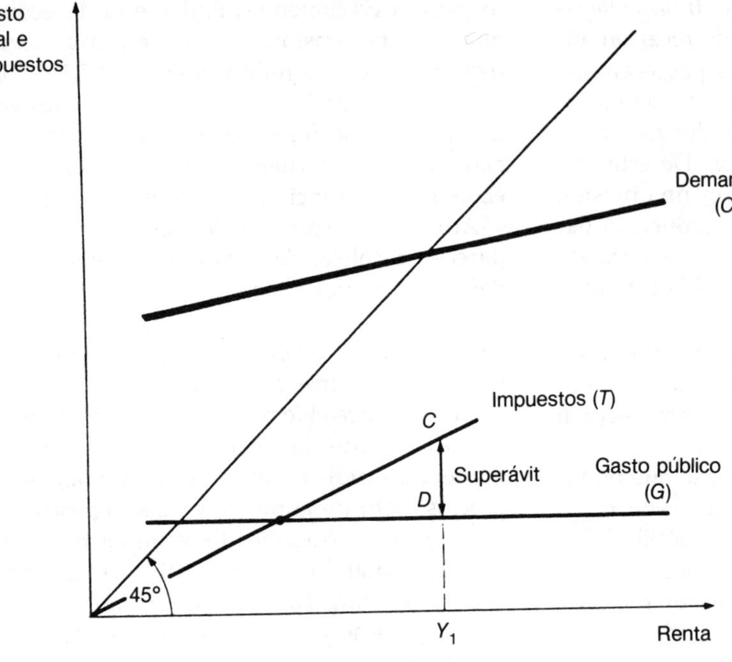

Figura 17.10. Freno fiscal.

Una recaudación fiscal creciente puede dificultar el conveniente crecimiento de la demanda agregada, necesario para lograr el pleno empleo.

evolución de la demanda agregada y, por tanto, es apropiado referirse a la estabilización automática del sistema tributario. Por el contrario, si nos encontramos ante una economía relativamente estancada, con un elevado nivel de desempleo, debe hablarse del «freno» que ejerce el sistema fiscal.

Aunque el papel desempeñado por los estabilizadores automáticos es importante no debe olvidarse que, por sí solos, no son suficientes para estabilizar la actividad económica. Los estabilizadores automáticos reducen parte de las fluctuaciones de la economía, pero no las eliminan completamente. La tendencia automática de los impuestos a detraer una fracción de cada unidad del PNB significa que disminuye la magnitud del multiplicador pero las fluctuaciones persisten y con ellas la posibilidad de poner en práctica políticas fiscales activas.

El simple análisis de la realidad nos permite afirmar que la política fiscal, concebida como la acción conjunta de medidas discrecionales y de estabilizadores automáticos, no logra estabilizar perfectamente la actividad económica. Esto se debe a la incertidumbre sobre los cambios necesarios de los impuestos y/o gastos, y también al hecho de que esos cambios no afectan al PNB de forma inmediata, sino lentamente, con el transcurso del tiempo.

5. LA FINANCIACION DEL DEFICIT PUBLICO Y LA POLITICA FISCAL

Tal como se ha señalado, normalmente los impuestos no cubren todas las tranferencias y las compras de bienes y servicios realizadas por los Estados, lo que explica que incurran en déficit.

Existen, básicamente, tres vías para financiar el gasto público:

- establecimiento de impuestos,
- creación de dinero, y
- emisión de deuda pública.

1. La utilización de los impuestos plantea algunas limitaciones. Estas se derivan precisamente de que en muchas ocasiones lo que se

Nota complementaria 17.7

LOS DEFICIT PRESUPUESTARIOS, LA DEUDA PUBLICA Y SU AMORTIZACION

Como se señala en el texto los déficit no son necesariamente malos. Cualquier medida destinada a eliminarlos, especialmente durante las recesiones, empeoraría la situación. Pero si son extremadamente grandes y persistentes pueden crear un círculo vicioso en el que los elevados déficit aumenten la deuda pública y los pagos de intereses y, por tanto, generen mayores déficit.

Pero, ¿qué ocurre cuando la deuda vence? En la medida en que la deuda se cancela, este pago equivale a un pago de intereses: es una transferencia de fondos de un grupo, los contribuyentes, a otro grupo, los poseedores de títulos, realizada hoy. Pero raramente se reduce la deuda del sector público. Cuando los títulos vencen generalmente son refinanciados por el sector público, vendiendo nuevos bonos para conseguir los fondos para pagar a los poseedores de los viejos bonos.

Aunque la emisión de deuda sin intención de pagarla en el futuro puede parecer una práctica poco saludable no es necesariamente así. Un gobierno puede mantener una deuda continua y creciente si su capacidad para pagar el interés también está creciendo. Lo que es importante es que la deuda no sea desproporcionada en relación con la capacidad para financiar el pago de dicha deuda en el futuro. Cuando la dinámica del producto nacional y de la deuda son divergentes es cuando pueden surgir dificultades.

requiere es financiar los gastos deficitarios, esto es, aquellos que están por encima de los impuestos establecidos.

2. Cuando se recurre a la emisión de dinero para financiar el aumento de los gastos del sector público habrá que poner en práctica una política monetaria expansiva, y sus efectos dependerán del estado en que se encuentre la economía, esto es, próxima al pleno empleo o en una depresión. En cualquier caso los comentarios sobre esta posibilidad se presentarán en los Capítulos 20 y 24.

3. La tercera posibilidad señalada es que el sector público financie los gastos deficitarios mediante la emisión de deuda pública.

- **La *deuda pública* está formada por los títulos de deuda que el Estado pone en manos del público.**

La deuda pública crece como consecuencia de los déficit presupuestarios. Frecuentemente se considera una carga, ya que es la deuda de todo el país.

Piénsese, sin embargo, que los contribuyentes que financian los pagos de intereses por parte del sector público hacen dichos pagos a quienes poseen los títulos del Estado y reciben los intereses. Por tanto, la existencia de la deuda del sector público implica la transferencia de fondos de un grupo social, contribuyentes que financian los pagos de intereses, a otro en el mismo momento, y no una transferencia entre personas de un período a otro (*).

El efecto «desplazamiento» (*crowding out*)

En cualquier caso, los efectos de la deuda pública no son únicamente distributivos. Así, cuando el sector público recauda impuestos para pagar intereses puede crear un exceso de carga fiscal y desalentar el trabajo.

Por otro lado, un aumento de la deuda puede «desplazar» la inversión privada cuando dicho aumento implique un endurecimiento en las condiciones financieras; bien porque se ele-

(*) Cuando los que detentan los títulos públicos y reciben los intereses son residentes extranjeros, sí tiene lugar una transferencia neta de renta (véase Capítulo 25).

ven los tipos de interés al canalizar los fondos disponibles hacia la compra de títulos del Estado, bien porque se reduzcan los recursos financieros disponibles.

La cantidad de capital físico y los pagos de intereses pueden llegar a constituir una elevada proporción de los gastos del Estado.

En términos más generales podemos afirmar que una política fiscal expansiva desplaza la inversión privada a través de una subida de los tipos de interés.

Posiciones ante la política fiscal: clásicos y keynesianos

Como se ha señalado, la actuación fiscal activa por parte del sector público con objeto de corregir las brechas de producción (veánse Capítulo 16) arranca de la revolución keynesiana. La necesidad de esta intervención fue justificada por J. M. Keynes a partir de su visión del proceso macroeconómico, que supuso la ruptura con el modelo clásico (véanse Capítulos 24 y 29). Para los economistas clásicos, existen en el sistema económico mecanismos autocorrectores que eliminan los desajustes, siendo por tanto innecesaria la intervención estabilizadora estatal, al existir una tendencia automática al pleno empleo. Como se analizará con más detalle en capítulos posteriores, la flexibilidad al alza y a la baja de precios y salarios es el supuesto central que hace innecesaria la intervención estatal.

Los principios de los economistas clásicos

Desde un punto de vista clásico, el papel del sector público se interpreta como fundamentalmente pasivo, pudiéndose resumir su concepción presupuestaria en los tres puntos siguientes:

1. Limitar el gasto público en lo posible.
2. Neutralidad de los impuestos, en cuanto que no deben alterar la situación material relativa de los contribuyentes. Los gastos deben obedecer a los costos de los servicios y no se debe pretender alterar las posiciones de los ciudadanos.
3. El equilibrio presupuestario anual debe ser la norma presupuestaria básica, pues los gastos deben financiarse con los impuestos.

La revolución keynesiana

La crisis de 1929 vino a poner en tela de juicio la virtualidad del modelo clásico. Como alternativa al mismo surgió el modelo keynesiano, en el que no existe un mecanismo automático que retorne la economía al pleno empleo. La rigidez de los precios a la baja es lo que explica las situaciones de equilibrio con desempleo de los recursos, pasando a constituirse la demanda agregada en la variable clave del sistema. Desde una perspectiva keynesiana, si tiene lugar una recesión (véase Capítulo 23) motivada por un nivel de demanda insuficiente, habrá de ser la actuación del sector público la que sitúe dicha demanda en el nivel compatible con el pleno empleo de los recursos.

La política económica de los poskeynesianos

Keynes limitó la actuación del sector público, pues aceptó la norma de equilibrio presupuestario clásico, pero teniendo en cuenta la duración del ciclo económico. Los primeros poskeynesianos (véase Apartado 29.6), sin embargo, para lograr el pleno empleo, defendieron el recurso a la política fiscal con más ardor que el propio Keynes.

Consideraron los ingresos, los gastos y la deuda pública exclusivamente como instrumentos destinados a conseguir el mantenimiento de un nivel alto y estable de empleo con precios constantes. En este contexto surgió el *presupuesto de estabilización automática,* que pretendía adecuar los programas de ingresos y gastos públicos a los movimientos de la renta. Asimismo, se afirmó la posibilidad y necesidad

Nota complementaria 17.8

LA CRISIS DE LA DEUDA INTERNA ARGENTINA

A fines de 1989 el Estado argentino reconvirtió coercitivamente la totalidad de la deuda interna, transformándola en deuda externa a largo plazo. Para ello, las distintas formas de deuda interna fueron canjeadas obligatoriamente por Bonos Externos (Bonex) en lo que se dio en llamar el Plan Bonex.

A tal extremo debió arribarse, no porque el monto total de la deuda fuera mayor que el histórico, según puede verse en el cuadro adjunto. Lo que sucedió fue que el público no estaba dispuesto a renovar voluntariamente el crédito al Estado por tener serias dudas sobre la capacidad de éste de honrar sus compromisos en el futuro. El Estado optó, entonces, por imponer una renovación compulsiva de la deuda interna convirtiéndola —como queda dicho— en deuda externa.

DEUDA PUBLICA INTERNA

Año	Stock en millones de dólares de oct. de 1989	Stock en millones de australes de oct. de 1989	Stock en porcentaje del PIB
1970	7.712	4.712.880	11,84
1971	4.212	3.903.015	9,45
1972	4.703	3.577.299	8,49
1973	9.374	5.208.091	11,91
1974	7.505	6.524.944	14,15
1975	4.117	5.177.100	11,30
1976	6.434	4.556.961	9,95
1977	7.325	4.065.738	8,34
1978	8.366	3.389.879	7,19
1979	11.493	3.593.594	7,12
1980	18.302	4.483.630	8,75
1981	14.184	5.935.479	12,41
1982	5.274	5.482.401	12,06
1983	7.225	5.235.001	11,18
1984	3.562	2.593.885	5,40
1985	4.494	3.224.965	7,04
1986	6.062	4.388.168	9,08
1987	5.626	4.442.739	9,01
1988	8.090	4.805.958	10,06
Nov-89	4.881	4.880.953	10,75
Dic-89	3.043	4.564.945	10,05
Promedio	7.237	4.511.792	9,79

FUENTE: *Clarín,* 16 de diciembre de 1989.

de estabilizar la economía mediante la utilización de políticas fiscales, considerando como objetivos tanto la compensación de las fluctuaciones cíclicas como la consecución del *producto potencial de pleno empleo* mediante una política dirigida a estimular la inversión y situar la demanda agregada en su nivel adecuado.

De esta forma, pues, la actuación estabilizadora del sector público pasa, de ser considerada como provisional y transitoria, a tener un objetivo dinámico con validez permanente, dejando paso el presupuesto de estabilización automática a una política fiscal más activa y discrecional.

La crítica monetarista

Los éxitos de esta actuación se reflejaron en los fuertes ritmos de crecimiento económico de la mayor parte de los países occidentales, en los que dichas políticas se pusieron en práctica en la década de los sesenta y principios de los setenta. No obstante, los graves problemas inflacionistas generados, al menos en parte, por esta actuación del sector público y derivados en gran medida de su forma de financiación, junto con la aparición de la inflación con estancamiento, posibilitaron el relanzamiento de otros enfoques macroeconómicos que niegan o matizan la eficacia de las acciones fiscales discrecionales (véase Capítulo 24). Destaca entre estos últimos la visión *monetarista,* que concede un papel dominante a los impulsos monetarios en las fluctuaciones económicas, oponiéndose a los desarrollos poskeynesianos al destacar que en toda actuación fiscal existen dos componentes: un efecto fiscal puro y otro que depende de las repercusiones financieras de la acción practicada, y que generalmente tiene gran importancia. Los monetaristas propugnan el abandono de las políticas discrecionales de estabilización y su sustitución por «normas» o «reglas», que se concretan, en cuanto a la política fiscal, en el mantenimiento del equilibrio presupuestario.

En términos generales, los monetaristas argumentan que la política fiscal no es aconsejable, pues toda actuación expansiva, vía aumento del gasto público, generará en línea con lo anteriormente señalado un *desplazamiento* de la actividad económica privada.

■ El soporte teórico del efecto desplazamiento

Los primeros argumentos utilizados para apoyar la presencia del «efecto desplazamiento» se encuentran en los economistas clásicos, quienes consideraban suficiente la inversión privada para absorber los fondos proporcionados por el ahorro y situar la economía en su posición de pleno empleo. Ante esta situación cualquier actuación del sector público afectaría al gasto, independientemente de la forma en que el gasto público fuese financiado. En cualquier caso, debe señalarse que fue el propio Keynes quien aportó dos ideas básicas que justifican teóricamente la posible presencia del efecto desplazamiento. La primera hace referencia a la elevación del tipo de interés que la financiación de la política fiscal puede originar, desplazando parte del gasto privado sensible al mismo, y la segunda destaca la posibilidad de que la acción fiscal afecte a las expectativas futuras del sector privado, aumentando la demanda de dinero y/o reduciendo la rentabilidad del capital.

RESUMEN

• Uno de los legados más importantes del *modelo keynesiano* es la justificación de una posible depresión crónica, pues el libre juego del mercado no asegura el pleno empleo. Una consecuencia de ello es que el gobierno tiene la capacidad y la responsabilidad de manejar la demanda agregada para tratar de alcanzar el pleno empleo. En este sentido, una posibilidad es la política fiscal, esto es, cambios en los gastos públicos y/o en los impuestos.

• En términos gráficos, los *gastos del sector público* se suman verticalmente a los de consumo e inversión. Si se analiza el punto de intersección de la función de gasto con la recta de 45° para conocer el nivel de equilibrio de la renta, se observa que el gasto público ejerce un efecto multiplicador similar al realizado por la inversión.

• Los *impuestos* también afectan a la demanda agregada puesto que si, por ejemplo, éstos aumentan la renta disponible se reducirá y el consumo disminuirá. El impacto sobre la renta de un aumento de los impuestos dependerá de la cuantía del cambio en los impuestos y de la propensión marginal al consumo. Por ello si, por ejemplo, el gobierno aumenta el gasto público en la misma cuantía que los impuestos, el impacto sobre la actividad económica será expansivo, ya que el incremento de los impuestos hay que multiplicarlo por la propensión marginal al consumo, que es menor que la unidad.

• Una *política fiscal expansiva (contractiva)* se llevará a cabo aumentando (reduciendo) los gastos públicos o reduciendo (aumentando) los impuestos, de forma que al aumentar (disminuir) la demanda agregada se incrementarán (reducirán) el empleo y la renta.

• Los *impuestos proporcionales* contribuyen a estabilizar automáticamente la actividad económica, ya que aumentan durante las expansiones y se reducen en las recesiones. La tendencia incorporada del sistema fiscal para estabilizar la actividad económica se manifiesta a través de dos hechos: los *estabilizadores automáticos* y el *freno fiscal*. La diferencia en el empleo de estos dos términos se debe al estado de la economía. Si estamos ante una economía que sufre profundas alteraciones es apropiado referirse a la estabilización automática del sistema tributario. Por el contrario, si nos encontramos ante una economía relativamente estancada debe hablarse del «freno» que ejerce el sistema fiscal.

• El presupuesto del sector público tiende a responder automáticamente a los cambios en el producto nacional, por lo que presenta ciertas dificultades si se pretende tomar como medida de la política fiscal. Una medición alternativa de la política fiscal es el *presupuesto de pleno empleo*, el cual mide la posición hipotética del presupuesto si la economía se encontrase en el pleno empleo y se mantuviesen la legislación tributaria y los gastos actuales.

• La norma del presupuesto equilibrado de pleno empleo presenta un serio inconveniente, pues puede que el sector público presente un promedio, durante un cierto período de tiempo, de presupuestos deficitarios dando, por tanto, origen a tensiones inflacionistas. Una alternativa es tratar de equilibrar cíclicamente el presupuesto.

• La incidencia del gasto público dependerá de la situación en la que se encuentre la economía, según esté en una depresión o próxima al pleno empleo. El gasto público se puede financiar por tres procedimientos: los impuestos, la creación de dinero y la emisión de deuda pública.

• Desde un *punto de vista clásico,* el papel del sector público deberá ser fundamentalmente pasivo, al proporcionar el modelo por sí mismo el pleno empleo. El gasto público deberá limitarse en lo posible, los impuestos tendrán que ser neutralizados y habrá que equilibrar el presupuesto anualmente.

• Desde una *perspectiva keynesiana,* dada la rigidez de los precios y los salarios, si tiene lugar una recesión, el sector público deberá tratar de situar la demanda agregada en el nivel compatible con el pleno empleo.

• Los *economistas poskeynesianos* consideraron la actuación estabilizadora del sector público como algo permanente. Los graves problemas inflacionistas generados en parte por esta actuación del sector público alentaron las críticas a esta postura. Así, la *visión monetarista* propugna el abandono de las políticas discrecionales de estabilización. Se argumenta que el aumento del gasto público genera un «desplazamiento» de la actividad económica privada.

CONCEPTOS BASICOS

— Ingresos y gastos públicos.
— Medidas discrecionales.
— Estabilizadores automáticos.
— Presupuesto del sector público.
— Tipo impositivo.
— Incidencia de un impuesto proporcional.
— Multiplicador ajustado.
— Freno fiscal.
— Presupuesto de pleno empleo o estructural.
— Deuda pública.
— Presupuesto cíclico.
— Efecto desplazamiento.
— Política fiscal.

TEMAS DE DISCUSION

1. En términos de la representación gráfica de la función de consumo, ¿cómo se manifiesta la diferencia derivada de establecer un impuesto fijo o un impuesto proporcional?

2. Precise la diferencia conceptual entre las medidas discrecionales de política fiscal y los estabilizadores automáticos. ¿De qué depende la dis-

tinción entre un estabilizador automático y una rémora o freno fiscal? Enumere los estabilizadores automáticos más relevantes.

3. ¿De qué factores depende la incidencia de un impuesto proporcional? ¿Cuál será el multiplicador de la inversión en el caso de que la $PMaC = 0{,}8$ y la tasa impositiva $t = 0{,}3$?

4. ¿En qué sentido se puede afirmar que el concepto de freno fiscal no es algo obsoleto en una época en la que los déficit presupuestarios están muy generalizados?

5. ¿Que el presupuesto tienda hacia el déficit durante una recesión y al superávit en un auge es una muestra de que las autoridades económicas ponen en práctica una política fiscal activa?

6. Comente las ventajas y los inconvenientes de las siguientes posibles normas presupuestarias: el equilibrio anual, el presupuesto de pleno empleo, y el equilibrio cíclico.

7. ¿En qué sentido la deuda pública supone una hipoteca para las generaciones futuras?

8. ¿Cuáles son los distintos procedimientos que se pueden emplear para financiar el gasto público? Comente las ventajas comparativas de cada uno de ellos y sus inconvenientes.

9. Explique por qué los gastos públicos tienen el mismo multiplicador que el consumo o la inversión, mientras que los impuestos tienen un multiplicador diferente.

10. Justifique y critique la recomendación formulada por Keynes referida al comportamiento de los gobiernos durante la Gran Depresión de 1929. ¿En qué sentido hubiera sido mejor que hubieran mandado cavar zanjas y volverlas a tapar que no hacer nada?

11. ¿Qué medidas tomaría usted si fuese el responsable de la política económica de un país en el que la renta actual es de 400 u.m. y la de pleno empleo es de 450 u.m.? ¿Y si la renta de pleno empleo fuese de 350 u.m.?

APENDICE:

La deuda pública en Argentina (*)

La necesidad de financiar el déficit público determinó un vertiginoso crecimiento de la deuda pública interna a partir de 1985.

Una fuente creciente de financiamiento del desequilibrio fiscal la constituyeron los depósitos indisponibles y especiales de las entidades financieras en el Banco Central (véase Nota complementaria 19.7).

(*) El presente apéndice es el resumen de un trabajo realizado por *Pablo F. Beker*, ayudante de 2.ª en la Facultad de Ciencias Económicas de la Universidad de Buenos Aires.

Cuadro 17.A.1. Circulación de títulos públicos

CIRCULACION DE TITULOS PUBLICOS EN DOLARES
(Millones de dólares)

FECHA	BOCON prov.	BOCON jubil.	BOTE	BONEX	Euro-títulos	TOTAL
31/12/91	0	0	930	4.366	500	5.796
31/03/92	0	0	1.555	4.162	500	6.217
30/06/92	310	1.445	1.810	4.348	500	8.413
31/08/92	328	1.717	1.797	4.348	500	8.690
31/12/92(*)	6.600	4.300	2.244	4.520	800	19.464

(*) Proyectado.

CIRCULACION DE TITULOS PUBLICOS EN PESOS
(Cifras en millones de dólares)

FECHA	BOCON jubil.	BIC 5	Otros	TOTAL
31/12/91	0	1.175	611	1.786
31/03/92	0	1.185	502	1.687
31/06/92	645	1.110	548	2.258
31/08/92	817	1.058	537	2.412
31/12/92(*)	4.700(**)	926	520	6.146

(*) Proyectado.
(**) Incluye BOCON proveedores en pesos.

FUENTE: *Clarín,* 13 de septiembre de 1992.

Paralelamente, numerosos tipos de bonos y letras de curiosas denominaciones —BARRA, BAGON, TACAM, TICOF, LECE, LEPE, LEPO, etc.— representaron otra vía para aportar recursos al fisco.

La aceleración inflacionaria que culminó con la hiperinflación de 1989 determinó un crecimiento geométrico del monto de dicha deuda. Ello como resultado de las cláusulas de ajuste con que dichos títulos habían sido emitidos —índices de precios, tipo de cambio, etc.

Fue así que a fines de 1989 el gobierno optó por convertir la totalidad de la deuda interna en deuda externa (véase Nota complementaria 17.8) canjeando los distintos títulos por Bonos Externos serie 1989. De hecho, pues, toda la deuda pública se convirtió en deuda externa.

Con posterioridad, el gobierno apeló a la emisión de distintos tipos de bonos para regularizar distintas deudas del Estado.

Así, se emitieron los Bonos de Consolidación de Deuda (BOCON) para documentar la deuda con proveedores —denominados en dólares— y con jubilados —en dólares y en pesos—. A ellos se sumaron los Bonos de Inversión y Crecimiento (BIC), ajustables por tasa de interés más un 1 % mensual y los Bonos del Tesoro (BOTE) denominados en dólares.

Este conjunto de valores se cotiza diariamente en el recinto de la Bolsa de Comercio de Buenos Aires.

Finalmente, la recuperación de la confianza externa ha permitido la emisión en los mercados de valores europeos de los llamados Eurotítulos (Euronotes).

En el Cuadro 17.A.1 se observa la evolución de la circulación de los títulos públicos.

PARTE VII

Dinero y precios

CAPITULO 18

La financiación de la actividad económica

INTRODUCCION

Con el presente capítulo se inicia un bloque de temas dedicados a estudiar la financiación de la economía y la incidencia del dinero en la actividad económica. De esta forma se podrá pasar del modelo keynesiano analizado en capítulos anteriores, en el que se suponía que los precios permanecían constantes, a un contexto en el que existe inflación.

En el proceso de financiación de toda economía aparece un colectivo de oferentes de recursos financieros, otro de demandantes y un conjunto de instituciones que intermedian entre unos y otros. Los oferentes de recursos financieros son aquellos sujetos económicos que, dada su renta y sus planes de consumo, ahorro e inversión, aparecen con una capacidad neta de financiación, mientras que los demandantes son aquellos sujetos de cuyos planes se desprende una necesidad neta de financiación. Para simplificar la exposición, en este capítulo supondremos que no existen transferencias de capital.

1. EL DINERO: FUNCIONES, ORIGEN Y TIPOLOGIA

Una economía de trueque es aquella en la que no existe ningún medio de cambio comúnmente aceptado. Los bienes se intercambian directamente por otros bienes.

El intercambio directo, sin dinero, resulta muy difícil (véase Capítulo 2). Sin la intermediación del dinero se frenan las posibilidades no sólo de especialización y progreso de una economía, sino también de distribuir los bienes y los servicios existentes de acuerdo con las necesidades y los deseos de los individuos.

Las funciones del dinero

El dinero desempeña principalmente cuatro funciones:

- medio de cambio,
- unidad de cuenta,
- depósito de valor, y
- patrón de pago diferido.

1. El dinero es un ***medio de cambio*** generalmente aceptado por la colectividad para la realización de transacciones y la cancelación de deudas y que, por tanto, evita el trueque directo. El dinero facilita el intercambio porque elimina la necesidad de que exista una doble

coincidencia de deseos: con dinero no es necesario que el vendedor encuentre un comprador que tenga lo que desea y que quiera lo que tiene. De esta forma se reducen los costos asociados a toda trasacción.

2. El dinero se usa también como ***unidad de cuenta,*** entendiendo por tal aquella en la que se fijan los precios y se llevan las cuentas. Se utiliza como unidad porque sirve de medida de valor, esto es, para calcular cuánto valen los diferentes bienes y servicios.

3. Asimismo, el dinero es un ***depósito de valor*** porque puede utilizarse para realizar compras en el futuro. Por ello, es una manera de mantener riqueza y, de hecho, tanto las familias como las empresas suelen conservar parte de sus patrimonios en forma de dinero. Ello se debe a que éste puede cambiarse fácilmente por bienes y servicios en cualquier momento. Es de destacar, sin embargo, que el poder de compra del dinero, esto es, la cantidad de bienes y servicios que con él se puede comprar, varía cuando se altera el nivel general de precios. Así, durante períodos de inflación el poder de compra del dinero disminuye. Resulta, además, que una persona que guarda el dinero no gana interés, por lo que la riqueza no se mantendrá generalmente en esta forma, a excepción de una cantidad relativamente pequeña para atender a los gastos esenciales derivados de la necesidad de realizar transacciones y cubrir usos imprevistos. No debe olvidarse que existe toda una gama de activos financieros y no financieros que también actúan como depósito de valor y que tienen una mayor rentabilidad que el dinero.

4. El dinero también es un ***patrón de pago diferido,*** porque los pagos que han de efectuarse en el futuro generalmente se especifican en dinero.

El dinero en la historia

Un repaso a los orígenes del dinero evidencia las profundas transformaciones que éste ha experimentado a lo largo de la historia. En épocas remotas se utilizó como medio de pago una gran variedad de objetos y bienes, que van desde el ganado hasta la sal.

En sociedades primitivas y poco organizadas los bienes que hacían la función de dinero generalmente tenían valor en sí mismos y constituían lo que se ha denominado *dinero mercancía.*

■ El dinero mercancía

• El *dinero mercancía* es un bien que tiene el mismo valor como unidad monetaria que como mercancía.

Cuando en una sociedad se emplea el dinero mercancía, éste se utiliza como medio de cambio y también se compra y se vende como un bien ordinario. La mercancía elegida como dinero debe reunir una serie de cualidades que se pueden concretar en los puntos siguientes:

- ***Duradera:*** La gente no aceptará como dinero algo que sea altamente perecedero y se deteriore en poco tiempo.
- ***Transportable:*** Si la gente ha de transportar grandes cantidades de dinero, la mercancía utilizada debe tener un valor elevado respecto a su peso, de forma que se pueda trasladar con facilidad.
- ***Divisible:*** El bien elegido debe poderse subdividir en pequeñas partes con facilidad sin pérdida de valor, de forma que se puedan realizar pagos pequeños.
- ***Homogénea:*** Esta propiedad implica que cualquier unidad del bien en cuestión debe ser exactamente igual a las demás, ya que, si no, los intercambios serían muy difíciles.
- ***De oferta limitada:*** Cualquier mercancía que no tenga una oferta limitada no tendrá un valor económico.

A la vista de todos estos requisitos, resulta fácil aceptar que los metales preciosos, oro y plata esencialmente, hayan sido con frecuencia las mercancías elegidas para hacer las veces de dinero. Dado que tienen un elevado valor en usos no monetarios, se puede tener un alto poder de compra sin llevar mucho peso. Por otro lado, las piezas de oro y de plata son duraderas y fácilmente almacenables. Asimismo, se pueden dividir sin mucha dificultad y la calidad de las mismas es relativamente fácil de identificar. Pero los metales preciosos, como tales, presentaban la dificultad de que su calidad y pureza, así como su peso, debían ser evaluados en cada intercambio. Con la acuñación de monedas se eliminaron estos inconvenientes, estampando la autoridad competente su sello como garantía del peso y de la calidad de la moneda.

▪ El dinero signo

Si se recuerdan las características que debe tener la mercancía que se pretende usar como dinero, puede comprobarse que prácticamente todas las reúne el papel. Dado que en el papel es posible imprimir el número que deseemos, podemos hacerlo tan divisible como queramos. Asimismo, podemos almacenarlo con facilidad y es cómodo de transportar. El papel, sin embargo, no parece que pueda utilizarse como dinero, pues su valor es demasiado pequeño. Pero, si su valor es refrendado por quien lo emite, las cosas cambian, pues en este caso el valor del papel es precisamente lo que en él figure impreso. En este caso estamos ante lo que se denomina *dinero fiduciario* o *dinero signo*.

- **El *dinero signo* es un bien que tiene un valor muy escaso como mercancía, pero que mantiene su valor como medio de cambio porque la gente tiene fe en que el emisor responderá de los pedazos de papel o de las monedas acuñadas y cuidará de que la cantidad emitida sea limitada.**

Así pues, el dinero signo se acepta, bien porque el público cree que lo puede utilizar a su vez para hacer pagos, bien porque el gobierno ha determinado específicamente que es de *curso legal*.

- **El dinero *de curso legal* es aquel que el gobierno ha declarado aceptable como medio de cambio y como forma legal de cancelar las deudas.**

▪ Los orfebres: el dinero metálico y el dinero papel

En un principio, como se ha señalado, se empleaba el dinero mercancía y, en particular, el dinero metálico, pero, debido a las dificultades apuntadas, fue sustituido por dinero papel de pleno contenido, esto es, certificados de papel que estaban respaldados por depósitos de oro o plata de igual valor al de los certificados emitidos.

Este tipo de dinero tuvo su origen en la actividad desarrollada por los orfebres en la Edad Media. Estos disponían de cajas de seguridad en las que guardaban sus existencias y que progresivamente fueron ofreciendo al público, en un servicio de custodia de metales preciosos y demás objetos de valor. El servicio se basaba en la confianza que merecía el orfebre, que simplemente extendía un recibo prometiendo devolver al depositante sus pertenencias a su requerimiento. La cantidad confiada al orfebre para su custodia se llamaba *depósito*.

Cuando efectuaban una transacción importante, los titulares de los depósitos podían retirar mediante entrega de un recibo los bienes depositados o bien transferir directamente un recibo con cargo a los bienes depositados. Con el transcurso del tiempo estos recibos fueron emitiéndose al portador y las compras y ventas fueron saldándose mediante la simple entrega de un papel, que certificaba la deuda privada, reconocida por un orfebre, prometiendo éste entregar al portador una cantidad determinada de oro cuando así lo solicitara. Este dinero *papel* era plenamente convertible en oro.

▪ El dinero-papel «nominalmente» convertible en oro

Dado que resultaba más cómodo realizar las transacciones con papel, el público no reclamaba el oro al que sus tenencias de dinero pa-

Nota complementaria 18.1

LAS ENTIDADES FINANCIERAS EN ARGENTINA

La participación en el mercado de las entidades financieras en Argentina muestra un neto predominio de los bancos, que totalizan alrededor del 98 % de los préstamos y depósitos del sistema financiero, según puede verse en el cuadro adjunto.

PRESTAMOS Y DEPOSITOS DEL SISTEMA FINANCIERO (*)
(En porcentajes)

Entidad	Préstamos	Depósitos
Bancos oficiales	71,14	41,73
Bancos privados	27,46	55,78
Bancos de inversión	0,04	0,03
Total de bancos	**98,64**	**97,54**
Entidades no bancarias	1,36	2,46

(*) Diciembre de 1988.

FUENTE: BCRA.

pel le daban derecho, o lo hacía sólo parcialmente. Por ello, los orfebres comenzaron a reconocer deudas emitiendo dinero papel, teóricamente convertible en oro, por un valor superior al oro que realmente poseían.

De esta forma los orfebres, al emitir dinero papel por volúmenes sólo parcialmente cubiertos por sus reservas de oro, se convirtieron en banqueros y crearon el *dinero-papel nominalmente convertible en oro*. Si en dichas circunstancias se hubiesen querido hacer efectivas simultáneamente todas las deudas reconocidas en los recibos por ellos certificados, no se hubieran podido atender.

2. EL DINERO EN EL SISTEMA FINANCIERO ACTUAL

Posteriormente se ha llegado a un *sistema fiduciario* como el actual, en el cual el dinero-papel no tiene ningún respaldo en términos de metales preciosos, y lo mismo ocurre con el dinero en forma de monedas. El valor del dinero-papel actual descansa en la confianza de cada individuo de que será aceptado como medio de pago por los demás. El público lo acepta, pues sabe que todos los demás individuos estarán dispuestos a tomarlo a cambio de cosas que sí tienen valor intrínseco. Si esta confianza desapareciese el billete sería realmente inservible.

Siguiendo el proceso esbozado se ha llegado al *dinero pagaré*.

- **El *dinero pagaré* es un medio de cambio utilizado para saldar deudas de una empresa o persona.**

Así, un depósito bancario es un dinero pagaré o una deuda de un banco, ya que éste tiene que entregar al depositante pesos siempre que las solicite. Es un medio de cambio ya que la gente está dispuesta a aceptar cheques como pago.

Se suele pensar que los cheques son simplemente una forma cómoda de entregar monedas o billetes a otros individuos. Sin embargo, los cheques son algo diferente. Si, por ejemplo, un individuo entrega un cheque de

10.000 pesos como pago por la compra de un traje, esta transacción no implica ningún tipo de intercambio de billetes o monedas. Lo que normalmente ocurrirá será que el cheque se notificará al banco del firmante del mismo, en cuya cuenta se cargarán 10.000 pesos. En la cuenta del comerciante, por el contrario, se producirá un abono de 10.000 pesos. Si las cuentas están en bancos distintos, el proceso será idéntico, pues sólo se requerirá que los bancos compensen sus saldos respectivos.

■ ¿Son dinero los cheques?

Resulta conveniente deshacer un frecuente malentendido respecto a si los cheques son o no dinero. Debe señalarse que un cheque no crea dinero, sino simplemente es una forma de movilizar o trasladar el dinero. El caso de las tarjetas de crédito es algo más complicado, pues con ellas se puede crear nuevo dinero, ya que a veces se pueden efectuar pagos sin tener depósitos en cuantía suficiente.

Dinero legal y dinero bancario

Otro frecuente malentendido respecto al dinero consiste en creer que éste se utiliza porque el Estado lo impone. Son frecuentes las situaciones que no pueden explicarse de acuerdo con una concepción legalista de la naturaleza del dinero. Así, a menudo se utilizan determinadas monedas, normalmente monedas «fuertes», como el dólar, el yen japonés, el marco alemán, o el franco suizo, fuera de los territorios en que ejercen su soberanía los Estados emisores, simplemente por su utilidad como medio de pago internacional. Algo parecido ocurre cuando se utilizan los cromos entre los colegiales o los cigarrillos en los campos de prisioneros de guerra. Se emplean como dinero porque son generalmente aceptados como medios de intercambio, al margen de cualquier refrendo legal. Se utilizan simplemente por la confianza en que los demás individuos lo aceptarán cuando nosotros se lo entreguemos como medio de pago al efectuar nuestras compras.

Teniendo en cuenta los anteriores comentarios y la posibilidad que se analiza en detalle en el siguiente apartado y que ya ha sido anunciada, esto es, que los bancos pueden crear dinero, estamos en condiciones de establecer una nueva clasificación del mismo: *dinero legal* y *dinero bancario*.

• El *dinero legal* es el dinero signo emitido por una institución que monopoliza su emisión y adopta la forma de moneda metálica o billetes. El *dinero bancario* son los activos financieros indirectos de determinados intermediarios financieros que son aceptados generalmente como medios de pago.

Tipos de depósitos

Aunque hasta ahora se ha hablado de depósitos de forma genérica, en realidad cabe distinguir tres categorías:

- ***Depósitos a la vista:*** son los que gozan de una disponibilidad inmediata para el titular.
- ***Depósitos de ahorro:*** normalmente están instrumentados en libretas y admiten prácticamente las mismas operaciones que los depósitos a la vista, si bien no se pueden utilizar cheques para su disposición.
- ***Depósitos a plazo:*** son los fondos tomados por un plazo fijo y que no se pueden retirar sin una penalización.

La definición empírica de dinero

La cantidad de dinero de una economía es el valor del medio de pago generalmente aceptado en la economía.

• La *cantidad de dinero* u *oferta monetaria* se define como la suma del efectivo en manos del público (billetes y monedas), esto es, la cantidad de dinero que poseen los individuos y las empresas, más los depósitos en los bancos.

La cantidad de dinero se suele representar con la letra *M*. Según el tipo de depósitos que se incluyan, se tienen tres posibles definiciones de dinero o de oferta monetaria (Esquema 18.1):

- M_1: Efectivo (billetes y monedas) en manos del público y los depósitos a la vista.
- M_2: Suma del efectivo en manos del público, los depósitos a la vista y los depósitos de ahorro.
- M_3: Suma del efectivo en manos del público, los depósitos a la vista, los depósitos de ahorro y los depósitos a plazo. A la M_3 también se le denomina *disponibilidades líquidas* en manos del público.

Debemos señalar que no hay una línea de demarcación clara entre los activos que son «dinero» y los que no lo son, pues existe una amplia gama de activos con diversos grados de liquidez, es decir, con distinta facilidad para convertirse en dinero.

- **Los *activos* son *líquidos* si pueden venderse rápidamente con un bajo costo y es seguro su valor monetario.**

Para distinguir el concepto teórico de dinero de su contrapartida empírica, es común referirse a la suma de depósitos y efectivo en manos del público como el *stock* de dinero, la oferta de dinero o simplemente *M*. La elección entre M_1, M_2 y M_3 no es crucial cuando se trata de explicar el proceso de determinación de la cantidad de dinero. La elección entre las distintas definiciones del *stock* de dinero puede ser, sin embargo, importante a efectos de instrumentar la política monetaria y en particular a la hora de tratar de controlar la evolución de las mag-

Esquema 18.1. Definiciones empíricas del dinero: datos de la economía argentina. Junio de 1992 (*)

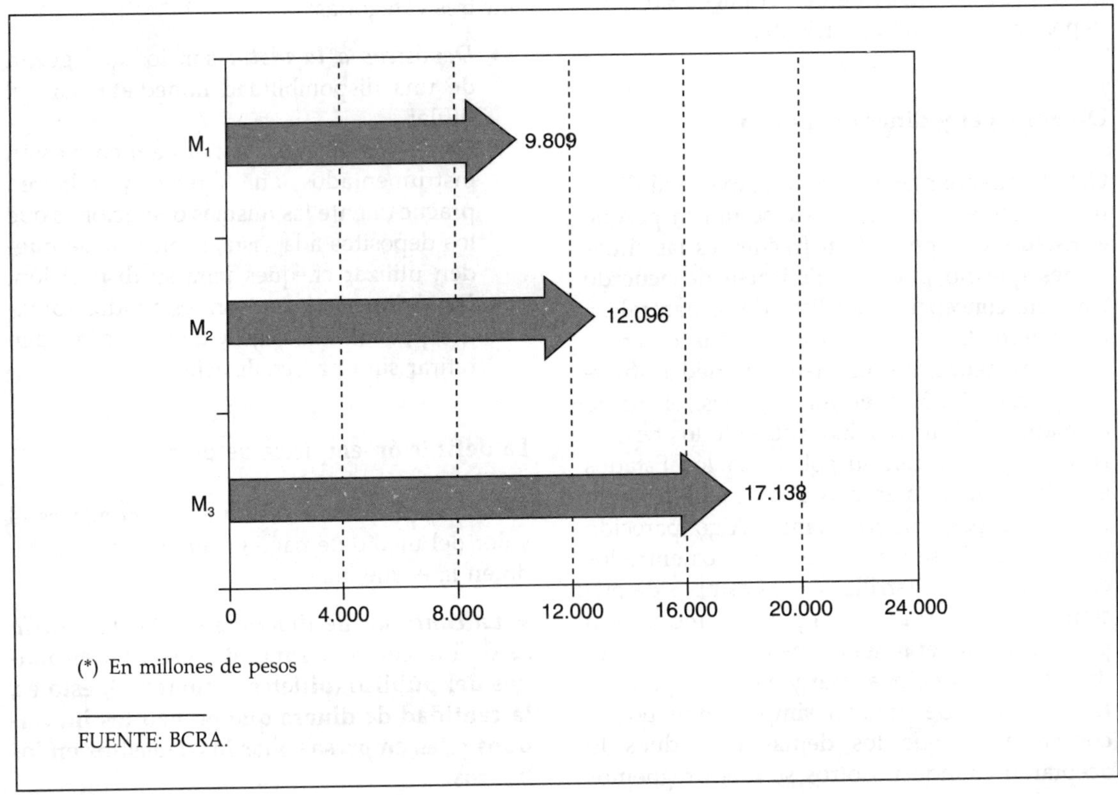

(*) En millones de pesos

FUENTE: BCRA.

Nota complementaria 18.2

LOS AGREGADOS MONETARIOS DE LA ECONOMIA ARGENTINA

Como puede observarse, dentro de los agregados monetarios de la economía argentina se destaca la alta proporción mantenida en las formas más líquidas. Ello tiene que ver con las experiencias hiperinflacionarias vividas que han llevado a que gran parte del ahorro líquido de los argentinos se conserve en dólares y no en pesos.

AGREGADOS MONETARIOS. JUNIO DE 1992
(Promedio mensual de saldos diarios)

Conceptos	Saldos en millones de $ (junio 1991)	Estructura porcentual
Billetes y monedas	5.460	31,9
Depósitos a la vista	4.349	25,4
M_1	**9.809**	**57,3**
Depósitos en Caja de Ahorros	2.287	13,3
M_2	**12.096**	**70,6**
Depósitos a plazo fijo	5.042	29,4
M_3	**17.138**	**100,0**

FUENTE: Banco Central.

nitudes monetarias, como veremos en los capítulos siguientes.

■ El «cuasi» dinero

La definición del *stock* de dinero según la M_3 se puede ampliar cuando se incluye el denominado «cuasi-dinero», esto es, los bonos y letras del tesoro, las aceptaciones (*), así como otros activos de alta liquidez. Al incluir en la definición de dinero dichos activos financieros, se habla de dinero en sentido amplio, y se le denomina con la calificación genérica de *Activos Líquidos en manos del Público, ALP* o M_4.

(*) Las aceptaciones son operaciones de intermediación en transacciones financieras entre terceros, siendo la entidad financiera el garante de la misma.

3. LOS BANCOS Y LA CREACION DE DINERO

Antes se ha señalado que cuando los orfebres se percataron de que tenían una considerable cantidad de oro ociosa sin obtener de ella ningún rendimiento, pues los pagos diarios no representaban por término medio más que un pequeño porcentaje de la cantidad de oro depositada, empezaron a conceder préstamos con parte de esta cantidad inutilizada de dinero. Los beneficios obtenidos al conceder estos créditos les permitían reducir los costos de los servicios prestados y conceder aún más créditos.

Este fue el origen del sistema moderno de *reservas* de los *bancos comerciales*, por el cual guardan en sus cajas como reservas sólo una fracción de los fondos que tienen depositados.

• **Los *bancos comerciales* son instituciones financieras que tienen autorización para aceptar depósitos y para conceder créditos. Sus reservas son activos disponibles inmediatamente para satisfacer los derechos de los depositantes de los bancos. El coeficiente de reservas es el cociente entre las reservas y los depósitos.**

En el sistema actual las reservas están integradas por efectivo en la caja de los bancos y los depósitos de los bancos en el banco central. Los bancos deben guardar parte de sus depósitos en efectivo y en depósitos en el banco central por dos razones: 1. para hacer frente a la retirada de depósitos por parte de sus clientes, y 2. porque las autoridades monetarias lo exigen. Estas reservas, a las que en la literatura económica se les suele denominar *encaje*, activos de caja o activos líquidos, tienen la particularidad de que no forman parte del *stock* de dinero de un país. Cuando un individuo deposita en un banco una cierta cantidad de billetes considera que tiene dinero. Si, posteriormente, esos billetes fuesen precisamente los que guarda el banco como reservas y los contásemos como dinero los estaríamos contabilizando dos veces. Los depósitos de los bancos en el Banco de España tampoco forman parte del *stock* de dinero, ni los depósitos de un banco en otro; sólo forma parte del mismo el que está en manos del público y la totalidad de los depósitos en el sistema bancario. La proporción de los depósitos que los bancos deben guardar en forma de activos líquidos o reservas se denomina, tal como hemos señalado, coeficiente de caja, de reservas o de encaje, y su justificación radica en tratar de garantizar la liquidez de los depósitos, es decir, su capacidad para convertirse en efectivo.

El funcionamiento de los bancos

Si los bancos, como cualquier otra empresa, persiguen la obtención de beneficios, tratarán de prestar los fondos que reciben de forma tal que la diferencia entre los ingresos que obtienen y los costos en que incurren sea lo mayor posible. Los ingresos los obtendrán de los activos rentables, esto es, básicamente de los intereses que cobran por los créditos y préstamos concedidos y por los valores mobiliarios que poseen. Los costos de los bancos se derivan, sobre todo, de los intereses pagados por los fondos recibidos, esto es, depósitos de clientes y préstamos del Banco Central, y de los gastos de intermediación (amortizaciones, sueldos, salarios y demás costos de gestión). La diferencia entre los ingresos y los costos da lugar a los beneficios. Un esquema de las operaciones realizadas por un banco se refleja en el balance tipo (Cuadro 18.1).

Los banqueros, a lo largo de los años, han actuando con este esquema de ingresos y costos en mente y han adquirido una reputación de prudentes. Ello se debe a que el negocio bancario, bajo un sistema de reservas tal como el descrito, es una actividad inherentemente arriesgada y que sólo se puede realizar con relativa seguridad si se lleva a cabo con cautela y prudencia. La historia es ilustradora del riesgo que incorpora la actividad bancaria, al mostrarnos el considerable número de quiebras de entidades financieras. Estas se deben, en buena medida, a que la obtención de beneficios elevados aparece como algo relativamente fácil, por lo que resulta tentadora. El problema reside en que las circunstancias en las que los beneficios son muy altos no se pueden mantener de forma indefinida. La maximización de los beneficios se logra reduciendo las reservas al nivel mínimo posible, llevando a cabo inversiones arriesgadas y concediendo créditos a tipos de interés elevado, que suelen canalizarse a prestatarios de dudosa solvencia. Como parece lógico, este comportamiento lleva asociada una elevada dosis de riesgo. El arte del negocio bancario consiste en alcanzar un cierto equilibrio entre beneficios atractivos y la necesaria seguridad. Sin embargo, cabe la posibilidad de que incluso un banco prudentemente gestionado se vea en dificultades si, por cualquier motivo, todos sus depositantes decidie-

Nota complementaria 18.3

DEPURACION DEL SISTEMA FINANCIERO ARGENTINO

El sistema financiero argentino experimentó un profundo proceso de depuración, particularmente a partir de 1980. El total de entidades existentes a fines del año 1990 era apenas el 30 % de las que existían en 1977, al entrar en vigor la nueva ley de entidades financieras.

En el cuadro adjunto puede verse la evolución registrada por el sistema.

ENTIDADES FINANCIERAS
(ALTAS Y BAJAS)

Entidades existentes al 31/5/77	725	
Altas	248	
Bajas		728
Totales	973	728
Entidades existentes al 31/12/88		245
Entidades existentes al 31/12/90		221

FUENTE: BCRA.

sen retirar sus depósitos, dado que el banco sólo mantiene como reservas una pequeña proporción de los mismos. Si de forma inesperada el público pierde la confianza en un banco, está claro que se encontraría en una situación insostenible, salvo que las autoridades monetarias acudieran en su ayuda.

Las normas de comportamiento de los bancos

En términos generales cabe decir que los bancos, al desempeñar su actividad, deben cuidar simultáneamente:

Cuadro 18.1. Balance de un banco comercial

ACTIVO **(Usos de los recursos)**	PASIVO **(Fuentes de financiación)**
Reservas: (Efectivo y depósitos en el Banco Central)	**Depósitos:** (A la vista, de ahorro y a plazo)
Activos rentables: (Créditos y préstamos, valores públicos y privados)	**Préstamos del banco central:** (y de intermediarios financieros bancarios)
Otras cuentas	**Fondos propios**
	Otras cuentas

- la liquidez,
- la rentabilidad, y
- la solvencia.

La liquidez, pues siempre deben ser capaces de convertir los depósitos de sus clientes en dinero cuando éstos se lo pidan. La rentabilidad les viene exigida por los propietarios accionistas, ya que la remuneración o dividendos que éstos reciben dependen de los beneficios obtenidos. Asimismo, la banca, para ser solvente, ha de procurar tener siempre un conjunto de bienes y derechos superior a sus deudas.

De lo dicho hasta ahora se infiere lo que constituye la característica más significativa de los bancos. Estos, como todo intermediario financiero, reciben fondos de unas personas y los prestan a otras, pero sólo los depósitos recibidos por los bancos se utilizan como medio de pago (*). Y lo que es más, dado que actúan procurando obtener rentabilidad y basándose en el sistema de reservas, prestan en cantidades superiores a lo que tienen en depósitos y, de esta forma, están creando dinero.

Los bancos y la creación de dinero bancario

Vamos a explicar el proceso de creación de dinero por parte de los bancos. Veremos cómo el encaje bancario no sólo es una garantía de liquidez, sino que juega un papel muy importante en dicho proceso. Supongamos que el Banco Central, para hacer frente a un determinado pago, pone en circulación un billete de 1.000 pesos. Suponemos que el destinatario del pago, esto es, el propietario del dinero ingresa el billete en un banco, el banco 1. El banco inicialmente se encontrará con un nuevo depósito de 1.000 pesos y también con unas reservas adicionales de 1.000 pesos. (Cuadro 18.2*a*). Dado que el coeficiente de reservas es igual al 20 %, el banco mantendrá 200 ptas. en reservas para garantizar su liquidez y el resto, esto es, 800 pesos, las prestará para obtener rentabilidad.

En consecuencia, la posición final del banco 1 será la recogida en el Cuadro 18.2*b*.

Supongamos ahora que el banco concede un préstamo a una determinada empresa y que ésta retira el dinero, pues lo empleará en efectuar unos pagos. Los que reciben el dinero trabajan con otro u otros bancos y en ellos lo depositan íntegramente. A estos bancos los denominamos «bancos de la segunda generación». Inicialmente los bancos de la segunda generación se encontrarán con 800 pesos de depósito y también 800 pesos de reservas (Cuadro 18.3*a*). Transcurrido un tiempo, lograrán quedarse sólo con las reservas exigidas. Esto es, los bancos de la segunda generación actuarán como lo hizo el banco 1 y destinarán el 20 % de los 800 pesos a reservas, es decir, 160 pesos y los 640 restantes los prestarán. En este momento los 1.000 pesos originales se han convertido en 1.800 pesos (1.000 pesos + 800 pesos) en forma de depósitos y 640 pesos en forma de líquido disponible. Una vez que estos 640 pesos se presten, el que los reciba probablemente los depositará en otro u otros bancos, digamos los bancos de «tercera generación», de forma que el proceso continuará. Por su parte, estos bancos también retendrán en forma de reservas el 20 % de los 640 pesos que han recibido en forma de depósitos y estarán dispuestos a prestar el resto.

Este proceso continuará en la forma descrita hasta que se preste todo el exceso de reservas. Los aumentos de la cantidad de dinero en las sucesivas etapas son cada vez menores y se irán reduciendo hasta desaparecer. En cualquier caso, lo relevante es preguntarse cuál será el efecto final sobre la cantidad de dinero (Cuadro 18.4).

(*) Al hablar de bancos, lo estamos haciendo en un sentido amplio y, en realidad, nos referimos a todos aquellos intermediarios financieros que tienen capacidad para crear dinero, esto es, bancos, compañías financieras, sociedades de ahorro y préstamo para la vivienda y cajas de crédito (véase Apéndice a este capítulo).

Cuadro 18.2. Banco 1 u original

(a) BANCO 1 POSICION INICIAL	
Activo (*)	**Pasivo (*)**
Reservas 1.000	Depósitos 1.000
Total 1.000	Total 1.000

(*) $.

(b) BANCO 1 POSICION FINAL	
Activo (*)	**Pasivo (*)**
Reservas 200	Depósitos 1.000
Préstamos 800	
Total 1.000	Total 1.000

(*) $.

La posición de equilibrio final del sistema bancario

En términos aritméticos el proceso seguido y el resultado final del proceso aparecen recogidos en el Cuadro 18.4. Como puede observarse, el total de los nuevos depósitos ($ 1.000 + $ 800 + + $ 640 + ...) es $ 5.000.

El proceso de creación de depósitos finalizará cuando ningún banco en el sistema tenga reservas por encima del 20 % requerido. En nuestro ejemplo, el sistema bancario alcanzará una posición de equilibrio cuando los 1.000 pesos de reservas se empleen íntegramente como las reservas requeridas en relación con los nuevos depósitos. En otras palabras, el sistema bancario estará en equilibrio cuando el 20 % de los nuevos depósitos sea exactamente igual a las nuevas reservas, esto es, a los 1.000 pesos. Esta situación se alcanzará cuando los nuevos depósitos sean 5.000 pesos.

En términos del balance consolidado de todos los bancos (Cuadro 18.5), se observa que si los depósitos no fuesen 5.000 pesos no se alcanzaría el 20 % correspondiente al coeficiente de reservas y, en consecuencia, no se estaría en equilibrio. Los depósitos tienen que ser tales que el 20 % de éstos sean los 1.000 pesos de nuevas reservas.

El multiplicador del dinero bancario

Alternativamente, el efecto final del proceso de creación de dinero podemos analizarlo algebraicamente. Para ello fijémonos en la cadena de valores constituida por los depósitos:

Nuevos
depósitos = $ 1.000 + $ 800 +
+ $ 640 + $ 512 + ...

Cuadro 18.3. Bancos de la 2.ª generación

(a) BANCOS 2.ª GENERACION POSICION INICIAL	
Activo (*)	**Pasivo (*)**
Reservas 800	Depósitos 800
Total 800	Total 800

(*) $.

(b) BANCOS 2.ª GENERACION POSICION FINAL	
Activo (*)	**Pasivo (*)**
Reservas 160	Depósitos 800
Préstamos 640	
Total 800	Total 800

(*) $.

Cuadro 18.4. Expansión múltiple de los depósitos bancarios a través del sistema bancario

Posición del banco	Nuevos depósitos	Nuevos préstamos	Nuevas reservas
Banco original	1.000	800	200
Bancos 2.ª generación	800	640	160
Bancos 3.ª generación	640	512	128
Bancos 4.ª generación	512	410	102
Bancos 5.ª generación	410	328	82
• Suma de las 5 primeras generaciones de bancos	3.362	2.690	672
• Suma de las restantes generaciones de bancos	1.638	1.310	328
• **Total para el conjunto del sistema bancario**	**5.000**	**4.000**	**1.000**

Estos números forman una progresión geométrica. Cada valor es igual al 80 % del precedente, pues recuérdese que las reservas eran el 20 % y el resto era lo que se prestaba y posteriormente volvía al sistema bancario en forma de depósitos. Teniendo en cuenta este hecho, la serie formada por los depósitos la podemos escribir como sigue:

$$\text{Nuevos depósitos} = \\ = \$1.000 \times (1 + 0{,}8 + 0{,}64 + 0{,}512 + ...) = \\ = \$1.000 \times (1 + 0{,}8 + 0{,}8^2 + 0{,}8^3 + ...)$$

Entre paréntesis aparece la suma de los términos de una progresión geométrica de razón 0,8, por lo que la anterior expresión puede quedar recogida de esta forma:

$$\textbf{Nuevos depósitos} = \$1.000 \times \frac{1}{1 - 0{,}8} = \\ = \$1.000 \left(\frac{1}{0{,}02}\right) = \$5.000 \qquad (1)$$

La suma de los términos de la progresión geométrica formada por los depósitos constituye el *multiplicador* del dinero bancario. Este multiplicador del dinero bancario es el cociente entre los nuevos depósitos y el incremento de las reservas o, como se indica a continuación, la unidad dividida por el coeficiente de reservas. Genéricamente, el multiplicador del dinero bancario se expresa como sigue:

$$\textbf{Multiplicador del dinero bancario} = \frac{1}{\textbf{Coeficiente de reservas}} = \frac{\textbf{Nuevos depósitos}}{\textbf{Incremento de las reservas}}$$

En términos del ejemplo considerado, el multiplicador del dinero bancario resulta ser:

$$\textbf{Multiplicador del dinero bancario} = \frac{1}{0{,}2} = \frac{\$5.000}{\$1.000} = 5$$

Se observa, pues, cómo, debido a la actuación de este proceso multiplicador puesto en marcha por los bancos, los 1.000 pesos originales han dado lugar a 5.000 pesos de depósitos o dinero bancario, pues el mínimo de reservas exigido era el 20 %.

El proceso estudiado se denomina de creación porque el dinero parece surgir de la nada,

Cuadro 18.5. Balance consolidado final del sistema bancario (*)

Activo (**)		Pasivo (**)	
Reservas	1.000	Depósitos	5.000
Préstamos	4.000		
Total	5.000	Total	5.000

(*) La actuación conjunta de todos los bancos hace que los depósitos y, por tanto, la cantidad de dinero (*M*) acabe incrementándose en un múltiplo de la inyección original de reservas.

(**) $.

pero, de hecho, en cada etapa el nuevo dinero bancario aparece cuando el banco concede un nuevo préstamo.

■ Los supuestos simplificadores del proceso

El análisis del proceso de creación de dinero que se ha ofrecido es muy simplista y sólo resulta válido bajo una serie de circunstancias muy peculiares. Estas requieren, por un lado, que los individuos a los que se les concede un préstamo lo vuelvan a depositar íntegramente en un banco y, por otro, que todos los bancos que intervienen en dicho proceso guarden como reservas una cantidad no mayor que la exigida legalmente. Se exige, asimismo, que las personas y las instituciones tomen dinero prestado.

Si alguno de estos supuestos no se cumple, el proceso se ve alterado. Si los individuos y las empresas decidieran guardar más dinero legal, el proceso de expansión múltiple de los depósitos se reduciría, pues habría menos dinero legal disponible en las cajas de los bancos para poder ser empleado como reserva y sostener nuevos créditos. Consecuentemente, el *stock* de dinero sería inferior. Normalmente, sin embargo, la demanda de dinero líquido por parte del público suele fluctuar entre unos márgenes estrechos y es fácilmente previsible. Por otro lado, se supone, además, que los individuos solicitan los préstamos que ofrecen los bancos, pero si el público, ante las malas expectativas, no demanda crédito a los bancos, el proceso no podrá continuar.

Asimismo, si los bancos deseasen mantener sus reservas de liquidez por encima de los mínimos establecidos legalmente, la expansión múltiple también se reduciría. Precisamente en

Nota complementaria 18.4

COSTOS DE LA INTERMEDIACION FINANCIERA EN ARGENTINA

Los bancos argentinos se caracterizan por actuar con un margen de intermediación *(spread)* muy elevado, entendiendo por tal la diferencia entre las tasas de interés que cobran por las operaciones activas —préstamos— y las que pagan por las operaciones pasivas —depósitos.

Los altos costos operativos con que actúan las entidades financieras explican en gran medida dichos márgenes. Tal nivel de costos es atribuible a dotaciones que fueron dimensionadas para volúmenes operativos mucho mayores, así como al corto plazo predominante en la operatoria, lo cual implica una mayor carga de administración de la cartera.

En el cuadro adjunto se transcriben datos respecto a la incidencia de los costos operativos y, particularmente, de los costos laborales.

COSTO OPERATIVO MEDIO DE INTERMEDIACION FINANCIERA.
MAYO DE 1992
(En %)

Entidades	Costos oper. totales / Depósitos totales	Costos oper. totales / Depós. + Préstam.	Costos laborales / Costos oper. totales
Bancos públicos	1,68	0,49	67,82
Bancos privados	1,95	0,91	50,66

FUENTE: *Indicadores Económicos*, BCRA. Julio de 1992.

este hecho descansa la importancia del control del *stock* monetario por parte del gobierno. Los bancos, durante una recesión, puede que se sientan inclinados a reducir el *stock* de dinero incrementando sus reservas porque les resulta difícil encontrar oportunidades de negocio seguro. Por el contrario, durante las fases expansionistas, puede que los bancos se sientan inclinados a conceder muchos préstamos, y en ambos casos se producirían situaciones que las autoridades monetarias considerarían indeseables y por ello tratarán de evitarlas.

Debe señalarse que, del mismo modo que se crea dinero y se multiplica el crédito, se puede destruir y reducir, respectivamente. Supóngase que en lugar de que el Banco Central ponga en circulación un billete, lo retirase para efectuar un determinado cobro. Como consecuencia de esta acción se reducirían los depósitos bancarios y las reservas, por lo que éstas serían inferiores al 20 % de los depósitos. Para cumplir la normativa sobre el coeficiente de reservas el banco retiraría algún préstamo concedido con anterioridad y el proceso continuaría con otra destrucción de dinero y de crédito.

4. LA FINANCIACION DE LA ECONOMIA Y LOS INTERMEDIARIOS FINANCIEROS

• El *sistema financiero* está constituido por el conjunto de instituciones que intermedian entre los demandantes y los oferentes de recursos financieros y comprende todos los flujos financieros entre los sujetos y los sectores económicos.

El sistema financiero nace como respuesta a una demanda de recursos para fines productivos y de consumo, apoyada en un soporte institucional concretado en una serie de intermediarios especializados. Un intermediario financiero es una institución que se encuentra entre los prestamistas y los prestatarios. Toma prestado y presta fondos a los prestatarios. La importancia del sistema financiero se debe a que, si bien algunos de los posibles flujos financieros discurren directamente desde los sujetos con exceso de ahorro a los que demandan financiación para llevar a cabo sus proyectos de inversión o consumo, la parte más importante de los mismos recorre un camino indirecto, esto es, pasa por ciertas entidades, los intermediarios financieros, que captan ahorro para volverlo a prestar.

Piénsese que, cuando la conexión entre el oferente y el demandante de financiación es directa, implica que el ahorrador asume el riesgo de no recuperar el ahorro que presta. Además, por lo general, el ahorrador no cuenta con un grado de especialización suficiente para analizar la seguridad de la operación. La incertidumbre de poder cancelar los préstamos sin sufrir pérdidas limitará enormemente las posibilidades de esta conexión. Esta limitación se elimina, en buena medida, gracias a la labor de los intermediarios financieros.

• La función básica de los intermediarios financieros es la de transformar los *activos primarios*, esto es, los emitidos por las unidades económicas de gasto, en *activos indirectos*, es decir, los creados por los intermediarios financieros.

Recuérdese que al estudiar la financiación de la empresa, una posibilidad consistía en que ésta emita obligaciones, activos financieros primarios, que pueden ser adquiridos directamente por los ahorradores o por los intermediarios financieros. Estos, por su parte, para poder adquirir las obligaciones, habrán obtenido fondos de los ahorradores últimos, reconociendo esta deuda mediante un *activo financiero indirecto* —por ejemplo, un depósito—. Los activos financieros indirectos tendrán por lo general menor rentabilidad, si bien gozarán de una mayor liquidez y seguridad. La importancia de estos activos reside en que su aceptación por los ahorradores últimos permite a los intermediarios financieros obtener los recursos para ejercer su actividad mediadora.

La diferencia de rentabilidad entre los acti-

Nota complementaria 18.5

LAS TASAS DE INTERES EN ARGENTINA

Si bien en teoría las tasas de interés en Argentina, a partir del Plan de Convertibilidad, deberían converger con las internacionales, en la realidad ellas han permanecido muy por encima de éstas, aunque con tendencia declinante.

La diferencia entre las tasas pagadas por depósitos en dólares en Argentina y la de sus similares en el exterior muestra la medida del riesgo-país que el depositante atribuye a la Argentina.

A su vez, el excedente de las tasas de pesos sobre su equivalente en dólares refleja el grado de desconfianza de los colocadores sobre la permanencia de la paridad cambiaria.

En el cuadro adjunto se muestra la evolución de las tasas pasivas y activas para operaciones en pesos, a partir de abril de 1991.

EVOLUCION DE LAS TASAS DE INTERES
(Tasa equivalente efectiva mensual. En porcentajes)

Período	PASIVAS		ACTIVAS (*)
	Dep. a plazo fijo	Caja de ahorros	
Abril 1991	1,42	1,01	5,70
Mayo	1,55	0,99	4,27
Junio	1,61	1,23	4,08
Julio	1,87	1,33	3,88
Agosto	1,37	1,04	3,77
Septiembre	1,10	0,74	3,49
Octubre	0,99	0,68	3,03
Noviembre	0,96	0,65	3,02
Diciembre	1,13	0,71	3,29
Enero 1992	1,15	0,73	3,24
Febrero	0,91	0,65	3,14
Marzo	0,90	0,61	3,11
Abril	0,93	0,60	3,02
Mayo	0,93	0,60	3,06

(*) Tasa implícita en el devengamiento de intereses de la cartera de préstamos.

FUENTE: *Indicadores Económicos*, BCRA. Julio de 1992.

vos financieros primarios e indirectos es lo que permite la existencia de los intermediarios financieros. Así, por ejemplo, los intereses que un banco cobra por los créditos y préstamos que concede son más altos que los que paga por los depósitos que recibe. Con la diferencia, que se denomina costo o margen de intermediación, cubre los gastos y obtiene beneficios.

Hasta ahora se ha supuesto que los flujos financieros son el resultado de los desequilibrios financieros de los sujetos y sectores económicos. Debe señalarse, sin embargo, que, al

Nota complementaria 18.6

EL PAPEL DE LOS INTERMEDIARIOS FINANCIEROS

El papel de los intermediarios financieros se puede reflejar gráficamente en el esquema adjunto. La financiación fluye de los sujetos con ahorro excedente hacia los que precisan financiación, mientras que los activos financieros circulan en sentido contrario. Los activos primarios emitidos por los prestatarios últimos son directamente absorbidos, en parte, por los ahorradores finales. Por otro lado, los ahorradores últimos entregan sus fondos de financiación a entidades financieras intermediarias contra la adquisición de activos financieros sobre éstas. Los intermediarios financieros utilizan los fondos obtenidos para proporcionárselos a los prestatarios últimos, adquiriendo a cambio activos primarios. Estos intercambios se producen en los denominados mercados financieros.

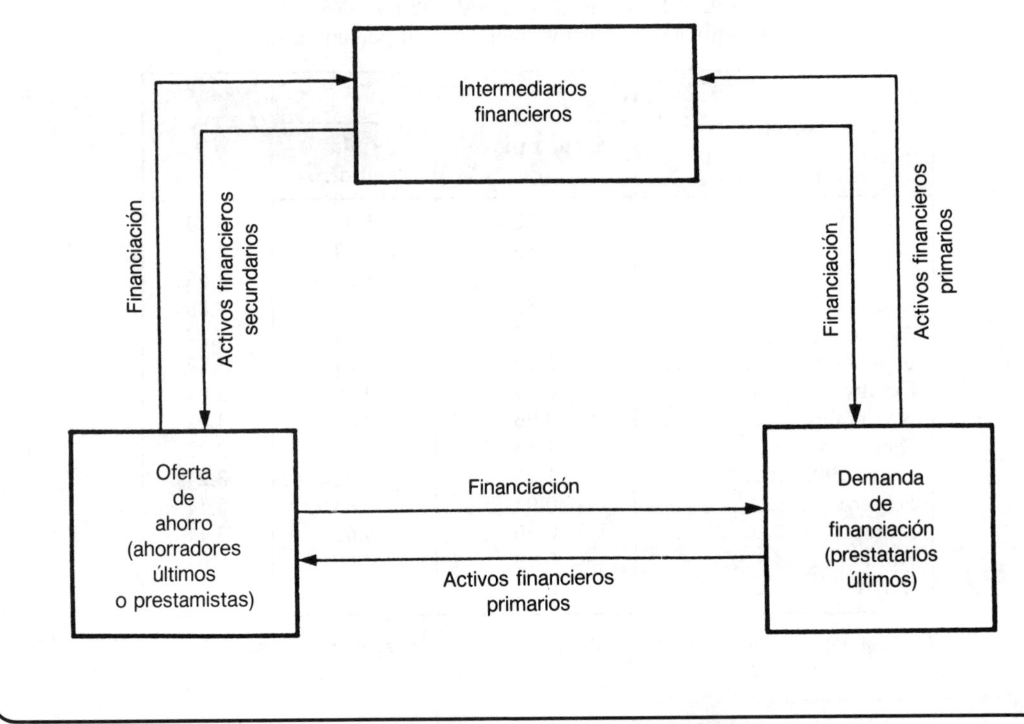

margen de la capacidad o necesidad de financiación, también se producirán flujos financieros si los sujetos o sectores económicos deciden cambiar la composición de sus activos financieros. Así, un agente económico cualquiera puede pensar que ciertos activos —por ejemplo, los depósitos— son poco rentables o que determinadas acciones ofrecen malas perspectivas y, en consecuencia, decidir alterar su cartera de valores reduciendo la cantidad que tiene depositada a la vista y colocándola a plazo. Por lo que respecta a la financiación que recibe un sujeto, puede que éste, al reflexionar sobre su estructura de endeudamiento, se decida a alterarla reduciendo las deudas a corto plazo por otras a más largo plazo, optando por llevar

Nota complementaria 18.7

MERCADOS FINANCIEROS

Los activos financieros se compran y venden en los llamados «mercados financieros», en los cuales se encuentran los aspirantes a compradores y vendedores de los diferentes activos. La tipología más característica de los mercados financieros es la siguiente:

1. Mercado crediticio y mercado de valores

El mercado crediticio, en sentido restringido, lo forman el conjunto de transacciones con activos financieros efectuadas por aquellos intermediarios que obtienen la mayor parte de sus recursos mediante la captación de depósitos. Este tipo de intermediarios constituye el sistema bancario, que comprende todas las modalidades de bancos, cajas de ahorros y cooperativas de crédito. El mercado de valores abarca las transacciones de una amplia gama de activos, que van desde las acciones y obligaciones hasta la deuda pública y las divisas.

2. Mercado monetario y mercados de capitales

Cuando el plazo de vencimiento de un activo es inferior a un año, su mercado se denomina a corto plazo, de dinero o monetario. Los activos con vencimiento superior a un año se negocian en los mercados de capitales.

3. Mercados primarios y mercados secundarios

Los mercados financieros primarios, o de emisiones, son aquellos en los que los activos intercambiados son de nueva creación. En cambio, en los mercados secundarios no se crea nueva deuda, simplemente cambia el poseedor de un activo financiero ya existente. El que en los mercados secundarios no se conceda nueva financiación no significa que carezcan de importancia, ya que permiten la circulación de los activos.

a cabo una emisión de obligaciones. En estos casos no se otorga ni se recibe nueva financiación, pero sí se producen flujos de activos y pasivos financieros.

La existencia de este tipo de flujos financieros se ve facilitada por la diversidad de alternativas que se le presentan a cualquier individuo que pretenda adquirir un activo financiero.

En el Cuadro 18.6 se recoge una relación de los medios más frecuentes de inversión financiera.

La composición de los activos financieros dentro del patrimonio o riqueza de un individuo, entendido éste como la diferencia entre sus bienes y derechos y sus obligaciones o deudas, reflejará tanto su habilidad para gestionar dicho patrimonio como sus preferencias por conceptos tales como liquidez, rentabilidad y riesgo.

RESUMEN

- El dinero es un medio de cambio generalmente aceptado por la colectividad para la realización de transacciones y la cancelación de deudas, y que evita el trueque. También se emplea como unidad de cuenta y como depósito de valor.

Cuadro 18.6. Los medios más frecuentes de inversión financiera

A) Renta variable	Acciones cotizadas en bolsa. Fondos mutuos. Sociedades de cartera.	
B) Renta fija	A medio-largo plazo	Bonos (obligaciones convertibles en acciones). Bonos con interés fijo o variable. con/sin desgravación fiscal. con/sin retención de impuestos. del Estado/ de empresas del Estado/ de empresas privadas/ de bancos no estatales/hipotecarios. Bonos indexados a la inflación del dólar, al petróleo, etc. (actualmente no disponibles en muchos países). Imposiciones (préstamos) en compañías financieras. Bonos de compañías financieras, de empresas *leasing*.
	A corto-medio plazo	Otro papel del Estado: Pagarés del Tesoro. Certificados de depósito en bancos. Pagarés de la banca. Pagarés de empresas (papel comercial) públicas y privadas. Letras bancarias y de empresas. Depósitos: cuenta de ahorro.
C) Otros	Clubs de inversiones. Acciones, participaciones en empresas no cotizadas en bolsa. Préstamos a empresas no cotizadas. Seguros de vida y de muerte. Divisas.	

- En las sociedades primitivas los bienes que hacían de dinero solían tener valor en sí mismos y constituían el dinero mercancía. Generalmente los metales preciosos eran las mercancías elegidas para hacer las veces de dinero, pues son almacenables, duraderos y tienen un alto valor por unidad de volumen. La acuñación de monedas evita la necesidad de tener que evaluar su calidad y pureza en cada intercambio. El siguiente paso fue el dinero fiduciario, cuyo valor como mercancía es muy escaso y que es generalmente aceptado como medio de cambio porque la gente tiene fe en que el emisor responderá de los pedazos de papel impresos.

- El efectivo en manos del público y de los depósitos a la vista constituye la contrapartida empírica más directa del concepto teórico de dinero. Esta magnitud se suele representar por el símbolo M_1. La suma de M_1 y los depósitos de ahorro se suele denotar por M_2 y la suma de M_2 y los depósitos a plazo constituye las disponibilidades líquidas, o M_3.

• El dinero legal es el dinero emitido por una institución que monopoliza su emisión. El dinero bancario es el generado por la actuación de algunos de los intermediarios financieros capacitados para ello.

Por el sistema moderno de reservas de los bancos comerciales, éstos guardan en sus cajas sólo una fracción de los fondos que tienen depositados. Las reservas están integradas por el efectivo en la caja de los bancos y los depósitos de los bancos en el Banco Central. Se mantienen para garantizar la liquidez de los depósitos y para cumplir la normativa de las autoridades monetarias.

• Los ingresos de los bancos se obtienen de los activos rentables (créditos, préstamos, valores, etc.). Los costos se derivan de los intereses pagados por los fondos recibidos (depósitos de clientes y préstamos del Banco Central) y de los gastos de intermediación. El negocio bancario consiste en alcanzar un cierto equilibrio entre beneficios atractivos y la necesaria seguridad.

• Los bancos, al conceder préstamos, crean dinero bancario. Así, si se pone en circulación una cierta cantidad de dinero, esta entrada de dinero en el sistema bancario induce una expansión de los créditos concedidos hasta que las reservas requeridas hayan aumentando en la cuantía que inicialmente se puso en circulación. La expansión total de los depósitos es el resultado de un proceso secuencial en el que los aumentos en la cantidad de dinero en las sucesivas etapas son cada vez menores hasta que desaparecen.

• Este proceso se denomina de creación, pues el dinero parece surgir de la nada, pero, de hecho, en cada etapa el nuevo dinero bancario aparece cuando el banco concede un nuevo préstamo.

• Si los individuos a los que se les concede un préstamo no vuelven a depositarlo íntegramente en un banco o si alguno de los bancos que interviene en el proceso guarda como reservas una cantidad mayor que la exigida legalmente, la creación de dinero será menor.

• En el proceso de financiación de toda economía aparece un conjunto de oferentes de recursos financieros, otro de demandantes y un conjunto de instituciones que intermedian entre unos y otros, que constituye el sistema financiero. Los intermediarios financieros tratan de garantizar a los oferentes de fondos seguridad, liquidez y rentabilidad, y a los demandantes la financiación precisa para sus gastos de consumo e inversión.

• Los intermediarios financieros se dividen en dos categorías: bancarios y no bancarios, según que tengan capacidad o no para emitir activos que son aceptados como dinero.

CONCEPTOS BASICOS

— Activos y pasivos financieros.
— Sistema financiero.
— Activos financieros primarios y activos financieros indirectos.
— Prestamistas y prestatarios.
— Mercados financieros (crediticio, de valores, monetario, de capitales, primario y secundario).
— Dinero.
— Dinero mercancía.
— Dinero fiduciario.
— Depósitos a la vista, de ahorro y a plazo.
— Dinero papel.
— Cheque.
— Oferta monetaria: M_1, M_2 y M_3 o disponibilidades líquidas.
— Dinero legal y dinero bancario.
— La creación del dinero bancario.
— Las reservas bancarias.
— Los intermediarios financieros: monetarios (Banco Central, banca privada, cajas de ahorros, compañías financieras, sociedades de ahorro y préstamo, cajas de crédito) y no monetarios (compañías aseguradoras, fondos de jubilaciones y pensiones, fondos comunes de inversión, entidades de *leasing* o *factoring*, sociedades mediadoras en el mercado de dinero) (*).

TEMAS DE DISCUSION

1. ¿Cuáles son los oferentes y los demandantes de recursos financieros? ¿Qué papel desempeñan los intermediarios financieros en el proceso de financiación? ¿Qué inconvenientes aparecen cuando tiene lugar una relación directa entre los oferentes y los demandantes de financiación?

2. Los flujos financieros, ¿son siempre el resultado de los desequilibrios financieros de los agentes económicos? ¿En qué sentido los flujos financieros se ven facilitados por la diversidad de activos financieros?

3. Si nuestra economía fuese una economía de trueque, ¿cómo le pagaría usted al vendedor de alimentos? ¿Qué ocurriría si no aceptara los bienes y servicios que usted le ofrece como pago?

4. ¿Cómo se define el «dinero», tanto desde una perspectiva teórica como empírica? ¿Cuáles son los elementos que integran la oferta monetaria en un sentido amplio?

5. Distinga entre dinero legal y dinero bancario. La importancia del dinero, ¿se deriva de que el Estado lo impone como medio de pago?

(*) Véase Apéndice a este capítulo.

6. ¿Son dinero los cheques bancarios?

7. ¿En qué sentido el sistema de reservas bancarias es la clave de los beneficios bancarios? ¿Por qué las reservas confieren poder a los bancos para incidir sobre el tamaño de la oferta monetaria?

8. Suponga que los bancos guardan como reservas una cantidad mayor que la exigida legalmente y que los individuos y las empresas no retienen nada en líquido. Si alguien descubre un tesoro por valor de 2 millones de unidades monetarias, ¿qué le ocurrirá a la oferta monetaria si el coeficiente de reservas es del 15 %? ¿Y si el coeficiente de reservas fuera del 25 %?

9. Si durante las vacaciones de Navidad los agentes económicos incrementan sus tenencias de dinero líquido, ¿cómo se verá afectado el *stock* de dinero?

10. Si el mantener reservas por encima de los mínimos legales hace a los bancos menos vulnerables a las quiebras, ¿por qué los banqueros no desean mantener un exceso de liquidez?

APENDICE:
Los intermediarios financieros

La distinción fundamental entre los diferentes intermediarios financieros es la que los divide en monetarios y no monetarios. Los primeros son aquellos cuyos activos financieros indirectos son aceptados generalmente como medios de pago, esto es, son dinero. Los intermediarios financieros no monetarios se caracterizan por emitir activos financieros (pasivos para ellos) que no son dinero en sentido estricto. En el Esquema 18.A.1 se presenta una relación de las distintas entidades en el sistema financiero argentino.

A.1. INTERMEDIARIOS FINANCIEROS MONETARIOS

Los intermediarios financieros monetarios son el Banco Central, la banca privada, las cajas de ahorro, las compañías financieras, las sociedades de ahorro y préstamos para la vivienda u otros inmuebles y las cajas de crédito.

1. El Banco Central

El Banco Central es un caso atípico de intermediario financiero, pues no suele trabajar ni con particulares ni con empresas. El Banco Central concede financiación al resto del mundo, al sector público y a otros intermediarios financieros. Al comprar divisas concede financiación al sector exterior, ya que éstas son depósitos en moneda extranjera emitida por bancos de otros países. Al sector público lo financia concediendo créditos

Esquema 18.A.1. El sistema financiero argentino

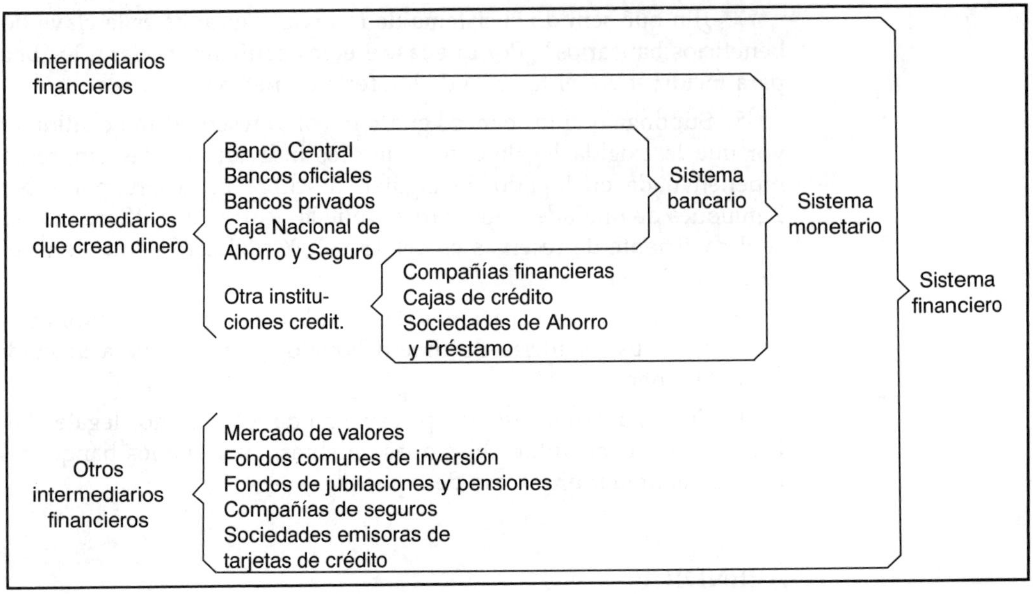

Intermediarios financieros

Intermediarios que crean dinero
- Banco Central
- Bancos oficiales
- Bancos privados
- Caja Nacional de Ahorro y Seguro
- Otra instituciones credit.
  - Compañías financieras
  - Cajas de crédito
  - Sociedades de Ahorro y Préstamo

Otros intermediarios financieros
- Mercado de valores
- Fondos comunes de inversión
- Fondos de jubilaciones y pensiones
- Compañías de seguros
- Sociedades emisoras de tarjetas de crédito

Sistema bancario

Sistema monetario

Sistema financiero

al Tesoro y adquiriendo deuda pública que posteriormente vende o recompra según las necesidades de la política monetaria. También otorga crédito a otros intermediarios financieros bancarios mediante créditos especiales.

Los pasivos financieros que emite para financiar estas inversiones son las monedas metálicas y los billetes de curso legal (*). Asimismo, admite depósitos de los intermediarios financieros y del sector público.

2. Banca oficial y privada

Los bancos, tal como se ha señalado, mantienen parte de sus fondos en efectivo y otros los destinan a conceder financiación al sector privado, esto es, particulares y empresas, mediante créditos, préstamos y adquisición de obligaciones y acciones, y al sector público. La financiación al sector público se instrumenta mediante la compra, obligatoria o voluntaria, de títulos públicos de renta fija a corto (Bonos o Letras del Tesoro) o a largo plazo (deuda pública). La financiación la obtienen a partir de los depósitos del público.

3. Las cajas de ahorros

Dada la actual tendencia a la universalización, que amplía cada vez más el abanico de operaciones que legalmente puede hacer cada tipo de inter-

(*) En sentido estricto, la moneda metálica y los billetes son impresos por la Casa de la Moneda y el Banco Central decide su puesta en circulación.

Nota complementaria 18.8

LAS TASAS DE INTERES REALES EN ARGENTINA

En la Nota complementaria 18.5 se señaló el alto nivel que tienen las tasas de interés en Argentina. Ello queda aún más de relieve si se analizan sus valores en términos reales.

El gráfico adjunto ilustra la evolución de la tasa real de interés activa, usando como deflactor el promedio de las variaciones del índice de precios al consumidor y del índice de precios al por mayor no agropecuario nacional.

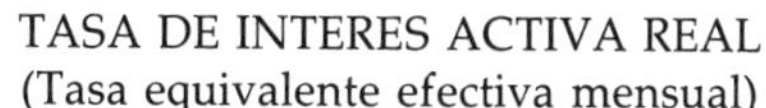

TASA DE INTERES ACTIVA REAL
(Tasa equivalente efectiva mensual)

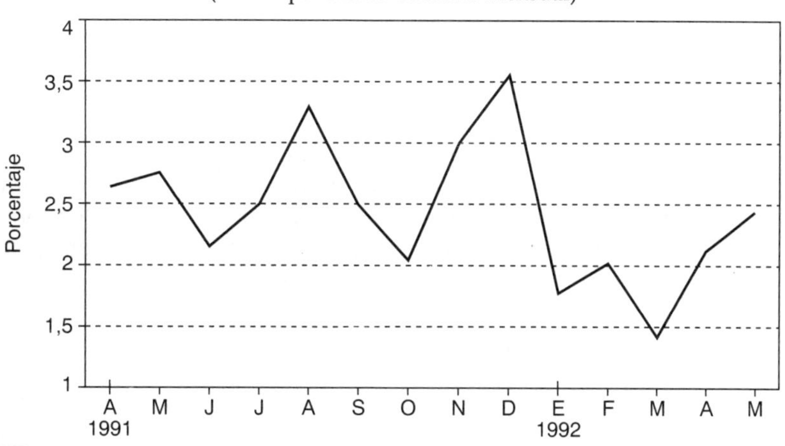

FUENTE: *Indicadores Económicos*, BCRA. Julio de 1992.

mediario financiero, las cajas de ahorros tienden a equipararse a los bancos. En cualquier caso, están especializadas en la captación de fondos de los pequeños ahorristas a través de depósitos de ahorro instrumentados mediante libretas. La relativa estabilidad de sus pasivos les permite conceder préstamos a largo plazo en mayor proporción que la banca.

En Argentina, la única institución que figura bajo este rótulo es la Caja Nacional de Ahorro y Seguro, de propiedad del Estado Nacional.

4. Las compañías financieras

Las compañías financieras no están autorizadas a recibir depósitos en cuenta corriente o a la vista. En cambio, pueden recibir depósitos a plazo.

Los fondos recibidos de los depositantes pueden ser utilizados para conceder préstamos personales, invertidos transitoriamente en colocaciones fáciles liquidables o en valores mobiliarios.

5. Las cajas de crédito

Suelen estar creadas por cooperativas. Reciben depósitos a plazo y prestan sus fondos a pequeñas empresas y productores, profesionales, artesanos, empleados, obreros, particulares y entidades de bien público.

6. Sociedades de ahorro y préstamo para la vivienda u otros inmuebles

Reciben depósitos a plazo que deben destinar fundamentalmente a conceder créditos para la adquisición, construcción, ampliación, reforma, refección y conservación de viviendas u otros inmuebles.

A.2. LOS INTERMEDIARIOS FINANCIEROS NO MONETARIOS

De entre los intermediarios financieros no monetarios se van a comentar los aspectos más relevantes de los siguientes: las compañías aseguradoras, los fondos de jubilaciones y pensiones, los fondos comunes de inversión, las entidades de *leasing*, las entidades de *factoring* y las sociedades mediadoras en el mercado de dinero.

1. Las compañías aseguradoras

Las compañías aseguradoras emiten como activo financiero específico las pólizas de seguros, lo que les permite ofrecer determinadas indemnizaciones en el caso de que se produzca el evento asegurado. Estas compañías, a la espera de que se produzca el siniestro, han de constituir cuantiosas reservas que invierten en otros intermediarios financieros y en títulos de renta fija, tanto públicos como privados.

2. Los fondos de jubilaciones y pensiones

Los fondos de jubilaciones y pensiones, tanto públicos como privados, tienen como misión complementar o suplir los pagos que las Cajas de Jubilaciones efectúan después de la jubilación. Para ello, los asociados pagan, durante su vida laboral activa, aportaciones periódicas. El período que debe transcurrir hasta que tienen que realizar sus prestaciones les permite invertir en activos a largo plazo. Este tipo de entidades tiene una importancia relativa muy considerable en las economías occidentales o, en el caso de la economía argentina, están llamadas a tener un desarrollo importante.

3. Los fondos comunes de inversión mobiliaria

Los fondos comunes de inversión mobiliaria captan sus recursos mediante la emisión de cuotas-partes. Los recursos así obtenidos los invierten en títulos públicos y acciones, facilitando así el acceso del pequeño ahorrador al mercado de valores.

Las cuotas-partes son certificados de participación representativos de una parte del patrimonio del fondo, cuyo valor global fluctúa según las cotizaciones del mercado de los valores que integran la cartera.

4. Las entidades de *leasing*

Las entidades de arrendamiento financiero (*leasing*) se dedican a financiar en especie, cediendo a sus clientes bienes de equipo o inmuebles a cambio de una cuota periódica. Al término del contrato el bien en cuestión está totalmente amortizado, por lo que, si lo desea el cliente, puede adquirirlo por una pequeña cantidad residual.

5. Las entidades de *factoring*

Las entidades de *factoring* anticipan fondos a sus clientes a cambio de la cesión de sus deudas comerciales, cuyo cobro se gestiona y se garantiza. Se financian emitiendo títulos de renta fija y con créditos de otras instituciones.

6. Las sociedades mediadoras en el mercado de dinero

Estas sociedades mediadoras en el mercado de dinero están especializadas en la gestión de activos de alta liquidez, tales como Letras de Tesorería. Si se limitan a poner en contacto a compradores y vendedores se denominan *brokers,* mientras que si compran y emiten activos financieros se llaman *dealers.*

A.3. EL MERCADO DE VALORES: LA BOLSA (*)

Una de las formas de captar financiación que tienen las empresas es acudir a la Bolsa, emitiendo títulos que son comprados y/o vendidos en ésta. La Bolsa es un mercado (de valores o títulos) donde la oferta viene dada por las emisiones de nuevos valores y los deseos de venta de títulos ya existentes, y la demanda está constituida por los deseos de compra de tales valores.

En todo mercado de valores hay que distinguir entre el mercado *primario* o *de emisión* y el mercado *secundario* o *de negociación.* En el *mercado primario* se canaliza el ahorro hacia la inversión y se instrumenta a través de títulos y sus valores (públicos y privados). El *mercado secundario* tiene como finalidad potenciar el mercado primario dándole liquidez. Los que

---

(*) F. Mochón, G. Ancochea y A. Avila: *La economía española 1964-1987. Introducción al análisis económico.* McGraw-Hill, Madrid, 1988.

han invertido en el mercado primario pueden vender sus participaciones en el secundario sin ocasionar molestias a la actividad de las sociedades.

A la Bolsa, pues, acuden los ahorristas con la intención de colocar su dinero a cambio de una determinada rentabilidad o de la posibilidad de una ganancia, y los que habiendo invertido ya en un período anterior desean desprenderse de los valores ya adquiridos. Estas ventas pueden deberse a varias razones: consolidar una ganancia ya obtenida (cuando el precio de venta sea superior al de compra), desprenderse de una inversión poco productiva y cambiarla por otra más interesante, o consolidar una pérdida ante el temor de que el precio de venta sea cada vez menor que el de compra.

En cada Bolsa se define un índice general o conjunto que al final de cada sesión indicará si han prevalecido los deseos de compra (aumentará el índice) o de venta (disminuirá).

Los títulos que se emiten pueden ser de renta fija o renta variable. Los de renta fija (obligaciones, acciones preferidas y deuda pública) no son sino un préstamo con promesa de devolución del principal, más una renta fija en un plazo determinado. Los valores de *renta variable* (acciones) carecen de la seguridad de una renta futura, pero tienen la posibilidad de un mayor rendimiento.

El papel de las expectativas sobre lo que pueda ocurrir en el futuro es fundamental para entender el funcionamiento de la Bolsa. La buena marcha de la economía internacional y nacional, lo que ocurra en otras bolsas, las posibles intervenciones o actuaciones gubernamentales o la evolución de las empresas que cotizan determinan los deseos de compra y venta, y generan, en su caso, efectos de autoalimentación. Importantes subidas o bajadas en los índices son fáciles de explicar a posteriori, pero rara vez son predecibles.

CAPITULO 19

El Banco Central y la política monetaria

INTRODUCCION

De acuerdo con lo estudiado en el capítulo anterior, los bancos, al tratar de maximizar sus beneficios, tienden a hacer que la oferta monetaria aumente rápidamente en los años prósperos y que no crezca o lo haga muy escasamente durante las recesiones. Afortunadamente, tal como muestra la evidencia empírica, esto no es lo que ha ocurrido y en buena parte ello se ha debido al comportamiento de los bancos centrales.

Las autoridades económicas, a través de los bancos centrales, controlan los agregados monetarios, si bien éstos son variables instrumentales de las que se valen para tratar de alcanzar los objetivos últimos de la política económica. Precisamente en el Capítulo 24 se ofrece una síntesis del debate sobre la efectividad de la política económica. El presente capítulo introduce al lector en la problemática de la política monetaria y prepara el terreno para que en el capítulo siguiente se aborde la relación entre dinero, renta nacional y precios.

1. EL BANCO CENTRAL: FUNCIONES Y BALANCE

El Banco Central de la República Argentina es una entidad autárquica, siendo su capital propiedad del Estado. El Banco Central actúa como agente financiero del Estado. Las relaciones con el Poder Ejecutivo las mantiene por intermedio del Ministro de Economía, si bien no está sujeto a órdenes, indicaciones o instrucciones del Poder Ejecutivo.

La misión primaria y fundamental del Banco Central es preservar el valor de la moneda.

A través de la Superintendencia de Entidades Financieras y Cambiarias inspecciona y controla todas las instituciones financieras.

Las funciones del Banco Central

Las funciones estrictamente bancarias que desempeña el Banco Central se identifican fácilmente al analizar el Esquema del Balance del Banco Central (Esquemas 19.1 y 19.2) y son las siguientes:

1. Custodio y administrador de las reservas de oro y divisas.
2. Agente financiero del gobierno nacional.

Esquema 19.1. Funciones principales del Banco Central

1. Regulación de la circulación monetaria	• Emisión de billetes y moneda. • Retiro y canje de billetes y moneda.
2. Agente financiero del gobierno nacional	• Realizar las remesas y transacciones bancarias del gobierno nacional. • Recibir en depósito los fondos del gobierno nacional y de todas las reparticiones autárquicas, directamente o a través de los bancos. • Efectuar pagos por cuenta del gobierno nacional y de las reparticiones autárquicas, directamente o a través de los bancos. • Actuar por cuenta del gobierno nacional en la colocación de empréstitos públicos y en la atención de la deuda pública interna y externa.
3. Banco de bancos	• Custodia de sus reservas líquidas. • Otorgamiento de redescuentos por razones de iliquidez.
4. Operaciones de mercado abierto	• Compra y venta de valores públicos con fines de regulación. • Compra y venta de divisas.
5. Política cambiaria	• Venta de divisas requeridas para mantener la relación de convertibilidad. • Manejo y colocación de las reservas internacionales.
6. Superintendencia	• Autorización de nuevas entidades oficiales de las ya existentes. • Retiro de autorización para operar a entidades financieras. • Control del funcionamiento del sistema financiero a través de la Superintendencia de Entidades Financieras y Cambiarias.

3. Responsable de la política monetaria.
4. Banco de bancos.
5. Proveedor de dinero de curso legal.

1. Custodio y administrador de las reservas de oro y divisas

El Banco Central de la República Argentina es el encargado de la custodia y administración de las reservas oficiales externas del país, es decir, centraliza las reservas de *oro, divisas y otros activos externos* acumulados. Siendo las divisas una deuda de las instituciones bancarias extranjeras, esta partida equivale a un crédito concedido por el Banco Central al país extranjero.

Debe tenerse en cuenta que el concepto de divisa es más amplio que el de billete de banco extranjero ya que, por ejemplo, un pagaré a cobrar en Francia o un depósito en libras en un banco británico son también divisas.

Esquema 19.2. Balance del Banco Central

ACTIVO	PASIVO
Oro, divisas y otros activos externos **Créditos al gobierno nacional** — Valores públicos — Bonos consolidados del Tesoro Nacional — Recursos devengados sobre créditos al gobierno nacional **Financiamiento externo al gobierno nacional** **Créditos al sistema financiero del país** — Deudas de entidades financieras — Deudas de entidades financieras intervenidas — Deuda de entidades financieras en liquidación — Recursos devengados sobre deudas del sistema financiero del país **Otras cuentas del activo**	**Circulación monetaria** **Depósitos** — Depósitos de entidades financieras — Depósitos del gobierno nacional **Depósitos del gobierno nacional en moneda extranjera** **Otras obligaciones con el gobierno nacional** **Organismos internacionales** — Fondo Monetario Internacional **Otras obligaciones en moneda extranjera** **Otras cuentas del pasivo**

Dichas reservas se acrecientan, por ejemplo, por préstamos externos otorgados al gobierno nacional, cuyo importe se deposita en las arcas del Banco Central hasta que se haga uso de los mismos o por compras de divisas que el Banco hace en el mercado cambiario.

2. Agente financiero del gobierno nacional

El Banco Central es el agente financiero del gobierno nacional y en tal carácter realiza operaciones de cobro y de pago por cuenta de éste. También es el encargado de la emisión de valores públicos del gobierno nacional y de atender el servicio de la deuda pública nacional.

La reforma de la Carta Orgánica del Banco Central, aprobada por ley 24.144 en 1992, prohíbe expresamente conceder préstamos al gobierno nacional. Sólo puede comprar títulos de Tesorería a precios de mercado, sujeto a la restricción que el crecimiento de las tenencias de títulos públicos no puede superar el 10 % anual.

De este modo se procura evitar que el Banco Central financie los déficit del presupuesto nacional, como ocurriera en el pasado, factor que jugó un papel central en el desarrollo del proceso inflacionario argentino.

El rubro *créditos al gobierno nacional* del Esquema 19.2 refleja la deuda del Tesoro con el Banco Central en moneda nacional.

3. Responsable de la política monetaria

A través de distintos mecanismos el Banco Central controla la oferta monetaria, regulando para ello el comportamiento de los bancos comerciales (véase Apartado 3 de este capítulo).

Asimismo, puede comprar y vender en el mercado *valores públicos, divisas* y otros activos con el fin de regular el mercado monetario.

4. Banco de bancos

El Banco Central actúa como *banco de bancos* y financia marginalmente a la Banca, es decir, que los bancos pueden acudir a él para corregir situaciones transitorias de iliquidez.

Los redescuentos que el Banco Central puede otorgarles deben serlo sólo por un plazo no mayor de 30 días corridos y por montos limitados. Estas restricciones —impuestas en su nueva Carta Orgánica— tienen su origen en un uso abusivo de las líneas de redescuento que sirvió sólo para postergar el cierre de bancos con problemas patrimoniales importantes.

Estas limitaciones legales han recortado sobremanera el rol del Banco Central como *prestamista de última instancia* (véase Nota complementaria 19.1) ante la existencia de bancos en dificultades. El rubro *créditos al sistema financiero del país* es el que refleja los préstamos vigentes del Banco Central a los bancos oficiales y privados del país.

5. Proveedor de dinero de curso legal

El Banco Central es el encargado de la emisión de los billetes y monedas que constituyen la *circulación monetaria.*

De acuerdo a la Ley de Convertibilidad el Banco Central sólo puede emitir efectivo contra compra de divisas en el mercado cambiario, ya que en todo momento debe mantener un 100 % de respaldo de la base monetaria (circulación monetaria más depósitos a la vista de las entidades financieras en el Banco Central) en oro, divisas y otros activos externos.

Asimismo, el Banco Central retira de circulación los pesos que recibe a cambio de las divisas que vende en el mercado cambiario. En efecto, toda vez que la demanda exceda a la oferta de divisas el Banco Central está obligado a intervenir abasteciendo al mercado cambiario a la relación de un dólar por peso.

Los rubros *créditos al gobierno nacional* y *créditos al sistema financiero del país* representan los activos que posee el Banco Central sobre la Tesorería General de la nación y sobre las instituciones financieras, respectivamente.

■ **El pasivo**

Como se recoge en el Esquema 19.2, los pasivos del Banco Central son fundamentalmente dos: el efectivo (billetes y monedas) y los depósitos, tanto de los bancos comerciales y del gobierno nacional.

Los billetes y moneda en poder del público son una obligación del Banco Central. Bajo el régimen de convertibilidad tienen su contrapartida en las reservas de divisas y otros activos externos en poder de aquella institución.

La tendencia moderna ha sido desvincular la emisión de dinero del respaldo en oro y divisas. Es decir, en la mayoría de los países el dinero es dinero fiduciario (véase Capítulo 18) cuyo valor sólo está respaldado por la confianza de que continuará teniendo valor en el futuro.

Estados Unidos, en 1971, fue uno de los últimos países occidentales que desvinculó totalmente su moneda del respaldo en oro.

Argentina, por el contrario, luego de la experiencia vivida de procesos hiperinflacionarios, optó por establecer un régimen de convertibilidad de la moneda local en dólares como forma de restaurar la confianza en el valor de su signo monetario.

Los *depósitos de las entidades financieras* constituyen la parte de sus reservas que éstos mantienen depositadas en el Banco Central.

Los *depósitos del gobierno nacional* se vinculan con el rol del Banco Central como agente financiero de aquél.

Por otra parte, el Banco Central es el cajero del sistema bancario, esto es, los bancos mantienen depósitos en el Banco Central que son parte de sus reservas y pueden apelar a ellos si requieren de efectivo. La cuenta *Depósitos de entidades financieras* refleja dichas colocaciones en el Banco Central.

El balance del Banco Central

Al comentar las funciones del Banco Central se han analizado los principales rubros de su balance. Ahora vamos a formular algunos comentarios adicionales sobre algunos de ellos.

■ **El activo**

La primera partida del activo la constituye el *oro, divisas y otros activos externos.* Como veremos en el Capítulo 25, durante buena parte del siglo XIX y hasta casi la mitad del presente siglo, la mayoría de los países occidentales tenían un *patrón oro*. Bajo el patrón oro los bancos comerciales estaban obligados a comprar y vender oro a un precio fijo expresado en sus monedas. En otras palabras, el valor del efectivo se definía en función de una determinada cantidad de oro.

Durante esta época los bancos centrales debían mantener una determinada cantidad de oro en forma de reservas para poder cumplir su obligación de cambiar billetes por oro.

En la actualidad el oro no está en circulación como dinero y, de hecho, no desempeña ningún papel monetario. De todas maneras, el Banco Central posee una determinada cantidad de oro y, como tal, aparece reflejada en su balance.

Las normas establecidas por la Ley de Convertibilidad han instaurado, de hecho, un régimen de *patrón dólar* en la medida que el Banco Central está obligado a cambiar moneda nacional por dólares a una relación fija.

2. LA BASE MONETARIA, LA OFERTA MONETARIA Y EL MULTIPLICADOR DEL DINERO

LA BASE MONETARIA Y LA OFERTA MONETARIA

Del balance ajustado del Banco Central recogido en el Esquema 19.2 puede deducirse el concepto de base monetaria o dinero de alta potencia. La *base monetaria* se define como la suma total de efectivo (billetes y monedas) más los depósitos de los bancos en el Banco Central, o bien como la suma del efectivo en manos del público más las *reservas* o *activos líquidos* del sistema bancario, siendo estos últimos igual a la suma del efectivo en los bancos y los depósitos de éstos en el Banco Central. Resulta, pues, que la base monetaria está integrada por los pasivos monetarios del Banco Central en poder de particulares y bancos.

Dada la identidad contable entre activo y pasivo del balance, otra forma de presentar el concepto de base monetaria es la siguiente: total de los activos en poder del Banco Central menos sus pasivos no monetarios.

$$\textbf{Base monetaria} = \textbf{Total activos del Banco Central} - \textbf{Pasivos no monetarios del Banco Central}$$

Los pasivos no monetarios del Banco Central están constituidos fundamentalmente por los depósitos que el sector público mantiene en el Banco Central, más los fondos propios de éste.

Definición analítica de base monetaria

A partir del balance del Banco Central y ordenando convenientemente distintas partidas en activo y pasivo, la base monetaria puede expresarse como sigue:

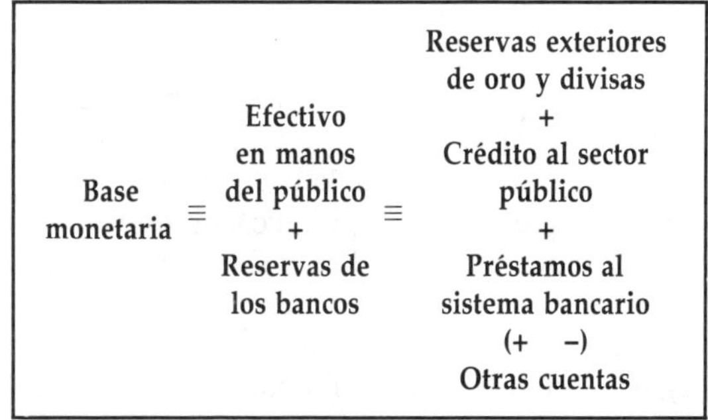

Resulta, pues, que la base monetaria tiene como contrapartida las reservas de oro y divisas en poder del Banco Central, los préstamos de éste al sector público y a los bancos, y otras cuentas.

De la anterior definición de la base monetaria se deduce que toda expansión de los activos del Banco Central, tanto si ésta se produce vía incremento de las reservas de divisas, aumento del crédito al sistema bancario o incremento del crédito al sector público, sin que tenga lugar una variación de los pasivos no moneta-

Nota complementaria 19.1

EL ROL DEL BANCO CENTRAL COMO PRESTAMISTA DE ULTIMA INSTANCIA

El rol de prestamista de última instancia que debe cumplir el Banco Central fue puesto a prueba en 1980 con motivo del cierre del Banco de Intercambio Regional (BIR), la entidad que a la sazón encabezaba el *ranking* de bancos privados del país.

El anuncio de la liquidación del BIR desató una «corrida bancaria», esto es, los depositantes optaban por retirar sus depósitos a plazo fijo a su vencimiento. Dado que el grueso de las colocaciones se hacía a plazos entre 7 y 30 días, en un mes los particulares estaban en condiciones de convertir en efectivo gran parte de la masa de depósitos a plazo.

El Banco Central puso en vigencia un régimen de adelantos para atender situaciones originadas por la reducción de los depósitos. Ello posibilitó a las entidades hacer frente a las disminuciones en el nivel de sus pasivos. Ello, junto con el restablecimiento pleno de la garantía de los depósitos —que había sido disminuida poco antes de la crisis del BIR—, devolvió la confianza a los ahorristas y el nivel de depósitos se fue recuperando.

rios, conduciría a una expansión de la base monetaria. Este incremento de la base monetaria implicaría un aumento de los activos líquidos del sistema bancario siempre que dicho aumento de la base no se haya traducido únicamente en una elevación del efectivo en manos del público.

Asimismo, toda disminución de los pasivos no monetarios del Banco Central sin modificación de los activos en su poder conduce también a una expansión de la base monetaria. Supóngase que el sector público convierte parte de sus depósitos en el Banco Central en dinero legal en circulación para hacer frente a compromisos de pago; parte de este nuevo dinero legal en circulación se quedará en manos del público y parte irá también a depositarse en las cajas del sistema bancario, aumentándose en cualquier caso la base monetaria.

Factores de creación de la base monetaria

De la propia definición presentada de base monetaria puede afirmarse que la base monetaria experimentará una expansión, esto es, que se creará base monetaria, cuando tenga lugar alguno o algunos de los siguientes fenómenos:

- Los *superávit de la balanza de pagos,* en cuanto representan un aumento de las reservas exteriores (véase Capítulo 24).
- Los *déficit presupuestarios,* en cuanto se financien mediante la emisión de billetes, se traducen en un aumento del crédito en cuenta corriente del Tesoro. Como queda dicho, en Argentina esta alternativa se encuentra expresamente prohibida a partir de la Reforma de la Carta Orgánica del Banco Central de 1992.
- La *compra de títulos de deuda pública.* Este tipo de transacciones se suelen denominar *operaciones de mercado abierto.* Una operación de mercado abierto tiene lugar cuando el Banco Central compra o vende títulos del Estado en los mercados financieros. En particular, la compra de títulos supone incrementar la liquidez existente en el sistema.
- Los *aumentos del crédito al sistema bancario.* El Banco Central puede incrementar el crédito a los distintos intermediarios financieros bancarios facilitándoles la cobertura de los coeficientes legales.

Factores de absorción de base monetaria

Por otro lado, una absorción o destrucción de base monetaria ocurre cuando se presentan alguno o algunos de los siguientes acontecimientos:

- Los *déficit de la balanza de pagos,* ya que éstos implican una salida de divisas.
- Los *superávit presupuestarios,* en cuanto suponen una reducción del crédito al sector público.
- La *venta de títulos de deuda pública,* pues ésta supone un drenaje de liquidez; los individuos se quedan con títulos y el Banco Central con dinero.
- La *disminución del crédito al sistema bancario.* El Banco Central, como veremos en el apartado siguiente, puede endurecer las condiciones en que concede crédito a los intermediarios financieros en función de sus objetivos de política monetaria.

La base monetaria: factores autónomos y controlables

De entre los factores explicativos de la variación de la base monetaria, ni los déficit o superávit de la balanza de pagos o del presupuesto público, esto es, ni el sector exterior ni el sector público son controlables por la autoridad monetaria, por lo que suelen considerarse como «autónomos». Ante ellos el Banco Central tiene una posición pasiva. El crédito al sistema bancario sí es, sin embargo, controlable por el Banco Central, e influyendo sobre él tratará de mantener la base monetaria en los niveles que considera adecuados. Como se ha señalado, el Banco Central también puede adoptar una actitud activa ante la compra o venta de títulos de deuda pública.

Según lo visto, existen dos tipos de factores de creación de base monetaria:

a) Los *factores autónomos,* llamados así porque su actuación no se controla directamente por el Banco Central. Estos factores son el *sector público* y el *sector exterior.*

b) Los *factores controlables,* denominados así porque, mediante su manipulación, la autoridad monetaria puede influir sobre la evolución de la base monetaria. Estos son: el *crédito al sistema bancario,* factor que controla directamente el Banco Central, disminuyéndolo cuando considera que la base monetaria es excesiva, y la compra o venta de títulos públicos, cuando desea aumentar o reducir la base monetaria.

La evolución de los activos líquidos del sistema bancario como componente de la base monetaria dependerá, pues, de cuál haya sido la evolución de los factores autónomos de creación de liquidez y la actuación compensatoria o no del Banco Central a través del crédito al sistema bancario, de la compra y venta de títulos públicos y de cómo haya evolucionado el efectivo en manos del público.

El Esquema 19.3 contiene un resumen de lo tratado, ya que presenta una definición de base monetaria distinguiendo entre los factores que contribuyen a su creación (del 1 al 4), esto es, sector exterior, sector público y créditos al sistema bancario, y los que reflejan su absorción o usos (6 y 7); estos últimos son el efectivo en manos del público y las reservas de los bancos.

EL MULTIPLICADOR DEL DINERO

Para establecer la relación entre base monetaria y oferta monetaria vamos a expresar analíticamente la definición de ambos conceptos. Si se denota la oferta monetaria por M, la base monetaria por B, el efectivo en manos del público por E, el total de los depósitos, esto es, depósitos a la vista, más depósitos de ahorro, más depósitos a plazo por D y las reservas o activos líquidos del sistema bancario por L, las definiciones de oferta monetaria y base monetaria se expresan como sigue:

$$\textbf{Oferta monetaria} = \textbf{Efectivo en manos del público} + \textbf{Depósitos en el sistema bancario}$$

$$M = E + D \quad (1)$$

Esquema 19.3. Base monetaria: factores de creación y de absorción

1. Sector exterior 2. Sector público 3. Préstamo al sistema bancario 4. Otros factores	Factores de creación o destrucción
5. Base monetaria (5 = 1 + 2 + 3 + 4 = 6 + 7)	
6. Efectivo en manos del público 7. Reservas de los bancos	Usos

$$\textbf{Base monetaria} = \textbf{Efectivo en manos del público} + \textbf{Reservas de los bancos}$$

$$B = E + L \quad (2)$$

Dividiendo la ecuación (1) por la (2) y multiplicando ambos miembros por la base monetaria B resulta que:

$$M = \frac{E + D}{E + L} \cdot B \qquad (3)$$

Si el numerador y el denominador del quebrado de la ecuación (3) se dividen por D, y si se denota la proporción entre el efectivo y depósitos totales mantenida por el público, E/D, por e y, mediante l, el coeficiente de reservas del sistema, esto es, la relación L/D, resultará la siguiente relación entre la oferta monetaria y la base monetaria:

$$M = \frac{E/D + 1}{E/D + L/D} \cdot B = \frac{e + 1}{e + l} \cdot B$$

El *stock* de dinero y la base monetaria están, pues, relacionados funcionalmente, dependiendo la cuantificación de dicha relación de los hábitos del público, a través del cociente entre efectivo y los depósitos que desean tener los individuos, esto es, del coeficiente e, y de la conducta de los bancos sintetizada por el coeficiente de reservas l (Figura 19.1).

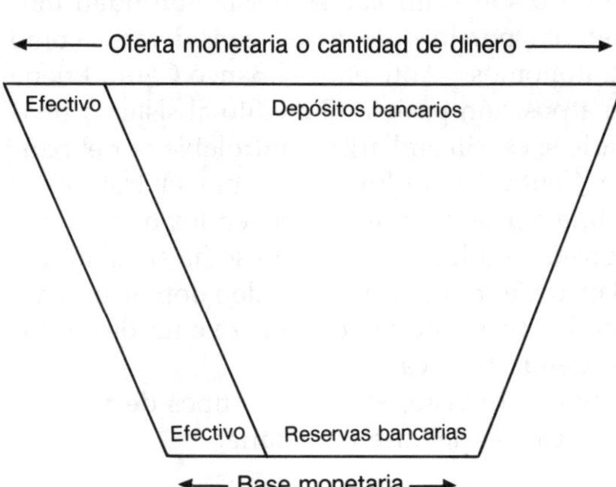

Figura 19.1. La oferta y la base monetaria.

La relación existente entre la oferta monetaria y la base monetaria establecidas algebraicamente en las ecuaciones (1) a (3) del texto se recoge gráficamente en la presente figura. Dado que el multiplicador monetario es mayor que la unidad, la oferta monetaria es un múltiplo de la base monetaria.

Nota complementaria 19.2

EL RESPALDO DE LA BASE MONETARIA

La Ley de Convertibilidad exige que la base monetaria tenga en todo momento un 100 % de respaldo en oro, divisas y otros activos externos.

En el cuadro adjunto se detalla la evolución experimentada por dicho respaldo, su composición y su relación con los niveles de la base monetaria.

BANCO CENTRAL: ACTIVOS EN MONEDA EXTRANJERA
(Millones de dólares a valor de mercado)

	27-3-91	31-3-92	31-5-92	30-6-92	31-7-92
Oro	1.546,8	1.484,8	1.458,8	1.484,8	1.545,4
Billetes	27,9	25,9	135,3	39,2	12,1
Dep. Cta. Corr.	53,6	798,7	461,9	129,3	117,5
Coloc. Vista	373,3	138,1	249,2	196,2	244,2
Coloc. Plazo	2.008,7	5.580,9	6.991,4	7.520,4	8.189,2
ALADI Neto	609,4	0,0	23,7	−90,6	−196,9
BONEX	180,1	0,0	1.086,1	971,8	875,9
Otros	0,0	0,0	40,9	38,9	36,5
Total	**4.799,8**	**8.028,4**	**10.447,3**	**10.290,0**	**10.823,9**
Base Monetaria *	**4.317,0**	**8.485,4**	**9.329,0**	**9.826,0**	**10.279,0**

* Promedio mensual de saldos diarios (en millones de pesos).

FUENTE: *Ambito Financiero,* 16 de septiembre de 1992, y datos del BCRA.

Resulta, además, que la cantidad de dinero es el resultado de multiplicar la base monetaria por un quebrado, y dado que el coeficiente l, esto es, el cociente reservas/depósitos, es siempre menor que la unidad, ese quebrado es mayor que la unidad. Por tanto, la cantidad de dinero existente es un múltiplo de la base monetaria. Habría que pasar de $M = m \cdot B$ a $\Delta M = m \cdot \Delta B$. Este múltiplo, mediante el cual una variación de la base monetaria influye en la cantidad de dinero, se denomina *multiplicador monetario.*

- ***El multiplicador monetario*** **indica cuánto varía la cantidad de dinero por cada peso de variación en la base monetaria.**

$$\text{Cantidad de dinero} = \text{Multiplicador de dinero} \times \text{Base monetaria}$$

■ Los factores determinantes del multiplicador de dinero

El multiplicador del dinero, m, es mayor cuanto menor sea el coeficiente de reservas de los bancos y menor el cociente entre el efectivo y los depósitos que quieran tener los individuos. Lógicamente, cuanto mayor sea el multiplicador mayor será el efecto sobre la cantidad de dinero de un incremento de la base monetaria (véase Nota complementaria 19.4).

Esta relación entre la base monetaria y la oferta monetaria se corresponde con una explicación más completa del proceso de expansión múltiple del dinero bancario presentado en el capítulo anterior. Para simplificar la exposición se supuso que el público no mantenía efectivo, es decir, que el coeficiente *e* de la ecuación (3) era igual a cero. Así, se entiende ahora mejor por qué se llama base monetaria a las deudas del Banco Central integradas por la suma del efectivo más las reservas, ya que son los elementos que ponen en marcha el proceso: el Banco Central pone la *base* sobre la que se edifica un volumen de dinero y crédito mucho mayor, dependiendo el resultado del multiplicador, esto es, de los coeficientes *e* (efectivo/depósitos) y *l* (reservas/depósitos).

■ **El multiplicador: un ejemplo simplificado**

Un ejemplo simplificado de la incidencia del multiplicador sobre la oferta monetaria es el recogido en el Cuadro 19.1. La simplificación consiste en que, de nuevo, hemos supuesto que el coeficiente efectivo/depósitos es igual a cero. En el ejemplo considerado se supone que el Banco Central concede préstamos al sistema bancario por una cuantía de 10 millones de pesos. Inicialmente, la totalidad del préstamo figura como reservas de los bancos en el Banco Central, siendo éstos los datos que figuran en el balance del mismo. Los bancos comerciales, a partir de esta cantidad inicial de reservas y en virtud del proceso de expansión múltiple del crédito analizado en el capítulo anterior, generan un volumen final de depósitos que es un múltiplo del préstamo concedido por el Banco Central al sistema bancario. En el ejemplo considerado en el Cuadro 19.1 se ha supuesto que el multiplicador del dinero es 2 (en línea con la información contenida en la Nota complementaria 19.4). De esta forma, si el multiplicador es 2 y si la variación de la base monetaria, esto es, de los préstamos al sistema bancario es de 10 millones de pesos, el incremento de la oferta monetaria, es decir, de los depósitos de los clientes, será de 20 millones de pesos.

Cuadro 19.1. Los préstamos a los bancos y el multiplicador del dinero ($m = 2$) (1)

BANCO CENTRAL	
Activo (*)	**Pasivo (*)**
Préstamos a los bancos 10	Reservas de los bancos 10

(*) Millones de pesos.

SISTEMA BANCARIO		
Activo (*)		**Pasivo (*)**
Reservas	10	Depósitos de clientes 20
Préstamos	10	

(*) Millones de pesos.

(1) A partir de los datos de la economía real en el caso de la economía argentina se supone que el multiplicador es 2.

3. EL CONTROL DE LA OFERTA MONETARIA

Una de las variables cuya evolución preocupa especialmente a las autoridades monetarias es la cantidad de dinero u oferta monetaria. Para controlar la evolución de dicha variable, el Banco Central puede recurrir básicamente a tres instrumentos:

- la manipulación de los encajes legales,
- las operaciones en el mercado abierto, y
- los redescuentos (Esquema 19.4).

La manipulación de los encajes legales

La autoridad monetaria puede influir sobre la oferta monetaria manipulando los encajes legales. Los encajes legales son los porcentajes que sobre sus pasivos las entidades financieras han de cubrir normalmente con depósitos en el Banco Central, siendo el más significativo el *efectivo mínimo*. Así, si la autoridad monetaria

Esquema 19.4. El control de la creación de dinero

El Banco Central regula la cantidad de dinero a través de los siguientes instrumentos:

- **Manipulación de los encajes legales:** Si se reduce la proporción de dinero que los bancos están obligados a mantener, éstos pueden prestar más, aumentando la cantidad de dinero.
- **Las operaciones de mercado abierto:** Suponen la compra o venta de deuda pública. Cuando el Banco Central compra deuda pública, se incrementa la cantidad de dinero.
- **Redescuentos:** Son las cantidades que el Banco Central presta a muy corto plazo a los bancos para cubrir deficiencias de caja.

reduce el coeficiente de efectivo mínimo, la oferta monetaria aumentará, y lo contrario ocurrirá si dicho coeficiente se incrementa. Debe señalarse, sin embargo, que tanto el comportamiento de los individuos como el de los bancos sufren fluctuaciones, por lo que no puede predecirse con exactitud el impacto de las alteraciones del coeficiente de efectivo mínimo sobre la oferta monetaria, aunque sí el sentido de la variación.

Si bien la alteración en el coeficiente de efectivo mínimo puede parecer como la forma más directa de controlar la oferta monetaria, no es así como los bancos centrales suelen actuar para lograr que la oferta monetaria se expanda o se contraiga, ya que su frecuente modificación tiene efectos perjudiciales sobre el comportamiento de las instituciones financieras.

Las operaciones de mercado abierto

Otro procedimiento para manipular la oferta monetaria se basa en las denominadas *operaciones de mercado abierto.*

- **La *operaciones de mercado abierto* son la compra y venta de títulos públicos por parte del Banco Central.**

Para explicar el funcionamiento de las operaciones de mercado abierto supóngase que el Banco Central considera que la oferta monetaria debe expandirse y no cree oportuno alterar el coeficiente de efectivo mínimo. Una posibilidad es comprar bonos o letras del Tesoro a las instituciones financieras y los particulares. Supóngase que se decide comprar bonos por valor de 2 millones de pesos y que los vendedores son los bancos. El Banco Central pagará esos títulos entregándoles a los bancos 2 millones de pesos. Resultará, por tanto, que si los bancos mantenían inicialmente sólo las reservas requeridas, tendrán ahora 2 millones de pesos en exceso, lo que dará lugar a un proceso de expansión múltiple del crédito en la forma antes comentada.

El procedimiento seguido cuando el Banco Central desea contraer la oferta de dinero es justamente el contrario al explicado, esto es, vender bonos a las instituciones financieras, lo que reduce las reservas de los bancos, ya que éstos para pagar los títulos tienen que reducir sus depósitos en el Banco Central. De esta forma se pone en marcha un proceso de reducción múltiple de la oferta monetaria.

Cuando se recurre a las operaciones de mercado abierto para controlar la oferta monetaria, también resulta difícil precisar con exactitud el impacto sobre la oferta monetaria. En condiciones normales y de acuerdo con la experiencia se pueden realizar, sin embargo, estimaciones bastante acertadas de los impactos últimos de una compra de títulos. En épocas de cambios profundos esta posibilidad resulta bastante más remota, pues tanto los bancos como los individuos pueden alterar su comportamiento y mantener más o menos reservas de lo previsto.

Redescuentos de regulación monetaria

El Banco Central puede suministrar dinero con garantías reales a los distintos intermediarios financieros bancarios por plazos cortos para que éstos puedan cubrir deficiencias en las reservas de efectivo mínimo.

El tipo de interés al que el Banco Central presta el dinero depende de varios factores, pero podemos afirmar que, en la medida en que se eleve, los intermediarios financieros frenarán la concesión de créditos a sus clientes y destinarán los nuevos fondos de sus cuentas de pasivo (nuevos depósitos) a cubrir los requerimientos de efectivo mínimo, para no acudir a los préstamos del Banco Central. De esta manera, los redescuentos se configuran como un instrumento clave de la política monetaria, puesto que sirven para que el Banco Central cumpla los objetivos monetarios y económicos fijados por el gobierno, obligando al sistema bancario a comportarse en el sentido deseado.

La cantidad de dinero y el Banco Central

Tal como se ha señalado, la cantidad de dinero M la determina el Banco Central. Estableciendo el coeficiente de reservas, las operaciones de mercado abierto y a través de los redescuentos, el Banco Central determina el nivel de reservas y la oferta monetaria.

Los bancos y los individuos colaboran en este proceso. Los bancos crean dinero a partir de las reservas mediante el proceso de expansión múltiple ya comentado. El público participa en el proceso manteniendo dinero en forma de depósitos en el sistema bancario.

El Banco Central, mediante los instrumentos señalados, controla el proceso y, con un margen de error aceptable, determina la oferta monetaria.

4. EL MERCADO MONETARIO

Para abordar el mercado monetario debemos estudiar conjuntamente la oferta y la demanda de dinero.

LA DEMANDA DE DINERO O PREFERENCIA POR LA LIQUIDEZ

• **La *demanda nominal de dinero* es la cantidad de pesos que desean tener los individuos y las empresas.**

Desde el punto de vista de las economías domésticas, la demanda de dinero se entiende dentro de la decisión general de distribuir la riqueza entre diversos activos alternativos tales como acciones, obligaciones, bienes de consumo duraderos, etc.

• **La *demanda de dinero* es la proporción de riqueza que los agentes económicos desean mantener en forma de dinero.**

Motivos por los que se demanda dinero

A la hora de justificar la demanda de dinero, tradicionalmente se ofrecen tres razones o motivos:

a) transacción
b) precaución
c) especulación

a) La gente demanda dinero porque lo necesita como medio de cambio para realizar sus *transacciones,* esto es, para llevar a cabo sus compras diarias de bienes y servicios.

b) El dinero también se demanda por *precaución,* para hacer frente a contingencias e imprevistos. En este caso la demanda de dinero nace de la incertidumbre que rodea a los acontecimientos futuros.

c) Un tercer motivo para demandar dinero es el *especulativo,* esto es, para poder aprovechar los cambios en los precios de los activos. Bajo esta última hipótesis, la demanda de dinero se alterna con la de títulos valores según cual sea el precio de éstos y las expectativas de su evolución futura, con el propósito de conseguir *ganancias de capital* o evitar *pérdidas de capital* por saber mejor que el mercado lo que el futuro traerá consigo.

• **Las ganancias (o pérdidas) de capital son los aumentos (o reducciones) del precio de un activo.**

Nota complementaria 19.3

LOS FACTORES DE CREACION DE BASE MONETARIA

En el siguiente cuadro recogemos la evolución de los factores, tanto autónomos como de control, de creación de base monetaria por la autoridad monetaria argentina para el período especificado (en porcentajes).

AÑOS	FACTORES DE CREACION (en %)				BASE MONETARIA
	Sector externo (neto) 1	Sector público (neto) 2	Sector crediticio (neto) 3	Otros factores 4	5 = 1 + 2 + 3 + 4
1980	−55,3	64,1	82,2	−12,0	79,0
1982	−70,0	129,5	850,4	−165,9	744,0
1984	−27,1	337,2	410,3	−284,8	435,5
1986	−3,8	109,5	165,8	−236,8	34,7
1988	235,1	956,4	1.348,9	−2.122,6	417,8
1990	216,2	1.012,2	3.675,2	−4.022,8	880,7

FUENTE: CEPAL, en base a datos del BCRA.

Así, si un individuo prevé que el precio de unas acciones que posee va a reducirse en un futuro próximo, venderá esos títulos incrementando su demanda de dinero antes de que el valor de sus acciones descienda.

Variables explicativas de la demanda de dinero

Al aceptar el motivo transacción como uno de los determinantes de la demanda de dinero se admite implícitamente que esta depende de dos variables: el nivel de precios y la renta real.

El público, además de demandar dinero como medio de pago, para gastarlo, comprando bienes y servicios, también lo demanda por motivo de oportunidad o especulación. Desde esta perspectiva, a las dos variables antes señaladas como explicativas de la demanda de dinero hay que añadir el tipo de interés.

■ La demanda de dinero y los precios

La cantidad nominal de dinero demandada varía cuando se alteran los precios, pues, como hemos señalado, el dinero se emplea para comprar bienes y servicios. Así, piénsese, por ejemplo, que una persona para atender a los gastos de la semana demanda un saldo monetario de 500 pesos. Supongamos ahora que se duplican todos los precios, así como la renta nominal del individuo. Dado que se alteran en la misma proporción los precios y la renta, el individuo deseará y podrá comprar los mismos bienes y servicios que antes, con la única diferencia de que ahora le costarán el doble.

Si ante la citada alteración de los precios y de la renta el individuo mantiene el mismo saldo monetario de 500 pesos, sólo podrá adquirir la mitad de bienes y servicios que antes. Así, si antes de la subida de los precios, con los 500 pesos tenía suficiente para atender las compras de siete días, ahora sólo podrá realizar las correspondientes a tres días y medio. Por tanto, para hacer frente a los gastos de la semana sin tener que ir dos veces al banco, el individuo duplicará la cantidad de dinero que posee.

Resulta, pues, que cuando varían el nivel de precios y la renta nominal en la misma proporción, los individuos ajustan la cantidad nominal de dinero que poseen con objeto de mantener el mismo poder adquisitivo del dinero, pues éste se mide por la cantidad de bienes y servicios que pueden comprarse con él.

Dado que un aumento del nivel de precios eleva la demanda de saldos nominales proporcionalmente, pero no altera la demanda real de dinero, podemos afirmar que la demanda de dinero es una demanda de *saldos reales.*

- **Se considera *saldos reales* al valor de las posesiones de dinero medido en función de su poder adquisitivo.**

La diferencia entre saldos reales y saldos nominales podemos expresarla escribiendo:

$$\text{Saldos reales de dinero} = \frac{\text{Saldos nominales de dinero}}{\text{Nivel de precios}} \times 100$$

Resulta, por tanto, que cuando se destaca el hecho de que el dinero se posee para financiar el gasto, se explicita la relación entre la demanda de dinero y los precios.

■ La demanda de dinero y la renta real

Una vez analizada la incidencia de los precios sobre la demanda de dinero medida como saldos reales, vamos a centrarnos en el efecto de una alteración de la renta real. En este sentido, resulta que un aumento de la renta real eleva el nivel de gasto, lo que implica un aumento de la demanda de saldos reales. La justificación de este hecho descansa en que si no se financiara este mayor volumen de gasto con unos saldos reales más elevados surgirían molestias e inconvenientes en la gestión de la cuenta bancaria. En otras palabras, los individuos deberían ir con más frecuencia al banco de lo que acostumbraban.

■ La demanda de dinero y el tipo de interés

La relación entre la demanda de dinero y el tipo de interés es inversa, y se basa en el hecho de que los individuos poseen dinero en lugar de cualquier otro activo. Tal como antes señalamos, los individuos también demandan dinero por el motivo *especulación,* de forma que la cantidad de dinero que deciden poseer depende, además de la cantidad que planean gastar, de los costos y los beneficios de mantener dinero. El costo de oportunidad que para el público supone mantener dinero se evidencia al pensar que existen muchos activos financieros que los individuos pueden mantener en vez de dinero y que éstos se diferencian en el tipo de interés que ofrecen. Así, si un individuo prevé que el precio de unas acciones va a reducirse en un futuro próximo, venderá esos títulos, incrementando con ello su demanda de dinero, antes de que el valor de sus acciones descienda.

Tal como indicamos en el Capítulo 14, los tipos de interés varían según las clases de prés-

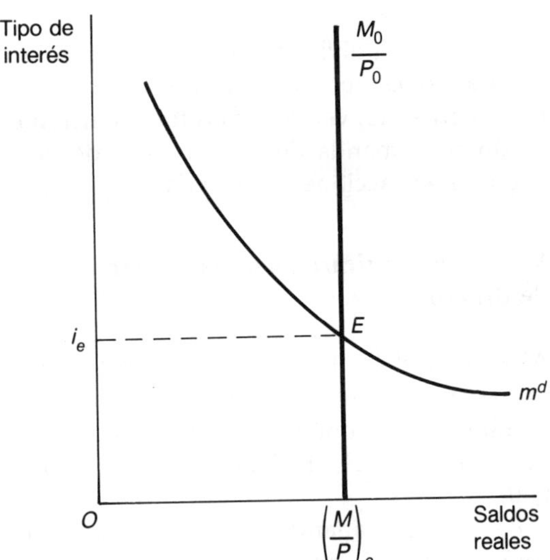

Figura 19.2. El mercado monetario.

De acuerdo con lo establecido en el texto suponemos que la curva de demanda de dinero tiene una inclinación decreciente mientras que la curva de oferta es vertical.

tamos realizados, esto es, según el tipo de activo financiero de que se trate. Así, el tipo de interés de un depósito a la vista es inferior que el ofrecido por un bono, debido a que el depósito a la vista tiene una liquidez mucho mayor.

Para simplificar la explicación vamos a agrupar todos los activos no monetarios bajo la denominación común de *bonos*, siendo el *interés* el rendimiento que obtienen los poseedores de estos activos.

Téngase en cuenta que cuando una empresa o, en general, una entidad vende un bono, en realidad lo que recibe es un préstamo del comprador y a cambio se compromete a pagarle regularmente un interés.

Bajo esta perspectiva, el *costo de oportunidad* de mantener dinero es la cantidad de intereses a los que se renuncia por tener dinero en lugar de bonos. En términos más generales, esto es, recordando que los depósitos son dinero, el costo de oportunidad de poseer dinero es la diferencia entre el tipo de interés de los bonos y el del dinero.

En el ejemplo antes considerado, si el tipo de interés por un depósito a la vista es el 2 % y el de un bono es el 10 %, el costo de oportunidad del dinero es un 8 %.

De lo señalado se deduce que un aumento del costo de oportunidad de poseer dinero, esto es, un aumento del tipo de interés del bono, reduce la demanda de saldos reales, mientras que una disminución de dicho costo incrementará la demanda de saldos reales. En la Nota complementaria 19.6 se explicita, mediante un ejemplo numérico, la relación existente entre precio de los bonos, tipo de interés y demanda de dinero.

LA OFERTA MONETARIA Y EL EQUILIBRIO EN EL MERCADO DE DINERO

Tal como vimos en el apartado anterior, dedicado al estudio de la oferta monetaria, el Banco Central determina la oferta de dinero, esto es, de saldos nominales. Si suponemos que los precios están dados, el control de la cantidad de saldos nominales se traduce en que el Banco Central también determina la oferta de saldos reales.

En términos gráficos (Figura 19.2) y bajo las citadas condiciones, la oferta monetaria, determinada por el Banco Central, vendrá representada por la recta vertical $\left(\frac{M_0}{P_0}\right)$.

Por lo que respecta a la demanda de dinero, si consideramos constantes el nivel de precios y el nivel de renta real, resulta que la cantidad demandada de saldos reales es mayor cuanto menor es el tipo de interés, es decir, cuanto menor es el costo de oportunidad de mantener dinero. Bajo estos supuestos, la relación entre la demanda de saldos reales y el tipo de interés viene recogida por la curva m^d (Figura 19.2). Como puede observarse, la curva de demanda de dinero o de preferencia por la liquidez, que liga la cantidad demandada de saldos reales con la tasa de interés, tiene pendiente negativa.

El equilibrio en el mercado de dinero se alcanza en un punto en que la cantidad demandada de saldos reales es igual a la ofrecida. En términos gráficos, esto ocurre en el punto *E* de la Figura 19.2.

5. LA POLITICA MONETARIA

• La *política* monetaria se refiere a las decisiones que las autoridades monetarias toman para alterar el equilibrio en el mercado de dinero, esto es, para modificar la cantidad de dinero o el tipo de interés.

Las políticas monetarias que aumentan la oferta monetaria, esto es, las políticas monetarias expansivas, reducirán el tipo de interés, mientras que las políticas monetarias que contraen la oferta monetaria, es decir, las políticas restrictivas, lo elevarán.

Si, dado un nivel de precios, el Banco Central compra títulos en el mercado abierto, reduce los coeficientes legales de reservas, o concede a los bancos nuevos créditos, determinará que la cantidad de dinero se incremente de for-

Nota complementaria 19.4

ESTIMACION DEL MULTIPLICADOR MONETARIO CON DATOS DE LA ECONOMIA ARGENTINA

De acuerdo con la estimación del multiplicador monetario efectuada con datos de la economía argentina en el período enero 1992/abril 1992 se infiere que la relación efectivo/depósitos ha oscilado entre 0,48 y 0,61 mientras que la relación reservas/depósitos lo ha hecho entre 0,36 y 0,43. Como resultado, el multiplicador ha variado entre un mínimo de 1,63 y un máximo de 1,72.

El multiplicador ha sido calculado para M_3 a partir de la expresión recogida en el texto:

$$m = \frac{e+1}{e+l}$$

donde m = multiplicador monetario,
e = relación efectivo/depósitos, y
l = relación reservas/depósitos.

EL MULTIPLICADOR MONETARIO

Período	Relación efectivo-depósitos (*e*)	Relación reservas-depósitos (*l*)	Multiplicador monetario (*m*)
Enero 91	0,48	0,39	1,70
Abril	0,48	0,43	1,63
Agosto	0,56	0,39	1,64
Diciembre	0,59	0,36	1,67
Enero 92	0,61	0,37	1,64
Abril	0,53	0,36	1,72

FUENTE: Elaboración propia en base a datos del BCRA.

ma que la función de oferta de dinero se desplazará hacia la derecha (Figura 19.3). En el caso de que la autoridad monetaria siguiera una política restrictiva empleando cualquiera de los tres procedimientos apuntados (venta de títulos públicos, incremento de los coeficientes legales o reducción de los préstamos concedidos a los bancos), y suponiendo de nuevo que los precios permanecen constantes, la curva de oferta de dinero se desplazaría hacia la izquierda y los tipos de interés se incrementarían (Figura 19.4).

Al margen del argumento gráfico, para comprender esta estrecha relación entre cantidad de dinero y tipo de interés piénsese que cuando, por ejemplo, el Banco Central, por cualquier procedimiento, aumenta la cantidad de dinero los bancos tienen más fondos para préstamos y, generalmente, reducirán los tipos de interés, lo que incidirá sobre la demanda de inversión y de consumo (Esquema 19.5).

Asimismo, el proceso de gasto del dinero creado también actúa reduciendo el tipo de interés, pues si parte del mismo se canaliza a la compra de títulos valores, el precio subirá y por tanto se reducirá el rendimiento, que es un

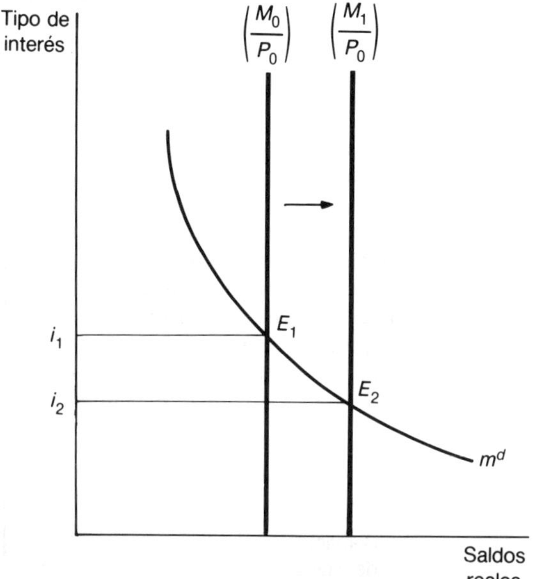

Figura 19.3. Política monetaria expansiva.

Los efectos de una política monetaria expansiva se concretan en un descenso en el tipo de interés y en un aumento de la cantidad de saldos reales.

tipo de interés (véase Nota complementaria 19.6). Así pues, un aumento de la cantidad de dinero va acompañado de una reducción de los tipos de interés, mientras que lo contrario ocurrirá si el Banco Central reduce la cantidad de dinero.

Alteraciones en la renta real y el mercado monetario

Al analizar la demanda de dinero se ha señalado que la renta real es una de las variables determinantes del nivel de demanda de saldos reales. Así, cuando aumenta la renta real los individuos desean poseer mayores saldos reales ya que el nivel de gasto en bienes y servicios se incrementará.

En términos gráficos (Figura 19.5*a*) este aumento en la demanda de saldos reales implicará un desplazamiento hacia la derecha de la curva de demanda real del dinero, de m^{d0} a m^{d1}. De esta forma, y cualquiera que sea el tipo de interés vigente en el mercado, el incremento en la demanda de saldos reales provoca un exceso de demanda de dinero, lo que hará incrementar el tipo de interés de equilibrio desde i_0 hasta i_1.

En el caso de que la renta real en vez de experimentar un incremento se redujese, el efecto sobre el mercado monetario y, en particular sobre el tipo de interés, se concretaría en una disminución (Figura 19.5*b*). El exceso de oferta de saldos reales provocado por una reducción de la demanda de dinero originaría una reducción del tipo de interés de equilibrio.

Fines últimos de la política monetaria y objetivos intermedios

Los fines últimos de la política monetaria, como los de toda política de estabilización (véanse Capítulos 15 y 17), es el logro de ciertos objetivos económicos generales, tales como un crecimiento moderado en los precios y el

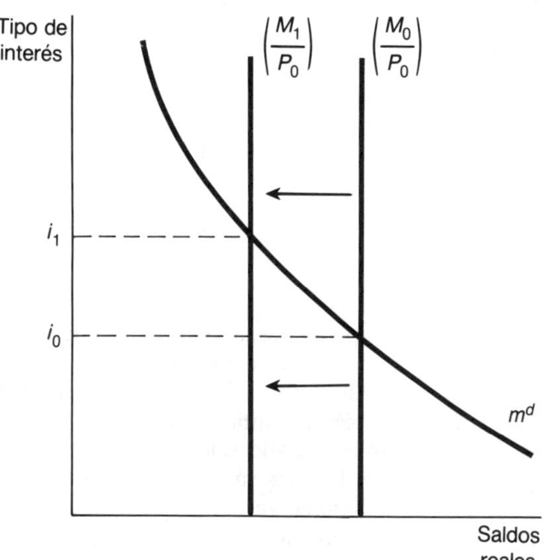

Figura 19.4. Política monetaria restrictiva.

Si el Banco Central lleva a cabo una política monetaria restrictiva, reduciendo la oferta de saldos reales, el tipo de interés experimenta una subida.

Nota complementaria 19.5

LA TEORIA CUANTITATIVA Y LA DEMANDA DE DINERO

De los tres motivos señalados en el texto al tratar la demanda de dinero, los monetaristas (véanse Capítulos 24 y 29) destacan «el motivo transacción». Se argumenta que se demanda dinero fundamentalmente porque la gente desea comprar bienes y servicios en un futuro inmediato. Para poder hacer frente a estas transacciones los individuos demandan dinero, pues suele transcurrir un cierto período de tiempo entre el recibo de los ingresos y de las rentas y el pago de las cuentas o la compra de bienes y servicios. Esta demanda de dinero para hacer frente a los pagos se incrementará al aumentar la renta de los individuos. Algo parecido es de esperar que ocurra con el dinero demandado por las empresas: las cantidades demandadas para pagar a sus empleados y proveedores dependen del volumen de sus operaciones. Si se aceptan los anteriores supuestos, resultará que a nivel agregado, esto es, para toda una economía, la demanda de dinero dependerá del volumen del producto nacional.

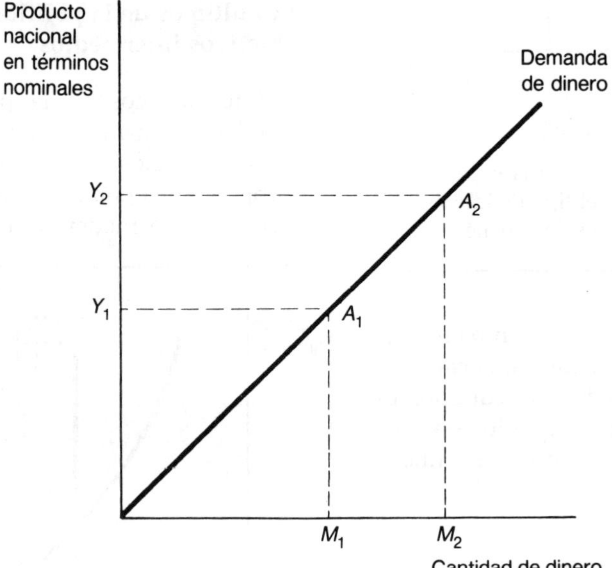

Si se supone que la velocidad de circulación del dinero permanece razonablemente estable, porque la demanda de dinero también lo es, ésta aumentará proporcionalmente al incrementarse la renta. De esta forma, al aumentar el producto nacional en unidades monetarias corrientes, aumenta también la cantidad de dinero.

En términos gráficos, la relación existente entre la cantidad de dinero y el producto nacional se presentaría, bajo los supuestos señalados, como se recoge en la figura adjunta. Al aumentarse el producto nacional en pesos corrientes aumenta también la cantidad demandada de dinero.

La línea que muestra la relación entre el producto nacional y la demanda de dinero tiene una pendiente constante que refleja el cociente entre el producto nacional y la cantidad de dinero. Este cociente se define como la velocidad de circulación del dinero (V):

$$\textbf{Velocidad de circulación } (V) = \frac{\textbf{Producto nacional nominal (PNB)}}{\textbf{Cantidad de dinero } (M)} = \textbf{Constante} \qquad (1)$$

• **La *velocidad de circulación* (V) indica el número de veces que el dinero rota para financiar el PNB nominal del período.**

Es decir, si a lo largo de un año se realizan transacciones, esto es, cobros y pagos, por valor de 1.000 millones de pesos y si la cantidad de dinero es de 500 millones de pesos, resultará que cada peso tiene que haberse utilizado un promedio de 2 veces en dicho año, pues:

$$\frac{\textbf{1.000 millones de pesos}}{\textbf{500 millones de pesos}} = 2$$

Alternativamente, la ecuación (1) podemos expresarla como sigue:

$$\textbf{Cantidad de dinero} \times \textbf{Velocidad de circulación} = P \times y = \textbf{PNB nominal} \qquad (1)$$

La ecuación (2) establece que el valor monetario de las transacciones ($P \times y$), medido a través del PNB, tiene que ser igual al producto del *stock* medio de dinero (M) y la velocidad de circulación del mismo.

La velocidad de circulación está estrechamente relacionada con la demanda de dinero de los agentes económicos, pues como se señala en el texto dicha demanda depende del volumen total de transacciones.

Los primeros autores clásicos que expusieron la teoría cuantitativa supusieron que en la expresión (2) tanto la renta real (y) como la velocidad de circulación del dinero (V) eran estables a corto plazo. La estabilidad de la renta real a corto era un supuesto lógico si, como hacían ellos, se partía de la existencia de pleno empleo de los factores productivos. Dado que y y V se suponen constantes, se deduce la relación directa entre cambios en la cantidad de dinero y precios postulada por la teoría cuantitativa. De estos supuestos también se deduce que, si la autoridad monetaria desea incrementar el PNB nominal en un determinado porcentaje, deberá aumentar la oferta monetaria en dicho porcentaje. Utilizando la ecuación (2) se podría predecir el producto nacional nominal simplemente de acuerdo con la información sobre la evolución de la oferta monetaria, de forma que cualquier política que tratara de incidir sobre el PNB nominal se limitaría a controlar la dinámica de dicha magnitud monetaria.

mayor nivel de empleo posible. Para ello se precisa el establecimiento de una variable monetaria como *objetivo intermedio.* Esta variable se elige tanto por su vinculación con los objetivos económicos finales como porque sea de fácil manejo y se posea sobre ella una abundante y rápida información.

Desde el punto de vista de la política monetaria, tanto el interés como la cantidad de dinero son buenos candidatos a actuar como variable objetivo intermedio. Teóricamente, la autoridad monetaria puede prever cuánto debe crecer la cantidad de dinero o cuánto debe bajar el tipo de interés. El gobierno, a través del Banco Central, ejercerá el control que considere oportuno sobre la cantidad de dinero o sobre el tipo de interés para conseguir los deseados resultados sobre el producto nacional o sobre la inflación.

Que tanto el tipo de interés como la cantidad de dinero puedan ser utilizables como objetivo de la política monetaria no quiere decir que no haya razones a favor y en contra de uno u otra. Por un lado, cabría señalar que el tipo de interés se conoce en el acto, mientras que la cantidad de dinero, con algunos días de retraso. Por otro lado, la cantidad de dinero, aunque admite diversas medidas, éstas son pocas, mientras que el tipo de interés no es único; hay tantos como activos financieros. Asimismo, hay que admitir que existen factores distintos de la política monetaria que alteran los tipos de interés,

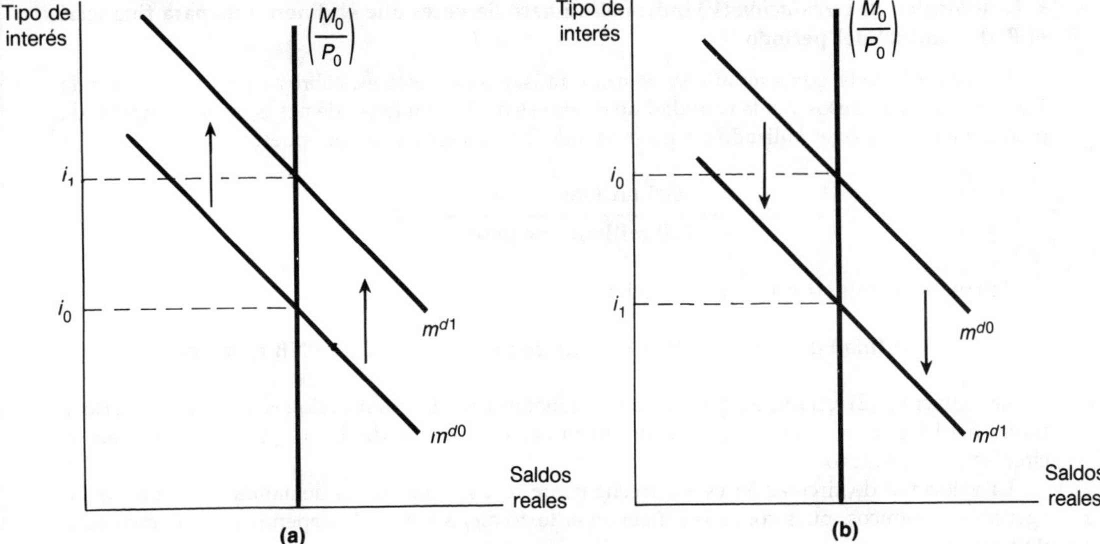

Figura 19.5. Alteraciones de la renta real y el mercado monetario.

Un aumento de la renta real (Figura *a*) incrementa la demanda de saldos reales, lo que supone un desplazamiento hacia arriba de la curva m^d (desde m^{d0} hasta m^{d1}, provocando una subida del tipo de interés. Una disminución de la renta real origina un desplazamiento hacia abajo de la curva de demanda de saldos reales dados y una reducción del tipo de interés (Figura *b*).

Nota complementaria 19.6

EL PRECIO DE LOS BONOS, EL TIPO DE INTERES Y LA DEMANDA DE DINERO

Vamos a suponer que el único activo alternativo al dinero fuesen los bonos a largo plazo, es decir, un título o valor a perpetuidad que no tiene fecha de vencimiento y que nunca se amortiza. Cada bono representa el compromiso por parte del gobierno de pagar, digamos 80 pesos por año, a perpetuidad. Como sucede con otros títulos, los bonos a perpetuidad pueden ser vendidos por sus propietarios. Un comprador que desee pagar 1.000 pesos por dicha perpetuidad obtendrá una tasa de interés o un rendimiento del 8 %. Pero si el precio baja y lo puede obtener por 800 pesos, el pago de 80 pesos al año daría un rendimiento del 10 %. Vemos cómo una reducción del precio de un título significa una elevación en el rendimiento. Por el contrario, si el precio de compra hubiese aumentado y fuese de 1.200 pesos, el rendimiento descenderá y sería del 6,6 %. En definitiva, los precios de los bonos y, en general, de los títulos y los rendimientos o tasas de interés se mueven en direcciones opuestas. Un incremento en el precio de los bonos equivale a decir que la tasa de rendimientos de los bonos ha caído. Igualmente, un descenso en el precio de los títulos implica un aumento en su tasa de rendimiento.

Si el tipo de interés es alto, se procurará mantener la menor cantidad posible de riqueza en dinero, pues su costo de oportunidad es elevado. Por el contrario, si el tipo de interés es bajo no valdrá la pena ajustar las tenencias de dinero. En otras palabras, el comportamiento racional de las familias y de las empresas determinará que las tenencias de dinero se reduzcan a medida que el tipo de interés aumenta y que se incrementen cuando el tipo de interés se reduce.

Esquema 19.5. La política monetaria en acción

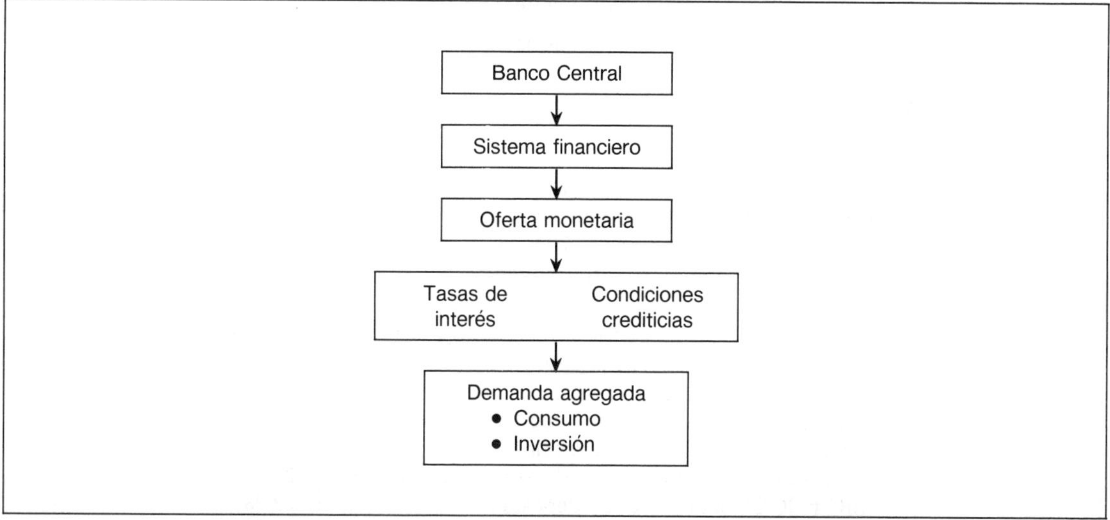

Esquemáticamente se reflejan las fases mediante las cuales la política monetaria incide sobre la actividad económica. Los efectos sobre la demanda agregada dependerán de la sensibilidad de los gastos de consumo y de inversión ante las alteraciones en los tipos de interés.

tales como la existencia de un proceso inflacionario o el hecho de que la actividad económica esté experimentando un auge o una recesión, lo que dificulta su papel como variable objetivo de la política económica. En parte por las razones apuntadas y también porque toda intervención sobre el tipo de interés lleva consigo las inevitables insuficiencias asociadas a toda fijación artificial de un precio (véase Capítulo 5), cabe afirmar que para instrumentalizar la política monetaria frecuentemente se opta por controlar la cantidad de dinero.

En cualquier caso, lo relevante en este momento es destacar las dos posibilidades exis-

Esquema 19.6. Instrumentos de política monetaria en Argentina

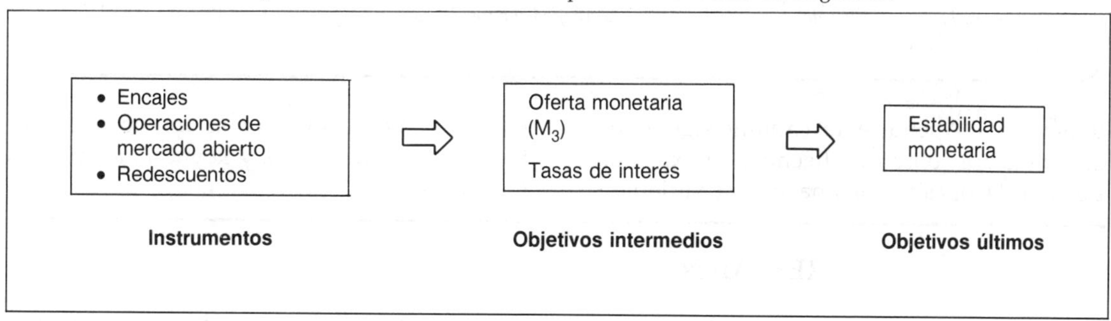

El objeto último de la política monetaria en Argentina a partir del Régimen de Convertibilidad es preservar el valor del signo monetario. Para ello el Banco Central fija los objetivos intermedios (expansión monetaria o tasas de interés), a cuyo cumplimiento apunta la programación monetaria mensual actuando sobre los instrumentos a su alcance.

Nota complementaria 19.7

LA MANIPULACION DE LOS ENCAJES

Como se señala en el texto, el Banco Central puede influir sobre la oferta monetaria actuando sobre los encajes bancarios.

Como forma de «esterilizar» la emisión destinada a cubrir los déficit del Tesoro Nacional, la autoridad monetaria apeló a distintos instrumentos —tales como encajes remunerados y no remunerados, depósitos indisponibles, activos financieros diversos y títulos del Tesoro tales como los BIC y BOCE— llegando a absorber cerca del 70 % de la financiación disponible a partir de los depósitos bancarios, según se ve en el cuadro siguiente.

PROPORCION DE LOS DEPOSITOS ABSORBIDA POR LA AUTORIDAD MONETARIA - AGOSTO DE 1990

Encaje no remunerado sobre cuentas corrientes ...	86 %
Encaje no remunerado sobre cajas de ahorro	5 %
Encaje no remunerado sobre depósitos a plazo fijo .	22 %
BIC y BOCE sobre total de depósitos	23 %
Proporción sobre el total de depósitos absorbida por el Banco Central	**66 %**

En comparación puede observarse la relación efectivo mínimo/depósitos bancarios en algunos países desarrollado.

PAIS	Efectivo mínimo * (como % de los depósitos totales)
Alemania	7,8
Estados Unidos	4,1
Reino Unido	3,3

* En 1988.

FUENTE: *La financiación del crecimiento.* M. Gutiérrez, M. Lagos, R. López Murphy y J. A. Piekarz. XXVI Coloquio de IDEA, 1990.

tentes. En el Apéndice del capítulo siguiente se profundizará sobre este hecho y se explicitará por qué la opción por una u otra variable se enmarca en un contexto más amplio: el del debate entre monetaristas y keynesianos (véanse Capítulos 24 y 29).

RESUMEN

- Las funciones del Banco Central se concretan en los puntos siguientes: agente financiero del gobierno nacional, proveedor de efectivo, banco de bancos, administración y custodia del oro y las divisas y responsable de la política monetaria.

- La base monetaria se puede definir de tres formas alternativas:
  1. la suma del total del efectivo más los depósitos de los bancos en el Banco Central;
  2. la suma del efectivo en manos del público más las reservas o activos del sistema bancario, y
  3. el total de los activos en poder del Banco Central menos sus pasivos no monetarios.

- La base monetaria aumenta (disminuye) con los siguientes fenómenos: superávit (déficit) de la balanza de pagos, déficit (superávit) presupuestario, la compra (venta) de títulos de deuda pública y los aumentos (disminuciones) del crédito al sistema bancario.

- Existen dos tipos de factores de creación de base monetaria: los factores autónomos (sector público y sector exterior) y los factores controlables (el crédito al sistema bancario y la compra-venta de los títulos públicos).

- La oferta y la base monetaria están relacionadas funcionalmente, dependiendo la cuantificación de dicha relación de los hábitos del público respecto a la relación efectivo-depósitos y de la conducta de los bancos respecto al coeficiente de caja.

- La cantidad de dinero u oferta monetaria se puede controlar mediante tres instrumentos: la manipulación de los coeficientes legales, las operaciones en el mercado abierto y los créditos al sistema bancario.

- Los motivos por los que se suele demandar dinero son tres: para efectuar transacciones, por precaución, es decir, para hacer frente a imprevistos, y por motivos especulativos.

- La curva de oferta de dinero puede suponerse que es exógena, esto es, que viene determinada por el Banco Central a un nivel fijo, cualquiera que sea el tipo de interés.

- Desde el punto de vista de política monetaria, tanto la cantidad de dinero como el tipo de interés pueden ser la variable objetivo que debe controlarse.

CONCEPTOS BASICOS

— Banco Central.
— Reservas exteriores en oro y divisas.
— Redescuento.
— Base monetaria.
— Factores autónomos y controlables de creación de base monetaria.
— Operaciones en el mercado abierto.
— Encajes legales.
— La preferencia por la liquidez.
— Motivos por los que se demanda dinero: transacción, precaución y especulación.

— Multiplicador de creación de dinero.
— Activos líquidos de los bancos o reservas bancarias.

TEMAS DE DISCUSION

1. Comente las principales funciones del Banco Central mediante el análisis de las distintas partidas del balance tipo.

2. ¿En qué sentido el concepto de divisa es más amplio que el de billete de un banco extranjero?

3. Justifique la siguiente afirmación: «Toda expansión de los activos del Banco Central conduce a una expansión de la base monetaria».

4. ¿En qué circunstancia un aumento de la base monetaria no implicará un aumento de los activos líquidos del sistema bancario?

5. Explique cómo inciden sobre la base monetaria los siguientes fenómenos:

a) un déficit de la balanza de pagos;
b) un superávit presupuestario financiado mediante emisión de billetes;
c) la compra por parte del Banco Central de títulos de deuda pública, y
d) los aumentos de crédito al sistema bancario.

6. Distinga entre los factores autónomos y los controlables de creación de base monetaria. Asimismo, distinga entre los factores que contribuyen a la creación de la base monetaria y los que reflejan su absorción o colocación.

7. Deduzca la relación funcional existente entre la base monetaria y la oferta monetaria. De acuerdo con la relación obtenida, explique el proceso de expansión múltiple de los depósitos.

8. Indique las distintas razones por las que usted mantendría una parte de su riqueza en forma de dinero.

9. ¿Qué espera usted que ocurra con la cantidad demandada de dinero cuando aumenta el tipo de interés? ¿Y cuando el tipo de interés se reduce? De acuerdo con esta argumentación, ¿qué forma adoptará la representación gráfica de la función de demanda de dinero?

10. El ideal de las autoridades monetarias sería poder controlar simultáneamente la cantidad de dinero y el tipo de interés. ¿Podrán alcanzar este control simultáneo de ambas variables?

11. ¿Cuál es el *stock* de dinero que, como regla general, mantiene usted? Si divide su *stock* medio de dinero entre sus ingresos totales durante los últimos 12 meses, ¿cómo calificaría usted al valor resultante?

CAPITULO 20

Dinero, renta nacional y precios

INTRODUCCION

En los dos capítulos anteriores se ha introducido el dinero en el modelo macroeconómico bajo estudio. Esto ha permitido presentar una primera evaluación del papel de la política monetaria. En el presente capítulo se profundiza en el análisis de la relación entre el dinero, los precios y el producto real. Ello nos permitirá pasar del modelo keynesiano renta-gasto con precios constantes al esquema de oferta agregada y demanda agregada en el que los precios aparecen como una variable más del modelo.

1. EFECTOS DE UNA ALTERACION EN LA CANTIDAD DE DINERO

Supóngase que inicialmente el mercado de dinero se encuentra en equilibrio y que el Banco Central decide aumentar la cantidad de dinero existente en el país. Para ello se recurrirá a alguno de los instrumentos comentados en el capítulo anterior, esto es, reducción del efectivo mínimo, compra de títulos en el mercado abierto o incremento de los márgenes de redescuento a las entidades bancarias. Como se ha señalado, los bancos al contar con mayor liquidez se encontrarán con un exceso de caja que tratarán de colocar adquiriendo activos rentables. Para facilitar la exposición supóngase que estos activos consisten exclusivamente en acciones de bolsa y en créditos a empresas y familias. Para lograr aumentar los créditos concedidos normalmente los bancos tendrán que reducir el tipo de interés exigido por tales créditos.

En términos gráficos, en el capítulo anterior decíamos que cuando se incrementa la cantidad de dinero, esto es, cuando la curva de oferta monetaria experimenta un desplazamiento hacia la derecha, aparecerá un exceso de oferta y el tipo de interés se reducirá (Figura 19.3).

Por otro lado, debe señalarse que el incremento de la demanda de acciones derivado de un aumento en la liquidez elevará su cotización y reducirá su rentabilidad. Resulta, por tanto, que los tipos de interés, esto es, los rendimientos de ambos activos, los créditos y las acciones, se reducirán.

El tipo de interés y la inversión

La disminución del tipo de interés que están dispuestos a exigir los bancos por los créditos hará que las empresas demanden más créditos, tanto para ampliar su equipo productivo como para incrementar las existencias. En otras palabras, la reducción en el tipo de interés provocará un aumento de la demanda de inversión. Asimismo, el alza en la cotización de las acciones bursátiles hará que las empresas se vean estimuladas a ampliar su capital emitiendo nuevas acciones, a la vez que se propiciará la constitución de nuevas empresas. Ambas iniciativas provocarán la ampliación de las instalaciones productivas, lo que es reflejo de una mayor demanda de inversión.

Así pues, las empresas estarán dispuestas a gastar en maquinaria y equipo siempre que esperen obtener beneficios de las inversiones realizadas.

Al planear los gastos de capital para el próximo ejercicio, el empresario considerará primero el equipo o la maquinaria de máxima tasa de rendimiento esperado. Si esta tasa es superior al tipo de interés del mercado la empresa pedirá dinero prestado, pues le resultará rentable invertir. La empresa obtendrá ganancias endeudándose en la medida en que la tasa esperada de rendimiento de la inversión exceda la tasa de interés que se paga sobre los fondos prestados (véase el criterio del Valor Actual Neto en la Nota complementaria 14.3).

Esta relación inversa entre tipo de interés y demanda de inversión aparece recogida en la Figura 20.1. Como se señala en el gráfico, a medida que se reduce el tipo de interés habrá un mayor número de proyectos que resultan rentables y que, en consecuencia, pueden ser llevados a cabo por el empresario, por lo que la demanda de inversión aumenta. Así, al reducirse el tipo de interés desde i_0 hasta i_1, la demanda de inversión se incrementa pasando de I_0 a I_1.

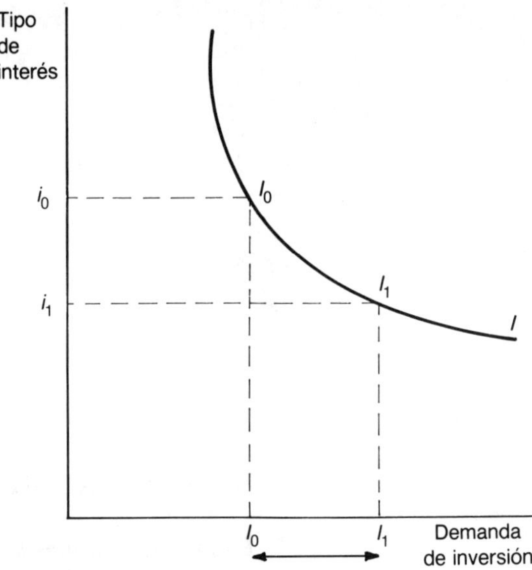

Figura 20.1. Los efectos de la política monetaria.

La disminución del tipo de interés desde i_0 hasta i_1 hace que la demanda de inversión se incremente, pasando de I_0 a I_1.

El tipo de interés y la demanda de consumo: el «efecto riqueza»

Pero la demanda de inversión no es el único componente de la demanda agregada que se verá favorecido por el aumento de la cantidad de dinero. Piénsese que el aumento de la cotización de las acciones, motivado por el exceso de oferta de dinero, hará que algunos de sus tenedores decidan venderlas, de forma que aquellos que las compraron a un precio más bajo obtendrán una ganancia de capital.

- **Se obtienen ganancias de capital cuando por la venta de un activo, por ejemplo una acción, el vendedor recibe más de lo que inicialmente pagó por dicho activo.**

La experiencia nos dice que una parte del dinero obtenido con la venta de las acciones se destinará a comprar otros activos, pero otra parte importante se canalizará al consumo de bienes y servicios. Las familias se encuentran, por un lado, con que la rentabilidad del ahorro se ha reducido y, por otro, con que gracias a la ganancia de capital experimentada su «riqueza» se ha incrementado. Por tanto, es de esperar que la demanda de consumo de bienes y servicios también se aumente.

El tipo de interés y la demanda agregada

Resulta, pues, que como consecuencia del aumento de la cantidad de dinero tiene lugar una disminución del tipo de interés y un aumento de la demanda de bienes y servicios por parte de las empresas y familias. Es posible que las empresas consideren este impulso en la demanda como transitorio. En este caso reaccionarán reduciendo sus existencias. Si éstas son insuficientes aumentarán la producción de forma temporal mediante horas extras. Asimismo, es probable que también decidan subir los precios. Ahora bien, si las empresas ven el mayor nivel de demanda como algo permanente decidirán ampliar sus instalaciones de forma que, vía proceso multiplicador, aumente la producción y el número de trabajadores empleados, para poder llevar a cabo ese incremento.

De forma esquemática, el proceso seguido desde que el Banco Central decide incrementar la cantidad de dinero hasta que este impulso monetario tiene su efecto sobre el empleo y la producción se recoge en el Esquema 20.1. El citado esquema reproduce una exposición «aséptica» y general del mecanismo de transmisión de los impulsos monetarios. El supuesto básico que se ha mantenido es que el nivel de precios permanece constante. De esta forma, el efecto de una disminución en el tipo de interés, motivado por un incremento de la oferta monetaria, sobre la curva de demanda agregada se recoge en la Figura 20.2. La disminución experimentada por el tipo de interés, al pasar de i_0 a i_1, hace que la curva de demanda agregada se desplace desde $DA_{(i_0)}$ hasta $DA_{(i_1)}$, lo que, vía multiplicador, hace que la renta de equilibrio pase de Y_0 a Y_1. En apartados siguientes se adopta una posición más realista y se acepta que, al alterarse el nivel de la demanda agregada, los precios también varían.

Esquema 20.1. Efectos de una política monetaria expansiva: visión general (*)

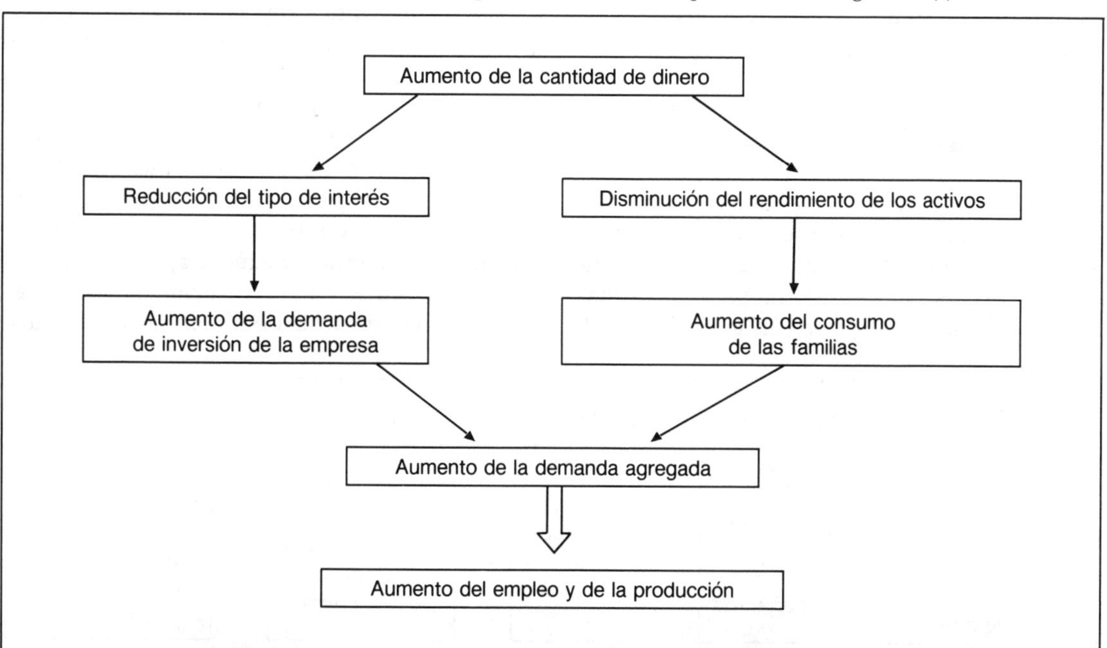

(*) Dado que estamos en el modelo keynesiano simple, suponemos que los precios permanecen constantes.

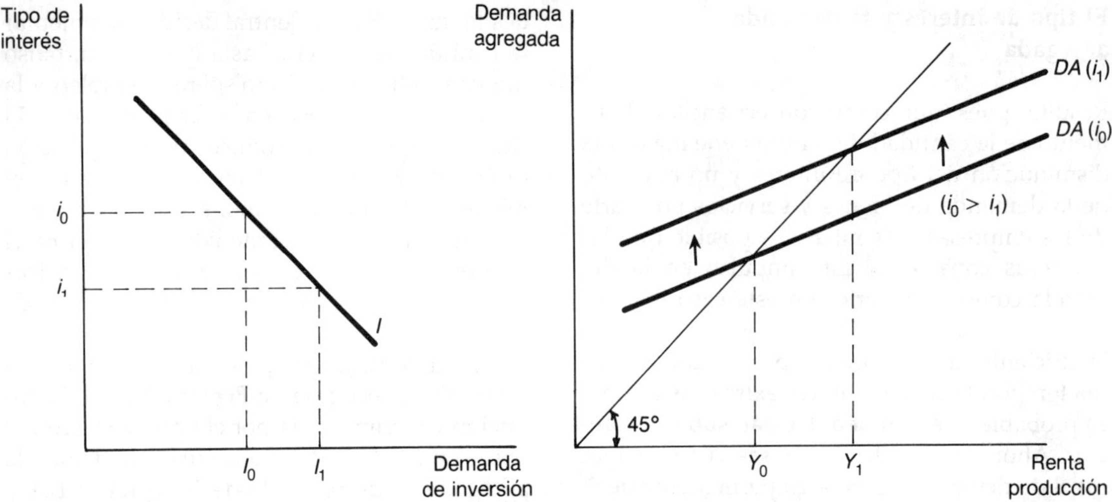

Figura 20.2. La demanda agregada y el tipo de interés.

El incremento de la cantidad de dinero derivado de una política monetaria expansiva hace que el tipo de interés se reduzca. Esta reducción en el tipo de interés origina un incremento de la demanda de inversión y de consumo haciendo que la curva de demanda agregada se desplace hacia arriba, desde $DA_{(i_0)}$ hasta $DA_{(i_1)}$. La renta de equilibrio vía proceso multiplicador experimentará un incremento concretado en la diferencia $Y_1 - Y_0$.

Los efectos de una política monetaria expansiva: una visión crítica

El análisis de la incidencia de alteraciones en la cantidad de dinero sobre la actividad económica es un tema controvertido. Expondremos ahora unas objeciones al mecanismo esbozado en el Esquema 20.1, y que se recogen de forma simplificada en el Esquema 20.2. En el Apéndice a este capítulo se presenta un análisis más amplio del papel del dinero en la economía.

Desde una óptica keynesiana, el proceso mediante el que una alteración en la cantidad de dinero afectará a la actividad económica puede presentar ciertas lagunas.

Las dudas keynesianas respecto a la eficacia de la política monetaria para incidir sobre la actividad y, en particular, para sacar a la economía de una depresión, se justifican en los términos siguientes. Según Keynes, no sólo se demanda dinero para realizar transacciones, sino que la demanda de dinero, al ser este últi-

Esquema 20.2. Efectos de una política monetaria expansiva: dudas keynesianas

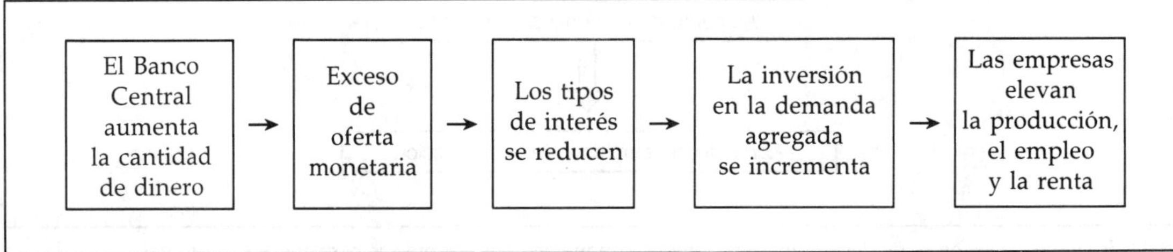

Nota complementaria 20.1

OFERTA MONETARIA Y PRECIOS

Los efectos de una política monetaria expansiva son analizados en este capítulo.

La experiencia de la economía argentina en los años recientes pone de manifiesto que los excedentes de oferta monetaria, cuando rebasan ciertos límites, se vuelcan masivamente sobre el mercado de bienes traduciéndose en incrementos de precios.

En el gráfico adjunto se recoge la evolución de la oferta monetaria (M_3) y del Indice de Precios al Consumidor (IPC) entre diciembre de un año y el mismo mes del año anterior, para el período 1988-1991.

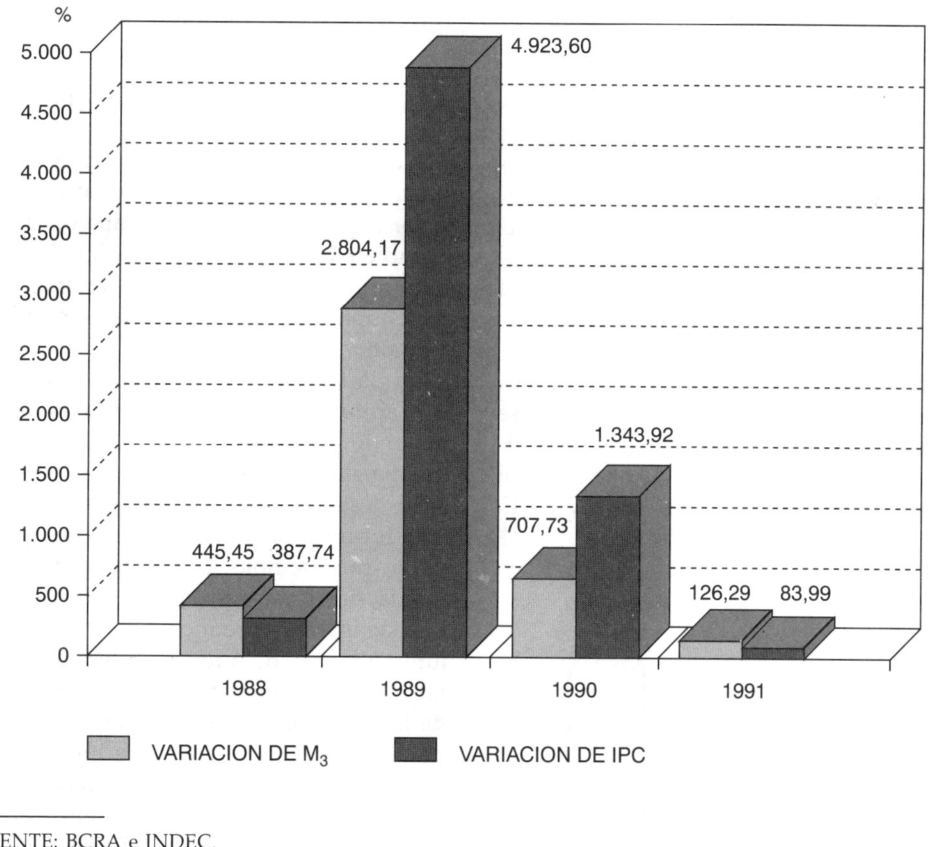

FUENTE: BCRA e INDEC.

mo un activo alternativo a los bonos y las acciones, como se vio en el capítulo anterior, depende del tipo de interés. Dado que también se demanda dinero por motivo especulación, si la tasa de interés es elevada, los individuos tratarán de mantener la mínima cantidad posible de dinero, y colocarán el resto en activos financieros que produzcan interés. Por el contrario, si el tipo de interés es reducido, el público estará más dispuesto a inmovilizar una parte de su patrimonio en forma de dinero. De hecho, si la tasa de interés es muy baja, el público puede desear no tener bonos, pues la tenencia de bonos implica un riesgo muy elevado de que se produzca una *pérdida de capital* cuando los tipos de interés situados en un nivel anormalmente bajo se eleven. En otras palabras, si los tipos actuales de interés son muy bajos es de esperar que aumenten en el futuro y cuando esto ocurra los precios de los bonos descenderán ocasionando a los tenedores de bonos una pérdida de capital.

■ La trampa de la liquidez

Supóngase ahora que la economía está en una profunda depresión y que la tasa de interés es muy baja. En particular, supóngase que en términos del mercado de dinero la curva de demanda adopta la forma recogida en la Figura 20.3, que tiene un tramo completamente horizontal y que la economía se encuentra en el punto E_1. Si en estas circunstancias las autoridades monetarias deciden aumentar la cantidad de dinero, la curva de oferta de dinero se desplazará hacia la derecha y el equilibrio se desplazará hasta el punto E_2. En la nueva situación de equilibrio el tipo de interés es el mismo, pues al tipo i_1 el público está dispuesto

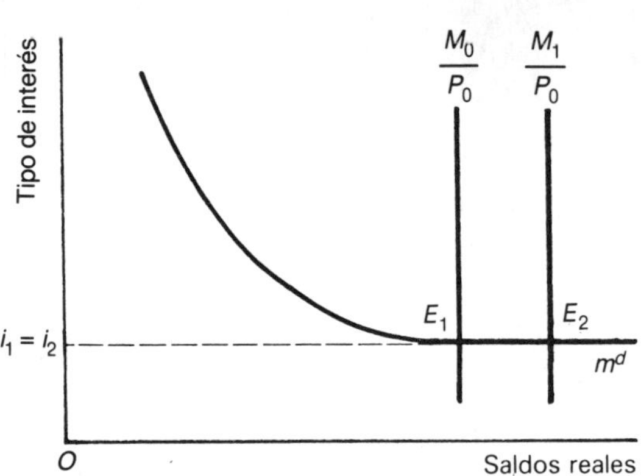

Figura 20.3. La trampa de la liquidez.

Si la curva de demanda tuviese un tramo completamente elástico, aumentos en la cantidad de dinero no harían descender el tipo de interés.

a mantener todo el dinero adicional como tal, en vez de asumir el riesgo de comprar más bonos. Al no comprar más activos, el precio de éstos no se alterará y, por tanto, el tipo de interés no se reducirá. El dinero adicional cae en la «trampa de la liquidez», o sea, en la sección horizontal de la curva de demanda de dinero o de la preferencia por la liquidez. En las condiciones señaladas, dado que no se reduce el tipo de interés, una política monetaria expansiva sería estéril, puesto que el impacto de la expansión de la cantidad de dinero sobre el tipo de interés es nulo.

■ La política monetaria y la inversión

Las objeciones sobre la efectividad de una política monetaria expansiva no se limitan a señalar la posibilidad de la trampa de la liquidez. También cabe cuestionar la incidencia, bajo determinadas circunstancias, de una reducción en el tipo de interés sobre la demanda de inversión.

En particular, y en línea con lo señalado en el Capítulo 16, piénsese que la inversión no depende únicamente del tipo de interés, sino de una amplia gama de variables, entre las que cabe destacar las expectativas sobre la evolución futura de la demanda. Bajo esta perspectiva si, por ejemplo, la inversión no se incrementa de forma apreciable a medida que la tasa de interés se reduce, puede deberse a que junto a la tasa de interés existen también otros factores que influyen sobre el comportamiento de la inversión y que «compensan» los efectos de alteraciones en el tipo de interés. Así, por ejemplo, puede que junto a la reducción en la tasa de interés tenga lugar un empeoramiento de las expectativas empresariales.

En estas circunstancias, aunque la inversión sea muy sensible tanto a los cambios en la tasa de interés como a la variación de las expectativas, es difícil apreciar los efectos aislados de cada uno de dichos factores, lo que puede inducir a subestimar la capacidad de reacción de la inversión ante variaciones en la tasa de interés.

Nota complementaria 20.2

LOS OBJETIVOS DE LA POLITICA MONETARIA

La Ley de Convertibilidad marca un «antes» y un «después» en la política monetaria argentina.

Antes de su sanción, los objetivos de política monetaria estaban referidos a asegurar el desarrollo económico, un alto nivel de ocupación y —sólo en tercer lugar— velar por el mantenimiento del poder adquisitivo de la moneda.

Tras la experiencia de los procesos hiperinflacionarios, este último objetivo pasó a convertirse en el fundamental. Consecuentemente, se planteó reducir la discrecionalidad de la autoridad monetaria en el manejo de la oferta monetaria.

A tal fin, se estableció como objetivo fundamental del Banco Central el velar por la conservación del valor de la moneda, estando obligado para ello a mantener reservas de divisas de libre disponibilidad cuanto menos por el equivalente de la base monetaria.

Por tanto, el volumen del dinero de base depende fundamentalmente de las preferencias de los agentes económicos —que pueden obtener pesos vendiéndole dólares al Banco Central o conservar dólares entregando sus pesos a la autoridad monetaria— antes que de decisiones de ésta.

El Banco Central sólo conserva cierto grado de autonomía en la determinación del multiplicador de los depósitos a través de su política de encajes.

2. LA DEMANDA AGREGADA Y EL NIVEL DE PRECIOS

Los modelos macroeconómicos keynesianos del tipo analizado hasta ahora suponen que el nivel de precios es fijo y determinan la producción únicamente a partir de la demanda agregada. Con objeto de acercar los modelos teóricos a la realidad vamos a aceptar que los precios son variables, lo que permitirá analizar en capítulos posteriores las causas y las consecuencias de los procesos inflacionarios.

Asimismo, junto a la demanda agregada vamos a introducir las condiciones de oferta de la economía, es decir, las condiciones de costo, y ello lo hacemos a través de la función de oferta agregada.

Como hemos apuntado al analizar los efectos de la política monetaria, ésta incide sobre la producción y el empleo y también sobre los precios. De forma genérica cabe afirmar que las políticas estabilizadoras que elevan la demanda agregada no pueden aumentar la producción indefinidamente, dado que los recursos de la economía son limitados.

Por ello resulta necesario combinar el análisis de la demanda agregada con el estudio del nivel de producción que están dispuestas a ofrecer las empresas. El análisis conjunto de la oferta y la demanda agregadas permite estudiar cómo se ajustan los precios y la producción en una economía en la que se supone que los salarios y los precios muestran distintos grados de flexibilidad.

El análisis de la demanda agregada implica el estudio de los mercados de bienes y de activos. El estudio de la oferta agregada exige analizar la relación entre el mercado de trabajo y el nivel de producción. De esta forma, al estudiar conjuntamente la oferta y la demanda agregadas, consideraremos las relaciones existentes entre el mercado de bienes, el mercado de activos y el mercado de trabajo (Esquema 20.3).

La demanda agregada y el nivel de precios

En apartados anteriores se ha analizado la relación existente entre la cantidad real de dinero

Esquema 20.3. La interacción de la demanda agregada y la oferta agregada

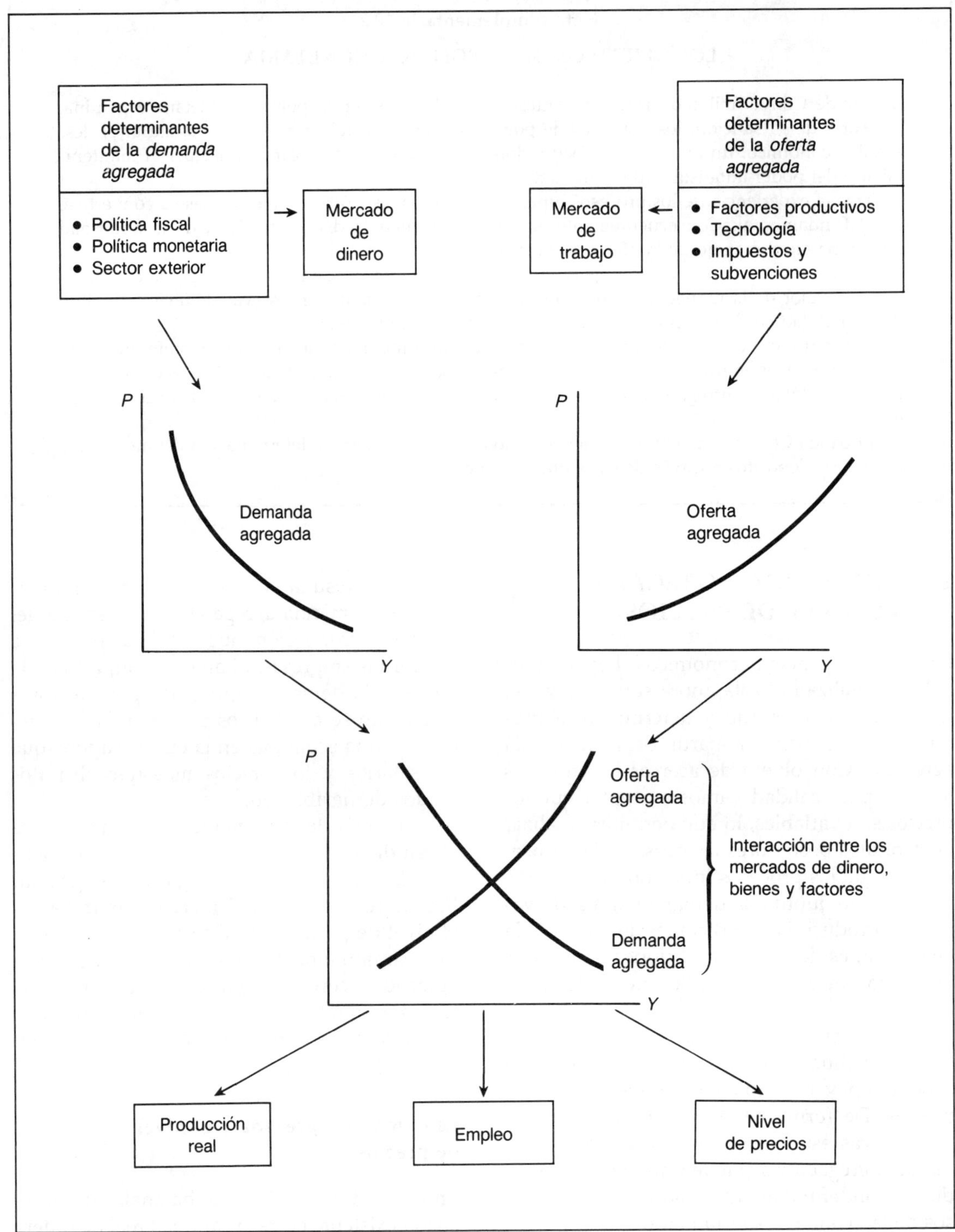

y la demanda agregada. La pregunta que ahora vamos a tratar de responder es cómo varía la demanda agregada cuando cambia el nivel de precios, sin que se altere la cantidad de dinero.

Supongamos que tiene lugar una subida del nivel general de precios desde P_0 a P_1. Dada la cantidad nominal de dinero, el aumento de los precios reduce el poder adquisitivo del dinero o, lo que es lo mismo, se reduce la cantidad real de dinero. En términos gráficos este hecho se muestra como un desplazamiento hacia la izquierda de la curva M_0/P_0 a M_0/P_1 (Figura 20.4). Al desplazarse hacia la izquierda la oferta monetaria tiene lugar un exceso de demanda de dinero que lleva a una subida de los tipos de interés cuando el equilibrio en el mercado monetario se desplaza desde E_0 a E_1. Al subir el tipo de interés de i_0 a i_1, la demanda de inversión experimentará una reducción (recuérdese el análisis de la Figura 20.1) y consiguientemente se contraerá la demanda agregada. Si para cada nivel de renta desciende la demanda de bienes, deberá también descender el nivel de producción para el que la demanda agregada es igual a la producción. En términos gráficos si la demanda agregada se desplaza hacia abajo de DA_0 a DA_1, la renta o producción de equilibrio disminuye de Y_0 a Y_1 (Figura 20.5). En definitiva, pues, resulta que un aumento de los precios origina una reducción del gasto y de la renta o producción de equilibrio. Por el contrario, una reducción de los precios originará una disminución en los tipos de interés y un aumento en la demanda agregada, de forma que el gasto y la renta o producción de equilibrio se incrementarán. Esta relación inversa entre los precios y la renta de equilibrio por el lado de la demanda de la economía se puede representar gráficamente, obteniéndose como resultado la curva de demanda agregada de la economía (Figura 20.6).

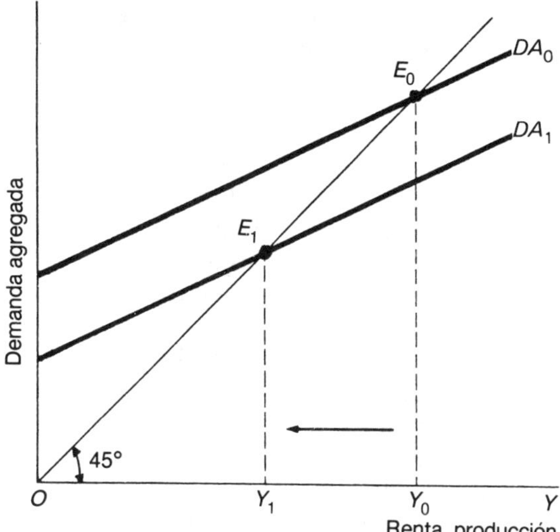

Figura 20.5. La contracción de la demanda agregada.

La reducción de la demanda de inversión reducirá la demanda agregada y la renta de equilibrio.

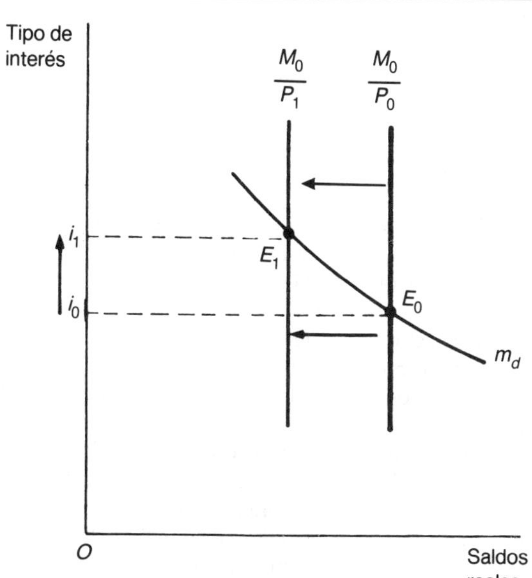

Figura 20.4. Efectos de una política monetaria restrictiva.

Una reducción en la cantidad de dinero en términos reales, como consecuencia de un aumento de los precios, elevará el tipo de interés, lo que iniciará una contracción.

• **La *curva de demanda agregada* muestra, para distintos niveles de precios, el nivel de**

producción de equilibrio para el que el gasto planeado es igual a la renta.

La relación entre los precios y el nivel de producción y gasto que recoge esta curva resulta de considerar el equilibrio simultáneo en el mercado de bienes y en el mercado de dinero para distintos precios (Esquema 20.3).

Los movimientos a lo largo de la curva implican ajustes de los tipos de interés, la inversión, el gasto y la producción. En términos de la Figura 20.6, el paso de la posición E_0 a la E_1 sintetiza el proceso llevado a cabo en los mercados de dinero y de bienes recogido en las Figuras 20.4 y 20.5 antes comentadas. Para cada nivel de precios el gasto planeado es igual a la renta. Como se ha señalado, la curva de demanda agregada tiene inclinación negativa ya que cuando los precios son más bajos los saldos reales son mayores, de forma que se reducen los tipos de interés y aumenta la inversión. Si nos movemos a lo largo de la curva en sentido ascendente la renta disminuye porque

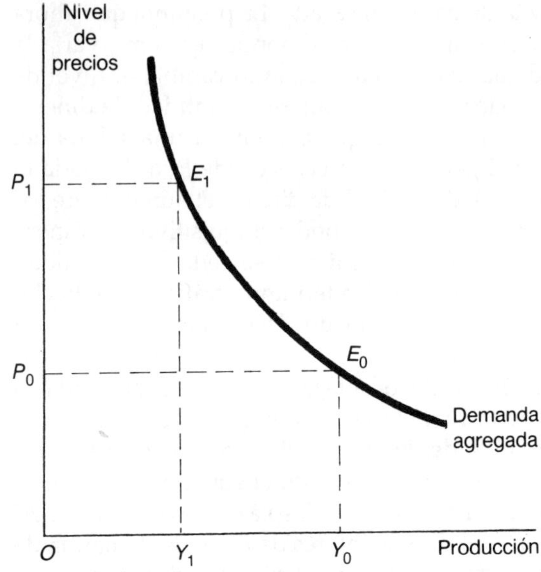

Figura 20.6. La curva de demanda agregada.

La curva de demanda agregada recoge la relación existente entre el nivel de precios y el nivel de gasto de la economía.

Nota complementaria 20.3

EL MUNDO REAL Y EL FINANCIERO

Desde fechas relativamente recientes, en la mayoría de las economías occidentales se observa un desarrollo considerable de las operaciones financieras. La informática, la liberalización y el aumento de la competencia han introducido una serie de innovaciones que están transformando el mundo de las finanzas.

Como en todo proceso de desarrollo, el observado en el sector financiero tiene aspectos positivos y negativos. Así, debe admitirse que el sistema financiero mundial ha sido capaz de reciclar sin grandes problemas los ingentes flujos financieros producidos por los desequilibrios económicos que han tenido lugar a lo largo de los últimos años.

Otra cosa es saber si los recursos se han ofrecido en las mejores condiciones y si se han generado con eficacia. De forma genérica cabe afirmar que, en determinadas ocasiones, los intermediarios financieros, aprovechándose de situaciones no competitivas, han incrementado excesivamente sus márgenes y, en otras, guiados por sus conexiones con el sector productivo, han provocado asignaciones de recursos distorsionadoras. Asimismo, el sector público, en su preocupación por financiar el déficit público, ha aprovechado el desarrollo de los instrumentos financieros para cubrir prioritariamente sus propias necesidades, desplazando la inversión privada del mercado. Por otro lado, también debe admitirse que en muchas ocasiones la sofisticación financiera se convierte en un mecanismo de carácter casi estrictamente especulativo, olvidando que su función primordial es la de estimular el incremento de la producción ofreciendo una financiación adecuada a las empresas.

la subida de los precios reduce el *stock* de dinero en términos reales, lo que eleva los tipos de interés y, consecuentemente, limita el gasto.

3. LA OFERTA AGREGADA Y EL MERCADO DE TRABAJO

Para analizar los movimientos a lo largo de la curva de demanda hemos supuesto que el nivel de precios experimenta alteraciones. Estudiaremos ahora los factores que determinan los precios y, para ello, analizaremos el comportamiento de las empresas como productoras de bienes y servicios, esto es, nos debemos trasladar al lado de la oferta de la economía.

En términos del Esquema 20.3 el lado de la oferta de la economía relaciona el mercado de bienes y el de factores, en particular, el mercado de trabajo.

En el bloque de capítulos dedicados a la microeconomía hemos estudiado las decisiones de las empresas relacionadas con la cantidad de bienes y servicios que deben ofrecer a los distintos precios, así como la relación existente entre la producción de bienes y servicios y la demanda de factores. Estas relaciones entre el mercado de bienes y el mercado de factores dan lugar a la curva de oferta agregada.

- **La *curva de oferta agregada* muestra el nivel de producción que están dispuestas a ofrecer las empresas para cada nivel de precios.**

Los costos de producción y los precios de los productos: la regla del *mark-up*

Tal como vimos en el Capítulo 13, la demanda de factores productivos por parte de las empresas es una demanda derivada. Las empresas contratan factores, que para simplificar la exposición supondremos que sólo son trabajo y capital, para producir bienes y servicios.

Asimismo, cuando analizamos la función de oferta de las empresas señalamos que los costos de producción determinan el precio de venta de los productos. Cuando se incrementan los costos de producción, los precios de venta de los bienes y los servicios subirán y cuando bajan los costos, los precios se reducirán. De hecho, cuando las empresas actúan en mercados competitivos y bajo determinados supuestos, el precio es igual al costo medio de producción (*).

$$\textbf{Precio} = \textbf{Costo medio} \qquad (1)$$

En el caso de que los mercados no sean competitivos y en línea con lo señalado al analizar el criterio del costo medio (Capítulo 11), también podemos afirmar que las empresas establecen el precio, igualándolo al costo medio resultante de añadir un margen bruto al costo variable medio.

Por ello podemos mantener que el precio del producto se basa en los costos de producción, esto es, que depende del salario, de la productividad del trabajo y del margen del precio sobre los costos laborales. Dado que hemos supuesto que sólo hay dos factores productivos, uno de carácter variable, el trabajo, y otro de carácter fijo, el capital, el costo medio, o costo por unidad de producto, tendrá dos componentes: uno imputable al empleo del trabajo y otro derivado del uso del capital.

■ Costo derivado del empleo del trabajo

Si, por ejemplo, para obtener una unidad de producto se requieren 10 horas-hombre de trabajo y si el salario es de $3 por hora, el costo laboral por unidad de producto será de $30. Si el trabajo mejora su productividad y sólo se necesitasen 5 horas-hombre de trabajo, el costo laboral unitario sería $15.

De forma genérica podemos decir que el costo laboral por unidad de producto es igual al número de horas de trabajo requeridas para obtener una unidad de producto (l) multiplicado por el salario por hora (W).

(*) En particular se supone que las empresas no obtienen beneficios extraordinarios y que existen rendimientos constantes de escala.

Costo laboral unitario o costo laboral por unidad de producto	=	Número de horas de trabajo necesarias para obtener una unidad de producto	×	Salario por hora	(2)
$(l \times W)$		(l)		(W)	

De la ecuación (2) se deduce que el costo laboral se ve influido por dos elementos: el salario y la productividad del trabajo.

■ Costo de utilización del capital

El precio del producto debe cubrir los intereses de los préstamos necesarios para comprar el capital y, en general, debe permitir pagar una tasa de rendimiento por los recursos invertidos en la empresa. Una forma sencilla de reflejar el costo que el capital tiene para la empresa consiste en suponer que las empresas fijan un margen o porcentaje constante (k), sobre los costos laborales, con objeto de cubrir el costo de capital.

Costo de capital	=	Margen	×	Costos laborales	(3)
		(k)		(lW)	

■ Fijación del precio

Para fijar el precio del producto debemos tener en cuenta el costo asociado a los dos factores productivos, trabajo y capital. El costo imputable a cada factor aparece recogido en las ecuaciones (2) y (3), respectivamente, de forma que podemos escribir:

Costo por unidad de producto	=	Costo laboral unitario	+	Costo de capital	(4)
		$(l\,W)$		$k\,(l\,W)$	

Así pues, el precio del producto, que inicialmente lo identificamos con el costo medio, ecuación (1), podemos expresarlo a partir de la ecuación (4) como sigue:

$$P = (1 + k)\,l\,W \qquad (5)$$

Esta es la ecuación de precios. De esta ecuación se desprende que el precio del producto depende de tres factores (*):

- De la productividad del trabajo $1/l$, o de su inversa, esto es, del número de horas-trabajo necesarias para obtener una unidad del producto.
- Del salario, por hora, W.
- Del margen sobre los costos laborales derivado del empleo de capital, k.

Cuando aumenta alguno o algunos de estos factores se incrementa el costo de producción y el precio al que las empresas están dispuestas a vender subirá.

Variaciones de la producción y de los costos

El precio que fijan las empresas viene recogido por la ecuación (5). Vamos a analizar ahora cómo varía el precio conforme se altera el nivel de producción.

Cuando se incrementa la producción hay que contratar más mano de obra y, al competir entre sí las empresas en el mercado de trabajo, suben los salarios. Por tanto, un incremento de la producción y del empleo hace que suban los salarios. Por el contrario, una reducción de la producción y del empleo provocará una presión a la baja sobre los salarios.

Bajo esta hipótesis podemos presentar una interpretación dinámica del nivel de salarios, en el sentido de que el salario corriente es igual al salario del último período más un factor de

---

(*) A partir de la ecuación (5) y centrándonos en la relación entre el precio y el costo laboral, podemos escribir la siguiente ecuación:

Tasa de crecimiento de la inflación	=	Tasa de crecimiento de los salarios	−	Tasa de crecimiento de la productividad

Nota complementaria 20.4

LA RELACION ENTRE EL PIB Y LOS PRECIOS (1971-1988)

Las curvas de oferta y demanda agregada establecen una relación entre la renta, el gasto de equilibrio y el nivel general de precios.

A título ilustrativo, en el gráfico adjunto se representa la relación existente entre el crecimiento del PIB a precios de mercado, en términos reales, y la variación del Indice de Precios al Consumidor para la Argentina. Como puede observarse, no parece haber una relación sistemática entre dichas variables.

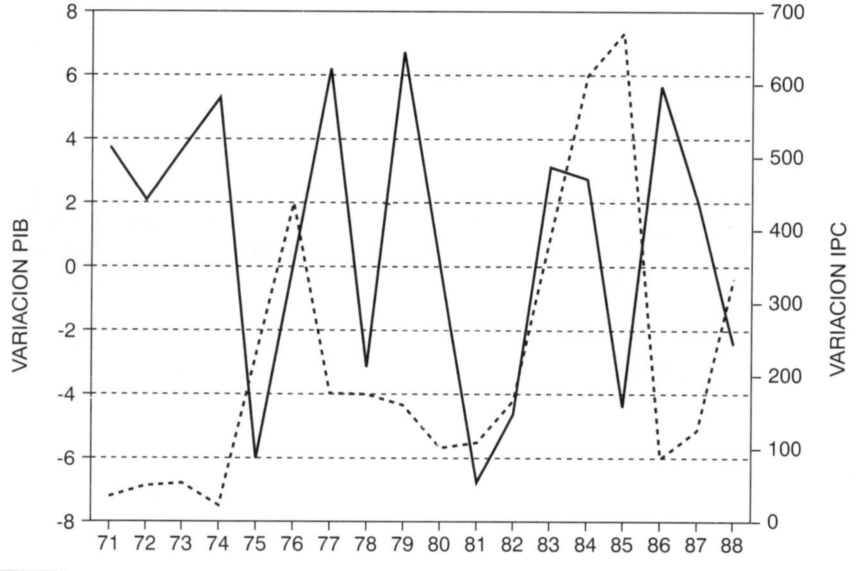

FUENTE: BCRA e INDEC.

ajuste que tenga en cuenta la situación del mercado de trabajo. A este ajuste se le denomina componente salarial cíclico y contribuye a explicar un hecho observado en el mercado de trabajo: en épocas de auge los salarios tienden a subir y, cuando hay desempleo, los salarios tienden a bajar (o a crecer a un ritmo menor).

$$\textbf{Salario corriente} = \textbf{Salario del último período} + \textbf{Componente salarial cíclico}$$

La existencia de este componente salarial cíclico condicionará la evolución de los precios. Las subidas salariales asociadas a una expansión de la economía elevarán los costos de producción y los precios y las reducciones salariales contribuirán a hacer que bajen los costos y los precios (véase Capítulo 23).

Algo similar cabe esperar que ocurra respecto al costo de uso del capital, pues al incrementar la producción aumentará la demanda de capital por motivo transacción y el tipo de interés subirá.

Si aceptamos que los costos de producción están ligados al empleo de mano de obra y de capital, y, en consecuencia, que el nivel de precios se incrementa cuando aumenta la producción, resultará que la curva de oferta agregada tiene inclinación positiva (Figura 20.7).

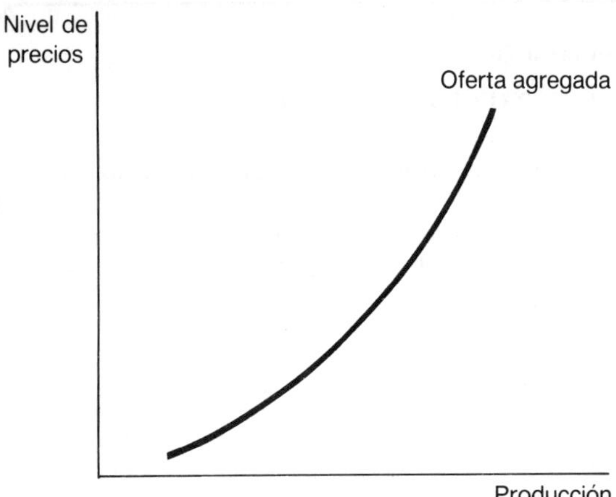

Figura 20.7. La oferta agregada.

Al aumentar la producción se incrementan los costos y los precios suben. Por ello, la curva de oferta agregada tiene inclinación positiva.

4. LA CURVA DE OFERTA AGREGADA EN EL MODELO CLASICO Y EN EL MODELO KEYNESIANO

Al analizar la curva de oferta agregada cabe adoptar dos enfoques alternativos: uno que entronca con las hipótesis de los economistas clásicos y otro con las ideas keynesianas (véanse Capítulos 24 y 29).

LA CURVA DE OFERTA AGREGADA CLASICA

En el modelo clásico se supone que los salarios son completamente flexibles, de forma que sus rápidas variaciones garantizan el pleno empleo en el mercado de trabajo.

Desde una perspectiva clásica, los salarios y los precios son totalmente flexibles. Se supone que si se alteran los precios el salario se ajusta para mantener permanentemente el pleno empleo en el mercado de trabajo. Lógicamente, el nivel de pleno empleo en el mercado de trabajo se corresponde con un nivel de producción potencial o de pleno empleo.

En el modelo clásico se supone, pues, que el mercado de trabajo funciona sin fricciones, de forma que todo el que desea trabajar encuentra trabajo en un tiempo razonable, con lo que la tasa de desempleo permanecerá constante.

De acuerdo con lo señalado resultará que si, por ejemplo, se duplican los precios, los salarios nominales también se duplicarán, lo que implica la constancia del salario real. En estas circunstancias el modelo clásico supone que la situación en el mercado de trabajo no variará y que los trabajadores continuarán ofreciendo la misma cantidad de trabajo y las empresas no alterarán su demanda de mano de obra. Ello se debe a que tanto los trabajadores como las empresas toman sus decisiones en función del nivel de salarios reales, ya que se ha supuesto que los precios y los salarios son completamente flexibles.

En el modelo clásico la cantidad producida por las empresas será la producción potencial y no se verá afectada por el nivel de precios. Por tanto, la curva de oferta agregada será una línea vertical en el nivel de producción potencial o de pleno empleo, es decir, se ofrece el nivel de producción Y_{PE}, cualquiera que sea el nivel de precios (Figura 20.8).

- **En el modelo clásico los salarios y los precios son totalmente flexibles. El salario se ajusta para mantener permanentemente el pleno empleo en el mercado de trabajo.**

LA CURVA DE OFERTA AGREGADA KEYNESIANA

En el modelo macroeconómico de corte keynesiano que hemos venido analizando desde el Capítulo 16 hasta el 19 se ha supuesto que los precios permanecían constantes. Se acepta que las empresas están dispuestas a ofrecer cualquier cantidad de producción al nivel de precios dado, pues se supone que los salarios permanecen fijos.

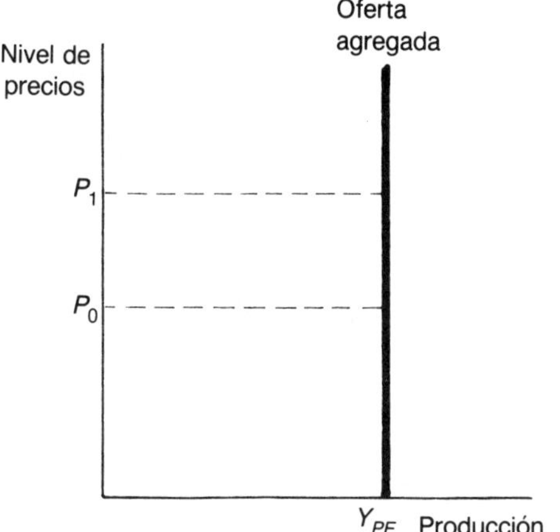

Figura 20.8. La curva de oferta agregada «clásica».

Bajo los supuestos del modelo clásico la curva de oferta agregada será completamente vertical al nivel de renta potencial o de pleno empleo (Y_{PE}).

La oferta agregada: el tramo horizontal

En el contexto del modelo de oferta y demanda agregada que estamos estudiando en este capítulo, el supuesto de precios fijos implica aceptar que la curva de oferta agregada es horizontal (Figura 20.9).

Cuando la curva de oferta agregada es horizontal, los desplazamientos de la demanda agregada sólo afectarán a la producción, mientras que los precios permanecerán inalterados. Tal como hemos señalado, esta forma de la curva de oferta se basa en el supuesto de que el salario no varía cuando cambia el nivel de empleo.

Otro supuesto sobre el funcionamiento del mercado de trabajo normalmente presentado como keynesiano, y que asigna una curva de oferta horizontal, se concreta en que, incluso cuando hay desempleo, se supone que los salarios son rígidos a la baja.

Lógicamente estos supuestos son poco realistas y extremos, y su misión consiste simplemente en trasladar las implicaciones del modelo de precios fijos presentado en los Capítulos 16 a 19 al modelo de oferta y demanda agregada en el que el nivel de precios aparece como una variable más.

Aunque estos supuestos se presentan como keynesianos, este autor, como veremos en el Capítulo 22, no supuso que los salarios fuesen absolutamente fijos, y mucho menos en situaciones próximas al pleno empleo. Lo que Keynes sí argumentó fue que ante una situación con desempleo en el mercado de trabajo, una reducción de los salarios no garantizaba el logro del pleno empleo.

En particular, Keynes defendió que si el nivel de producción es inferior al de pleno empleo, al nivel de precios vigente, no es porque a la tasa de salario real en vigor las empresas maximizadoras de beneficios no estén dispuestas a demandar más empleo y producir más, sino a causa de una demanda agregada insuficiente para absorber más producción. Si la demanda se impulsase, la economía en conjunto estaría dispuesta a producir más y generar más

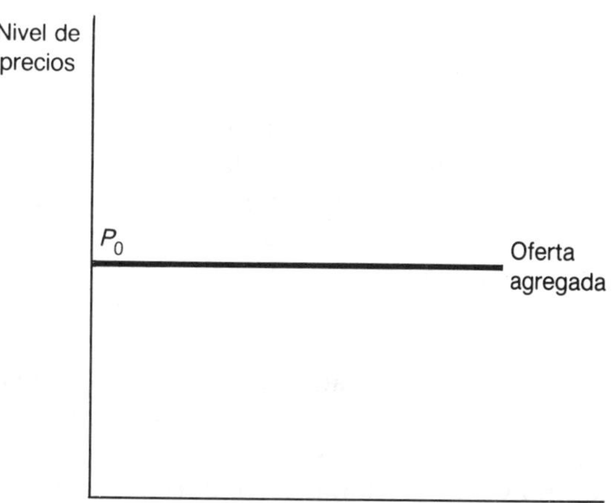

Figura 20.9. La curva de oferta agregada keynesiana: el tramo horizontal.

Bajo una serie de supuestos muy restrictivos, que se corresponde con el modelo de precios fijos presentado en los Capítulos 16 a 19, la curva de oferta keynesiana se puede representar mediante una recta horizontal, lo que significa que las empresas pueden ofrecer cuanto se demande al nivel dado de precios.

empleo al nivel de precios vigente. Bajo este supuesto se podría incrementar la producción sin alterar el nivel general de precios, generándose una curva de oferta agregada con un tramo horizontal; es decir, incrementos en el nivel de producción no implican subidas en el nivel general de precios.

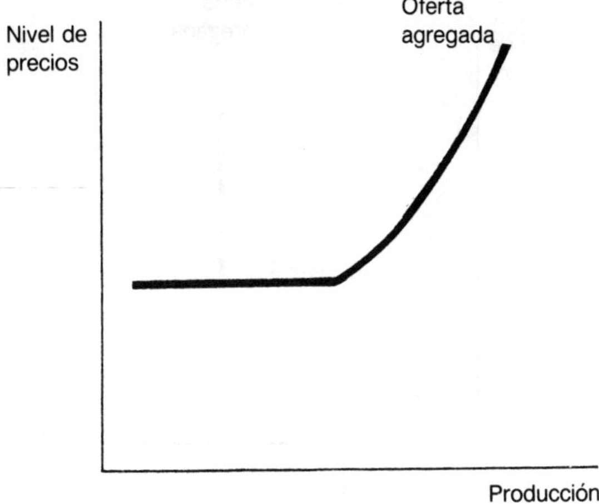

Figura 20.10. La curva de oferta agregada keynesiana.

La curva de oferta keynesiana tiene un tramo completamente elástico. Sin embargo, a partir de un determinado nivel de producción, la curva de oferta agregada presenta pendiente positiva.

Keynes y la ilusión monetaria

Debemos reiterar que una curva de oferta agregada horizontal sólo se obtendría bajo los supuestos citados y que, incluso desde una óptica keynesiana, estas condiciones se consideran extremas.

Como es lógico, a partir del nivel de empleo compatible con la tasa de salario real dada, sucesivos incrementos del nivel de producción requieren una caída del salario real, pues, como señalamos en el Capítulo 13, la productividad marginal física del trabajo es decreciente. Dado que en el modelo keynesiano los salarios nominales son inflexibles a la baja, la disminución del salario real exige subidas en el nivel general de precios.

Bajo estos supuestos, la curva de oferta agregada presentaría, a partir de niveles de producción próximos al pleno empleo, un tramo creciente. Ello se debería a que incrementos en la producción van acompañados de incrementos de precios que mediante disminuciones del salario real hacen que el empleo aumente (Figura 20.10).

Cuando los trabajadores actúan de la forma citada, en el sentido de que una variación de los salarios monetarios o de los precios lleva a los individuos a alterar su conducta, aun cuando no varíen los salarios reales, se dice que existe *ilusión monetaria* en el mercado de trabajo.

- **Un agente económico actúa con ilusión monetaria cuando reacciona ante los cambios de las variables nominales, aun cuando no haya tenido lugar ningún cambio real en su situación.**

Una curva de oferta agregada «integradora»

Dado que se han presentado diversas hipótesis referentes a la forma de la curva de oferta, podemos tratar de integrarlas en una curva de oferta agregada con tres tramos distintos (Figura 20.11). Uno, el correspondiente al modelo *keynesiano* de precios constantes, sería horizontal y a lo largo del mismo los precios no experimentarían variación. Otro sería el que podríamos calificar como «intermedio» y que lo representaríamos por una curva con pendiente positiva. Reflejaría que los costos de producción se incrementan cuando aumenta la producción. Por último, el tramo *clásico* de la curva de oferta agregada sería el vertical y refleja que los salarios y los precios son totalmente flexibles y que los salarios se ajustan para mantener permanentemente el pleno empleo en el mercado de trabajo.

Dado que las versiones aquí presentadas de los modelos clásico y keynesiano son extremadamente simplistas, para avanzar en el análisis macroeconómico, en los capítulos restantes vamos a adoptar una postura intermedia y suponer que la curva de oferta agregada tiene inclinación positiva en el sentido de que los precios aumentan conforme se incrementa el nivel de producción (Figuras 20.7 y 20.12). De esta forma se supone que si, por ejemplo, tiene lugar una variación de la cantidad de dinero, ésta provoca cambios en la producción, en el empleo y en los precios, dependiendo la intensidad relativa de estos cambios de la situación del mercado de trabajo. Así, cuando el nivel de desempleo sea muy reducido, lógicamente los incrementos de empleo serán escasos y prácticamente todo el impacto se reflejará en los precios, mientras que lo contrario ocurrirá cuando la economía se encuentre con elevadas tasas de desempleo. De esta forma, la curva de oferta agregada de inclinación positiva y creciente aparece como un instrumento de análisis unificador de las posturas extremas representadas por el modelo clásico, que se considera idóneo para estudiar el largo plazo y en el que todos los salarios y los precios tienen tiempo para ajustarse totalmente, y el modelo keynesiano, como instrumento propicio para analizar el corto plazo, en el que los precios sólo se ajustan lentamente y el empleo varía.

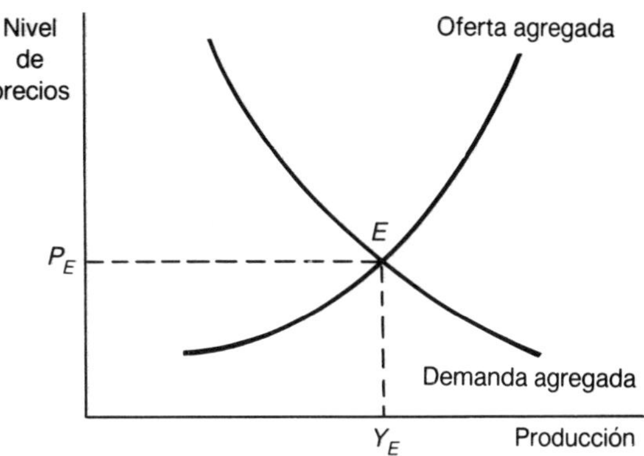

Figura 20.12. El equilibrio simultáneo de los mercados de bienes, dinero y trabajo.

En el punto de intersección de las curvas de demanda agregada y oferta agregada, *E*, los mercados de bienes, dinero y factores se encuentran en equilibrio.

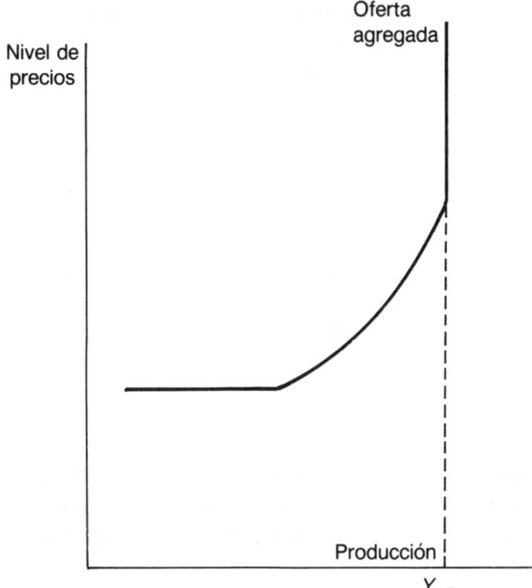

Figura 20.11. Curva de oferta «integradora».

La curva de oferta agregada que integra las diversas hipótesis analizadas presenta tres tramos diferenciados. El horizontal lo identificamos como el correspondiente al modelo «keynesiano» de precios fijos y el vertical como el «clásico». El tramo de pendiente positiva representaría una posición intermedia en la cual los incrementos de producción llevan consigo aumentos de salarios y de precios.

El equilibrio simultáneo de los mercados de bienes, dinero y trabajo

Si combinamos las curvas de oferta agregada y de demanda agregada determinamos el nivel de producción, empleo y precios de equilibrio en el que se vacían los mercados de bienes, dinero y trabajo.

Dado que la curva de demanda agregada resume las relaciones entre los mercados de bienes y dinero y la oferta agregada refleja las relaciones entre los mercados de bienes y factores, en el punto de equilibrio E (Figura 20.12) los mercados de bienes, dinero y factores se encuentran en equilibrio.

En el punto E, el nivel de precios es tal que lo que están produciendo las empresas, en el nivel de empleo que equilibra el mercado de trabajo, es igual a lo que desean comprar los demandantes, dadas las rentas y los tipos de interés que vacían el mercado de dinero.

El esquema de las funciones de oferta y demanda agregada constituye un instrumento útil para analizar los efectos de las políticas de demanda y de alteraciones en los costos de producción, como se desarrolla en los capítulos siguientes.

RESUMEN

- Según Keynes, no se demanda dinero sólo para realizar transacciones, sino que el dinero es un activo alternativo a los bonos y a las acciones, por lo que su demanda dependerá del tipo de interés. Si la tasa de interés es elevada se tratará de mantener la mínima cantidad posible de dinero, y se colocará el resto en activos financieros. Por el contrario, si el tipo de interés es bajo, el público estará más dispuesto a inmovilizar una parte de su patrimonio en forma de dinero para evitar una pérdida de capital.

- En estas circunstancias, si tiene lugar un aumento de la cantidad de dinero, el dinero adicional se mantendrá totalmente como tal, en vez de comprar bonos, por lo que el tipo de interés no se reducirá, esto es, se caerá en la «trampa de la liquidez» y la política monetaria será estéril.

- Para los monetaristas la cantidad de dinero es el factor clave a la hora de explicar la evolución de la demanda agregada. Asimismo mantienen que a largo plazo el producto real tiende hacia el nivel de pleno empleo, de forma que el efecto a largo plazo de una alteración en la cantidad de dinero tiende a recaer sobre los precios y no sobre el producto real.

- Dado que la oferta monetaria elevará tarde o temprano el nivel de precios, resulta necesario combinar el análisis de la demanda agregada con el nivel de producción que están dispuestas a ofrecer las empresas en función del nivel de precios.

- Un aumento de los precios origina una reducción del gasto y de la renta de equilibrio, mientras que una reducción provoca un aumento. Esta relación inversa entre los precios y la renta de equilibrio por el lado de la demanda se denomina curva de demanda agregada. Los movimientos a lo largo de esta curva implican ajustes de los tipos de interés, la inversión, el gasto y la producción.

- En ausencia de «ilusión monetaria», las variaciones del nivel de precios no alteran los salarios reales ni el empleo de equilibrio. Al salario real de equilibrio todo el que desea trabajar puede hacerlo. Por tanto, la curva de oferta agregada será una línea vertical en el nivel de producción potencial.

- Si las empresas ofrecen cualquier cantidad de producción al nivel de precios dado, se obtendrá una curva de oferta agregada horizontal.

- Cuando existe ilusión monetaria, si tiene lugar un aumento en la cantidad de dinero no sólo aumentarán los precios, sino también el nivel de empleo, pues el salario real se reducirá. En este caso, la curva de oferta agregada tendrá pendiente positiva.

CONCEPTOS BASICOS

— Trampa de la liquidez.
— La asimetría de la política monetaria (véase Apéndice).
— Curvas de demanda agregada y oferta agregada.
— Ilusión monetaria.
— La curva de oferta agregada del modelo clásico.
— La curva de oferta agregada del modelo keynesiano.

TEMAS DE DISCUSION

1. ¿En qué sentido un aumento en la cantidad de dinero generaría un efecto riqueza?

2. ¿Que se entiende por trampa de la liquidez? ¿Qué supuestos deben darse para que ésta tenga lugar?

3. ¿Qué implicaciones tiene, en términos de la curva de oferta agregada, que los trabajadores actúen con ilusión monetaria?

4. ¿En qué sentido el precio de los productos es el resultado de aplicar un margen sobre el costo laboral unitario?

5. Analice los efectos de un aumento de la cantidad de dinero bajo una óptica monetarista y bajo un enfoque keynesiano.

6. ¿Qué aspectos ve usted más positivos en el modelo monetarista? ¿Cuáles son bajo su punto de vista sus mayores limitaciones?

7. ¿La política monetaria tiene efectos fiscales? ¿La política fiscal tiene implicaciones monetaristas?

8. Justifique por qué es de esperar que se reduzcan las inversiones empresariales y la compra de nuevos automóviles cuando se espera que el tipo de interés va a descender.

9. ¿Cómo representaría gráficamente la curva de oferta agregada de la economía de su país? Justifique la inclinación que cree usted que sería la más probable que presentase.

APENDICE

El papel del dinero en la economía: monetaristas y keynesianos

La polémica sobre el papel del dinero en la economía esta en la base de las divergencias entre monetaristas y keynesianos (véanse Capítulos 24 y 29). Los monetaristas estiman que los cambios en la cantidad de dinero son el factor clave a la hora de explicar la evolución de la demanda agregada. Para poder hacer previsiones sobre los efectos de una alteración en la cantidad de dinero, suponen que la demanda de dinero permanecerá estable.

Los monetaristas mantienen, asimismo, que a largo plazo el producto, o *output,* real tiende hacia el nivel de pleno empleo, de forma que el efecto a largo plazo de una alteración en la cantidad de dinero recaerá sobre los precios y no sobre el producto real. A largo plazo, por tanto, la política monetaria no tendrá efectos reales. A corto plazo, sin embargo, alteraciones en la oferta monetaria tendrán un efecto significativo sobre la producción y, en consecuencia, la política monetaria sí podrá ser efectiva.

■ La estabilidad de la demanda de dinero

Los keynesianos, por su parte, mantienen que la demanda de dinero no es muy estable, pues junto al motivo transacción también se demanda dinero por el motivo especulación, lo que determinará un comportamiento relativamente inestable por parte del público a la hora de demandar dinero, lo que se traducirá en que la velocidad de circulación del dinero no podrá considerarse como una constante (véanse Nota complementaria 20.5 y Capítulo 24). De esta forma, la incidencia de la cantidad de dinero sobre la demanda no es tan directa. Por otro lado, se señala que la economía normalmente no estará en una situación próxima al pleno empleo, por lo que cabe pensar en intervenir vía política fiscal.

■ La variable monetaria intermedia

Otro punto de discrepancia entre monetaristas y keynesianos radica en la elección de la variable monetaria intermedia más eficaz. Los keynesianos, al considerar que la función de demanda de dinero es bastante inestable, prefieren, en caso de recurrir al empleo de la política monetaria, el objetivo intermedio se fije en términos del tipo de interés. Los monetaristas creen que la economía está sometida a frecuentes *shocks* desestabilizadores de sus variables reales (inversión, consumo, etc.) y defienden que es preferible la elección de la cantidad de dinero como variable intermedia.

■ El carácter exógeno o endógeno de la cantidad de dinero

La polémica también se ha entablado acerca de cómo se determina la cantidad de dinero. Para los monetaristas, la cantidad de dinero es exógena, es decir, que puede establecerse al nivel que deseen las autoridades. Esta creencia descansa en el supuesto de que los cambios en la cantidad de dinero influyen en otras variables, principalmente los precios, y son poco influidos por éstas. Los keynesianos, por el contrario, suelen considerar que la cantidad de dinero es endógena, es decir, que depende del comportamiento del resto de las variables económicas, de forma que las autoridades, de hecho, acomodan su crecimiento al desarrollo de la actividad económica. Los keynesianos piensan que la cantidad de dinero influye en otras variables, y éstas, a su vez, en la cantidad de dinero, de manera que la posibilidad de que las autoridades puedan conseguir su control e influir con ella en otras variables les parece reducida.

■ **¿Política monetaria o política fiscal?**

Por otro lado, y en parte como consecuencia de lo anterior, a la hora de poner en práctica una política de estabilización, los monetaristas prefieren que ésta sea monetaria, pues se muestran muy escépticos respecto a la utilidad de la política fiscal para controlar la demanda agregada. Por lo general, se oponen a los aumentos en los gastos del gobierno argumentando que no tendrán efectividad, sino que simplemente desplazarán la demanda privada de inversión.

Según los monetaristas, y tal como se señaló en el Capítulo 17, sólo en el caso de que los déficit ocasionados por los aumentos del gasto público se financien por nuevas emisiones de dinero, la política fiscal puede tener un efecto apreciable sobre la demanda. Pero, en este caso, el efecto es en realidad atribuible a la variación de la cantidad de dinero y no al déficit del gobierno. En definitiva, pues, para los monetaristas toda política fiscal pura, esto es, todo cambio en los gastos del gobierno o en las tasas tributarias que no esté acompañado por un cambio en la cantidad de dinero, lo único que hará será sustituir la iniciativa privada por la pública, pero no tendrá efectos apreciables sobre el nivel de la demanda agregada.

Los keynesianos, por su lado, sostienen que, dada la inestabilidad de la velocidad de circulación del dinero, especialmente durante las recesiones, la política monetaria no resulta ser un instrumento útil, sobre todo si se pretende sacar a la economía de una depresión. La política fiscal, por el contrario, resulta ser un instrumento apropiado para controlar la demanda agregada. La política fiscal tendrá un efecto neto sobre la actividad económica, pues el efecto desplazamiento no es muy significativo, al ser la demanda de inversión poco sensible a las variaciones en la tasa de interés (véase Capítulo 24).

La contrastación empírica de la polémica

Tal como se ha planteado la controversia entre monetaristas y keynesianos parece que es fácil dirimirla: basta con acudir a la contrastación empírica de las hipótesis fundamentales y comprobar cuál de las dos resulta más acorde con el mundo real (véase Capítulo 29).

Según Friedman, si los instrumentos teóricos básicos del análisis keynesiano son la propensión marginal al consumo y el multiplicador, y la velocidad de circulación es el instrumento clave de los monetaristas, el debate se puede reducir a la siguiente pregunta (véase Nota complementaria 20.5), ¿qué es más estable, la velocidad de circulación o el multiplicador?

La evidencia empírica para el caso de los Estados Unidos entre 1897-1958 parece haber puesto de manifiesto que la velocidad del dinero fue más estable que el multiplicador durante el período estudiado, a excepción de la década de los años 30, como consecuencia de la Gran Depresión. Los resultados parecen mostrar que los cambios en la cantidad de dinero y los cambios en el producto nacional nominal estuvieron estrechamente relacionados durante los sesenta años estudiados.

Debe señalarse, sin embargo, que hay algunos problemas de interpretación. Los hechos observados en relación con la demanda agregada, el dinero y los precios, indican simplemente lo que ocurrió y no por qué ocurrió. Las estadísticas no presentan la causa y el efecto: solamente señalan qué cosas ocurrieron de manera simultánea. Si la demanda agregada y los cambios en la cantidad de dinero están efectivamente relacionados puede que en parte la relación causal se establezca en sentido contrario; esto es, que los cambios en la demanda agregada pueden causar cambios en la oferta monetaria.

Para establecer este tipo de relación causal, piénsese en la inversión y supóngase que se produce una mejora en las expectativas, de forma que los empresarios deciden hacer nuevos pedidos de bienes de capital. Para financiar estas inversiones los empresarios pedirán prestado a los bancos y éstos se lo concederán. En este caso, las estadísticas mostrarán un incremento en la inversión y en la cantidad de dinero, pero ha sido la decisión de los empresarios el factor determinante.

La asimetría de la política monetaria

En cualquier caso, al margen de la polémica entre keynesianos y monetaristas, debe destacarse que la política monetaria suele ser más efectiva para restringir la demanda agregada que para expandirla. Esta asimetría de la política monetaria se puede justificar por las tres razones siguientes:

1. A las autoridades monetarias les resulta relativamente más fácil presionar al alza las tasas de interés que a la baja. Si las tasas son ya bajas puede que sea muy difícil reducirlas en una proporción significativa, mientras que, por el contrario, el límite hasta donde pueden llegar las tasas de interés en su tendencia alcista provocada por políticas monetarias restrictivas es menos evidente.

2. El Banco Central puede llevar a cabo una política expansiva comprando bonos en el mercado abierto e incrementando las reservas bancarias, posibilitando con ello una mayor concesión de préstamos y, consecuentemente, aumentando la oferta de dinero, pero no puede obligar a

Nota complementaria 20.5

LA VELOCIDAD DE CIRCULACION DEL DINERO EN ARGENTINA

Las velocidades de circulación de los medios de pagos de particulares, M_1, y de las disponibilidades líquidas, M_3, aparecen reflejadas en el gráfico adjunto.

En realidad, la velocidad de circulación del dinero es mayor que la reflejada en el cuadro, es decir, el dinero rota más veces, ya que el PIB total sólo constituye una pequeña porción del número total de transacciones que se efectúan en la economía durante un año, al excluirse las transacciones intermedias.

Las velocidades de circulación se obtienen como el cociente del PIB respecto al M_1 y M_3, respectivamente.

Como puede observarse en el gráfico, hay una clara tendencia al incremento de la velocidad de circulación del dinero a medida que crece el proceso inflacionario. En cambio, los períodos de estabilidad monetaria van acompañados de una baja en dicha velocidad.

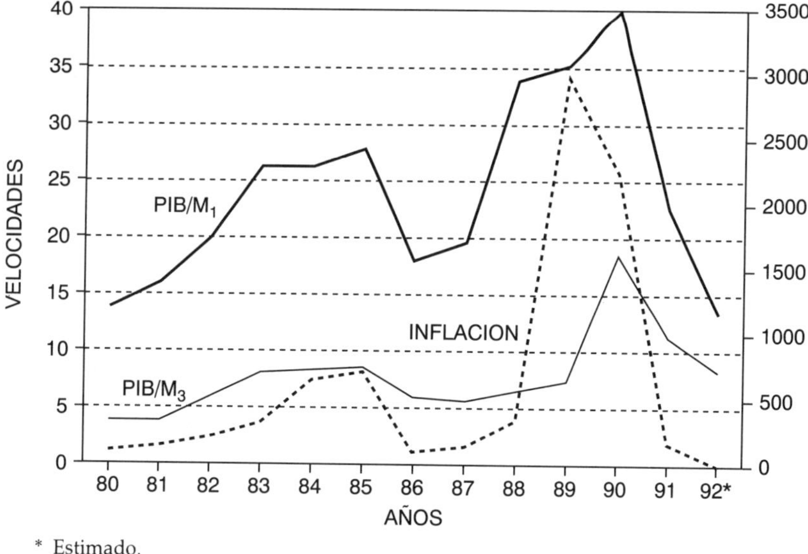

* Estimado.

FUENTE: Elaboración propia en base a dato de CEPAL, BCRA e INDEC.

los bancos a que presten más. Por el contrario, si el Banco Central realiza una operación restrictiva en el mercado abierto, los bancos se verán obligados a restringir sus préstamos y, en definitiva, la cantidad de dinero se reducirá, pues sus reservas habrán disminuido.

3. Mediante una política restrictiva se puede incluso ocasionar un racionamiento del crédito, de forma que las empresas sean incapaces de obtener los préstamos que desean para financiar sus inversiones. Obviamente, lo contrario no es cierto, pues por muy expansiva que sea una

política monetaria no se puede forzar a las empresas a solicitar más préstamos de los que desean.

Los argumentos anteriores justifican que a la política monetaria, como instrumento de control de la demanda agregada, se le compare con una cuerda, en el sentido de que si bien puede ser un instrumento adecuado para contraer, no puede utilizarse para impulsar la actividad económica. Si se adoptan políticas restrictivas, esto es, si la cuerda se tensa, la inversión se reducirá, pero si se desea impulsar la demanda no se puede forzar a las empresas a solicitar más crédito, esto es, la cuerda no puede utilizarse para empujar. Los efectos de una política expansionista son mucho menos ciertos, pues en buena medida dependen de la actitud de los bancos comerciales y de las expectativas de los empresarios, lo que puede determinar que ante una misma política el resultado sea distinto según las circunstancias.

PARTE VIII

Macroeconomía: problemas de nuestra época

CAPITULO 21

Teorías tradicionales de la inflación

INTRODUCCION

Al relajarse en el capítulo anterior el supuesto de precios rígidos mantenido al estudiar el modelo keynesiano, no sólo se sientan las bases del modelo neoclásico, sino que se ofrece el marco teórico apropiado para analizar uno de los problemas que con más intensidad ha preocupado a los responsables de la política económica durante las últimas decadas, la inflación. El análisis de las teorías explicativas de la inflación se presenta, inicialmente, recurriendo al estudio de tres enfoques tradicionales, que basan su argumentación, respectivamente, en la demanda (inflación de demanda), en la oferta (inflación de costos) y en los desequilibrios estructurales (inflación estructural). Posteriormente, y de acuerdo con el esquema de la oferta y la demanda agregadas, se ofrece una evaluación de las distintas teorías de la inflación y se inicia el análisis del proceso inflacionista, tema sobre el que se volverá una vez analizada la problemática del desempleo.

1. EL CONCEPTO DE INFLACION Y LA MEDICION

El origen de la inflación

En el Capítulo 16, al analizar la relación entre la demanda agregada o gasto total planeado y la producción, señalábamos que cuando la demanda planeada era superior a la producción tenía lugar una reducción no deseada de las existencias, lo que estimulaba a la empresa a incrementar la producción.

Supongamos ahora que las empresas están produciendo una cantidad suficiente, de modo que todo el que desea trabajar lo está haciendo. En otras palabras, aceptemos que la economía ha alcanzado su nivel de producción potencial o renta de pleno empleo. Si ahora los consumidores piensan que les gustaría consumir más que antes y deciden incrementar su demanda de bienes y servicios, las empresas se enfrentarán a una seria dificultad, ya que no pueden producir más, pues todos los recursos de la economía están plenamente empleados.

Si estuviéramos aún en el modelo de precios fijos que mantuvimos a lo largo de los Capítulos 16 a 19 la única solución sería comunicar a los consumidores que no pueden atender sus deseos de incrementar la demanda. Las empresas tendrían que colocar el letrero de «no hay existencias», poner a sus clientes en listas de espera y racionar los productos disponibles.

Alternativamente, cabe pensar que, cuando tiene lugar un incremento de la demanda de forma simultánea a la reducción de las existencias disponibles, se observará una elevación de los precios. De esta forma surge la *inflación* como una reacción normal del mercado cuando aparece un exceso de demanda. La inflación surge, pues, cuando las empresas elevan los precios en respuesta a las demandas de las economías domésticas de más bienes de los que pueden producirse.

En el mundo real, sin embargo, frecuentemente se observa que la inflación se origina cuando la economía no está en el nivel de pleno empleo. Precisamente uno de los retos de la Macroeconomía consiste en explicar por qué a veces hay inflación simultáneamente con un elevado desempleo. Este hecho sugiere que para estudiar las causas de la inflación no basta con el análisis de la demanda, sino que deben considerarse también otros factores. Esto se llevará a cabo en el apartado siguiente, una vez precisado el concepto de inflación y de su medición.

Definición de inflación

La inflación se puede identificar con el crecimiento continuo y generalizado de los precios de los bienes y servicios existentes en una economía; crecimiento medido y observado mediante la evolución de algún índice de precios. Otras definiciones menos precisas, pero quizás más frecuentes de la inflación, pueden ser las siguientes: movimiento persistente al alza del nivel general de precios; tasa de variación

Nota complementaria 21.1

EVOLUCION DEL IPC POR COMPONENTES

Tal como se señala en el texto, el IPC, como todo índice, refleja la evolución de los precios de un amplio conjunto de bienes y servicios. Lógicamente, todos los bienes y servicios no crecen al mismo ritmo. Precisamente en el cuadro adjunto aparece la evolución del IPC por componentes durante el año 1991. Como puede observarse, la vivienda y los servicios son los componentes que presentan los mayores incrementos.

IPC POR COMPONENTES, 1991

Componentes	%
Nivel general	171,7
Alimentos y bebidas	161,1
Indumentaria	151,3
Vivienda	198,7
Eq. y func. del hogar	179,5
Salud	192,7
Transporte y comunicaciones	135,6
Esparcimiento	188,5
Educación	231,6
Bienes y servicios varios	183,3

FUENTE: INDEC.

del nivel general de precios o disminución del poder adquisitivo del dinero.

- **La *inflación* es el crecimiento generalizado y continuo de los precios de los bienes y servicios de una economía.**

La medición de la inflación

Tal como hemos indicado, la inflación se define como el aumento del nivel general de precios. El nivel general de precios (véanse Capítulo 1 y su Apéndice) se expresa mediante índices de precios.

Un índice de precios puede interpretarse de dos maneras: como una media de los precios actuales de los bienes y servicios, calculados en términos relativos respecto del año base y ponderados mediante unos coeficientes que indican la proporción del gasto efectuado en cada bien, o como el costo de comprar en el año actual un conjunto de bienes que, adquiridos en el año base, representaban un gasto de 100. Dado que un índice de precios no puede comprender todos los bienes existentes en una economía, debe elegirse un conjunto que se considere representativo del total.

De los índices que pueden tomarse para representar el nivel general de precios, los más utilizados son el Indice de Precios al Consumidor (IPC) y el deflactor del PIB.

▪ El índice de precios al consumidor (IPC)

El *índice de precios al consumidor* (IPC) representa el costo de una cesta de bienes y servicios consumida por una economía doméstica representativa. Los componentes de la cesta incluida en el IPC de Argentina aparecen recogidos en el Cuadro 1.A.1.

El Cuadro 21.1 muestra el IPC de varios años y la tasa de inflación medida sobre este índice. Para evaluar, a partir del IPC, la tasa de inflación entre dos años determinados, esto es, la tasa de crecimiento de los precios, se calcula la variación porcentual experimentada por este índice en ese período. Así, la tasa de inflación en 1990 se calcula como sigue:

Cuadro 21.1. El índice de precios al consumidor (IPC) y la tasa de inflación

Año	IPC 1988 = 100	Inflación (Variación porcentual anual del IPC)
1987	23,39	131,30
1988	103,62	343,00
1989	3.294,60	3.079,50
1990	79.530,50	2.314,00
1991	216.061,90	171,70

FUENTE: INDEC.

$$\textbf{Inflación en 1990} = \frac{IPC_{1990} - IPC_{1989}}{IPC_{1989}} \times 100 =$$

$$= \frac{79.530,5 - 3.294,6}{3.294,6} \times 100 = 2.313,97$$

- **La inflación, medida por el IPC, es la tasa de variación porcentual que experimenta este índice en el período de tiempo considerado.**

El IPC resulta más adecuado para conocer la evolución de los precios de los bienes y servicios que generalmente adquieren los consumidores (véase Cuadro 1.A.1 del Apéndice del Capítulo 1). Refleja de forma apropiada cómo se ha encarecido la vida, pues indica el dinero que hace falta para mantener el nivel de vida anterior.

▪ El deflactor del PIB

En el Capítulo 15 distinguimos entre la producción física de bienes y servicios por parte de la economía y el valor monetario de la producción (véase Apéndice A del Capítulo 1). En particular hablamos de PIB nominal y PIB real. Pues bien, la distinción entre PIB real y PIB nominal nos da otro indicador de la inflación, esto es, el deflactor del PIB (Cuadro 21.2).

- **El *deflactor del PIB* es el cociente entre el PIB nominal y el PIB real expresado en forma de índice.**

Nota complementaria 21.2

LA INFLACION EN BIENES Y EN SERVICIOS

El dispar comportamiento que, en general, presenta la evolución de los precios de los bienes y de los servicios se refleja en las cifras del cuadro adjunto.

Dado que, en general, los bienes están mucho más sujetos a la competencia internacional, sobre éstos se hace sentir en mayor medida la política cambiaria y el grado de apertura de la economía. En cambio, los servicios están escasamente sujetos a la competencia internacional y, por tanto, sus precios dependen sólo del juego de la demanda y oferta internas.

EVOLUCION DEL IPC PARA BIENES Y SERVICIOS

Mes		**Variación porcentual respecto del mes anterior**		
		Nivel general	**Bienes**	**Servicios**
Enero	1991	7,7	6,7	9,3
Febrero		27,0	32,0	19,2
Marzo		11,0	7,4	17,4
Abril		5,5	4,0	7,9
Mayo		2,8	2,7	2,9
Junio		3,1	3,2	3,0
Julio		2,6	2,0	3,5
Agosto		1,3	1,1	1,6
Septiembre		1,8	1,7	1,8
Octubre		1,4	1,3	1,5
Noviembre		0,4	−0,3	1,5
Diciembre		0,6	−0,2	1,9
Enero	1992	3,0	2,8	3,4
Febrero		2,2	1,5	3,1
Marzo		2,1	1,9	2,4
Abril		1,3	0,8	1,9
Mayo		0,7	−0,2	1,9
Junio		0,8	0,6	1,0

FUENTE: INDEC.

$$\textbf{Deflactor del PIB} = \frac{\textbf{PIB nominal}}{\textbf{PIB real}} \times 100$$

Así, por ejemplo, el deflactor del PIB de 1989 para la economía española reflejado en el Cuadro 21.2 se calcula como sigue:

$$\text{Deflactor del PIB}_{1989} = \frac{\text{PIB nominal}_{1989}}{\text{PIB real}_{1989}} \times 100$$

$$= \frac{44.687{,}0}{19.479{,}9} \times 100 = 229{,}4$$

Así pues, un deflactor es un índice de precios con el que se convierte una cantidad «nominal» en otra «real», esto es, la magnitud nominal se «deflacta» separando la variación debida al crecimiento de los precios de la atri-

Cuadro 21.2. El deflactor del PIB de la Economía Española

Año	(1) PIB nominal (*)	(2) PIB real (*)	(3) = (1)/(2) × 100 Deflactor PIB
1985	27.888,8	16.282,8	171,3
1986	31.947,5	16.816,4	190,0
1987	35.714,5	17.748,7	201,2
1988	39.914,3	18.663,8	213,8
1989	44.687,0	19.479,9	229,4

(*) En miles de millones de pesetas.
FUENTE: Banco de España y estimación del Ministerio de Economía y Hacienda.

buida al aumento de los factores reales. Dado que el PIB es una magnitud básica de la actividad económica, su deflactor es el índice de precios de mayor cobertura, y es el que más se acerca al concepto de índice general de precios. El deflactor del PIB es el índice más apropiado para indicar la evolución de todos los precios de los bienes y servicios de la economía.

- **Un *deflactor* es un índice de precios con el que se convierte una cantidad «nominal» en otra «real».**

En el Cuadro 21.2 aparece recogido el deflactor del PIB para la economía española para los años 1985-1989 y la tasa de inflación. A partir del deflactor del PIB, la tasa de inflación se calcula como la variación porcentual anual. Así, con los datos del Cuadro 21.2 resulta que la tasa de inflación registrada en España entre 1988 y 1989, calculada a partir del deflactor del PIB, es la siguiente (Cuadro 21.3):

$$\begin{array}{c}\text{Tasa de}\\ \text{inflación}\\ \text{en 1989}\\ \text{(deflactor}\\ \text{del PIB)}\end{array} = \frac{\text{Deflactor}_{1989} - \text{Deflactor}_{1988}}{\text{Deflactor}_{1988}} \times 100 =$$

$$= \frac{229{,}4 - 213{,}8}{213{,}8} \times 100 = 7{,}3$$

El deflactor del PIB utiliza como ponderaciones del índice de precios la participación de los diferentes bienes en el valor de la producción del año corriente. El IPC, sin embargo, utiliza como ponderaciones la participación de los diferentes bienes y el presupuesto de la unidad

Cuadro 21.3. El deflactor del PIB de la Economía Española y la tasa de inflación

Año	Deflactor PIB (*)	Tasa de inflación (variación porcentual del deflactor del PIB)
1985	171,3	—
1986	190,0	10,9
1987	201,2	5,9
1988	213,8	6,2
1989	229,4	7,3

(*) Base 1980 = 100.
FUENTE: Banco de España.

familiar representativa correspondiente al año base. Asimismo, el IPC y el deflactor se diferencian en que el deflactor incluye todos los bienes producidos, mientras que el IPC mide el costo de los bienes consumidos, esto es, incluidos en la «cesta de la compra» de la economía doméstica representativa.

2. TEORIAS TRADICIONALES DE LA INFLACION

Desde una perspectiva tradicional, la inflación se ha explicado mediante tres factores: Comportamiento de la demanda agregada, evolución de los costos, y elementos estructurales.

INFLACION DE DEMANDA

Para algunos autores el factor clave para explicar el crecimiento de los precios reside en la evolución de la demanda agregada. Si los distintos sectores de la economía planean, en su conjunto, unos gastos que superan la capacidad de producción de la economía, esos planes no podrán cumplirse de la forma en que fueron proyectados. Tal como señalamos al comienzo de este capítulo, una posibilidad es que, al no haber bienes disponibles para satisfacer la demanda, sólo algunos reciban los bienes que desean y otros se queden sin ellos. En una economía de mercado, sin embargo, es de esperar que la demanda insatisfecha cause una presión ascendente sobre los precios.

En realidad, una expansión de la demanda no tiene necesariamente que reflejarse en una elevación de los precios. En una economía abierta puede que el incremento de la demanda se satisfaga por medio de un crecimiento similar de las importaciones. Esta posibilidad dependerá de la capacidad del país en cuestión para soportar y financiar el consiguiente déficit exterior (véase Capítulo 25). En cualquier caso, esta situación no puede mantenerse de forma indefinida. Llegará un momento en el que se agotarán las reservas internacionales y también la capacidad de recurrir a la financiación exterior.

La consideración de que la demanda es el factor determinante de la inflación es algo de lo que participan tanto los monetaristas como los keynesianos (*), pero ambos propugnan, sin embargo, distintas explicaciones acerca de las causas que provocan dicho comportamiento de la demanda.

Explicación monetarista de la inflación

En el contexto monetarista, la causa que explica el comportamiento de la demanda agregada es el aumento de la cantidad de dinero por encima del crecimiento de la producción. Si en una economía en la que, inicialmente, no se experimentan tensiones inflacionistas tiene lugar un aumento en la cantidad de dinero, los agentes económicos dispondrán de una mayor liquidez. Pero, dado que desde la perspectiva monetarista el dinero se mantiene básicamente para transacciones, los agentes económicos se encontrarán con una cantidad de dinero mayor de la que precisan e intentarán gastar el exceso de dinero en la compra de otros activos rentables o aumentando su demanda de bienes y servicios corrientes.

Si, además, la actividad económica se halla en una situación tal que la totalidad de los factores productivos se encuentran empleados, la producción física de bienes y servicios no podrá aumentar a corto plazo. Resultará, por tanto, que esta demanda incrementada no se podrá satisfacer mediante un aumento en la producción y, en consecuencia, los precios experimentarán una subida.

En términos gráficos, la postura monetarista sobre la inflación se puede establecer teniendo en cuenta que para los monetaristas la curva de oferta agregada de la economía es completamente vertical, tal como la correspondiente al modelo clásico (Figura 20.8). De esta forma,

(*) Los rasgos fundamentales de la concepción monetarista y keynesiana de la economía se ofrece en los Apartados 24.1, 29.5, 29.6 y 29.7.

Nota complementaria 21.3

INFLACION Y CRECIMIENTO MONETARIO EN EL LARGO PLAZO

En esta nota vamos a analizar la relación existente entre dinero, precios y producción basándonos en la condición de equilibrio del mercado de dinero, analizada en el Capítulo 19.

$$\textbf{Demanda de dinero en términos reales} = \frac{\textbf{\textit{Stock} de dinero en términos nominales}}{\textbf{Nivel de precios}}$$

Las posibles causas de una subida persistente y continuada del nivel general de precios hay que buscarlas, bien en la evolución de la demanda de dinero en términos reales, o en la del *stock* monetario en términos nominales. Si se produjese una disminución de la demanda de dinero, el equilibrio del mercado requeriría una subida del nivel de precios para un *stock* de dinero dado. Esta ocasionaría una subida del nivel de precios de una sola vez, pero no un alza persistente en el mismo. Para que esto ocurriera debería producirse una disminución continuada en el nivel de producción o renta y en la demanda de dinero, hecho que no se da en la realidad.

Respecto a la otra variable de la función de demanda de dinero, el tipo de interés, la alta variabilidad observada en los mismos no parece explicar el alza continuada del nivel de precios. Hemos de ver, por tanto, si la causa de la inflación proviene de un crecimiento excesivo del *stock* de dinero, sobre las necesidades de liquidez de una economía. En el cuadro adjunto se han seleccionado para algunos países datos relativos a la tasa de crecimiento monetario, tasa de inflación, tasa de crecimiento de producción y tasa de crecimiento de *stock* de dinero en términos reales. De dicho cuadro se pueden extraer los siguientes comentarios:

1. Existe una relación positiva entre la tasa de crecimiento de los precios y la de la cantidad de dinero.
2. En general, los países con tasas de crecimiento monetario más elevado poseen también las tasas más altas de inflación.
3. La variable que más incide sobre la tasa de crecimiento de la demanda de saldos reales es la tasa de crecimiento de la producción, y se observa cómo los países con tasas de crecimiento real más elevadas presentan, en general, tasas de inflación más bajas, para una tasa dada de crecimiento del *stock* de dinero.

Estos hechos ponen de manifiesto la existencia a largo plazo de una relación estrecha entre las tasas de crecimiento monetario e inflación.

TASAS DE CRECIMIENTO DE LOS PRECIOS, DEL DINERO LEGAL Y DE LA PRODUCCION EN DISTINTOS PAISES

Países	Tasa de inflación	Tasa de crecimiento de dinero	Tasa de crecimiento de producción	Período de tiempo
Argentina	**72,8**	**70,2**	**3,1**	**69-79**
Chile	89,1	97,1	2,9	70-79
Israel	15,1	18,3	8,0	50-79
Yugoslavia	13,7	20,3	6,3	60-79
España	9,1	12,9	5,2	54-79
Reino Unido	6,2	7,0	2,5	51-79
Italia	6,1	10,2	4,5	50-79
Francia	6,0	7,5	4,8	50-79
Japón	5,7	12,9	8,0	53-79
Suecia	5,5	7,5	3,2	50-59
Alemania Federal	3,1	7,3	4,6	53-79
USA	3,8	4,9	3,4	50-79

FUENTE: R. Barro: *Macroeconomics*, 1983.

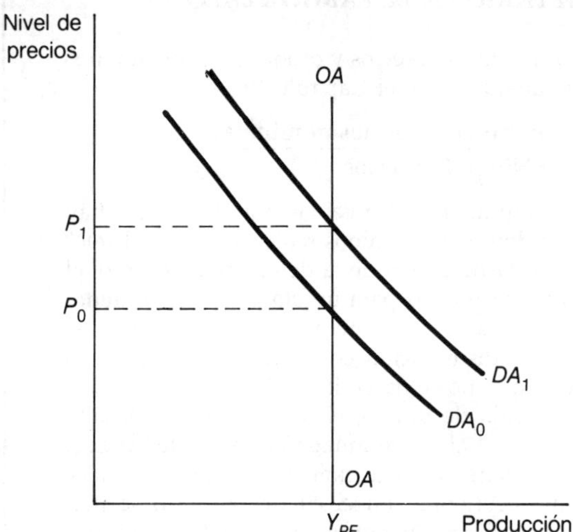

Figura 21.1. Explicación monetarista de la inflación.

La explicación monetarista de la inflación se puede establecer en términos de las curvas de oferta y demanda agregadas. Suponiendo que la curva de oferta agregada sea completamente rígida, un incremento de la cantidad de dinero originará un desplazamiento de la curva de demanda agregada, desde DA_0 hasta DA_1, de forma que el nivel de precios pasará de P_0 a P_1.

---

si al incrementarse la cantidad de dinero y consecuentemente al reducirse el tipo de interés se incrementa la demanda de inversión y la demanda agregada se desplaza hacia la derecha; lo único que ocurrirá será que los precios aumentarán (Figura 21.1). Así pues, los monetaristas establecen una relación automática entre la cantidad de dinero y el nivel de precios.

- **Los *monetaristas* defienden que la causa que explica el comportamiento de la demanda agregada y, por tanto, de los precios, es el aumento de la cantidad de dinero.**

Los defensores de la tesis monetarista mantienen que sin un aumento de la cantidad de dinero, ninguna de las otras causas propuestas puede llevar a alzas continuadas y sostenidas de los precios. Asimismo, mantienen que el aumento de la cantidad de dinero es condición suficiente para que aparezca inflación y que los datos confirman que una elevación sustancial del nivel general de precios durante un período suficientemente largo va acompañada de una elevación de la cantidad de dinero disponible por unidad de producción.

Una crítica frecuente al planteamiento monetarista mantiene que esta teoría, por sí sola, no explica por qué varía la oferta monetaria. Se argumenta que el dinero, en realidad, mantiene un comportamiento pasivo que se adapta a las necesidades «de comercio», a medida que varían los precios. Indudablemente, alzas continuadas y sostenidas de precios no pueden darse sin aumentos en la cantidad de dinero, so pena de que el nivel de actividad se reduzca considerablemente. Es decir, para un nivel de demanda dado, si los agentes se empeñan en subir el precio de lo que venden y la autoridad monetaria se niega a financiar la subida, el volumen de actividad ha de reducirse, lo que provocará un exceso de demanda que acabará elevando los precios. En este caso, sin embargo, el aumento de precios habría tenido su origen en un incremento de los costos, y el aumento de la cantidad de dinero, más que una causa explicativa, sería un síntoma que reflejaría una presión alcista de los precios.

Explicación keynesiana de la inflación

Desde una óptica keynesiana se señala que el dinero no sólo se demanda para hacer frente a las transacciones, sino también como activo (véanse Capítulos 19 y 20). En este caso, la demanda de dinero puede absorber, en determinadas circunstancias, los aumentos en la oferta monetaria sin necesidad de que se produzcan alteraciones de precios. De esta forma, la relación entre oferta monetaria y nivel de precios no es tan directa como defienden los monetaristas.

En el enfoque keynesiano la variable clave es la demanda agregada, de forma que si la demanda total excede de la producción de pleno empleo, tendrá lugar un aumento en el nivel de precios. Si partimos de una situación de pleno empleo en la que el gasto total es suficiente para absorber toda la producción y por cualquier causa, como puede ser una mejora en las expectativas empresariales que provoca un crecimiento en la demanda de inversión, se produce un aumento «autónomo» en la demanda agregada, el gasto monetario será superior al que puedan tolerar los precios anteriores. En estas circunstancias, se origina un exceso de demanda que motivará un aumento de los precios, hasta que finalmente dicho aumento iguale el incremento del gasto. En este caso la causa de la inflación radica en que la demanda en términos monetarios es mayor que la oferta limitada de bienes y servicios.

- **La *explicación* keynesiana de la inflación rechaza la estrecha relación que establecen los monetaristas entre la cantidad de dinero y los precios. Se afirma que la incidencia sobre los precios de un incremento de la demanda agregada dependerá de la situación de la economía, esto es, del nivel de recursos desempleados.**

Nota complementaria 21.4

EVOLUCION DE LA OFERTA MONETARIA Y EL IPC EN ARGENTINA

En la nota anterior ya se ha comentado la relación entre la evolución del Indice General de Precios y de la cantidad de dinero. El gráfico confirma todo ello utilizando como oferta de dinero la definida por M_3 —incluyendo los intereses y ajustes por indexación devengados por los depósitos de particulares.

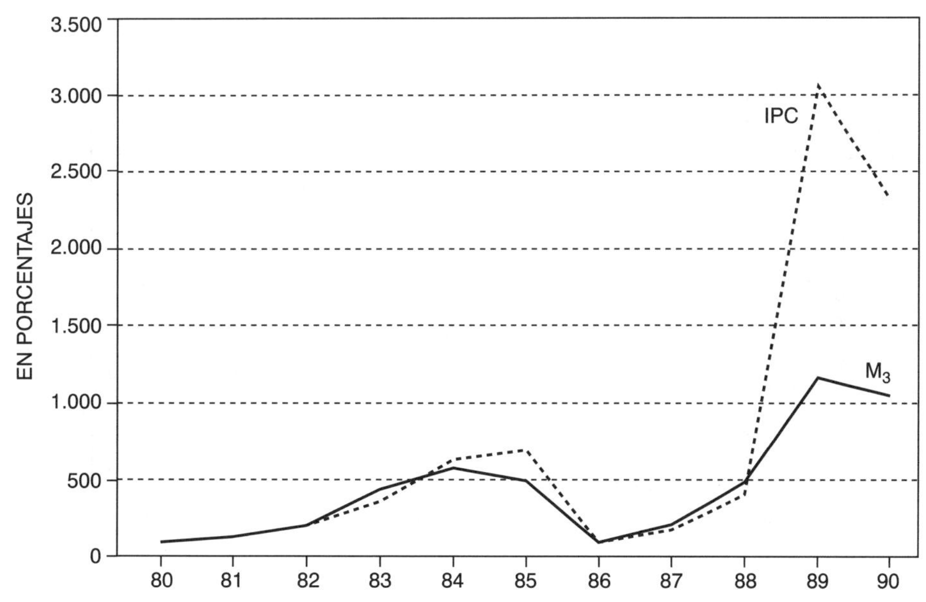

FUENTE: CEPAL e INDEC.

Nota complementaria 21.5

INFLACION Y ACTIVIDAD ECONOMICA

El defasaje existente entre los movimientos de la producción real y de los precios se pone de manifiesto al analizar los gráficos aquí adjuntos. Como se observa, las mayores tasas de inflación se corresponden con abruptas caídas del PIB mientras que la recuperación en el nivel real de la producción se corresponde con tasas moderadas —para los parámetros argentinos— de inflación.

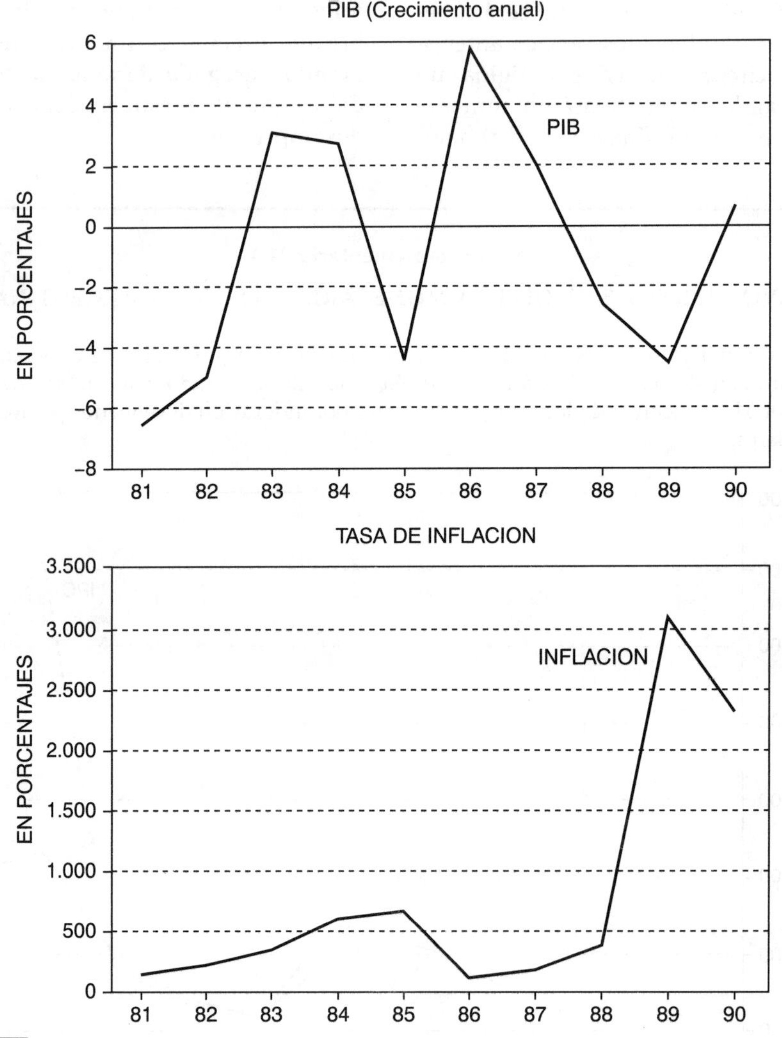

FUENTE: CEPAL e INDEC.

Desde una perspectiva keynesiana se defiende que la incidencia sobre los precios de un incremento de la demanda agregada dependerá de la situación de la economía. Tal como se señaló al analizar la curva de oferta agregada del modelo keynesiano, cuando el nivel de producción es notablemente inferior al potencial, y bajo determinadas circunstancias, si la demanda se incrementa, la economía en conjunto incrementa la producción al nivel de precios vigente. Esto es lo que ocurriría, en términos de la Figura 21.2, en el tramo horizontal de la curva de oferta agregada keynesiana. Sin embargo, cuando la producción se aproxima al nivel de producción potencial, como ocurre en Y_0, todo incremento de la demanda agregada, tal como el recogido de la Figura 21.2 mediante el paso de DA_0 a DA_1, conllevará un aumento simultáneo de la producción, desde Y_0 hasta Y_1, y de los precios, de P_0 a P_1.

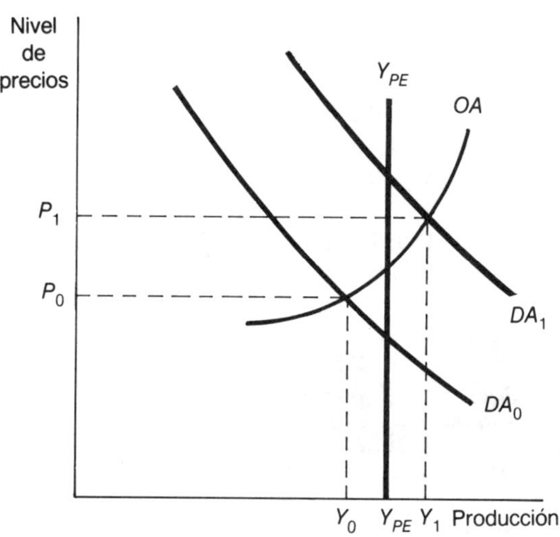

Figura 21.2. Explicación keynesiana de la inflación.

Desde una óptica keynesiana se argumenta que un desplazamiento de la curva de demanda agregada (desde DA_0 hasta DA_1) motivado por una política expansionista, excepto para niveles de producción notablemente inferiores al potencial, implica un aumento de la producción desde Y_0 hasta Y_1, y de los precios, que pasarán de P_0 a P_1.

INFLACION DE COSTOS

La inflación de costos se ha explicado destacando que los grupos económicos de presión son los culpables de que los precios se eleven. Con frecuencia, la responsabilidad principal se atribuye a los sindicatos, al imponer éstos continuos aumentos de salarios en mayor proporción que los crecimientos de productividad del trabajo.

Precio del producto	=	**Costo laboral unitario**	×	**Costo de capital**	(1)
(p)	=	(lW)		$[k(lW)]$	

Como se indicó, bajo los supuestos establecidos, los precios dependen de tres factores: del salario monetario (W), de la inversa de la productividad del trabajo (l) y del margen establecido para cubrir los costos de capital (k).

De acuerdo con la ecuación (1) podemos afirmar lo siguiente:

- El precio es más alto, manteniéndose todo lo demás constante, cuanto mayor sea la cantidad de trabajo necesaria por unidad de producto (l), o lo que es lo mismo, cuanto menor sea la productividad del trabajo ($1/l$).
- El precio es más alto, manteniéndose todo lo demás constante, cuanto mayor es el salario monetario, W.
- El precio es más alto, manteniendo todo lo demás constante, cuanto más alto sea el margen k sobre los costos laborales para cubrir el costo del capital.

Lo concluido hasta aquí sobre el precio de un bien puede generalizarse al conjunto de bienes y servicios de la economía, en cuyo caso estaremos hablando del nivel de precios.

Los que defienden la inflación de costos argumentan que, dado el carácter no competitivo de la formación de los salarios, los sindicatos pueden conseguir aumentos salariales superiores a los de la productividad del trabajo, lo que hace que el proceso inflacionista se inicie por un «empujón» de los costos y no por un «tirón» de la demanda. De la ecuación (1) se deduce, sin embargo, que los aumentos de los salarios (W) manteniéndose constante el margen *k*, no tiene por qué repercutirse totalmente sobre los costos si paralelamente se da algún aumento en la productividad de trabajo que haga que se reduzcan. Sólo si el crecimiento de los salarios es superior al crecimiento de la productividad cabe hablar propiamente de inflación de costos.

- **La *inflación* de costos explica el aumento de los precios a partir del incremento de los salarios y demás componentes de los costos de producción.**

El *mark-up* y la espiral precios-salarios

Una vez aceptado el mecanismo esbozado en la ecuación (1), que en la literatura económica se conoce como *mark-up*, se ofrecen distintos argumentos para poner en marcha el proceso inflacionista. Unos defienden que existen grupos organizados intentando apropiarse de una proporción mayor de la renta nacional, mediante la manipulación de los precios monetarios sobre los que tienen control. Por ejemplo, supongamos que los precios son inicialmente estables y los sindicatos intentan hacerse con una mayor parte de la renta nacional mediante la elevación de los salarios. Esta elevación en el nivel monetario de los salarios reducirá la ren-

Nota complementaria 21.6

CRECIMIENTO DE LOS PRECIOS Y DE LOS SALARIOS EN ARGENTINA

Según las nuevas teorías sobre el mercado de trabajo, la relación entre el crecimiento efectivo de los precios y las expectativas que sobre él se formen los trabajadores incidirá sobre el salario real y, consecuentemente, sobre el nivel de empleo y de producción. El cuadro adjunto muestra la evolución de las tasas de crecimiento de los precios y de los salarios industriales medios con objeto de poner de manifiesto en qué medida se producen los citados desajustes.

LA EVOLUCION DE LOS SALARIOS INDUSTRIALES
Y DE LOS PRECIOS EN ARGENTINA
(Tasas de crecimiento anual)

Años	Salario horario del trabajador industrial	IPC nivel general	Diferencia porcentual salario-IPC
1983	470,12	343,80	126,32
1984	886,90	626,70	260,20
1985	492,34	672,20	−179,86
1986	83,52	90,10	−6,58
1987	112,67	131,30	−18,63
1988	326,93	343,00	−16,07
1989	2.369,14	3.079,50	−710,36
1990	2.619,12	2.314,00	305,12

FUENTE: INDEC.

ta real de otros grupos, los cuales reaccionarán elevando los precios que puedan manipular. Un proceso como el descrito dará lugar a una *espiral precios-salarios* en el sentido de que un aumento inicial de los salarios motivado por el comportamiento de los sindicatos fuerza a las empresas a elevar sus precios, lo que posteriormente impulsará a los sindicatos a exigir nuevas subidas salariales, y así sucesivamente.

La espiral salarios-salarios

Un modelo similar es el que da lugar a la *espiral salarios-salarios.* En este caso se contempla la influencia de determinados sectores productivos como mecanismos propagadores de la inflación. Los incrementos salariales conseguidos en los sectores o industrias más dinámicos o en los de mayor poder sindical se irradian al resto

Nota complementaria 21.7

TASAS DE VARIACION DEL INDICE DE PRECIOS AL CONSUMIDOR (IPC) Y DE LOS SALARIOS INDUSTRIALES EN ARGENTINA

En el gráfico adjunto hemos representado las tasas de variación del Salario Horario Normal del Trabajador Industrial y del Indice de Precios al Consumidor (IPC) desde el año 1983 en adelante, para la economía argentina.

Se advierte que a partir de 1985 los ajustes salariales no lograron igualar la tasa de inflación anual. Recién en 1990 los salarios logran una recuperación en términos reales, esto es evolucionan por encima del IPC.

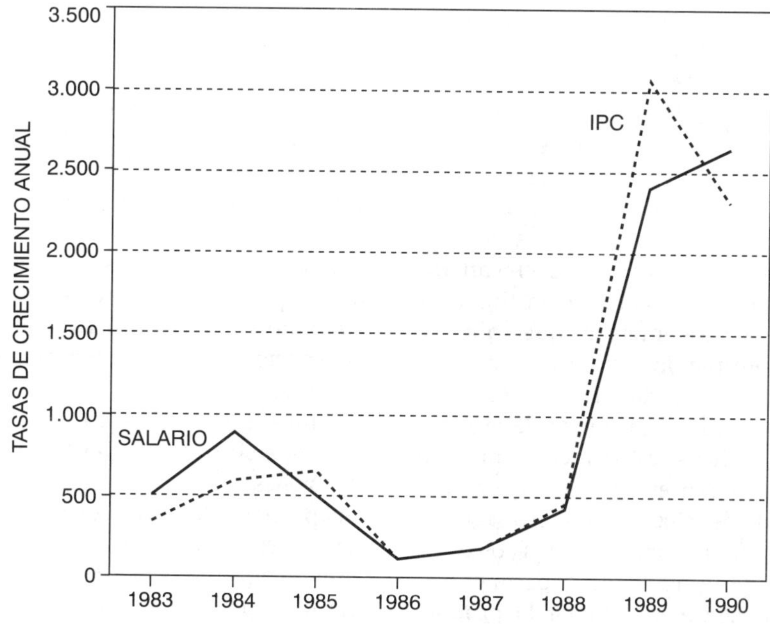

FUENTE: INDEC.

del mercado de trabajo en un intento de no perder posiciones relativas dentro de la población laboral, lo que producirá un movimiento ascendente en el nivel total de los salarios nominales. En este sentido se destaca que los trabajadores se preocupan más del nivel relativo de sus salarios que del nivel absoluto de los mismos.

Los otros componentes del costo

Así como se ha señalado el protagonismo de las reivindicaciones salariales de los sindicatos, también cabe destacar el papel de las empresas y su intento de aumentar los beneficios. En una economía en la que abunden los precios «administrados», esto es, precios no determinados competitivamente, sino fijados por el vendedor, existe la posibilidad de que tales elementos puedan administrarse al alza a más velocidad que los salarios. El papel de los sindicatos sería el de un poder compensador que pretende proteger los salarios reales.

Los aumentos de los precios también pueden ser el resultado de una elevación de otros elementos del costo. Así, de la consideración de la ecuación de precios (1), en la que para simplificar el desarrollo habíamos supuesto que sólo hay dos factores productivos —trabajo y capital—, resulta evidente que los precios también se incrementarán cuando, manteniéndose todo lo demás constante, se elevan los costos del capital. Cuando el sistema financiero decide aumentar los intereses que cobra se originará una presión inflacionista, pues las empresas tratarán de trasladar al consumidor ese incremento de costos vía subida de precios.

En términos gráficos, estos incrementos en los costos se reflejarán en un desplazamiento hacia la izquierda de la curva de oferta agregada (Figura 21.3). Al incrementarse los costos de producción, la oferta agregada experimentará una contracción, que hará reducir la producción desde la posición Y_0 hasta la Y_1, y paralelamente los precios se incrementarán pasando del nivel P_0 a P_1.

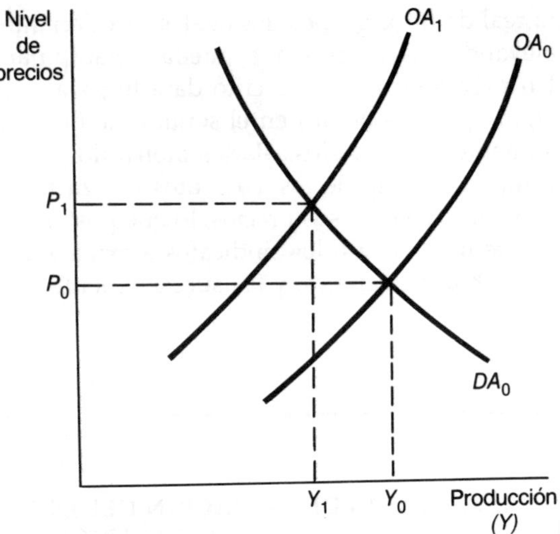

Figura 21.3. Inflación de costos.

Cuando se incrementan los costos de producción la curva de oferta agregada se desplazará hacia la izquierda desde la posición OA_0 hasta la OA_1, lo que determinará que se reduzca la producción, de Y_0 a Y_1, y que aumenten los precios, de P_0 a P_1.

El enfoque sociológico

Para algunos autores la inflación depende de más factores que los ortodoxamente pretendidos. Se defiende que la inflación es una consecuencia monetaria del comportamiento de los distintos grupos sociales —básicamente, gobierno, empresarios, asalariados y rentistas—, dado que éstos no actúan de una manera adaptativa, sino conflictiva, al tener distintas concepciones sobre la distribución de la renta y su riqueza.

Para explicar el origen de la inflación se señala que si todos los vendedores de trabajo y de bienes y servicios negocian y determinan sus precios intentando obtener entre ellos más del 100 % del total de la renta nacional, el resultado no puede ser otro que una elevación del nivel de precios.

Este argumento se puede ilustrar en términos puramente económicos señalando que si se produjesen cambios reales en la demanda y la oferta de los bienes y los servicios, los precios relativos deberían cambiar: los precios de los productos en alza, subirán, y los de los productos menos demandados, bajarán. Estos cambios implicarían alteraciones en los ingresos de los distintos grupos. Pero, ¿qué sucederá si para proteger sus ingresos, y no ver reducida su participación en la renta nacional, los que iban a sufrir pérdidas se las ingenian para no bajar sus precios? En este caso, todo el ajuste en materia de precios relativos debe hacerse a través de alzas de precios y el resultado será una aceleración de la inflación.

Consideraciones internacionales

El esquema de lucha entre los distintos agentes sociales por el reparto de la renta se puede ampliar para recoger las presiones desde fuera del circuito, sector público-sector privado-sindicatos. Cualquier país al llevar a cabo sus importaciones está expuesto a que los precios que tiene que pagar por los bienes y servicios que adquiere en el exterior se eleven de forma brusca. De esta forma, la inflación se puede trasladar de unos países a otros, pues la lucha por el reparto de la renta también se establece a nivel internacional. Un ejemplo de esta posibilidad lo ofrecen las alzas de los precios del petróleo que se produjeron durante los años 1973-1974 y 1979-1980 y la evolución posterior de los mercados de materias primas (véase Capítulo 27).

INFLACION ESTRUCTURAL

La inflación estructural se suele identificar como la inflación típica de los países en vías de desarrollo.

Los estructuralistas mantienen que las bases de la inflación descansan en el sistema productivo y social, y que los factores monetarios sólo tienen importancia como elemento propagador de la inflación, pero no la originan. El manejo de la política monetaria puede tener efectos rápidos, aunque sólo se estará atacando los síntomas y no las verdaderas causas de las tensiones inflacionistas.

La teoría de la inflación estructural ha sido desarrollada por autores latinoamericanos, entre quienes se destacan los argentinos Aldo Ferrer y Julio H. G. Olivera, y el chileno Osvaldo Sunkel. Ellos ven en la inflación una manifestación de los profundos desequilibrios existentes en las economías de los países en vías de desarrollo. Bajo este punto de vista, el proceso inflacionario es la manifestación del problema económico endémico que padecen. Ciertas rigideces estructurales e institucionales básicas y profundamente enraizadas son en última instancia la causa de las presiones inflacionistas. Se señala que tanto la oferta de productos intermedios, como la de bienes de capital y de productos alimenticios, es rígida, por lo que al incrementarse su demanda con el desarrollo general de la economía aumentan los precios. En efecto, si los precios monetarios son inflexibles en sentido descendente, todo cambio de precios relativos puede verificarse solamente a través del alza del precio monetario de los bienes que se han apreciado. En la medida que todo cambio estructural da lugar a cambios en los precios relativos también generará, entonces, presiones inflacionarias. Ante esta situación, los estructuralistas se inclinan por un desarrollo continuado, aun a costa de la estabilidad de los precios. Se argumenta que con el desarrollo se corregirán las deficiencias estructurales básicas, lo que a largo plazo y de forma lenta permitirá reducir las tensiones inflacionistas.

Se destaca, además, que el crecimiento de los países no industrializados depende fundamentalmente de la evolución de las exportaciones, las cuales se caracterizan por presentar unas fluctuaciones muy acusadas y una escasa diversificación. De ello se deriva una gran inestabilidad en el crecimiento económico, de forma que cuando se generan contracciones en el sector exterior las tensiones inflacionistas aparecen como un intento de mantener la actividad económica o por lo menos de amortiguar su descenso. En efecto, estos intentos se suelen traducir en expansiones del crédito para compensar la caída de los ingresos derivados de la exportación (véase Capítulo 27). Al mantener el nivel de la demanda por vía monetaria, la posibilidad de realizar importaciones se sostiene artificialmente, desequilibrándose aún más el sector exterior e incrementándose el endeudamiento externo.

Este proceso viene a incidir sobre la dificultad, antes señalada, de limitarse a aplicar una política restrictiva o de austeridad y parece sugerir que no basta con tratar de compensar los efectos de la contracción, sino en prevenirlos mediante transformaciones estructurales de la economía que rebajen el límite al desarrollo impuesto por la dependencia de las exportaciones y diversifiquen el sistema productivo.

La inflación estructural en las economías occidentales

Los factores estructurales se han empleado también como una explicación de la tendencia inflacionista a largo plazo en los países industrializados. Desde esta perspectiva las tensiones inflacionistas se deben, en buena medida, a la diferencia en la tasa de crecimiento de la productividad de los sectores industrial y de servicios. Se argumenta que los salarios monetarios experimentan un crecimiento uniforme, siendo el sector de crecimiento más rápido el que determina la tasa de crecimiento de los salarios; esto, unido a la rigidez de los precios y salarios, hace que las tensiones inflacionistas se presenten en la economía en la forma de la ya citada *espiral salarios-precios.*

3. EL CARACTER DINAMICO DE LA INFLACION

De acuerdo con lo señalado, cabe aceptar que el origen del proceso de inflación puede iniciarse con la aparición de alguno de los siguientes factores: aumentos de la demanda agregada, excesos en la oferta monetaria, presiones en los costos o problemas estructurales. El hecho es que, una vez que el proceso inflacionista está en marcha, se desarrolla de forma circular, operando unos factores sobre otros reforzándose mutuamente (Esquema 21.2).

Para tratar de profundizar en la evaluación que se va a realizar en este apartado, la misma se limitará a las inflaciones de demanda, tanto en su versión keynesiana como monetarista y a la inflación de costos, ya que el enfoque estructural presenta unas características peculiares.

La inflación: un proceso dinámico

Esta evaluación cabe iniciarla señalando que la diferenciación entre inflación de demanda y de

Esquema 21.2. Interrelación entre las teorías de la inflación

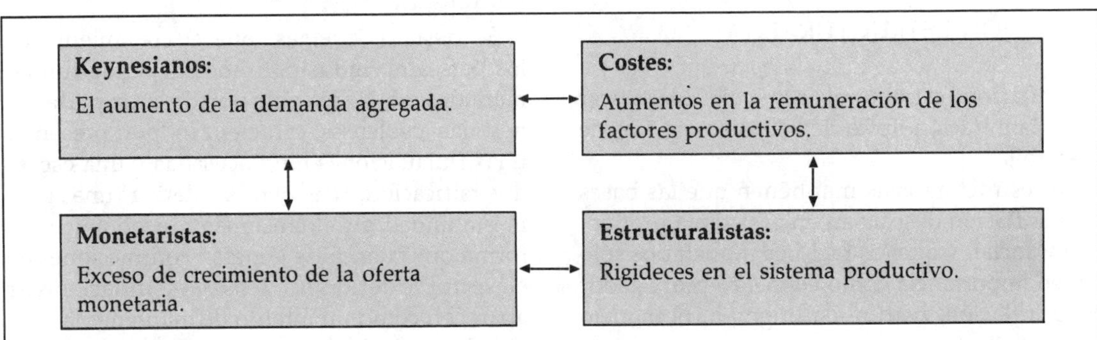

costos está cada día más en desuso. Por un lado, la distinción entre inflación de demanda o inflación de costos es muy difícil de concretar, pues todo lo que muestran los datos estadísticos sobre precios y salarios es una secuencia interminable de aumentos en ambas variables. Para catalogar una inflación como de demanda o de costos habría que acudir al punto de partida y esto resulta muy difícil en el mundo real. Así, por ejemplo, si se observa que los salarios han aumentado en un año concreto es probable que el incremento salarial se deba a que el año anterior subieron los precios. Si se hace caso omiso del pasado se catalogaría la inflación como de costos, pero probablemente no se trate más que de una reacción ante la inflación anterior.

Nótese que la distinción es algo artificial, pues en definitiva no tenemos sino una elevación de precios. Pero el resultado es producido por el poder de los agentes, fundamentalmente sindicatos y empresarios, para definir y redefinir el precio de lo que venden en términos de una mercancía cuyo volumen no pueden controlar por sí mismos, el dinero. Si se llevan a cabo este tipo de conductas, tan perjudicial es alimentarlas lanzando dinero como negarse a financiarlas.

La inflación y el ciclo económico

De acuerdo con las razones apuntadas, algunos autores han señalado que quizás lo más acertado sea considerar la inflación como un proceso único aunque con distintas fases características. La fase inicial se correspondería con una época de expansión y en ella se darían todos los síntomas de inflación de demanda.

Nota complementaria 21.8

RAZONES PARA LA INFLEXIBILIDAD DESCENDENTE DE PRECIOS

La teoría estructuralista de la inflación hace especial hincapié en la inflexibilidad descendente de los precios nominales.

Algunas razones que explican por qué una empresa que actúa como fijadora de precios no reduce el precio ante una caída de la demanda son las que se detallan a continuación.

El tiempo que transcurre desde que se adopta una decisión sobre precios hasta que se implementa a nivel del consumidor puede ser relativamente extenso. Ello depende de los mecanismos de decisión internos de la empresa y de las etapas externas (mayorista, minorista, etc.), que el bien debe recorrer hasta llegar al usuario final.

Puesto que lo relevante es el precio real —no el nominal— ello implica que el que toma la decisión debe estar en condiciones de predecir el nivel general de precios al momento de entrar en vigencia la rebaja del precio.

En un contexto inflacionario, si el precio real está por encima del óptimo, el solo transcurso del tiempo lo va deteriorando; es decir, con sólo mantener constante el precio nominal, el precio real irá disminuyendo y convergerá hacia el óptimo.

Por tanto, se trata de optar entre dos riesgos: el de vender menos que el óptimo —por no rebajar el precio nominal— o el de vender *todo* con pérdida —por entrar en vigencia una rebaja de precio en un momento en que se produce un imprevisto aumento en el nivel general de precios.

Parece, pues, bastante razonable que la empresa se preocupe fundamentalmente por evitar el segundo riesgo; máxime cuando el primero puede corregirse por el solo transcurso del tiempo.

FUENTE: Victor A. Beker: «La inflexibilidad descendente de los precios y la teoría de la empresa», en V. A. Beker (comp.), *Microeconomía Aplicada*, Editorial de Belgrano, 1992, pág. 214.

Durante esta fase del ciclo los salarios aumentan y la producción y el empleo se mantienen elevados. (En el Capítulo 23, al estudiar el ciclo económico, volveremos sobre este tema.) Pero una vez que se entra en la fase descendente del ciclo los niveles de producción y empleo decaen, aunque los precios y salarios siguen subiendo, siendo inicialmente los salarios los que lo hacen a un mayor ritmo. Esta fase se correspondería con la inflación de costos o inflación con estancamiento. Algunos autores consideran esta fase como la de ajuste y de estabilización del proceso inflacionario.

Tanto un «empujón» de los costos, generado por incrementos autónomos de salarios o beneficios, como un «tirón» de demanda, motivado por un aumento de cualquiera de los componentes de la demanda global, en realidad sólo motivan un incremento en el nivel de precios. Ambos tipos de inflación constituyen un fenómeno autoajustable y son incapaces de mantener una tasa de inflación continuada, a no ser que se vean acompañados de una expansión acomodante de la oferta monetaria. En este sentido, quizás fuese más apropiado distinguir entre inflaciones en las cuales el papel del dinero fuese activo, es decir, que en su evolución estuviese el origen del proceso inflacionista, de aquellas en las cuales el papel del dinero fuese meramente pasivo.

El carácter autoajustable de las inflaciones de demanda y de costos

Para explicar las diferencias entre las inflaciones de demanda y de costos y el carácter autoajustable de ambas recurramos de nuevo a la representación gráfica de las funciones de demanda y oferta agregadas. Supongamos que tiene lugar una inflación de demanda iniciada por una política de demanda expansiva, o por el comportamiento del gasto privado. Ello implicaría en términos gráficos un desplazamiento de la curva de demanda agregada desde la posición DA_1 a la DA_2 (Figura 21.4*a*).

Por lo que respecta a una inflación de costos, ésta determinaría un desplazamiento hacia la izquierda de la curva de oferta agregada, esto es, desde OA_1 hasta OA_2 (Figura 21.4*b*). En ambos casos, la inflación aparece como un fenómeno autoajustable, ya que el nivel de precios aumenta, con lo que tendrá lugar el ajuste. En la inflación de demanda el incremento del nivel de precios iría asociado a un aumento de la producción, y en la inflación de costos la producción se reduciría.

La inflación y las expectativas

En el análisis presentado, tanto si se considera que la inflación está motivada por la evolución de la demanda o por la evolución de los costos, no se presta la debida atención a la naturaleza dinámica del proceso inflacionista y a sus implicaciones. Como ya se ha apuntado, la evolución de los precios condicionará la dinámica de los salarios, y lo que se inicia como una inflación de demanda puede pasar a ser una inflación de costos. Además, los agentes aprenderán con el tiempo y en sus expectativas internalizarán la inflación. De este hecho no sólo se desprende la irrelevancia de empeñarse en distinguir entre inflación de demanda y de costos, sino la conveniencia de analizar detenidamente las interrelaciones entre los niveles de producción y empleo, la tasa de inflación y las expectativas inflacionistas. Asimismo, se evidencia la necesidad de introducir explícitamente el factor tiempo en el análisis del proceso de ajuste, pues según el período de tiempo que se considere se obtendrán conclusiones distintas sobre la naturaleza y efectos del proceso inflacionario. Así, si inicialmente se ha producido una expansión de la demanda, los efectos a corto plazo sobre los precios y la producción serán expansivos, pero en una perspectiva dinámica ahí no acabarán las cosas. A corto plazo, la expansión de la demanda acarrea mayor producción y empleo, pero en una fase posterior los trabajadores ajustarán los salarios a los nuevos niveles de precios. Esta inflación de costos se concretará con un desplazamiento a la izquierda de la curva de oferta agregada.

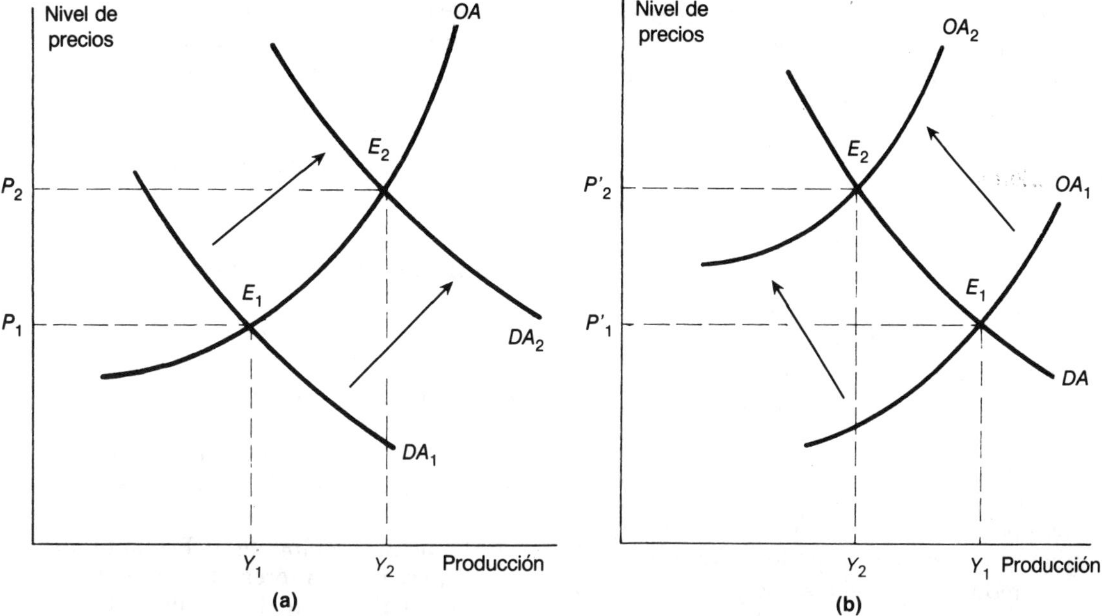

Figura 21.4. El carácter autoajustable de la inflación.

Una inflación de demanda, representada mediante un desplazamiento hacia la derecha de la curva de demanda agregada, provoca un aumento de los precios y de la producción. Una inflación de costos representada mediante un desplazamiento de la curva de oferta agregada hacia la izquierda, provoca un aumento de los precios y una reducción del producto total.

En este sentido, las inflaciones de demanda y de costos se presentan como dos fases de un único proceso, en el que, si bien la inflación de demanda ocasiona unos incrementos temporales en la producción y el empleo, en una perspectiva a más largo plazo, estos efectos desaparecerán, al menos parcialmente, como consecuencia de los ajustes salariales. El carácter dinámico de este proceso y sus consecuencias sobre el ciclo económico se tratarán con mayor intensidad en el capítulo siguiente.

La persistencia de la inflación a lo largo del tiempo

La persistencia de la inflación a lo largo del tiempo se debe a la lentitud con que los salarios y los precios se ajustan a los descensos de la demanda agregada. El lento ajuste de los salarios y los precios se explica, en buena medida, por el importante papel que desempeñan las expectativas inflacionistas, que se incorporan a las tasas actuales de subida de los salarios a través de los contratos laborales.

Además, las tasas a las que se decide que deben subir los salarios en el futuro dependen de lo que el público crea hoy que ocurrirá con la política económica. De esta forma resulta que la credibilidad de las promesas del gobierno de seguir políticas antiinflacionistas influye en la inflación.

4. LOS EFECTOS DE LA INFLACION

La inflación tiene costos reales, que dependen de dos factores: de que la inflación sea esperada o no, y de que la economía haya ajustado sus instituciones (incorporando la inflación a los contratos de trabajo y arrendamiento de capital, y revisando los efectos del sistema fiscal ante una situación inflacionista) para hacerle frente.

LA INFLACION ESPERADA

Cuando la inflación es esperada y las instituciones se han adaptado para compensar sus efectos, los costos de la inflación sólo son de dos tipos. Unos son los llamados costos de «suela de zapatos», esto es, los derivados de la incomodidad de tener que ir con mucha frecuencia a las instituciones financieras a sacar dinero para poder ajustar los saldos reales deseados a la pérdida de poder adquisitivo del dinero motivada por el alza de precios. El otro tipo de costos son los derivados de tener que cambiar los precios a menudo, lo que implica alterar las listas de precios y los menús, por lo que genéricamente se conocen como los costos de «menú».

Cuando las instituciones no logran ajustar su comportamiento a la inflación surgen costos adicionales, aunque la inflación sea esperada, derivados fundamentalmente de las distorsiones fiscales. Como veremos a continuación, el ajuste del sistema fiscal a la inflación plantea ciertas dificultades.

La inflación esperada y los impuestos

Por un lado, con la inflación se produce un deslizamiento de los tramos impositivos al aumentar la proporción de impuestos que se paga por una cantidad dada de renta real. El deslizamiento de los tramos no afectaría a los contribuyentes si los impuestos representasen una proporción constante de la renta nominal, pues en este caso éstos pagarían en impuestos la misma proporción de su renta. Dado, sin embargo, que la proporción de impuestos tiende a aumentar con el nivel de renta nominal la inflación, al elevar la renta nominal, pero no la renta real, hace que aumenten los impuestos.

Los impuestos sobre la renta procedente del capital también son una fuente de problemas ya que parte de las ganancias de capital —esto es, la apreciación de los activos— se debe a la inflación y no son realmente ganancias de capital.

La inflación esperada y los tipos de interés

Durante los períodos inflacionistas los prestadores exigen una compensación por la depreciación del poder adquisitivo del dinero que prestan. Por tanto, el tipo de interés nominal o tipo de mercado tiende a llevar consigo una prima igual a la tasa de inflación esperada.

$$\textbf{Tipos de interés nominal} = \textbf{Tipo de interés real} + \textbf{Prima (o tasa esperada) de inflación} \quad (2)$$

Con la renta procedente de intereses ocurre el mismo problema que el señalado con la renta procedente del capital. Así, supongamos que a lo largo de un año los precios aumentan un 10 % y que el tipo de interés nominal se incrementa en el mismo porcentaje, de forma que el tipo de interés real (tipo de interés real = tipo de interés nominal − tasa de inflación) no varía. Si el gobierno grava la renta procedente de los intereses nominales, digamos, por ejemplo, con un tipo impositivo del 30 %, se lleva en impuestos un 3 % (0,30 × 10 %) de la prima de inflación. En otras palabras, el tipo de interés real que percibe el prestamista una vez deducidos los impuestos se reduce en un 3 %, con lo que de nuevo el Estado ve incrementar sus ingresos gracias a la inflación, en este caso a costa del prestamista.

LA INFLACION IMPREVISTA

Los efectos de la inflación imprevista sobre el sistema económico los podemos clasificar en dos grandes grupos: efectos sobre la distribución de la renta y la riqueza y efectos sobre la asignación de los recursos productivos. Así-

Nota complementaria 21.9

EL AUMENTO DE LA INFLACION GENERA MAYOR DEFICIT FISCAL

La influencia del déficit fiscal sobre la inflación es ampliamente conocida. Pero también existe un efecto recíproco de la inflación sobre dicho déficit. La responsabilidad de dicho efecto recae sobre los llamados rezagos fiscales.

Fue el economista argentino Julio H. G. Olivera quien, en 1967, llamó la atención sobre el mencionado fenómeno. Diez años más tarde, el experto del FMI, Vittorio Tanzi, completó el análisis de lo que a partir de entonces se conoce como el «efecto Olivera-Tanzi».

En esencia, lo que dichos autores señalaron fue que el hecho que los impuestos que el Estado percibe en un determinado período se calculen sobre valores de un período anterior determina que, en un proceso inflacionario, la recaudación impositiva aumente menos que los gastos del Estado. Es decir, la inflación deteriora el valor real de la recaudación fiscal; a la inversa, cuando se deja atrás un período inflacionario la estabilidad *per se* eleva el valor real de los ingresos fiscales.

En el cuadro adjunto se incluye una estimación de la pérdida de recaudación atribuible a los rezagos fiscales durante el segundo y cuarto trimestre de 1985, esto es antes y después de la implementación del plan de estabilización conocido como Plan Austral.

PERDIDAS POR REZAGOS FISCALES
(En % de recaudación potencial)

Concepto	2.º trim. de 1985	4.º trim. de 1985
1. Total DGI	25,43	0,94
• Ganancias	38,53	1,74
• IVA	31,14	1,08
• Internos unificados	23,94	0,91
• S/Capital de las empresas	40,72	1,82
• Sellos	14,38	0,53
• Débitos bancarios	5,21	0,18
• Combustibles	13,18	0,46
• Otros DGI	21,25	0,81
2. Total ANA	17,84	0,66
• Derechos de exportación	17,90	0,66
• Derechos de importación	17,66	0,66
3. Subtotal = 1 + 2	23,56	0,89
4. Total Sistema de Seg. Social	13,87	0,50
• Aportes previsionales	13,86	0,50
• Contribuciones FO.NA.VI	13,91	0,50
• Transf. de Cajas Subsid.	13,82	0,50
5. Total de Cajas Subsid. Filiares	13,82	0,50
• Excedentes operativos	13,81	0,50
• Transf. a Sist. Seg. Social	13,82	0,50
6. Total = 3 + 4 + 5	20,73	0,79

FUENTE: Jorge H. Domper y Jorge M. Streb: «Influencia de la estabilización de precios sobre la recaudación tributaria». *Ensayos económicos,* núm. 38, octubre de 1987.

mismo, nos ocuparemos de los efectos de la inflación sobre la producción y el empleo, aunque esta posibilidad se analiza con detalle en el capítulo siguiente.

Efectos sobre la distribución de la renta

Los efectos de la inflación sobre la distribución de la renta y la riqueza son los más visibles y más frecuentemente destacados.

La inflación perjudica a aquellos individuos que reciben rentas fijas en términos nominales y, en general, a los que reciben rentas que crecen menos que la inflación. Un ejemplo típico de estos grupos suelen ser los jubilados y los pensionistas. También es frecuente afirmar que la inflación favorece a los deudores nominales y perjudica a los acreedores en términos monetarios. Los acreedores conciertan préstamos en términos monetarios, en el sentido de que el deudor se compromete a devolver una cantidad fija de dinero por período de tiempo. Si se paga una cantidad fija en términos monetarios en una situación inflacionista, el valor real de dicha suma decrece. Dado que los contratos de préstamo se suelen negociar para una duración de varios años, si el acreedor no puede elevar el tipo de interés monetario el rendimiento real de éste se reducirá.

En cuanto a los efectos de la inflación sobre los ingresos del Estado, ellos presentan dos aspectos contrapuestos. Por un lado, las distorsiones fiscales —como ya se señaló— hacen que aumenten los impuestos. Pero, por otra parte, la recaudación, en términos reales, tiende a caer por efecto de los «rezagos fiscales» (véase Nota complementaria 21.9). En procesos de baja inflación el primer efecto es el dominante; en procesos de alta inflación —como ha sido característico de Argentina y otros países latinoamericanos— el segundo excede con mucho al primero, licuando las obligaciones fiscales.

En lo que respecta a los gastos del Estado también hay un doble efecto. En la medida en que los intereses y la amortización de los títulos de la deuda pública vengan especificados en términos monetarios, el costo de la deuda se reduce a expensas de los ingresos reales de los tenedores de esos títulos. Empero, en los países donde la inflación tiene una larga tradición y donde ella alcanza niveles elevados, la mayor parte de la deuda pública tiende a estar indexada. Aquí, la licuación de la deuda opera si la inflación es creciente, puesto que normalmente se aplica un índice de corrección con algún desfasaje temporal —el índice correspondiente a 1 o 2 meses atrás, por ejemplo— pero, en cambio, cuando aquélla decrece se torna más gravosa para el Estado.

Cabe, por otro lado, comentar los efectos de la inflación sobre la riqueza y su distribución. Puesto que la inflación supone una reducción en el valor del dinero, esto supondrá una reducción del valor real de los ahorros y afectará a los agentes económicos en función de la proporción de la riqueza que éstos mantengan en dinero y en activos de valor nominal fijo.

Debe señalarse que a nivel internacional la inflación también tiene unos efectos considerables. Aquellos países que experimenten unas mayores tasas de inflación verán que sus productos perderán competitividad, y esto incidirá negativamente sobre sus exportaciones. En cualquier caso, esta posibilidad se analizará con más detenimiento en los Capítulos 25 y 26.

Efectos sobre la actividad económica

La inflación tendrá también efectos distorsionantes sobre la actividad económica, ya que todo proceso inflacionista implica una alteración de la estructura de precios relativos, pues como es lógico no todos los precios absolutos aumentan por igual. Dado que los precios relativos son las señales que guían el funcionamiento del mercado, una alteración de su estructura implica una distorsión en la asignación de recursos al verse dificultada la información.

El origen del problema suele radicar en que ciertos responsables de actividades que no encuentran demanda suficiente para sus productos, presionan para que los precios sean superiores a los costos de producción, pues sólo así podrán cubrir sus costos reales y continuar produciendo. Esta presión se producirá independientemente de las tensiones inflacionistas. La inflación de hecho será la «excusa» que permite al empresario encubrir su ineficiencia o la ausencia de demanda para su producto.

La validación de estas peticiones, vía políticas artificiales de demanda y precios «administrados», ha contribuido a ocasionar serias distorsiones en el sistema productivo, pues se han producido bienes y servicios que sin ese determinado porcentaje por encima del costo marginal no hubieran sido económicamente viables. Por el contrario, otros bienes y servicios, quizás socialmente más necesarios, no se han elaborado porque los factores productivos no se han visto motivados a buscar nuevas colocaciones, facilitándose que las discrepancias entre la oferta y la demanda sean cada vez más profundas.

La incertidumbre

La incertidumbre que generan los procesos inflacionistas también ha sido destacada como un elemento negativo de cara a la producción. En particular, se ha señalado que la incertidumbre derivada de la inflación dificulta los controles y los cálculos de rendimientos de las inversiones. Esto determina que la inversión se resienta, con lo que la acumulación de capital, y paralelamente la productividad, se verán seriamente afectadas. La incertidumbre se manifiesta en los cálculos de inversiones en términos de primas de más alto riesgo e impide que un paquete normal de proyectos de capital satisfaga los criterios financieros aceptables. El déficit en inversiones se concentrará en inversiones a largo plazo, pues este tipo de inversiones son más sensibles a la incertidumbre y a la inestabilidad asociada a la inflación.

LOS AGENTES ECONOMICOS Y LA LUCHA CONTRA LA INFLACION

La persistencia de la inflación hace que ésta sea prevista con mayor o menor acierto por los agentes económicos y traten de incorporarla a su comportamiento para defenderse de sus efectos adversos.

La inflación y el mercado de trabajo

Empecemos por los trabajadores. El trabajador al aceptar un determinado salario, no piensa únicamente en términos de salario nominal; sino en el salario real que espera obtener, el cual lógicamente dependerá de la tasa de inflación esperada. Si los trabajadores aceptan un determinado salario nominal y los precios aumentan, el poder adquisitivo se reducirá. Pero si los trabajadores prevén que los precios van a subir, presionarán para elevar su salario nominal, de forma que el poder adquisitivo del mismo no se reduzca. En este sentido, los aumentos salariales en términos nominales son un intento de defensa por parte de los trabajadores ante la pérdida de poder adquisitivo que supone la inflación, constituyendo esta actitud defensiva la base de la espiral precio-salarios. Asimismo, las empresas, si saben que los costos de producción van a subir por incrementos salariales, tratarán de defenderse a su vez subiendo de nuevo los precios.

La inflación y el mercado financiero

No sólo en el mercado laboral se prevé la inflación y se toman medidas defensivas, sino también en el financiero. Así, tal como se ha señalado —ecuación (2)—, a los prestamistas no sólo les preocupa la devolución del principal más los intereses, sino también el valor real de las cantidades a recibir. Por ello tratarán de cargar una tasa de interés real que sea igual a la tasa de interés nominal, menos la tasa de inflación esperada.

Asimismo, la inflación prevista induce al público a alterar la composición de su tenencia de dinero, títulos, obligaciones y otros bienes inventariables. Algunos de estos activos protegen al propietario de los mismos contra la inflación y otros no. Por ello, si se esperan fuertes tensiones inflacionistas aumentará la demanda de activos inmunes a la inflación, mientras decaerá la demanda de los que se vean negativamente afectados. En términos más generales debe señalarse que en países con fuertes y amplios períodos de inflación suele haber un desplazamiento desde activos financieros a activos físicos. Los activos físicos suelen mantener su valor respecto a otros bienes. Por ello, es frecuente que en épocas de inflación se inviertan los ahorros en activos, tales como casas, terrenos o metales preciosos, lo que determina que la demanda de este tipo de activos se eleve y, consecuentemente, aumente su precio.

El Estado y la lucha contra la inflación

Para combatir la inflación, los gobiernos han utilizado a veces políticas de rentas a fin de influir directamente en los salarios y los precios, y no a través de la demanda agregada. Así, el gobierno puede propiciar acuerdos con los sindicatos y con los empresarios para moderar el crecimiento de los salarios y de los precios.

En ocasiones, los gobiernos aprueban medidas legislativas que tratan de controlar los salarios y los precios. Estas leyes se denominan *controles de precios y salarios;* su objetivo es regular y limitar los precios y los salarios que pueden cobrar y pagar las empresas.

- **Las políticas de rentas basadas en el sistema fiscal intentan utilizar incentivos para reducir las tasas de inflación penalizando a las empresas que elevan los precios o los salarios rápidamente y mediante subvenciones a las que los elevan lentamente.**

La indexación

Una alternativa para afrontar la inflación consiste en tratar de aprender a vivir con ella, en particular procurar ajustar totalmente las instituciones de la economía a la inflación. En este sentido, vivir con la inflación significa introducir la *indexación* con carácter general, tanto en los términos de los contratos como en la fijación de los precios. Mediante la indexación se ajustarían automáticamente todos los pagos a los efectos de la inflación.

- **La *indexación* consiste en ajustar automáticamente los pagos monetarios con objeto de evitar los efectos de la inflación.**

En la práctica, la indexación plantea problemas, pues hay desfases entre el momento en que varían los precios y el momento en que pueden ajustarse todos los pagos. Además, los desajustes fiscales, tal como se ha señalado, son difíciles de evitar.

La indexación también plantea el inconveniente de que cuando los agentes se habitúan a vivir con inflación se sufre un sesgo inflacionista y se empieza a creer que la tasa de inflación puede aumentar sin que ello tenga mayores consecuencias. Sin embargo, dados los «costos en suela de zapatos», los «costos de menú», y que los ajustes de la indexación siempre son imperfectos, los costos de una inflación alta al final serían elevados. Piénsese en los procesos inflacionarios experimentados por Brasil, Argentina o Israel. Además, cabe el peligro de que se genere un proceso de inflación progresiva que conduzca a un período de *hiperinflación* (véase Nota complementaria 21.10).

En consecuencia, en algún momento habrá que abordar la lucha contra la inflación y desde esta perspectiva se argumenta que más vale luchar «hoy» que en el futuro, cuando la tasa de inflación y los costos que ello acarrean sean mayores.

Nota complementaria 21.10

LA HIPERINFLACION

Una economía se ve afectada por un periodo de *hiperinflación* cuando los precios crecen a tasas superiores al 1.000 % anual. Cuando esto ocurre, los individuos tratan de desprenderse del dinero líquido de que disponen antes de que los precios crezcan más y hagan que el dinero pierda aún más valor. Este fenómeno es conocido como la *huida del dinero* y consiste en la reducción de los saldos reales poseídos por los individuos, pues la inflación encarece la posesión de dinero.

Las hiperinflaciones son excepcionales y extremas. A menudo se presentan asociadas a conflictos políticos, a guerras y a sus secuelas, o a revoluciones sociales. A lo largo de la historia han surgido diversos períodos de hiperinflación, siendo el caso de Alemania en el período posterior a la I Guerra Mundial (1922-1923) el más conocido. Un dato baste para indicar la intensidad de la hiperinflación alemana: en el mes de octubre de 1923 los precios crecieron un 29.720 %. Un caso más reciente es el de Argentina (véase Nota complementaria 23.5).

Una hiperinflación de este tipo desorganiza la producción y los mercados y redistribuye la renta y la riqueza de forma notable.

De acuerdo con lo señalado se argumenta, en definitiva, que la lucha contra la inflación hay que establecerla vía control de la oferta monetaria. Con esta perspectiva la clave para evitar los males derivados de la inflación radica en el establecimiento de una política monetaria restrictiva que se concrete en una regla fija sobre el crecimiento de la oferta monetaria.

RESUMEN

- La *inflación* se puede identificar con el crecimiento continuado y sostenido de los precios de los bienes y servicios existentes en una economía. De los *índices* que pueden tomarse para representar el nivel general de precios, los más utilizados son el índice de precios al consumidor (IPC) y el *deflactor del PIB*. El primero es el más adecuado para conocer la evolución de los precios de los bienes y servicios que generalmente adquieren los consumidores, mientras que el deflactor del PIB es el índice apropiado para indicar la evolución de los precios de todos los bienes y servicios finales generados en la economía durante un período de tiempo.

- Para algunos autores el factor clave para explicar el crecimiento de los precios es la demanda agregada. Para los monetaristas, el factor explicativo del *comportamiento de la demanda agregada* es el aumento de la cantidad de dinero por encima del crecimiento de la producción. Desde una perspectiva keynesiana el dinero no sólo se demanda para hacer frente a las transacciones, sino también como activo, por lo que la relación entre la oferta monetaria y el nivel de precios no es tan directa. Bajo este enfoque, la causa de la inflación radica en que la demanda en términos monetarios es mayor que la oferta.

• La teoría de la *inflación de costos* señala que los culpables de que los precios se eleven son los sindicatos, al imponer continuamente aumentos salariales por encima del crecimiento de la productividad del trabajo. También cabe que las empresas no competitivas, en su intento por aumentar los beneficios, presionen al alza de los precios.

• La *inflación estructural* se suele identificar con la inflación típica de los países en vías de desarrollo. Los defensores de esta teoría mantienen que las bases de la inflación descansan en los desequilibrios del sistema productivo y social y que los factores monetarios sólo tienen importancia relativa como elemento propagador.

• La distinción entre inflación de demanda y de costos es muy difícil de concretar y algo artificial. En este sentido se señala que la inflación se puede concebir como un proceso único, aunque con distintas fases. La inicial se correspondería con una época de expansión y en ella se dan todos los síntomas de la inflación de demanda. La fase descendente del ciclo se correspondería con la inflación de costos. La inflación de demanda y de costos se presentan como dos fases de un único proceso.

• La inflación incide sobre la *distribución de la renta.* Perjudica a aquellos individuos que reciben rentas fijas en términos nominales y en general a los que reciben rentas que crecen menos que la inflación. Asimismo, la inflación no suficientemente prevista suele favorecer a los deudores.

• El *Estado* suele verse favorecido por los procesos de baja inflación, pues las bases imponibles generalmente se cuantifican en términos monetarios y el tipo impositivo crece con más rapidez que la base, de modo que si las rentas monetarias aumentan, se elevará la presión fiscal. En alta inflación, en cambio, el rezago en la recaudación impositiva, deteriora el valor real de los ingresos.

• La inflación también puede tener efectos distorsionantes sobre la *actividad económica,* ya que todo proceso inflacionista suele ir asociado con una alteración de la estructura de los precios relativos.

CONCEPTOS BASICOS

— Inflación.
— Indice de precios al consumidor (IPC).
— Deflactor del PIB.
— Inflación de demanda.
— Teoría monetaria y keynesiana de la inflación.
— Inflación de costos.
— Enfoque sobre precios (*mark-up*).
— Espiral salarios-precios.
— Espiral precios-salarios.
— Espiral salarios-salarios.
— El poder negociador.

— **Inflación estructural.**
— **El enfoque sociológico de la inflación.**
— **Inflación imprevista.**
— **Inflación anticipada.**
— **Hiperinflación.**

TEMAS DE DISCUSION

1. Comente las diferencias existentes entre un alza de precios y un proceso inflacionista. ¿Qué dos hechos suelen definir todo proceso inflacionista?

2. Valore la siguiente afirmación: «Dado que es muy difícil representar en una medida concreta el precio medio de todos los bienes y servicios, no es posible cuantificar la inflación».

3. ¿Qué ventajas y qué inconvenientes presenta el IPC y el deflactor del PIB como indicadores del nivel general de precios?

4. ¿En qué supuesto descansa la validez de la teoría monetarista de la inflación? ¿Qué implicaciones se derivarían del hecho de que la velocidad de circulación del dinero no fuera constante?

5. Comente la siguiente afirmación: «Reducir la problemática de la inflación a la vertiente monetaria parece una simplificación excesiva».

6. ¿Cuáles son las ventajas y las limitaciones de los controles de precios y de salarios en la lucha contra la inflación?

7. ¿En qué sentido un proceso inflacionista es un proceso dinámico?

8. La inflación de costos frecuentemente se presenta como la última responsable de la inflación. ¿En qué sentido considera cierta esta postura y en qué medida cree que es una interpretación parcial de los hechos?

9. Comente las diferencias básicas entre las distintas teorías sobre la inflación. ¿En qué medida forman todas parte de un único proceso?

10. De los efectos derivados de la inflación, ¿cuáles considera que son más perjudiciales para el sistema económico?

CAPITULO 22

Desempleo e inflación

INTRODUCCION

Como se ha señalado en el capítulo anterior el estudio de la inflación queda incompleto si no se incorpora el análisis del mercado de trabajo. La consideración dinámica del estudio de la inflación así lo exige y por ello en este capítulo, previo al análisis conjunto de la inflación y del desempleo, se presenta una revisión de las distintas teorías sobre el funcionamiento del mercado de trabajo. En cualquier caso, sobre este tema se incidirá en el Capítulo 23, al revisar las teorías modernas del ciclo.

1. EL DESEMPLEO Y SU MEDICION

Parece bastante extraño que siendo los recursos escasos, de forma que no se satisfacen las necesidades más vitales de todos los individuos, algunos de ellos queden ociosos o sin emplear.

Que esto ocurra en ciertas ocasiones es, no obstante, una de las características más negativas de las economías de mercado. Cuando esto sucede se dice que los recursos productivos, esto es, tierra, trabajo y capital, están desempleados. En términos más concretos, una persona capaz de trabajar se considera como desempleada cuando busca activamente un empleo y no lo encuentra. El porcentaje de personas desocupadas respecto al total de la población activa se conoce como tasa de desempleo o tasa de paro (Figura 22.1)

- ***Tasa de desempleo* o de paro es el cociente entre el número de personas desempleadas y el de activos (ocupados o buscando empleo), expresado como porcentaje.**

$$\text{Tasa de desempleo} = \frac{\text{Número de desocupados}}{\text{Población activa}} \times 100$$

La medición del desempleo

La medición del desempleo es un tema controvertido, porque son diversos los procedimientos posibles para estimar el desempleo y porque existen numerosas situaciones ambiguas, cuyo tratamiento, en términos estadísticos, tiene una importancia considerable. Además de la información que suministran los censos, existen, en la mayoría de los países, dos fuentes estadísti-

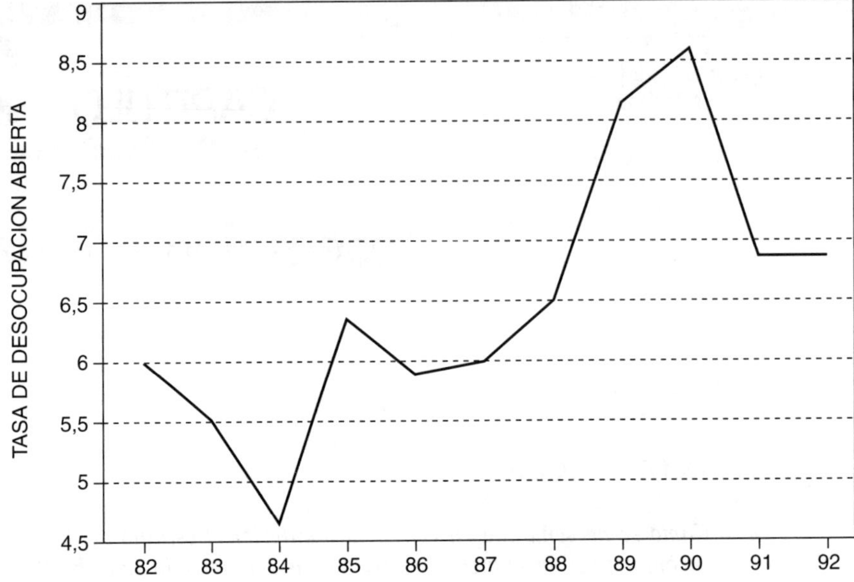

Figura 22.1. Evolución de la tasa de desocupación abierta en Argentina (1982-1992). (Los datos se refieren a la primera onda de cada año, correspondiente al mes de abril o mayo.)

cas básicas de carácter periódico que proporcionan cifras de desempleo:

a) los registros de desocupados, y
b) las encuestas sobre el mercado de trabajo.

a) Las primeras se elaboran de acuerdo con las demandas de empleo registradas en las oficinas de empleo (desempleo registrado). El registro de desocupados es, principalmente, un medio para instrumentar la política de protección al desempleo.

b) Las encuestas, por su parte, se realizan sobre la base de una muestra aleatoria y, por tanto, representativa del total de la población activa, y están especialmente diseñadas para estimar el desempleo en sentido económico, esto es, como un indicador del desequilibrio entre oferta y demanda en el mercado de trabajo.

En Argentina, la encuesta relevante es la Encuesta Permanente de los Hogares (EPH) que realiza el Instituto Nacional de Estadística (INE). La EPH define a una persona como ocupada o desocupada en los términos siguientes (Esquema 22.1):

- **Ocupado: Operacionalmente se considera que un individuo está ocupado cuando ha trabajado por lo menos una hora en forma remunerada o 15 horas de manera no remunerada durante la semana de referencia.**

- **Desocupado: Persona que, no teniendo ocupación, la busca activamente.** Se entiende por búsqueda activa de trabajo el llevar a cabo gestiones diversas a tal fin, sean contactos personales, presentación de solicitudes, avisos en los diarios, etc.

■ Los «desanimados» y los «subempleados»

La distinción entre individuos empleados y desempleados no es muy nítida, en parte debido a la existencia de dos sectores con características específicas: los desanimados y los subempleados. Los «desanimados» son personas en edad activa que, estando desocupadas y dispo-

Esquema 22.1. Trabajo y población

- La **población** es el conjunto de seres humanos que viven en un área determinada.
- El factor productivo **trabajo** es la parte de la población que desarrolla las tareas productivas.

Población

- **Población activa** (la que interviene en el proceso productivo).
  - Ocupados
    - *Ocupados en sentido estricto* (tienen un trabajo remunerado aunque se hallen de baja por enfermedad).
    - *Subocupados:* (realizan un trabajo remunerado pero durante un tiempo inferior a lo normal, como, por ejemplo, los que tienen un empleo estacional).
  - Desocupados: Reúnen las condiciones de edad y capacidad física y mental para realizar un trabajo remunerado y no lo encuentran.
- **Población inactiva** (la que realiza sólo las funciones consuntivas).
  - Jubilados o retirados.
  - Escolares y estudiantes.
  - Amas de casa.
  - Personas que no trabajan y, aunque pueden, no buscan empleo.
  - Incapacitados para trabajar, etc.

nibles para trabajar, no buscan activamente un puesto de trabajo por desánimo, consciente o inconscientemente, ante las escasas posibilidades de conseguirlo. Los «subempleados» están provistos de empleo, no trabajan el tiempo normal, y podrían y desearían hacerlo.

Estos grupos se encuentran en una posición intermedia entre la actividad y la inactividad. Su ambigüedad plantea serios problemas a la hora de medir el desempleo y hace que, en ciertas ocasiones, los datos oficiales subestimen el número verdadero de desempleados.

Es por ello que la EPH distingue dentro de la categoría de ocupado entre *ocupado pleno y subocupado.*

- **Ocupado pleno: Es aquél que trabaja un lapso considerado «socialmente normal», entre 35 y 45 horas semanales.**

- **Subocupado: Es aquél que trabaja menos de 35 horas semanales, deseando hacerlo por un tiempo mayor.**

■ Factores que tienden a sobreestimar el desempleo

No obstante, algunos autores señalan que las cifras actuales pueden sobreestimar el desempleo real. Por un lado, se destaca que la tasa de desempleo, digamos de 1990, no es directamente comparable a la de 1960, pues la com-

Nota complementaria 22.1

LA POBLACION ECONOMICAMENTE ACTIVA EN ARGENTINA

Como se señala en el texto, una de las fuentes de las variaciones en la tasa de desempleo puede ser la variación en la población económicamente activa (PEA). La PEA abarca a quienes tienen una ocupación o la están buscando activamente. La *tasa de actividad* es la relación porcentual entre la PEA y la población total. En el cuadro adjunto se transcribe la evolución de la tasa de actividad para los aglomerados urbanos de Argentina que releva la Encuesta Permanente de Hogares del INDEC.

EVOLUCION DE LA TASA DE ACTIVIDAD

Año	Cap. Fed.	Partidos del Gran Bs. As.	Total aglomerados del interior del país	Total gral.
1982	42,0	37,6	37,1	38,3
1983	s/d	s/d	36,9	37,3
1984	39,3	38,1	36,6	37,9
1985	41,1	38,4	36,7	38,0
1986	41,7	39,2	37,0	38,6
1987	42,7	39,5	37,3	39,2
1988	43,9	39,0	39,0	39,0
1989	45,1	39,9	37,2	39,7
1990	45,6	38,7	36,7	39,0
1991	46,3	38,9	37,5	39,5

s/d: Sin datos.

FUENTE: INDEC.

posición de la fuerza laboral ha cambiado drásticamente. En particular, la proporción de jóvenes y mujeres es muy superior a la de hace veinte años y estos segmentos siempre presentan una mayor tasa de desempleo. Asimismo, se señala que para figurar como desempleado sólo basta decir que se está buscando activamente empleo, incluso si en realidad no se está interesado en encontrar un trabajo. Por último, recientes estudios han evidenciado que, en la mayoría de las economías, buena parte del producto nacional y en general de la actividad económica real escapa a las cifras oficiales. La aparición de una «economía oculta» o «sumergida» implica la existencia de unos empleos cuya importancia no es fácil de cuantificar pero que debe ser considerable, dado que en algunos países por esta vía se genera una actividad que se aproxima al 20 % del producto nacional.

Las fluctuaciones de la actividad económica y la tasa de desempleo

La tasa de desempleo puede variar por dos razones: porque se altera la población activa (los que estando en edad de trabajar están empleados o están activamente buscando empleo) o porque las personas que entran y salen del fondo de desempleados lo hacen a un ritmo diferente. Así, cuando entran al mercado de trabajo más de los que salen permaneciendo constante la población activa, la tasa de desempleo aumenta. En otras palabras, la tasa de desempleo aumenta porque se incrementa la tasa de pérdidas de empleo y por las bajas voluntarias o porque personas que estaban fuera de la población activa deciden buscar trabajo. Por el contrario, la tasa de desempleo disminuye cuando las personas que estaban desempleadas consiguen trabajo o cuando abandonan la población activa, pues renuncian a buscar trabajo.

- **El desempleo tiene un fuerte componente cíclico. Durante las recesiones la tasa de desempleo aumenta, y en las fases de recuperación y expansión disminuye. Cuanto mayor es la expansión y más elevada es la tasa de crecimiento de la producción, mayor es la reducción del desempleo.**

El factor clave que explica este comportamiento es la tasa de pérdida de empleo: ésta aumenta durante las recesiones y disminuye durante las fases de expansión. Algunos factores responsables del desempleo, actúan, sin embargo, en sentido contrario al descrito. Así, durante las fases de recuperación de la actividad económica mejoran las expectativas y con ellas las perspectivas de empleo, haciendo que personas inactivas se decidan a buscar trabajo, esto es, incorporarse a la población activa, lo que tiende a elevar la tasa de desempleo.

■ La ley de Okun (*)

De lo señalado se desprende que la tasa de desempleo disminuye cuando la producción aumenta rápidamente. La relación cuantitativa entre la brecha del PIB y la tasa de desempleo es, precisamente, la denominada ley de Okun.

- **La *ley de Okun* se expresa de la siguiente forma:**

$$\text{Brecha del PIB} =$$

$$= \frac{PIB^{\text{pleno empleo}} - PIB}{PIB^{\text{pleno empleo}}} \times 100 = \alpha\,(u - \bar{u})$$

donde $\bar{u}$, u son la tasa natural de desempleo y corriente, respectivamente; α es un parámetro cuyo valor aproximado es 3. El PIB está medido en términos reales.

El significado económico de esta ley puede concretarse como sigue:

1. Si la tasa de desempleo (u) coincide con la natural ($\bar{u}$), entonces el PIB real coincide con el PIB de pleno empleo.
2. Por cada punto porcentual que discrepe la tasa de desempleo de la tasa natural, la brecha del PIB es de 3 %. Este es el costo del desempleo en términos de pérdida de la producción real.
3. Por cada punto porcentual que aumente (disminuya) la tasa de desempleo, la brecha del PIB aumenta (disminuye) en tres puntos porcentuales.

2. LAS TEORIAS TRADICIONALES SOBRE EL DESEMPLEO

El equilibrio en el mercado de trabajo se alcanza cuando la oferta y la demanda coinciden para un salario real concreto. Un nivel de empleo determinado será de pleno empleo cuando todos aquellos que deseen trabajar al nivel de salario real de equilibrio puedan hacerlo.

El desempleo friccional

Una situación de pleno empleo no significa lo que se desprende de sus estrictos términos,

---

(*) A. Okun (1929-1980). Okun centró sus estudios en el caso de la economía norteamericana. En este sentido la llamada ley de Okun debe interpretarse como una relación de carácter empírico y, como tal, aplicable a una economía concreta y en un período de tiempo determinado.

esto es, ausencia de desempleo. Incluso en el pleno empleo habrá un cierto número de trabajadores que no estén ocupados, debido a aspectos inevitables del funcionamiento de una economía de mercado. A este tipo de desempleo se le denomina *friccional* y refleja un proceso normal de búsqueda de trabajo.

Algunos de estos desempleados lo estarán porque buscan un empleo mejor o porque desean desplazarse a una región más próspera. Otros se ven obligados a cambiar el empleo porque les han despedido o porque la antigua empresa está atravesando una crisis debido a las alteraciones del mercado. Pero si no todos, sí una buena parte de esos trabajadores encontrarán un nuevo empleo, aunque hasta que esto ocurra puede pasar algún tiempo, que dependerá, entre otros factores, de la información disponible. Siempre habrá un determinado número de individuos que estarán desocupados por las razones apuntadas, aunque, por supuesto, a lo largo del tiempo no serán los mismos los que estén desocupados. Por otro lado, cada año se incorporan al mercado de trabajo por primera vez un determinado número de trabajadores y no es de extrañar que se pro-

Nota complementaria 22.2

POBLACION ACTIVA Y DESEMPLEO EN ARGENTINA

Como se indica en el texto, las variables clave del mercado de trabajo son la población activa, el total de empleados y el total de desocupados. En el gráfico adjunto aparecen los valores de estas magnitudes para 1980 y 1992.

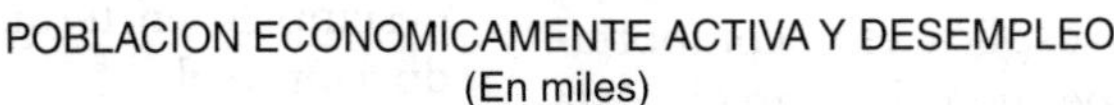

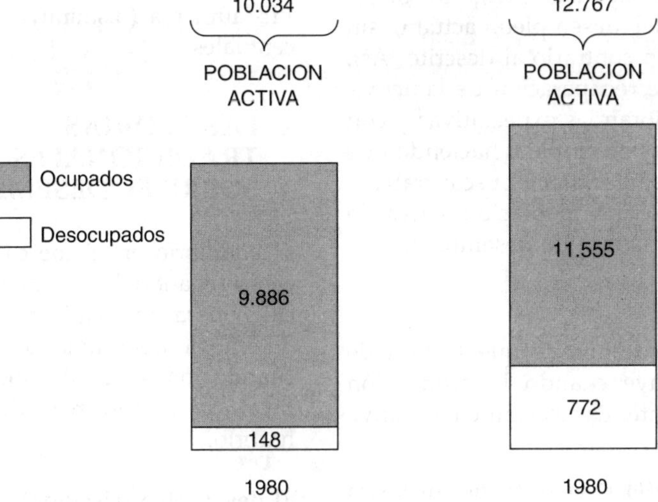

FUENTE: INDEC y Ministerio de Trabajo.

duzca un cierto desfase temporal entre el abandono de los estudios y el ingreso en el respectivo puesto de trabajo.

• **Desempleo *friccional* es aquel que engloba a aquellos trabajadores que abandonan sus puestos de trabajo antiguos para buscar uno mejor, a los que son despedidos y están buscando un nuevo empleo, y a los nuevos miembros de la fuerza laboral mientras buscan su primer trabajo.**

Por tanto, la existencia de un cierto nivel de desempleo, junto con una demanda de mano de obra insatisfecha, esto es, con empleos vacantes, se deberá a que la movilidad ocupacional y espacial requiere un cierto tiempo y a las dificultades de obtener información.

El desempleo estructural

Otro tipo de desempleo, en cierto modo contrapuesto al friccional, es el *estructural*. Los desempleados estructurales son aquellos trabajadores que, por razones de cualificación, no se corresponden con las necesidades reveladas por la demanda. El origen de este tipo de desempleo hay que buscarlo en las continuas redistribuciones de recursos resultantes de los cambios en la demanda de productos que tienen lugar en todo proceso de crecimiento económico. La renovación tecnológica y la automatización hacen que, dadas las nuevas condiciones de la producción, la capacitación y experiencia de ciertos trabajadores no sean ya las deseadas. El desempleo por motivos estructurales, a diferencia de lo que ocurre con el desempleo friccional, no se puede considerar que sea transitorio entre dos empleos. De hecho, sólo caben dos opciones: enfrentarse a un prolongado período de desempleo o cambiar de ocupación.

• **El desempleo *estructural* se debe a desajustes entre la cualificación o la localización de la fuerza de trabajo y la cualificación o localización requerida por el empleador.**

El desempleo friccional y el desempleo estructural forman genéricamente el llamado desempleo *involuntario*, en cuanto representan un montante de trabajadores que desean emplearse al salario real y que, sin embargo, no encuentran empleo.

EL MODELO CLASICO (*)

De acuerdo con los postulados de la economía clásica, además del desempleo friccional es probable que nos encontremos con un cierto volumen de desocupación *voluntaria*. La explicación de este tipo de desocupación hay que buscarla en el funcionamiento del mercado laboral y en particular en el deseo de los trabajadores de recibir una remuneración superior al valor atribuible a su productividad marginal. Esta actitud de los trabajadores se vería motivada, según los clásicos, por la propia legislación y por los hábitos sociales, lo que se plasmará primor-

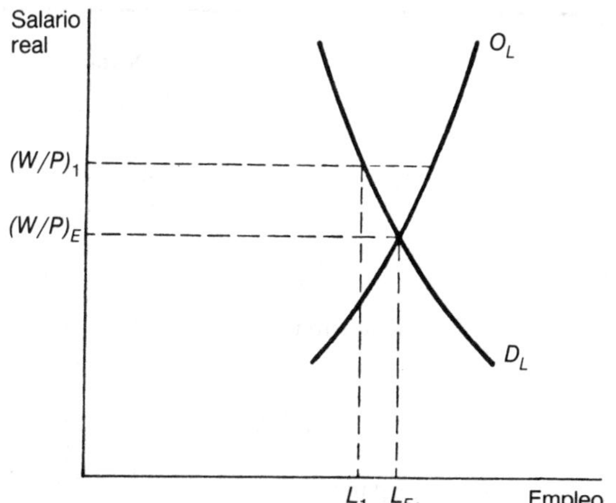

Figura 22.2. El mercado de trabajo y la política salarial.

Según el modelo clásico, el desempleo se deberá a una política salarial inadecuada, es decir, a que el salario real vigente $\left(\frac{W}{P}\right)_1$ es superior al salario real de equilibrio.

(*) Al hablar del modelo clásico de empleo nos referimos al modelo que inicialmente desarrollaron los economistas *clásicos* (véase Apartado 29.3) y que posteriormente fue reformulado por los economistas de la escuela neoclásica (véase Apartado 29.6).

dialmente en las pautas y resultados de la negociación colectiva (véase Capítulo 14).

Desde esta perspectiva el desempleo sería voluntario, pues una reducción de los salarios reales aumentaría el empleo y la producción. Como se ha apuntado en anteriores ocasiones, la teoría clásica basaba el carácter automático del ajuste del sistema económico en la hipotética flexibilidad de los salarios nominales, de forma que cuando tal flexibilidad no se producía, surgía el desempleo. En este sentido el desempleo se debe, en última instancia, a una inadecuada política de salarios, ya que éstos no se ajustan a los cambios en la función de demanda real de mano de obra (Figura 22.2).

Para los clásicos, dado que el desempleo está motivado porque los trabajadores piden un salario real $(W/P)_1$ superior al de equilibrio $(W/P)_E$, cualquier aumento de la demanda agregada no lograría reducir el desempleo, pues las empresas no estarían dispuestas a aumentar el empleo a los salarios reales vigentes. Los posibles aumentos de la demanda agregada sólo se traducirían en aumentos de precios y posteriormente de salarios nominales, para evitar pérdidas del poder adquisitivo. En este sentido se dice que los trabajadores no tienen *ilusión monetaria*, tal como se señaló en el Capítulo 20.

- **Desde una perspectiva clásica, el desempleo por encima del desempleo friccional se debe a una política de salarios inadecuada. A este empleo lo califican de *voluntario*.**

El empleo sólo aumentará si descienden los salarios reales o si se reduce el costo real de algún otro factor productivo. En definitiva,

Nota complementaria 22.3

NUMERO DE DESEMPLEADOS EN % DE LA POBLACION ACTIVA

Los datos contenidos en el cuadro adjunto sugieren que cada país presenta una tasa de desempleo normal (o «natural», en terminología neoclásica) que a corto plazo le resulta difícil cambiar.

Países	1986	1987	1988	1989
Argentina	**5,5**	**5,8**	**6,3**	**7,6**
Bélgica	12,5	12,3	11,2	10,8
Dinamarca	7,5	7,6	8,3	9,0
Alemania Federal	8,1	8,1	8,1	7,5
Grecia	7,4	7,4	7,3	7,3
España	20,0	20,5	19,7	16,8
Francia	10,7	10,8	10,6	10,5
Irlanda	18,3	19,0	18,8	18,0
Italia	13,7	11,0	15,0	14,5
Luxemburgo	1,5	1,6	1,4	1,3
Holanda	12,3	11,5	11,3	11,0
Portugal	8,3	7,2	5,9	5,3
Reino Unido	12,0	10,7	8,8	7,5
Europa	11,7	11,6	11,2	10,8
USA	7,0	6,2	5,5	5,5
Japón	2,8	2,8	2,5	2,5

FUENTE: Comisión de la CEE, INE e INDEC.

pues, para los clásicos la solución al problema del desempleo descansa básicamente en una política de salarios suficientemente flexible que permita que éstos se ajusten a las condiciones cambiantes de la demanda.

El modelo clásico, sin embargo, no parece explicar de forma convincente la persistencia e incluso el aumento del desempleo durante las depresiones. Que los salarios reales se mantengan por encima del nivel de equilibrio durante un largo período de tiempo y ante niveles considerables de desempleo es algo que no aparece suficientemente justificado.

EL MODELO KEYNESIANO

Keynes se centró en la problemática del denominado desempleo «coyuntural o cíclico». Este tipo de desocupación refleja una situación que es el resultado de desajustes en el mercado de trabajo derivados de alteraciones temporales en el nivel de demanda agregada.

El argumento keynesiano se puede concretar en tres puntos específicos:

1. Los *salarios reales* no se determinan en los convenios entre los trabajadores y empresarios.
2. Los *salarios nominales* no disminuirán ante un exceso de oferta de mano de obra.
3. Aunque los salarios se reduzcan puede que no aumente el nivel de empleo.

• En primer lugar Keynes señaló que, si bien los trabajadores están interesados en el poder adquisitivo de sus salarios, en realidad los salarios reales no se determinan en los convenios entre trabajadores y empresarios. Lo que los contratos laborales estipulan son los salarios monetarios y los salarios relativos entre los distintos sectores productivos u ocupacionales; pero los salarios reales y, por tanto, el nivel general de salarios reales se determinan por otros factores, en particular por la demanda agregada y la oferta agregada.

Si, además, se supone que los trabajadores no reaccionan de forma inmediata a los cambios en los niveles de precios, esto es, si se introduce el supuesto de *ilusión monetaria*, tal como se señaló en el Capítulo 20, se obtiene una hipótesis de comportamiento de fundamental importancia para el análisis keynesiano y para sus desarrollos posteriores. Si los trabajadores reaccionan con un cierto retraso a los cambios en los precios, las alteraciones en la demanda agregada originarán cambios no sólo en los precios, sino también en el nivel de empleo y de producción, ya que los salarios reales se ven al menos temporalmente reducidos.

El supuesto de que los trabajadores no determinan los salarios reales se contrapone con la hipótesis clásica que defiende que el método adecuado para incrementar la ocupación es una reducción de los salarios reales, vía salarios nominales.

• En segundo lugar, Keynes argumentó que el salario monetario no disminuirá ante un exceso de oferta de mano de obra, pues los trabajadores desocupados no tienen una forma efectiva de mostrar a los empresarios su disposición a reducir los salarios monetarios. El salario no se establece en un mercado de subasta donde los trabajadores desocupados pueden pujar por los empleos contra los demás y contra los trabajadores empleados. El salario se puede fijar unilateralmente o negociadamente, pero en cualquier caso el problema principal es la tasa salarial en relación a los salarios en las empresas competidoras o en ocupaciones comparables y no la disponibilidad de trabajadores más baratos.

• En tercer lugar, Keynes señaló que aun si los salarios nominales se redujesen el resultado no sería necesariamente un aumento del nivel de empleo. Por un lado, si los precios se reducen en la misma proporción que los salarios nominales, el salario real permanecerá inalterado y con él el nivel de empleo. Por otro lado, puede que los empresarios estén dispuestos a ofrecer más empleo a un salario real menor y los trabajadores a aceptarlo, pero, a menos que una reducción del salario aumentase algo la demanda agregada real, no existe un mecanismo por el que la mutua disposición latente para demandar y ofrecer más trabajo a un salario real menor, o posiblemente incluso al mismo salario real, pueda ser llevada a cabo. Así pues, según Keynes el problema no radica en que al salario real existente los trabajadores no estén dispuestos a trabajar, sino que en ocasiones las empresas necesitan que aumente la demanda de bienes y servicios para ofrecer más empleo.

Keynes y el desempleo involuntario

En definitiva, si los trabajadores no determinan los salarios reales y si, además, la reducción en los salarios no garantiza un aumento del nivel de empleo, queda rechazada la hipótesis clásica según la cual para elevar el nivel de empleo hay que reducir los salarios reales vía salarios monetarios. Por las razones apuntadas, Keynes defendió que el *desempleo involuntario* fue el elemento primordial en el desempleo masivo de la década de los treinta y que éste se debía primordialmente a que la demanda agregada era insuficiente. Esta situación determinó, según Keynes, una subutilización de la capacidad productiva y, consecuentemente, un bajo nivel de empleo. Este desempleo no puede calificarse de voluntario. Por ello, desde una posición keynesiana, se mantiene que la variable clave es el nivel de la demanda efectiva de la economía y, en su manejo, mediante los instrumentos apropiados de la política macroeconómica, radicará la solución al problema del desempleo.

- **Keynes defiende que el desempleo por encima del friccional es involuntario, y se debe a que el nivel de la demanda agregada es insuficiente.**

La demanda agregada y el desempleo

A través del impacto de la demanda agregada sobre los precios, Keynes ofreció una vía para reducir el desempleo. Dado que los salarios se establecen en términos monetarios, y aceptando como normal un cierto retraso en el aumento de los salarios monetarios como consecuencia de previos incrementos en los precios motivados por una política de demanda expansiva, resultará que los salarios reales se reducirán, lo que estimulará el empleo. Esta *ilusión monetaria* sufrida por los trabajadores es lo que permite que aumente el empleo al producirse una reducción en el salario real. En cualquier caso, esta miopía sistemática por parte de los trabajadores ha sido rechazada por diversos autores y precisamente en el apartado siguiente se presenta una revisión de algunas de las teorías elaboradas al respecto.

3. LAS TEORIAS MODERNAS DEL MERCADO DE TRABAJO

Dentro de este apartado vamos a referirnos, por un lado, a las teorías neoclásicas, en particular al modelo de búsqueda y a las hipótesis que introducen la formación de expectativas para analizar los efectos de las alteraciones de la demanda agregada sobre los precios y el empleo; y, por otro lado, dentro de los nuevos desarrollos experimentados en el estudio del desempleo, se presentará un breve análisis de la teoría de la segmentación del mercado laboral y de la teoría de los contratos implícitos.

El modelo de búsqueda de empleo

El modelo de búsqueda de empleo de hecho lo que ofrece es una justificación microeconómica del anteriormente comentado desempleo friccional. De acuerdo con esta hipótesis, tanto los trabajadores como los empleos están altamente diferenciados de forma que un trabajador desempleado requiere un cierto tiempo para encontrar el empleo que mejor se ajusta a sus características personales. Los problemas se agravan cuando se tiene en cuenta que el mercado no se caracteriza por una información

Nota complementaria 22.4

LA SEGMENTACION DEL MERCADO DE TRABAJO

La existencia de mercados segmentados dentro del mercado de trabajo se manifiesta en hechos tales como la distinta incidencia de la desocupación por grupos específicos —de edad o por sexo— o la mayor o menor extensión de formas contractuales, que podríamos denominar «precarias», entre grupos de trabajadores determinados. En un estudio realizado para la industria manufacturera, para el año 1984, se detectaron las ramas con mayor porcentaje de personal eventual, que es una forma de empleo precario. También se detalla la distinta incidencia del desempleo por tramo de edad.

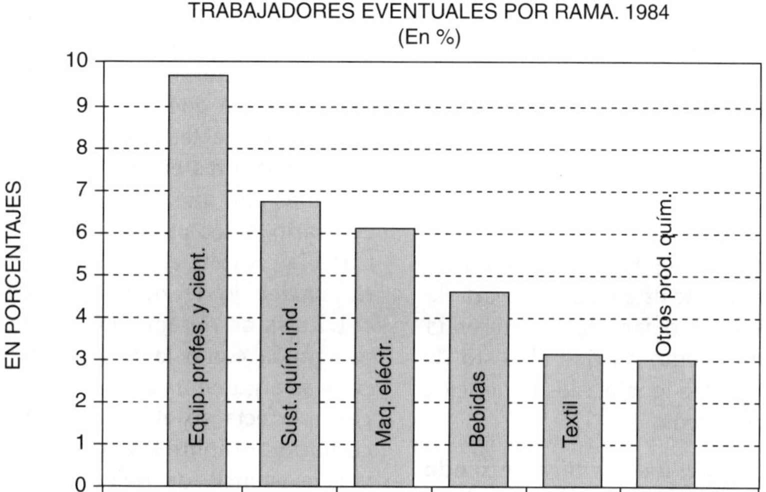

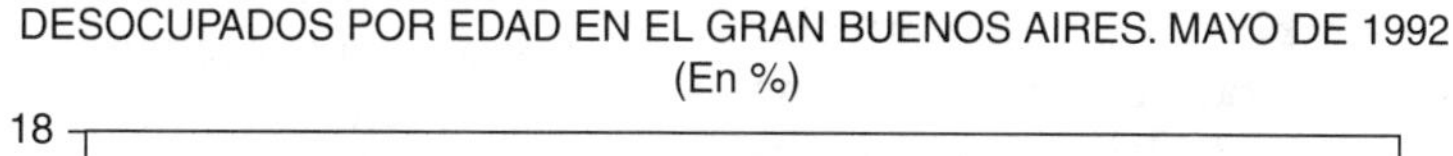

DESOCUPADOS POR EDAD EN EL GRAN BUENOS AIRES. MAYO DE 1992
(En %)

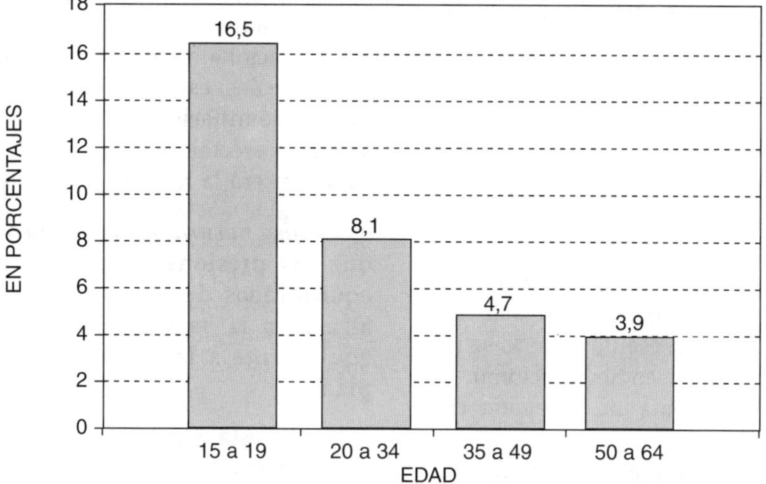

FUENTE: INDEC. *Encuesta de empleo y desempleo,* mayo de 1992, y R. M. Toer, «Envergadura del trabajo precario: el caso del trabajo eventual no remunerado directamente por las empresas», en *El empleo precario en Argentina,* OIT-Ministerio de Trabajo y Seguridad Social, 1986.

perfecta. Esta teoría mantiene que en ciertas ocasiones un desempleado hará bien en rechazar ciertos empleos y continuar buscando hasta encontrar algún empleo más adecuado a sus deseos. Pero el rechazo de un empleo tiene dos costos inmediatos: la pérdida del salario que le pagarían si hubiera aceptado el empleo y el costo directo, en términos de desplazamientos, llamadas telefónicas, etc., que debe realizar para seguir buscando un nuevo empleo. En un principio, los beneficios potenciales derivados de rechazar un empleo pueden compensar a los costos, pero conforme transcurre el tiempo las ventajas de rechazar empleos se reducirán. El individuo que actúa racionalmente evaluará sus costos y sus beneficios esperados derivados de obtener un empleo mejor, y mejor remunerado. Como resultado de este cálculo dejará de buscar empleo, es decir, dejará de invertir en la búsqueda, en el momento en que el costo de seguir buscando empleo iguale a los beneficios esperados de la búsqueda.

- **El *modelo de búsqueda de empleo* defiende que tanto los trabajadores como los empleos están altamente diferenciados, de forma que un trabajador desempleado requiere un cierto tiempo para encontrar el empleo que mejor se ajuste a sus características personales.**

El modelo neoclásico de expectativas

Keynes, al estar preocupado por el desempleo en masa que caracterizaba a la mayoría de las economías en la década de los treinta, se desinteresó en buena medida por los problemas que podía crear una demanda excesiva. Fue durante la década de los sesenta cuando se inició el intento de explicar cómo reaccionan las economías ante una demanda agregada creciente.

En un principio una alteración en la demanda y en los precios no debería originar otra cosa que un cambio en los salarios nominales en el mismo porcentaje. ¿Cómo es posible que se origine también una alteración en el empleo? Piénsese, por un lado, que los contratos de trabajo suelen abarcar un cierto período de tiempo, por lo que se requerirán previsiones sobre la evolución de los precios, y, por otro lado, que los trabajadores están interesados en el poder adquisitivo del salario y lo calculan deflacionando su salario nominal por el índice general del costo de la vida.

En este contexto, si se acepta que sólo a corto plazo se producen discrepancias entre la tasa de inflación esperada o prevista y la efectiva, resultará que siempre que los precios aumenten a una tasa superior a la que esperan los trabajadores el nivel alcanzado de empleo será más alto que el nivel a largo plazo. Por el contrario, si los precios crecen a una tasa inferior a la prevista el número de empleados estará por debajo del nivel a largo plazo.

La tasa de desempleo a largo plazo ha sido designada como la *tasa natural de desempleo*, pues se argumenta que la ausencia de información perfecta en el mercado de trabajo, la incertidumbre sobre los precios y salarios futuros y la existencia de rigidez en los salarios son elementos que, de forma natural, determinan que una cierta tasa de desempleo aparezca asociada con la economía en un período determinado. En cualquier caso, la clave de este modelo radica en suponer que los individuos actúan racionalmente y reaccionan ante las variables reales, esto es, ajustadas por la tasa esperada de inflación, de forma que si hacen los ajustes correctamente la tasa de desempleo resultante será la tasa de desempleo natural.

- **La *tasa natural de desempleo* es la tasa a la que las presiones sobre los salarios están equilibradas de forma que no presionan al alza ni a la baja a la tasa de inflación. Es equivalente a la tasa de desempleo a largo plazo.**

Desde esta perspectiva, una vía aceptable para tratar de disminuir el desempleo será la de procurar un mejor funcionamiento del mercado de trabajo, cuidando que la información sobre las posibilidades que éste ofrece sean conocidas. Se argumenta, asimismo, que la re-

Nota complementaria 22.5

RELACION ENTRE INFLACION Y EL DESEMPLEO EN LA ECONOMIA ARGENTINA

Si bien los datos de la economía argentina no evidencian una clara relación entre inflación y desempleo, se pone de manifiesto, en el cuadro adjunto, un predominio de una correlación positiva entre ambas variables.

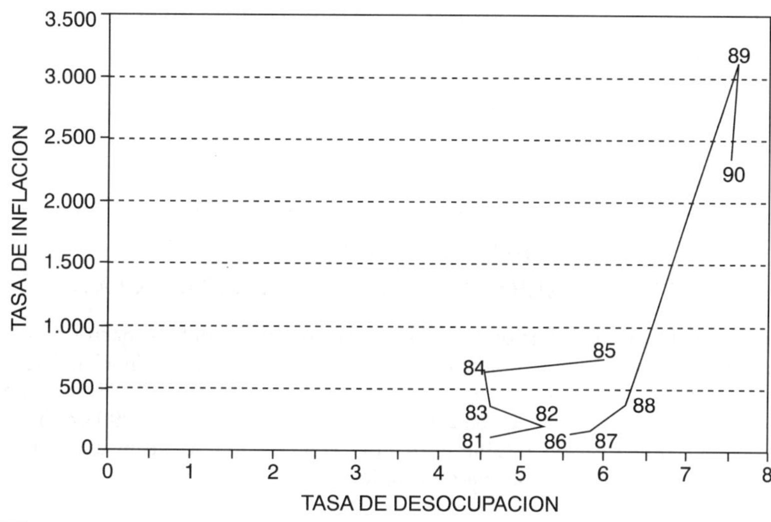

FUENTE: INDEC.

ducción de los incentivos para prolongar el período de búsqueda de empleo, esto es, la reducción del subsidio de desempleo y la disminución de los impuestos sobre el trabajo personal y la renta de los empleados influirá favorablemente sobre la tasa de desempleo natural.

Aunque este modelo es un instrumento explicativo útil para analizar los ciclos de inflación y de desempleo, el supuesto neoclásico de que el desempleo siempre estará cerca de la tasa natural presenta serias dificultades a la luz de los hechos. Realmente, aceptar que prácticamente todo el desempleo es en buena medida voluntario parece excesivo. No resulta muy acertado explicar las elevadas tasas de desempleo de acuerdo con una negativa de parte de los obreros a aceptar trabajo, impulsados por unas tasas salariales que están equivocadamente deflaccionadas por un índice de precios superior al real.

Parece, por el contrario, que buena parte de los desempleados no tienen oportunidad de rechazar ofertas de trabajo. Durante las recesiones, más que aumentos de los salarios reales lo que se observa es que los salarios nominales son rígidos a la baja. El problema estriba en que la demanda de mano de obra es escasa, por lo que se produce un racionamiento de los empleos al salario nominal existente.

La teoría de los contratos implícitos

Esta teoría defiende que la fuerza laboral no es homogénea, sino que está segmentada o diferenciada por las capacidades o destrezas adquiridas. Algunas de éstas son específicas, esto es, útiles sólo en un trabajo particular, mientras que otras son transferibles entre ocupaciones. De ordinario los trabajos específicos corren a cargo del personal que ya está en la empresa, pues éste puede adquirir la preparación requerida con menor esfuerzo y tiempo que un individuo de fuera. Por ello, el mercado de trabajo de estos servicios suele ser un *mercado interno* a la empresa. Para este tipo de empleo se necesita personal de confianza, que coopere con la empresa, y que posea otra serie de características que difícilmente se lograrán evaluar con objetividad mediante una simple entrevista.

Los salarios no varían rápidamente para garantizar continuamente el pleno empleo debido a que las empresas y los trabajadores mantienen relaciones a largo plazo. A las empresas les resulta costoso contratar y despedir trabajadores y formarlos, y a los trabajadores tampoco les resulta conveniente aceptar y abandonar un empleo frecuentemente. Por ello las empresas y los trabajadores prefieren establecer relaciones a largo plazo, que incluyen acuerdos sobre los salarios y sobre la forma de hacer frente

Nota complementaria 22.6

TASAS DE INFLACION Y DESEMPLEO EN AMERICA LATINA

Como se señala en el texto, la inflación y el desempleo son dos variables macroeconómicas que se suelen considerar como variables objetivo de la política económica. En el gráfico adjunto se recogen los valores promedio de inflación anual durante el período 1988-1990 para algunos países latinoamericanos y las tasas de desempleo urbano imperantes en 1990 en dichos países. Si bien no se observa una relación estable entre una y otra variable, se insinúa una correlación inversa, tal como la que predice la curva de Phillips.

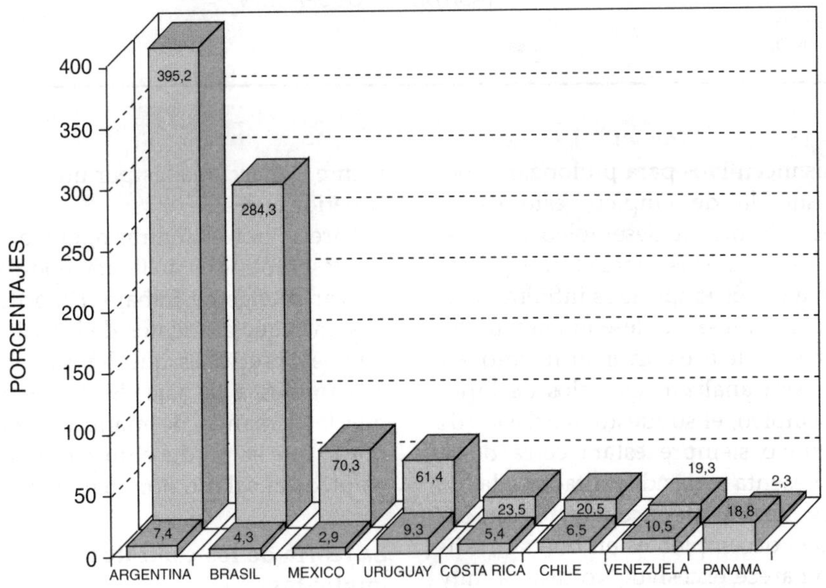

FUENTE: *Informe sobre el desarrollo mundial, 1992.* Banco Mundial. *Anuario estadístico de América Latina y el Caribe, 1991.* CEPAL.

a las variaciones de la cantidad de trabajo que han de realizarse. A corto plazo, los trabajadores varían la cantidad de trabajo que realizan de acuerdo con el nivel existente de la demanda de bienes y servicios, producidos por la empresa.

- **Los trabajadores y las empresas esperan que el salario sea, en promedio, aproximadamente igual que el de otros sectores de la economía, de forma que éste se muestra rígido a la baja.**

Esta práctica explica por qué no bajan los salarios cuando hay trabajadores desempleados buscando empleo. En buena medida se debe a la falta de competencia efectiva de los desempleados, pues si éstos se contrataran a unos salarios inferiores a los que ya tienen empleo, se crearía un clima de malestar y hostilidad que perjudicaría el ambiente de trabajo y las relaciones laborales en el seno de la empresa. En consecuencia, las negociaciones salariales se realizan exclusivamente con trabajadores que tienen empleo, esto es, con los que están dentro.

Además, no debe olvidarse que la mayoría de los puestos de trabajo los desempeñan trabajadores especializados que no pueden ser reempleados de forma inmediata por desempleados sin experiencia. Por esta razón, la presión a la baja que ejerce el desempleo en los salarios de los trabajadores empleados es relativamente débil.

Así pues, una vez establecidos los contratos laborales los salarios no se alteran para alcanzar el equilibrio en el mercado de trabajo ante las cambiantes condiciones de la actividad económica. En su lugar se producen cambios en el empleo en términos de eliminación de horas extraordinarias, reducción de jornadas o de despidos temporales. Las empresas, cuando experimentan reducciones en la demanda de los productos, prefieren suspender sólo temporalmente a aquellos trabajadores con los que mantienen nexos a largo plazo y no despedirlos de forma definitiva.

Que las suspensiones temporales de empleo se prefieran a las reducciones salariales se debe, en buena medida, al seguro de desempleo. Su existencia justifica que la aversión al riesgo entre los trabajadores no se concrete en contratos que garanticen el empleo en vez de los salarios, pues esta solución es beneficiosa tanto para la empresa como para los empleados. En vez de rebajar los salarios, lo que tienden a hacer las empresas es suspender temporalmente a sus trabajadores. Los trabajadores también prefieren estas suspensiones temporales de empleo a una disminución del salario. Esto se debe a su actitud ante el riesgo, al valor del tiempo libre y, sobre todo, a la existencia del seguro de desempleo. Este tipo de comportamiento contribuye a explicar que en el mercado laboral se observen salarios relativamente estables y niveles variables de empleo.

Reflexiones finales sobre las teorías del mercado de trabajo

Tanto la teoría de la búsqueda de empleo, como la teoría de los contratos implícitos se centran en el mercado de trabajo para buscar las causas y las consecuencias de la rigidez del salario nominal, hecho observado en la realidad y que se opone al supuesto clásico de flexibilidad de precios y salarios con información perfecta. Las teorías mencionadas tratan de buscar la racionalidad económica de la rigidez de salarios, justificando así la aparición del desempleo cuando se reduce la demanda agregada, pues al ser el salario rígido no se reduce cuando disminuye la demanda agregada, como cabría esperar en un mercado de ajustes perfectos, sino que el ajuste se realiza vía cantidad, es decir, mediante un aumento del desempleo. La última teoría analizada se sitúa en un contexto más amplio que se suele denominar *macroeconomía del desequilibrio* y que parte de unos principios, cuyo origen se encuentra en la teoría keynesiana, contrarios en aspectos fundamentales a la «macroeconomía clásica» (véanse Capítulos 24 y 29). Según la macroeconomía del desequilibrio los precios no son flexibles, las transacciones económicas conllevan costos y la información no es perfecta. Esto implica dificultades para alcanzar el equilibrio, y de ahí que se observen niveles persistentes de desempleo. En este sentido, lo que las teorías que se han presentado pretenden es ofrecer una explicación racional de la rigidez de los salarios y la consecuencia de ello, es decir, la persistencia del desempleo.

4. LA INFLACION Y EL DESEMPLEO: LA CURVA DE PHILLIPS

Al revisar las teorías sobre el empleo en el apartado anterior se ha evidenciado la interrelación existente entre la inflación y el desempleo. En este apartado se profundiza en el estudio de estos dos fenómenos. Si se admite que el desempleo global en una economía depende básicamente de la existencia de una demanda agregada insuficiente, para resolver el problema del desempleo habría que mantener ésta a un nivel apropiado. Resulta, sin embargo, que mediante aumentos en el nivel de demanda global, si bien puede que se incremente la producción y el empleo, también se elevará el nivel de precios.

Crecimiento de los precios y tasa de desempleo

En términos gráficos la incidencia de aumentos de la demanda agregada sobre los niveles de producción y de precios y sobre tasas de desempleo y de inflación se recoge en la Figura 22.3. A las curvas del tipo de las recogidas en la Figura 22.3*b*, se les denomina genéricamente curvas de Phillips. Fue el profesor Phillips el que, por primera vez y mediante una serie de estudios empíricos referidos a la economía británica, puso de manifiesto que, bajo ciertas circunstancias, la relación existente entre el crecimiento de los precios y la tasa de desempleo es una relación inversa, tal como la

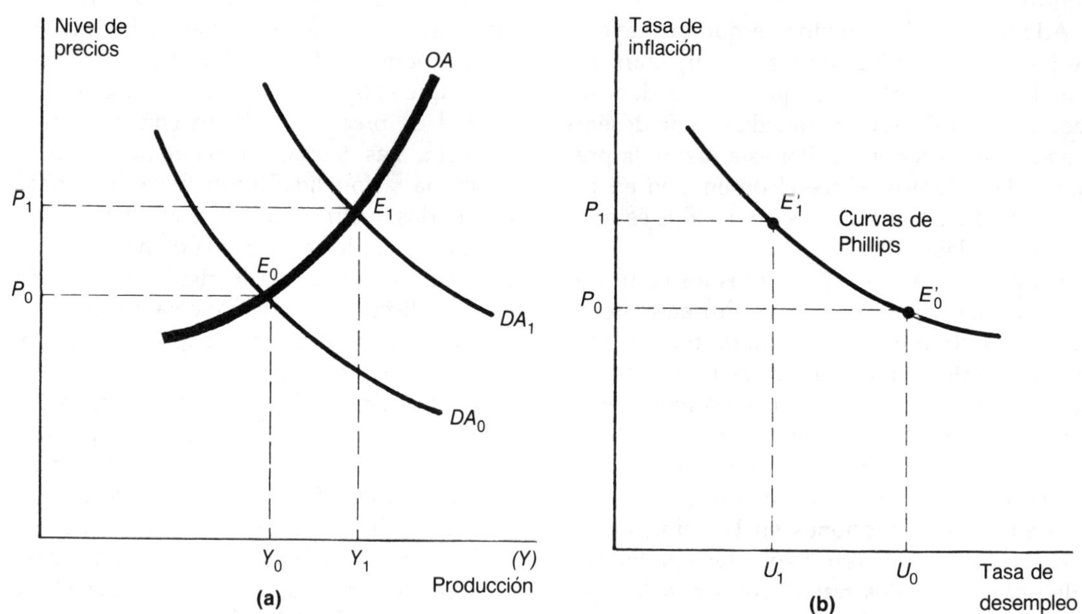

Figura 22.3. Inflación de demanda y curva de Phillips.
El crecimiento de los precios ($\dot{P}$) será mayor cuanto menor sea la tasa de desempleo (U).

recogida en la Figura 22.3*b*; niveles altos de desempleo se corresponden con precios estables y niveles bajos de desempleo con tasas de crecimiento de los precios elevadas.

Crecimiento de los salarios y tasa de desempleo

El profesor Phillips, sin embargo, lo que encontró fue una relación estable entre los porcentajes de desempleo y las tasas de crecimiento de los salarios monetarios para la economía británica durante el período 1861-1913. La representación gráfica de la curva imaginaria que pretende sintetizar el significado de la nube de puntos encontrada por Phillips liga variaciones en el nivel de desempleo con alteraciones en la tasa de crecimiento de los salarios monetarios. Según sugiere esta relación, cuanto más bajo es el porcentaje de desempleo existente en un país, mayor es el porcentaje de crecimiento de los salarios. Por otro lado resulta que bajo ciertas condiciones, el porcentaje de crecimiento del nivel de precios será igual a la diferencia entre el porcentaje de crecimiento de los salarios y el aumento de la productividad del trabajo que se haya producido en el período [véase ecuación (2) del Capítulo 20]. De esta forma, conociendo el crecimiento de los salarios se puede determinar con cierta aproximación el crecimiento de los precios y así establecer la relación entre inflación y desempleo recogida en la Figura 22.3*b*.

Para justificar la existencia de la relación encontrada por Phillips se ha señalado que, en todo mercado, el crecimiento del precio es tanto más rápido cuanto mayor es la diferencia entre demanda y oferta. Por ello, el salario crecerá a un ritmo más rápido cuanto mayor sea el exceso de demanda de mano de obra, esto es, la diferencia entre la demanda de trabajo (vacantes) y su oferta (desocupados que buscan empleo), siendo el porcentaje de desempleo una forma aproximada de medir la diferencia entre demanda y oferta de trabajo.

Debido a la estrecha relación existente entre la dinámica de los salarios y de los precios y a la mayor generalidad del concepto de inflación, por curva de Phillips se suele entender la representación gráfica de la relación existente entre el porcentaje de desempleo y la tasa de crecimiento de los precios o inflación, y ésta es la relación que recoge la Figura 22.3*b*.

- **La *curva de Phillips* recoge la existencia de una relación inversa entre la tasa de inflación y la tasa de desempleo en el sentido de que cuanto mayor es una (la tasa de inflación), menor es la otra (la tasa de desempleo).**

Como se desprende de la Figura 22.3, la forma de la curva de Phillips dependerá de los supuestos formulados respecto a la curva de oferta agregada. En este sentido, cabe suponer que, en línea con lo señalado en el Capítulo 20, la curva de oferta agregada tiene dos tramos bien diferenciados que pueden ilustrar las divergencias entre el modelo keynesiano y el modelo clásico: uno prácticamente horizontal, indicando que se puede incrementar el producto real sin que el nivel de precios experimente alteración, pues hay recursos productivos ociosos, y otro tramo casi vertical, el clásico o monetarista, a lo largo del cual el producto real apenas experimenta variación, mientras que los precios aumentan bruscamente, debido a que la capacidad productiva instalada está altamente utilizada.

De acuerdo con lo señalado, cabe suponer que la inclinación de la curva de Phillips no es uniforme, sino que se intensifica conforme se reduce la tasa de desempleo. A medida que la economía se mueve a lo largo de ella hacia la izquierda, es decir, cuando se reduce el desempleo y aumenta la tasa de inflación, la curva se hace más inclinada reflejando que los aumentos de la demanda agregada se traducen cada vez más en tensiones inflacionistas y menos en reducciones del desempleo.

La curva de Phillips y la política económica

En este contexto, los problemas del desempleo y de la inflación aparecen estrechamente relacionados. De hecho, la curva de Phillips, tal como se ha presentado, ha sido con frecuencia interpretada como la representación gráfica de una relación causal ofreciendo a los políticos una correspondencia estable entre ambas variables. En este sentido, se ha argumentado que reducciones en la tasa de desempleo se logran a costa de aumentos en la tasa de inflación, y que una disminución en las tensiones alcistas de los precios implicará un agravamiento del desempleo. Si al luchar contra uno de los males se agrava el otro, las autoridades económicas tendrán que sopesar la importancia relativa de los objetivos en conflicto, estabilidad de los precios y pleno empleo, y establecer un cierto compromiso entre ambos. La curva de Phillips recoge de forma intuitiva y gráfica este *trade off* entre objetivos. De hecho, si se acepta que la curva de Phillips representa una relación estable y bien definida, se plantea, desde el punto de vista de la política económica, un dilema difícil de resolver, ya que, al existir este posible intercambio entre inflación y desempleo, el problema consistirá en determinar cuál es la posición más conveniente para la economía de entre los posibles puntos de la curva.

5. LA INESTABILIDAD DE LA CURVA DE PHILLIPS

El trabajo empírico desarrollado con posterioridad a la publicación del profesor Phillips ha sido muy amplio y complejo. Como resumen del mismo cabe decir que, si bien curvas similares a las obtenidas por Phillips pueden refle-

Nota complementaria 22.7

TASAS DE DESOCUPACION Y SUBOCUPACION EN ARGENTINA

En el cuadro adjunto se transcriben los valores de las tasas de ocupación y subocupación imperantes en algunos de los aglomerados urbanos más importantes de la República Argentina. La tasa de desocupación es el porcentaje que representa la población desocupada respecto a la población económicamente activa (PEA). La tasa de subocupación mide la relación porcentual entre la población que trabaja menos de 35 horas semanales y la PEA.

TASAS DE DESOCUPACION Y SUBOCUPACION. MAYO DE 1992
(En %)

Aglomerado urbano	Tasa de desocupación	Tasa de subocupación
Río Gallegos	3,9	2,9
Gran Córdoba	4,8	10,3
Capital Federal	5,0	6,0
Gran La Plata	6,3	7,7
Partidos del Gran Bs. As.	7,3	8,2
Bahía Blanca	10,0	7,9
Gran Rosario	10,1	8,1
Ushuaía y R. Grande	10,4	5,8
S. M. de Tucumán y Tafí Viejo	12,1	13,5

FUENTE: INDEC.

jar lo ocurrido durante ciertos períodos de tiempo en buena parte de las economías, un análisis detallado de los datos pone de manifiesto, sin embargo, que esta relación es poco sistemática.

Los desplazamientos de la curva de Phillips y la inflación con estancamiento

Por un lado, se observa que la tasa de inflación que resulta consistente con un nivel dado de desempleo no permanece constante, sino que se altera con el transcurso del tiempo. Esto implica que, aunque durante ciertos períodos se puede ajustar una curva de Phillips, ésta no permanece estable. Por otro lado, el análisis de los datos ha puesto de manifiesto que en ocasiones la tasa de desempleo y la de inflación han aumentado simultáneamente originando lo que se ha denominado *inflación con estancamiento* o *estanflación.*

- **La *inflación con estancamiento* o *estanflación* se produce cuando coexisten la inflación y una situación de recesión o estancamiento de la actividad económica.**

La inestabilidad de la curva de Phillips se puede justificar de acuerdo con las predicciones del modelo neoclásico de expectativas. En esencia, las implicaciones de este modelo se pueden concretar diciendo que cuando existe inflación imprevista, esto es, cuando el aumento efectivo de los precios es superior al esperado, aumenta el producto real y el empleo, pues, aunque las empresas incrementan los salarios nominales, se reducen los salarios reales. Pero si las negociaciones salariales se realizan sin incurrir en ilusión monetaria, no existe intercambio posible entre inflación y desempleo.

En particular, pensemos que se intenta reducir la tasa de desempleo del nivel U_n a U_1, vía aumento de la demanda agregada (Figura 22.4). La economía, inicialmente, se moverá a lo largo de la curva de Phillips, C_0, y se desplaza desde la posición *A* hacia la *B*, pero de forma casi simultánea, es la propia curva C_0 la que empieza a desplazarse hacia C_1. Ello se debe a que los aumentos en la inflación a medio plazo se internalizan en las negociaciones salariales y las expectativas se revisan. Una vez que se alcance la tasa de inflación, $\dot{P}_1$, y que las expectativas sobre la inflación se han ajustado a este nivel, el desempleo volverá a la tasa U_n y la economía se encontrará en la posición *D*, pero ahora en una nueva curva de Phillips, la C_1. Un proceso similar tendría lugar si partiendo de la posición *D* se tratase de reducir la tasa de desempleo natural mediante un aumento de la demanda agregada. La economía acabaría en la posición *E*, con la tasa de inflación igual a $\dot{P}_2$, y de nuevo con una tasa de desempleo, U_n, igual a la inicial.

La curva de Phillips a largo plazo

De acuerdo con lo señalado, resulta que la curva de Phillips a largo plazo vendrá representada por la línea vertical C_L, *al nivel* U_n de desempleo, única tasa compatible con las condiciones reales de la economía. Esta tasa de desempleo, tal como señalamos en la terminolo-

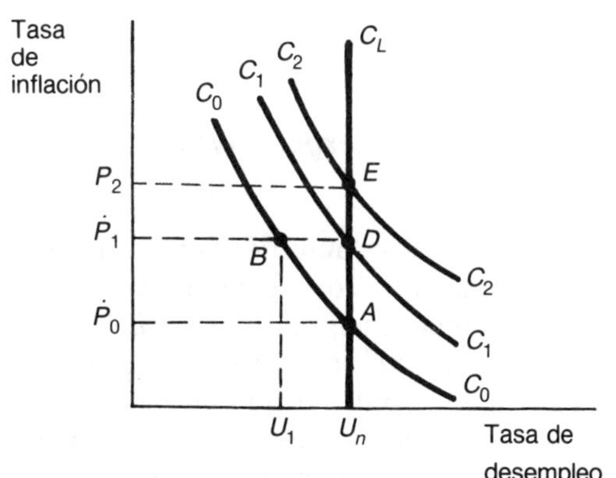

Figura 22.4. La inestabilidad de la curva de Phillips.

El ajuste de las expectativas por parte de los agentes determina el desplazamiento hacia arriba de la curva de Phillips.

gía neoclásica, se denomina tasa natural de desempleo.

Desde esta perspectiva, la inclinación negativa de la curva de Phillips a corto plazo se debe únicamente a una información errónea y a ajustes incompletos por parte de los individuos. Resulta además que, en el paso de la situación *A* a la *D* y de *D* a *E*, la economía atravesará una fase caracterizada por *inflación con estancamiento* o *estanflación* pues, si bien inicialmente la política expansiva hace disminuir la tasa de desempleo, posteriormente los precios siguen aumentando y la tasa de desempleo también aumenta.

- **La *curva de Phillips a largo plazo* indica en términos del modelo neoclásico la relación existente entre la tasa de desempleo de equilibrio a largo plazo y la tasa de inflación, cuando ésta no es imprevista.**

Precisamente, una consecuencia de la hipótesis de la tasa de desempleo natural es la concepción aceleracionista de la inflación. Si, como se ha señalado, una política expansiva sólo consigue reducir la tasa de desempleo temporalmente, la única forma de mantener la tasa de desempleo permanentemente por debajo de la tasa natural sería incrementando la tasa de inflación, esto es, acelerando el crecimiento de los precios.

La hipótesis de las expectativas racionales

Unas consecuencias aún menos favorables sobre la estabilidad a corto plazo de la curva de Phillips se obtienen si se acepta la *hipótesis de las expectativas racionales* (véase Capítulo 29). Esta hipótesis mantiene que es inconsistente con la racionalidad de los agentes económicos suponer un sesgo sistemático en las expectativas inflacionistas, por lo que las políticas sistemáticas de demanda no pueden afectar a ninguna variable real ni siquiera a corto plazo. Entre estas variables está incluida, por supuesto, la tasa de desempleo, por lo que no existirá intercambio entre inflación y desempleo, ni a corto ni a largo plazo.

- **Las expectativas son racionales si, en promedio, son correctas y utilizan toda la información existente.**

6. LOS EFECTOS ECONOMICOS DEL DESEMPLEO

El desempleo es un problema que preocupa, y es prácticamente unánime el convencimiento respecto a la indeseabilidad de un nivel de desempleo superior al friccional. Conviene recordar que cuando existen recursos ociosos la producción potencial de los mismos se pierde para siempre. Por tanto, un primer costo para la sociedad son los recursos no producidos, al tener un cierto volumen de mano de obra sin ocupar. Pero los costos más graves del desempleo son para quienes lo sufren directamente. Afortunadamente, el seguro de desempleo o, genéricamente, las prestaciones por desempleo, están en buena medida generalizadas, y aquellos que no encuentran empleo pueden acogerse a ellas. El subsidio de desempleo, sin embargo, no evita todos los males. La cuantía de las prestaciones de desempleo suele ser inferior al salario normal y no debe olvidarse, además, que no toda la población laboral está acogida a ellas.

Por otro lado, el seguro de desempleo no es más que un seguro, y éstos no impiden que las catástrofes ocurran, ni evitan la pérdida de recursos reales, sólo mitigan sus efectos distribuyendo parte de los costos del mal entre los cotizantes (población activa, empresas y sector público) en vez de dejar que caigan exclusivamente sobre los afectados.

El desempleo de larga duración

El desempleo no sería un grave problema social si afectara a todo el mundo, esto es, a toda la población activa durante un breve período de tiempo. La gravedad del desempleo se debe a que suele haber unos grupos identificables de personas que permanecen desempleadas largos períodos de tiempo. Por ello, al comentar los efectos del desempleo, conviene destacar qué se entiende por *desempleo de larga duración*. El desempleo de larga duración, esto es, el que es igual o superior a seis meses, es mucho más grave en sus consecuencias sobre un individuo y su familia que el desempleo de corta duración. Así, si hay dos países con una misma tasa de desocupación, las consecuencias sociales serán menores en el país en el que el porcentaje de desempleados de larga duración sea más reducido.

• **La** ***duración del desempleo*** **es el tiempo en que una persona está desempleada. Los costos del desempleo aumentan cuando lo hace su duración.**

Por otro lado, cuando el desempleo perdura un largo período de tiempo puede tener consecuencias degradantes para quien se ve obligado a permanecer desocupado. El impacto desmoralizador que supone verse sin posibilidad de tener una ocupación lleva consigo un costo psicológico muy difícil de cuantificar. Pero, incluso para la sociedad, es perjudicial que una parte de la población activa se encuentre durante un cierto período desocupado. Los buenos hábitos laborales y la propia productividad potencial de los trabajadores se verán negativamente afectados.

A nivel internacional se ha observado que, tanto en períodos de prosperidad como de crisis, los trabajadores de 50 o más años tienen muchas más dificultades que los demás para encontrar trabajo y éste es uno de los colecti-

Nota complementaria 22.8

EL MERCADO DE TRABAJO ARGENTINO

El análisis de las magnitudes del mercado laboral argentino y, en particular, de las referidas a la desocupación y subocupación, pone de manifiesto la seriedad del problema.

Prácticamente un tercio de la fuerza laboral trabaja menos de 35 horas semanales y un 6,1 % se encuentra desocupada. Finalmente, se estiman en unos 380.000 los «desanimados» a que se hace referencia en el texto.

ESTRUCTURA OCUPACIONAL
(Mayo de 1992)

	Cantidad de personas	**%**
Ocupados plenos	**8.084.000**	**63,3**
Desocupados urbanos	**772.000**	**6,1**
Subocupados	**3.911.000**	**30,6**
Visibles	761.000	6,0
Informal urbano	1.443.000	11,3
Servicio doméstico	844.000	6,6
Subempleo Sector Público	350.000	2,7
Trabajadores rurales pobres	513.000	4,0
Población económicamente activa	**12.767.000**	**100,0**
Desempleo oculto («desanimados»)	**380.000**	**—**

FUENTE: Ministerio de Trabajo.

vos que más se ve afectado por el desempleo de larga duración. Se ha observado, asimismo, que después de un largo período de recesión, el porcentaje de personas en situación de desempleo prolongado aumenta de forma significativa. Por otro lado, en los países en los que hay más rigidez de plantilla, esto es, los que se caracterizan por tener un mercado laboral menos flexible, el porcentaje de individuos con desempleo de larga duración es mayor que en los países en los que la rigidez es menor.

Los grupos especialmente afectados por el desempleo

Respecto al costo social del desempleo, otro punto a destacar es que está muy desigualmente distribuido entre la población activa. Numerosos y convincentes estudios, basados en la teoría de la segmentación del mercado de trabajo, han demostrado claramente que determinados sectores sufren con mayor intensidad el desempleo. Ciertas características personales y ocupacionales determinan que la probabilidad de algunos segmentos de estar sin empleo sea muy superior a la media de la población activa. Los grupos que se ven especialmente afectados por el desempleo son los siguientes: los jóvenes, las mujeres, los mayores de cincuenta años y las personas con reducida cualificación.

RESUMEN

- Una persona capaz de trabajar se considera como desempleada cuando busca activamente un empleo y no lo encuentra. La distinción entre individuos empleados y desempleados no es muy nítida, pues ciertos sectores, como son los *desanimados* y los *subempleados*, se encuentran en una posición intermedia entre la actividad y la inactividad.
- El *desempleo friccional*, esto es, el que resulta como inevitable con el funcionamiento de una economía de mercado es compatible con el pleno empleo. Los *desempleados estructurales* son aquellos trabajadores que, por razones de cualificación, no se corresponden con las necesidades reveladas por la demanda. Ambos tipos de desempleo constituyen el *desempleo involuntario*.
- En el *modelo clásico*, el desempleo es voluntario, pues una reducción de los salarios reales aumentará el empleo y la producción. La flexibilidad de los salarios nominales evita el desempleo, de forma que el desempleo se debe en última instancia a una inadecuada política de salarios. Los posibles aumentos de la demanda agregada se traducirán en aumentos de precios y salarios nominales.
- Las hipótesis del *modelo keynesiano* de desempleo se pueden concretar en los puntos siguientes:

1. Aunque los trabajadores están interesados en el poder adquisitivo de sus salarios, en realidad los salarios reales no se determinan en los convenios entre trabajadores y empresarios. Se supone además que existe ilusión monetaria en el mercado de trabajo.

2. El salario monetario no disminuirá ante un exceso de oferta de mano de obra.
3. Si los salarios nominales se redujesen, el resultado no sería necesariamente un aumento del nivel de empleo. En consecuencia, el desempleo masivo no puede calificarse de voluntario y la variable clave para evitarlo es la demanda agregada.

- El *modelo de búsqueda* de empleo defiende que tanto los trabajadores como los empleos están altamente diferenciados, de forma que un trabajador desempleado requiere un cierto tiempo para encontrar el empleo que mejor se ajuste a sus características personales.

- Los modelos que ligan el desempleo con las expectativas sobre la inflación señalan que, sólo a corto plazo, se producen discrepancias entre la tasa de inflación esperada y la real, de forma que si los precios aumentan a una tasa superior a la esperada, el nivel alcanzado de empleo será más alto que el nivel a largo plazo. Si los precios crecen a una tasa inferior a la prevista, el número de empleados estará por debajo del nivel a largo plazo. A la tasa de desocupación de largo plazo se le denomina *tasa natural de desempleo*. Según los seguidores de este modelo, una vía aceptable para disminuir el desempleo es procurar un funcionamiento más transparente y flexible del mercado de trabajo.

- La *teoría de los contratos implícitos* trata de explicar la consistencia del desempleo externo y salarios rígidos a la baja. Se argumenta que los trabajadores prefieren la posibilidad de estar desempleados temporalmente antes de reducir su salario.

- La *curva de Phillips* recoge la relación existente entre la inflación y la tasa de desempleo. La forma de esta curva dependerá de los supuestos formulados respecto a la curva de oferta agregada. En un principio, cabe suponer que la inclinación de la curva de Phillips no es uniforme, sino que se intensifica conforme se reduce la tasa de desocupación, de forma que cuando se reduce el desempleo y aumentan los precios la curva se hace más inclinada reflejando que los aumentos de la demanda agregada se traducen cada vez más en términos inflacionistas y menos en reducciones de desempleo.

- Los trabajos empíricos han demostrado que la tasa de inflación que resulta consistente con un nivel dado de desocupación no permanece constante, sino que se altera con el transcurso del tiempo. Esto implica que la curva de Phillips no es estable, sino que experimenta desplazamientos motivados por las modificaciones en la tasa de inflación esperada. La ausencia de ilusión monetaria hace que no exista intercambio entre inflación y desempleo. En este sentido la inclinación negativa de la curva de Phillips a corto plazo se debe únicamente a una información errónea y a ajustes incompletos por parte de los individuos.

- El desempleo tiene unos efectos negativos para la sociedad y para los individuos que lo sufren. El subsidio de desempleo mitiga los males, pero sólo es una solución parcial. El desempleo de larga duración es el que tiene peores efectos.

CONCEPTOS BASICOS

— Desanimados.
— Subempleados.
— Economía oculta o sumergida.
— Desempleo friccional.
— Desempleo estructural y coyuntural.
— Desempleo voluntario e involuntario.
— Modelo de búsqueda de empleo.
— Modelo neoclásico de expectativas.
— Tasa natural de desempleo.
— La segmentación del mercado laboral: mercados internos.
— Teoría de los contratos implícitos.
— La curva de Phillips.
— Hipótesis de expectativas racionales.

TEMAS DE DISCUSION

1. ¿Cómo tratan las estadísticas oficiales los problemas de los desanimados, de los subempleados y de los que desarrollan su actividad laboral en la economía oculta?

2. Concrete las diferencias entre desempleo friccional y desempleo estructural. ¿En qué sentido el desempleo friccional es socialmente conveniente?

3. ¿En qué sentido, para los defensores del modelo clásico, todo el que está desempleado lo está voluntariamente? ¿Qué soluciones proponen para eliminarlo?

4. ¿Qué razones esgrimió Keynes para señalar que el desempleo coyuntural o cíclico no es voluntario, sino involuntario?

5. ¿En qué sentido en el modelo neoclásico de expectativas la tasa de desempleo natural será el resultado «normal» del funcionamiento del mercado de trabajo?

6. ¿En qué sentido la distinta aversión ante el riesgo de los trabajadores y de los empresarios puede constituir un punto esencial para explicar el desempleo?

7. ¿Qué diferencia existe entre la relación funcional que realmente estableció el profesor Phillips y lo que generalmente se conoce por curva de Phillips?

8. ¿De qué depende la inclinación de la curva de Phillips?

9. ¿En qué sentido la curva de Phillips se ha empleado con frecuencia como soporte teórico para poner en práctica determinadas medidas de política económica?

10. ¿Cómo se puede explicar la inestabilidad de la curva de Phillips? ¿Qué razones pueden justificar que la curva de Phillips sea vertical a largo plazo?

CAPITULO 23

Las fluctuaciones de la actividad económica

INTRODUCCION

El análisis histórico de las estadísticas disponibles, tanto de producción como financieras, muestra que, en la práctica totalidad de los países, la actividad económica no presenta un perfil uniforme, sino que sigue una marcha irregular. Estos movimientos irregulares, y a veces bruscos, de la actividad económica han sido ampliamente estudiados. Se les ha denominado ciclos económicos y, aunque la palabra ciclo *sugiere una oscilación regular entre los tiempos buenos y malos, estas regularidades no siempre se han presentado. Los elementos formales del ciclo económico son la periodicidad y la recurrencia, y al intento de explicación de estos hechos se dedica el presente capítulo.*

1. EL CICLO ECONOMICO

¿Qué se entiende por ciclo económico?

Toda economía de mercado experimenta fluctuaciones en el nivel de la actividad económica, que se suelen denominar ciclos. El ciclo económico consiste en fluctuaciones de la producción total o PIB acompañadas de fluctuaciones de la mayoría de las variables económicas, entre las que cabe destacar el nivel de desempleo y la tasa de inflación.

• **El *ciclo económico* es la secuencia más o menos regular de recuperaciones y recesiones de la producción real en torno a la senda tendencial de crecimiento de la economía.**

La Figura 23.1 muestra la evolución del PIB efectivo y potencial de la economía argentina a lo largo de los años ochenta.

• **El *PIB potencial* es el nivel que alcanzaría la producción si todos los recursos productivos estuviesen empleados.**

Tal como se ha señalado en los Capítulos 17 y 22, el concepto de renta potencial o renta de pleno empleo es compatible con un cierto nivel de desempleo friccional, esto es, el que se produce porque están entrando nuevas personas en la población activa en busca de trabajo y otras están cambiando de empleo.

Como puede observarse, el persistente desempleo con que ha operado la economía argentina en la década pasada ha hecho que la brecha entre producción potencial y la produc-

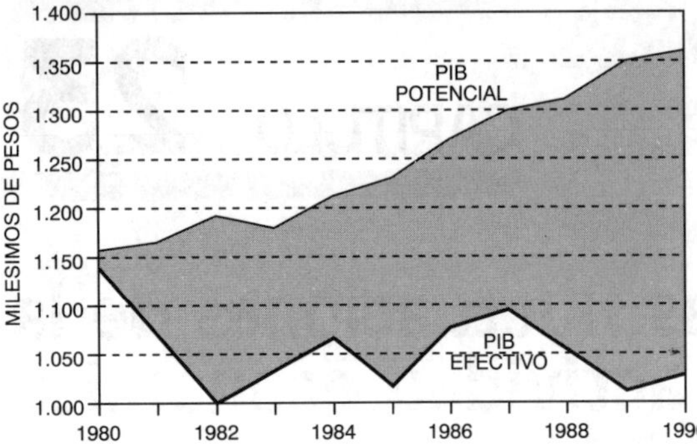

Figura 23.1. Evolución a mediano plazo de la economía argentina, 1980-1990.

Evolución del PIB a precios de mercado (A precios de 1970)

FUENTE: Elaboración propia en base a datos de CEPAL e INDEC.

ción efectiva se fuera ampliando a lo largo del tiempo. Claro está, que la creciente porción de la economía «oculta» o «sumergida» puede ser parcialmente responsable de este fenómeno. Es decir, las cuentas nacionales estarían subestimando el PIB efectivo, al no computar el crecimiento de la economía «negra» durante el período analizado.

La producción efectiva es inferior al nivel potencial durante las recesiones. Por el contrario, durante las fases de expansión cuando, recurriendo a horas extraordinarias, los factores de producción trabajan más de lo normal, forzando al máximo la utilización de la capacidad de los equipos instalados, la producción efectiva será superior a la potencial.

Aunque el análisis lo hemos centrado en la producción, debe reiterarse que el comportamiento cíclico de la actividad económica también se observa en otras series temporales económicas. La evolución a lo largo del tiempo de variables, tales como la inflación, la tasa de desempleo, el número de quiebras y de creación de empresas o los presupuestos del Estado, está relacionada sistemáticamente con la senda del PIB real.

El ciclo: sus fases

Como muestra la Figura 23.2, los ciclos económicos son irregulares tanto en lo que se refiere a la duración como en la relación con el grado en que la producción efectiva se desvía de la producción potencial.

Aunque las fluctuaciones económicas presentan irregularidades que a primera vista parecen erráticas, pueden ser descompuestas en movimientos oscilatorios susceptibles de interpretación económica. Para comentar el ciclo desde un punto de vista económico, cabe considerarlo como una sucesión de fases ascendentes y descendentes.

En una descripción simplificada, los elementos comunes que se encuentran en todo ciclo son los siguientes:

- depresión o fondo,
- recuperación o expansión,
- auge o cima, y
- recesión.

Estas fases se representan en la Figura 23.2, en cuyo eje vertical se mide el nivel de actividad económica, es decir, el PIB en términos reales, mientras que el eje horizontal recoge el paso del tiempo. Sobre una línea que indica la

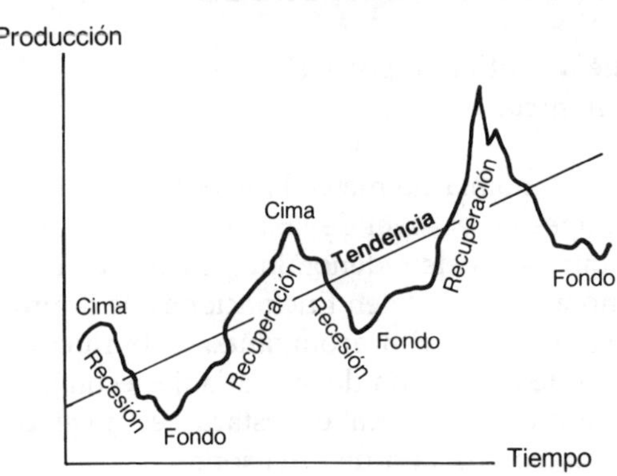

Figura 23.2. Las fases del ciclo.

La depresión o fondo es el punto mínimo del ciclo, la recuperación o expansión es la fase ascendente, el auge o cima es el punto máximo y la recesión es la fase descendente.

evolución —en principio creciente, de la actividad económica a lo largo del tiempo—, y que se suele denominar tendencia secular, se representa la otra línea de evolución sinusoidal, que describe las fases del ciclo económico.

- **Depresión o fondo**

La depresión es el punto más bajo del ciclo. Durante la depresión existe un nivel de demanda bajo en relación con la capacidad productiva disponible. La presencia de esta capacidad productiva no empleada ocasionará desempleo de los recursos productivos y se dispondrá de grandes cantidades de *stocks,* pues no se encuentran demandantes para los productos terminados. En esta fase del ciclo algunos precios descenderán y otros permanecerán invariables y serán pocos los que experimenten subidas. Las empresas verán reducir sus beneficios, lo que ocasionará una pérdida de confianza en el futuro, por lo que los empresarios estarán poco dispuestos a arriesgarse en nuevas inversiones.

- **Recuperación o expansión**

La recuperación es la fase ascendente del ciclo. El paso de la depresión a la recuperación se explica porque el envejecimiento del capital, que suele producirse durante la depresión, hará que éste tenga en algún momento que empezar a reemplazarse. Esta renovación del capital tiene efectos multiplicadores sobre la actividad económica de forma que la renta y el gasto de los consumidores empezarán a crecer. Este tirón de la demanda alentará la producción, así como las ventas y los beneficios, por lo que las expectativas serán más favorables. La inversión se animará, dado que el riesgo se ha reducido, y las posibilidades de ahorro habrán aumentado con la renta. Consecuentemente, la capacidad productiva instalada aumentará y el empleo se elevará. En la recuperación, al haber un nivel de demanda inferior a la capacidad disponible, los precios permanecerán relativamente estables o aumentarán lenta y continuamente.

- **Auge o cima**

El auge es el punto máximo del ciclo. A este máximo se llega porque en los últimos momentos de la fase anterior aparecerán rigideces; primero en determinados factores específicos, tales como mano de obra cualificada y ciertas materias primas clave, y posteriormente se generalizarán a la mayoría de los factores, pues la capacidad instalada estará a plena utilización. Además, al aproximarnos al nivel de producción potencial será cada vez más difícil aumentar la producción mediante el empleo de recursos ociosos. De hecho una vez alcanzado el pleno empleo la producción únicamente podrá crecer al mismo ritmo que aumenta la capacidad producida mediante nuevas inversiones que eleven la productividad de la mano de obra ya empleada.

- **Recesión**

La recesión es la fase descendente del ciclo. La recesión puede producirse de forma suave o abrupta, considerándose en este caso que se trata de una *crisis.* Para explicar el comienzo de una recesión, piénsese que si se está ante un panorama como el esbozado al final de la fase anterior, las inversiones dejarán de ser rentables, pues las expectativas sobre el crecimiento continuo de ventas y precios no se verán confirmadas debido a una cierta saturación de la demanda. Por otro lado, al disminuir las ventas, los costos financieros se convertirán en una carga pesada. Las empresas acumularán excesivas cantidades de *stocks,* por lo que la inversión se reducirá y algunas empezarán a quebrar. La producción y el empleo descenderán, y en consecuencia las rentas y el gasto disminuirán, determinando que nuevas empresas empiecen a tener dificultades. Los precios y los beneficios caerán y la inversión se reducirá de forma apreciable, pues la capacidad productiva no utilizada aumentará. Puede, además, que en estas circunstancias el nivel de *stock* de capital antes deseado resulte ahora demasiado alto, por lo que la inversión sufrirá nuevas reducciones. Esta dinámica de recesión conducirá a un período de depresión generalizada, que fue la fase con la que iniciamos este análisis.

■ **El efecto dominó de las quiebras**

Hay, sin embargo, un elemento que puede complicar el viraje cuando la depresión se profundiza y puede empeorar la situación: la inestabilidad financiera de las empresas. En épocas normales hay una tasa pequeña y uniforme de bancarrotas; el problema es que durante una severa depresión las quiebras son muy numerosas y entre las empresas eliminadas suele haber tanto empresas competentes como ineficientes, pues estas últimas pueden arrastrar a las primeras. Cuando los negocios están mal, tanto las empresas prudentes como las que no lo son pueden quedar contra la pared, y cuando una empresa entra en quiebra puede llevarse a sus proveedores con ella. Este efecto de dominó de las quiebras es un factor que complica el proceso, pudiendo empeorar una recesión y generar lo que normalmente se denomina una crisis.

Tipos de ciclos económicos

Conviene señalar que existen diversos tipos de fluctuaciones cíclicas, siendo los más estudiados en la literatura económica los tres siguientes (véase Nota complementaria 23.1):

- Los ciclos de larga duración.
- Los ciclos de duración media.
- Los ciclos de onda pequeña.

1. Los *ciclos económicos de larga duración*, cuya extensión se estima en unos sesenta años, fueron medidos por Kondratieff, gracias a un exhaustivo análisis de las series y al empleo de técnicas estadísticas sofisticadas. Este tipo de ciclos se asocia a las variaciones de la inversión ligadas a los procesos tecnológicos fundamentales.

2. Los *ciclos de duración media*, entre seis y nueve años, que suelen ser denominados *ciclos de los negocios* o ciclos comerciales. Se conocieron gracias a las investigaciones de Juglar.

3. Los *ciclos de onda pequeña*, con una longitud media de unos 40 meses, que es la duración típica del ciclo de existencias. Estos ciclos fueron tipificados gracias a los trabajos de Kitchin. Este tipo de fluctuación surge porque, cuando las existencias decaen, la producción se incrementa, impulsada por la necesidad del almacenamiento, con objeto de situar las existencias al nivel considerado «normal». Por el contrario, cuando las existencias aumentan, porque las ventas han caído respecto a las previsiones, la producción se reducirá.

Debido a su mayor generalidad, el tipo de ciclo que se analiza en este capítulo es el ciclo de duración media o ciclo de los negocios.

2. EL CICLO Y LAS PERTURBACIONES DE LA ACTIVIDAD ECONOMICA

A la hora de estudiar el comportamiento cíclico de la actividad económica, se dispone de diversas teorías que tratan de explicar los tres hechos siguientes:

- El proceso de alzas y bajas acumulativas que determina que las recuperaciones y las recesiones, una vez empezadas, tiendan a seguir el proceso por su propio impulso.
- El cese de los movimientos acumulativos de ascenso y descenso.
- La inestabilidad que justifica por qué, una vez detenido el proceso de alza o baja, tiende a invertir su marcha empezando un nuevo movimiento.

Para explicar los tres hechos comentados se dispone de un número considerable de teorías, si bien las que tienen un mayor predicamento son las que defienden que el origen del ciclo económico descansa en «perturbaciones» originadas fuera de la economía, pero que el funcionamiento interno del sistema económico propaga. En este apartado nos centraremos en el papel que juega el mercado de trabajo y en particular la rigidez de los salarios en el proceso de generación de los ciclos económicos, y en

Nota complementaria 23.1

TIPOS DE CICLOS ECONOMICOS

La evolución temporal de la economía se puede concebir como el resultado de diferentes fluctuaciones que ocurren simultáneamente. En concreto, se propone una relación entre los ciclos cortos, medianos y largos basándose en estadísticas históricas, y se señala que un ciclo de Kondratieff (60 años, aproximadamente) contiene seis de Juglar (10 años) y, uno de éste, tres de Kitchin (unos 40 meses). Esta relación está representada en la figura adjunta —que ignora movimientos tendenciales y estacionalidad—, mostrando el efecto acumulativo de los tres ciclos. El ciclo representado ejemplifica el movimiento empírico del PNB real a lo largo del tiempo.

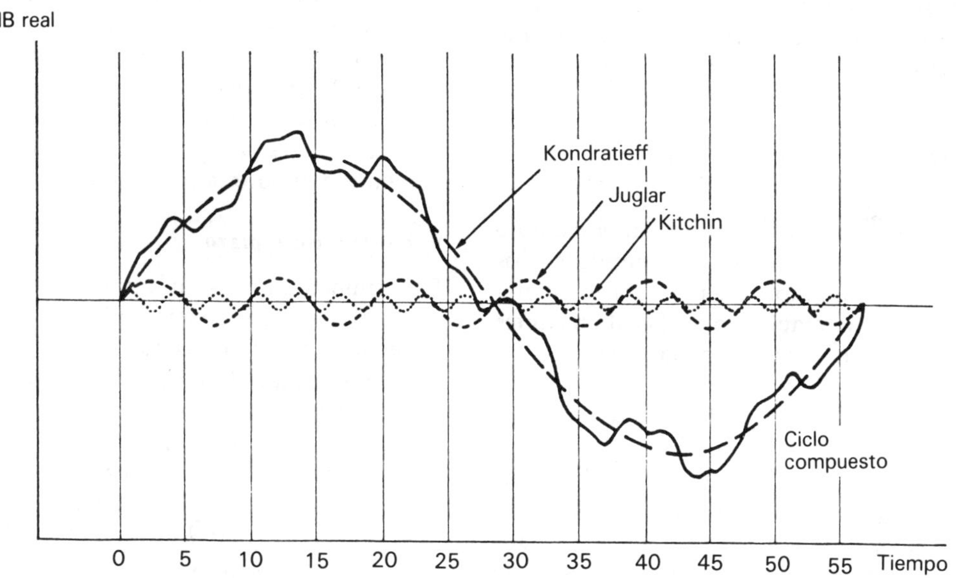

FUENTE: Gapinski, J. H.: *Macroeconomic Theory Statistics, Dinamics and Policy*, McGraw-Hill, 1982.

el siguiente estudiaremos cómo la interrelación entre los gastos de inversión y consumo conduce a fluctuaciones de carácter más o menos regular (véase Apéndice B a este capítulo).

Las perturbaciones de la actividad económica

El origen de las fluctuaciones cíclicas radica, en buena medida, en perturbaciones que continuamente afectan a la economía y en el proceso de ajuste que desencadenan. Por ello, para estudiar los ciclos económicos debemos analizar las sendas temporales que siguen las variables económicas más significativas.

- **La dinámica macroeconómica estudia el proceso de ajuste de las variables económicas en respuesta a las perturbaciones.**

La economía se ve afectada por diferentes tipos de perturbaciones, tales como variaciones de los precios de los productos energéticos y otras materias primas, cambios en la política monetaria y fiscal, alteraciones en las preferencias de los individuos por el consumo y el trabajo, introducción de nuevos productos y métodos de producción, caídas en el crecimiento de la productividad, sequías que reducen la producción agrícola, etc. En términos del esquema de las curvas de oferta y demanda agregada que venimos analizando, estas perturbaciones implicarán desplazamientos que incidirán sobre el nivel de producción y de precios.

• **Los ciclos económicos son el resultado de perturbaciones que afectan a la economía en diferentes momentos y que producen efectos que persisten con el paso del tiempo.**

El comportamiento salarial cíclico

Tal como señalamos al estudiar en el capítulo anterior la teoría de los contratos implícitos, los salarios no varían rápidamente para mantener siempre el pleno empleo, pues las alteraciones de la cantidad de trabajo apenas afectan a los salarios.

Esto no quiere decir que los salarios sean insensibles a los excesos de oferta o demanda existentes en el mercado. Tal como se ha señalado en el Capítulo 20 al justificar la pendiente positiva de la curva de oferta agregada, cuando la economía experimenta una expansión de la producción las empresas necesitan más trabajo y competirán entre sí en el mercado, lo que presionará al alza los salarios.

En este sentido debe recordarse que en el Capítulo 20 habíamos señalado que el salario corriente es igual al salario del último período más un ajuste para tener en cuenta la situación del mercado de trabajo, y que denominamos componente salarial cíclico.

Salario corriente = Salario del último período + Componente salarial cíclico

El componente salarial cíclico refleja el hecho de que cuando hay desempleo los salarios sufren presiones a la baja, mientras que cuando hay tensiones en el mercado de trabajo los salarios tienden a subir. Este comportamiento de los salarios, que funciona de manera gradual y moderada, es uno de los factores clave de la dinámica macroeconómica.

Los efectos de una expansión de la demanda

Para analizar el desarrollo de un proceso cíclico vamos a estudiar la secuencia temporal de los efectos ocasionados por un aumento de la demanda agregada. Supongamos que la economía está produciendo a su nivel potencial (Y_{PE}) y que el gobierno pone en marcha una política monetaria expansiva concretada en un aumento de la oferta monetaria.

▪ Ajuste a corto plazo

En términos gráficos, un aumento de la oferta monetaria se representa mediante un desplazamiento hacia la derecha de la curva de demanda agregada de DA_0 a DA_1 (Figura 23.3*a*). El equilibrio de la economía pasará de E_0 a E_1.

A corto plazo, un aumento de la oferta monetaria, dado que los salarios y los precios no se ajustan de forma inmediata, eleva la producción y el empleo, así como el nivel de precios. Inicialmente la empresa atenderá al aumento de la demanda mediante la realización de horas extraordinarias pero, una vez confirmada la fortaleza de la demanda, contratará más trabajadores. Entonces se produce un exceso de demanda de mano de obra al nivel de salario inicial, lo que determinará que éstos sufran presiones alcistas.

▪ El ajuste a largo plazo

A largo plazo, sin embargo, todos los salarios y los precios tienen tiempo para ajustarse plenamente, de forma que el empleo no se alterará. En términos de la Figura 23.3*a*, cuando la economía se encuentra en E_1 los trabajadores demandan salarios más altos para seguir trabajando a un fuerte ritmo. Por ello, las empresas se verán forzadas a elevar los salarios para atraer nuevos trabajadores. Estos incrementos salariales se trasladarán a los consumidores vía aumentos de precios. En términos gráficos, estos incrementos en los costos de los bienes y servicios harán que la curva de oferta agregada inicie una serie de desplazamientos desde la posición OA_0 hacia arriba (Figura 23.3*b*). Este tipo de desplazamientos de la curva de oferta agregada en sentido ascendente tendrá lugar mientras la producción efectiva sea superior a la producción potencial, esto es, hasta que la nueva curva sea la OA_1 y el nuevo equilibrio sea E'_0. En otras palabras, los desplazamientos continúan hasta que los salarios, y en general los costos de producción, han aumentado lo suficiente para reducir el nivel de gasto hasta el nivel de pleno empleo.

Este proceso de ajuste, concretado en términos de desplazamientos de la curva de oferta agregada y motivado por aumentos de los salarios, conlleva unos precios más altos y una producción y un empleo menores que en la posición E_1.

Balance global: la fase ascendente y la descendente del ciclo

El balance global del proceso lo podemos concretar diciendo que en la primera fase, esto es,

Nota complementaria 23.2

LAS FLUCTUACIONES DEL PIB EN ARGENTINA

Las acusadas variaciones en el ritmo de crecimiento de la actividad económica a lo largo del tiempo constituyen un hecho que desde siempre ha preocupado a los estudiosos de la economía.

El intento de explicar estos fenómenos es lo que justifica la profusión de teorías que tratan de explicar las fluctuaciones económicas.

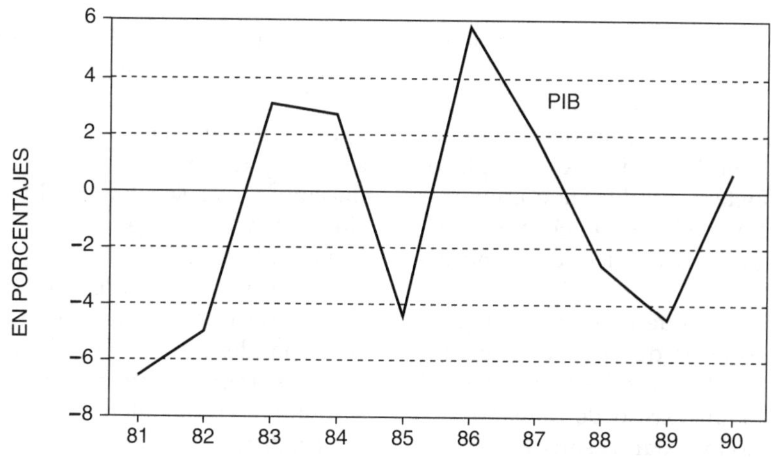

FUENTE: CEPAL.

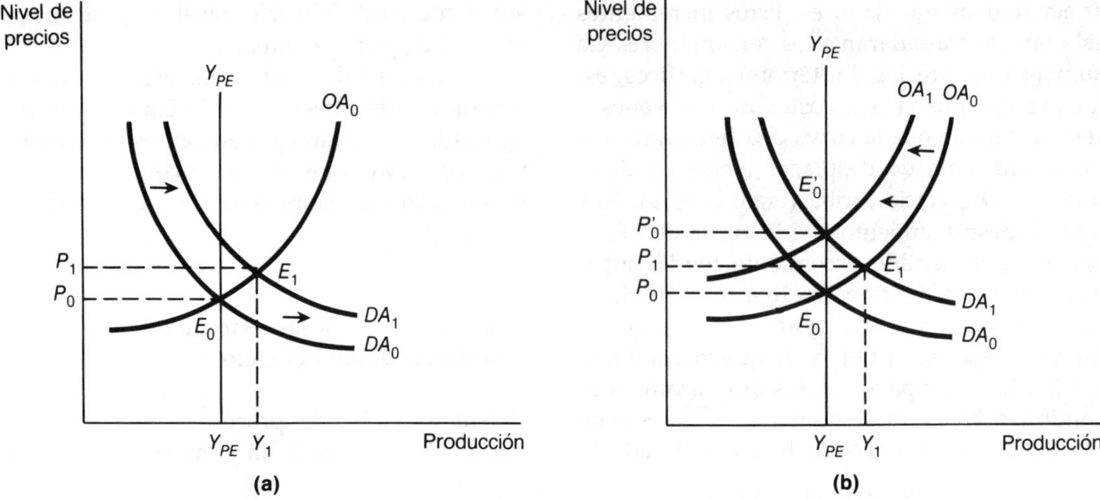

Figura 23.3. Efectos a corto y a largo plazo de una expansión de la demanda.

La creación de dinero hace que la demanda agregada se desplace hacia la derecha desde DA_0 hasta DA_1, haciendo que el equilibrio de la economía pase de E_0 a E_1. Este desplazamiento hace que aumenten la producción, el empleo y también el nivel de precios. Dado que el nivel de producción correspondiente a E_0 es el potencial de pleno empleo, al desplazarse la economía desde E_0 a E_1 hace que se incrementen los salarios, lo que determinará que la curva de oferta agregada inicie una serie de desplazamientos hacia arriba y a la izquierda que finalizarán cuando la economía alcance el punto de equilibrio E'_0, sobre la curva de demanda agregada DA_1. Por ello, desde una perspectiva a largo plazo, podemos decir que la economía se ha movido a lo largo de la curva de oferta agregada del modelo clásico, esto es, la recta vertical al nivel de producción de pleno empleo Y_{PE}.

---

en el paso de E_0 a E_1, el aumento de la oferta nominal de dinero desplaza la curva de demanda agregada hacia la derecha (de DA_0 a DA_1) originándose un aumento de la producción real y del nivel de precios. A corto plazo, la expansión monetaria conduce la economía a través de la fase ascendente del ciclo, elevándose la producción y el empleo, así como los precios.

Dado, sin embargo, que en el nuevo equilibrio a corto plazo la producción se encuentra por encima del nivel de producción potencial (Y_{PE}), se originará un exceso de demanda de trabajo, por lo que los salarios sufrirán presiones al alza. Las subidas salariales, que las empresas trasladan a los consumidores en forma de precios más altos, originan desplazamientos de la curva de oferta agregada hacia arriba, de OA_0 a OA_1. El equilibrio se desplaza a lo largo de la curva DA_1, siguiendo la senda indicada con flechas desde E_1 hacia E'_0. Este proceso de ajuste continúa hasta que el aumento de los salarios y los precios reduce el gasto y la producción, y ésta se sitúa en el nivel de producción potencial, esto es, cuando la economía ha llegado al punto E'_0.

En términos del ciclo económico, el movimiento de la economía desde E_1 hasta E'_0 se correspondería con la fase de recesión. La producción, tras su aumento inicial de Y_{PE} a Y_1, disminuye gradualmente hasta volver al nivel de producción potencial o de pleno empleo Y_{PE}. Durante esta fase, esto es, mientras la economía pasa de E_1 a E'_0, están aumentando los precios, los salarios y el desempleo.

En el punto E'_0 los precios han aumentado

en la misma proporción que se incrementó la cantidad de dinero, de forma que la cantidad de dinero en términos reales no se ha alterado respecto a la posición inicial E_0. Asimismo, aunque los salarios nominales han subido, los salarios reales son los mismos que en E_0, y por tanto el empleo y la producción vuelven a sus niveles iniciales.

La curva de oferta agregada a corto y largo plazo

A largo plazo, el proceso de ajuste analizado se concreta en que la economía ha pasado de la posición E_0 a la E'_0. Si tenemos en cuenta que ambos puntos de equilibrio se corresponden con el nivel de producción potencial o de pleno empleo, resulta que, en realidad, la economía se ha desplazado hacia arriba a lo largo de la curva de oferta agregada del modelo clásico. Como señalamos en el Capítulo 20, la curva clásica de oferta agregada es completamente vertical al nivel de producción potencial o de pleno empleo, ya que la hipótesis de partida es que la economía a largo plazo siempre se encuentra en una situación de pleno empleo.

En este sentido, pues, tendríamos dos tipos de curvas de oferta agregada, según el período de tiempo que consideremos. A largo plazo la curva de oferta agregada será completamente vertical al nivel de pleno empleo, mientras que a corto plazo la curva de oferta agregada tiene pendiente positiva. Consecuentemente, un aumento de la demanda provocará a corto plazo un aumento de la producción y una subida de los precios.

Si los salarios responden de una manera muy acusada, la mayor parte del ajuste afecta a los precios, no a la producción. En cambio, si los salarios tardan en reaccionar, la producción se ajusta mucho.

El ciclo económico y las curvas de oferta agregada

La diferencia entre la curva de oferta agregada a corto plazo con pendiente positiva y la curva de oferta agregada clásica radica en el lento ajuste de los salarios y los precios. El incremento inicial de la cantidad nominal de dinero produce efectos reales a corto y a medio plazo sobre la producción y el empleo, debido a que los salarios son relativamente rígidos. Precisamente, el ciclo económico tiene su origen en que el nivel de precios no sube inmediatamente hasta el nuevo nivel de equilibrio a largo plazo, esto es, desde P_0 hasta P'_0, sino que el proceso de ajuste tiene lugar a lo largo del tiempo y de forma gradual.

- **El ciclo económico surge porque existen desviaciones persistentes de la producción y del empleo con respecto al nivel de la producción potencial de pleno empleo.**

En el caso considerado, el origen de la desviación ha radicado en un aumento de la cantidad de dinero. Efectos similares originarían una política fiscal expansiva o un aumento de la demanda de inversión debido a una mejora de las expectativas empresariales. En cualquiera de los casos, inicialmente tendría lugar un incremento de la producción y el empleo, y posteriormente una contracción hasta volver al nivel de producción potencial.

Cuando la perturbación inicial origina una contracción de la demanda agregada el proceso de ajuste sería similar, si bien el efecto inicial sería una recesión —esto es, una reducción de la producción y del empleo— y finalmente vendría la recuperación hasta retornar la producción y el empleo al nivel de la renta potencial o de pleno empleo.

3. LA INVERSION Y EL CICLO ECONOMICO

Cuando en el Capítulo 16 analizamos los gastos de inversión, señalamos que este componente de la demanda agregada suele presentar fuertes fluctuaciones a lo largo del tiempo. Por ello, al analizar los mecanismos internos que pueden propagar las perturbaciones externas

Nota complementaria 23.3

LAS FLUCTUACIONES DE LA ACTIVIDAD ECONOMICA EN ARGENTINA

La información contenida en el cuadro adjunto confirma lo señalado en el texto sobre las fluctuaciones de la actividad económica. En primer lugar, los datos evidencian la existencia de fuertes discrepancias entre las tasas de crecimiento de las variables más significativas a lo largo del tiempo. Así, en las fases en que producción, consumo e inversión presentan un comportamiento fuertemente recesivo, 1980-1983 y 1988-1990, las exportaciones muestran una evolución positiva. Por el contrario, la etapa de recuperación del PIB coincide con una desaceleración de las exportaciones y un incremento en las importaciones.

TRES ETAPAS DE LA EVOLUCION ECONOMICA
(Variación promedio anual en %)

	La crisis económica 1980-1983	La vuelta a la democracia 1983-1987	La hiperinflación 1988-1990
Consumo total	−3,83	2,28	−3,99
Inversión bruta interna	−17,97	−0,65	−20,89
Exportaciones	5,35	0,24	12,84
Importaciones	−20,76	3,09	−9,19
PIB a precios de mercado	−2,91	1,49	−2,13

FUENTE: CEPAL.

analizadas en el apartado anterior, la inversión se presenta como un factor importante.

Tal como señalamos en el Capítulo 16, las expectativas de cambios en las ventas y en la producción afectarán a los planes de inversión de las empresas. Así, durante años en los que la producción crece a un fuerte ritmo, como ha ocurrido en la economía argentina en los períodos 1973-1974 y 1977-1980, la demanda de inversión será muy elevada, mientras que en años de recesión, como ocurrió en la economía argentina durante los períodos 1980-1982 y 1988-1990, la inversión se reduce de forma notable.

El principio del acelerador

La relación existente entre la demanda de inversión y el *crecimiento* de las ventas y la producción se conoce como *el principio del acelerador*. Este principio establece que las necesidades de inversión de una sociedad dependen fundamentalmente del nivel de producción, de forma que aumentos en el *stock* de capital, es decir, inversión neta, sólo se llevarán a cabo cuando la producción esté aumentando.

De este principio se deduce que las fases de expansión pueden finalizar, no ya porque las ventas se hayan reducido, sino simplemente porque la producción y las ventas se han estabilizado a un determinado nivel, aunque éste sea elevado.

• **El *principio del acelerador* es una teoría explicativa de los cambios de la inversión, que mantiene que el nivel de ésta depende del ritmo de crecimiento de la producción. Cuando la producción está creciendo, la inversión neta será positiva, mientras que la**

inversión neta será nula cuando la producción se mantiene estable a un determinado nivel, aun cuando éste sea elevado.

Un ejemplo numérico del principio del acelerador

Un ejemplo aritmético simplificado puede aclarar el principio del acelerador. Supóngase una economía cuya relación capital/producto siempre es 0,1, esto es, que para producir 10 unidades necesita una máquina. Asimismo, supóngase que cada año en la citada economía hay que sustituir 10 máquinas de las viejas por 10 nuevas debido a la depreciación. Suponemos además que el precio de cada máquina es de 1 millón de pesos, de forma que las magnitudes contenidas en el Cuadro 23.1, referidas al *stock* de capital y a la inversión, además de expresar el costo en millones de pesos también indican el número de máquinas.

Como puede observarse en el Cuadro 23.1, en los dos primeros años la producción total, o ventas, se mantiene al nivel de 1.000 millones y el *stock* de capital es de 100 millones, de forma que la relación capital/producto es 0,1.

En cada uno de estos dos años hay que reponer 10 máquinas debido a la depreciación, lo que supone una inversión bruta de 10 millones de pesos. Ello se debe a que, tal como definimos en el Capítulo 15, la inversión bruta es igual a la inversión neta más la depreciación. Lógicamente, en estos dos primeros años la inversión neta es nula.

Supongamos ahora que en el tercer año las ventas se incrementan en un 10 %, pasando de 1.000 millones de pesos a 1.100 millones. Para mantener constante la relación capital/producto el número de máquinas debe también aumentar en un 10 % y pasar a 100 millones de pesos. Esto supone que este año deben comprarse 20 máquinas; 10 debido a la depreciación y 10 para mantener constante la relación capital producto.

Resulta, pues, que si las ventas se incrementan en un 10 % la inversión bruta experimenta un aumento de un 100 %. Vemos, por tanto, cómo la inversión responde de forma *acelerada* ante el cambio en la producción, y este hecho es el que, en última instancia, le da el nombre de principio del acelerador (Figura 23.4).

En el cuarto año la producción también aumenta en 100 millones y también continuaremos necesitando 20 nuevas máquinas cuyo costo es de 20 millones de pesos.

Las ventas en el quinto año aceleran su crecimiento y pasan a suponer 1.400 millones de pesos. Vemos que la inversión neta es de 20 millones, y la inversión bruta, de 30 millones de pesos. De nuevo la tasa de crecimiento de la inversión bruta (50 %) es notablemente superior a la de las ventas (16,6 %).

En el sexto año la producción se mantiene en 1.400 millones. En este año la única inversión son los 10 millones por reposición, de forma que respecto al nivel de inversión alcanzado en el año anterior la inversión se reduce en 20 millones. De nuevo se evidencia cómo la inversión fluctúa de forma considerablemente más acusada que la producción. En los años séptimo y octavo la producción empieza a disminuir y con ella el *stock* de capital. Dado que la inversión por depreciación es en todos los años de 10 millones, la inversión neta es negativa también en la cuantía de 10 millones, de forma que el *stock* de capital se reduce y se mantiene la constancia de la relación capital/producto. En estos años la inversión bruta es nula.

En el año noveno no sólo no se repone maquinaria, sino que, ante la caída de la producción, se venden 10 máquinas que aún estaban en uso. En el año décimo la economía se encuentra como en la posición inicial, habiendo pasado por todas las fases del ciclo.

Así pues, cuando el *stock* de capital está ligado a la producción, la inversión aumenta y disminuye según el ritmo de crecimiento de la inversión.

• **El *principio del acelerador* es un factor desencadenante de la inestabilidad económica, ya que cambios en el nivel de producción se**

Cuadro 23.1. El principio del acelerador
(Todas las magnitudes se expresan en millones de pesos)

	Producción o ventas anuales	Stock de capital	Inversión neta (I_N)	Inversión por reposición	Inversión bruta (*) (I_B)	Fases del ciclo
FASE I						
Año 1.º	1.000	100	0	10	10	**Depresión**
Año 2.º	1.000	100	0	10	10	
FASE II						
Año 3.º	1.100	110	10	10	20	**Recuperación**
Año 4.º	1.200	120	10	10	20	
FASE III						
Año 5.º	1.400	140	20	10	30	**Auge**
Año 6.º	1.400	140	0	10	10	
FASE IV						
Año 7.º	1.300	130	−10	10	0	**Recesión**
Año 8.º	1.200	120	−10	10	0	
FASE V						
Año 9.º	1.000	100	−20	10	−10	**Depresión**
Año 10.º (**)	1.000	100	0	10	10	

(*) Por definición, $I_B = I_N$ + Depreciación (o inversión por reposición).
(**) Al cabo de diez años la economía se encuentra como en la situación de partida.

magnifican en cambios más acusados de la inversión.

La interacción entre el multiplicador y el acelerador

El consumo es el componente más estable de la demanda y suele fluctuar en un porcentaje menor que el PIB. Esto no quiere decir que los gastos en consumo permanezcan inalterados a lo largo del ciclo; de hecho, durante la fase ascendente el consumo se incrementa impulsando la recuperación de la actividad económica, debido al efecto multiplicador que todo componente de la demanda agregada provoca sobre la producción. Con frecuencia los gastos de consumo aparecen como un efecto resultante de un cambio autónomo en la inversión. Precisamente este fenómeno es el recogido por la explicación tradicional del multiplicador.

El incremento en los propios gastos de inversión y consumo no sólo impulsa el nivel de la actividad económica a través del efecto multiplicador. También se producen unas interrelaciones entre el consumo y la inversión, pues, si bien inicialmente el cambio autónomo en la inversión es lo que hace incrementar el consumo y la producción, en una fase posterior estos incrementos, junto a las expectativas generadas, contribuirán a alentar la demanda de inversión (Esquema 23.1).

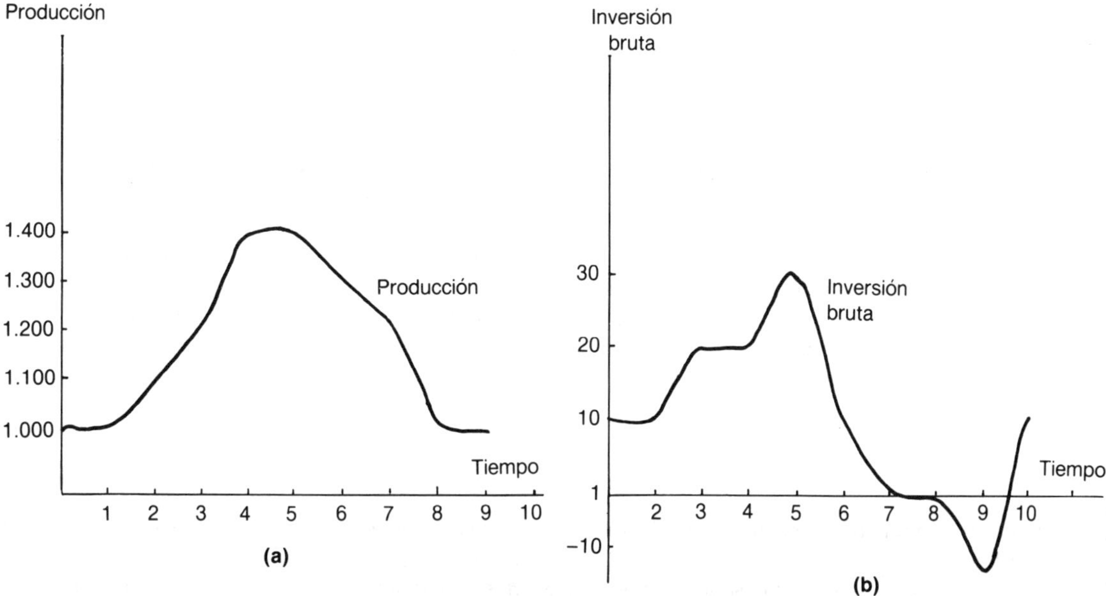

Figura 23.4. Senda temporal de la producción y de la inversión.

El análisis de las Figuras *a* y *b* evidencia cómo la senda temporal de la inversión bruta presenta unas fluctuaciones notablemente más acusadas que la senda de la producción. Los valores recogidos en ambas figuras son los del Cuadro 23.1.

Desde una perspectiva general, las fluctuaciones de la inversión se ven condicionadas por dos tipos de factores. Unos, que cabría calificar de «externos», tales como las innovaciones tecnológicas, el movimiento de la población y los cambios en las expectativas empresariales, y otros «internos» al propio sistema económico, que hacen que las fluctuaciones de la inversión se «amplíen» de forma multiplicativa y acumulativa.

La introducción de esta relación entre inversión y variación de la renta explicitada en el

Esquema 23.1. Interacción entre el acelerador y el multiplicador

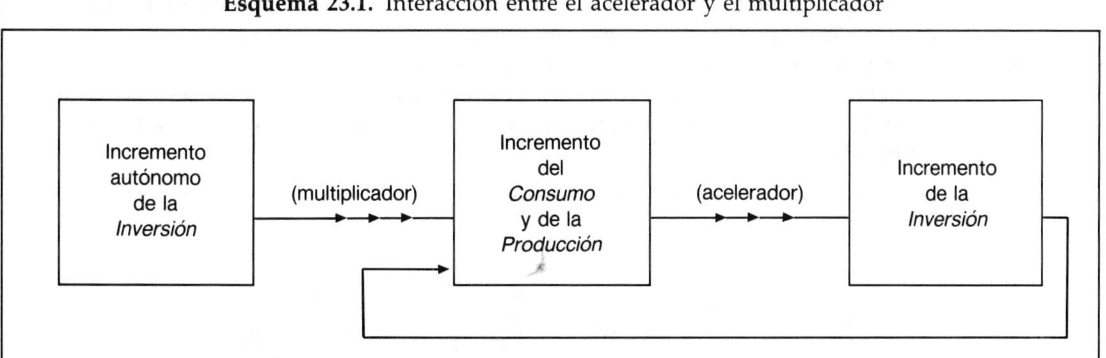

Nota complementaria 23.4

EL ACELERADOR

Cabe pensar que la empresa, a la hora de establecer su plan de inversiones, se guiará por el crecimiento de las ventas. Normalmente, a la empresa le resultará fácil colocar sus productos en el mercado cuando la economía esté en alza, por lo que podemos suponer que los gastos en inversión de las empresas dependen del crecimiento de la producción. Esta hipótesis, como se señala en el texto, constituye el principio del acelerador.

Para justificarlo algebraicamente supongamos que la relación entre el *stock* de capital de la economía (K) y la producción (Y), esto es, la relación capital/producto, permanece constante, de forma que podemos escribir lo siguiente:

$$\frac{K}{Y} = \beta \qquad (1)$$

donde β denota una constante. En el ejemplo considerado en el Cuadro 23.1 esta constante es 0,1.

Si se desea conocer cuál será la inversión en dos momentos t_0 y t_1 bastará con saber la diferencia entre los *stocks* de capital en los citados períodos K_0 y K_1, ya que la inversión I, es la adición al *stock* de capital.

$$I = K_1 - K_0$$

Pero, según se desprende de la hipótesis anterior (1), esta diferencia sería igual al producto de una constante, β, por la diferencia entre las producciones de ambos instantes. Algebraicamente:

$$I = K_1 - K_0 = \beta\, Y_1 - \beta\, Y_0 = \beta\, (Y_1 - Y_0) \qquad (2)$$

De esta forma, el nivel de inversión queda relacionado con los cambios en el nivel de producción.

La hipótesis del acelerador se ha reformulado para hacerla más flexible y realista. Por un lado, se ha argumentado que la relación capital/producto no debe entenderse en un sentido mecánico, sino como un valor que el empresario estima deseable, a la vista de sus opiniones respecto a posibles beneficios, tipos de interés, etc. Por otra parte, cuando las empresas planean el capital deseado no lo hacen de acuerdo con la producción pasada, sino con la que esperan en el futuro: son las ventas esperadas las relevantes y, por tanto, más que hablar de aceleración respecto a la producción, habría que hacerlo respecto a las expectativas de producción.

Para prever el futuro se supone que la empresa considera su experiencia de etapas anteriores, y estima que el valor de las ventas será un promedio de los valores que de hecho ha alcanzado esa variable en el pasado.

principio del acelerador supone un cambio respecto al enfoque dado a la inversión en el modelo keynesiano analizado en los Capítulos 16 al 20, en el que se había supuesto que la inversión era una variable exógena. Al aceptar el principio acelerador se supone que los aumentos de la renta generan nueva demanda de consumo y que las empresas que reciben esta demanda adicional se ven impulsadas a ampliar la capacidad productiva, es decir, a realizar nuevas inversiones.

El acelerador y el multiplicador. Análisis algebraico

Dado que el acelerador recoge la relación existente entre la inversión (I) y la variación de la renta o producción (ΔY), se puede expresar como sigue:

$$\underset{(I)}{\textbf{Inversión}} = \underset{(\beta)}{\textbf{Relación capital producto}} \times \underset{(\Delta Y)}{\textbf{Variación de la producción total}} \qquad (1)$$

La ecuación (1) recoge la relación existente entre la variación de la producción y la inversión, y constituye la versión original del acelerador.

De este principio se desprende que el capital que necesita la sociedad depende fundamentalmente del nivel de producción. Las adiciones al *stock* de capital, o lo que es lo mismo, la inversión neta, sólo tendrá lugar cuando la renta esté aumentando. Por tanto, tal como se comprobó numéricamente en el Cuadro 23.1, un período de prosperidad puede llegar a su fin no porque la producción haya descendido, sino simplemente porque se ha estancado en un alto nivel o porque continúa aumentando, pero a un ritmo menor. Como antes se señaló, el funcionamiento del acelerador tiende a reforzar el proceso multiplicador y, por tanto, a hacer más intensas las fluctuaciones económicas.

Las variaciones del nivel de producción en las industrias de bienes de capital influirán sobre la renta y el gasto de las personas en las mismas, lo que producirá nuevos cambios «multiplicadores» en el gasto. Este tipo de procesos puede originar un círculo vicioso en el que el principio de aceleración y el multiplicador interactúan para producir una espiral acumulativa inflacionista o deflacionista.

Para explicar la interacción entre el multiplicador y el acelerador conviene ofrecer una versión ligeramente revisada de este último.

Tal como analizamos en el Capítulo 16, la incidencia sobre el consumo de una alteración de la producción se expresa como sigue:

$$\underset{(\Delta C)}{\textbf{Variación del consumo}} = \underset{(c)}{\textbf{Propensión marginal al consumo}} \times \underset{(\Delta Y)}{\textbf{Variación de la producción}} \qquad (2)$$

La ecuación (2) podemos expresarla como sigue:

$$\underset{(\Delta Y)}{\textbf{Variación de la producción}} = \underset{(1/c)}{\frac{1}{\textbf{Propensión marginal al consumo}}} \times \underset{(\Delta C)}{\textbf{Variación del consumo}} \qquad (3)$$

Si el valor de la variación de la producción, tal como se expresa en la ecuación (3), lo sustituimos en la ecuación (1), esto es, en la versión original del acelerador, obtendremos la ecuación siguiente (*):

$$\underset{(I)}{\textbf{Inversión}} = \underset{(\beta/c)}{\frac{\textbf{Relación capital producto}}{\textbf{Propensión marginal al consumo}}} \times \underset{(\Delta C)}{\textbf{Variación del consumo}} \qquad (4)$$

(*) De forma sintética la deducción del acelerador recogida en las ecuaciones (1) a (4) podemos establecerla como sigue:

Esta expresión muestra que, bajo los supuestos establecidos, la inversión neta «inducida» será proporcional a la variación del consumo.

Implicaciones de la interacción acelerador-multiplicador

De la expresión (4) se pueden obtener algunas conclusiones que sintetizan el principio de aceleración y justifican su importancia de cara a las fluctuaciones cíclicas:

1. Dado un nivel constante de consumo, esto es, cuando $\Delta C = 0$, la inversión neta será cero.

2. Para mantener un nivel constante de inversión neta inducida, el consumo de la colectividad deberá aumentar a una tasa constante. Pero si el consumo, después de haberse elevado a un determinado nivel, se mantiene estacionario en la nueva posición, la inversión neta requerida volverá a ser cero. La inversión también descenderá si el consumo se mantiene en ascenso, pero a una tasa menor que la anterior.

3. Para tratar de mantener un aumento secular en la inversión neta es necesario que el consumo de la colectividad no sólo aumente, sino que lo haga a una tasa creciente. Cualquier reducción en la tasa de incremento del consumo causará el deslizamiento de la inversión desde el nivel alcanzado anteriormente.

$$I = \beta \, \Delta Y \qquad (1)$$

Por otro lado, a partir del multiplicador, la incidencia de una alteración de la producción podemos expresarla:

$$\Delta C = c \, \Delta Y \qquad (2)$$

Despejando ΔY, tenemos que:

$$\Delta Y = \frac{1}{c} \Delta C \qquad (3)$$

Sustituyendo el valor de la variación de la producción en la ecuación (1) resulta:

$$I = \beta \cdot \frac{1}{c} \cdot \Delta C = \beta' \, \Delta C \qquad (4)$$

donde $\beta' = \frac{\beta}{c}$.

Los límites al funcionamiento del acelerador

Recurriendo a la teoría del acelerador caben dos posibilidades: que se originen ciclos amortiguados que tenderán a desaparecer o que surjan ciclos explosivos. En cualquier caso, la evidencia empírica no refleja explosiones más allá de ciertos límites, tanto por arriba como por abajo. ¿Qué factores imponen tales límites («techos» y «suelos») al funcionamiento de un multiplicador-acelerador explosivo?

■ Los «techos»

La existencia de un «techo» a la capacidad productiva puede explicarse por la existencia de factores productivos que se caracterizan por estar disponibles en cantidades limitadas. Cuando la economía se encuentra próxima al pleno empleo, la existencia de factores cuya oferta es relativamente rígida puede explicar la aparición de techos en la actividad productiva.

En este sentido cabría preguntarse, además, ¿por qué la economía cuando alcanza el «techo» inicia una recesión? Una respuesta puede consistir en que, cuando la economía deja de crecer rápidamente, el acelerador actúa poniendo fin al elevado ritmo de inversión que sustentaba la expansión y la actividad económica se desploma debido a los retrasos y a la caída de la inversión bruta.

■ Los «suelos»

El fin de la depresión y el inicio de la recuperación, esto es, la existencia de «suelos», se puede explicar teniendo en cuenta el funcionamiento asimétrico del acelerador, que no opera cuando la renta está bajando, más allá del límite impuesto por la depreciación. Así, cuando la economía se desploma, el principio de aceleración

Nota complementaria 23.5

EL PLAN DE CONVERTIBILIDAD EN ARGENTINA

Después que la economía argentina sufriera los embates de dos brotes hiperinflacionarios, en marzo de 1991 se puso en marcha un audaz plan de estabilización basado en la plena convertibilidad de la moneda nacional con el dólar.

Tras haber conocido niveles mensuales de inflación del 196,6 % —en julio de 1989—, en el segundo trimestre de 1992 la evolución de los precios era de un 0,9 % mensual.

Las medidas básicas del Plan de Convertibilidad fueron las siguientes:

1. El Banco Central se compromete a vender las divisas que le sean requeridas a una relación de 10.000 australes (hoy, $1) por dólar.
2. El Banco Central sólo puede emitir moneda contra compra de divisas, de modo que en todo momento la base monetaria tenga un respaldo del 100 % en oro y divisas extranjeras.
3. Se eliminan las cláusulas de actualización monetaria o indexación de obligaciones públicas y privadas.

En el gráfico adjunto se resume la evolución de las tasas mensuales de inflación en Argentina a partir de 1989.

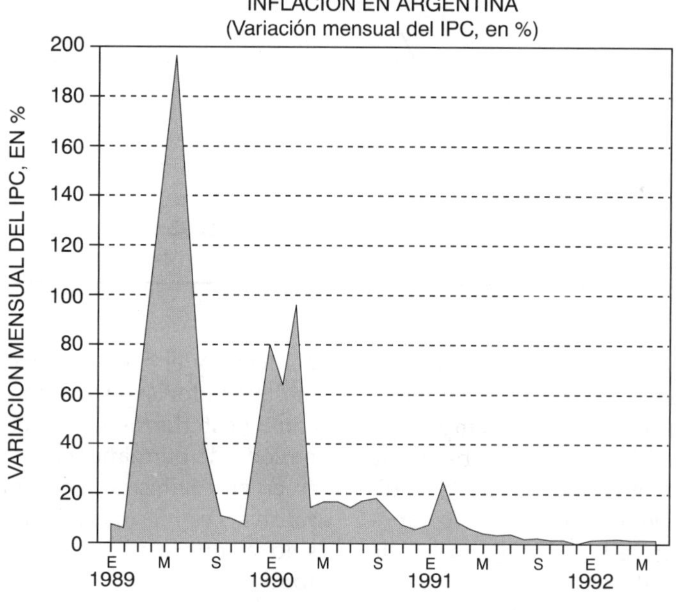

FUENTE: INDEC.

requiere una inversión negativa o desinversión mayor que el ritmo al que se puede desgastar la maquinaria. La velocidad máxima a la que puede tener lugar la desinversión depende del citado ritmo de desgaste de los bienes de equipo y ello supone un límite al empuje que la economía sufre hacia abajo.

En otras palabras, cuando la producción se

Nota complementaria 23.6

EL CICLO ECONOMICO Y LA BOLSA

Los mercados financieros, y en concreto la bolsa suelen presentar unas fluctuaciones muy acusadas. El componente especulativo de muchas de las operaciones que se suelen llevar a cabo en la bolsa y la propia estrechez del mercado bursátil argentino hacen que el carácter que a veces se le otorga de «termómetro» de la evolución económica general resulte excesivo. En cualquier caso, sin olvidar el comportamiento errático que presentan a veces los mercados financieros, la evolución de la bolsa es un reflejo de la confianza de los inversores en la marcha futura de la economía.

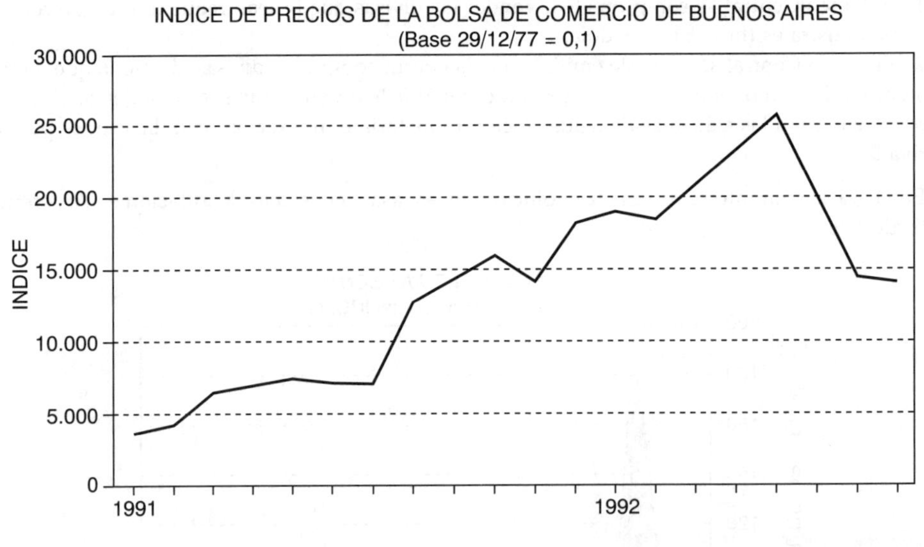

reduce rápidamente el principio del acelerador exige que la inversión sea negativa, tal como ocurre en el año noveno en el ejemplo del Cuadro 23.1. En la vida real, sin embargo, la inversión bruta en plantas industriales y equipos difícilmente puede ser negativa. Esto supone un «suelo» respecto a la velocidad a la que la inversión puede reducirse. Así pues, la depresión contiene el germen de la recuperación, ya que cuando la inversión llega al «suelo», deja de caer. En este punto, las empresas empezarán a necesitar realizar inversiones de reposición, de forma que la inversión bruta comenzará a aumentar y la recuperación de la economía se pondrá en marcha.

Cuando la economía no está en los extremos del techo y el suelo, el mecanismo acelerador-multiplicador explica cómo se llega al techo y cómo posteriormente se abandona éste, tras un período de permanencia más o menos duradero en él. Asimismo, en la fase considerada depresiva, es el mecanismo multiplicador tan sólo el que explica por qué se llega a tocar fondo.

4. LAS FLUCTUACIONES CICLICAS Y LA POLITICA ESTABILIZADORA

Los responsables de la política económica han tratado de amortiguar los efectos de las fluctuaciones, dando lugar a lo que genéricamente se conoce con el nombre de *políticas estabilizadoras* (véase Capítulo 17). Mediante este tipo de políticas se ha tratado de mitigar la intensidad de las fluctuaciones económicas. Como se ha señalado en capítulos anteriores, para tratar de alcanzar el citado objetivo se ha acudido básicamente a la política fiscal-presupuestaria y a la política monetaria.

Así, durante las recesiones el gobierno puede reducir los impuestos y/o incrementar el gasto público para impulsar la demanda agregada y con ella el PIB. Alternativamente, o de forma complementaria, el Banco Central puede decidir incrementar la cantidad de dinero para ayudar a la economía a salir de la recesión. Lógicamente, si la economía se encuentra en auge y los precios crecen a un fuerte ritmo, el gobierno, vía política monetaria y, en menor medida, vía política presupuestaria, actuará contractivamente.

Mediante este tipo de medidas macroeconómicas, las autoridades económicas tratan de estabilizar la economía procurando situarla lo más cerca posible del nivel potencial y con un nivel de inflación reducido.

Aunque esto suele ser el objetivo declarado de la política del gobierno y en ocasiones logra, de hecho, reducir las fluctuaciones económicas, en otros casos las políticas del gobierno provocan los ciclos económicos, acentuando las recesiones y contribuyendo a crear tensiones inflacionistas. Por ello, a veces se habla del ciclo de origen político.

El ciclo de origen político

Algunos autores han destacado que el gasto público es el factor causante de las fluctuaciones, ya que éste se manipula por las autoridades según las circunstancias políticas. Para explicar la aparición del ciclo pensemos, por un lado, que los votantes suelen reaccionar ante la situación de la actividad económica criticando a los responsables de la política en los tiempos malos y premiándolos en los buenos. Resulta, sin embargo, que los votantes por lo general no tienen muy buena memoria cuando llega el momento de votar. La evidencia parece sugerir que la variable más importante para los votantes es la tasa de crecimiento de su renta en el año anterior a la elección. Bajo esta hipótesis, y aunque parezca imposible, tres o cuatro años de estancamiento seguido por un único año de crecimiento ofrecen una plataforma ideal para el político, pues el factor económico más importante a la hora de unas elecciones no es la posición de la economía, sino, más bien, la dirección hacia la cual se orienta. Si se acepta este esquema el ciclo de origen político tendrá una clara justificación, pues un año o dos antes de la elección los gobernantes iniciarán políticas expansivas encaminadas a reactivar la actividad económica, de forma que, cuando tengan lugar las elecciones, la producción real esté creciendo. En algún momento después de las elecciones surgirán presiones para hacer algo contra la inflación y el gobierno se verá obligado a tomar medidas restrictivas que, en cierto modo, compensarán los excesos anteriores. Resulta pues que, en un sistema democrático en el que cabe la reelección, puede surgir un ciclo de origen político, debido a la miopía con que se suelen enfocar las objetivos económicos.

- **Las *teorías del ciclo de origen político* defienden que los gobernantes inician políticas expansivas encaminadas a reactivar la economía aproximadamente un año antes de que se celebren las elecciones y, posteriormente, tienen que recurrir a políticas restrictivas.**

La controversia sobre las políticas anticíclicas

Al margen de la consideración del ciclo de origen político, debe señalarse que en macroeconomía existen serias controversias sobre la conveniencia de que el gobierno ponga en práctica políticas estabilizadoras y sobre la eficacia de este tipo de políticas. Es un hecho que las autoridades económicas no logran controlar plenamente la actividad económica, pues la evidencia nos muestra que con cierta frecuencia tienen lugar profundas recesiones, y en otros momentos se observan fuertes tensiones inflacionistas. En todo caso, el gobierno controla parte de la demanda agregada y la cantidad de dinero, por lo que en sus decisiones debe tener en cuenta sus repercusiones en el ciclo económico.

El conocimiento de este poder de actuación es lo que, en última instancia, anima a los políticos a tomar medidas pretendidamente estabilizadoras, si bien los resultados han sido con frecuencia bastante mediocres. Ello se ha debido a diversas razones, entre las que cabe destacar el hecho de que se ha recurrido casi exclusivamente a políticas que tratan de incidir sobre la demanda agregada. Resulta sin embargo que, como veremos en el capítulo siguiente, hay diversos factores que tienen su origen en la oferta y que juegan un papel importante en el desarrollo de las fluctuaciones cíclicas.

RESUMEN

• Por ciclo económico suele entenderse el espacio temporal que transcurre entre dos crisis, de tal manera que éstas tienen lugar periódicamente. Existen diversos tipos de fluctuaciones cíclicas, siendo los más estudiados los siguientes: los ciclos económicos de larga duración (unos 60 años), los ciclos de duración media (entre seis y nueve años) y los ciclos de onda pequeña (unos 40 meses).

• Las fases del ciclo son cuatro: depresión o fondo, recuperación o expansión, auge o cima, y recesión.

• Las diversas teorías explicativas del ciclo deben ofrecer una justificación de los siguientes hechos:

1. El proceso de alzas y bajas acumulativas.
2. La existencia de los «techos» y «suelos».
3. La inestabilidad que justifica por qué una vez detenido el proceso de alza o baja tiende a invertir su marcha.

• El origen de las fluctuaciones cíclicas radica en perturbaciones que continuamente afectan a la economía y en el proceso de ajuste que desencadenan.

• El incremento de los gastos de consumo no sólo impulsa el nivel de la actividad económica a través del efecto multiplicador, sino que se producen unas interrelaciones entre el consumo y la inversión, pues a medida que se incrementa la demanda de consumo aumenta la inversión. Esta relación es lo que se denomina el *principio de aceleración.*

De igual forma que el principio del multiplicador es una explicación del consumo «inducido» resultante de un cambio autónomo en la inversión, el principio del acelerador puede concebirse como una teoría de la inversión inducida resultante de un cambio autónomo en el consumo.

• Los principales resultados del acelerador pueden resumirse como sigue:

1. Dado un nivel constante de consumo, la inversión será cero.
2. Para mantener un nivel constante de inversión neta inducida, el consumo de la colectividad deberá aumentar a una tasa constante. Si el consumo se mantiene estacionario, la inversión neta volverá a caer a cero. La inversión también descenderá si el consumo se mantiene en ascenso, pero a una tasa menor que la anterior.
3. Para tratar de alcanzar un aumento secular en la inversión neta es necesario que el consumo de la colectividad no sólo aumente, sino que aumente a una tasa creciente.

• Los techos a los ciclos explosivos que genera el multiplicador-acelerador se pueden concretar en dos puntos: la existencia de un límite a la capacidad productiva y el funcionamiento asimétrico del acelerador, que no opera, cuando la renta está bajando, más allá del límite impuesto por la depresión.

• Las teorías políticas del ciclo argumentan que los gobernantes inician políticas expansivas encaminadas a reactivar la economía antes de las elecciones y posteriormente ponen en práctica medidas contractivas.

CONCEPTOS BASICOS

— Ciclo o fluctuación económica.
— Ciclo de larga duración.
— Ciclo de los negocios o ciclo comercial.
— Ciclo de onda pequeña.
— Depresión o fondo.
— Recuperación o expansión.
— Auge o cima.
— Recesión.
— Teoría política del ciclo económico.
— Mecanismo acelerador-multiplicador.
— El ciclo y las expectativas.
— El ciclo de origen político.

TEMAS DE DISCUSION

1. Bajo su punto de vista, ¿cuáles son los elementos básicos de todo ciclo económico?

2. ¿En qué sentido la actuación del empresario innovador puede generar fluctuaciones de la actividad económica?

3. ¿Qué hechos deberá justificar cualquier teoría explicativa del ciclo económico?

4. ¿Hay una única tipología de ciclo económico? ¿Cuáles son los tipos de fluctuaciones cíclicas más estudiadas en la literatura económica? ¿Cuál es el tipo de ciclo de mayor generalidad?

5. Defina y analice las distintas fases de un ciclo y justifique la secuencia lógica existente entre ellas. ¿Qué factores pueden complicar la salida de una depresión y el inicio de la recuperación?

6. ¿Qué se entiende por teorías exógenas y por teorías endógenas del ciclo económico? ¿En qué sentido las teorías exógenas hacen de cada ciclo un caso específico?

7. Comente las distintas teorías del ciclo económico distinguiéndolas según el carácter de las causas que supuestamente explican la aparición de las fluctuaciones cíclicas.

8. Precise las discrepancias entre las teorías monetarias basadas en el tipo de interés, en la evolución del crédito y en la evolución de la cantidad de dinero.

9. ¿Por qué el principio del acelerador explica cómo una reducción en la tasa de crecimiento de la actividad económica puede convertirse en una verdadera recesión?

10. Trate de explicar las previsiones de las teorías políticas del ciclo económico si se supone que los votantes se percatan de que las políticas expansivas acabarán generando tensiones inflacionistas y rechazan la inflación.

11. ¿Por qué la economía, cuando alcanza un techo o tope, inicia una recesión?

APENDICE:

El ciclo económico: previsión y teorías modernas

A) EL CICLO ECONOMICO Y SU PREVISION

Como se ha señalado, la economía no es un péndulo que oscila de forma regular y con intervalos específicos. Si así fuera, el análisis y previsión de las fluctuaciones económicas sería muy fácil.

Dado que ésta no es la situación, la existencia de fluctuaciones económicas implica un riesgo que se pretende combatir tanto a nivel del Estado como de la empresa. Para reducir el grado de incertidumbre se recurre a la elaboración de previsiones que tratan de anticipar la marcha de la actividad económica.

Para la elaboración de previsiones se parte del análisis de las estadísticas y datos disponibles. Los datos utilizados para la previsión económica suelen presentarse en forma de series temporales, esto es, conjunto de datos ordenados en el tiempo con observaciones tomadas en períodos regulares. La conveniencia del análisis de las series temporales de cara a la previsión económica se debe a que sólo es posible intentar conocer el futuro a partir de un correcto conocimiento del presente y del análisis de las regularidades del pasado, tanto si éstas son de carácter primordialmente económico como si lo son de carácter probabilístico.

Para obtener la información relevante de una serie temporal es preciso tener en cuenta cada uno de sus componentes, esto es, *tendencia a largo plazo, componente cíclico, variaciones estacionales y variaciones irregulares* (Figura 23.A.1). La tendencia a largo plazo recoge el comportamiento secular de la serie. El problema, al analizar este componente de la serie, se presenta ante los cambios de tendencia, ya que cuando éstos tienen lugar inicialmente no se sabe si estamos ante un fenómeno transitorio o, realmente, ante una nueva tendencia. Las variaciones estacionales son movimientos que se repiten de forma sistemática con periodicidad anual y suelen ser ocasionadas por factores climáticos e institucionales. Las variaciones irregulares son debidas a factores aleatorios o elementos que no somos capaces de identificar. Suelen ser de carácter no sistemático y difíciles de controlar. El comportamiento cíclico se manifiesta en movi-

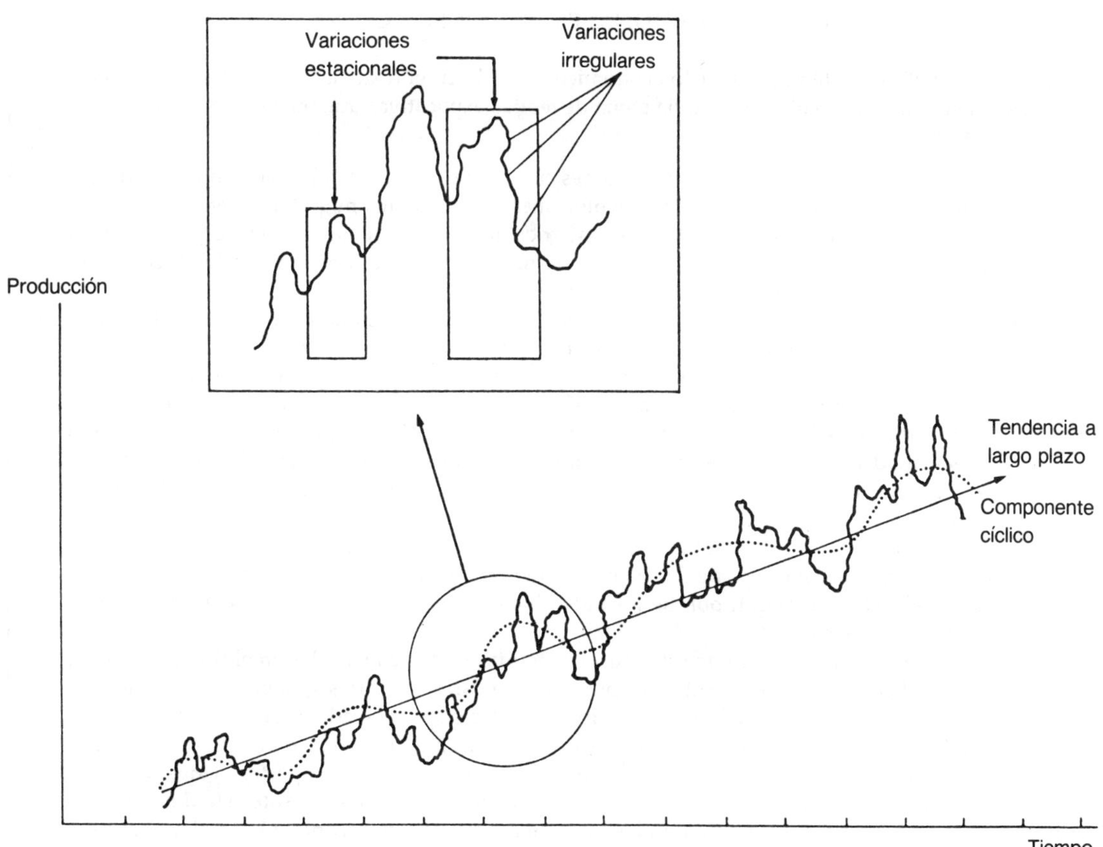

Figura 23.A1. Componentes de una serie temporal.

La tendencia a largo plazo recoge el comportamiento secular de la serie. Las variaciones cíclicas se manifiestan en movimientos oscilatorios de las series. Las variaciones estacionales son movimientos que se repiten sistemáticamente con periodicidad anual. Por último, las variaciones irregulares se deben a factores aleatorios que somos incapaces de identificar.

mientos oscilatorios de las series temporales y son consecuencia de la dinámica económica del sistema.

El objetivo último de la manipulación de las series temporales consiste en obtener el componente cíclico a partir de la serie original, pues de esta forma, una vez identificada la posición en el ciclo, se puede prever la evolución de la actividad económica.

B) TEORIAS MODERNAS DEL CICLO

A partir del comienzo de la década de los años 70 han resurgido con ímpetu las ideas neoclásicas dirigidas a atacar las ideas keynesianas. De

Nota complementaria 23.7

TEORIAS TRADICIONALES DEL CICLO ECONOMICO

Junto a la explicación teórica del ciclo económico ofrecida en el texto, a lo largo de la historia del pensamiento han aparecido una amplia gama de teorías explicativas que pueden enmarcarse en la siguiente tipología:

- *Teorías exógenas:* Explican las fluctuaciones cíclicas de acuerdo con los elementos externos al sistema económico, como guerras, revoluciones, movimientos migratorios, etc.
- *Teorías endógenas:* Recurren a factores internos al propio sistema económico para justificar las fluctuaciones cíclicas. Cada expansión pone las bases para una contracción y cada contracción induce a una expansión posterior.
- *Teorías reales:* El ciclo tiene su origen en factores reales, tales como alteraciones en los costos de producción, debido a innovaciones tecnológicas o cambios en la disponibilidad de recursos. El papel de las innovaciones como fuerza dinámica generadora de ciclos fue destacado por J. A. Schumpeter. Según este autor, el empresario innovador se adelanta al resto de los competidores mediante la introducción de cambios tecnológicos que contribuyen a impulsar la actividad económica. Los inventos atraen imitadores y, así, se movilizan los recursos productivos. La expansión tendrá su fin cuando cesen las inversiones asociadas a la innovación, una vez que ésta se ha generalizado.
- *Teorías psicológicas:* Estas teorías destacan el papel de la incertidumbre y de las expectativas en la actividad económica de los agentes ante las condiciones de la economía. Las distintas fases del ciclo se explican porque los individuos se contagian unos a otros las expectativas optimistas o pesimistas.
- *Teorías monetarias:* Dentro de este grupo de teorías hay unas basadas en el tipo de interés y otras en la evolución del crédito. Las primeras señalan que los desequilibrios monetarios son producto de la divergencia entre el tipo de interés de mercado y el tipo de interés de equilibrio. Estas teorías destacan que las divergencias ante la evolución del tipo de interés y el movimiento de los precios pueden ofrecer a los empresarios oportunidades de lograr ganancias, lo que justifica que incrementen la demanda de crédito. Ante esta dinámica, las entidades financieras aumentarán los tipos de interés, lo que contribuirá a iniciar el proceso descendente del ciclo.

  Por lo que respecta a las teorías monetarias ligadas al crédito, éstas afirman que si se produce un aumento del crédito, debido a una política expansiva, aumentará el gasto y los precios se elevarán. Esto reducirá la liquidez en términos reales, lo cual provocará restricciones en el crédito y, consecuentemente, en el gasto.

acuerdo con este planteamiento, la explicación de las fluctuaciones cíclicas de la actividad económica tiene que ser consistente con tres postulados básicos:

a) Todos los mercados se equilibran.
b) Los agentes económicos actúan racionalmente, tratando de optimizar su comportamiento.
c) La oferta agregada depende sólo de los precios relativos.

Este último postulado está íntimamente relacionado con la curva de Phillips con expectativas inflacionistas ya analizada en el Capítulo 22. Recuérdese que, según dicha curva, las desviaciones de la tasa de desempleo respecto a la tasa de desempleo natural dependían de la diferencia entre la tasa de inflacción actual y la esperada. Dicha formulación de la curva de Phillips puede utilizarse para analizar las fluctuaciones cíclicas en términos de las desviaciones del nivel de producción actual respecto al nivel de equilibrio a largo plazo. Es decir, la curva de oferta agregada indicará que las desviaciones del nivel de producción efectiva respecto al de equilibrio a largo plazo (o producción potencial) dependen de las divergencias entre la tasa de inflación actual y la esperada, estando motivadas dichas desviaciones por el comportamiento agregado de los oferentes de trabajo y de bienes. Estos agentes toman sus decisiones en cualquier período, tomando en consideración no sólo los valores actuales de las variables que se consideren, sino también los valores esperados de las mismas. Para los oferentes de trabajo el precio relativo relevante es el que resulta de la comparación entre el salario real actual y su valor esperado, mientras que para los oferentes de bienes es el precio actual de su producto respecto al precio futuro.

Detengámonos un poco más en el comportamiento de las familias como oferentes de trabajo. Una de las premisas teóricas señaladas anteriormente es el comportamiento optimizador de los agentes económicos o familias. La especificación usual de la función de utilidad de dichos agentes incluye como argumentos los valores presentes y futuros del consumo y el ocio. Supongamos que el salario real actual es mayor que el valor esperado del mismo, es decir, consideraremos que su nivel es temporalmente superior al salario real que prevalecerá en el futuro. Esto da a las familias un incentivo para trabajar más en el período actual y menos en el futuro: es decir, para sustituir ocio actual por ocio futuro.

Aceptando que la oferta de trabajo a corto plazo es relativamente elástica con respecto al salario real, mientras que a largo plazo es inelástica respecto a dicha variable, tendremos que si el incremento en el salario real se considera transitorio se ofrecerá más trabajo, pero si se considera permanente, no habrá ningún cambio en la oferta de trabajo.

• El *modelo de sustitución intertemporal* intenta explicar las fluctuaciones en el empleo en términos de las decisiones voluntarias de las familias de variar su oferta de trabajo a través del tiempo en respuesta a cambios en el salario real que se perciben como transitorios.

De forma similar, la decisión de cuánto producir por parte de una empresa depende de su percepción del precio actual de su producto con relación a su precio futuro. Si la empresa percibe un incremento futuro de la demanda de su bien, esto significará un incremento del precio relativo de su producto con relación a su costo marginal al nivel de producción actual. Si el incremento en la demanda que percibe se interpreta como permanente, el precio relativo futuro se estima que es más alto que el precio relativo actual y la empresa deseará invertir incrementando su capacidad productiva. Sin embargo, si el aumento en el precio se considera transitorio o temporal, la empresa no deseará incrementar su capacidad productiva, sino que expandirá solamente la producción efectiva utilizando más intensivamente el capital instalado y empleando a más fuerza laboral.

Por tanto, en el modelo de sustitución intertemporal las familias modifican su oferta de trabajo en respuesta a cambios transitorios en los precios relativos, mientras que la oferta de la empresa responde a los cambios en los precios relativos que se perciben como permanentes. Sin embargo, el hecho de que la oferta de trabajo y de producción se muevan juntas durante el ciclo se explica basándose en que ni las familias ni las empresas tienen certeza de si los cambios en los salarios y precios serán transitorios o permanentes. Normalmente, cualquier cambio será percibido en parte como transitorio y en parte como permanente, induciendo, en consecuencia, incrementos tanto en la oferta de trabajo como en la de bienes. La dificultad de los agentes para distinguir la naturaleza transitoria o permanente de los cambios en los precios relativos es una característica crucial en la generación de las fluctuaciones cíclicas de la producción y el empleo, siendo la causa la falta de información perfecta, es decir, la información imperfecta que poseen los agentes acerca de lo que ocurre en la economía. Información que les lleva a confundir cambios en los precios relativos con cambios en el nivel general de precios y que les induce a tomar decisiones que después resultan ser no optimizadoras.

Si los oferentes deciden incrementar su oferta ante un aumento en el precio relativo de su bien que consideran permanente, y con posterioridad descubren que se trata de un aumento en el nivel general de precios y, por tanto, no en el precio relativo de su bien, la oferta volverá a su nivel normal. El aumento en la producción será sólo transitorio, de modo que en el largo plazo no habrá *trade-off* entre inflación y desempleo, como ya analizamos en el capítulo 22.

CAPITULO **24**

La polémica sobre la efectividad de la política económica

INTRODUCCION

La polémica sobre la efectividad de la política económica es uno de los temas no resueltos dentro de la ciencia económica. El debate establecido al respecto ha sido muy amplio y en los capítulos anteriores se han ido presentando algunos de los temas a discusión. El presente capítulo se centra en este debate, ocupándose tanto de analizar las políticas de demanda agregada como las políticas de oferta. Algunas de las cuestiones que se presentan en este tema se volverán a estudiar con más profundidad en el Capítulo 29 al analizar los desarrollos recientes del análisis económico.

1. KEYNESIANOS Y MONETARISTAS

EL MENSAJE KEYNESIANO

El modelo de determinación de la renta y la producción basado en la demanda agregada que hemos estudiado en los Capítulos 16 a 20 se conoce como el modelo keynesiano de precios constantes. Este modelo fue desarrollado a partir de la obra de J. M. Keynes (1883-1946) (véase Capítulo 29).

Durante la década de los años treinta la mayoría de las economías industriales se vieron inmersas en una gran depresión que elevó, de forma inusitada, las cifras de desempleo y redujo drásticamente los niveles de producción. La principal preocupación de Keynes consistió en analizar cómo se puede evitar este tipo de depresiones profundas. A este objetivo dedicó su obra fundamental, *La teoría general de la ocupación, el interés y el dinero*, publicada en 1936. A partir de la aparición de esta obra, la mayoría de los economistas más jóvenes y buena parte de los responsables de la política económica se convirtieron en keynesianos, es decir, en seguidores del enfoque económico de Keynes (véase Nota complementaria 24.1).

Tal como hemos señalado en capítulos anteriores, la economía keynesiana defiende que, debido principalmente a la rigidez de los salarios, el sistema capitalista de mercado no tiende automáticamente hacia el equilibrio con pleno empleo. Desde una perspectiva keynesiana se argumenta que la situación de equilibrio con desempleo, en la que normalmente se encuentra la economía, se podría evitar mediante la puesta en práctica de políticas monetarias o fiscales expansivas.

Desde una perspectiva keynesiana se man-

Nota complementaria 24.1

KEYNESIANOS Y MONETARISTAS (*)

Keynesianos	Monetaristas
• Los keynesianos son los seguidores del cuerpo teórico desarrollado por *J. M. Keynes* (1883-1946). Rechazan el supuesto de los economistas clásicos de que la economía tiende al pleno empleo y justifican la existencia de equilibrio con desempleo. Recomiendan la intervención mediante políticas de demanda. • En las décadas de los cuarenta y los cincuenta las ideas keynesianas fueron divulgadas, y en cierto modo tergiversadas, por los *poskeynesianos*, dando lugar a la denominada *síntesis neoclásica*. • Posteriormente, desde una óptica teórica, los principios keynesianos han sido desarrollados por la *Escuela de la Economía del Desequilibrio*, que defiende que los agentes se enfrentan con obstáculos que les impiden vender (o comprar) todo lo que desean a los precios vigentes. • Desde una perspectiva más genérica, los economistas que en la actualidad defienden la esencia (revisada) de las ideas keynesianas se conocen como *neokeynesianos*.	• Los monetaristas tienen su origen en la tradición oral de la escuela de la Universidad de Chicago (USA) y en particular en la obra de M. Friedman (1912). Los fundamentos últimos de esta escuela se encuentran en la economía clásica, cuyo núcleo ideológico original son los trabajos de A. Smith (1723-1790). Rechazan las ideas keynesianas, destacan la importancia del dinero en la evolución de la economía y señalan la inoperancia de las políticas estabilizadoras de demanda. • Desde una perspectiva teórica, las ideas de los monetaristas han sido revisadas y ampliadas por la *Nueva Macroeconomía Clásica*. Estos fundamentan la denominada *hipótesis de las expectativas racionales*. Asimismo, defienden que la libre competencia equilibra de forma continua todos los mercados. • Desde una óptica de política económica buena parte de las ideas monetaristas han sido recogidas por los llamados *economistas de la oferta*.

(*) Véase Capítulo 29, Apartados 7 y 8.

tiene que en el corto plazo el factor clave para determinar la producción y el empleo es la demanda agregada. Consecuentemente, la política macroeconómica keynesiana preconiza que se debe emplear la política monetaria y la política fiscal para impedir que el desempleo y la inflación alcancen niveles no deseables.

LOS MONETARISTAS

A partir de la década de los cincuenta la economía keynesiana fue cuestionada por un grupo de economistas denominados *monetaristas*. El núcleo de esta postura crítica fue la Universidad de Chicago (EE.UU.) y el portavoz más calificado fue el premio Nobel de Economía Milton Friedman (véase Capítulo 29). Los monetaristas sostienen que los cambios en la cantidad de dinero son la causa fundamental de las fluctuaciones económicas. Asimismo, los monetaristas defienden que el análisis keynesiano puede explicar las depresiones económicas, pero no justifica de forma apropiada la aparición de la inflación.

El soporte teórico de la escuela monetarista

Los monetaristas, como su nombre sugiere, consideran que el dinero es la pieza fundamental en el diseño de la política macroeconómica. Más concretamente, los monetaristas mantienen que la oferta monetaria es el determinante clave de los movimientos a corto plazo del PIB nominal y del nivel de precios a largo plazo.

Para sintetizar las ideas monetaristas debemos recurrir a dos conceptos apuntados en la Nota complementaria 19.5: la velocidad de circulación del dinero y la teoría cuantitativa del dinero.

La velocidad de circulación del dinero

- **La *velocidad de circulación del dinero* se define como el número de veces al año en que la oferta nominal de dinero cambia de manos para financiar el gasto o la renta agregada. En otras palabras, la velocidad de circulación del dinero es el cociente entre el PIB nominal y la cantidad nominal de dinero.**

Algebraicamente, la velocidad de circulación del dinero se expresa como sigue:

$$V \equiv \frac{\text{PIB}}{M} \equiv \frac{P \cdot Y}{M} \qquad (1)$$

donde V representa la velocidad de circulación del dinero, P denota el nivel medio de precios, Y la producción real o PIB real, y M la cantidad nominal de dinero.

Si en España el PIB nominal fue en 1989 de 44.689 miles de millones de pesetas y la cantidad de dinero, medida por los activos líquidos en manos del público (ALP) ascendió a 39.722 miles de millones de pesetas, la velocidad de circulación fue de 1,125 (= 44.689/39.722). Este valor quiere decir que la peseta como promedio cambió de manos 1,125 veces, para así financiar el nivel de gasto agregado de 44.689 miles de millones de pesetas.

Factores determinantes de la velocidad de circulación

La definición (1) mide el PIB por peseta de dinero, de forma que cualquier cosa que altere la relación PIB/dinero afectará a la velocidad. En el análisis presentado en el Capítulo 19 sobre la demanda de dinero se señaló la influencia que ejercen los tipos de interés y la disponibilidad de alternativas a la posesión de dinero. Así, cuando los tipos de interés son elevados y las economías domésticas pueden tener buenos sustitutivos del dinero, la velocidad tenderá a ser mayor que en una economía en la que no haya sustitutivos cercanos del dinero.

La velocidad de circulación, tal como se infiere de la identidad (1), también depende del nivel de precios. Así, la velocidad de circulación es alta cuando el público tiene poco dinero en relación con su renta. Esto ocurre cuando el costo de oportunidad de tener dinero es elevado, como sucede en un país con una alta tasa de inflación.

Un tercer factor que influye en la velocidad de circulación del dinero es la renta real. Cuando aumenta la renta real, la velocidad de circulación tiende a aumentar.

La teoría cuantitativa del dinero

- **La *teoría cuantitativa del dinero* establece que las variaciones del nivel de precios vienen determinadas, fundamentalmente, por las variaciones de la cantidad nominal de dinero.**

A partir de la definición de la velocidad de circulación del dinero recogida en la identidad (1) podemos escribir la denominada *ecuación cuantitativa del dinero*:

$$MV \equiv PY \qquad (2)$$

Dado que estamos interesados en la relación entre el nivel de precios y la cantidad de dinero, podemos dar un paso más y reescribir la ecuación (2) como sigue:

$$P \equiv \frac{M \cdot V}{Y} \equiv \left(\frac{V}{Y}\right) M \qquad (3)$$

El supuesto clave que introducen los monetaristas con objeto de emplear la velocidad de

Nota complementaria 24.2

LA TEORIA CUANTITATIVA EN FUNCIONAMIENTO

La ecuación (3) del texto [$P = M \times V/Y$] la podemos expresar en tasas de crecimiento de forma que

$$\textbf{Tasa de inflación} = \textbf{Tasa de crecimiento de la cantidad nominal de dinero} + \textbf{Tasa de crecimiento de la velocidad} - \textbf{Tasa de crecimiento de la renta real} \qquad (I)$$

Los defensores de la teoría cuantitativa admiten generalmente que el crecimiento de la renta real afecta a la tasa de inflación, pero defienden que la velocidad de circulación del dinero es casi constante, por lo que su tasa de crecimiento es aproximadamente cero. Teniendo en cuenta este hecho y aplicando la ecuación (I) resulta que si la cantidad nominal de dinero crece, por ejemplo, a una tasa del 12 % anual, si la velocidad es, de hecho, constante, y si la renta real crece a un 5 %, la tasa de inflación sería del 7 % (= 12 %-5 %).

Alternativamente la ecuación (II) del texto [$MV = PY$] puede utilizarse para determinar la tasa a la que debe crecer la cantidad de dinero, dado un crecimiento estimado de la renta real y una tasa de crecimiento deseado de la inflación, que en realidad es un objetivo de la política económica. Así, expresando la ecuación (II) en tasas de crecimiento y suponiendo que la tasa de crecimiento de la velocidad de circulación es cero podemos escribir:

$$\textbf{Tasa de crecimiento de la cantidad nominal de dinero} = \textbf{Tasa de inflación deseada} + \textbf{Tasa de crecimiento de la renta real prevista} \qquad (II)$$

Así, si se estima que la renta real del próximo año va a crecer a una tasa del 3 % y si se pretende que la tasa de inflación sea del 4 %, la cantidad nominal de dinero deberá crecer a una tasa del 7 % (= 3 % + 4 %).

circulación en la explicación del nivel general de precios es que la velocidad de circulación del dinero permanece relativamente estable y toma valores previsibles. La razón por la que, según los monetaristas, la velocidad de circulación del dinero cambia relativamente poco de un año a otro radica en que la velocidad, en esencia, refleja patrones estables de comportamiento de los individuos referidos a la renta y al gasto. Los monetaristas, en línea con los argumentos de los economistas clásicos (véase Capítulo 29), señalan que la renta puede cambiar y los precios también, pero que la velocidad de circulación del dinero permanecerá inalterada. Esta sólo cambiará si los individuos o las empresas modifican la forma en la que mantienen sus activos o la manera en que las empresas pagan a los empleados, esto es, a final de mes o todas las semanas.

Implicaciones básicas de los postulados de las teorías monetaristas

El análisis de las implicaciones de los postulados de las teorías monetaristas lo podemos desarrollar en base a las dos hipótesis siguientes:

- La oferta monetaria es el factor determinante del PIB nominal.
- A largo plazo, las alteraciones en la cantidad de dinero se trasladan a los precios.

1. *La oferta monetaria es el factor determinante del PIB nominal*

Tal como hemos señalado, si se supone que la velocidad de circulación del dinero permanece prácticamente estable a corto plazo, la identidad (2) antes escrita nos permite afirmar que M determina el PIB nominal.

Los monetaristas creen, además, que el comportamiento del sector privado es relativamente estable. Esta creencia, unida a la estabilidad de *V*, implica que la mayoría de las fluctuaciones del PIB nominal se deben a cambios en la oferta monetaria que, en última instancia, vienen determinados por la política monetaria.

Dado que los monetaristas defienden que la velocidad de circulación del dinero no cambia a corto plazo y que el dinero es lo único que determina el PIB nominal, el siguiente paso consiste en afirmar que la política fiscal es importante para algunas cosas como, por ejemplo, para determinar el nivel del gasto público y su composición, pero su incidencia sobre las macrovariables más significativas no es relevante. Así, los monetaristas mantienen que las macrovariables producción, empleo y precios vienen determinadas esencialmente por el dinero, mientras que sólo se ven afectadas muy ligeramente y, de forma temporal, por la política fiscal. La irrelevancia de la política fiscal, para los monetaristas, se deriva simplemente de suponer que *V* permanece estable, pues bajo este supuesto lo único que afecta al PIB nominal —esto es, a $P \times Y$— es *M*.

2. *A largo plazo, las alteraciones en la cantidad de dinero se trasladan a los precios*

Los monetaristas se adhieren a la hipótesis clásica sobre la flexibilidad de los precios y los salarios. Esta hipótesis implica que la economía siempre se encuentra en una situación próxima a la producción potencial o de pleno empleo. En términos de la curva de oferta agregada (Figura 24.1), los monetaristas defienden que, incluso a corto plazo, ésta es prácticamente vertical.

La flexibilidad de los precios y los salarios permite que la economía se encuentre próxima al nivel de producción potencial. Dado, además, que el dinero es el factor determinante del PIB nominal, resulta que el efecto principal de las alteraciones en la cantidad de dinero recaerá sobre los precios (*P*), y sólo muy parcialmente y a corto plazo sobre la producción real (*Y*).

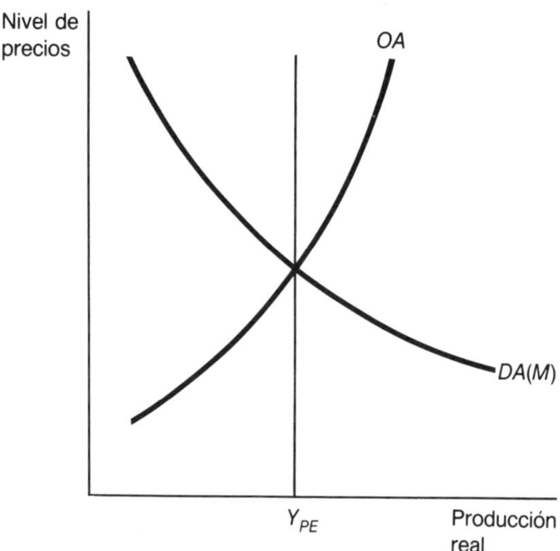

Figura 24.1. Los monetaristas y los desplazamientos de la curva de demanda agregada.

Los monetaristas destacan el papel del dinero (*M*) en la determinación de la demanda agregada (*DA*). De forma simplificada, los monetaristas defienden que la curva de demanda agregada sólo se desplazará si se altera la cantidad de dinero. Asimismo, los monetaristas creen que la curva de oferta agregada (*OA*), es prácticamente vertical al nivel de la renta potencial (Y_{PE}). Ello se debe a la flexibilidad de los precios y los salarios. La consecuencia de estos supuestos es que los cambios en la demanda agregada, que sólo se pueden alcanzar mediante la actuación de la política monetaria, inciden fundamentalmente sobre los precios.

Los monetaristas defienden, pues, que el dinero puede incidir a corto plazo tanto sobre la producción real como sobre los precios. A largo plazo, sin embargo, el efecto fundamental de cambios en la oferta monetaria se concreta en los precios, ya que la producción siempre estará en una situación próxima al nivel potencial.

Bajo esta perspectiva, la incidencia de la política fiscal sobre la producción y sobre los precios, tanto a corto como a largo plazo, será despreciable.

Nota complementaria 24.3

PRECIOS, EMPLEO Y RENTA EN LA ECONOMIA ARGENTINA

A lo largo de este capítulo se analiza la estrecha relación existente entre las variables macroeconómicas más significativas. En el gráfico adjunto se vuelca la evolución de las tasas anuales de variación de los precios al consumidor, del producto interno bruto y de la tasa de desempleo, que son las variables que generalmente más preocupan a los responsables de la política económica nacional.

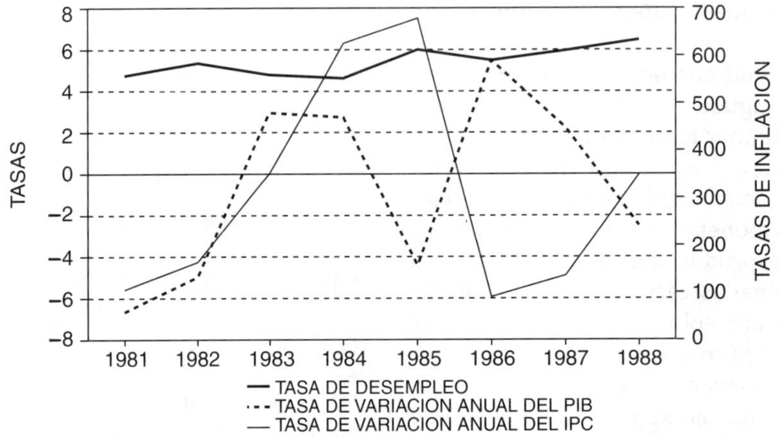

FUENTE: BCRA e INDEC.

2. LA CONTROVERSIA SOBRE LAS POLITICAS DE DEMANDA: ESPECIAL CONSIDERACION DE LA POLITICA MONETARIA

Los monetaristas y la política económica: un planteamiento general

La ideología monetarista ha incidido de forma notable en el diseño de la política económica durante las últimas décadas. La ola de liberalismo y de crítica a los principios keynesianos, que se generalizó en buena parte de las economías occidentales a mediados de la década de los setenta y de la que los economistas del lado de la oferta fueron los defensores iniciales, se ha apoyado fundamentalmente en los postulados monetaristas. El posicionamiento de los monetaristas ante la política se puede concretar en los puntos siguientes:

- *Plena confianza en el libre mercado.* Los monetaristas han manifestado abiertamente su confianza en el mercado, sin intervención por parte del gobierno, como el mecanismo para asignar los recursos. Se señala que el libre juego del mercado es el mejor instrumento para alcanzar la eficiencia económica. Para los monetaristas, la intervención del gobierno es fuente de ineficiencia y de distorsiones.

- *Prioridad absoluta de la estabilidad de los precios como objetivo de política económica.* Los monetaristas enfatizan la conveniencia de estabilizar los precios. Para los monetaristas, la inflación es el principal enemigo de la eficiencia económica.

Para justificar la elección de la inflación como objetivo prioritario de la política económica los monetaristas señalan que (tal como vimos en el Capítulo 22) en buena medida el desempleo es «voluntario». En este sentido, debe recordarse que el término «desempleo natural» fue acuñado por M. Friedman, indicando con ello que la mayor parte del desempleo es el resultado normal del funcionamiento de las fuerzas que actúan en el mercado de trabajo.

La política económica debe concretarse en «normas» y no en actuaciones discrecionales

Los monetaristas muestran una gran desconfianza en la puesta en práctica de medidas de política económica de carácter *discrecional.* Alternativamente, proponen el establecimiento de reglas estables de política económica. Esta propuesta la justifican argumentando que la economía privada sería esencialmente estable si no fuera por las actuaciones del gobierno. Los monetaristas defienden que la intervención de los gobiernos en la política económica es fuente de múltiples ineficiencias y la causa última de las fluctuaciones de la actividad económica (véase el ciclo de origen político, Capítulo 23, Apartado 4).

Por las razones aportadas, los monetaristas, en vez de propugnar el empleo de la política monetaria para tratar de estabilizar la economía, defienden el establecimiento de normas o reglas monetarias. En concreto, proponen como norma monetaria óptima establecer una tasa fija de crecimiento de la oferta monetaria y mantenerla bajo cualquier circunstancia. Argumentan que al suprimir las fluctuaciones de la oferta monetaria, se eliminarían la mayor parte de las inestabilidades de las economías modernas.

En términos de la ecuación cuantitativa se señala que, sin alteraciones en el crecimiento de la cantidad de dinero (M) y dado que la velocidad de circulación (V) es estable a corto plazo, el PIB nominal presentará una senda de crecimiento estable. Además, en tanto que M crezca a una tasa compatible con la tasa de crecimiento potencial del PIB, se logrará estabilizar la evolución de los precios. En consecuencia, si en realidad se desea estabilizar la economía se deben abandonar las políticas de ajuste, pues, aunque éstas se denominan anticíclicas, de hecho contribuyen a generar fluctuaciones en la actividad económica.

Se argumenta, asimismo, que la incidencia sobre sobre las expectativas de inflación sería positiva. El establecimiento de reglas estables contribuiría a crear unas expectativas favorables que ayudarían a convencer a los individuos de que los precios se van a estabilizar. Además, políticas económicas estables aislarían a la economía de la tentación de los políticos de manipularla con objeto de facilitar su reelección, tal como señalamos en el capítulo anterior al analizar el ciclo de origen político.

La respuesta de los neokeynesianos

La respuesta de los economistas keynesianos a los ataques monetaristas integra lo que se puede denominar la posición neokeynesiana. Conviene distinguir entre economistas *postkeynesianos,* que fueron los que divulgaron las ideas keynesianas y que posteriormente fueron criticados por los monetaristas, y los *neokeynesianos,* que se corresponden con la posición actual de aquellos economistas que defienden la esencia del mensaje keynesiano y rechazan las posiciones extremas monetaristas (Nota complementaria 24.1). Desde una perspectiva neokeynesiana, se señala que la aceptación de las hipótesis monetaristas descansa en la validez de sus supuestos de partida. Así, si resulta que V es muy inestable, entonces el análisis de los cambios en la cantidad de dinero M no permitirá predecir con eficacia los movimientos del PIB nominal.

Los neokeynesianos mantienen que el mundo real es más complejo que lo señalado por los monetaristas. Los neokeynesianos creen que, si bien el dinero tiene un efecto importante sobre la demanda agregada, la producción y

Nota complementaria 24.4

DISTINTAS OPCIONES ANTE LOS GRANDES PROBLEMAS DE LA POLITICA ECONOMICA

	Neokeynesianos	Monetaristas
Control de la inflación	• El control de la cantidad de dinero no es el único medio. También hay que considerar la competitividad y la productividad, lo que implica cierto intervencionismo.	• Un control muy estricto de los agregados monetarios (oferta monetaria). Hay que evitar todo exceso de liquidez sobre las necesidades que presenta la economía.
Déficit público	• Un déficit «productivo» puede ser admisible. • El efecto «desplazamiento» no tiene necesariamente que darse. • Los efectos redistributivos del gasto público son deseables.	• El equilibrio presupuestario debe ser la norma. • Se debe reducir la intervención del sector público a lo mínimo posible. • El efecto desplazamiento es muy importante.
Lucha contra el desempleo	• Estimular la demanda agregada. • No todo el «ajuste» debe recaer sobre los salarios, sino también sobre los excedentes.	• El desempleo se debe básicamente a que los salarios son excesivamente elevados: crecen a un ritmo mayor que la productividad del trabajo.

los precios, hay otros factores que también inciden. Algunos de estos posibles factores pueden ser los siguientes: un aumento significativo de las inversiones empresariales, motivado por una mejora en las expectativas empresariales ante una alteración favorable del entorno, como, por ejemplo, la creación del MERCOSUR; un incremento en el gasto público asociado, por ejemplo, a un plan de reconstrucción diseñado para recuperar la estructura productiva de un país después de una guerra; o un aumento del crecimiento de aquellos países con los que se mantienen relaciones comerciales internacionales, lo que determinará que se incrementen las exportaciones netas. Ante alguna de estas posibilidades, los economistas neokeynesianos mantienen que tendrá lugar un incremento de la demanda agregada, aunque el crecimiento de la cantidad de dinero permanezca inalterado (Figura 24.2).

Por lo que respecta al comportamiento de los precios y los salarios, los neokeynesianos mantienen que éstos presentan rigideces, de forma que, a corto plazo, la curva de oferta agregada resulta ser bastante horizontal. En consecuencia, los neokeynesianos se muestran confiados en los efectos sobre la producción y el empleo de alteraciones en la demanda agregada. Defienden que, cuando la producción es inferior a la producción potencial, cambios apreciables en la demanda agregada incidirán de forma notable sobre la producción y el empleo y escasamente sobre el nivel de precios.

Recuérdese, sin embargo, que los monetaristas, al creer que la curva de oferta agregada a corto plazo es muy inclinada, mantienen que cualquier incremento de la demanda agregada incidirá mucho más sobre los precios que sobre la producción.

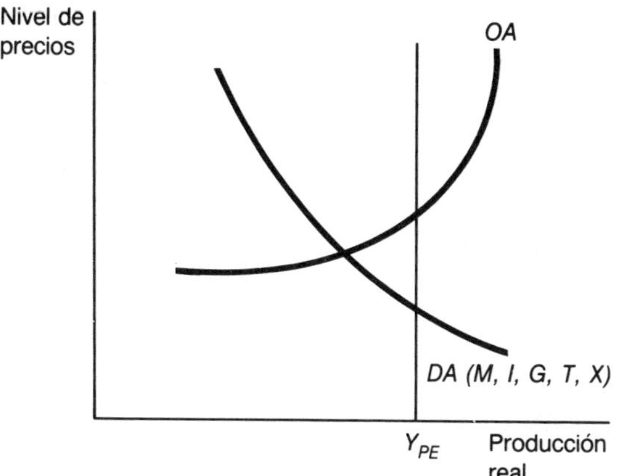

Figura 24.2. Los desplazamientos de la demanda agregada y los neokeynesianos.

Los neokeynesianos defienden que la demanda agregada (*DA*) puede alterarse no sólo por cambios en la oferta monetaria (*M*), sino por variaciones en la inversión (*I*), los gastos del gobierno (*G*), los impuestos (*T*) y las exportaciones netas (*X*). Por otro lado, los neokeynesianos mantienen que cuando el nivel de producción es inferior al potencial la curva de oferta agregada (*OA*) tiene una inclinación bastante horizontal, si bien en el entorno del nivel de producción potencial la curva se hace progresivamente más inclinada. Este comportamiento se explica por la relativa rigidez de los precios y los salarios. La consecuencia de estas hipótesis es que cambios en la curva de demanda agregada, ocasionados por la puesta en práctica de políticas monetarias o fiscales, originarán alteraciones en la producción, en el empleo y en los precios, dependiendo la incidencia relativa sobre una y otra variable de lo próxima que se encuentre la economía del nivel de producción potencial.

Los neokeynesianos ante las «normas» estables monetaristas

La crítica fundamental ante el establecimiento de normas estables de política económica descansa en el rechazo de que la velocidad de circulación del dinero es estable. Se argumenta que cuando la velocidad se altera de forma imprevisible la economía puede verse empujada hacia una recesión o un período inflacionista si se siguen unas reglas estables de política económica. En estas circunstancias, sería mejor que la autoridad monetaria ajustara su política a los cambios en la velocidad de circulación del dinero.

En relación a las pretendidas excelencias de llevar a cabo políticas de ajuste antiinflacionista basadas en el establecimiento de normas monetarias estables, los neokeynesianos se muestran muy escépticos. En esencia, argumentan que a la luz de la experiencia internacional la puesta en práctica de políticas monetarias de corte antiinflacionista ha conllevado costos en términos de empleo y producción similares a los de otras políticas contractivas (no monetarias) aplicadas en períodos anteriores.

Este hecho parece sugerir, además, que la curva de oferta agregada no es tan vertical como indican los monetaristas, de forma que el desplazamiento hacia la izquierda de la curva de demanda agregada incide notablemente sobre la producción y el empleo.

Por otro lado, se señala que cuando se sigue una política monetaria antiinflacionista, concretada en una reducción de la oferta monetaria en vez de un control de los tipos de interés, éstos se hacen muy inestables, lo que se convertirá en una fuente de incertidumbre adicional.

Además, el control de la oferta monetaria se ha demostrado bastante más difícil de lo que se creía. Aun durante aquellos períodos en los que se han aplicado las recetas monetarias de forma ortodoxa, la senda de crecimiento de la oferta monetaria ha presentado un perfil tan errático como en otros períodos. En parte, las dificultades de controlar la oferta monetaria se deben a la confusión existente a la hora de definir la oferta monetaria a la vista de los cambios en la normativa y en las prácticas bancarias.

A estos inconvenientes se añade que el comportamiento de la velocidad de circulación del dinero no resulta ser en la práctica tan estable ni predecible como defienden los monetaristas.

Por lo que respecta a la conveniencia de fijar como objetivo intermedio de la política monetaria una tasa de crecimiento del dinero y olvidarse de todo lo demás, se argumenta que las autoridades deberían utilizar múltiples indicadores a la hora de formular su política. La evolución de la economía se manifiesta a través de una diversidad de indicadores y, por ello, la política monetaria no se debería diseñar exclusivamente en función de la oferta monetaria. Téngase en cuenta que la oferta monetaria puede alterarse, bien porque cambia el PIB nominal o porque la definición concreta de oferta monetaria, establecida como objetivo de la política monetaria, se altere por la incorporación de algún nuevo activo financiero.

Nota complementaria 24.5

LA ECONOMIA ARGENTINA EN LOS OCHENTA

Los años ochenta han sido calificados como la «década perdida» para los países de menor desarrollo relativo. En el caso de Argentina, el calificativo se aplica plenamente. En los gráficos adjuntos puede advertirse el comportamiento adverso que tuvieron los principales indicadores económicos.

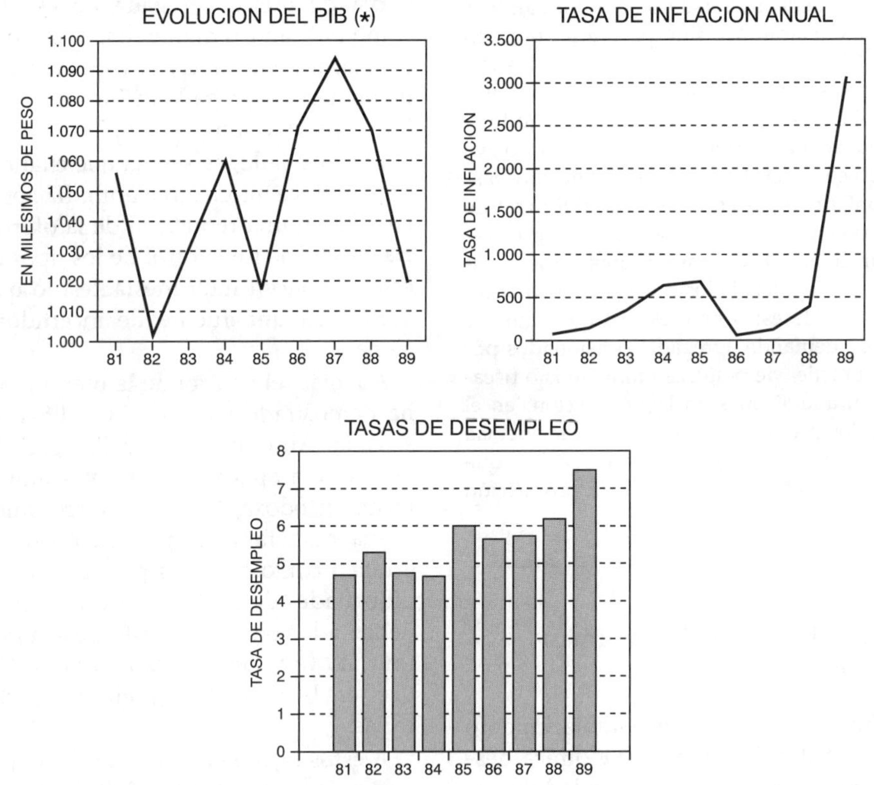

(*) A precios de 1970.

FUENTE: BCRA e INDEC.

3. MONETARISTAS Y NEOKEYNESIANOS ANTE LA POLITICA FISCAL

Tal como se ha señalado al analizar la polémica sobre la política monetaria, los monetaristas defienden que la política fiscal puede incidir sobre el nivel y la composición del gasto público, pero no sobre el nivel de la demanda agregada. La estabilidad de la velocidad de circulación del dinero les lleva a afirmar que la política fiscal es prácticamente irrelevante, pues lo único que puede afectar al PIB nominal es la cantidad de dinero.

Para justificar este argumento se apela, en última instancia, al *efecto desplazamiento*, concepto esbozado en el Capítulo 17.

- **El *efecto desplazamiento* mantiene que el aumento del gasto público o una reducción de los impuestos tienden a elevar los tipos de interés y a reducir la inversión privada.**

El efecto desplazamiento y el mercado del dinero

Supongamos que el gobierno decide incrementar el gasto público. Este aumento del gasto público, vía multiplicador, hará que se incremente el PIB. Pero, debido al aumento de la producción, se elevará la demanda de dinero para llevar a cabo transacciones. El resultado será que, dado un nivel fijo de la oferta monetaria, el tipo de interés subirá.

Alternativamente, dado que un aumento de los gastos o una reducción de los impuestos elevará el déficit estructural, el efecto desplazamiento puede formularse diciendo que los tipos de interés se incrementan en respuesta a aumentos en el déficit estructural, lo que hace que se reduzca la inversión, de forma que, en definitiva, el déficit desplazará a la inversión.

Respecto a la vigencia empírica del efecto desplazamiento, cabe señalar que la práctica totalidad de los economistas aceptan que parte de la inversión se verá desplazada por el déficit público. Las discrepancias surgen en el momento de determinar en qué medida la inversión se ve reducida.

El efecto desplazamiento y los monetaristas

Para analizar el efecto desplazamiento desde una óptica monetarista, supongamos que la curva de oferta agregada es completamente vertical y que la demanda agregada sólo se ve afectada por alteraciones en la cantidad de dinero (Figura 24.3). Bajo estos supuestos, si el gobierno incrementa el gasto público, la curva de demanda agregada no se desplazará hacia la derecha, pues la oferta monetaria no se ha alterado. Consecuentemente, la producción real no cambiará, ya que la situación de equilibrio de la economía sigue estando en el punto *E*.

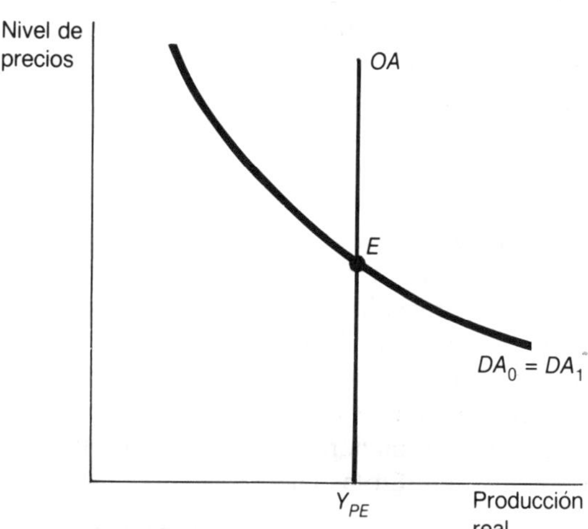

Figura 24.3. El efecto desplazamiento según los monetaristas.

Para los monetaristas una política fiscal expansiva no logra desplazar la curva de demanda agregada, ya que la cantidad de dinero permanece inalterada. Al aumentarse el gasto público, se incrementa la demanda de dinero, pero al permanecer inalterada la oferta monetaria, el tipo de interés subirá, de forma que la inversión se reducirá en la cuantía del aumento del gasto público. En consecuencia, sólo tiene lugar un cambio en la composición de la demanda agregada, pero su nivel es el mismo ($DA_0 = DA_1$).

El hecho de que la curva de demanda agregada no se desplace se justifica diciendo que al poner en práctica una política fiscal expansiva se incrementa la demanda de dinero. Dado que la oferta monetaria permanece fija, el tipo de interés subirá, de forma que la inversión se reducirá en la cuantía en que el gasto público haya aumentado. Al verse la inversión completamente desplazada por el incremento en el gasto público, el nivel absoluto de la demanda no se altera: sólo se modifica su composición, reduciéndose la inversión privada e incrementándose el gasto público.

Los neokeynesianos y la política fiscal

Los economistas de orientación neokeynesiana mantienen que la postura de los monetaristas sobre la política fiscal es demasiado extrema. En particular, en lo que respecta al efecto desplazamiento, los neokeynesianos defienden que a corto plazo y cuando existen unos altos niveles de desempleo la inversión puede que incluso se vea «animada» por la existencia de una política fiscal expansiva.

Para justificar esta posibilidad, que también se presenta como extrema, se señala que cuando el gobierno incrementa el gasto público la demanda agregada se incrementará y con ella la producción real. El supuesto básico es que se lleve a cabo una política monetaria acomodaticia, en el sentido de que se incremente la oferta monetaria, de manera que los tipos de interés no aumenten. En las citadas circunstancias, el incremento de la producción real, como se señaló en el capítulo anterior al analizar el principio de aceleración, alentará a las empresas a incrementar la demanda de inversión. Las empresas elevarán sus gastos de inversión, pues con el aumento de la producción verán cómo se incrementa el grado de utilización de la capacidad instalada de equipos y plantas industriales.

En cualquier caso, al margen del posible incremento de la inversión, lo relevante, desde el punto de vista neokeynesiano, es que un aumento del gasto público hace que la curva de demanda agregada se desplace. En términos gráficos, el desplazamiento de la curva de demanda agregada hacia la derecha, dado que la curva de oferta agregada para niveles de producción inferiores al potencial es bastante plana, originará un aumento apreciable de la producción y un incremento moderado de los precios (Figura 24.4).

Así pues, en una economía con unos niveles elevados de desempleo, una política fiscal expansiva, con una política monetaria acomodaticia, puede hacer que aumente la producción y la inversión.

La evidencia empírica nos dice, sin embargo, que, cuando debido a una política fiscal expansiva el déficit público aumenta, la inversión se ve afectada. El aumento de los tipos de interés tiende a compensar el impacto del gasto del gobierno. La intensidad del efecto desplazamiento dependerá de la actitud de las autoridades monetarias. Cuanto más restrictiva sea

Esquema 24.1. El aumento del gasto público y la inversión: Posibilidad extrema señalada por los keynesianos

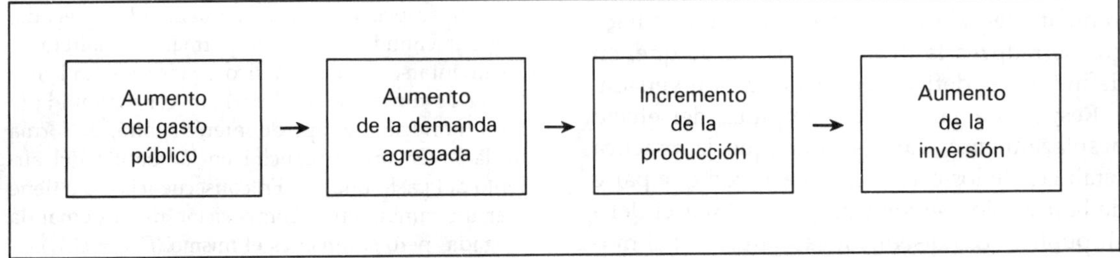

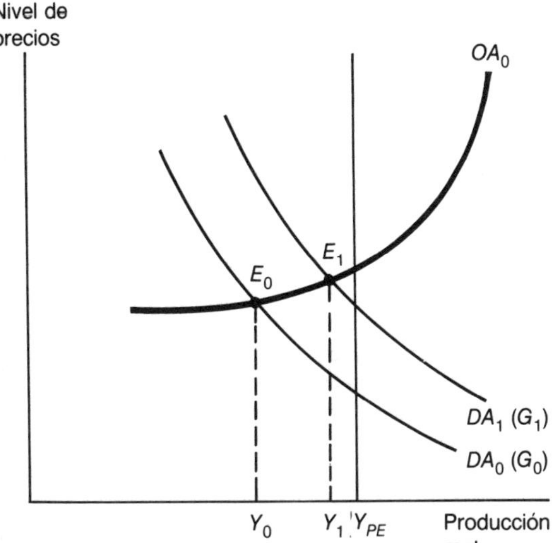

Figura 24.4. Los efectos de una política fiscal expansiva. Posición neokeynesiana.

Si una economía tiene recursos desempleados, la puesta en práctica de una política fiscal expansiva hace que los gastos públicos se incrementen desde el nivel G_0 hasta G_1. De esta forma, la curva de demanda agregada se desplazará hacia la derecha, con lo que la producción real aumentará, desde Y_0 hasta Y_1. Este incremento en la producción de equilibrio hará que la inversión también aumente.

---

la política monetaria seguida, en mayor medida se verá desplazada la inversión.

4. LA ECONOMIA DE LA OFERTA

El origen de la economía de la oferta

Influenciados por las ideas keynesianas, los responsables de la política económica destacaban, desde finales de la II Guerra Mundial hasta mediados de la década de los años 70, el papel de la demanda agregada en el desenvolvimiento de los ciclos económicos. Asimismo, confiaban en su manipulación con objeto de tratar de corregir la intensidad de las fluctuaciones económicas.

A la labor de crítica que desde la década de los cincuenta venían realizando los monetaristas se le vino a unir la coyuntura internacional en forma de la denominada crisis de la energía.

La crisis internacional iniciada a mediados de la década de los años 70, y cuyo detonante fue la brusca subida de los precios del petróleo, avivó las críticas al enfoque keynesiano de la macroeconomía. Se argumentó que la política macroeconómica se había orientado en exceso hacia el control de la demanda agregada. Asimismo, se señaló que el frecuente recurso a políticas fiscales a corto plazo había minado las bases de la vitalidad económica a largo plazo. En este sentido, se recordó que los factores que determinan el crecimiento de la producción potencial se pueden agrupar bajo dos categorías: aquellos que inciden sobre el crecimiento de los factores productivos, esto es, tierra, trabajo y capital, y los que suponen una mejora de la tecnología o la eficiencia y que inciden sobre la productividad.

Los defensores más representativos de la economía de la oferta no surgieron del mundo universitario, sino de la esfera política y de la clase empresarial. Entre los políticos cabe destacar al ex-presidente de los Estados Unidos, Ronald Reagan y a la Primera Ministra de Gran Bretaña, Margaret Thatcher, y, dentro del campo empresarial, al consultor Arthur Laffer (véase Nota complementaria 24.6).

Crítica a las políticas de demanda

Desde el lado de la oferta se señala que la preocupación por la demanda agregada había hecho olvidar la importancia del comportamiento individual y de los incentivos como fuerzas conductoras de la economía.

La economía de la oferta entronca con la economía clásica, pero actualiza los planteamientos de ésta con una comprensión nueva del comportamiento de los agentes económicos, de los fenómenos monetarios y del funcionamiento de la burocracia y del poder político. Recomienda que el papel del sector público se limite a mantener un marco estable con un mínimo de intervención.

Nota complementaria 24.6

LA CURVA DE LAFFER

A. Laffer considera que, si se practicase una reducción de los elevados tipos impositivos existentes en los países occidentales, los ingresos fiscales aumentarían, incentivando el ahorro, la inversión y el trabajo, y estimulando la oferta de bienes y servicios. De esta forma se compensarían los efectos inflacionistas asociados con el aumento en la demanda resultante de la reducción impositiva.

Estas ideas se concretan en la denominada *curva de Laffer,* que recoge la relación entre la renta fiscal del Estado (ordenadas) y los tipos impositivos (abscisas). Cuando éstos alcanzan el 100 %, la renta se anula, pues nadie trabaja sin retribución, y el gobierno no obtiene ingresos. Cuando avanzamos en la escala impositiva los ingresos del Estado aumentarán hasta llegar a un tipo impositivo lo suficientemente alto como para desalentar el trabajo y propiciar la evasión fiscal. El Estado obtendrá, entonces, menos ingresos y se iniciará el descenso a lo largo de la curva. Puede observarse cómo con un tipo impositivo menor (t^-) pueden obtenerse recaudaciones semejantes a otro mayor (t^+).

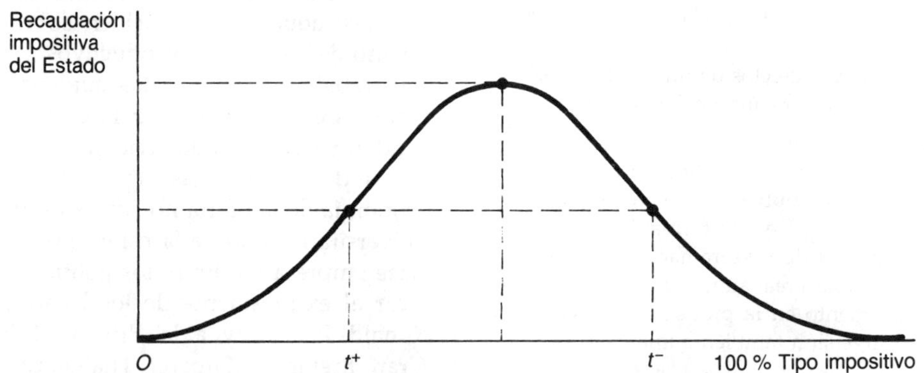

Los economistas de la oferta afirman que, a excepción de algunas perturbaciones exógenas, tales como el incremento en los precios de las materias primas y de los productos energéticos, la razón última de las tensiones inflacionistas radica en las políticas de demanda seguidas por la mayoría de los gobiernos. Desde el lado de la oferta se destacan los efectos negativos de la inflación, impulsada por políticas monetarias permisivas, sobre las expectativas empresariales, al aumentar la incertidumbre. Asimismo, se señala que los gastos públicos al crecer de forma continuada, además de crear tensiones inflacionistas y producir un «efecto de desplazamiento», han determinado que los impuestos hayan crecido fuertemente. Este aumento de los impuestos ha influido negativamente sobre los incentivos de los agentes y sobre la disponibilidad de los recursos, pues los propietarios se han sentido inclinados a dejar de ofrecer parte de los mismos al mercado, al enfrentarse con impuestos crecientes.

Desde la economía de la oferta se señala, asimismo, que la concepción intervencionista del gobierno ha impulsado la creación de una maraña de leyes y reglamentaciones que inhibe la acumulación del capital y contribuye a reducir la productividad. Este tipo de medidas, además de elevar los costos de producción, puede retardar las innovaciones tecnológicas y reducir los incentivos a acumular los recursos o a mejorar su calidad. Otro efecto negativo que también se le ha achacado a la regulación comercial es el de contribuir a elevar el riesgo de las inversiones. Se argumenta que las regulaciones suelen cambiar con cierta frecuencia, lo que supone un alteración de las reglas del juego en las que desempeña su actuación la empresa y, en consecuencia, un mayor grado de incertidumbre.

Paralelamente, los defensores de la economía de la oferta argumentan que la concepción del gobierno como instrumento para resolver los problemas económicos ha conducido a que éste se preocupe por ciertos problemas asociados con la distribución de la renta, lo que puede haber afectado a la oferta y reducir el producto total de la economía. Así, por ejemplo, para ofrecer los actuales niveles de los subsidios de desempleo y las prestaciones de la Seguridad Social, los gobiernos han tenido que incrementar las cotizaciones, lo que ha afectado negativamente a los incentivos para contratar nueva mano de obra.

El mensaje de los economistas de oferta

De acuerdo con lo señalado los aspectos más destacados de las propuestas de la economía de la oferta se pueden concretar en los puntos siguientes:

1. Enfasis en los incentivos de los agentes, para lo cual se propone la reducción de impuestos como medio para promover la inversión y la oferta de trabajo.
2. Disminución de la intervención gubernamental, de la burocracia y de la regulación de la actividad económica al mínimo

Nota complementaria 24.7

LA DESREGULACION

Una de las actuaciones que mejor caracterizan a la llamada Economía de la Oferta es la reducción de trabas legales que supuestamente impiden un eficaz funcionamiento del mecanismo de mercado. Se trata de la llamada «desregulación de la economía», de la que aún son escasas las experiencias de países concretos, en los cuales parece que los resultados no responden a todos los objetivos que se pretenden alcanzar, tal como se deduce de las siguientes afirmaciones contenidas en el informe aparecido en *Business Week* con fecha 22 de diciembre de 1986:

«...El manifiesto impulso recibido por la desregulación a finales de la década de los setenta y comienzos de los ochenta estuvo basado en la creencia de que la sustitución de la «mano muerta de la regulación» por la «mano invisible» del mercado libre fomentaría la competencia, mejoraría la productividad y reduciría los precios. Efectivamente..., en cada uno de los sectores sometidos a prácticas desreguladoras las mejoras en la eficacia con la que operan han superado las previsiones más optimistas.

Sin embargo..., existe evidencia de que está teniendo lugar un incremento en el grado de concentración. Cuando un objetivo fundamental de la desregulación era desmembrar los *cartel* que habían florecido bajo la regulación...

Igualmente decepcionante ha sido el fallo de la desregulación en potenciar la implantación de un conjunto de nuevos competidores..., ni un solo nuevo participante ha conseguido desafiar a los líderes. A pesar de la todavía escasa evidencia disponible de beneficios monopolistas, los observadores temen que las compañías más potentes utilicen el poder de que disfrutan para emprender una competencia de precios todavía más rigurosa...

Muchos partidarios de la desregulación no se sienten preocupados en absoluto por el grado creciente de concentración. El Premio Nobel de Economía de la Universidad de Chicago, J. Stigler, aplaude las *economías de redes* "ya que permiten que la economía sea más eficiente". Acepta "la posibilidad de prácticas monopolistas" pero confía en que las redes más lucrativas se verán sometidas a una mayor competencia...".

imprescindible para atender al bienestar general.

3. Establecimiento de normas estables de política que reduzcan lo máximo posible la incertidumbre de cara a la actuación de los agentes económicos.

■ Enfasis en los incentivos

Desde la economía de la oferta se destaca la pérdida de incentivos que tiene lugar cuando los tipos impositivos son muy elevados. Se señala que la política económica keynesiana, en su preocupación excesiva por la demanda, ha ignorado el impacto que los tipos impositivos y los incentivos ejercen sobre la oferta agregada, y en particular sobre el deseo de trabajar, sobre el ahorro y sobre el espíritu empresarial.

La hipótesis básica es que la reducción de los tipos impositivos elevará el rendimiento, después de impuestos, del trabajo y del capital, lo que incentivará la innovación y el crecimiento de la productividad. En términos gráficos esto supondrá un desplazamiento hacia la derecha de la curva de oferta agregada. El resultado final será el crecimiento de la producción potencial (Figura 24.5*a*). Cabe señalar, además, que si la economía se ha visto afectada por un *shock* de oferta que provoca un desplazamiento de la curva de oferta agregada hacia la izquierda, la potenciación de los incentivos es la

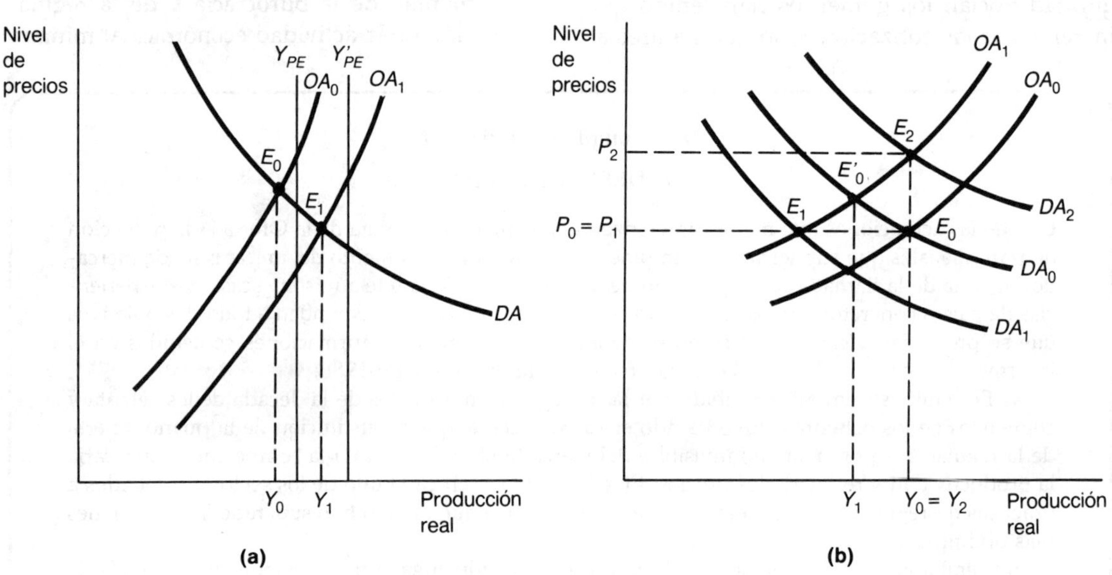

Figura 24.5. El impacto de una política que incide sobre la oferta.

Figura (a) La potenciación de los incentivos, vía reducción de impuestos, logrará desplazar la curva de oferta agregada hacia la derecha de OA_0 a OA_1. Al incentivar la innovación y la productividad, la producción potencial se incrementa, pasando desde Y_{PF} a Y'_{PF}.

Figura (b) Si la economía se ha visto afectada por un *shock de oferta,* esto es, por un brusco aumento de los costos de producción, se originará un desplazamiento de la curva de oferta agregada hacia la izquierda de OA_0 a OA_1, lo que originará un incremento de los precios y una reducción de la producción. En estas circunstancias, la puesta en práctica de una política de demanda agregada sería problemática. Si se pretendiera combatir la inflación habría que seguir una política de demanda contractiva (paso de DA_0 a DA_1), pero la producción y el empleo se reducirían aún más respecto a la situación inicial. Por otro lado, si se optara por mantener el nivel de producción inicial la política de demanda debería ser expansiva (DA_0 a DA_2), pero la inflación se incrementaría aún más en relación a la posición de partida. En estas circunstancias lo ideal sería poder desplazar de nuevo la curva de oferta agregada a su posición inicial mediante una política de oferta.

política adecuada. Esta estrategia lograría desplazar la curva de oferta agregada hacia la derecha. Las políticas de demanda (Figura 24.5*b*) implicarían costos importantes en términos de inflación o de desempleo.

■ Reducción de la intervención gubernamental

Por lo que respecta a la reticencia ante la intervención del sector público, ésta se deriva en parte del análisis del comportamiento de la burocracia pública. Se argumenta que los funcionarios y los políticos, al igual que los demás agentes económicos, tienen objetivos particulares que tratan de alcanzar a través de su gestión en el sector público. Con frecuencia los que ocupan empleos de responsabilidad en la Administración o en las empresas públicas se sienten tentados a considerar sus cargos como un eslabón más en su carrera pública, de forma que, al tomar decisiones, más que adoptar las medidas idóneas para una adecuada gestión a largo plazo, cuando éstas son impopulares, se recurre a soluciones de «parcheo» sin afrontar los problemas en profundidad, pensando que su cargo actual es sólo algo temporal.

Se señala, además, que existe una cierta tendencia a llevar a cabo medidas parciales que beneficien únicamente a ciertos grupos reducidos de población, pues son más «rentables» de cara a los políticos, bien por crear clientelas electorales o porque es más fuerte la presión ofrecida por los interesados, antes que otros proyectos generales que si bien son provechosos para la comunidad no producen ganancias particulares para ningún grupo específico. Por otro lado, aunque los funcionarios y los políticos estén bien intencionados, no suelen tener la información que da la proximidad y la vivencia de la realidad económica productiva, y difícilmente actúan con la anticipación que pueden tener los agentes insertos en los acontecimientos de la vida real.

A lo anterior habría que añadir que los incentivos que el sector privado tiene para ser eficiente suelen ser mucho más fuertes que los del sector público. Esta ausencia de incentivos es especialmente evidente a la hora de controlar los gastos; es frecuente que los responsables de los departamentos de la administración no sólo no tengan interés en reducir los gastos de su propio departamento, sino todo lo contrario, pues con frecuencia la «importancia» de la gestión realizada se mide precisamente por el volumen del gasto realizado.

Desde la economía de la oferta también se ataca el intervencionismo, por algunos de sus efectos no previstos ni deseados: esto es, la proliferación de la economía irregular y el mencionado efecto expulsión o desplazamiento.

• La *economía irregular* o *sumergida* es la parte de la actividad económica que escapa al control o registro de las autoridades con objeto de evadir el pago de impuestos, cargas sociales, reglamentos, etc.

Los efectos de la aparición de la economía irregular no se reducen a los ya comentados sobre el empleo (véase Capítulo 22), en el sentido de sobrevalorar el nivel de desempleo real, sino que, en términos más generales, cabe afirmar que distorsiona la información base para la toma de decisiones de política económica. Otra consecuencia de la existencia de la economía irregular o sumergida es que los ingresos fiscales y de Seguridad Social son inferiores a los que habría si la actividad irregular se ajustase a las normas.

■ Establecimiento de normas estables de política económica

Las políticas económicas propugnadas por los defensores de la economía de la oferta pretenden establecer, por un lado, una serie de medidas fiscales que devuelvan a los agentes económicos los incentivos necesarios para instarles a incrementar o mejorar la producción y, por otro, un reducido grupo de normas básicamente monetarias que permitan reducir la incertidumbre; todo ello procurando disminuir el peso del sector público en la economía.

Nota complementaria 24.8

LA REVOLUCION FISCAL

Otra de las principales propuestas surgidas de la Economía de la Oferta hace referencia a los intentos de promover una reforma radical de la fiscalidad. La experiencia práctica más sustantiva a este respecto corresponde a la reforma realizada en los Estados Unidos de Norteamérica. La revolución, como la califican algunos, se basa en algo muy simple: las rentas personales estarán sujetas a un tipo impositivo máximo del 28 % y mínimo del 15 %, reemplazando a los 15 tipos del sistema anterior, que se situaban entre el 11 y el 50 %. La presión fiscal sobre las empresas desciende del 46 % a un máximo del 34 %, pero la eliminación de las deducciones previamente existentes compensará los ingresos que dejarán de obtenerse de la renta de las personas físicas.

La reforma es revolucionaria, porque supone un cambio radical del funcionamiento de la economía, afectando a la forma en que los ciudadanos y las empresas gastan su dinero, ahorran, se endeudan e invierten sus dólares. Además, a pesar de la rebaja nominal del tipo máximo aplicable a las empresas, la eliminación de las deducciones supondrá que el mundo de los negocios pagará un 8 % más que hasta ahora. Asimismo, las ganancias de capital pasan a ser tratadas más severamente por Hacienda, lo que afectará sensiblemente a las inversiones en bolsa, oro, arte y antigüedades.

Sin embargo, no existe unanimidad acerca de cuál fue el efecto final de esta reforma sobre una economía con un futuro incierto, lastrada por un déficit presupuestario que superaba los 200.000 millones de dólares y unos números rojos en la balanza comercial por encima de los 150.000 millones de dólares. La reforma, como tal, era fiscalmente neutra, no recaudaría más que antes y, por tanto, no era una medicina para combatir el déficit presupuestario. No obstante, los defensores de la reforma aseguraban que, al permitir al mercado actuar con más libertad, el dinero acudiría a los lugares más productivos y el resultado sería una economía más eficiente, no proyectada sobre la búsqueda de beneficios fiscales. Los críticos responsabilizan a la reforma por el aumento en el déficit fiscal.

Respecto a la política fiscal los defensores de la economía de la oferta argumentan que, en general, el aumento de la presión fiscal (*) lleva consigo una reducción de la oferta de bienes y servicios. En consecuencia, la base tributaria (el conjunto de rentas a las que se aplica el impuesto sobre la renta de las personas físicas) se reduce y el aumento en la recaudación es menor que el esperado por las autoridades económicas. No debe olvidarse que los ingresos fiscales aumentarán cuando el tipo fiscal aumenta sólo si la base tributaria permanece estable. Por esta razón, desde la economía de la oferta se defiende la reducción de la presión fiscal como medio para potenciar los incentivos y la producción y, consecuentemente, para lograr un aumento en la recaudación de tributos, vía aumento de la base tributaria y no a través de la elevación de los tipos.

La filosofía que subyace en las propuestas de reforma del sistema fiscal se puede concretar diciendo que si se reducen los tipos impositivos aplicados al último peso ganado, esto es, si se reducen los tipos impositivos marginales, se influirá favorablemente sobre los incentivos y la recaudación final no disminuirá. Para los economistas de la oferta el sistema fiscal debería hacerse menos progresivo, esto es, debería reducir la presión fiscal de los individuos con rentas más elevadas.

Asimismo, desde la economía de la oferta se defiende una reforma de los impuestos, redu-

(*) La presión fiscal mide el peso relativo de la suma de los impuestos directos, los impuestos indirectos y las tasas fiscales sobre el PIB.

ciendo los impuestos directos y aumentando los indirectos. En este caso, no se espera alterar los ingresos públicos pero sí generar estímulos similares a los de una reducción aislada en los impuestos.

En cuanto a la política monetaria, se propone que las autoridades se limiten a proveer de forma estable y de acuerdo con unas normas fijas el volumen adecuado de medios de pago para instrumentar las transacciones, ofreciendo una moneda de valor sólido que facilite el intercambio económico y el comercio exterior.

5. CRITICAS A LA ECONOMIA DE LA OFERTA

Desde una perspectiva neokeynesiana se mantiene que no hay un método sencillo y sin riesgos para resolver los problemas de las economías occidentales. Se defiende que hay que compatibilizar los objetivos en conflicto. Así, la única forma de mejorar la inflación a corto plazo es seguir un camino que implica un costo considerable: altas tasas de desempleo, estancamiento de la producción, reducidas tasas de beneficios y escasa formación de capital.

Para los neokeynesianos, la pregunta a la que se debe responder es: ¿cuál es la relación costo-beneficio de las diferentes medidas creadas para tratar de reducir la tasa de inflacion? Implícitamente se acepta que una menor inflación implicará, en términos de producción y de empleo, un costo más alto.

La dudosa viabilidad de la rebelión fiscal

Por lo que respecta a la denominada rebelión fiscal, si bien se reconoce la conveniencia de indexar los impuestos para combatir la elevación de la base imponible únicamente como consecuencia de la inflación, se argumenta que las reducciones tributarias por sí solas no ocasionarán necesariamente ni una menor inflación ni un crecimiento de la economía más estable. La reducción de impuestos, junto con los estímulos fiscales a ciertas actividades, significa una política fiscal expansionista y mayores déficit, a menos que se logre reducir el gasto público. Se mantiene que buena parte de las argumentaciones de los economistas defensores de la oferta, relativas a las reducciones fiscales, carecen de base científica, pues, si se toman las medidas por ellos sugeridas, lo normal será que se generen mayores tensiones inflacionistas.

Para los neokeynesianos, las medidas que propugnan los economistas partidarios de la oferta lo que logran por un lado lo pierden por otro, pues lo que se hace para estimular la formación de capital, vía reducción de impuestos, la autoridad monetaria tendrá que deshacerlo por otro, racionando el crédito y elevando el costo del dinero. Además, aunque desde el lado de la oferta se propugne aumentar la eficiencia del sector público, esto no será suficiente y habrá que recurrir a reducciones en el gasto público, en particular en los gastos de transferencia, y a la eliminación de ciertos programas sociales, que suelen tener además serias implicaciones sobre la distribución de la renta y sobre la lucha para eliminar la pobreza.

La efectividad de las medidas propuestas

Por otro lado, se critica la efectividad de las propias medidas propuestas. Cuando se habla de una reducción masiva del impuesto sobre la renta personal, en particular en el extremo superior de los grupos de contribuyentes, habrá que preguntarse: ¿Hará esto que la gente trabaje más? Muchos individuos no tienen la alternativa real de trabajar más o menos. La mayoría de los trabajos están organizados de tal manera que no permiten una respuesta afirmativa. Pero incluso para aquellos que tienen la posibilidad, y especialmente si se trata de individuos con altos ingresos, el incentivo para trabajar más puede que se compense con el deseo de un mayor ocio, al verse con una mayor renta neta, con lo cual los efectos finales probablemente no serán muy perceptibles.

Nota complementaria 24.9

LA POLITICA ECONOMICA ARGENTINA EN LA DECADA DE LOS NOVENTA

La política económica vigente en Argentina en los comienzos de la década de los años noventa ha recogido muchas de las críticas formuladas a las políticas estabilizadoras de demanda a que se hace referencia en el texto.

Esto explica que las estrategias seguidas por las autoridades económicas estén dirigidas a lograr los siguientes objetivos:

- Estabilidad económica.
- Reactivación de la producción.
- Reforma del Estado y desregulación de los mercados.

a) Estabilidad económica

El principal objetivo de la política económica es reducir la inflación. Para ello el instrumento clave es el régimen de Convertibilidad, a través del cual se regula la oferta monetaria.

Pero la convertibilidad supone el equilibrio fiscal, ya que el Estado ahora no puede recurrir a la emisión para el financiamiento del déficit presupuestario.

Por ello, el aumento de los ingresos —elevando la presión tributaria y combatiendo la evasión impositiva— y la reducción de gastos —a través de las transferencias al sector privado o el cierre de las empresas y organismos deficitarios— juegan un rol destacado en la estrategia económica.

En tal sentido, las previsiones contenidas en el proyecto de presupuesto para 1993 contemplan una presión tributaria que alcanzaría al 27,6 % del PIB, según se detalla a continuación.

PRESION TRIBUTARIA DEL SECTOR PUBLICO
(En % del PIB)

Concepto	1992	1993	Diferencia
Ganancias	1,66	3,61	1,95
Activos	0,47	0,30	−0,17
Valor Agregado	8,54	10,51	2,07
Previsión Social	7,28	7,67	0,59
Combustibles	1,73	1,44	−0,29
Internos	1,47	1,40	−0,07
Otros	2,91	2,66	0,25
Total impuestos nacionales	**24,06**	**27,59**	**3,53**

FUENTE: Ministerio de Economía y Obras y Servicios Públicos. Secretaría de Hacienda.

b) Reactivación

La apertura de la economía al comercio internacional es el instrumento prioritario de esta dirección.

En particular, el énfasis está puesto en el desarrollo del MERCOSUR, empresa que, sin embargo, no está exenta de tropiezos.

La apertura, al permitir abaratar los costos de las materias primas, debería, asimismo, incrementar la competitividad de la industria argentina. En igual dirección jugaría la mejor prestación de los servicios públicos luego de su privatización.

c) Reforma del Estado y desregulación

El programa de privatización de empresas y actividades estatales apunta a producir varios efectos simultáneos.

Por un lado, reduce el gasto público, al pasar a manos privadas actividades hasta ahora en manos del Estado.

Incrementa, en lo inmediato, los ingresos públicos con el producido de dichas transferencias.

Posibilita, asimismo, la capitalización de una infraestructura económica precaria y obsoleta por la falta de inversiones en los últimos años.

Como ya se ha señalado, ello debe posibilitar bajar el llamado «costo argentino» generado por la ineficiente prestación de los servicios en manos del Estado.

En la misma dirección se ubican las desregulaciones y desburocratización de las actividades productivas y comerciales.

En un marco de estabilidad, de eliminación de las trabas legales al libre funcionamiento de los mercados, de apertura económica y de concentración del Estado en sus funciones esenciales, la empresa privada debería responder con un incremento en la producción, el empleo y las exportaciones.

Frente al argumento de que vía reducciones fiscales se podría inducir un mayor crecimiento de la productividad, pues el dinero iría a manos de quienes invierten en actividades de mayor productividad, se señala que los efectos pueden no ser significativos. Si se pretende mejorar la productividad lo aconsejable sería tomar medidas directas sobre los factores que afectan el rendimiento de capital: como por ejemplo, lograr una tasa de amortización apropiada. En definitiva, se argumenta que si se pretende hacer más rentable la inversión lo más adecuado no es limitarse a implantar reducciones masivas en los impuestos personales. Para lograr estos objetivos quizás sean más indicados los procedimientos tradicionales, que pueden concretarse en tratar de mantener la economía estable, alentar la formación de capital y rebajar gradualmente la tasa de inflación.

El papel de la política monetaria

Respecto al papel de la política monetaria se mantiene que la autoridad monetaria no debiera fijar sus objetivos en términos de crecimiento del *stock* de dinero y desentenderse de lo que ocurra en el resto de la economía. Se debería tener en consideración lo que ocurre en el sector real de la economía, pues se corre el peligro de que sea exclusivamente sobre este sector sobre el que recaigan las posibles perturbaciones que tienen origen en el funcionamiento del sector público y/o en el sector exterior. Aunque aparentemente puedan contribuir a reducir la incertidumbre y a combatir la inflación, cabe la posibilidad de que las normas «ciegas» de política monetaria ocasionen serios males al sector productivo en aras de una postura que cabría tildar de mecanicista.

A modo de síntesis

El rechazo a algunas de las hipótesis más representativas de los economistas de la oferta no implica una opción a favor del estancamiento. Cabe señalar, en primer lugar, que el nexo de unión entre desigualdad y crecimiento no es tan estrecho como parecen sugerir los economistas de la oferta. Puede haber crecimiento sin aumentos importantes en la desigualdad de la distribución de la renta. En segundo lugar, resulta que ciertos países en vías de desarrollo, como Taiwan, Costa Rica o Singapur, han logrado tasas de crecimiento relativamente altas sin haber experimentado un empeoramiento en la distribución de la renta. En esos países se ha evidenciado que la preocupación por factores tales como el acceso generalizado a los recursos productivos y el desarrollo de los recursos humanos han contribuido notablemente a lograr una estrategia de crecimiento con equidad. En su mayor parte esta preocupación se ha concretado en ayudas a los pequeños agricultores en términos de políticas de precios favorables y subvenciones financieras que les faciliten el acceso a la propiedad de la tierra.

De lo comentado hasta ahora sobre las propuestas provenientes del lado de la oferta no debe inferirse tampoco un rechazo total de las mismas. Si se ha producido una perturbación en la oferta, en particular si ha tenido lugar un alza en los costos de producción, la solución aparentemente más inmediata consistirá en compensar dicha alza mediante el abaratamiento de algún componente del costo que permita alcanzar los mismos márgenes de beneficios sin alterar los precios de venta. De este modo estarían justificadas las iniciativas que tendiesen a reducir alguno de los elementos no directamente cuantificables pero que afectan a la acumulación del capital y a la productividad.

Dentro de este último tipo de medidas cabría volver a incidir sobre las encaminadas a establecer un marco institucional más favorable a la inversión y a la producción, y comprendería todas aquellas iniciativas, tales como la eliminación de las regulaciones innecesarias, que puedan afectar favorablemente a la iniciativa empresarial y a la productividad.

Este tipo de medidas por el lado de la oferta no son criticables en sí. Lo que se cuestiona es el grado de efectividad de las mismas y su capacidad, por sí solas, para lograr los objetivos que se proponen.

RESUMEN

- La *economía keynesiana* defiende que, debido principalmente a la rigidez de los salarios, un sistema capitalista de mercado no tiende automáticamente hacia el equilibrio con pleno empleo. Se defiende que la situación de equilibrio con desempleo, en la que normalmente se encuentra la economía, se podría evitar mediante la puesta en práctica de políticas monetarias o fiscales.

- Los *monetaristas* sostienen que los cambios en la cantidad de dinero son la causa fundamental de las fluctuaciones cíclicas. Consideran que el dinero es la pieza fundamental en el diseño de la política macroeconómica. Mantienen que la oferta monetaria es el determinante clave de los movimientos a corto plazo del PIB nominal y del nivel de precios a largo plazo.

- La *economía de la oferta* ha estudiado la posibilidad de influir sobre algún elemento del costo y, en general, se han analizado todos aquellos factores que pueden contribuir a incentivar la producción. Se centra en el estudio del comportamiento individual y de sus incentivos.

- La postura de la *economía de la oferta* se puede concretar en los puntos siguientes:

  1. drástica reforma de la regulación gubernamental y eliminación de toda regulación innecesaria;

2. reducción de los gastos y los impuestos y reforma del sistema de tributación procurando incidir favorablemente sobre los incentivos, y
3. la política monetaria se debería concretar en normas estables que se limiten a proveer el volumen adecuado de medios de pago.

• Respecto a la llamada *revolución por el lado de la oferta* cabría señalar que no hay método sencillo y sin riesgos para afrontar una situación caracterizada por inflación con estancamiento. Hay que compatibilizar los objetivos, pues parece ser que la única forma de mejorar la inflación a corto plazo es a base de unos menores niveles de empleo y producción. En cuanto a la rebelión fiscal, se señala que las reducciones de impuestos, por sí solas, no ocasionarán necesariamente ni una menor inflación ni un crecimiento más estable. En relación al papel de la política monetaria se mantiene que las «normas» ciegas, aunque aparentemente puedan contribuir a reducir la incertidumbre, pueden ocasionar serios inconvenientes.

CONCEPTOS BASICOS

— Keynesianos.
— Monetaristas.
— Neokeynesianos.
— Teoría cuantitativa.
— Velocidad de circulación del dinero.
— La economía de la oferta.
— ***Shocks*** **de oferta.**
— La rebelión fiscal.

TEMAS DE DISCUSION

1. ¿Cuáles suelen ser las variables-objetivo de la política macroeconómica? Desde su punto de vista, el equilibrio presupuestario, ¿es un objetivo o una restricción?

2. ¿Qué defiende la economía keynesiana? ¿Puede existir una situación de equilibrio con desempleo?

3. ¿Qué entiende usted por velocidad de circulación del dinero?

4. Analice las implicaciones de la teoría cuantitativa del dinero.

5. ¿De qué factores depende la velocidad de circulación del dinero?

6. ¿Qué entiende usted por efecto desplazamiento? ¿En qué circunstancias puede que se dé un aumento paralelo de los gastos públicos y de la inversión privada?

7. Analice gráficamente las dificultades que plantean a los responsables de la política económica los procesos inflacionarios que tengan su origen en la oferta. ¿Cuáles son las diferencias con un proceso que tenga su origen en la demanda?

8. ¿Qué entiende usted por economía de la oferta? ¿Qué necesidades supone respecto a la política monetaria?

9. ¿En qué sentido puede decirse que los políticos, al igual que los demás agentes, tienen unos objetivos particulares que tratan de maximizar? ¿Qué incidencias tiene esta posibilidad sobre el tipo de medidas de política económica que efectivamente se toman?

10. ¿Qué entiende usted por la llamada rebelión fiscal preconizada por los defensores de la economía de la oferta? ¿En qué sentido un gobierno podría recaudar más ingresos reduciendo los impuestos?

PARTE IX

Economía internacional, crecimiento y desarrollo

CAPITULO 25

La balanza de pagos y los tipos de cambio

INTRODUCCION

Las relaciones económicas entre países se justifican en última instancia porque permiten incrementar el consumo por encima de lo que cada país, aisladamente, podría producir.

En cualquier caso, para poder consumir bienes del extranjero hay que vender productos nacionales o endeudarse. El registro de este tipo de transacciones se realiza en la Balanza de Pagos.

En las relaciones internacionales hay otra variable que juega un papel fundamental, que es el tipo de cambio. Al estudio de su determinación en el mercado de cambios y al análisis de su incidencia sobre la actividad económica se destina el resto del capítulo.

1. LAS RELACIONES ECONOMICAS INTERNACIONALES Y LA BALANZA DE PAGOS

Las cuentas de una nación con el exterior son similares a las de una empresa o familia. Las familias y empresas efectúan cobros y pagos a otras familias y empresas, y, a la luz de sus ingresos y gastos totales, incurren en un déficit o un superávit. La diferencia principal entre las cuentas de una familia o una empresa y las de una nación es que en las de ésta se mezclan operaciones en muchas monedas distintas.

El instrumento contable capaz de permitir el seguimiento de las relaciones de una economía determinada con el resto del mundo es la balanza de pagos.

• **La *balanza de pagos* es un documento contable que registra sistemáticamente el conjunto de transacciones económicas de un país con el resto del mundo durante un período de tiempo determinado.**

Suministra información detallada acerca de todas las transacciones económicas con el exterior, ya sean transacciones de bienes y servicios o transacciones financieras.

La balanza de pagos tiene, además, otro importante papel. Al elaborarse de una manera homogénea por la mayoría de los países del mundo, sirve para poder establecer comparaciones a nivel internacional acerca de las diferencias en cada una de las sub-balanzas en que puede dividirse (Cuadro 25.1).

Cuadro 25.1. Balanza de Pagos de la economía argentina (1991)
(En millones de dólares)

Conceptos	Ingresos netos	Egresos netos	Saldo
Cuenta Corriente			**−2.500**
Mercancías			4.040
Exportaciones	12.078		
Importaciones		8.038	
Servicios Reales			−935
Servicios Financieros			−5.634
Utilidades y dividendos		805	
Vencimiento por intereses		5.208	
Intereses percibidos	379		
Transferencias			29
Cuenta Capital			**2.457**
Privatizaciones	1.974		
Inversión directa	465		
Financiación de exportaciones		30	
Financiación de importaciones	1.675		
Operaciones con org. intern.	312		
Títulos y préstamos del Gobierno	335		
Préstamos a empresas privadas	345		
Préstamos a empresas públicas	105		
Trade credit and deposit facility	1		
Otros		2.725	
Errores y omisiones			**−125**
Variación de reservas internacionales netas			**−168**

FUENTE: Estimación del BCRA

Nota complementaria 25.1

FUENTES DE INFORMACION SOBRE LA BALANZA DE PAGOS ARGENTINA

Las fuentes de información sobre el sector externo son:

Instituto Nacional de Estadística y Censos. El INDEC procesa y publica toda la información relativa a exportaciones e importaciones.

Banco Central de la República Argentina. Compila y publica toda la información referida tanto a la balanza por cuenta corriente como a la balanza por cuenta de capital.

La información del INDEC aparece en forma mensual y se publica en su *Estadística mensual*. La del Banco Central tiene por período de referencia el trimestre. Se difunden sus estimaciones en la publicación *Indicadores Económicos* mientras que la información anual definitiva se da a conocer en la *Memoria Anual*.

Asimismo, la Secretaría de Industria y Comercio del Ministerio de Economía anticipa estimaciones —en base a un muestreo de los despachos de Aduana— del monto mensual de las importaciones y exportaciones. Se trata de una información menos confiable que la del INDEC pero que se publica antes que la que compila este último organismo.

LA BALANZA POR CUENTA CORRIENTE

Las transacciones registradas por la balanza de pagos se agrupan en dos grandes categorías, que integran la *balanza por cuenta corriente* y la *balanza por cuenta de capital.* Las transacciones contenidas en la balanza por cuenta corriente incluyen, por una parte, las exportaciones e importaciones de mercancías y servicios y, por otra, las transferencias unilaterales corrientes, es decir, con destino al gasto, ya sean públicas o privadas.

- **Las *importaciones* son los bienes o mercancías y servicios que compran los residentes nacionales a los extranjeros. Las *exportaciones* son las ventas de bienes y servicios de residentes nacionales a extranjeros. Las *transacciones por cuenta corriente* son las compras y ventas de bienes y servicios, así como las transferencias unilaterales corrientes.**

Nota complementaria 25.2

BALANZA COMERCIAL: UNA DINAMICA PREOCUPANTE

El incremento de las importaciones verificado a partir de la puesta en vigencia del Plan de Convertibilidad, acompañado de un escaso dinamismo por parte de las exportaciones, ha hecho caer drásticamente el saldo de la balanza comercial en 1991.

Algunas estimaciones aseguran que el mismo sería ligeramente negativo para 1992. En el gráfico se vuelca la evolución de dicho saldo en el período 1980/1991.

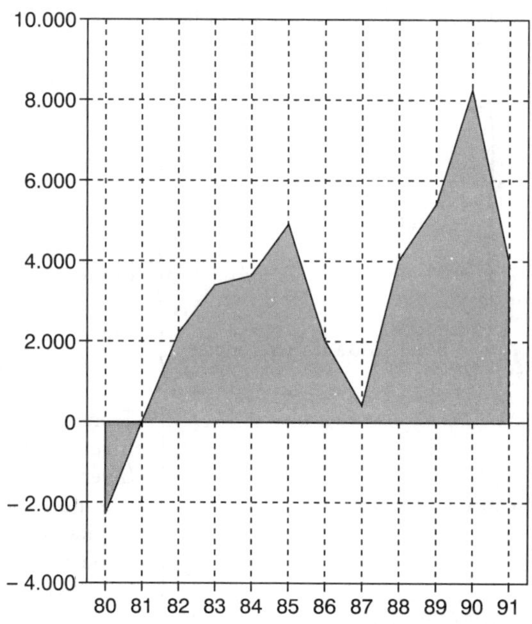

FUENTE: BCRA.

Así pues, en la balanza por cuenta corriente aparecen recogidas todas aquellas transacciones que dan lugar a una generación de renta en nuestro país o en el exterior, y aquellas transacciones que sin generar rentas dan lugar a una mayor o menor disponibilidad de renta para el gasto, esto es, las transferencias corrientes.

La balanza comercial o de mercancías

Todo país intercambia mercancías con otros países. Las que compra al exterior se denominan importaciones y las que vende a otros países son las exportaciones.

- **La *balanza comercial,* o *de mercancías,* está integrada por el conjunto de las importaciones y las exportaciones de mercancías.**

En el caso de la economía argentina, las importaciones están típicamente constituidas por materias primas, bienes de capital y bienes de consumo. Es decir, insumos para abastecer a la industria nacional y bienes finales que no se producen en el país.

En cuanto a las exportaciones, están compuestas fundamentalmente por productos agropecuarios y sus manufacturas.

La balanza de servicios

Junto a las mercancías, todo país compra y vende servicios. Por ejemplo, una empresa española puede contratar servicios de asesoramiento técnico en el extranjero. Asimismo, los residentes en Argentina pueden pasar sus vacaciones en el extranjero, dando lugar a una diversidad de pagos por servicios que se engloban bajo la rúbrica genérica del turismo. Por otra parte, los servicios de transporte efectuados por empresas extranjeras deben pagarse, y lo mismo ocurre con los servicios portuarios y

Esquema 25.1 Estructura de la balanza de pagos

Balanza de operaciones corrientes	Balanza comercial	Importaciones Exportaciones
	Balanza de servicios	Transportes Seguros Viajes Rentas de inversión Otros servicios
	Balanza de transferencias	Transferencias privadas corrientes Transferencias oficiales corrientes
Balanza por cuenta de capital		Transferencias de capital Inversiones directas Inversiones de cartera Créditos a largo plazo Capital a corto plazo autónomo Variaciones de reservas exteriores netas (*)

(*) Las variaciones de reservas exteriores netas son una partida de ajuste que permite que en conjunto la balanza de pagos aparezca siempre equilibrada.

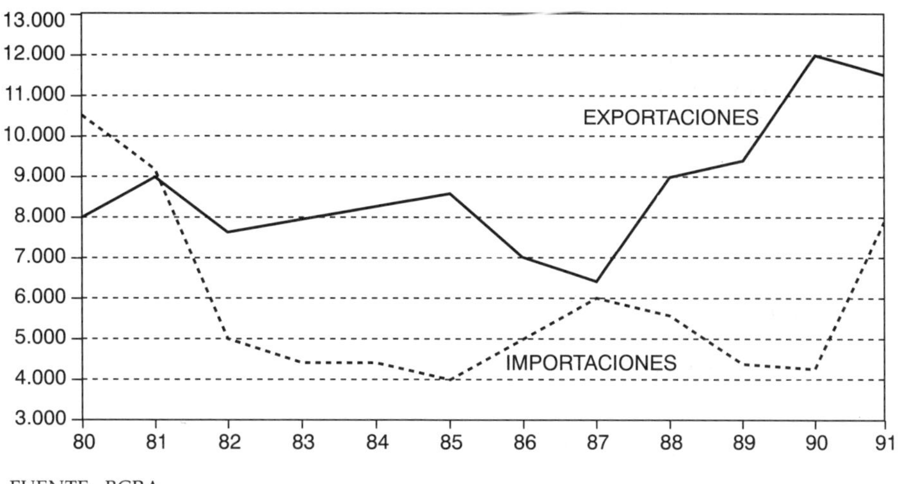

FUENTE: BCRA.

Figura 25.1. Balanza de mercancías. (Millones de dólares).

los prestados por empresas de publicidad, consultoría, etcétera.

Todo este tipo de actividades que llevan consigo el pago como contraprestación a un servicio constituyen las importaciones de servicios. Las exportaciones de servicios están constituidas por todas las actividades similares a las referidas, pero que implican cobrar por parte de los agentes económicos argentinos.

- **La *balanza de servicios* está integrada por el conjunto de las importaciones y exportaciones de servicios.**

En la *balanza de servicios* de la economía argentina se destaca el peso que, a partir de los años 80, adquiera el pago de los intereses de la deuda externa.

La balanza de transferencias

Todos los tipos de transacciones internacionales hasta ahora descritas comprenden operaciones en las que se entregan o se reciben unos recursos reales a cambio de otros. No ocurre lo mismo con las denominadas transferencias, en

Cuadro 25.2. Cobertura de las exportaciones de bienes respecto de las importaciones en Argentina (En millones de dólares)

Año	(1) Exportaciones	(2) Importaciones	(1)/(2) × 100 Indice de cobertura (*)
1987	6.360,2	5.818,8	109,3
1988	9.134,8	5.322,0	171,6
1989	9.573,0	4.200,1	227,9
1990	12.353,6	4.077,4	303,0
1991	12.078,0	8.038,0	150,3

(*) Porcentaje de importaciones que se pueden financiar por las exportaciones.
FUENTE: BCRA.

las que tienen lugar entregas a título gratuito o sin contrapartida y que exigen una contabilización especial. Las remesas remitidas por los ciudadanos de un país que trabajan en otros países son un ejemplo de este tipo de transacciones internacionales. El conjunto de este tipo de transacciones integra lo que se denomina *balanza de transferencias.*

• **Las *transferencias netas al extranjero* son iguales a las transferencias realizadas por las empresas, economías domésticas y el sector público a los extranjeros menos las transferencias realizadas por los extranjeros a los residentes del país. La balanza de transferencias es la integrada por este tipo de transacciones.**

Déficit y superávit de la balanza por cuenta corriente

Una vez analizadas las distintas sub-balanzas que integran la balanza por cuenta corriente, vamos a analizar el origen de los déficit y los

Nota complementaria 25.3

LA COMPOSICION DE LAS EXPORTACIONES ARGENTINAS

En el gráfico adjunto puede verse la evolución de las exportaciones argentinas en la década del ochenta, discriminadas por tipo de bien.

Puede advertirse el rol estratégico que el sector primario juega desde el punto de vista del sector externo. En efecto si se suman los productos primarios a las manufacturas de origen agropecuario se totaliza más de los dos tercios de las exportaciones anuales argentinas.

Un dato promisorio lo constituye el avance que a lo largo de la década han tenido las manufacturas de origen industrial, aunque en 1990 insinúan una tendencia declinante.

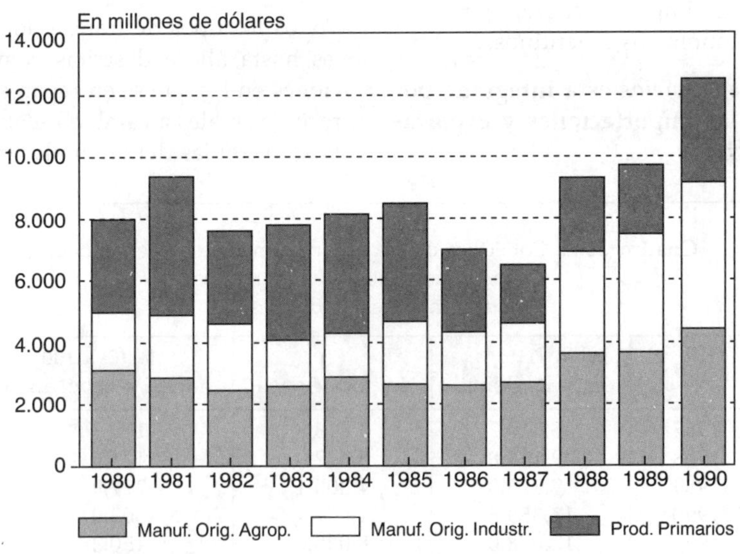

FUENTE: BCRA en base a datos del INDEC.

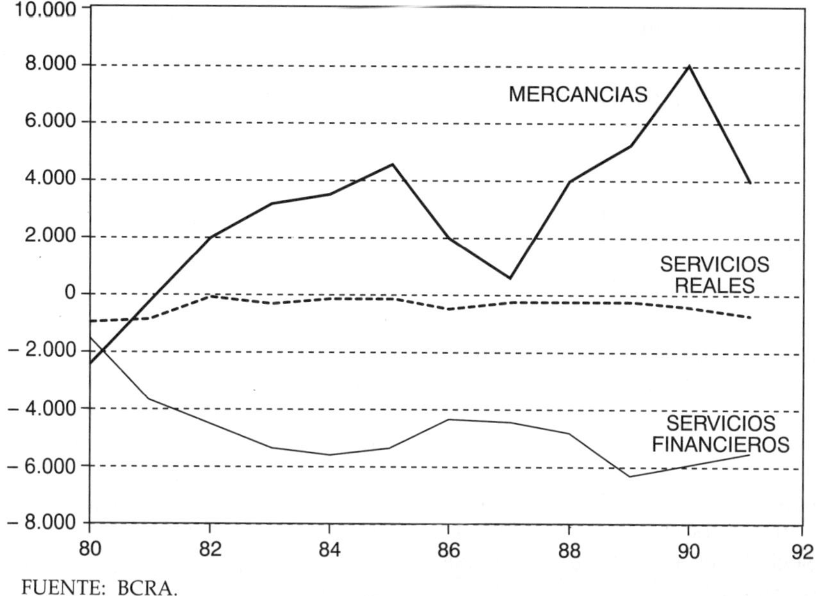

FUENTE: BCRA.

Figura 25.2. Saldos de los rubros de la balanza por cuenta corriente. (Miles de millones de dólares).

superávit en la cuenta corriente de un país y sus consecuencias. Tal como se ha señalado, la cuenta corriente mide el valor de los ingresos netos o gastos netos de un país derivados de las transacciones internacionales de bienes, y servicios, con y sin contrapartida.

$$\textbf{Balanza por cuenta corriente} = \textbf{Ingresos derivados de las exportaciones de bienes y servicios} - \textbf{Gastos e importaciones de bienes y servicios} + \textbf{Transferencias corrientes netas del extranjero} \quad (1)$$

Por tanto, la cuenta corriente registra un *déficit* cuando los gastos derivados de la compra de bienes y servicios y de las transferencias superan a los ingresos. Por otro lado, la cuenta corriente de un país registra un *superávit* cuando recibe más por la suma de la venta de bienes y servicios a extranjeros y por transferencias del extranjero que lo que paga por la compra de bienes y servicios o por las de transferencias al exterior.

La financiación de los déficit por cuenta corriente

Un país cuya cuenta corriente registra un déficit tiene dos opciones para financiarlo: pedir préstamos en el extranjero o vender activos a extranjeros. Por el contrario, un país cuya cuenta corriente presenta superávit está ganando más en el extranjero de lo que compra y, por tanto, está acumulando activos exteriores o prestando a extranjeros.

Cuando los países tienen superávit o déficit por cuenta corriente, varía su propiedad de activos exteriores. Los *activos exteriores netos* son la diferencia entre los activos exteriores que poseen los residentes nacionales y los activos nacionales que poseen los extranjeros.

La relación entre el déficit y el superávit por cuenta corriente y los activos exteriores netos se puede establecer mediante las dos ecuaciones siguientes:

Déficit por cuenta corriente	=	**Disminución de los activos exteriores netos**	(2)
Supéravit por cuenta corriente	=	**Aumento de los activos exteriores netos**	(3)

De lo señalado se deduce que si, por ejemplo, la economía presenta un déficit por cuenta corriente, para financiarlo los residentes pueden recurrir a alguna de las operaciones siguientes:

a) Vender activos nacionales (acciones, propiedades inmobiliarias, la propiedad directa de sociedades anónimas, etc.) a residentes extranjeros.
b) Pedir prestado a los bancos extranjeros.
c) Vender activos exteriores que poseen en el extranjero (*).

Cualquiera de estas transacciones representa reducción de los activos exteriores netos y es la consecuencia de un déficit por cuenta corriente.

Resulta, sin embargo, que si el déficit es muy grande y persiste a lo largo del tiempo, no se podrá financiar de forma indefinida. Puede ser que los activos se agoten y que los extranjeros no estén dispuestos a seguir facilitando financiación. Como veremos más adelante, tarde o temprano el país con déficit tendrá que *ajustar* su situación aumentando los ingresos procedentes del extranjero o reduciendo sus gastos en el exterior.

• **Un *déficit por cuenta corriente* se financia vendiendo activos a extranjeros o pidiéndoles prestado, es decir, endeudándose. Para eliminar un déficit por cuenta corriente un país debe reducir su gasto en el extranjero o aumentar los ingresos procedentes de la venta de bienes y servicios en el extranjero.**

(*) Otra posibilidad, como veremos más adelante, consiste en perder reservas de divisas.

LA BALANZA POR CUENTA DE CAPITAL

Todas las transacciones internacionales incluidas en la balanza por cuenta corriente se liquidan y ello no tiene ningún tipo de implicación ulterior. Esto no ocurre, sin embargo, si por ejemplo una empresa extranjera invierte en Argentina. La transacción supondría para Argentina un ingreso de divisas, esto es, de monedas extranjeras o de derechos sobre el extranjero, pero a partir de entonces Argentina quedaría endeudada y, como consecuencia de ello, tendría que pagar cada año, entre otras cosas, los intereses por el capital invertido. Por otro lado, si un banco extranjero concede un préstamo a una empresa nacional, dicha cantidad se consideraría un ingreso en ese año, pero sería también una deuda del país para años sucesivos, que obligaría al pago de intereses y a la amortización del principal.

Este conjunto de transacciones, que reflejan las disponibilidades del país para financiar su formación de capital o modificar la posición acreedora o deudora frente al resto del mundo, se engloban en seis tipos básicos de operaciones, integrantes todas ellas de la *balanza por cuenta de capital*, que son:

a) Transferencias unilaterales de capital.
b) Inversiones directas, tales como la compra de un terreno o una casa por un extranjero.
c) Inversiones en cartera, esto es, cuando lo que se compra o se vende es la propiedad de una empresa, sus acciones o capital.
d) Créditos a largo plazo, recibidos del exterior a plazo superior a un año o concedidos al exterior, y devoluciones de los créditos recibidos o concedidos.
e) Capital a corto plazo, es decir, créditos recibidos o concedidos, y su devolución cuando el plazo de vencimiento es inferior a un año.
f) Variaciones en las reservas centrales de divisas.

• **Las *reservas* son las posesiones que tiene un país de divisas y otros activos que pue-**

den utilizarse para satisfacer las demandas de divisas, y que sitúan al país como acreedor frente al exterior, ya que éstas representan activos frente al resto del mundo (Esquema 25.2).

El conjunto de las transacciones citadas se reflejan en la cuenta de capital. La cuenta de capital registra los ingresos procedentes del comercio de activos como la venta de acciones, bonos, propiedad inmobiliaria y sociedades a extranjeros y los gastos derivados de las compras de activos en otros países, incluidas las reservas de divisas.

De forma esquemática, la cuenta de capital puede expresarse como sigue:

$$\textbf{Balanza por cuenta de capital} = \textbf{Ingresos procedentes de la venta de activos al extranjero} - \textbf{Gastos en la compra de activos en el extranjero} \quad (4)$$

Déficit y superávit por cuenta de capital

La cuenta de capital de un país registra un *superávit* cuando éste obtiene más ingresos por la venta de activos al resto del mundo de los que se gasta comprando activos en el exterior. En este caso decimos que hay una *entrada neta de*

Esquema 25.2. Reservas centrales netas en Argentina

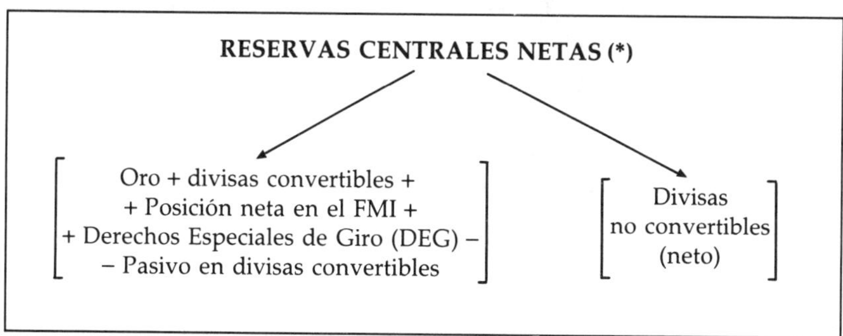

(*) ACLARACION A LA COMPOSICION DE LAS RESERVAS CENTRALES NETAS:

- *Oro:* importe del oro propiedad del Banco Central y del Tesoro.
- *Divisas convertibles:* divisas admitidas a cotización en el mercado cambiario argentino en poder del Banco Central.
- *Posición neta en el Fondo Monetario Internacional (FMI):* posibilidad de giro automático contra dicho organismo. Dicha posición neta viene definida por la totalidad de la cuota más los pesos en poder del FMI o también por la cuota desembolsada en divisas (25 % cuota total) más las compras (–) o ventas (+) de moneda extranjera al FMI.

— *Cuota:* aportación de cada país miembro del FMI al mismo y que determina sus posibilidades de utilización de los recursos del FMI. El 25 % de la misma desembolsada en divisas, el 75 % en moneda nacional.

— *Pesos en poder del FMI:* su valor equivale a la suma algebraica de los desembolsos efectuados en pesos por la cuota y del movimiento en pesos derivado de las compras o ventas de moneda extranjera al FMI.

- *Derechos Especiales de Giro (DEG):* total de este tipo de activos exteriores utilizados por el Banco Central que resulta de sumar (o restar), a los asignados a Argentina, los recibos (pagados) de otros países.

Los DEG son activos de reserva que emite el FMI y que se distribuyen entre los miembros de éste sin ninguna contrapartida, salvo la obligación de aceptar las reglas del juego impuestas por el FMI para su utilización.

- *Pasivos en divisas convertibles:* créditos a corto plazo en divisas convertibles a pagar por el Banco Central y saldos en depósitos a la vista en pesos mantenidos por diversos organismos como el Banco Internacional de Reconstrucción y Fomento (BIRF). Servicios financieros del petróleo *(Oil Facility).*
- *Divisas no convertibles:* saldo neto de los acuerdos bilaterales de *clearing* con monedas no admitidas a cotización en el mercado cambiario argentino.

Nota complementaria 25.4

LA BALANZA DE CAPITALES A LARGO PLAZO

La balanza de capitales a largo plazo de Argentina muestra marcadas oscilaciones, según puede verse en el gráfico adjunto que cubre el período 1983/1990. Mientras la inversión directa muestra un saldo positivo —salvo en 1987— y creciente, en la inversión de cartera predominan los saldos negativos, indicando que la cancelación de obligaciones excedió —en la mayoría de los años— los montos captados por las nuevas emisiones. Cabe aclarar que, dados los regímenes de control de cambios imperantes durante el lapso analizado, los movimientos registrados en concepto de inversión de cartera están exclusivamente referidos a colocaciones y cancelaciones de bonos del Estado. Por la misma razón, el movimiento de capitales registrado por la balanza de pagos no refleja el que tuvo lugar a través del mercado paralelo o libre.

BALANZA DE CAPITALES A LARGO PLAZO
(En millones de dólares)

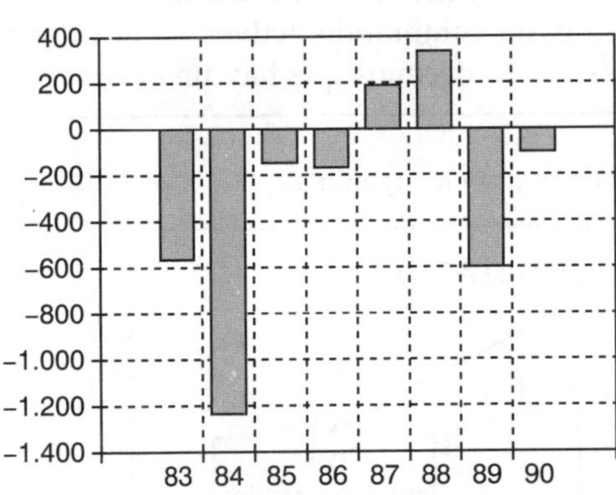

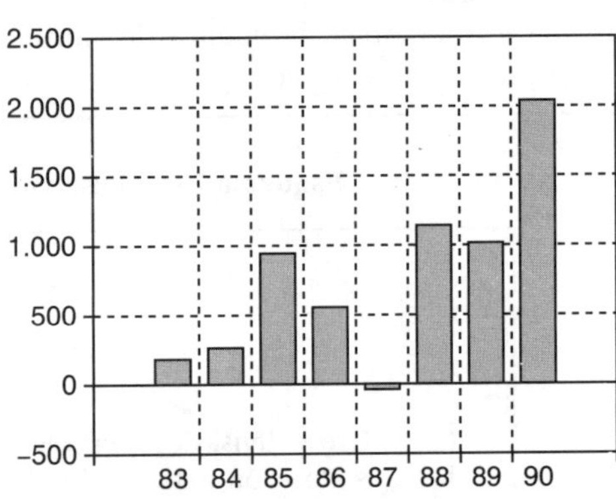

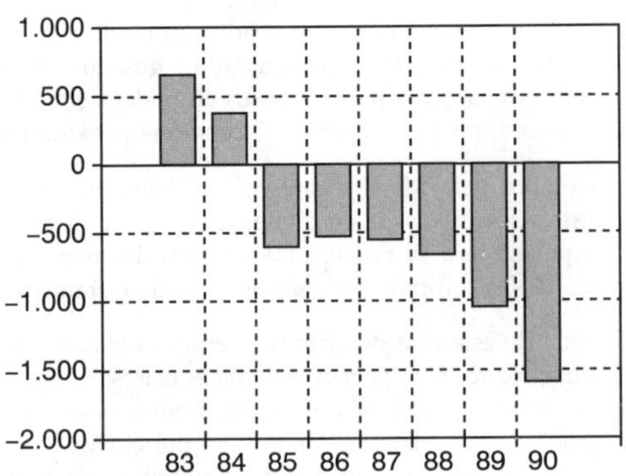

FUENTE: BCRA.

capital. Por el contrario, cuando hay un *déficit* por cuenta de capital, pues se compran más activos al extranjero de los que los extranjeros nos compran, tiene lugar una *salida neta de capital*.

Cuando las transacciones dan lugar a un ingreso neto de divisas, hay un superávit en la cuenta de capital. Por el contrario, cuando los residentes nacionales están gastando más divisas de las que reciben, se origina una salida neta de divisas, y hay un déficit en esta cuenta.

- **La entrada neta de capitales a un país es la magnitud del superávit de su cuenta de capital, y la salida de capitales es la magnitud de su déficit.**

2. EL SALDO DE LA BALANZA DE PAGOS Y EL PAPEL DEL BANCO CENTRAL

Tal como señalamos en el Capítulo 19 al estudiar las funciones del Banco Central, éste custodia y centraliza las transacciones que implican alteraciones de las reservas de divisas. El análisis de las reservas del banco central nos permite determinar la situación de déficit o superávit de la balanza de pagos globalmente considerada. Para ello expresamos la definición del saldo de la balanza de pagos como sigue (véase Cuadro 25.1) (*):

$$\textbf{Saldo de la balanza de pagos} = \textbf{Saldo de la balanza por cuenta corriente} + \textbf{Saldo de la balanza por cuenta de capital (sin variación de reservas)} = \textbf{Variación de reservas} \quad (5)$$

(*) La variación de reservas del Banco Central que aparece en el Cuadro 25.1 no coincide con la que se obtendrá según la ecuación (5), debido a la existencia de determinadas partidas como «Errores y omisiones».

De la consideración de la ecuación (5) se deduce que la balanza de pagos tiene un superávit cuando la cuenta corriente más la de capital autónomo presentan en conjunto un superávit y las divisas están aumentando. En el caso de un déficit, las divisas procedentes de las transacciones por cuenta corriente y por cuenta de capital autónomo están disminuyendo.

- **El banco central reduce sus reservas de divisas cuando la balanza de pagos tiene un déficit y las incrementa cuando ésta presenta un superávit.**

La ecuación (5) nos permite afirmar, asimismo, que, si las balanzas por cuenta corriente y por cuenta de capital autónomo presentan un superávit, el superávit de la balanza de pagos será la suma de ambos. Por otro lado, si la balanza por cuenta corriente registra un déficit y la cuenta de capital autónomo registra un superávit, la balanza de pagos registrará un superávit si el déficit por cuenta corriente es inferior al superávit por cuenta de capital, mientras si es inferior el saldo de la balanza de pagos presentará un déficit.

Al sumar el saldo de la balanza corriente y el de la balanza de capital a largo plazo, se obtiene el saldo de la *balanza básica* (véase Nota complementaria 25.5). Si al saldo de la balanza básica se le añade el saldo de los movimientos de capital autónomo a corto plazo, el saldo resultante será igual a la variación de las reservas centrales netas del país.

La actuación del banco central

Como vimos al estudiar el balance del Banco Central (Cuadro 19.1), las reservas son una de las partidas del activo. Todo superávit del saldo de la balanza de pagos implica un incremento de las reservas y como tal aparece registrado en el balance del banco central, y lo mismo ocurre con los déficit y las consiguientes reducciones en la cantidad de reservas. Ello se debe a que el banco central es el canal obligatorio para la adquisición o venta de divisas.

Nota complementaria 25.5

EL SALDO DE LA BALANZA BASICA

Al sumar el saldo de la balanza corriente y el de la balanza de capital a largo plazo se obtiene el concepto de saldo de la *balanza básica*. El saldo de la balanza básica frecuentemente se utiliza como representativo de la balanza de pagos, significando que no importa demasiado un déficit corriente (esto es, cuando la suma de los pagos por transacciones corrientes es mayor que la suma de los ingresos por el mismo concepto) si el país cuenta con un suministro regular de capital a largo plazo, que le permita mantener el equilibrio del conjunto de sus transacciones más regulares e importantes.

Si al saldo de la balanza básica se le añade el saldo de los movimientos de capital autónomo a corto plazo (movimientos de capital no mediatizados por la intervención de las autoridades económicas), el saldo resultante sería igual al movimiento o variación de las *reservas centrales netas del país*. Si la suma de todas las partidas anteriores da lugar a más pagos que cobros, tendrá lugar una salida neta de reservas exteriores, esto es, se reducirán los saldos de moneda extranjera que guarda el país, mientras que si los cobros superan los pagos habrá una entrada neta y aumentarán los saldos en moneda extranjera. La cuenta de *reservas internacionales* refleja estos movimientos. Estas reservas de divisas son activos que representan una capacidad de compra sobre el resto del mundo y que mantienen por razones de transacciones y de preocupación para hacer frente a los desfases entre las corrientes de ingresos y pagos del país en divisas extranjeras. (Véase el Esquema 25.2 sobre la composición de las reservas centrales netas en Argentina.)

BALANZA DE PAGOS DE ARGENTINA
(En millones de dólares) (*)

Conceptos	1986	1987	1988	1989	1990
– Exportación FOB	6.852	6.360	9.134	9.573	12.354
– Importación FOB	4.406	5.343	4.892	3.864	3.726
• **Balanza comercial**	**2.446**	**1.017**	**4.242**	**5.709**	**8.628**
– Balanza de servicios	–5.307	–5.244	–5.814	–7.022	–6.910
• Servicios	–499	–506	–405	–204	–269
• Rentas	–4.808	–4.738	–5.409	–6.818	–6.641
– Balanza de transf.	2	–8	–	8	71
• **Balanza corriente**	**–2.859**	**–4.235**	**– 1.572**	**–1.305**	**–1.789**
– Bza. capit. largo plazo	–155	168	346	–615	–85
• **Balanza básica**	**–3.014**	**–4.067**	**–1.226**	**–1.920**	**1.704**
– Variación de reservas	–891	–1.917	1.858	–1.348	3.377

(*) El saldo de una balanza es la diferencia entre los ingresos y los pagos.

FUENTE: BCRA.

Un superávit global de la balanza de pagos será exactamente igual a las compras netas de divisas que realiza el banco central y un déficit de la balanza de pagos será exactamente igual a las ventas netas de divisas que realiza el banco central.

En cualquier caso debe señalarse que los incrementos o las reducciones de las reservas no son sólo el reflejo de los desequilibrios de las transacciones privadas, públicas o autónomas, sino también de la actuación del banco central. Como veremos en los apartados siguientes, generalmente los bancos centrales compran y venden reservas o divisas, esto es, intervienen en los mercados de divisas con objeto de influir sobre la cotización de la moneda nacional en relación a las otras monedas o divisas. Pues bien, las variaciones de reservas derivadas de estas intervenciones de los bancos centrales se realizan al margen de las *variaciones compensatorias* de los desequilibrios de la balanza de pagos antes comentadas.

• **Las compras o ventas de pesetas que realizan los bancos centrales en los mercados de divisas se denominan *operaciones de intervención*. El banco central gasta o aumenta sus reservas de divisas cuando interviene en el mercado de divisas en apoyo del valor del peso.**

De lo señalado se infiere que si el banco central no interviene comprando o vendiendo divisas y si la cuenta corriente presentase un déficit, éste se tendría que compensar por un superávit de la cuenta de capital, incluyendo las variaciones compensatorias de divisas.

Déficit por cuenta corriente = Superávit por cuenta de capital

En otras palabras, los pagos derivados de las transacciones privadas que se realicen en divisas deben financiarse mediante ingresos derivados de la venta de bienes y servicios, de transferencias o mediante la venta de activos o recurriendo al endeudamiento en el extranjero.

La balanza de pagos como fuente de problemas

La balanza de pagos puede originar problemas a un país por varias razones. Estas se pueden agrupar en dos:

1. Por pérdida de mercados de exportación en favor de otros países.

2. Porque se incrementen significativamente sus importaciones. Este crecimiento se puede deber a que el país ha entrado en una fase de expansión y las importaciones son muy sensibles al crecimiento de la producción o porque, debido a un fuerte aumento de los precios de las importaciones, lo que aumente es la factura que debe pagar el país por los productos que importa.

Tal como hemos señalado, durante un tiempo una situación de déficit en la balanza por cuenta corriente puede financiarse vendiendo activos, incluidas las reservas de divisas, pero si la situación de déficit persiste finalmente el país deberá ajustarse. En última instancia todo el ajuste consiste en vender una mayor cantidad de bienes y servicios, trabajando y produciendo más, y en reducir los gastos, para que se liberen más recursos para la exportación. Por tanto, todo proceso de ajuste es duro, pues supone reducir el nivel de vida, y esto lo hace impopular desde el punto de vista político. Por esta razón, a veces se posponen las políticas de ajuste pudiendo llegar a presentarse una *crisis de balanza de pagos.*

• **Una *crisis de balanza de pagos* se produce cuando un país se ha resistido durante un tiempo a ajustar su déficit por cuenta corriente y se está quedando sin reservas de divisas.**

Otra posibilidad para lograr que los ingresos totales de divisas de un país sean iguales a sus pagos consiste en intervenir en el mercado de divisas, no ya comprando o vendiendo, sino alterando el tipo de cambio, esto es, el precio de la moneda nacional en términos de una unidad de moneda extranjera. A su estudio se dedica precisamente el resto del presente capítulo.

3. EL MERCADO DE DIVISAS

Las transacciones entre monedas de distintos países se realizan en el mercado de cambios o

Nota complementaria 25.6
TIPO DE CAMBIO Y PRECIOS

La cantidad de moneda extranjera recibida por un exportador de bienes y servicios y la cantidad de pesos que hay que pagar por los bienes y servicios importados depende:

- Del precio fijado por los vendedores en la moneda propia.
- Del *tipo de cambio*. Suponiendo que la única moneda extranjera sea el dólar, el tipo de cambio será el número de pesos que hay que entregar para obtener un dólar.

Para comprender cómo afectan a las exportaciones y a las importaciones las variaciones en el tipo de cambio vamos a recurrir a un ejemplo: en particular, analizaremos el efecto sobre el precio de dos bienes de alteraciones en el tipo de cambio (véase Cuadro adjunto). Supongamos que los bienes intercambiados son zapatos y computadoras, y los países que realizan la transacción son Argentina y los Estados Unidos. Si imaginamos que inicialmente el tipo de cambio es de un peso por un dólar, resulta que un par de zapatos, que en Argentina cuestan 100 pesos, a los importadores de los Estados Unidos les costarán 100 dólares. Por idéntica razón, si el precio de una computadora en los Estados Unidos es de 2.000 dólares, a los importadores argentinos les costará 2.000 pesos.

Supongamos que se reduce el número de pesos que hay que entregar por un dólar —esto es, que se aprecia el peso—, de forma que el nuevo tipo de cambio sea de 0,80 pesos por un dólar. En este caso el par de zapatos seguirá costando lo mismo en Argentina, pero ahora los importadores americanos tendrán que pagar más dólares, en concreto 125. Paralelamente, la computadora costará en los Estados Unidos la misma cantidad de dólares, pero los importadores argentinos sólo tendrán que pagar 1.600 pesos. Así pues, los productos argentinos resultan ahora más caros para los norteamericanos, mientras que los productos de los Estados Unidos son ahora más baratos para los importadores argentinos.

El otro caso a considerar en el ejemplo es cuando se incrementa el número de pesos que hay que entregar por un dólar —esto es, cuando se deprecia el peso—. En este caso se reducirá el precio de los zapatos argentinos para los importadores estadounidenses (80 dólares), mientras que los importadores argentinos tendrán que pagar un mayor precio por las computadoras norteamericanas (2.500 pesos).

RELACION ENTRE EL TIPO DE CAMBIO Y LOS PRECIOS
(Argentina produce y exporta zapatos, y los Estados Unidos computadoras)

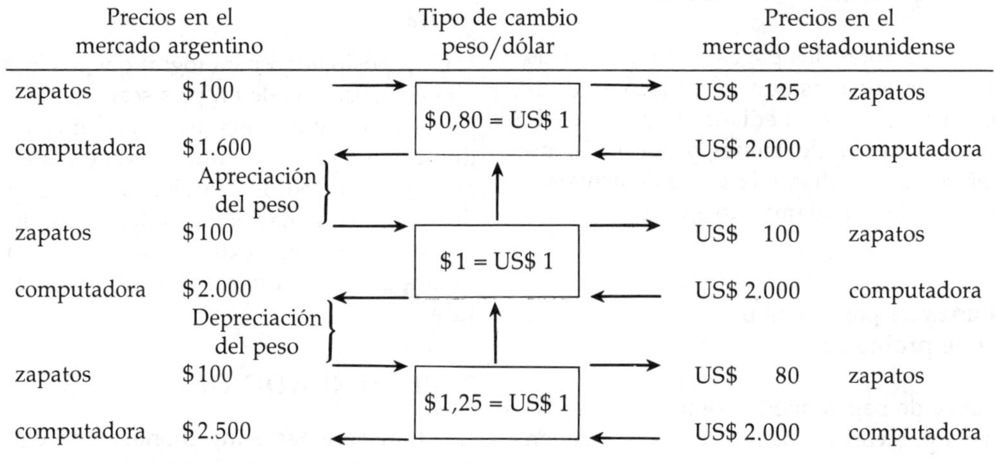

Precios en el mercado argentino		Tipo de cambio peso/dólar	Precios en el mercado estadounidense	
zapatos	$100	$0,80 = US$ 1	US$ 125	zapatos
computadora	$1.600		US$ 2.000	computadora
Apreciación del peso				
zapatos	$100	$1 = US$ 1	US$ 100	zapatos
computadora	$2.000		US$ 2.000	computadora
Depreciación del peso				
zapatos	$100	$1,25 = US$ 1	US$ 80	zapatos
computadora	$2.500		US$ 2.000	computadora

de divisas. En este mercado se lleva a cabo el cambio de la moneda nacional por las monedas de los países con los que se mantienen relaciones económicas, originándose un conjunto de ofertas y de demandas de moneda nacional a cambio de monedas extranjeras.

• Los *mercados de divisas* son los mercados en los que se compran y venden las monedas de los diferentes países.

En el mercado de divisas de Argentina, los residentes adquieren monedas extranjeras para atender a pagos en el extranjero como, por ejemplo, financiar la realización de estudios superiores fuera del país. Asimismo, las empresas argentinas adquieren divisas para pagar las importaciones de bienes y servicios. Por otro lado, las familias extranjeras que desean pasar sus vacaciones en Argentina o las empresas extranjeras que llevan a cabo importaciones de productos procedentes de Argentina ponen sus monedas en venta para comprar los pesos que necesitan. Este tipo de transacciones determinan el precio o tipo de cambio del peso frente a las monedas extranjeras.

• El *tipo de cambio* es el precio de una moneda expresado en otra. El tipo de cambio se expresa como el número de unidades de la moneda nacional por unidad de moneda extranjera. Por ejemplo, el tipo de cambio del peso frente al dólar es de 1, esto es, hay que entregar un peso para obtener un dólar.

Depreciación y apreciación de una moneda

Cuando sube el precio en pesos de una unidad de moneda extranjera, en el ejemplo considerado cuando el tipo de cambio pasa de $0,90/dólar a $1/dólar, decimos que el peso se ha *depreciado.* Por el contrario, cuando baja, se dice que se ha *apreciado.*

Dados los precios nacionales y los extranjeros, las variaciones del tipo de cambio alteran los precios relativos o la competitividad internacional. Una depreciación de la moneda nacional hace que nuestros bienes sean más baratos en el extranjero y que los bienes extranjeros sean más caros en el mercado nacional. Por tanto, tiende a elevar las exportaciones y a reducir las importaciones.

Sistema de tipos de cambio

Al analizar el mercado de divisas cabe preguntarse cómo se determinan los tipos de cambio. En este sentido una primera consideración consiste en conocer el papel que juega el banco central en el mercado de divisas.

• Un *sistema de tipos de cambio* es un conjunto de reglas que describen el papel del banco central en el mercado de divisas.

Desde esta perspectiva se identifican dos sistemas opuestos de tipos de cambio: los sistemas de tipos de cambio libres o flexibles y los sistemas de tipos fijos.

• Los tipos de cambio totalmente *flexibles* son aquellos que se determinan sin la intervención del banco central. Los tipos de cambios *fijos* son los determinados rígidamente por el banco central.

En la vida real los sistemas de tipos de cambio raramente se encuentran en uno de los dos extremos citados. Debe tenerse en cuenta que el tipo de cambio es el precio clave que relaciona una economía con el resto del mundo, por lo que su determinación es necesariamente un tema complejo en el que raramente se adoptan posturas extremas.

Los tipos de cambio flexibles o libremente fluctuantes

• En un mercado libre el tipo de cambio se determinará por las fuerzas de la oferta y la demanda. En estas circunstancias se dice que el tipo de cambio es *flexible* o *flotante.*

Para analizar cómo se forma el tipo de cambio recuérdese que la moneda nacional, el peso, y la extranjera (que generalmente vamos

Nota complementaria 25.7

TIPO DE CAMBIO REAL

Para conocer mejor la evolución de la moneda nacional respecto de las demás divisas el Banco Central elabora un índice *del tipo de cambio real.* El mismo consiste en el tipo de cambio vendedor deflacionado por el promedio de las variaciones del Indice de Precios al Consumidor y del Indice de Precios Mayoristas no Agropecuarios Nacional y ajustado por el Indice de Precios al Consumidor de Estados Unidos. De hecho, el tipo de cambio real intenta medir la competitividad de la economía argentina en el mercado internacional. Una caída en el índice debido, por ejemplo, a que la inflación doméstica excede a la internacional —medida ésta por el IPC de EE. UU.— implica una menor competitividad externa de Argentina. A la inversa, un aumento en el índice refleja una mejor situación competitiva argentina.

En el gráfico adjunto se vuelca la evolución del tipo de cambio real para el período 1989/1992. Asimismo se vuelca el mismo índice pero dividido por una canasta de 20 monedas ponderadas por su participación en el comercio internacional con la Argentina en 1983, de modo de tomar en cuenta las variaciones en el tipo de cambio entre el dólar y dichas monedas. En efecto, manteniéndose constante el tipo de cambio real en términos de dólar, podría mejorar la competitividad argentina en otros mercados si el dólar se devalúa frente a las respectivas monedas.

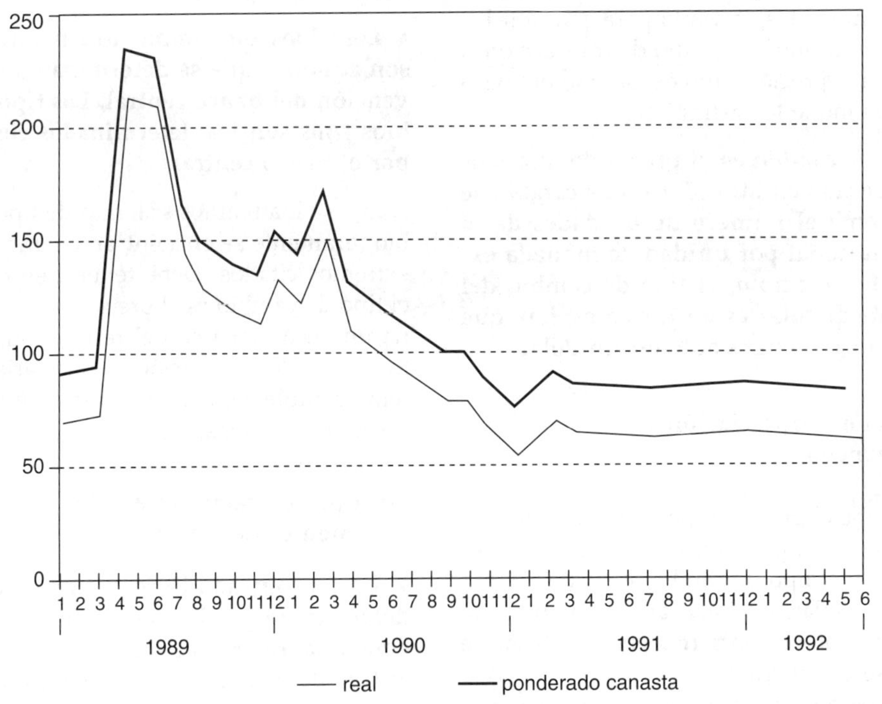

FUENTE: *Indicadores Económicos,* julio de 1992. BCRA.

a suponer que es el dólar) son necesarias para llevar a cabo transacciones económicas entre un país y otro. La demanda de pesos —o lo que es lo mismo, la *oferta de dólares,* si fuéramos a determinar el tipo de cambio del dólar— la llevarán a cabo los exportadores nacionales que reciben dólares a cambio de mercancías y desean pesos a cambio de dólares, así como los turistas y los inversores norteamericanos en Argentina que tienen que convertir en pesos sus dólares para materializar dichos gastos e inversiones (Figura 25.3). Para todas estas tareas, los residentes en los Estados Unidos necesitan pesos, por lo que demandarán dicha moneda, ofreciendo sus dólares a cambio. De este modo, un aumento de las exportaciones argentinas incrementará la demanda de pesos esto es, la oferta de dólares.

- **Las exportaciones nacionales, los turistas extranjeros y las inversiones del resto del mundo generan divisas y constituyen la fuente de *oferta de divisas* (dólares).**

La oferta de pesos, o lo que es lo mismo, la *demanda de dólares* corresponderá a los importadores nacionales, así como a los turistas y a los inversores argentinos en los Estados Unidos que necesitan cambiar sus pesos por dólares para adquirir las mercancías norteamericanas y realizar sus inversiones (Esquema 25.1). Para todas estas tareas los argentinos tienen que obtener dólares. Para ello acuden a las instituciones financieras, las cuales los comprarán en el mercado de cambios y los entregarán a cambio de pesos. De esta forma, un aumento de las importaciones incrementará la oferta de pesos en el mercado de cambios.

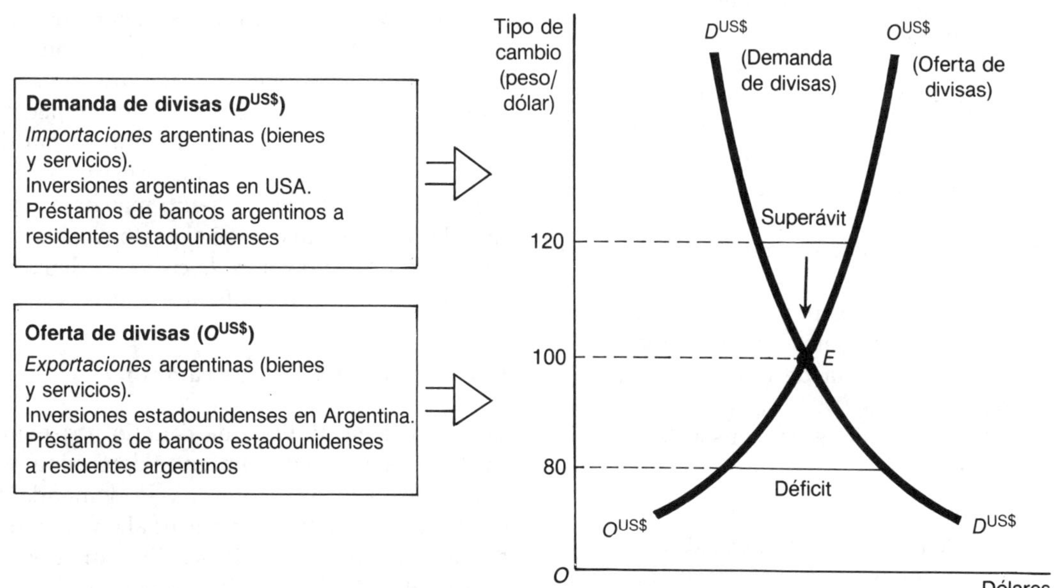

Figura 25.3. Mercado de divisas.
(Peso por dólar).

La curva $O^{US\$}$ refleja la oferta de divisas, la curva $D^{US\$}$ muestra la demanda argentina de divisas. Al tipo de cambio de $1 por dólar el mercado está en equilibrio. Cuando el peso se deprecia, pasando a valer $1,20 por dólar, habrá un superávit de divisas, y si el peso se aprecia a $0,80 por dólar, surgirá un déficit de divisas.

• **Los importadores nacionales, los turistas nacionales que van al extranjero y los inversores argentinos en el resto del mundo tienen que obtener moneda extranjera para pagar sus facturas en otros países, constituyendo la *demanda de divisas* (dólares).**

En el mercado de divisas, la demanda de divisas, derivada de las importaciones nacionales y de las inversiones argentinas en el extranjero, y la oferta de divisas procedente de las exportaciones argentinas y de las inversiones extranjeras en Argentina determinan conjuntamente el tipo de cambio.

Análisis gráfico del mercado de divisas

En el eje de ordenadas medimos el tipo de cambio, esto es, el precio en pesos de una unidad de moneda extranjera, que en el caso de la Figura 25.3 suponemos que es el dólar.

Cuanto más alto es el tipo de cambio, más pesos debemos pagar por dólar. En términos de la Figura 25.3, una subida del tipo de cambio corresponde a una depreciación del peso (una apreciación del dólar), y una reducción a una apreciación del peso (una depreciación del dólar).

En el eje de abscisas se mide la cantidad de divisas. La oferta de divisas es el valor total en dólares de los ingresos por exportaciones y de las inversiones extranjeras en Argentina.

Las curvas de oferta de divisas ($O^{US\$}$) y la demanda de divisas ($D^{US\$}$) se han trazado suponiendo que permanecen constantes las siguientes variables:

- nivel de gasto del extranjero,
- precios nacionales y precios extranjeros, y
- tipos de interés nacionales y extranjeros.

Bajo los supuestos citados, una depreciación del peso, esto es, una subida del tipo de cambio garantiza que los bienes nacionales resultarán relativamente más baratos en el extranjero. Aumentará la cantidad demandada de bienes argentinos y el gasto en exportaciones argentinas. Y lo mismo ocurrirá con los ingresos por turismo y con las inversiones extranjeras. Por estas razones, la curva de oferta de divisas tiene pendiente *positiva.*

La curva de demanda de divisas ($D^{US\$}$) muestra el valor en dólares en salidas al extranjero y en inversiones fuera del país del gasto nacional en importaciones. La curva de demanda de divisas de la Figura 25.3 se ha trazado suponiendo que permanecen constantes los siguientes factores:

- nivel de gasto nacional,
- precios nacionales y extranjeros, y
- tipos de interés nacionales y extranjeros.

Una *depreciación* del peso, o lo que es lo mismo, una subida del tipo de cambio, provoca una reducción del gasto argentino en importaciones, en salidas al extranjero de tipo turístico, y lo mismo ocurrirá con las inversiones argentinas en el extranjero. Al depreciarse el peso los bienes argentinos resultan relativamente más baratos y los extranjeros más caros. Una *apreciación* del peso tendrá el efecto contrario sobre las importaciones. Los movimientos a lo largo de la curva de gasto en importaciones reflejan las variaciones de la composición del gasto nacional entre los bienes argentinos y los bienes de importación. Cuanto más bajo sea el tipo de cambio mayor será el gasto en importaciones. Por estas razones, la curva de demanda de divisas tiene pendiente *negativa.*

El equilibrio del tipo de cambio

En un sistema de tipos de cambio libremente fluctuantes el tipo de cambio se determina mediante el juego de la oferta y la demanda de divisas contra la moneda nacional en el mercado de cambios (Figura 25.4). Si a un tipo de cambio de $1,20/dólar la oferta de dólares es superior a la demanda de dólares hay un superávit de divisas, esto es, un exceso de ingresos por exportaciones y demás transacciones antes señaladas sobre el gasto en importaciones, de forma que el tipo de cambio del peso frente al dólar, es decir, el número de pesos necesarios

Nota complementaria 25.8

TIPO DE CAMBIO EFECTIVO REAL

Otro índice de interés es el tipo de *cambio efectivo real,* que tiene en cuenta no sólo la evolución del tipo de cambio que *efectivamente* percibe el exportador, deflactado por un índice que mide la inflación interna. De hecho, el tipo de cambio efectivo real mide la competitividad de las exportaciones del país. Una caída en el índice refleja que la inflación interna —y, por tanto, los costos de producción— ha evolucionado más rápidamente que el tiempo de cambio efectivo percibido por los exportadores. En el gráfico adjunto se refleja el comportamiento del llamado Ingreso Real del Exportador, que es un tipo de cambio efectivo real para productos agrícolas que el Banco Central calcula según la fórmula siguiente:

$$\text{IRE} = C \cdot P_i \cdot (1 - d)/P$$

C: Tipo de cambio nominal.
P_i: Precio índice de exportaciones de la Junta Nacional de Granos (en dólares).
d: Retenciones a la exportación.
P: Indice de precios combinado (50 % mayorista + 50 % IPC).

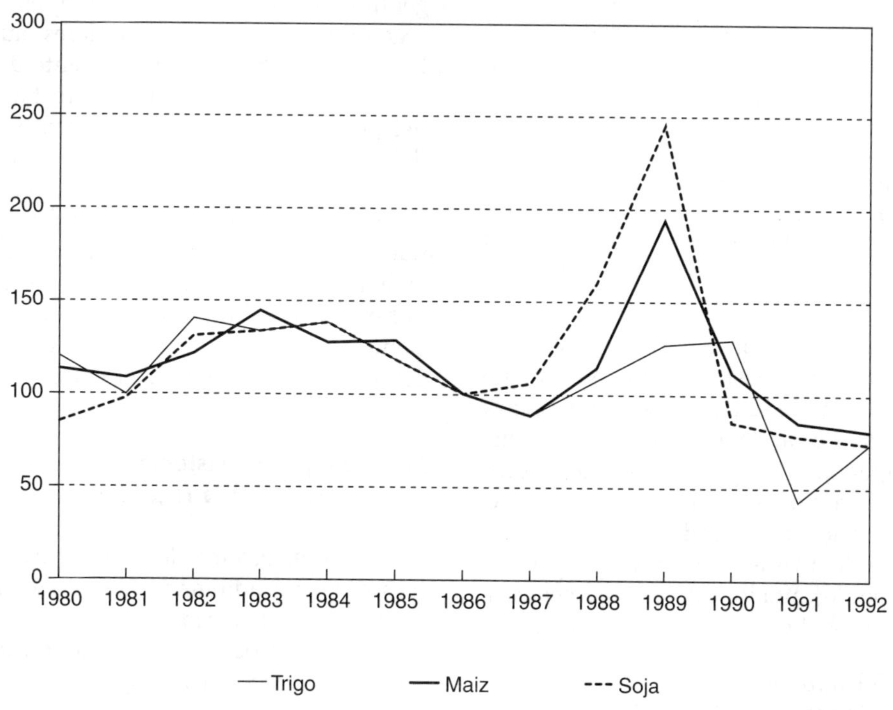

FUENTE: *Indicadores Económicos.* Julio de 1992. BCRA.

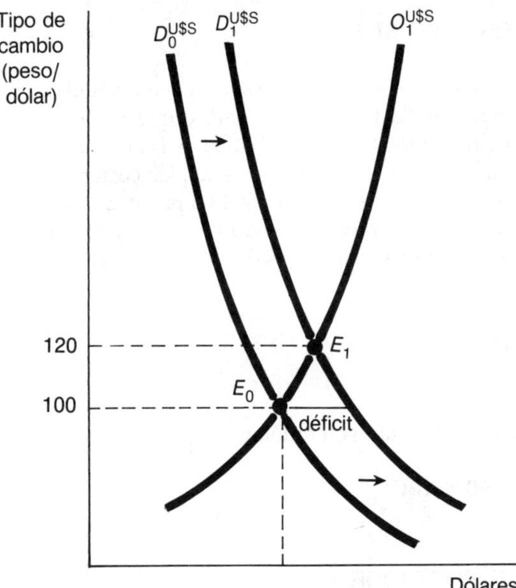

Figura 25.4. El sistema de tipos de cambio flexibles: el proceso de ajuste.

Cuando aumenta la renta se incrementa la demanda de importaciones y, consecuentemente, la de divisas, lo que determina que la curva $D_0^{U\$S}$ se desplace hacia la posición $D_1^{U\$S}$. Al tipo de cambio inicial aparecerá un exceso de demanda de divisas. Este déficit elevará el tipo de cambio, depreciando el peso, de forma que el nuevo equilibrio se alcanzará en la posición E_1.

para comprar un dólar tenderá a disminuir, esto es, a apreciarse, hasta el punto en el que la oferta y la demanda se equilibren. Si el tipo de cambio es inferior al de equilibrio —por ejemplo, $0,80/dólar—, el gasto en importaciones y demás transacciones es mayor que los ingresos por exportaciones y tendrá lugar un exceso de demanda de divisas. Esto provocará una subida del tipo de cambio, esto es, una *depreciación* del peso, y el equilibrio se restablecerá.

El ajuste del tipo de cambio ante alteraciones en la demanda y la oferta de divisas

Al trazar las curvas de oferta y de demanda de divisas se ha supuesto que permanecían constantes una serie de factores que de hecho inciden sobre el mercado de divisas. La alteración de alguno de estos factores supondrá el desplazamiento de las curvas analizadas. Así, si por ejemplo se incrementa el PIB argentino, aumentará la cantidad demandada de importaciones a un tipo de cambio dado (Figura 25.4). Esto hará que la curva de demanda de dólares se desplace hacia la derecha, con lo que aparecerá un exceso de demanda de divisas. Este exceso de demanda hará que se altere el tipo de cambio peso/dólar.

El valor del peso se reducirá o se *depreciará* respecto al dólar, ya que hay que entregar un mayor número de pesos para obtener un dólar.

Cuando aumenten las exportaciones argentinas de bienes y servicios (por un incremento de los precios norteamericanos) o se incrementen las inversiones de norteamericanos en Argentina por una subida de los tipos de interés argentinos, la oferta de dólares aumentará. Esto ocasionará un desplazamiento de la curva de oferta de dólares hacia la derecha y el valor del peso se elevará o se *apreciará* respecto al dólar, ya que habrá que entregar un menor numero de pesos para obtener un dólar.

Un tipo de cambio totalmente flexible ajusta, pues, la balanza de pagos automáticamente, igualando la demanda y la oferta de divisas por operaciones autónomas con el exterior, haciendo innecesaria la intervención del banco central para reestablecer el equilibrio externo.

Las ventajas del sistema de tipos de cambio flexibles

En teoría, el sistema de tipos de cambio flexibles corregirá automáticamente cualquier tendencia en la balanza de pagos a generar un déficit o un superávit. La secuencia lógica que seguiría el proceso es la siguiente:

1. Inicialmente la balanza de pagos de la economía local está en equilibrio.
2. Supongamos que tiene lugar un aumento en la demanda de importaciones y la ba-

lanza de pagos argentina incurre en un déficit.

3. El aumento de las importaciones implicará un aumento en la demanda de dólares en el mercado de divisas.
4. El peso se *depreciará* respecto al dólar, lo que hará que las importaciones resulten más caras y las exportaciones más baratas.
5. El cambio en los precios relativos de las exportaciones y las importaciones hará incrementar el volumen de las exportaciones y reducir el volumen de las importaciones, haciendo que la balanza de pagos tienda al equilibrio.

Limitaciones del sistema de tipos de cambio flexibles

En la práctica, el mecanismo esbozado puede que no funcione tal como hemos señalado. Por un lado, pueden surgir problemas con la «sensibilidad» (elasticidad-precio de la demanda) de exportaciones y las importaciones. En otras palabras, si la balanza de pagos argentina incurre en un déficit y se deprecia el peso, puede que las exportaciones no aumenten lo suficiente y que las importaciones sólo se reduzcan en una cuantía moderada, si bien ahora la cantidad en pesos que hay que pagar es mayor.

Una dificultad adicional puede aparecer debido a que una depreciación del peso incrementa el precio de las importaciones, lo que, además de incidir sobre el costo de la vida, puede elevar los costos de producción de muchas empresas, influyendo de este modo negativamente sobre los precios de las exportaciones.

Otro inconveniente del sistema de tipos de cambio flexibles es que genera una gran incertidumbre en las relaciones internacionales. Así, por ejemplo, supongamos que un empresario argentino importa materiales de los Estados Unidos para producir computadoras. Si el pago se establece en dólares para dentro de seis meses, el empresario argentino no podrá determinar de un modo preciso sus costos de producción, pues ello dependerá de cuál sea el tipo de cambio al transcurrir dicho período.

Una dificultad adicional de este sistema obedece a la presencia de especuladores. Estos comprarán una moneda (pesos) cuando suponen que su valor se va a incrementar, mientras que iniciarán procesos de venta cuando esperen que su valor se reduzca próximamente. Supongamos que el tipo de cambio peso/dólar es 1. Si un especulador espera que el peso se va a depreciar tratará de obtener ventaja de la información que tiene y, por ejemplo, cambiará $10.000 por 10.000 dólares. Cuando el peso se deprecie, por ejemplo, y el tipo de cambio sea $1,30/dólar, los 10.000 dólares los convertirán de nuevo en pesos, que ahora serán 13.000, habiendo obtenido en la operación $3.000, menos ciertos costos por convertir una moneda en otra. El problema con el comportamiento de los especuladores es que en muchas ocasiones provocan que lo que inicialmente no era más que una expectativa de cambio se haga una realidad, contribuyendo así a intensificar las variaciones de los tipos de cambio y a generar más incertidumbre.

Basándose en lo anterior, no debe extrañar que en el mundo real sea muy difícil encontrar un mercado de cambios completamente libre. Incluso en el caso de aquellas monedas que se dice que están flotando libremente, las autoridades monetarias, y en particular los bancos centrales, tienden a intervenir en los mercados, tratando de suavizar las fluctuaciones.

Los mercados de futuros y los tipos de cambio

Para paliar los riesgos que suponen para los importadores las variaciones de los tipos de cambio, una posibilidad consiste en comprar las divisas a un precio cierto, pero con la entrega aplazada de la divisa y el pago también aplazado. Esta opción puede salirle más barata o más cara que la segunda, pero reduce el riesgo de cambio. En cualquier caso es más segura.

Cuando se actúa de esta forma, esto es, cuando se adquiere una determinada cantidad de una moneda extranjera a una fecha determinada y a un tipo de cambio preestablecido, se dice que se compran divisas en el *mercado de futuros*. De hecho, el mercado de futuros existe no sólo para operaciones con monedas extranjeras, sino también con otros muchos bienes, tales como metales, minerales, productos agrícolas, etc. (véase Capítulo 3). La ventaja principal que aportan este tipo de operaciones es que permiten que los importadores y exportadores de bienes y servicios, que no son especialistas en el funcionamiento del mercado de cambios, puedan llevar a cabo transacciones a precio cierto, siendo el riesgo asumido por expertos, contribuyendo, por tanto, a la estabilización del mercado. En cualquier caso, debe señalarse que los mercados de futuros no son mercados desconectados de los mercados al contado o *spot*, sino que están estrechamente relacionados.

La intervención en el mercado de cambios

Si las autoridades económicas entienden que, en función de ciertos objetivos y dada la situación económica interna del país, no conviene que la moneda se deprecie, pueden tomar alguna de las siguientes medidas:

1. Intervenir en el mercado de divisas vendiendo dólares para, de esta forma, eliminar el exceso de demanda existente. Esta intervención se puede llevar a cabo en tanto las reservas de divisas extranjeras en poder del banco central sean suficientes para cubrir el exceso de demanda de divisas existente. Este exceso de demanda se satisface, en este caso, mediante una disminución de las reservas exteriores netas. En este supuesto, el sistema cambiario será de flotación intervenida.
2. Reducir la oferta de moneda nacional (demanda de dólares) a través de acciones directas que afecten a las transacciones internacionales, tales como restricciones a las importaciones de mercancías extranjeras y a las inversiones nacionales en el extranjero.
3. Poner en práctica políticas restrictivas de demanda, especialmente monetarias, de forma que, al reducirse la demanda agregada y la renta, disminuya la demanda de divisas proveniente de las importaciones nacionales. Así, de forma indirecta, mediante políticas restrictivas se puede lograr reducir el exceso de demanda de dólares, pues estas políticas, por un lado, disminuyen el ritmo de la actividad ecónomica y, consiguientemente, el consumo de productos nacionales y extranjeros y, por otro, reducen el crecimiento de los precios, haciendo que los productos nacionales se vuelvan más competitivos, lo que desalentará las importaciones y afectará favorablemente a las exportaciones nacionales.

4. LOS SISTEMAS DE TIPOS DE CAMBIOS FIJOS Y AJUSTABLES

TIPOS DE CAMBIO FIJOS: EL PATRON ORO

• Bajo un sistema de cambios fijos, el tipo de cambio queda ligado a una determinada mercancía patrón (históricamente el oro) o a una determinada moneda.

En este contexto, cuando el sector exterior presenta un desequilibrio al tipo de cambio fijado, el ajuste se realiza mediante modificaciones de la oferta monetaria vía reservas exteriores de carácter automático, de forma que el tipo de cambio no se altera.

En una perspectiva histórica el prototipo de sistema de cambio fijo fue el patrón oro puro. Durante la vigencia del patrón oro, los desajustes se saldaban mediante la importación o la exportación de oro. Estas entradas y salidas de oro regulaban automáticamente la oferta monetaria de un país, ya que, al ser los billetes convertibles en oro, la cantidad de dinero en circulación debía conservar una proporción con las reservas de oro del banco central. Bajo este patrón monetario, los principios de libre convertibilidad de los billetes de banco y la libre importación y exportación de oro establecían unos límites estrechos a la actuación de las políticas monetarias.

Para adherirse a este sistema, todo país acepta las siguientes reglas:

- Establecer una relación fija entre su moneda y el oro y a dicha relación, que se denomina *valor paritario* o precio oficial, las autoridades económicas debían estar dispuestas a cambiar oro por moneda, y a la inversa.
- Las autoridades económicas deberían mantener la *convertibilidad* del oro, comprando o vendiendo la moneda nacional a cambio de oro al precio oficial. De esta forma, cualquiera (residente nacional o extranjero) podría acudir al banco central y convertir dinero fiduciario (billetes o cheques bancarios) en oro.
- El gobierno debería seguir una política de respaldo del oro de cobertura al 100 %. Así, el banco central debía tener oro por un valor igual, como mínimo, a la cantidad de efectivo que hay en circulación. El banco central sólo crea dinero cuando compra oro al público y solamente destruye dinero cuando vende oro al público.

Las condiciones citadas eran suficientes para mantener estables los tipos de cambio y equilibradas las relaciones comerciales internacionales.

El mecanismo de ajuste

El sistema de patrón oro clásico no sólo se encarga de mantener estables los tipos de cambio, sino también equilibradas las relaciones comerciales internacionales. Así, cuando un país tenía un superávit con el exterior —esto es, exportaba más de lo que importaba— reci-

Nota complementaria 25.9

EL PAPEL DE LOS ARBITRAJISTAS

Supóngase que las autoridades argentinas establecieran el precio oficial del oro en $20 por onza de oro y las norteamericanas en 20 dólares por onza de oro. Estos precios del oro implicarían una tasa de cambio o paridad de acuñación de un peso por un dólar y los flujos internacionales del oro mantendrían la tasa de cambio cercana a la citada paridad.

Supóngase que de forma circunstancial se incrementase la cotización del dólar a $1,20. Este tipo de cambio, al ser distinto de la paridad de la acuñación oficial, ofrecerá incentivos a quien esté dispuesto a vender dólares para comprar pesos en el mercado de cambio al tipo de cambio de $1,20 por dólar. Estos pesos los convertirá en oro en Argentina, oro que posteriormente será trasportado a los Estados Unidos y convertido en dólares. Los que realicen esta operación, los «arbitrajistas», obtendrán un beneficio $0,20 por dólar, menos los costos de transacción, transporte y seguros del oro.

Lo importante a resaltar ahora es que el arbitraje tiende a eliminar las discrepancias que pueden surgir en cualquier momento, como fruto de las fuerzas del mercado, entre el tipo de cambio y los precios oficiales del oro en los países. Nótese que en el supuesto anterior la operación se iniciará vendiendo dólares para comprar pesos. Estas ventas reducirán el precio del dólar y el proceso continuará hasta que la discrepancia entre el tipo de cambio y la paridad de acuñación cubra escasamente los costos antes señalados.

biría más oro de lo que tenía que pagar, de forma que se incrementarían sus reservas de oro y aumentaría la cantidad de dinero. De esta forma, la demanda agregada se activaría y los precios aumentarían. Con un nivel más elevado de precios el país sería menos competitivo a nivel internacional y sus exportaciones disminuirían y, por el contrario, sus importaciones se incrementarían hasta que se alcanzase el equilibrio (Esquema 25.3). Lo contrario sucedería en un país con déficit en sus relaciones con el exterior, pues se registraría una salida de oro.

• El *patrón oro clásico* es un régimen de tipo de cambio fijo. El valor de la moneda nacional se define con respecto al oro y el banco central compra o vende oro en cantidades ilimitadas a ese precio. Las entradas de oro provocan una expansión monetaria y las salidas una destrucción de dinero.

Así pues, manteniendo fijo el tipo de cambio se eliminan los desequilibrios en las relaciones económicas internacionales. Para ello, sólo se exigía que las importaciones y las exportaciones fuesen sensibles a las variaciones de los precios y que el banco central estuviese dispuesto a aumentar o disminuir la cantidad de dinero cuando aumentase o disminuyese la cantidad de oro.

Inconvenientes del patrón oro

El patrón oro clásico presentaba, sin embargo, una serie de limitaciones, entre las que cabe destacar las siguientes:

1. Tendía a provocar fuertes oscilaciones en el ritmo de la actividad económica y en el nivel de precios, lo que solía ir en contra de los objetivos interiores de política económica. Además, los precios y los salarios interiores solían ser rígidos a la baja, por lo que no se garantizaba el equilibrio de la balanza de pagos de acuerdo con la salida de oro.

2. Los países con superávit en sus relaciones económicas con el exterior podían tomar medidas tendentes a cancelar los efectos automáticos de los flujos de oro sobre la cantidad de dinero. Las autoridades monetarias podrían vender títulos en el mercado y reducir las existencias de dinero en la misma cantidad en que la cantidad de oro la hubiera aumentado. Esto es, el banco central tenía capacidad para «esterilizar» sus flujos de oro y así combatir los aumentos en el nivel de precios, impidiendo de este modo el funcionamiento del mecanismo del ajuste.

• Un banco central esteriliza el efecto producido por las pérdidas (ganancias) de oro en la oferta monetaria cuando realiza operaciones de mercado abierto que contrarrestan las variaciones de la cantidad de oro impidiendo que se altere la base monetaria.

3. El sistema era muy sensible a una crisis de confianza, pues descansaba sobre una base relativamente pequeña de oro, y siempre cabría el peligro de un agotamiento de las reservas de oro disponibles. Además, la producción de oro no se podía aumentar en función de las necesidades de liquidez del comercio internacional.

Esquema 25.3. El patrón oro: proceso de ajuste

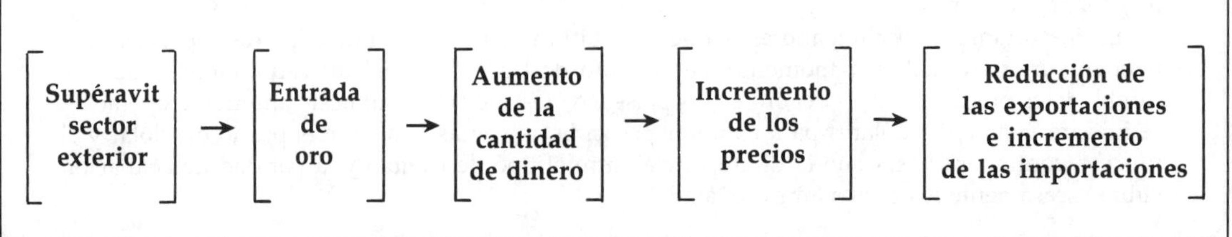

Hacia 1914, los anteriores problemas impulsaron una cierta modificación del patrón oro puro. Junto al oro, los países comenzaron a mantener reservas en forma de divisas de aquellas naciones ricas que siguieron vinculadas al patrón oro. La fuerte dependencia del oro fue sustituyéndose y junto a él se alinearon como medios internacionales de pago algunas monedas internacionales, la libra esterlina fundamentalmente. La expansión del comercio volvió a causar problemas por el lado de la liquidez, hasta que la gran depresión de 1929 forzó a algunos países a restringir bruscamente su comercio y a celebrar acuerdos bilaterales con otros países, de forma que el patrón oro modificado dejó prácticamente de funcionar.

EL SISTEMA DEL FONDO MONETARIO INTERNACIONAL: TIPOS DE CAMBIO AJUSTABLES

Hacia el final de la Segunda Guerra Mundial, los Estados Unidos se perfilaban como gran potencia mundial y deseaban obtener un cierto control sobre el sistema monetario internacional. Paralelamente, se pensaba que la creación de instituciones monetarias internacionales podría ordenar más eficazmente el comercio internacional y atender a su financiación. De la conferencia de Bretton Woods (USA, 1944) surgió, además de otros acuerdos, el de creación del Fondo Monetario Internacional (FMI). Este organismo tenía la misión fundamental de mantener la estabilidad de los tipos de cambio entre las diferentes monedas (algo que el patrón oro garantizaba) y suministrar la liquidez necesaria a los países miembros por medio del control de sus reservas y la cooperación internacional (algo que el patrón oro no podía hacer). Para ello el valor de las monedas se fijaba en términos del dólar y el valor de éste estaba fijado a su vez en términos de oro.

El sistema del Fondo Monetario Internacional pretendía alcanzar la estabilidad de los tipos de cambio, pero sin sufrir los principales defectos del patrón oro.

Bajo este sistema los tipos de cambio fijados no eran completamente rígidos. Se permitía que el valor de la moneda variara dentro de una estrecha *banda* de 1 o 2 % a cada lado del tipo o «paridad» fijado por el banco central. Así, por ejemplo, si el valor de la peseta era de 100 ptas./dólar, se le permitía fluctuar entre 98 y 102 ptas./dólar. Los bancos centrales eran los responsables de mantener los valores de las monedas dentro de sus bandas. Para ello, actuaban como oferentes o demandantes de la moneda nacional en el mercado de cambios. En este sentido, todo banco central tenía que tener disponible una cierta cantidad de reservas internacionales de divisas para intervenir y cubrir los déficit de divisas temporales originados por los desequilibrios de la balanza de pagos.

La intervención del banco central para evitar la depreciación de la peseta

La forma en que el banco central puede utilizar sus reservas de divisas para incidir sobre el tipo de cambio puede ilustrarse mediante una gráfica (Figura 25.5). Supongamos que el tipo de cambio de la peseta respecto al dólar se ha fijado en 100 ptas., y que, inicialmente, el mercado está en equilibrio respecto a ese tipo de cambio (posición E_0). La banda de fluctuaciones permitida es 102 y 98 ptas., y el valor de la peseta se ha de mantener entre esos límites. Imaginemos ahora que tiene lugar un fuerte aumento de las importaciones españolas, que origina un aumento de la demanda de dólares en el mercado de cambios. La curva de demanda de dólares se desplazará desde $D_0^{US\$}$ hasta $D_1^{US\$}$, originando un exceso de demanda de dólares al tipo de cambio «fijo» de 100 ptas. por dólar. Si no tuviera lugar una intervención al tipo de cambio de la peseta respecto al dólar, la peseta se depreciaría superando el «techo» permitido de 102 ptas. por dólar (la posición sería *D*).

En estas circunstancias, el Banco de España (que cumple las funciones de Banco Central en

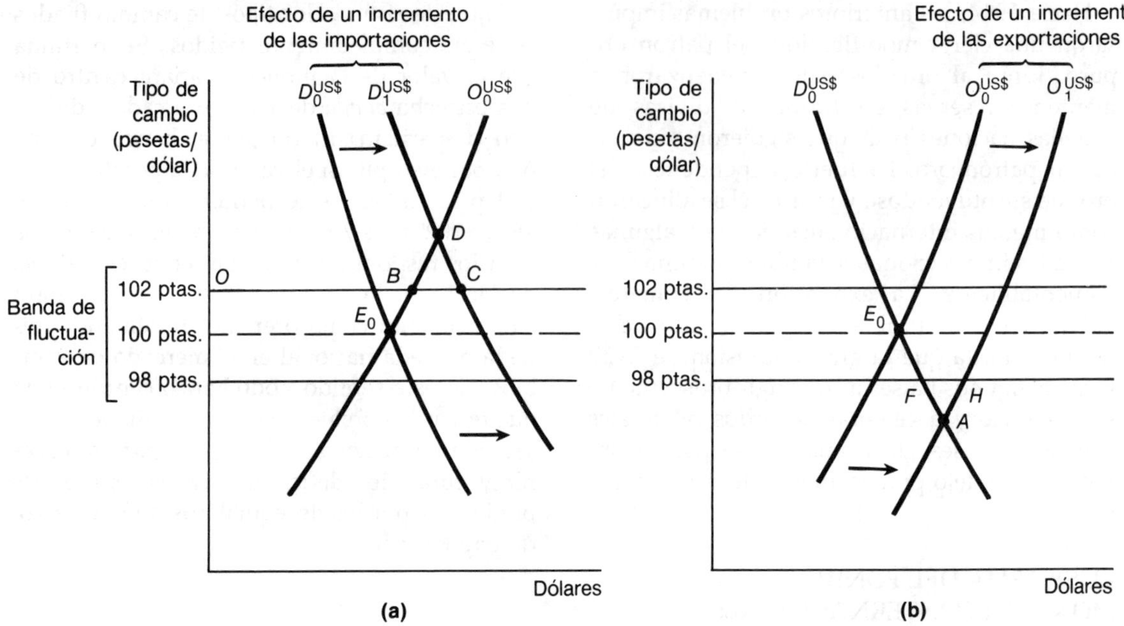

Figura 25.5. La intervención del banco central.

(a) *Intervención del banco central para evitar la depreciación.* Un aumento de las importaciones españolas origina un desplazamiento hacia la derecha de la curva de demanda de dólares (desde $D_0^{US\$}$ a $D_1^{US\$}$), lo que hacía que el mercado se situase en el punto *D*. La intervención del banco central ofreciendo dólares en la cuantía *BC* evita que la peseta se deprecie por encima del límite de las 102 ptas./dólar, manteniéndola dentro de la banda.

(b) *Intervención del banco central para evitar la apreciación.* Un aumento de las exportaciones españolas desplaza la curva de oferta de dólares hacia la derecha (de $O_0^{US\$}$ a $O_1^{US\$}$), lo que situaría al mercado de divisas en el punto *A*. La intervención del banco central, demandando dólares, en la cuantía *FH*, hace que la peseta no supere el límite de 98 ptas./dólar.

España) estaría obligado a intervenir en el mercado ofreciendo dólares (demandando pesetas). Al actuar de esta forma, a la oferta de dólares que realizan los operadores en el mercado al nivel de 102 ptas. y que se representa por el segmento *OB* hay que añadir la oferta de divisas realizada por el banco central en la cuantía *BC*. De esta forma, se logra igualar la demanda de divisas y la oferta de divisas en el punto *C*. La intervención del Banco de España haría que el tipo de cambio ptas./dólar pasara desde el nivel correspondiente al punto *A* hasta el nivel 102 ptas. por dólar, que es el que corresponde al límite superior primitivo.

La intervención del banco central para evitar la apreciación de la peseta

Si tuviera lugar un aumento de las exportaciones españolas que hiciera desplazar la curva de oferta de dólares hacia la derecha, desde $O_0^{US\$}$ hasta $O_1^{US\$}$, la peseta se apreciaría al pasar al punto *A*. En esta ocasión, para evitar que se sobrepase el «piso» permitido, de 98 ptas./dólar, el Banco de España tendrá que actuar demandando dólares (ofreciendo pesetas). El aumento en la demanda de dólares que efectúa el Banco de España evitará que la peseta se aprecie y logrará mantenerla dentro de la banda fijada por el FMI. Al actuar de esta forma el Banco de España estará incrementando sus reservas de dólares.

La devaluación como solución a los déficit permanentes en la balanza de pagos

Cuando un país que opera bajo un sistema de tipo de cambio fijo presenta un déficit persistente y cuantioso en su balanza por cuenta corriente, el banco central tiene que intervenir. Esta intervención, tal como antes se ha apuntado, implicaría una reducción en las reservas de divisas extranjeras. Aunque las reservas de divisas se pueden incrementar pidiendo prestado, si el déficit persiste la situación puede hacerse insostenible, pues existe un límite a la cantidad que un país puede pedir prestada al exterior. En esta situación, que el FMI denomina «desequilibrio fundamental», un país puede *devaluar* su moneda. Así, si la peseta estaba establecida a un tipo de cambio «fijo» de 100 ptas. por dólar y tiene lugar un déficit persistente en la balanza de pagos las autoridades económicas españolas pueden alterar esta relación y fijarla, por ejemplo, a 115 ptas. por dólar. Estas alteraciones en los tipos de cambio deben aprobarse por los responsables del Fondo Monetario Internacional.

La devaluación, tal como antes se señaló al hablar de la depreciación, hace que las exportaciones resulten más baratas, en términos de moneda extranjera, y las importaciones más caras, en términos de moneda nacional.

Que la devaluación tenga éxito en su intención de reducir el déficit de la balanza de pagos dependerá de:

- Si el aumento en las cantidades vendidas en el extranjero compensa la reducción en términos de los precios de la moneda extranjera.
- En qué medida la elevación del precio de las importaciones afecta a los costos de producción de la industria nacional.
- Si la industria es capaz de atender el aumento en la demanda de bienes.

La revaluación como solución a los superávit permanentes en la balanza de pagos

Por el contrario, si un país presenta un superávit persistente en su balanza de pagos, su moneda tenderá a apreciarse. Si se opera bajo un sistema de tipo de cambio fijo, el banco central tendrá que intervenir para evitar que se supere la banda de fluctuaciones permitida. Para ello, venderá moneda nacional (demandará dólares) en el mercado de cambio, aumentando de esta forma sus reservas de divisas. Esta situación podría llevar a una acumulación excesiva de reservas, por lo que cabría acudir a una «revaluación» de la moneda nacional. La revaluación tenderá a eliminar el superávit de la balanza de pagos, pues encarecerá las exportaciones y abaratará las importaciones. Resulta, sin embargo, que los superávit en la balanza de pagos por su favorable incidencia sobre la producción y el empleo nacional se consideran como un reflejo de una gestión afortunada de la política económica. Por ello los países que presentan superávit se suelen mostrar reacios a las revaluaciones. Esto explica que, tal como antes señalamos, las autoridades monetarias «esterilicen» los flujos de divisas impidiendo el funcionamiento del mecanismo de ajuste.

Las dificultades del sistema del FMI

Este sistema también presentaba serias limitaciones. Por un lado estaba la dificultad de determinar si el desequilibrio era temporal o fundamental. Además, ante una situación deficitaria que originaba una pérdida de reservas, los especuladores agravaban la situación, pues, si se sabía que era necesario devaluar, había un incentivo para vender esa moneda antes de que se devaluase. Esta actuación de los especuladores contribuía a acentuar los desequilibrios. En segundo lugar, en la medida en que las autoridades se aferraban a los tipos de cambio existentes, cuando las presiones se hacían intolerables tenían lugar ajustes excesivamente bruscos. Por otro lado, y tal como hemos apuntado, los países que presentaban superávit se mostraban muy reacios a incrementar la paridad de sus monedas. Además, dado que la venta de moneda extranjera implica una disminución de la oferta monetaria y la compra un aumento de la cantidad de dinero, la política monetaria pierde su autonomía, ya que ésta dependerá de las intervenciones llevadas a cabo para evitar que el tipo de cambio se salga de las bandas de fluctuación establecidas.

El final del sistema del FMI

Bajo el sistema del Fondo Monetario Internacional los Estados Unidos impusieron el dólar como la unidad de cuenta internacional y moneda de intervención. Este hecho suponía que los Estados Unidos deberían suministrar dólares en abundancia al resto del mundo, lo que determinó que el sistema resultase muy dependiente de los Estados Unidos, ya que los incrementos en la liquidez estaban en función del déficit norteamericano. Durante los años sesenta y primeros setenta, los países occidentales y Japón acumularon dólares mientras los Estados Unidos incurrían en fuertes déficit de balanza de pagos y comenzaban a perder oro en grandes cantidades. Esta situación se intentó paliar con sucesivas devaluaciones del dólar (elevación del precio del oro en dólares), pero finalmente, en 1971, se suspendió la obligación de convertir en oro los dólares que los demás países presentaban en el Banco de la Reserva Federal Americano.

Aunque hacia 1970 se habían creado los Derechos Especiales de Giro (DEG), esto es, anotaciones en el haber de las cuentas de los miembros del FMI que se conceden a cada país en razón de su volumen de comercio, a partir de 1973 la pérdida de confianza en el dólar y su no convertibilidad fueron propiciando el abandono del sistema de tipos de cambio fijos, pero ajustables, por uno de mayor flexibilidad de los tipos de cambio.

TIPOS DE CAMBIOS FLEXIBLES

Ante los inconvenientes señalados, en marzo de 1973 un buen número de países permitieron que sus monedas flotaran libremente (siguiendo un sistema de libre mercado como el analizado en el apartado tercero de este Capítulo), introduciéndose la 2.ª enmienda al Convenio Constitutivo del FMI, que declara que «todo país está en libertad de elegir el sistema cambiario que mejor se ciña a sus circunstancias particulares». Esta enmienda supone el abandono oficial del sistema de paridades fijas pero ajustables. La moneda «flota» libremente cuando se le permite que varíe en respuesta a cambios de las condiciones de demanda y oferta de divisas. Bajo este sistema no hay paridad oficial de la moneda nacional con el dólar ni con ninguna otra moneda y los desequilibrios en el sector exterior tienden a corregirse automáticamente mediante las variaciones del tipo de cambio.

La flotación «sucia»

La orientación del sistema monetario internacional hacia los tipos de cambios flexibles no ha hecho, sin embargo, que los tipos de cambio se determinen en la mayoría de los casos con plena libertad. Se ha extendido un sistema de flotación «sucia», en el cual los bancos centrales de los diversos países modifican a corto plazo los cambios a los que hubiera llegado el mercado sin ninguna intervención. Esta intervención se concreta en la compra o en la venta de su propia moneda, según se desee frenar la depreciación, esto es, la disminución de su precio, en términos de otras monedas, o la apreciación, o incremento de su precio en términos de otras monedas.

De forma genérica, las razones por las que los bancos centrales intervienen en los mercados de divisas se pueden concretar en los dos puntos siguientes:

- Las variaciones de los tipos de cambio afectan a las exportaciones y las importaciones y, por tanto, a la producción y el empleo.
- Las fluctuaciones de la moneda influyen en los precios de las exportaciones y las importaciones y, por tanto, en el nivel de precios y de inflación del país.

La flotación «sucia» aparece como un caso intermedio entre los sistemas de tipos fijos y flexibles, pues, si bien no hay cotización oficial, el banco central interviene en función de ciertos objetivos, siendo esta intervención discrecional. Así, supóngase que se propone que, en un día, la moneda exterior no se aprecie ni se deprecie en más de un 2 %. Si se parte de una situación inicial en la que el dólar se cotiza a $1 y hay una fuerte demanda de dólares, el banco central tendrá que vender dólares para que su precio no pase de $1,02. Si al día siguiente continúa la presión de demanda de divisas, el banco central seguirá vendiendo dólares para que su cotización no pase de $1,04, y así sucesivamente. La flotación «sucia» evita, pues, los movimientos bruscos de los tipos de cambio, pero sin vincularse a un tipo fijo.

- **La flotación «sucia» (o fluctuación dirigida) tiene lugar cuando bajo un sistema de tipos de cambio esencialmente flexibles o flotantes los gobiernos intervienen para tratar de alterarlos en una determinada dirección.**

Los tipos de cambio flexibles y la política económica

Bajo un sistema de cambio flexible, son precisamente las variaciones de los tipos de cambio las que promueven los ajustes internacionales. De forma contraria a lo que ocurría con los tipos de cambio fijos o ajustables, los países no tienen que planear sus políticas internas de acuerdo con sus intercambios internacionales. Con los tipos de cambio flexibles los ajustes pueden producirse además gradualmente, sin ocasionar crisis de confianza y con menos probabilidades de movimientos especulativos.

El hecho de que tengan lugar ajustes en los tipos de cambio de forma gradual y no automática ha sido, sin embargo, criticado. Se ha señalado, por un lado, que este tipo de ajustes pueden perturbar el comercio internacional, dado que el precio futuro de una moneda no se puede conocer con precisión, ni por tanto el valor futuro de las importaciones y exportaciones. Debe señalarse, sin embargo, que si existe un mercado de divisas a plazos o a futuros eficiente, los exportadores e importadores pueden cubrirse de los riesgos de fluctuaciones en el tipo de cambio.

A modo de balance final

Una vez analizadas las ventajas y los inconvenientes de los tipos fijos y los flexibles podemos afirmar que no aparece ningún claro ganador. Los tipos fijos ofrecen estabilidad a corto plazo, pero la lógica rigidez que presentan puede originar problemas a largo plazo. Los tipos flexibles, por su parte, tienden a mostrar una acusada inestabilidad a corto plazo pero, sin embargo, a largo plazo presentan una flexibilidad deseable.

Bajo el sistema de tipos de cambio flexibles se pueden manipular con cierta libertad las principales macrovariables sin preocuparse de las reservas. De esta forma no se supedita la política de los tipos de cambio a los objetivos internos. Asimismo, cabe destacar que la política monetaria nacional es relativamente autónoma, ya que se eliminan los efectos sobre la base monetaria de alteraciones en las reservas. En cualquier caso, esta autonomía en el diseño de la política económica puede propiciar que se lleven a cabo políticas expansivas de carácter inflacionista.

5. LOS PROBLEMAS ACTUALES DEL SISTEMA CAMBIARIO INTERNACIONAL

Diversidad de sistemas cambiarios y de teorías explicativas

Desde mediados de los setenta el sistema cambiario internacional se ha caracterizado, en primer lugar, por la diversidad de sistemas vigentes en los distintos países, si bien los tipos de cambio fijos y flexibles aparecen como los dos extremos de la amplia gama existente y, en segundo lugar, por la variabilidad de los tipos de cambio. Para explicar la variabilidad del tipo de cambio se han elaborado diversas teorías. Unas se centran en las fluctuaciones a corto plazo del tipo de cambio y defienden que el tipo de cambio de equilibrio viene determinado por los saldos de la balanza por cuenta corriente. Otras teorías, por el contrario, destacan los factores a largo plazo y señalan que las variaciones del tipo de cambio tienden a compensar los movimientos diferenciales de los precios nacionales y exteriores, por lo que si se desea estabilizar el tipo de cambio de una moneda los objetivos de inflación internos deben ser similares a los de los países con los que se comercia. Para otras teorías, sin embargo, la oferta y la demanda exteriores netas de activos financieros son los determinantes de las fuertes variaciones del tipo de cambio.

Ante esta pluralidad de teorías, quizás lo más acertado sea afirmar que en la determinación del tipo de cambio intervienen diversos factores, unos que tienen una mayor incidencia a corto plazo y otros a largo plazo. Asimismo, se deben tener en cuenta tanto los elementos comerciales como los relacionados con los mercados de activos y los diferenciales de inflación.

Nota complementaria 25.10

LA TEORIA DE LA PARIDAD DEL PODER ADQUISITIVO

Al igual que ocurre en una economía cerrada, que cuando aumenta el nivel de precios cada peso compra menos bienes, un incremento en el nivel de precios implica que cada peso comprará menos dólares también. En este sentido cabe pensar que las causas que determinan el valor interno de una moneda también influyen en su tipo de cambio o valor externo y, por tanto, los efectos de una política monetaria expansiva o contractiva tenderán a influir en el mismo sentido tanto sobre uno como sobre otro valor. Precisamente esta relación entre los niveles de precios y los tipos de cambio, pero establecida en términos numéricos y precisos, es la postulada por la *teoría de la paridad del poder adquisitivo*. Según esta teoría si un país, por ejemplo Argentina, tiene una inflación del 15 % anual y la inflación de otro país, digamos los Estados Unidos, es del 5 %, el peso deberá perder anualmente un 10 % (15-5 %) de su valor respecto al dólar, de modo que se pueda comprar lo mismo con el peso que con el dólar.

- **La *teoría de la paridad del poder adquisitivo* establece que el tipo de cambio siempre se ajusta exactamente para contrarrestar las diferencias entre las variaciones de los niveles de precios de los distintos países.**

El cumplimiento de la estrecha relación entre el nivel de precios de un país y el tipo de cambio que esta teoría postula descansa en unos supuestos muy restrictivos que difícilmente se cumplen. Resulta, además, que la citada relación puede verse afectada por diversos factores, como es la existencia de bienes que, por su naturaleza, no pueden ser objeto de comercio internacional.

La variabilidad de los tipos de cambio

Las opciones que se han planteado a las autoridades económicas para tratar de combatir la variabilidad del tipo de cambio se pueden concretar en tres puntos: coordinar las políticas macroeconómicas, intervenir en los mercados de cambios y recurrir a la formación de bloques monetarios en línea con lo realizado por la mayoría de los países integrados en la Comunidad Económica Europea.

Por lo que respecta a las formas de intervención a las que se ha recurrido, cabe agruparlas en dos bloques: *directas* e *indirectas.*

1. En el primer caso, el banco central interviene directamente comprando o vendiendo reservas para afectar la cotización de su moneda. En ocasiones lo que se pretende es simplemente mitigar las fluctuaciones erráticas a muy corto plazo. En otros casos se ponen en práctica políticas de «mantenerse contra el viento», en el sentido de ir en contra de las tendencias del mercado a corto plazo. Se procura mantener un tipo de cambio estable conteniendo sus variaciones, pero cuando el objetivo se hace insostenible tienen lugar cambios bruscos.

Dentro de este tipo de intervención directa, otra posibilidad consiste en mantener un determinado tipo de cambio como objetivo, de forma que, si el tipo de cambio elegido no coincide con el tipo de cambio del mercado, sólo caben dos posibilidades: o arriesgarse a ver reducido el nivel de reservas o que surja un mercado paralelo, o negro, de divisas.

2. El segundo tipo de intervención, es decir, la indirecta, surge cuando se recurre a toda clase de controles que dificultan el libre movimiento de mercancías y capital, condicionando, en consecuencia, la evolución del tipo de cambio. Las prácticas más normales son las siguientes:

- Limitación de las importaciones.
- Control a la salida de capitales.
- Cupos a las exportaciones.
- Limitación al acceso al mercado de futuros.

RESUMEN

- La *balanza de pagos* es un documento contable que registra sistemáticamente el conjunto de transacciones económicas de un país con el resto del mundo durante un período de tiempo determinado.

- Las importaciones y las exportaciones de mercancías constituyen la *balanza comercial.* Las actividades que llevan consigo el pago como contrapartida a un servicio constituyen las importaciones de servicios y, las que implican un cobro, una exportación de servicios. El conjunto de ambas integra la *balanza de servicios.* Las transferencias entregadas o recibidas a título gratuito o sin contrapartida se integran en la *balanza de transferencias.* Las transferencias que reflejan las disponibilidades del país para financiar su formación de capital o que modifican la posición acreedora o deudora frente al resto del mundo se engloban en la *balanza por cuenta de capital.*

- Al sumar el saldo de la balanza corriente y el de la balanza de capital a largo plazo se obtiene el saldo de la *balanza básica.* Si al saldo de la balanza básica se le añade el saldo de los movimientos de capital autónomo a corto plazo el saldo resultante sería igual al crecimiento o variación de las *reservas exteriores netas* del país. Estas reservas de divisas son activos que representan una capacidad de compra sobre el resto del mundo y que se mantienen por razones de transacciones y de precaución, para hacer frente a los desfases entre las corrientes de ingresos y pagos del país en divisas extranjeras.

• El mercado de cambios o de divisas está constituido por las transacciones que se realizan entre la moneda nacional y las monedas extranjeras, originándose un conjunto de ofertas y demandas de moneda nacional a cambio de monedas extranjeras. El *tipo* o *tasa de cambio* expresa el precio en unidades monetarias nacionales de una unidad de la moneda extranjera.

• La oferta de dólares la llevarán a cabo los exportadores nacionales de mercancías e importadores de capital que reciben dólares y desean pesos a cambio de los mismos. La demanda de divisas la realizarán los importadores nacionales de bienes y los inversores argentinos en el extranjero, que necesitan cambiar sus pesos por dólares para adquirir las mercancías extranjeras y realizar su inversión en el extranjero. El tipo de cambio se determina en el *mercado de cambios* mediante el juego de la oferta y la demanda de divisas contra moneda nacional.

• La *demanda de divisas* tendrá inclinación descendente, pues al aumentar el tipo de cambio se reduce la demanda de divisas por importaciones de bienes y servicios. La función de *oferta de divisas* presenta inclinación ascendente, pues al aumentar el tipo de cambio se incrementa la oferta de divisas hecha por los exportadores nacionales.

• Bajo el *sistema de tipos de cambio fijos,* éstos quedan ligados a una determinada mercancía, históricamente el oro, o a una determinada moneda. Cuando el sector exterior presenta un desequilibrio al tipo de cambio fijado, el ajuste se realiza mediante modificaciones de la oferta monetaria, de carácter automático, vía reservas exteriores, de forma que el tipo de cambio no se altera.

• En el *sistema* del Fondo Monetario Internacional (FMI) o *de tipos de cambio ajustables,* las tasas de cambio debían mantenerse estables dentro de un estrecho margen, alrededor de la paridad anunciada oficialmente. Cuando los desequilibrios eran sólo «temporales» había que cubrir los déficit vía reservas y, cuando eran de carácter «fundamental», el FMI permitía que se «devaluara» o que se «revaluara».

• Bajo el *sistema de tipos de cambios flexibles* no hay paridad oficial de la moneda nacional con el dólar ni con ninguna otra moneda y los desequilibrios en el sector exterior se corrigen automáticamente mediante las variaciones del tipo de cambio.

• Desde mediados de la década de los setenta el sistema cambiario internacional se ha caracterizado por la diversidad de sistemas vigentes y por la variabilidad de los tipos de cambio.

CONCEPTOS BASICOS

— Balanza de pagos.
— Balanza comercial.
— Balanza de servicios.
— Balanza de transferencias.
— Balanza por cuenta de capital.
— Balanza básica.
— Reservas de divisas.
— Grado de apertura de un país.
— Coeficiente de cobertura de importaciones por exportaciones.
— Mercado de cambios.
— Tipo de cambio.
— Arbitraje de cambios.
— Mercado de divisas al contado o *spot*.
— Mercado de divisas a futuros.
— Apreciación de una moneda.
— Depreciación de una moneda.
— Tipos de cambio fijos: el patrón oro.
— Fondo Monetario Internacional.
— Tipos de cambio ajustables.
— Devaluación.
— Revaluación.
— Tipos de cambio flexibles.
— Flotación «limpia» y «sucia».

TEMAS DE DISCUSION

1. Comente las siguientes afirmaciones: «La importancia del sector exterior para un país más que del volumen total de exportaciones e importaciones depende de dos relaciones: *a)* el «grado de apertura» al exterior, es decir, de la proporción de importaciones y exportaciones sobre el PIB, y *b)* de la «cobertura» de importaciones por exportaciones, es decir, el porcentaje de importaciones que se pueden financiar con las exportaciones.

2. ¿Es cierto que los tipos de transacciones internacionales comprenden operaciones en las que se entregan o se reciben unos recursos a cambio de otros? Ponga algunos ejemplos de transacciones sin contrapartida.

3. Aclare la aparente contradicción entre las dos afirmaciones siguientes: «El sector exterior del país *A* está en equilibrio, pues el saldo de la balanza de pagos está equilibrado» y «El país *A* ha incurrido en un déficit en sus transacciones comerciales con el exterior».

4. Justifique por qué se suele utilizar el saldo de la balanza básica como representativo del saldo del conjunto de la balanza de pagos. ¿Qué

ventajas e inconvenientes supone utilizar la cuenta de reservas en vez del saldo de la balanza de capital como indicador de las transacciones con el exterior?

5. ¿Mediante qué mecanismo se evita que las diferencias de precio de una moneda en términos de otra entre los distintos mercados sean significativas?

6. Si el dólar se aprecia en relación a la peseta, el aceite de oliva español, ¿resultará más caro o más barato para los norteamericanos? ¿Qué efecto es de esperar que tenga sobre la demanda norteamericana de aceite de oliva español? En consecuencia, la curva de oferta de dólares, ¿tendrá inclinación ascendente o descendente?

7. Si sistemáticamente la inflación en los Estados Unidos ha sido inferior a la tasa de crecimiento de los precios en España, ¿es de esperar que se aprecie la peseta respecto al dólar o que se deprecie? ¿Cómo se representará gráficamente este fenómeno?

8. Utilice el diagrama de la oferta y la demanda para analizar el efecto sobre el tipo de cambio entre el peso y el dólar si:

a) se incrementan las exportaciones de productos argentinos a los Estados Unidos;
b) el Banco Central de la República Argentina eleva los tipos de interés;
c) la actividad económica en los Estados Unidos experimenta una reactivación;
d) los precios en Argentina sufren un fuerte incremento.

9. ¿Qué similitudes y qué diferencias existen entre los dos problemas siguientes?: 1. Un mercado intervenido en el que se fija un precio mínimo por encima del precio de equilibrio. 2. Un país que presenta un déficit en su balanza comercial.

10. ¿En qué sentido bajo el sistema del patrón oro las cargas del ajuste están repartidas de forma desigual a nivel internacional? ¿Qué otros inconvenientes presenta bajo su punto de vista el sistema del patrón oro?

11. ¿Por qué los especuladores podían, bajo el sistema de tipos de cambio ajustables, hacer que un desequilibrio «temporal» se convirtiera en un desequilibrio «fundamental»?

12. Según la teoría de la paridad del poder adquisitivo, si un país *A* tiene una inflación del 15 % anual y la inflación de otro país *B* es del 5 %, ¿qué ocurrirá con la cotización de la moneda del país *A* respecto a la moneda del país *B*?

CAPITULO 26

El comercio internacional

INTRODUCCION

El presente capítulo profundiza en el análisis de las relaciones económicas internacionales, centrándose en el estudio del comercio internacional y, en particular, en la teoría de los costos comparativos.

Inicialmente, el comercio entre países tuvo lugar con objeto de obtener productos que el país importador era incapaz de producir por sí mismo. En la actualidad todos los países importan muchas mercancías, bienes y servicios que podrían producir ellos mismos. No se recurre al comercio internacional por poder o no poder fabricar tal o cual producto, sino que la justificación de los intercambios internacionales descansa fundamentalmente en la distinta dotación en materia de recursos productivos de los diferentes países.

Es un hecho que las naciones poseen recursos muy distintos y capacidades tecnológicas diferentes. El comercio internacional permite a cada país sacar ventaja de la posición favorable en la producción de algún o algunos bienes para los que está especialmente dotado. Las ventajas derivadas de la especialización están, pues, en el comercio internacional.

1. LAS RAZONES ECONOMICAS DEL COMERCIO INTERNACIONAL. LA VENTAJA COMPARATIVA

FACTORES EXPLICATIVOS DEL COMERCIO INTERNACIONAL

Los países participan en el comercio internacional porque les resulta provechoso y ello puede deberse a varias razones, entre las que podemos destacar las siguientes:

- diversidad en las condiciones de producción entre las distintas regiones y áreas;
- diferencias en los gustos y en los patrones de consumo de los individuos;
- existencia de economías de escala.

▪ Diversidad en las condiciones de producción

Con frecuencia las diferencias en las condiciones de producción en cuanto a clima, dotación de recursos naturales, de capital físico y humano y tecnología son muy acusadas. En estas circunstancias, el comercio es el resultado lógico de la diversidad en las posibilidades de producción de los distintos países. Así, por ejemplo, dentro de Europa los países con un clima mediterráneo tenderán a especializarse en la producción hortofrutícola y en la oferta de servicios turísticos. Por otro lado, los países situados más al norte, con peor clima y mayores dotaciones de capital físico, tenderán a especializarse en la producción de bienes y servicios que requieran un empleo más intensivo del factor capital.

- **Diferencias en los gustos**

Aunque las condiciones de producción entre los países fuesen similares, existen diferencias en los gustos de los consumidores que pueden justificar la aparición del comercio internacional. Así, aunque dos países, España y Francia, tengan una industria textil importante, puede que a una parte de los consumidores españoles les guste el diseño francés y, en consecuencia, se importen productos franceses.

- **Existencia de economía de escala**

Tal como se señaló en el Capítulo 7, en determinadas actividades manufacturadas existen economías de escala, esto es, los costos medios decrecen conforme aumenta la producción. En estas industrias el comercio internacional aparece como una vía para permitir la producción en masa y, de esta forma, lograr apreciables reducciones en los costos. La especialización

Nota complementaria 26.1

INTERCAMBIO COMERCIAL POR AREA GEOGRAFICA

El análisis del intercambio comercial por área geográfica pone de manifiesto el protagonismo de las relaciones con los países del continente americano. Así, del total de exportaciones argentinas de 1991, un 42 % tienen por destino países americanos. En primer lugar Brasil y Estados Unidos. A su vez, dentro de las importaciones, las procedentes de este continente representan un 58 % del total, siendo las de los dos países mencionados las que encabezan las posiciones. En segundo término, a continuación de América, se ubica Europa (incluyendo a la ex URSS) con un 39 % de participación en las exportaciones y un 28 % en las importaciones.

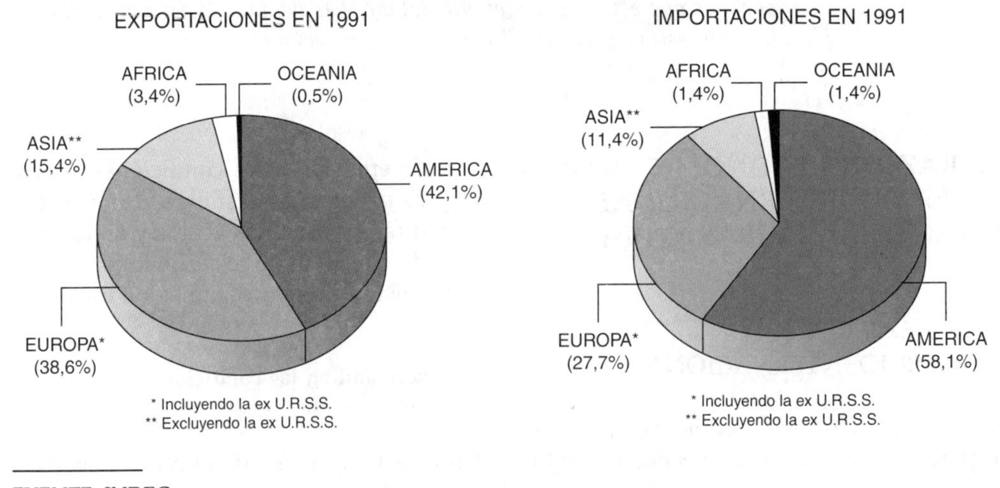

FUENTE: INDEC.

hace posible la aparición de economías de escala y el comercio internacional se presenta como el instrumento idóneo para resolver el problema de los excedentes de cada país.

EL PRINCIPIO DE LA VENTAJA COMPARATIVA Y EL COMERCIO INTERNACIONAL

Además de las tres razones apuntadas en el apartado anterior para justificar la existencia de comercio internacional, hay un principio que subyace en todo tipo de comercio y es el de la *ventaja comparativa.* Según este principio, los países tienden a especializarse en la producción y exportación de aquellas mercancías en las que poseen mayores ventajas comparativas frente a otros países. El resultado de esta especialización es que la producción mundial, y en consecuencia su capacidad para satisfacer los deseos de los consumidores, será mayor que si cada país intentase ser lo más autosuficiente posible.

Ventaja absoluta y comercio internacional

- **Un país posee una *ventaja absoluta* sobre otros países en la producción de un bien cuando puede producir más cantidad del bien, con los mismos recursos, que sus vecinos.**

En razón de esta ventaja absoluta, cada país tenderá a especializarse en la producción del bien en que posee ventaja absoluta para aumentar la eficacia de sus recursos e intercambiará sus excedentes por los bienes que desee y no produzca. A título de ejemplo, considérese el caso de dos países, Francia y España, que producen dos bienes, alimentos y manufacturas, utilizando las siguientes cantidades de trabajo:

España:

- 1 hora de trabajo para producir una unidad de alimento.
- 2 horas de trabajo para producir una unidad de manufacturas.

Francia:

- 2 horas de trabajo para producir una unidad de alimentos.
- 1 hora de trabajo para producir una unidad de manufacturas.

Esta situación se puede resumir en un cuadro que recoge, para cada país y para cada unidad de producto, el número de horas de trabajo que se precisa emplear (Cuadro 26.1).

De la información contenida en dicho cuadro se desprende que España posee ventaja absoluta en la producción de alimentos (necesita menos horas de trabajo que Francia para obtener una unidad de alimento), mientras que Francia posee ventaja absoluta en la producción de manufacturas. En estas condiciones, España se especializará totalmente en la producción de alimentos y Francia lo hará en la de manufacturas.

Cuadro 26.1. Ventaja absoluta
(Horas de trabajo necesarias para la producción en España y Francia)

Producto	España	Francia
1 unidad de alimentos	1 hora de trabajo	2 horas de trabajo
1 unidad de manufacturas	2 horas de trabajo	1 hora de trabajo

▪ La producción total con y sin intercambio

Para comprobar intuitivamente la conveniencia de la especialización en el caso de que se dé ventaja absoluta, supongamos que en cada país se emplean 100 horas de trabajo-hombre y que se dedican la mitad a la producción de alimento y la otra mitad a la producción de manufacturas. El producto obtenido en cada una de las actividades productivas podemos inferirlo a partir de la información contenida en el Cuadro 26.2. Así, resulta que España, dada la productividad del trabajo en términos de alimentos y manufacturas contenida en el Cuadro 26.1, obtiene por una hora de trabajo una unidad de alimentos y 0,5 de manufacturas, mientras que lo contrario ocurre en Francia. Por tanto, la producción obtenida en cien horas de trabajo en España se concretará en 50 unidades de alimento (50 horas × 1 unidad a la hora) y 25 unidades de manufacturas (50 horas × 0,5 unidades a la hora), mientras que la producción en Francia será de 25 unidades de alimentos y 50 unidades de manufacturas. Por tanto, la producción total de ambos países sin que tenga lugar intercambio, esto es, sin aprovechar sus ventajas absolutas y especializarse en la producción de aquellos bienes en los que son más productivos, será de 150 unidades físicas (Cuadro 26.2). Por el contrario, si suponemos que tiene lugar el intercambio entre ambos países, cada uno se especializará en la actividad en la que rinde más, y la producción conjunta pasará a ser de 200 unidades, esto es, 100 unidades de alimentos, que correrán a cargo exclusivamente de España, y 100 unidades de manufacturas que produciría Francia.

Como se puede ver, gracias al comercio entre ambos países ha sido posible aumentar la producción total de los dos bienes sin utilizar para ello más fuerza de trabajo. Este aumento en la producción global se debe a que el intercambio ha permitido que cada país dedique su fuerza de trabajo únicamente a la producción de aquel bien que obtiene con un costo laboral más bajo. Esta diferencia en los costos de fabricación de los dos bienes entre los dos países, medida en términos de horas de trabajo, hace que, al abrirse el comercio entre los países, éstos puedan dedicar todos sus recursos a aquella actividad productiva en la que cada uno posee ventaja absoluta.

Cuadro 26.2. Producción total sin y con intercambio (Unidades físicas) (*)

Producción	Sin intercambio	Con intercambio
España		
Alimentos	50	100
Manufacturas	25	—
Francia		
Alimentos	25	—
Manufacturas	50	100
Producción total	150	200

(*) Se supone que en cada país se emplean 100 horas de trabajo-hombre. En la columna «sin intercambio» se supone además que tanto en España como en Francia la mitad de las horas se dedican a producir alimentos y la otra mitad a la producción de manufacturas.

El principio de la ventaja comparativa

El principio de la ventaja comparativa señala que un país comerciará con otros países aun cuando sea absolutamente más eficiente o más ineficiente en la producción de todos los bienes.

Así, pensemos que, por ejemplo, Japón tiene una mayor productividad por trabajador que todos los demás países en la producción de cámaras fotográficas y de automóviles. Pero supongamos que Japón es relativamente más eficiente en la producción de cámaras fotográficas que en la de automóviles. En concreto, la productividad de Japón es un 40 % mayor que la del resto del mundo en cámaras fotográficas y sólo un 15 % mayor en la producción de automóviles. En este caso, el principio de la ventaja comparativa defiende que será beneficioso para Japón especializarse y exportar el bien en el que es relativamente más eficiente (cámaras

Nota complementaria 26.2

LA COMPETITIVIDAD ARGENTINA EN EL MERCOSUR

En el gráfico adjunto se refleja la evolución registrada por las paridades reales de Argentina frente a sus socios en el MERCOSUR.

La paridad real se define así:

$$\textbf{Paridad real} = \frac{\textbf{C/IPC Argentina}}{\textbf{C*/IPC País MERCOSUR}}$$

siendo:

C : tipo de cambio nominal para Argentina (pesos por dólar).
C*: tipo de cambio nominal de los otros países del MERCOSUR (moneda local por dólar).

Se advierte en el gráfico una evolución paralela a la verificada por el tipo de cambio real de la moneda argentina respecto al dólar (véase Nota complementaria 25.7): una paulatina declinación de la paridad real a partir de comienzos de 1990. Ello significa que lo determinante de dicha evolución ha sido el comportamiento del numerador de la fórmula de más arriba. Es decir, que mientras en el caso de Argentina el tipo de cambio nominal ha crecido en menor proporción que el Indice de Precios al Consumidor, en los otros tres países del área ambas variables se han movido paralelamente.

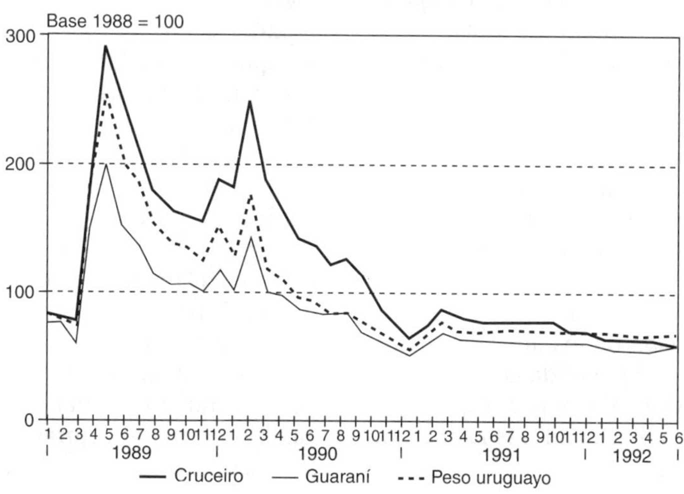

FUENTE: *Indicadores Económicos.* Julio de 1992. BCRA.

fotográficas) e importar el bien (automóviles) en el que es relativamente menos eficiente.

• **Según el *principio de la ventaja comparativa,* los países se especializan en la producción de los bienes que pueden fabricar con un costo relativamente menor.**

■ Ventaja comparativa y comercio internacional

Fue el gran economista inglés David Ricardo (1772-1823) (véase Capítulo 29) quien demostró que no sólo en el caso de que aparezca ventaja absoluta existiría especialización y comercio internacional entre dos países. Podrá ocurrir que uno de ellos no posea ventaja absoluta en la producción de ningún bien, es decir, que necesite más de todos los factores para producir todos y cada uno de los bienes. A pesar de ello, sucederá que la cantidad necesaria de factores para producir una unidad de algún bien, en proporción a la necesaria para producir una unidad de algún otro, será menor que la correspondiente al país que posee ventaja absoluta. En este caso decimos que el país en el que tal cosa suceda tiene ventaja comparativa en la producción de aquel bien.

Por muy complicado que esto parezca, el ejemplo anteriormente analizado (véase Cuadro 26.1) de dos países, dos bienes y un factor, puede adaptarse para explicar el nuevo concepto. Si los requerimientos de trabajo para producir cada bien en cada país fueran ahora los que recoge el Cuadro 26.3, España tendría ventaja absoluta en la producción de ambos bienes, pero Francia tendría ventaja comparativa en la producción de manufacturas.

De la información contenida en el cuadro se deduce que para producir una unidad de manufacturas en España se necesita dos veces más cantidad de trabajo que para obtener una unidad de alimento, mientras que Francia necesita la misma cantidad de trabajo para producir alimento que para producir manufacturas. Ricardo demostró que en esta situación, y a pesar de que España disfruta de ventaja absoluta en la producción de los dos bienes, ambos países pueden salir ganando con el comercio y la especialización. Veamos por qué.

Algunos podrían argumentar que la apertura al comercio de Francia hundiría tanto a la industria manufacturera francesa como a los agricultores y ganaderos. Se podría pensar que los menores costos de producción en España les permitirían colocar sus manufacturas en el mercado francés. Alternativamente, con objeto de evitar la invasión del mercado francés por los productos españoles, cabría pensar en que se impidieran totalmente por parte de Francia los flujos comerciales con España.

■ Las ganancias derivadas del comercio internacional

Trataremos de demostrar que, cuando existen ventajas comparativas, ambos países salen beneficiados si se establecen flujos comerciales en ambas direcciones. De acuerdo con el ejemplo presentado, si no existe intercambio, el trabajador francés necesita emplear tres horas tanto para conseguir una unidad de alimentos como una unidad de manufacturas. Su colega español se encuentra comparativamente mejor ya que únicamente necesita una hora para conseguir una unidad de alimentos y dos horas para obtener una unidad de manufacturas. El coste relativo del alimento en términos de manufacturas de España es 1/2, mientras que en Francia es igual a 1.

Cuando no hay comercio, las manufacturas resultan relativamente más baratas en Francia que en España, mientras que lo contrario ocurre con los alimentos. Al iniciarse el intercambio, los vendedores de alimentos en Francia comenzarán a importar alimentos de España, a cambio de manufacturas francesas en las que

Cuadro 26.3. Ventaja comparativa
(Horas de trabajo necesarias para la producción en España y Francia)

Producto	España	Francia
1 unidad de alimentos	1 hora de trabajo	3 horas de trabajo
1 unidad de manufacturas	2 hora de trabajo	3 horas de trabajo

estarán interesados los vendedores de España al resultar éstas relativamente más caras en su país. Para que este flujo comercial tenga lugar es preciso que se realice en unas condiciones que sean favorables para ambos, es decir, a una relación de intercambio entre alimentos y manufacturas comprendida entre 1/2 y 1. Dicha relación deberá ser superior a 1/2 para que España encuentre favorable el intercambio e inferior a 1 para que también lo sea para Francia. Si los costos de transporte son despreciables el resultado final de este proceso será que sólo existiría un costo relativo al cual se intercambiarán alimentos por manufacturas en España y en Francia. En términos más generales, dicho costo relativo recibe el nombre de Relación Real de Intercambio (véase el Apéndice al final de este capítulo).

El valor que finalmente alcance dicha relación dependerá de las presiones de los demandantes sobre uno y otro producto en ambos países. En particular, si tanto en Francia como en España existe mucha demanda de manufacturas y relativamente menos de alimentos, el coste de los alimentos en términos de manufacturas tenderá a aproximarse a la relación de precios entre los dos productos en Francia antes de darse el comercio.

Debido a la existencia de la ventaja comparativa, y a pesar de que España era más eficiente en la producción de los dos bienes considerados, la apertura del comercio entre ambos países ha provocado un flujo de alimentos de España a Francia y de manufacturas de Francia a España. España se ha especializado en la producción de aquel bien en el cual tiene una mayor ventaja en comparación con Francia. A su vez, Francia se especializa en la producción del bien en cuya producción es relativamente menos ineficiente que España.

• **Cuando cada país se especializa en la producción de aquellos bienes en los que tiene ventaja comparativa, todos se ven beneficiados. Los trabajadores de los dos países obtienen una mayor cantidad de bienes empleando el mismo número de horas de trabajo que cuando no se abren al comercio.**

2. ANALISIS GRAFICO DEL PRINCIPIO DE LA VENTAJA COMPARATIVA Y ALGUNAS LIMITACIONES PRACTICAS

El papel de las ventajas comparativas en el comercio internacional puede ilustrarse mediante la curva o frontera de posibilidades de la producción y la curva de posibilidades de consumo de cada país. Supongamos que las tablas de posibilidades de producción de España y Francia son las recogidas en el Cuadro 26.4, para unas disponibilidades dadas de factor trabajo y de los costos relativos recogidas en el Cuadro 26.3.

Las fronteras de posibilidades de producción que resultan de dichas tablas tienen forma de línea recta, pues el costo relativo de los alimentos en términos de manufacturas se ha supuesto que permanece constante a medida que nos movemos sobre la frontera de posibilidades de producción (Figura 26.1). No importa el nivel de producción pues, de todos modos, en España la producción de una unidad adicional de alimentos costará 2 unidades de manufacturas, lo que implica una pendiente de −1/2 y en Francia el costo será de una unidad de manufacturas.

Si ambos países se aíslan de todo comercio, lo que produzcan será también lo que consuman. Tanto España como Francia verán reducidas sus posibilidades de producción y consumo a las áreas *AOC* y *A'O'C'*, respectivamente.

La frontera de posibilidades de la producción (FPP) de Francia se ha trazado más cercana al origen reflejando que en la producción de alimentos y en la producción de manufacturas Francia tiene una desventaja absoluta.

Admitamos ahora la posibilidad de comercio entre ambos países. En este caso, a España le convendría desplazarse hacia el punto *A* y especializarse en la producción de alimentos, que podría cambiar a una relación de 1 a 1 en Francia por productos manufacturados, con lo que sus posibilidades de consumo aumentarían.

Si España pudiese intercambiar sus alimen-

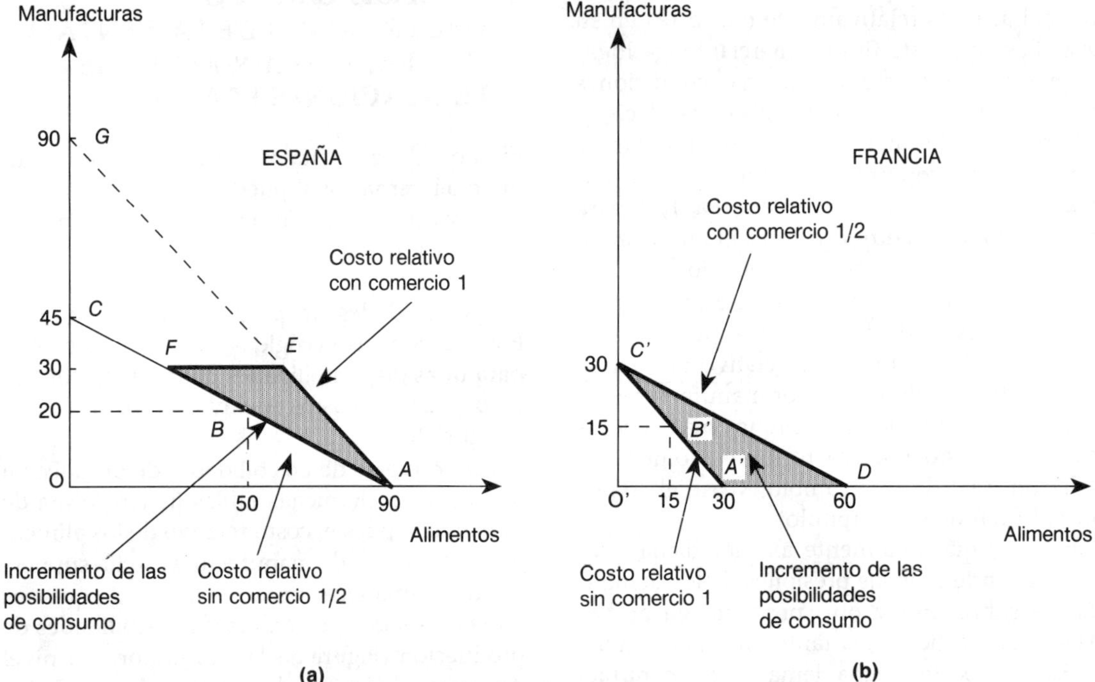

Figura 26.1. El comercio internacional y la frontera de posibilidades de producción.

La frontera de posibilidades de producción y la curva de posibilidades de consumo ilustran las ganancias del comercio internacional. Así, si ambos países se aíslan, *AOC* y *A'O'C'* serán las áreas que definen sus posibilidades de producción y consumo. Si se especializan uno en la producción de alimentos (España), y otro en la de manufacturas (Francia), según respectivas ventajas comparativas, el comercio favorecerá a ambos y las posibilidades de consumo se ampliarán como máximo en las áreas AFE Y DA'C', respectivamente. Ello es debido a que Francia puede exportar sólo 30 unidades de manufacturas. Si pudiese producir hasta 90 unidades, las posibilidades de consumo para España se incrementarían en el área ACG.

Cuadro 26.4. Relación de posibilidades de producción de España y Francia (*)

ESPAÑA			FRANCIA		
Posibilidades de producción	**Alimentos (unidades)**	**Manufacturas (unidades)**	**Posibilidades de producción**	**Alimentos (unidades)**	**Manufacturas (unidades)**
A	90	0	A′	30	0
B	50	20	B′	15	15
C	0	45	C′	0	30

(*) Se supone que en cada país se trabaja 90 horas. Asimismo, se supone que, en concordancia con la información del Cuadro 26.3, en España el costo relativo de producir alimentos en relación a las manufacturas es 1/2 y que permanece constante. En Francia este costo es 1.

tos por las manufacturas francesas a la relación de precios de Francia (3/3), produciría 90 unidades de alimentos y determinaría el consumo de ambos bienes desplazándose hacia el noroeste a lo largo de la línea *AE*.

Por el contrario, a Francia le convendría especializarse en la producción de manufacturas, ya que éstas las podría intercambiar por alimentos de España a una relación más favorable que la vigente en Francia.

En particular, si Francia pudiese comerciar con España sin alterar la relación de precios de España, se situaría en el punto *C'* de su *FPP* y determinaría el consumo de ambos bienes desplazándose hacia el sureste a lo largo de la línea *C'D*.

El comercio favorecerá a ambos países, pues cada uno se especializará en la producción de aquello en lo que tiene ventaja comparativa. Gráficamente, las fronteras de posibilidades de la producción reflejan este hecho, así como las nuevas posibilidades abiertas al consumo de ambos países gracias al intercambio. España verá incrementadas sus posibilidades de consumo en una cuantía máxima dada por la superficie *AFE*, ya que la nueva relación de intercambio, que hace posible el comercio entre ambos países, estará comprendida entre 1/2 y 1. Simultáneamente, el aumento de las posibilidades de consumo de Francia vendrá dado como máximo por la superficie *DA'C'*, pues la relación de intercambio tomará un valor entre 1 y 1/2, siendo el valor límite 1/2, pues era la relación de intercambio vigente en España antes de iniciarse el intercambio.

Tal como se señaló anteriormente, no sólo sabemos que la relación de precios a la que se intercambiará una unidad de alimentos por una unidad de mercancías estará comprendida entre 1/2 y 1. El valor final dependerá de las demandas relativas. Si la demanda de manufacturas es tan fuerte que la producción francesa no es suficiente para abastecer la demanda total, la relación de precios se aproximaría a 1/2. Por el contrario, si la demanda de alimentos fuese muy elevada, la relación de precios tendería a aproximarse a 1. Lo único que podemos afirmar es que cuando ambos países se especializan completamente en la producción del bien en el que tienen ventaja comparativa la relación de precios estará comprendida entre 1/2 y 1.

Efectos sobre el bienestar

Vamos a analizar los efectos del citado intercambio sobre los ciudadanos de ambos países. El primer efecto del comercio y la especialización será que, debido a la competencia de los productores de ambos países, la industria manufacturera de España afectada por el comercio con Francia tenderá a desaparecer, y lo mismo ocurrirá con los productores de alimentos franceses que estén en competencia con los españoles. De acuerdo con la lógica del proceso, los trabajadores desalojados de estas dos líneas de producción pasarán, tras un período de transición, a integrarse en la industria en la que se especializa su país respectivo.

Una vez llevado a cabo este proceso de reasignación de recursos cabe preguntarse por la situación de los trabajadores de ambos países en relación a la situación previa a la apertura del comercio. Pensemos en la situación de un trabajador español antes de iniciarse el comercio. Este tenía que trabajar una hora para conseguir una unidad de alimentos y dos horas para obtener una unidad de manufacturas. Después de la apertura del comercio, el trabajador sigue teniendo que emplear una hora para conseguir una unidad de alimentos, pero puede disponer de una unidad de manufacturas trabajando menos de dos horas en la producción de alimentos e intercambiando éstos por manufacturas en el mercado internacional.

Asimismo, el trabajador francés tendrá que emplear tres horas para conseguir las manufacturas antes y después de que exista el comercio, pero sin embargo ahora puede disponer de alimentos que exigirán trabajar menos de tres horas en su producción, ya que para conseguir una cantidad de este producto puede recurrir al mercado internacional.

Así pues, la existencia de una diferencia en

los costos relativos de producir dos bienes en dos países distintos es suficiente para que les sea beneficioso especializarse en aquella producción para la cual disponen de una ventaja comparativa respecto al otro y comerciar entre sí. Además, el comercio internacional permite que los trabajadores de los dos países mejoren su nivel de bienestar una vez que se produce una especialización dentro de cada país.

Limitaciones a la teoría de la ventaja comparativa: la especialización parcial

En la vida real, raramente se da una especialización absoluta de un país en la producción de unos pocos bienes, de forma que la predicción de la completa especialización que puede inferirse de la teoría de la ventaja comparativa no se cumple en la realidad. Este hecho, sin embargo, no supone una descalificación de las conclusiones que se habían alcanzado, sino que dichas conclusiones pueden matizarse y mejorarse si modificamos ligeramente los argumentos, de forma que contemplen la eventualidad de la *especialización parcial* de los países.

Los costos de producción y la cantidad producida

En el análisis antes presentado de la ventaja comparativa, se ha supuesto que el costo unitario de fabricar un determinado bien es independiente de la cantidad producida y que, al iniciarse el comercio, el trabajo pasaba de una

Nota complementaria 26.3

EVOLUCION DE LAS RESERVAS ARGENTINAS

A partir de la puesta en vigencia del Plan de Convertibilidad se ha verificado un mejoramiento en la situación de reservas en poder del Banco Central. Ello ha sido producto del continuo incremento verificado en sus activos en moneda extranjera. La confianza en el mantenimiento de la paridad cambiaria determinó un continuo flujo de capitales que han ido incrementando las tenencias en divisas del ente rector del Sistema Financiero Argentino.

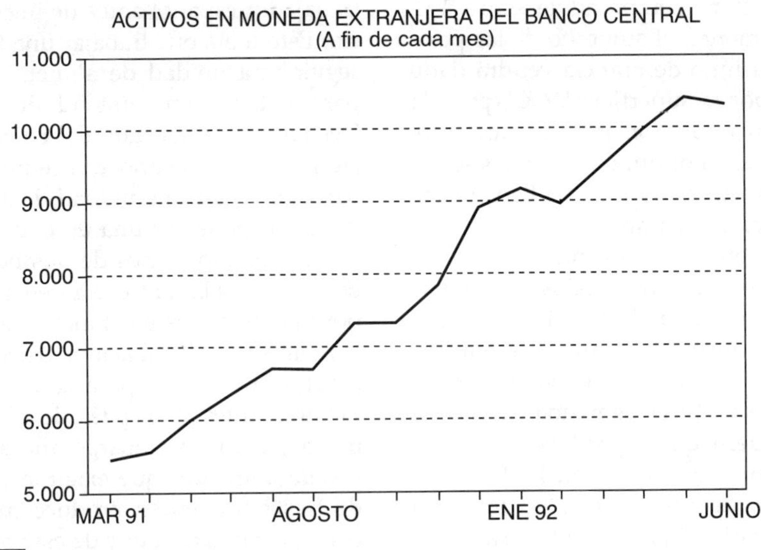

FUENTE: BCRA.

línea de producción a otra conservando el mismo nivel de productividad. Sin embargo, esto no es muy razonable. En efecto, cuando por ejemplo se trasvasa mano de obra de la producción de trigo a la producción de vestidos, no es muy lógico suponer que la productividad de los nuevos trabajadores sea igual a la de los antiguos y, por tanto, no es de esperar que, si se dobla el número de trabajadores que cultivan trigo trayéndolos de la industria manufacturera, se duplique la producción de trigo. Además, para producir trigo se requiere tierra de cultivo, y la superficie de tierra capaz de dedicarse a este objetivo está limitada. Consecuentemente, aunque doblemos la cantidad de factor trabajo empleada no se puede doblar tan fácilmente la superficie cultivada, a no ser que recurramos a tierras de calidad inferior. El costo de producción de trigo no es independiente del nivel de producción, sino que aumentará con la producción. Por consiguiente, conforme un país va especializándose en la producción de un bien, el costo de producir una unidad de ese bien irá en aumento. Pero este argumento tiene un límite. El costo nunca se situará por encima del precio del bien en cuestión en el mercado internacional, puesto que si así fuese nadie compraría el bien. Además, tampoco sería rentable su producción, ya que al productor le pagarían por el bien menos de lo que le cuesta producirlo. La existencia de costos crecientes supone un freno a la especialización. Si el tope que supone el precio internacional del bien exportado se alcanza antes de que la especialización sea absoluta (esto es, antes de que el país dedique todos sus recursos a la producción de un solo bien) se producirá en el interior cierta cantidad del bien que el país importa. En resumen, la teoría de la ventaja comparativa ayuda a saber cuál será la dirección del comercio, pero si existen costos crecientes es probable que la especialización de los países sea parcial, tal y como sucede en la realidad.

Otro tipo de limitaciones y críticas a la teoría del comercio internacional se pueden establecer de acuerdo con la teoría de la dependencia y del intercambio desigual. Dada la relación de estas hipótesis con la problemática propia de las economías en vías de desarrollo, este tipo de limitaciones se presentan en el capítulo siguiente.

3. LOS ARANCELES

Durante siglos los gobiernos y los interesados en el comercio internacional han discutido las ventajas y los inconvenientes de poner en práctica medidas que obstaculicen el libre comercio. Desde el punto de vista de su eficacia económica (tal como se ha visto en la sección anterior), no hay dudas sobre las ventajas del comercio exterior no intervenido, esto es, del librecambio. Pero existen una serie de hechos que aconsejan o justifican, según los casos, cierto grado de intervencionismo o proteccionismo.

La polémica librecambio-proteccionismo

De hecho, un régimen comercial internacional de perfecto librecambio, esto es, una situación en la que exista libre circulación de bienes y servicios entre países sin ningún tipo de trabas, no se ha dado nunca en la historia económica. Ha habido momentos de mayor o menor grado de liberalización en las relaciones económicas internacionales, pero siempre han existido algunas dificultades impuestas por los países en contra de la libre circulación de mercancías. En la literatura económica, a este tipo de disposiciones se las denomina *medidas proteccionistas.*

Los argumentos empleados para justificar el establecimiento de este tipo de medidas son diversos. En ocasiones, lo que se pretende es proteger a una industria que se considera estratégica para la seguridad nacional. Otras veces se adoptan tales disposiciones para tratar de fomentar la industrialización mediante un proceso de sustitución de importaciones por productos fabricados en el propio país. Otro argumento en defensa de las medidas proteccionistas es el de hacer posible el desarrollo de «industrias nacientes», esto es, industrias que no podrían competir con las de otros países donde se han desarrollado con anterioridad.

El hecho es que, de acuerdo con los argumentos señalados, se han producido diversos tipos de intervenciones sobre el comercio internacional, que integran lo que se denomina *política comercial.* En este apartado nos vamos a centrar en el análisis de los aranceles y posteriormente estudiaremos las otras medidas.

- **La *política comercial* influye sobre el comercio internacional mediante aranceles, contingentes, barreras no arancelarias y subvenciones a la exportación.**

Análisis económico de los aranceles

De las diversas medidas que integran la política comercial, la que tradicionalmente ha tenido una mayor importancia son los aranceles.

- **Un *arancel* es un «impuesto» que el gobierno exige a los productos extranjeros con objeto de elevar su precio de venta en el mercado interior y, así, «proteger» los productos nacionales para que no sufran la competencia de bienes más baratos.**

Nota complementaria 26.4

LA DEUDA EXTERNA ARGENTINA

A partir de comienzos de la década de los ochenta, una partida de fuerte gravitación en el balance de pagos argentino estuvo constituida por los servicios de la deuda externa.

En el cuadro adjunto se advierte que dichos servicios han pasado a absorber gran parte de los ingresos por exportaciones.

SERVICIOS FINANCIEROS NETOS/EXPORTACIONES

Año	%
1977	10,3
1978	10,6
1979	11,8
1980	19,1
1981	40,5
1982	61,9
1983	69,0
1984	70,5
1985	63,2
1986	64,4
1987	70,5
1988	56,1
1989	67,1
1990	49,6
1991	47,1

FUENTE: CEPAL, en base a datos del BCRA e INDEC.

La incidencia del establecimiento de un arancel se puede estudiar recurriendo al análisis gráfico de la oferta y la demanda. Consideremos ahora el caso de un bien, por ejemplo una motocicleta, que se produce en el mercado nacional y que también es objeto de comercio internacional. Supongamos que el precio de las motocicletas en el mercado nacional (si no hubiera comercio internacional) fuese de 5.000 dólares y que el precio de ese bien en el mercado internacional sea de 3.000 dólares. Supongamos, asimismo, que los compradores nacionales pueden adquirir la cantidad que deseen a este precio, de forma que la curva de oferta internacional pueda considerarse como una recta horizontal al nivel de 3.000 dólares por motocicleta (Figura 26.2).

Al precio vigente en el mercado mundial (3.000 dólares por unidad) la cantidad ofrecida por los productores nacionales es *AB*, mientras que la demanda nacional del bien bajo estudio es *AE*. La diferencia entre ambas cantidades, *BE*, representa el volumen de mercancías importado.

Supongamos que, tratando de proteger a los productores nacionales, se establece un arancel de un 30 % sobre las importaciones, lo que supone 900 dólares por motocicleta importada (0,30 × US$ 3.000 = US$ 900) (Figura 26.3). Esto hace que el precio en el mercado nacional de las motocicletas importadas se vea incrementado en la cuantía del arancel, pasando a ser de 3.900 dólares, lo que hace que se reduzcan las importaciones de motocicletas.

Precio nacional = precio mundial (1 + arancel)

Así pues, un arancel tiende a elevar el precio, a reducir las cantidades consumidas e importadas y a incrementar la producción nacional.

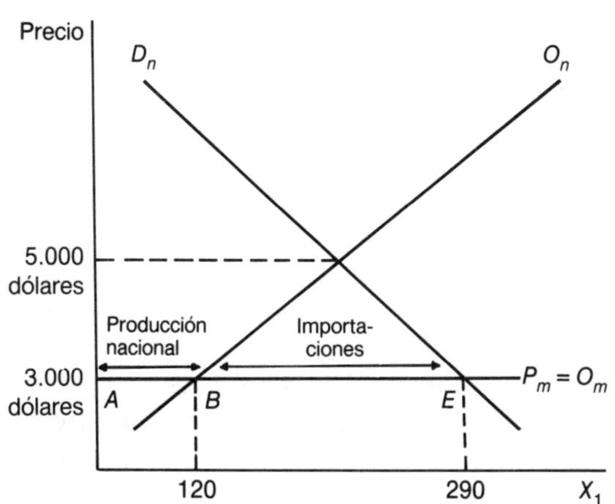

Figura 26.2. El equilibrio de libre comercio.

En condiciones de libre comercio, el precio nacional de las motocicletas se reduce desde 5.000 dólares (el precio que regiría en el mercado nacional si no hubiera comercio) a 3.000 dólares por motocicleta, que es el precio mundial. A este precio, la demanda nacional (290 motocicletas) se satisface en parte con la producción nacional (120 motocicletas) y el resto con importaciones.

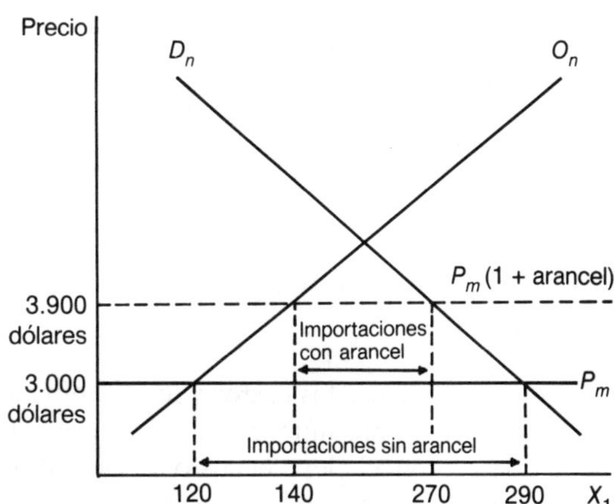

Figura 26.3. Efecto de un arancel sobre las importaciones.

Cuando se establece un arancel sobre las importaciones, la curva de oferta internacional se desplaza paralelamente hacia arriba en la cuantía del arancel. El efecto del arancel consiste en elevar el precio del mercado nacional, reducir la cantidad consumida y aumentar la cantidad ofrecida por los productores nacionales.

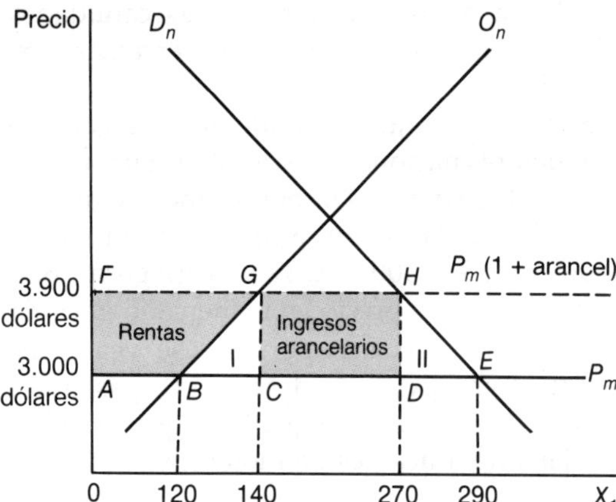

Figura 26.4. Los costos económicos de los aranceles.

Como consecuencia del establecimiento de un arancel, los consumidores ven incrementar el costo total en el área, *FHEA*. De este total, el área *FGBA* va a los productores en forma de mayores beneficios o *rentas,* mientras que al Estado se le realiza una transferencia que se representa mediante el área *GHDC*. Las dos áreas restantes, los triángulos I y II, son el costo social neto del arancel. El área I representa la ineficiencia que supone producir en el país motocicletas, en vez de comprarlas en el mercado internacional. El área II recoge el excedente perdido de los consumidores al haberse reducido el consumo.

Los costos y los beneficios sociales de los aranceles

La Figura 26.4 ilustra los costos y los beneficios sociales del establecimiento de un arancel. Dado que el arancel eleva el costo de cada motocicleta en 900 dólares, el aumento total del costo para los consumidores viene dado por el área *FHEA* de la Figura 26.4.

Veamos cómo se distribuye este dinero. Una parte va al Estado en forma de ingresos arancelarios. Estos son iguales al número de motocicletas importadas (130 = 270 – 140) multiplicado por el arancel (900 dólares), es decir, 117.000 dólares. En términos gráficos, esta cantidad viene representada por el rectángulo *GHDC*. Los ingresos arancelarios suponen una transferencia al Estado por parte de los consumidores, ya que éstos no reciben nada a cambio de aquél, pero no representan un costo para la sociedad, ya que el Estado utiliza estos ingresos en su presupuesto de gastos.

Otra parte de los pagos que realizan los consumidores se canaliza hacia las empresas nacionales productoras de motocicletas en forma de mayores beneficios. Esta transferencia se corresponde en la Figura 26.4 con el área *FGBA*: las empresas nacionales venden ahora su producción inicial (120 motocicletas) a un precio mayor y se embolsan la diferencia existente entre el nuevo precio vigente en el mercado nacional y el costo marginal. Estas rentas que reciben los productores nacionales de motocicletas son una transferencia de renta de los consumidores a los productores.

Del aumento de los pagos que realizan los consumidores quedan dos áreas, la *GCB* y la *HED*, que denominaremos abreviadamente áreas I y II, y que merecen una consideración especial. El área I representa un costo para la sociedad, ya que, al introducirse el arancel y al incrementarse el precio en el mercado nacional de las motocicletas a 3.900 dólares, ciertas empresas que antes no producían porque tenían unos costos marginales entre 3.000 y 3.900 dólares, se incorporan al mercado. La entrada en producción de estas empresas con costos marginales elevados supone una ineficiencia ya que las motocicletas producidas por estas fábricas se podrían comprar a 3.000 dólares. Así pues, el área I es la suma del costo marginal de los productores nacionales (representado por la curva de oferta nacional) menos el costo marginal de los productores extranjeros (3.000 dólares). La pérdida de eficiencia representada por el área I supone 9.000 dólares. En términos geométricos, el área del triángulo *GCB,* que es igual a la mitad de la producción nacional inducida, 20 unidades, multiplicada por el arancel, esto es, por 900 dólares.

Así pues, la diferencia entre el costo marginal nacional y el precio mundial, es decir, el área del triángulo I, es un costo o despilfarro social provocado por el arancel. Los consumidores y la sociedad en general soportan un despilfarro cuando se establece un arancel, ya que los recursos desviados hacia la industria protegida por los aranceles se podrían utilizar eficientemente en otros sectores.

Pero los consumidores incurren en otro costo representado por el área *HED*, que hemos denominado área II. Este área representa la pérdida de excedente de los consumidores originada por la disminución del consumo, al pasar de 290 motocicletas a 270. El valor adicional que tiene cada motocicleta para los consumidores viene dado por la curva de demanda y el costo marginal que tiene para la sociedad viene dado por el precio mundial. Una pérdida de excedente de los consumidores surge cuando la valoración marginal de éstos es superior al costo marginal. Esta pérdida de excedente representa también un despilfarro para la sociedad que, siguiendo el mismo procedimiento que en el caso del área I, también resulta ser de 9.000 dólares.

En definitiva, los aranceles originan ineficiencia económica, pues la pérdida ocasionada a los consumidores excede a la suma de los ingresos arancelarios que obtiene el Estado y los beneficios «extra» que reciben los productores nacionales.

• El establecimiento de un arancel tiene cuatro efectos fundamentales: anima a determinadas empresas ineficientes a producir, induce a los consumidores a reducir sus compras del bien sobre el que se impone el arancel por debajo del nivel eficiente, eleva los ingresos del Estado, y permite que la producción nacional aumente. Sólo los dos efectos primeros suponen necesariamente un despilfarro de recursos.

Argumentos a favor y en contra del establecimiento de aranceles

Los argumentos a favor y en contra del establecimiento de aranceles coinciden, respectivamente, con los formulados por los defensores y detractores del proteccionismo comercial. Estos se pueden resumir en los puntos siguientes:

1. Defensa de la industria nacional.
2. Para compensar que la mano de obra de otros países es más barata.
3. Defensa ante las subvenciones de otro país.

1. Los que defienden el establecimiento de aranceles argumentan que evitar el despilfarro no es el único objetivo de la sociedad y señalan que los aranceles pueden ser buenos, en conjunto, para un país en un momento determinado. Destacan que un arancel es una forma de proteger la industria nacional y de fomentar la creación de empleo.

Ante este argumento cabe señalar que, si bien un arancel reduce los incentivos para consumir bienes importados y protege a los productores nacionales, no lo hace de la forma más apropiada. A los productores nacionales también se les puede proteger directamente concediéndoles subvenciones a la producción, sin afectar al consumo y, por tanto, reduciendo los despilfarros.

2. También se aduce que los aranceles se deben establecer para defender a los productores nacionales, debido a que otros países utilizan mano de obra barata.

Cabe formular dos objeciones a este argumento: en primer lugar, que, si bien los salarios extranjeros pueden ser inferiores, es probable que los trabajadores extranjeros sean menos productivos. En este caso se necesitaría más trabajo extranjero que nacional para producir una unidad del bien importado y el costo de la mano de obra extranjera por unidad de producto puede que no sea menor que el costo laboral unitario nacional.

En segundo lugar, debe recordarse que uno de los factores que explica el comercio internacional es la existencia de diferencias internacionales en las dotaciones de factores. El comercio aparece como una vía para explotar las peculiares condiciones de producción de cada país y, en definitiva, para aprovechar las ventajas comparativas, exportando aquellos productos que podemos elaborar a un costo relativo menor e importando los productos en los que otros países tienen ventaja comparativa. Si algunos países cuentan con mano de obra abundante y barata que les permite producir determinados productos que son intensivos en trabajo a un menor costo, se les debe permitir que aprovechen su ventaja comparativa en ese tipo de bienes y reorientar la industria nacional hacia otros productos para los que se esté mejor dotado.

3. Los defensores de los aranceles también suelen alegar que éstos son una forma «legítima» de defenderse ante las subvenciones que los gobiernos extranjeros conceden a sus productores.

La validez de esta argumentación depende de si la subvención se ofrece con carácter temporal o permanente. En el caso de que la subvención fuese permanente no cabría presentar ninguna objeción, ya que, en definitiva, un gobierno extranjero estaría subvencionando el consumo nacional de determinados bienes. Sí cabría, sin embargo, diseñar ayudas para los productores nacionales que se ven negativamente afectados.

Cuando la subvención es temporal, justificada por el intento de un gobierno extranjero de ayudar a los productores a enfrentarse a una determinada crisis, la situación es distinta. En este caso, si no se actúa restringiendo el comercio, por ejemplo, estableciendo un gravamen compensatorio, serán los productores nacionales los que se verán afectados por la perturbación. Ello se debe a que inicialmente, ante la entrada de productos extranjeros baratos, los productores nacionales tendrán que reducir la actividad y posteriormente, cuando desaparezca la subvención, deberán aumentarla.

4. LOS CONTINGENTES, LAS BARRERAS NO ARANCELARIAS Y LAS SUBVENCIONES A LA EXPORTACION

Tal como antes señalamos, los aranceles sólo son una de las medidas que se pueden tomar cuando se pretende incidir sobre el comercio internacional. Las otras medidas que integran la política comercial, además de los aranceles, son:

- los contingentes,
- las barreras no arancelarias, y
- las subvenciones a las exportaciones.

Los contingentes

Si se establece un arancel, los importadores pueden adquirir cualquier cantidad de bienes extranjeros, siempre que paguen el arancel. Cuando se establece un contingente a la importación, el gobierno limita la cantidad de importaciones que pueden realizarse. Así, por ejemplo, el gobierno puede decidir limitar las importaciones de motocicletas japonesas a 50.000 unidades anuales como máximo, dejando que el precio se fije libremente en el mercado (*).

Los efectos económicos de los contingentes se asemejan a los de los derivados de los aranceles en que reducen las importaciones. Al reducir la oferta extranjera disminuye la cantidad ofrecida, lo que hace que suban los precios nacionales respecto a los precios del resto del mundo.

Sin embargo, cuando se establece un impuesto desaparece la posibilidad de que la competencia extranjera pueda reducir los precios. Así, si los precios mundiales se reducen, el precio en el mercado nacional bajará y las importaciones se incrementarán. Esta posibilidad no existe en el caso de un contingente. Otra diferencia respecto a los aranceles se concreta en que los contingentes permiten conocer con seguridad la cantidad de importaciones.

• Los *contingentes a la importación* son restricciones cuantitativas que los gobiernos imponen a la importación de determinados

(*) A veces, algunos gobiernos lo que limitan es el valor de las importaciones que pueden llevarse a cabo.

bienes extranjeros, es decir, se limita la cantidad que se puede importar de ciertos bienes, cualquiera que sea su precio.

Las barreras no arancelarias y otros obstáculos al libre comercio

Además de los aranceles y de los contingentes hay otras formas sutiles de poner obstáculos al libre comercio, tales como: el establecimiento de procedimientos aduaneros complejos y costosos, el recurso a normas de calidad y sanitarias muy estrictas y, en general, el uso con carácter discriminador de regulaciones administrativas integradas bajo la denominación genérica de *barreras no arancelarias.*

• **Las *barreras no arancelarias* son regulaciones administrativas que discriminan en contra de los bienes extranjeros y en favor de los nacionales.**

La aparición de la crisis económica en 1973 hizo resurgir el proteccionismo como medio de salvaguardar los mercados nacionales. El resultado ha sido la proliferación de restricciones que afectan al comercio exterior de un buen número de países. En último término, todas las medidas se encaminan a apoyar las exportaciones para ganar mercados foráneos y a limitar las importaciones para no perder los propios. Las medidas proteccionistas más ortodoxas, esto es, los aranceles, tienen el inconveniente de contravenir el espíritu de los acuerdos firmados con los organismos económicos internacionales. Por eso, a menudo se adopta otro tipo de medidas —en forma de restricciones— que son mucho más peligrosas para el comercio mundial y bastante negativas para los países en vías de desarrollo y para la propia eficiencia de las economías que las ponen en práctica. Estas restricciones se aplican a veces de forma unilateral, alegando una desorganización del mercado, como han hecho la mayor parte de los países de la OCDE.

El librecambio organizado

Los comportamientos apuntados constituyen una nueva forma de proteccionismo que a veces se traduce en restricciones voluntarias a la exportación. En la práctica, sin embargo, estas «limitaciones voluntarias» a las exportaciones son realmente unos contingentes impuestos por países con poder económico a las exportaciones de otros.

El conjunto de nuevas técnicas proteccionistas forma lo que se designa por el elegante término de «librecambio organizado». Este nuevo proteccionismo consiste en limitar sectorialmente y en determinada cantidad las importaciones de productos extranjeros que son muy competitivos para la industria nacional. Este tipo de medidas responden a una política social tendente a proteger el empleo en sectores poco competitivos. El costo es pagado por los ciudadanos de los países que las practican, en forma de mayores precios, y tienen el inconveniente de que favorecen la ineficacia y dificultan la expansión del comercio mundial.

Algunos países occidentales (los Estados Unidos es un buen ejemplo) propugnan la liberalización del comercio exterior cuando se trata de ganar nuevos mercados, pero establecen inmediatamente restricciones a productos de terceros países cuando ganan terreno en favor de mercados propios. Se podrían citar numerosos casos, desde la posición de los Estados Unidos ante el calzado español hasta la de los franceses ante el vino italiano, pasando por la de algunos países occidentales frente a los automóviles y otros productos japoneses. Dado que los acuerdos ya referidos resultan de negociaciones más o menos oficiales, el poder económico de los participantes es vital a la hora de imponer algún tipo de solución. Los países que tienen menor poder económico suelen aceptar «voluntariamente» este tipo de restricciones ante la posibilidad de que se les apliquen medidas más drásticas. Esto ha hecho que los países en vías de desarrollo, que comienzan a industrializarse al amparo de una tecnología asequible y una mano de obra bara-

Nota complementaria 26.5

ARGENTINA, BRASIL Y EL MERCOSUR

Es indudable que el eje del MERCOSUR lo constituye la relación comercial existente entre Argentina y Brasil. Dicha relación se ha venido intensificando en los últimos años según puede verse en el cuadro adjunto.

Se advierte allí que mientras Argentina exporta básicamente productos de base agropecuaria y manufacturas industriales, sus importaciones están constituidas fundamentalmente por materias primas, insumos y bienes intermedios.

COMPOSICION DEL COMERCIO DE ARGENTINA CON EL BRASIL
(En millones de dólares)

EXPORTACIONES					
Año	**Productos primarios**	**Manufact. agropecuarias**	**Manufact. industriales**	**Combustibles**	**Total**
1981	210,3	85,5	144,4	155,0	595,1
1983	292,7	113,1	67,6	49,5	522,9
1985	176,2	146,9	109,0	63,5	495,5
1987	218,2	113,1	207,8	0,1	539,1
1990	560,6	305,6	550,7	5,8	1.422,7
1991	589,7	335,2	532,7	28,4	1.486,0
IMPORTACIONES					
Año	**Bienes de capital**	**Materias pr. ins. y bs. interm.**	**Combust. y lubricant.**	**Bienes de consumo**	**Total**
1981	52,1	769,0	29,3	42,7	893,1
1983	52,0	566,6	21,4	24,9	664,9
1985	46,7	513,9	17,7	33,1	611,4
1987	73,8	662,8	30,6	51,5	818,5
1990	64,2	611,9	0,6	41,2	717,9
1991	253,2	1.090,0	5,1	170,7	1.519,0

FUENTE: FIDE, en base a datos del INDEC.

ta que les permite reducir los costos de producción, se encuentren de nuevo en el lado estrecho del embudo, siendo obligados —buena parte de las veces— a firmar acuerdos voluntarios de restricción a sus exportaciones.

Antes de finalizar este apartado debe señalarse que con frecuencia los gobiernos, tal como señalamos en el capítulo anterior, han intervenido en el mercado de divisas, generalmente devaluando su moneda, con objeto de hacer más competitivos los productos y, de este modo, fomentar las exportaciones. Esta estrategia suele reactivar las tensiones inflacionistas en el país que devalúa su moneda y, además, sólo suele tener efectos reales a corto plazo.

Las subvenciones a la exportación

Otro tipo de política comercial son las subvenciones a la exportación. Su objetivo es fomentar las exportaciones nacionales, subvencionándolas directamente, eximiéndolas de determinados impuestos o concediéndoles líneas especiales de créditos a tipos por debajo del nivel de mercado.

- ***Subvenciones a la exportación*** **son ayudas a los fabricantes nacionales de determinados bienes para que puedan exportarlos a precios menores y más competitivos.**

Las subvenciones a las exportaciones estimulan la producción nacional y el empleo, pero también tienen un costo social. Las empresas producen a un costo superior al que pagan los extranjeros por los bienes nacionales. Esto supone que el Estado concede a las empresas una subvención por la diferencia entre el costo de fabricar los bienes y lo que pagan los extranjeros. Al vender productos nacionales al extranjero a un precio inferior a lo que les cuesta a los consumidores nacionales se está generando un despilfarro.

Un tema relacionado con las subvenciones a la exportación es el *dumping*.

- **El *dumping* tiene lugar cuando las empresas venden en el extranjero a un precio inferior al costo o precio en el mercado interior.**

El origen del *dumping* es similar al que justifica la concesión de una subvención. Cuando una industria ve reducir su demanda y no puede incrementarla en el mercado nacional, recurre a los mercados extranjeros y, para penetrar más fácilmente, lo hace a unos precios inferiores a los precios de venta del mercado nacional.

Reflexiones finales sobre el proteccionismo

Aunque los argumentos en favor del proteccionismo (vía aranceles o cualquier otra forma de política comercial) que se han comentado no resisten un análisis económico riguroso, son innumerables los ejemplos que la vida real nos ofrece de prácticas proteccionistas. La persistente presión en favor de medidas proteccionistas se debe en buena medida al hecho de que los productores tienen más que ganar (en términos per cápita) que los consumidores. Esto explica que a los productores les resulte rentable organizarse para defender sus intereses. Por otro lado, debe señalarse que los productores nacionales prefieren que se establezcan aranceles o cualquier otra medida proteccionista antes de que se les concedan subvenciones directas a la producción, debido a que los costos sociales de las medidas proteccionistas son menos «visibles» que los costos de las subvenciones directas.

RESUMEN

- El principio que explica el comercio internacional es que los países tienden a especializarse en la producción y exportación de aquellas mercancías en las que poseen mayores ventajas frente a otros países.

- Un país posee ventaja absoluta en la producción de un determinado bien en relación a otro país si para obtener una unidad de dicho bien necesita menos horas de trabajo. En el supuesto de que sólo existan dos países y sólo se produzcan dos bienes, si cada país tiene ventaja absoluta en la producción de un bien, gracias al comercio internacional tendrá lugar una especialización productiva, de forma que cada uno dedicará su fuerza laboral únicamente a la producción de aquel bien que obtiene con un costo laboral más bajo.

• Aunque un país no tenga ventaja absoluta en la producción de ninguno de los dos bienes, la cantidad necesaria de factor para producir una unidad de algún bien en proporción a la necesaria para producir una unidad del otro será menor que la correspondiente al país que posee ventaja comparativa en la producción de aquel bien. Además, la diferencia de costos relativos motivada por las diferentes condiciones tecnológicas permite la existencia de ganancias por medio del comercio internacional. El resultado final será que cada país se especializará en la producción de aquel bien cuya producción es relativamente más eficiente.

• La existencia de diferencias en los costos relativos de producir dos bienes en dos países distintos es suficiente para que les sea beneficioso especializarse en aquella producción para la cual disponen de ventaja comparativa. Además, el comercio internacional permite que los trabajadores de los dos países mejoren su nivel de bienestar.

• La teoría de la ventaja comparativa ayuda a saber cuál será la dirección del comercio internacional. Si existen costos crecientes, la especialización de los países sólo será parcial.

• Los argumentos para justificar el establecimiento de medidas proteccionistas se pueden concretar en los puntos siguientes:

1. protección de industrias estratégicas;
2. fomento de la industrialización y creación de empleo, y
3. desarrollo de «industrias nacientes».

• Los tipos de intervenciones sobre el comercio internacional son: aranceles o tarifas (equivalen a un impuesto a las importaciones), contingentes o cuotas a la importación (limitaciones cuantitativas) y subsidios a la exportación (ayudas a las exportaciones).

• Otros obstáculos al libre comercio son: el establecimiento de procedimientos aduaneros complejos y costosos, el recurso a normas de calidad y sanitarias muy estrictas, el «librecambio organizado» (limitaciones sectoriales en determinada cantidad a las importaciones de productos extranjeros que son muy competitivos para la industria nacional) y las devaluaciones de las monedas nacionales.

CONCEPTOS BASICOS

— Teoría de los costos comparativos.
— Ventaja absoluta.
— Ventaja relativa.
— Relación real de intercambio.
— Especialización absoluta y especialización parcial.

— **Libre comercio.**
— **Obstáculos al libre comercio.**
— **Aranceles o tarifas.**
— **Contingentes o cuotas.**
— **Subvenciones a la exportación.**
— *Dumping.*
— **Barreras no arancelarias.**
— **Librecambio organizado.**

TEMAS DE DISCUSION

1. ¿Qué razones son las que, en su opinión, justifican la existencia de relaciones económicas internacionales?

2. ¿Por qué los distintos países tienden a especializarse en la producción y exportación de determinadas mercancías?

3. Defina el concepto de ventaja absoluta y justifique las ventajas de la especialización productiva. Utilice para ello elementos de costo y emplee el supuesto de dos países y dos bienes, y un único factor productivo.

4. Utilice de nuevo el modelo de dos países, dos bienes y un único factor productivo y suponga que cada uno de ellos tiene ventaja absoluta en la producción de un bien. Justifique las ventajas del intercambio en términos de producción total.

5. Comente las diferencias entre ventaja absoluta y ventaja comparativa. Demuestre que, en el caso de que uno de los dos países del modelo supuesto en los dos casos anteriores tenga ventaja absoluta en la producción de los dos bienes, la especialización y el intercambio serán algo beneficioso para ambos países.

6. Utilice la frontera de posibilidades de la producción para mostrar gráficamente los beneficios del intercambio, en el caso de que existan ventajas comparativas.

7. Si se aceptan las implicaciones de la teoría de la ventaja comparativa sería de esperar una especialización absoluta de los países en unos pocos bienes. ¿Es esto lo que ocurre en la realidad? ¿Qué razones evitan esta especialización absoluta?

8. ¿Qué razones se suelen esgrimir para establecer obstáculos al comercio internacional? ¿Qué tipo de obstáculos son los más frecuentes?

9. ¿Quiénes se suelen beneficiar del establecimiento de obstáculos al libre comercio y quiénes suelen ser los perjudicados? Apoye sus análisis en términos gráficos.

10. ¿Qué entiende usted por librecambio organizado?

APENDICE A:
La relación real de intercambio y el tipo de cambio

A lo largo del capítulo hemos comprobado que si el comercio entre dos países resulta mutuamente ventajoso, la Relación Real de Intercambio (RRI) expresa los términos en los que los bienes de un país se intercambian por los de otro. Más concretamente, la RRI muestra el número de unidades de un bien que un determinado país ha de entregar a cambio de una unidad de otro bien procedente de otro país. Además, también vimos que el valor de la RRI estará acotado entre los valores de la Relación de Transformación de los dos bienes en cada uno de los países, es decir, habrá de estar comprendida en el intervalo determinado por las pendientes de las curvas de posibilidades de producción de ambos países.

Sin embargo, lo anterior no significa que el intercambio haya de realizarse directamente en bienes, o lo que es lo mismo, mediante el trueque de un bien por otro. Si tenemos en cuenta los dos ejemplos utilizados a lo largo del capítulo, cuando se realiza el comercio lo que realmente se intercambian son horas de trabajo incorporadas a los bienes y, más concretamente, el valor de éstas expresadas en unidades monetarias de cada país. De esta forma, la realización del comercio determina, junto a la RRI, la relación de cambio entre las unidades monetarias de ambos países. Como vimos en el capítulo anterior, esto no es más que la definición del tipo de cambio entre dos monedas.

Para examinar con más detalle de qué forma se relacionan la RRI y el tipo de cambio utilizaremos un nuevo ejemplo, referido, en este caso, al comercio entre España y los Estados Unidos y, por tanto, al tipo de cambio peseta/dólar. La Tabla 26.A.1 muestra una estructura similar a la de las tablas utilizadas para explicar la Teoría de las Ventajas Comparativas, siendo la única diferencia la incorporación de una nueva columna reflejando el costo unitario del factor trabajo en los dos países considerados, que viene expresado, lógicamente, en pesetas y dólares, respectivamente. Con objeto de simplificar el análisis hemos supuesto que dichos costos son, en ambos casos, iguales a la unidad, de forma que, bajo el supuesto de competencia perfecta (igualación del precio y el costo marginal), los precios de los alimentos y manufacturas expresados en pesetas y dólares coincidirán con los correspondientes requerimientos de horas de trabajo.

Teniendo en cuenta los valores dados en la tabla a los requerimientos de horas de trabajo y haciendo uso de la Teoría de las Ventajas Compara-

Tabla 26.A.1

Bienes / País	Alimentos	Manufacturas	Salario/hora
	Horas trabajo/unidad de producto		
España	3.000	9.000	1 pta.
Estados Unidos	25	50	1 $

tivas sabemos que, aun cuando los Estados Unidos presentan ventajas absolutas en la producción de ambos bienes, su eficiencia es comparativamente mayor en la producción de manufacturas que en la de alimentos. Efectivamente, la Relación de Transformación de alimentos en manufacturas es mayor en los Estados Unidos, 1/2, que en España, 1/3. De ello se deriva que resultará ventajoso para los Estados Unidos especializarse en la producción de manufacturas, parte de la cual será exportada a España, a cambio de alimentos en cuya producción se habrá especializado esta última, teniendo lugar dicho comercio de acuerdo con una RRI que estará acotada entre 1/3 y 1/2.

Ahora bien, si descartamos la posibilidad de que el comercio adopte la forma de trueque y consideramos, por el contrario, que éste se realiza en unidades monetarias, será necesario restablecer la equivalencia o el precio de la moneda de un país respecto de la del otro, en nuestro caso el número de pesetas a entregar por cada dólar. Siguiendo con nuestro ejemplo, y dado que España se especializa en la producción de alimentos y los Estados Unidos en la de manufacturas, sabemos que una unidad de alimentos tendrá un precio igual a 3.000 pesetas, mientras que una unidad de manufacturas costará 50 dólares. De esta forma, si la RRI fuese igual a 1/3 se estaría intercambiando una unidad de alimentos, cuyo precio es 3.000 pesetas, por 1/3 de manufacturas, cuyo costo es 16,7 dólares (50 × 1/3), de forma que el precio de un dólar sería 180 pesetas (3.000/16,7). Por el contrario, si la RRI se hubiera situado en su cota superior, 1/2, el tipo de cambio peseta/dólar sería de 120 pesetas. En general, resolviendo para la RRI podemos escribir:

$$\mathbf{RRI} = \frac{\textbf{Precio exportaciones en pesetas}}{\textbf{Precio importaciones en dólares} \times \textbf{Tipo de cambio pesetas/dólar}}$$

El nivel que finalmente alcance el tipo de cambio dependerá de las demandas interior y exterior de los distintos bienes en ambos países, las cuales generarán a su vez las correspondientes demanda y oferta de las monedas y, por tanto, el precio o tipo de cambio que las equilibra. Así pues, aceptando que el comercio se realiza en unidades monetarias, la RRI, como expresión de la proporción en la que se intercambian unidades físicas de los bienes, estará determinada por los precios de dichos bienes y el tipo de cambio prevaleciente.

APENDICE B:

Los regímenes de comercio vigente: el Mercado Común Europeo

Por lo que respecta a los regímenes de comercio vigentes en la actualidad, cabe destacar dos tipos de iniciativas. La primera tiene una perspectiva globalizadora y pretende abarcar a todos los países, en tanto que la segunda adopta un enfoque regional.

1. El Acuerdo General de Tarifas y Comercio (GATT)

En los años posteriores a la Segunda Guerra Mundial tuvo lugar un crecimiento del comercio mundial sin precedentes. Ello se debió en parte a la labor realizada por una serie de organizaciones internacionales en favor de la liberalización de los intercambios internacionales y de la eliminación de las restricciones al libre comercio. El GATT es una de esas organizaciones. Fue creada en 1948 y, en la actualidad, son miembros de la misma la práctica totalidad de los países no-comunistas. Los representantes de los países miembros se reúnen de forma regular para negociar acuerdos tendentes a reducir los obstáculos al libre comercio. Un principio básico de actuación del GATT es la norma de la nación más favorecida. Dicha norma establece que cualquier reducción arancelaria acordada entre cualquier grupo de países miembros tiene que extenderse a todos los demás miembros del GATT. Debe señalarse que la labor en favor de la liberalización del comercio llevada a cabo por el GATT se ha visto entorpecida por el deseo de algunos países miembros de establecer bloques de libre comercio de carácter regional.

2. Las áreas de libre comercio, las unidades aduaneras y los mercados comunes

En el período de la postguerra se ha asistido a la creación de bloques comerciales de carácter regional. La idea básica es que un grupo de países, preferentemente con un nivel de desarrollo similar, se asocien con el propósito de eliminar entre ellos las restricciones al comercio. Los países se agrupan motivados por razones políticas y tratando de alcanzar las ventajas económicas ligadas al hecho de disponer de un mercado «propio o interno» mayor. El establecimiento de relaciones económicas más estrechas se considera como el primer paso para crear una unión política.

2.1. Areas de libre comercio

Los países miembros de áreas de libre comercio acuerdan la eliminación de todas las tarifas, cuotas y otras barreras al comercio entre las naciones integrantes. Por lo que respecta al comercio con el resto del mundo, cada uno de estos países es libre de establecer sus propios aranceles o cuotas. Debe señalarse que el libre comercio se limita a aquellos bienes que se producen dentro de los países miembros. Para el caso de productos no elaborados dentro del grupo de países integrantes, es de esperar que un país no miembro que, por ejemplo, deseara exportar a las naciones del área de libre comercio, lo que haga sea dirigir sus productos al país miembro con una tarifa exterior más baja y desde ese país los canalizaría al resto.

La Asociación Europea de Libre Comercio (EFTA), que se creó en 1960, es uno de los ejemplos actuales de área de libre comercio. En la actualidad los países miembros son Austria, Noruega, Suecia y Suiza.

2.2. Uniones aduaneras

Los países integrados en las Uniones Aduaneras acuerdan eliminar todas las restricciones al comercio entre sus miembros y, a la vez, establecer una tarifa externa común a las importaciones del resto del mundo. Este hecho implica que los bienes que entran en una unión aduanera se enfrentan a las mismas tarifas, cualquiera que sea el país importador. El establecimiento de una tarifa exterior común elimina los problemas derivados de la desviación del comercio hacia el país miembro con una tarifa exterior más baja que se producen en las áreas de libre comercio.

2.3. Mercados comunes

Un mercado común puede definirse como una unión aduanera con varios elementos adicionales. Además de eliminar las restricciones al comercio entre los estados miembros y de establecer una tarifa exterior común, permite el libre movimiento de los factores de producción (trabajo, capital y empresas) dentro de la comunidad. Asimismo, facilita que se puedan ofrecer libremente dentro del mercado común servicios financieros o se-

Nota complementaria 26.6

LA GESTACION DEL MERCOSUR: CRONOLOGIA

Año 1960. Firma del Tratado de Montevideo por el que se crea la Asociación Latinoamericana de Libre Comercio (ALALC).
Año 1980. Ante el fracaso de la ALALC, se constituye la Asociación Latinoamericana de Integración (ALADI).
Año 1981. Se firma un Tratado de Cooperación entre Argentina y Brasil que prevé el uso conjunto de la energía hidroeléctrica, integración física, aspectos comerciales y de transportes.
Año 1986. Se firma el Acta para la Integración y Cooperación entre Argentina y Brasil que prevé un programa gradual de integración y colaboración, detallado en un conjunto de protocolos anexos al Acta.
Año 1989. Se firma el Tratado de Integración, Cooperación y Desarrollo entre Uruguay y Brasil.
Año 1991. Se firma el Tratado de Asunción entre Argentina, Brasil, Paraguay y Uruguay, que crea el MERCOSUR.

Nota complementaria 26.7

DATOS BASICOS DE LOS PAISES INTEGRANTES DEL MERCOSUR

La constitución del MERCOSUR supone la formación de un mercado único de casi 200 millones de habitantes con un PIB conjunto de más de 400.000 millones de dólares. Sin embargo, fuertes disparidades entre los países componentes pueden observarse en las cifras del cuadro adjunto.

MERCOSUR - DATOS BASICOS

Concepto	Argentina		Brasil		Paraguay		Uruguay	
Población 91 (en miles)	32.609		150.368		4.277		3.094	
PIB (mill. de US$ de 1991)	89.538,9		329.400		6.548,3		8.824	
PIB per cápita (US$ de 1991)	2.745,9		2.174,4		1.488,4		2.836,3	
Superficie (km²)	2.767.000		8.512.000		407.000		177.000	
Inflación 91 (%)	84		487,3		13,5		81,44	
Esperanza de vida 89 (años)	71		66		67		73	
Analfabetismo 85 (%)	5		22		12		5	
Exportaciones (mill. de US$ de 1991)	12.038,3		29.095,1		1.280		1.596,2	
Exportaciones	**1965**	**1989**	**1965**	**1989**	**1965**	**1989**	**1965**	**1989**
% manufac.	6	32	8	52	8	8	5	39
Exportaciones % prod. prim.	94	68	92	48	92	92	95	61
Importaciones (mill. de US$ de 1991)	7.845,2		19.263,6		1.475		1.622,8	
Saldo Comercial (mill. de US$ de 1991)	4.193,1		9.813,5		−195,0		−25,8	
Deuda Externa (mill. de US$ de 1991)	61.000		122.800		1.840		7.130	
Salario Real 91 (1986 = 100)	76,6		S. Pablo 121,4 R. de Janeiro 84,4		106,8		72,6	
Producción	**1965**	**1989**	**1965**	**1989**	**1965**	**1989**	**1965**	**1989**
industrial (% s/PNB)	42	33	33	43	19	22	32	28
Producción agropecuaria (% s/PNB)	17	14	19	9	37	29	15	11

FUENTE: *Clarín,* 26 de junio de 1992.

guros. Un mercado común también requiere que los países miembros adopten políticas comunes en materias tales como seguridad social, imposición, transporte, agricultura y competencia. Esta estrecha asociación entre los países miembros exige que se establezcan organismos supranacionales. Estos serán las instituciones que supervisarán el funcionamiento de la comunidad y vigilarán que se cumplan las normativas y las regulaciones por parte de todos los estados miembros.

3. La Comunidad Económica Europea: principales instituciones

La Comunidad Económica Europea (CEE) se estableció por el Tratado de Roma (1957) y empezó a funcionar el 1 de enero de 1958. En la actualidad los doce países miembros son: Alemania, Francia, Bélgica, Dinamarca, España, Grecia, Luxemburgo, Holanda, Irlanda, Italia, Portugal, y el Reino Unido.

La Comunidad tiene cuatro instituciones principales:

- **Comisión:** Tiene por tarea fundamental diseñar las políticas y presentarlas al Consejo de Ministros para que decida.
- **Consejo de Ministros:** Es el órgano decisorio más importante. Los miembros del Consejo, uno por cada país, representan directamente a los gobiernos nacionales.
- **Parlamento Europeo:** Sus miembros son elegidos directamente por los ciudadanos de cada país. El Parlamento tiene el derecho de ser consultado en la mayoría de las propuestas que haga la Comisión antes de su presentación al Consejo de Ministros.
- **Corte de Justicia:** Es completamente independiente de las demás instituciones. Su función principal consiste en estudiar y dirimir si cualquier país quebranta los acuerdos establecidos por la Comisión.

4. El MERCOSUR

El Mercado Común del Cono Sur (MERCOSUR) fue establecido por el Tratado de Asunción firmado el 26 de marzo de 1991. Dicho Tratado establecía que a partir del 1.° de enero de 1995 quedaría constituido un mercado común que abarcaría a los cuatro países firmantes (Argentina, Brasil, Paraguay y Uruguay).

A partir de ese momento existirá libre circulación de bienes, servicios y factores productivos en el seno de este mercado, eliminándose todo tipo de derechos de importación y restricciones para-arancelarias que limitan el comercio entre los cuatro países. Asimismo, se establecerá un Arancel Externo Común y una política comercial también unificada respecto al resto del mundo.

El programa de liberación comercial se lleva a cabo en forma automática, lineal y progresiva a fin de llegar al 1.º de enero de 1995 con un arancel nulo. Se partió de una rebaja inicial del 40 % para todos los aranceles nacionales existentes, a lo cual se va sumando una reducción semestral acumulativa del 7,5 %.

5. Instituciones del MERCOSUR

El Tratado de Asunción prevé la existencia de dos instituciones principales:

- **Consejo del Mercado Común:** integrado por los ministros de Relaciones Exteriores —encargados de la coordinación del organismo— y los ministros de Economía, es el órgano superior.
- **Grupo Mercado Común:** es el órgano ejecutivo; está integrado por 4 miembros titulares y 4 alternos. Cuenta con una Secretaría Administrativa con sede en Montevideo, Uruguay.

Del Grupo Mercado Común dependen 10 subgrupos de trabajo, a saber:

Subgrupo 1: Asuntos comerciales.
Subgrupo 2: Asuntos aduaneros.
Subgrupo 3: Normas técnicas.
Subgrupo 4: Política fiscal y monetaria relacionada con el comercio.
Subgrupo 5: Transporte terrestre.
Subgrupo 6: Transporte marítimo.
Subgrupo 7: Política industrial y tecnológica.
Subgrupo 8: Política agrícola.
Subgrupo 9: Política energética.
Subgrupo 10: Coordinación de políticas macroeconómicas.

CAPITULO 27

El crecimiento económico y el desarrollo

INTRODUCCION

El concepto de crecimiento se puede interpretar en un doble sentido: como algo cuantitativo, en cuyo caso se suele aproximar mediante la renta o el producto por habitante, o en sentido cualitativo, y entonces se asocia con los términos «bienestar» o mejora de las condiciones de vida. Bajo esta doble acepción del término crecimiento económico, para su medición no sería suficiente recurrir a variables tales como la renta o el consumo por habitante, sino que habría que tratar de medir el bienestar. Desgraciadamente, a pesar de los notables esfuerzos llevados a cabo en este sentido no se dispone aún de indicadores de bienestar completamente satisfactorios.

En cualquier caso, lo que se puede afirmar es que la determinación de una variable o variables como objetivo a alcanzar por la sociedad y, por tanto, la fijación de una variable que presumiblemente represente el bienestar de la comunidad serán algo subjetivo y sometido a una clara contingencia histórica y política. Lo realmente relevante, sin embargo, es que el objetivo fijado condicionará la política económica a seguir, lo que influirá en la propia actividad económica, ya que las decisiones tomadas por los agentes económicos se verán afectadas por las directrices de política económica que, como es lógico, estarán encaminadas a lograr el cumplimiento del fin o los fines prefijados. Así, por ejemplo, el distinto énfasis que un país de economía capitalista u otro de economía centralizada (o el mismo país en distintos momentos de su historia) presten al consumo y a la inversión afectarán de forma significativa a las decisiones económicas relevantes y, por tanto, al crecimiento económico. Al estudio de esta problemática se dedica el presente capítulo.

1. EL CRECIMIENTO ECONOMICO

El crecimiento económico es un aspecto de otro proceso más general, el desarrollo de una sociedad. La evolución de cualquier sociedad a lo largo del tiempo refleja cambios fundamentales en su organización y en sus instituciones. Con el estudio del crecimiento económico sólo se pretende analizar una parte de ese desarrollo económico y social, la que se refiere a la evolución de la producción y la riqueza de un país.

• **El *crecimiento económico* es un proceso sostenido a lo largo del tiempo en el que los niveles de actividad económica aumentan constantemente.**

La medición del crecimiento económico

El crecimiento económico se refiere a la tendencia a largo plazo de la producción de un país, recogida a través de la evolución del PIB, ya que éste es una medida del nivel de actividad económica de la sociedad. Puesto que el PIB es una macromagnitud de valor, es decir, el resultado de multiplicar las cantidades de los bienes y los servicios producidos por sus precios respectivos, sólo tendremos una idea apropiada del crecimiento de una economía si eliminamos la influencia de los precios sobre el PIB y analizamos la evolución de la producción real. Otro elemento a tener en cuenta es el aumento de la población. Unicamente si se conoce el aumento de la población podrá saberse si el producto o renta por habitante aumenta o no. Por esta razón, cuando se estudia el crecimiento económico se suele utilizar la magnitud PIB «por habitante».

Basándose en lo señalado, son dos las magnitudes que se suelen emplear para medir el crecimiento económico (Cuadro 27.1):

- La tasa de crecimiento del PIB en términos reales (*).
- El PIB por habitante.

Las dificultades de las cuantificaciones del crecimiento económico

Debe tenerse cierta cautela cuando se utilizan las tasas de crecimiento del PIB real como indi-

(*) En términos de los datos del Cuadro 27.1 la tasa de crecimiento de la economía argentina en 1989 se calcula como sigue:

$$\text{Tasa de crecimiento real en 1989} = \frac{\text{PIB real en 1989} - \text{PIB real en 1988}}{\text{PIB real en 1989}} \times 100 =$$

$$= \frac{1.018{,}6 - 1.066{,}6}{1.066{,}6} \times 100 = -4{,}5\ \%$$

Cuadro 27.1. El evolución de la economía argentina

Año	PIB real (1)	Tasa de variación del PIB real	Población (2)	PIB por habitante (3)
1980	1.129,2	1,4	28.237	0,3999
1981	1.054,7	−6,6	28.663	0,3680
1982	1.002,6	−4,9	29.086	0,3447
1983	1.032,8	3,0	29.505	0,3500
1984	1.060,1	2,6	29.921	0,3543
1985	1.014,0	−4,3	30.331	0,3343
1986	1.072,1	5,7	30.737	0,3488
1987	1.095,3	2,2	31.137	0,3518
1988	1.066,6	−2,6	31.534	0,3382
1989	1.018,6	−4,5	31.929	0,3190
1990	1.023,0	0,4	32.322	0,3165

(1) Milésimos de pesos a precio de 1970.
(2) En miles de habitantes.
(3) Diez millonésimos de pesos a precios de 1970.
FUENTE: CEPAL, INDEC y CELADE.

Nota complementaria 27.1

EL CRECIMIENTO ECONOMICO MUNDIAL ANTE LA DECADA DE LOS NOVENTA

La década de los noventa comienza con una gran incertidumbre respecto a la alteración del equilibrio mundial.

Por una parte, tenemos los cambios en los países del Este, cuya reconstrucción económica será, en la mayoría de los casos, larga y costosa. El problema más grave se presenta en la Unión Soviética, pues se ha borrado la memoria histórica de los mecanismos y de la disciplina de mercado. El desafío que plantea la reconstrucción de estos países no les atañe solamente a ellos. La Comunidad Europea deberá desempeñar un papel fundamental en este proceso que redefinirá su propia identidad y supondrá una reconsideración del papel de Alemania.

En cuanto a los países en vías de desarrollo, es difícil mantener un crecimiento estable sin unas instituciones políticas y sociales que también lo sean. La deuda exterior plantea algunos problemas de difícil solución, si bien se han superado los temores por la estabilidad del sistema de pagos internacional.

Respecto a los países industrializados, el papel de locomotora que durante los últimos años ha desempeñado la economía norteamericana no acaba de ser asumido por la RFA y Japón.

En relación a Japón, el nivel alcanzado en su desarrollo requerirá una revisión de su papel político en el mundo, avalado este hecho por el peso económico de los países del sureste asiático y por el desplazamiento de la actividad económica hacia el océano Pacífico.

Como marco de referencia, la información adjunta evidencia que la década de los noventa comienza con una contención generalizada del ritmo de crecimiento económico.

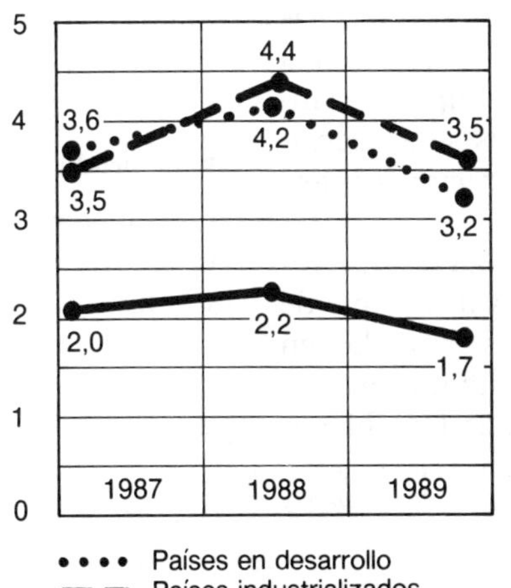

FUENTE: FMI.

cadores de la mejora del nivel de vida. Aunque la renta per cápita puede estar aumentando en un país, eso no quiere decir necesariamente que todo el mundo esté beneficiándose de esa mejora. Puede que junto a un crecimiento de la renta real tenga lugar una variación de la distribución de la renta que empobrezca a determinadas personas, mientras que otras disfrutan de un crecimiento de la renta real superior a la media.

Por otro lado, debe señalarse que el PIB es un indicador insatisfactorio de los niveles de vida de las economías domésticas. Los nuevos bienes y servicios dificultan las comparaciones a largo plazo.

Las comparaciones internacionales

Es frecuente utilizar datos del PIB per cápita para comparar los niveles de vida de diferentes economías.

Las comparaciones internacionales son difíciles, ya que en cada país se producen bienes distintos y la producción se mide en monedas diferentes. Lógicamente, para efectuar las comparaciones internacionales se traducen a una moneda común utilizando el tipo de cambio, de forma que los resultados serán sensibles a las variaciones de las cotizaciones internacionales de las monedas.

Para evitar estas limitaciones, algunos autores proponen no utilizar los tipos de cambio de mercado para traducir todas las monedas en dólares, sino estimar el poder adquisitivo de cada moneda, es decir, la cantidad de bienes que se pueden comprar con cada una.

Factores condicionantes del crecimiento económico

Si bien las causas del crecimiento económico y las características del mismo adoptan peculiaridades distintas para cada país y momento determinado, se suele considerar que los determinantes básicos del crecimiento son los siguientes:

- La disponibilidad de recursos productivos.
- La productividad.
- La actitud de la sociedad ante el ahorro.

■ La disponibilidad de recursos productivos

Tradicionalmente se suponía que los factores básicos de la producción eran el trabajo y el capital. Asimismo, se suponía que el trabajo crecía a una tasa más o menos constante, mientras que el capital se podía aumentar a voluntad. Estos supuestos representan una gran simplificación y no hay que olvidar que existen muchos otros factores necesarios y algunos de ellos no se pueden producir. En la literatura clásica del crecimiento económico la tierra se introducía como un factor limitativo. En los modelos modernos de crecimiento económico este papel lo juegan los factores no renovables, tales como el petróleo, dado su carácter de factor vital y escaso, que no se puede producir.

En cualquier caso, la disponibilidad de recursos aparece como un elemento clave en buena parte de las teorías explicativas del crecimiento.

■ La productividad

Otro factor que incide de forma notable sobre el crecimiento económico es la productividad. Cuando el trabajador medio produce más en una hora, o lo que es igual, cuando aumenta la productividad media del trabajo, crece la producción total de la economía:

$$\textbf{Producción total} = \textbf{Horas de trabajo} \times \textbf{Productividad media del trabajo}$$

De esta forma, resulta que la producción total dependerá del número total de horas trabajadas y de la «productividad media del trabajo». La Figura 27.1 recoge la evolución de la productividad de la industria manufacturera argentina durante el período 1981-1990, poniendo de manifiesto cómo la producción por

Nota complementaria 27.2

EL CRECIMIENTO ECONOMICO

La economía argentina ha estado sujeta a fuertes fluctuaciones a lo largo del tiempo, atravesando por distintas etapas. Estas pueden clasificarse de la siguiente manera:

- **(1945-1955) El crecimiento hacia adentro.** El desarrollo económico se basó en una política de redistribución de ingresos en favor del sector asalariado que impulsó el consumo, el cual se constituyó en el elemento dinamizador del PIB en esta etapa.
- **(1956-1961) Planes de Estabilización y Desarrollo.** En este período se sucedieron planes económicos que apuntaron básicamente a hacer frente a los tres problemas siguientes: inflación, déficit del sector externo y déficit fiscal. Se buscó una mayor apertura de la economía argentina junto con fuertes inversiones externas en sectores claves como el petróleo, la industria automotriz y la petroquímica.
- **(1962-1963) La crisis.** La crisis política desatada a comienzos de 1962 sumergió a la economía argentina en una significativa crisis.
- **(1964-1966) La recuperación.** Impulsada por un fuerte avance de las exportaciones, se produjo una recuperación en el nivel del producto que superó los niveles anteriores a la crisis.
- **(1967-1972) El desarrollo exportador.** Al amparo de una política de estímulo a las exportaciones «no tradicionales» se profundizó el avance económico, si bien el mismo culminaría con fuertes tensiones sociales.
- **(1973-1975) El fracaso populista.** El intento de reeditar la política económica del período 1945-1955 culmina con un estallido hiperinflacionario y una profunda crisis política.
- **(1976-1981) La apertura importadora.** El fomento de las importaciones y del endeudamiento externo a través del retraso cambiario favorecieron el crecimiento del producto pero precipitaron la crisis de la deuda externa.
- **(1982-1990) Los años del ajuste.** El crecimiento económico debe subordinarse a las necesidades impuestas por el ajuste del sector externo y del sector público, de modo de hacer frente a los servicios de la deuda externa.

EVOLUCION A MEDIANO PLAZO DE LA ECONOMIA ARGENTINA (1945-1990)

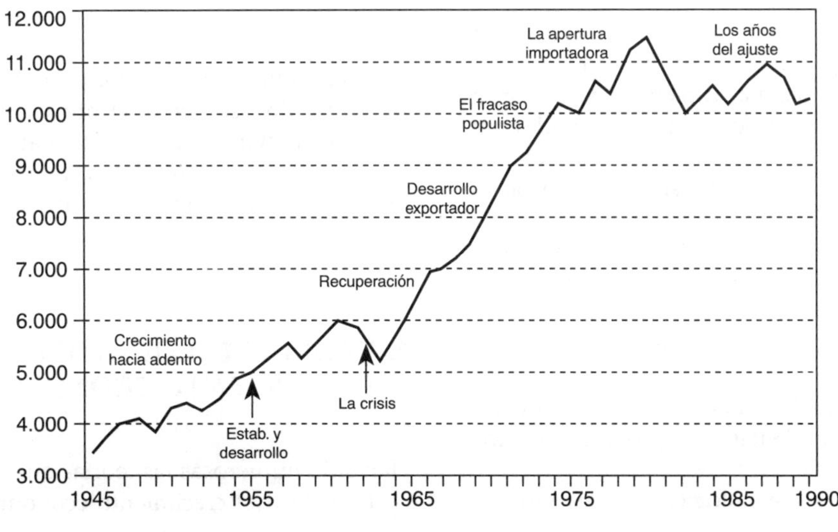

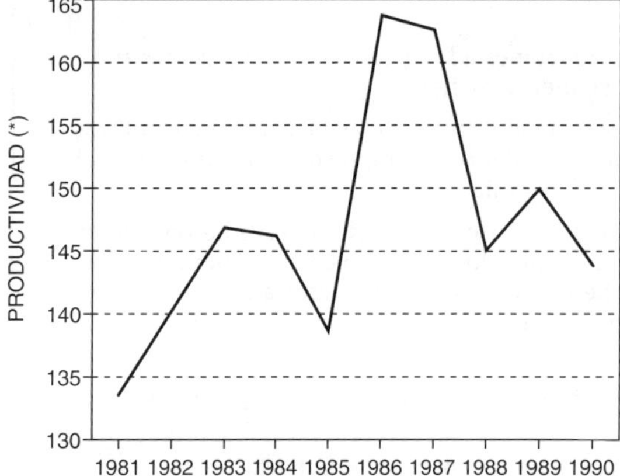

Figura 27.1. Evolución de la productividad en la industria manufacturera argentina (1981-1990).

(*) La productividad por obrero ocupado se calculó dividiendo el índice de volumen físico de la producción industrial por el índice de obreros ocupados, ambos con base 1970 = 100.

FUENTE: INDEC.

persona ocupada ha aumentado a lo largo del período de forma ininterrumpida.

Las causas últimas que explican el crecimiento de la productividad y, en consecuencia, de la economía son muy diversas y, entre ellas, cabe destacar las siguientes:

1. El aumento de la cantidad y la calidad del equipo productivo vía inversión es una de las formas más directas para lograr incrementar el producto por trabajador empleado.
2. La mayor eficiencia en la organización económica.
3. El aprovechamiento de economías de escala: la utilización de instalaciones más grandes permite la introducción de procesos técnicos más eficientes.
4. La mejora en la educación y especialización del factor trabajo que puede, de esta forma, emplearse en procesos técnicos más complejos.
5. El progreso tecnológico, que es tan sólo un aspecto del aumento de la productividad. La inversión en nuevas tecnologías se ve estimulada por muchos factores, algunos de índole económica y otros de distinta naturaleza, pero lo relevante es que aumenta la eficiencia de la organización económica.
6. La movilidad ocupacional y geográfica de los factores productivos. La tasa de crecimiento depende de la disposición de los agentes económicos a aceptar transformaciones de la estructura productiva, lo que necesariamente supone una movilidad ocupacional y geográfica de los factores de producción.

■ La actitud de la sociedad frente al ahorro

Como veremos en el siguiente apartado, el crecimiento de una economía depende en buena medida de la inversión, y ésta lógicamente está condicionada por el ahorro. Como vimos en el Capítulo 2 (Figura 2.4), a toda economía se le plantea una disyuntiva entre consumo presente y consumo futuro, es decir, ahorro. Aquellas economías que decidan sacrificar hoy parte de su consumo para incrementar la acumulación de capital están sentando las bases de un mayor crecimiento en el futuro. En este sentido, la clave del crecimiento de una economía se encuentra en su capacidad de ahorrar más, esto es, prescindir de una mayor parte del consumo presente. Precisamente, el proceso de fabricación de nuevos bienes de capital supone, en muchos casos, la posibilidad de materializar el progreso técnico, incorporándolo a dichos bienes.

2. TEORIAS EXPLICATIVAS DEL CRECIMIENTO ECONOMICO

Han sido numerosas las teorías que han procurado explicar el crecimiento económico. Desde

Nota complementaria 27.3

CRECIMIENTO DEL INGRESO EN PAISES INDUSTRIALES Y EN DESARROLLO

Los países en desarrollo experimentaron un aumento del ingreso real per cápita del 2,7 % anual entre 1950 y 1990; es la tasa sostenida de aumento más alta de la historia. Sin embargo, el ritmo de crecimiento económico ha variado de una región a otra y de un período a otro. Los países de Asia y el Pacífico pasaron de una tasa del 2,5 % anual en la década de 1960 a un crecimiento del 5,1 % en el decenio de los ochenta. En cambio, los países de América Latina y el Caribe pasaron del 2,5 % anual promedio a una tasa negativa del 0,5 % anual en igual lapso. Peor fue la evolución de los países del Medio Oriente y Norte de Africa.

En cambio, los países industrializados, si bien vieron mermado su ritmo de crecimiento, particularmente a partir de la llamada «crisis del petróleo», lograron mantener tasas positivas.

CRECIMIENTO DEL INGRESO PER CAPITA REAL EN LOS PAISES INDUSTRIALES Y EN DESARROLLO, 1960-1990
(Variación porcentual anual media)

Concepto	1960-70	1970-80	1980-90	1990
Países de ingreso alto	4,1	2,4	2,4	2,1
Países en desarrollo	3,3	3,0	1,2	−0,2
Africa al Sur del Sahara	0,6	0,9	−0,9	−2,0
Asia y el Pacífico	2,5	3,1	5,1	3,9
Asia Oriental	3,6	4,6	6,3	4,6
Asia Meridional	1,4	1,1	3,1	2,6
Oriente Medio y Norte de Africa	6,0	3,1	−2,5	−1,9
América Latina y el Caribe	2,5	3,1	−0,5	−2,4
Europa	4,9	4,4	1,2	−3,8
Europa Oriental	5,2	5,4	0,9	−8,3

FUENTE: Banco Mundial.

diversas perspectivas se ha tratado de estudiar qué es lo que crece y por qué crece, para lo que se ha acudido a teorías y modelos de índole muy dispar. Unos, con un enfoque ambicioso y amplio, han destacado los aspectos sociales y tecnológicos, y otros, por el contrario, han relegado el análisis del crecimiento demográfico, de los cambios en la estructura organizativa e institucional y, a veces incluso, de los cambios tecnológicos y han procurado dar un tratamiento formal y analítico de aspectos muy restringidos.

A continuación veremos cómo, antes de que existieran teorías propiamente dichas sobre el crecimiento económico, los economistas hacían clasificaciones sobre los estadios que la humanidad había atravesado a lo largo de su historia.

El modelo de A. Smith y T. Malthus: la escasez de la tierra como factor determinante

En la economía todavía no muy industrializada del tiempo de Adam Smith (1723-1790) y Thomas R. Malthus (1766-1834) (Capítulo 29), el crecimiento económico y la distribución del producto entre las clases sociales se consideraban el fruto o resultado del crecimiento de la población y la disponibilidad de tierra. Se argumentaba que la cantidad de tierra disponible no aumentaría indefinidamente, mientras que una mano de obra cada vez más abundante llegaría a agotar la tierra de mejor calidad, primero, y la de peor calidad, después. En consecuencia, dadas la escasez de tierra y la menor productividad de las tierras poco fértiles, los salarios pagados disminuirían. Esto es, se reduciría la parte de la cosecha correspondiente a cada trabajador hasta que alcanzara el nivel de subsistencia y la población dejara de aumentar y la economía se estancara (véase Esquema 27.1).

En el punto de partida hay disponibilidad de tierras sin cultivar y el determinante de los precios y de la distribución son los salarios. Una vez que las tierras libres desaparecen la nueva mano de obra se va añadiendo a una misma cantidad de tierra y por la ley de los rendimientos decrecientes la productividad es cada vez menor, pues las tierras de mejor calidad se van agotando. De esta forma se plantea un conflicto de intereses de clase, pues al aumentar la población, y debido al decrecimiento de la productividad de la tierra, los salarios disminuirán. Pero precisamente la reducción de los salarios es lo que determinará una mayor «renta» por cada hectárea de tierra, en el sentido ricardiano del término (véase Capítulo 14), de forma que este proceso favorece a los terratenientes, dado que la oferta de tierra de calidad es prácticamente rígida. Las cosas seguirán empeorando para la clase trabajadora hasta alcanzar al salario mínimo de subsistencia, a partir del cual la población dejará de aumentar. Llegándose a este punto, la economía se habrá colocado en una situación de *estancamiento económico.*

El modelo de D. Ricardo y K. Marx

Otra visión también pesimista sobre las posibilidades de crecimiento a largo plazo de las economías es la ofrecida por el modelo de D. Ricardo (1772-1823) y K. Marx (1818-1883) (véanse Capítulos 28 y 29).

La industrialización hizo ver a los economistas la enorme importancia de la acumulación de capital para el crecimiento. La tierra perdió importancia como factor limitativo y fue el factor trabajo el que pasó a ocupar su lugar. El capital podía crearse ilimitadamente y se convirtió, en los modelos posteriores de crecimiento, en el factor variable en relación a la cantidad de trabajo, éste ahora relativamente escaso. El argumento utilizado es similar al del modelo de Smith y Malthus.

Cuando el capital es escaso en relación al trabajo, su productividad es elevada y su pre-

Esquema 27.1. El modelo de A. Smith y T. Malthus
(La tierra como factor limitativo)

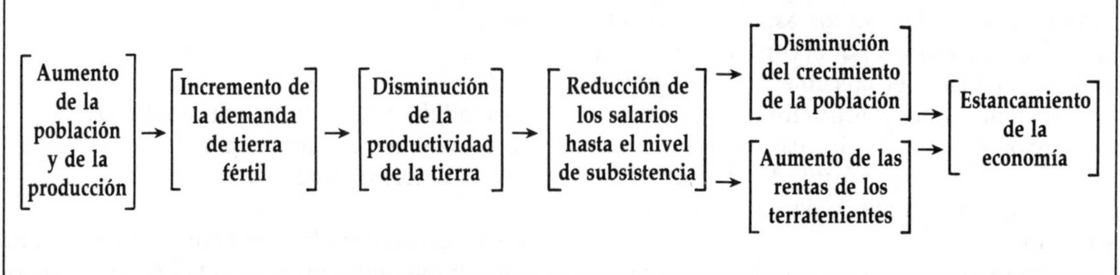

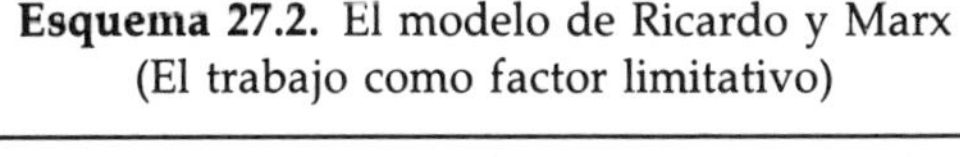

Esquema 27.2. El modelo de Ricardo y Marx
(El trabajo como factor limitativo)

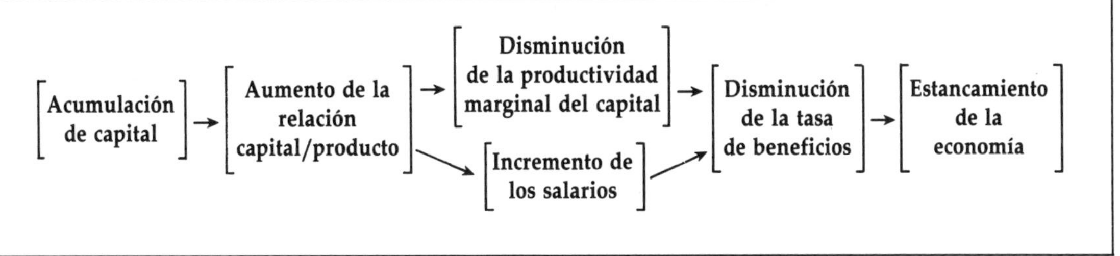

cio (la tasa de rendimiento del capital invertido, que en equilibrio iguala al tipo de interés) es alto, siendo el salario bajo debido a la abundancia del factor trabajo. A medida que aumenta la acumulación, la cantidad de capital existente en relación con el trabajo disponible, esto es, a medida que aumenta la relación capital/trabajo, el capital se hace relativamente más abundante y su retribución disminuye mientras aumenta el salario, pues el trabajo crece menos deprisa que el capital y se hace relativamente escaso (*).

Este modelo defiende que la tasa de ahorro, esto es, la porción de renta destinada al ahorro, que habíamos definido en el Capítulo 16 como la *propensión media al ahorro*, y, por tanto, la tasa de crecimiento serán elevadas cuando el tipo de interés lo sea. Paralelamente se argumenta que, conforme la relación capital/trabajo aumenta, al acumularse el capital descenderá su productividad marginal y, por consiguiente, el tipo de interés y el tipo de rendimiento del capital. Así pues, la acumulación de capital es lo que conduciría a una disminución de la tasa de crecimiento.

En otras palabras, el modelo de Ricardo y Marx sostiene que el proceso de acumulación y el consiguiente crecimiento de la producción continúan hasta que los beneficios han alcanzado un determinado nivel a partir del cual la disminución de los rendimientos del capital invertido y de los beneficios conducen a la economía hacia el estancamiento.

En los dos modelos de crecimiento estudiados la existencia de rendimientos decrecientes es el factor clave. En el modelo Smith y Malthus los rendimientos decrecientes se deben a que sólo se cuenta con una cantidad limitada de tierra fértil y en el modelo de Ricardo y Marx a la escasez relativa del factor trabajo.

Progreso tecnológico y crecimiento

Las sombrías perspectivas sobre el crecimiento que defendían los economistas clásicos, según las cuales las economías estaban condenadas a largo plazo al estancamiento, no se han cumplido en la práctica. Más bien ha sucedido lo contrario, habiendo aumentado los salarios sin que se haya observado una tendencia claramente decreciente en los beneficios. Uno de los factores explicativos de esta aparente contradicción es el progreso técnico que ha acompañado al crecimiento industrial. La repercusión del mismo ha sido una mejora en la productividad que ha contrarrestado los efectos de la ley de los rendimientos decrecientes. De ahí que se le pueda atribuir un papel decisivo en el crecimiento que las economías han experimentado hasta hoy y, previsiblemente, en el que tendrán en el futuro.

(*) Como veremos en el Capítulo 28, K. Marx defendía que la acción conjunta de la acumulación y el empleo de técnicas ahorradoras de trabajo podía reducir los salarios. Aun así, el aumento de la producción haría descender los precios y la tasa de beneficio.

Nota complementaria 27.4

INVERSION EN I + D: LEJOS DEL 1 % DEL PIB

Según el Presupuesto de la Administración Nacional para 1992 los fondos con destino a Investigación y Desarrollo totalizaban 290.298.000 pesos, lo cual equivalía al 0,19 % del PIB. Esto implicaba una caída respecto al 0,22 % previsto en el Presupuesto del año 1991.

Ambas cifras, de todos modos, se encuentran distantes del 1 %, recomendado como deseable por organismos internacionales.

El cuadro adjunto muestra el gasto en I + D de la Administración Nacional en 1991 y 1992.

GASTO EN I + D
(Administración Nacional)

Año	En pesos	% del presupuesto	% del PIB
1991	292.447.000	1,76	0,22
1992	290.298.000	1,61	0,19

FUENTE: Ministerio de Economía y Obras y Servicios Públicos. Secretaría de Hacienda.

- **El progreso técnico, tanto en la agricultura como en la industria y en los servicios, ha permitido a los países industrializados escapar de la trampa apuntada por los economistas clásicos, y ello a pesar de que los salarios reales han tenido una evolución ascendente.**

Los nuevos conocimientos técnicos permiten ampliar las aplicaciones de los ya disponibles y están plasmados, en parte, en los nuevos bienes de capital y en las cualificaciones de la mano de obra. La invención y la innovación tienen lugar, sobre todo, en respuesta a la posibilidad de obtener beneficios.

En los países industrializados, el aumento a largo plazo de la producción por hora trabajada ha sido en su mayor parte el resultado del progreso técnico en sentido amplio, esto es, capital físico y capital humano. El aumento de la productividad se ha debido tanto a los aumentos del *stock* de capital por trabajador como a la mayor calificación de la mano de obra.

Las medidas destinadas a mejorar la tasa de crecimiento de la inversión en capital físico y al fomento del progreso técnico, concretadas fundamentalmente en un aumento del gasto en *I + D* (Investigación y Desarrollo), se llevan a cabo precisamente porque se reconoce el papel determinante que juega el progreso tecnológico en el crecimiento económico.

Teorías modernas del crecimiento

Como se recordará, en el modelo keynesiano que hemos analizado en los Capítulos 16 al 20 la demanda agregada, y en particular la inversión, constituían un elemento fundamental. Pues bien, la moderna teoría del crecimiento ha centrado su atención en la inversión como la variable clave para generar un mayor aumento de la producción. Al recordar que la condición de equilibrio keynesiano establece que el ahorro es igual a la inversión, resulta que la preocupación por esta última supone también asignarle un lugar prioritario al ahorro dentro de las teorías modernas del crecimiento económico.

Junto al ahorro y la inversión, las condiciones técnicas también desempeñan un papel relevante en la producción. En otras palabras, se afirma que el crecimiento del producto obtenido a partir de una determinada inversión dependerá no sólo de la cuantía de la misma, sino también de las condiciones tecnológicas en las que se desarrolla el proceso productivo. Estas se pueden sintetizar en la denominada relación capital-producto: K/Y.

Para representar en términos algebraicos las implicaciones de las modernas teorías del crecimiento vamos a recurrir a dos conceptos que ya hemos empleado en capítulos anteriores: la propensión media al ahorro (Capítulo 16) y el acelerador (Capítulo 23).

■ La propensión media al ahorro

La propensión media del ahorro se define como la porción de la producción o renta total que se destina al ahorro.

$$\textbf{Propensión media al ahorro} = \frac{\textbf{Ahorro}}{\textbf{Producción total}} \qquad (1)$$

Operando, la ecuación (1) podemos escribirla como sigue:

$$\textbf{Ahorro} = \textbf{Propensión media al ahorro} \times \textbf{Producción total} \qquad (2)$$

■ El acelerador

Tal como señalamos en el Capítulo 23 el acelerador establece que la inversión es una proporción de la variación la producción total, dada por la relación capital/producto (*).

(*) Como señalamos en el Capítulo 23, para deducir la fórmula representativa del acelerador partíamos de la relación capital-producto (K/Y):

$$\textbf{Relación capital-producto} = \frac{K}{Y}$$

Si expresamos la anterior definición en términos de incrementos y reordenamos términos tendremos:

$$\Delta K = \left[\textbf{Relación capital-producto}\right] \Delta Y$$

La ecuación (3) se obtiene teniendo en cuenta que $\Delta K = I$, esto es, que la variación del capital es igual a la inversión.

$$\textbf{Inversión} = \textbf{Relación capital-producto} \times \textbf{Variación de la producción total} \qquad (3)$$

En equilibrio, el ahorro es igual a la inversión, o lo que es lo mismo, la ecuación (2) es igual a la (3), de forma que:

$$\begin{aligned} &\textbf{Propensión media al ahorro} \times \textbf{Producción total} = \\ &= \textbf{Relación capital-producto} \times \textbf{Variación de la producción total} \end{aligned} \qquad (4)$$

Ordenando términos en la ecuación (4) tendremos:

$$\frac{\textbf{Variación de la producción total}}{\textbf{Producción total}} = \frac{\textbf{Propensión media al ahorro}}{\textbf{Relación capital-producto}} \qquad (5)$$

Factores determinantes del crecimiento económico

De la ecuación (5) se deduce que la variación de la producción respecto a la producción total, esto es, la tasa de crecimiento de la economía, depende de dos factores:

- De la propensión media al ahorro, es decir, de la porción de la renta que no se destina al consumo.
- De la relación capital/producto de la economía, esto es, de las condiciones técnicas

de producción que nos dicen la cuantía en la que varía la producción a partir de una cierta inversión realizada (incremento del factor capital).

De estas teorías se desprende que la composición de la demanda agregada es un determinante fundamental de la tasa de crecimiento de la economía. Cuanto mayor sea la fracción del gasto total que se destina al ahorro, esto es, a la inversión, y menor la parte que se canaliza hacia el consumo, más rápidamente crecerá el *stock* de capital y más elevada será la tasa de crecimiento de la economía.

Debe señalarse que, si el proceso de crecimiento alcanza sus objetivos, el sacrificio de consumo que se requiere será solamente temporal. Los consumidores sacrifican bienes y servicios «ahora» que hacen posible la producción de bienes de capital que permitirán elevar el consumo de bienes y servicios en el futuro. Así pues, al menos en una economía orientada hacia el consumo (una consideración especial merecería el caso de las economías de planificación centralizada), la decisión de ahorrar para lograr un mayor crecimiento económico implica simplemente un intercambio de consumo presente por consumo futuro.

3. LOS BENEFICIOS Y LOS COSTOS DEL CRECIMIENTO ECONOMICO

Las autoridades económicas se muestran siempre deseosas de alcanzar altas tasas de crecimiento. He aquí algunas razones de esta actitud:

• El crecimiento suele ser la clave para lograr un nivel de vida más elevado. Los aumentos en la productividad permiten que la comunidad pueda disfrutar de más bienes y servicios por persona y que la población disfrute de más tiempo libre disponiendo de la misma cantidad de bienes y servicios.

• Cuando la renta nacional aumenta en términos reales, las autoridades económicas pueden obtener unos mayores ingresos mediante impuestos sin tener que recurrir a elevar los tipos impositivos (el porcentaje a pagar al Fisco sobre la base imponible, definiéndose esta última como la cantidad total sobre la que se establece el impuesto).

• Las políticas designadas para alcanzar una distribución más igualitaria de la renta pueden llevarse a cabo con una menor oposición política que cuando no hay crecimiento. Cuando la renta no crece, un grupo social sólo puede mejorar su posición a costa del otro grupo. Sin embargo, cuando la renta real está creciendo, esto no tiene por qué ser así, ya que un mayor porcentaje del incremento de la renta real puede canalizarse hacia los grupos sociales más necesitados.

• Otro elemento positivo del crecimiento económico es el aumento del empleo. Por lo general, cuando la producción aumenta, el empleo lo hace también, incluso cuando la productividad se ve incrementada. Además, los logros en productividad suelen implicar mejoras en la competitividad, lo que facilitará el aumento de la producción.

Los costos del crecimiento económico

El crecimiento económico no sólo tiene ventajas, sino que plantea ciertos inconvenientes. En primer lugar, aunque la inversión es un factor clave de cara al crecimiento, toda acumulación de capital —es decir, toda inversión— exige que los individuos estén dispuestos a sacrificarse en términos de sus presentes niveles de vida. Si la economía está en una situación en la que todos los recursos están empleados, la producción de bienes de capital sólo se podrá incrementar si se desplazan los recursos desde la producción de bienes de consumo hacia la producción de bienes de capital. En este sentido, el aumento de la inversión implica reducir el consumo. Así pues, un primer inconveniente del crecimiento económico se deriva del hecho de que, si bien el aumento del *stock* de capital

Nota complementaria 27.5

LA DECADA DE LOS NOVENTA ANTE EL PROBLEMA ECOLOGICO

La búsqueda del crecimiento económico ha llevado a muchos países a situar en un plano secundario algo tan fundamental para la supervivencia humana como es la defensa del medio natural. Muchas veces, altas tasas de crecimiento económico encubren la depredación del patrimonio natural. Esta es, por ejemplo, una grave realidad en los ex países socialistas, donde los niveles de contaminación ambiental y polución son muy serios. Un estudio hecho para España, a su vez, cuantifica en un 1,9 % del PIB la repercusión económica negativa de la contaminación. En Argentina, en los últimos años se viene desarrollando una creciente conciencia acerca del problema ecológico, aunque la carencia de información que permita cuantificarlo es el primer inconveniente con que se tropieza para llevar a cabo una política medioambiental seria.

incrementará las posibilidades de producir bienes de consumo en el futuro, en el presente los individuos deben sacrificarse y reducir su consumo. Además, cuando se trata de países con un nivel de renta relativamente bajo, el margen es muy reducido y el ahorro puede resultar, de hecho, difícilmente realizable.

Al margen del sacrificio personal que puede implicar el crecimiento, hay toda una serie de costos sociales ligados al logro de una tasa elevada de crecimiento que conviene analizar. Ya se señaló al hablar de las fallas del mercado (véase Capítulo 12) que el mecanismo de precios no toma en consideración de forma plena los costos sociales de la producción. Puede que el logro de una elevada eficiencia técnica que haga posible alcanzar unas altas tasas de crecimiento imponga unos costos muy considerables sobre la comunidad.

El crecimiento y el medio ambiente

Lo que se ha dado en llamar «la manía del crecimiento» ha sido criticada duramente destacando los costos del crecimiento económico en relación con sus efectos sobre la calidad de vida.

Una muestra de ello es el aumento de los llamados «efectos rebosamiento» o externalidades negativas en las economías industrializadas, como, por ejemplo, la contaminación del medio ambiente. De ahí que se planteen posibles conflictos entre establecer como objetivo un crecimiento elevado y la aspiración a una cierta calidad de vida, dadas las consecuencias sociales y económicas que el logro de dicho objetivo suele conllevar.

Desde esta perspectiva, cabe cuestionar la conveniencia del crecimiento económico en un sentido estrictamente cuantitativo y con miras exclusivamente a corto plazo. No debe olvidarse, además, que se pueden causar males irreparables al medio ambiente que originen desequilibrios ecológicos de alcance imprevisible.

■ La Economía y la contaminación

La contaminación del medio ambiente se ha convertido, por desgracia, en parte de la vida diaria. Para cerciorarnos de ello no tenemos más que mirar el aire que se respira en la mayoría de las grandes ciudades, observar las aguas de buena parte de nuestros ríos o pasearnos por determinadas playas.

Algunos pueden pensar que la contaminación puede resolverse mediante las mejoras tecnológicas dado que, por ejemplo, la contaminación de un río es, ante todo, un hecho físico. Sin embargo, aunque toda contaminación es algo físico, pues implica una destrucción del medio ambiente, no se puede realizar un análisis serio del problema de la contaminación sin consideraciones económicas.

Nota complementaria 27.6

UN CAMINO A SEGUIR: EL RECICLAJE

Una de las vías más prometedoras para afrontar el problema de la contaminación es reciclar los desperdicios en vez de arrojarlos al medio ambiente. Así, por ejemplo, cuando una botella de cerveza se procesa de nuevo no estropea el paisaje y, además, no constituye un peligro de incendio. El esquema adjunto ilustra gráficamente los beneficios del reciclaje. La producción absorbe una determinada cantidad de recursos nuevos, que se verá reducida si se utilizan materiales reciclados. El conjunto de estos recursos y materiales pasa a través del proceso de producción y consumo y reaparece en forma de residuos. Algunos de estos materiales residuales resultan de la producción (como los desperdicios de las siderurgias), mientras que otros son consecuencia del consumo (como las latas de cerveza).

Debe señalarse, además, que, conforme el sistema económico crece, las tensiones sobre el medio ambiente tienden a aumentar, debido a que se requieren más recursos productivos y a que se arrojan más elementos contaminantes al medio ambiente. En este sentido, el reciclaje cumple una doble misión de protección del medio ambiente, evitando su contaminación, por un lado, y reduciendo, por otro, la necesidad de emplear recursos naturales que, no se debe olvidar, están disponibles en cantidades limitadas y además no son renovables. Así pues, el reciclaje ayuda a combatir la contaminación y, a la vez, a conservar los recursos naturales.

EL MEDIO AMBIENTE Y EL RECICLAJE

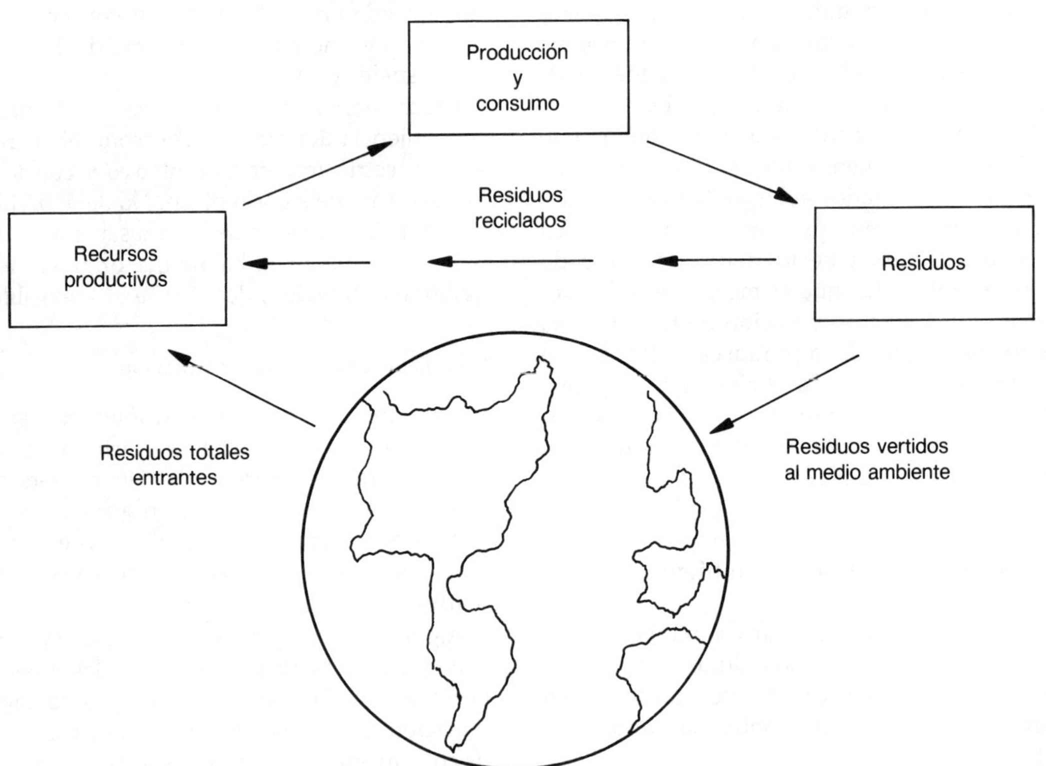

El sistema económico utiliza el medio ambiente en un doble sentido: extrayendo recursos y devolviendo residuos. El reciclaje proporciona dos beneficios: reduce los residuos lanzados al medio ambiente y hace que sea menor la cantidad de recursos naturales que es preciso emplear.

Para corroborar esta afirmación, piénsese, por ejemplo, que si a los productores de automóviles se les exige que instalen aparatos que limiten la emisión de gases, el precio de los automóviles se incrementará. Algo similar ocurrirá si a una fábrica que vierte aguas contaminadas a un río se le obliga a instalar unos equipos que controlen la contaminación. En este caso, el costo de producción de la empresa fabricante se verá incrementado. Los ejemplos comentados ponen de manifiesto que la defensa del medio ambiente implica un costo que en unas ocasiones deberán pagar los consumidores directamente y en otras los productores. Lo que resulta evidente es que las consideraciones económicas de este fenómeno son determinantes para entenderlo y para diseñar una política que tienda a combatirlo.

Desde una perspectiva económica, el núcleo del problema está en que limitar la contaminación implica un gasto importante. No obstante, el éxito en la lucha contra la contaminación hay que medirlo por la capacidad de reducirla y por las posibilidades de limitar su crecimiento, ya que no es razonable pensar en eliminarla completamente. Piénsese que, incluso si un país paralizase toda su actividad industrial contaminante, no acabaría con el problema, pues los residuos urbanos seguirían contaminando el medio ambiente. Asimismo, y aun cuando se optase por una política de crecimiento nulo, lo más que se lograría sería detener los incrementos de la contaminación, pero no se reduciría la ya existente y, además, se plantearían todos los inconvenientes asociados a la ausencia de crecimiento económico.

▪ La lucha contra la contaminación

Ya que no es posible eliminar la contaminación, la cuestión es cómo reducirla y qué costos implicará la lucha contra ésta. Como premisa debe señalarse que, sea cual fuere el método de financiación elegido para cubrir los gastos ocasionados al tratar de eliminar la contaminación, los individuos siempre soportarán finalmente la carga de un modo u otro:

- *Como consumidores:* Si las autoridades obligan a las empresas contaminantes a que instalen equipos que depuren los residuos, esto implicará una reducción en las cantidades producidas, lo que hará que las curvas de oferta se desplacen hacia la izquierda y que aumenten los precios de los productos.
- *Como contribuyentes:* Si se establecen subsidios destinados a las empresas que instalen equipos para controlar la contaminación, esto supondrá mayores impuestos para financiar los citados subsidios.
- *Como oferentes de trabajo:* Debido a las normas de control de la contaminación la actividad productiva de las empresas se verá negativamente afectada. Al tener que desviar parte de los recursos destinados a inversiones en equipo y maquinaria, que elevarían su productividad y mejorarían su posición respecto a la competencia, no podrán elevar su producción y el empleo. Por el contrario, cuando estos recursos hay que destinarlos a invertir en equipo anticontaminante, las empresas verán reducir sus ventas al aumentar los costos, y en consecuencia sus precios, e incluso algunas se pueden ver obligadas a cerrar. Esto explica que, en ocasiones, aquellos que viven cerca de las industrias contaminantes prefieran soportar la contaminación para poder mantener sus empleos.

En definitiva, puede afirmarse que la lucha contra la contaminación es una tarea compleja y su costo, de una manera u otra, afecta a toda la comunidad.

4. EL DESARROLLO Y EL SUBDESARROLLO ECONOMICOS

Como ya dijimos anteriormente, el crecimiento económico es un aspecto de otro proceso más general, el desarrollo de una sociedad. Una vez estudiado el crecimiento económico, vamos a retomar esa consideración más general de la evolución que experimenta una sociedad a lo largo del tiempo.

Para empezar, vamos a referirnos a los conceptos de desarrollo y subdesarrollo económicos, que son relativos y difíciles de definir con precisión. Hacen referencia a la brecha real que separa los niveles de vida que se alcanzan en unos y otros países, y a los procesos que llevan a la elevación del nivel de vida.

Los indicadores del grado de desarrollo

Los países en vías de desarrollo se caracterizan por un conjunto de insuficiencias en comparación con las economías que se pueden considerar como desarrolladas. Dado que el desarrollo comprende muchos aspectos, el grado de subdesarrollo se puede medir mediante un conjunto amplio de indicadores, entre los que cabe destacar los siguientes:

- Baja renta por habitante.
- Altos índices de analfabetismo.
- Débil estructura sanitaria.
- Baja tasa de ahorro por habitante.
- Estructura productiva y tecnológica desequilibrada.
- Elevadas tasas de desempleo estructural.
- Fuertes diferencias en la distribución interna de la renta.
- Elevadas tasas de crecimiento de la población.

El citado conjunto de notas características es de por sí preocupante, pero lo que es más alarmante es la dinámica observada, pues las diferencias con los países más desarrollados no sólo no se reducen, sino que en las últimas décadas han aumentado.

Elementos condicionantes del subdesarrollo

Si se pasa del análisis de la sintomatología del subdesarrollo al estudio de los elementos determinantes de tal situación y que condicionan la posibilidad de superarla, se destacan tres factores: el capital físico, el capital humano y el tipo de relaciones comerciales que se establecen entre los países.

▪ Escasez de capital físico

Los países en vías de desarrollo se encuentran en desventaja por la falta de factorías y maquinarias modernas, y por la debilidad de sus equipamientos e infraestructuras de todo tipo. Estas carencias de capital no se pueden remediar fácilmente. Si el capital han de proveerlo los propios habitantes de los países en vías de desarrollo, éstos deberán ahorrar, esto es, sacrificar consumo presente; pero, como se ha apuntado, una de las características de estos países es el bajo nivel de renta de grandes segmentos de la población. Cuando se está en los límites de la pobreza la capacidad de ahorro no puede ser muy elevada.

Además, en muchos países en vías de desarrollo las costumbres y las tradiciones asignan un escaso valor al ahorro y a la inversión, de forma que incluso las clases sociales más pudientes presentan unas tasas de ahorro reducidas.

Por otro lado, y tal como se apuntó en el capítulo anterior, es frecuente que en los países en vías de desarrollo los movimientos internacionales del capital estén relativamente liberalizados. Este hecho estimula que parte del ahorro de estos países se realice en divisas extranjeras, generalmente en dólares, lo que facilita que una parte importante del mismo salga fuera. En definitiva, bien porque la pobreza imposibilita el ahorro, bien porque las tradiciones no estimulan ni el ahorro ni la inversión o por ciertos hábitos en cuanto a la forma de materializar el ahorro, el resultado es que en los países en vías de desarrollo la tasa de crecimiento del capital es inferior a la de los países desarrollados. Así, en estos últimos países, como promedio, el 15 % de su PIB se destina a la formación de capital, mientras que en los países en vías de desarrollo esta tasa no alcanza el 10 %.

Este obstáculo se podría superar recurriendo al capital de otros países. De hecho, las inversiones de capital extranjero son frecuentes en los países en vías de desarrollo. Los responsables de estos flujos de capital son las agencias internacionales, tales como el Banco Mundial, los gobiernos de países desarrollados y las empresas privadas que decidan invertir en negocios situados en esos países. El problema se encuentra en que las empresas lógicamente pretenderán rentabilizar el capital invertido, lo que implicará a largo plazo salidas de capital. No obstante, en el proceso de obtener esos beneficios, las inversiones serán provechosas para los países en vías de desarrollo, pues construirán factorías, crearán infraestructuras y generarán empleo.

Las inversiones extranjeras en los países en vías de desarrollo suelen plantear, sin embargo, algunos peligros. Por un lado, estas inversiones se deciden de acuerdo con intereses ajenos al país que las recibe, y se suelen concretar constituyendo lo que en la literatura económica se denomina «enclaves industriales», en buena medida desconectados del tejido productivo de los países receptores de las inversiones. Un ejemplo típico son las inversiones orientadas hacia la explotación de los recursos naturales del país en cuestión y que generan productos que, en forma de primeras materias, se exportan a otros países para su posterior reelaboración. Por otro lado, estas inversiones pueden impedir el logro de un futuro desarrollo independiente del país que las recibe. Esta dependencia no es sólo financiera, tema sobre él que se volverá en la siguiente pregunta, sino también tecnológica, pues la tecnología empleada en los procesos productivos normalmente será ajena al país en vías de desarrollo.

■ El factor humano

En el Capítulo 14, al estudiar el concepto de capital humano, se señaló que el crecimiento de la producción se debe en buena medida a las inversiones en educación, formación profesional y capacitación, sanidad y movilidad laboral (Nota complementaria 14.6). Las inversiones en capital humano elevan la productividad del trabajo y son un factor clave del desarrollo económico.

Resulta, sin embargo, que en los países en vías de desarrollo, además de contar con una escasa dotación inicial de capital físico y humano, se observan unas tasas de crecimiento de la población muy elevadas.

Esta dinámica tiene fundamentalmente dos efectos. Por un lado, genera un elevado volumen de población improductiva, pues aunque se logren altas tasas de crecimiento del producto no se genera empleo suficiente, lo que actúa como un lastre sobre la relativamente escasa población activa empleada. Por otro lado, las deficiencias sanitarias y alimentarias, así como el bajo nivel medio educativo de la población y la reducida cualificación profesional resultan cada día más difíciles de situar a los niveles deseados, ya que el fuerte crecimiento de la población hace que las necesidades aumenten a un ritmo mayor que en los países desarrollados.

Por estas razones, en los países en vías de desarrollo, no sólo el capital físico sino también el capital humano actúan como un factor limitativo para salir del subdesarrollo.

■ El tipo de relaciones comerciales

La teoría pura del comercio internacional presentada en el Capítulo 26 ha sido criticada por algunos autores por encontrar en ella el origen del subdesarrollo. Se ha argumentado que la puesta en práctica del modelo de las ventajas comparativas, haciendo abstracción de las características particulares de determinadas formaciones sociales, arroja resultados que no son los esperados desde el punto de vista de la teoría pura del comercio internacional.

Desde esta perspectiva, la explicación del subdesarrollo se fundamenta en el intercambio comercial entre los países desarrollados (centro) y los países en vías de desarrollo (periferia). Los primeros son exportadores de bienes industriales, y los segundos exportadores de materias primas y productos agrícolas. El mecanismo que profundiza la pobreza de la periferia y que genera una situación de *dependencia* de los países en vías de desarrollo respecto de los desarrollados opera, principalmente, de acuerdo con dos elementos:

1. El *grado de competencia en el sector exportador* de unos países y otros: en el sector exportador de los países desarrollados, los incrementos de productividad no inciden en los precios, sino en mayores salarios conseguidos por los sindicatos; en cambio, en el sector exportador de los países subdesarrollados tales incrementos de productividad repercuten en una disminución de los precios, pues existe una mayor competencia. Al realizarse el intercambio a nivel internacional, estos últimos países han de pagar precios más altos en sus compras recibiendo precios más bajos por sus ventas. La consecuencia es una pérdida por parte de la periferia de la capacidad para importar de los países del centro, en virtud del deterioro de los términos del intercambio.

2. La *elasticidad-renta de la demanda:* ésta es mayor para los productos industriales que para los bienes primarios (sobre todo los recursos naturales). Por consiguiente, ante incrementos de la renta, la periferia aumentará sus compras a los países industrializados relativamente en

Nota complementaria 27.7

LA RELACION REAL DE INTERCAMBIO

Tal como señalamos en el Apéndice A del Capítulo 26, la relación real de intercambio expresa los términos en los que los bienes de un país se intercambian con los de otro. Algebraicamente, la relación real de intercambio se expresa con el cociente entre un índice de precios a la exportación y un índice de precios a la importación.

Si el valor numérico de la relación real de intercambio se incrementa respecto a 100, como consecuencia de que los precios de las exportaciones aumentan más (o bajan menos) que los precios de las importaciones, se dice que la alteración de los precios es favorable, ya que el volumen de exportaciones se intercambia por un volumen mayor de importaciones. Por el contrario, cuando la relación real de intercambio es menor que 100 se dice que la alteración de los precios es desfavorable, ya que el volumen de exportaciones se intercambia por un volumen menor de importaciones.

Años	Indice de precios a la exportación	Indice de precios a la importación	Relación real de intercambio (*)
1	100	100	100,00
			favorable
2	115	110	104,54
			desfavorable
3	103	118	87,88
			favorable
4	110	109	100,92
			desfavorable
5	108	115	93,91

(*) Relación real de intercambio $= \dfrac{\text{índice de precios a la exportación}}{\text{índice de precios a la importación}} \times 100$

mayor medida que sus ventas a los mismos. Esto significa que un proceso de crecimiento de la renta mundial —en el centro y en la periferia— desencadena una dinámica, cuya resultante es un empeoramiento de la balanza de pagos de los países subdesarrollados.

Si a los dos elementos anteriores se une la sustitución, cada vez más generalizada, de los bienes primarios y la reducción de la participación de las materias primas en los procesos productivos avanzados, se refuerza la hegemonía de los países más desarrollados en las relaciones comerciales con el mundo menos desarrollado.

5. LOS OBSTACULOS A SUPERAR Y POSIBLES ESTRATEGIAS A SEGUIR

Llegados a este momento, la pregunta pertinente es: ¿cómo se puede salir del subdesarrollo? En este sentido, puede ser conveniente plantearse inicialmente cuáles son los obstáculos a superar.

OBSTACULOS A SUPERAR

A este respecto, cabe señalar las siguientes dificultades:

- La debilidad del sector público.
- Determinados factores sociales y políticos.

La debilidad del sector público

Los sectores públicos de los países en vías de desarrollo suelen poseer unos recursos relativamente escasos para atender a muchas necesidades. El sistema fiscal frecuentemente se caracteriza por una eficacia limitada y por no garantizar una recaudación suficiente, de forma que los déficit públicos a menudo son cuantiosos. Por otro lado, la relación de dependencia que preside los intercambios comerciales con los países desarrollados determina que éstos presenten un carácter desequilibrado en cuanto al tipo de productos que se comercian y a la relación de intercambio que se establece en la realización de dicho comercio. Así, los países menos desarrollados suelen ser exportadores de materias primas y productos manufacturados, cuyos precios en los mercados internacionales son generalmente insuficientes para poder cubrir las importaciones de bienes de equipo que dichos países necesitan realizar para elevar su nivel de desarrollo.

El resultado es que los bancos centrales de los países en vías de desarrollo se encuentran sin reservas de divisas con las que financiar las importaciones y los proyectos de inversión públicos, de forma que el sector exterior aparece como un obstáculo para salir del subdesarrollo.

Determinados factores sociales y políticos

Existen, además, factores no estrictamente económicos que condicionan el funcionamiento de la actividad productiva. A menudo en los países en desarrollo se dan fuertes desequilibrios sociales y políticos que dificultan la aplicación de medidas económicas. Asimismo, las diferencias regionales y culturales existentes han impedido, en ocasiones, una plena integración social y política, lo que en definitiva dificulta una unidad de propósito para la acción política.

Otra limitación importante se debe a la forma en que la demanda de consumo aparece en las economías en vías de desarrollo. En las economías hoy desarrolladas, la expansión del consumo normalmente ha seguido a la de la producción y los nuevos productos aparecen cuando la demanda cuenta con posibilidades de adquirirlos; además, la tecnología abarata la producción y permite el consumo en masa de bienes de consumo duraderos. La situación es otra en las economías subdesarrolladas, donde el proceso de crecimiento tiene lugar sobre la base de una demanda que —a través de los modernos medios de comunicación y de difusión— conoce y desea los productos de los que disfrutan las economías desarrolladas. Es lo

Nota complementaria 27.8

POBREZA Y SUBDESARROLLO: EL CASO DE ARGENTINA

En el mundo, más de mil millones de personas viven en condiciones de pobreza extrema. El mapa de la pobreza se superpone con el mapa del subdesarrollo. Según el informe sobre el Indice Internacional de Sufrimiento Humano publicado por el Comité de Crisis de Población, con sede en Washington, el mayor índice de sufrimiento humano corresponde al habitante promedio de Mozambique, que tiene, además, la menor esperanza de vida: 48 años. En contraste, el ciudadano de Dinamarca o Estados Unidos se ubica en el extremo opuesto y su esperanza de vida es de 75 años. En este ranking, Argentina ocupa un lugar intermedio.

En este país, el INDEC llevó a cabo un estudio sobre *La pobreza en Argentina*, en 1984. En él se utilizó como concepto clave el de Necesidades Básicas Insatisfechas (NBI). Se identificó como población con NBI a la que habita en hogares que cumplen por lo menos una de las condiciones siguientes:

— Hacinamiento (más de tres personas por cuarto).
— Vivienda inadecuada (inquilinato o vivienda precaria en villa).
— Carencia de retrete.
— Algún niño en edad escolar (6 a 12 años) que no asiste a la escuela.
— Jefe de familia con baja educación y, además, con cuatro o más personas por cada miembro ocupado.

LA POBREZA EN NUMEROS

Localidad	Población total	Población con NBI	Niños hasta 5 años con NBI	Localidad	Población total	Población con NBI	Niños hasta 5 años con NBI
Capital Federal	2.797.719	231.782	37.437	Mendoza	1.177.059	287.076	77.229
Buenos Aires	10.734.839	2.607.922	691.350	Misiones	580.522	263.424	78.684
Catamarca	204.196	87.039	24.126	Neuquén	232.762	93.507	28.905
Córdoba	2.361.074	529.753	132.535	Río Negro	374.137	145.707	42.627
Corrientes	648.354	303.818	83.741	Salta	653.070	305.776	89.524
Chaco	690.433	359.857	105.154	San Juan	461.789	142.404	39.462
Chubut	250.627	87.343	26.797	San Luis	209.802	67.019	17.042
Entre Ríos	892.900	292.979	76.630	Santa Cruz	103.769	27.245	7.598
Formosa	292.363	159.072	46.063	Santa Fe	2.423.827	595.239	161.350
Jujuy	403.405	196.892	60.309	Sgo. del Estero	585.155	302.681	83.345
La Pampa	202.506	44.379	11.170	Tierra del Fuego	23.135	6.356	1.607
La Rioja	161.958	59.224	16.505	Tucumán	958.598	406.748	116.875

TOTAL	27.423.999	7.603.332	2.056.065

FUENTE: INDEC y *Clarín*, 9 de agosto de 1992.

que ha dado en llamarse «efecto demostración internacional», que puede distorsionar la asignación de recursos y el buen funcionamiento de los mecanismos en las economías subdesarrolladas.

POSIBLES ESTRATEGIAS A SEGUIR PARA SALIR DEL SUBDESARROLLO

Teniendo como marco de referencia estas limitaciones, cabe analizar las posibilidades que tienen los gobiernos de los países en vías de desarrollo para tratar de poner en práctica una estrategia tendente a superar la situación que padecen. En este sentido, un modelo a elegir puede ser el de la economía de mercado.

La economía de mercado como modelo de desarrollo

Si se toma como modelo el ejemplo de los países hoy desarrollados, habría que recomendar medidas de estímulo a la producción que respetaran el libre juego de los mecanismos de mercado. Sin embargo, hay serias dudas acerca del funcionamiento de esta estrategia en las economías en vías de desarrollo. La razón estriba en que en tales economías buena parte de la actividad económica no pasa por el mercado, sino que se limita al autoconsumo y el trueque. Además, las peculiaridades del sistema productivo y social de estas economías hacen que, tal como vimos al estudiar la teoría estructural de la inflación, las estrategias a adoptar deban tenerlas en cuenta y, por ello, difícilmente pueden ser las mismas que se aplican en los países desarrollados.

El diseño de estrategias *ad hoc*

Otra posibilidad consiste en diseñar estrategias *ad hoc* en las que se combinen determinados elementos de la economía de mercado con ciertos componentes de planificación económica, y todo ello teniendo muy en cuenta las características de la estructura socioeconómica de estos países. Así, es frecuente que estos países vean limitado su desarrollo por la necesidad de mantener un determinado volumen de exportaciones como instrumento para financiar el equipo que precisan importar, restricción que puede jugar un papel incluso tan importante o más que el desempeñado por el ahorro del país. Además, un buen número de los países en desarrollo presentan un crecimiento desequilibrado o excesivamente especializado en el sentido de que, tratando de aprovechar sus ventajas comparativas, su estructura productiva se ha hecho extremadamente dependiente de la coyuntura del comercio internacional.

El apoyo a la industrialización y la defensa del mercado interno

Para tratar de salir del subdesarrollo, y en concreto para superar las limitaciones derivadas del sector exterior, otro tipo de estrategias seguidas por algunos países en vías de desarrollo ha consistido en un proceso de sustitución de importaciones.

- **La *sustitución de importaciones* consiste en reemplazar parte de las importaciones por producción nacional con objeto de propiciar la puesta en marcha de un proceso de industrialización. Para ello se ha recurrido al establecimiento de aranceles y contingentes.**

Estas estrategias se han justificado señalando que, ante el descenso del precio de las materias primas en relación a los precios de los productos industriales, la industrialización es la única opción a largo plazo y para ello, al menos durante una primera fase, hay que proteger a la industria nacional mediante barreras arancelarias.

Aunque la sustitución de importaciones como estrategia de desarrollo ha sido bastante criticada, tal como vimos en el capítulo anterior, la realidad es que muchos países en vías de desarrollo han logrado un notable grado de industrialización mediante su aplicación. Algunos incluso han logrado pasar de una estrategia de crecimiento basada en la sustitución de importaciones a otra que descansa en el crecimiento impulsado por las exportaciones.

El desarrollo del potencial endógeno

La sustitución de importaciones puede considerarse dentro de una estrategia más amplia, que es la del desarrollo del potencial endógeno. El desarrollo endógeno presupone la voluntad de los sujetos para incrementar sus oportunidades de desarrollo. Este enfoque se opone, en cierto modo, a la teoría de la dependencia, pues ésta explica el subdesarrollo por causas externas. La teoría del desarrollo endógeno, aun aceptando la importancia de la dependencia exterior, subraya la necesidad de tomar una actitud no resignada ante el subdesarrollo.

De acuerdo con estas consideraciones, puede que el camino hacia el crecimiento radique en el desarrollo del potencial endógeno y en el logro de una estructura productiva mínimamente equilibrada. Para lograr este objetivo y aprovechar de la mejor manera los recursos productivos disponibles, habrá que conjugar las oportunidades que ofrece el mercado con la protección a determinadas actividades y proyectos que, a la vista de la peculiar estructura productiva, se consideran prioritarios. El punto de mira debe ser procurar un crecimiento equilibrado, para lo cual será preciso romper ciertos lazos de dependencia.

RESUMEN

- El crecimiento económico se considera como un proceso sostenido a lo largo del tiempo en el que el nivel de actividad económica aumenta constantemente.

- Al señalar las causas del crecimiento se suelen considerar tres determinantes como básicos:
  1. el aumento de las disponibilidades de recursos;
  2. el aumento de la productividad, y
  3. la actitud de la sociedad frente al ahorro.

- En el modelo de A. Smith y T. Malthus, la tierra es el factor limitativo, de forma que el aumento de la población determina, debido a la ley de los rendimientos decrecientes, que el salario disminuya hasta alcanzar el salario mínimo de subsistencia, a partir del cual la población dejará de aumentar.

- El modelo Ricardo-Marx postula que, a medida que aumenta la acumulación, esto es, la relación capital/trabajo, descenderá la productividad marginal del capital, el tipo de interés y la tasa de beneficio, lo que originará una reducción de la tasa de crecimiento.

- Uno de los factores explicativos de que la acumulación no haya provocado el estancamiento ha sido el progreso técnico que ha acompañado al crecimiento industrial.

- La moderna teoría del crecimiento ha centrado su atención en el ahorro y ha elaborado modelos de crecimiento en los que la tasa de equilibrio de la acumulación de capital sólo podrá variar si cambia la propensión a ahorrar o la tecnología. Bajo este enfoque se puede explicar el círculo vicioso de la pobreza, ya que un bajo nivel de renta determina una tasa de ahorro reducida y esto genera un bajo crecimiento del producto.

• El crecimiento económico es un aspecto de otro proceso más amplio, el desarrollo de una sociedad. Los conceptos de desarrollo y subdesarrollo son relativos y hacen referencia a la brecha real que separa los niveles de vida que se alcanzan en unos y otros países, y a los procesos que llevan a la elevación del nivel de vida.

• Entre los indicadores del subdesarrollo cabe destacar los siguientes: baja renta por habitante, alto índice de analfabetismo, débil estructura sanitaria, baja tasa de ahorro, estructura productiva desequilibrada, elevada tasa de desempleo estructural y fuertes diferencias en la distribución interna de la renta.

• El capital físico, el factor humano y los flujos comerciales aparecen como elementos determinantes del desarrollo económico. Para tratar de potenciar estos factores y, de este modo, propiciar el desarrollo, cabe pensar en la conveniencia de diseñar estrategias *ad hoc* que, a partir del desarrollo de los recursos endógenos, logren un crecimiento equilibrado y menos dependiente.

CONCEPTOS BASICOS

— Crecimiento económico.
— Tasa de crecimiento del PNB.
— Innovación tecnológica y progreso tecnológico.
— Factores no renovables.
— Relación capital/trabajo.
— Acumulación de capital.
— Crecimiento económico *versus* desarrollo económico.
— Desarrollo y subdesarrollo económico.
— Indicadores de subdesarrollo.
— El subdesarrollo y el factor humano.
— Efecto demostración internacional.
— Países en vías de desarrollo.
— Crecimiento y calidad de vida.
— Centro y periferia.
— Dependencia económica a nivel internacional.
— Sustitución de importaciones.
— El problema de la deuda (*).

(*) Véase Apéndice a este capítulo.

TEMAS DE DISCUSION

1. ¿Qué papel juega la ley de los rendimientos decrecientes en los modelos clásicos de crecimiento?

2. Las lúgubres predicciones de T. Malthus y de otros autores clásicos no se han visto corroboradas por la realidad. ¿En qué medida ello se ha debido al progreso técnico?

3. ¿En qué sentido las teorías del crecimiento que centran su atención en el ahorro pueden explicar el círculo vicioso de la pobreza?

4. ¿Puede usted pensar en algunas innovaciones que permitan el crecimiento sin un aumento proporcional en el empleo de factores productivos?

5. Señale algunas consecuencias indeseadas del crecimiento. ¿Dónde cree usted que a estas consecuencias indeseadas se les dará más importancia? ¿En los países en vías de desarrollo o en los países desarrollados?

6. ¿En qué países o áreas es más probable que se localicen las industrias contaminantes?

7. Explique por qué es posible que en un país en vías de desarrollo el producto crezca a una tasa superior a la alcanzada en un país desarrollado y, a pesar de ello, la diferencia entre la renta per cápita de ambos países aumente.

8. ¿Qué ventajas e inconvenientes plantea el establecimiento de un programa de sustitución de importaciones en un país en vías de desarrollo con un mercado no muy grande?

9. ¿En qué sentido las posibilidades de crecimiento futuro de un país en vías de desarrollo se pueden ver mediatizadas porque su modelo de desarrollo sea dependiente de fuerzas económicas que le son ajenas?

10. ¿Qué soluciones propondría usted para resolver el problema de la deuda de los países en vías de desarrollo?

APENDICE:
El problema de la deuda de los países en vías de desarrollo

1. El origen de la deuda

Durante las décadas de los sesenta y de los setenta se canalizó una gran cantidad de capital hacia los países en vías de desarrollo. El movimiento de capital de los países «ricos» —con tasas de rendimiento sobre la inversión relativamente bajas y altas tasas de ahorro— hacia las naciones «pobres» —con tasas de rendimiento sobre la inversión más altas y meno-

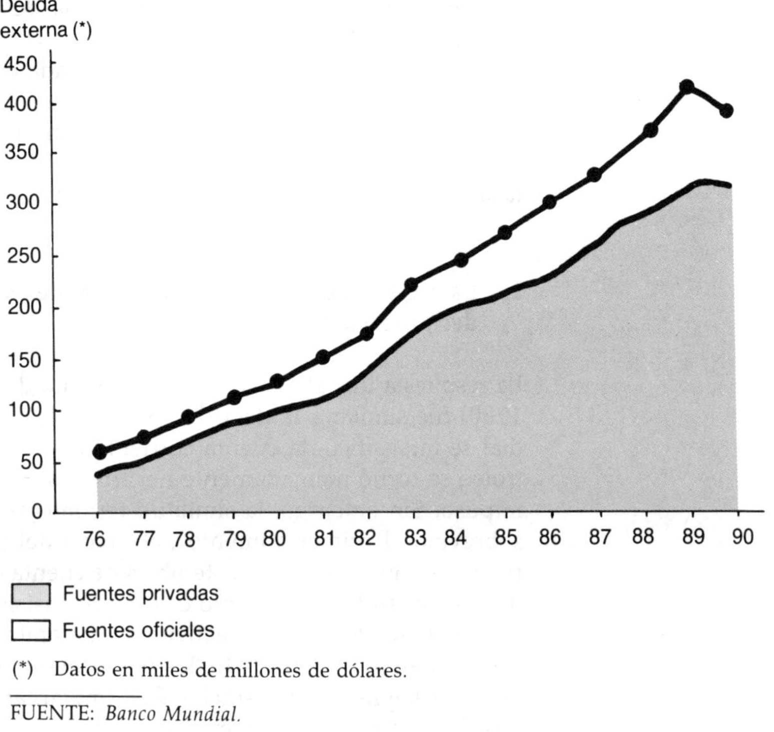

(*) Datos en miles de millones de dólares.

FUENTE: *Banco Mundial.*

Figura 27.A.1. Deuda externa en América Latina y el Caribe.

res índices de ahorro— fue considerado como una forma eficiente de asignar los recursos mundiales. Además, con las altas tasas reales de rendimiento los flujos de capital se autofinanciarían: el rendimiento sobre la inversión cubriría las obligaciones del servicio de la deuda (intereses y devolución del capital).

Después del alza del precio del petróleo en 1973, la mayoría de los países en vías de desarrollo, importadores del crudo, tuvieron grandes déficit por cuenta corriente. Sin embargo, en vista de la experiencia favorable de los bancos con sus préstamos a los países en vías de desarrollo orientados al exterior y en rápido crecimiento, no es sorprendente que muchos de estos últimos pudieran financiar sus déficit de cuenta corriente por medio de los bancos privados.

Por otro lado, la inflación mundial acaecida en el período 1976-1979, con su carácter imprevisto, oscureció la gravedad del problema. La mayoría de los préstamos se concedían a tasas de interés fijas, de forma que la tasa de interés real —esto es, la tasa de interés nominal menos la tasa de inflación— era negativa. Junto a ello, los ingresos nominales por exportación de los países en desarrollo crecían según índices anuales promedio superiores al 16 %, mientras que el valor real de la deuda pendiente disminuía a causa de la inflación. El resultado fue que, a pesar de la cuantiosa deuda neta, el valor real de la deuda pendiente en 1977 fue inferior al de 1972.

Esto explica que a lo largo de la década de los años 70 los países en vías de desarrollo importadores de petróleo recibieran grandes sumas por concepto de empréstitos. Muchos lo hicieron, además, para poder proseguir con políticas que no habrían sido capaces de mantener en vigor si las tasas de interés real hubieran sido positivas.

2. La segunda crisis de la energía: el despertar del problema

La respuesta inicial al segundo incremento del precio del petróleo (1979-1980) fue similar a la de 1973-1974. En el primer año la inflación mundial se intensificó, la cuenta corriente de los países importadores de petróleo se tornó marcadamente negativa (o más negativa) y la recesión se impuso. Sin embargo, la similitud terminó ahí. En primer lugar, cuando sobrevino el primer aumento del precio del petróleo, la mayoría de los países tenían posiciones sostenibles de cuenta corriente y niveles moderados de endeudamiento, pero esto no fue así cuando se produjo el segundo aumento. Además, la actividad económica de los países industriales no se reavivó. Por otro lado, los países desarrollados, en lugar de adoptar políticas keynesianas tradicionales, implantaron políticas antiinflacionarias. Estas políticas originaron los siguientes efectos: una recesión prolongada, una reducción del crecimiento del comercio mundial, un descenso de los precios de las materias primas y un aumento de las tasas de interés, tanto nominales como reales.

El resultado fue que los déficit de cuenta corriente de los países en vías de desarrollo aumentaron bruscamente, pasando de suponer el 2,2 % del PNB en 1978 a más del 5 % en 1981 y 1982. El tipo de interés real había aumentado de entre un 3 y un 6 % negativo a finales de los setenta a una cifra de entre un 16 y un 20 % positivo en 1982. Esto explica que, del total de la deuda corriente de los países en desarrollo en 1982, el 58 % correspondiera al pago de intereses. Esos pagos fueron una causa importante de los nuevos endeudamientos, precisamente en un momento en que las elevadas tasas de interés real significaban que esa deuda resultaba ya excesiva y que debía reducirse. A falta de flujos importantes de capital, el medio para tratar de seguir pagando los intereses de la deuda consistió en acumular grandes superávit comerciales. Estos últimos se consiguieron mediante severas medidas de austeridad, lo que condujo a la recesión económica interna de los deudores.

Nota complementaria 27.9

LA SITUACION DE LA DEUDA EXTERNA EN LOS PAISES EN VIAS DE DESARROLLO

La balanza de pagos de los países en vías de desarrollo refleja la paradoja de estas economías, donde la balanza comercial arroja unos excedentes crecientes y, sin embargo, la balanza de pagos es deficitaria como consecuencia de los pagos al exterior. En 1989 el excedente comercial se estimó en unos 30.000 millones de dólares, mientras que los pagos de servicios de la deuda rondaron los 40.000 millones.

A pesar del ingente esfuerzo de muchos de estos países por ajustar sus economías, el servicio de la deuda exterior es de tal envergadura que absorbe todos los recursos generados. Todo esto no quiere decir que los sacrificios actuales sean compartidos por igual por todos los países. De hecho sólo cuatro de ellos se encuentran al corriente de sus pagos exteriores, lo cual constituye el requisito previo para la obtención de créditos con carácter voluntario.

El problema actual consiste en recuperar la solvencia y la credibilidad, perdida en la mayoría de los casos, sin provocar estallidos sociales. Todo parece indicar que la clave se encuentra más en la estructura social que en la política económica.

CRECIMIENTO DE LA DEUDA
(En miles de millones de dólares)

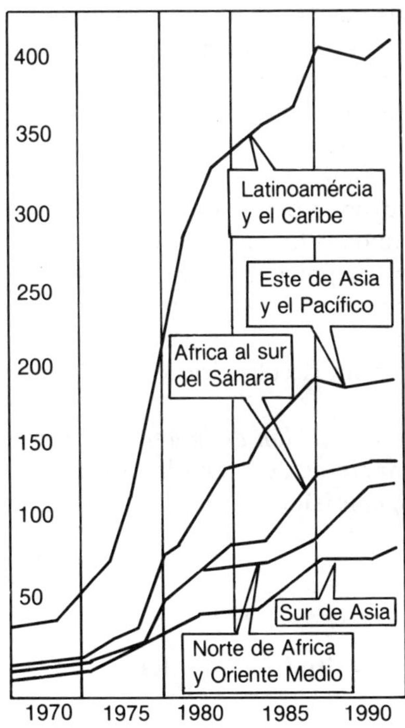

FUENTE: *World Bank.*

3. Respuestas iniciales a la crisis de la deuda

A pesar de algunos logros iniciales en 1982-1983, muchos países en desarrollo se vieron en la imposibilidad de seguir cumpliendo con el servicio de la deuda (Figura 27.A.1). Para intentar afrontar el problema, el primer paso consistió en detener el crecimiento de la deuda; para ello se acudió, a corto plazo, a la imposición de trabas a las importaciones. Una estrategia adecuada habría consistido, a largo plazo, en ofrecer más incentivos para la producción de bienes exportables. Sin embargo, los regímenes comerciales de la mayoría de los países en desarrollo estaban distorsionados en favor de la producción encaminada a competir con las importaciones y había relativamente poco margen de acción para una eficiente sustitución de esta tendencia.

En cualquier caso, debe señalarse que la lucha contra el problema topó con una serie de dificultades, de entre las cuales cabe destacar las siguientes:

1. A pesar de las reformas emprendidas y de los cambios en la cuenta corriente de algunos países en vías de desarrollo, los pagos derivados del servicio de la deuda eran muy importantes.
2. Con muy pocas excepciones notables, las tasas de crecimiento de las naciones endeudadas fueron muy bajas.
3. Las exportaciones de los países en desarrollo experimentaron un lento crecimiento.
4. Las presiones proteccionistas contra las exportaciones de países en desarrollo se acrecentaron.
5. Ni siquiera los países cuyas exportaciones crecieron rápidamente y cuyas reformas políticas parecieron adecuadas consiguieron atraer flujos voluntarios de capital: los flujos netos siguieron decreciendo y una porción sustancial de los nuevos préstamos obtenidos correspondieron a actividades de renegociación y no a la reanudación de dichos flujos voluntarios. En buena medida, estos factores formaron un círculo vicioso del que resulta muy difícil salir.

• La *renegociación de la deuda* consiste en la revisión de las condiciones financieras de la deuda exterior de un país (tipos de interés, vencimiento, comisiones) cuando éste no puede cumplirlas.

4. La magnitud del problema

Ante las condiciones citadas, la crisis de la deuda se tradujo en la necesidad de un drástico ajuste. En las presentes circunstancias los países no podían conseguir nuevos préstamos para pagar los intereses. Era necesario dar un giro radical a la cuenta corriente, disminuyendo las exportaciones y aumentando las importaciones, lo que implicaba reducir significativamente el nivel de vida.

La gravedad del problema se puede evaluar en términos de lo señalado al analizar la financiación de los déficit por cuenta corriente [Capítulo 25, ecuaciones (2) a (5)].

Con objeto de facilitar la exposición vamos a dividir el déficit por cuenta corriente en dos componentes: uno es el total de pagos de intereses que se deben al resto del mundo y el otro los pagos netos de divisas

Nota complementaria 27.10

EL CRECIMIENTO EN LOS PAISES LATINOAMERICANOS

Durante el último quinquenio, las economías de América Latina han sufrido los efectos de males ya endémicos: una inflación galopante, permanente devaluación de sus monedas, una creciente deuda externa y altos tipos de interés. El espectro reseñado desemboca en un poder adquisitivo decreciente de la población, endeudamiento del Estado —que no puede satisfacer necesidades elementales— y falta de recursos para inversión productiva.

Los Estados nacionales destinan los recursos ingresados por cada país vía exportaciones al pago de la deuda externa; en la mayoría de los casos las balanzas comerciales son positivas, es decir, los países venden más de lo que compran, pero se quedan sin recursos para pagar gastos y sueldos de las Administraciones. Para paliar esta situación desarrollan la deuda interna. Para atraer a los ahorradores a esta forma de inversión improductiva deben incrementar los tipos de interés por encima de la inflación, espoleando los propios Gobiernos la aceleración inflacionista.

La situación actual es, por tanto, sumamente difícil para América Latina, como lo demuestran las cifras de las principales macromagnitudes recogidas en el cuadro adjunto. La década de los noventa se les presenta a los países latinoamericanos como un gran reto.

Países	PIB (1989) (Millones de dólares)	PIB (Crecimiento 1989) %	Inflación (1989) %	Deuda externa (1988) (Millones de dólares)
Venezuela	45.700	− 8,1	81,0	34,982
Colombia	43.500	3,0	26,1	17.459
Ecuador	14.100	1,1	54,3	10.652
Perú	20.188	− 20,0	2.775,0	18.227
Brasil	285.200	3,0	1.764,0	116.538
Bolivia	5.730	2,0	16,5	5.457
Paraguay	8.175	6,0	28,0	2.447
Uruguay	8.693	0,6	89,1	4.040
Argentina	65.100	− 10,0	4.923,0	55.430
Chile	34.800	8,5	21,4	19.412

Las cifras de la deuda externa son del Banco Mundial. El resto, de *Latin American Economic Report.*

derivados de todas las demás transacciones, y que denominamos déficit no financiero:

$$\textbf{Déficit por cuenta corriente} = \textbf{Déficit no financiero} + \textbf{Pagos de intereses}$$

Pensemos ahora en la situación de un país que tenía acumulada una deuda externa importante, financiada en parte con préstamos del exterior y que, de repente, por las razones antes apuntadas, no puede recurrir a la financiación externa, en forma de préstamos, inversión directa ni ayuda de las agencias internacionales. Dado que la deuda por pagos de intereses no varía y que no hay ninguna entrada de capitales para pagar el déficit por cuenta corriente, el país se ve en un serio problema. Ante la apremiante necesidad de pagar los intereses resulta necesario que el déficit no financiero se convierta en un superávit no financiero. Para ello los países deudores tienen que aplicar medidas restrictivas y devaluar su moneda intentando mejorar su competitividad y, de esta forma, reducir las importaciones y aumentar las exportaciones. Esta situación, sin embargo, crea una dinámica difícilmente sostenible a medio plazo.

5. Algunas condiciones previas para la solución del problema de la deuda

Entre los requisitos previos para afrontar el problema de la deuda merece destacarse que los mercados de los países desarrollados se mantengan abiertos a las exportaciones de los países en vías de desarrollo. Asimismo, es necesario que los países en vías de desarrollo incrementen sus ganancias por exportación a un ritmo que les permita reducir paulatinamente el del servicio de su deuda a través del tiempo. Para obtener las divisas que éste requiere, es preciso reorientar los incentivos hacia la producción de bienes comerciales; en la mayoría de los casos esto se refiere principalmente a productos exportables.

A fin de que los gobiernos recauden los recursos apropiados para el servicio de la deuda, casi siempre habrá que elevar los impuestos o reducir los gastos, política que resulta difícil de mantener. Además, cuando las obligaciones del servicio de la deuda son cuantiosas, es probable que el aumento de los recursos públicos para dicho servicio provoque tal disminución de los incentivos y recursos disponibles para el sector privado que ya no sea posible conseguir la respuesta de inversión necesaria. En esas circunstancias, no cabe esperar que la inversión baste para incrementar suficientemente la oferta de bienes de exportación para que haya crecimiento. Es muy posible que los países que han realizado las reformas necesarias queden atrapados en una trampa de bajo crecimiento y alto servicio de la deuda. Al mismo tiempo, a causa de la alta tasa de servicio de la deuda y de la lentitud del crecimiento, el financiamiento externo para esas nuevas actividades lucrativas será difícil de obtener. Entonces, las exportaciones no pueden crecer por falta de expansión de la capacidad y la tasa de servicio de la deuda permanece alta, lo que a su vez dificulta la concesión de nuevos créditos.

Si se presentara esta trampa del endeudamiento, la única posibilidad de salida sería un aumento en el flujo oficial de capital proveniente de las agencias internacionales, como el Banco Mundial o el FMI, y también de determinados países desarrollados.

6. El Plan Brady

En marzo de 1989, el entonces secretario del Tesoro de Estados Unidos, Nicholas Brady, anunció una estrategia para tratar el problema de la deuda externa, bautizada como el Plan Brady.

Los aspectos salientes de dicho Plan eran:

1. La asignación de recursos públicos, sobre todo a través del FMI y Banco Mundial, para apoyar las operaciones de reducción de la deuda contraída con la banca privada internacional.
2. La propuesta a los países acreedores de modificar sus normas bancarias e impositivas de modo de facilitar las operaciones de reducción de deuda.
3. Diversos mecanismos para reducir el monto de la deuda, ya sea a través de su recompra en efectivo con descuento, su conversión en deuda nueva a más largo plazo y con tasa de interés fija o con tasa flotante y con descuento en el monto del principal.

El ingreso al Plan Brady quedaba condicionado a la adopción previa de programas de ajuste que hubieran demostrado ser coherentes y exitosos.

Los primeros beneficiarios fueron México, Filipinas y Costa Rica.

7. El Plan Brady y Argentina

A comienzos de 1992 —al cumplir un año de vigencia el Plan de Convertibilidad— Argentina ingresó en el Plan Brady.

La deuda renegociada con los bancos acreedores totalizaba 30.800 millones de dólares incluyendo un total de 7.800 millones en concepto de atrasos (pagos que se dejaron de hacer a partir de 1988).

La renegociación permitió obtener una quita promedio del 35 % sobre el principal. La deuda existente fue reemplazada por deuda nueva, teniendo los bancos acreedores dos opciones entre las cuales elegir, a saber:

— Bonos a la par (sin quita) con una tasa preestablecida anual que arranca con el 4 % y llega al 6 % a partir del séptimo año.

Cuadro 27.A.1. La deuda argentina
(En millones de dólares)

ITEM	1992	1993	1994	1995	1996	1997	1998	1999	2000
Deuda inicial	75.048	67.599	65.510	66.022	66.023	65.560	64.579	63.282	61.647
+ Deuda nueva	6.265	3.665	3.393	2.817	2.438	4.588	4.748	5.245	4.487
• FMI/BM/ BID/Eximbank	4.556	1.895	1.758	1.022	803	634	708	752	805
• Otros préstamos *	558	1.035	879	958	739	3.954	4.040	4.493	3.682
• Intereses BOCON	787	735	756	837	896	0	0	0	0
• Atrasos	364	0	0	0	0	0	0	0	0
– Disminuciones de deuda	13.714	5.754	2.881	2.816	2.901	5.569	6.045	6.880	6.434
• Amortizaciones	5.159	3.439	2.881	2.816	2.901	5.569	6.045	6.880	6.434
• Privatizaciones	6.000	2.315	0	0	0	0	0	0	0
• Bono Brady (descuento)	2.555	0	0	0	0	0	0	0	0
Deuda final	**67.599**	**65.510**	**66.022**	**66.023**	**65.560**	**64.579**	**63.282**	**61.647**	**59.700**

* No incluye la emisión de US$ 1.000 millones en Bonex 1992.

FUENTE: *Clarín,* 24 de septiembre de 1992.

— Bonos con descuento del 35 % con una tasa LIBO más 0,81 % anual. En ambos casos los bonos tenían un plazo de 30 años, cancelables totalmente con un solo pago.

En cuanto a los atrasos, Argentina abonó 400 millones de dólares en efectivo, aportó otros 300 millones para comprar bonos cupón cero del Tesoro de Estados Unidos —utilizados para garantizar el bono emitido por Argentina— y por el saldo entregó un bono extraordinario a 12 años de plazo, con amortización en 19 cuotas semestrales y tasa LIBO más 13/16 %.

Las proyecciones del total de la deuda pública argentina hasta fines del presente siglo (incluyendo la deuda denominada en pesos) son las que se detallan en el cuadro adjunto.

PARTE X

Sistemas alternativos y pensamiento económico

CAPITULO 28

Sistemas económicos alternativos

INTRODUCCION

Este capítulo se ocupa del estudio del sistema de planificación centralizada y se presenta como la antítesis del de economía de mercado. En este sistema las decisiones no se toman de forma independiente por parte de los agentes, sino de forma centralizada en la agencia de planificación. Además, la propiedad de los factores de producción no es privada, sino que corresponde al Estado. La agencia de planificación asigna la producción a las diferentes fábricas y les facilita los factores de producción que necesitan.

La fuente de ineficiencias que implica esta forma de asignar los recursos es lo que justifica la aparición de la «perestroika», con todo lo que ello ha implicado como transformación radical del sistema económico y político en los países del Este.

1. CRITICAS A LA ECONOMIA DE MERCADO: EL ORIGEN DEL SISTEMA DE PLANIFICACION CENTRALIZADA

Las virtudes del sistema de economía de mercado

El sistema de economía de mercado presenta en su funcionamiento ventajas e inconvenientes que conviene revisar antes de iniciar el estudio del sistema de economía centralizada. El sistema de economía de mercado funciona con un alto grado de eficiencia y de libertad económica. Los agentes económicos, tanto las empresas como los individuos, actúan guiados por su propio interés y de forma libre. El sistema de precios estimula a los productores a fabricar los bienes que el público desea. Los movimientos de los precios actúan como señales que inducen a los productores a comportarse de una forma correcta, a la vez que tratan de alcanzar su propio interés. Asimismo, el mercado motiva a los individuos a utilizar cuidadosamente los recursos y bienes escasos, pues los precios actúan racionando las escasas cantidades disponibles. El papel de los beneficios como guía de la economía de mercado es fundamental, pues provee las recompensas y penaliza el comportamiento de los empresarios ineficientes. Los beneficios atraen a las empresas a aquellas actividades en las que los consumidores demandan más bienes y en las que lógicamente hay mayores oportunidades de beneficios.

• El *sistema de economía de mercado* o sistema capitalista se caracteriza porque los medios de producción son de propiedad privada. Las decisiones sobre qué producir, cómo producir y para quién producir las toma el mercado.

Debe recordarse que, tal como se indicó en los Capítulos 4 y 17, en el sistema de economía de mercado el Estado desempeña un importante papel en la respuesta a las tres preguntas clave que todo sistema económico debe responder: ¿*qué* producir?, ¿*cómo* producir?, y ¿*para quién* producir? Como veremos en el Apartado 4 de este capítulo, en el mundo real nos encontramos con economías *mixtas* en las que el Estado colabora con la iniciativa privada en la resolución de los problemas de la sociedad. El *sistema de libre mercado,* en el que el Estado no interviene en la asignación de recursos, y el de una *economía totalmente planificada,* o economía autoritaria, aparecen como los dos extremos de la tipología de sistemas económicos. Las economías que se observan en la vida real se sitúan en posiciones intermedias (Esquema 28.1).

Las críticas al sistema de economía de mercado

El sistema de economía de mercado presenta, sin embargo, ciertas limitaciones. Así, se le ha criticado, entre otras cosas, porque no distribuye la renta de forma equitativa. En dicho sistema, el *para quién* dependerá de la distribución de la propiedad y de las capacidades adquiridas o heredadas. En el sistema de economía de mercado la ausencia de una distribución equitativa se debe en parte a las rentas que reciben los propietarios privados del capital físico (los capitalistas). Los críticos del sistema de economía de mercado señalan, además, que el poder económico y político de los capitalistas limita los intentos del sector público por alcanzar una sociedad más igualitaria y justa.

Pero no sólo se han criticado las implicaciones sobre la distribución de la renta, sino también aspectos relacionados con la formación de los precios y, en general, con el funcionamiento del mercado. Se argumenta que, en ocasiones, éste falla en su intento de alcanzar la eficiencia económica. (Véase el Capítulo 12, dedicado al estudio de las fallas del mercado.)

Otro tipo de críticas al sistema de economía de mercado se refiere a que las necesidades de los consumidores se pueden manipular y crear artificialmente mediante la publicidad (véase Capítulo 10). En este caso, no tiene lugar la soberanía del consumidor (en el sentido de que con sus «votos» monetarios en el mercado es quien impone sus condiciones), sino que éste se convierte en una marioneta manipulada por las campañas de publicidad de los productores, pasando a ser éstos los soberanos.

Por último, las críticas del mercado señalan que un sistema no regulado por una autoridad

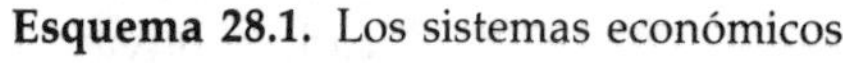
Esquema 28.1. Los sistemas económicos

Sistemas económicos
- Economía de libre mercado
- Economías mixtas
- Planificación centralizada
  - Planificación totalmente centralizada o economías autoritarias
  - Socialismo de mercado

Nota complementaria 28.1

CAPITALISMO COMUNISTA (*)

En las DCEO (democracias capitalistas de Europa Occidental) se une la microplanificación técnica con la macroanarquía económico-política, mientras que la macroplanificación realsocialista es incapaz de controlar la microanarquía técnica. Las consecuencias son: aquí, problemas sociales de gobierno pendientes de solución; allí, retrasos de producción con onerosas cargas.

En las DCEO se puede decir lo que se quiere, pero nadie escucha con atención. En el SR (socialismo real) no se puede decir lo que se quiere, pero esta circunstancia ha agudizado particularmente el oído de la gente.

En las DCEO se forman las colas ante las oficinas de trabajo; en el SR, ante las carnicerías. Aquí hay un ejército-reserva de obreros que esperan trabajo (así como un ejército-reserva de artículos que esperan comprador); allí los gerentes esperan a los empleados, y éstos, a las mercancías.

El resultado de esta formación de colas de espera en ambos sistemas es que los pocos países que no conocen la pobreza como fenómeno de masas son en su totalidad países capitalistas y, al mismo tiempo, que el capitalismo es incapaz de acercarse económica y políticamente, pese a su gran desarrollo tecnológico, a una posible superación de la pobreza a escala mundial.

El principio de la organización del capitalismo se basa en que los hechos económicos son independientes de las necesidades y de la aprobación pública de los ciudadanos; sin embargo, esta aprobación es muy frecuente. Por el contrario, las sociedades del SR, si quieren funcionar medianamente, han de estar en dependencia del hombre socialista, que trabaja consciente y activamente por el provecho común. Precisamente a este hombre y a su participación activa en el proceso social de producción las sociedades del SR no sólo no lo han desarrollado, sino que lo han abatido.

En las sociedades de las DCEO no hay un fin social, pero existe un cambio dinámico; en las sociedades del SR existe el fin oficial de desarrollo del comunismo, pero en realidad lo que hay es estancamiento, no habiendo en todo caso ningún movimiento en dirección a ese fin. El SR, podría afirmarse hoy, como opinión general sobre el sistema, no es un medio apropiado de transporte para acercarse a los fines comunistas. Sencillamente, la idea de querer realizar con los medios institucionales del SR los fines emancipatorios del comunismo no es (ya) de ningún modo una idea prometedora.

Este descubrimiento no dice nada contra los fines comunistas en sí mismos, ni tampoco contra la conveniencia y posibilidad de caminos no realsocialistas hacia ese fin.

Los protagonistas políticos de las sociedades de las DCEO sentirán además la ausencia del rival desaparecido, contra el que tan fácil era mostrarse superior. Estas sociedades tienen que dar prueba ahora de que son sociedades buenas, no simplemente mejores. La agonía del SR sólo puede conducir a que la actual competencia de los sistemas sea sustituida por una competencia dentro de cada una de las sociedades de las DCEO, una lucha por encontrar halagüeños caminos capitalistas hacia una meta más comunista.

(*) La presente nota se ha elaborado a partir de un artículo del profesor Claus Offe, de la Facultad de Ciencias Políticas y Sociología de Bremen (República Federal de Alemania), publicado en *El País*, 4 de abril de 1990. En él se analizan las debilidades prácticas de las sociedades capitalistas y socialistas.

que planifique quedará en manos de la iniciativa de las empresas privadas y tenderá a ser muy inestable. Las crisis y las recesiones económicas del sistema capitalista han sido un serio problema a lo largo de la historia, siendo los costos sociales ligados a ellas de gran envergadura (véase Capítulo 23).

De los problemas relacionados con el funcionamiento del sistema de economía de mercado, quizá los señalados en primer lugar, esto es, los relacionados con la distribución de la renta y la desatención a los más necesitados, son los que tienen una mayor relevancia y también los que con más fuerza han aducido sus críticos para defender la conveniencia de acudir a un sistema económico alternativo. Sin embargo, como veremos en los apartados siguientes, la limitada eficiencia económica de estos sistemas alternativos se presenta como un serio problema, y explica el profundo proceso de revolución económica (*perestroika*) y de acercamiento al mercado que los países comunistas en fechas recientes han iniciado.

La crítica marxista al sistema de economía de mercado

El soporte ideológico del sistema de economía planificada descansa en la obra de K. Marx (1818-1883). Como estudiaremos en el Capítulo siguiente, Marx concebía la historia como la historia de la lucha de clases, y el capitalismo como la lucha entre la burguesía, esto es, los profesionales y los capitalistas, y los trabajadores. Las previsiones de Marx sobre el futuro del capitalismo eran muy lúgubres. Marx creía que el capitalismo se destruiría a sí mismo. Según Marx, la acumulación de capital y el empleo de técnicas ahorradoras de trabajo originarían desempleo y reducirían los salarios, los capitalistas se encontrarían con que los beneficios también disminuirían al saturarse los mercados, debido a que la acumulación de capital haría que aumentase la producción y descendieran los precios.

Asimismo, Marx defendía que el desarrollo capitalista era cíclico, de forma que sistemáticamente surgirían depresiones que serían inevitables y que conllevarían unos costos sociales muy elevados.

Otra crítica que Marx formulaba al sistema de economía de mercado, y que también se analizará en el Capítulo 29, es que, en su opinión, los beneficios que obtienen los capitalistas son el resultado de la explotación de los trabajadores y no una retribución por su innovación y por el alquiler del capital (equipo y maquinaria) que poseen. Según Marx, el equipo y las maquinarias también deben su existencia al trabajo necesario para fabricarlos, de forma que el valor de los bienes se deriva íntegramente de la cantidad de trabajo necesaria para producirlos. En esencia, ésta es la teoría marxista del valor del trabajo, que también ha condicionado el desenvolvimiento del sistema de planificación centralizada, ya que al limitar la retribución del capital no se ha propiciado la sustitución de mano de obra por capital, frenándose la introducción de mejoras tecnológicas.

2. EL SISTEMA DE PLANIFICACION CENTRALIZADA

El sistema de planificación centralizada parte de una crítica a los mecanismos de la economía de mercado. Se argumenta que el funcionamiento de esta economía conlleva la existencia de desempleo y la frecuente aparición de crisis que implican graves despilfarros de recursos. La planificación centralizada pretende evitar estos males.

- **En las *economías planificadas centralmente,* o socialistas, los medios de producción son propiedad estatal y las decisiones clave le corresponden a la agencia de planificación o poder central.**

Para poder planificar totalmente una economía hay que cambiar el sistema de propiedad de los medios de producción. Esto supuso, en la práctica, procesos de nacionalización, si bien dichos procesos fueron muy distintos en los diversos países. Esta circunstancia se explica porque dentro de lo que se denomina economías planificadas no existe un bloque homogéneo, sino que se encuentran países muy diferentes que funcionan con unos grados de centralización notablemente diferenciados. En el desarrollo que se presenta en este capítulo distinguimos entre economías totalmente centralizadas o autoritarias, que analizamos en este apartado, y el socialismo de mercado, que se estudia en el apartado siguiente (Esquema 28.1). En cualquier caso, un rasgo común a todas las economías planificadas ha sido la acumulación del poder económico en manos del Estado, que es quien rige, en definitiva, el funcionamiento de la economía.

¿Cómo funciona la planificación centralizada?

El análisis del funcionamiento del sistema de planificación centralizada vamos a centrarlo en los tres puntos siguientes:

- El papel del poder central.
- El funcionamiento de las empresas.
- El crecimiento de la burocracia.

■ El papel del poder central

El poder central, o agencia de planificación, distribuye no sólo las tareas del plan, sino también los medios de producción, tanto materiales como financieros. El centro de planificación establece las directrices para el funcionamiento de las empresas, y éstas no pueden, de hecho, ni elegir las técnicas de producción. El centro de planificación decide *qué* se debe producir y especifica *cómo* se llevará a cabo la producción. En otras palabras, el centro de planificación decide en qué punto de la frontera de posibilidades de la producción se sitúa la economía (Figura 28.1). Lo que debe destacarse es que el poder central reparte los medios de producción no por criterios económicos o de rentabilidad, sino en función de los objetivos del plan.

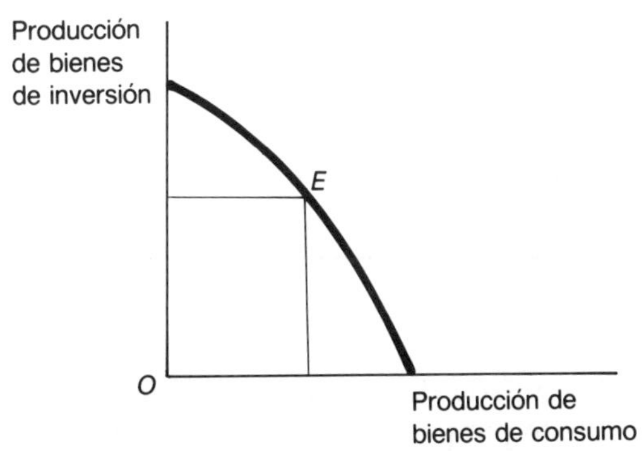

Figura 28.1. La planificación central.

La curva de posibilidades de producción ilustra la alternativa que se le plantea al planificador. Este debe elegir en qué punto de la curva se sitúa la economía, es decir, qué combinación de bienes de consumo y de bienes de inversión es la elegida. También debe decidir cómo se emplean los recursos y cómo deben distribuirse los bienes de consumo entre la colectividad.

El centro de planificación determina cómo asignar la producción a las diferentes fábricas y procura que cada fábrica tenga los factores de producción que necesita para poder obtener la cantidad que se le exige. Las dificultades del poder central se simplifican porque el problema no tiene que resolverse diariamente. El punto de partida es una economía que está funcionando y que es capaz de producir determinados bienes con una asignación concreta de capital y trabajo. Los planificadores pueden partir de la situación existente y decidir en qué sentido desean alterarla, incrementando la cantidad a producir de bienes de consumo o de bienes de capital. En cualquier caso, el plan no tiene que realizarse de una vez por todas, sino que puede procederse iterativamente, de forma que los planificadores envían un conjunto de planes a las fábricas y a continuación los modifican según las respuestas.

Este sistema de prueba y error permite que los directivos de las plantas expresen críticas a las propuestas iniciales y que el planificador ajuste el plan. También es posible hacer correcciones una vez comenzado el plan. Así, en el caso de que la cantidad producida de bienes de consumo sea insuficiente, puede que se desplace más trabajo de las fábricas de bienes de equipo hacia las plantas que producen bienes de consumo. No obstante, para llevar a cabo este tipo de planes de forma eficiente se precisa una amplia descentralización.

En la práctica, el sistema esbozado presenta serios problemas. Así, dadas las restricciones

Nota complementaria 28.2

¿CUANDO ALCANZARA EUROPA ORIENTAL A EUROPA OCCIDENTAL? (*)

La magnitud del capital que se requiere para lograr tasas específicas de crecimiento económico en los países en desarrollo se ha calculado desde hace tiempo utilizando el método de las «necesidades de financiamiento». Las aplicaciones directas de este enfoque a las economías de Europa Oriental dan por resultado estimaciones demasiado cuantiosas para ser viables de las inversiones que se requieren, incluso según las normas anteriores del sistema de planificación centralizada, en que las tasas de inversión tendían a exceder las típicas observadas en las economías de mercado.

Por ejemplo, si se considera el caso de una economía de Europa Oriental con un nivel inicial del PNB real per cápita equivalente al 40 % de los niveles de Europa Occidental, y se supone que la meta es llegar al mismo nivel de esa región en un plazo de 15 años, y si en el ínterin el PNB per cápita crece a razón del 1 % al año en Europa Occidental, el país tendría que registrar una tasa anual media de crecimiento per cápita de 7,5 % durante este período. Si el crecimiento anual de la población es de 1 % y la tasa de depreciación del capital es de 4 % al año, y se supone una relación incremental capital-producto de 2,5, este proceso de equiparación requeriría tasas anuales medias de inversión de más del 30 % del PNB.

Estas elevadas necesidades de inversión naturalmente suscitan dudas acerca de la capacidad que tienen estas economías para recuperar el terreno perdido. Sin embargo, los cálculos pueden tener varios defectos.

Por consiguiente, el mensaje es mixto. Por una parte, las perspectivas de crecimiento económico en Europa Oriental son más favorables de lo que sugerían los simples cálculos de las «necesidades de financiamiento», básicamente porque es probable que los niveles de inversión que se requieren para lograr tasas vigorosas de crecimiento per cápita no sean tan elevados como se supone corrientemente. Esto obedece a que las inversiones en bienes de capital probablemente pagarán cuantiosos dividendos sociales debido, en rigor, a la presencia de factores complementarios de producción. Por otra parte, el logro de niveles incluso moderados de inversión y ahorro internos planteará un desafío importante de políticas, a saber, cómo avanzar en forma rápida y decidida en el proceso de reforma estructural, y al mismo tiempo proteger la confianza en el nuevo sistema económico y resguardar su estabilidad.

* La presente nota es un extracto del artículo que con igual título publicaron Eduardo Borensztein y Peter Montiel en *Finanzas y Desarrollo*, vol. 29, n.º 3, septiembre de 1992.

sobre la producción que impone el poder central, los gerentes de las empresas incurren en comportamientos que globalmente considerados generan ineficiencias. Por ejemplo, los gerentes saben que cuantos más medios de producción reciban mayor es la posibilidad de realizar los objetivos fijados por el plan. Por ello presionan al centro de planificación para obtener la mayor cantidad posible de recursos, por lo general, muy por encima de sus necesidades.

El resultado de este tipo de comportamientos, tanto por parte del centro de planificación como por los agentes, es que existe un dominio explícito de la política sobre la economía al asignar los recursos.

■ El funcionamiento de las empresas

Las empresas no basan su actuación en el cálculo económico, esto es, en la maximización de los beneficios, o lo que es lo mismo, en la minimización de los costos, sino en la realización del plan concretado en directivas.

Durante los primeros años de funcionamiento de las economías planificadas los objetivos que se señalaban a las empresas eran de cantidad. Posteriormente las directivas pasaron a establecerse en valor. Al determinarse los objetivos a alcanzar en términos de valor, se ha ocasionado un efecto no deseado, pues las empresas están interesadas en producir bienes y servicios con mucho valor; ya que así se cumple el plan. Este comportamiento implica, sin embargo, que las empresas no se ven motivadas a reducir los costos.

Por otro lado, bajo el sistema de planificación central una empresa no puede entrar en quiebra. Todas las empresas son socialmente útiles, aunque algunas sean deficitarias (Esquema 28.2). Cuando una empresa es deficitaria, sus problemas financieros se solucionan mediante transferencias que concede el poder central. En la práctica, dada la inexistencia de incentivos reales para que las empresas reduzcan sus costos, el resultado ha sido un proceso de endeudamiento progresivo. Mientras que la deuda ha tenido un volumen aceptable, el sistema de planificación central ha funcionado pero, conforme ésta ha aumentado, sus ineficiencias se han hecho más palpables y su financiación menos llevadera.

Otro aspecto de la gestión empresarial que es fundamental para explicar la escasa eficiencia es la política de selección de gerentes seguida. La política de cuadros directivos es un instrumento al servicio del poder central. Lo importante es que los directores sean fieles. La calidad de la gestión es secundaria. Además, el mecanismo de transferencias antes esbozado tiende a minimizarla.

■ El crecimiento de la burocracia

El funcionamiento del sistema descrito requiere la existencia de la un enorme aparato administrativo, pues es la única forma de controlar a las empresas. Conforme crece el sistema productivo, el aparato burocrático se va desarrollando a un ritmo progresivo.

El flujo de información entre empresas pasa por un sistema burocrático que necesariamente ha de ser amplio y complicado. Por otra parte, es fundamental controlar e influir sobre las empresas, de forma que el resultado es una burocracia creciente.

3. EL CASO DE LA ECONOMIA SOVIETICA Y EL SOCIALISMO DE MERCADO EN YUGOSLAVIA

Hasta fechas muy recientes el funcionamiento de la economía de la Unión Soviética podía considerarse como el prototipo de una economía planificada totalmente centralizada.

ASPECTOS FUNDAMENTALES DE LA ECONOMIA SOVIETICA

En la URSS, el Estado es propietario de casi todos los medios de producción: las fábricas y

Esquema 28.2. El mecanismo de transferencias

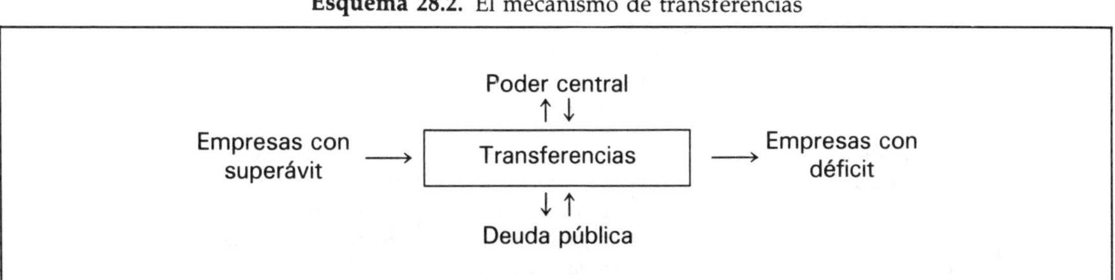

maquinaria industrial, los recursos naturales y los servicios de transporte y bancarios. De hecho, la estructura de la propiedad es básicamente pública, con algunas excepciones (*). Por ejemplo, hay propiedad privada en los comercios al por menor, y más de un tercio de las viviendas urbanas y la mayoría de las rurales pertenecen a sus propietarios. En la agricultura, la propiedad privada va más allá de la observada en la vivienda. Así, cada familia que trabaja en una granja colectiva puede utilizar una pequeña parcela de tierra.

Veamos cómo da respuesta la economía soviética a las tres preguntas fundamentales que se le plantean a todo sistema económico.

■ ¿Qué producir?

Las decisiones importantes acerca de lo que se producirá las toma la agencia de planificación central (*Gosplan*). Esta decide basándose en un plan que especifica la tasa de crecimiento deseada y el nivel de inversión necesario para alcanzarla. Se elaboran objetivos de producción detallados para cada año, para lo que se realizan consultas a las empresas e industrias (Esquema 28.3). Los objetivos últimos los fijan los planificadores, y a los administradores de cada fábrica se les asignan unas cuotas específicas y se les incentiva —mediante bonos y promociones— a alcanzar tales cuotas y a obtener beneficios. Estos beneficios son sólo una pieza de información contable y no cumplen la misma función clave en la asignación de recursos que en un sistema de economía de mercado. Así, los planificadores centrales pueden decidir reducir la producción de un determinado bien que resultaba beneficiosa e incrementar otra que no es rentable, siempre que ello se ajuste a los objetivos del plan.

En general, la producción en la Unión Soviética viene condicionada por dos prioridades básicas, la seguridad nacional y la inversión, tendentes a lograr un rápido crecimiento eco-

(*) A mediados de 1989 el sector estatal representaba el 99 % de la industria y alrededor del 85 % de la producción agrícola y del sector de los servicios. V. I. Kuznetsol, «Mirada al interior de la *Perestroika*». *ICE*, octubre, 1989.

Esquema 28.3. Análisis comparativo del funcionamiento de la economía soviética y una economía regida por el mercado

Preguntas básicas	Economía soviética	Ecomomía de mercado
• ¿Quién detenta la propiedad de los medios de producción?	El Estado, salvo parte del comercio al pormenor y ciertas parcelas agrícolas.	Los individuos, salvo ciertos servicios públicos.
• ¿Quién decide *qué* producir y *cómo* producir?	La agencia de planificación central (el *Gosplan*). Los resultados obtenidos suelen ser bastante ineficientes.	En los mercados se determinan los precios y se decide *qué* producir. Las empresas deciden *cómo* producir.
• ¿Cómo se distribuye la renta?	Los planificadores fijan los salarios y procuran que no existan grandes diferencias de renta.	De forma libre, en función de los precios de los factores y la distribución de la propiedad.

nómico. El consumo siempre ha sido un factor residual, al que se ha asignado la producción que quedaba una vez cubiertas las necesidades de los sectores prioritarios.

En esta asignación de la producción total del país a los diversos usos, los precios y las rentas desempeñan un papel muy pequeño. Los planificadores deciden primero la asignación de la producción total y después utilizan las rentas y los precios para alcanzar sus objetivos.

Los planificadores deciden los niveles y distribución de los bienes de consumo, esto es, determinan las cantidades que se producen de los distintos bienes de consumo y después fijan unos precios para equilibrar la demanda y la oferta. Más concretamente, en los mercados de consumo los planificadores fijan unos impuestos, de forma que los consumidores compren aproximadamente el nivel de producción que se ha ofrecido (Figura 28.2). En la práctica, los impuestos son algo inferiores a los niveles que equilibrarían el mercado, lo que provoca escasez.

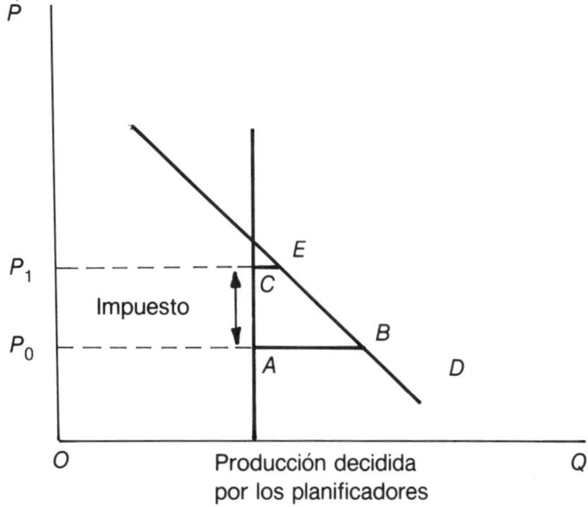

Figura 28.2. Fijación de precios en los mercados de bienes de consumo.

En ausencia de impuestos, los precios se fijarían en función de los costos de producción (lo que vendría representado por P_0), y los consumidores demandarían una cantidad, representada por P_0B, lo que generaría una escasez, *AB*. Para acercar la demanda a la cantidad fija ofrecida se establece un impuesto, *AC*, que eleva el precio hasta el nivel P_1. Generalmente, el precio es inferior al de equilibrio, lo que genera una escasez, representada por *CE*.

■ ¿Cómo producir?

Lo normal es que la Agencia de planificación les anuncie a las fábricas y granjas los objetivos de producción.

Este método presenta serias dificultades, pues resulta muy complejo concretar los objetivos de forma que se eviten los despilfarros. En este sentido, el logro de un conjunto eficiente de incentivos para los gerentes y administradores ha sido, y es, uno de los problemas de la economía soviética. Así, por ejemplo, dado que se le concede una alta prioridad al cumplimiento de los objetivos del plan —en términos de producción y de ventas—, muchas veces los administradores, en prevención de posibles escaseces, acumulan ciertos recursos productivos generando grandes despilfarros. Igualmente, teniendo en cuenta que los objetivos del plan se establecen en términos cuantitativos, hay una cierta tendencia a descuidar la calidad.

■ ¿Para quién?

Dado que las decisiones fundamentales las toman los planificadores, y las prioridades básicas de éstos son el logro de un rápido crecimiento económico y la defensa nacional, la proporción de producción destinada al consumo es considerablemente menor que en las economías occidentales.

Por otro lado, debe señalarse que el consumo no está distribuido por igual. En la Unión Soviética, se permiten diferencias de renta apreciables a fin de incentivar la producción. Asimismo, debe señalarse que, en las primeras fases de la industrialización, los planificadores soviéticos establecieron notables diferencias entre los trabajadores cualificados y los que no lo eran. En los últimos años, debido al aumen-

Nota complementaria 28.3

EL COMPROMISO EN LA TRANSICION DEL ESTE (*)

El reencuentro entre el socialismo y el capitalismo trae un mensaje extremadamente urgente que nos concierne al más alto nivel. Circula una idea fútil, particularmente agradable para las mentalidades que defienden la libre empresa, según la cual bastaría que el mundo socialista descubriese las maravillas del *management*, de la propiedad y de los mercados para la consecución inmediata del bienestar. Pero lo que puede suceder es justamente lo contrario, y todo el mundo debería ser consciente de que la transición será difícil y desagradable, con riesgo de caos.

Nuestra obligación y nuestro interés más urgente es animar al resto de países occidentales y al Japón para que faciliten la transición. Es particularmente necesario que exista un flujo de bienes en los sectores en los que el sistema comunista tiene sus mayores deficiencias. Asimismo, lo que se precisa son préstamos, ayudas directas y aplazamientos de la deuda para que los bienes necesarios puedan estar disponibles.

Hay que sacar una gran lección de todo esto, que no es el choque entre comunismo y capitalismo, sino entre la doctrina comunista y la realidad palpable. Todos estos dirigentes o funcionarios, hoy relegados a la papelera de la historia, se guiaban por una ideología en estado puro, lo que les impedía ver o sentir las fuerzas que se estaban moviendo para derribarlos.

En estas circunstancias el mensaje es que hay que abandonar cualquier camino violento como posible solución y abordar la actual situación como un compromiso político y económico para lograr positivamente la gran transición actual, la más importante que Europa ha conocido desde hace 45 años.

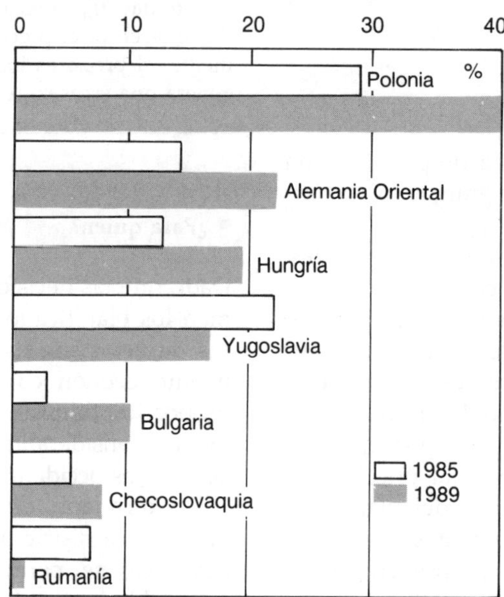

FUENTE: Instituto Internacional de Finanzas.

(*) Esta nota se ha extractado a partir de un artículo de John K. Galbraith publicado el 26 de abril de 1990, por el diario español *Cinco Días*.

to del nivel de cualificación de los trabajadores, la diferenciación de renta por este concepto se ha reducido de forma apreciable.

El problema de la economía soviética no radica en los criterios para repartir la riqueza, sino en la escasa eficiencia que ha demostrado su sistema productivo. Como veremos más adelante, la falta de señales válidas y de incentivos efectivos que guíen el sistema hacia la eficiencia económica ha sido la razón fundamental que ha puesto en marcha el proceso revolucionario de vuelta al mercado que supone la *perestroika*. No debe olvidarse que la *perestroika*, entendida como el proceso de reforma económica radical y de reestructuración puesto en marcha por la URSS, tiene su origen en el estancamiento al que ha llegado la economía soviética, que se ha hecho especialmente patente desde la década de los setenta.

- **La *perestroika* es el proceso de reforma radical y de reestructuración de la sociedad puesto en marcha por las autoridades soviéticas.**

EL SOCIALISMO DE MERCADO EN YUGOSLAVIA

Lo esencial en el socialismo de mercado es que los factores de producción, y en especial el *stock* de capital, no son propiedad de los capitalistas, sino del Estado; pero, sin embargo, el mercado y los precios juegan un papel importante. La agencia planificadora fija unos precios que generan una asignación de recursos. A la vista de los resultados el conjunto de precios inicial puede revisarse hasta que la asignación obtenida se considere idónea.

Una vez fijados los precios, los consumidores tienen libertad para gastar su renta como deseen y las empresas tratarán de maximizar sus excedentes o beneficios. En caso de que los precios no sean correctos aparecerán excesos de oferta en ciertos mercados y excesos de demanda o escasez en otros. En estos casos los precios se alterarán hasta que se produzcan las cantidades deseadas.

Los precios también ayudan a resolver el problema de la planificación, pues ofrecen los incentivos correctos a las empresas. Si el gerente de una fábrica de vestidos debe maximizar el excedente de explotación (la diferencia entre los ingresos y los costos de producción) tratará de producir vestidos rentables y, si aparece un exceso de oferta de unos determinados modelos, no los producirá más. Si se ajustan los precios para que la cantidad ofrecida sea igual a la demanda, la fábrica acabará produciendo el tipo de vestidos que prefieren los consumidores.

En el socialismo de mercado la agencia de planificación orienta la asignación de recursos en el sentido que considere adecuado. Así, por ejemplo, si se desea potenciar la inversión de cara a lograr un fuerte crecimiento futuro y, por tanto, se prefiere que se produzcan relativamente pocos bienes de consumo, se puede recurrir al establecimiento de un impuesto sobre las ventas de bienes de consumo o simplemente gravar las rentas de los consumidores. De cualquiera de estas maneras se reducirá el poder adquisitivo de los consumidores y se incentivará la producción de maquinaria.

En definitiva, en estas economías los precios y mercados desarrollan sólo una labor de apoyo a la tarea de los planificadores, de forma que en la práctica difícilmente se alcanza la eficiencia económica.

El papel del mercado en Yugoslavia (*)

El caso de Yugoslavia puede considerarse como un buen ejemplo de una economía regida por un sistema de socialismo de mercado. Aunque en Yugoslavia la mayor parte del capital es propiedad del Estado, las decisiones sobre qué producir dependen más fuertemente de las señales que lanzan los consumidores a través del mercado que de las decisiones de los planificadores. No obstante, el Estado suele es-

(*) El análisis respecto al modelo yugoslavo está referido al período anterior a la desintegración nacional y la guerra civil.

tablecer o limitar la variación de los precios y en algunos sectores los precios están controlados. Igualmente es el Estado quien determina los sectores prioritarios y a éstos, para que crezcan más rápidamente, les asigna unos fondos de inversión mayores.

En Yugoslavia, junto a las empresas estatales, coexiste un sector privado de pequeña escala en el que se crean empresas por individuos particulares. Pero en el resto de la economía, donde el capital es propiedad pública, surge el problema de quién crea nuevas empresas. Las empresas existentes se desarrollan y abren nuevas sucursales pero, ¿quién crea las nuevas? En los sectores donde no se permite la propiedad privada puede que no se establezcan nuevas compañías en número suficiente. Es cierto que las comunidades locales pueden crear nuevas empresas con cargo a fondos públicos; sin embargo, la comunidad promotora pierde el control de las mismas una vez que quedan establecidas y pasan a manos de los trabajadores, reduciéndose el incentivo para iniciar nuevos proyectos. De esa forma, se frena la innovación y el crecimiento.

La autogestión yugoslava

Aunque el Estado es el propietario de los medios de producción, el funcionamiento de las empresas está en manos de los trabajadores, que eligen a un gerente. El gerente gestiona la empresa vendiendo su producción en mercados más o menos libres buscando maximizar los beneficios, que en caso de obtenerse se repartirán entre los trabajadores. Dado que no todas las empresas están igualmente gestionadas ni las condiciones de mercado son las mismas, la propiedad en manos de los trabajadores puede generar una distribución de la renta que algunos socialistas consideran como no equitativa.

El sistema yugoslavo de autogestión se tuvo como modelo durante un cierto tiempo, en el que esta economía alcanzó unas altas tasas de crecimiento. En la última década, sin embargo, ha disminuido el interés por la autogestión. Esta conlleva una complicación excesiva en el proceso de toma de decisiones que supone una pérdida de eficacia. El hecho de que se requieran discusiones para tomar cualquier decisión le quita agilidad al sistema. La desaceleración del crecimiento yugoslavo se ha producido tras un período de fuerte endeudamiento exterior y Yugoslavia, al igual que el resto de las economías centralizadas, ha iniciado un claro proceso de acercamiento a los sistemas de economía de mercado.

4. EL FRACASO DE LA PLANIFICACION CENTRALIZADA: LA *PERESTROIKA*

Los elementos negativos del sistema de planificación centralizada señalados en los apartados anteriores se han acumulado durante varias décadas. Se empezaron a poner de manifiesto en la década de los setenta y han explotado en la de los ochenta. Así, por ejemplo, la tasa de crecimiento de la producción en términos reales, que en la URSS en la década de los setenta fue 5,3 %, en la década de los ochenta ha sido −2,1 %, siendo especialmente grave la crisis de la agricultura.

Las razones últimas que explican el fracaso de la planificación centralizada son múltiples, si bien éstas se pueden concretar en un punto: no existe ningún mecanismo centralizado que sea capaz de recoger y transmitir más eficientemente que el mercado la información que se requiere para coordinar la actividad económica.

La agencia de planificación se ve forzada a crear estructuras empresariales de carácter monopolístico u oligopolístico con intereses a veces divergentes de los recogidos en el plan, lo que convierte el proceso de asignación de recursos en una lucha de intereses entre la institución planificadora, los ministerios y las empresas. El resultado de este equilibrio de fuerzas es que, junto a las relaciones verticales entre las empresas y la autoridad planificadora aparecen relaciones horizontales entre empresas, y con ellas mercados negros, corrupción, despilfarro e indisciplina financiera. Por otro lado, la ausencia de competencia contribuye a hacer que desaparezcan los incentivos para innovar, mejorar la calidad de los productos o, sencillamente, para producir lo que la sociedad demanda.

Asimismo, el propio sistema de incentivos que impone el poder central, que se limita a castigar los incumplimientos del plan, determina que el sistema de planificación se vea caracterizado por la infraestimación de los objetivos de producción de bienes finales y la sobreestimación de los recursos productivos necesarios para alcanzarlos. El resultado es que las empresas no se ven motivadas a tratar de reducir los costes.

Las economías mixtas como alternativa

En los apartados anteriores se han presentado el sistema de economía de mercado y el de la planificación central como dos modelos antagónicos. Ya se apuntó que en el mundo real lo frecuente no es encontrar modelos puros, sino situaciones intermedias. Las diferencias entre los sistemas vigentes en los distintos países son una muestra de las posibilidades al respecto. Pero no sólo cabe hablar de enfoques diferenciados entre unos países y otros, sino que un mismo país, a lo largo de su historia, y en buena medida como reflejo de los distintos partidos políticos que estén en el gobierno, puede adoptar posiciones más o menos próximas a las que podríamos considerar típicas de un sistema u otro.

Así, en países como Suecia, Francia y Gran Bretaña (antes del gobierno de la señora Thatcher) han sido frecuentes las prácticas socialistas, en el sentido de haber introducido mecanismos de planificación, haber nacionalizado ciertas industrias clave o haberse mostrado especialmente preocupados por la redistribución de la renta y el desarrollo de programas de asistencia médica gratuita y servicios sociales. Por ello, al hablar de estas economías, con frecuencia se emplea el término de economías mixtas.

- **En una *economía mixta* el sector público colabora con la iniciativa privada en la respuesta a las preguntas sobre el *qué*, el *cómo* y el *para quién* del conjunto de la sociedad.**

Así, por dar un ejemplo, en el caso de la economía española se mezclan elementos propios de un sistema de economía de mercado con otros característicos de los sistemas de economía planificada o de socialismo de mercado. El Estado español lleva a cabo diferentes acciones planificadoras —tanto a nivel global, referidas al conjunto de las actividades productivas, como a nivel más selectivo— para coordinar la actuación de ciertos sectores, como el eléctrico y el siderometalúrgico. También, a través de políticas industriales, se hace hincapié en el desarrollo de industrias de alta tecnología. Por otro lado, y en relación con la redistribución de la renta, el Estado español ha desarrollado un amplio sistema de prestaciones de la Seguridad Social y de servicios sociales suministrados colectivamente, que tienden a elevar el nivel de vida de las clases menos privilegiadas y a garantizar un nivel mínimo de calidad de vida.

La corriente neoliberal

Aunque la intervención por parte del Estado en el desarrollo de la actividad económica en países denominados capitalistas es algo evidente, debe señalarse que desde finales de la década de los setenta se ha observado un cierto proceso de vuelta al libre mercado. Tal como señalamos en el Capítulo 24, al estudiar las recomendaciones de los monetaristas y, más específicamente, de los llamados economistas del lado de la oferta, en los últimos años se está asistiendo a una ola de neoliberalismo. Parece, pues, que en el mundo actual, hay una revalorización de la eficiencia económica que el mecanismo de mercado puede aportar.

Nota complementaria 28.4

SUECIA: VIA INTERMEDIA ENTRE EL VIEJO MODELO Y LA NUEVA EUROPA

El modelo sueco, basado en la economía del bienestar, se ha definido como una economía de mercado libre pero comprometida con la justicia social. Se forjó como un Estado del bienestar basado en altos impuestos.

Se convirtió en el país más pródigo y equitativo del mundo, como lo muestra la calidad y la eficacia en los múltiples servicios. Hasta hace unos años, los datos macroeconómicos demostraban también una situación envidiable; como muestra, dos valores: una tasa de desempleo del 1,4 % y superávit presupuestario.

Sin embargo, el estancamiento económico que atraviesa la economía sueca en los dos últimos años amenaza terminar con ese estilo de vida. La inflación salarial se ha situado en el 10 % siendo el doble de la media europea, su índice de crecimiento del 1,5 % es menos de la mitad del comunitario. Además, el crecimiento de los costos amenaza a los sectores orientados hacia la exportación, situación que resulta aún más comprometida ante el proyecto de la Europa Unida. El sector público consume ahora el 61 % del producto nacional bruto a costa de apurar los ingresos fiscales y acaparando la escasa mano de obra de la industria. Los precios al consumo van subiendo, y los mercados a los que la industria exporta el 40 % se están moviendo rápidamente hacia otros países con costos más bajos.

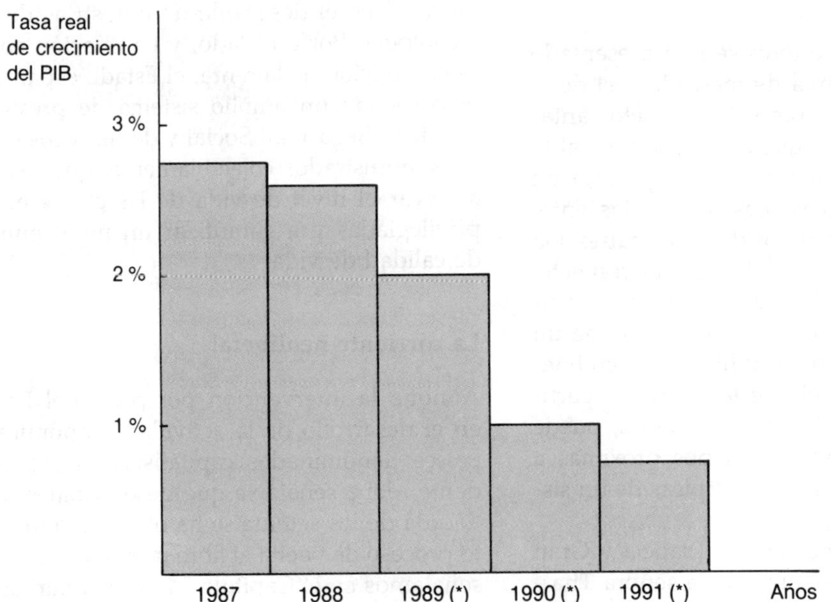

FUENTE: Perspectivas Económicas de la OCDE, 1989.

(*) Estimaciones de la OCDE.

Una consecuencia colateral de este proceso es que la economía se ha hecho más conservadora. Así, posiciones que hace unos años aparecían como extremas, tales como las defendidas por el profesor F. Hayek (véase Capítulo 29), ahora no lo son.

De la convergencia de los sistemas a la *perestroika*

Hasta fechas relativamente recientes se argumentaba que, si en la vida real lo que se observa son unas economías mixtas, en las que funciona el mercado, pero que también utilizan determinados instrumentos propios de la planificación económica, y que algo similar ocurría dentro del bloque de las economías planificadas, se podría hablar de un cierto proceso de convergencia. Esta teoría de la convergencia, en el sentido de que ambos sistemas habían iniciado un cierto proceso de acercamiento, está siendo, sin embargo, cuestionada por la realidad. El proceso de reforma económica radical que se está iniciando en la práctica totalidad de los países del Este pone de manifiesto que el mercado, en lo que supone de vehículo para alcanzar la eficiencia económica, está desplazando a la planificación centralizada.

5. LAS DIFICULTADES DE UN CAMBIO DE SISTEMA

Los primeros en detectar los problemas asociados al funcionamiento de las economías planificadas apuntados en apartados anteriores han sido los propios soviéticos. No debe olvidarse que la *perestroika* comenzó con un acto de voluntad, emprendido por los dirigentes de la Unión Soviética, en el momento en que cambiaban de líder.

En cualquier caso, el paso de un sistema de economía centralizada a otro de economía de mercado plantea serias dificultades, y éstas son aún mayores en el caso de la URSS, debido al tamaño del país y a que la cultura del mercado se ha perdido.

Para analizar las dificultades que se le presentan a una economía centralizada para incorporarse al sistema de economía de mercado vamos a distinguir entre las de carácter económico y aquellas otras que tienen su origen en el sistema político y social.

Dificultades de carácter económico

La vuelta al mercado plantea una serie de cuestiones relacionadas con las reformas económicas necesarias. Por un lado, están las asociadas con el desarrollo de las medidas estructurales tendentes a la creación de los mecanismos e instituciones propios de las economías de mercado. En particular, las acciones a tomar son: la introducción de los derechos de propiedad, la regulación de la libertad de comercio y de establecimiento, la liberalización del sistema de precios, la aparición de un sistema bancario independiente, la creación de un sistema fiscal, la liberalización del sector exterior y la convertibilidad externa de la moneda.

Por otro lado, todo gobierno que lleve a cabo las reformas apuntadas debe garantizar la estabilidad macroeconómica que el funcionamiento de una economía de mercado exige para alcanzar y sostener la prosperidad. Para ello, deberá dotarse de los instrumentos de política económica adecuados y establecer entre los agentes económicos domésticos e internacionales una sólida reputación de ser capaces de resistir la tentación de amortiguar los costos de las reformas con estériles políticas populistas.

Dificultades de carácter político-social

Los analistas de la economía soviética señalan que el motivo fundamental del lento avance de la reforma económica radical, anunciada inicialmente por los defensores de la *perestroika* en 1985 y 1986, se debe a que el sistema de relaciones públicas, económicas, políticas, culturales, sociales, etc., de la URSS no permite separar ninguno de estos aspectos ni limitarse sólo a una reforma parcial. En otras palabras, la *perestroika* de la economía es inconcebible sin una *perestroika* previa y simultánea de todas las restantes esferas de la vida social.

En este sentido se señala que desde los pronunciamientos iniciales hasta ahora ha sido necesario un período de *glasnost,* de conversación abierta y sincera de los soviéticos sobre la situación real de la URSS. Ahora es cuando se está en condiciones de iniciar el camino hacia una reorganización paulatina de toda la sociedad soviética.

Elementos de la nueva situación

La tarea de tratar de cambiar de un sistema de planificación centralizada a otro de economía de mercado es, como se ha señalado, algo complejo, ya que se debe actuar simultáneamente al menos en los tres frentes siguientes:

- *Replanteamiento del sistema de planificación.* Se ha de pasar de una planificación centralizada a una planificación paramétrica. El plan sólo debe determinar las tareas estratégicas básicas, y la planificación operativa debe ser exclusivamente paramétrica, fundamentalmente en términos de política presupuestaria y monetaria.
- *Cambio del sistema de propiedad.* A medio plazo y al margen de que el Estado detente la propiedad de determinados medios de producción, sólo caben dos opciones: un sistema de propiedad privada o un sistema de autogestión. En el primer caso, surge la dificultad de que no hay capitalistas. Nadie podrá comprar los medios de producción y el recurso al capital extranjero, tal como se señala en la Nota complementaria 28.5, sólo ofrece unas posibilidades moderadas. La autogestión podría ser un medio para dirigirse de forma gradual hacia un capitalismo privado. Para ello habría que ofrecer, en venta, parte de las acciones a los trabajadores.
- *Introducción progresiva del mercado.* El objetivo último es que las empresas funcionen según las leyes económicas. Para ello hay que liberalizar dos elementos fundamentales: los precios y los mercados de factores. La liberalización de los precios supondrá una fuerte inflación, pues existe una gran demanda insatisfecha. La liberalización de los mercados de factores, y en especial los de trabajo, plantea también serias dificultades. En el sistema anterior el Estado ofrecía empleo a todos y aseguraba unos mínimos a toda la población. Estas remuneraciones se consideraban como derechos adquiridos que, si bien puede que no fueran lo suficientemente elevados como para estimular el logro de una alta productividad, tampoco resultará fácil dejar de ofrecerlas si se opta por el libre mercado. El desempleo crecerá de forma importante y será un problema nuevo en las economías centralizadas.

Las reformas iniciales

Una vez esbozada la ingente tarea a desarrollar, vamos por último a comentar los pasos que inicialmente se han dado.

Tal como hemos señalado, la *perestroika,* iniciada en la economía soviética, pretende introducir el mercado de forma paulatina en la sociedad. En este sentido, las medidas-objetivo más destacadas se pueden concretar en los puntos siguientes:

1. Política de precios y mecanismos de fijación próximos a la lógica del mercado.
2. Cambios en la gestión y dirección de las empresas tendentes a que éstas se gestionen de forma similar a como lo hacen las de los países occidentales.
3. El progreso tecnológico debe jugar un papel fundamental en el mundo de la producción empresarial y para ello hay que incentivar la introducción de innovaciones.
4. A las empresas se les ha dado libertad para que establezcan transacciones o contratos con potenciales clientes, que pueden abarcar hasta un 75 % de la producción, si bien los

Nota complementaria 28.5

CAUTELA EN LAS INVERSIONES EN LOS PAISES DEL ESTE

Tras la euforia inicial despertada por los cambios experimentados en Europa Oriental se ha entrado en la fase del análisis económico objetivo.

Un estudio realizado por el Instituto Internacional de Finanzas (IIF) ofrece datos desalentadores acerca de macromagnitudes cruciales, tales como el crecimiento de la producción o la deuda externa en los países del Este.

Asimismo, se prevé que el nivel de vida en el Este se podría equiparar al Occidental si se invierte en él entre un 3 y un 7 % del PIB de la Europa Occidental durante al menos 15 años.

Para llevar a cabo estas inversiones se señala que los países del Este tendrán que recurrir más a las empresas occidentales que a la banca, no dispuesta, por ahora, a asumir excesivos riesgos.

La realidad, por tanto, no parece ser tan favorable a la inversión como se creyó a primera vista.

El cuadro adjunto muestra la cuantía, destino y procedencia de los préstamos recibidos por los países del Este, en 1981 y 1988, préstamos que presumiblemente no experimentarán un crecimiento espectacular al menos a corto plazo.

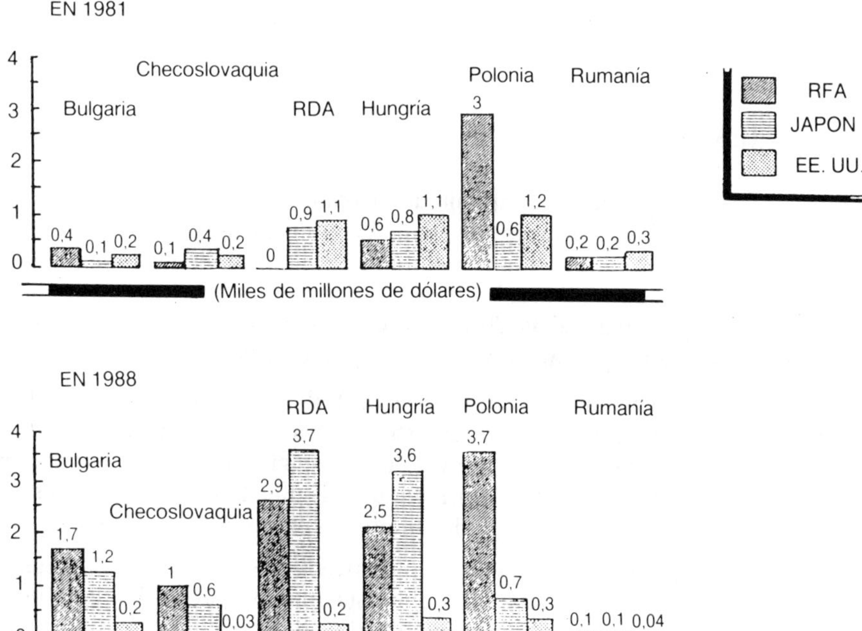

FUENTE: Instituto Internacional de Finanzas.

productos considerados básicos siguen siendo objeto de control centralizado.

5. Se les ha concedido a las empresas autonomía para determinar el tipo de productos a fabricar.

6. Ha aparecido el denominado «beneficio de autogestión».

Como puede comprenderse, esta relación de objetivos está bien como declaración de principios, pero su puesta en práctica exigirá grandes esfuerzos si se tiene en cuenta la situación de partida. Lo que sí podemos afirmar es que las reformas iniciadas en los países del Este presentan como denominador común la incorporación de mayores dosis de mercado y de incentivos. Respecto a la viabilidad del proceso emprendido y a los costos sociales que habrá que soportar, se abren muchas interrogantes. Se sabe en la dirección en que se desea caminar pero se desconocen muchos de los obstáculos que surgirán en el camino. Debe tenerse en cuenta que el cambio de un sistema económico por otro no es una tarea frecuente.

▪ Unas palabras de cautela

A pesar del canto a las excelencias del mercado que supone lo desarrollado en los párrafos anteriores, no debemos olvidar que el funcionamiento de los mercados, tal como al comienzo del capítulo apuntamos, también puede presentar serias limitaciones. Ello justifica que, a pesar de la ola de neoliberalismo que desde fechas recientes se observa en el mundo occidental, se haya acentuado de forma generalizada el intervencionismo en ciertos mercados, y en especial en los financieros. En este sentido, el comportamiento de los bancos centrales de la práctica totalidad de las economías occidentales, a propósito del *crac* de octubre de 1987, es un ejemplo significativo de cómo los principios de libertad de mercado se pueden y se deben olvidar en determinadas ocasiones.

RESUMEN

- El sistema de economía de mercado motiva a los individuos a utilizar cuidadosamente los recursos y bienes escasos, pues los precios actúan racionando los recursos disponibles. No obstante, el sistema de economía de mercado ha sido criticado por varias causas: ausencia de una distribución equitativa, fallas de mercado, inestabilidad inherente al funcionamiento del sistema, lo que origina graves crisis y despilfarros, etcétera.

- El sistema de planificación centralizada representa la antítesis del de economía de mercado. En este sistema las decisiones no se toman de forma independiente por parte de los individuos, sino de forma centralizada en la agencia de planificación. Además, la propiedad de los medios de producción no es privada, sino que corresponde al Estado.

- La tarea de la agencia de planificación se simplifica porque el punto de partida es una economía que está funcionando y los planificadores sólo tienen que decidir en qué sentido desean alterar la situación existente.

- En el sistema de socialismo de mercado, aunque los factores de producción, y en especial el *stock* de capital, no son propiedad de los capitalistas sino del Estado, la iniciativa privada tiene reservadas ciertas parcelas de actuación. Asimismo, los mercados y los precios juegan un papel relevante, junto con la agencia de planificación, en el proceso de asignación de recursos.

• La falta de señales válidas y de incentivos que guíen el sistema de planificación centralizada hacia la eficiencia económica ha sido la razón fundamental que ha puesto en marcha la *perestroika*. Por *perestroika* puede entenderse el proceso de reforma económica radical y de reestructuración puesto en marcha por la URSS y, en general, por los países del Este.

• En el mundo actual, tanto en los países occidentales como en el bloque del Este, hay una revalorización de la confianza en la eficiencia económica que el mecanismo de mercado puede aportar.

CONCEPTOS BASICOS

— **Economía de planificación centralizada.**
— **Crítica marxista.**
— **Economías mixtas.**
— **Socialismo de mercado.**
— **Agencia de planificación.**
— **Autogestión.**
— **Convergencia de los sistemas económicos.**
— ***Perestroika.***

TEMAS DE DISCUSION

1. ¿Qué elementos considera usted criticables del sistema de economía de mercado?

2. Desde su punto de vista, ¿cuál es la mayor virtud del sistema de economía de mercado?

3. ¿Auguraba Marx un final feliz a las economías capitalistas?

4. Desde una perspectiva marxista, ¿los ciclos económicos son evitables?

5. ¿Qué entiende usted por una economía centralizada?

6. En un sistema de economía centralizada, ¿las empresas pueden fijar los precios de los bienes que producen?

7. Bajo un sistema de planificación centralizada, ¿cómo se trata de equilibrar la oferta y la demanda de un determinado bien?

8. Bajo su punto de vista, ¿qué es lo que ha motivado la *perestroika*?

9. ¿Qué entiende usted por socialismo de mercado?

10. En los últimos años la experiencia, ¿parece confirmar o refutar la hipótesis de la convergencia de los sistemas económicos?

CAPITULO 29

Notas sobre la historia del pensamiento económico

INTRODUCCION

Al elaborar la síntesis de la evolución del pensamiento económico contenida en este capítulo se ha procedido selectivamente. Esta labor de selección está condicionada, además de por las preferencias del autor, por el enfoque plasmado en el conjunto de este libro. Se ha pretendido que este último capítulo pueda servir de marco de referencia en el que situar los conceptos económicos fundamentales explicados a lo largo de los 28 capítulos anteriores.

Entre las escuelas que no se han tratado, cabe destacar la marginalista, la escuela histórica alemana y los socialistas utópicos. Por sus aportaciones a la historia del pensamiento económico merecen aparecer en cualquier revisión de la misma, pero, como se ha señalado, en este capítulo se ofrece una versión «parcial» de la evolución de las ideas económicas.

1. LOS PRECLASICOS

La época mercantilista

Los mercantilistas (siglos XVII y XVIII) mantenían que las exportaciones traen la riqueza a la nación y, por tanto, defendieron la conveniencia de proteger la balanza comercial. Un déficit de la balanza comercial se consideraba como algo perjudicial por dos razones. Por un lado, porque afectaría negativamente a la producción, ya que rebajaría la demanda interna de mercancías. Las importaciones son una vía para gastar, pero sin generar ninguna renta nacional, puesto que la producción tiene lugar fuera del país. Las exportaciones, por el contrario, representan un incremento de la demanda, de forma que los ingresos percibidos se canalizan hacia el mercado nacional.

Por otro lado, el déficit comercial se consideraba como un instrumento a través del cual tiene lugar una salida de oro y esto era algo negativo, pues en ausencia de un sistema monetario internacional, un país que tuviese un déficit en su balanza de pagos se vería obligado a cubrir la diferencia en efectivo, esto es, en oro y plata, que eran las únicas formas de pago internacionalmente aceptadas. Una balanza comercial favorable, por el contrario, traería a la nación el oro que deseaban. En este sentido el mercantilismo es nacionalista, no universalista, ya que el incremento de metales preciosos habría de hacerse a costa de otras naciones.

Para los mercantilistas, el objetivo orientador de las actuaciones de las autoridades debía ser el excedente en la balanza comercial. Para ello se tenían que promulgar medidas de carácter proteccionista y, en general, todo tipo de disposiciones administrativas tendentes a fomentar la prosperidad nacional y las exportaciones netas.

Para conseguir estos objetivos, los gobiernos concedieron privilegios comerciales monopolísticos a compañías dispuestas a desarrollar nuevos mercados, con el objetivo de ahorrar moneda extranjera y de aumentar sus ingresos de numerario estimulando su comercio de exportación.

• **Los *mercantilistas* destacaban la importancia de alcanzar superávit en el saldo de la balanza comercial como una forma de acumular oro. Defendían el establecimiento de medidas intervencionistas, pues creían que una postura liberal podría conducir a una pérdida de oro.**

2. LA ESCUELA FISIOCRATICA

Los fisiócratas argumentaban que el principal derecho natural del hombre consiste en el disfrute de los resultados de su trabajo, siempre que tal disfrute pueda armonizarse con los derechos de los demás. De aquí que los gobiernos no deban interferir los asuntos económicos más allá del mínimo absolutamente imprescindible para proteger la vida y la propiedad y mantener la libertad de contratación.

Los fisiócratas se opusieron a casi todas las restricciones gubernamentales defendidas por los mercantilistas que encorsetaban la actividad económica. En este sentido, se atribuye al francés Vicent de Fournay (1712-1759) la famosa frase «laissez faire, laissez passer», que significa libertad de actividad mercantil en el interior y comercio exterior libre.

Si para los mercantilistas el comercio internacional era la actividad primordial, para los fisiócratas la agricultura era el único sector genuinamente productivo de la economía capaz de generar el excedente del cual dependía todo lo demás. Por ello, preconizaban la mejora de los sistemas de cultivo para aumentar la productividad de la agricultura. De esta forma se incrementaría la proporción destinada a los terratenientes, lo que posteriormente haría aumentar la demanda de productos artesanos y la riqueza de la nación. Para los fisiócratas, la riqueza de una nación procedía de su capacidad de producción y no de la cantidad de oro y plata que poseyera. De ahí que no se centraran en el estudio del dinero, sino en las fuerzas reales que permiten el desarrollo económico.

• **Los *fisiócratas* rechazaban los excesos proteccionistas defendidos por los mercantilistas. Sostenían que la riqueza de una nación procedía de su capacidad de producción y consideraban la agricultura como el único sector realmente productivo.**

F. Quesnay (1694-1774) fue el fundador y principal representante de la escuela fisiocrática. Para Quesnay, la circulación de la riqueza y de los bienes en una economía era como la circulación de la sangre en un cuerpo. En este sentido debe señalarse que la idea fundamental de la teoría fisiocrática era la creencia de que las leyes humanas debían estar en armonía con las leyes de la naturaleza. Precisamente el término «fisiocracia» deriva de un vocablo griego que significa el gobierno de la naturaleza.

Quesnay elaboró el *Tableau Economique*, que es una descripción del flujo circular de bienes y dinero en una economía donde impera la libre competencia, y en la que se supone que existen tres clases sociales: los agricultores, los terratenientes y los industriales y comerciantes. Este fue el primer análisis sistemático del flujo de riqueza y sentó las bases de la descripción de la actividad económica en términos de grandes agregados. De hecho, el *Tableau Economique* de Quesnay constituye un antecedente del análisis de la renta nacional.

3. LA ECONOMIA CLASICA

La economía clásica tiene como núcleo ideológico los trabajos de A. Smith. Las ideas de

Smith fueron desarrolladas y formalizadas por David Ricardo. Este desarrolló el método de análisis propiamente económico, esto es, la elaboración de modelos que permiten extraer los elementos esenciales de los problemas bajo estudio y examinar las interacciones entre sus partes.

Dentro de la propia escuela clásica hay una serie de autores que, si bien de forma genuina se sitúan en esta escuela de pensamiento, en realidad fueron unos críticos. En este sentido cabe destacar los trabajos de Malthus y de J. S. Mill. La obra del J. B. Say la comentaremos brevemente por haber desarrollado «la ley de los mercados», que ha sido profusamente empleada por los monetaristas, los cuales, como seguidamente veremos, son en la actualidad los defensores de las ideas clásicas.

Adam Smith (1723-1790). Nació en Escocia. Estudió Ciencias Morales y Políticas y lenguas en Oxford. Se le considera como el fundador de la escuela clásica. En 1759 apareció su *Teoría de los Sentimientos Morales*, dedicándose más, a partir de ese momento, a la jurisprudencia y a la economía que a las doctrinas morales.

En 1776 publicó la *Investigación sobre la Naturaleza y causas de la Riqueza de las Naciones*. Su fama fue inmediata y la reputación de Smith quedó establecida para siempre.

Poco antes de su muerte fueron destruidos la mayoría de sus manuscritos por expreso deseo suyo y sin que mediara explicación alguna.

A. Smith (1723-1790)

Para A. Smith, la solución al funcionamiento económico de la sociedad descansa en las leyes del mercado y en la interacción del interés individual y la competencia. El empresario se ve obligado por las fuerzas de la competencia a vender sus mercancías a un precio próximo al costo de producción; asimismo, ha de ser lo más eficiente posible para mantener sus costos bajos y permanecer en condiciones competitivas.

La mano invisible del mercado no sólo asigna las tareas, sino que también dirige a las personas en la elección de su ocupación y hace que se tengan en cuenta las necesidades de la sociedad. De la misma manera, el mercado regula cuáles son las mercancías que han de producirse. La esencia de la economía de mercado es que en ella todo se convierte en mercancías con un precio, y que la oferta de estas mercancías es sensible a los cambios en los precios.

- **El mercado es un mecanismo que se autorregula, y el sistema de precios organiza el comportamiento de los individuos de forma automática.**

Hay que tener una idea clara de la importancia revolucionaria de esta doctrina. El mercado es impersonal y no conoce favoritos; con él se acabaron las prerrogativas de la nobleza. Esta idea debe ser contrastada con los sistemas anteriores de organizar la sociedad, en los que cada uno tenía asignado su lugar y en él permanecía.

A. Smith fue el gran defensor del «laissez faire», es decir, de la no intervención del gobierno en los asuntos económicos. A su juicio los gobiernos son derrochadores, fáciles de corromper, ineficaces e inclinados a otorgar privilegios en detrimento de la sociedad en su conjunto. Para promover el bienestar, los mejores medios son el estímulo del propio interés y el desarrollo de la competencia.

■ El progreso económico y la división del trabajo

Según Smith, uno de los factores fundamentales del crecimiento económico descansa en un concepto que en cierto modo fue introducido por él: la *división del trabajo* (véase Capítulo 2). La división del trabajo incrementa la producción por tres razones. En primer lugar, aumenta la destreza de cada operario, pues éste realiza repetidamente una tarea sencilla. En segundo lugar, se ahorra tiempo, ya que el trabajador no necesita cambiar de una clase de trabajo a otra. Por último, se puede inventar maquinaria para incrementar la productividad una vez que las tareas se han simplificado y convertido en rutinarias. El aspecto negativo de la división del trabajo es que puede atrofiar la mente del trabajador y tener efectos nocivos sobre su personalidad.

Debe señalarse que, si bien la división del trabajo es la base del progreso, ésta depende de la magnitud del mercado. Por ello, A. Smith defendió la libertad de mercado como pieza fundamental de su pensamiento económico.

■ La teoría del valor

También es interesante revisar el análisis del valor realizado por este autor. Para A. Smith el valor era independiente de los caprichos del mercado. Los precios nominales podían fluctuar, pero el valor permanecería constante. Pero si el valor era distinto del precio, ¿cómo se establecía entonces? Smith afirmó que el trabajo era la medida del valor. En particular admitió que, cuando se trataba de una sociedad primitiva, el valor de un bien dependía de la cantidad de trabajo necesaria para producirlo.

■ La teoría de la acumulación

En la obra de Smith, el análisis del cambio dinámico de la sociedad descansa sobre la teoría de la acumulación. Esta teoría viene condicionada por la distribución de la renta entre las diversas clases sociales y, especialmente, por la parte que iba a los capitalistas y a los terratenientes. No era probable que los asalariados recibieran lo suficiente para permitir «excedente» alguno sobre sus necesidades, mientras que los otros dos grupos sociales sí podían tener fondos suficientes para financiar reemplazamientos y para sostener sus niveles de vida normales. El excedente podría destinarse a la ampliación del consumo, pero sería mejor para la sociedad que este excedente de fondos se ahorrara. De esta forma, las rentas se convertirían en fondos que, más tarde, ampliarían la producción. Los capitalistas eran los agentes principales a través de los cuales la renta se convertiría en acumulación. La cantidad de beneficios podía considerarse como el determinante básico del ritmo de la acumulación y, a su vez, de la tasa de expansión económica.

En este sentido, A. Smith destacó los efectos de la acumulación de los beneficios de los empresarios, pues se reinvertirían en maquinaria, permitiendo una mayor división del trabajo y aumento de la productividad y generando, por tanto, una mayor riqueza. Por ello, A. Smith veía en la acumulación de los beneficios el motor que pone en movimiento la mejora de la sociedad.

David Ricardo (1772-1823)

Aunque A. Smith fue el fundador de la escuela clásica, David Ricardo fue la figura más destacada en cuanto al posterior desarrollo de las ideas de los clásicos, debido en parte a que demostró las posibilidades del método abstracto.

■ La renta económica

En primer lugar, debemos destacar que Ricardo formalizó el concepto de renta económica. Como se ha señalado en el Capítulo 14 al estudiar la renta de la tierra, las diferencias en la calidad de la misma determinarían que, si bien los propietarios de las tierras fértiles obtendrían rentas económicas, cada vez más altas, la producción en las de peor calidad sería sólo la justa para cubrir los costos y no daría lugar a renta. La clave de la aparición de renta económica radica, pues, en que la oferta de tierras fértiles es rígida.

■ La ley de la distribución

Según Ricardo, la ley de la distribución era uno de los temas más importantes de la teoría económica. Al analizar la distribución de la renta nacional entre las tres clases sociales más importantes (trabajadores, capitalistas y terratenientes) destacó que la renta total estaba limitada por los rendimientos decrecientes. En consecuencia, los incrementos en la renta alcanzados por una clase social tienen que lograrse a costa de arrebatárselos a otro grupo social.

En una perspectiva dinámica, Ricardo pensaba que el crecimiento de la población acompañaba a la expansión económica y que esta expansión llevaría consigo un aumento de las necesidades de alimentos, que debido a la ley de los rendimientos decrecientes sólo podían satisfacerse a costos más altos. A fin de mantener los salarios reales a su nivel anterior, serían necesarios salarios monetarios más altos, lo cual haría disminuir la participación de los beneficios en el producto, tal como se recogía en el Capítulo 27.

Dada esta línea argumental, Ricardo señaló que el proceso de expansión económica podía minar sus propios cimientos, es decir, la acumulación de capital a partir de los beneficios, de modo que, al reducirse la tasa de beneficios, emergería el estado estacionario, en el que ya no habría acumulación neta.

4. PROLONGACION DEL SISTEMA CLASICO

Aunque resulta difícil establecer delimitaciones claras entre el núcleo de la escuela clásica y sus seguidores, en este apartado incluiremos algunos comentarios sobre la obra de determinados autores a los que le correspondió la misión de depurar y corregir la estructura teórica clásica.

J. B. Say (1767-1832)

J. B. Say suponía que la economía tiende siempre a una disposición de equilibrio con pleno empleo y en tal sentido elaboró una teoría que alcanzó general difusión con el nombre de «ley de los mercados» de Say. Esta ley es una pieza básica, pues fundamenta la supuesta propiedad de ajuste automático de los mercados defendida por los economistas clásicos.

La ley de Say descansa en dos proposiciones:

- Los productos se cambian por productos.
- La demanda de bienes está constituida por otros bienes.

Al afirmar que los productos se cambian por productos, Say restringe el dinero al papel de medio de cambio y de catalizador del comercio. Según Say, el dinero, como dinero, no tiene otro valor que el de comprar algo con él; su uso, por tanto, no altera el hecho básico en las transacciones, el intercambio de bienes. Say consideraba revolucionario este hallazgo, puesto que demostraba la falacia de la visión mercantilista de que valdrá la pena adquirir dinero como activo. Say argumentaba que son productos y no dinero lo que los individuos en realidad desean.

La segunda proposición de Say, esto es, que la demanda de bienes está constituida por otros bienes, se interpretaba como que el acto de producir genera renta suficiente para comprar el producto. Say defendía que si se establecía la correcta combinación de mercancías todo se vendería, porque la producción está proyectada para la compra, o simplemente, porque *«la oferta crea su propia demanda»*. Esta proposición se refería a la economía en su conjunto y no a la situación de empresas o industrias individuales. Dado que, según los supuestos introducidos, nunca podría existir una deficiencia de la demanda agregada, se descartaba la posibilidad de una superproducción general. La conclusión anterior descansaba en una importante hipótesis: la de que todos los ingresos se gastaban y nada se atesoraba.

• **Según la *ley de Say,* la oferta crea su propia demanda, de forma que se descarta la posibilidad de una superproducción general.**

No obstante, siempre cabe la posibilidad de que surjan perturbaciones, nacidas de equivocaciones en los cálculos de los empresarios o de cambios en los gustos del público que determinen que un vendedor cualquiera se encuentre con una cantidad importante de mercancías no vendidas. En otras palabras, Say admitía la superproducción parcial, pero no una superproducción general.

Thomas R. Malthus (1776-1834)

Dentro de la escuela clásica Malthus representa la actitud más pesimista respecto al futuro del mundo.

Malthus argumentaba que la raza humana tendía a multiplicarse a un ritmo muy rápido y que la tierra, a diferencia de la población, no puede multiplicarse. La consecuencia de esto era que el número de habitantes dejaría inevitablemente atrás, más pronto o más tarde, a la cantidad de alimentos necesarios para mantenerlos. Las guerras, las epidemias y las plagas resultarán necesarias para regular la población; «el hambre parece ser el último y más temible recurso de la naturaleza», observaba Malthus (véase Capítulo 27).

Pero eso no es todo. Además de las perspectiva sombría creada por la teoría sobre la población, Malthus concibió una idea económica que también fue motivo de inquietud. Malthus vivía preocupado por la posibilidad de lo que él llamaba un «atascamiento general», esto es, una inundación de mercancías sin posibles compradores.

Thomas Robert Malthus (1776-1834). Nació en Inglaterra. Estudió Matemáticas en Cambridge. Fue clérigo, escritor y profesor de Historia y Economía Política.

En 1778 aparece su *Ensayo sobre el principio de la población,* dándole perdurable fama. En 1820, publicó los *Principios de Economía Política.* Fue el adversario intelectual de David Ricardo en muchas ocasiones, pero su aliado en la búsqueda de la verdad.

■ Los productos no esenciales y el «atascamiento general»

Malthus, para defender sus posiciones, señalaba que existían dos categorías de productos: *esenciales* y *no esenciales.* Con los primeros, que son básicamente los alimentos, nunca habría problemas de saturación, pues una mayor disponibilidad de los mismos automáticamente creaba su propia demanda en forma de un aumento de población. En el caso de los bienes no esenciales el problema era diferente, pues el equilibrio de los mercados de este tipo de bienes dependía de los gustos de quienes gozan de rentas suficientemente altas para adquirirlos, básicamente terratenientes y capitalistas. En este sentido, Malthus argumentaba que las necesidades y los gustos de los potenciales compradores de bienes no esenciales eran tales que no absorbían la oferta.

Para remediar tales estancamientos, Malthus sostuvo que lo más prudente era estimular los gastos por parte de los ricos y del Estado. En particular Malthus señaló que una estrategia adecuada podría consistir en construir carreteras y en realizar otras obras públicas, y en que los terratenientes y otras personas con medios contratasen trabajadores para construir, mejorar y embellecer sus terrenos y propiedades. Por ello sostuvo que un remedio a la superproducción podría consistir en mantener los ingresos de los terratenientes, pues éstos desempeñaban la función socialmente deseable de gastar sus rentas en un consumo suntuario, ya que al obrar así contribuían a mantener el nivel de la demanda agregada.

John Stuart Mill (1806-1873)

Aunque J. S. Mill inició su obra con el objetivo de consolidar el análisis clásico, de hecho su contribución a la economía fue mucho más lejos, pues incluso revisó algunas de las premisas de la tradición clásica. Así, Mill se apartó de la ortodoxia de su época al poner de relieve que hay dos tipos de leyes en la ciencia económica, las de la producción y las de la distribución.

▪ Las leyes de la producción son inmutables, pero no las de la distribución

Según Mill, de los dos tipos de leyes mencionadas, unas eran inmutables —pues venían fijadas por la naturaleza y la tecnología— y gobernaban la *producción.* Los hombres sólo podían ajustarse a estas leyes, pues eran impotentes para cambiarlas. Otro tipo distinto de leyes eran las que gobernaban la *distribución* del producto social. Las consecuencias de estas leyes estaban socialmente determinadas y quedaban sujetas al control humano (en el Capítulo 17 señalamos cómo, vía impuestos, subvenciones y transferencias, el sector público puede influir sobre la distribución de la renta), de forma que la distribución existente de la renta podía ser alterada.

Mill aceptaba la conclusión de que, si se confirmaban los pronósticos malthusianos, los salarios se mantendrían en el nivel de subsistencia. Pero éste no era, en modo alguno, el único resultado posible. Mill, en contra de lo defendido por Malthus, creía que la conducta de la clase trabajadora no era difícil de cambiar. Opinaba que quizá hiciera falta una elevación del nivel de educación general, y, si ello se consiguiera, se lograrían elevar los gustos y aspiraciones de la clase trabajadora y cambiar su conducta, de forma que la población iría disminuyendo proporcionalmente respecto del capital.

Por otro lado, Mill se sentía preocupado por la tendencia hacia la inestabilidad, que probablemente coincidiría con la aproximación al estado estacionario (véase Capítulo 27), y con las tasas de beneficio decrecientes. Mill creía que con la llegada del estado estacionario algunos empresarios se sentirían inclinados a rechazar las tasas de beneficios corrientes y a buscar negocios altamente arriesgados, con la esperanza de cosechar beneficios superiores a la media.

Una posible solución a estos problemas sería que el Estado recogiera, por medio de impuestos, una parte creciente de los fondos potencialmente invertibles y la utilizara para financiar proyectos socialmente beneficiosos. De este modo, disminuiría la caída de las tasas de beneficios sobre el capital privado y se reduciría la volatilidad del sistema.

5. LA ECONOMIA MARXISTA

Karl Marx (1818-1883)

La base de la teoría de Marx la constituía su análisis de la historia, que él fundaba en el ma-

Karl Heinrich Marx (1818-1883). Nació en Prusia, en el seno de una familia judía. Estudió Derecho, Historia y Filosofía en las Universidades de Bonn y Berlín, doctorándose en Filosofía a los veintitrés años.

Cerrado el camino hacia la docencia universitaria en razón a su radicalismo, se dedicó al periodismo. Exiliado de Alemania estudió en París el socialismo francés y la economía política inglesa. Finalmente se asentó en Londres. Acudió durante años a las salas de lectura del Museo Británico.

En 1848, junto con Engels, redactó *El Manifiesto del Partido Comunista*. En 1867 publicó el primer volumen de su obra magna *El capital*. Después de su muerte Engels publicó buena parte de sus manuscritos y los volúmenes II y III de *El capital*.

En su vida se mezclaron el filósofo y el estudioso con la vida activa del organizador y propagandista. Buscó incansablemente precipitar el cambio social.

---

terialismo dialéctico. La concepción materialista de la historia arranca del principio de que la producción y el intercambio de productos constituyen la base de todo orden social. La validez de esta afirmación descansaba en que en cualquier sociedad, de cuantas han aparecido en la historia la división en clases está determinada por tres hechos: lo que se produce, cómo se produce, y por la forma en que se intercambia la producción. Según esta concepción, las causas últimas de todos los cambios sociales y de todas las revoluciones políticas hay que buscarlas no en las mentes de los hombres, sino en las mutaciones experimentadas por los métodos de producción y de intercambio. La fuerza básica en la historia es, para Marx, la estructura económica de la sociedad. Esto no excluye el impacto de las ideas, sino que sostiene que las ideas son un reflejo de la sociedad que las alienta.

El objetivo de la obra de Marx era descubrir las «leyes del movimiento» de la sociedad capitalista. Construyó su modelo económico para demostrar cómo el capitalismo explotaba necesariamente a su clase trabajadora y cómo esta explotación conduciría inevitablemente a su destrucción. En este esquema la teoría del valor-trabajo juega un papel importante.

- **La *teoría del valor-trabajo* postula que el valor de los bienes se deriva íntegramente de la cantidad de trabajo necesario para producirlos.**

Según Marx, el valor de uso o utilidad de una mercancía constituye la sustancia de toda riqueza. Además de un valor de uso, una mercancía tiene un valor de cambio, que se conoce abreviadamente como «valor». Este valor viene determinado por el tiempo socialmente necesario incorporado a ella, considerando unas condiciones normales de producción y la especialización e intensidad medias del trabajo en ese momento. El tiempo de trabajo socialmente necesario incluye tanto el trabajo directo de producción de la mercancía como el trabajo incorporado en forma de maquinaria y materias primas utilizadas y el valor transferido a la mercancía durante el proceso de producción.

■ La teoría de la explotación

Según Marx, el beneficio lo obtiene el capitalista al adquirir una mercancía, el trabajo, que puede crear un valor mayor que el de su propia fuerza de trabajo. Marx distingue entre los conceptos de fuerza de trabajo y tiempo de trabajo. La fuerza de trabajo hace referencia a la capacidad del hombre para el trabajo; el tiempo de trabajo es la duración del trabajo.

- **El beneficio que obtienen los capitalistas es el resultado de la explotación de los trabajadores, y no una retribución por el alquiler del capital y por su actitud innovadora.**

Lo relevante es que, según Marx, el empresario paga al trabajador una cantidad igual al valor de su fuerza de trabajo, pero este pago equivale sólo a una parte de la producción diaria del trabajador y, por tanto, sólo a una parte del valor que éste produce. En el mundo teórico de Marx, todo se vendía por su valor, y el valor de la mano de obra es la cantidad de trabajo que se necesita para «crear» dicha mano de obra, es decir, un salario de subsistencia.

La clave de la explotación, en este sistema, está en el hecho de que existe una diferencia entre el salario que un trabajador recibe y el valor del producto que ese trabajador produce. A esta diferencia la llama Marx *plusvalía*. Un trabajador no es contratado únicamente por la duración de la jornada necesaria para pagarle su salario de subsistencia. Por el contrario, el trabajador conviene en trabajar durante toda la jornada que el capitalista le señale, que en los tiempos de Marx era de diez a once horas diarias.

■ Las consecuencias de la acumulación de capital

A juicio de Marx, y tal como señalamos en el Capítulo 27, la causa del decrecimiento de la tasa de beneficio hay que buscarla en el aumento de la proporción entre capital constante y capital variable. Marx creía que esta ley demostraba que la producción capitalista tropezaba con barreras internas en cuanto a su expansión indefinida. El proceso de mecanización crea un «ejército industrial de reserva» de personas sin trabajo, que tiende a empobrecer aún más al proletariado, al forzar los salarios a la baja.

Marx criticó la ley de los mercados de Say, señalando que, incluso en el ámbito de la producción simple de mercancías, existe la posibilidad de crisis. Según Marx, la circulación de mercancías implica necesariamente un equilibrio de ventas y compras, queriendo con ello significar que el número de las ventas realizadas es igual al de las compras. Nadie puede vender a menos que otro compre. Pero nadie está obligado a comprar de inmediato, sólo porque anteriormente acaba de vender. Si el intervalo de tiempo entre la venta y la compra se hace demasiado prolongado, tiene lugar una crisis.

En la producción capitalista a gran escala, los capitalistas compiten todos entre sí, y procuran acumular capital, a un fuerte ritmo, esto es, recurrir a procesos intensivos en capital, a fin de ensanchar las escalas de su producción a expensas de sus competidores. En este sentido, Marx señala que una de las consecuencias de esta tendencia es la concentración de capital en unas pocas manos.

Resulta, sin embargo, que la expansión requiere más trabajadores y, para obtenerlos, los capitalistas tienen que competir entre ellos. Los salarios tienden, pues, a subir, y los beneficios a bajar. Según Marx, la disminución de los beneficios se pretende contrarrestar sustituyendo obreros por máquinas, pero como los beneficios están constituidos solamente por la diferencia entre los costes de trabajo y lo que se percibe de la venta de las mercancías el capitalista sigue cogido en la trampa. En otras palabras, al mecanizar la producción, el margen de beneficio se reduce, porque hay menos trabajadores de quienes extraer *plusvalía*. Por el contrario, el nivel de los salarios se eleva constantemente y sus beneficios descienden. Por cualquier camino que elija, la tendencia a largo plazo le lleva hacia una tasa descendente de los beneficios y hacia una serie de crisis cada vez más graves.

El progreso tecnológico acumulativo y la productividad creciente del trabajo conducen al desarrollo de la producción, pero el mercado aumenta más lentamente en razón del limitado poder adquisitivo de los trabajadores. Las crisis periódicas se producen porque la oferta supera a la demanda, y de ese modo desaparece temporalmente el carácter lucrativo de la producción. El problema radica en que los trabajadores no pueden comprar el flujo de bienes de consumo que se produce tras un período de rápida inversión del capital, y los capitalistas no quieren.

6. LA ECONOMIA NEÓCLASICA

El centro de atención de los economistas neoclásicos fue el funcionamiento del sistema de mercado y su papel como asignador de recursos. Esta orientación del pensamiento económico estaba relacionada con los cambios ocurridos en el marco económico de las naciones occidentales. Las economías occidentales habían estado experimentando una prosperidad sin precedentes y sin los obstáculos previstos por las tradiciones clásica y marxista. La expansión económica parecía poder cuidar de sí misma.

La aparición de conglomerados industriales y de los sindicatos venían a ser «imperfecciones» del sistema económico.

Para llevar a cabo un nuevo tipo de análisis se formularon modelos abstractos del comportamiento de la economía. Se prestó gran atención al uso de las matemáticas en el análisis económico, elevándose el rigor de la discusión económica, aun a costa a veces de una pérdida de contacto con los problemas reales.

Alfred Marshall (1842-1924)

La determinación de los precios de mercado se convirtió en el problema fundamental de la economía neoclásica. Para Marshall, el análisis del funcionamiento del sistema de mercado empezaba con el estudio del comportamiento de los productores y de los consumidores, pues era la clave para analizar la determinación de los precios. En la formulación de Marshall el concepto de demanda como una tabla de relaciones precio-cantidad era crucial para su solución. Según ella, el consumidor racional estaría dispuesto a pagar menos por la última unidad de un bien que por las anteriores y sería necesaria una reducción en el precio para inducirle a comprar más (véase Capítulo 6).

Alfred Marshall (1842-1924). Nació en Inglaterra. su padre fue cajero del Banco de Inglaterra. Estudió Matemáticas y Economía en Cambridge.

Ocupó puestos académicos a lo largo de toda su vida profesional. Marshall fue hipercrítico en cuanto a sus escritos. De hecho, muchas de sus ideas fueron elaboradas muchos años antes de que aparecieran en la primera edición de sus *Principios de Economía* en 1890.

Fue el fundador de la moderna economía expuesta mediante representaciones gráficas. Aunque era un matemático experto, se mostró escéptico en cuanto al valor de las matemáticas para el análisis económico. Fue capaz de realizar una gran síntesis, tratando de combinar lo mejor de la economía clásica con el pensamiento marginalista.

Las preferencias de los consumidores: la utilidad

El elemento básico de la escuela neoclásica consistió en entender cómo entran las preferencias de los consumidores a formar parte de la demanda de bienes. Los neoclásicos encontraron que la demanda depende de la utilidad marginal (Capítulo 6). Dado que los consumidores tienen que escoger entre más de un bien y menos de otro (u otros) para maximizar su utilidad, deberían ajustar sus gastos de tal modo que no fuera posible aumentar su satisfacción mediante una distribución alternativa de esos gastos entre los diferentes bienes. El resultado óptimo, como vimos en el Capítulo 6, se obtendría cuando la última unidad monetaria gastada en cada uno de los bienes en cuestión añadiera una satisfacción adicional idéntica.

No obstante, la demanda, por sí misma, sólo explicaba una parte de la formulación del precio. Tan importante como ella eran las condiciones en que los productores estaban dispuestos a vender sus bienes y servicios. Del mismo modo que los consumidores obtenían a través del mercado una utilidad marginal decreciente, los productores, al ofrecer sus servicios, sufrían una desutilidad creciente marginalmente, pues la producción llevaba consigo costos y sacrificios que, en la mayoría de los casos, aumentarían conforme creciera la cantidad ofrecida. Según la concepción neoclásica, las empresas funcionaban bajo condiciones en las cuales los sucesivos incrementos de los costos totales debidos a la producción de unidades adicionales de su producto eran crecientes (véase Capítulo 7). Con los elementos comentados, demanda y oferta, Marshall tenía lo necesario para explicar el precio de mercado. Según Marshall, en el caso de los factores, el precio también se determinaba por la intersección de la oferta y la demanda (véase Capítulo 13).

La teoría de la producción

Se suponía que los empresarios buscaban racionalmente el máximo beneficio, lo que se explicaba en un intento de minimizar los costos. Cualquier volumen deseado de producción podría obtenerse con varias combinaciones diferentes de factores productivos, y el empresario seleccionaría la combinación de más bajo costo.

Para Marshall, los rendimientos crecientes de escala asociados a la aplicación de tecnologías avanzadas podían originar ciertas complicaciones. Las economías de escala implicaban que un pequeño número de grandes productores podía funcionar a un costo medio más bajo produciendo la misma cantidad que un gran número de pequeñas empresas, quedando en entredicho las premisas de un mercado competitivo.

En cualquier caso, Marshall creía que, por lo general, las ventas de cada empresa están limitadas al mercado particular lenta y costosamente adquirido y, aunque la producción pueda aumentarse muy rápidamente, no ocurría lo mismo con las ventas. Además, la expansión de la empresa más allá de sus límites naturales la expondría también a la competencia de sus rivales. Por ello, Marshall opinaba que era improbable que las economías de escala presentaran un serio desafío al mantenimiento del orden competitivo.

La teoría cuantitiva del dinero

Aunque Marshall dedicó su obra fundamentalmente a temas microeconómicos, también dirigió su atención a problemas propios de la economía agregada. Para Marshall, la cuestión principal en términos de macroeconomía era la determinación del nivel general de precios. Su análisis se desarrolló en torno a la teoría cuantitativa del dinero (véase Capítulo 24). En vez de considerar el ritmo al que rotaba la oferta monetaria, esto es, «la velocidad de circulación» del dinero, centró su interés en los saldos monetarios mantenidos por la comunidad, es decir, los saldos de caja. Así, sostuvo que la cantidad de dinero mantenida en caja en una economía quedaba regulada por el marco institucional y, de acuerdo con el supuesto «ceteris paribus», podía considerarse como constante.

En particular, Marshall mantenía que, cualquiera que sea el estado de la sociedad, siempre hay un cierto volumen de sus recursos que la gente decide mantener en forma de dinero y, si todo lo demás permanece igual, existirá una relación directa entre el volumen de dinero y el nivel de precios.

• **Según la *teoría cuantitativa* del dinero existe una relación directa y estable entre el volumen de dinero y el nivel de precios.**

De esta forma se reforzaba la condición esencial de la ley de Say: que toda la renta sería gastada. La posibilidad de que se filtrara parte de ella hacia saldos estériles podía prácticamente ignorarse.

La línea argumental defendida por Marshall no descartaba, sin embargo, la posible existencia de la inestabilidad económica. La fuente de tal inestabilidad se encontraba en la psicología de la comunidad de los negocios.

Las olas de optimismo y de pesimismo parecían ser endémicas en ella, de forma que cuando los hombres de negocios se sienten optimistas aumenta la demanda de créditos. En esta fase se invertirá en negocios de elevado riesgo, algunos de los cuales están condenados al fracaso. Cuando quiebran, el pesimismo reemplaza al optimismo, y la inversión y la actividad económica decaen.

León Walras (1834-1910)

Walras se ocupó del estudio de la teoría de la determinación de los precios bajo un régimen hipotético de libre y perfecta competencia. Pretendía expresar sus descubrimientos en forma de proposiciones matemáticas que diesen a la economía un rango científico comparable al que disfrutaban las ciencias físicas.

Walras estaba interesado en probar que los resultados de la libre competencia eran beneficiosos y ventajosos. Para ello, era necesario, por un lado, conocer exactamente cuáles eran estos resultados y, por otro, precisar las definiciones y las leyes necesarias de un régimen de competencia perfecta. Según Walras, los economistas habían extendido a menudo el principio de la libre competencia más allá de los límites de su verdadera aplicabilidad, lo que probaba que el principio no había sido demostrado.

En el esquema walrasiano la competencia perfecta quedaba representada por una situación en la que compradores y vendedores se reunían en una subasta masiva de forma que las condiciones de cada cambio fueran públicamente anunciadas y se diera una oportunidad a los vendedores para bajar sus precios y a los compradores para recibir sus ofertas. Aunque tales condiciones no eran realistas, según Walras, las ventajas de un procedimiento que partiese de casos abstractos y generales eran obvias.

Walras pretendía diseñar el modo mediante el cual podría alcanzarse una solución de equilibrio simultáneamente en todos los mercados.

• **El *objetivo de Walras* era la formulación del proceso mediante el cual podría establecerse un equilibrio «general», esto es, aquel que tomaba en cuenta la interrelación de todas las actividades económicas.**

El enfoque walrasiano del equilibrio competitivo puede presentarse en forma de un sistema de ecuaciones simultáneas susceptibles de una solución matemática determinada. Este método de análisis, por un lado, destaca la interdependencia entre todos los precios dentro del sistema económico y, por otro, hace desaparecer la distinción entre el enfoque micro y macro de la economía. Las actividades de las economías domésticas y de las empresas no pueden entenderse de forma aislada unas de otras, ni se las debe considerar separadas de la economía en su conjunto.

7. LA REVOLUCION KEYNESIANA Y LOS MONETARISTAS

La revolución keynesiana

Tal como se señaló al presentar el modelo keynesiano a lo largo de los capítulos a él dedicados en el bloque temático V, la obra de Keynes, y en especial *La teoría general de la ocupación, el interés y el dinero,* fue un alegato contra la economía clásica. En este sentido quizás sea de interés sintetizar los aspectos más destacados de las ideas keynesianas, aunque en su práctica totalidad ya han sido desarrolladas en anteriores capítulos. Se pueden concretar en los puntos siguientes:

- La negación de la ley de Say y el consiguiente rechazo de la tendencia automática hacia el pleno empleo.
- El papel fundamental de la demanda agregada como elemento determinante del nivel de actividad económica y del nivel de empleo, tanto a corto como a largo plazo.
- La incorporación de la función de consumo y la distinción entre los deseos de ahorrar y de invertir.
- La importancia de las expectativas, especialmente en las funciones de inversión y de preferencia por la liquidez.
- La incidencia de las fluctuaciones de la demanda de inversión en la inestabilidad económica.
- El supuesto de que los mercados a menudo presentan rigideces e imperfecciones.
- El papel fundamental de las políticas de estabilización de la demanda efectiva.

En esencia, Keynes rechazó que el estado normal de la economía fuese el pleno empleo y justificó la existencia de equilibrio con desempleo involuntario. Keynes, además, procuró soluciones de política económica para acercar la economía a la senda del pleno empleo

La síntesis neoclásica

En capítulos anteriores se han analizado las limitaciones de algunas de las ideas keynesianas. Realmente, en las décadas de los años 40 y 50 lo que tuvo lugar fue una reconciliación de las corrientes de pensamiento neoclásico y keynesiano, dando lugar a la denominada «síntesis neoclásica». La rehabilitación y reformulación del modelo neoclásico supuso de hecho que el esquema keynesiano quedase englobado en el mismo como un caso especial. Así, la síntesis neoclásica ofrece un modelo con una estructura común, en el que uno de los posibles resultados podía caracterizarse como keynesiano, en el sentido de que el sistema daba lugar a un equilibrio con desempleo.

- **El modelo general de la *síntesis neoclásica* es un modelo de equilibrio general agregado, que bajo el supuesto de plena y absoluta flexibilidad de los precios alcanza el equilibrio en los diversos mercados.**

En el modelo se puede introducir como uno de los supuestos el de la rigidez de los salarios, o más concretamente un desajuste básico entre las cantidades de dinero y el salario monetario. Asimismo, la demanda de dinero se podría especificar de modo que incluyera la «trampa de la liquidez». En este caso, el ajuste se puede lograr si la propensión al ahorro se hace depender inversamente de la riqueza real neta de los consumidores, ya que las variaciones en el nivel general de precios y salarios harán que la economía tienda hacia el equilibrio con pleno empleo. Así pues, el supuesto crucial que justificaría el equilibrio con desempleo sería la rigidez de los salarios.

Con la síntesis neoclásica desaparece la incertidumbre como determinante fundamental de muchas conductas de los agentes económicos. Los *animals spirits,* esto es, las expectativas volátiles tan importantes en el modelo de Keynes pasan a un segundo plano y la inversión vuelve a aparecer como una función estable del tipo de interés. La preferencia por la liquidez se muestra también como una función estable y la economía tiende a largo plazo hacia un equilibrio con pleno empleo. De esta manera, el mensaje keynesiano queda tergiversado, ya que bajo el nuevo enfoque la clave del modelo está en la rigidez a la baja de los precios y los salarios, a pesar de la insistencia de Keynes en que la flexibilidad de precios y salarios no

John Maynard Keynes (1883-1946). Nació en Inglaterra. Su padre, John Neville Keynes, fue un destacado economista y lógico. Estudió en Cambridge y entre sus profesores se encontraron Marshall y Pigou.

Keynes fue una figura importante, tanto en el mundo de los negocios como en la vida académica. Fue el máximo exponente de la delegación del Tesoro británico en la conferencia de paz que siguió a la Primera Guerra Mundial y también fue Jefe de la Comisión de su país para la Organización del Fondo Monetario Internacional y del Banco Internacional de Reconstrucción y Desarrollo.

En 1936 publicó *La Teoría General del empleo, el interés y el dinero*. De acuerdo con esta obra se edificó el sistema de ideas keynesianas.

permitiría, por sí sola, la vuelta al equilibrio con pleno empleo (véase Capítulo 22).

La síntesis neoclásica, aunque abandonó la esencia de la teoría keynesiana, retuvo sus prescripciones de política económica, pues también confiaba en que las políticas monetaria y fiscal pudieran estabilizar la economía a altos niveles de actividad.

La contrarrevolución monetarista

Una tradición, en buena medida oral, que arrancaría de Irving Fisher y que posteriormente se cimentaría en la obra del Premio Nobel Milton Friedman —llevada a cabo en el seno de la Universidad de Chicago—, y en la que algunos otros autores, entre los que cabe destacar a Friedrich Hayek, ha ido elaborando los elementos analíticos e ideológicos de la llamada escuela monetarista.

Aunque la escuela presenta algunas ramificaciones y su dilatada labor resulta difícil de resumir, podemos exponer sus ideas centrales como sigue:

- Rechazo de las relaciones básicas del modelo keynesiano.
- Importancia de las variaciones de la tasa de crecimiento de la cantidad de dinero respecto de la evolución de la economía.
- Inoperancia de las políticas de estabilización, en el mejor de los casos, cuando no producen fuertes perturbaciones en el sistema económico en su conjunto.
- Inconveniencia de la política fiscal activa.
- Existencia de una tasa natural de desempleo que depende sólo de factores reales y que únicamente se puede reducir a largo plazo.

Friedman ataca las definiciones y relaciones de los dos componentes básicos de la demanda agregada keynesiana: el consumo y la inversión. En primer lugar, sostiene que los individuos ajustan su gasto en consumo a su renta a largo plazo (lo que denomina renta permanente), pero niega que la relación a corto plazo entre consumo y renta sea estable. En segundo lugar, trata de demostrar empíricamente que tampoco la relación renta-inversión es estable.

Por otra parte, sostiene que existe una relación estable entre la tasa de variación de la masa monetaria y las fluctuaciones económicas y la inflación a largo plazo, si bien no puede determinarse con exactitud dicha relación, pues las variaciones monetarias se traducen en variaciones en el sector real con retardos tem-

Nota complementaria 29.1

RAMAS DE LAS FAMILIAS ECONOMICAS

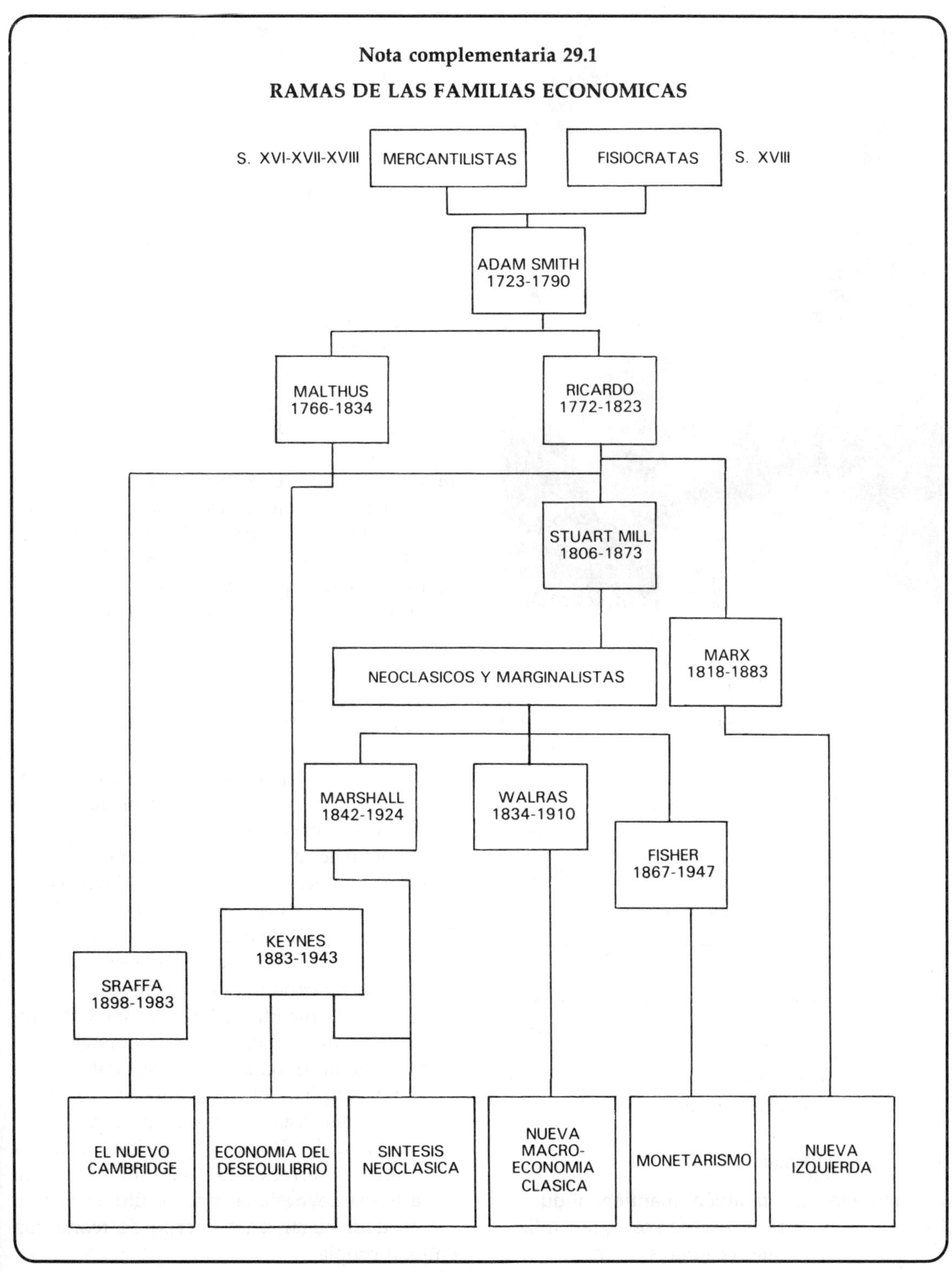

Milton Friedman (1912) Es uno de los monetaristas más destacados de los últimos decenios. Estudió en las Universidades de Chicago y Columbia. Ha pasado la mayor parte de su vida profesional como profesor de Economía en Chicago, siendo la principal figura de la «Escuela de Chicago» de Economía y Hacienda.

En la base del análisis de Friedman está su pensamiento político de que el gobierno debe mantenerse fuera de los asuntos económicos en cuanto sea posible. Su análisis económico es, pues, paralelo a su preferencia política, que es la de no intervención del gobierno.

Obtuvo el Premio Nobel de Economía en 1976.

porales variables y, además, porque no es posible determinar en qué medida las variaciones en la cantidad de dinero se transforman en incrementos de precios, por un lado, y en aumentos de la producción real, por otro.

■ **El papel del Estado**

Los monetaristas también mantienen que el Estado despilfarra los recursos que utiliza. Gasta no sólo lo que recauda, sino que incurre permanentemente en déficit presupuestarios, asignando, además, las distintas partidas de gasto de forma ineficiente, por las presiones que recibe de los distintos grupos sociales.

Desde una perspectiva monetarista, las autoridades no pueden fijar como objetivo de su política la reducción de la tasa de desempleo a corto plazo, dado que ésta depende de factores reales que sólo es posible modificar en el largo plazo. Rigideces institucionales, ineficacia del mercado de trabajo, etc. son los factores que determinan el nivel de empleo y la tasa natural de desempleo.

Con esta concepción del funcionamiento del sistema económico, los monetaristas afirman que las autoridades económicas sólo deben proveer a la economía de una cantidad de dinero que crezca a una tasa constante (compatible con el crecimiento esperado de la actividad), reducir el tamaño del sector público cuanto sea posible y suprimir las regulaciones administrativas que encorsetan el funcionamiento de las fuerzas libres del mercado.

8. DESARROLLOS RECIENTES DE LA TEORIA ECONOMICA

A partir de la década de los sesenta comenzaron a aparecer una serie de trabajos que dieron lugar a dos ramas del análisis económico que, en la actualidad, se aceptan como planteamientos diferenciados: la Nueva Macroeconomía Clásica y la Economía del Desequilibrio. Puede afirmarse que ambas ramas se han apoyado desde sus comienzos en el indudable impulso que la Economía de la Información y el Análisis de la Incertidumbre han recibido durante estos años. En cualquier caso, mientras la Nueva Macroeconomía Clásica se centra en revalidar y ampliar los resultados del planteamiento monetarista anteriormente comentado, la Economía del Desequilibrio sigue la dirección opuesta, ofreciendo una «nueva» lectura de la teoría keynesiana, que en última instancia ha dado lugar a un cuerpo de teoría con entidad propia.

La Nueva Macroeconomía Clásica y las expectativas racionales

En un mundo en donde la información no es perfecta, los agentes económicos tienen que formarse expectativas sobre los precios y sobre otros hechos económicos para la toma de decisiones. Para ello, los agentes utilizan toda la información disponible, incluyendo las relaciones básicas de la economía, e incurren en un costo por su obtención. Partiendo de estos supuestos básicos, los economistas de la Nueva Macroeconomía Clásica formulan la denominada *hipótesis de las expectativas racionales,* apoyándose en los siguientes argumentos sobre el papel de la información en las decisiones de los sujetos.

- En primer lugar, se acepta que la racionalidad de los agentes supone utilizar toda la información disponible y el conocimiento de las relaciones de la teoría económica, lo cual no implica que las previsiones sobre los valores de las variables sean perfectas, ya que se cometen errores de cálculo.
- En segundo lugar, la formación de expectativas racionales representa un proceso de aprendizaje por corrección de errores y de incorporación continua de nueva información.
- En tercer lugar, los agentes que toman las decisiones no conocen toda la información de los valores presentes y pasados de las variables relevantes, sino que algunos se incorporan con retraso.
- En cuarto lugar, aunque las previsiones de los distintos agentes sobre las variables sean distintas, éstas se distribuirán en torno a un valor medio que coincidirá con los valores efectivos o realizados.
- Y, en último lugar, como corolario de los argumentos anteriores, las políticas de regulación de la demanda son anticipadas y percibidas correctamente por los agentes y no generan efectos reales, puesto que éstos reaccionan anticipadamente y neutralizan las medidas adoptadas. La ineficacia de las políticas de regulación se refiere a las actuaciones «sistemáticas» de las autoridades económicas tendentes a conseguir un aumento de la producción y del empleo. Según la hipótesis de las expectativas racionales, la evolución temporal de la producción depende únicamente del componente no esperado o imprevisto de la política económica.

■ El equilibrio competitivo

La Nueva Macroeconomía Clásica utiliza una segunda hipótesis en que basar sus argumentos: la proposición walrasiana fundamental de que la libre competencia soluciona un sistema de ecuaciones que equilibra todos los mercados, siendo este equilibrio, además, continuo. Los fundamentos de esta hipótesis se encuentran en la rama de la teoría económica denominada teoría del equilibrio general, que siguiendo la labor iniciada por Walras ha constituido una de las principales áreas de investigación a partir de la década de los cincuenta. Con un contenido y un planteamiento eminentemente abstracto y formalizado, dicha teoría se ha centrado en establecer los supuestos sobre el comportamiento de los agentes y el funcionamiento del mercado que aseguran la existencia de un único equilibrio o vaciado del mercado que tiene carácter estable. Asimismo, esta formalización del equilibrio competitivo ha propiciado el desarrollo de la llamada Nueva Economía del Bienestar, preocupada en analizar las propiedades de las asignaciones resultantes del mecanismo de mercado en relación con el bienestar de los agentes económicos.

Para que los mercados se encuentren en equilibrio, se requiere una información adecuada a los fines de la optimización de las decisiones. Como la información nunca es perfecta y siempre se incurre en un costo para obtenerla, puede suponerse que los agentes económicos adoptarán un comportamiento racional, en el sentido de que tratarán de maximizar la probabilidad de que el volumen de información recogida permita un conocimiento cierto. Los agentes debe comparar los beneficios de la información con los costos de su obtención.

Una última característica esencial a destacar es que los precios son flexibles y, en virtud del funcionamiento del mecanismo de ajuste, los mercados se vacían. En este marco conceptual, la ley de la oferta y la demanda funciona adecuadamente.

La Economía del Desequilibrio

Para la Escuela de la Economía del Desequilibrio (o equilibrio no walrasiano), los agentes económicos se enfrentan con restricciones distintas de las que supone la Nueva Macroeconomía Clásica. La más importante es la llamada «restricción de mercado», que implica la imposibilidad de vender (o comprar) todo lo que se desea a los precios vigentes. Por esta razón, a estos modelos también se les denomina de equilibrio general con racionamiento de cantidades.

Los agentes toman en consideración la existencia de restricciones de cantidad a los precios existentes en el mercado, esto es, que a esos precios existen desajustes en la oferta y en la demanda. De esta forma, el equilibrio en los mercados se produce a través de un ajuste en las cantidades, permaneciendo invariables los precios. Los fenómenos macroeconómicos a corto plazo, como el desempleo, la acumulación o el agotamiento involuntario de existencias, los retrasos en las entregas, etc., se consideran desviaciones de la ley de la oferta y la demada.

Aunque estos mecanismos de precios fijos arrojan luz sobre el comportamiento de ciertos modelos, no ofrecen una fundamentación teórica suficiente sobre la rigidez de precios. No logran responder de forma satisfactoria a preguntas como: ¿por qué los agentes económicos no agotan todas sus oportunidades de intercambio? o ¿qué impide a los agentes tantear precios diferentes?

Tratando de superar estas limitaciones, se han desarrollado recientemente nuevos modelos en los cuales la determinación de los precios forma parte del problema de asignación de recursos. Los agentes económicos establecen sus precios de acuerdo con «conjeturas» sobre las funciones de oferta y demanda. Los precios de equilibrio se alcanzarán cuando los distintos agentes no perciban ningún incentivo del mercado para modificarlos. En otras palabras, estos mecanismos suponen que los agentes económicos adaptan sus precios para analizar el carácter más o menos restrictivo de las señales de cantidad que reciben del mercado.

El problema sigue radicando en que estos modelos no justifican teóricamente de forma suficiente las inercias y las rigideces en los procesos de ajuste de los mercados.

Vigencia actual de las ideas keynesianas

En los párrafos anteriores se han analizado los desarrollos recientes de la teoría económica, tanto en la vertiente de la nueva Macroeconomía Clásica como en la vertiente de la Economía del Desequilibrio. Cabría formularse una última pregunta cuya respuesta ayudase a determinar la vigencia actual del modelo teórico keynesiano, ya que éste es el que se ha seguido en la estructuración de buena parte de los capítulos de Macroeconomía del presente libro.

Cuando nos acercamos al estudio de las ideas keynesianas desde la óptica de la década de los años 90, llama la atención el hecho de que un reformador liberal y elitista, como fue Keynes, resulte ser en la actualidad el blanco de los más duros ataques por parte de los liberales y, sin embargo, se le defiende desde posiciones más próximas al socialismo. Esta aparente contradicción se explica, en parte, si tenemos en cuenta dos constantes en el pensamiento keynesiano: un cierto paternalismo social que le llevó a preocuparse muy seriamente por los problemas de la vida real, especialmente por los de tipo social, y su planteamiento eminentemente crítico ante la relación normalmente establecida entre política y economía.

Tratemos ahora de justificar la posición y valoración actual del cuerpo teórico keynesiano. Dado el carácter pragmático de la mentalidad de Keynes y su interés en que los desarrollos teóricos pudieran ser de utilidad para combatir los problemas de su época, no debe extrañarnos que el modelo teórico keynesiano generalmente aceptado haya perdido en buena medida su vigencia. El mundo real ha experimentado serias transformaciones, y lógicamente las teorías keynesianas se han ido quedando progresivamente obsoletas, hecho que ya señalamos en el Capítulo 24, al observar la preeminencia actual en el campo de las ideas económicas de aquellas doctrinas que Keynes combatió.

En cualquier caso debe destacarse que muchos elementos de la *Teoría General* están incorporados en el instrumental teórico y conceptual que en la actualidad emplean los economistas. En este sentido, buena parte de los desarrollos del paradigma neoclásico se han visto precisamente motivados por tratar de incorporar en los modelos de equilibrio general algunas de las hipótesis keynesianas.

Pero si analizamos con cierta profundidad la obra de Keynes, y en especial la *Teoría General* y los desarrollos posteriores, tanto de la síntesis neoclásica como los llevados a cabo por los monetaristas, se obseva que hay una serie de elementos del mensaje keynesiano auténticamente innovadores que no han sido suficientemente desarrollados. Así, Keynes destacó la importancia de incluir en un esquema teórico global sobre el funcionamiento de una economía las pautas de comportamiento realmente empleadas por los agentes en su proceso de formación de planes inconsistentes. Keynes admitió que los individuos, aunque actúen guiados por un principio de racionalidad, utilizan modelos de la realidad que con frecuencia son inconsistentes y erróneos.

Por otro lado, Keynes destacó la importancia para el funcionamiento de los mercados de señales distintas a los precios como elementos condicionantes del proceso de toma de decisiones por parte de los agentes. Asimismo, señaló la necesidad de distinguir entre planes a priori y transacciones efectivamente realizadas. No debe olvidarse que Keynes puso de manifiesto la importancia de analizar el proceso seguido por los agentes al tratar de llevar a cabo sus planes de transacción, pues cabe la posibilidad de que éstos generen situaciones de desequilibrio durante períodos de tiempo prolongados.

Lo reseñable es que estas ideas han sido retomadas sólo parcialmente por la Economía del Desequilibrio, por lo que aún ofrecen un campo prometedor por la investigación económica.

■ No sólo el keynesianismo presenta lagunas

A pesar de la vigencia de estas aportaciones keynesianas no puede negarse que, dado el carácter pragmático y muy centrado en el entorno económico y social que rodeaba a Keynes, su obra, a la altura de la década de los noventa, aparece como algo caduco. No obstante, una revisión de algunos de los acontecimientos económicos acaecidos a lo largo de la década de los ochenta nos revela que las teorías que han aparecido como paradigmas alternativos al keynesiano tampoco resultan muy bien paradas. A título de ejemplo, baste reseñar los hechos siguientes (*):

- En la mayoría de las economías la experiencia de la década de los ochenta no parece confirmar el monetarismo friedmaniano. La relación entre la cantidad de dinero y la renta no ha sido tan estrecha como cabía esperar y, además, se ha visto sometida a desplazamientos relevantes, contradiciendo las prescripciones monetaristas.
- En lo referente a las expectativas racionales, los hechos han sido tan desfavorecedores como para el monetarismo. La puesta en práctica de políticas monetarias tendentes a combatir la inflación ha conllevado unos costos en términos de desempleo, pérdida de producción y beneficios que se aproximan mucho a los previamente estimados por algunos keynesianos, superando con mucho las esperanzas de los seguidores de la teoría de las expectativas

(*) P. Samuelson: Discurso de investidura como doctor *honoris causa,* por la UNED. Mimeografiado. Madrid, 1989.

racionales, que esperaban que las políticas estabilizadoras tendrían un costo reducido.

• En lo referente a la política cambiaria hay algunas evidencias que tampoco confirman las hipótesis neomonetaristas. Así, por ejemplo, la depreciación de la moneda sueca a principios de la década de los ochenta parece que, tal como ocurrió con la depreciación de la moneda belga en 1936, ha reportado unos beneficios reales durante un período de tiempo suficiente. Estos hechos también se ajustan más a las hipótesis poskeynesianas que a las doctrinas de la Nueva Macroeconomía Clásica, que defienden que una depreciación sólo puede originar débiles ganancias reales y por un período de tiempo muy breve.

■ No existen dogmas de fe en economía

De estos comentarios no debe inferirse que las ideas keynesianas de 1936 sean las apropiadas para explicar los acontecimientos económicos de la década de los noventa. Su mensaje iluminó el mundo económico en una fase en la que éste estaba sumido en una profunda depresión. Con el transcurso de los años el cuerpo teórico keynesiano se ha ido quedando desfasado y el reto radica en tratar de mantenerlo en pie como instrumento eficaz para explicar un entorno cambiante.

Por ello cabe afirmar que el mensaje keynesiano no debe tomarse como dogma de fe, sino como modelo a seguir, en el sentido de que es el cuerpo teórico el que debe modificarse con objeto de tratar de explicar la realidad y no limitarnos a desarrollar paradigmas que, dándole la espalda a la complejidad del mundo real, se sumerjan en un mundo de axiomas y teoremas cada vez más alejado de lo que se prentende explicar. El poder del aparato analítico-matemático desarrollado en las últimas décadas por los teóricos de la economía ofrece un potencial tal que sería una pena no esforzarse en aplicarlo para tratar de superar las deficiencias que el cuerpo doctrinal presenta cuando se tratan de afrontar situaciones tomadas de la vida real.

RESUMEN

• Según los mercantilistas el objetivo que debería orientar las actuaciones de las autoridades económicas debía ser el logro de un excedente comercial. Para ello se debían promulgar medidas de carácter proteccionista y, en general, todo tipo de disposiciones administrativas tendentes a fomentar la prosperidad nacional y las exportaciones netas.

• Los fisiócratas se opusieron a las restricciones gubernamentales que encorsetaban la actividad económica. Para las fisiócratas la agricultura era el único sector genéricamente productivo, el único que generaba excedente, del cual dependía todo los demás. La riqueza de una nación procedía de su capacidad de producción, y no de la cantidad de oro y plata que poseyera.

• La economía clásica tiene como núcleo ideológico a A. Smith. Según Smith la clave del funcionamiento económico de la sociedad descansa en las leyes del mercado y en la interacción del interés individual y la competencia. En la economía de mercado todo se convierte en mercancías con un precio, y la oferta de estas mercancías es sensible a los cambios de precios.

• A. Smith concebía la acumulación de los beneficios como el motor de la sociedad. La acumulación tiene como consecuencia mayores medios de producción y una mayor división del trabajo, lo que significa mayor productividad y más riqueza.

• D. Ricardo fue una de las figuras más destacadas de la escuela clásica. Ricardo veía que las perspectivas a largo plazo de la economía eran sombrías. El crecimiento de la población acompañaba a la expansión económica y esta expansión llevaba consigo un aumento de las necesidades de alimentos, que podía satisfacerse sólo a costos más altos. El aumento de los salarios hacía disminuir la participación de los beneficios en el producto. Así pues, la expansión económica socavaba sus propios cimientos, pues al reducirse la tasa de beneficios emergería el estado estacionario en el que no había acumulación neta.

• La ley de los mercados de Say (la oferta crea su propia demanda) es una pieza básica del esquema clásico. Esta proposición se entendía referida a la economía en su conjunto y no a la situación de empresas o industrias individuales. Un supuesto fundamental es que todos los ingresos se gastaban y nada se atesoraba.

• Malthus afirmó que en la naturaleza existe una tendencia a que la población deje atrás a todos los medios posibles de subsistencia. Además, Malthus vivía preocupado por la posibilidad de lo que él llamaba un «atascamiento general», esto es, una inundación de mercancías sin posibles compradores.

• J. S. Mill defendía que las consecuencias de las leyes de la distribución estaban socialmente determinadas y quedaban sujetas al control humano de forma que podían ser alteradas. Por otro lado, J. S. Mill se sentía preocupado por la tendencia a la inestabilidad que surgiría cuando la economía se aproximase al estado estacionario. Para evitar el peligro de bruscas oscilaciones J. S. Mill defendía una mayor intervención del Estado.

• Según Marx la producción y el intercambio de productos constituyen la base de todo orden social. Marx construyó su modelo económico para demostrar cómo el capitalismo conduciría inevitablemente a su destrucción. Para Marx el sistema capitalista generaba una serie de fuerzas que hacen descender la tasa de beneficios y motivan la aparición de crisis cada vez más graves.

• Entre los autores neoclásicos destaca A. Marshall. Para este autor el análisis del funcionamiento del sistema de mercado empezaba con el estudio del comportamiento de los productores y de los consumidores. Para Marshall la cuestión principal, desde una perspectiva macroeconómica, consistía en la determinación del nivel general de precios. En este sentido su análisis se desarrolló en torno a la teoría cuantitativa del dinero.

• Keynes rechazó que el estado normal de la economía fuese el pleno empleo y justificó la existencia de equilibrio con desempleo involuntario.

Las ideas keynesianas fueron atacadas por la escuela monetarista. La nueva versión de esta polémica tiene lugar entre la Nueva Macroeconomía Clásica y la Economía del Desequilibrio.

CONCEPTOS BASICOS

— Los mercantilistas.
— Los fisiócratas.
— El «laissez faire, laissez passer».
— La economía clásica.
— La mano invisible.
— La teoría del valor.
— La teoría de la acumulación.
— El salario de subsistencia.
— La ley de Say.
— La economía marxista.
— El materialismo dialéctico.
— La teoría de la explotación.
— La economía neoclásica.
— El equilibrio general.
— La revolución keynesiana.
— Síntesis neoclásica.
— La contrarrevolución monetaria.
— La Nueva Macroeconomía.
— Expectativas racionales.
— La Economía del Desequilibrio.

TEMAS DE DISCUSION

1. ¿Por qué razones los mercantilistas consideraban como algo perjudicial la existencia de un déficit en la balanza comercial? ¿En la actualidad, qué circunstancias han cambiado respecto a las que se daban en la época mercantilista?

2. ¿Cuál era el único sector genéricamente productivo para los fisiócratas? ¿En qué medida influirá el oro y la plata en la riqueza de un país?

3. Según A. Smith el hombre que necesite ayuda, ¿qué debería hacer, esperar benevolencia de los demás o intentar en su favor el interés propio de los demás?

4. ¿En qué sentido la competencia entre los capitalistas contribuiría a limitar el crecimiento de la economía en el modelo de A. Smith?

5. ¿Qué papel jugaban las tierras marginales en el modelo de D. Ricardo? ¿Qué renta económica generaba este tipo de tierras?

6. ¿En qué supuestos descansa la ley de los mercados de J. B. Say? ¿La existencia de atesoramiento invalida necesariamente la ley de Say?

7. ¿La visión de la economía de T. Malthus la calificaría usted de optimista o de pesimista? ¿El único problema que Malthus veía radicaba en el crecimiento de la población? ¿En qué sentido empleó algunas ideas típicamente keynesianas?

8. ¿Por qué J. S. Mill creía que un sistema incontrolado presentaría fuertes tendencias hacia la inestabilidad? ¿En qué sentido J. M. Mill fue un defensor del control de la «demanda efectiva» por parte del Estado?

9. ¿En qué sentido Marx creía que el capitalismo estaba cavando su propia fosa? ¿Por qué cree usted que no se han cumplido las predicciones marxistas respecto a la dinámica del capitalismo?

10. ¿Qué papel jugaban las economías de escala en el pensamiento de A. Marshall? ¿Podrán suponer éstas un problema insalvable para el sistema competitivo?

Glosario

A la par. Término indicativo de la equivalencia entre el valor efectivo de un título y su valor nominal.

Acción. Título que representa una parte alícuota de la propiedad de una sociedad o corporación.

Acción preferente. Una acción a la que se da preferencia sobre la común cuando se pagan los dividendos. Es decir, deben pagarse dividendos específicos a las acciones preferentes antes de que cualquier dividendo se reparta a las acciones comunes.

Aceleracionista. Hipótesis que defiende que los intentos de mantener baja la tasa de desempleo por medio de políticas de demanda expansiva causarán una inflación más rápida y no conseguirán disminuir el desempleo.

Acelerador. Teoría según la cual la inversión depende de la variación de la renta.

Activo. Conjunto de derechos y propiedades que la empresa utiliza como medios de explotación.

Activo fijo. Bien durable que se espera que perdure por lo menos un año.

Activos exteriores netos. Diferencia entre la propiedad de activos extranjeros por parte de los residentes nacionales y la propiedad de activos nacionales por parte de extranjeros.

Activo líquido. Activo que puede venderse rápidamente a un precio predecible, con poco costo o molestia.

Acuerdo General de Tarifas y Comercio (GATT). Organización internacional que actúa en favor de la liberalización de los intercambios internacionales y de la eliminación de las restricciones al libre comercio.

Acuerdo restrictivo. Acuerdo entre empresas para restringir la competencia con objeto de fijar los precios o repartirse el mercado.

Acumulación no deseada de existencias. Acumulación real menos la deseada.

Agentes económicos: Se dividen en privados (economías domésticas o familias y empresas) y públicos (sector público).

Ahorro. Véase *Ahorro personal.*

Ahorro forzoso. Una situación en la que las familias pierden el control sobre parte de su renta, que se encauza hacia el ahorro, aunque hubiesen preferido consumirla. Puede acontecer si las autoridades monetarias proporcionan recursos financieros para la inversión, creando inflación que reduce el poder de compra de la renta de los consumidores (reduciendo, por tanto, el consumo). Alternativamente, el ahorro forzoso surge si los impuestos se utilizan para proyectos de inversión (como construcción de pantanos).

Ahorro personal. Por lo general y comúnmente, se define como la diferencia entre el ingreso personal disponible y el gasto en consumo de una economía doméstica con el fin de aumentar su riqueza. Más estrictamente es el ingreso personal disponible menos los gastos de consumo y menos los pagos de intereses sobre las deudas del consumidor.

Ajuste estacional. La eliminación de los movimientos estacionales regulares de series temporales.

Ajustes suaves. Un intento de suavizar las fluctuaciones económicas mediante ajustes frecuentes en las políticas monetarias y/o fiscales.

Alienación. Ocurre cuando los trabajadores muestran menos interés por su trabajo porque pierden el control de sus actividades a medida que la organización de la producción es más compleja.

Amortización según reposición. Depreciación basada en los costos de reposición corrientes de los edificios y equipos, más que en los costos históricos de adquisición.

Análisis costo-beneficio. El cálculo y comparación de los beneficios y costos de un programa o proyecto.

Análisis del equilibrio general. Análisis que toma en consideración las interacciones entre los mercados.

Análisis de equilibrio parcial. Análisis de un mercado concreto o conjunto de mercados, ignorando las interrelaciones con los demás.

Análisis de regresión. Un cálculo estadístico de la relación entre dos o más variables.

Análisis marginal. Búsqueda del valor óptimo de una variable comparando los costos y los beneficios que provocarían pequeñas variaciones de esa variable. Subyace a las teorías económicas de la demanda del consumidor y de la oferta de la empresa.

Año base. El año de referencia al que se asigna un valor de 100 cuando se construye un índice.

Año fiscal. Un período de doce meses seleccionado como año a efectos contables.

Apreciación (depreciación) del tipo de cambio. Véase *Apreciación (depreciación) de una moneda.*

Apreciación de una moneda. En un sistema de tipos de cambio flexibles, un aumento en el precio de una moneda en relación a otra u otras monedas.

Arancel. Impuesto que grava una determinada proporción del precio de un bien importado a un país (véase *Tarifa*).

Arancel proteccionista. Un arancel dirigido a proteger a los productores nacionales frente a la competencia exterior (en oposición a un arancel fiscal, que sólo pretende ser una fuente de ingresos para el Estado).

Arbitraje. 1. Un conjunto de transacciones buscando obtener beneficios, a partir de la existencia de diferencias de precios. 2. Conciliación de las diferencias entre un sindicato y los empresarios por parte de un tercero imparcial (el árbitro), cuyas decisiones son de aceptación obligatoria.

Area de libre comercio (o asociación libre comercio). Grupo de países que eliminan las restricciones comerciales (aranceles, cuotas, etc.) entre sí, pero en donde cada uno conserva el derecho de establecer restricciones a las importaciones procedentes de países no miembros. Comparar con *Uniones aduaneras.*

Argumento de la protección a la industria naciente. La proposición de que las industrias nacionales nuevas con economías de escala o con grandes exigencias de capital humano necesitan protección frente a los productores extranjeros, hasta que estén implantadas.

Asignación de los recursos. La manera en que una economía distribuye sus recursos (sus factores de producción) entre las diferentes ocupaciones en las que se podrían utilizar para producir un determinado conjunto de bienes finales.

Auge. Período de máxima actividad económica antes de la inflexión hacia la fase recesiva. Una de las cuatro fases del ciclo económico.

Autofinanciación. Procedimiento mediante el que una empresa consigue realizar sus inversiones con recursos propios.

Aval. Garantía de carácter comercial, realizada por un tercero, que se convierte —en virtud de este hecho— en co-obligado de pago del efecto. Véase *Balance de situación.*

Balance. Una relación de la posición financiera de una empresa u otra entidad en un momento determinado, mostrando sus activos, pasivos y capital neto.

Balance de situación. Expresión contable de la posición financiera de una empresa en una fecha dada, que enumera el activo en una columna y el pasivo más el neto patrimonial en otra. Cada partida se cita de acuerdo con su valor monetario real o estimado. Los totales de las dos columnas deben cuadrar, ya que el neto patrimonial se define como el activo menos el pasivo exigible.

Balanza comercial (o balanza de mercancías). Valor de las exportaciones de mercancías menos el valor de las importaciones de mercancías.

Balanza de pagos. Documento contable que registra sistemáticamente el conjunto de transacciones económicas de un país con el resto del mundo, durante un período de tiempo determinado.

Bancarrota. 1. Una situación en la que una empresa (o individuo) ha sido legalmente declarado incapaz de pagar sus deudas. 2. Incapacidad de una empresa (o individuo) de pagar sus deudas.

Banco central. Su principal responsabilidad es el control de la oferta de dinero. Un banco central generalmente desempeña también otras funciones, tales como la custodia de las reservas y la vigilancia de los bancos comerciales.

Banco comercial. Institución financiera de propiedad privada con fines de lucro que acepta depósitos a la vista y de ahorro, hace préstamos y adquiere otros activos rentables (particularmente bonos e instrumentos negociables de corto plazo).

Banco de inversión. Empresa que comercia con acciones, obligaciones y otros valores.

Banco Mundial. Organismo internacional encargado de conceder préstamos a largo plazo para ayudar a los países a poner en marcha programas de desarrollo.

Banda. Rango dentro del cual un tipo de cambio puede variar sin que el gobierno se vea obligado a intervenir en el mercado de cambios para evitar movimientos adicionales. Es decir, dentro del sistema de tipos de cambio fijos y ajustables los gobiernos estaban obligados a mantener los tipos de cambio dentro de una banda de fluctuación (de un 1 % a ambos lados de la paridad oficial).

Barreras no arancelarias. Restricciones a las importaciones diferentes de los aranceles, tales como las cuotas de importación. Discriminan en contra de los bienes extranjeros a favor de los nacionales.

Barreras de entrada. Impedimentos que hacen difícil o imposibilitan que una nueva empresa entre en una industria en la que los vendedores ya establecidos tienen beneficios positivos. Ejemplos: patentes, economías de escala, imágenes de marca.

Base monetaria. Efectivo en manos del público, de bancos comerciales y de otras instituciones de depósito, más los depósitos de las instituciones financieras en el Banco Central.

Beneficio. La diferencia entre los ingresos totales y los costos totales en un determinado período.

Beneficio monopolístico. Beneficios que superan al costo de oportunidad del capital suministrado por los propietarios de las empresas y que reflejan la capacidad de éstas para elevar el precio por encima del costo marginal.

Beneficio normal. El costo de oportunidad del capital y/o del empresario. (El beneficio normal es considerado un costo por los economistas, pero no así por los contables.)

Beneficios en especie. Remuneraciones no monetarias, sino de algún bien (tal como comida) o servicio (como asistencia médica).

Beneficios no distribuidos. Beneficios de una sociedad, después del pago de impuestos, deduciendo los dividendos pagados a los accionistas.

Bien. Mercancía, como, por ejemplo, una fruta o un automóvil: todo medio capaz de satisfacer una necesidad.

Bien de inversión. Un bien de capital (planta, equipo o existencias).

Bien de lujo. Bien y servicio que tiene una elasticidad-renta de la demanda mayor que 1.

Bien Giffen. Un bien cuya curva de demanda tiene pendiente positiva.

Bien inferior. Bien cuya cantidad demandada disminuye cuando el ingreso aumenta.

Bien libre. Bien o servicio cuyo precio es cero; debido a ese precio, la cantidad ofrecida es al menos tan grande como la cantidad demandada.

Bien necesario. Bien cuya elasticidad-renta de la demanda es menor que 1.

Bien normal. Un bien para el cual la cantidad demandada aumenta a medida que crece el ingreso. Contrastar con *Bien inferior.*

Bien preferente. Un bien o servicio que el gobierno considera particularmente deseable y que, en consecuencia, fomenta por medio de subsidios o regulaciones (tal como la ley de que los niños deben ir a la escuela para obtener el bien valioso de la educación).

Bien público. Véase *Bien público puro.*

Bien público puro. Bien o servicio de cuyo disfrute no puede excluirse a la población, independientemente de quien pague por él, y cuyo consumo por un individuo no reduce la cantidad disponible para otro individuo. Ejemplo: defensa nacional.

Bien superior. Bien cuya cantidad demandada aumenta al crecer el ingreso. Bien normal.

Bienes colectivos. Bienes que, por su propia naturaleza, proporcionan beneficios a un amplio grupo de personas. Véase, asimismo, *Bienes públicos.*

Bienes complementarios. Bienes en los que el aumento en el precio de uno causa un desplazamiento a la izquierda en la curva de demanda del otro (contrastar con *Bienes sustitutivos*).

Bienes públicos. Bienes que por su propia naturaleza benefician a un amplio grupo de población.

Bienes sustitutivos. Un bien o servicio que satisface similares necesidades que otro. Dos bienes lo serán si un aumento en el precio de uno motiva un desplazamiento a la derecha en la curva de demanda del otro.

Boicot. Rechazo concertado de comprar (*boicot* de compradores) o vender (*boicot* de vendedores). Campaña para desalentar al público a realizar negocios con una determinada empresa, o bien entre países.

Bolsa de valores. Edificio donde se reúnen periódicamente los agentes de cambio para realizar las operaciones bursátiles.

Bono. Obligación escrita de pagar una serie de intereses más el valor del principal en la fecha de vencimiento.

Bono convertible. Un bono que puede cambiarse por una acción en determinadas condiciones y en una fecha predeterminada, a voluntad del tenedor del bono.

Boom. Fenómeno que se traduce en un crecimiento brusco y desproporcionado a las causas que lo provocaron.

Brecha inflacionista. La distancia vertical entre la línea de 45º y la de la demanda agregada a un nivel del producto nacional de pleno empleo.

Brecha del PNB. Cuantía en la que el PNB es menor que el PNB potencial.

Brecha del producto nacional. Diferencia entre la producción real y la potencial o de pleno empleo. Véase *Brecha del PNB.*

Brecha recesiva. La medida en vertical en que la línea de la demanda agregada está por debajo de la recta de los 45° al nivel del producto nacional de pleno empleo.

Burguesía. En la teoría marxista, clase social capitalista.

Caja. Cuenta del activo de una empresa que refleja la cobertura en metálico (monedas y billetes) que posee.

Cantidad de dinero. Véase *Oferta monetaria.*

Capacidad adquisitiva del dinero. Valor del dinero para comprar bienes y servicios; el valor del dinero es igual a la unidad dividida por el índice de precios.

Capital. 1. *Capital real:* edificios, equipos y otros materiales utilizados en el proceso de producción y que han sido producidos a su vez en el pasado. 2. *Capital financiero:* fondos disponibles para la compra de capital real, o activos financieros tales como bonos o acciones. 3. *Capital humano:* la educación, el entrenamiento y la experiencia que hacen a los seres humanos más productivos.

Capital de una empresa de utilidad pública. Capital autorizado sobre el que el organismo regulador aplica el tipo de beneficio permitido.

Capital circulante. Conjunto de recursos que la empresa necesita a lo largo de su proceso productivo.

Capital físico. Instalaciones, equipo y otros materiales utilizados en la producción, los cuales fueron a su vez producidos en el pasado. Planta, equipo e inventarios que contribuyen a la producción de bienes y servicios.

Capitalismo. Sistema social en el que el capital es de propiedad privada. En el *capitalismo de mercado* el Estado no interviene en la asignación de recursos. En el *capitalismo planificado* esta función es muy importante.

Carga o presión fiscal. Véase *Incidencia del impuesto.*

Cartel. Acuerdo formal entre empresas para fijar un precio, para distribuirse el mercado y/o para limitar la producción.

Certificado de Depósito. Medio de pago a plazo fijo nacido en función de un depósito realizado en una entidad de crédito.

Ceteris páribus. «Lo demás constante». En el análisis de la oferta y la demanda es frecuente el hacer el supuesto de «ceteris paribus», es decir, suponer que ninguno de los determinantes de la cantidad demandada u ofrecida cambian, con la única excepción del precio.

Ciclo económico. Movimientos ascendentes y descendentes de la producción real en torno a una senda media con cierta regularidad en una economía capitalista durante un período de tiempo. Un ciclo tiene cuatro fases: recesión, depresión, expansión y auge.

Ciclo político. Ciclo económico causado por las acciones emprendidas por los políticos para aumentar las probabilidades de reelección.

Ciclo de la telaraña. Cambios recurrentes entre una situación caracterizada por una alta producción y precio bajo a otra con un producto reducido y precio elevado. Puede suceder si hay retardos prolongados en la producción y los productores suponen, erróneamente, que el precio actual es un buen indicador del que será el año próximo.

Cierre patronal. Cierre temporal de una fábrica u oficina para privar a los trabajadores de sus empleos. Es un instrumento de negociación que se utiliza algunas veces en los conflictos laborales; el equivalente de la huelga para los empleadores.

Cláusula de costo de vida. Un incremento en los salarios en respuesta a un aumento en el índice de precios, tal como se prevé en un contrato salarial indicado.

Cláusula de escala móvil. Especificación en un contrato o ley, por la cual un precio, salario o cualquier otra cantidad monetaria se aumenta a la misma tasa de crecimiento de un índice de precios específico (normalmente, el índice de precios al consumidor). Véase, asimismo, *Indexación*.

Cláusula de la nación más favorecida. Cláusula de un tratado comercial que obliga a un país a no imponer barreras arancelarias a las importaciones provenientes de un segundo país más altas que las impuestas a las compras de cualquier otro país.

Cobertura. Acción adoptada en los mercados de futuros por las personas que desean reducir los riesgos a que se enfrentan.

Coeficiente de encaje o de reservas. Fracción de los depósitos que los bancos deben mantener en reservas.

Coeficiente Gini. Medida de la desigualdad que se deriva de la curva de Lorenz. Es el área entre la curva y la recta diagonal dividida por el total del área bajo la recta diagonal. Fluctúa entre cero (si no hay desigualdad y la curva de Lorenz corresponde a la recta diagonal) y uno (desigualdad completa, con la curva de Lorenz extendiéndose sobre el eje horizontal).

Coincidencia de deseos. Existe cuando *A* desea ofrecer lo que *B* quiere, al tiempo que *B* desea ofrecer lo que quiere *A*.

Colusión. Acuerdo explícito o tácito entre vendedores con respecto a precios y/o limitar la producción y la rivalidad entre ellos.

Colusión tácita. La adopción de una política común por parte de los vendedores sin un acuerdo explícito.

Comercio internacional. Es el intercambio de bienes y servicios entre los países.

Comparable. La teoría del trabajo comparable plantea que los empresarios deben pagar lo mismo a los hombres y a las mujeres que trabajen en empleos diferentes pero comparables. La dificultad comparable —conocida también como pago equitativo— lleva la idea antidiscriminatoria más allá del requerimiento de un igual pago para un trabajo igual.

Compensación bancaria. Transferencia de cheques del banco en el cual son depositados al banco contra el cual figuran girados, calculando los saldos netos a que den lugar.

Competencia. Véase *Competencia perfecta.*

Competencia no basada en el precio. Competencia por otros medios diferentes al precio, por ejemplo, publicidad o diferenciación de productos.

Competencia de eliminación. Vender a un precio por debajo de los costos con el objetivo de arrojar a los competidores fuera del mercado (y entonces subir precios para obtener beneficios de monopolio).

Competencia imperfecta. Situación en el mercado en la que un comprador o vendedor es lo suficientemente grande para tener un efecto notable en el precio.

Competencia monopolística. Una estructura de mercado con muchas empresas que venden productos poco diferenciados con unas barreras de entrada reducidas.

Competencia operativa. Compromiso por el cual se limita el poder de monopolio mientras se les permite a las empresas ser lo suficientemente grandes como para consolidar las economías de escala. Una alternativa práctica a la finalidad a menudo inalcanzable de la competencia perfecta.

Competencia perfecta. Mercado con muchos compradores y vendedores, en el cual ningún comprador o vendedor individual ejerce influencia (decisiva sobre el precio). Es decir, compradores y vendedores son «aceptadores» de precios, y existe un perfecto conocimiento de las condiciones generales del mercado de libre movilidad de los recursos productivos. Una empresa perfectamente competitiva consideraría el precio dado cualquiera que fuese la cantidad.

Complejo militar-industrial. Término impreciso para designar el poder político combinado ejercido por los oficiales militares y las industrias de defensa; aquéllos con intereses privilegiados en los gastos militares. (En su discurso de despedida, el presidente Eisenhower previno contra el complejo industrial-militar.)

Componente salarial cíclico. Componente del ajuste salarial que se debe a la fase en que se encuentra el ciclo económico. Es positivo en las expansiones y negativo en las recesiones.

Compras del Estado o Gasto Público. Compras de bienes y servicios por parte del Estado, que corresponden al término *G* de la Contabilidad Nacional.

Comunal. Tierra abierta al uso de un grupo muy numeroso; por ejemplo, los pastizales de uso común.

Comunismo. 1. *En la teoría marxista,* última etapa del desarrollo histórico de la sociedad en la cual: a) todos los miembros de la sociedad trabajan y nadie vive de la propiedad del capital; b) se ha eliminado la explotación y hay una sociedad sin clases, y c) el Estado mantiene los medios de producción. 2. *Un uso alternativo corriente:* sistema económico de China, Vietnam y otros países en los que el partido comunista está en el poder. Véase *Perestroika.*

Concentración de vendedores o grado de concentración. Grado en que las ventas de un mercado están concentradas en manos de una empresa o de unas pocas empresas.

Consorcio bancario. Asociación de banqueros inversionistas para suscribir una emisión grande de títulos.

Consumo. 1. Compra de bienes y servicios de consumo. 2. Acción de utilizar bienes y servicios para satisfacer necesidades. 3. Utilización total de un bien (como en el caso de las asignaciones para consumo de capital).

Contabilidad nacional. Define y relaciona los agregados económicos y mide el valor de los mismos.

Contabilidad por partida doble. Un sistema contable en el que cada transacción se refleja en el activo y en el pasivo. Cuando se utiliza este sistema, ambos están equilibrados.

Contingente a la importación (cuota). Límites físicos o cuantitativos a la cantidad que se puede importar de un determinado bien.

Contratación colectiva. Negociaciones entre un sindicato y una empresa o industria sobre salarios y condiciones de trabajo.

Contrato amarillo. Contrato por el cual un trabajador se compromete a no sindicalizarse.

Controles cualitativos o selectivos. En política monetaria, controles que afectan a la oferta de fondos en mercados específicos o a las condiciones de crédito en ciertos mercados.

Controles cuantitativos. En política monetaria, controles que afectan a la oferta total de fondos y a la cantidad total de dinero en una economía.

Convenio colectivo. Negociaciones entre un sindicato y la patronal acerca de los salarios y condiciones de trabajo.

Convertibilidad. Aptitud o posibilidad de algunas monedas de ser cambiadas por otras o por oro.

Correlación. La tendencia de dos variables (como renta y consumo) a moverse juntas.

Corto plazo. Período durante el cual algunos de los factores permanecen fijos.

Costo de oportunidad. Es la opción que debe abandonarse para obtener otra cosa. En períodos de alta inflación el mantener dinero presenta un alto costo de oportunidad frente a otros activos.

Costo a corto plazo. Tiene lugar cuando algunos factores permanecen fijos. La curva de costos medios se supone que inicialmente desciende hasta alcanzar un mínimo y posteriormente aumenta.

Costo a largo plazo. En este contexto la empresa es capaz de ajustarse totalmente al cambio de las circunstancias de forma que no existen factores fijos. En función de que los costos medios a largo plazo aumenten, disminuyan o permanezcan constantes, diremos que existen deseconomías de escala, economías de escala o economías de escala constantes.

Costo fijo. El costo que no se modifica con la variación del producto.

Costo implícito (o imputado). El costo de oportunidad de utilizar un factor de producción que es propiedad del productor.

Costo incremental. Término que los ejecutivos empresariales utilizan frecuentemente en vez de costo marginal.

Costo interno. Véase *costos privados o internos.*

Costo marginal. Aumento del costo total necesario para producir una unidad adicional del bien.

Costo medio fijo. Costo fijo dividido por el número de unidades de producto.

Costo medio total. Costo total dividido por el número de unidades de producto. Es la suma del costo medio fijo y el costo medio variable.

Costo social del monopolio. Es la pérdida neta que experimenta la sociedad como consecuencia de la restricción de la producción por parte del monopolio; viene medido por la suma de las diferencias entre el valor que conceden los consumidores a cada unidad de producción perdida y su costo marginal de producción.

Costo variable medio. Costo variable dividido por el número de variables producidas.

Costos externos. Costos soportados por otros. La contaminación es un ejemplo de costos externos (algunas veces denominados costos de vecindad).

Costos privados o internos. Son los costos en que incurren aquellos que realmente producen (o consumen) un bien.

Costos variables. Cualquier costo que se incrementa cuando el producto aumenta.

Crecimiento. Un incremento en la capacidad productiva de la economía.

Crecimiento económico. Proceso sostenido a lo largo del tiempo en el que los niveles de actividad económica aumentan constantemente.

Crecimiento impulsado por las exportaciones. Crecimiento de la producción y la renta basado en un aumento de las exportaciones y no en la sustitución de las importaciones por producción nacional.

Crédito fiscal a la inversión. Una previsión en la ley fiscal que proporciona una reducción en los impuestos a aquellos que adquieren bienes de capital.

Criterios del costo medio. El precio es igual a los costos directos más el margen bruto (costos comunes más margen neto).

Crisis de la energía. Crisis económica iniciada en 1973-1974 propiciada por el aumento de los precios del petróleo.

Crísis económica. Constituye la fase más depresiva de la evolución de un proceso económico recesivo.

Cuasi-dinero. Un activo altamente líquido que puede rápida y fácilmente convertirse en dinero. Como ejemplo puede citarse un pagaré del Tesoro.

Cuota. Límite numérico. Por ejemplo, límite sobre la cantidad de un bien que puede importarse.

Cuenta corriente. Un depósito bancario transferible por cheque.

Cuenta de capital. Registro de las transacciones internacionales que conllevan compras y ventas de activos.

Cuenta de resultados. Muestra los ingresos, los gastos y los beneficios de una empresa determinada en un período determinado.

Cuentas de la balanza de pagos. Una relación de las transacciones de un país con otros.

Cuentas por cobrar. Deudas de los compradores para con una empresa.

Cuentas por pagar. Deudas contraídas con los proveedores de bienes y servicios.

Cuota de importación. Restricción sobre la cantidad de un bien que puede importarse.

Cuota de mercado. Proporción de la producción de una industria correspondiente a una empresa o grupo de empresas.

Curva de costo marginal a largo plazo. Aumento del costo en que incurre una empresa cuando produce una unidad adicional y puede variar óptimamente para minimizar los costos.

Curva del costo medio a largo plazo. Curva que muestra el menor costo de obtener un nivel dado de producción, permitiendo a todos los factores de producción variar óptimamente para minimizar el costo.

Curva de demanda. Curva con pendiente negativa que relaciona la cantidad demandada de un bien con su precio mostrando el comportamiento de los consumidores. La *curva de demanda agregada* mostrará el nivel de producción agregado de equilibrio.

Curva de demanda quebrada. La curva de demanda a la que una empresa oligopolística se enfrenta, si los competidores le siguen en cualquier reducción de precio que haga, pero no cuando lo incrementa. La quiebra en la demanda se produce al nivel del precio que prevalece.

Curva envolvente. Curva que limita a un conjunto de otras curvas, siéndoles tangente. Por ejemplo, la curva de costo medio a largo plazo es la envolvente de todas las curvas de costo medio a corto plazo (cada una de las cuales corresponde a un volumen dado de capital).

Curva de indiferencia. Una curva uniendo todos los puntos entre los que el consumidor está indiferente.

Curva de Laffer. Una curva que muestra cómo varían los ingresos fiscales al variar el tipo impositivo.

Curva de Lorenz. Curva que muestra cómo se distribuye la renta al reflejar la relación existente entre los grupos de la población y sus respectivas participaciones de la renta nacional. Esta curva puede utilizarse para medir la desigualdad; si todas las familias tienen la misma riqueza, la curva de Lorenz es una recta diagonal. Ver también *Coeficiente Gini.*

Curva de oferta. Muestra el comportamiento de los productores, conforme el precio de un bien es mayor, aumenta la cantidad ofrecida. La *curva de oferta agregada* mostrará la producción agregada a cada nivel de precios.

Curva de Phillips. La curva que señala la relación entre la tasa de desempleo (en el eje de abscisas) y la tasa de inflación o la tasa de variación en los salarios monetarios (en el eje de ordenadas).

Curva de Phillips a largo plazo. La curva (o línea) que relaciona la tasa de desempleo y la tasa de inflación cuando ésta se anticipa correctamente.

Curva o Frontera de posibilidades de producción. Curva que muestra las combinaciones alternativas de productos que pueden producirse si se utilizan los recursos productivos. Presenta la cantidad máxima de producción que puede obtener una economía.

Datos de corte transversal. Observaciones referidas a un mismo instante o período.

Deducción fiscal. Una deducción de la renta imponible. Suponga que un individuo paga $100, de interés en una hipoteca sobre su vivienda. Estos $100 pueden deducirse de la base imponible. Para alguien situado en la banda del 20 % ello implica una reducción de $20 en sus impuestos. Consecuentemente, una deducción de $100, reduce más los impuestos de las personas de rentas más elevadas. Advierta, además, que una deducción de $100, proporciona un ahorro de $20, mientras que un crédito fiscal de $100 los rebaja en esos $100.

Déficit. 1. Monto en el que la cantidad ofrecida es menor que la cantidad demandada al precio existente; lo opuesto a excedente. 2. Cualquier deficiencia.

Déficit presupuestario. La cuantía por la que los desembolsos exceden a los ingresos presupuestarios del Estado.

Deflación. 1. Disminución en el nivel general de precios; lo contrario de inflación. 2. Supresión de los efectos de la inflación en una serie de observaciones, dividiendo cada observación (deflactando) por un índice de precios.

Deflactor del PIB. Es un índice que permite convertir el PIB en términos nominales en el PIB en términos reales. Es el índice más apropiado para reflejar la evolución de todos los precios de los bienes y servicios de la economía.

Deflactor del PNB. El índice utilizado para eliminar los efectos de la inflación de los datos del PNB.

DEG. Véase *Derechos especiales de giro.*

Demanda. Curva o tabla que muestra qué cantidad de un bien o servicio será demandada a diferentes precios posibles.

Demanda agregada. Gasto total planeado o deseado en la economía en conjunto en un período dado. Es determinado por los gastos totales en bienes y servicios de consumo, en bienes y servicios del gobierno, en inversión, y en exportaciones netas.

Demanda derivada. Demanda de un factor, que depende de la demanda del producto o productos del cual o de los cuales es insumo. Por ejemplo, la demanda de harina se deriva de la demanda de pan. Los factores no se demandan por sí mismos, sino porque son necesarios para obtener un bien final u otros bienes intermedios.

Demanda de dinero por motivo precaución. La cantidad de dinero que los individuos y las empresas desean mantener para protegerse contra acontecimientos imprevistos.

Demanda de dinero por motivo transacción. La cuantía de dinero que las empresas y los individuos desean tener para cubrir el tiempo entre el momento que reciben la renta y el momento en que hacen el gasto.

Demanda de inversión. (También conocida como *Inversión deseada* o *planeada.*) Es la cuantía de nuevas plantas y equipo adquiridos durante el año, más los aumentos de existencias que las empresas quieren adquirir. Se excluye la acumulación indeseada de existencias. (Si esto último se incluye, el resultado es la inversión efectiva.)

Demanda elástica. Demanda con una elasticidad mayor que la unidad. Una disminución en el precio provoca un aumento del gasto en el producto, porque la variación porcentual en la cantidad demanda es mayor que la variación porcentual en el precio.

Demanda especulativa de dinero. La tabla o curva que muestra cómo el tipo de interés influye en la cuantía de activos que las empresas y los individuos están dispuestos a mantener como dinero (más que en obligaciones o en otros valores que proporcionan un interés). Un concepto clave en la teoría keynesiana del equilibrio con desempleo. Véase, asimismo, *Trampa de la liquidez.*

Demanda inelástica. Demanda con una elasticidad menor que la unidad. Véase también *Elasticidad de la demanda.*

Depósitos a la vista. Depósito bancario que puede ser retirado y transferido mediante cheque.

Depósito de valor. Activo en el cual puede mantenerse la riqueza a lo largo del tiempo; activo que puede utilizarse para financiar compras futuras.

Depreciación. Generalmente una reducción del valor de un activo. Tanto en la contabilidad de las empresas como en la nacional, la depreciación es la estimación en pesos del grado en que se ha «agotado» o gastado el equipo de capital en el período de que se trate. La depreciación del capital tiene tres causas posibles: 1. El uso de un bien de capital lo deteriora gradualmente (cuanto mayor es el uso durante un período, mayor es la depreciación). 2. El propio tiempo puede desgastar gradualmente un bien de capital, independientemente de que se utilice o no. 3. La mejora de la tecnología (mejores máquinas) puede reducir el valor de las existentes al quedar éstas obsoletas. Denominado también *consumo de capital.*

Depreciación de una moneda. Disminución del valor de una moneda medida en términos de otra u otras monedas.

Depresión. Período amplio de desempleo masivo y exceso de capacidad instalada.

Derechos especiales de giro (DEG). Cuentas creadas por el FMI para incrementar la cantidad de reservas internacionales de los gobiernos nacionales; los DEG pueden utilizarse para cubrir déficit en balanza de pagos.

Desahorro. Ahorro negativo.

Desarrollo endógeno. Estrategia basada en las iniciativas y recursos locales y en el potencial dinámico de la demanda de una zona o región sin establecer una relación concreta con el resto del país.

Desarrollo económico (crecimiento económico). Término aplicado normalmente a los países menos desarrollados y que se refiere al proceso por el cual elevan su producción per cápita, ya sea aumentando su *stock* de bienes de capital, mejorando las técnicas de producción o las cualificaciones de los trabajadores o por otros medios.

Descuento. 1. Procedimiento para calcular el valor presente de uno o más pagos futuros, aplicando un tipo de interés. (Véase *Valor actual*). 2. En terminología bancaria, proceso de préstamos a los bancos comerciales u otras instituciones financieras por parte del banco central.

Desempleo. Imposibilidad que tienen los trabajadores que desean trabajar de poder obtener un empleo. En un sentido más general, subutilización de cualquier recurso productivo. Todos los trabajadores desempleados tienen derecho a recibir una prestación.

Desempleo cíclico. Desempleo originado por un nivel de demanda insuficiente.

Desempleo estacional. Desempleo motivado por los cambios en la demanda de mano de obra en diferentes momentos del año.

Desempleo estructural. Desempleo debido a un desajuste entre la habilidad o la localización de la fuerza de trabajo y la habilidad o localización requerida por el empleador.

Desempleo friccional. Desempleo que no se debe a restricciones de demanda agregada, sino al hecho de que algunos trabajadores dejan sus puestos antiguos para buscar uno mejor, y a que los nuevos miembros de la fuerza laboral dedican un cierto tiempo a buscar trabajo.

Desequilibrio fundamental (en economía internacional). Un concepto utilizado, pero no claramente definido, en los artículos del acuerdo del Fondo Monetario Internacional. Significa, en términos generales, un desequilibrio en la balanza de pagos que dura un cierto tiempo y no puede eliminarse sin aumentar las restricciones al comercio o sin imponer políticas muy restrictivas para la demanda agregada.

Desindustrialización. Una reducción en el tamaño del sector manufacturero, generalmente producido por la competencia de las importaciones.

Desplazamiento de la demanda. Movimiento en la curva de demanda hacia la izquierda o la derecha como resultado de un cambio en el ingreso o en cualquier otro determinante de la cantidad demandada (con la única excepción del precio del bien).

Desplazamiento de la oferta. Movimiento de la curva de oferta de un bien hacia la derecha o la izquierda como resultado de cambios en los precios de los insumos o de cualquier otro factor, distinto al precio, que afecte a la cantidad ofrecida.

Determinantes de la demanda. Factores, distintos al precio, que afectan a la cantidad demandada de un bien o servicio.

Determinantes de la oferta. Factores distintos al precio que afectan a la cantidad ofrecida de un bien o servicio.

Deuda nacional. Véase *Deuda pública.*

Deuda perpetua. Una obligación sin fecha de vencimiento que continuamente paga intereses. Típica de los países subdesarrollados.

Deuda con plazos iniciales fuertes. Una deuda en la que los pagos medidos a precios constantes son mayores al principio que al final del período de devolución.

Deuda pública. 1. Saldo de deuda del gobierno nacional. 2. Saldo de deuda del gobierno central, excepto la de los fondos de las corporaciones del Estado. 3. Saldo de deuda del gobierno central, excluida la de las corporaciones del Estado y la del banco central.

Deuda pública exterior. Títulos de deuda gubernamental poseídos por extranjeros.

Devaluación. En economía internacional, reducción del valor de paridad de una moneda, lo que significa revalorización relativa de las monedas extranjeras.

Devaluaciones competitivas. Devaluaciones sucesivas de distintos países, buscando cada uno de ellos obtener una ventaja competitiva por ese medio. (No todas pueden tener éxito; no se alcanzará el objetivo en la medida en que los demás países también devalúen.)

Dictadura del proletariado. En economía marxista, situación posterior a la revolución que elimina a la clase capitalista y pasa el poder a manos del proletariado.

Diferencias salariales dinámicas. Una diferencia salarial que se origina en las condiciones cambiantes de la demanda y de la oferta en el mercado de trabajo. Tiende a desaparecer a lo largo del tiempo, conforme el trabajo se traslada de los empleos con salarios relativamente bajos a aquellos con retribuciones mayores.

Diferenciación del producto. Situación en la que los compradores consideran que los productos de vendedores rivales son muy sustitutivos aunque no totalmente.

Dilema político. Sucede cuando una política que ayuda a resolver un problema empeora otro.

Dinero. Medio de pago aceptable utilizado de manera generalizada para la compra de bienes y servicios.

Dinero bancario. Dinero creado por los bancos, en un proceso de expansión múltiple del crédito.

Dinero fiduciario. Papel moneda que ni está respaldado ni es convertible en metales preciosos, pero, a pesar de todo ello, sigue siendo dinero legal, en el sentido de que el Estado así lo afirma.

Dinero legal. Medio de cambio que por ley debe aceptarse como pago de una deuda.

Dinero mercancía. Bienes que en las sociedades primitivas hacían la función de dinero y que tenían valor por sí mismos.

Distribución funcional de la renta. División de la renta nacional entre los diferentes factores de producción; en particular, las participaciones del capital y el trabajo en la renta.

Distribución pesonal de la renta. Reparto de la renta agregada entre las unidades económicas individuales.

Discriminación de precios. La venta del mismo bien o servicio a precios distintos a compradores diferentes o en mercados distintos, cuando no existe para ello justificación por diferencia de costos, tales como los transportes.

Diversificación. Estrategia consistente en reducir el riesgo invirtiendo en varios activos arriesgados.

Dividendo. Parte de las ganancias de una sociedad anónima pagada a los accionistas de forma más o menos irregular.

Dividendo fiscal. Un superávit presupuestario, medido al nivel del producto nacional de pleno empleo, que se genera por el crecimiento de la capacidad productiva de la economía. Este término se utilizó principalmente en la década de los años sesenta.

Divisa. La moneda de otro país.

Divisa patrón. Moneda nacional utilizada corrientemente por extranjeros en las transacciones internacionales y por autoridades monetarias mundiales cuando intervienen en el mercado de cambio extranjero. Ejemplo: el dólar de los Estados Unidos.

División del trabajo. Organización del proceso productivo en distintas actividades, realizadas por trabajadores diferentes (por ejemplo, la línea de ensamblaje de una planta de automóviles), que permite la especialización y la mecanización, causas ambas de que aumente la producción por persona.

Doble imposición. La imposición de los beneficios de una sociedad cuando éstos se ganan y luego cuando se distribuyen como dividendos.

Dumping. 1. La venta de un bien en el extranjero a un precio menor que en el país. 2. Una forma de discriminación de precios.

Duopolio. Mercado en el que sólo hay dos vendedores.

Econometría. La aplicación de los métodos estadísticos a los problemas económicos para medir relaciones entre variables económicas.

Economía. El estudio de la asignación de recursos escasos para satisfacer las necesidades humanas. La ciencia que estudia la asignación eficaz de los recursos escasos de una sociedad para la obtención de un conjunto ordenado de objetivos.

Economía abierta. Economía que efectúa transacciones con otros países.

Economía cerrada. Economía sin transacciones internacionales.

Economía clásica. Según Keynes, es el cuerpo de teoría macroeconómica que antecede a la publicación de la *Teoría General.* De acuerdo con la teoría clásica: una economía de mercado tiende al pleno empleo; una disminución general de precios y salarios puede restaurar el pleno empleo; una economía de mercado tiende a ser estable si las condiciones monetarias son estables; los cambios en la cantidad de dinero son la causa principal de las variaciones en la demanda agregada. El fundador de la economía clásica fue Adam Smith. Otras figuras de la economía clásica fueron: David Ricardo, Thomas Malthus y John Stuart Mill.

Economías (deseconomías) de escala. Véase *Rendimientos crecientes (decrecientes).*

Economía del desequilibrio. Ofrece una nueva lectura de la economía keynesiana. Defiende que los agentes económicos se enfrentan con restricciones que implican la imposibilidad de vender (o comprar) todo lo que desean a los precios vigentes.

Economía de la oferta. Enfoque sobre la economía entroncado con los economistas. Se le presta una especial atención a los elementos relacionados con la oferta agregada y se procura incentivar la producción, vía estímulo de la iniciativa privada.

Economía de libre empresa. Economía en la que a los individuos se les permite ser propietarios de grandes cantidades de capital y las decisiones se toman principalmente en mercados privados, con una interferencia gubernamental relativamente pequeña.

Economía de mercado. Economía en la cual las preguntas *qué, cómo* y *para quién* se responden por las acciones de individuos y empresas en el mercado, y no por el gobierno.

Economía keynesiana. Principales proposiciones macroeconómicas de John Maynard Keynes en *La Teoría General del Empleo, el Interés y el Dinero* (1936); una economía puede lograr el equilibrio con desempleo en gran escala; las medidas para reducir la demanda agregada pueden curar el desempleo; y las políticas fiscales son la mejor medida para controlar la demanda agregada. Compare con *Economía clásica.*

Economía marxista. Aquella en que la mayoría del capital es propiedad del Estado. Los individuos, por supuesto, poseen bienes de capital de pequeña relevancia, pero las principales formas de capital —fábricas y maquinaria pesada— son poseídas por el Estado. El poder político está en manos de un partido que sigue las doctrinas de Karl Marx.

Economía mixta. Economía en la cual el mercado privado y el gobierno comparten las acciones en lo referente a *qué, cómo* y *para quién* debe producirse.

Economía sumergida. Actividad económica no observada ni por los inspectores de la D.G.I. ni por las estadísticas oficiales.

Economía totalmente centralizada o autoritaria. Las decisiones se toman de forma centralizada en la agencia de planificación.

Economizar. Maximizar los recursos escasos; ser prudente en los gastos.

Ecuación de cambio. $MV = PQ$. Véase *Teoría cuantitativa del dinero.*

Efectos derivados. Véase *Externalidad.*

Efecto desplazamiento o expulsión. El aumento del gasto público puede «desplazar» a la iniciativa privada de dos formas: llevando a cabo proyectos que, en caso contrario, los realizaría el sector privado a través de reducir la inversión privada; para financiar los déficit presupuestarios se reduce la financiación disponible para las empresas y se elevan los costos financieros. Aunque el término a menudo se utiliza vagamente, existen dos condiciones generales en las que pueda producirse el efecto-expulsión. En primer lugar, el gasto público puede expulsar inversión debido a limitaciones de recursos (si la economía se encuentra en el nivel de pleno empleo); en segundo lugar, puede producirse un efecto-expulsión si los tipos de interés suben y ahogan la inversión sensible al tipo de interés.

Efecto-renta. Cambio en la cantidad demandada de un bien como resultado de una variación de la renta real, sin ningún cambio en los precios relativos.

Efecto sustitución. La variación en la cantidad demandada de un bien como consecuencia de un cambio en su precio cuando el efecto renta real causado por la variación del precio se ha eliminado, es decir, un cambio en la cantidad demandada como resultado de un movimiento a lo largo de una curva de indiferencia. Véase, asimismo, *Efecto-renta.*

Efectos externos. Aquellas actvidades de los productores o de los consumidores individuales que inciden sobre otros agentes.

Eficiencia. El fin de conseguir el mejor resultado de nuestros esfuerzos productivos. Véanse también: *Eficiencia en la asignación de recursos, Eficiencia dinámica* y *Eficiencia técnica.*

Eficiencia dinámica. Cambio eficiente en una economía, particularmente, el uso más eficiente de los recursos, la mejor tasa de cambio tecnológico y la tasa más eficiente de crecimiento.

Eficiencia económica. Cuando se produce al menor costo. Véase *Eficiencia técnica.*

Eficiencia en la asignación de recursos. Producción de la mejor combinación de bienes con la mejor combinación de factores.

Eficiencia marginal de la inversión. La tabla o curva que relaciona la inversión deseada con el tipo de interés. La curva de demanda de inversión.

Eficiencia técnica. Condiciones productivas que proveen el máximo producto con los recursos y la tecnología disponibles. Es necesaria pero no implica que se produzca al menor costo.

Elasticidad arco de la demanda. La elasticidad de la demanda entre dos puntos de la curva de demanda.

Elasticidad de la demanda. Se define como:

$$E_p = \frac{\text{Variación porcentual en la cantidad demandada}}{\text{Variación porcentual en el precio}}$$

y mide el grado en el que la cantidad demandada responda a las variaciones del precio de mercado, manteniéndose lo demás constante.

Elasticidad de la oferta. La elasticidad (precio) de la oferta es cambio porcentual en la cantidad ofrecida/cambio porcentual en el precio, manteniéndose lo demás constante.

Elasticidad precio de la demanda (oferta). Véase *Elasticidad de la demanda (oferta).*

Elasticidad precio-cruzada de la demanda. Variación porcentual de la cantidad demandada de un bien cuando el precio de otro se altera.

Elasticidad-renta de la demanda. Véase *Elasticidad de la demanda.*

Elasticidad unitaria. Elasticidad = 1. Si una curva de demanda tiene una elasticidad unitaria, el ingreso total permanece constante cuando el precio cambia. En una línea de oferta con elasticidad unitaria el ingreso total permanece constante cuando el precio cambia.

Emisión de acciones garantizadas. Garantía de un banquero inversionista, en el sentido de que toda la nueva emisión de acciones será vendida. Un banco de inversión asume la responsabilidad de comprar el remanente de acciones no vendidas. Véase *Garantía de emisión.*

Empresa. Unidad económica que organiza y realiza la producción de bienes y servicios. Una empresa puede controlar la actividad de más de una planta; puede ser colectiva o individual, según el número de propietarios.

Empresa abierta. Una empresa que puede contratar trabajadores que no son ni necesitan ser de hecho miembros de un sindicato. Compárese con *Empresa exclusiva* y *Sindicación obligatoria.*

Empresa exclusiva. Organización productiva que contrata únicamente trabajadores que estén sindicalizados.

Empresa multinacional. Una empresa que ejerce su actividad en más de un país.

Empresa de responsabilidad limitada. Empresa poseída por dos o más personas que no posee la forma jurídica de sociedad anónima.

Empresa de utilidad pública. Una empresa que es la única oferente de un bien o servicio esencial en un área y que es controlada por el Estado.

Empresario. Persona que organiza y administra la producción. Alguien que innova y corre riesgos.

Empujón de los costos. Teoría que defiende que las causas de la inflación radican en el comportamiento de los costos de producción, tales como los salarios, precios de los bienes importados, mayores beneficios o tipos de interés.

Encaje bancario. Sistema bancario en el cual los bancos mantienen reservas (en forma de efectivo o depósitos en el banco central) equivalentes a sólo una fracción de los depósitos del público.

Endeudamiento. La proporción de lo que se debe con respecto al capital y beneficios no distribuidos (pasivo no exigible).

Enfoque de las entradas y salidas. La determinación del producto nacional de equilibrio, de acuerdo con el nivel del mismo para el cual las entradas son iguales a las salidas.

Entero. En Bolsa equivale al 1 % del valor nominal del título.

Entrada (o inyección). Aumento en el gasto de algún componente del PNB, con excepción del consumo.

Equidad. Imparcialidad.

Equilibrio. Situación en la cual no existe tendencia alguna al cambio.

Equilibrio de Cournot-Nash. Equilibrio existente cuando cada empresa supone que ninguno de sus competidores reaccionará a ningún cambio que realice.

Equilibrio general. Análisis que tiene en cuenta la interrelación de todos los mercados. Véase *Leon Walras.*

Escala proporcional. Véase *Escala logarítmica.*

Escasez. 1. La cuantía en que la cantidad ofrecida es menor que la demandada al precio prevaleciente; lo opuesto a excedente. 2. Cualquier insuficiencia.

Especulación. Compra (o pacto de retroventa) de un activo con la esperanza de obtener una ganancia rápida ante una elevación (o disminución) de su precio por fluctuaciones en la oferta y la demanda.

Especulador. Cualquiera que compra o vende un activo con la esperanza de beneficiarse con un cambio en su precio.

Estabilizador automático. Fenómeno generado en la economía que tiende a reducir la amplitud de las fluctuaciones. Por ejemplo, la captación de impuestos tiende a reducirse durante la recesión y a aumentar durante el auge, disminuyendo las variaciones del ingreso disponible y de la demanda agregada (por tanto, los impuestos son un estabilizador fiscal automático). Las tasas de interés tienden a caer durante la recesión y a subir durante el auge, debido a los cambios en la demanda por fondos. Estos cambios en la tasa de interés tienden a estabilizar la demanda por inversión. (Son por consiguiente, estabilizadores monetarios automáticos.)

Estabilizador incorporado. Véase *Estabilizador automático.*

Establecimiento (planta). Un lugar físico donde tiene lugar la producción.

Estado (balance de resultados). Balance contable que resume los ingresos, costos e impuestos sobre sociedades de una empresa durante un período de tiempo dado (generalmente un año). Un estado de pérdidas y ganancias.

Estancamiento secular. Una situación con una demanda agregada inadecuada a lo largo de muchos años.

Estanflación. Coexistencia de una alta tasa de desempleo (estancamiento) con inflación.

Esterilización del oro. Un flujo de oro se esteriliza cuando las autoridades monetarias emprenden medidas de mercado abierto para cancelar los efectos automáticos del flujo de oro sobre la oferta monetaria de un país (es decir, cuando se rompen las reglas de juego del patrón oro).

Estructura del mercado. Características que determinan el comportamiento de las empresas en un mercado, como, por ejemplo, el número de empresas, las posibilidades de establecer acuerdos entre las empresas.

Excedente. 1. Monto en el que la cantidad ofrecida es mayor que la cantidad demandada al precio existente. 2. Cualquier exceso o cantidad sobrante. Contrastar con *Déficit.*

Excedente del consumidor. Los beneficios netos que los consumidores se apropian al poder comprar un bien al precio prevaleciente: la diferencia entre la cantidad máxima que el consumidor estaría dispuesto a pagar y la que realmente paga. Equivale aproximadamente al área triangular por debajo de la curva de demanda y por encima del precio de mercado.

Excedente del productor. Beneficio neto que los productores consiguen al poder vender un bien al precio prevaleciente. Retribución al capital y al empresario por encima de su costo de oportunidad. Rentas del capital y del empresario. Gráficamente, el área a la izquierda de la curva de oferta entre el precio de nivel crítico y el prevaleciente.

Exceso de carga fiscal. El decremento en la eficiencia que resulta cuando la gente cambia su conducta para reducir pagos de impuestos.

Exención. En materia fiscal, es la eliminación de la obligatoriedad de pagar un impuesto.

Exceso de demanda. Monto por el cual la cantidad demandada excede la cantidad ofrecida al precio existente. Véase *Excedente*

Exceso de oferta. Monto en el que una cantidad ofrecida excede a la cantidad demandada al precio existente. Excedente.

Exceso de reservas. Reservas que un banco mantiene por encima de la cantidad requerida legalmente.

Expansión. La fase del ciclo en la que la producción y el empleo se incrementan.

Expectativas. Creencias sobre la marcha futura de determinadas variables, tales como precios, tipos de interés. Véase *Expectativas racionales.*

Expectativas adaptativas. Las expectativas serán adaptativas si los individuos creen que el futuro será como ha sido el pasado, y, sin embargo, adaptan sus expectativas si han cometido errores de previsión en el pasado.

Expectativas racionales. Expectativas basadas sobre la información disponible, incluyendo la referente a las políticas seguidas por las autoridades. Las expectativas son racionales si están insesgadas, dada la información disponible. (En palabras simples, la gente no comete consistentemente el mismo error.)

Exportación. Bien o servicio vendido a no nacionales (extranjeros).

Exportación de capital. Adquisición de activos extranjeros.

Exportaciones netas. Exportaciones menos importaciones.

Externalidad. 1. Efecto negativo o positivo de una producción o consumo por los cuales no se efectúa ningún pago. 2. Cuando se da un efecto difusión y no se refleja en los precios del mercado.

Factor de producción. Recurso utilizado para producir un bien o servicio. La tierra, el trabajo y el capital son las tres categorías básicas de factores.

Factor fijo. Un factor productivo cuya cantidad no varía en el corto plazo.

Factoring. Actividad que pone en escena a tres personajes (clientes, deudor y factor), y consiste en la cesión al factor, por parte del cliente, de sus créditos comerciales, encargándose aquél de efectuar el cobro, cuyo buen fin garantiza en caso de morosidad y fallido.

Fallas del mercado. Circunstancias en las que el funcionamiento del mercado no conduce a una situación eficiente.

Fijación del precio según el costo marginal. Poner el precio al nivel donde el costo marginal corta la curva de demanda.

Fijación de precios por el costo medio. Fijación de precio en el nivel en el cual la curva de costo medio (incluida la ganancia normal) intercepta la curva de demanda.

Fijación de precios con saturación de capacidad. Fijar el precio de un bien o servicio a nivel superior durante los períodos de mayor presión de la demanda que en otros momentos. El propósito de esto es alentar a los compradores a elegir los períodos en los que la demanda es inferior y/o a conseguir ingresos más elevados. Ejemplos: electricidad, telesillas de esquí en los fines de semana.

Fijación unitaria del precio. Cuando empresas independientes fijan el mismo precio, incluso sin una colusión explícita, debido a seguir reglas convencionales, tales como porcentajes sobre los costos iguales o criterios similares.

Fijador de precio. Un monopolista (o monopsonista) que es capaz de fijar el precio, debido a que no tiene competidores.

Financiación de la cuenta corriente. Un país financia un déficit por cuenta corriente vendiendo activos a extranjeros o pidiéndoles préstamos.

Flexibilidad de precios y salarios. Facilidad con que los precios y los salarios aumentan o disminuyen cuando cambia la demanda y la oferta.

Flotación controlada. Una flotación sucia. Véase *Tipos de cambio flotantes.*

Flotación libre del mercado de divisas. Situación en la cual las tasas de cambio se determinan por las fuerzas del mercado, sin intervención de los bancos centrales o de los gobiernos.

Flotación sucia. Véase *Tipos de cambio flotantes.*

Fluctuación libre. Una situación en la que los tipos de cambio se determinan por las fuerzas del mercado sin intervención por parte del banco central o del gobierno.

Flujo circular de la renta. Flujo de pagos de las empresas a las familias, a cambio de trabajo y otros servicios productivos, y flujo de pagos de las familias a las empresas a cambio de bienes y servicios.

Flujo de capitales. La salida de capital de un país es su déficit por cuenta de capital, es decir, la diferencia entre sus compras de activos exteriores y las compras de activos nacionales por parte de los extranjeros. Un país tiene una entrada de capital cuando las compras de activos nacionales por parte de extranjeros son superiores a las compras de activos exteriores por parte de residentes nacionales.

Fondo Monetario Internacional (FMI). Institución creada en 1944 para procurar mantener la estabilidad de los tipos de cambio entre las diferentes monedas y suministrar la liquidez necesaria a los países miembros.

Fracasos del mercado. El fracaso de las fuerzas del mercado para conseguir la mejor asignación de los recursos. Por ejemplo, cuando la producción de un bien ocasiona contaminación, excesivos recursos tienden a colocarse en la producción de ese bien y demasiado pocos en las de otros bienes y servicios alternativos. Véase *Fallas del mercado.*

Free rider. Alguien a quien no puede excluírsele de disfrutar los beneficios de un proyecto, pero que no paga nada (o una cuantía desproporcionadamente pequeña) para cubrir sus costos.

Freno fiscal. La tendencia al aumento en la recaudación de impuestos, obstaculizando el crecimiento de la demanda agregada necesaria para alcanzar y mantener el pleno empleo. Este término se utilizó con más frecuencia en la década de los años sesenta.

Fuerza de trabajo. Número de personas empleadas, más las que buscan empleo activamente. Véase *Población activa.*

Función de consumo. 1. La relación entre gastos de consumo y la renta disponible. 2. Más ampliamente, la relación entre los gastos de consumo y los factores que determinan los mismos.

Función de ahorro. 1. La relación entre ahorro personal y renta disponible. 2. Más general, la relación entre el ahorro personal y los factores (como renta disponible y tamaño de la familia) que la determinan.

Función de producción. Relación técnica entre el producto máximo que puede obtenerse y las diferentes combinaciones de insumos para un estado de conocimiento tecnológico dado.

Función de producción a corto plazo. La relación entre la cantidad de factores de producción utilizados y la cuantía de productos que puede obtenerse, en una situación donde la cantidad de capital es constante. Para el caso de una empresa con únicamente dos factores —el capital y otro variable—, la función de producción a corto plazo es un punto de la función de producción a largo plazo.

Función de producción a largo plazo. Una tabla que muestra las diversas combinaciones de factores productivos y el producto máximo que puede obtenerse con cada una de las combinaciones. Para una empresa ordinaria con únicamente dos factores (capital y trabajo), la función de producción puede representarse en una tabla de doble entrada.

Funciones del dinero. Medio de cambio, medida de valor y unidad de cuenta y depósito de valor.

Funciones del Banco Central. Administrador y custodio del oro y divisas, banco del Estado, banco de bancos y suministrador de efectivo, billetes y monedas.

Fusión. Proceso de unión de dos o más empresas bajo un único control mediante compra, intercambio de acciones u otros medios. Una fusión horizontal agrupa empresas competidoras. Una fusión vertical aúna empresas que son proveedoras o clientes entre sí. Una fusión de conglomerado se hace entre empresas que no guardan entre sí ninguna relación semejante a las anteriores.

Ganancia. En economía, remuneración al capital y/o factor empresarial por encima de la ganancia normal. En contabilidad de las empresas, ingresos menos costos (algunas veces también se utiliza para significar ganancias netas del pago del impuesto a la renta de las empresas).

Ganancia de capital. Aumento del valor de un activo a lo largo del tiempo.

Ganancias del intercambio. Aumentos en la renta que resulta de la especialización e intercambio.

Garantía de emisión. Garantía de un banquero inversionista de que la totalidad de una nueva emisión de acciones se suscribirán (si es incapaz de venderlas deberá quedarse el remanente de las acciones no colocadas).

Gastos coyunturales. Incrementos en los gastos públicos a corto plazo intentando generar un movimiento alcista de la economía hacia el pleno empleo.

Gastos de transferencia. Pagos efectuados por el sector público por los que no recibe en contraprestación ningún bien o servicio.

Gastos personales de consumo. Véase *Consumo.*

Gravamen a la contaminación. Un impuesto u otro tributo sobre una actividad contaminante basado en la cuantía de la contaminación.

Grupos no competitivos. Grupos de trabajadores que no compiten entre sí por los empleos, debido a su diferente capacitación o cualificación.

Hiperinflación. Período en el que la inflación supera el 1.000 por 100 al año.

Hipoteca. Derecho Real constituido en seguridad de un crédito, inscrito en el Registro de la Propiedad sobre un bien inmueble. Sin necesidad de desplazar su posesión, los bienes hipotecados están afectados al pago de la obligación que garantizan.

Hipótesis del ciclo vital. La proposición de que el consumo depende de la renta esperada a lo largo de la vida (en contraste con el punto de vista de Keynes de que el consumo depende de la renta corriente).

Hipótesis de la convergencia. La proposición de que las diferencias entre las sociedades capitalistas y comunistas están disminuyendo, o que los países que tienen niveles de renta más bajos acaban alcanzado a los más ricos.

Hipótesis de la renta permanente. La proposición de que el determinante más importante del consumo es la renta permanente (más que la renta corriente).

Huelga de solidaridad. Huelga realizada por un sindicato que no está en conflicto con su propio patrono dirigida a fortalecer la posición negociadora de otro sindicato en huelga.

Ilusión monetaria. Definida estrictamente, las personas tienen ilusión monetaria si su comportamiento se altera cuando hay un cambio proporcional en los precios, rentas monetarias y los activos y pasivos medidos en términos monetarios. En términos más generales, las personas tienen ilusión monetaria si su comportamiento cambia cuando existe una variación proporcional en los precios y renta monetaria.

Importación *(M).* Bien o servicio adquirido a no nacionales.

Importación de capital. Venta de activos a no nacionales.

Impuesto *ad valorem*. Impuesto recaudado como un porcentaje del precio o valor de una posesión.

Impuesto constante. Un impuesto de cuantía fija. Los ingresos proporcionados por él no varían cuando la renta cambia.

Impuesto de sucesiones. Impuesto que grava la propiedad recibida por los herederos de personas fallecidas.

Impuesto específico. Una cantidad fija de dinero por unidad de bien o servicio. Compárese con *Impuesto ad valorem.*

Impuesto implícito. En un programa de bienestar, los beneficios que una familia pierde cuando gana una unidad adicional de renta. (Si los beneficios se reducen en 46 céntimos, el impuesto implícito es de un 46 %.)

Impuesto indirecto. Un impuesto creado para ser transferido y no soportado por aquel que lo paga inicialmente. Ejemplos: sobre ventas, aranceles, etc.

Impuesto negativo sobre la renta. Un impuesto sobre la renta a la inversa, que implica pagos gubernamentales a los individuos y familias con bajos niveles de renta (cuanto menor sea ésta mayor será el pago del gobierno).

Impuesto progresivo. Impuesto que capta un porcentaje del ingreso cada vez mayor, a medida que el ingreso aumenta. Reduce la desigualdad del bienestar económico.

Impuesto proporcional. Impuesto que capta un porcentaje constante del ingreso independientemente del nivel de éste.

Impuesto regresivo. Impuesto que capta un porcentaje cada vez menor del ingreso a medida que éste aumenta. Aumenta la desigualdad del bienestar económico.

Impuesto sobre el consumo. Un impuesto sobre la venta de un bien concreto. Contraponer con *Impuesto ad valorem* e *Impuesto específico.*

Impuestos sobre el valor agregado (IVA). Impuesto gravado sobre una empresa como porcentaje de su valor agregado.

Impuesto sobre la herencia. Un impuesto sobre la propiedad detentada en el momento de la muerte.

Impuesto sobre la renta de las personas físicas. Impuestos gravados sobre la renta que reciben los individuos, bien en forma de sueldos salarios (renta «ganada»), bien la renta procedente de la propiedad, como los alquileres, los dividendos o los intereses (renta «no ganada»).

Impuesto sobre las ventas. Impuesto sobre bienes y servicios (finales o intermedios) en el momento en que se venden.

Incidencia impositiva. Véase *Incidencia de un impuesto.*

Incidencia de un impuesto. La cuantía de la carga impositiva finalmente pagada por los distintos individuos o grupos. (Por ejemplo, ¿en qué medida un impuesto sobre el tabaco aumenta el precio pagado por los compradores y decrementa el precio neto recibido por los vendedores?)

Indexación. Mecanismo mediante el cual los precios o los pagos de un contrato se ajustan para reflejar las variaciones del índice de precios. Los convenios laborales son el ejemplo más importante.

Indicador anticipado. Una serie temporal que alcanza el cambio de tendencia (depresión, auge) antes que la economía como un todo.

Indicador del bienestar económico. Una medida global del bienestar económico. La renta nacional real per cápita se ajusta para tomar en cuenta el ocio, la contaminación y demás influencias no monetarias sobre el bienestar.

Indice. Una serie de números que expresan cómo un promedio (de precios, salarios o alguna otra medida económica) varía a lo largo del tiempo. A cada uno de esos números se les denomina un número índice. Convencionalmente, el número índice del año base es 100.

Indice de precios. Promedio ponderado del nivel de precios, referido a un año base en el cual el valor de la variable se hace igual a 100.

Indice de precios al consumidor (IPC). Promedio ponderado de los precios de los bienes y servicios consumidos por las familias, como por ejemplo el calculado en Argentina por el Instituto Nacional de Estadística y Censos (INDEC).

Industria. Productores de un bien o servicio o de bienes o servicios similares.

Industria recesiva. Una industria en la que las empresas que la componen obtienen menos beneficios que los normales. (Por tanto, algunas empresas abandonarán la industria.)

Inflación. Crecimiento continuo y generalizado de los precios de los bienes y servicios a lo largo del tiempo.

Inflación por empuje de costos. Es la inflación causada principalmente por costos crecientes —en la forma de precios más altos del trabajo, los materiales y otros factores— y no por un aumento de la demanda. Contrastar con *Inflación por tirón de demanda.*

Inflación por tirón de demanda. Inflación causada por un exceso de demanda agregada.

Inflación prematura. Inflación que se produce antes de que la economía alcance el pleno empleo.

Inflación reptante. Un movimiento alcista, suave pero persistente, del nivel medio de precios (a un ritmo no mayor de un 2 o 3 % por año).

Informe financiero. Un informe de las condiciones financieras y perspectivas de una sociedad anónima presentado cuando se van a emitir nuevos títulos.

Ingreso del producto marginal. El ingreso adicional cuando la empresa utiliza una unidad más de un factor de producción (con todos los demás permaneciendo constantes).

Ingreso incremental. Término que los ejecutivos empresariales emplean frecuentemente, en vez de ingreso marginal, para definir el ingreso que obtiene una empresa cuando vende una unidad adicional.

Ingreso medio. Ingreso total dividido por el número de unidades vendidas. Cuando existe un precio único, este precio es igual al ingreso medio.

Ingreso total. Entradas totales provenientes de la venta de un producto. El precio por la cantidad vendida.

Inmovilizado. Bienes y derechos de una empresa que componen su activo fijo y que normalmente permanecen bajo la misma forma durante largo tiempo.

Innovación. Cambios en los productos o en la técnica de producción.

Instrumento de deuda. Una aceptación escrita para reembolsar fondos obtenidos en préstamo.

Instrumento financiero. Un documento legal que representa derechos o propiedad. Ejemplos: bonos, letras de Tesorería.

Instrumentos de la política monetaria. Son el coeficiente de reservas o de caja, las operaciones de mercado abierto, los préstamos de regulación monetaria y los certificados de depósito.

Insumos. Materiales y servicios usados en el proceso de producción.

Integración económica. Eliminación de tarifas y de otras barreras a las relaciones económicas entre países. Unificación parcial o completa de las economías de diferentes países.

Interés. Pago por el uso del dinero.

Intermediario financiero. Institución que emite obligaciones financieras (tales como depósitos a la vista) para adquirir fondos del público. La institución reúne entonces estos fondos y los ofrece en grandes cantidades a empresas, gobiernos o individuos. Ejemplo: bancos comerciales, cajas de ahorro y cooperativas de crédito.

Internalización. Un proceso consistente en que una empresa o individuo tomen en consideración un costo (o beneficio) externo de sus acciones.

Inventarios. Existencias de materias primas, productos intermedios y bienes finales, mantenidos por las empresas productoras o comercializadoras.

Inversión. Utilización de una parte de la producción corriente para aumentar el *stock* de capital. Véanse también *Inversión bruta,* e *Inversión neta.*

Inversión bruta. Gastos en nueva planta y equipo, más el cambio neto en inventarios.

Inversión inducida. Inversión adicional motivada por un aumento en el producto nacional.

Inversión neta. (Privada doméstica). Inversión bruta (privada doméstica) menos depreciación.

Inversión planeada. Inversión deseada; demanda de inversión.

Inversión real o **efectiva.** Inversión tal como aparece en las cuentas del PNB; inversión, incluida la acumulación de existencias no deseada.

Keynesianismo. Cuerpo de pensamiento desarrollado en torno a la obra de J. M. Keynes. En esencia, defiende que, debido a la rigidez de los salarios y los precios, la economía no tiende sistemáticamente a una situación de equilibrio de pleno empleo.

Laissez faire. Traducido estrictamente significa «dejad hacer». Expresión utilizada por los fisiócratas franceses y, posteriormente, por Adam Smith, que significa la ausencia de intervención del gobierno en los mercados.

Largo plazo. 1. Período de tiempo suficientemente amplio para que la cantidad de capital pueda ajustarse al nivel deseado. 2. Período suficientemente largo para lograr el equilibrio. 3. Cualquier período amplio.

Largo plazo, curva de Phillips. La curva (o recta) formada por los puntos posibles de equilibrio a largo plazo; es decir, punto en donde los individuos se han ajustado completamente a la tasa de inflación prevaleciente.

Las «reglas del juego» del patrón-oro. El sobreentendido de que cada país permitirá que su oferta monetaria varíe en la misma dirección que el cambio en sus tenencias de oro. Es decir, si la cuantía de oro de un país aumentase, debería permitir que se incrementara la oferta de dinero, y viceversa.

Leasing. Financiación de bienes de equipo comerciales o industriales, a través de un contrato de arrendamiento con cláusula de acción de compra.

Letra de cambio. Documento representativo de un crédito privado entre el librador y el librado en el que se ordena al librado el pago, en cierto tiempo y en determinado lugar, de la cantidad de dinero a que asciende el crédito.

Ley de rendimientos decrecientes. Si la tecnología permanece constante, el uso de unidades adicionales del factor variable, combinado con uno o más factores fijos, conduce en última instancia a una reducción de la productividad del insumo variable.

Ley de Okun. La observación de que un cambio de un 2 a un 3 % en el PNB real (por comparación con su tendencia a largo plazo) ha estado asociado con una variación de un 1 %, en dirección contraria, en la tasa de desempleo. (Denominada así en honor a Arthur M. Okun.)

Ley de Say. Esta ley establece que la oferta, en términos generales, crea su propia demanda (con independencia del nivel general de precios).

Ley de la utilidad marginal decreciente. Cuando un consumidor consume más y más de un bien, la utilidad marginal del mismo, finalmente, decrecerá.

Leyes antimonopolio. Leyes diseñadas para controlar el poder y las prácticas monopolistas.

Leyes de Engel. Regularidades entre la renta y los gastos de consumo observadas por el estadístico del siglo XIX Ernest Engel. La más importante es el decremento en el porcentaje de la renta gastada en alimentación, conforme la renta aumenta.

Libertad de entrada. La ausencia de barreras que obstaculicen o imposibiliten el que una nueva empresa entre en un sector industrial.

Libre comercio. Situación en la cual no existen aranceles ni ninguna otra barrera que limiten el comercio entre países.

Liderazgo de precios. Método por el cual las empresas oligopolistas establecen precios similares sin llegar a acuerdos explícitos. Una empresa (la líder) anuncia un precio nuevo, esperando que las demás rápidamente la seguirán.

Límite de capacidad. Volumen a partir del cual los costos variables medios aumentan.

Línea de crédito. Compromiso de un banco o de otro prestamista de dar crédito a un cliente hasta un monto determinado, a petición del cliente.

Línea de renta-consumo. La recta o curva formada por los puntos de tangencia entre un mapa de curvas de indiferencia y un conjunto de rectas de balance paralelas. Muestra cómo el consumidor responde a una renta cambiante cuando los precios relativos permanecen constantes.

Liquidación. Ajuste formal de una cuenta. En el caso de una empresa en disolución se llama así a la realización de su activo y pago de deudas.

Liquidez. La facilidad con la que un activo puede venderse rápidamente.

Liquidez internacional. Cantidad de reservas internacionales (divisas extranjeras, etc.) que poseen los distintos países.

Lucha de clases. En economía marxista, la lucha por el control entre el proletariado y la burguesía.

Lucha por el poder de representación. Lucha entre grupos competitivos en una empresa para obtener una mayoría de votos (y, por tanto, controlar la empresa) mediante la reunión de poderes de representación de los accionistas.

M_1. Cantidad de dinero o medio de pago según la definición de efectivo (billetes y monedas) más depósitos a la vista poseídos por el público (excluyendo los que mantienen el gobierno, el Banco de España y los bancos comerciales).

M_2. Cantidad de dinero definida como M_1 más depósitos de ahorro.

M_3. Definición más amplia aún de cantidad de dinero: M_2 más depósitos a plazo.

M_4. Véase *ALP*.

M_5. ALP ampliados con transferencias de activos (pagarés de empresa, deuda pública, etc.).

Macroeconomía. Estudio del conjunto de agregados económicos (tales como empleo total, tasa de desempleo, producto nacional y tasa de inflación).

Macroeconomía de las expectativas racionales. Escuela de pensamiento desarrollada en torno a R. Lucas y T. Sargent que defiende que los mercados se equilibran de forma rápida y que las expectativas son racionales. Los autores de esta escuela creen que las políticas económicas predecibles no tienen efecto sobre el nivel de producción y empleo.

«Mano invisible». Término acuñado por Adam Smith que expresa la idea de que la búsqueda del beneficio personal conduce al logro del beneficio de la sociedad como un todo. Mecanismos de ajuste internacional. Conjunto de fuerzas que tienden a reducir los superávit o déficit en la balanza de pagos.

Mantenimiento de precios al detalle. Práctica por la cual una industria fija el precio mínimo al detalle de un producto, eliminando, por tanto, la competencia de precio entre los minoristas en ese producto.

Mapa de curvas de indiferencia. Conjunto de curvas de indiferencia, cada una de las cuales representa un nivel diferente de satisfacción o utilidad.

Marginal. Una palabra utilizada comúnmente por los economistas para significar «adicional». Por ejemplo, el costo marginal, a corto, es el costo acicional cuando se produce una unidad adicional; el ingreso marginal es la adición al ingreso cuando se vende una unidad más.

Marketing. Conjunto de técnicas y medidas referentes al estudio del mercado, su distribución y comportamiento.

Maximización conjunta de beneficios. Cooperación formal o informal, entre oligopolistas para fijar el precio que proporcione el mayor beneficio para el grupo.

Mecanismo de ajuste internacional. Cualquier conjunto de fuerzas que tienda a reducir los superávit o déficit en la balanza de pagos.

Mecanismo de precios. Véase *Mecanismo del mercado.*

Mecanismo del mercado. Sistema por el cual los precios y la interacción de la demanda y la oferta contribuyen a responder las preguntas más importantes de la economía a saber: *¿qué* producir?, *¿cómo* producir? y ¿para *quién* producir?

Mediana. El elemento central (es decir, la mitad de los elementos están por encima de la mediana y la otra mitad por debajo).

Medio de cambio. Función de la moneda para medir los precios de los bienes y servicios.

Medio de cambio, dinero. Cualquier cosa que sea de aceptación general a cambio de bienes y servicios. Cualquier cosa utilizada comúnmente en la compra de bienes o servicios.

Mejora paretiana. Mejorar la situación de una persona sin empeorar la de ninguna otra [denominada así a partir de Vilfredo Pareto (1848-1923)].

Mercado. Organización en donde se realizan compras y ventas de mercancías. Y se ponen en contacto los demandantes y oferentes.

Mercado Común. Unión aduanera con varios elementos adicionales, tales como libre movimiento de los factores productivos.

Mercado de cambios. Donde una moneda se intercambia por otra.

Mercado de capitales. Un mercado en el cual se compran y venden instrumentos financieros, como pueden ser acciones y obligaciones u otros.

Mercado de divisas o de cambios extranjeros. Un mercado en el cual una moneda nacional se compra a cambio de otra moneda extranjera.

Mercado dual de trabajo. Un mercado de trabajo doble en el que los trabajadores de un mercado son excluidos de los puestos de trabajo de otro mercado.

Mercado financiero. Un mercado en el que se compran o venden los instrumentos financieros (obligaciones, acciones, etc.).

Mercado de futuros. Mercado en el que se pactan contratos a precios especificados hoy, para ser cumplidos en un cierto plazo. Por ejemplo, una venta de futuros de trigo implica el compromiso de entregar el trigo en un plazo de tres meses a partir de hoy, al precio que se establece en el contrato.

Mercado monetario. El mercado para los instrumentos de deuda a corto plazo.

Mercado negro. Un mercado en el que las ventas se realizan a un precio superior al máximo legal.

Mercado Unico Europeo. Proyecto actualmente en desarrollo por los países de la Comunidad Económica Europea para reducir las barreras al máximo entre los países miembros y crear un mercado único. Las implicaciones de este proyecto se concretan en: 1. Total libertad de circulación para personas, bienes y servicios, y capitales. 2. Irrevocabilidad de unos tipos de cambio fijos entre las monedas nacionales. 3. Creación de una moneda única.

Mercantilismo. Teoría que plantea que la prosperidad económica de un país puede lograrse con una balanza comercial positiva y con la acumulación de metales preciosos.

Microeconomía. Parte de la teoría económica que estudia el comportamiento de las unidades, tales como los consumidores, las empresas y las industrias, y sus interrelaciones. Teoría de la asignación de recursos y de la distribución del ingreso.

Modelo. Descripción simplificada de una sencilla economía imaginaria, explicada por gráficos, ecuaciones o palabras —o alguna combinación de los mismos.

Moneda. 1. Monedas y billetes. 2. En economía internacional, una moneda nacional, por ejemplo, el dólar o el marco.

Moneda clave. Una moneda nacional utilizada comúnmente por los extranjeros en las transacciones internacionales y por las autoridades monetarias extranjeras cuando intervienen en los mercados de cambios. Ejemplos: el dólar norteamericano e, históricamente, la libra inglesa.

Moneda corriente. Partida que por ley debe aceptarse para el pago de una deuda.

Moneda legal. Moneda de curso legal no respaldada o convertible en metales preciosos.

Monetarismo. Cuerpo de pensamiento que tiene sus raíces en la economía clásica y que rechaza la mayor parte de las enseñanzas de la teoría general de Keynes. De acuerdo con el monetarismo, la cantidad de dinero es factor determinante de la demanda agregada. La economía es lo fundamentalmente estable, si el crecimiento de oferta monetaria es estable y, por tanto, las autoridades económicas deben seguir una norma para el crecimiento estable de la cantidad de dinero. Muchos monetaristas también creen que los efectos de la política fiscal sobre la demanda agregada son débiles (a menos que estén acompañados por cambios en la cantidad de dinero), y que el gobierno interviene demasiado en la economía. (El monetarista más conocido es Milton Friedman.)

Monopolio. Mercado en el que sólo hay un vendedor. El empresario monopolista tiene la capacidad para determinar el precio. Un monopolio natural surge cuando el costo medio total de una empresa individual se reduce a un nivel tal que ella sola puede producir la cantidad total vendida a un costo medio inferior al de dos o más empresas.

Monopolio bilateral. Estructura de mercado en la cual existe un solo vendedor (monopolista) y un solo comprador (monopsonista).

Monopolio natural. Veáse *Monopolio.*

Monopsonio. Mercado en el que sólo hay un comprador.

Movimiento a lo largo de la curva de demanda. Tiene lugar cuando se produce un cambio en el precio del bien en cuestión.

Movilidad de factores. Facilidad de desplazamiento de los factores entre usos alternativos.

Muestra aleatoria. Una muestra escogida de entre un número grande de observaciones de manera que cada una de éstas tenga igual probabilidad de resultar elegida.

Multiplicador. El cambio en la renta nacional de equilibrio dividido por la variación en la demanda de inversión (o en los gastos gubernamentales, recaudación impositiva o exportaciones). En el modelo más simple (sin impuestos ni importaciones) el multiplicador es igual a la unidad dividida por la propensión marginal al ahorro.

Multiplicador de los depósitos a la vista. El incremento de los depósitos a la vista dividido por el incremento en las reservas bancarias.

Multiplicador monetario. El número de unidades monetarias en que la oferta monetaria puede incrementarse como resultado de un aumento en una unidad de las reservas de las instituciones depositarias.

Multiplicador del presupuesto equilibrado. El cambio en el producto nacional de equilibrio dividido por la variación en los gastos gubernamentales, cuando éstos se financian con un cambio equivalente en los impuestos.

Neocolonialismo. La dominación de la economía de una nación por una empresa o gobierno de otra nación o naciones.

Neutralidad del dinero. El dinero es neutral si un cambio en la cantidad de dinero influye únicamente en el nivel general de precios sin afectar a los precios relativos o a la distribución de la renta.

Neutralidad impositiva. Situación en la cual los impuestos no afectan a los precios relativos.

Nivel general de precios. El nivel de precios medido por un promedio general, tal como el índice de precios al consumidor o el deflactor del PIB.

Nivel de pobreza (o estándar de pobreza). Una estimación de la renta necesaria para evitar la pobreza. En 1984 era de 10.600 dólares para una familia urbana de cuatro miembros.

Nominal (valor). Medido en términos monetarios. Valores corrientes en contraste con valores constantes o reales.

Norma o regla monetaria. Norma, propuesta por los monetaristas, según la cual el banco central debe lograr una tasa de crecimiento de la cantidad de dinero estable.

Nueva Izquierda. Economistas radicales. Marxistas de las últimas décadas.

Nueva macroeconomía clásica. Se centra en revalidar y ampliar los resultados del planteamiento monetarista. Fundamentan la denominada *hipótesis de las expectativas racionales.*

Objetivos complementarios. Objetivos tales que el logro de uno contribuye a alcanzar el otro. Contrástese con *Objetivos conflictivos.*

Objetivos conflictivos. Objetivos tales que el intentar alcanzar uno hace más difícil conseguir el otro.

Obligación. Un reconocimiento por escrito de pagar una serie prefijada de intereses más el valor del principal en la fecha de vencimiento.

Obsolescencia. Pérdida de valor experimentada en los activos materiales por la aparición en el mercado de otros activos producto de una nueva tecnología y de mayor eficacia productiva.

Oferta agregada. 1. Cantidad total de bienes y servicios que se ofrecerían a la venta a los diferentes precios medios posibles. 2. PIB potencial.

Oferta elástica. Oferta con una elasticidad mayor que 1.

Oferta monetaria. Efectivo en manos del público más los depósitos. Según el tipo de depósitos que se incluya (a la vista, de ahorro o a plazo) se habla de M_1, M_2 o M_3. La oferta monetaria real sería el cociente entre la cantidad nominal de dinero y el nivel de precios.

Oligopolio. Mercado en el que hay un número reducido de productores. Se caracteriza por la interdependencia mutua entre los productores y por la existencia de incertidumbre entre las acciones de los rivales.

Oligopolio natural. Véase *Oligopolio.*

Oligopsonio. Un mercado en el que solamente hay unos pocos compradores.

Operaciones de mercado abierto. Compra (o venta) de títulos públicos (u otros) por el banco central en el mercado abierto. (O sea, no realizadas directamente con quien emite el título.)

Optimo paretiano. Una situación en donde es imposible conseguir cualquier mejora paretiana. Es decir, es imposible conseguir que un individuo esté mejor sin hacer que alguien empeore.

Oro, esterilización. Véase *Esterilización del oro.*

Países subdesarrollados. Se caracterizan por un conjunto de insuficiencias en comparación con los países desarrollados.

Pánico. Presión masiva en busca de seguridad, determinada históricamente por una traslación de depósitos bancarios hacia efectivo, y de éste hacia el oro.

Pánico bancario. Situación en la que muchos propietarios de depósitos bancarios intentan retirarlos por temor a que el banco no pueda cumplir con sus obligaciones, lo que suele llevar a la quiebra del banco.

Paradoja de la frugalidad. Situación paradójica, señalada por Keynes, por la que un aumento en el deseo de ahorrar puede llevar a una disminución en la cantidad de ahorro de equilibrio.

Paradoja del valor. La contradicción aparente, indicada por A. Smith, de que un bien esencial (como el agua) tenga un precio reducido mientras que un bien no esencial (como los diamantes) lo tenga elevado.

Paridad de una moneda. Hasta 1971 bajo el sistema de tipos de cambio fijos ajustables del Fondo Monetario Internacional, la paridad era el precio de una moneda especificada en relación al dólar norteamericano o al oro.

Paridad monetaria. El tipo de cambio calculado a partir de los precios oficiales del oro en dos países bajo el patrón oro.

Paridad de precio. Véase *Precio de paridad.*

Participación en el mercado. Porcentaje de las ventas totales de una industria realizadas por una sola empresa.

Pasivo corriente. Deudas por pagar dentro de un período de un año.

Pasivos. 1. Lo que es poseído. 2. Cantidad que pueden perder los propietarios de un negocio si éste entra en bancarrota.

Patente. Derecho exclusivo garantizado oficialmente a un inventor para utilizar el invento durante un período específico (ese derecho puede ser cedido o vendido por el dueño de la patente).

Patrimonio neto. Activos totales menos pasivos. El valor de la propiedad.

Patrón de cambio-oro. Sistema internacional en el que la mayor parte de los países mantienen los valores de sus monedas fijados al de otra moneda, como puede ser el dólar, siendo convertibles con respecto a ésta. A su vez, esta última está fijada y es convertible en relación al oro.

Patrón dólar. Sistema internacional en el que numerosas transacciones internacionales se realizan en dólares y algunos países mantienen una fracción importante de sus reservas en dólares. También es frecuente que otras monedas estén ligadas al dólar.

Patrón oro. Sistema en el que la unidad monetaria se define en términos del oro, las autoridades monetarias compran y venden libremente a ese precio, y el oro puede exportarse o importarse libremente. Si el banco central sigue la «regla del juego del patrón oro», permite que los cambios en el oro se reflejen en cambios en el *stock* de dinero.

Pensiones de vejez, incapacidad y sobrevivientes. Seguridad social.

Perestroika. Es el proceso de reforma radical y de reestructuración de la sociedad puesto en marcha por las autoridades soviéticas.

Perpetuidad. Título que genera una renta constante anual indefinidamente.

Petrodólares. Activos líquidos en dólares de los Estados Unidos que resultan de los pagos por petróleo recibidos por los miembros de la Organización de Países Exportadores de Petróleo (OPEP).

Planificación central. Dirección centralizada de los recursos de la economía. Las decisiones se toman en la agencia de planificación.

Planta. Establecimiento físico donde se efectúa la producción.

Pleno empleo. 1. Situación en la cual no existe desempleo ocasionado por insuficiencias de demanda agregada, es decir, todo el desempleo se debe a causas friccionales o estructurales. 2. Situación en la que todos los que quieren trabajar pueden obtener empleo con razonable prontitud. 3. La práctica totalidad de la población activa tiene trabajo al mismo tiempo.

Plusvalía. En economía marxista, la cantidad en la cual el valor del producto de un trabajador excede su salario; parte del producto apropiada por los capitalistas.

Población activa. Las personas de catorce años o más que tienen trabajo, más las que están desempleadas y están buscando trabajo.

Poder adquisitivo del dinero. Los bienes y servicios que se pueden comprar con una cantidad fija de dinero.

Poder contra-balanceador o compensador. Poder de un grupo que se origina como reacción al poder de otro. Por ejemplo, el desarrollo de un sindicato poderoso puede balancear el poder de contratación de una gran corporación. El término fue creado por el profesor John Kenneth Galbraith.

Poder de mercado. Capacidad de una empresa o individuo de influir sobre el precio de mercado de un bien o servicios.

Política contracíclica. 1. La política que reduce las fluctuaciones en la actividad económica. 2. Política cuyo objetivo es reducir las fluctuaciones.

Política comercial. Política gubernamental que influye en el comercio por medio de los impuestos, las subvenciones y la limitación directa de las importaciones y exportaciones.

Política de demanda. Un cambio en la política monetaria o fiscal dirigida a afectar a la demanda agregada.

Política de estabilización. Medidas del gobierno que intentan controlar la economía con el fin de mantener el PNB cercano a su nivel potencial y unas tasas de inflación bajas y estables.

Política de empobrecer al vecino. Una política dirigida a trasladar un problema de desempleo a otro país. Ejemplo: un aumento en las tarifas arancelarias.

Política de oferta. Reducción de los impuestos; disminución de la burocracia y de la regulación de la actividad económica; establecimiento de reglas estables de política económica, especialmente de corte monetarista, y reducción de la participación del sector público.

Política de rentas. Política gubernamental (de precios y salarios, esencialmente) que busca moderar la tasa de crecimiento de los salarios monetarios y de otros ingresos monetarios, con el objetivo de reducir la inflación.

Política discrecional. Política modificable cuando las condiciones cambian. El término se aplica generalmente a las políticas monetaria o fiscal, y su ajuste para el logro de los objetivos de lograr un alto nivel de empleo y precios estables. Contraste con *Normas monetarias.*

Política fiscal. El ajuste de los tipos impositivos de los gastos gubernamentales con el fin de modificar la demanda agregada (una política fiscal pura exigiría que lo anterior no fuese acompañado por variaciones en la tasa de crecimiento de la cantidad de dinero).

Políticas fiscales discrecionales. Las que exigen tomar medidas explícitas. Las más significativas son: los programas de obras públicas y otros gastos, los proyectos públicos de empleo, los programas de transferencias, y la alteración de los tipos impositivos.

Política fiscal expansiva. Aumento del gasto público o reducción de los impuestos.

Política fiscal contractiva. Reducción del gasto público o aumento de los impuestos.

Política monetaria. Medidas del banco central orientadas a controlar la cantidad de dinero o las condiciones de crédito; por ejemplo, operaciones de mercado abierto o modificaciones del coeficiente de caja (encaje bancario).

Política monetaria acomodaticia. 1. Aquella que aumenta la demanda agregada cuando los salarios y demás costos se incrementan para prevenir que el desempleo crezca por el empujón de costos. 2. Una política monetaria que permite que la cantidad de dinero varíe en respuesta a los cambios en la demanda de préstamos.

Política monetaria contractiva o restrictiva. Medidas tendentes a reducir el crecimiento de la cantidad de dinero y a elevar los tipos de interés.

Política monetaria expansiva. Medidas tendentes a acelerar el crecimiento de la cantidad de dinero y a elevar los tipos de interés.

Política procíclica. Una política que amplifica las fluctuaciones cíclicas («procíclica» se refiere a los resultados y no a las intenciones.)

Política de rentas antiinflacionista. Una política gubernamental (como control sobre precios y salarios o indicadores sobre los mismos) que busca moderar la tasa de incremento de los salarios monetarios y otras rentas. Véase *Política de rentas.*

Política de rentas basada en impuestos. Políticas de rentas respaldadas por sanciones tributarias a los infractores e incentivos a aquellos que colaboran.

Precio-aceptante. Un vendedor o comprador que no puede afectar al precio y cuya toma de decisión está restringida a la cantidad que ha de vender o comprar al precio de mercado prevaleciente. Un comprador o vendedor en competencia perfecta.

Precios constantes. Una serie se mide en precios constantes si se calcula a los precios existentes en un año base dado, con el fin de eliminar los efectos de la inflación (o deflación).

Precios corrientes. Una serie (como el PIB) se mide en valores corrientes si cada observación se toma a los precios del año respectivo; dicha serie refleja los cambios reales en el PIB y la inflación (o deflación).

Precio de futuros. Un precio establecido en un contrato que será satisfecho en una fecha concreta en el futuro (por ejemplo, a tres meses a partir de ahora). Véase *Mercado de futuros.*

Precio de cierre a corto plazo. Es el valor mínimo del precio de mercado al que una empresa perfectamente competitiva continuará funcionando a corto plazo; es igual al valor mínimo de su costo variable medio.

Precio de nivelación. Precio al que una empresa no obtiene ni beneficios ni pérdidas, igual al nivel mínimo del costo total medio.

Precio de reserva de un recurso. El costo de obtención actual de un recurso más la cuantía necesaria para compensar la reducción en la disponibilidad futura del mismo.

Precio garantizado. Precio agrícola garantizado a los agricultores por el gobierno (si el precio de mercado cae por debajo del garantizado, el gobierno paga la diferencia a los agricultores).

Precio mínimo. 1. Precio al cual el gobierno empieza a comprar todos los excedentes para impedir cualquier caída posterior del precio (precio garantizado o de sostenimiento. 2. Precio mínimo establecido legalmente.

Precio máximo. Precio máximo legalmente establecido.

Precio tope. Véase *Precio máximo.*

Preferencia por la liquidez. La demanda de dinero (es decir, la disposición a mantener dinero) como función del tipo de interés.

Preferencia temporal. El deseo de tener bienes ahora mejor que en el futuro. La medida en que se prefiere disponer de los bienes ahora más que en el futuro.

Préstamo. Entrega de un capital a una persona, con la obligación de devolverlo a quien se lo prestó junto con los intereses acordados.

Presupuesto de base cero. Una técnica presupuestaria que requiere que todos los valores de los gastos se justifiquen cada vez, a partir de cero, sin tener en cuenta los gastos previos.

Presupuesto cíclico. Aquél en el cual los ingresos a lo largo de todo el ciclo son, como mínimo, iguales a los gastos en el mismo ciclo. A diferencia del presupuesto anualmente equilibrado, éste permite llevar a cabo políticas fiscales contracíclicas. Los superávit durante la prosperidad pueden utilizarse para cubrir los déficit en las recesiones.

Presupuesto de pleno empleo o presupuesto estructural. Ingresos gubernamentales de pleno empleo (o sea los obtenidos con los tipos impositivos existentes si la economía estuviera en pleno empleo) menos los gastos del gobierno de pleno empleo (es decir, los gastos corrientes menos aquellos que están asociados con el desempleo).

Presupuesto equilibrado. 1. Un presupuesto en el que los ingresos son iguales a los gastos.

2. Más impreciso (pero más común), un presupuesto con unos ingresos iguales o mayores a los gastos.

Presupuesto público. Programa de ingresos y gastos públicos del Estado.

Principio del presupuesto anual equilibrado. Criterio según el cual los gastos del gobierno deben ser iguales cada año a los ingresos del mismo año.

Prima de riesgo. El interés o rendimiento adicional para compensar el riesgo a un poseedor de valores.

Principio del beneficio. Criterio según el cual los impuestos deberían recaudarse en proporción a los beneficios que los contribuyentes reciban de los gastos gubernamentales. Compárese con el *Principio de la capacidad de pago.*

Principio de la capacidad de pago. El punto de vista según el cual las cargas tributarias deben imponerse de acuerdo con los recursos de los diversos contribuyentes, medidos por su renta y/o riqueza.

Principio de exclusión. La clave para distinguir entre bienes públicos y de otra clase. Si aquellos que no pagan por un bien pueden ser excluidos de su disfrute, entonces el bien no es público.

Problema de identificación. La dificultad de determinar el efecto aislado de la variable *A* sobre otra variable *B* cuando ésta puede también ser influida por otras variables.

Problema malthusiano. Tendencia para la población de sobrepasar la capacidad productiva, particularmente la capacidad de producción de alimentos, como consecuencia de la tendencia al crecimiento geométrico de la población (1, 2, 4, 8, etc.) mientras que los medios de subsistencia crecen aritméticamente (1, 2, 3, 4, etc.). La presión poblacional tiende a deprimir la tasa de salario y a mantenerla a nivel de subsistencia, de forma que el exceso de población es eliminado mediante guerras, epidemias o hambrunas. El problema fue descrito por Thomas Malthus en sus *Ensayos sobre el Principio de Población* (1978). No se ha cumplido en países desarrollados desde la Revolución Industrial.

Productividad. Producto por unidad de factor productivo empleado.

Producción potencial. Nivel de producción que se obtendría si se utilizaran plenamente todos los recursos.

Productividad del trabajo. La productividad media del trabajo es la producción total dividida por las unidades de trabajo utilizadas. La productividad marginal del trabajo es la producción adicional que se obtiene al utilizar una unidad más de trabajo, con el resto de los factores constantes.

Productividad (o producto) marginal. 1. Estrictamente, productividad marginal física. 2. En algunos casos, el valor de la productividad marginal física.

Productividad marginal física. El producto adicional cuando se utiliza una unidad más de un factor de producción (manteniendo todos los demás constantes). Por ejemplo, la productividad marginal física del trabajo (resumida a menudo como productividad marginal del trabajo) es el producto adicional cuando se emplea una unidad más de trabajo.

Productividad media. Es la relación entre la cantidad producida de bienes y la cantidad empleada de recursos. En la práctica se mide dividiendo el producto total por la cantidad empleada de trabajo.

Producto final. 1. Productos adquiridos para uso final y no para procesamiento o reventa. 2. Producto de bienes y servicios después de eliminada la doble contabilización.

Producto intensivo en trabajo. Un bien en cuya producción se utilizan relativamente grandes cantidades de trabajo y pequeñas cantidades de otros recursos.

Producto intermedio. Producto utilizado como insumo en la producción de otro bien o servicio.

Producto Interior Bruto (PIB). Producción realizada por factores de producción localizados en la economía nacional, independientemente de quien los posea.

Producto nacional. Véase *Producto nacional bruto* y *Producto nacional neto.*

Producto Nacional Bruto (PNB). Gastos de consumo más compras del gobierno de bienes y servicios, más inversión bruta privada, más exportaciones netas de bienes y servicios. El producto total de una nación excluida la doble contabilización. El PNB nominal mide el valor de la producción respecto a los precios del período de producción. El PNB real utiliza un conjunto fijo de precios. Constituye una medida de la producción agregada que no es afectada por la inflación.

Producto Nacional Bruto de fuerte desempleo. El PNB que se obtendría con una alta tasa de desempleo mantenida.

Producto Nacional Bruto de pleno empleo. El PNB se obtendría si se mantuviera el pleno empleo, PNB potencial.

Producto Nacional Neto (PNN). Gastos de consumo nacional más gastos del gobierno en bienes y servicios más inversión privada doméstica neta más exportaciones netas de bienes y servicios. PNB menos depreciación.

Producto medio. El producto total dividido por el número de unidades utilizadas del factor de producción variable.

Producto trabajo-intensivo. Un bien en cuya producción se utiliza una cantidad relativamente abundante de trabajo. Véase *Producto intensivo en trabajo.*

Productos diferenciados. Productos similares que mantienen alguna(s) diferencia(s) que los distinguen, semejantes pero no perfectamente sustitutivos.

Programa de reducción de cultivos. Un programa gubernamental por el cual el gobierno paga a los agricultores para que dejen tierras sin cultivar para reducir los excedentes de cosecha.

Proletariado. La clase obrera, especialmente la industrial.

Propensión marginal al ahorro (PMA). La variación en el ahorro dividida por el cambio en la renta disponible. 1-PMC.

Propensión marginal al consumo (PMC). El cambio en los gastos en consumo dividido por la variación en la renta disponible.

Propensión marginal a importar. La variación en las importaciones de bienes y servicios dividida por el cambio en el PNB.

Propensión media al ahorro. Ahorro total dividido por la renta disponible.

Propensión media al consumo. Consumo total dividido por la renta disponible.

Proposición normativa. Una proposición acerca de lo que debería ser. Contrástese con *Proposición positiva.*

Proposición positiva. Una proposición acerca de lo que es (o fue) o sobre cómo algo acontece. Contrástese con *Proposición normativa.*

Proteccionismo. Doctrina o práctica de imponer tarifas altas para proteger los productos de la competencia extranjera.

Protección de las industrias nacientes. Proposición de que las industrias domésticas nuevas de grandes economías de escala o requerimientos elevados de capital humano necesitan protección de los competidores extranjeros hasta cuando se encuentren bien establecidas.

Punto crítico (o punto de nivelación). 1. El nivel de producto para el que los costos son iguales a los ingresos y, por tanto, los beneficios son nulos. 2. El nivel de renta disponible en el que el consumo es igual a la renta y, en consecuencia, el ahorro es cero.

Punto de oro. Tipo de cambio al cual un arbitrista cubre escasamente los costos de embarque, traslado y seguro del oro.

Punto superior de flexión. El mes de mayor actividad económica antes del comienzo de la recesión, una de las cuatro fases del ciclo económico.

Racionalidad económica. Supuesto de comportamiento bajo el que toman las decisiones las economías domésticas y las empresas, de forma que persigue ciertos objetivos y sus elecciones son consistentes con la evaluación de su propio interés.

Racionamiento. 1. Un método para asignar el derecho a adquirir un bien (o servicio) cuando la cantidad demandada excede a la ofrecida al precio prevaleciente. 2. Más imprecisamente, cualquier método para asignar un recurso escaso o bien; en este sentido, se puede hablar del racionamiento del mercado vía precio.

Racionamiento del crédito. Asignación de fondos disponibles entre los prestatarios cuando la demanda de crédito es superior a la oferta a la tasa de interés predominante.

Reaganomics. Programa económico del expresidente Reagan, diseñado según los principios de la economía de la oferta, incluye: 1. reducciones de impuestos, 2. contracción del gasto familiar, 3. incrementos en los gastos de defensa, 4. menor regulación.

Real. Medida en términos de cantidad; ajustado para eliminar los efectos de la inflación.

Recesión. Movimiento cíclico descendente en la economía. Movimiento en la actividad económica que comprende, al menos, dos trimestres de continua disminución del PNB real.

Recta de balance. La recta sobre un diagrama que muestra las diversas combinaciones de bienes que pueden comprarse con una renta y precios dados.

Recta de precios. Véase *Recta de balance.*

Recta de presupuesto. Véase *Recta de balance.*

Recuperación. Una de las cuatro fases de los ciclos económicos.

Recurso. Factores básicos utilizados en la producción de bienes y servicios, principalmente trabajo, capital y tierra.

Recursos de propiedad común. Aquellos cuyos servicios son utilizados en la producción y en el consumo, y que no son propiedad de ningún individuo en concreto.

Regla monetaria. La regla, propuesta por los monetaristas, según la cual el banco central debe lograr una tasa de crecimiento estable de la cantidad de dinero.

Reglas de antigüedad. Convencionalismo por el que se da preferencia a aquellos que han permanecido más tiempo en un empleo. Las personas con antigüedad son los últimos en ser despedidos y los primeros en readmitirse.

Regulación. Leyes o normas gubernamentales destinadas a modificar la conducta de las empresas. Los principales tipos son la regulación económica (que afecta a los precios, la entrada o el servicio de una única empresa, como las líneas aéreas) y la regulación social. Esta última intenta corregir las externalidades que existen en algunas industrias (como la contaminación del aire o el agua).

Relación capital-producto. El valor del capital dividido por el valor del producto anual producido con ese capital.

Relación marginal de sustitución. La pendiente de la curva de indiferencia. La razón de las utilidades marginales de los bienes. Es la cantidad de unidades del bien *B* a que debe renunciar para obtener una unidad más de *A.*

Relación real de intercambio. Cociente entre los índices de precios de las exportaciones y de las importaciones que expresa el poder de compra de las mercancías de exportación con respecto a las de importación.

Rendimiento. Significa lo mismo que tipo de interés o tasa de rendimiento de un activo.

Rendimiento a corto plazo. Analiza la evolución del producto a corto plazo cuando un factor varía y los demás permanecen constantes.

Rendimiento justo. Rentabilidad a la que un servicio público regulado debería dar derecho.

Rendimiento sostenible. La cantidad de un recurso renovable (como los peces) que puede extraerse manteniendo constantes las existencias de dicho recurso.

Rendimientos constantes a escala. 1. Caso en el cual un incremento de X % en los factores o insumos ocasiona un incremento del producto en el mismo porcentaje X. 2. Cuando el costo medio a largo plazo es independiente del nivel de producción.

Rendimientos crecientes a escala. Este caso se produce cuando un incremento del X % en todos los factores productivos da lugar a un incremento de más del X % en la producción. También llamados *Economías de escala.*

Rendimientos a escala. Permiten analizar las propiedades técnicas de la producción a largo plazo, cuando todos los factores varían.

Rendimientos decrecientes a escala. Situación en la cual ante un incremento X % en todos los insumos, el producto aumenta en un porcentaje inferior al X %. También llamados *Deseconomías de escala.*

Rendimiento del capital. Beneficio neto que se espera obtener a lo largo de la vida del capital.

Renegociación de la deuda. Renegociación de los términos de una deuda, para dar mayor tiempo al deudor para saldarla y, en algunos casos, con una reducción en el tipo de interés.

Renta. 1. En economía, cualquier pago a un factor de producción por encima de su costo de oportunidad. 2. Rendimientos pagados a los propietarios de la tierra. 3. Pagos efectuados por los usuarios a los propietarios de la tierra, las instalaciones y equipo productivos.

Renta de los propietarios. La renta de las empresas que no son sociedades anónimas.

Renta económica pura. Remuneración de los factores que se encuentran en cantidades prácticamente fijas.

Renta económica. Rendimiento de un factor de producción por encima de su costo de oportunidad. Se utiliza para describir el costo de utilizar la tierra.

Renta monetaria o **renta nominal.** Renta medida en unidades monetarias.

Renta monopolística. Beneficios por encima de lo normal obtenidos por un monopolio.

Renta nacional. Remuneración a todos los factores de producción de propiedad de los residentes de un país.

Renta permanente. Renta que la familia considera como normal y, de acuerdo con la cual, establece sus planes de consumo y ahorro.

Renta personal. Renta recibida por las familias por concepto de sus servicios productivos y de transferencias antes del pago de impuestos.

Renta personal disponible. Renta que le queda a las familias después de pagar los impuestos. Se divide entre gastos de consumo, pago de intereses sobre las deudas del consumidor, y ahorro.

Renta real. Valor de la renta expresado en los bienes que se pueden comprar con ella.

Renta per cápita. Es la que se obtiene dividiendo la Renta Nacional entre el número de habitantes del país.

Rentabilidad. Es la relación, medida en porcentaje, entre los rendimientos netos y el capital invertido.

Requerimientos marginales. Porcentaje mínimo que deben financiar con su propio dinero los compradores que adquieren acciones u obligaciones. Por ejemplo, si el requerimiento marginal sobre acciones es de un 60 %, el comprador debe pagar como mínimo, un 60 % del precio de compra de las acciones al contado y puede pedir prestado no más de un 40 % a un banco o a un corredor de bolsa.

Reserva bancaria. Véase *Reservas líquidas legalmente requeridas.*

Reserva de capacidad. Tramo de la curva de

costos variables medios en el que los costos permanecen constantes.

Reserva excedente. Reservas líquidas que un banco u otra institución financiera mantiene por encima de la cuantía requerida legalmente.

Reservas de dividas. Divisas mantenidas por el gobierno o por el banco central.

Reservas internacionales. Monedas extranjeras poseídas por el gobierno o el banco central.

Reservas legales. Cantidad de reservas que un banco comercial debe tener. Generalmente estas reservas son mantenidas en forma de efectivo o en depósitos en el Banco Central.

Reservas líquidas legalmente requeridas. Las reservas líquidas que los bancos y otras instituciones financieras deben legalmente mantener. Las reservas se mantienen en la forma de efectivo o depósitos en el Banco Central.

Responsabilidad ilimitada. Responsabilidad sobre las deudas de una empresa, sin ningún límite.

Responsabilidad limitada. Cantidad que puede perder el accionista de una sociedad anónima en el caso de una quiebra. Está limitada a la cuantía pagada al adquirir acciones de la empresa.

Retenciones sindicales. Deducciones de las cuotas sindicales que realiza el empresario del salario del trabajador, remitiéndolas al sindicato.

Retraso en la acción. El intervalo temporal existente entre el reconocimiento de que es deseable reajustar las políticas que afectan a la demanda agregada y el momento en que éstas se cambian.

Retraso de impacto. El intervalo temporal entre los cambios en la política y el momento en que tienen lugar sus principales efectos.

Retraso de reconocimiento. El intervalo de tiempo entre el comienzo de un problema y el momento en que el problema se reconoce como tal.

Revaluación de una moneda. En el sistema de tipo de cambios del Fondo Monetario Internacional, aumento en el precio de una unidad monetaria en términos de otra u otras monedas; incremento en el valor de paridad de una moneda. Es lo contrario a la devaluación.

Riesgo. Es la posibilidad de un perjuicio. En Banca, los riesgos más comunes son los referidos a las operaciones de crédito. La evaluación del riesgo de cada caso particular viene determinado principalmente por el plazo de reembolso y el importe.

Rigidez de precios y salarios. Resistencia de los precios y salarios a variar, especialmente a la baja.

Salario de subsistencia. Salario mínimo para vivir. Nivel salarial por debajo del cual disminuirá la población debido a la inanición o a las enfermedades.

Salario mínimo. El salario más bajo que un empresario está legalmente obligado a pagar por una jornada de trabajo.

Salario real. La cantidad de bienes y servicios que un salario monetario puede comprar; el salario monetario después de haber eliminado la inflación.

Salarios diferenciales compensadores. Diferencias salariales que pueden ocurrir si los trabajadores consideran algunos empleos menos atractivos que otros. (Los empresarios tendrán que pagar un salario mayor para cubrir los puestos de trabajos indeseados.)

Segunda línea de liquidez. Tenencias bancarias de activos líquidos (letras de Tesorería, etcétera) que pueden convertirse rápidamente en reservas primarias (efectivo o depósitos en el banco central).

Series temporales. Conjunto de observaciones, realizadas en períodos sucesivos. Por ejemplo, el PIB, en 1990, 1991, 1992, etc.

Serpiente monetaria. Acuerdo entre algunos países de Europa occidental de mantener sus monedas dentro de un margen reducido de flotación (la serpiente). Antes de 1973, permitían que sus monedas se movieran conjuntamente en un margen más amplio con respecto al dólar. (La denominada serpiente en el túnel.) Véase *Sistema Monetario Europeo.*

Sindicación obligatoria. Cuando todos los trabajadores no sindicados de una empresa deben afiliarse al poco tiempo de emplearse en ella. Compárese con *Empresa exclusiva* y *Ley de derecho al trabajo.*

Sindicato. Asociación de trabajadores integrada con los objetivos de negociar acerca de los salarios, las prestaciones sociales y las condiciones de trabajo.

Sistema económico. Es el conjunto de relaciones básicas, técnicas e institucionales que caracterizan la organización económica de una sociedad.

Sindicato amarillo. Sindicato dominado por la patronal.

Sindicato industrial. Un sindicato abierto a todos los trabajadores de una industria, independientemente de su calificación.

Sindicato laboral. Véase *Sindicato.*

Sistema bancario de reservas fraccionarias. Un sistema bancario en el que los bancos comerciales mantienen reservas (en efectivo o depósitos en el banco central) que representan solamente una fracción de sus depósitos.

Sistema de precios. Véase *Mecanismo del mercado.*

Sistema financiero. Está constituido por el conjunto de instituciones que intermedian entre los demandantes y los oferentes de recursos financieros.

Sistema de precios. Véase *Mecanismo del mercado.*

Sistema de tipos de cambio fijos y ajustables. Sistema por el cual los países fijan los tipos de cambio pero se reservan el derecho de modificarlos en el caso de desequilibrios importantes. (En el sistema de tipos ajustables del Fondo Monetario Internacional que operó entre 1945 y 1973, los países fijaron el precio de sus unidades monetarias en términos del dólar de los Estados Unidos.)

Sistema de tipos de cambio fijos y revisables. Un sistema financiero internacional en el que las paridades frecuentemente se alterarían en pequeña cuantía a efectos de evitar variaciones mayores en una fecha posterior.

Sistema de tipo de cambio libre o flexible. Cuando la oferta y la demanda de divisas determinan libremente el tipo de cambio.

***Shock* de oferta.** Aumento brusco de algunos de los elementos de coste que afectan a la producción. En términos gráficos originan un desplazamiento hacia la izquierda de la curva de oferta agregada, motivando un aumento de los precios y una reducción de la producción y del empleo.

Sistema Monetario Europeo (SME). Sistema en el que varios países europeos mantienen sus tipos de cambios fijos entre sí, con ajustes ocasionales.

Sobreproducción general. Sucede cuando el exceso de oferta es un fenómeno general. La cantidad de bienes y servicios que los productores están dispuestos a ofrecer supera en gran medida la cantidad que los compradores están dispuestos a demandar.

Socialismo. Sistema económico en el que los medios de producción (capital, equipos, edificios y tierra) son propiedad del Estado.

Socialismo de mercado. Los factores de producción son propiedad del Estado. Las decisiones se toman, en parte, en la agencia de planificación y, en parte, en los mercados.

Socialismo fabiano. Forma de socialismo fundada en Gran Bretaña a finales del siglo XIX, que predicaba un proceso de evolución gradual hasta el socialismo dentro de un sistema político democrático.

Sociedad (empresa). Negocio no corporativo, propiedad de dos o más individuos.

Sociedad anónima. Es la forma de organización empresarial más frecuente. En una sociedad anónima el capital está dividido en «acciones». Los propietarios de una sociedad anónima sólo son responsables de las inversiones que realizan en ellas.

Sociedad colectiva. Sociedad personalista con fines mercantiles en la que los socios responden solidariamente de las deudas sociales.

Sociedad de Responsabilidad Limitada. Sociedad mercantil, cuyos socios no responden personalmente de las deudas sociales y cuyo capital está dividido en participaciones no negociables.

Sociedad *holding*. Una sociedad que mantiene el control de las acciones de una o más empresas.

Sostenimiento de precio. Acuerdo del gobierno de comprar los excedentes a un precio dado (el precio de sostenimiento) para prevenir que descienda por debajo de ese nivel.

***Stock* de capital.** La cantidad total de capital.

***Stock*-existencias.** Existencias de materias primas, productos intermedios y bienes finales que mantienen los productores u organizaciones de mercado, para venderlas en un futuro.

Subempleados. 1. Trabajadores que no pueden encontrar más que empleos a tiempo parcial aunque deseen un trabajo de dedicación plena. 2. Trabajadores a los que se les paga el salario por jornada completa, pero que no están ocupados durante toda ella por la escasa demanda del producto.

Subsidio. Un impuesto negativo.

Subsidio agrícola. Subsidio gubernamental a los agricultores por cada unidad producida para elevar el precio que ellos reciben hasta un nivel predeterminado.

Subsidio a la explotación. Ayuda al fabricante nacional de determinados bienes para que pueda exportarlos a precios más competitivos.

Subvención. Subvención del gobierno a las empresas o a los gobiernos locales para programas específicos. Para recibir tales subvenciones los receptores deben financiar parte de los costos del programa.

Subvenciones a las exportaciones. Instrumento utilizado para animar a las empresas a exportar más.

Subvención específica. Una subvención del gobierno estatal o regional para un programa específico. Exige que el beneficiario soporte parte del costo del programa.

Subvenciones genéricas. Subvenciones que pueden utilizarse en una actividad amplia (tal como educación) y no necesariamente en programas específicos (programas para inválidos).

Subvenciones a los gobiernos autonómicos. Subvención por parte del gobierno estatal a los gobiernos autonómicos. Una subvención genérica implica subvenciones que se pueden utilizar (prácticamente) sin restricciones.

Superávit de la balanza comercial. El exceso de las exportaciones sobre las importaciones de mercancías.

Superávit de la balanza corriente o de operaciones corrientes. La cuantía en que las exportaciones de bienes y servicios de un país exceden a la suma de sus importaciones de bienes y servicios y sus transferencias unilaterales netas a otros países. Lo contrario para el déficit.

Superávit de la balanza de pagos oficial. La adquisición neta de reservas internacionales. Véase *Superávit (déficit) de la balanza de pagos.*

Superávit (déficit) de la balanza de pagos. Un saldo de la balanza de pagos positivo (negativo). Esto hará aumentar o disminuir las reservas de divisas de un país.

Superávit presupuestario. Monto en el que los ingresos presupuestados exceden a los gastos.

Suscripción. En sentido general, firmar un documento.

Suspensión de pagos. Situación legal, que solicita un empresario que, aun teniendo bienes suficientes para pagar sus deudas, prevé que no podrá hacerlo en los plazos convenidos por no disponer de liquidez.

Sustitución de las importaciones. Política consistente en reemplazar las importaciones por producción nacional, con la protección de aranceles y contingentes.

Sustitutivo. Bienes o servicios que satisfacen necesidades similares. Cuando el aumento en el precio de un bien causa un desplazamiento hacia la derecha en la curva de demanda del otro, cualquiera que sea el precio de este último, se dice que los bienes son sustitutivos entre sí.

Tabla de demanda. Una tabla que muestra las cantidades de un bien o servicio que los compradores desean (y son capaces de) comprar a los diferentes precios posibles, «ceteris paribus».

Tabla de oferta. Tabla que muestra las cantidades de un bien ofrecidas a distintos precios, «ceteris paribus».

Tarifa arancelaria. Impuesto sobre un bien importado.

Tarifa proteccionista. Tarifa que busca proteger a los productores domésticos de la competencia extranjera. Contrasta con una tarifa fiscalista que busca primordialmente una fuente de ingresos para el gobierno.

Tasa de actividad. Fuerza de trabajo existente como porcentaje de la población en edad de trabajar.

Tasa de desempleo. Porcentaje de la fuerza laboral desempleada respecto al total de la población activa.

Tasa de descuento. En el sistema bancario, tasa de interés que el banco central impone a los préstamos otorgados a los bancos comerciales. Véase *Tipo de descuento.*

Tasa de empleo. El porcentaje de la fuerza laboral empleada.

Tasa de interés. Interés expresado como porcentaje anual de una cantidad dada en préstamo.

Tasa de interés preferencial. Tasa de interés que los bancos imponen sobre los préstamos a sus mejores clientes.

Tasa de rentabilidad de una acción. Cociente entre el precio de una acción y los dividendos después de impuestos por cada acción.

Tasa de rendimiento. Rendimiento de una inversión o de un bien de capital. Así, por ejemplo, una inversión que cueste 100 millones de pesos y genere 15 millones de pesos al año tiene una tasa de rendimiento al 15 %.

Tasa natural de desempleo. Tasa de desempleo a la cual tiende la economía cuando quienes realizan contratos de trabajo o de otra clase anticipan con certeza la tasa de inflación. Tasa de desempleo compatible con una tasa estable de inflación.

Tendencia secular. Una tendencia en la actividad económica a lo largo de muchos años.

Teoría cuantitativa del dinero. Proposición según la cual la velocidad del dinero es razonablemente estable y, por tanto, el gasto total estará influido fundamentalmente por la cantidad de dinero.

Teoría de la conducta satisfactoria. La teoría de que las empresas no tratan de maximizar los beneficios, sino más bien alcanzar unos niveles razonables de beneficios, ventas y demás medidas de resultados de su actuación.

Teoría de la dependencia. El subdesarrollo se debe en buena medida al tipo de relaciones comerciales (dependientes y desequilibradas) que se establecen entre unos países y otros.

Teoría de la elección pública. Teoría de cómo las decisiones referentes a los gastos del gobierno se toman y de cómo deberían tomarse.

Teoría de la paridad del poder adquisitivo. La teoría de que las variaciones en los tipos de cambio refleja y compensa las diferencias en el ritmo de inflación en diferentes países.

Teoría de la preferencia por la liquidez. Teoría formulada por J. M. Keynes de que el tipo de interés está determinado por la disposición a mantener dinero (preferencia por la liquidez) y la oferta de dinero (es decir, la cantidad de dinero existente).

Teoría de las manchas solares. La teoría desarrollada a fines del siglo XIX de que los ciclos en la actividad de las manchas solares causan ciclos en la producción agrícola y, a partir de ahí, en la actividad económica.

Teoría de los fondos prestables. La teoría de que el tipo de interés está determinado por la demanda y oferta de fondos en el mercado de obligaciones y otros instrumentos de deuda. Contrástese con *Teoría de la preferencia por la liquidez.*

Teoría de los juegos. Teoría que trata de los conflictos, y en la que se analizan formalmente estrategias alternativas. Algunas veces se emplea en el análisis del oligopolio.

Teoría del capital humano. Considera los gastos en educación, formación profesional, sanidad, etc., como una forma más de inversión.

Teoría del segundo mejor. La teoría de cómo conseguir los mejores resultados en los demás mercados cuando uno o más presentan imperfecciones que no se pueden eliminar.

Teoría del valor trabajo. Idea de Marx que considera que la única fuente de valor es el trabajo (incluye el trabajo «congelado» en el capital). En términos más generales, el argumento de que el trabajo es la principal fuente de valor.

Tercer mundo. Los países que no están ni en el «primer» mundo (las naciones de rentas altas de Europa occidental y Norte de América, más otras cuantas como Japón) ni en el «segundo» (China y los países de Europa del Este). Países de renta media y baja distintos a aquellos que son o eran dirigidos por partidos comunistas. También algunas veces conocidos como el Sur (por contraste con el Norte industrial).

Tierra. Término usado ampliamente por los economistas que incluye no sólo la tierra cultivable, sino también otros recursos naturales (como los minerales) que vienen con la tierra.

Tipo de cambio. Es la razón a la cual una moneda se cambia por otra. Se expresa como el número de unidades de moneda nacional por unidad de moneda extranjera.

Tipos de cambio flexible (o flotante). Tipo de cambio que no es fijado por las autoridades monetarias, sino que puede variar en respuesta a los cambios en las condiciones de oferta o demanda, pudiéndose alterar para conseguir un determinado objetivo.

Tipo de descuento. 1. En el sistema bancario, tipo de interés que el banco central impone a los préstamos otorgados a los bancos comerciales. 2. Menos usual, el tipo de interés empleado para calcular el valor actual.

Tipo de interés. Pago por los servicios del capital.

Tipo de interés interbancario. El tipo de interés cargado sobre préstamos entre bancos de un día de duración.

Tipo de interés preferencial. 1. Tipo de interés bancario para los préstamos a corto plazo anunciado públicamente. 2. Tradicionalmente, el tipo de interés impuesto por los bancos a los préstamos de sus clientes más importantes.

Tipo de interés real. El tipo de interés medido en función de los bienes en lugar del dinero. Así pues, es igual al tipo de interés monetario (o nominal) menos la tasa de inflación.

Tipo impositivo marginal. La fracción de la renta adicional pagada en impuestos.

Tirón de la demanda. Teoría que defiende que la inflación se debe a la demanda agregada, a lo que la economía puede ofrecer a los precios existentes.

Títulos. Véase *Títulos públicos.*

Títulos de deuda pública. Obligaciones de corto plazo emitidas por el gobierno; títulos que no explicitan una tasa de interés; el comprador obtiene un rendimiento comprando un título por un precio inferior al precio de rendición o vencimiento.

Tope salarial. Un límite superior al ajuste de un salario indicado en respuesta a un aumento en el índice de precios.

Trabajador desalentado. Alguien deseoso de trabajar pero que no busca ocupación, ya que no cree que la encontrará. Un trabajador desalentado no se incluye en la población activa ni entre los desempleados.

Trabajador subempleado. Véase *Subempleados.*

Trabajo. Contribución física y mental de los individuos a la producción.

Trabajo superfluo. Normas de trabajo diseñadas para incrementar el número de trabajadores (o el de horas) en un empleo concreto.

Trampa de la liquidez. En la teoría keynesiana, situación en la que los individuos y las empresas desean mantener todos sus activos financieros adicionales bajo la forma de dinero —y no de bonos o de otros intrumentos de deuda— al tipo de interés existente. En tales circuntancias, la creación de dinero adicional por el banco central no logra disminuir el tipo de interés y la política monetaria no puede utilizarse eficazmente para estimular la demanda agregada (toda la expansión monetaria es atrapada en la trampa de la liquidez y se mantiene como saldos ociosos). En términos gráficos, hay trampa de la liquidez cuando la curva de la preferencia por la liquidez es horizontal.

Transferencias. Pagos efectuados por el gobierno a familias, que no es resultado de la actividad productiva corriente.

Traslación de un impuesto. Esto ocurre cuando el contribuyente inicial traslada parte o la totalidad de un impuesto a terceros (por ejemplo, una empresa que es gravada puede poner precios más altos).

Trueque. Transacción en la que dos individuos intercambian entre sí un bien por otro, sin la utilización de dinero.

Trust. Agrupación de varias empresas que, perdiendo cada una su personalidad jurídica, se funden en una sola, generalmente para conseguir una situación de monopolio en el mercado de un determinado bien o servicio.

Unidad de cuenta. El elemento (dinero) en el cual se miden los precios de los bienes y servicios. Se emplea a veces como instrumento meramente contable.

Unidades monetarias constantes. Una serie se mide en unidades monetarias constantes si se valora según los precios existentes en un año base específico. Tales series se han ajustado para eliminar los efectos de la inflación (o deflación). Contrástese con *Unidades monetarias corrientes.*

Unidades monetarias corrientes. Una serie (como el PNB) está medida en unidades monetarias corrientes si cada observación se cuantifica a los precios prevalecientes en ese momento. Tal serie refleja tanto los cambios reales en el PNB como la inflación (o deflación). Contrástese con *Unidades monetarias constantes.*

Uniones aduaneras. Acuerdos entre países para eliminar barreras comerciales (tarifas, cuotas, etc.) entre sí y adoptar barreras comunes para las importaciones de los países no miembros.

Utilidad. 1. Capacidad de satisfacer necesidades o deseos. 2. Placer que reportan a una economía doméstica los bienes y servicios que consume.

Utilidad marginal. La satisfacción que un individuo recibe al consumir una unidad adicional de un bien o servicio.

Valor actual (VA). El valor presente de un ingreso (o ingresos) futuro calculado utilizando el tipo de interés, *i.* El valor actual «*VA* de *X* pesos que se recibirán dentro de *n* años es $X \div (1 + i)^n$».

Valor agregado. Valor del producto vendido menos el costo de los insumos comprados a otras empresas.

Valor agregado (añadido). Valor del producto de una empresa menos el costo de los productos intermedios comprados a sus proveedores externos.

Valor capitalizado. El valor actual de la corriente de renta que se espera que produzca un activo.

Valor contable de una acción. Patrimonio neto por acción. (Se calcula dividiendo el patrimonio neto de la empresa por el número de acciones emitidas.)

Valor de la productividad marginal. El valor monetario de la productividad marginal física de un factor de producción.

Variable endógena. Una variable explicada dentro de una teoría.

Variable exógena. Variable no explicada dentro de una teoría, su valor se toma como dado.

Variables en pesos corrientes (términos nominales). Cuando se expresan en pesos del año en que se aplican.

Variables en pesos constantes (términos reales). Cuando se expresan en términos de un año base ajustando las variaciones de los precios.

Velocidad del dinero. Promedio de veces que una unidad monetaria sirve como medio de pago, en un período. Existen dos formas de calcular la velocidad del dinero. 1. La velocidad ingreso, o veces que la unidad monetaria es gastada en productos finales (es decir, PNB/M). 2. La velocidad de transacciones, o promedio de veces en cualquier transacción, incluidas las que se realizan de bienes intermedios y activos financieros. Es decir, el gasto total dividido por M.

Ventaja absoluta. Un país (o región o individuo) posee una ventaja absoluta en la producción de un bien o servicio, si puede producirlo(s) con menos recursos que los otros países (regiones o individuos). Véase *Ventaja comparativa.*

Ventaja comparativa. Si dos naciones (regiones o individuos) tienen costos de oportunidad distintos al producir un bien o servicio, la nación (región o individuo) con el costo de oportunidad menor posee una ventaja comparativa en ese bien o servicio.

Ventas al descubierto. Véase *Ventas a futuros.*

Ventas a futuros. Un contrato para vender algo en fecha posterior a un precio especificado hoy.

Indice